菏泽经济开发区志

HEZE JINGJIKAIFAQU ZHI

1992—2018

《菏泽经济开发区志》编纂委员会 编

方志出版社
Publishing House of Local Records

图书在版编目（CIP）数据

菏泽经济开发区志：1992—2018 /《菏泽经济开发区志》编纂委员会编. — 北京：方志出版社，2020.9

ISBN 978-7-5144-4361-5

Ⅰ.①菏… Ⅱ.①菏… Ⅲ.①经济开发区—概况—菏泽—1992-2018 Ⅳ.①F127.523

中国版本图书馆CIP数据核字（2020）第180323号

菏泽经济开发区志（1992—2018）

编　　者：《菏泽经济开发区志》编纂委员会
责任编辑：程　倩

出 版 者：方志出版社
地址　北京市朝阳区潘家园东里9号（国家方志馆4层）
邮编　100021
网址　http://www.zgfzcb.cn

发　　行：方志出版社图书经销中心
电话（010）67110500

经　　销：各地新华书店
印　　刷：山东黄氏印务有限公司

开　　本：889×1194　1/16
印　　张：53
字　　数：1389千字
版　　次：2020年9月第1版　2020年9月第1次印刷
印　　数：0001～5000册

ISBN 978-7-5144-4361-5　定价：768.00元

·版权所有　翻印必究·

名片 开发区

◎ 国家园林城市

◎ 中国优秀旅游城市

◎ 中国创新力开发区

◎ 中国最佳投资环境园区

◎ 山东省先进开发区

◎ 山东省低碳经济示范园区

◎ 山东省安全标准化园区

◎ 山东省知识产权试点园区

菏泽经济开发区地方史志编纂委员会

（2004年9月）

主　　　任　李玉华

副　主　任　李怀堂　孙忠生　张道社

委　　　员　魏　琳　李守玉　席　巍　周广存　穆　杰

编纂委员会办公室

办公室主任　穆　杰　范阳春

办公室副主任　杨绍青

成　　　员　高谦绍　张　晖

菏泽经济开发区地方史志编纂委员会

（2005年7月）

主　　　任　李玉华

副　主　任　孙忠生　张道社

委　　　员　魏　琳　李守玉　席　巍　周广存　穆　杰　程海建

编纂委员会办公室

办公室主任　程海建

办公室副主任　杨绍青

成　　　员　高谦绍　张　晖　马学民　邵珠峰

菏泽经济开发区地方史志编纂委员会

（2006年3月）

主　　　任　刘　勇（菏泽市开发区管委会）
副　主　任　孙忠生　张道社
委　　　员　魏　琳　李守玉　席　巍　周广存　穆　杰　程海建

编纂委员会办公室

办公室主任　程海建　杨绍青
办公室副主任　高谦绍
成　　　员　邵珠峰　张　晖　马学民

菏泽经济开发区地方史志编纂委员会

（2017年12月）

名誉主任　刘　勇（菏泽市政协）
顾　　问　李玉华　孙忠生　曹升灵　张玉荣　丛　林
　　　　　李怀堂　李守玉　周广存
主　　任　李国珍
第一副主任　练建军
副　主　任　范阳春　程海建　赵福龙　张法超　牛化民　冯宪法　李雪英
　　　　　田玉卿　苗建华　钱建华　李国利　孔鲁民
　　　　　刘　勇（菏泽市开发区管委会）　刘述勤　宋春生　郑孝义
　　　　　张新德　朱家福　张晓宇　武少俊　邓文博　吴　沛
　　　　　席云明　黄贤立
委　　员　杨亚良　晁　辉　杨　宏　张文艳　宋崇东　张言国　晁中华
　　　　　杜馨馨　张福永　张文阁　马彩光　张成稳　朱来启　聂　曦
　　　　　马春平　张　浩　崔延智　袁绍强　孙爱生　何　凯　张晓琳
　　　　　袁　月　张中舟　任红姣　高　峰　沙志强　彭志远　刘　强
　　　　　刘义伟　史卜江　任民勇　崔庆河　曹广洲　苑广民　张继学
　　　　　张会東　郭良记　孟玉良　樊庆芳　张中斌

《菏泽经济开发区志》编纂委员会办公室

顾　　问　萧若然（特邀）

主　　任　程海建（兼）

副 主 任　牛化民　刘　勇（菏泽市开发区管委会）　何　凯

成　　员　邵珠峰　姜玉鹏　李栋平　李昭雨　王安昌　牛俊羽

马学民　曾军芳　吉文选　吴长跃

菏泽经济开发区志编审人员

主　　审　练建军

主　　编　程海建

副 主 编　牛化民　刘　勇（菏泽市开发区管委会）

执行主编　何　凯

特邀编审　高谦绍　卢明强

特邀编辑　高谦绍　崔志存　侯英俊　刘　伟

编　　辑　邵珠峰　姜玉鹏　李栋平　李昭雨　王安昌　吴长跃

牛俊羽　马学民　曾军芳　吉文选　王召盘

编　　务　田　林　韩东辰　何福印　张　鹏　高志远　张南南　张程华

葛璐璐　黄莹莹　葛珂珂　刘　航　李超军

序

《菏泽经济开发区志（1992—2018）》作为菏泽市首部开发区志，经过全体修志人员四年之久的辛勤耕耘，终于付梓问世，这是我区文化建设的一大丰硕成果，值得庆贺！

以史为鉴，明理启智。本志较全面、真实地记载了菏泽开发区的发展历程和现状，记述了全市各界对开发区的支持和关爱，铭记了历届市委、市政府举全市之力支持开发区建设的壮举，是社会各界人士研究菏泽市开发区历史和现状的重要参考文献，是投资兴业、观光旅游的便利工具，是开发区一项重要的系统文化工程。在此，谨向为本志编写付出心血的全体同志尤其是全体编撰人员表示衷心感谢！

菏泽经济开发区在20世纪90年代沐浴着邓小平南方谈话的春风应运而生。1992年，东方风来，春潮涌动，伴随着推土机的轰鸣，一个新的经济开发区宣告成立，一批“垦荒者”在沉睡经年的菏泽大地上拉开了建设现代化新城区的序幕。

27年来，在上级党委政府的坚强领导下，党工委、管委会历届领导班子，带领全区广大党员干部群众，牢记使命，矢志不渝，勇于改革创新，以拓荒者的胆魄书写了跨越式发展的奇迹——规模以上企业由1992年的12家增至2018年的149家；规模以上企业营业收入由1992年的350万元增至2018年的326.61亿元；地方财政收入由1992年的0.033万元增至2018年的20.4亿元。

27年来，开发区始终屹立时代潮头，坚持创新驱动，大力实施工业强区、科技兴区战略，持续优化营商环境，生物医药、装备制造、新能源新材料三大主导产业生机勃勃，新一代信息技术等新兴产业全面起势，以国家级高新技术企业为龙头的科技创新体系建设前景广阔，世界500强国际领先和大型跨国集团纷至沓来，落地生根。

27年来，开发区始终坚持高起点规划、高标准建设、高效能管理，大力推进产城融合发展。今天的菏泽经济开发区高楼鳞次栉比，厂房井然有序，道路通畅宽阔，街头繁花似锦，茵茵草地处处可见。产业规模逐步扩大，产业转型不断升级，城市建设日新月异。先后获得了国家园林城市、中国优秀旅游城市、中国最佳投资环境园区、中国创新力开发区等荣誉称号。

27年来，开发区始终坚持体制机制创新，努力建设符合市场经济需求、能与国际惯例接轨、廉洁高效的管理服务体系；营造亲商、富商、安商的良好环境；培育与时俱进、健康向上的开发区文化；弘扬开发区人的创业、创新精神。开发区经济和社会事业协调发展，群众生活就业、文化教育、养老医疗水平不断提高。

开发区建设和发展的27年，是筚路蓝缕、披荆斩棘、艰苦创业的27年，是解放思想、砥砺前行、改革创新的27年，是白手起家、滚动发展、硕果累累的27年。27年前，菏泽人民交给了我们一方创业的热土；27年后，我们还给了菏泽人民一座宜业、宜商、宜居的魅力之城。

修志问道，以启未来。本志以开发区27年的历史轨迹证明，这个“道”，是拥抱未来的格局，是孜孜以求的探索，是直面曲折的勇气，是脚踏实地的苦干。

值此《菏泽市经济开发区志（1992—2018）》出版发行之际，我谨代表开发区党工委、管委会向27年来无私奉献的开发区各界人士和全体干部职工表达诚挚的谢意和慰问！向一直关心和支持开发区发展的各级领导和社会各界朋友表示衷心的感谢！

志之所趋，无远弗届；志之所向，无坚不入。站在新的发展起点，过去和未来接替承续，机遇与挑战并存同行。让我们更加紧密地团结在以习近平同志为核心的党中央周围，全面贯彻落实好“创新、协调、绿色、开放、共享”的发展理念，以奋斗的姿态、决胜的勇气和澎湃的活力，砥砺前行，励精图治，菏泽开发区必将书写出新时代新发展的绚丽篇章！

是为序。

中共菏泽市委菏泽开发区工委书记
菏泽市经济开发区管理委员会主任
李国珍

2020年9月

凡　例

一、《菏泽经济开发区志（1992—2018）》以马克思列宁主义、毛泽东思想、邓小平理论、“三个代表”重要思想、科学发展观、习近平新时代中国特色社会主义思想为指导，坚持辩证唯物主义和历史唯物主义的立场、观点和方法，遵循实事求是的原则，全面系统地记述菏泽经济开发区自然、政治、经济、文化的历史和现状，力求思想性、科学性、资料性相统一。

二、本志系菏泽经济开发区首部志书，上限为1992年，下限为2018年。为保持事物完整性，重要事件记述适当上溯至事物发端，某些要事的记述延伸至2019年。志书记述范围为菏泽经济开发区管辖区域。

三、本志采用述、记、志、传、图、表、录诸体裁，以志体为主。全志采用编、章、节三个层次，个别节下设目，节与目为记述的实体。为加强综合性，编之下设无题概述。

四、志首列图照、序、凡例、概述、大事记，中为各专业志，志末置人物、附录、索引、编后记。大事记以编年体为主，辅以记事本末体。照片不统一编号。

五、使用规范的现代化语体文记述，语言力求严谨、朴实、简洁、通俗。除概述、无题概述外，行文只记事实，一般不作评论。采用公元纪年，涉及历史纪年时括注公元纪年。

六、人物部分设人物传略、人物简介和人物名录。坚持生不立传的原则，历史上有影响的开发区籍已故人物入人物传略，按卒年排序；在开发区工作并担任副县级以上的现任领导干部，按开发区位次排序，在开发区工作并担任副县级离任领导干部按生年先后排序；市级以上劳模、高层次专业人才、革命烈士等入人物名录。

七、本志资料主要来源于各部门单位提供的资料以及地情资料、档案资料。有关数据原则上以统计部门提供的为准。入志资料均经过了鉴别、考证、核实，不再注明出处。

八、本志计量单位一般使用国家颁布的法定计量单位，个别地方按习惯保留市制单位。标点符号、数字用法分别执行国家质检总局、国家标准化管理委员会2011年发布的《标点符号用法》（GB/T 15834—2011）和《出版物上数字用法》（GB/T 15835—2011）。

九、本志所记机构或事物名称，第一次出现时用全称，重复出现时用简称。菏泽经济开发区简称开发区。

开发区新貌

城市一角

开发区夜景

人民路立交桥

长城桥

赵王河夜景

菏泽市经济开发区政务服务中心
HE ZE SHI JING JI KAI FA QU ZHENG WU FU WU ZHONG XIN
让权力在阳光下运行
让服务在诚信中提升

管委会办公区

菏泽开发区管理委员会
HEZE DEVELOPMENT ZONE ADMINISTRATIVE COMMITTEE

全市观摩团在辰信机械电子产业园考察

（前排右二：张新文，前排左二：陈平，前排右一：李国珍，前排左一：练建军）

菏泽市经济开发区环境管理体系认证证书

菏泽市经济开发区质量管理体系认证证书

中国科学院兰州化物所能源化工新技术产业化示范基地

中国科学院过程所产业化示范基地

富士康科技集团（菏泽厂区）

富士康科技集团（菏泽厂区）生产线

国家级科技企业孵化器

科技企业孵化器研发中心

科技企业孵化器专家院士风采

（左起：赵忠熙、孙克宁、夏春谷、张锁江、Patrick Choay、吴以成、曾毅、侯保荣、侯云德）

精进电动科技（菏泽）有限公司

精进电动生产车间

阿里巴巴菏泽产业带

金正大液态肥生产车间

菏泽裕罗电器装配有限公司

北汇绿建集团有限公司

菏泽好达实业有限公司

山东菏泽华星油泵油嘴有限公司

菏泽孚沃德机电设备有限公司

山东济水阿胶有限公司

山东菏泽玉皇化工有限公司

山东省鲁南药物研究院

山东清洋新材料有限公司

道中道（菏泽）制药有限公司

道中道（山东）生物科技工程有限公司

山东西部智能科技有限公司

山东中科能人工环境有限公司

山东信多达电子科技有限公司

山东乾运高科有限公司生产线

菏泽天信新材料有限公司

菏泽天宇新能源科技有限公司

山东玉皇新能源科技有限公司实验室

山东天久实业集团有限公司

山东天久生物技术有限公司

山东天方生物科技有限公司

山东天美生物技术有限公司生产线

山东华宝隆轻工机械有限公司

枣庄银行菏泽分行股份有限公司

上海浦东发展银行股份有限公司菏泽分行

恒丰银行股份有限公司菏泽分行

济宁银行股份有限公司菏泽分行

威海市商业银行股份有限公司菏泽分行

兴业银行股份有限公司菏泽分行

万达广场

新苏天美

紫金国际

亿丰时代广场

银座商城

希尔顿酒店

和平酒店

五洲国际

公园一号

中央公馆

菏泽市实验中学

丹阳桥（世界最重斜拉转体桥）

长城桥（仿建英国泰晤士河金禧桥）

菏泽火车站（2014年改造）

海吉亚医院

菏泽市图书馆

居民健身活动

秧歌会演

社区活动

居民运动会

梅花戏

两夹弦

送戏下乡

武术表演

赛龙舟

少儿诗词竞赛

送春联活动

元宵猜灯谜

书画展

堆绣牡丹

斗羊大赛

何家花园

郝庄民俗馆

许楼广场

冉仲弓祠

金硕生态产业园

金硕蝴蝶兰

外商品尝生态黄瓜

小麦丰收

山药丰收

山药加工车间

生态葡萄园

成年木瓜树

耿饼制作

食用菌灵芝采摘

目 录

概 述 …… 1

大事记 …… 7

第一编 自然 建置

第一章 区域 自然 …… 57

第一节 区域位置 …… 57

第二节 自然环境 …… 57

第三节 自然资源 …… 58

第四节 自然灾害 …… 61

第二章 开发区设立 …… 61

第一节 设立背景 …… 61

第二节 谋划决策 …… 61

第三节 区域范围 …… 62

第四节 人口发展 …… 63

第五节 驻地变迁 …… 64

第六节 驻区机构 …… 64

第三章 开发区机构设置 …… 65

第一节 领导机构 …… 65

第二节 工作机构 …… 69

第二编 战略规划与实施

第一章 发展战略及成效 …… 75

第一节 建区初期 …… 75

第二节 扩区时期 …… 75

第三节 转型时期 …… 75

第二章 发展规划与实施 …… 76

第一节 “九五”规划与实施 …… 76

第二节 “十五”规划与实施 …… 77

第三节 “十一五”规划与实施 …… 78

第四节 “十二五”规划与实施 …… 81

第五节 “十三五”规划 …… 82

第三编 建设与管理

第一章 规 划 …… 87

第一节 城区规划 …… 87

第二节 控制性详细规划 …… 88

第三节 专项规划 …… 90

第四节 市政规划 …… 94

第五节　规划实施 …………………… 96
第二章　市政建设与管理…………………… 100
第一节　管理服务机构 …………… 100
第二节　环境卫生管理 …………… 101
第三节　城区绿化 ………………… 103
第四节　道路桥梁建设 …………… 108
第五节　城中河治理 ……………… 113
第六节　供水网络建设 …………… 114
第七节　排水排污管网建设 ……… 117
第八节　路灯安装 ………………… 120
第九节　供热经营服务 …………… 120
第十节　天然气供应 ……………… 121
第十一节　有线电视网络建设 …… 122
第三章　城市执法队伍与管理…………… 123
第一节　菏泽市城市管理行政执法支队开发区大队 ……………… 123
第二节　菏泽市城市管理行政执法支队直属大队 ………………… 125
第三节　城市日常管理 …………… 125
第四章　房地产开发建设与管理………… 129
第一节　房地产建设 ……………… 129
第二节　房地产管理 ……………… 134
第三节　物业管理 ………………… 135
第五章　旧房改造与环境整治…………… 137
第一节　城中村改造 ……………… 137
第二节　棚户区改造 ……………… 138
第三节　环境综合整治 …………… 143
第六章　建筑业…………………………… 144
第一节　施工管理 ………………… 144
第二节　施工队伍 ………………… 145
第三节　建筑设备 ………………… 147
第四节　建筑工程技术 …………… 147
第五节　建筑施工成果 …………… 148
第六节　建筑企业 ………………… 150

第四编　环境保护与节能降耗

第一章　机构与监测…………………………… 163
第一节　机构 ……………………………… 163
第二节　污染监测 ……………………… 163
第二章　污染治理…………………………… 166
第一节　水污染治理 …………………… 166
第二节　大气污染治理 ………………… 171
第三节　其他治理 ……………………… 174
第三章　环境监察管理……………………… 176
第一节　环境监督 ……………………… 176
第二节　建设项目管理 ………………… 177
第三节　环境执法 ……………………… 178
第四章　节能降耗…………………………… 180
第一节　机构 ……………………………… 180
第二节　目标责任 ……………………… 180
第三节　节能措施 ……………………… 180

第五编　交通　邮电　电力

第一章　交　通……………………………… 185

第一节 公共交通 …………………… 185
第二节 公路交通 …………………… 199
第三节 高速公路 …………………… 201
第四节 铁路交通 …………………… 206
第二章 邮 政……………………………… 208
第一节 邮路邮政支局 …………… 208
第二节 邮政业务 …………………… 208
第三章 通 信……………………………… 209
第一节 机构 ………………………… 209
第二节 固定电话 …………………… 211
第三节 移动电话 …………………… 211
第四节 宽带网络 …………………… 211
第四章 电 力……………………………… 212
第一节 发电 ………………………… 212
第二节 供电 ………………………… 213
第三节 用电 ………………………… 214

第六编 招商引资

第一章 招商政策………………………… 217
第一节 土地使用政策 …………… 217
第二节 财税政策 …………………… 219
第三节 奖励政策 …………………… 221
第四节 帮扶与保护政策 ………… 223
第二章 招商工作………………………… 224
第一节 机构 ………………………… 224
第二节 招商方式 …………………… 225
第三节 招商活动 …………………… 227
第三章 招商成果………………………… 231
第一节 利用外资及港澳台投资…… 231
第二节 引进项目 …………………… 232
第四章 对外贸易及对港澳台贸易与电子商务………………………… 233
第一节 对外贸易及对港澳台贸易 … 233
第二节 电子商务 …………………… 235
第五章 项目审批与项目观摩……………… 237
第一节 项目审批 …………………… 237
第二节 项目观摩 …………………… 238

第七编 经济综述

第一章 经济发展………………………… 245
第一节 发展概况 …………………… 245
第二节 产业招商 …………………… 250
第三节 产业规模 …………………… 253
第二章 经济类型………………………… 259
第一节 合资企业 …………………… 259
第二节 港澳台资企业 …………… 262
第三节 外资企业 …………………… 263
第三章 主要经济指标…………………… 265
第一节 地区生产总值 …………… 265
第二节 规模以上工业增加值 …… 266
第三节 规模以上工业利税总额…… 267
第四节 地方财政收入 …………… 267

第八编　工　业

第一章　工业管理…… 273

第一节　管理方式 …… 273

第二节　企业上市 …… 274

第二章　工业结构和效益…… 278

第一节　工业结构 …… 278

第二节　技术结构 …… 278

第三节　经济效益 …… 279

第三章　机电设备制造业…… 280

第一节　产业概况 …… 280

第二节　企业选介 …… 281

第四章　电子信息业…… 285

第一节　产业概况 …… 285

第二节　选介企业 …… 285

第五章　新能源新材料产业…… 286

第一节　产业概况 …… 286

第二节　企业选介 …… 288

第六章　生物医药…… 290

第一节　产业概况 …… 290

第二节　选介企业 …… 291

第七章　食品加工业…… 294

第一节　产业概况 …… 294

第二节　选介企业 …… 294

第八章　轻纺服装业…… 297

第一节　产业概况 …… 297

第二节　选介企业 …… 298

第九章　再生资源业…… 299

第一节　产业概况 …… 299

第二节　选介企业 …… 300

第十章　高端家具制造业…… 301

第一节　产业概况 …… 301

第二节　选介企业 …… 301

第九编　农业　林果业　水利

第一章　农村经济体制改革…… 305

第一节　农村税费改革和第二轮土地承包 …… 305

第二节　农业结构调整 …… 307

第三节　农业产业化经营 …… 308

第四节　农村土地流转 …… 312

第二章　农业管理…… 313

第一节　机构 …… 313

第二节　农产品质量管理 …… 313

第三章　牡丹花卉…… 314

第一节　花卉品种 …… 314

第二节　牡丹栽培与加工 …… 315

第四章　种植　农机　林业…… 316

第一节　耕地　种植 …… 316

第二节　间作套种 …… 317

第三节　作物及产量 …… 318

第四节　农业技术推广 …… 319

第五节　农业机械 …… 319

第六节　林果业 …… 321

第五章 水 利…………………………… 323
第一节 主要河流 ………………… 323
第二节 蓄水工程 ………………… 324
第三节 农田灌溉 ………………… 324
第四节 抗旱防汛 ………………… 324

第十编 商贸服务业

第一章 贸易与市场……………………… 329
第一节 商贸管理 ………………… 329
第二节 商贸业 …………………… 329
第三节 专业市场 ………………… 330
第四节 农贸集市 ………………… 333
第二章 餐饮 住宿 生活服务………… 334
第一节 餐饮住宿 ………………… 334
第二节 酒店选介 ………………… 335
第三节 生活服务业 ……………… 337
第三章 物流业…………………………… 337
第一节 政策引导 ………………… 337
第二节 选介企业 ………………… 339

第十一编 财政 金融 税务

第一章 财 政…………………………… 343
第一节 财政体制 ………………… 343
第二节 财政收支 ………………… 344
第三节 财政预算管理 …………… 348
第四节 政府采购 ………………… 350
第五节 住房公积金征收 ………… 350
第二章 金 融…………………………… 350
第一节 驻区银行 ………………… 350
第二节 驻区保险机构 …………… 361
第三节 驻区证券机构 …………… 365
第四节 担保公司 ………………… 366
第三章 国家税务……………………… 366
第一节 机构 ……………………… 366
第二节 税种税率 ………………… 368
第三节 税收 ……………………… 370
第四节 办税服务 ………………… 372
第五节 信息化建设 ……………… 374
第四章 地方税务……………………… 375
第一节 机构 ……………………… 375
第二节 税种税率 ………………… 375
第三节 税务征管 ………………… 383
第四节 税收服务 ………………… 383
第五节 信息化建设 ……………… 384
第五章 开发区税务…………………… 384
第一节 机构 ……………………… 384
第二节 税收征管 ………………… 385
第三节 依法治税 ………………… 385
第四节 风险管理 ………………… 386
第五节 社会保险费和非税收入 … 386
第六节 税收宣传 ………………… 386
第七节 纳税服务 ………………… 386

第十二编　综合经济管理

第一章　计划管理…………………………… 391
第一节　机构 ………………………… 391
第二节　年度计划编制与实施 …… 391
第二章　工商行政管理…………………… 394
第一节　机构 ………………………… 394
第二节　注册登记管理 …………… 394
第三节　市场管理 ………………… 397
第四节　合同管理 ………………… 402
第五节　商标广告管理 …………… 404
第六节　个体私营经济管理 ……… 406
第七节　消费者权益保护 ………… 406
第三章　统计管理…………………………… 407
第一节　机构 ………………………… 407
第二节　统计制度改革 …………… 408
第三节　重大专项普查 …………… 408
第四节　“四上”企业统计 ……… 409
第五节　统计信息服务 …………… 409
第四章　审计管理…………………………… 409
第一节　机构 ………………………… 409
第二节　财政审计 ………………… 410
第三节　政府投资审计 …………… 410
第五章　劳动管理…………………………… 411
第一节　机构 ………………………… 411
第二节　劳动就业管理 …………… 411
第三节　劳动监察 ………………… 413
第四节　劳动保险 ………………… 414
第六章　安全生产管理…………………… 416
第一节　机构 ………………………… 416
第二节　安全生产监督 …………… 417
第三节　安全生产宣传 …………… 418
第四节　安全生产培训 …………… 419
第七章　国土资源管理…………………… 420
第一节　机构 ………………………… 420
第二节　土地资源管理 …………… 420
第三节　土地执法监察 …………… 423

第十三编　党务　群团

第一章　工委综合党务…………………… 427
第一节　重要会议 ………………… 427
第二节　组织工作 ………………… 427
第三节　宣传工作 ………………… 429
第四节　精神文明建设 …………… 431
第五节　纪检监察 ………………… 433
第六节　企业党建 ………………… 437
第二章　基层党（工）委………………… 438
第一节　区直部门与企业党委 …… 438
第二节　街道（镇）党（工）委 … 439
第三章　群团工作…………………………… 440
第一节　工　会 …………………… 440
第二节　妇　联 …………………… 442
第三节　共青团 …………………… 444

第十四编 政 务

第一章 重要会议与政策研究…………… 449
第一节 重要会议 ………………… 449
第二节 政策研究 ………………… 449
第二章 行政工作………………………… 450
第一节 效能管理 ………………… 450
第二节 质量管理体系认证、环境管理
体系认证 ………………… 484
第三节 文秘与简报 ……………… 485
第三章 人事工作………………………… 486
第一节 组织建设 ………………… 486
第二节 干部录用与任免 ………… 486
第三节 干部培训与考核 ………… 487
第四节 人才管理与引进 ………… 487
第五节 人事档案管理 …………… 489
第四章 民政事务………………………… 489
第一节 救济与救助 ……………… 489
第二节 优抚与退伍安置 ………… 491
第三节 城乡低保 ………………… 492
第四节 五保供养 ………………… 493
第五节 签订家庭赡养协议 ……… 494
第六节 双拥共建 ………………… 494
第七节 地名管理 ………………… 494
第八节 社会事务 ………………… 495

第十五编 人大 政协

第一章 区人大工委……………………… 499
第一节 机构 ……………………… 499
第二节 人大代表选举产生 ……… 499
第三节 考察 检查 ……………… 503
第四节 议政履职 ………………… 504
第二章 区政协工委……………………… 505
第一节 机构 ……………………… 505
第二节 主要活动 ………………… 505

第十六编 民主党派

第一章 民革开发区支部委员会………… 513
第一节 组织建设 ………………… 513
第二节 主要工作与活动 ………… 513
第二章 民盟开发区总支部委员会……… 514
第一节 组织建设 ………………… 514
第二节 主要工作与活动 ………… 514
第三章 农工党开发区支部委员会……… 515
第一节 组织建设 ………………… 515
第二节 主要工作与活动 ………… 515
第四章 致公党开发区支部委员会……… 516
第一节 组织建设 ………………… 516
第二节 主要工作与活动 ………… 516
第五章 九三学社菏泽市委员会………… 518

第一节　组织建设 …………………… 518
第二节　主要活动 …………………… 519

第十七编　法治　军事

第一章　社会治安综合治理……………… 523
第一节　机构 ……………………… 523
第二节　治安整治 …………………… 523
第二章　公　安……………………………… 529
第一节　机构 ……………………… 529
第二节　刑事侦查 …………………… 530
第三节　治安管理 …………………… 532
第四节　户政管理 …………………… 534
第五节　科技强警 …………………… 535
第六节　交通管理 …………………… 536
第三章　检　察……………………………… 541
第一节　机构 ……………………… 541
第二节　检察工作 …………………… 542
第四章　法　院……………………………… 548
第一节　机构 ……………………… 548
第二节　审判工作 …………………… 549
第五章　军　事……………………………… 551
第一节　武装部 …………………… 551
第二节　兵役 ……………………… 552
第三节　民兵 ……………………… 552
第六章　消　防……………………………… 553
第一节　消防装备设施 ……………… 553
第二节　消防措施 …………………… 554

第十八编　科技创新与管理

第一章　科研机构与成果………………… 559
第一节　科研机构 …………………… 559
第二节　科技孵化器 ………………… 560
第三节　科技成果 …………………… 560
第四节　新世纪科技城 ……………… 562
第五节　企业研发平台 ……………… 563
第二章　科技管理………………………… 566
第一节　管理职能 …………………… 566
第二节　科技鼓励政策 ……………… 566
第三节　科技创新管理 ……………… 567
第四节　产学研合作 ………………… 568
第五节　科技成果管理 ……………… 568
第三章　产业园区………………………… 570
第一节　高科技创业园园区项目 … 570
第二节　化工工业园 ………………… 570
第三节　新材料产业园企业 ……… 573
第四节　新能源产业园 ……………… 574
第四章　科技企业………………………… 576
第一节　企业队伍 …………………… 576
第二节　重点技术企业 ……………… 578

第十九编　文化　教育　卫生

第一章　文　化…………………………… 587
第一节　公共文化建设 ……………… 587

第二节 群众文化活动 …………… 589
第三节 乡村文明行动 …………… 589
第四节 文物保护 …………………… 590
第二章 教 育……………………………… 591
第一节 行政管理 …………………… 591
第二节 学前教育 …………………… 592
第三节 小学教育 …………………… 594
第四节 中学教育 …………………… 607
第三章 卫 生……………………………… 611
第一节 机构 ………………………… 611
第二节 医疗队伍 …………………… 616
第三节 社区卫生服务 …………… 617
第四节 爱国卫生运动 …………… 618
第五节 食品监督管理 …………… 618
第四章 计划生育………………………… 622
第一节 机构 ………………………… 622
第二节 计划生育政策 …………… 622
第三节 技术服务 …………………… 624
第四节 计生管理 …………………… 624
第五节 计划生育协会 …………… 626

第二十编 社会生活

第一章 居民生活………………………… 629
第一节 居民收入 …………………… 629
第二节 居民消费 …………………… 630
第二章 社会保障………………………… 630
第一节 养老保险 …………………… 630
第二节 医疗生育保险 …………… 632
第三章 社会养老服务…………………… 633
第一节 养老服务中心 …………… 633
第二节 社区日间照料中心 ……… 635
第三节 南湖康复养老中心 ……… 637
第四章 宗 教……………………………… 638
第一节 佛教 ………………………… 638
第二节 伊斯兰教 …………………… 638
第三节 天主教 ……………………… 638
第四节 基督教 ……………………… 639
第五章 民间习俗………………………… 639
第一节 生活习俗 …………………… 639
第二节 生产习俗 …………………… 642
第三节 时节习俗 …………………… 643
第四节 礼仪习俗 …………………… 646
第六章 方言俗语………………………… 648
第一节 俗语 ………………………… 648
第二节 谚语 ………………………… 653
第三节 歇后语 ……………………… 657
第四节 歌谣 ………………………… 660
第五节 方言 ………………………… 662

第二十一编 街 道（镇）

第一章 丹阳街道………………………… 671
第一节 历史沿革 …………………… 671
第二节 管辖范围 …………………… 672
第三节 经济发展 …………………… 673

第四节　社区建设 …………………… 680
第五节　社会事业 …………………… 682
第六节　历史古迹 …………………… 690
第二章　岳程街道…………………… 692
第一节　历史沿革 …………………… 693
第二节　管辖范围 …………………… 693
第三节　经济发展 …………………… 694
第四节　社区建设 …………………… 701
第五节　社会事业 …………………… 702
第六节　历史古迹 …………………… 707
第三章　佃户屯街道…………………… 709
第一节　历史沿革 …………………… 710
第二节　管辖范围 …………………… 710
第三节　经济发展 …………………… 710
第四节　社区建设 …………………… 714
第五节　社会事业 …………………… 715
第六节　历史古迹 …………………… 719
第四章　陈集镇…………………… 721
第一节　历史沿革 …………………… 721
第二节　管辖范围 …………………… 721
第三节　经济发展 …………………… 722
第四节　村镇建设 …………………… 728
第五节　社会事业 …………………… 731
第六节　历史古迹 …………………… 734

人　物

人物传略…………………………………… 737
人物简介…………………………………… 749
开发区现任领导 …………………… 749
开发区离任领导 …………………… 757
市级以上模范先进人物表………………… 772
高端人才名录……………………………… 778
革命烈士名录……………………………… 787

附　录

一　文献辑存……………………………… 805
二　诗文选辑……………………………… 817
三　民间传说……………………………… 820

索　引

索　引……………………………………… 825

编后记

编后记……………………………………… 835

概　述

菏泽经济开发区（以下简称开发区）是1992年7月经山东省人民政府（以下简称省政府）批准设立的省级开发区，规划面积11.5平方公里，享受沿海城市经济开发区关于生产性外商投资企业所得税减按15%税率征收政策。当年，省政府划区布点确定开发区起步区为4.6平方公里，规划面积15平方公里，7.5平方公里为控制区，批准耿庄、何楼、都庄3个行政村划归开发区管理。

1995年11月，省政府批准设立菏泽加工贸易区，与开发区"两区合一、合署办公"，实行两个牌子一套班子的管理体制。2001年3月，经菏泽市委、市政府批准，将丹阳街道、岳程街道、佃户屯街道整建制划归开发区管理，开发区面积扩大到148.6平方公里。2018年7月29日，根据《关于打造区域中心城市的实施意见》《中共菏泽市委常委会会议纪要》（十三届第87次会议），经菏泽市委常委会研究决定将定陶区管辖的陈集镇划归开发区代管。至此，开发区进入区管镇的新体制。辖区总面积236.9平方公里，建成区面积4.6平方公里，辖1个镇、3个街道、138个社区（行政村）、262个自然村，人口30.82万。

开发区地处鲁苏豫皖四省交界，中原城市群卫星城菏泽市区的东部，与老城区相连接，东北与牡丹区皇镇乡接壤，东南与定陶区半堤乡、仿山乡毗邻，西北以赵王河中心线为界与牡丹区东城街道、牡丹街道隔河相望。地理坐标为北纬35° 11′ 56″ ~ 35° 16′ 03″，东经115° 29′ 09″ ~ 115° 31′ 05″。

开发区区域空间开阔，地势平坦，地表土质为沙壤土，以轻壤、重壤、黏土为主，地耐力较强，物理力学性质较好。这里地处黄河冲积平原，属温带季风气候，四季分明，雨热同季，光照充足，年平均气温13.6℃，极端最高气温40.5℃，极端最低温度-10.5℃，全年无霜期213 ~ 214天，年平均日照时数2168.5小时，年平均降水量690毫米。区域内河、渠向自西向东经前崔楼排水闸注入东渔河，河水含盐量8‰ ~ 10‰，万福河、赵王河、洙水河自西向东流经辖区，年平均流量为500立方米/秒。土地深厚肥沃，是培植优质农产品的埋想区域，也是重要的粮油生产基地。开发区牡丹栽培历史悠久，面积大、品种多、花色全，享有"牡丹之都"称号。区内还有驰名国内外的耿饼、陈集山药等特色农产品，牡丹花、木瓜树，2013年7月16日分别被菏泽市人大常委会批准为市花、市树。

开发区地处京九铁路与兖新石铁路菏泽段的交会处、日东高速公路与菏关高速公路连接点、京杭运河洙水河航道线上。京九线中心里程K583+602m，新石线中心线里程K166+706m，车站4个方向，规模为三等四场（出发场、到达场、上行下行分场、编组场），有线路14条，其中正线4条、到发线7条、尽头线（13、14股）、专用线11条，日均接发列车147对，其中客车68对、行包专列4对，全年旅客发送800余万人，货物发送7.05万吨，系菏泽综合性的铁路货运中心。已建成的丹阳立交桥为开发区跨京九线东区232.5平方公里区域的开发建设提供了便捷的交通条件。

2018年12月批准建设的菏泽高铁东站是京九高铁和鲁南高铁十字交汇枢纽高铁站，距开发区7公里，距2020年通航的牡丹机场13公里，距全省第一个铁路二类口岸——青岛保税港菏泽内陆港12公里，距已投入运营的济铁物流园11公里，是开发区国际货运的主要出口通道。

对外公路交通依托位于开发区北、东部的日东高速公路、菏关高速公路连接济菏、德商、鲁南、枣菏高速公路，形成辐射式沟通鲁南城市带的交通公路网。京杭运河洙水河航道通航是开发区内河运输的重要通道。

菏泽开发区沐浴着邓小平南方谈话的春风应运而生，肩负菏泽扩大对外开放、促进经济发展的历史使命。1992—2018年，开发区按照“总体规划、统筹安排、分步实施、滚动发展、以开放促发展、以开放促转型”的方针，实施“工业为主导，大中小项目并举，内引外联并举、招大引强、招新引洋”的招商“生命线”工程，成为菏泽市对外开放的窗口和经济建设的龙头。

在市委、市政府的领导下，开发区以邓小平理论、“三个代表”重要思想、科学发展观、习近平新时代中国特色社会主义思想为指导，坚定不移地坚持改革开放的方针，以建设工业化、外向型、现代化的新城区为目标，以工业兴区、科教强区、环境立区为发展战略，以“建区”与“建城”两轮驱动为发展举措，发扬开发区人“敢于拼搏、勇于吃苦、善于团结、精于创新、乐于奉献”的创业精神，将昔日一片片贫瘠田野荒地变成初具规模的菏泽东部现代化的新城区。实施城市发展向东为主、向南为辅、一核两轴四组团的组团式分布结构，形成科技研发孵化器、养生休闲大健康、3D打印智能机器人、产学研发展的新格局。

2001—2018年，开发区经济发展量质齐升，综合实力显著增强。2018年，开发区地区生产总值实现195.22亿元，同比增长8.6%；一般公共预算收入20.40亿元，增长13.4%。在全市位列第三位；固定资产投资完成91.1亿元，增长8.9%；进出口额累计44.12亿美元；主要经济指标增幅均居全市前列。三次产业结构比为0.8 ∶ 59.6 ∶ 39.6。开发区以占菏泽市2%的土地面积承载菏泽市2.67%的人口，创造出菏泽市6.2%的生产总值、7%的实际利用外资、17%的进出口总额、11.5%的一般预算收入，先后被评为中国创新力开发区、中国最佳投资环境园区、中国最具发展潜力开发区、中国开发区协会理事单位、全国营商环境优秀园区、山东省先进开发区、山东省低碳经济示范园区、山东省知识产权试点园区和山东创新创业公共服务示范平台。

将开发开放作为发展经济的总抓手

开发区狠抓招商引资项目建设，发展对外贸易，提升对外开放的层次和水平。创新招商模式，通过理顺招商体制机制，设立专业招商机构，实施专业招商、产业招商、以商招商，不断改进招商引资模式，由“行政招商、全员招商”向“专业招商、服务招商”转变，由单纯依靠优惠政策招商向依靠产业配套环境招商转变。招商的地区由中国香港、台湾地区向日韩及欧洲国家转变，着力引进科技含量高、辐射带动力强的先进制造业和高端服务业项目，着力提高利用外资质量和水平。强化项目落地服务，设立项目推进服务中心，建立由党工委、管委会领导和部门包项目责任制，坚持服务热情周到、诚信高效，及时解决项目建设遇到的困难和问题，形成一手抓项目引进、一手抓服务推进的良性机制。至2018年末，累计引进10余个国家和地区投资项目138个，总投资额7.08亿美元，实际利用外资1.74亿美元，累计引进内外资项目1144个，实际投资额3818.5亿元。积极发展对外贸易，优化出口产品结构，先后与50多个国家和地区实现贸易往来。开发区全年现代农业项目外资已到账8000万美元。2018年，全区有进出口实绩的企业8家。

把工业立区作为区域发展经济的发动机

开发区积极搭建园区载体，全力扶持骨干企业，着力抓好品牌引领，加快构建现代产业体系，全区工业企业经济保持强劲发展态势。按照龙头带动、集聚发展方略，先后规划建设鲁能工业园、食品工业园、木材加工工业园、锦江工业园、中富工业园、韩国工业园、中印科技园、中粮艾地盟、山东樱花、海南椰风、华鹏玻璃、玉皇化工、金正大、龙华汽车、山东东药、普华制药、上海道勤、华星油嘴、华昌机械、美龙汽车、生物科技、湖北洋丰、格林纸业、台塑城、信多达电子等一大批拥有世界先进技术和占据行业领先地位的龙头产业项目，形成汽车零部件、电子信息、生物制药、食品医药、新材料、新能源、轻纺服装等七大支柱产业，成为鲁南产业带和四省交界新的产业制高点，鲁南带现代制造业。持续开展大企业培育行动，积极实施企业自主创新、做大做强、品牌创建、上市融资战略，健全落实扶持企业发展系列优惠政策，对重点骨干企业在用地、融资和服务上实行重点倾斜，全力扶持企业做大做强。2018年，园区单位土地投资强度达到1800万元/公顷，是菏泽工业经济集聚区，发展最快区域。当年全区规模以上工业企业由建区前的12家增加到149家，主营业务收入过50亿元的工业企业2家，其中过百亿元1家。全区拥有省级以上著名商标、驰名商标、服务品牌25个，上市企业35家。

把科技创新作为产业发展的强劲动力

开发区实施科技创新计划，扶持发展高新技术产业。构建政府推动、企业主导、借智引才、校企联合、资金扶持、科技创新体系，建设高层次人才聚集区、产学研合作密集区，科技成果转化汇集区。成立科技服务创业服务中心、建立高科技创业园、中科院山东成果菏泽转化中心、玉皇新能源技术中心、天宇新材料产业园、盛世科研中心、中科院过程工程所绿色技术研究院、创研孵化团队、道中道科技产业园、云计算、智能机器人、3D打印、中印软件园等国家工程研究中心基地，国家级中小企业创新创业基地和专利技术网上交易平台，科技孵化能力显著提升。科技创业服务中心累计引进科研机构和创新项目50余个，被认定为省级高新技术创业服务中心。提高科技三项经费投入比重，建立科研发展专项基金，扶持企业建立研发中心，开展产学研合作，培育高新技术企业，企业创新能力持续增强。至2018年末，全区累计创建市级以上企业工程技术研究中心、技术开发中心20家，开展产学研合作项目100余项，认定高新技术企业30家，组织实施各级科技计划300余项，申请专利1800项，通过科技成果鉴定50项。其中，达到国际先进水平10项，获国家科技进步一、二等奖各1项。2018年全区实现高新技术产业产值，占规模以上工业企业总产值比重的58.23%。大力实施创新人才培育工程，建立人才技术联盟，实行县级干部对口联系高端人才制度，认真落实高层次人才引进政策，努力造就一支结构优化、布局合理、素质优良、规模较大的人才队伍，为经济社会发展提供人才保证和智力支持。至2018年末，全区高端人才有1500余人，其中院士12人、泰山学者6人、博士6人。

把发展服务业作为结构调整总抓手

开发区依托良好的区位、产业、资源优势，强化产业规划引导和政策扶持，整合提升货运、钢材、汽车、家具等专业市场以及酒店、餐饮、旅游等传统服务业，大力发展物流等生产性服务业，高起点规划建设现代商贸中心、现代化物流集散中心及新业态和现代商务运营中心。

针对区内商业业态“小、散、低、缺”的状况，围绕统一开放、规模合理、主体多元、业态多样、布局科学、竞争有序、组织化程度高的现代化城市区域商贸物流体系的要求，充分利用地理区位优势，积极打造“三区一带”。围绕人民路、中华路、长江路打造核心商务区，形成以国贸、万达广场两大商贸中心，中华路、和平路、丹阳路、长江路四大商业街，银座、茂业、天美、万特为主体的高端零售业中心，以五星级威尔逊酒店为主体的酒店餐饮业中心，以18家商业银行和30家保险公司、证券公司、担保公司为主体的金融中心。在新石铁路以南、人民路两侧，打造城南商贸区，形成以亿丰时代广场、银座家居、中环物流、恒盛大市场、红星美凯龙为主体的大型专业批发市场。依托京九铁路、新石铁路两大交通干线，打造铁路物流园区，形成以聚隆能源物流、盛世化工物流、中粮物流、玉皇物流、保税物流为主体的工业物流园区，其中，仅盛世物流园区新增铁路专用线8条，原料油、成品油运输能力达到1000万吨。此外在京九铁路以东、黄河路西侧打造汽贸产业带，以齐鲁国际汽配城和100余家汽车4S店、专营店为主体，建设汽车销售、汽车配件、汽车装具专业市场。

地处开发区的菏泽火车站汇集中华世纪城、万象广场、紫金国际广场800万客流的优势和便利的交通枢纽，作为火车站新商圈集品牌酒店、商家娱乐、餐饮、休闲等复合功能于一体的超级商业综合体、现代商业运营中心，吸引入驻总部经济等机构300余家。2018年，全区社会消费品零售总额达100亿元，服务业增加值达到61.7亿元，第三产业占GDP比重达到48%。

将城乡一体、生态优先、突出特色、打造精品作为规划建设的指导思想

开发区坚持高起点做好城市建设规划，高标准推进城乡重点工程建设，高效能抓好城市精细化管理，着力建设国际化、生态化、现代化精品城区。规划体系全面覆盖，先后组织编制《菏泽经济开发区总体规划》和东南湖区、一中南校片区、阿五片区、郭庄片区、耿庄片区、何楼片区、肖楼片区、桑屯片区等服务区控制性详细规划及80余个棚改区详细规划，形成覆盖全区、功能完善、布局合理的城市规划体系。建成区快速崛起，以建设生态绿色宜居城市副中心为目标，提高建成区商业、文化、居住用地比重，已规划建设11层以上高层建筑400余座，如万达商业广场、碧桂园天汇、中达绿城·江南里、广州路壹号院、南华康城、中华世纪城、和平人家、中达广场、经典国际、龙翔中央檀府、东城国际等一批城建精品工程，创造了宜居宜业的发展环境。

基础设施日趋完善。累计修建道路（断头路）235.8公里，供水面积190余平方公里，供气管道200余公里，排水管道280余公里，排污管道300余公里，实施集中供暖面积2000万平方米，建设枢纽变电站20余座，城市集中供热和污水处理率达到100%。实施城市基础配套设施“超前规划、分步实施、一步到位”，城市环境全面

改善。实施城中村棚户区改造，2017—2018年全区完成8350户162.11万平方米，丹阳街道五年来完成44984户746.92万平方米，实现社区集体和居民增收。开发区多层小区建设启动，74万平方米闽江路安置小区、35万平方米洞庭路安置小区、和福祥安置小区88栋、23万平方米工业园区5个村庄1425户、前崔楼546户整体完成搬迁。开发区农民由祖祖辈辈“单家独院”的传统居住模式，完成向城市小区的品质生活跨越，实现生活环境改善、城市空间拓展多赢。城乡环境综合整治，全面提升新建垃圾中转站30余个，配套垃圾运输车100余辆，保洁员500余名，环卫保洁市场化作业实现全覆盖。开展广告牌治理、沿街建筑外观整治、光亮工程等系列城市环境升级改造，完成80余个农村环境综合整治和5条40公里城中河治理，分批关停5处化工厂，城市绿化覆盖率达到53.3%，人均公共绿地面积38平方米。城市管理体制逐步理顺，建立网格化城市管理体制机制，形成齐抓共管格局。

把发展特色农业作为促进农业增效、农民增收的有效途径

开发区充分利用有效的土地资源，大力发展佃户屯街道绿色生态园种植特色农业，整合现有2000公顷土地资源，制定栽植奖励扶持政策，组建专业合作社，积极培育苹果、葡萄、草莓、蘑菇等特色专业种植村，大力培植农民专业合作社和农业产业龙头企业，推进农业标准化建设，创建农产品质量安全示范区。

金硕农业规划面积800公顷，投资16亿元流转土地580公顷，完成14个美丽乡村建设，建成连栋钢型温室大棚13座、扶贫大棚28座、冬暖式蔬菜大棚3座，发展特色林果98.67公顷，高档花木133.33公顷，绿色粮食作物333.33公顷，花生20公顷。开发区122个贫困社区（村），精准识别贫困人口5474户12706人，2017年脱贫5218户12095人，2018年剩余256户611人全部脱贫，减贫计划精准完成率100%，建档立卡贫困户返贫率为0，帮扶措施精准到位率100%。2018年全区种植规模5814.4公顷，产量31.5吨。累计发展市级以上农业产业化龙头企业10个，农民专业合作社50个，建设标准化农业生产基地30个，共计2000公顷；全区实现农业产值5亿元，种植业、畜牧业、渔业分别占55%、35%、10%，第一产业占GDP的比重为1.68%。

以人为本，将城乡统筹作为改善民生的核心内容

开发区加强创新社会管理，努力让群众共享改革发展红利，坚持优先发展教育，改革城乡二元分割的教育体制，实行城乡义务教育“五统一”管理，持续加大教育资金投入，完善教学设施设备，全区所有中小学校办学条件全部达到市级以上规模标准，实现城乡义务教育优质均衡发展。至2018年末，全区共有中小学20所，其中九年一贯制学校10所；幼儿园50所，其中公办幼儿园2所；职业教育学校15所。健全社会保障体系，全面推行基本养老保险、社区居民保险、新型农村养老保险制度，建立健全职工事业保险、医疗保险、工伤保险体系，认真做好城乡低保“五保”（保吃、保穿、保住、保医、保葬）供养等社会救助工作，努力解除群众后顾之忧。至2018年末，全区城镇职工养老保险、新型农村养老保险、失地农民保险参保人数分别占应保人数的80%、90%、100%。提升医疗卫生服务水平，深化医疗卫生体制改革，加强医疗卫生设施体系和医疗卫生队伍建设，完善医疗服务网络，提高基层医疗

卫生水平。至2018年末，全区技术卫生人员由建区初的150人增加到2000余人，各类医疗机构由2家增加到150家，构建15分钟城乡社区医疗卫生服务圈。繁荣发展文化事业，完善区、街道（镇）、社区三级公共文化服务体系，全面深入开展贴近群众生活的文化活动，群众文化生活丰富多彩。积极发展体育事业，建设各类健身场地和室内活动场所。深入开展群众体育、学校体育活动，积极参加市级以上竞技体育比赛，公园晨练、广场健身已成为群众生活常态。至2018年末，全区累计建成大型公园5个，社区级公园、文化广场50个，市民步行10分钟可到一处社区健身广场。

把深化行政体制改革作为提高服务效能的保障

开发区党工委、管委会作为市委、市政府的派出机构，实行一套机构两个牌子，按照“小政府、大服务”和“精简、高效”的原则，推进机构改革，力求少环节、少层次、不苛求上下对口，不少部门形成“上面多条线、下边一家干”的综合管理模式。至2018年末，开发区党工委、管委会共内设正县级机构4个，副县级机构6个，正科级机构59个，3个街道，辖1个镇。建立县级干部“五包”（包项目、包村居、包学校、包住房、包企业）工作实绩评价、领导干部补位等工作制度，坚持民主决策、科学决策、依法决策，不断提高执政能力和水平。认真做好干部选拔任用和教育管理，建立干部年度考核、党政领导干部任职前公示和试用制度以及“三定”（定职能、定机构、定编制）、“三岗”（竞争上岗、培训待岗、交流交岗）目标责任管理考核等制度，形成优者上、庸者下、劣者汰的机制导向，对全区71名干部作了调整，招考选拔132名事业单位工作人员，优化了干部结构。加强基层党组织和党风廉政建设，坚持基层党委述职述廉、镇（街道）党委书记党建创新项目管理和镇、街道、社区书记定期集中议事制度，建立社区“两委”干部报酬按月考核发放制度。2018年，对全区45个单位3019人进行了年度考核。至2018年末，全区共设党（工）委10个，党总支11个，基层党支部250个，有中共党员8459人。加强惩治和预防腐败体系建设，认真落实党风廉政建设责任制，推行党务公开，深入开展政风行风评议，营造风清气正的创业干事氛围，坚持用先进的文化引领前进方向，紧紧围绕“机关的一切工作都要让群众满意”的主旋律，大力弘扬“感恩、责任、奉献”文化，深入推动法治阳光服务政府建设，努力营造优质高效服务环境。

开发区面对新的形势和挑战，拿出一张蓝图绘到底的精神，以久久为功的耐力与发展创新的改革劲头，用发展的办法走好新路，一步一个脚印地朝着既定目标前进，开启加快转型、绿色发展、跨越提升之路的新征程。

大事记

1992 年

4 月 30 日　菏泽地区经济技术开发区领导小组成立，行署专员李明先任组长，副专员潘兴玺任副组长。下设开发办公室，设在地区经济计划委员会，为领导小组的办事机构，着手开展开发区的前期工作。

5 月 4 日　中共山东省委、山东省人民政府印发《关于进一步扩大对外开放加快发展外向型经济的决定（试行）》，决定共 20 条。

7 月 1 日　中共菏泽地区委员会批准建立山东省菏泽经济技术开发区管理委员会，为副县级单位，由菏泽市（县级市）管理。

7 月 4 日　中共菏泽地区委员会批准建立中共山东省菏泽经济技术开发区工作委员会，丛林任书记，张玉荣任副书记。

7 月 30 日　开发区管理委员会印发《关于机关工作人员政治、经济待遇的暂行规定》，规定自 1992 年 10 月 1 日执行。

8 月 15 日　菏泽市政府印发《菏泽经济技术开发区管理规定》。规定共 6 章 21 条，自公布之日起执行。

9 月 19 日　台湾台南市化妆品商业同业公会理事长王明烟、常务监事沈木泉一行 10 人到开发区考察。

10 月 20 日　菏泽银盾实业开发总公司投资 260 万元，在开发区征地 1 公顷，兴建菏泽银达上海大众特约维修站项目规划建筑面积 240 万平方米。

10 月 28 日　《山东省发展外向型经济“划区布点”总体规划方案（征求意见稿）》决定，建立菏泽开放开发综合试验区。规划面积 11.5 平方公里，起步区面积 1 平方公里。位置定于菏泽市城区东部，东至京九铁路，北至济菏公路。

10 月 31 日　开发区工委、管委会公布《机关工作人员聘用制暂行办法》，共 14 条，从公布之日起执行。

11 月 25 日　北京四方房地产开发公司、北京市京合房地产开发公司、开发区房地产开发公司就共同投资兴办菏泽经济技术开发区京菏房地产开发公司进行深入会谈，达成意向。

11 月 27 日　开发区管委会同意组建菏泽经济技术开发区经贸公司，为全民所有制企业，由经济发展局领导管理。实行总经理负责制，自筹资金、独立核算、自负盈亏。

12 月 12 日　山东省人民政府对外经济工作协调小组印发《山东省发展外向型经济“区划布点”总体规划方案》。其中，菏泽开发区被列入省级开发区，更名为菏泽开放开发综合试验区（简称开发区）。

12 月 15 日　开发区管委会同意成立菏泽经

济技术开发区拆迁办公室和菏泽经济技术开发区土地规划建设局测绘大队，由开发区土地规划建设局领导和管理。

1993年

2月26日　开发区管委会同意组建菏泽开发区综合贸易公司。公司为全民所有制企业，由管委会办公室领导和管理，独立核算、自负盈亏。设经理1人、副经理2人。

3月5日　菏泽开发区恒达实业公司成立。1999年8月，公司正式注册，注册资金800万元，位于菏泽开发区人民路中段。

3月6日　开发区劳动人事局成立，与开发区党工委政治工作部合署办公，具体负责开发区劳动人事管理工作。

4月26日　菏泽地区投资公司投资1500万元，在开发区建设工业大厦项目征地2公顷，建筑面积2万平方米。

当日　菏泽地区投资公司投资2997.92万元，在开发区兴建山东菏泽五金厂项目，征地1公顷。

5月3日　菏泽地区金融培训中心在开发区建设，总投资2950万元，占地1.33公顷。

8月9日　开发区管委会成立菏泽开发区动力配套办公室，为管委会直属机构，实行事业单位企业化管理，规格暂定为副科级。

8月16日　开发区管委会研究决定设立菏泽开发区质量监督站、菏泽开发区规划建设管理处、菏泽开发区规划建筑设计所。以上机构由土地规划建设局领导管理，人员内部调配。

9月22日　南华产业园在开发区人民路西、八一路以北征地9公顷，投资600万元，引进日本小松株式会社食品加工项目。

11月8日　开发区财政税务局撤销，设立菏泽开发区财政局、菏泽开发区税务局。

12月17日　菏泽开发区汇丰企业总公司成立，投资100万元，注册资金150万元。

当年　卢洪宾任菏泽经济开发区党工委副书记、管委会副主任，董金如任开发区管委会副主任。

1994年

1月15日　开发区收归地区管理，升格为正县级单位。

1月19日　开发区项目推进服务中心成立，隶属于经济发展局，负责外资项目跟踪服务。

6月10日　菏泽行署同意建立行署驻深圳办事处，由开发区代管。

6月23日　开发区与地区粮食局签订租房协议，地区粮食局办公楼五、六层为开发区办公区域。

7月5日　菏泽地委书记林廷生就开发区收归地区管理有关问题主持召开专题会议。

7月10日　开发区成立项目审批服务中心，从经济发展局析出，负责外资项目的立项审批服务工作。

7月13日　山东省菏泽经济技术开发区更名为山东省菏泽开放开发综合试验区，中共山东省菏泽经济技术开发区工委更名为中共山东省菏泽开发区工委（简称开发区党工委），山东省菏泽经济技术开发区管委会更名为山东省菏泽开发区管委会。

8月15日　开发区艾特物贸发展有限公司成立。

9月7日　菏泽地区编委会同意成立菏泽地区公安处开发区公安局，由地区公安处和开发区管委会双重领导。

10月11日　《菏泽开放开发综合试验区总体规划》专题讨论会议召开。

10月20日　菏泽开发区装卸运输公司成立。

11月15日　丛林任中共菏泽开发区工委书记、开发区管委会主任。

11月28日　菏泽开发区建筑公司、菏泽开发区环卫公司成立。

1995年

1月3日　开发区直属机构设置党工委部门2个、管委会部门7个。菏泽经济技术开发区管委会办公室更名为菏泽开发区管委会办公室，成立菏泽开发区社会发展局。

1月5日　开发区同意华瑞食品公司建设粮食储备库，兴建库房2座，总投资250万元。

3月15日　菏泽开发区市政工程管理处、菏泽开发区园林管理处成立。

4月12日　菏泽地区医药公司在开发区兴建通保健食用油厂，总投资732万元，注册资金360万元。

5月26日　菏泽地区经济管理干部培训中心在开发区建成，建筑面积1.3万平方米，总投资2500万元。

6月6日　菏泽地区公安处法医鉴定中心在开发区建成，总投资300万元。

6月14日　张道社任菏泽开发区纪委书记，李守卿任菏泽开发区工会主席。

当月　肖焕斌任菏泽开发区党工委委员、管委会副主任、直属机关党委书记。

7月20日　山东省经济开发区协会第一届理事会成立，菏泽开发区为理事成员单位。

9月20日　菏泽开发区鲁绣实业有限责任公司成立，总投资150万元，注册资金100万元。

10月9日　开发区“九五规划”编制领导小组成立。党工委书记、管委会主任丛林任组长，管委会副主任董金如任副组长，成员田玉卿、高谦绍、潘启秀，下设办公室，高谦绍兼办公室主任。

10月10日　开发区内兴建青岛海关驻菏泽办事处海关大楼，主楼建筑面积3500平方米，总投资550万元，其中建筑工程投资450万元。

11月22日　菏泽对外加工贸易区设立，规划面积5平方公里，起步区面积1平方公里。

1996年

1月16日　《菏泽开发区机关工作人员一九九五年度考核实施办法》《菏泽开发区机关工勤人员一九九五年度考核实施办法》发布。

2月5日　菏泽地区机构编制委员会同意成立菏泽对外加工贸易区管委会，与开发区管委会一个机构两块牌子，并增设菏泽对外加工贸易区对外加工装配贸易局。

3月13日　中国青岛对外贸易洽谈会开幕，并举办菏泽对外加工贸易区新闻发布会。地委书记董昭合出席并讲话。

3月30日　菏泽地区粮食局投资550万元，建粮油管理干部培训中心，建筑面积2700平方米。

当日　菏泽地区行署印发《关于进一步改善外商投资环境的若干规定》。

4月2日　菏泽天河油墨制造有限公司项目投资180万元，在开发区建业务楼1270平方米，展厅1000平方米，车间685平方米，宿舍楼1365平方米，建设周期为一年。

5月9日　山东省人民检察院菏泽分院驻开发区检察室挂牌成立，为正科级单位。

6月2日　由于城市建设的发展，原开发区耿庄、都庄、何楼3个行政村的耕地112.37公顷全部征用，3个村农业人口4494人由农业户口转为非农业户口。

8月6日　开发区开工建设建材大市场，建筑面积3400平方米，总投资40万元。

8月16日　菏泽地区机构编制委员会同意设立菏泽开发开放综合试验区公安局，编制15人，其中领导职数1正2副，由原菏泽地区公安处开发区公安局成建制移交。

9月27日　菏泽地区种子检验监测服务中心开发区兴建，建筑面积884平方米，总投资60万元。

10月1日　开发区管委会公布机构改革实施方案，党工委内设机构为一室一部一委，分别为党工委办公室、党工委政治部、直属机关党委（与纪委合署办公）。管委会内设机构为一室八局，分别为管委会办公室（与党工委办公室合署办公）、劳动人事局（与党工委政治部合署办公）、财政局（加挂地方税务局、审计局牌子）、对外贸易局、经济发展局（加挂技术监督局牌子）、规划建设环保局、公用事业管理局、社会发展局、公安局。内设机构规格为正科级。

10月25日　开发区第一次基本单位普查领导小组成立。管委会副主任董金如任组长，副组长3人，下设办公室。

11月18日　南华食品有限公司引进日本小野兴业食品株式会社的新含气调理食品加工生产线正式签约。

1997年

1月20日　菏泽地区消防支队投资800万元，在开发区项目建筑面积9556平方米。其中，综合楼3500平方米，培训中心2240平方米，宿舍楼2816平方米，附属设施1000平方米，建设周期1年半。

2月20日　开发区新型建材厂投资1880万元，建筑面积1.4万平方米，征用土地1.87公顷，建设周期2年。

2月22日　菏泽地区花生油精炼厂在开发区投资1280万元，项目建筑面积1.3万平方米，征用土地1.99公顷，建设周期2年。

3月14日　菏泽有线电视台在开发区投资800万元，征地1公顷，建筑面积4000平方米。其中，办公楼1000平方米，职工宿舍楼3000平方米，建设周期1年。

3月28日　新建人民大酒店项目总投资100万元，建筑面积1600平方米，建设周期1年。

4月7日　菏泽食品加工厂在开发区投资1200万元，项目建筑面积1500平方米，征用土地1.9公顷，建设周期1年。

5月27日　开发区管委会同意建立菏泽开发区公安局人民路派出所，编制3人，人员由内部调整。

8月12日　开发区环卫处更名为菏泽开发区环境卫生管理处。

8月19日　开发区管委会同意设立菏泽开发区公安指挥中心、菏泽开发区公安局法制科、菏泽开发区公安局户籍科，增加公安地方专项编制90人。

8月21日　菏泽地区残疾人联合会在开发区建设残疾人康复培训中心，项目总投资260万元，建筑面积1800平方米，征用土地0.4公顷。

9月15日　中共菏泽开发区工委更名为中共菏泽开发区委员会。

10月26日　菏泽开发区物价管理检查所成立。

12月31日　菏泽地委决定，张玉荣任菏泽开发区党工委书记；丛林任菏泽开发区党工委副书记，其原中共菏泽开发区工作委员会书记职务自然免除。

1998年

3月3—5日　开发区党工委、管委会组织

人员到济宁、曲阜、泰安、淄博 4 个开发区考察学习。

3 月 10 日　菏泽开发区管委会、菏泽对外加工贸易区管委会联合印发《鼓励投资优惠政策》。

3 月 24 日　成立开发区生活服务站，由开发区管委会办公室领导和管理。

3 月 26 日　中共菏泽开发区委员会、菏泽开发区管理委员会印发《菏泽开发区 1998 年机关目标管理岗位责任制实施方案》。

6 月 10 日　开发区规划建设管理监察大队成立。

6 月 25 日　开发区管委会印发《菏泽开发区城市规划管理暂行办法》。

7 月 6 日　开发区劳动争议仲裁委员会成立。

8 月 24 日　菏泽开发区党工委、菏泽开发区管委会印发《关于小康村建设的优惠办法》。

8 月 31 日　开发区审计局成立。

1999 年

1 月 7 日　开发区第六届村民委员会换届选举工作领导小组成立。

3 月 15 日　菏泽市人民路与 327 国道交会处立交桥（当地称双河立交桥）工程建设指挥部成立。

3 月 19 日　张乐园任菏泽开发区党工委委员、管委会副主任。

4 月 20 日　美国旧金山齐鲁会馆理事会长李毓华一行 4 人到开发区，就兴办工业园项目进行深入洽谈。

4 月 21 日　东莞市东坑镇台商协会会长许义右一行 13 人到开发区考察。

当日　韩国驻青岛总领事全崟洙率大韩贸易投资振兴公社到开发区考察。

4 月 28 日　中国北方汽车公司在开发区投资 1100 万元，兴建中国北方车辆公司菏泽基地，项目位于人民路东侧，占地 1.33 公顷。

6 月 18 日　开发区法规政策汇编工作领导小组成立，田玉卿任办公室主任，高谦绍、刘志清为成员。

8 月 24 日　开发区玖玖食品有限公司投资 3579 万元，建设年产 3600 吨焦糖色素粉，3000 吨植脂末项目，建筑面积 1.18 万平方米，分两期三年完成。

10 月 20 日　开发区召开“三讲”教育动员大会，“三讲”教育集中活动全面开展。

11 月 25 日　中共菏泽开发区委员会、菏泽开发区管委会向地委、行署呈报《关于扩大开发区管辖区域的请示》。

12 月 12 日　开发区印刷出版《法律法规政策选编》，选编收集国家颁布法律、法规 24 件，省、地级法规 15 件，共三大类约 70 万字。开发区党工委书记张玉荣任主编，高谦绍任总纂。

2000 年

1 月 4 日　菏泽开发区党工委印发《关于加强社会主义精神文明建设的实施意见》。

2 月 18 日　菏泽开发区妇女委员会更名为菏泽开发区妇女联合会。

3 月 9 日　开发区管委会印发《关于禁止未经批准到开发区企业检查、收费、罚款的通知》。

3 月 17 日　省政府批复对菏泽开放开发综合试验区（菏泽对外加工贸易区）总体规划，规划总用地规模 4.6 平方公里。

4 月 26 日　开发区盛华经贸有限公司在开发区建设综合楼，总投资 130 万元，征用土地 4.05 亩。

5 月 8 日　菏泽开发区党工委、菏泽开发区管委会印发《2000 年度岗位目标责任制考核实施细则》。

8月2日　撤销菏泽开发区耿庄、何楼、都庄3个村民委员会，设立菏泽开发区耿庄、何楼、都庄3个社区居民委员会。

8月3日　经开发区管委会研究，同意建设菏泽北方汽车交易市场。

8月31日　开发区计划生育协会成立。选举产生了开发区计划生育协会第一届常务理事会长、常务副会长，聘请名誉会长和秘书长，卢洪宾当选为会长。

9月4日　开发区"十五"规划编制工作领导小组成立。开发区党工委副书记、管委会主任丛林任组长，管委会副主任董金如任副组长。下设"十五"规划编写小组。

12月28日　开发区管委会对何楼、耿庄、都庄3个居委会生活新区建设，作出详细规划和部署。

2001年

2月1日　市委、市政府确定扩大菏泽开发区的管理范围，将丹阳、岳程、佃户屯3个街道划归开发区管理。

3月23日　中共菏泽市委开发区工作委员会（以下简称开发区党工委，正县级规格）成立，作为市委的派出机关，同时撤销中共菏泽开发区委员会。

3月28日　开发区制定《关于鼓励投资的六项规定》。

当月　李守玉任开发区党工委委员、管委会副主任，魏琳任开发区党工委委员。

4月23日　经市委组织部批准，李玉华为开发区管委会主任，李怀堂为开发区管委会副主任（正县级），孙忠生、郭保存、席巍为开发区管委会副主任。

5月15日　菏泽市委副书记、市长陈光到开发区现场办公。

7月13—15日　开发区党工委召开第一次全委扩大会，党工委书记李玉华作重要讲话。

7月30日　菏泽开发区公安局更名为菏泽市公安局开发区分局。

8月21日　开发区花城大道（今广州路）正式立项。位于京九铁路东2公里处，南北走向，道路长5333米，宽60米，总投资2800万元。占用土地32公顷，其中农用地25.53公顷。

9月4日　开发区党工委、管委会印发《关于促进民营经济发展的十七条规定》。

9月14日　市委常委会第二十二次会议研究决定，设立开发区人民武装部。

9月21日　经市编委批准，同意在开发区经济发展局加挂开发区安全生产监督局的牌子。

9月22日　菏泽市委在开发区召开第二十五次常委会。市委书记李明先主持会议，市委副书记、市长陈光，市委副书记孔令昌，副市长杜昌文出席会议。

11月9日　市政府扩大开发区管辖范围的请示获得山东省政府批复。东区范围：东至东环路以东500米，西至京九铁路，南至南平路以南500米，北至327国道以北500米，面积为14平方公里。南区范围：东至京九铁路，西至菏商路以西200米，南至仓南路，北至新石铁路，面积为5平方公里。二期开发面积19平方公里。

当年　楚延君任菏泽经济开发区工会主席。

2002年

2月6日　菏泽开放开发综合试验区更名为菏泽经济开发区。

3月5日　根据市委、市政府旧城改造统一安排，都庄社区整体拆迁。

3月11日　成立菏泽开发区鹏程开发投资

有限公司，注册资金1000万元。

3月13—14日　菏泽市委书记李明先及市委、市人大、市政府、市政协的主要领导视察开发区新区路网建设工地。

4月23日　北美华人华侨商务考察团一行6人到菏泽开发区考察。

5月19日　菏泽市委书记李明先到开发区召开327国道拓宽改造工程调度会。

5月28日　市委常委、组织部部长马平昌到开发区指导村“两委”换届选举工作。

6月11日　河南省濮阳开发区管委会主任路留瑞一行3人到菏泽开发区参观考察。

6月13日　山东鲁南水泥有限公司、菏泽发电厂在开发区合资生产50万吨水泥项目签约。

6月21日　菏泽市首次土地拍卖推介会在开发区举办。

8月1日　菏泽市委副书记、市长陈光到开发区检查指导工作，并对开发区下一步的建设提出要求。

8月20日　开发区党工委、管委会开展“爱心一日捐”慈善捐款活动，共收到捐款3.36万元。

9月30日　开发区第一个城市社区——丹阳街道和平社区成立。

10月底　开发区累计出口创汇625万美元，比上年增长376%，提前2个月超额完成全年目标任务。

11月5日　中韩经济发展协会副会长权顺基一行3人到菏泽开发区进行实地考察。

11月27日　大众日报社副总编何荣德等一行8人在菏泽市委常委、宣传部部长韩广洁陪同下到开发区参观。

11月30日　广东麦科特集团副总裁赵运章、总经理朱庆华到菏泽开发区考察。

12月3—4日　开发区召集各经济部门负责人，3个街道党委书记、办事处主任召开在建项目现场调度会。

12月14日　韩国考察团在中韩经济发展协会副会长权顺基的带领下到开发区考察投资事宜。

12月19日　市委副书记、代市长杜昌文，副市长朱效明到开发区调研。

12月28日　开发区丹阳街道村改社区正式实施，由24个村变为35个社区。

2003年

4月21日　菏泽市召开防治“非典”动员大会，发布防“非典”战役动员令。开发区随后部署实施。

当月　穆杰任开发区党工委委员、管委会副主任。

5月9日　市委常委、纪委书记崔建平，市委常委、政法委书记张玉佩，副市长童彩云到市公安局开发区分局检查指导“非典”防治工作。

5月15日　菏泽市委书记陈光到开发区就招商引资、园区建设和城市规划进行调研。

6月25日　菏泽对外加工贸易区对外加工装配贸易局更名为菏泽开发区对外贸易局。

7月27日　开发区2003年度行政村（社区）支部书记培训班举行，各街道分管党群副书记、组织委员及各个行政村（社区）党支部书记共80余人参加培训学习。

7月30日　中共菏泽市委、市政府决定投资4.5亿元，在开发区新修五纵六横11条道路。

8月4日　黄海粮油集团投资建设的黄海粮油工业（菏泽）有限公司项目签约仪式在菏泽开发区举行。

10月19日　开发区交通管理办公室成立，正科级全额事业单位。

10月30日　山东格林纸业有限公司落户开发区，签字仪式在开发区举行。

11月1日　山东樱花五金制品城落户开发区，签字仪式在牡丹大酒楼举行。

12月8日　菏泽市政协主席孔令昌和菏泽市政协原主席杨成训及驻菏泽全国政协委员、省政协委员及部分市政协委员一行40余人到开发区考察指导工作。

12月19日　开发区农村基层干部作风集中教育整顿动员大会召开。

2004年

3月16日　菏泽市委副书记、市长杜昌文到开发区调研。

4月8日　恒盛菏泽大市场开盘，首期建材、家具、农资三大专业市场加盟客商1400余家。

4月16日　山东省政协原副主席刘洪仁到菏泽开发区调研。

4月18日　2004年中国菏泽投资贸易洽谈会在柏青大酒店举行。

4月24日　山东华润制药有限公司开业庆典暨揭牌仪式举行。

4月30日　菏泽市外经、外贸部门负责人座谈会在开发区召开，副市长杨永昌主持座谈会。

5月8日　开发区社会治安综合治理委员会成立。

5月18日　山东省整顿和规范土地市场秩序督查组一行6人到菏泽开发区检查指导工作。

5月24日　荷兰海尔德兰省副省长彼特到菏泽开发区参观考察。

6月4日　京九沿线19个市（区）政协领导30余人到菏泽开发区参观考察。

6月10日　山东省外办主任张伟龄到菏泽开发区就“突破菏泽、加快菏泽对外开放”进行调研。

6月13日　中国台湾致公党主席王瑞升一行5人到菏泽开发区参观考察。

6月18日　濮阳开发区一行5人到菏泽开发区就招商机制、制度建设学习考察。

6月24日　菏泽市委副书记马平昌就农村基层组织建设、税费改革落实情况、夏粮征购等问题到开发区调查研究。

当月　周广存任开发区党工委委员、管委会副主任。

7月28日　市政府制定《菏泽市完善市级与牡丹区财政体制理顺市级与开发区财政关系的实施方案》。对开发区（不含3个街道）实行“核定收入基数，规范支出项目，收入当年新增部分按百分之五十给予奖励”的管理办法。对开发区管理的3个街道的财政体制暂维持原体制不变。

7月29日　开发区环境卫生办公室成立。

8月10日　市直部门在开发区兴办工业园入区项目调度会在开发区召开。菏泽市副市长杨永昌及市计委、市经贸局、市外经贸局、市公路局、市科技局、市招商局等部门负责人出席会议。

9月2日　菲律宾客商Enrique.c.Yap到开发区参观考察。

9月25日　按照市委、市政府的要求，开发区组织54名招商人员，分成5个招商方队，26个招商小组，赴江浙地区，进行为期1周的集中蹲点招商活动。

9月27日　菏泽市委副书记、市长杜昌文，市人大常委会副主任潘兴玺，市政协副主席聂书江先后到开发区丹阳街道大成庄和岳程街道琵李村看望复员老军人，并为其发放慰问金、慰问品。

2005年

2月22日　开发区招商三局成立。

2月25日　开发区工会工作委员会成立。

3月7日　开发区项目服务中心成立。

3月18日　开发区农村工作会议在中润大酒店召开。

4月12日　省委原书记、省人大常委会原主任、省计生协会名誉会长赵志浩到菏泽发电厂考察工作。

5月18日　开发区在岳程街道召开重点项目建设调度会，党工委、管委会主要领导，区直各部门负责人及3个街道党委书记参加现场调度，重点调度岳程街道46个重点项目。

5月25日　菏泽市农业局开发区农业行政综合执法大队成立。

5月28日　开发区2005年安全生产月动员会召开，区安委会成员及全区大中小企业负责人参加会议。

5月30日　省委保持共产党员先进性教育活动督导组一行3人在副组长刘春鹏带领下到菏泽开发区检查指导工作。

当日　省计生协会会长李翰章，济宁、滨州市计生协会主要负责人到菏泽开发区检查指导工作。

6月3日　市政府系统为开发区招商引资现场会在开发区召开，市委副书记、常务副市长赵润田，副市长杨永昌等领导出席，市政府系统50余家单位和部门主要负责人参加会议。

6月7日　省政协原副主席周振兴到菏泽开发区参观考察。

当日　菏泽市委常委、政法委书记张玉佩，政法委副书记张友海，市公安局局长李玉祥出席开发区和工业园区建设环境专项整治工作会议。

6月13日　孙忠生任开发区党工委常务副书记（正县级，试用期一年）。

当日　商丘市党政考察团一行30余人在菏泽市副市长杨永昌的陪同下到菏泽开发区参观学习。

6月17日　开发区财政局办事处会计报账核算中心成立。

7月9日　菏泽市政府加快开发区发展现场办公会在开发区召开。菏泽市委副书记、市长杜昌文，市委常委、常务副市长赵润田，市直26个有关部门主要负责人出席会议。

7月12日　菏泽日报社26名记者在总编辑常健带领下，到开发区集体采风。

7月26日　中国留美管理学会主席兼会长明天然（定陶籍）博士率领的“齐鲁创业行”留美博士一行16人到菏泽开发区参观考察。

7月28日　高新医药企业——山东华神生物工程有限公司在菏泽开发区开业。

7月29日　鲁西南园区座谈会在开发区召开。山东省经济开发区协会秘书长李继水、菏泽市政府副秘书长李淑凤及济宁、枣庄、聊城等城市的30余家开发区主要负责人参加会议。

8月11日　巨野县党政考察团一行60余人到菏泽开发区参观考察。

9月26日　开发区社会事业发展局加挂民政局牌子。

9月28日　菏泽开发区召开破解发展难题专题报告会，丹阳街道等8个单位和部门主要负责人分别就招商引资、城市建设、农民增收、社会稳定等工作作典型经验介绍。

当日　北京巨鑫华瑞职业机械制造厂投资4000万元在开发区兴建的菏泽巨鑫纸业有限公司项目竣工投产。

10月21日　百隆集团董事长杨卫新到开发区考察参观。

10月22日　陕西省委书记、省人大常委会主任李建国一行6人到开发区参观考察。

10月23日　菏泽市委副书记、市长杜昌文到开发区实地考察新上项目，帮助企业解决实际困难，同时要求开发区跟进新上项目的服务。

10月26日　菏泽市人大常委会第一副主任

王祖和、副主任潘兴玺、秘书长李顺广及部分市人大常委等到开发区考察指导工作。

11月1日　山东大众报业集团党委书记、总编辑傅绍万到开发区参观调研。

11月3日　以议长李庸俊为团长的韩国金浦市议会代表团一行8人到开发区参观考察。

11月4日　美国SELECT.ART公司人员Jim.Clarke及山东樱花集团董事长吴宪亮到开发区参观考察。

11月10日　湖北洋丰股份有限公司在开发区投资1.2亿元兴建高强度尿基复合肥项目，分二期建设，年产30万吨，销售收入预计实现4.5亿元。

11月11日　中国人民解放军总后勤部原政委张文台上将一行11人到开发区参观考察。

11月22日　菏泽市委书记陈光到开发区调研招商引资工作，察看了部分企业及项目建设情况。

当日　山东省政协外事办副主任段毅军一行14人到开发区调研对外开放和外经贸工作。

12月1日　省东中西联合推动区域经济协调发展调研组一行10人、省政协常委、经济发展委员会副主任王玉芬带领下到开发区调研，听取开发区工作情况汇报，参观区内部分企业。市政协副主席李德章、市政府副秘书长赵晓英等陪同调研。

当日　潍坊市经济开发区党工委书记、管委会主任周立章率领党政领导干部考察团一行28人到开发区参观考察。

12月7日　开发区1—11月地方财政收入1.0374亿元，同比增长70.37%，首次突破亿元大关。

2006年

1月11日　菏泽市委常委刘勇任开发区党工委书记，李玉华不再担任开发区党工委书记职务。

1月12日　深圳市美视康投资发展有限公司投资2亿元在开发区建设电子工业园项目。一期投资5000万元，生产彩色电视机、计算机、显示器、电感元器件等电子产品。二期投资1.5亿元，生产数字机顶盒。

2月20日　山东省环保局副局长张波一行4人到开发区检查建设项目环保和“三同时”制度执行情况。

2月21日　中共菏泽市委常委、开发区党工委书记刘勇任开发区管委会主任，免去李玉华的开发区管委会主任职务。

3月1日　开发区在菏泽电厂召开千人大会，菏泽市委常委、开发区党工委书记、管委会主任刘勇作“继往开来，改革创新”主旨讲话。

3月9日　山东省人大常委会副主任邵桂芳一行3人到开发区考察参观中粮艾地盟和新区路网基础设施建设情况。

3月13日　中央保持共产党员先进性教育活动巡视组组长朱成林一行到开发区考察部分企业和新区基础设施建设。

4月7日　河南商丘市委副书记、市长王保存一行41人到开发区考察参观。

4月18日　菏泽市委、市政府召开开发区建设现场办公会。会议提出把开发区建成菏泽市经济发展的发动机。

当日　山东省政协原副主席周振兴、刘洪仁等一行10人到开发区考察指导工作。

4月24日　菏泽市副市长夏鲁青就如何贯彻落实加快开发区建设和发展现场办公会精神到开发区进行座谈。

4月26日　四川省泸州市纳溪区区长张文军率领党政考察团一行16人到开发区参观考察。

5月16日　菏泽市发改委与开发区对接座

谈会在开发区召开。市发改委出台9项措施全力支持开发区发展。

5月17日　菏泽市委副书记、市长赵润田率市国土资源、建设、市政等部门负责人到开发区恒盛大市场进行实地考察和调研。

5月22日　神东天隆集团董事长刘仲田一行8人到开发区参观考察。

6月1日　西班牙里奥哈省省长佩得罗率省代表团一行40人到开发区考察访问。参观中粮艾地盟粮油工业（菏泽）有限公司，听取开发区投资环境介绍。

6月14日　开封市经济开发区考察团一行40余人到开发区考察。

7月　魏琳任菏泽经济开发区党工委委员、纪工委书记、党群工作部主任。

当月　袁培林任菏泽经济开发区党工委委员、管委会副主任。

8月30日　河南省开封市金明区党政考察团一行53人到开发区考察参观。

9月25日　山东省贸促会副会长连佳军率青岛台商商务考察团一行16人到开发区考察参观。

10月25日　山东省民政厅副厅长张国琛到开发区岳程街道检查指导敬老院建设工作。

11月6日　菏泽市委副书记、市长赵润田带领市政府综合调研室、市发改委、市经贸委、市人民银行的主要负责人深入开发区，调研重点企业生产经营和项目建设。

11月13日　菏泽市委书记、市人大常委会主任陈光，市委副书记、市长赵润田带领19个开发区管委会委员单位主要负责人到开发区考察，并召开座谈会，就进一步加大对开发区建设力度作出部署。

当日　菏泽市委、市政府召开加快开发区建设现场办公会，市委书记陈光作“突出重点、抓住关键、干事创业，努力使全市‘发动机’转得又好又快”的讲话。

12月1日　潍坊市经济开发区党工委书记、管委会主任周立章一行28人到开发区考察参观。

12月7日　菏泽市委副书记、市长赵润田到开发区丹阳街道姬庄社区和蒋庄社区看望慰问困难群众。

12月14日　菏泽市人大常委会组织驻菏泽全国、省人大代表和部分市人大代表到菏泽开发区考察指导工作。

12月20日　山东省政协副主席乔延春到开发区三利纺织、中粮艾地盟等企业考察参观。

12月25日　开发区为推进社会主义新农村建设将改厕作为突破口，投入资金1000万元，全区改建厕所6882座，超额完成全年改厕目标任务。

12月27日　枣庄市副市长李守玉、吴承鉴一行12人到开发区考察参观，就加强政府间合作达成共识。

12月29日　开发区人民法院正式挂牌成立。

12月30日　菏泽市副市长童彩云率领市政法委副书记张友海、市公安局政委赵普等工作组成员到开发区公安分局检查督导治安清查行动。

2007年

1月17日　开发区党工委、管委会决定2007年为大项目建设年。

2月　孔跃进任开发区党工委委员、管委会副主任。

3月9日　开发区党工委、管委会对佃户屯街道等46个“平安开发区”建设先进单位，冯宪法等47名“平安开发区”建设先进个人给予通报表彰。

3月11日　河南省滑县县委副书记王永志，县委常委、副县长古松一行到开发区考察参观。

3月19日　菏泽市政府公布2007年全市60家重点扶持的企业名单。开发区华星油泵油嘴有限公司、华鹏玻璃有限公司、华英食品有限公司、中粮艾地盟粮油工业（菏泽）有限公司名列其中。

3月27日　开发区工业大项目办公室成立。

4月16日　由市委宣传部、市文化局、开发区联合举办的“相约牡丹城”第八届大型广场文艺演出在开发区清菏泉广场隆重举行。市委常委、宣传部长孙丰华，副市长童彩云观看演出。

4月20日　省人大常委会原副主任王道玉一行4人到开发区考察参观。

4月28日　浙江省纺缝工艺协会会长黄桔英、常务副会长楼耕读一行到开发区考察参观。

4月29日　菏泽市机构编制委员会对开发区职能配置、机构设置进行调整，其内部机构设置办公室（政策研究室与其合署）、党群工作部（劳动人事局、编办与其合署）、财政局、经济发展局、对外贸易局、社会事业发展局、建设局、计划生育局、维护稳定办公室（综合治理办公室），纪检、监督机构按有关规定设置。

5月16日　山东省委书记李建国到开发区考察。

5月24日　河南省许昌市政协主席董晋平一行20人到开发区考察经济发展情况，参观三利纺织等企业和基础设施建设。

6月5日　河南省驻马店市政协副主席崔喜成一行到开发区考察、参观中粮艾地盟粮油工业（菏泽）有限公司、三利纺织等企业。

6月6日　滨州市人大常委会党组副书记、副主任李成明，市委常委、宣传部部长祁维华率滨州党政代表团一行32人到开发区考察参观。

6月9日　菏泽市委副书记、市长赵润田到开发区召开大项目建设现场办公会，市直19个部门的主要负责人与会。听取大项目建设情况汇报，就有关问题进行专门研究。

同日　聊城市人大常委会原主任，农民书画研究会会长侯继唐一行20人到开发区考察，参观区内部分企业和工业园区建设。

7月9日　菏泽众德肥料有限公司一期工程正式投产运营。

7月11日　山东天美生物技术有限公司投资1亿元在开发区兴建年产4000吨奶精系列产品项目。

7月13日　市委常委、常务副市长杨永昌主持召开市开发区大项目建设有关工作调度会。

7月22日　市委书记、市人大常委会主任陈光，市委副书记、市长赵润田率市委理论中心组读书会观摩团到开发区视察，现场调度企业生产和建设情况，听取开发区在建项目建设的汇报。

7月23日　菏泽市大项目建设观摩会召开，1—7月开发区共引进过5000万元的项目9个，总投资103.33亿元，其中过亿元的项目18个，开工过亿元的项目9个。以上27个过亿元项目总投资144.8亿元，全部建成投产后可实现销售收入398.7亿元，利税41.1亿元。

8月28日　开发区为确保区内特困大学新生顺利入学，多方筹集资金，对72名特困大学新生进行救助，共发放救助金8.9万元。

8月29日　江西景德镇开门子集团与贵州省六枝特区代隆铁合金有限公司共同出资2.4亿元，在开发区兴建年产480万吨洗精煤项目正式开工建设。

8月31日　山东省副省长才利民一行4人到开发区考察，先后察看华星油嘴泵、美凯电子、湖北洋丰等企业，听取开发区工作汇报，对开发区园区建设给予充分肯定。

9月10日　山东金正大生态工程有限公司投资7.5亿元，年产100万吨控释肥、复合肥项目正式开工建设。

9月13日　河南省濮阳市政协主席范修芳

一行9人到开发区考察参观。

9月16日　日本企业家代表团在会长大谷吉治带领下到开发区考察参观。

9月18日　开发区东玉化工年产20万吨苯乙烯项目顺利专家安全评估审查。

9月19日　牡丹江市党政考察团一行24人在市委书记徐广国带领下，参观开发区龙华汽车部件、美凯电子等企业生产和园区建设。

10月15日　市委副书记、市长赵润田一行10人到开发区检查指导工作。听取开发区工作汇报，实地查看土地执法“百日行动”执法现场，对开发区的工作给予充分肯定和高度评价。

11月9日　市委常委、常务副市长杨永昌召集市财政局、市规划局、市建设局、市政公司、市供电局、菏泽电厂及开发区重点企业负责人在开发区召开大型项目建设中急需解决的配套设施存在问题汇报会，明确工程建设的责任主体、时限要求。

12月11日　湖北省政协副主席武清海、山东省政协春秋杂志社总编辑刁仕军一行8人到开发区考察参观。

12月20日　山东省委巡视组巡视监察员李端卫、省地税局纪检组长上官震一行3人到开发区考察大项目建设。

2008年

1月21日　山东省环境保护局审查通过菏泽煤化工工业园（菏泽开发区东区）环境影响报告书。

2月18日　聊城市委副书记、市长林峰海率党政考察团一行120人到开发区，就“发展工业、调整产业结构、培植大企业、发展产业集团群和园区建设”等参观考察。

2月25日　菏泽圣世化工有限公司在开发区一期建设60万吨MCC工程基础上，投资7亿元、建设二期160万吨/年延迟焦化项目。

3月4日　菏泽金正大生态工程有限公司投资3.4亿元在开发区福州路以西、太湖路以北兴建年产控释肥40万吨，项目年实现销售收入约10亿元，计划用地15.8公顷。土地使用出让期50年。

3月20日　开发区党工委、管委会领导干部郑重向全社会公开七项廉政承诺，接受全区干部职工和社会各界监督。

4月14日　根据市委要求，开发区成立“万名干部下乡”活动领导小组。开发区纪工委书记、党群工作部主任魏琳任组长，开发区党工委委员、管委会副主任穆杰、孔跃进任副组长。

5月12日　湖南恒盛集团董事局主席陈春芳一行7人到开发区参观考察，就恒盛菏泽大市场开发区保税物流园区成立中小企业融资平台项目进行深入洽谈。

5月28日　开发区规划新建菏泽开发区广州路小学，占地2公顷，总投资965万元。

当日　菏泽市大元置业有限公司、菏泽市城市综合开发办公室，投资25亿元在开发区中华路以南、中山路以北，兴建居民回迁房、大型购物超市、部分高档公寓，占地23.33公顷，总建筑面积78万平方米。

6月5日　开发区机构编制委员会成立。

当日　省人大常委会原副主任李振一行9人到开发区考察，先后参观中粮艾地盟粮油工业（菏泽）有限公司、洋丰复合肥、玉皇化工等企业。

6月23日　全市石油化工基地建设现场会在开发区召开。市委常委、开发区党工委书记、管委会主任刘勇主持会议，市人大常委会第一副主任杨永昌讲话，16家重点企业主要负责人参加会议。

6月24日　开发区采取多项措施打造项目

建设平台，通过ISO9000质量管理体系认证和ISO14001环境管理体系认证。

7月3日　国务院发展研究中心发展战略和区域经济研究部部长张军扩一行12人到开发区调研，参观考察圣世化工、玉皇化工、金正大控释肥等项目建设情况。

7月8日　省政府办公厅副主任刘爱军带领省政府各驻外办事处负责人一行20人到开发区参观考察。

7月23日　宿州市委书记李宏鸣带领宿州市党政代表团一行18人到开发区参观考察玉皇化工、金正大控释肥等项目建设情况。

8月5日　山东德发包装有限公司投资1亿元在开发区兴建年产8万吨聚丙烯项目，计划用地4公顷，土地使用权出让期50年。

12月31日　岳程街道将菜园刘等44个行政村改为社区，并成立居民委员会。

2009年

1月　魏琳任菏泽经济开发区党工委副书记（正县级）、纪工委书记。

2月2日　刘勇不再担任菏泽经济开发区管委会主任职务；孙忠生为菏泽经济开发区管委会主任、谷瑞灵为菏泽经济开发区管委会常务副主任。

当月　程海建、范阳春任菏泽经济开发区党工委委员。

3月12日　经菏泽开发区党工委批准，设立菏泽经济开发区人民检察院党组，设党组书记1人，党组成员4人。

3月21日　市委书记、市人大常委会主任赵润田在市委常委、常务副市长、开发区党工委书记刘勇的陪同下，到学习实践科学发展观活动联系点进行调研。

当月　尚智勇、马敬青任菏泽经济开发区管委会副主任。

4月　牛化民任菏泽经济开发区党工委委员。

5月13日　市人大常委会第一副主任、市石化基地领导小组组长杨永昌，市委常委、常务副市长、市开发区党工委书记、市石化基地领导小组副组长刘勇带领市石油化工领导小组各成员单位主要负责人、各县区石化基地领导小组负责人及市16家石油化工企业主要负责人，到开发区观摩石油化工项目建设情况。

5月26日　省东西结合信用担保公司总经理王大强、副总经理王永华、担保部经理力坚一行3人到开发区考察参观，就企业信用担保合作事宜进行洽谈。

6月15—16日　省委第三巡视组组长苏兴珍、副组长张洪飞一行7人到开发区巡视全区贯彻落实科学发展观，执行中央、省委决策部署，落实党风廉政建设责任制和廉政勤政，推进改革发展情况。

6月30日　深圳美凯电子股份有限公司到开发区，洽谈投资兴建太阳能光伏屋顶并网发电泵系统项目。

7月5日　中央深入学习实践科学发展观活动巡回检查组副组长张龙之在省委组织部副巡视员于洪亮陪同下到开发区指导检查工作。

7月8日　聊城市临清市委书记、市人大常委会主任长张旋宇（副市级）和临清市委副书记、市长王建鹏一行65人到开发区参观考察。

7月20日　中国建设银行山东省分行党委书记、行长彭洪明一行8人到开发区参观考察。

7月31日　开发区新农村建设领导小组成立。

8月2日　开发区党工委、管委会组织各街道及有关部门主要负责人15人到单县高韦庄镇和浮岗镇新农村建设示范场参观考察。

9月14日　菏泽《关于规范理顺经济开发

区事业单位机构设置的批复》。开发区事业单位机构设置36个，人员编制为386人，其中财政拨款事业编制186人，财政补贴事业单位190人，经费自理事业编制10人。

9月16日　省科技厅厅长翟鲁宁带领调研组一行3人到开发区调研参观。

9月17日　亳州市委副书记、市长牛努韬带政府考察团一行27人到开发区考察参观。

9月24日　市人大常委会第一副主任杨永昌带领市人大常委会组成人员、部分人大代表、各县区人大常委会主任30余人到开发区视察“四大基地一大产业”重大项目建设进展情况。

10月20日　省政协副主席赵玉兰率省政协委员视察团一行29人到开发区参观考察。

11月18日　《菏泽市经济开发区事业单位改革实施方案》印发，对事业单位进行理顺和规范。

11月19日　内蒙古通辽金煤化工有限公司董事长曾晓宇，江苏丹化化工科技股份有限公司执行总裁花峻，中科院福州物质结构所副所长姚元根一行到开发区，就投资建设20万吨乙二醇项目进行深入洽谈。

12月9日　市委常委、常务副市长、开发区党工委书记刘勇会见山东大学研究生工作部部长、研究生院副院长桑晓旻，山东大学化学与化工学院副院长、博士生导师孙宏建一行为共建研究生社会实践基地揭牌。党工委常务副书记、管委会主任孙忠生出席揭牌仪式。

12月16日　省人大常委会副主任鲍志强率领省人大财经委员会调研组到开发区调研。

12月23日　菏泽大元置业有限公司总投35亿元的国贸中心项目，在开发区正式开工建设。

12月28日　中石油昆仑天然气利用公司总经理陶玉春一行10人到开发区考察参观。其间，陶玉春与刘勇共同出席“中石油昆仑天然气利用公司与菏泽市人民政府天然气合作项目”签字仪式。

2010年

1月　蔡维超任菏泽经济开发区党工委委员、管委会常务副主任（正县级）；席巍任菏泽经济开发区党工委委员、纪工委书记。

2月　张法超任菏泽经济开发区管委会副主任。

3月9日　省发展改革委党组书记、主任张超超一行到开发区调研、考察菏泽金正大工程有限公司、山东玉皇化工有限公司。

4月15日　佃户屯街道将苗屯等32个行政村改为社区并成立居民委员会。

4月19日　全国食品药品监管系统科学监管菏泽论坛与会人员到开发区考察参观。

5月8日　山东玉皇化工有限公司在开发区投资1.6亿元兴建试验中心和科研楼项目。计划用地6.67公顷，该项目位于开发区化工园区，长江路以北、福州路以东、杭州路以西、中华路以南。

5月11日　市委常委、政法委书记岳滨带领市政法委、法院、教育局、公安局等部门负责人到开发区检查指导小学校园安全及周边环境治理。

6月3日　省委副书记、省政协主席刘伟到开发区考察山东菏泽玉皇化工有限公司，市委副书记王浩、开发区党工委常务副书记、管委会主任孙忠生陪同活动。

6月8日　山东东药股份有限公司投资30亿元，在开发区兴建精细化工基地项目。一期投资15亿元建设5万吨间苯二胺、1万吨间苯二酚、1万吨邻苯二胺、1万吨对苯二胺项目。

6月24日　在市委、市政府组织的集中外

出招商中，开发区推介项目 28 个，总投资 134 亿元。达成意向项目 11 个，投资额 42 亿元。

6 月 25 日　联想控股弘毅投资总监陈文一行到开发区考察。

7 月 8 日　市委副书记王浩到开发区检查城建工作，他对黄河路提升改造、桂陵路东片区工程进度提出明确要求。

8 月 18 日　省人大常委会副主任鲍志强率领省人大财经委调研组一行 14 人到开发区就经济社会发展情况进行调研。

8 月 19 日　市委书记赵润田在牡丹大酒店参加开发区与澳门名嘉集团举行的菏泽名嘉广场项目签字仪式。

8 月 28 日　山东玉皇盛世化工股份有限公司举行开工庆典活动，市人大第一副主任杨永昌，市委常委、政法委书记岳滨，市开发区、市直有关部门出席庆典活动。

9 月 15 日　开发区召开中秋节企业家座谈会。区内上缴税金排名前 20 位的企业、6 家重点在建项目负责人和开发区党工委、管委会有关人员参加座谈会。

9 月 17 日　开发区国贸商城建设工地工人在西北角地下 5 米发现一艘古船。船体为瘦长的流线型，呈现 60° 侧翻，船体残长 20.8 米，高 1.3 米，船体中部残宽 3.5 米，船口最大宽度约 4.44 米。经省市文物专家初步判断，此船为元代末年沉船，是国内元代内陆河发现的较大的一艘；船内出土有元代青花瓷。

9 月 28 日　上海亿丰企业集团有限公司投资 30 亿元，在开发区人民路以西、牡丹南路以东、恒盛大市场以北、王庄社区以南，项目兴建菏泽亿丰时代广场项目。

10 月 14 日　副市长黄秀玲带领市政府副秘书长黄高潮、市教育局局长张修田及有关部门人员到开发区检查城区学校建设及教育工作“十二五”城区学校建设和规划。

10 月 15 日　邢台市委书记姜德果率党政代表团一行 44 人到开发区考察参观。

11 月 8 日　中国建筑材料集团公司董事长、党委书记宋志平一行 13 人到开发区考察。

11 月 11 日　省委副秘书长、办公厅机关党委第一书记唐传喜一行 42 人到开发区考察参观。

12 月 8 日　机井金利达汽车贸易有限公司投资 7 亿元在开发区兴建汽车物流园项目。分两期建设，一期 4 亿元、二期 3 亿元，计划用地 20 公顷，总建筑面积 15 万平方米。

12 月 15 日　曹升灵任菏泽市政府党组成员，开发区党工委书记。

12 月 17 日　菏泽市食品药品监督管理局开发区分局举行揭牌仪式。

12 月 20 日　开发区被山东省环境科学学会评为山东省低碳经济示范园区。

12 月 21 日　菏泽市突发环境污染事件应急演练在开发区山东菏泽玉皇化工有限公司举行。省环保厅副厅长葛文砚，市委常委、副市长付伟，市开发区、各县区分管领导观看应急演练。

2011 年

1 月 17 日　市委书记赵润田率市委办公室、市委组织部、市民政局、市人口与计划生育委员会有关负责人到开发区走访慰问部分贫困低保户、优抚对象、老党员和计生户。

1 月 18 日　经开发区管委会批准，菏泽开发区民政工作办公室成立，副科级、事业单位。

1 月 20 日　市检察院检察长朱庆安一行到开发区调研开发区检察院的工作情况，考察参观区内重点企业。市政府党组成员、开发区党工委书记曹升灵，开发区党工委常务副书记、管委会主任孙忠生陪同调研。

2月　李国珍任菏泽经济开发区党工委委员、管委会副主任（列副主任第一位）。

当月　冯宪法任菏泽经济开发区党工委委员。

3月9日　淮北市人大常委会党组书记、常务副主任张旭一行9人到开发区参观考察。

3月21日　市委常委、常务副市长刘勇在开发区出席菏泽金正大生态工程有限公司120万吨硝基复合肥签约仪式。项目计划投资36.6亿元，新上14套装置。

当月　周广存任政协菏泽市委员会开发区工作委员会主任。

4月8日　全国人大常委会原副委员长何鲁丽到开发区凝香园考察。

4月15日　经菏泽市十七届人大常委会第六十八次主任会议研究决定，菏泽市人大常委会开发区工作委员会成立。李守玉任主任，赵福龙任副主任。

4月20日　市委书记、市人大常委会主任赵润田陪同聊城市政协原主席赵振兰一行7人到开发区参观考察。

5月9日　省政府原省长李春亭一行4人到开发区考察，参观金正大生态工程有限公司、玉皇化工有限公司。

5月12日　省政协副主席、省委统战部部长张传林一行19人到开发区考察，参观天主教新教堂和开发区中心医院（惠慈医院）。

5月22日　河南省委常委、洛阳市委书记万春率党政代表团一行96人到开发区考察牡丹产业。

5月24日　省委常委、副省长孙伟一行10人到开发区污水处理厂、菏泽玉皇化工有限公司调研。

7月15日　市委常委、宣传部长孙丰华，市政协副主席汤建梅、何茂远带领部分市政协委员一行15人到开发区视察文化旅游产业，分别参观视察菏泽大剧院、演武楼、凝香园和赵王河景观带。开发区党工委常务副书记、管委会主任孙忠生陪同。

7月27日　清华大学清华控股总裁周立业一行8人到开发区考察。

7月30日　枣庄市市中区委书记、区人大常委会主任朱国伟，区委副书记、区长于良率党政考察团一行110人到开发区参观考察。

8月6日　临沂市委书记张少军，市委副书记、市长张务锋率党政代表考察团一行51人到开发区考察。

8月22日　中共中央办公厅督察专员江晓平带领中共中央办公厅督查调研组一行6人，到开发区调研指导低保、就业工作。市委常委、市委秘书长高木斗，开发区党工委常务副书记、管委会主任孙忠生陪同。

8月24日　浪潮集团董事长孙丕恕一行8人到开发区考察科技孵化器。

8月29日　省发改委党组成员、副主任段力宏一行8人到开发区就“十二五”时期经济社会发展的指导思想、总体思路、重大举措进行专项监督检查。

9月18—20日　香港伍氏集团公司董事陈丽珊一行5人到开发区参观考察。洽谈乙醇胺项目、超高温纤维合成树脂幕墙装饰系列材料项目合作。

9月28日　中原经济区第二十二届市长联席会与会领导一行120人到开发区参观考察。

10月19日　市委常委、常务副市长刘勇在开发区会见英国再生能源投资有限公司总裁肯.迪特一行，就该公司投资建设绿色生态可组合建筑项目进行洽谈。

10月22日　天津大学山东化工研究院揭牌暨研究生菏泽班开班仪式在开发区举行。

11 月 11 日　山东东药药业股份有限公司投资 7 亿元年产 1500 吨硫氰酸红霉素项目正式投料进行试生产。

11 月 12 日　河南省政协副主席、省工商联主席梁静，河南山东商会会长梁继臣一行 8 人到开发区参观考察。

11 月 20 日　省委常委、省纪委书记李法泉一行 6 人到开发区调研，考察高新技术创业中心和工业园区建设。

11 月 23 日　市人大常委会党组书记、第一副主任杨永昌带领市人大常委会组成人员到开发区考察“五大基地一大产业”重大项目。

12 月 6 日　省政府参事室参事王万森、张成芬一行 8 人到开发区就社区管理和城市建设做专题调研。

2012 年

5 月 28 日　菏泽市经信委副主任滑成奎带领考核组一行 4 人，对开发区 2011 年度节能目标责任完成情况进行现场考核。

当日　菏泽市政协副主席、提案委主任朱斌带领提案委部分委员，到开发区考察保障性安居工程建设工作。

5 月 30 日　山东省政协副主席、致公党省委主委王志民，致公党省委副主委马传凯一行，到开发区实验小学出席“致公党同心书屋”授牌仪式。

5 月 31 日　山东省国土资源厅副厅长王桂鹏、执法监察局副局长张万生，在菏泽市国土资源局局长李玉明陪同下到开发区督导工作。

5 月　李国珍任菏泽经济开发区党工委委员、管委会常务副主任（正县级）。

当月　席巍任菏泽经济开发区党工委副书记（正县级），梁惠民任菏泽经济开发区党工委委员、副书记，李雪英、田剑锋任菏泽经济开发区党工委委员、管委会副主任，苗建华任菏泽经济开发区管委会副主任，田玉卿任菏泽市人大常委会菏泽经济开发区工作委员会副主任、政策研究室主任。

6 月 3 日　中国武警总队原政委刘世民中将，菏泽市华夏文化促进会会长、菏泽学院原党委书记韩广洁一行 9 人到开发区参观考察。

当日　山东辰信矿业集团有限公司与中国银行菏泽开发区分行在菏泽开发区举行银行合作座谈会。

6 月 6 日　菏泽市委副书记、市长孙爱军会见山东瀚霖生物技术有限公司董事长曹务波一行，并就山东瀚霖生物技术有限公司与开发区开展项目合作提出明确要求。

当日　菏泽市副市长李法洪到开发区辛集集贸市场调研占道经营集贸市场搬迁工作。

6 月 11 日　菏泽市食品安全宣传周活动启动仪式在开发区举行，市人大常委会副主任丁志刚、市政府副市长李法洪、市政协副主席朱斌等 400 余人参加活动。

6 月 12 日　德州市安监局副局长侯广强率省安监局互查组到开发区督导检查煤气发生炉使用企业安全生产工作。

当日　山东省环保厅环评处、监察总队、监测站、省化工设计院等有关单位组成的环保验收组到开发区，对山东金正大（菏泽）有限公司 120 万吨复合肥、山东菏泽玉皇盛世化工有限公司 60 万吨 MCC 项目进行环保验收。

6 月 13 日　菏泽市委常委、副市长付伟带领市委督查室、市水利局等部门主要负责人，到开发区检查迎接省水污染防治工作现场会筹备工作。

6 月 14 日　淄博市安监局监察支队副支队长冉庆杰带领省安全生产执法监察互查组，到菏泽开发区检查安全生产工作。

6 月 15 日　山东省环保厅厅长张波一行到开发区考察水污染防治工作。

当日　菏泽市副市长任仲义会见北京华盛荣投资有限公司总经理刘雪生一行，并就该公司在开发区投资建设年处理加工 300 万吨建筑垃圾资源化再利用项目合作有关事宜进行座谈。

6 月 16 日　菏泽市人大常委会党组书记、第一副主任杨永昌，市委常委、秘书长尹玉明，市人大常委会副主任、秘书长赵传山到菏泽玉皇化工公司，查看省人大财经暨预算监督工作座谈会考察项目活动现场准备工作。

6 月 18 日　开发区纪工委召开全区开展实施“123 农廉工程全面推进基层社区党风廉政建设”工作会议。会议贯彻落实省、市纪委开展实施“123 农廉工程”工作会议精神，全面部署开发区开展实施“123 农廉工程”工作，成立以区纪委书记任组长，副书记任副组长，区直部门有关人员、街道纪委书记任成员的领导小组，领导小组下设办公室，办公室设在区纪工委，出台《关于实施“123 农廉工程”全面推进基层社区党风廉政建设工作方案》。

6 月 19 日　山东省人大常委会副主任尹慧敏到开发区考察。

6 月 20 日　莱芜市副市长毕司东率领考察团一行 23 人，到开发区考察消防安全管理工作。

6 月 21 日　开发区召开全区领导干部会议，菏泽市委组织部副部长、市委党员干部远程教育办公室主任齐晓华宣读开发区领导班子任免通知，开发区党工委书记、管委会主任曹升灵代表开发区领导班子作表态发言。

6 月 24 日　菏泽市委决定，赵福龙任菏泽市委开发区党工委委员、管委会办公室主任，免去程海建的菏泽市委开发区党工委委员、管委会办公室主任职务。

7 月 4 日　菏泽市委书记、市人大常委会主任赵润田，市委副书记、市长孙爱军，市人大常委会党组书记、第一副主任杨永昌带领市委、市人大、市政府、市政协四大班子成员，部分部门主要负责人，各县区党政主要负责人到开发区考察大项目建设工作。

7 月 6 日　菏泽市纪委督导组到开发区督导检查纪检监察系统化解群众反映问题“百日会战”活动开展情况。

7 月 8 日　菏泽市委常委、常务副市长段伯汉带领市发改委、市人行、建行负责人赴莱阳市就山东瀚霖生物有限公司在开发区投资 22 亿元建设年产 10 万吨碳链二元酸项目进行深入考察洽谈。

7 月 11 日　山东省经济和信息化委职教办主任张忠军一行 5 人在菏泽市经信委主任闫凌陪同下到菏泽玉皇化工有限公司调研。

7 月 16 日　天津大学校长李家俊一行 16 人在山东省科技厅副厅长于书良、天津大学山东校友会会长张国敏陪同下到开发区考察。

7 月 17 日　山东省环保厅核与辐射安全监测中心副主任王荣锁带领省环保厅辐射安全督导组一行 3 人，到开发区菏泽锅炉厂检查指导工作。

当日　山东省商务厅巡视员孟建新到菏泽开发区裕罗电器调研“访千家外企促增资发展”活动开展情况。

7 月 18 日　菏泽市人大常委会副主任汤建梅、丁志刚、孙忠生带领市人大常委会土地管理法规贯彻实施工作考察组一行 37 人到开发区考察。

7 月 20 日　《齐鲁晚报》主办的“张刚大篷车”组织的济南、菏泽学生“手拉手、交朋友”活动在开发区佃户屯街道刘堂社区举行。

当日　中国科学院地理科学与资源研究所副调研员王成全、北京清华城市规划设计研究院总规二所所长陈振华带领菏泽市城市发展战略研究和总体规划修编领导小组部分成员一行8人，到开发区调研菏泽巨东经济带发展规划工作。

7月21日　青岛瑞邦电动轿车有限公司总经理楚晓宁一行到开发区考察。

7月24日　菏泽市农科院科源种业新址开工仪式在开发区佃户屯街道举行。

7月25日　菏泽市委常委、常务副市长段伯汉，市委原常委、市委秘书长高木斗等一行到开发区佃户屯街道吴店行政村，就农业生产工作进行调查研究。

7月27日　开发区菏泽天邦玻璃有限公司年产10万吨玻璃制品项目通过安全审查。菏泽市安监局副局长刘慧玲参加审查活动。

8月1日　菏泽火车站客运设施改造工程开工典礼在菏泽火车站广场举行。济南铁路局副局长李光林，菏泽市委常委、常务副市长段伯汉，市人大常委会副主任丁志刚，市政协副主席付守明出席开工典礼。

8月3日　中国电信菏泽分公司通信枢纽工程举行奠基仪式，副市长李法洪出席仪式。该工程总投资3700万元，建筑面积9000平方米，建设周期1年。

8月6日　中国科学院过程工程研究所所长张锁江一行到开发区就山东易达利化工有限公司2万吨MMA试生产进行现场指导。

8月11日　海纯生物科技有限公司总经理唐忠到开发区考察。

8月12日　菏泽市人大常委会副主任丁志刚到开发区考察水污染防治和玉皇盛世化工企业环保“十个一”工程建设情况。

8月15日　山东省人大常委会委员、省人大城环委副主任委员张秋波，省环保厅厅长张波带领省人大常委会检查组，到开发区检查南水北调工程沿线区域水污染防治工作。

8月17日　山东瀚霖生物技术有限公司一行10人到开发区考察，洽谈推进项目建设有关工作。

当日　住房和城乡建设部房地产市场监管司副司长王玉平一行对开发区保障性安居工程建设情况进行巡查。

8月21日　韩国大韩贸易振兴公社青岛贸易馆馆长权勇锡一行在山东省贸促会副会长连佳军陪同下到开发区考察。

8月22日　韩国裕罗集团株式会社社长禹永燮到开发区考察菏泽裕罗电器投产运行情况，菏泽市商务局局长胡钦畅等陪同活动。

8月23日　三门峡市委副书记、市长赵海燕率领政府考察团一行67人到开发区考察。

8月26日　开发区举行2012年贫困大学生新生救助仪式，将筹集和捐赠的65.8万元救助金发放给209名贫困大学新生，救助每人3000～8000元。

8月27日　聊城市东昌府区考察团一行23人到开发区丹阳街道、都庄社区、和平大酒店、丹阳派出所考察消防安全网络化管理工作。

8月28日　菏泽市政协副主席陶体华带领由市政协、林业局、农业局等单位组成的调研组，到开发区调研农业产业化和油用牡丹基地建设情况。

当日　富士康科技集团总经理游象富、副总经理何友成先后到开发区考察，并就双方合作进行深入洽谈。

8月29日　菏泽市中级人民法院党组书记、院长王玮带领观摩考核小组成员，到开发区法院实地观摩基层法院工作。

9月3日　菏泽市卫生局局长闫传银一行到菏泽开发区中心医院及佃户屯街道卫生院，检查指导社区公共卫生服务工作。

9月5日　菏泽市委副书记、市长孙爱军到

开发区调研。

9月6日　淄博喜来登百货集团董事长杨理法一行到开发区，就温州商贸城项目投资环境及前景规划进行实地考察。

9月7日　山东省副省长孙绍骋到开发区丹阳街道都庄社区调研社区建设情况。

9月10日　菏泽市委书记、市人大常委会主任赵润田一行6人到开发区调研。

9月11日　山东省秸秆生物工程技术研究中心研究员张世明到开发区佃户屯街道指导秸秆生物反应堆技术应用工作。

9月12日　菏泽市政府特邀经济顾问、中科院兰州化物所所长夏春谷，北京科尔帝美工程技术有限公司总经理王清洋一行到开发区，就辰新能源项目万吨实验装置投料试车前期准备工作以及后期20万吨清洁柴油调和装置可研报告问题进行实地探讨。

9月13日　菏泽市人大常委会党组副书记、第一副主任杨永昌，副主任丁志刚在副市长黄秀玲陪同下，率领市人大常委会视察组到开发区考察“五大基地一大产业”建设情况。

9月15日　菏泽市委书记、市人大常委会主任赵润田会见富士康集团副总裁戴正吴、资深副总经理何友成一行。

9月17日　菏泽市副市长李法洪到开发区督导检查“国庆”“中秋”两节和第九届林交会期间食品安全监管工作。

9月18日　中国易华录集团有限公司副总经理、北京易华录信息技术股份有限公司董事长韩建国一行6人到开发区考察。

9月19日　山东省副省长贾万志、国家林业局副局长张永利在山东省林业厅厅长贾崇福的陪同下到开发区检查指导工作。

9月20日　菏泽市食品药品检查中心暨山东省鲁南药物研究院在开发区揭牌成立。

9月21日　万呈控股有限公司董事长康耀江一行4人到开发区参观考察。

9月24日　英国托马斯·雯公司副总裁Howard Sutton一行3人到开发区考察，开发区党工委副书记、管委会常务副主任李国珍，管委会副主任尚智勇等开发区领导陪同。

9月28日　长春一汽集团公司投资顾问潘天军一行到开发区调研菏泽汽车行业的发展情况。

9月29日　菏泽市铁路办主任孟祥成一行3人到开发区调研2012年省、市重点项目建设现状、存在问题及2013年省重点项目培育工作。

10月8日　菏泽市委常委、副市长付伟率领市建设、水利、环保等有关部门主要负责人，到开发区检查河流水质综合治理情况。

10月17日　滨州市政府党组成员、市公安局党组书记、局长桑培伦一行15人，到开发区公安分局丹阳派出所考察。

10月18日　开发区鲁抗舍里乐药业有限公司、天宇科技开发有限责任公司通过三级安全标准化验收。

10月19日　北京华盛荣投资有限公司总经理刘雪生一行到开发区考察。

10月26日　山东省浙江商会副会长叶蕲萩、吉利投资有限公司副总经理陈迟、山东浙江联合投资有限公司副总经理王贵新一行到开发区考察，就孵化器、吉利农业机械项目交换意见并达成共识。

当日　天道利源科技有限公司副总经理曹丹亮一行到菏泽开发区考察，就高端生物制药综合项目、DNA试剂盒、紫杉醇抗癌药等项目进行进一步洽谈进。

10月29　副省长张超超一行10人到开发区调研。

10月30日　菏泽市委督查室主任孔祥东，

市人口计生委党组副书记、副主任陈北国一行4人到菏泽开发区督导检查计生工作。

11月1日　菏泽市政府督查组到开发区督查安全生产经费保障工作。

11月6日　香港客商胡慧文一行到开发区参观考察。

当日　省民政厅救灾处处长杨国林、副处长王培军到开发区丹阳街道都庄社区，检查指导抗震救灾规范化示范社区创建工作。

11月7日　北京万垦控股有限公司投资发展中心总监钱景祺一行到开发区考察。

11月8日　菏泽市卫生监督局局长杨继香一行10人到开发区丹阳街道防疫站检查指导公共卫生监督协管工作。

11月9日　开发区召开流通环节食品安全监管暨落实食品供货商经营信息备案制度会议。

当日　菏泽市政府研究室副主任张明宪一行6人深入盛世化工等10个项目建设工地和企业，调研项目建设和经济运行情况。

11月13日　菏泽市委常委、常务副市长段伯汉带领市政府秘书长乔海顺，市城管、交通、交警等有关部门负责人到开发区考察菏泽火车站提升改造工程建设情况。

11月14日　菏泽市卫生局局长闫传银一行10人到开发区丹阳、佃户屯街道检查指导公共卫生监督协管工作。

11月16日　菏泽市政府副市长任仲义及市开发办、土管局等部门负责人一行11人赴广东佛山考察，参观英皇卫浴集团公司和东力源金属物流城，并就在开发区投资10亿元建设高档家居、建材商场项目进行深入洽谈。

11月17日　菏泽市发改委主任张培华带领市政府项目核查组一行11人到开发区核查项目建设情况。

11月20日　山东省直机关工委原书记张敬涛，在菏泽市委书记、市人大常委会主任赵润田陪同下到开发区考察。

当日　山东省化工厅原副厅长、山东化工学会理事长张鸣华一行到开发区考察，并就在开发区投资建设二氧化氯杀菌剂项目进行深入洽谈。

11月26日　菏泽市领导付伟、丁志刚、何茂远带领市迎淮指挥部成员单位主要负责人，到开发区督导迎淮工程项目建设。

11月29日　开发区与海吉亚医疗集团正式签约，开发区党工委副书记、管委会常务副主任李国珍，管委会副主任张法超、苗建华与海吉亚集团总经理季海容出席签字仪式。

12月1日　菏泽市人大常委会党组书记、第一副主任杨永昌，副主任赵传山、汤建梅、丁志刚、孙忠生带领市人大常委会秘书长、驻会常委、各委室负责人，到开发区视察2012年10件民生实事完成情况。

12月3日　福建省长乐市委常委、统战部部长晁旭携福州惠尔多百货有限公司董事长陈辉等客商一行6人，到开发区考察洽谈合作事宜。

12月7日　菏泽新苏天美购物中心举行开业仪式。该中心位于菏泽国贸中心B区，建筑面积3.5万平方米。

12月26日　开发区纪委组织召开全区政风行风评议大会，单独由开发区评议服务全区企业的40个市直部门。党工委、管委会领导，区直部门负责人，全区在建大项目负责人，规模以上企业负责人等共计200余人参加评议活动。党工委委员、纪委书记程海建主持会议，党工委副书记席巍作重要讲话。

2013年

1月2日　菏泽市人大常委会副主任丁志刚、市政府副市长任仲义、市政协副主席朱斌带领市城镇化工作领导小组部分成员，到开发区观摩第四季度城镇化建设情况。

1月5日　菏泽市政府安委会副主任、市安监局局长张善甲带领市政府安委会第一考核组，到开发区考核安全生产目标任务完成情况。

1月12日　菏泽市委书记、市人大常委会主任赵润田到开发区进行春节走访慰问。市委副秘书长、办公室主任张洪兴，市委组织部常务副部长赵豪情、市民政局局长李士三、市计生委主任乔廷龙等陪同。

1月22日　菏泽市人大常委会委员、内司工委副主任李金民一行到开发区检查指导社会管理创新工作，实地查看开发区丹阳街道办事处视频监控中心、肖楼社区基层组织建设情况，并召开座谈会。

1月23日　菏泽市纪委案件检查监督管理考核工作组组长、案查三室主任赵登峰到开发区检查案件检查监督管理工作。

2月11日　菏泽市计生委副主任陈百国到开发区佃户屯街道调研流动人口计划生育管理服务工作。

2月19日　山东省高级人民法院党组书记、院长白泉民一行4人到开发区调研。

2月20日　乌兰察布市委常委、组织部部长张志强一行3人到开发区参观考察。

2月22日　菏泽市人大常委会党组书记、第一副主任、市石化基地领导小组组长杨永昌召集市石化基地领导小组成员，到开发区玉皇盛世化工公司召开年产160万吨延迟焦化和300万吨重芳烃综合利用项目现场调度会。

3月1日　菏泽学院党委书记张存金，党委副书记、院长郁章玉带领学院领导班子成员、院直部门及各院系党政负责人到开发区参观考察。

3月4日　菏泽市委常委、副市长付伟带领市迎淮指挥部成员单位负责人、各县区分管副县区长到开发区举行迎淮模拟演练。

3月7日　菏泽市委常委、常务副市长段伯汉到开发区调研大项目建设工作。

3月8日　菏泽蒙源农业机械有限公司董事长李明东到开发区考察，并就加快推进大型农机项目建设作进一步磋商。

3月11日　山东省副省长孙绍骋在省政府副秘书长司安民、省国土资源厅厅长刘俭朴、省民政厅副厅长杨丽丽等陪同下到开发区调研。

3月12日　荷兰促贸会青岛代表处首席代表率代表团到开发区考察花卉、蔬菜产业和生态园等项目。

3月13日　山东省发改委调研组一行，到开发区中粮艾地盟、金正大调研经济运行情况。

当日　开发区建设局加挂市经济开发区城市综合开发办公室牌子。

3月14日　山东省科技干校校长刘显福、菏泽市科技局局长耿振华一行到开发区调研科技创新工作。

3月15日　菏泽市委书记于晓明到开发区调研，实地查看玉皇盛世化工、金正大国际、玉皇化工项目施工现场，并就迎接全省科学发展现场观摩有关工作提出具体要求。

3月19日　福州市台商协会荣誉会长、福建世新投资股份有限公司董事长、中国台北海基会顾问许俊达一行到开发区考察。菏泽市委常委、常务副市长段伯汉会见考察团一行。

3月22日　厦门市市场开发建设服务中心书记司虎进一行到开发区考察，菏泽市领导段伯汉会见考察团全体人员。

3月25日　菏泽市检察院党组书记、检察长朱庆安一行到开发区检察院调研。

当日　菏泽市委组织部常务副部长赵豪情一行到开发区开展2012年度领导班子及成员考核，

对党工委、管委会领导班子及成员进行年度工作考核，听取个人述职情况汇报。

3月26日　菏泽市应急管理交流会观摩团一行到开发区丹阳街道查看应急管理工作进展情况。

当日　菏泽市委组织部考核组到开发区考核菏泽市选派“第一书记”工作情况，听取有关工作情况汇报。

3月28日　菏泽市计生委主任乔廷龙一行到开发区佃户屯街道专题调研一季度计生查体服务工作，实地查看街道计生服务站。

3月31日　菏泽市人大常委会党组书记、第一副主任、市石油化工基地领导小组组长杨永昌到开发区玉皇盛世化工现场调度项目建设情况。

当日　开发区召开全区党风廉政建设工作会议。党工委、管委会、人大工委、政协工委领导，副调研员、主任助理，区直机关、街道、法院、检察院及分支机构有关负责同志，社区支部书记等参加会议。党工委副书记梁惠民传达学习市纪委根据“省委常委、省纪委书记李法泉同志来菏调研指示精神”研究制定的八项落实措施，宣读《全区开展财政财务监督、审计调查活动实施方案》；党工委委员、纪工委书记程海建汇报2012年全区党风廉政建设工作情况，安排部署2013年全区党风廉政工作；各街道、各部门签领2013年度《党风廉政建设目标责任书》；市政府党组成员、开发区党工委书记、管委会主任曹升灵作重要讲话。

4月3日　菏泽市委书记于晓明，市委副书记、市长孙爱军，副市长黄秀玲带领市教育局、规划局负责人到开发区考察学校建设工作，详细了解学校扩建及其他建设情况。

当日　省农业厅组织各市农业局相关负责人到开发区考察农业产业化工作，现场查看开发区佃户屯街道高科技农业生态园内蔬菜大棚种植情况。

4月10日　梁山县委副书记、县长贾治阜一行到开发区参观考察工业园区建设情况。

4月15日　菏泽市副市长任仲义带领东南湖区开发指挥部成员单位有关负责人，到菏泽开发区调度工作进展情况，研究安排部署下步有关工作。

4月16日　中国易华录职能交通产业发展研究中心执行主任付长青一行到开发区，就加快易华录集团在菏泽市的项目投资和产业投资事宜进行磋商。

当日　新加坡福岛石化集团董事长张仁发一行到开发区参观考察，深入交流合作事宜。

4月17日　山东省总工会副主席冯庆禄率领山东省总工会工资集体协商检查组一行，到开发区检查公司工资集体协商工作，听取有关工作情况汇报。

当日　中国建材集团副总经理马建国一行到开发区考察，进一步沟通洽谈资金合作事宜。

4月18日　菏泽市科技局局长耿振华、副局长陶福占一行到开发区调研辰信新能源项目，听取有关情况汇报。

4月21日　国家发改委办公厅督办处处长孙洪岭带领韩国LG、江苏申鑫集团负责人一行到开发区考察，洽谈项目合作事宜。

5月3日　聊城市委书记、市人大常委会主任林峰海一行到开发区考察，菏泽市委书记于晓明，市委副书记、市长孙爱军等陪同活动。

当日　中国工程院副院长侯云德院士一行到开发区考察，听取菏泽市经济社会和医药产业发展情况介绍，举行病毒实验室、疫苗项目合作协议签字仪式。

5月8日　中科招商集团总公司副总经理朱艳飞到开发区考察，实地察看辰信新能源、易达利化工等公司。

5月11日　中石化山东分公司副总经理赵顺本一行4人到开发区考察，并就成本油铁路专用线项目有关事宜进行深入洽谈。

当日　阳谷县考察团一行84人到开发区考察工业经济发展情况，实地察看金正大、玉皇盛世等企业。

5月13日　开发区召开促进生态文明新社区建设工作现场办公会。

5月15日　省食品药品监督管理局副局长王海燕一行6人到开发区考察。

5月16日　浙江颐高集团华中大区项目拓展代表一行到开发区考察，并就建设IT商业综合体项目进行座谈。

5月19日　菏泽市发改委副主任黄福平一行到开发区调研，实地查看亿丰·时代广场、金正大、玉皇化工等公司。

5月21日　省发展改革委主任、省“两区办”主任张务锋一行到开发区，就西部经济隆起带建设问题开展专题调研。

当日　菏泽市委政法委书记孙丰华，常务副书记李龙蛟，政法委副书记、综治办主任陈自飞一行到开发区丹阳街道刘庄社区检查指导网络化管理和建设工作。

5月22日　菏泽市政协原主席孔令昌、市人大常委会副主任邵好学、李玉华、李怀堂等到开发区考察指导工作。

5月24日　省委政法委副书记、综治办主任王凯祥一行到开发区考察社会管理创新工作。

当日　上海安益投资有限公司投资副总监陈少华一行到开发区考察，听取开发区经济社会发展情况介绍，并就该公司在开发区投资新建“分布式新能源”项目等事宜进行座谈。

5月25日　无锡明珠电缆有限公司董事长薛建英一行到菏泽开发区考察，就该公司在开发区投资新建菏泽市电缆厂项目进行座谈。

5月26日　山东华鹏玻璃股份有限公司董事长张德华一行到开发区考察，就新建年产12万吨离心玻璃棉项目合作事宜进行洽谈。

5月27日　菏泽市人大常委会党组书记、第一副主任杨永昌，市人大常委会党组副书记、副主任兼秘书长赵传山，市人大常委会副主任汤建梅，市委常委、副市长付伟一行考察开发区贯彻落实《中华人民共和国环境保护法》有关情况。

当日　全国政协常委、山东省政协副主席、农工党省委主委王新陆一行到菏泽大剧院广场，出席“中国环境与健康宣传周”活动山东省启动仪式。

5月31日　省政府法制办公室巡视员陈公雨一行到开发区考察，实地查看凝香园等地。

6月4日　山东英大新能源工程有限公司项目代表孙彦杰、杨宝成一行到开发区考察，并就太阳能屋顶发电项目的合作事宜进行深入洽谈。

6月6日　菏泽市总工会调研员周柱生、宣传部部长周剑到开发区检查企业文化、职工文化建设工作，听取有关工作情况汇报，并实地察看洋丰肥业公司。

当日　山东省中鲁评估中心项目审查部部长韩言柱一行到开发区调研，实地察看山东玉皇盛世化工股份有限公司300万吨/年重芳烃加氢综合利用项目建设用地现场。

6月8日　江阴市奥兴塑木有限公司董事长曹建新、江阴市朋龙塑胶有限公司董事长顾龙法、无锡市世兴电子材料有限公司总经理王亚东一行到开发区考察。

6月9日　菏泽市委书记于晓明到中粮艾地盟粮油工业（菏泽）有限公司检查安全生产工作。

当日　中国农机协会理事长高元恩带领中国机械工业专家组一行到开发区考察。

6月18日　科技部高新司副巡视员李宝山

一行，参加开发区辰信新能源清洁柴油调和组分万吨示范装置项目专家评估会。

当日　山东省北大校友企业家俱乐部组织企业家到开发区考察。

6月21日　山东省房屋和城乡建设厅副巡视员孙松青一行，到开发区就《山东省城镇化发展战略研究》进行调研。

当日　商务部驻韩国公使衔参赞周长亭一行到菏泽开发区考察，实地查看玉皇盛世、金正大国际等公司。

6月23日　四川昊昇三农实业有限公司总裁何亚川一行到开发区，就“昊昇——中国菏泽农机机电产业城”项目进行深入洽谈。

当日　省政府食品安全第七督查组组长张洪本一行，到开发区督查食品安全隐患排查整治、肉及肉制品专项治理行动等工作。

当日　省人大常委会副秘书长、预算工委主任王守涛一行，到开发区检查《山东省地方税收保障条例》执行情况。

6月25日　开发区检察院开展举报宣传周活动，由检察长接访，现场展出强农惠农、质量安全管理等环节职务犯罪的举报知识宣传图片。

6月26日　开发区召开创业服务中心建筑设计方案征集评选会，4家设计单位分别汇报设计方案，5位专家分别对设计方案进行点评打分。

6月28日　菏泽市网格化管理现场推进会暨市综治委全体会议在开发区召开，市委常委、纪委书记孙丰华主持会议。

7月2日　菏泽市水文局局长郭仁华一行到开发区佃户屯街道看望慰问第一书记工作组，并走访慰问虎头李社区老党员。

7月4日　菏泽市纪委检查组组长刘照进一行到开发区检查厉行勤俭节约、坚持廉洁勤政活动开展情况，听取有关情况汇报。

7月7日　菏泽市人大常委会副主任丁志刚一行到开发区考察节能减排工作。

7月9日　山东省人大常委会副主任、党组副书记柏继民率省人大节能减排视察组一行到开发区视察。

当日　之信控股集团董事长吾志亮一行到开发区考察，并就该公司在开发区投资新建LED和农产品交易中心项目等合作事宜进行洽谈。

7月11日　开发区召开大项目观摩会议，查看区内在建项目，现场听取分包项目负责人的工作进展情况汇报。

7月12日　金龙精密铜管集团股份有限公司董事长李长杰一行到开发区考察。

7月19日　开发区与中广核太阳能开发有限公司、山东英大新能源工程有限公司，就总投资18亿元厂房屋顶分布式光伏并网发电项目正式签约。

7月23日　中国商业联合会副会长、大香港铜锣湾集团董事长陈智一行到开发区考察参观。

7月26日　中国科学院过程工程研究所所长张锁江一行到开发区考察，就2万吨MMA装置投产达效情况，10万吨MMA装置、10万吨异丁脱氢装置加快建设工作进行深入洽谈。

7月31日　菏泽市委常委、副市长张毓华一行到开发区调研工业经济运行情况。

8月1日　开发区中粮艾地盟安全生产标准化一级企业创建通过标准化验收。

8月2日　中国建设银行菏泽分行与开发区举行推进工业化、城镇化建设全面合作协议签约仪式。

8月6日　益海嘉里（兖州）粮油工业有限公司总经理郭经田一行到开发区考察。.

8月9日　开发区召开高科技创业园设计方案评审会，南京市建筑设计院和杭州市建筑设计院负责人分别就创业园设计方案进行现场展示和说明。

8 月 10 日　上海益海嘉里集团公司总裁牛余新一行到开发区考察，并就在开发区投资建设物流园项目进行深入洽谈。

8 月 14 日　菏泽市委副书记、市长孙爱军带领菏泽市城镇化工作领导小组到开发区考察市政基础设施建设情况。

8 月 24 日　菏泽市委书记于晓明到开发区调研，听取开发区经济社会发展情况汇报。

8 月 28 日　菏泽市政协副主席朱斌一行到开发区调研。

8 月 29 日　山东省科学院自动化研究所室主任刘广亮一行到开发区考察。

8 月 30 日　开发区城镇化工作领导小组召开项目调度会，与项目责任人直接对接，并制订相应措施。

9 月 2 日　内蒙古自治区乌兰察布市委常委、常务副市长郑俊一行到开发区考察。

9 月 3 日　菏泽市委常委、副市长张毓华带领市环保局、市建设局等有关部门负责人到开发区调研。

9 月 5 日　广厦建设集团有限公司董事长何勇、之信控股集团董事长吾志亮一行，就在开发区建设“菏泽国际采购中心”项目事宜与开发区领导交流洽谈。

9 月 9 日　菏泽市委副书记、市长孙爱军，市政协主席刘勇一行到开发区丹阳路小学看望和慰问教师代表，并向广大教育工作者致以亲切的问候和节日的祝贺。

9 月 10 日　菏泽市人大常委会副主任丁志刚一行到开发区调研城镇化重点工程建设情况。

9 月 12 日　山东省煤矿安全监察局副局长李建民带领省政府安全生产督查组成员到开发区督查安全生产工作。

9 月 13 日　菏泽市委常委、纪委书记孙丰华带领市计划生育检查组一行到开发区检查计划生育工作。

9 月 14 日　菏泽市委常委、常务副市长段伯汉带领市食安办、卫生局、食品药品监督管理局等单位主要负责人到开发区检查中秋、国庆节日期间食品安全工作。

9 月 17 日　开发区召开全区大气污染防治工作第二次调度会，传达菏泽市大气污染防治工作第二次调度会会议精神。

9 月 18 日　山东省副省长赵润田到菏泽开发区调研，对开发区年内大项目建设取得的成绩给予充分肯定。

9 月 19 日　第十届中国林交会在菏泽开幕。国家林业局副局长印红，中国林业经济学会理事长、国家林业局原副局长李育材，山东省副省长赵润田，菏泽市委书记于晓明，市委副书记、市长孙爱军等领导出席开幕式。此届林交会以“低碳引领美好生活，绿色造福美丽中国”为主题，参展企业 660 余家，折合标准展位 860 个，展示面积 2 万平方米，较上届增长 2 倍多。

9 月 22 日　开发区在 2013（秋季）投资环境说明会上集中签约 3 个项目，总投资 16.46 亿元。

9 月 23 日　商务部外贸发展事务局副局长朱中星陪同外国驻华使馆商务官员一行到开发区考察工业园区建设情况。

9 月 27 日　中国机械工业联合会执行副会长宋晓刚一行到开发区调研。

9 月 29 日　菏泽市人大常委会副主任丁志刚带领市人大常委会考察组到开发区考察五大主导产业重大项目和城镇化重点工程建设工作。

9 月 30 日　菏泽市委书记于晓明到开发区慰问渣土专项治理人员。

当日　山东隆科科技园举行开工仪式。该项目总投资为 12.2 亿元，由山东菏建建筑集团有限公司与苏州合众融信投资管理有限公司共同投资兴建。

当月　李国珍任菏泽经济开发区党工委副书记、管委会主任。

10月11日　菏泽市大气防指办督查二组到开发区检查大气污染防治工作。

10月12日　菏泽市委常委、副市长张毓华到开发区调研扬尘治理工作。

10月13日　中国科学院天津工业生物技术研究所副所长孙际宾一行到开发区考察，并就有关项目合作事宜进行洽谈。

10月20日　中国科学院院士佟振合，北京大学教授、博士生导师陈志坚到开发区考察。

10月22日　开发区德润化工年产20吨粗苯加氢装置项目投料试生产。

10月30日　菏泽中药制剂项目正式签约。该项目由山东岳草堂药业有限公司投资兴建，总投资5亿元，主要生产中药小剂量针剂、口服液、颗粒及片剂。项目占地11.33公顷。

10月31日　开发区组织各危险化学品生产企业、规模以上企业在菏泽玉皇化工有限公司举行危险化学品泄漏事故应急救援演练。

当日　菏泽天地汇公路港项目董事长徐永波、总经理吴永强、经理董建军、总监章忠民一行到开发区考察。

11月8日　开发区召开城镇化工作调度会，调度各片区工作进展情况，听取各片区指挥长有关近期工作情况汇报。

11月28日　菏泽市委书记于晓明到开发区调研安全生产工作，并召开座谈会。

当日　滨州市惠民经济开发区党政考察团到开发区考察工业项目、园区建设等。

11月29日　菏泽市委常委、副市长张毓华带领有关市直部门及开发区、牡丹区两区分管城建领导、建筑单位负责人一行到开发区考察大气污染防治工作。

11月28—29日　中国机械工业联合会机械工业信息中心党委副书记、副主任、机经网工作部主任、北京机经网信息技术有限公司总经理沈波一行，到开发区调研机电设备制造产业发展规划编制工作。

11月30日至12月1日　北京博士后服务团到开发区调研化工、生物医药产业发展情况，听取开发区有关情况汇报。

12月2日　开发区举行全区大项目观摩会议，现场听取分包负责人及企业负责人关于项目建设情况的汇报，对项目建设情况进行评议打分。

当日　菏泽市巨野县委督查室、县环保局一行30人，菏泽市定陶县环保局、部分企业一行15人，到开发区参观学习工业企业大气污染治理工作经验。

12月3日　开发区组织收听收看省、市安全生产视频会议，并召开专题会议研究贯彻落实意见，分析当前安全生产工作面临的形势，研究安排部署全区安全生产工作。

当日　浙江宝联控股集团有限公司董事长吴宝才一行到开发区考察。

12月4日　菏泽市人大常委会党组书记、第一副主任杨永昌一行到开发区公安分局考察“天网工程”、社区警务室等建设情况。

12月5日　省人大常委会委员、财经委副主任谭鹏飞到开发区调研国民经济和社会发展情况。

当日　菏泽军分区副政委、市综治委副主任鲍子林一行到开发区督导网格化管理工作。

12月7日　省安监局安全检查验收组到开发区岳程街道办事处检查验收安全社区创建工作。

12月17日　开发区召开全区“庸懒散”专项治理工作推进会，传达菏泽市“庸懒散”专项治理工作推进会议精神，总结前段“庸懒散”专项治理工作，安排部署下步工作。

12 月 18 日　菏泽市检察院组织市人大代表到开发区岳程街道检察室参观，实地查看检察室服务大厅等工作场所，细了解检察室机构设置及各科室业务工作开展情况。

12 月 20 日　开发区召开老年福利服务中心专家论证会。

12 月 24 日　开发区召开 2013–12 地块建设项目房屋征收动员会，详细解读拆迁补偿安置方案及拆迁补偿安置办法，通过公证处以公开摇号的方式确定评估机构。

12 月 26 日　全国工商联原副主席、十届全国人大常委会委员、法律委员会副主任、中国汽车协会名誉会长王以铭，中国汽车汽配用品行业联合会常务副秘书长郭威，中国汽车配件用品市场协会高级顾问张士军，中国滤清器协会秘书长郑海涛，菏泽市人大常委会副主任孙忠生，市政协副主席朱斌出席开发区齐鲁国际汽配城项目开业仪式。

12 月 27 日　菏泽市副市长黄秀玲到开发区召开菏泽一中南校区建设及征收补偿工作会议。

12 月 28 日　国家食品药品监督管理总局南方医药经济研究所所长林建宁一行到开发区考察调研。

12 月 30 日　北京新华春天教育科技有限公司总裁张书杰一行到开发区考察。

2014 年

1 月 4 日　菏泽市委宣传部副部长马喜荣一行到开发区岳程街道验收乡村文明行动创建工作。

1 月 14 日　2014–1 旧城区改建和平新贵项目建设指挥部成立。

1 月 16 日　省司法厅厅长王本群、办公室主任刘淼、基层工作处处长吴明义、山东省委政法委指导处副处长秦魁民一行到开发区检查综治暨平安建设工作情况。

1 月 20 日　菏泽乾宝 4S 店举行开业仪式。该项目由菏泽润华投资公司投资兴建，总投资 1.2 亿元。

当日　以色列 Medicshoes 公司董事长 Guy idan 到开发区考察。

1 月 21 日　菏泽市委常委、副市长张毓华到开发区考察城乡环境综合整治工作。

1 月 23 日　山东省副省长王随莲一行到开发区考察节前饮食安全和食品供应情况。

1 月 24 日　菏泽市委常委、常务副市长段伯汉到开发区佃户屯街道慰问敬老院老人、困难群众、计生双女户、老党员等。

1 月 25 日　菏泽市委常委、常务副市长段伯汉到开发区丹阳街道大成庄社区走访慰问结对帮扶的困难群众。

1 月 30 日　菏泽市委书记、市人大常委会主任于晓明，市人大常委会第一副主任杨永昌，市委常委、常务副市长段伯汉，市委常委、市委秘书长尹玉明，副市长任仲义到开发区慰问春节坚守岗位干部职工。

当月　张继争任菏泽经济开发区党工委副书记（正县级）。

2 月 16 日　开发区党工委全面深化改革领导小组和专项小组成立。

2 月 17 日　开发区成立高科技农业生态园建设领导小组。

2 月 20 日　开发区召开全区纪检监察工作会议。党工委、管委会副县级以上领导干部，主任助理，区直部门、分支机构主要负责人及分管负责人，街道党工委书记、办事处主任、纪委书记及纪委委员，纪工委全体人员，社区支部书记等参加会议。党工委副书记席巍传达菏泽市纪委十二届四次全会精神；党工委委员、纪工委书记程海建汇报2013年全区纪检监察工作情况，安排部署2014年全区纪委主要工作任务；市政府党组成员、党工委书记曹升灵讲话。

2月22日　菏泽市政府副市长任仲义一行到开发区调研城镇化建设和基础设施建设情况。

当日　中国石化化工销售有限公司总经理李成峰一行到开发区考察。

2月25日　菏泽市委教育实践活动市直第一督导组，到开发区检查指导教育实践活动前期准备工作情况。

2月26日　开发区开展第二期专家大讲堂活动，邀请中国科学院过程工程研究所副研究员、硕士生导师、管委会挂职副主任张建敏，讲授科技创新、科技产业规划、企业科技创新发展等方面知识。

2月24—26日　上海红星美凯龙集团公司投资发展部经理仲维卿和上海博熙资本董事长赵溥一行到开发区考察。

2月28日　2014–2旧城区改建卢庄地块项目建设指挥部成立。

3月3日　菏泽市计生委副主任赵胜利一行到开发区岳程街道调研春季计生专项治理活动开展情况。

3月11日　德国胡曼生化诊断有限责任公司总裁诺伊贝格（Ralph Neuberger）一行到开发区考察。

3月13日　菏泽市人大常委会副主任丁志刚一行到市实验中学检查百万图书进校园活动实施情况和贫困生资助工作。

3月14日　开发区召开农业农村及乡村文明行动工作会议，传达2014年全区农业农村工作要点及安全要点分工方案，安排部署全年工作。

3月17日　开发区组织党员干部观看苏联解体纪录片，增强全区党员干部的党性观念、忧患意识和群众情怀。

3月18日　菏泽市商务局党委书记、局长胡钦畅到开发区企业调研。

3月20日　菏泽市委教育实践活动市直第一督导组先后到开发区岳程和佃户屯两街道检查指导。

当日　北京新华春天教育科技有限公司总裁张书杰一行到开发区考察。

3月26日　2014–3、2014–4旧城区改建项目建设指挥部成立。

4月2日　开发区召开全区项目建设推进会，现场调度全区重点工业化、城镇化、服务业、民生四类项目。

当日　北京毅铭兴源集成房屋有限公司董事长周铭一行到开发区考察。

4月3日　菏泽市委副书记、市长孙爱军到开发区调研大气污染防治工作。

4月4日　开发区党工委书记曹升灵，党工委副书记、管委会主任李国珍及党工委、管委会班子成员，全体党员干部、群众、教师、学生及烈士生前部队代表、烈士家属代表600余人到佃户屯街道张和庄烈士陵园悼念烈士。

4月8日　菏泽市委常委、常务副市长段伯汉到开发区佃户屯街道联系点调研指导党的群众路线教育实践活动。

4月9日　菏泽市直第一督导组到开发区岳程街道检查督导群众路线教育实践活动。

4月10日　山东省人大常委会副主任贾万志一行到开发区视察大气污染防治工作。

4月15日　山东省检察院党组书记、检察长吴鹏飞到开发区检察院派驻岳程检察室检查指导工作。

当日　聊城市综治办考察团到开发区考察网格化管理工作。

4月16日　开发区召开维稳形势分析研判联席会议，调度中央巡视组接访组交办案件。

当日　新疆昌吉州委常委、昌吉市委书记何永慧一行到开发区考察参观。

4月15—18日　福建乾元金融控股集团董事长陈金曙一行到开发区考察，就林产品大宗商品交易平台和林业综合产业园项目合作事宜进行深入洽谈。

4月18日　中国药科大学副校长、教授、博导姚文兵一行到开发区考察。

4月19日　《中直党建》杂志社副总编段上舒、北京市委市直机关工委常务副书记夏尚武、广东省委省直机关工委书记李学同、山东省委省直机关工委书记卢得志一行到菏泽开发区调研。

4月20日　辽宁全禾菌业有限公司董事长刘永昶一行到开发区考察。

当日　唐骏汽车高端轻卡菏泽上市发布会在开发区岳程街道举行。

4月22日　浙江大学药学院副院长、学术委员会副主任俞永平一行到开发区考察。

4月23日　北京万垦控股公司有限公司董事长康耀江一行到开发区考察。

当日　北京易华录信息技术股份有限公司副总裁王海博一行到开发区考察。

4月21—23日　上海宝藤生物医药科技有限公司总裁楼敬伟博士一行到菏泽开发区考察，并就在开发区建设菏泽市医学城项目有关事宜进行深入洽谈。

4月24日　“齐鲁台商菏泽行”考察团到开发区考察。

4月25日　开发区举行全国儿童预防接种日宣传启动暨山东省人民群众满意预防接种单位授牌仪式。

4月28日　全联新能源商会副会长、北京锦能伟业能源科技公司总经理邹传泉一行到开发区考察新能源产业发展情况。

4月29日　省政协副主席栗甲率省政协社会法制委员会“推进社会组织管理创新和发挥作用”专题调研组一行到开发区调研。

当日　菏泽市副市长任仲义一行到开发区现场调度重点城市综合开发项目。

5月7日　湖北新洋丰肥业股份有限公司总经理杨华锋一行到开发区考察。

5月8日　深圳能源集团股份有限公司总裁王慧农一行9人到开发区考察。

5月9日　菏泽市政协副主席、党组副书记付守明一行到开发区调研科技服务平台的建设情况。

当日　公安部消防局司戈大校到开发区消防大队调研消防工作。

5月13日　上海红星美凯龙企业发展有限公司副总裁吴惠强一行到开发区考察，并就项目合作有关事宜进行深入洽谈。

5月16日　菏泽市委副书记、市长孙爱军到开发区调研。

当日　菏泽市委宣传部副部长、市文明办主任马喜荣到开发区岳程街道调研乡村文明行动工作开展情况。

5月17日　富士康科技集团总经理游象富一行到开发区考察。

5月19—20日　中科院沈阳分院院长助理、山东综合技术转化中心主任徐岩一行到开发区考察工业园区建设情况。

5月20日　菏泽市人大常委会组织到开发区对贯彻实施《中华人民共和国大气污染防治法》情况进行执法检查。

5月21日　开发区召开全区农村土地承包经营权确权登记颁证和农村扶贫开发精准识别工作会议。

5月22日　上海海吉亚集团总经理季海荣一行到开发区考察，洽谈项目规划设计工作。

5月26日　菏泽市政协主席刘勇一行到开

发区进行“加快科技服务平台建设，促进创新驱动战略实施”调研。

5月27日　同济大学教授、国家土建结构预制装配化工程技术研究中心副主任李元齐，北京毅铭兴源董事长周铭一行到开发区考察。

5月28日　山东省总工会“帮扶送教育”活动捐赠仪式在开发区举行，省总工会副主席魏丽参加捐赠仪式。

当日　开发区土地整理项目专家评审会召开，对佃户屯街道土地整理项目进行专家评审。

5月29日　开发区大气污染物自动监控系统建设工作领导小组成立。

6月5日　菏泽市委常委、副市长张毓华到开发区参加“六五世界环境日”向污染宣战活动。

6月6日　菏泽市委常委、常务副市长段伯汉到开发区调度市重点项目工作。

当日　菏泽市鄄城县综治办一行到开发区岳程街道考察社会管理服务创新工作。

6月11日　中央国家机关党校“习近平总书记关于机关党的建设重要论述专题培训班”基层考察组一行到开发区调研。

当日　开发区2014-5旧城区改建项目房屋征收动员大会召开。

6月12日　山东省检察院法警总队总队长张启波一行到开发区调研。

当日　山东省工商联副主席曹元一行到开发区考察。

6月13日　菏泽市委宣讲团原团长吕复伦到开发区岳程街道举行新农村新生活知识讲座。

6月17日　开发区召开“慈心一日捐”活动暨慈善总会成立大会，安排部署“慈心一日捐”活动，并成立开发区慈善总会。

6月18日　经济开发区精神文明建设委员会成立。

6月19日　副省长王随莲一行到开发区调研卫生、中医药、体育、食品药品安全等工作。

当日　菏泽市纪委常委、党风政风监督室主任张耀忠一行到开发区开展市直部门涉企科室评议工作。

6月20日　菏泽市妇儿工委办公室主任刘晓莉，市妇联权益部部长张晓卫，国家二级心理咨询师、中科院心理研究所家庭治疗师刘贵丽，到开发区岳程街道举行新农村新生活知识讲座。

6月23日　台湾省台中市副议长陈天汶一行到开发区考察。

7月7日　青岛大学医学院党委书记、院长于永明一行到开发区考察。

7月8日　省政协副主席、省工商联主席王乃静带领省工商联十二届五次常委会议与会人员，到开发区考察园区建设情况。

当日　菏泽市人大常委会副主任丁志刚带领市人大城环工委调研组一行，到开发区调研贯彻落实《中华人民共和国土地管理法》情况。

7月9日　省发改委党组副书记、副主任李关宾一行到开发区调研。

7月10日　菏泽市人大常委会人代工委副主任、人代室主任陈化明一行到开发区岳程街道检查指导工作。

7月11日　菏泽市妇联调研组到开发区调研妇女创业就业活动情况。

7月10—11日　阿里巴巴战略合作高级专家史统达到菏泽开发区考察拟选地块及园区建设情况。

7月15日　山东省检察院侦监处监督组组长孟国一行，到开发区检察院派驻岳程检察室检查“对公安派出所刑事执法专项监督活动”开展情况。

7月17日　富士康科技集团幕僚长陈辉龙一行到开发区考察。

7月20日　菏泽市委书记、市人大常委会

主任于晓明到开发区调研。

7 月 24 日　菏泽市人大常委会委员、副秘书长、研究室主任许素洋一行到派驻岳程检察室考察工作。

当日　江西景焦集团、青岛德源化工有限公司考察团到菏泽开发区考察。

7 月 29 日　开发区开展“暑期关爱·弥补空白”关爱留守儿童活动，组织 200 余名留守儿童到冀鲁豫边区革命纪念馆参观学习。

当日　菏泽市土地整理项目验收评审会议在开发区佃户屯街道召开，市土管局等专家组成员及各建设标段公司负责人参加会议。

8 月 1 日　卫生部原副部长、国家食品药品监督管理局原局长邵明立一行到开发区考察。

8 月 2 日　菏泽市委书记、市人大常委会主任于晓明，市委副书记、市长孙爱军到开发区调研安全生产工作。

当日　石家庄巨力科技集团有限公司董事长刘西斌一行到开发区考察，就新建环保设备研发及生产项目事宜进行深入洽谈。

8 月 7—8 日　中科院化学所院士韩布兴，河南师范大学校长、教授王键吉，中科院过程所所长、研究员张锁江一行到开发区，参加甲基丙烯醛、酯及醇清洁工艺技术科技成果鉴定会。

8 月 8 日　市政府党组成员、市公安局党委书记、局长单立新到开发区公安分局调研。

8 月 11 日　华升玻璃二期日用玻璃制品项目投产。

8 月 12 日　国家级临沂经济技术开发区党工委副书记、管委会常务副主任王文元，检察长张玉新到开发区考察。

8 月 14 日　日本丸红株式会社化工部笠原圭介一行到开发区考察。

8 月 15 日　单县考察团到开发区岳程街道考察学习“乡村文明行动”工作，实地调研许楼、石堂等社区。

8 月 18 日　开发区高科技创业园项目建设指挥部成立。

8 月 19 日　菏泽高新区考察团到开发区岳程街道参观学习“乡村文明行动”工作，听取有关工作情况介绍。

8 月 20—21 日　富士康科技集团总经理游象富一行到开发区考察。

8 月 22 日　烟台富士康副总经理郑光杰一行到开发区考察。

当日　菏泽市“四德榜”建设专题会议在开发区岳程街道召开。

8 月 25 日　日照金马工业集团公司董事长马祖斌一行到开发区考察。

8 月 27 日　省人力资源和社会保障厅副巡视员巍兴隆一行到开发区岳程街道考察。

8 月 28 日　菏泽市副市长黄秀玲到开发区调研菏泽一中东校区开学前的准备工作情况。

当日　三捷新能源基地年产 300 万平方米混合动力汽车电池泡沫镍项目开工建设。

8 月 29 日　天安国际广场（庞楼地块）项目开工建设。

9 月 3 日　省委赴菏泽市督导组第一副组长、省卫计委党组副书记、省计生协会常务副会长武翠兰一行，到开发区丹阳街道考察指导工作。

9 月 4 日　菏泽市委副书记、市长孙爱军，市政协主席刘勇率领市政府办公室、市教育局负责人，到菏泽一中实验中学看望慰问教师。

当日　中国人保资产管理股份有限公司总经理段昊、投资助理钟准一行到开发区考察。

9 月 5 日　菏泽市委副书记、市长孙爱军到开发区对城区道路桥梁工程用地征收拆迁及开工建设情况进行现场调度。

9 月 9 日　菏泽市文广新局党组书记、局长陈庆勇到岳程街道调研公共文化服务体系建设工作。

9月10日　开发区庆祝第三十个教师节暨表彰大会召开，表彰获得省级、市级、区级荣誉的优秀教师、优秀教育工作者、优秀班主任和教育工作先进集体。

9月11日　菏泽市委常委、市委秘书长尹玉明到开发区调研科技孵化器建设工作。

当日　菏泽市副市长王桂松带领各县区分管副县区长、科技局局长到开发区召开全市科技企业孵化器建设现场会。市政府党组成员、市公安局局长单立新到开发区佃户屯街道滨河片区服务中心检查指导工作。

9月14日　菏泽市计生委主任陈百国到开发区佃户屯街道调研市计划生育养老基地建设情况。

9月15日　山东省委办公厅、省政府办公厅联合督查组一行到开发区督查全省民营经济工作会议贯彻落实情况。

9月16日　中央办公厅督查室督查专员宋重冰带领中办回访调研组一行到开发区调研，实地考察科技孵化器。

当日　山东省军区原副政委、省计生协会副会长李养珍一行到开发区佃户屯街道调研市计划生育养老基地建设工作。

9月18日　开发区挖潜盘活工业企业低效用地工作领导小组成立。

9月22日　菏泽市卫计委党委书记、主任闫传银一行到佃户屯街道调研市计划生育养老基地建设。

9月23日　山东省工商联党组副书记、副主席曹元到开发区督导招商引资情况。

9月26日　菏泽市人大常委会副主任丁志刚、孙忠生带领部分市人大常委会委员、省市人大代表到开发区考察“五大主导产业”重大项目和城镇化重点工程建设情况。

9月28日　菏泽市委常委、常务副市长段伯汉到丹阳街道武屯、肖楼社区走访慰问军烈属和新中国成立前的老党员。

10月8日　菏泽市卫生和计划生育委员会主任、党委书记闫传银到开发区调研指导人口计生工作。

10月9日　菏泽市委常委、副市长张毓华到开发区督导检查秋季秸秆禁烧工作，实地查看佃户屯街道现场。

10月10日　开发区召开《开发区乡村旅游发展总体规划（2014—2015）》评审会，对《开发区乡村旅游重点区域发展总体规划（2014—2015）》进行终期汇报稿评审。

10月11日　菏泽市副市长黄秀玲到开发区调研，实地查看菏泽一中实验中学，并召开座谈会，协调解决需要解决的困难和问题。

10月14日　菏泽市委常委、副市长张毓华到开发区检查督导大气污染防治工作。

10月16日　开发区山东省科耀化工院士工作站揭牌仪式举行，市委副书记、市长孙爱军，中国工程院院士、中国科学院海洋研究所研究员、国家海洋腐蚀工程技术研究中心主任侯保荣共同为工作站揭牌。

当日　菏泽市委副书记、市长孙爱军会见法国科学院院士、法国医药协会会长、派乔易（中国）生物科技有限公司董事长派·乔易，双方就进一步交流合作事宜进行洽谈磋商。

10月17日　开发区组织收听收看中共十八届四中全会期间维稳工作会议，安排部署十八届四中全会期间全区维稳工作。

10月18日　开发区召开工业园区村庄搬迁预备会议，通报近期工作开展情况，安排部署村庄搬迁各项准备工作。

10月17—18日　中国建材北新集团书记、常务副总经理刘贵平一行到开发区考察，实地查看水岸新歌广场、城建国际广场、城建华府、北新汇隆项目、城建集团东厂等工程现场。

10 月 19 日　新疆建设兵团农垦第四师副师长王作敏到开发区考察。

10 月 21 日　菏泽市委常委、常务副市长段伯汉带领市发改委、市财政局、市国税局、市地税局负责人到开发区调研。

10 月 22 日　省委常委、常务副省长孙伟一行到开发区调研，听取开发区有关工作情况汇报，实地查看科技孵化器。

10 月 25 日　菏泽市与富士康科技集团合作项目签约仪式在济南举行，标志着该项目正式落户开发区。

10 月 25—26 日　海尔地产副总经理赵凤存一行到开发区考察。

10 月 27 日　菏泽市委组织部常务副部长赵豪情一行到开发区丹阳街道调研指导社区两委换届选举工作，听取有关工作情况汇报。

10 月 28 日　深圳美凯电子股份有限公司董事长郭冰一行到开发区考察，并就项目合作事宜进行深入洽谈。

当日　“聚焦一圈一带——第十届中国网络媒体山东行”采访团一行到开发区进行集中采访。

10 月 29 日　菏泽市妇联主席梁惠民、副主席李红到开发区调研和谐家庭教育基地建设情况，参与和谐家庭教育基地选址，听取开发区“四进”活动工作情况汇报。

10 月 30 日　省商务厅副巡视员林凌家带领省政府安委会督查组，到开发区督查安全生产工作。

11 月 5—6 日　青岛市菏泽商会考察团一行到菏泽开发区考察，菏泽市副市长黄秀玲致欢迎辞，并介绍菏泽市经济社会发展情况。

11 月 8—10 日　中财通达产业投资管理有限公司董事长冯丰一行到开发区考察。

11 月 11 日　菏泽学院党委书记张存金，党委副书记、院长王焕良一行到开发区调研。

11 月 13 日　山东省卫计委基层调查组到菏泽开发区岳程街道郭庄社区调研计生工作，实地查看村级服务阵地、政务公开栏等。

11 月 13—14 日　中国华大基因华东区总裁杨晓楠一行到开发区考察。

11 月 18 日　中国银行山东省分行副行长张维克一行到开发区考察。

11 月 19 日　山东省人大常委会委员、省人大城建环资委主任委员、齐鲁环保世纪行组委会执行主任杨焕彩一行到开发区对大气污染防治情况组织专题采访。

11 月 19—20 日　清华大学深圳研究生院副院长、研究员马岚一行到开发区考察园区建设情况。

11 月 25 日　美国华平投资集团中国董事总经理、华平医疗投资负责人冯岱一行到开发区考察医疗投资和医药产业工作。

11 月 28 日　开发区人才技术联盟成立暨第一次联盟大会召开，国家特聘教授专家、泰山学者、山东大学博士生导师赵忠熙等 24 家高校院所的 37 名专家参加。

12 月 1 日　雅瑟斯工业股份有限公司董事长萧博文到开发区考察基础设施及配套厂家情况。

12 月 3 日　济宁市人大常委会党组书记、第一副主任陈民一行到开发区考察。

当日　天津大学化工学院院长、化工工艺系主任、教授、博士研究生导师新世纪人才马新宾到开发区考察参观。

12 月 5 日　开发区召开环保社会公开现场会，邀请环保社会监督员、企业所在地群众代表听取近阶段全区大气治理工作，尤其是大气污染物自动在线监控系统建设情况汇报。

12 月 10 日　菏泽市委驻开发区督导组组长

田习文一行，到开发区丹阳街道都庄社区督导社区居委会换届选举工作。

当日　菏泽市大气污染防治工作指挥部到开发区岳程街道检查大气污染防治工作开展情况。

12月9—10日　清华大学深圳研究院陈开全教授一行到开发区考察。

12月22—23日　富士康科技集团副总经理何有朋一行到开发区考察。

12月25日　菏泽市人大常委会领导及驻菏泽人大代表到开发区调研民生实事工作。

12月27日　菏泽市委副书记、市长孙爱军到开发区调研经济运行和项目建设情况。

12月30日　开发区召开会议，集中整治企业欠资欠薪问题，研究解决茂木服饰拖欠工人工资问题的方案，并对全区企业、在建工程欠资欠薪全面排查。

当日　菏泽市委教育实践活动第一督导组组长田习文，到开发区检查指导教育实践活动整改落实、建章立制工作。

2015年

1月6—7日　北京旷烨集团董事长张万卿一行到开发区考察。

1月7日　菏泽市人大环城工委组织部分人大代表到开发区，开展《中华人民共和国大气污染防治法》执法跟踪检查。

1月8日　菏泽市委书记、市人大常委会主任孙爱军，市人大常委会党组书记、第一副主任杨永昌，市委常委、政法委书记李法洪，市人大常委会副主任丁志刚同全国人大代表考察组一行到开发区调研，参观科技孵化器。

1月11日　开发区召开2015-1旧城区改建项目房屋征收动员会议。

1月13日　山东梵果家居有限公司在上海股权托管交易中心挂牌上市，是山东省首家在上海股交中心挂牌上市的家居企业。

1月12—14日　美国诺贝尔环境技术公司罗伯特·诺贝尔一行到开发区考察。

1月14日　台湾德智科技股份有限公司CEO林肯芳一行到开发区考察。

1月15日　开发区纪工委组织全区党员干部收看反腐倡廉教育片，全区19个单位110名党员干部参加活动。

1月15—16日　大唐电信科技股份有限公司南京分公司总经理张海滨一行到开发区考察。

1月21日　山东省委宣传部副部长林建宁到开发区岳程街道许楼社区调研“四德”工程建设工作。

1月21—23日　北京卓越航空工业有限公司董事长成身棕一行到开发区考察。

1月27日　菏泽市卫计委督导组到岳程街道许楼社区调研计生工作。

当日　菏泽市委常委、副市长张毓华到开发区调研环保工作，考察开发区大气污染物自动在线监测系统。

1月28日　国家安监总局监察专员贺黎光到开发区督查安全生产工作。

1月29日　菏泽首届汽车文化节筹备会在开发区富年国际汽配城召开。4月10—12日，经济开发区、市广播电视台、岳程街道等单位在富年国际汽配城联合举办首届汽车文化节，吸引80余家国内外汽车品牌、600余部展车参展。

1月30日　菏泽市委书记孙爱军，市委常委、常务副市长段伯汉会见北京卓越集团董事长成身棕、青岛通航集团董事长吴在飞一行。

2月　李国珍任菏泽经济开发区党工委副书记、管委会常务副主任（正县级）。

当月　牛化民任政协菏泽市委员会开发区工作委员会副主任。

3月10日　山东省统计局综合处处长董晓青一行到开发区调研企业生产经营情况。

3月12日　山东省委政研室副主任郝宪印一行到开发区调研。

当日　开发区市场监督管理局正式挂牌成立。

3月13日　开发区对城乡环卫一体化工作进行第二次现场考核。

3月14日　政协山东省委员会常委、副秘书长赵孝为一行到开发区，考察城市基础设施建设和投资、金融等工作。

3月16日　菏泽市政府研究室和市生物医药产业领导小组办公室组成调研组到开发区调研。

3月23日　浙江颐高集团华东区总经理卢锡峰一行到开发区考察。

3月24—25日　中石化石油化工科学研究院何鸣元院士一行到开发区参加MMA产业规划暨菏泽开发区科技创新平台建设咨询会。

当月　开发区召开全区党风廉政建设工作会议。党工委、管委会副县级以上领导，主任助理，公安局、检察院、法院、区直部门及分支机构主要负责人及分管负责人，街道党工委书记、办事处主任及分管负责人，社区支部书记等参加会议。会议传达菏泽市纪委十二届六次全会精神；党工委委员、纪工委书记程海建汇报2014年全区党风廉政建设工作情况，安排部署2015年全区党风廉政工作；各街道、部门代表签领2015年度《党风廉政建设目标责任书》；市政府党组成员、开发区党工委书记曹升灵作重要讲话。

4月3日　云南楚雄州委副书记、州长李红民到开发区，考察文化旅游事业发展和文化旅游项目建设有关情况。

4月13日　菏泽市城市总体规划修编专家组到开发区现场调研城市总体规划修编工作。

4月15日　天津化工学院副院长巩金龙一行到开发区进行成果对接及洽谈活动。

4月16日　中央办公厅督查室主任蒋建平在山东省委副秘书长唐慎的陪同下到开发区调研。

当日　上海商联集团通信文化部总经理郭岩一行到开发区考察园区建设情况。

4月17日　山东省侨办党组书记、主任刘方会一行到开发区考察。

4月18—19日　中国工程院院士、中国科学院理化技术研究员、博士生导师吴以成一行到开发区考察。

4月20日　山东省贸促会党组书记宿华一行到开发区考察调研。

4月21—22日　“大健康纪行——与产业同行”主体活动在开发区举办。

4月22日　开发区在玉皇盛世化工公司举行危险化学品泄漏事故应急救援演练。

4月27日　淄博市沂源县委书记、县人大常委会主任苏星带领沂源县党政考察团一行到开发区考察工业园区建设、企业重点项目建设情况。

4月29日　菏泽市机电设备制造业发展工作调度会在开发区召开。

5月9日　菏泽学院教学实习基地揭牌仪式在开发区佃户屯街道明星果蔬合作社举行。

当日　中国太平财产保险有限公司菏泽中心支公司开业暨揭牌仪式举行。

5月12日　中国银行山东省分行党委书记、行长陶以平一行到开发区调研。

当月　程海建任菏泽经济开发区党工委委员、纪工委书记。

6月2日　富士康科技集团富盟电子科技（菏泽）有限公司正式投产运营，首批近1000名员工上岗工作。

6月9日　菏泽市“百千万工程”创建活动现场会在开发区召开。

6月10日　山东省委党校常务副校长赵强

一行到开发区调研社会经济发展情况。

当日　山东省发改委利用外资与境外投资处调研员龙钢、省财政厅经济建设处副处长哈立东一行到开发区调研。

6月11日　山东省“一圈一带”双向交流合作挂职干部一行到开发区调研。

6月12日　江苏中软信息技术有限公司总裁冯建斌一行到开发区考察，并召开座谈会，就菏泽创客电子商务孵化基地项目举行签约仪式。

6月25日　中科院沈阳分院副院长、中科院山东综合技术转化中心主任马越红，山东省科技厅副厅长于书良一行到开发区调研。

当日　菏泽市委常委、政法委书记李法洪到开发区岳程街道调研综治平安建设工作。

6月26—27日　菏泽市委书记、市人大常委会主任孙爱军带队赴贵州考察富士康第四代绿色产业园。

当日　中央政法委副秘书长、中央综治委副主任兼中央综治办主任陈训秋一行到开发区调研政法综治工作。

7月7日　日照市委政法委副书记闫岩率日照考察团到开发区考察综治工作。

当日　菏泽市委常委、政法委书记李法洪带领市“百日会战”领导小组到开发区检查验收“非访”治理工作。

7月10日　开发区召开龙山新社区专题会议，研究龙山新社区吴店老村搬迁工作。

7月29日　菏泽市委宣传部副部长史长华一行到开发区岳程街道调研文化强省先进社区创建工作。

7月30日　广药集团副总裁、国家工程中心主任刘菊妍一行到开发区，洽谈对接中药提取过程现代化国家工程实验中心项目合作事宜。

8月4日　山东省工程咨询院党组书记、院长张玲一行到菏泽开发区调研。

当日　开发区举行紫金国际广场项目主力商户签约仪式，乐家福大卖场、香港新华国际影院、爱尔玛儿童主体乐园、希乐城儿童职业体验、肯德基等一批国内外著名品牌正式签约入驻。

8月7日　菏泽学院党委副书记、院长姜同松一行到开发区，就经济社会发展情况和进一步推进校地、校企合作进行调研。

8月8日　浙江顾民生物科技有限公司董事长顾星阳一行，到开发区洽谈对接代写生态保护修复技术项目合作事宜。

8月12日　山东大学人机交互与虚拟现实研究中心主任、软件工程山东省重点实验室主任孟祥旭到开发区调研。

8月13日　淮安经济技术开发区党工委副书记、管委会主任陶光辉一行，到开发区考察人力资源市场、职业培训和企业用工服务等相关事宜。

8月14日　菏泽市副市长黄秀玲到开发区就电子商务园区建设、阿里巴巴菏泽产业带和第三方服务等方面进行调研。

8月20日　开发区驻区人大代表、政协委员调研安全生产和环保工作。

8月22日　山东省商务厅副巡视员林凌家带领省政府安委会督查组，到开发区督查安全生产工作。

8月23日　山东省委组织部副部长、省考核办主任陈迪桂一行到开发区考察人才工作。

当日　菏泽市纪委纪检五组副组长董继亮一行，对开发区第一轮乡镇干部纪律巡查工作整改情况进行检查。

8月24日　东平县副县长张立国、东平开发区常务副主任刘文强一行到开发区参观考察。

8月31日　菏泽环保世纪行采访团一行到开发区视察大气污染防治工作。

9月2日　云南大学生命科学学院教授、博导虞泓一行到开发区考察洽谈生物技术项目合作有关事宜。

9月7日　山东省发改委总经济师李涛一行到开发区考察。

9月8日　新疆兵团农垦第四师党委常委、副市长王作敏一行到开发区考察。

9月9日　山东省人大常委会委员、省人大财经委副主任委员王同生一行到开发区调研。

9月11日　山东省委副书记龚正一行到开发区调研。

9月13日　中科院过程所所长张锁江，中科院大连物理研究所所长、中科院院士张涛，中科院上海有机化学研究所所长、中科院院士林国强一行到开发区考察。

9月16日　潍坊市人大常委会副主任毛秀凤带领部分驻潍坊省人大代表到开发区岳程街道许楼社区，就完善老年人社会保障机制，加快养老服务体系建设工作进行调研。

11月5日　山东省公安厅副厅长、纪委书记任建军一行到开发区调研。

11月6日　菏泽市委书记孙爱军会见富士康副总经理何有朋，双方就富士康产业园推进情况进行交流。

当日　开发区举行中印（菏泽）软件产业园项目签约暨揭牌仪式。该项目由临沂市拓普网络股份有限公司投资兴建，计划总投资5亿元，建设中印、中乌2个国际研发中心，1个人才实训基地，拟招引30余家中外软件开发企业入驻园区，打造菏泽智慧城市及智慧家庭示范展厅。

11月10日　开发区富贵花簇生物科技项目举行开业典礼，投资700万美元的富贵花簇生物科技项目正式启动。

11月11日　开发区召开阿里巴巴菏泽产业带筹备会议。

11月14日　山东省委宣讲团成员、省住建厅厅长王玉志到开发区岳程街道许楼社区开展互动宣讲活动。

11月16日　开发区召开闽江路安置区建设工作会议。该安置区涉及5个社区、1899户、6313人，安置面积40.14万平方米。

11月17日　中国科协企业办公室副主任、中国科技咨询服务中心主任郑浩峻一行到开发区考察。

当日　菏泽市政协组织部分省、市政协委员到开发区调研食品安全监督体系建设情况。

11月18日　山东省委办公厅调研员曹会敏一行到开发区调研。

11月19日　菏泽市扶贫办副主任张立新到开发区岳程街道郝庄社区调研扶贫工作。

11月20日　中国石油化学工业联合会市场信息部副主任祝肪一行到开发区考察。

11月29—12月1日　中国高新投资集团公司投资总监刘立群一行到开发区考察。

12月6日　菏泽市委副书记李建华到开发区调研经济社会发展情况和精准扶贫工作。

12月9日　开发区邀请山东省工程咨询院、山东省内燃机研究所、山东省机械工业协会、山东省科学院生态所、山东大学等单位的多名知名专家召开“十三五”产业发展规划专家论证会。

12月10日　开发区召开人才技术联盟大会暨科技创新主题论坛，邀请全国各高校、科研所的53名专家学者参加会议。

12月15日　山东省高级人民法院副院长傅国庆带领省综治暨平安建设工作综合检查组，到开发区检查考核综治暨平安建设工作。

12月16日　山东大学学生实践基地菏泽一中第一附属初中揭牌仪式举行。

12月17日　山东省委常委、统战部部长吴翠云到开发区调研。

当日　清华大学原党委书记贺美英、副校长薛其坤一行到开发区考察。

12 月 22 日　菏泽市、区联合检查组到开发区岳程街道验收“一村一品”示范村创建工作。

12 月 23 日　中国石油和化学工业联合会组织专家组成员召开由山东辰信新能源有限公司承担的“十二五”国家科技支撑计划“甲醇合成 DMMn（聚甲氧基二甲醚）技术工程放大与系统集成”课题验收会，确定该项目通过验收。

12 月 24 日　阿里巴巴菏泽产业带项目在开发区大德电商产业园正式启动。阿里巴巴菏泽产业带是菏泽产业集群特色的门户网站，是菏泽工业企业从事电子商务的平台。

12 月 26 日　菏泽市地方戏曲传承研究院送戏下乡惠民演出仪式在开发区佃户屯街道举行。

12 月 28 日　开发区召开联席会议，学习传达市委十二届十二次全体会议及 2015 年县区委书记抓基层党建工作述职评议会议精神。

12 月 30 日　山东大学党委书记李守信、常务副校长王琪珑一行到开发区调研。

12 月 31 日　开发区召开大项目观摩调度会议，观摩调度年内投产或在建亿元以上项目。

2016

3 月 9 日　菏泽市委常委、常务副市长闫建波一行到开发区调研扶贫开发和教育工作。

3 月 16 日　菏泽市人大常委会党组书记、第一副主任、市能源化工产业发展领导小组组长段伯汉一行，到开发区调研能源化工产业发展情况。

当日　开发区召开全区纪检、组织、宣传、统战工作会议 。党工委、管委会副县级以上领导，主任助理，公安局、检察院、法院、区直部门及分支机构主要负责人及分管负责人，街道党工委书记、办事处主任及分管负责人，社区支部书记等参加会议。党工委委员、纪工委书记程海建传达菏泽市纪委十二届七次全会精神，通报违规违纪典型案例；管委会主任李国珍发表讲话。

3 月 22—23 日　浙江迪安诊断技术股份有限公司总裁陈海斌一行到开发区考察，洽谈项目合作有关事宜。

当月　钱建华任菏泽经济开发区管委会副主任。

4 月 15 日　山东省人大常委会副主任于建成率领省大气污染防治检查组一行 16 人到开发区，对贯彻实施《中华人民共和国大气污染防治法》情况进行执法检查。

4 月 16 日　山东省玉皇化工集团公司在开发区举行“山东玉皇新能源新科技有限公司院士工作站”揭牌仪式。

4 月 18 日　美国得克萨斯州商业联盟主席沈中平一行到开发区考察。

4 月 16—18 日　山东省科协邀请海外专家博士到开发区考察。

4 月 24—25 日　浙江商会执行会长叶蕲萩，浙江商会监事长、浙商金融董事长叶乐明带领“浙商菏泽行”部分会员到开发区考察，洽谈项目合作事宜。

5 月 20 日　英国齐鲁文化商会会长王春一行到开发区考察，洽谈项目合作事宜。

5 月 28—29 日　日本东丽集团公司原董事会主席、专务董事丸山和博一行到开发区考察。

6 月 15 日　由山东省教育厅主办、齐鲁工业大学和菏泽人才工作领导小组承办的山东省第五届“泰山学者主题沙龙”与会领导、专家学者一行到开发区考察。

当月　李国珍任菏泽经济开发区党工委书记、管委会主任

7 月 17—19 日　开发区邀请部分海智专家到菏泽市参加菏泽海智工作基地揭牌仪式，并举

行山东菏泽高端生物医药发展论坛。

7月31日 菏泽市委常委、常务副市长闫剑波一行到开发区调研经济运行和脱贫攻坚工作。

8月9日 山东省商务厅研究室调研员贾善和一行4人到开发区调研。

8月22日 德国车辆工程师汉斯与菏泽宏伟专用汽车有限公司在开发区举行技术合作签约仪式。

8月23日 菏泽市政协副主席孙凤云一行31人到开发区调研医养结合型养老机构建设情况。

当日 济南铁路局局长王保国一行到开发区现场观摩部分项目建设情况，实地查看丹阳桥、长城路京九铁路涵洞施工现场。

8月31日 菏泽市委书记孙爱军到开发区调度棚户区改造工作，实地查看刘庄社区。

当月 练建军任菏泽经济开发区党工委副书记、管委会常务副主任（正县级）。

9月2日 菏泽市第二次脱贫攻坚现场调研观摩暨金融扶贫工作现场推进会与会领导到开发区现场调研观摩。

9月6日 菏泽市副市长黄秀玲到开发区调研电子商务发展情况，实地查看大泽跨境电商产业园、1688产业带等，详细了解企业经营运行情况和存在的困难问题，并对企业下步发展规划提出更高要求。

9月14日 菏泽市委书记、市人大常委会主任孙爱军到开发区调研。

9月19日 开发区党工委书记、管委会主任李国珍调研大项目建设进展情况，听取项目包保责任人关于项目建设进度的汇报。

9月21—22日 沃特玛集团董事长李瑶、总裁李全林一行到开发区出席动力电池项目签约暨开工奠基仪式。

9月28日 菏泽市人大常委会组织到开发区调研创建省级文明城市有关城市基础设施建设和提升城市管理工作。

9月29日 省政协常委、人口资源环境委员会主任张有兴一行12人到开发区，就推进山东省医养结合型养老机构建设情况进行调研。

10月8—9日 神州长城股份有限公司总裁许策一行到开发区考察洽谈医疗项目事宜。

10月11日 菏泽市委书记孙爱军一行到开发区调解解决在开发区大班额问题。

10月13日 山东省菏泽万达广场项目签约仪式举行，大连万达商业地产股份有限公司华东区总经理邹海荣与天安房地产有限公司董事长刘绍海签约。菏泽万达广场商业面积14.6万平方米，项目总投资15亿元。

10月20日 菏泽市政协主席刘勇带领部分省、市政协委员到开发区调研科技创新工作。

10月24日 菏泽市科学发展现场观摩团到开发区观摩大项目建设工作。

11月5—6日 万达集团华东区副总经理卯向东，中建二局东北分公司总经理于礼仪一行到开发区参加天安万达广场项目开工奠基仪式。

11月7日 菏泽市委常委、政法委书记、综治委常务副主任李法洪到丹阳街道综治（平安建设）中心调研基层综治工作规范化建设。

11月8日 由中铁二十局项目部实施的京九铁路菏泽开发区丹阳路立交桥东侧主桥逆时针转动81.67度转体。该斜拉转体主桥长度238米、重2.48万吨，成为当前世界上最重的斜拉转体桥。

11月8—9日 中国医科大学科技处副处长孙立冰一行到开发区举办中国医科大学生物医药科技成果推介会。

11月15日—16日 中国开发区协会会长，国家发改委原办公厅主任师荣耀一行到开发区考察。

11月30日至12月1日 中国开发区协会投资促进部主任孙杰一行到开发区调研。

12月7—8日 山东省史志办市县基层指导处处长李刚、调研员李天程到开发区专题培训开发区志（1992—2017）编纂工作。

12月16日 菏泽市委党校2016年中青年干部培训班教师代表学员一行80余人到开发区调研。

12月26日 全市市长公开电话现场会在开发区召开。

12月28日 菏泽市经济开发区人才技术联盟（2016）科技创新论坛举办，国内外高等院校、科研院所的专家学者，以及开发区部分企业负责人共260人参加。省科技厅副厅长李储林、省食药监局副巡视员史国生、菏泽市政府副市长曹升灵、菏泽市政协副主席侯婕等出席会议。

12月28—30日 苹果公司全球采购经理侯寅初一行到菏泽开发区考察，洽谈项目合作事宜。

12月29—30日 中国科学院院士、过程所所长、中国（菏泽）清洁能源研究院名誉院长张锁江一行，到开发区参加中科（菏泽）清洁能源研究院启动仪式。

2017年

1月4日 开发区党工委书记、管委会主任李国珍主持党政联席会，听取关于新世纪科技城管理运营及政策制定情况汇报。

1月7日 成武县委副书记韩耀辉一行22人到开发区考察棚户区改造工作。

1月10—11日 协鑫智慧能源燃机事业部副总裁王文晋一行到菏泽开发区考察。

1月10日 省禁毒委委员、省农业厅副厅长褚瑞云率省督导检查组一行到开发区，对2016年度禁毒工作和三年禁毒人民战争动员部署情况进行专项督导检查。

3月 开发区召开全区党风廉政建设和反腐败工作会议。开发区党工委、管委会、人大工委、政协工委领导班子成员，副调研员、主任助理，公安局、法院、检察院主要负责人和纪委书记（纪检组长），区直机关事业单位及分支机构主要负责人，各街道党工委书记、纪工委书记和副书记、纪委委员，开发区纪工委全体工作人员等参加会议。会议书面传达菏泽市纪委十二届八次全体会议精神；党工委委员、纪工委书记程海建回顾总结2016年全区党风廉政建设和反腐败工作，安排部署2017年工作任务；党工委书记、管委会主任李国珍作重要讲话。

4月26—27日 中国科学院道中道集团道中道激光科技有限公司院士工作站举行揭牌仪式，中国工程院院士、中国科学院理化所研究员吴以成一行参加。

4月26日 德国杜伊斯堡中国园区投资集团公司副董事长、德国侨商会常务主席陈解放一行到开发区考察。

4月 程海建任政协菏泽市委员会开发区工作委员会主任.

当月 赵福龙任开发区党工委副书记；张法超、钱建华任开发区党工委委员；孔鲁民、刘勇任开发区管委会副主任。

5月11—13日 中国石化联合会副秘书长兼产业发展部主任孙伟善一行到开发区，对玉皇盛世化工公司进口原油使用资质进行现场核查。

5月15—16日 泰和诚医疗集团公司首席运营官、战略执行委员会执行委员、北京美中嘉和医院管理有限公司总裁张竞一行到开发区考察。

5月24日 市人大常委会组织到开发区对贯彻实施“一法两条例”情况进行执法检查。

6月2—3日 全国政协委员、全国工商联常委、全国山东商会战略联盟主席、广东圣丰集团董事长江南，全国政协委员、全国工商联常委、兴伟实业开发有限公司董事长王伟，以及22个省级山东商会会长或秘书长共51人，到开发区参观考察。

6月19日　省侨办副主任吴冠陪同蒙古国福建总商会会长连东升一行，到开发区考察棚户区改造项目。

6月21—22日　中国侨商投资协会副监事长施乾平一行到开发区考察，并洽谈相关项目合作事宜。

6月27日　上海绿地能源投资总监邵则刚一行到开发区考察。

当日　开发区农村集体产权制度改革领导小组成立，党工委副书记赵福龙任组长。

6月28日　山东高端科技工程研究院院长黄治中一行到开发区考察。

6月29日　江苏省河北商会副会长、苏州河北商会会长刘观祥一行到开发区洽谈项目合作事宜。

当月　李国利任菏泽经济开发区党工委委员、纪工委书记。

7月4日　开发区化工产业安全生产转型升级专项行动领导小组成立，开发区党工委副书记、管委会常务副主任练建军任组长。

7月13日　菏泽市人大常委会副主任、党组副书记杨晓玲带领市人大常委会执法检查组一行到开发区，对贯彻实施《菏泽市城镇容貌和环境卫生管理条例》情况进行执法检查。

当日　山东高端科技工程研究院院长黄治中一行到开发区，参加山东高端科技工程研究院菏泽分院签约仪式。

7月25日　江苏常隆客车有限公司董事廖竹山一行到开发区考察，洽谈合作项目事宜。

7月26日　菏泽市政协副主席、社会法制委员会主任孙凤云带领市政协社会法制委员会调研组一行到开发区，对规范物业管理促进和谐社区建设工作进行调研。

当日　中国长城科技集团山东分公司总经理赵凌云一行到开发区考察，洽谈合作项目事宜。

8月4日　山东高端科技工程研究院院长黄治中一行到开发区考察，洽谈推进山东高端科技工程研究院菏泽分院合作事宜。

8月6日　省人大常委会委员、教科文卫委员会主任委员骆宝臻一行32人到开发区，对贯彻实施安全生产“一法一条例”情况进行执法检查。

8月9日　小小世界集团主席、霸王集团创始人、君牡集团主席万玉华一行到开发区考察，洽谈项目合作事宜。

8月15日　菏泽市人大常委会副主任、党组副书记丁志刚带领市人大常委会督导组一行到开发区，对环境保护突出问题综合整治情况进行专项督导。

当日　省妇联主席张惠一行到开发区调研。

当日　中冶东北建设（沈阳）置业有限公司总经理王兆杰一行到开发区考察，洽谈项目合作事宜。

8月29日　江苏常隆客车有限公司董事长黄坤达一行到开发区考察，洽谈合作项目事宜。

9月6日　开发区冬季清洁采暖“汽代煤、电代煤”工程实施方案开始实施。

9月14—17日　台湾黄夫教授、神酵银行股份有限公司总裁施美惠一行到开发区考察，洽谈项目合作事宜。

9月20日　富力地产集团北方区土地储备中心副总经理邵晓杰一行到开发区考察，洽谈城南片区城市综合开发事宜。

当日　菏泽市副市长王忠想带领市直有关部门负责人一行到开发区调研。

9月25—26日　省政府安全生产第二巡查组组长、省交通运输厅副巡视员李洪修一行到开发区开展安全生产巡查工作。

9月26日 市人大常委会组织到开发区调研棚户区改造工作。

9月28日 市人大常委会执法检查组一行对开发区开展《中华人民共和国工会法》和《山东省厂务公开条例》《山东省企业工资集体协商条例》情况进行执法检查。

10月12日 中央第十督导组一行到开发区对中共十九大期间安保维稳工作进行督导。

10月12—14日 格鲁吉亚工商会及广州精点高分子材料有限公司考察团一行，到开发区考察洽谈高分子材料项目和一带一路格鲁吉亚国家商务馆项目。

10月13日 省十九大安保维稳工作第十七专项督导组到开发区，对全省十九大安保维稳工作视频会议精神的贯彻落实情况进行督导。

10月26日 新华三集团副总裁卫东、山东水发集团总经理刘肖军一行到开发区，洽谈推进鲁西南大数据产业城项目有关事宜。

当日 山东高端科技工程研究院菏泽分院揭牌仪式举行，山东高端科技工程研究院院长黄治中一行出席揭牌仪式。

10月27日 开发区2017年党委（党组）意识形态工作责任制实施细则发布。

当日 菏泽开发区网络安全和信息化领导小组成立，开发区党工委书记、管委会主任李国珍任组长，党工委副书记、管委会常务副主任练建军，党工委副书记赵福龙任副组长。

10月28日 江苏中软集团董事长冯建斌一行到开发区，参加菏泽中软创客电子商务孵化基地二期启动仪式。

11月1日 广州七喜集团董事长易贤忠一行到开发区考察，洽谈项目合作事宜。

11月18日 省委组织部人才处调研员张兴旺一行到开发区，就人才发展体制机制改革、“十三五”人才发展规划落实等工作进行实地考察。

12月7日 浙江省祥生小镇集团执行总裁黄林一行到开发区考察，洽谈项目合作事宜。

2018年

1月11日 临沂市罗庄区委常委、盛庄街道工委书记黄慧林一行到开发区考察、交流棚户区改造事宜。

1月20—21日 开发区在和平大酒店举办上海市手外科研究所山东菏泽分所揭牌仪式暨大健康产业高端论坛。

1月24日 开发区党工委印发《关于认真学习贯彻党的十九届二中全会精神的通知》，向全区各级党组织提出要求：用全会精神统一广大党员干部群众的思想行为，加快全区经济社会持续健康发展。

1月25日 开发区与水发天源集团、紫光集团在开发区新世纪科技城共同举办山东水发紫光大数据有限公司揭牌仪式。

当日 开发区与菏泽市金融办、水发天源集团有限公司在菏泽广播电视台演播厅共同举办牡丹国际商品交易中心上线启动仪式。

2月27日 中国林业与环境促进会副主席、孟子智库会长孟祥阁一行到开发区参观考察。

2月28日 省发改委工业处处长李晓冬、高新技术处副处长朱思栋分别到开发区就新旧动能转换工作进行调研。

3月5日 山东汉能控股集团副总裁王征一行到开发区参观考察。

3月21日 菏泽市举行重点项目开工活动。活动以视频形式举行，活动主会场设在开发区联绿循环经济产业园，市委书记孙爱军宣布全市139个重点项目开工。

3月22日 山东发展投资集团舜和资本管理有限公司、山东一圈一带产业投资基金有限公司总经理李巍一行到开发区考察。

2月24日 菏泽市2017年度县区经济社会发展综合考核总结大会召开，开发区获优秀等次。

3月24日 开发区召开全区党风廉政建设和反腐败工作会议。党工委、管委会、人大工委、政协工委领导班子成员，副调研员、主任助理，公安局、法院、检察院主要负责人和纪委书记（纪检组长），区直机关事业单位及分支机构主要负责人，各街道党工委书记、纪工委书记和副书记、纪委委员，开发区纪工委全体工作人员等参加会议。会议书面传达菏泽市纪委十三届三次全体会议精神；党工委委员、纪工委书记李国利回顾总结2017年全区党风廉政建设和反腐败工作，安排部署2018年工作任务；党工委书记、管委会主任李国珍作重要讲话。

3月27日 江苏常隆客车有限公司董事长黄坤达一行到开发区签订投资协议。

3月28日 徐州经济技术开发区政法委副书记、综治办主任张宏一行到开发区考察网格化社会治理工作机制、社区标准化建设等基层基础建设工作。

3月29日 加拿大加中山东总商会会长、加拿大科力斯生物集团总裁、威海科力斯生物工程有限公司董事长邵会志一行到开发区考察。

4月4日 开发区党工委全面深化改革领导小组第七次会议在开发区管委会五楼会议室召开，党工委书记、管委会主任、党工委全面深化改革领导小组组长李国珍主持会议。会议审议通过《菏泽市经济开发区民兵组织调整改革工作方案》《菏泽市经济开发区生态环境监测网络建设工作方案》。

4月8日 上海康德莱控股集团董事长、总裁张宪淼一行到开发区考察。

4月9日 侨星耀菏泽代表团一行到开发区考察。

4月10—11日 华中师范大学副校长蔡红生一行到开发区参加华中师范大学菏泽附属学校合作签约仪式。

4月11日 美国烟台总商会会长张兆利一行到开发区考察。

4月12日 莱西市政府党组成员张瑞忠一行到开发区考察旧城拆迁改造和城市管理工作。

4月17日 山东省人大常委会执法检查组一行到开发区就贯彻实施《中华人民共和国大气污染防治法》《山东省大气污染防治条例》进行执法检查。

4月17—19日 陕建金牛集团总经理王永前一行到开发区考察。

4月27—28日 山东省浙江商会执行会长叶蕲萩一行到开发区考察。

5月2日 开发区全面深化改革领导小组第八次会议召开。党工委书记、管委会主任、党工委全面深化改革领导小组组长李国珍主持会议并讲话。党工委副书记、管委会常务副主任练建军，党工委副书记赵福龙出席。

5月11日 山东省上合组织青岛峰会安保维稳第十六专项督导组到开发区督导安保维稳工作。

5月17日 山东省新旧动能转换专项督查组第六组到开发区对开展省新旧动能转换动员大会部署情况进行现场考察。

当日 苏州引航生物科技有限公司董事长谢新开一行到开发区考察。

6月1日 德国莱比锡建筑职业培训中心国际项目发展总经理斯特雷一行到开发区参加菏建集团绿建科创园中德职教中心启动仪式。

6月5日 山东省人大常委会副主任、省工商联主席王随莲一行到开发区调研省工商联驻菏执常委企业运行工作。

6月22日　山东省人大常委会第五检查组一行到开发区对贯彻《中华人民共和国安全生产法》和《山东省安全生产条例》情况进行执法检查。

6月23日　郓城县政协主席王秀忠一行到开发区参观考察。

当日　单县县委副书记、县长张庆国一行到开发区参观考察。

6月24日　巨野县委副书记王昌华一行到开发区参观考察。

6月28日　山东省人大科教文卫委员会副主任委员毕玉惠一行到开发区开展《山东省学生体质健康促进条例》立法调研。

6月29日　广东晓兰客车有限公司总经理陈周岐一行到开发区参观考察。

7月12日　清华大学合肥公共安全研究院副院长梁光华一行到开发区参加山东菏泽城市公共安全研究院签约仪式。

7月15日　菏泽市委副书记、市长陈平到开发区玉皇集团进行调研。

7月20日　山东省人大常委会委员、城环委主任委员张传亭一行到开发区对危险废物、固体废物污染防治工作及《山东省农村公路条例（修订草案）》进行调研。

当日　菏泽市定陶区陈集镇划归开发区。陈集镇面积49.1平方公里，有26个行政村，93个自然村，总人口5.6万。

7月23日　菏泽市政协主席尹玉明带领部分省、市政协委员一行70余人对开发区抢抓新旧动能转换机遇，助推工业强市建设进程工作进行考察。

7月25日　菏泽市人大常委会副主任、党组副书记丁志刚一行到开发区对食品安全工作进行调研。

8月5日　开发区与厦门兴泰启贤新能源科技有限公司共同举办山东菏泽新能源光明照明产品生产项目签约仪式。

8月14日　菏泽市委常委、市委组织部部长李春英一行到开发区调研。

8月19—20日　新疆宣力环保能源有限公司总经理房广信一行到开发区参观考察，洽谈推进云联智慧天然气热电联产项目建设事宜。

8月23日　山东省政协副秘书长钱焕涛一行14人到开发区就“实施乡村振兴战略，推动农业农村现代化”进行调研。

8月24日　腾讯公司社交平台微视渠道推广总监罗哲一行到开发区考察。

9月15日　菏泽市政府副市长侯婕、市政协副主席陶体华带领市农业重点工作现场观摩工作会与会人员到开发区现场观摩。

9月27日　全国政协委员、陕西建工集团党委书记、董事长总经理张义光一行到开发区出席牡丹幸福里（广州路壹号院）、南京路556项目开工仪式。

9月28日　中信戴卡集团艾科晟科技有限公司董事长陈彦广一行到开发区考察、洽谈项目合作事宜。

9月29日　开发区组织驻区省、市、区人大代表对全区教育、食品安全及美丽乡村建设进行视察。

10月12—13日　广州生产力促进中心院士办主任林其刚及华南理工大学教授、中科院院士翟金平一行到开发区参加山东沃特管业股份有限公司、华南理工大学战略合作签约仪式。

11月5日　中化能源科技有限公司新业务执行总裁刘华锋一行到开发区参观考察。

11月9日　国家中医药管理局中国中医药科技开发交流中心产业平台处处长张红一行到开发区参观考察。

11 月 14 日　北京苏南研究院副院长王成科一行到开发区参观考察，洽谈项目合作事宜。

11 月 15—16 日　海南博鳌普律医药技术服务有限公司总裁邓少华一行到开发区考察，洽谈项目合作事宜。

11 月 28 日　滨州市人大常委会副主任王立勇一行 11 人到开发区考察《菏泽市大气污染防治条例》立法、实施以及其他环境保护立法方面的情况。

12 月 6 日　青岛市政协主席杨军一行 31 人到开发区考察。

12 月 10 日　中铁十局承建的鲁南高铁菏泽段在开发区桶子河村打下第一桩，标志着整个鲁南高铁主体工程进入全面建设阶段。鲁南高铁曲菏段菏泽境内长 71.83 公里，途径巨野县、郓城县、牡丹区、开发区、定陶区，设巨野北站和菏泽东站 2 个高铁站，2022 年实现通车。

12 月 20 日　北京首农供应链管理有限公司党委书记付以彬一行到开发区考察。

12 月 21 日　精进电动科技（菏泽）有限公司在开发区举行菏泽市新能源与智能汽车高峰论坛暨项目启动仪式。

12 月 26 日　开发区党工委、管委会举办开发区科技人才奖励暨第五届人才技术联盟大会。

12 月 28 日　菏泽市委副书记、市长陈平带领市直有关部门负责人，到开发区丹阳街道调研全国文明城市创建工作。

第一编　自然　建置

1992 年 5 月 4 日，中共山东省委、省人民政府印发《关于进一步扩大对外开放加快发展外向型经济的决定（试行）》，以青岛为龙头，以烟台、威海、日照为前沿，沿环海公路和胶济铁路、新石铁路西侧设区布点，自东向西由沿海到内地展开布局，西部各市、地试行沿海经济开发区的政策，尽快形成对外开放开发新格局。菏泽地委、行署开始进行兴办经济技术开发区的考察、分析、选址、论证、规划和筹建等工作。按照科学办事的精神，组织专家学者经过实地考察、论证，地委、行署拟定，将开发区位置选址在菏泽市的东部一带，并逐级上报省委、省政府批准。

1992 年 7 月 1 日，菏泽地委批准成立菏泽经济技术开发区管理委员会，拉开开发区建设的序幕。建区之初规划面积 4.6 平方公里，后随着开发区建设的快速发展，原有区域日渐不能满足引进更多投资项目的需要。为适应新形势发展，开发区于 2001 年、2003 年 2 次扩区，2018 年 7 月开发区代管陈集镇，行政区划面积 236.9 平方公里，人口 30.82 万。

随着经济发展和社会事业的进步，开发区“小政府、大服务”的管理机制日臻完善，管理职权由初期以经济管理为主逐步扩大到行使相当县级的行政管理权。至 2018 年末，开发区下辖 3 个街道、1 个镇、138 个社区（行政村）、92 个自然村（262 个自然村），设有 4 个正县级、6 个副县级、58 个正科级行政事业机构，并驻有市相关部门派出的 11 个配套管理服务机构。

第一章 区域 自然

第一节 区域位置

菏泽开发区地处菏泽市城区东部，京九铁路纵贯南北，新兖石铁路经开发区直通日照和中亚口岸，菏泽至徐州铁路列入山东省综合交通运输体系规划，正在建设的菏泽高铁是京九高铁和鲁南高铁的十字交汇枢纽，距开发区驻地 7 公里，距 2020 年通航的牡丹机场 13 公里。日照东明、日照南阳、济南菏泽、德州商丘、枣庄菏泽 6 条高速公路，18 条国、省道贯通全境。

2018 年 7 月开发区管辖区域地理坐标为北纬 35° 11′ 56″ ~ 35° 16′ 03″，东经 115° 29′ 09″ ~ 115° 31′ 05″。东与牡丹区皇镇相连；东北与牡丹区庞王乡接壤；东、东南与定陶区半堤乡、保宁集、邓集毗邻；西部、北部分别与牡丹区东城街道仓房社区及牡丹街道邱庄、张集社区隔河相望。

第二节 自然环境

地质 地貌

开发区所在区域属黄河冲积平原，区域空间开阔，地势平坦，土层深厚，其物理学性质较好，地耐力一般为每平方米 10 ~ 12 吨。可作为一般工业与民用建筑的天然地基及浅部桩基持力层。

区域内广泛沉积厚度 700 ~ 900 米的第四级地层，其基岩石为砂石、砂硕岩，中更新世纪形成陆相地层，直接覆盖于基岩之上，顶板起伏及厚度变化较大，主要为可塑状粉质黏土，局部底部分布砂土和园砾土，上更新纪统岩性岩相变化大，顶部一般为软塑状的灰色粉质黏土，中下部为可塑状粉质黏土，底部分布中密—密实状粗砂、园砾土等。全新世纪分布于整个区块，厚度较稳定，一般浅度 20 米左右为粉土或粉砂，物理力学一般，为新近沉积土，西部为常见厚度 5 ~ 10 米的粉质黏土夹淤泥质粉质黏土，底部为流塑状的淤泥质粉质黏土，物理力学差。地区大地构造单元完整，新构造运动不显著，地震活动微弱，属地壳较稳定的地区，地震基本烈度为Ⅵ度。

气候水文

开发区地处中纬度，位于太行山与泰山之间的南北走向狭道之间，属温带季风型大陆性气候。夏热冬冷，四季分明。春季多旱少雨，南北风频繁交替，气温回升快，春夏过渡迅速；夏季高温高湿，以偏南风为主，降雨比较集中；秋季雨量逐渐减少，以偏北风为主，降温较快；冬季雨雪较少，多偏北风，气候干冷。该区域年平均气温为 12.8℃ ~ 14.4℃，其地理分布呈纬向型，由南向北递减。年降水量 591.5 ~ 692.2 毫米，平均为 638.3 毫米。境内水系发达，属以东渔河北支（原名万福河）和洙水河、赵王河为骨干的内河水系。洙水河从西向东经丹阳街道赵堂、何楼、仝庄、姬庄等 15 个社区流过，过境长度 12 公里。东渔河北支（又名万福河）从西向东经牡丹区南城街道流经佃户屯街道苗屯、庞庄、杜楼等 8 个社区 6.2 公里。洙水河由丹阳街道腹地穿越岳程街道 10 余公里。3 条河均属内陆河，区内南湖水库主要提供区内工业和生活用水。水源为降水产生的地表水和黄河客水，丰水、枯水变化大，系季节性内陆河。

土壤植被

境内土壤类型分为潮土、盐土、碱土和风沙土。土壤养分肥力水平和农作物产量水平很不平衡，土壤有机质含量平均 0.89%，全氮 0.08%，全磷 0.24%，碱解氮 82ppm，速效磷 15.6ppm，速效钾 115ppm。土壤速效氮、磷、钾的比值为 1 ：0.19 ：1.4。

境内植物多系造生性植物。现有植被主要是人工栽培的树木，有速生杨、毛白杨、泡桐、刺槐、白榆、旱柳、国槐、苦楝、臭椿、白蜡、雪松、柏类等。经济树种为柿科、葡萄科、石榴科、胡桃科，主要品种有苹果、桃、梨、杏、李、柿、葡萄、石榴等，其中木瓜驰名全国。建区后，随着城市化推进，开发区原始植被逐步被城市绿化植被取代，建成区内主要由道路绿化、河渠绿化、企业绿化及区内公园绿化组成。

第三节　自然资源

水资源

地表水　开发区境内地表水资源主要源于大气降水，降水分布不均匀，年平均降水量 656 毫米，汛期 6—9 月水量占全年的 70%，春灌期 3—5 月降水量占全年的 15%。降水年际变化大，最大年份 1988 年，在 8 月 22 日 5 个小时内降水 200 毫米以上，是最小年份 1999 年 58.5 毫米的 3.41 倍。年流经量 213 毫米，平均地表水资源量 4485 万立方米。

地下水　地下水资源量分为浅层地下水量和深层地下水量。由于深层地下水与当地降水无直接补给关系，且开采后很难补给，因此将深层地下水作为战略储备资源，在一般情况下不作为可开采利用的地下水资源。全区地下水资源总量

1700 万立方米，可开采量 1200 万立方米。

区内浅层地下水层分布在水平方向上断断续续，在竖直方向上犬牙交错，表现为多元性结构。岩性为粉砂、粉细砂，少数古河道带为中细砂。浅层地下水可分为三种类型：全淡水区，面积 148 平方公里，砂层在 10 ~ 20 米；浅层淡水区面积在 1.1 万平方公里以上，浅水底界面自西向东逐渐变浅，西部一般为 40 ~ 60 米，东部为 20 ~ 40 米；咸水区呈零星状分布。

区内浅层地下水活动以垂直运动为主，水平运动滞缓，地下水补给以降水入渗、地表水体补给和井灌回归水补给为主，总补给量模数 16.7 立方米 / 平方公里。地下水排泄以开发利用和潜水蒸发为主。由于水资源开发利用特别是工业及城镇用水，局部区域因地下水超采形成地下水超采漏斗区。

土地资源

2005 年，开发区农用地面积 9673 公顷，占土地总面积的 65.83%，耕地面积 7102 公顷，占农用地面积的 73.42%。其中基本农田面积 3616 公顷，保护率 50.92%；园地面积 319 公顷，占农用地总面积的 3.30%。全区林地面积 1093 公顷，占农用地总面积的 11.30%。林地主要分布在岳程街道和佃户屯街道，以花卉苗木、绿化苗木、速生林、生态林为主。其他农用地面积 1159 公顷，占用地总面积的 11.98%。全区建设用地规模为 4690 公顷。其中，城镇工矿用地面积 1531 公顷，占建设用地总面积的 32.64%；交通水利及其他建设用地面积 452 公顷，占建设用地总面积 9.64%。2016 年，划入永久基本农田保护面积 926.67 公顷。2018 年 7 月，随着陈集镇的划入，开发区耕地面积、基本农田保护面积大幅增加。是年末，全区耕地面积增至 9443.41 公顷，基本农田保护面积增至 4645.56 公顷。

动植物资源

开发区处于暖温带，雨量适中，气候适宜，种植业和饲养业历史悠久，有着丰富的动植物资源。

家畜家禽 域内家畜家禽主要有黄牛、马、驴、骡、猪、羊、狗、猫、鸡、鸭、鹅、水貂、兔、鲁西南黄牛、鹌鹑、鸽子等。其中，鲁西南黄牛

鲁西南黄牛

羊

是中国著名的地方优良黄牛品种之一，其皮是世界著名的三大毛皮品种之一。斗鸡是中国珍贵禽类，仅在岳程街道、丹阳街道有少量饲养。

水生动物 主要有鱼、虾、甲鱼。鱼类有 7 目 15 科 44 属 56 种，以鲤科为最多，共 35 种，占总数的 62.5%。其次是鳅科、鮠科、鳍科，各鲤鱼有 3 种，占 16.1%。其他鱼类占 21.4%。境内鱼类由两大生态群组成。纯淡水鱼类约 50 种，

遍及全区，主要有鲫、鲤、白鲢、乌鳗、长春鳊、鳜、黄鳝、鲶、餐条、麦穗鱼、捧花鱼等；海淡水回

鲤鱼

青虾

游性鱼类5种，有鳗鲡、刀鲚、鲈鱼等。虾类有4种，即日本白虾、青虾、秀丽白虾和细足米虾。甲鱼主要生长在黄河故道，其次是城乡的老坑塘中，个体专业户多有饲养。

农作物　境内广泛栽培的农作物有禾本科、豆科、旋花科、锦葵科，共23类，500余个品种。

农作物

其中，玉米22个，冬小麦22个，高粱12个，大麦5个，水稻5个，地瓜12个，谷子12个，大豆13个，花生9个，芝麻4个，棉花42个，麻类5个，绿肥类7个，蔬菜类89个，瓜类40个。

林果植物　境内林果多为人工栽植，种类繁多。全区有树木51科106属228种。乔木主要

林果植物

有杨、柳、槐、榆、柏、桑、白蜡、苦楝、臭椿、泡桐，灌木主要有杞柳、柽柳、紫穗槐。果蔬栽培以蔷薇科为主，其次为鼠李科、葡萄科、柿科、石榴科、胡桃科、芸香科等，共16属25种252个品种。

水生植物　主要有藕、菱、芡、聚草、蒲草等。

药材植物　共有45科80余种，其中地道药材有丹皮、白芍、半夏、地黄、红花、枸杞、木瓜、山药、决明、麦冬、香附、槐米等。

木瓜

第四节　自然灾害

开发区域内自然灾害有旱、涝、风、霜、雷、电、雹、雾等气象灾害。危害最大的是旱灾和水灾，有“十年九旱，春雨贵如油”的说法。

旱灾

1999年，遭百年不遇持续大旱，全年降水58.5毫米，不到全区年均降水量的1/3，且出现秋冬春夏四季连旱现象。坑塘枯竭，手压井不出水，机井吊空，失去灌溉能力。2000—2001年，持续干旱，水位下降4～6米，机井20～30米以下才有水，气温较往年均值偏高5～6℃，农作物不同程度受损。

涝灾

1993年7月10—14日，一周内平均降水量200毫米以上，400公顷农田积水，500余间房屋倒塌，低洼街道积水50余厘米。全区3个街道平均降水量180毫米，玉米减产18%，棉花减产14%，交通电力设施遭受严重损坏。

2003年，全区平均降水量1000.5毫米，是近30余年降水量最多的一年。7—11月降水比常年平均偏多36.5%，其中8月偏多99.5%，全区农作物受灾面积467公顷，秋粮减产31%。

2004年，全区平均降水量800余毫米，降水主要集中在夏季，7—8月明显偏多，比历年平均值偏多90%。降雨天52天，各街道不同程度发生涝灾，受灾面积533公顷，群众房屋倒塌100余间，损失1500余万元。

2005年，全区平均降水量900毫米，降雨相对集中在8月下旬。各街道普降暴雨、大暴雨，平均降雨量125毫米。9月26日至10月1日，全区出现6天连阴雨，各街道累计平均雨量达200毫米，3个街道严重受灾，150余间房屋不同程度受损，直接损失1800余万元，其中农业经济损失700余万元。

第二章　开发区设立

第一节　设立背景

1992年2月28日，中共中央将邓小平南方谈话作为中央1992年第二号文件下发各地。是年5月4日，中共山东省委、山东省人民政府印发《关于进一步扩大对外开放加快发展外向型经济的决定（试行）》，决定以青岛为龙头，以烟台、威海、日照为前沿，沿环海公路和胶济铁路、新石铁路两侧布点，自东向西由沿海到内地展开布局，西部各市地试行沿海经济开发区的政策。1992年12月12日，山东省人民政府对外经济工作协调小组第九次会议研究讨论并原则通过《山东发展外向型经济“划区布点”总体规划方案》（简称方案）。根据《方案》精神，菏泽地委、行署决定设立菏泽开放开发综合试验区。

第二节　谋划决策

1992年4月10日，菏泽地区计划委员会提出建立菏泽经济技术开发区的设想，组织国内知名专家、学者，进行选址、勘探、讨论。力图通过兴办开发区，充分发挥菏泽市的资源优势，以老城区为依托，把开发区办成引进先进技术、先进管理经验的重要窗口，加速国外技术向国内转移，沿海技术向内地转移，提高经济效益，增强产品在国际市场的竞争能力，以开发促开放，以开放促发展，推动菏泽经济超常规、跳跃式发展。

1992 年 4 月 30 日，菏泽地区计划委员会为保证开发区高速度、高质量、高标准、高效率地发展上去，向地委、行署起草《关于建立菏泽地区经济开发区的报告》，建议成立一个由专员任组长，分管副专员任副组长，由计委、经委、经贸委、科委、建委、财政局、各银行、菏泽市政府（县级市）、丹阳街道、牡丹乡政府及有关部门负责人为成员的菏泽地区经济技术开发区领导小组，下设办公室，为领导小组的办事机构。主要工作是着手开展开发区的前期工作。协调各方面关系，实行一条龙服务，以利于在全区内筹集建设资金和按照“四高”标准筛选全区各县区项目进入开发区，最终开发区应成为一个县级的行政区域。

5 月 4 日，山东省委、山东省人民政府《关于进一步扩大对外开放加快发展外向型经济的决定（试行）》向全省正式发布。明确规定西部地区可选择有条件的县（市、区），划出一定区域，创办开放开发综合试验区或建立旅游经济开发区，享受经济技术开发区的某些政策，并在税收、借贷、出口、生产、设备引进等方面，按“老、少、边、穷”地区政策给予优惠。5 月 10 日，菏泽地区经贸委《关于菏泽地区外向型经济划区布点初步规划》，拟定在菏泽市东郊建立“菏泽经济技术开发试验区”。试验区位于菏泽市东郊，新石铁路以北，沿人民路两侧，南起兖菏公路，北至济兰公路，西临曹州牡丹园，面积 2 平方公里。

7 月 1 日，菏泽地委批准建立菏泽经济技术开发区管理委员会，为副县级单位，由菏泽市（县级）管理，其内部机构设置本着精简、效能的原则确定。

第三节　区域范围

1992 年 4 月 10 日，菏泽行署提出建立菏泽经济技术开发区的设想，制定菏泽经济技术开发区总体规划。开发区规划总面积 11.5 平方公里，起步区 4 平方公里，其余 7.5 平方公里为控制区，主要规划 4 个区，即工业区、金融区、生活住宅区和科技文化区。4 月 30 日，菏泽地区计划委员会初步确定，经济技术开发区宜建立在菏泽市东郊，人民路两侧 0.5 ~ 1 公里，北至济兰公路，南至新石铁路，面积约 10 平方公里的范围内，形成小单元带状开发区。前期开发人民路中段，兖菏公路以南，中华路以北约 2 平方公里的区域。也可在实地勘测后，向中华路以南适当延伸。该区域地势平坦、开阔，工程地质条件较好。既可依托正在开发建设中的火车站、居民小区作为生活服务设施，依托现有人民路作为主要交通干线，节约投资，又便于向北向南延伸，带动全面发展。南部 11 万伏变电站，赵楼 22 万伏变电站分设南、北两端，距首期开发区分别为 2 公里和 3 公里，可提供双回路供电。水通、电通、路通、通讯通，初步具备四通一平的条件。因此，是兴办开发区的理想位置。

1995 年 5 月 10 日，菏泽地区经贸委为了全面贯彻省委、省政府《关于进一步扩大对外开放加快发展外向型经济的决定》精神，落实全省开放工作会议提出的全面开放，重点突破，梯次推进，东西结合，加快发展的方针和沿线开放战略，决定在菏泽市东郊建立菏泽经济技术开发试验区。开发试验区位于菏泽市东郊，新石铁路以北，沿人民路两侧，南起兖菏公路，北至济兰公路，西临曹州牡丹园，面积为2平方公里。

1992年8月8日，菏泽行署向省政府对外经济工作协调小组《关于菏泽经济技术开发区规划建设的报告》指出，开发区位于菏泽市东部，东至京九铁路，西界南段至赵王河，北段至人民路，南至丹阳，北至济（济南）菏（菏泽）公路。控制面积共11.5平方公里，起步区面积4平方公里，其中中心起步区1.5平方公里。12月12日，山东省人民政府对外经济工作协调小组印发《山东省发展外向型经济“划区布点”总体规划方案》，决定在全省范围内设立48个开发区。其中，菏泽开放开发综合试验区具体布局是中心区位于菏泽市城区东部，东至京九铁路，北日照至东明嘉祥高速公路，规划面积11.5平方公里，起步区面积1平方公里。

1999年11月25日，中共菏泽开发区委员会、菏泽开发区管理委员会向地委上报关于扩大开发区管辖区域的书面请示。提出三种方案。北扩，将327国道以北、京九铁路以西、人民路以东（人民路两侧150米）、日东公路以南区域划归开发区管理。东扩，京九铁路以东，南平路两侧，沿东外环扩大开发规模。将岳程街道整建制划归开发区管理。

2001年3月，菏泽撤地设市，市委，市政府经请示省有关部门同意，参照其他市做法，扩大开发区规划范围。具体范围分为东区和南区。东区至东环路以东500米，西至京九铁路，南至长江路（原南平路）以南500米，北至327国道以500米，面积14平方公里。南区的具体范围，东至京九铁路，西至菏商公路以西200米，南至仓南路，北至新石铁路，面积5平方公里。两区开发总面积19平方公里。

根据《菏泽市城市总体规划》，开发区扩大后的规划区域为148平方公里，近期新扩大规划区的范围是东界到菏开高速公路，西界北段到京九铁路，南段到万福河，北界到北外环路，面积81.6平方公里，除去已有19平方公里正在建设外，实际新扩大规划面积62.6平方公里。

2001年，丹阳、岳程、佃户屯3个街道，整建制划归开发区管理，2018年7月陈集镇划归开发区代管。丹阳面积45平方公里，人口12万，辖35个社区；岳程面积53.5平方公里，人口6.09万，辖44个行政村；佃户屯面积54.5平方公里，人口6万，辖33个社区；陈集面积83.9平方公里，耕地面积40.8公顷，辖26个行政村，92个自然村，人口6.73万。

第四节 人口发展

1992年7月，菏泽经济开发区设立时，下辖3个村庄，人口6880人。2001年3月，丹阳、岳程、佃户屯3个街道成建制划归开发区管理，全区人口增至13.04万。2003年，开发区再次扩大，人口增至18.86万。2018年7月，陈集镇划归开发区代管，全区人口增至31.3万。

1992—2018年菏泽经济开发区人口自然变动统计表

表1-1

年份	总人口（人）	出生（人）	死亡（人）	出生率（‰）	死亡率（‰）	自然增长率（‰）
1992	6880	56	15	8.1	2.2	5.9
1993	6921	89	17	12.9	2.5	10.4
1994	6993	100	23	14.3	3.3	11.0

续表1-1

年份	总人口（人）	出生（人）	死亡（人）	出生率（‰）	死亡率（‰）	自然增长率（‰）
1995	7070	74	19	10.5	2.7	7.8
1996	7125	91	16	12.8	2.2	10.6
1997	7200	108	21	15.0	2.9	12.1
1998	7287	96	15	13.2	2.1	11.1
1999	7368	85	19	11.5	2.6	8.9
2000	7424	76	20	10.2	2.7	7.5
2001	130412	2173	766	16.7	5.9	10.8
2002	131485	2248	742	17.1	5.6	11.5
2003	188591	1711	730	9.1	3.9	5.2
2004	187921	2397	669	12.8	3.6	9.2
2005	191789	2563	1019	13.4	5.3	8.1
2006	198754	2626	1012	13.2	5.1	8.1
2007	202032	2741	860	13.6	4.3	9.3
2008	210707	3122	1257	14.8	6.0	8.8
2009	212333	3257	1209	15.3	5.7	9.6
2010	206566	3348	1008	16.2	4.9	11.3
2011	208841	3504	994	16.8	4.8	12.0
2012	211904	4115	1273	19.4	6.0	13.4
2013	215474.5	3443	1218	16.0	5.7	10.3
2014	220025	4680	1749	21.3	7.9	13.4
2015	227101.5	3202	1580	14.1	7.0	7.1
2016	233571	5465	1794	23.4	7.7	15.7
2017	307208	6780	2083	22.06	6.7	15.36
2018	308200	4996	1934	15.9	6.1	9.8

第五节　驻地变迁

开发区党工委、管委会自组建至2018年，办公地址共迁徙4次。

1992年12月18日至1993年12月18日，办公地址为人民路西菏泽地区农业银行人民路储蓄所。建筑结构为砖混两层，建筑面积1254平方米。

1993年12月至1994年5月，办公地址为人民路西原丹阳派出所二楼，面积2350平方米。

1994年6月至2001年3月，办公地址为人民路东，菏泽地区粮食局办公楼5～6层，建筑面积约5000平方米。

2001年3月后，开发区党工委、管委会先后搬迁至人民路668号现办公楼。该大楼前身为菏泽地区经济管理干部培训中心，建于1995年，投资2500万元，占地1.34公顷，建筑面积1300 0平方米，共11层。2001年3月，移交给开发区。

第六节　驻区机构

2018年开发区境内有中央、省、市主要机构及工作部门209家，其中中央、省垂直其他部门31家，市级机构178家。

2018年开发区境内机构名称一览表

表1-2

机构名称	数量（个）
中国共产党菏泽市委及工作部门	45
菏泽市人民代表大会工作部门	12
菏泽市人民政府及工作部门	34
中国人民政协商会议菏泽市委员会	10
中国共产党菏泽市纪律委员会	1
中国共产党菏泽市检查委员会	1
菏泽市中级人民法院	1
菏泽市人民检察院	1
民主党派	8
群众团体	10
菏泽市政府直属行政事业单位	41
中央、省垂直主管部门	31
其中：金融保险业	13
邮政通信	14

第三章 开发区机构设置

第一节 领导机构

中共菏泽市委开发区工作委员会 1992 年 7 月 4 日，中共菏泽经济技术开发区委员会（简称开发区党工委）成立，与管委会合署办公。设书记 1 人，副书记 1 人，委员待工作开展后再配备。

2001 年 3 月，菏泽市委、市政府调整改组开发区领导班子，设书记 1 人、副书记 1 人、委员 5 人。8 月，中共菏泽经济技术开发区委员会更名为中共菏泽市开发区工作委员会（简称开发区党工委），委员会人员不变。

开发区党工委系中共菏泽市委的派出机构，对开发区内机关、企事业单位党组织实施统一领导和管理。

开发区选举的党代表直接参加菏泽市（地区）党员代表大会。开发区党组织领导成员由中共菏泽市（地）委任命。自 1992 年建区至 2018 年，菏泽市（地）委任命的党工委书记、副书记、委员共 55 人。

1992—2018年菏泽经济开发区党工委领导一览表

表1-3

职务	姓名	籍贯	任职时间
书记	丛　林	威海县	1992年7月—1998年3月
	张玉荣	临朐县	1998年3月—2001年4月
	李玉华	定陶	2001年3月—2006年2月
	刘　勇（市委常委）	曹县	2006年1月—2010年12月
	曹升灵	牡丹区	2010年12月—2016年1月
	李国珍	东明	2016年06月—
副书记	张玉荣	临朐县	1992年7月—1994年11月
	丛　林	威海县	1998年3月—2001年3月
	李怀堂	成武	2001年3月—2005年5月
	孙忠生	曹县	2001年3月—2005年6月
	张道社	成武	2004年6月—2006年12月
	孙忠生（常务副书记、正县级）	曹县	2005年6月—2012年5月
	魏　琳（正县级）	曹县	2009年1月—2012年5月
	谷瑞灵	定陶	2009年1月—2009年2月
	谷瑞灵（正县级）	定陶	2009年2月—2009年5月
	席　巍（正县级）	河北省	2012年5月—2015年2月
	李国珍（正县级）	东明	2012年5月—2016年6月
	张继争	鄄城	2014年1月—2016年12月
	练建军（正县级）	曹县	2016年8月—
	赵福龙	单县	2017年4月—
委员（副县级）	董金如	鄄城	1999年11月—2001年4月
	卢洪宾	牡丹区	1999年11月—2001年4月
	肖焕斌	牡丹区	1999年11月—2001年4月
	李守卿	牡丹区	1999年11月—1995年6月
	张道社	成武县	1999年11月—2004年3月
	张乐园	成武	1999年3月—2001年4月
	李守玉	曹县	2001年3月—2011年3月
	魏　琳	曹县	2001年3月—2009年1月
	郭保存	成武	2001年3月—2004年
	李守玉	曹县	2001年3月—2011年3月
	席　巍	河北省	2001年3月—2012年5月
	周广存	菏泽	2003年6月—2011年3月
	穆　杰	牡丹区	2003年4月—2009年10月
	孔跃进	定陶	2006年12月—2012年5月
	袁培林	东明	2006年7月—2010年11月
	范阳春	菏泽	2009年2月—2017年4月
	程海建	菏泽	2009年2月—2007年4月
	蔡维超	曹县	2010年1月—2010年10月
	田剑锋	成武	2010年1月—2015年2月
	牛化民	菏泽	2011年2月—2015年2月
	李国珍	东明	2011年2月—2012年5月

续表1-3

职务	姓名	籍贯	任职时间
委员（副县级）	冯宪法	菏泽	2011年2月—
	尚智勇	曹县	2012年5月—2015年1月
	李雪英	郓城	2012年5月—
	赵福龙	单县	2012年5月—2017年4月
	张法超	曹县	2017年4月—
	李国利	东明	2017年6月—

菏泽开发区人大工委

2011 年前，开发区未设人大工委专门机构，具体工作由开发区党群工作部安排 1 名工作人员负责。主要职能为组织在区内的省、市人大代表参加人民代表大会，做好服务工作，为出席省、市人大会的代表收集、汇集议案，讨论修改意见。

2011 年 1 月 26 日，菏泽市机构编制委员会同意菏泽市人大常委会市经济开发区工作委员会核定行政编制 4 人，配备主任 1 人（正县级）、副主任 1 人（副县级），所需编制从市经济开发区现有行政编制总额内调剂。

2011 年 3 月，李守玉担任菏泽经济开发区人大工委主任。2017 年 4 月，范阳春担任菏泽经济开发区人大工委主任。

2011 年 4 月 15 日，菏泽市十七届人大常委会第六十八次主任会议研究决定，设立市人大常委会菏泽经济开发区工作委员会（简称人大开发区工委）。主要职责：学习、宣传、执行宪法、法律、法规以及上级人大及常委会决议、决定；组织人大代表对辖区内市“一府两院”派出的行政、审判、检察机关和开发区下属机关依法实施监督；协调与牡丹区人大常委会的工作联系，负责对辖区内人大代表选举、组织代表小组活动及代表履职考核工作；在市人大会期间，在牡丹区参选的部分市直人大代表和辖区内的市人大代表组建为开发区代表团，组织参加市人大会；闭会期间，组织人大代表进行学习培训、开展视察、执法检查和调研活动；负责联系和指导开发区所辖街道的人大工作；承办辖区内各级人大代表的来信来访，向市人大常委会反映代表的意见和要求，并做好代表联系选民工作，承办辖区内人民群众涉法涉诉方面的来访；完成市人大常委会、开发区党工委交办的其他工作。

2013—2018年菏泽经济开发区人大工委主任、副主任一览表

表1-4

职务	姓名	籍贯	任职时间
主　任	李守玉	曹县	2011年3月—2017年4月
	范阳春	菏泽市	2017年4月—
副主任	赵福龙	单县	2011年2月—2012年5月
	田玉卿	菏泽市	2011年2月—

菏泽开发区（对外加工贸易区）管委会

1992 年 7 月 1 日，经中共菏泽地委批准，菏泽经济技术开发区（副县级单位）成立，由县级菏泽市管理，12 月列入省级开发区。1994 年 5 月，收归地区管理，升格为正县级单位。丛林为管委会主任，张玉荣为副主任。是年 7 月，更名为菏泽开放开发综合试验区，菏泽经济技术开发区管

理委员会更名为菏泽开发区管理委员会。1995 年 11 月，经省政府批准设立菏泽对外加工贸易区，与开发区两区合一，合署办公，实行“两块牌子，一套班子”的管理体制。

2001 年 1 月撤地设市后，李玉华任主任，孙忠生、郭保存、席巍为副主任，孙忠生列副主任第一位。

1992—2018年菏泽经济开发区（对外加工贸易区）管委会领导一览表

表1-5

职务	姓名	籍贯	任职时间
主任	丛　林	威海	1992年7月—2001年4月
	李玉华	定陶	2001年3月—2006年2月
	刘　勇	曹县	2006年1月—2009年2月
	孙忠生	曹县	2009年2月—2012年5月
	李国珍	东明	2013年9月—2015年2月
	李国珍	东明	2016年6月—
副主任	张玉荣	临朐	1992年7月—1994年11月
	孙忠生	曹县	2001年3月—2009年2月
	董金如	鄄城	1992年9月—2001年4月
	卢洪宾	牡丹区	1993年5月—2001年4月
	肖焕斌	牡丹区	1994年1月—2001年4月
	张道社	成武县	1994年1月—1995年6月
	李守卿	牡丹区	1994年1月—1995年6月
	张乐园	成武	1999年1月—2001年4月
	李怀堂	成武	2001年3月—2005年5月
	刘全涛	巨野	2001年4月—2003年5月
	郭保存	成武	2001年3月—2004年
	穆　杰	牡丹区	2003年4月—2009年10月
	席　巍	河北省	2001年3月—2010年1月
	周广存	菏泽	2003年6月—2010年2月
	蔡维超（常务副主任，正县级）	曹县	2010年2月—2010年10月
	孔跃进	定陶	2006年12月—2012年5月
	马敬青	郓城	2009年3月—2011年3月
	李国珍（列副主任第一位，正县级）	东明	2011年2月—2012年5月
	田剑锋	成武	2012年5月—2015年2月
	李国珍（常务副主任，正县级）	东明	2012年5月—2013年9月
	李国珍（常务副主任，正县级）	东明	2015年2月—2016年6月
	袁培林	东明	2006年7月—2010年11月
	谷瑞灵（常务副主任，正县级）	定陶	2009年2月—2009年5月
	尚智勇	曹县	2009年3月—2015年1月
	解传喜	山东诸城	2013年10月—2014年10月
	张法超	曹县	2010年2月—2017年4月
	苗建华	定陶	2012年5月—
	练建军（常务副主任，正县级）	曹县	2016年8月—
	李雪英	郓城	2012年5月—2015年2月
	李守玉	曹县	2001年3月—2011年3月
	孔鲁民	定陶区	2017年4月—
	钱建华	郓城	2016年3月—2017年4月

政协菏泽开发区工委

菏泽开发区成立之初，政协工作没有专门机构。2011 年 1 月 26 日，菏泽市机构编制委员会同意政协菏泽市委员会市开发区工作委员会核定行政编制 4 人，配备主任 1 人（正县级），副主任 1 人（副县级）。所需编制从市经济开发区现有行政编制总额内调剂。

2011 年 3 月 29 日，经政协第十三届菏泽市委员会常务委员会第十九次会议研究决定，设立政协菏泽市委员会菏泽经济开发区工作委员会。周广存同志任政协菏泽市委员会菏泽经济开发区工作委员会主任（试用期一年）。2017 年 4 月，程海建接任菏泽经济开发区政协工委主任。

菏泽经济开发区政协工委主要职能：宣传和执行国家的宪法、法律、法规和上级政协的决定、决议，宣传和贯彻中国共产党在新时期统一战线方针政策，加强同各民主党派和各界代表人士联系、巩固和发展爱国统一战线；组织政治协商和开展提案工作，交办政协委员涉及开发区工作的提案和建议；对辖区内市“一府两院”派出的行政机关、司法机关和开发区下属机关及其工作人员的工作提出建议和批评，实施民主监督；完成市政协及开发区党工委、管委会交办的其他工作。

2011—2018年菏泽经济开发区政协工委主任、副主任一览表

表1-6

职务	姓名	籍贯	任职时间
主　任	周广存	菏泽	2011年3月—2017年3月
	程海建	菏泽	2017年4月—
副主任	牛化民	菏泽	2015年2月—

第二节　工作机构

党政机构

1992 年 7 月 1 日，中共菏泽地委明确开发区内部机构设置由菏泽市（县级市）本着“精简、效能”的原则研究解决。7 月 7 日，开发区管委会根据《山东省经济技术开发区条例》关于“机构精简不重叠，对外机构联系有接口，内部分工要明确，人员配备要精干”的要求，向市委、市政府呈报《关于菏泽经济技术开发区机构设置与干部管理的请示》。7 月 17 日，市委、市政府下达《关于菏泽经济技术开发区有关机构设置与干部管理的批复》，明确中共菏泽经济技术开发区管理委员会设置办公室、政治工作部、经济发展局、土地建设局、财税局、工商分局、公安分局、商检分局、保险公司，5 个金融分支机构，核定机关编制不超过 20 人，启动开发区初期建设工作。

1994 年 12 月 25 日，菏泽地区编委印发《关于同意菏泽开发区机构设置的批复》，批准开发区党工委设直属部门 2 个：中共菏泽开发区工委办公室，中共菏泽开发区工委政治部（含组织、宣传、纪检、工会、共青团、妇联），办公室和政治工作部，为正科级行政单位，政治部加挂中共菏泽开发区直属机关委员会的牌子。管委会设直属机构部门 7 个，均为正科级行政单位：办公室（含政策法规研究），与工委办公室合署办公；劳动人事局与政治部合署办公；财政局；经济发展局（含招商局）；社会发展局；规划建设局；公用事业局。核定机关行政编制 74 人，加上党工委、管委会领导成员共计 80 人。1998 年 5 月

27 日，地区编委《关于菏泽开发区机构编制管理体制的通知》重申，在职人员编制管理上实行总量控制，原定编制 80 人不变。

2001 年 6 月 11 日，菏泽市委办公室、市政府办公室联合印发《关于菏泽开发区职能配置机构设置和人员编制的规定》。明确开发区内设机构为“一室一部五局”：办公室、党群工作部、经济发展局、对外贸易局、社会事业发展局、财政局、建设局，共 7 个职能部门。双重管理的机构有市工商局开发区分局、市国税局开发区分局、市地税局开发区分局、市公安局开发区分局、市国土资源局开发区分局、市环保局开发区分局、市中级人民法院开发区审判庭、市检察院驻开发区检察室。核定财政全额拨款的事业编制 60 人，其事业机构设置及编制分配由开发区提出意见，报市编委批准；自收自支事业单位用人用工由开发区自行管理，报市人事、劳动和社会保障部门备案。内部机构在不增加人员编制的情况下，经市编委批准，可加挂相关机构的牌子。

2007 年 4 月 29 日，菏泽市机构编制委员会印发《关于调整市经济开发区职能配备和机构设置的通知》。开发区设置“一部，两室，六局”：党群工作部（劳动人事局、编办与其合署）、办公室（政策研究室与其合署）、维护稳定办公室（综合治理办公室）、财政局、经济发展局、对外贸易局、社会事业发展局、建设局、计划生育局。纪检、监察机构按有关规定设置。开发区行政机构设置、调整和编制管理由市机构编制部门负责；开发区事业单位的机构设置、调整和编制核定，由开发区管委会提出立项申请，报市机构编制部门核准。经市政府研究，赋予开发区管委会市级行政审批权。是年，开发区设立机构编制委员会，机构编制日常管理工作由开发区具体负责。

管委会办公室（与党工委办公室合署办公） 1992 年 10 月 26 日，菏泽经济技术开发区管委会办公室设立。1994 年 12 月，依据《关于菏泽开发区管委会职能配置、内设机构和人员的通知》，开发区管委会办公室与党工委办公室合署。1995 年 5 月 13 日，菏泽经济技术开发区管委会办公室更名为菏泽开发区管委会办公室。1998 年 6 月 20 日，开发区管委会办公室内设行政科、秘书科、机要档案室、值班室、车管科、机关生活服务站。2017 年末，开发区管委会办公室内设机关服务中心、网络文化管理办公室 2 个正科级事业单位和接待办公室 1 个副科级事业单位。

劳动人事局（与党群工作部合署） 1993 年 3 月 6 日，设立菏泽经济技术开发区劳动人事局。1994 年 12 月，依据《关于菏泽开发区管委会职能配置、内设机构的通知》，开发区劳动人事局与党群工作部合署办公。1998 年 6 月 20 日，区劳动人事局设立劳动监察科、劳动就业办公室、劳动争议仲裁委员会办公室、社会保险工资科、综合科；撤销政秘科。2017 年末，区劳动人事局设立社会保险事业处、人力资源管理服务办公室。

财政局 1993 年 11 月 8 日，成立开发区财政局、税务局。1998 年 6 月 20 日，区财政局设立办公室、预算管理科、外经贸财务科、预算外资金管理科、基本建设财务科、会计管理科。1999 年 12 月 24 日，成立开发区财务管理办公室。2008 年 8 月 18 日，设立开发区政府采购办公室，在开发区依法行使一级财务职权。2017 年末，区财政局内设结算中心、政府采购办公室及会计报账中心。

国土资源分局 1992 年 7 月 4 日，地委行署在同意建立菏泽经济技术开发区的通知中明确提出成立开发区国土资源局。随着国家宏观调控政策的实施，国土资源部门实行垂直管理，地区编委下发《关于同意设立菏泽开发区国土资源分局的批复》，明确菏泽市国土资源局与开发区国土资源分局的垂直领导关系。

开发区纪工委（监察局）　1993 年之前，开发区没有设立纪律检查委员会。1994 年，地委明确开发区管委会 1 名副主任兼任纪委书记。2001 年，市编委批准成立中共菏泽开发区纪律检查工作委员会（简称开发区纪工委）。2007 年 9 月，开发区监察局成立，与纪工委合署办公。2017 年末，区纪工委内设审计办公室，为正科级事业单位。

群团组织

工会　1994 年 1 月，菏泽地委任命李守卿为开发区工会主席。2001—2003 年楚延君任开发区工会主席。2005 年 3 月，开发区工会正式成立，为参照公务员管理的副县级建制职能部门。

妇联　1999 年 5 月，成立开发区妇女委员会。2000 年 2 月，更名为开发区妇女联合会。2013 年 2 月，开发区妇联编制 4 人，人员从开发区内部调剂解决。2017 年末，区妇联内设办公室、职工服务中心。

团委　1994 年，开发区管委会办公室明确 1 名工作人员负责共青团的日常工作。2001 年 3 月，共青团菏泽市委批准成立开发区共青团开发区委员会。2003 年 10 月，开发区党工委明确开发区团委书记人选。2013 年 2 月，增加开发区团委副书记 2 人。

派驻机构

2006 年 4 月 29 日，市委对市经济开发区管委会实行委员会领导体制，决定对市经济开发区管委会领导班子进行调整，市发展改革委员会主任赵晓英，市国土资源局局长张本进，市规划局局长王利言，市环境保护局局长黄秀玲，市安全生产管理局局长陈志启兼任市经济开发区管委会委员、副主任；市政府副秘书长、办公室主任曹升灵，市委组织部副部长、市人事局局长郭志民，市经贸委副主任郭保存，市财政局局长赵传山，市劳动保障局局长史步军，市教育局局长张修田，市建设局局长党文生，市市政管理局局长胡钦畅，市公路局局长李怀堂，市煤炭管理局局长蔡庆梓，市招商局局长滑成奎，菏泽供电公司总经理董京营兼任市经济开发区管委会委员。

2006 年 5 月 10 日，菏泽市政府印发《关于落实市开发区新的管理体制的具体意见》。12 日，召开第一次市经济开发区管委会会议，启动新的管理体制。规定今后每月月初召开一次管委会会议。每月例会市长或常务副市长原则上有 1 人参加，其他副市长根据工作需要应邀参加。

市经济开发区委员单位主要负责人是第一责任人。在开发区设分局的，由 1 名副局长兼任分局局长；不设分局的，要明确 1 名副职具体负责开发区相关的服务工作。开发区的教育、卫生、计划生育、民政、城建、稳定等工作由市直业务部门主营，开发区相关部门协管；开发区的农业、林业、水利、水产、畜牧、农机、科技、文化、广播电视、新闻、体育、物价、粮食、食品药品监管、民族宗教、外事侨务、老龄、残联等工作，由市直部门直接管理。由市政府督查室负责，对市直有关部门落实意见的具体情况进行督查。

由于市委、市政府的正确决策和部署，各成员单位、市直有关部门讲政治、顾大局，认真贯彻市委、市政府的重大决策，全力做好支援开发区建设工作。开发区 2006 年完成固定资产投资 15.5 亿元，实现销售收入 7.91 亿元，实现利税 3797 万元，完成地方财政收入 8425 万元。

市发改委　坚持“三个到位”即认识到位、措施到位、领导到位，协助开发区做好大项目的策划与报批；帮助开发区争取外国政府贷款，政府项目资金，无偿补助资金；解决好农村危房改造、职业教育、农村卫生体系建设、乡村文化站建设；促进银企合作，解决企业流动资金；帮助开发区建设对外招商引资平台和载体；积极做好开发区基础设施建设1.2亿元资金筹措收尾工作。

市国土资源局　以确保项目用地为重点，凡涉及国土资源的审批、审核，坚持在最短时间内完善一切手续。凡符合国家产业政策，又完成立项、环评、可行性研究等前期工作的投资项目，千方百计提供用地，优先保证开发区建设用地，坚持集约高效的用地原则，通过存量挖潜、拆抵、置换等方法保障土地供应。

市规划局　依据城市总体规划，认真论证和编制新规划区功能分区规划，超前研究丹阳路跨京九铁路大型立交桥设计方案，为开发区入区项目提供快捷、便捷的审批服务。

市环保局　提前介入引进项目的前期论证预审，缩短环保审批办理时限，缩短“三同时”验收时间等，全力支持开发区经济发展。

市安监局　坚持每月第一周、每星期星期一定位服务开发区工作时间，专门研究开发区的安全生产工作，制定防范措施，加强安全检查工作，早介入、早发现、早整改。

市经贸委　大力支持开发区企业发展，努力争取国家政策支持，为开发区内企业华星油泵350万付长油嘴项目争取无偿国债资金375万元。2005年，开发区工业用电补贴资金346万元。通过中小企业担保为华星公司担保贷款2000万元，为龙华公司进口设备办理机电产品进出口减免关税和增值税500余万元，为企业减免所得税2000余万元，拨付资金37万元。

市财政局　支持开发区企业开拓国际市场，争取国际金融组织贷款和外国政府贷款，为三利纺织项目借款1300万元，积极为市开发区招商引资落实2.4亿元招商任务。

市建设局　坚持特事特办，简化审批手续，积极争取政府投资和各种贷款项目，投入450万元，加强开发区新规划区排水和供水工程建设。

市政管理局　为开发区拨付环卫补贴90余万元，加强城市管理及新规划区路灯维护和管理。完成了开发区公厕建设规划。

市公路局　为开发区积极筹措工程建设资金，增加工程建设材料、储备，投入资金4.28亿元建设丹阳路公铁立交桥。

市民政局　在五保供养、城镇低保、优抚安置、社会事务、社会福利、社区建设、基层政权建设、双拥共建等11个方面，对开发区加大支持力度，拨付抚恤金、社会救济金161万元。

第二编　战略规划与实施

菏泽开发区从1996年起至2018年末，历经“九五”“十五”“十一五”“十二五”4个五年计划周期及“十三五”规划的开局期。开发区初始阶段基本定位在较为单纯的工业园区，随着全国改革开放的不断扩大与深化，以及菏泽市委、市政府对开发区功能的逐步调整与提升，开发区在菏泽市经济和社会发展中的定位日趋清晰。2001年开发区扩区后，其战略发展目标调整为菏泽东部地区以发展第二产业为主的城市副中心。2006年后开发区进入转型时期，其终极目标为菏泽东部新城区。2015年，开发区获评中国创新力开发区、山东省先进开发区，主要经济指标增幅位居全市前列。

第一章　发展战略及成效

第一节　建区初期

1995年7月20日，山东省人民政府印发《山东省关于加快发展西部地区开放型经济的若干政策措施意见的通知》，提出“超常规，跳跃式”发展经济的战略，菏泽开发区以“三个有利于”为出发点和落脚点，以兴办工业和科技项目为主和搞活金融为突破口，以发展“四高”项目和深层次的农副产品加工项目为重点，以实现产业结构的优化和工业布局的合理化为目标，移植特区成熟的经验，从实际出发，努力办成一个吸引国外投资，扩大对外开放的窗口和试验区。搞好规划，分期组织实施，做到开发一片，收效一片，促进各项工作的顺利进行。

根据要求，菏泽开发区发展战略定位为“外向型的工业区，现代化的新城区”。开发区规划面积4.6平方公里，外围控制面积15平方公里。主要兴办工业和科技开发项目，兼及现代化的公建、生活配套设施。战略目标是建成菏泽市的新的经济增长点。长远目标为建成拥有20万人的现代化的工业新区。

第二节　扩区时期

2001年2月3日，菏泽市委、市政府着眼于菏泽跨世纪发展规划，对菏泽市的行政区划进行较大幅度调整，对全市乡镇进行合并。其中，将与开发区紧邻的丹阳街道，辛集镇与岳程街道合并而成的岳程街道，佃户屯街道3个街道成建制划归开发区管理。

开发区规划面积扩大到148.6平方公里，开发区代表市委、市政府对148.6平方公里范围内的各项工作实施领导和管理。开发区为加快城市化和工业化进程，在扩大的规划区内，坚持工业化、外向型、现代化的办区方针，高起点规划，高标准建设，高效能管理，加强基础设施建设，优化城区布局结构，完善城市功能分区，突出重点，发挥优势，开发区的战略发展目标调整为菏泽东部地区以发展第二产业为主的城市副中心。

第三节　转型时期

2006年以后，随着经济和社会的快速发展，开发区根据市委、市政府的战略部署，相继建成60平方公里的加工区和20平方公里的化工园区，以房产、现代服务、多业态为主的第三产业由此蓬勃兴起。在菏泽市新一轮城市总体规划中，明确定位以开发区为核心的东南湖地区是菏泽市的“副中心城市”之一。根据定位，菏泽市委、市政府对开发区的战略发展进一步提升为“工业化、现代化、花园式宜居生态型城市副中心”。至此，开发区全面实施由“建区”到“建城”的战略转变。全面推行工业立区，科技强区，环境兴区，工业化、城市化“两轮驱动”，努力实现从“建区”到“建城”的历史性跨越，终极目标调整为建成总面积236.9平方公里拥有30余万人口的菏泽东部新城区。

第二章　发展规划与实施

第一节　“九五”规划与实施

规划目标

1996—2000年的“九五”时期，开发区正处于启动、规划和招商、打基础、探索时期，大量工作体现在规划、土地、基础设施和招商引资的谋划之中，对经济和社会发展的计划只有轮廓性描述。土地开发方面，根据国务院批复和山东省政府有关“开发一片、建设一片、收效一片”的要求，制定出“总体规划、统筹安排、分期实施、滚动开发”的总方针。规划方面，坚持高起点规划和高标准基础设施配套。招商引资方面，以外资为主的工业和科技投资项目为主线，秉承国家对开发区提出的“三为主、一致力”方针，即以现代工业为主，以吸引外资为主，以出口创汇为主，致力于发展高新技术产业。在经济和社会发展层面，开发区在“九五”时期末，要全面建成4.6平方公里和外围控制面积15平方公里的区块。基础设施投资方面，1996年底投资1.65亿元，建成区块内工业用地招商布点基本饱和。引进的外资项目中工业类项目占90%以上，规划引进的外商投资中合同利用外资占总投资比重80%以上，建成区内工业产值1996年完成4.6亿元，外资企业产值5800万元，财政收入完成412万元。完成人民路绿化，路灯配套工程，丹阳路拓宽改造，康庄路、振兴路柏油路面铺设，供电、供排水工程。机构运作和配套服务方面，开发区管理机构和配套服务系统正常运作，履行相应的法定职责和服务职责职能，主要社会配套服务基本满足和达到进区企业事业单位的要求。

实施成效

1999年末，全年共签订内外资项目26个，其中，内资项目21个，投资总额9951万元（包括工业项目3000万元）；外资项目5个，合同利用外资269万美元，实际利用外资172万美元，年内新开工项目8个，建筑面积2.8万平方米。基础设施进一步完善，年内用8个月时间完成全长9公里的铁路高压线拆迁改造工程。新增绿化面积2万平方米，草坪1.43万平方米，植树6000余棵，铺设电缆2500米。实现财政收入 738 万元，其中国税 400 万元，地税 390 万元。

第二节　“十五”规划与实施

规划目标　进入21世纪，开发区以招商引资、项目建设为主线，以建设外向型的工业区、现代化的新城区为目标，以加快发展为动力，充分发挥开发区“经济建设的龙头、对外开放的窗口、体制创新的示范、城市建设的样板”的功能定位，解放思想，抢抓机遇，国民经济快速发展，综合经济实力明显增强。

实施成效　5 年累计引进项目 325 个，其中内资项目 273 个，外资项目 52 个；项目协议总投资 157.4 亿元，其中合同利用外资 21.2 亿元。合同利用外资 2.4 亿美元，实际利用外资 0.97 亿美元，年均分别增长 108％和 79.7％；其中属世界 500 强企业投资的项目 1 个，出口额过 1000 万美元的企业 3 家。对外经济贸易依存度达到 47.22％；其中木制品、裘革制品出口比重分别占全区出口总额的 36.8％和 18.34％。在引进的项目中，总投资过亿元人民币的项目 34 个，占总数的 11％，过 5000 万元的 39 个，占 12％，过 1000 万元的 106 个，占 33％。形成新规划区中心区、丹阳、岳程、佃户屯、食品城五大工业项目聚集区和化工、粮油食品、新型建材、机械制造、纺织服装五大主导产业雏形。销售收入过亿元的企业达到 6 家，过 5 亿元的 2 家。

经济发展　2005 年，实现生产总值 12 亿元，较 2001 年年均增长 28％，高于全市 14 个百分点；人均 GDP 达到 6081 元；地方财政收入 1.65 亿元，年均增长 58.58％，高出全市平均水平 38.24 个百分点。工业经济逐渐占据主导地位。三次产业比例由 2000 年 40.2 ∶ 34.9 ∶ 24.9 调整到 2005 年的 15 ∶ 62 ∶ 23。工业增加值 5.3 亿元，年均增长 40％，占生产总值的比重提高 15 个百分点。规模以上工业增加值 2.7 亿元。林牧渔业增加值 2700 万元，占农业增加值的 73％，水产、畜牧、果蔬等特色农业的产业化经营格局初步形成。物流、房地产、商贸流通、餐饮娱乐等传统服务业稳步发展，第三产业增加值 2.76 亿元，年均增长 20％。高新技术企业达到 3 家，规模以上高新技术产业产值 2200 万元。

基础设施建设　5 年累计完成基础设施投资 9 亿元，年均增长 20％，累计完成全社会固定资产投资 64.4 亿元，年均增长 50％。形成以南京路、上海路、济南路、郑州路、广州路、人民路等为纵，以黄河路、长江路、钱塘路、闽江路、淮河路、丹阳路、中华东路、松花江路等为横的“十纵十一横”21 条道路为主干道路的东区路网，通车总里程 92.8 公里。累计铺设沥青路面 136 万平方米，污水管网 3 公里，下水管 1 万米，给水管 5000 米，修建 6 座大型桥梁，32 道涵洞，在 38 平方公里内建成“七通一平”。实施环城生态林带和片林绿地建设、大树进城、拆墙透绿等工程，建设宽 500 米、长 34 公里的环城林带，种植柿树 2.07 公顷，片林绿地 2.87 公顷，街头绿地片林 9 处 14.97 公顷，公共绿地面积 45.5 公顷。建设居民小区 22 个，总面积 186.5 万平方米。实现村村通电、通路、通电话。

社会事业　城镇居民人均可支配收入 7400 元，年均增长 10％；农民人均纯收入 3670 元，年均增长 18％。城市人均住房面积和农村人均居住面积分别为 22.5 平方米和 16.2 平方米，城市人均公共绿地面积 8 平方米。

全区小学学龄儿童入学率 100％，中小学危房改造 1.73 万平方米。人口自然增长率控制在 7‰以内，连续 4 年被市委、市政府授予人口和计划生育目标管理一等奖。累计新增城镇就业 0.6 万人，转移农村劳动力 2.6 万人。

第三节　“十一五”规划与实施

经济与社会规划

2010年，把菏泽开发区建成外向型的工业区，现代化的新城区，菏泽市的“产业基地、创新基地、财源基地、就业基地”，人民生活实现小康，经济和社会发展进入省级开发区第二方阵。

经济发展　综合经济实力明显增强。GDP超过55亿元，平均递增35%，人均GDP为2.75万元（约3437美元）；一、二、三次产业分别增长10%、39%、39%，产业比5.45：69.1：25.45；地方财政收入年均递增15%，2010年达到2.4亿元；全社会固定资产投资300亿元，年均增长50%；社会消费品零售额年均递增17%；物价涨幅控制在4%左右；进出口总额5亿美元，年均增长25%以上，累计利用外资0.8亿美元以上。

2010年，引进过100亿元的项目1个，过50亿元的项目5个，过亿元的项目50个。第二产业增加值在GDP中所占比重接近55%；高新技术产业增加值在规模以上工业中所占比重达到10%，其中全国高新技术企业2家，省级高新技术企业6家。万元生产总值综合消耗每年降低3.5%，工业用水重复利用率提高到95%。

城市化进程　城市建成区域面积48平方公里，人口20万，城市化水平达到45%。城市建成区绿化覆盖率达到35%，生态环境达到省先进水平。

城镇居民人均可支配收入1.26万元，农民人均纯收入5548元，城镇失业率控制在2.5%，安置就业0.6万人，农村劳动力转移2万人。

生态环境　森林覆盖率35%，中心城区空气质量实际二级的天数占80%，水资源功能区基本达到省区划要求。工业废气处理率100%，工业废水排放达标率100%。

社会发展　公共卫生服务体系更加完善。增加城乡文化体育设施。社会保障体系进一步完善。人口自然增长率控制在6.64‰。

经济增长方式转变规划

充分发挥市场配置资源的基础性作用和企业在结构调整中的主体地位以及政府的宏观导向作用，按照比较优势的原则，培育区域特色经济，按照“做强工业、做大三产、做优农业”的总体要求，加大产业结构调整力度，促进结构转型和产业升级，进一步突出工业的主导作用，努力形成工业快速增长、工业反哺农业、工业带动服务业发展的新格局，提高经济增长的质量和综合竞争能力。

主导产业　培植主导产业，推进工业化进程，实现工业强区、大项目立区，以招商引资扩大投入为总抓手，以市场为导向，以效益为中心，以结构调整为主线，以壮大优势产业、培育骨干企业、发展大高新企业、办好工业园区为着力点，以制度创新和技术创新为手段，不断提高工业企业的核心竞争力，膨胀工业规模，推动产业结构优化升级，加快主导产业向“五大工业项目聚集区”聚集，以工业化带动开发区经济跨越式发展。

战略产业　围绕煤炭资源深加工和综合利用，以煤气化、煤液化和煤焦化为主要方向，重点发展甲醇、二甲醚以及醋酸、酸酐、二粗纤维系列及延伸项目，加快论证由上海道勤集团和日本三井物产共同投资兴建的煤化工业园，建设年产220万吨煤焦化、20万吨甲醇和10万吨二甲醚项目，年产200万吨焦炭项目，以焦炉气为原料低压合成甲醇项目，60万吨/年甲醇制20万吨/年丙烯项目，5万吨/年焦化粗苯加氢精制项目，年产清油600万吨、洗油1.95万吨及其他化工产品的煤焦油加工项目，年产18万吨预培阳极项目，形成煤化工产业集群。围绕油气资源深加工和综合利用，重点发展以青岛广源发集团投资建设的菏源润滑油项目，形成年产100万吨延迟焦化的生产规模，逐步形成以有机化工原料、合成材料、精细化工为主的石油化工产业集群。重点抓好黄海热电一期2×24兆瓦汽轮发电机组配3×130吨/年循环流化床封炉，终期建设规模4×24兆瓦汽轮发电机组配6×130吨/年循环流化床电力项目的论证、规划和建设，把开发区打造成全市的能源基地之一。

优势产业　建材工业依托鲁宏水泥、金塔王集团等骨干企业，大力发展循环经济，生产技术含量高和附加值高的新型建材，把新型建材工业培育成新的支柱产业。积极推进德国哈尼尔彩砖、美国邦龙特种防水材料、六合粉煤灰承重砖、矗磊建材等项目建设。积极发展新型墙体墙面材料、保温材料、耐火材料、优质涂料、复合材料和无机非金属新材料。开发区新型建材实现工业总产值10亿元。

机械加工　以华星油嘴、龙华汽车配件、华飞齿轮、山东樱花、三汇利重工等企业为龙头，应用先进适用技术，加快发展油嘴油泵、齿轮、链轨节加工、汽车零部件、各类五金等产品及混凝土输送泵、泵车等工程机械。同时，做好年产20万台高效无氟汽车空调压缩机、年产200台套MZ384Y型自动制壳机、年产120万只高性能充气式汽车减震器等项目的论证、规划和建设工作，使机械加工业实现工业总产值20亿元。

纺织服装　加快正大纺织、建培纺织、30万棉纱锭、300台喷气织机、10万锭针织专纺纱和喷气、剑杆织机等项目的论证、规划和建设。依托香港标威纺织、百隆纺织、华洋纺织、青龙纺织、方舟化纤等龙头企业，推广高速喷气纺、转杯纺等新型纺纱技术，开发各种花式纱、无捻纱、包覆纱等纱线，提高精梳纱、无接头纱、色纱等高支纱比例，建设中高端优质棉纱生产基地。以服装面料为龙头，增加新型无梭织机和电子提花装置等先进设备，加快新材料、新工艺的推广应用，提高设计水平，提高质量档次，扩大棉、毛、麻、丝绸、化纤及仿真等高档纺织面料的生产，促进产品升级换代。依托瑞丰缝纫、虹桥服装、源林川服饰、锦绣制衣、盛丰泰服装等龙头企业，按照时装化、多样化、高档化发展服装业，采取自主设计和引进联合的方式，开发高中档服装，积极培育服装品牌，增强竞争能力。全区纺纱能力达到100万锭，精梳比重占55%以上。

粮油食品　以中粮艾地盟、华瑞、瑞丰粮油等龙头企业，做好年产3万吨大豆蛋白粉和年产5万吨花生蛋白粉项目的论证、规划和建设，积极开发生产等级粉、专用粉、混合粉、大豆蛋白粉等“绿色食品”及各类高档色拉油、专用油、保健油等产品，提高粮食、油料加工率；以椰风食品、海宏食品、久久食品、精华食品、南华食品、苏州亨谕食品等企业为骨干，重点发展果酒、果蔬汁、脱水蔬菜、速冻蔬菜、芦笋等产品，加快果蔬产、加、销一体化进程；以华英食品、帝园食品、牛太太乳业等企业为龙头，大力发展杀菌奶、酸奶、花色奶、含乳饮料、冷饮等，研究开发各种高质量、营养性乳制品和饮料。同时，为打造地方传统名牌，进一步做好曹州耿饼深加工项目的规划和建设，培植壮大企业规模。全区食品工业总产值力争达到30亿元。

林产品　以寰宇密度板有限公司、菏泽良桐家具有限公司等公司为基础，依托良桐家具、领将家具、诚信家具、东风家具等公司，重点开发杨木、桐木的精深加工，从生产木片、拼板等初级产品为主，向发展高档板材、高档家具、科技木、工艺品、林纸一体化方向延伸，以及林产化工、林业机械等关联产业，形成产业链条，促进产业优化升级。全区林产品工业实现工业总产值10亿元。

新兴产业　医药工业做好年生产能力为4000万瓶的果糖注射液项目、年产50吨天然VE项目及年产1万吨精制L-乳酸及年产5000吨乳酸钙、800吨乳酸钠、300吨乳酸锌、1000吨乳酸钠、1万吨/AL-乳酸项目的论证、规划和建设。以大正药业、希力药业、华润制药等骨干企业为龙头，加快新型化学合成药研发和产业化。重点发展治疗心血管病、抗肿瘤、抗病毒类、抗生素类、激素类等治疗重大疾病、市场潜力较大的新型原料药和制剂。以圣美医疗、福美来医用包装等骨干企业为龙头，重点发展静脉输注留置针、穿刺针、手术缝合针和各种医用包装材料等。加快技术创新步伐，降低生产成本，增强竞争力，积极开拓国际国内市场，扩大市场占有率。大力发展生物制药，力争在应用细胞工程、基因技术的生物药产业化方面取得更大进步。积极发展中成药。运用高效技术加快中药有效成分提取工艺及其装备标准化的进程，推动中成药生产向高技术产业化方向发展。2010年全区医药化工工业实现工业总产值8亿元。

新材料工业　发展高档复合非织造布、新型电子材料、新能源材料、合金材料、油田化学品、新型功能材料、新型耐火纤维材料、新型环保涂料以及新型复合材料等新材料技术和产品。

电子信息业　加强先进信息技术的引进、消化和创新，大力开发核心技术，重点支持发展片式、微小型、高精度、多功能的元器件产品，深入开发混合集成电路功能模块，提高光电子信息产品、计算机及网络产品、数字视听产品配套的新型元器件和部件产品的技术水平和制造能力。积极引进国内外电子信息产品制造企业，鼓励发展电子信息类整机产品制造和软件业。以恒茂网络电子、山河电子、华索数码等骨干企业为龙头，重点发展有线电视自动化监控器、防盗电自动监控器、静音电脑的核心装置——液体散热器和节电防盗器、数码录音笔等电子产品。

现代服务业　把服务业作为国民经济新的增长点和提高城市化水平的重要标志抓紧抓好，优先发展面向生产的服务业。服务业增加值达到14亿元，年均增长35%以上，增加值占GDP的比重达到25%以上。服务业从业人员占全社会从业人员的比重达到40%以上。

现代物流业　建设“一个中心、四个园区”。依托恒盛大市场建设综合物流中心，依托菏泽直通口岸建设转运型物流园区，依托国家粮食储备库、中粮艾地盟、瑞丰粮油等骨干企业建设粮油物流园区，依托洋丰、曹州农化等企业建设农业化工物流园区，依托菏泽发电厂粉煤灰生产与加工建设建材物流园区。

房地产业、社区服务业和现代服务业规划

以居民小区为重点，加大住宅建设力度，建立起多层次的住房供应体系。继续重点发展经济适用住房，启动建设廉租住房。进一步发展以居民住宅为重点的房地产业和装修装饰业。放开搞活住房二级市场。加强和改善房地产中介服务，规范发展物业管理业。统筹安排土地资源开发布局和节奏，促进土地合理利用。健全房地产预警、预报制度，确保房地产稳定、持续、健康发展。

强化社区组织的服务功能，运用市场机制鼓励个体、私营企业创办各种社区服务企业，把社区服务业培育成重要的新兴产业。重点开拓家政服务、养老服务、托幼服务、接送服务、维修服务、保健服务以及餐饮和零售业。积极发展金融保险、咨询会展、教育培训、文化体育等现代服务业。

适度发展都市型农业。随着城市化的推进和工业空间的拓展，农业发展空间逐步缩小。佃户屯街道保留的农业用地要以“生态、高效”为方向，积极发展科技含量高、经济效益好、用地集约的都市型农业。积极引导适度发展休闲观光、无公害蔬菜、特色瓜果等现代农业。积极探索发展都市型农业的新路子，为开发区城市化建设服务。

实施成效

2010年末，全区GDP71.52亿元，年均增长23.3%；地方财政收入5.2亿元，年均增长65.59%；规模以上工业企业完成工业增加值66.6亿元，年均增长103.74%；固定资产投资完成57亿元，年均增长30.9%。产业结构三次产业比例为3.8 ：69.2 ：27。工业规模以上工业企业发展到130家。工业增加值49.8亿元，高新技术产业值占比达到13.9%，城镇居民人均可支配收入14419元，农民人均纯收入6693元。新增城镇就业累计14529人，失业登记率控制在4%，转移农村劳动力9236人，城市居民人均居住面积34.18平方米。

高新技术企业发展到8家，其中2家省级、6家市级。进出口总额2.79万美元，其中进口2.03万美元，出口7618万美元，年均分别增长24.49%、11.39%。

第四节 “十二五”规划与实施

2015年，全区完成生产总值148.3亿元，年均增长9.6%；完成公共财政预算收入17.88亿元，年均增长16.08%，上缴财政6.63亿元；实现进出口总额8亿美元，年均增长43%；社会消费品零售总额48.6亿元，年均增长13.8%；城镇居民人均纯收入13410元，年均增长10%。主要经济指标增速位居全市前列，被评为中国创新力开发区、山东省先进开发区。2011—2015年，开发区经济社会呈现强劲发展态势，综合实力大幅提升，地区生产总值由87.19亿元增加到148.3亿元，年均增长14.18%。公共财政预算收入由7.51亿元增加到17.88亿元，年均增长24.2%。规模以上工业企业实现主营收入由310亿元增加到651亿元，年均增长20.38%。固定资产投资由53.29亿元增加到102亿元，年均增长17.62%。结构调整成效明显，三次产业比由3.2 ：68.19 ：28.6调整为1.9 ：61.6 ：36.5。城乡居民可支配收入，分别由16430元和7768元增加到24686元和13410元。

主导产业支撑凸显 生物医药、机电设备制造、能源新材料三大主导产业，实现集聚发展。主营业务收入占规模以上工业企业的比重达到89.6%。全年新签约引进北新新型建材、国药集团制剂、焊接机器人等30个过亿元项目；富士康电子、天信科技铝塑膜、道中道高端激光器等25个项目建成投产。规模以上工业企业实现主营业务收入650亿元，年均增长16%；“四上”企业（规模以上工业企业、资质等级建筑业企业、限额以上批零住餐企业、国家重点服务业企业）新增107家，达到413家。

城市综合开发加快 新开工建筑面积120万平方米。新建兴仓路、新石南路、育才路、平原路、府南街5条道路，丹阳路立交桥、污水处理厂二期工程加快建设。74万平方米的闽江路安置小区加快建设；城乡环卫一体化成效显著。

现代服务业聚集发展 齐鲁股权交易中心、上海股权交易中心有2家上市企业挂牌培育，恒丰银行、枣庄银行完成选址。2015年末，新增金融机构12家，总数为125家；电商企业发展到156家；汽贸产业中新引进路虎、克莱斯勒汽车4S店、专营店6家，总数为136家。

科技创新实现突破　拥有市级以上高新技术企业 24 家，研发投入提高 30.3 个百分点。省级孵化器通过专家评审，被省科技厅正式推荐为国家孵化器。与中科院上海微生物所、大连化物所、北京过程所及清华大学、山东大学、中国药科大学等科研机构和高等院校开展合作，新增合作机构 17 家，总数达到 89 家。

民生保障体系完善　城市低保保障、农村低保保障分别提高到 390 元 / 月、250 元 / 月。新增社区日间照料中心 35 处，总数达到 87 处，覆盖率 80%，居全市第一位。帮助 806 户，2000 余人实现脱贫致富。

第五节　“十三五”规划

培育壮大主导产业

坚持转型升级、提质增效、绿色发展理念，积极融入“中国制造 2025”，着力实施工业强基工程。推动生产方式向柔性、智能、精细转变，形成传统产业“双轮驱动”，协同发展的新优势。加快推进新型工业化，重点培育壮大能源新材料产业、生物医药产业、机电设备制造等三大主导产业。

能源新材料产业　顺应国际国内新能源产业的发展和市场需求，立足在非金属材料、新型节能建筑耐火材料、合成树脂、合成橡胶材料等产业优势，抓住合成树脂、合成橡胶等传统基础材料转型升级的内在要求，提升产业综合竞争力，逐步建设成为国内重要新能源研发和加工生产基地。到 2020 年，开发区新材料产业体系逐步形成，产业规模不断扩大，产业集中度不断提高，具有较强的整体竞争力，成为菏泽市经济发展的主要载体。

生物医药产业　按照菏泽市委、市政府提出的“科学赶超，后来居上”的总体目标，开发区着力推动新型工业化，把生物医药作为转型升级的重点。推进以要素投入为主的外延式发展和以技术创新为核心的内涵式发展相结合，产业规模不断膨胀，自主创新能力明显提升。2016—2020 年，进一步推进生物医药产业集聚化、高端化、链条化发展。重点发展以普华制药、道中道生物制药、泛球生物科技为代表的生物制药板块，以金丰鲁德 DNA 检测试剂为代表的生物诊断试剂板块，以华大基因人类全基因测序实验室等为代表的基因检测板块，以希力制药为代表的小分子药物板块，以台湾挺卫保健化妆品为代表的保健化妆品板块等实现集研发、生产、销售、服务多种功能为一体的现代生物医药产业体系。

机电设备制造产业　菏泽开发区机电设备制造企业现有 24 家，产品种类齐全，档次较高，涉及内燃机零部件、压力容器、扩山设备、电子元器件等 8 大系列，60 余个品种。2016—2020 年，着力培植以高端核能设备、高端激光器为代表的先进制造业，巩固以电子基础材料和关键元器件、数字视听、软件与信息服务业、光电子、人工智能、物联网为代表的电子信息产业，推进产业集聚化、高端化、链条化发展。到 2020 年，开发区装备制造业产业规模不断壮大，创新能力显著增强，两化融合迈上新台阶，绿色制造达到全国先进水平。

打造产城融合样板区

坚持“以产业兴城、以城促产”，进一步完善城镇化健康发展体制，推动产业和城镇融合发展。按照“产业跟着功能走、人口跟着产业走、建设用地跟着产业和人口走”的要求，实现人口、产业和城市的良性互动、协调发展，科学调整、完善产业布局，培育和壮大各类产业。

强力推进城市综合开发。抓住菏泽飞机场，曲阜至菏泽至兰考高速铁路、京九铁路客运专线菏泽段、菏泽至徐州铁路菏泽段、菏泽至商丘、菏泽至兰考成品油管道的建设机遇，完善城市服务功能，推动产城融合，推进城市信息化、智能化发展，打造智慧城市，努力打造功能完善、布局合理、环境优美、宜居宜业宜游的市级城市副中心。

努力提升园区承载能力。坚持“高端化、集约化、外包化”原则，实行高点定位、高水平规划、高标准建设。完善园区道路、供电、铁路专用线基础设施建设。提升金融、物流、研发等服务水平，增强承载产业转移和项目落地能力。

建设现代服务业发展的引领区

打造鲁苏豫皖区域性现代服务业中心，实施创新创造创业战略、产地融合发展战略、新型城市化战略。重点加强对“互联网+”的研究、利用和推广，开启大健康产业，发展服务外包，依靠改革开放、政策驱动推进开发区服务业跨越发展。推动工业企业电子商务应用。规模建设“一带八园”，着力打造1个产业带，8个电子商务产业园。高标准建设阿里巴巴菏泽产业带，把生物医药、能源化工、机电设备制造三拳头产品全部纳入1688产业带，到2020年，开发区规模以上工业企业电子商务应用率达到90%，小微企业电子商务应用率超过80%。

加快智慧城市建设。推进阿里巴巴与浪潮集团合作建设智慧城市项目，率先打造智慧开发区。重点发展社区电子商务，实现社区商业与城市便民服务、社区政务、物流配送互联互通，建设社区电子商务服务平台，居民日常消费、家政服务、远程缴费、健康医疗、紧急求助、电子政务等方面的在线服务。

推动跨境电子商务发展。依托开发区内60家外贸企业和市网商协会，采取“政府主推，第三方建设”的模式，建成集行政、监管、物流集散、电子商务、信息交流、金融服务、生活餐饮等功能于一体的跨境电子商务中心，社区电商实现全覆盖，争创1个国家级、2个省级电子商务示范基地。2个省级电子商务示范企业，培育3家跨境电子商务领军企业，1个国家级跨境电子商务园区。

开启发展大健康产业。重点扶持以普华制药、道中道抗肿瘤新药的自主研发，以及与健康生活方式和老年护理相关的健康服务业。

发展服务外包产业。重点鼓励技术性业务流程外包服务，企业业务流程设计服务、内部管理、供应链管理等服务，积极发展信息技术外包、软件技术、信息系统运营和维护等。进一步完善服务外包统计分析和调度。2020年前，规划建设1处功能配套完善的外包基地，引进20家先进服务外包企业，实现服务业增加值占地区生产总值比重达到45%。

着重推进科技创新

2020年，完成5个孵化器建设，确保1个国家级、3个省级孵化器申报成功。孵化面积100万平方米。建设一批国家级、省级实验中心、工程技术中心、工程研究中心、博士工作站和国家级科技成果转化基地和创新平台。

推进“政、产、学、研、用”有机融合。实施科技合作战略与大院大所深化科技合作，与中科院、清华大学、天津大学、浙江大学等高校院所建立合作关系，推动合作进一步开展。“十三五”期间，力争每年新增15家以上产学研合作机构。

打造人才汇聚高地

2020年，开发区人才资源总量达到5500人，其中高层次人才500人，高层次人才创新创业平台10个，拥有国家级高新技术企业5家。建立“海外招才引智工作站”和“泰山学者工作站”。开辟高层次人才服务“绿色通道”。

建设绿色生态文明区

大力倡导低碳经济理念，指导经济结构调整和产业优化升级，加快发展循环经济，尽快通过ISO 14000环境管理体系认证工作。2020年末，万元GDP能耗达到“十三五”末规定的指标水平。完成菏泽市政府下达的主要污染物排放总量控制目标。单位地区生产总值能耗控制在市政府下达的目标以内。

第三编　建设与管理

1992 年，开发区规划总面积 11.5 平方公里，起步区面积 4 平方公里，其中中心起步区 1.5 平方公里。开发区管委会按照菏泽市城市发展总体规划方案进行规划建设。1993 年，为加强对开发区基础设施建设工作的领导，管委会成立开发区基础设施建设领导小组，负责审定开发区基础设施建设计划并组织实施，审查工程预决算，协调解决基础设施建设中的困难和问题。

1995 年 11 月，山东省政府同意成立菏泽对外加工贸易区，位于菏泽开发区南部，规划面积 5 平方公里，起步区面积 1 平方公里。

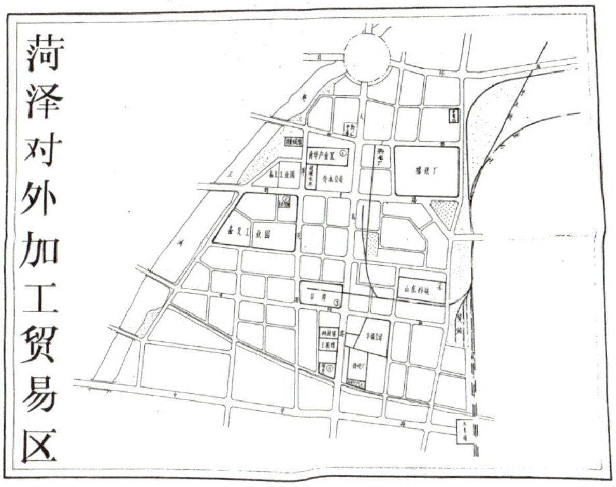

《菏泽对外加工贸易区规划图》

2001 年，菏泽市政府向省政府提出扩大经济开发区区域的请示报告，经其同意后增加面积 36.1 平方公里。2002 年，开发区编制一期规划。2005 年，新的菏泽市总体规划方案修订完善，编制印发《菏泽市城市总体规划（2003—2020 年）》。开发区按照此方案，基础设施、公共建筑、厂房、居民住宅等相继开工建设，商业网点、公共建筑、住宅小区、城市街道、给排水、供电、供热、供气等设施逐步建成配套。

截至 2018 年，辖区基础设施建设投资 26.5 亿元，修建主次干道（打通断头路）210 余条 780 余万平方米，供水面积 190 余平方公里，供热面积约 2000 万平方米，城区道路形成网络，各项建设形成规模，城区管理步入轨道，开发区成为环境优美、管理有序、生态和谐、适宜投资和居住的现代化新城区，占据菏泽市政治、经济、文化及金融中心之位。

第一章　规　划

第一节　城区规划

2001 年 9 月，根据《菏泽市城市总体规划》和《菏泽市国民经济和社会发展第十个五年计划》，菏泽市政府提出扩大经济开发区规划区域的方案。新扩规划区范围是东到东环城路以东 1 公里，西至京九铁路，南到仓南路，北至 327 国道以北 1 公里，南部向西延伸部分，西至菏商路以西，北至新石铁路，面积为 36.1 平方公里。加上 1992 年省批准的开发区的规划面积 11.5 平方公里，扩大后菏泽开发区总规划面积为 47.6 平方公里。辖区扩大后，管委会按照把开发区建设成为全市“经济建设的龙头、对外开放的窗口、体制创新的示范、城市建设的样板”的功能定位，实施工业强区、科技兴区、市场活区的发展战略。在调整后的规划区内，重点建设 10 个工业园区、10 个居民小区、10 个绿地广场、5 个专业批发市场和1条工业长廊、1个行政中心。在菏泽火车东站以东2公里处，从327国道到南平路修建宽80米、长4.04公里的花城大道。在花城大道以东，建设电子信息、生物医药、新材料、轻纺、高新技术产业工业园和对外贸易加工区等10大工业园区，重点摆放投资超过5000万元的工业项目；在东环路以西，南平路以北，建设煤电气服务区；结合村庄改造，开发建设10个居民小区；从双河路立交桥到辛集，将327国道拓宽改造。327国道以北，重点摆放民营企业，形成一道5公里工业长廊；327国道以南、新石铁路以北，建设服装、建材、食品、汽车、小商品5大专业批发市场；在京九铁路以东、花城大道以西、南平路两侧建立行政中心，配套建设10公顷的绿地广场；在火车东站以西，以中华路为轴线，建设东西长1公里、南北宽0.5公里的站区广场；在人民路南段建设1个12.16平方公里的现代化的佃户屯工业城（城南工业区），重点摆放医药、化工、玻璃制品、纺织服装、中高密度纤维板、草浆制浆中心、木浆制浆中心、垃圾发电厂等项目，形成连片的工业园区。

2002年，开发区委托上海同济大学城市规划设计院浦东新区规划组，编制开发区一期规划区域的分区规划和详细规划。2004年，省委、省政府实施突破菏泽的“三三一一”战略。菏泽市政府新一轮城市规划的总体方向为东扩、西控、南延、北进，在城区东部全力打造全市新型工业区、美丽城区，在开发区内形成以能源、化工、纺织、机械、食品、建材、电子为支柱的工业体系。

2005年4月29日，省政府印发《关于菏泽市总体规划（2003—2020年）的批复》，同意实施该市总体规划。《菏泽市城市总体规划（2003—2020年）》是指导菏泽市城市建设活动的法定文件，菏泽经济开发区范围内的土地使用和建设活动执行该规划。

第二节　控制性详细规划

城区按照《菏泽市城市总体规划》城镇等级规模分四个等级：市域中心城市、市域二级城市、重点镇、一般城镇。菏泽经济开发区属于市域中心城市中心城区。城镇职能分为四类：综合型、能源工业型、旅游商贸型、工业商贸型。开发区属于综合型。以开发区在内的城区为中心，沿日东高速公路和新石铁路为东西发展轴，沿京九铁路为南北发展轴，辐射带动市域经济社会全面、协调、可持续发展。

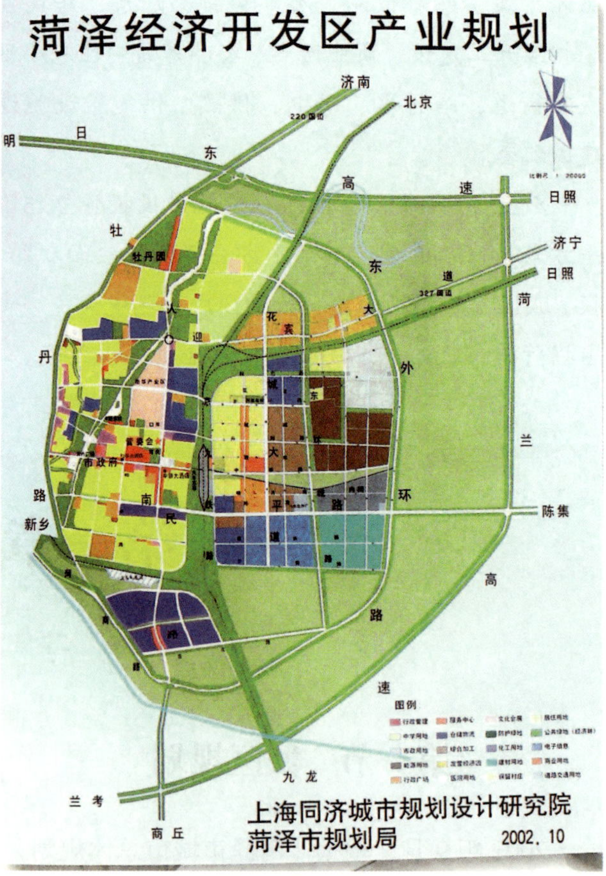

开发区产业规划

交通　菏泽经济开发区至各个县城的交通规划时距，高速公路建成后，为半小时交通圈。铁路交通保留京九铁路和新石铁路。规划在开发区内的菏泽中心城区客货运站场为二级站。

高速公路保留日东高速公路，新建菏泽至兰考高速公路、菏泽至济南高速公路、菏泽至徐州高速公路、德州至商丘高速公路、日东高速公路西延伸线，全面构筑“米”字形高速公路网。一级公路建设菏泽中心城区至各县城及各县城之间的快速干道，达到一级路标准。开发区内重点改造 327 国道、曹县—定陶—菏泽—鄄城公路、东明—东明集—王浩屯—定陶—成武—单县公路等公路，构筑菏泽城区至各县城和环通各县城的一级公路网络。全面改造开发区现有的公路网，一般乡镇和中心村的道路达到三级公路标准，至一般行政村的道路达到四级公路标准。

环保　规划全区各项环境指标明显改善，环境污染得到有效控制，空气质量达到国家一级至二级标准，水、声环境质量均达到相应标准，“三废”排放减小，自然生态得到有效保护。优化产业结构，发展生态旅游、生态农业与清洁工业。拓展固体废物的综合利用等环保产业发展。严格控制能耗大、污染重的新建项目。工业应向市区、县城及重点城镇集中，通过工业小区开发统一治理污染，区域开发重点与人口集聚方向应逐渐向市区推移，做好水土保护与地下水源涵养。

旅游　菏泽经济开发区的旅游区是以牡丹为龙头形象，鲁西南民俗为主要载体，兼具历史名人、文化名胜、土特产品、风味美食等景观类别，融牡丹观赏、名人访古、生态休闲、遗址考察等为一体的多功能综合性旅游区。

给排水　辖区的水源主要为地下水和引黄河水源及为引黄工程配套水库，实施区域供水。排水远期采用雨污分流制。

电力　规划 2010 年菏泽市域总用电量为 66.2 亿千瓦时，最大负荷为 151 万千瓦时；2020 年总用电量为 171.8 亿千瓦时，最大负荷为 390 万千瓦时。开发区新建 220 千伏变电站 1 所（2×15 万千瓦），位于开发区佃户屯。

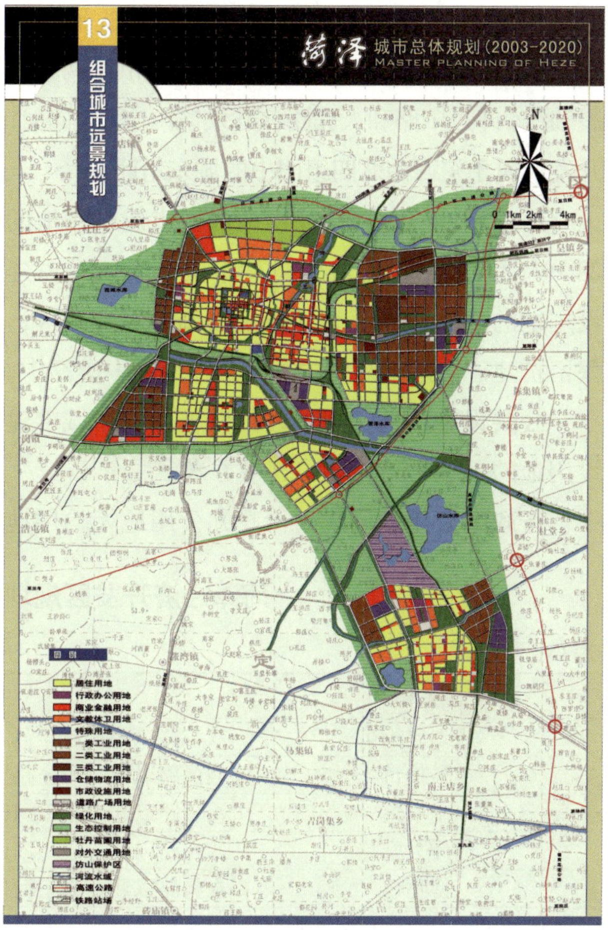

菏泽市组合城市远景规划图

电信　规划 2020 年固定电话主线普及率为 60%。

燃气　逐步建立统一的以管道天然气为主的城市燃气供应系统，近期以中原油田的天然气为气源，远期以国家西气东输的天然气为主、中原油田的天然气为辅。

用地　城市用地。用地发展方向以向东建设开发区为主，向南为辅，完善北部，控制西部。通过水系、铁路的分隔，形成“一核、两轴、四组团”的布局结构，以赵王河为轴，赵王河两侧从北向南依次规划建设市级行政中心、文化中心、商务中心。开发区位于菏泽城市核心区，其中，紧邻位于赵王河西岸、黄河路北侧、面积约 80 公顷的行政中心；规划有位于丹阳路北、黄河路南、赵王河两岸、面积约 110 公顷的文化中心；位于赵王河以东、火车站以西、中华路两侧、面积约280公顷的商务中心也在开发区内。城市的两条发展轴线，即丹阳路和人民路在开发区内交汇。同时，开发区属于东西南北四组团中的城东组团。

居住用地　规划居住用地占城市建设用地的28.1%，人均30.9平方米；其中中小学用地占建设用地的2.8%。开发区规划建设新城居住片区，保留扩建区内的菏泽一中分校、曹州一中等高中。

公共设施用地　规划公共设施用地占城市建设用地的15.9%，人均17.5平方米。

行政办公用地　规划行政办公用地人均用地1.4平方米。

商业金融用地　规划商业金融人均用地9.7平方米。规划市级商业服务中心位于开发区内赵王河以东、火车站以西的中心城区；在开发区内广州路以西、洙水河两侧形成东部新城商业副中心。规划南部批发市场位于辖区内珠江路以北、人民路两侧，面积为60公顷。

文化娱乐用地　规划文化娱乐用地人均面积1.4平方米。市级文化娱乐中心位于开发区内丹阳路以北、赵王河两侧，新建大剧院、文化艺术中心、图书馆、规划展示馆、科技馆等大型公共设施。

菏泽经济开发区规划新增文化娱乐用地一览表

表3-1

名称	位置	规划面积（公顷）	备注
规划展示馆	八一路以南、赵王河以东	3	新建
科技馆	人民路以西、康庄路以北	1	新建
图书馆	八一路以北、赵王河以西	2	已建
菏泽大剧院	八一路以北、赵王河以西、规划图书馆以北	8	已建
博物馆	永昌路以北、赵王河以东	7	新建
工业展览中心及企业家俱乐部	中华东路以南、广州路以西	11	新建

医疗卫生用地　规划医疗卫生用地人均用地0.8平方米。开发区内保留更新现有医院，新增大型综合医院2所。

菏泽经济开发区规划新建医疗卫生用地一览表

表3-2

名称	位置	规划面积（公顷）	备注
新增医院	洙水河以北、广州路以西，规划东部新区行政中心以北	10	新建
新增医院	长江路以南、华英路以西	8	新建

工业用地　规划工业用地占规划建设用地的20.7%，人均用地22.8平方米。规划形成东西两大工业园区，城东工业园在菏泽经济开发区内。其中，洙水河以北为二类及三类工业区，洙水河以南为一类工业区。

仓储用地　规划仓储用地208.6公顷，占规划建设用地的2.8%，人均用地3.1平方米。开发区内规划仓储用地2处，东北部仓储区位于开发区南京路以东、淮河路以北，东部仓储区位于洙水河以南、台湾路以西。

第三节　专项规划

铁路　保留开发区内的京九铁路和新石铁路，

保留菏泽口岸铁路专用线，其余中心城区内铁路专用线全部拆除或搬迁至位于开发区的东部工业区内。保留区内铁路客运东站，规划为二级站；上海路以西、新石铁路以南预留工业区铁路货运站，作为远期备用货站建设，规划用地面积60公顷。

公路　高速公路在开发区的北部和东南部分别有日东高速公路、菏兰高速公路和德商高速公路，保留原日东高速公路的2个立交口，菏兰高速公路分别在长江路、人民路设互通式立交口。在菏兰高速长江路交叉口附近建连接定陶的高速公路连接线。

一般公路　规划建设区内公路主要对外出入口。国道、省道及其他公路在区内城市环路以外保留对外交通道路功能，城市环路以内改为城市道路，对外交通与过境交通由城市环路来组织。

汽车站场　区内规划建设菏泽新区洙水河汽车货运站，位于洙水河以南、中华路以北，规划占地面积6公顷。

水运　改建洙水河航道，连接京杭大运河，2010年使洙水河航道延伸至菏泽市区。开发区内规划建设的码头有3处：菏泽货运码头，位于上海路以东、菏兰高速公路以西、洙水河以南，占地面积22公顷；预留万福河货运码头1处，位于京九铁路以西，珠江路以南，占地面积60公顷；菏泽客运码头位于洙水河以北、济南路以东，占地面积7公顷。

道路　规划形成“二环、四横、六纵”的交通性城市道路网络。“二环”：在城市外围形成城市外环路，开发区内有上海路及珠江路；在城区内部形成城市内环路，开发区内有黄河路、长江路、广州路部分路段。“四横”：均通过开发区，分别是黄河路、丹阳路、长江路、闽江路。“六纵”：开发区内有3条，分别是人民路、广州路、南京路。

菏泽城市道路由快速路、主干路、次干路、支路组成。开发区的上海路及珠江路为城市快速路，以机动车交通为主，沿街两侧用地严格控制出入口，规划道路红线宽度为66米。开发区规划南北向交通性主干路为人民路、广州路、南京路；规划东西向交通性主干路为黄河路、丹阳路、长江路、闽江路。规划一般主干路道路红线宽度为36～66米，次干路道路红线宽度一般为30米，支路红线宽度一般在30米以下。

交叉口　开发区保留双河立交，在长江路人民路交叉口、长江路上海路交叉口预留城市立交。

城市广场　开发区规划城市广场5处。

菏泽经济开发区规划广场一览表

表3-3

名称	位置	规划面积（公顷）	备注
青菏泉广场	中华路、人民路交叉口北侧	4.5	已建
新区广场	钱塘路、郑州路交叉口西北侧	2.5	新建
东站广场	菏泽铁路客运站西侧	4.0	已建
花城广场	广州路与洙水河交叉处西北角	1.5	新建
洙水河广场	上海路以西、洙水河以南	1.5	新建
工业展览中心及企业家俱乐部	中华东路以南、广州路以西	11	新建

停车场　规划公共停车场每处占地面积3.5～7公顷。主要布置在商业区、城市出入口及城市汽车客运站等处。

加油站　按标准配置加油站，在市区范围内，其布点服务半径为0.9～1.2公里，服务面积4～7平方公里，每处用地面积0.4～1.0公顷。

公共交通 规划公交车辆停车保养场面积均为2～3公顷，结合城市主要交通出口设置对外停车场。区内规划的公共交通线路网密度应达到3～4公里/平方公里，主要线路长度8～12公里。区内设公交枢纽站2处，位于火车东站交通集散广场、洙水河广场。

绿地 规划指标。开发区规划近期（2010年）绿化用地占城市建设用地的13.4%，人均绿地面积16.1平方米，其中人均公共绿地面积为10.1平方米，城市绿地率30%，绿化覆盖率40%；远期（2020年）绿化用地占城市建设用地的13.6%，人均绿地面积15.0平方米，其中人均公共绿地面积11.9平方米，城市绿地率为35%，绿化覆盖率45%。规划绿地系统结构为“三环、五带、九园”。三环：开发区内有大堤绿化环和环城绿化环。五带：开发区内有万福河绿带、赵王河绿带、洙水河绿带、新石铁路绿带、京九铁路绿带。9个市级综合性公园：开发区内有万福河公园、雷泽湖公园、外环堤河公园、赵王河公园、洙水河公园等。

生态绿地 城市生态绿地包括风景名胜区、水源保护区、郊野公园、森林公园、自然保护区、风景林地、城市绿化隔离带、野生动物园、湿地、垃圾填埋场恢复绿地等，分为四个体系：环形生态绿圈、道路绿化联结分隔带、滨河风景生态林地及水源保护绿地体系。

公共绿地 规划设置市级公园、居住区级公园、街头绿地三级公共绿地体系。开发区规划市级综合公园5个，其中生态公园2个。规划居住区级公园8处。

菏泽经济开发区规划城市公园一览表

表3-4

性质	序号	名称	面积（公顷）	位置	公园内容
生态公园	1	万福河公园	554.08	沿万福河从昆明路至牡丹路人民路交界，京九铁路以南，万福河以北	旅游观光、水上活动、休闲娱乐，以生态林地景观为主
	2	雷泽湖公园	387.23	闽江路以南，京九铁路以东，珠江路以北，上海路以西	水源保护，风景旅游，休闲娱乐，以生态林地景观为主
市级综合公园	3	外环堤河公园	219.18	外环堤河两侧绿地	旅游观光、人文景观、休闲娱乐
	4	赵王河公园	203.00	沿赵王河从北外环路至曹州路两侧绿地	保留、整治原有水面，形成滨水风光为主题的市民休闲、娱乐及旅游观光
	5	洙水河公园	217.09	丹阳路以南，赵王河以东，中华路以北，工业三路以西	旅游观光、水上活动、休闲娱乐

菏泽经济开发区规划居住区级公园一览表

表3-5

序号	位置	面积（公顷）	性质内容	主要活动与设施
1	华英路以西，丹阳路两侧	6.4	纪念性	烈士陵园
2	钱塘路以北，华英路两侧	5.7	市民游乐	综合公园
3	闽江路以南，人民路两侧	3.7	市民游乐	综合公园
4	八一东路以北，武汉路以东	8.6	市民游乐	综合公园
5	丹阳东路以南，武汉路以东	12.2	市民游乐	综合公园
6	广州路以东，郑州路以西，太湖路两侧地块	37.7	市民游乐	综合公园及广场
7	武汉路以西，钱塘路两侧	26.7	市民游乐	综合公园
8	淮河路以北，南昌路以西	6.5	市民游乐	综合公园

街头绿地　规划在重要的公共场所、道路交叉口、标志性景观、重要建筑等设置街头绿地，每处面积不小于3000平方米，工业区每处服务半径为700 ~ 800米，其他功能区每处服务半径为200 ~ 300米。

交通绿地　沿城市外环路及交通性主干道布置交通绿地，其中城市外环路两侧各有15米的绿化带，交通性主干道（开发区内的黄河路、丹阳路、长江路、闽江路、人民路、广州路、南京路）两侧各有10米以上宽度的道路绿化带。

居住区绿地　居住区绿地率规划指标确定如下：一类居住用地绿地率>40%；二类居住用地绿地率>35%；三类居住用地（改造的旧居住区）绿地率>30%。其中集中绿地占绿地总面积的比例不小于15%。

防护绿地　规划高速公路外侧预留500米、内侧预留200米的防护绿带。铁路防护林带规划建成区外每侧100米，规划速成区内每侧各40米，汽车专用道防护林带每侧150米。对外交通道路两侧各留有30米的防护绿带。城区内部主干道两侧各留有5 ~ 10米的绿带。工业区与居住区之间的防护绿带不低于30米。污水处理厂周围设置30米的隔离绿带。高压走廊、变电站按电力工程规范留有相应宽度的绿带。

专用绿地　旅游度假区、休闲疗养区的规划绿地率55% ~ 65%；对生产环境有特殊要求的工厂企业，规划绿地率40% ~ 50%。公共设施用地的绿地率控制在30%以上，其中行政办公类绿地率40%以上，商业金融类30%以上，文化娱乐类35%以上，体育类35%以上，医疗卫生类35%以上，教育科研类40%以上。工业用地的绿地率：一类工业35%以上，二类工业30%以上。市政设施用地的绿地率在30%以上。

河流　规划市区形成布局广泛、相互贯通的“五湖六河”城市水系系统。开发区“五湖”有2处，分别是雷泽湖：位于城市东部新区的南侧，面积约233公顷；东湖：位于城市东部新区的东部，面积约12.78公顷。规划中“六河”开发区有赵王河、万福河、外环堤河、洙水河、洙水河南支等5条河流。

菏泽经济开发区规划主要河流控制宽度、隔离绿带一览表

表3-6

河流	控制宽度（米）	隔离绿带
外环堤河	30 ~ 60	大堤内侧控制到大堤中心线50米，外侧控制到大堤中心线100米，共控制150米
赵王河	50 ~ 300	100 ~ 300米
洙水河	60 ~ 50	京九铁路以东为150米，铁路以西为60米
洙水河南支	30 ~ 80	两侧各15 ~ 20米
万福河	50 ~ 80	每侧至两岸大堤中心线150米
经四沟	20 ~ 30	两侧各15 ~ 20米

城市景观　控制高层建筑集中区域为赵王河沿线、中华路沿线、人民路沿线、东部新区中心。住宅区应以多层建筑为主体，沿雷泽湖周边地区可安排低层的一类居住用地，在城市核心区或其他重点地区可适当安排部分高层或小高层住宅，提高土地利用效率，突出城市天际轮廓线。

旅游　开发区规划有赵王河游览带、都市生活旅游区、现代新城旅游区、水上游乐旅游区、生态水景旅游区等5个旅游区域。

菏泽经济开发区旅游系统规划内容一览表

表3-7

旅游空间结构	旅游区域	主要景点	功能定位
菏泽新城	赵王河游览带	赵王河、纪念馆、博物馆	观光休闲、景观
	都市生活旅游区	中华路、南华温泉	商务、餐饮娱乐、休闲、购物
	现代新城旅游区	洙水河公园、凝香园、冉仲弓祠	餐饮娱乐、观光休闲、古迹保护
环城游憩带	水上游乐旅游区	万福河	餐饮娱乐、观光休闲
	生态水景旅游区	雷泽湖水库	餐饮娱乐、观光休闲、生态保护

第四节　市政规划

给水　近期（2010年）人均综合用水定额为每日每人180升，远期（2020年）人均综合用水定额为每日每人200升。开发区规划建设水厂1处，以仿山水库作为水源，近期规模为6万立方米/日，远期规模为12万立方米/日，占地10公顷。同时在黄河路与广州路交叉口、长江路和人民路交叉口兴建2处泵站。区内主干供水管网布置成环状，间距为500～800米。

污水　采用雨污分流排水体制，区内污水处理厂近期处理规模6万吨/日，远期8万吨/日，占地6公顷。污水截流干管以南北向布置为主。雨水管渠沿规划道路铺设，雨水尽可能采用自流方式排放，近期改造采用截流管，截流污水；远期雨水、污水管分别独立排放。

电力　开发区规划建设500千伏变电站1座，由坑口电厂供电。电网电压等级分为500千伏、220千伏、110千伏、10千伏、380伏。220千伏电网采用双环网结构，以保证区内供电稳定。穿越城区的高压线路采用电缆式，其他线路采用架空线路。市区采用单杆塔多回垂直排列方式时，220千伏高压架空电力线路走廊宽度为40米，110千伏宽度为25米。

电信　规划近期市话普及率为50线/百人，远期市话普及率为65线/百人。新建开发区电信分局，最大安装容量为10万门。在开发区火车站旁规划菏泽邮政重件处理中心1处，占地4公顷。规划期末，有线电视覆盖率达100%。延伸光纤到路边、楼宇，接入网实现宽带、双向传输、屏蔽良好，大力扩展信息网络新业务。

燃气　以天然气为城市气源，规划开发区储配站，位于上海路以东，工业北路以南，占地1.5公顷。规划气化率为100%，管道供气率近期30%，远期80%。居民生活燃气耗热指标为70万千卡/人·年。规划采用中、低压两级管网系统，小区域调压站与楼栋调压相结合的方式向城区供气。在城市燃气输配系统中，适当加大中压环网的密度，取消低压环网。

供热　2020年，菏泽市采暖热负荷：8200吉焦每小时，2280兆瓦。开发区规划设置1处热源，为菏泽电厂。供热采用蒸汽供热系统和高温热水系统两种形式。菏泽电厂为高温热水，规划大型换热首站与热源同建，每站供热面积按20万平方米设计。热力主干管网走向应靠近热负荷中心，热网采用地下直埋敷设，热源所出蒸汽管网为枝状管网，热水管网为环状网。

环保　至2010年，城区二氧化硫排放量控制在6800吨，烟尘排放量控制在4000吨，工业固体废物综合利用率达到98%。工业污染源排放的主要污染物达到国家或地方规定标准。南水北调东线菏泽段调水干线水质达到地表水Ⅲ类标准，城市饮用水源符合地表水Ⅲ类标准，城市环境空气质量和环境噪声达到功能区划标准。治理水土流失，使90%以上的水土流失区得到有效治理，60%以上的水土流失区达到生态良性循环。工业区大气环境质量控制在二级标准，城区其他地方大气环境质量控制在一级标准。

开发区水源保护，严格按照《生活饮用水卫生规程》保护。区域环境噪声平均不超过56分贝。规划沿铁路和交通干线设置噪音隔离带。

菏泽经济开发区规划大气中主要污染物控制标准表

表3-8

主要大气污染要素	最高允许浓度（平均）
二氧化硫	$0.15mg/m^3$
二氧化氮	$0.10mg/m^3$
飘尘	$0.15mg/m^3$

区内工业固体废物体综合利用率近期达98%，远期力争达100%；城市垃圾处理率近期达70%，远期达100%。

菏泽经济开发区规划水质控制标准表

表3-9

指标	卫生要求
PH值	6.5～8.5
生化需氧量	不超过3～4mg/l
溶解氧	不低于4mg/l

菏泽经济开发区规划噪声控制标准上限表

表3-10

地段	白天平均噪声（分贝）	夜间平均噪声（分贝）
居住区	45～50	40
工业、商业区、一般道路	60～65	45～55
交通干线	70	55

环卫　规划职工休息点建筑面积不少于60平方米。城市环卫所位于原地并扩建。每个管理站用地面积1500～2000平方米，内驻市容环卫监察队。规划垃圾中转站以小型为主，平均每平方公里设置1个，服务半径600米左右，用地100平方米左右。垃圾桶的服务半径在200米以内。废物箱间距在商业大街为25～50米、交通性干道为50～80米、一般道路为80～100米。新建公共厕所为一、二类水冲式公共厕所。逐步提高环卫机械化水平，车辆按城区人口3辆/万人配备，近期环卫专用车达75辆，远期115辆。停车场建设按200平方米/辆标准配套。规划应结合环卫管理站，配套建设环卫停车场、机修场地。

防灾　防洪标准，菏泽城区近期按50年一遇标准设防，远期按100年一遇的标准设防。区内按7级地震烈度设防，以城市对外交通干线及城市主干道作为疏散通道，开发区主要有东西向的黄河路、丹阳路、中华路、长江路、钱塘路、闽江路，南北向的和平路、人民路、广州路、南京路、上海路；避震疏散场地按人均1.5平方米的标准进行配置，近期75万平方米，远期102

万平方米；重点工程必须进行地震安全性评价，确定相应的抗震设防标准。规划期设置的消防站，每处用地0.3公顷；市区内的消防水源为消防栓和主要河道；市区消防给水网规划成环状，消防栓沿道路边敷设，并靠近十字路口，消防栓间距不超过120米，保护半径不超过150米，在市区中心及重点建筑物群前要提高消防栓密度；市区内道路建设应能满足消防车通行要求，旧城区改造要开辟出消防通道，新区开发要留出足够的消防通道，道路的宽度和转弯半径，均应满足消防车辆通行要求。

第五节　规划实施

1992年，菏泽经济开发区成立，1995年11月与菏泽对外加工贸易区两区合一，建区初期规划面积4.6平方公里。1996年，重点进行基础设施建设，硬化人民路、丹阳路、新丰路3条主次干道，共计9.2万平方米，其中水泥路面3.2万平方米，栽植草坪1万平方米，绿化树木2000余棵，修建下水道3条2.7公里，铺设自来水管线1.7公里，铺设路沿石全长1万米，全年累计完成基础设施投资1398万元。

2001年，菏泽撤地建市后，将开发区规划面积调整扩大到148.6平方公里，辖丹阳、岳程、佃户屯3个街道，76个行政村、31个社区。当年，开发区根据市长现场办公会和市委常委会第二十五次会议精神，分别从京九铁路以东和新石铁路以南规划出新的开发区域，重点进行4项规划设计，包括新区规划设计、新区路网设计、绿化系统设计、广场改造设计。初步确定一期规划布局，北至327国道，南至南平路，西至京九铁路，东至东外环，规划面积为20平方公里，重点做好铁道以东的开发，把整个城区向东转移。重点建设6个工业园区、6个居民小区、5个专业市场和1条工业长廊、1条南北贯通的花城大道、1个行政中心、3个大型广场。投资150万元提升青啤广场、林荫广场的亮化、绿化和美化水平，改造火车站广场和天香广场，集中进行5次拆迁。

2002年，开发区集中人、财、物兴建三纵五横路网和贯通迎宾大道全线。人民路、南平路（长江路）、花城大道（广州路）、迎宾大道（黄河路）形成新区的环形交通主干线，加上花城东路、花城西路、秋色路、新丰路、丹阳路、中华路、晓月路等支线路网的建成通车，推动城市总体规划的实施。新区路网建设用地133.33余公顷，拆迁总面积5万余平方米，安置补偿费用3000万元，完成2座洙水河桥、1座经四路排洪沟桥、新石铁路最大的公铁立交桥工程。开发区组织300余人，集中1个月的时间，对新规划区内的16个自然村、4864户居民房屋进行普查，登记造册，建档立卡。是年，开发区以标志性地段、标志性建筑物、标志性建筑群为重点，加强标志性景观建设，使其形成独特的标志性风景点。实施路网配套工程，在东部新区14平方公里内完成供水、排水、电力、热力、通信、广电、宽带网等各项管线敷设预埋；完成青菏泉广场、林荫广场和中华路、人民路、南平路等城市主干道的绿化、美化、亮化配套工程，建设京九铁路、新石铁路、洙水河两侧各纵深60米的绿化长廊。

2003年，开发区开展大规模城市建设。上半年完成花城大道的亮化和排水工程、京九铁路与南平路公铁立交的排水工程和配套，拆除天香公园的围墙，提升青啤广场、林荫广场的绿化、亮化水平。下半年集中精力进行东区路网建设，7月20日，市政府召开东区路网建设工作会议。500余名干部工作在拆迁和地面附着物清理现场，从7月24日至8月4日，用11天的时间动迁村庄23个，拆迁居民1337户，企事业单位16家，拆迁面积13.6万平方米，比2002年全年城区拆迁量多3万余平方米。年内投资3000余万元安装路灯，为招商引资构建平台。开发区完成城市基础设施投资超过1亿元。东区路网20公里尾工路基和部分路面铺设基本完成；新石铁路与上海路、南京路公铁立交桥全部竣工；中粮艾地盟粮油工业（菏泽）有限公司铁路专用线建成通车。开发区按照专业化招商、板块化布局、集群化发展的建设思路，通过整合基础设施，集中布局项目，初步实现资源共享，解决项目布局分散、产业发展不集中的问题，初步形成“五个项目聚集区”。即新规划区中心工业项目聚集区、丹阳工业项目聚集区、岳程工业项目聚集区、佃户屯工业项目聚集区、食品城工业项目聚集区。化工工业、建材工业、食品工业、机械五金制造业“四大产业集群”初具雏形。

2006年，建设工业通用标准厂房10万平方米，累计完成基础建设投资21.57亿元。全区新建面积超过1万平方米以上的商业设施4处。12月，市政府决定把煤化工基地建在开发区，位置在上海路以东，长江路以北，新石铁路以南，菏兰高速公路两侧，规划面积30平方公里。其中，菏兰高速公路西侧10平方公里为一期工程，菏兰高速公路东侧20平方公里为二期工程，工程用地规划列入修编的城市总体规划之中。

2007年，总规划面积240万平方米，建成面积145万平方米，在建面积44.8万平方米。化工工业园设计规划通过专家认证，园内基础建设展开，投资1600万元修建洪泽路、淮河路和台湾路，投资320万元建设郑州南路和杭州路，投资1600万元完成上海路公铁立交桥工程建设，协调市建设局、市政局、恒达热力公司等部门完成淮河路、海河路、洪泽路、台湾东路、长江东路、长沙路、钱塘路等排水工程，新建排水管网17.5公里，新建供热管网4.6公里，完成长江东路公铁立交泵站建设；完成长江东路、济南路部分路段供水工程，新铺供水管网2.8公里；开工建设长江东路（污水处理厂—上海路）排污管网；完成327国道开发区段的拓宽改造和珠江路建设。关闭黏土砖窑场16个。对达不到投资密度的项目进行“瘦身”，整合收回土地49.07公顷。通过招拍挂，出让土地17宗。

2008年，开发区城市建设与大项目建设相配套，完成杭州路、丹阳东路、中华东路、长沙路等路段建设。完成化工工业园的水资源论证、压矿证明、地质灾害评估，区内热力中心开始启动，圣世化工铁路专用线完成前期工作。聚隆能源铁路专用线列入规划方案，日处理能力12万吨的工业污水处理厂落实投资主体。开工建设南湖工业水源地。铺设上海路、淮河路、济南路、郑州路等主干道的供水管网，完成长江东路、淮河路等11条道路20余公里的排水管网建设。建设1座220千伏变电站和2座110千伏变电站，配套建设供电管网和8条电力专用线。开展冬季绿化集中活动，完成20条道路、10条街巷、23个小区、65个驻区单位的绿化任务，共栽植各种树木6万余棵。

2010年，开发区引进投资过10亿元的服务项目7个，设计建筑面积650万平方米。全年15个项目立项，21个项目环评，13个项目办理土地使用审批证。开发区全面加强城市综合开发和基础设施建设，城镇化率达到75%。全区控制性详细规划覆盖率和街道总体规划完成率均达到100%。启动桂陵路以东片区建设，储备土地133.33公顷，赵王河新村等一批开发项目陆续跟进，热力、燃气、电力、通信等配套工程建设进展顺利。城市综合开发力度加大，按照“大投入、多开工、快建设、出精品”的思路，全区开工建设小区65个，总投资200亿元，规划建筑面积1100万平方米，其中高层和小高层400栋，是年新开工面积350万平方米，竣工面积230万平方米。对主要街道户外广告及沿路建筑物立面进行集中治理，更换广告牌4569块，4.7万平方米。2011年，开发区在城市建设方面建立“会战”机制，确保城镇化建设高效顺利推进。加大城市综合开发力度，成立10个指挥部，明确县级领导为第一责任人，实行每周定期调度，强力推进城市开发，全年共拆迁1400户、房屋40万平方米，提供商住用地26宗、373.33公顷；加大拆违力度，共集中组织拆违72次，拆除违章建筑15万平方米。房地产开发面积450万平方米，竣工面积260万平方米。加快基础设施建设，配合市有关部门完善赵王河、洙水河景观带，建设26条80公里排污管网，新修8条21公里新区道路，绿化广州路、黄河路等7条道路，新增绿化面积30万平方米，为12条道路安装路灯。全年建设保障性住房773套，完成年度计划的108%，在开发区规划的3处经济适用房全部开工建设。

2013年，全年新开工面积510万平方米、在建870万平方米、竣工373万平方米，完成征收丈量面积322万平方米，集中拆除违章建筑15万平方米。新修10条道路、通车里程30.7公里，新铺设雨污管网51.6公里，新增绿化面积9万平方米、保洁面积15万平方米。东南湖区开发全面启动，开工建设广州南路、仓南路、洞庭路、闽江路4条道路；完成10个村庄的丈量评估，2个安置小区开工建设，高科创业园、医疗养生基地相继开工建设。新型社区建设成效显著，工业园区5个村庄，佃户屯龙山生态文明社区，基本具备搬迁条件。

2014年，开发区城市综合开发完成拆迁102万平方米，新开工152万平方米，在建面积610万平方米。东南湖区加快建设，高科技创业园、南湖康复养老中心等相继开工建设；建筑面积74万平方米的闽江路安置小区全面开工，35万平方米的洞庭路安置小区完成前期工作将启动建设；火车站及广场改造顺利完工。

2015年，加快建设北新汇隆集成房屋、山东西部智能机器人产业园、新世纪科技城等25个在建项目。科技孵化器项目获批为菏泽市首家国家级孵化器。中孚无人机研发中心、中印软件园等12家机构入驻高科技创业园。道中道科技产业园研发中心和中试车间建成。妇幼保健院、南湖康复养老中心、老年福利中心加快建设。

2016年，推进棚户区改造，实施11个棚户区改造项目全部完成，完成征收7350户、面积106万平方米，并提前启动2017年2个棚户区改造项目。丹阳路立交桥主桥贯通，广州路北延、赵王河下游提升改造工程加快推进，高标准提升改造丹阳路、曹州路、天香路，广州南路建成通车，新建、改造道路40公里。第二污水处理厂扩容工程开始试水，华英沟提升改造完成，城南片区规划完成设计，闽江路综合管廊配套设施开工建设，洞庭路、闽江路安置小区加快建设。城市精细化管理全面加强。10个垃圾中转站，26处停车场、便民市场、全民健身工程建成投用；集中开展违法建设治理专项行动，拆除违章建筑15万平方米；新增绿化面积18万平方米，绿化覆盖率达到45%；以“三城同创”为契机，全面加强城市综合治理，金鼎凤凰城等一批老旧小区得到全面整治，城市精细化水平进一步提高，通过省级卫生城市复审。

2017年，管委会扎实开展违法违规用地问题整改，土地卫片违法用地整改到位率99.88%，图斑占用基本农田整改到位率58.3%，完成2017年度土地变更调查工作任务，通过省、市检查验收。改善辖区中小学教学条件，开发区投资3.2亿元新建、改建9所学校。新增学位15360个，缓解菏泽东部城区居民孩子入学、入园压力大的问题。9所学校中，扩建的长城路小学竣工并交付使用，同为扩建的渤海路小学施工完成并通过验收，建设配套设施；兴仓路九年一贯制学校、武汉路小学、八一路小学、兴仓路幼儿园等4所新建学校主体工程完工，新建的合肥路小学、龙山小学建设工程竣工；新建华英路小学。剩余8所学校全部项目于2018年完成，2018年秋季正式招生。同时学校配套建设更加完善的功能教室，新建篮球场和塑胶跑道。

2017—2018年菏泽经济开发区新、扩建学校情况表

表3-11

序号	学校名称	建设性质	位置	投资（万元）	新增建筑面积（平方米）	新增班级规模（个）	新增学位（个）
1	长城路小学	扩建	长城路北、中南世纪锦城以西	1498	10000	24	1080
2	兴仓路九年一贯制学校	新建	兴仓路以东，闽江路以南	10000	43000	初中30 小学60	4200
3	武汉路小学	新建	武汉路以东，巢湖路以南	2625	13000	36	1620
4	合肥路小学	新建	合肥路以西，洞庭路以南	3300	13000	36	1620
5	华英路小学	新建	钱塘路北，和平人家以东	4000	22500	48	2160
6	八一路小学	新建	原纱厂小学	2848	17000	48	2160
7	龙山小学	新建	佃户屯街道龙山社区东	1460	8500	24	1080
8	渤海路小学	扩建	渤海路以南，南京路以东	615.77	3200	8	360
9	兴仓路幼儿园	新建	兴仓路以西，闽江路以南	6000	18000	36	1080

2018年，开发区对重点建设项目进行规划，区建设局、财政局、经济发展局、扶贫办、社会发展局等部门以及丹阳、岳程、佃户屯3个街道对重点项目一一落实。管委会有计划地针对道路贯通和提升改造，小公园、小广场、小绿地建设，回迁安置房建设，垃圾转运站、公共厕所、农贸市场规划选址，招商引资，新建学校规划等重点工作，拉出工作清单进行统筹安排。稳妥推进佃户屯街道增减挂钩和14个社区土地整治项目。加快增减挂钩项目区拆旧和土地整理复垦力度，新增有效耕地10公顷；14个社区土地整治项目完成招标，增加耕地面积51.53公顷。开展郝庄高标准基本农田整理项目，完成投资150万元，新修过路涵10个、田间道1.5公里，新打机井9眼，有力支援“三农”建设。出让各类建设用地30宗，面积273.74公顷，划拨用地2宗，面积11.45公顷；强化建设用地报批，全年经省、市政府批复8个批次、总面积118.1公顷，完成组卷10个批次、总面积361.54公顷；协调市规划部门对不符合城市规划不能供地的50宗、197.48公顷土地出具规划条件，对13宗、93.28公顷符合划拨供地目录的土地完善供地手续。消除空闲土地10宗、面积42.73公顷，闲置土地22宗、面积103.27公顷，盘活各类低效用地46.67公顷。强化国土资源执法监管能力，全年共巡查482人次，发现违法用地238宗，面积37.47公顷，其中责令改正各类违法违规用地81宗，拆除违法占地147宗，拆除建筑物、构筑物16.82万平方米。2018年省级遥感监测图斑整改到位率98.34%，济南局遥感监测图斑整改到位率96.57%，无手续化工企业整改到位率100%。土管部门与公安、行政执法部门联合组织50余人执法队伍对陈集进行全方位、无缝隙巡查监管。筹备第三次国土调查，完成招标工作。开展年度土地变更调查工作，制定测绘标志巡查保护工作计划，开展专项巡查，建立巡查档案，及时维护测量标志。

第二章　市政建设与管理

第一节　管理服务机构

园林管理处　菏泽开发区园林管理处成立于1995年3月15日。2013年2月3日，经菏开任〔2013〕5号文件，明确为正科级事业单位，隶属菏泽经济开发区建设局。至2018年末，核定编制108人，退休33人。主要负责管理园林绿地，美化城市环境；城市园林绿地系统规划；城市园林绿地建设；城市园林绿地管理与维护；城市园林绿地工程设计。

环卫处　1994年11月，开发区管委会社会发展局成立菏泽开发区环卫公司，为全民所有制企业，自筹资金，自负盈亏。1995年2月16日，开发区环卫处成立，隶属开发区社会发展局。环卫处成立之初，区社会发展局支付3万元作为办公经费，共有干部职工48人，其中管理人员7人、一线环卫工41人；保洁工人25人、粪便清掏工7人、监察人员9人。以后逐渐成立环境卫生监察大队、垃圾清运公司、保洁公司、粪便清掏公司。1997年，开发区环卫处更名为开发区环境卫生管理处。

2003年10月，环卫体制改革，原牡丹区丹阳环卫所整体纳入开发区环卫办编制，有环卫职工120余人。开发区环卫与牡丹区环卫统一由城市管理局协调管理。2005年5月，开发区按照市政府的要求设立环境卫生管理办公室，副科级单位，对辖区环境卫生工作进行监督和管理，界定街道管理区域，负责对主次干道进行保洁清扫、垃圾清运，打捞河流漂浮物，清运建筑垃圾及粪便，购置环卫设施及清运车辆。2006年，开发区加强城市管理，新建公厕12座、垃圾中转站8座，环卫管理的覆盖面扩大到东部新规划区。

2007年，环卫管理人员发展到30人，一线工人80人。2016年，管理人员发展到30人，一线环卫工人800余人。2018年，开发区环境卫生办公室有干部职工38人。

菏泽市黄河水厂、山东水发天源集团供水分公司　菏泽市黄河水厂于2000年立项建设，2004年建成，2007年9月开始供水。日供水能力10万立方米。山东水发天源水务集团供水分公司成立于2008年9月，为国有控股有限责任公司，位于菏泽开发区人民路南段，注册资金1.1亿元。日供水能力5万立方米。

菏泽永恒热力公司　创建于2006年10月，负责向开发区供热。原称菏泽市恒达热力有限公司，注册资金8202万元，是一家专业供热企业，主要经营热力供应及供热设施（特种设施除外）的建设、维护与管理。截至2017年12月31日，热力公司设有客户服务管理中心、综合管理部、工程规划设计部、监控中心、督察部、会计部等6个职能部门，下设5个客服管理部。

菏泽昆鹏天然气利用有限公司　2010年8月注册成立，注册资金4000万元，位于菏泽经济开发区福州路西侧、中华东路南侧，占地3.67公顷，包括公司综合办公区域和市开发区天然气门站，下设6部1室及4家分公司。中石油昆仑天然气利用有限公司持有51%股权，豪迈尔

（北京）能源科技有限公司持有49%股权，主要从事投资、建设、经营、管理城市燃气管道基础设施，向居民、商业、工业用户输送管道天然气。2015年，豪迈尔（北京）能源科技开发有限公司持有菏泽昆鹏的股权变更为100%，注册资金增至6000万元。2017年有员工96人，固定资产4亿元，以菏泽经济开发区为中心，负责定陶区、巨野县、成武县、单县等县区的综合天然气配套供给。

山东广电网络有限公司菏泽开发区分公司 2012年1月，经报山东广电网络有限公司批准成立。该公司主要负责开发区境内有线数字广播电视网络规划、建设、经营和管理，视频传输和互联网多功能业务开发。2018年，开发区广电分公司有员工51人。

第二节 环境卫生管理

城区保洁 2008—2009年，环卫保洁引进新的竞争机制，对全区5个保洁公司清扫保洁权进行重新承包。并与清扫一线工人签订目标责任书，实行定路段、定人员、定标准、定责任的管理模式，实现无缝覆盖、24小时保洁。2010年，开展环境卫生集中治理活动，清除卫生死角1200余处，清理垃圾5万余立方米，生活垃圾无害化处理率95%，新增保洁面积28万平方米，总保洁面积618万平方米。2014年，开展文明乡村行动，新建垃圾中转站23个，配套垃圾运输车78辆，配备保洁员437人，建立生活垃圾“社区收集、办事处运输、区统一处理”的长效机制。

2015年，随着城市建设不断发展，开发区开始实施城乡环卫一体化工作，管委会加大对环境卫生的投入，机械设备每年增加，新建垃圾中转站4个，全区共购置各类环卫车辆137辆，实现环卫保洁全覆盖。2016—2017年，开发区全面加强城市综合治理，加强机械化保洁作业，保洁面积680万平方米，实现城乡主次干道、背街小巷环卫全覆盖，城市精细化水平提高，通过省级卫生城市复审。新增大型道路洗扫车16台，共有机械化作业车辆79台，洒水车每天工作8小时以上。至年底，全区保洁面积685万平方米，购置洒水车17辆，清扫车14辆，扫路车12辆，高压冲洗车3辆，小型扫路车8辆，除雪车1辆，吸尘车6辆，多功能抑尘车1辆，垃圾清运车19辆，装载机2辆；区内新建垃圾中转站29处、公共厕所11处。当年，清理垃圾死角48处，查处渣土车违法行为89起，每季清理垃圾约5400吨，更新修补垃圾桶400余个，新建遮挡围墙2200米，环境卫生排名居全市前列。

道路清扫 1995年，道路保洁路段为中华路、和平路，每周清扫1次，清扫工具为扫帚、铁锹、小推车等。1998年，开发区环卫办购买第一台垃圾清运三轮车，单位职工集资购买1台装载机，用于装卸垃圾。2003年，清扫路段扩大到丹阳路、人民路、府东街、曹州路，保洁工人增加到90余人，保洁面积100万平方米，做到全日保洁。2007年，购置洒水车1台，对中华路、人民路等路段实施洒水清洗。2008年，清扫路段扩大到长江路、黄河路、华英路等。2010年以后，清扫路段扩大到广州路、济南路、郑州路、淮河路、上海路等。2016年，市城市管理局业务重心下移，机械化作业车辆及独立公厕归属区环卫办管理，开发区境内保洁路段72条，保洁总面积685万平方米，保洁工人926人，机械化保洁车辆62辆。2018年，辖区加强道路保洁，对主要路段实行16小时保洁；加强机械化作业管理，新增大型道路洗扫车16台，共有机械化作业车辆79台，洒水车每天工作8小时以上，完成对城区快车道路面的冲洗，夏季每天洒水不少于6次，其余时间不少于5次，有效清除道路积尘积沙等，保持路面干净整洁。

垃圾管理　1995年，大多数垃圾由环卫工人用小推车推到坑洼处倒掉。2003年，建设平移式垃圾箱及地埋式垃圾箱5个，分别为赵堂2个、黄河路1个、人民南路化工厂1个、耿庄南地1个，每个容量5立方米。同时配置可卸式、摆臂式垃圾车4辆，用于清运垃圾。2005年，建立肖楼垃圾转运站、大屯垃圾转运站，日清运垃圾20吨；购置摆臂式、自卸式垃圾车5辆。2008年，新建黄河路铁路涵洞东垃圾站、华英嘉园北垃圾站。2009年，新建曹州路垃圾站、黄河路光明路交叉口垃圾站、花城小区北垃圾站。2010年，新建天香路北段垃圾站。2011年，新建辛集东及辛集西2座垃圾转运站。2012年，新建佃户屯南段垃圾转运站。2016年，新建广州路南段芦庄垃圾转运站。2017年，新建6处平行垃圾站，分别位于南京路、福州路北、钱塘路、闽江路、一佳学校北、中华东路（牡丹南路交叉口西北角马庄东）。截至2017年，开发区境内日产垃圾约470吨，共有垃圾清运车25辆，确保垃圾日产日清。2018年，更换、新装主干道路果皮箱440个，加强垃圾站及公厕管理，新建大型公厕一体式垃圾转运站9座，4座已启用，5座机械设备到位。丹阳街道对辖区33个社区、150个小区、单位家属院落实副科级干部包保责任制，每周一进行调度，组织包社区副科级领导、社区支部书记现场观摩，发现问题当场安排整改解决。当年先后出动铲车、装载机、三轮车机械1900余台次，人力5000余人次，清运各类垃圾9600余立方米。

公厕管理　1995—2003年，开发区小区内共有普通公用旱厕60座，300个蹲位。粪便清掏方式为人工清掏，每月清理粪便约20吨。2003年以后，旱厕陆续拆除。2006年，新建2座独立公厕，为府东街公厕、和平小区公厕，每座公厕面积35平方米，蹲位4个。2016年，转入环卫办管理的独立公厕4个，为天香路八一路交叉口公厕、水岸嘉园东公园内公厕、火车站公厕、图书馆公厕。除火车站公厕由2名工人管理外，其余公厕均由1名工人管理，全日保洁，粪便采取无害化管理。

中华路府东街城市驿站

2018年，菏泽市环卫部门通过学习呼和浩特市公厕建设管理先进经验做法，在开发区公厕建设管理采取“以商养厕”的市场化运作模式，并在中华路府东街、天香公园南门进行城市驿站试点建设，试点成功后逐步进行推广。2座驿站于9月20日开始在原址改建，并对供电、供水、排污及门前广场进行提升改造，总投资420余万元，驿站含有一定比例的商业面积，租金收入用于公厕日常管护。驿站智能化水平比较突出，引导系统能够时刻一目了然地显示出公厕的状态，温度、湿度、可用率、天气状况等，空气负压交换除臭系统、人脸识别智能纸巾机（免费提供），洗手液、烘干机、背景音乐、阅览室、医药急救箱、24小时免费开水、微波炉、环卫工人休息室、供特殊人群使用的第三卫生间等设施一应俱全，市民能在城市驿站休息喝水、读书看报等，享受舒适的如厕环境，成为菏泽的“城市港湾”。12 月 31 日，中华路府东街城市驿站完工。

第三节　城区绿化

2004 年，区内开始进行环境绿化。新建绿化面积 1.19 万平方米，栽植雪松、高杆石楠 2 种常绿树种；栽植落叶树种法桐、垂柳、紫薇、榆叶梅、碧桃、紫荆、国槐等 7 种；栽植常绿小灌木法国冬青、海桐球、小叶女贞球、洒金柏、金叶女贞篱、金叶黄杨篱等 7 种；种植竹子 5840 平方米。花草品种分别是白三叶、常春藤、小红帽月季、红花酢浆草、麦冬、鸢尾等 6 种，共 6040 平方米。2005 年，新建绿化面积 8.38 万平方米，主要进行新建道路、新建绿地绿化。2006 年，投资 1000 余万元，完成人民路、丹阳路等主要路段的绿化、美化，高标准建设片林绿地 10 处，栽植行道树 1.2 万棵，新增绿化面积 14 余万平方米。2007 年，完成人民南路和华英路绿化工程。

2008 年，完成 20 条道路、10 条街巷、23 个小区、65 个驻区单位的绿化，栽植各种树木 8 万余棵，新建绿化面积 33.52 万平方米，改造绿化面积 2.7 万平方米。2009 年，补栽苗木 30 余万棵，新增绿化面积 42 万平方米，提升改造绿地 11 万平方米，园林养护面积 195 万平方米。2014 年，新增绿化面积 35 万平方米。2015 年，新建绿化面积 6.24 万平方米。2016 年，新建绿化面积 2.79 万平方米，改造绿化面积 6.69 万平方米。

2017 年，为防治大气污染，全面消除城区内裸露土地，对区内近 20 条主次干道，10 余处公园广场、街头绿地进行全面排查，共计治理裸露土地 18.56 万平方米；完成铁路沿线环境综合治理、绿化整治约 4.16 万平方米。

2018 年，以“四小工程”（小绿地、小公园、小广场、小停车场）建设为契机，按照“精细、精致、精到”的原则，完成绿化面积 30 余万平方米。

2004—2018年菏泽经济开发区环境绿化面积统计表

表3-12　　单位：平方米

时间	新建绿化面积	提升改造（含补植）绿化面积
2004	11880	—
2005	83755	—
2006	140047	10080
2007	157896	12008
2008	335197	26956
2009	420976	31600
2010	207522	217695
2011	247567	142189
2012	124331	31187
2013	141680	64898
2014	69139	84673
2015	118535	—
2016	88066	66882
2017	343710	218660
2018	611325	301142

2004—2018年菏泽经济开发区绿化栽植情况表

表3-13

年份	常绿树种		落叶树种		常绿小灌木		花草品种	
	种类	数（棵）	种类	数（棵）	种类	数（棵）	种类	数量（平方米）
2004	2	122	7	5673	7	5934	6	6039
2005	7	1969	32	23643	12	151225	14	32924.1
2006	6	1430	24	8115	18	347000	20	28930
2007	6	7045	29	8803	22	696000	25	134302
2008	6	9953	38	77085	16	2793000	18	232490
2009	7	6688	30	31558	19	3108000	21	297365
2010	6	11606	22	47057	22	4763000	17	259354
2011	5	28377	36	38663	16	2940000	13	182000
2012	2	7417	21	13998	12	1656000	9	92754
2013	3	11731	12	23735	10	1826000	18	150095
2014	6	5368	25	14466	21	1792000	13	55628
2015	6	2231	10	4547	13	1035000	7	41248
2016	3	4193	21	24849	18	1308000	14	42280
2017	6	12047	16	43522	18	6500972	8	352388
2018	12	14869	52	77154	22	6948902	15	495367

道路绿化　2003—2004 年，开发区开展“大树进城”工程。2003 年，广州路、黄河东路、长江东路“大树进城”工程全部完成；东区路网主要路段的绿化、美化、亮化工程全部竣工；建成区的市容市貌明显改观。2004 年，开发区新建道路绿化 4 条。在“大树进城”工程中，中华路、广州路、黄河路、人民路、长江路 5 条道路栽植行道树 6000 余棵，在人民路与新丰路交会处，人民路与丹阳路口东南角新建街头绿地 2 处。

2005 年，在广州路、黄河路分车带、开发区路网栽植毛白杨，完成 3 条新建道路绿化，在康乐医院南绿地、长江路与济南路东北角绿地等地段新建 6 处街头绿地。在新区路网建设风景林带 10 处，绿化面积 8.38 万平方米。

2006 年，建设高标准片林 10 处，栽植行道树 1.2 万棵，新增绿化面积 10 万平方米。投资 1000 万元绿化美化人民路、丹阳路主要路段。在黄河路中段及东段新植行道树法桐 1000 余棵，在京九线下、双河立交桥东南角、人民路南头三角绿地等原有绿地增植大树 1000 余棵，对人民路分车带进行改造，对丹阳桥、八一桥进行绿化，在黄河路光明路交叉口、广州路与淮河路交叉口、广州路与中华东路交叉口东南角等各地段新建街头绿地 8 处。

2007 年，对华英路、人民路（一佳中学以南）2 条道路全面绿化，对中华路、人民路（中华路—公铁立交）进行增花工程提升改造。

2008 年，在黄河路、丹阳路、济南路、长江路、和平路、永昌路、天香路等 10 余条道路新植增植行道树 2000 余棵，对康庄路、天香路、长江路（上海路—南京路）等 6 条道路进行全面绿化，对广州路、和平路、黄河路等 7 条道路进行提升改造，在天香路与丹阳路交叉口东北角、华英路亨通园对过等地段新建 7 处街头绿地。

2009 年，对华英路北段、五屯路、长江路（南京路—铁路桥、上海路以东）3 条道路进行全新绿化，对中华路、人民路（立交桥以南）、康庄路等4处地段进行补植和改造绿化，对中华路、华英路、八一路、天香路、永昌路等9条道路进行补栽及提升改造绿化。

2010年，完成中华路、八一路、人民路、长江路、太原路、上海路的绿化升级改造，补栽绿化苗木至少400余万棵，新增绿化面积20.75万平方米。2011年，绿化广州路、黄河路等道路，在天香路、八一东路、钱塘路、康庄路、郑州路、杭州路等20余条道路进行栽植行道树及大树1万余棵，对海河路、太湖西路、郑州路、康庄路4条道路的两侧进行新建绿化，对区内广州路、人民南路、长江路等20余条主次干道进行提升改造。

2012年，对南京路（长江路—丹阳路）、洪泽路、淮河路（玉皇化工厂北门东—台湾路）3条道路两侧进行绿化。

2013年，对中华东路、万福河路、舜河路进行绿化，在佃户屯9条干渠路栽行道树近1万棵，在桂陵路、长沙路、郑州路等10余条道路的部分地段进行提升改造。

2014年，对巢湖路（广州路—郑州路）、广州南路（长江路—闽江路）、杭州路等4条道路进行新建绿化，对济南路、长沙路、黄河东路等5条道路进行提升改造，此外对区内其他裸土部位进行补栽。

2015年，对闽江路（南京路口以东路北）、湘江路、济南路（新世纪科技城前）等6条道路的部分地段进行绿化，新建绿化面积6.24万平方米。

2016年，对广州南路（闽江路—南外环）分车带、中华东路（上海路以东）进行绿化，对区内长江路、八一路、和平路等10余条道路进行补栽，新建茂业停车场和实验小学停车场2个停车场。

2017年，新建渤海路、新石路南侧（开发区实验中学北路）绿化，人民路与中华路、八一路路口渠化绿化；提升改造（补栽）双河立交桥东南角绿地、京九铁路沿线两侧500米内（长沙路、长江路、黄河路、长城路、丹阳东路、新石路两侧），对包括城区主要进路和各大公园绿地进行裸土补植。

2018年，管委会按照“宜绿则绿，不宜绿化的实施硬化”原则，对天香公园、新天地公园、赵王河公园、大剧院、林荫广场、公路局片林、图书馆等20余处公园、广场、街头绿地以及八一路、人民路、长江路、广州路等近30条主次干道，完成裸露土地治理26.06万平方米。

2004—2018年菏泽经济开发区新建和改造绿化道路情况表

表3-14

年份	新建和提升改造（含补植）绿化道路数量（条）	年份	新建和提升改造（含补植）绿化道路数量（条）
2004	4	2012	4
2005	3	2013	24
2006	4	2014	10
2007	3	2015	7
2008	11	2016	15
2009	6	2017	15
2010	15	2018	30
2011	37		

河渠绿化　2008年，进行洙水河清淤截污、万福河改造及东南水域的建设。2011年，改造河渠绿化1条，完成赵王河、洙水河景观带建设。2012年，新建河渠绿化1条，在洙水河拦河闸周边新建河渠绿化。2013年，改造河渠绿化1条。2014年，对洙水河（天香路—振兴路）进行提升改造河渠绿化。2016年，对洙水河（振兴路—火车站）公园河渠进行花草树木补栽。

2017年，进行赵王河上游生态公园施工，河道清淤、道路修葺和桥梁建设同步开展。赵王河上游生态公园北起长江路、南至万福河，沿河景观有健身广场、林荫广场、长廊等。河道土方工程、桥梁设计、雨污水管道的铺设等工作完工，项目的绿化、亮化、道路铺设及河道清污工作与桥梁建设同步推进。

公园绿化　2006年，新建和改造公园、绿地12处。2007年，改造公园1处。2008年，新建和改造公园、绿地10处，对天香公园北门、人民南路三角绿地等4处公园及绿地进行提升改造。

2009年，新建和改造公园、绿地9处。在人民路与长江路交叉口东北角、和平路与长江路东北角、中山路与华英路交叉口东南东北角新建4处街头绿地，对赵王河公园、新天地公园、新世纪公园等5处地块绿化苗木进行补栽和提升改造。

2010年，投资6000万元完成洙水河公园建设工程，对天香公园和赵王河公园（八一路—立交桥）进行提升改造。完成赵王河下游景观改造工程，新建和改造公园、绿地8处，提升改造绿地11万平方米，园林养护面积195万平方米。

2011年，新建和改造公园、绿地13处，完成赵王河、洙水河景观带建设。在济南路与淮河路交叉口、黄河路与光明路交叉口、广州路与黄河路东北角等地段新建7处街头绿地，对洙水河两岸、双河立交桥东南角绿地等8处绿地进行提升改造。

2012年，改造公园、绿地1处，对赵王河沿岸（东侧）公园提升改造。2013年，改造公园、绿地5处。2014年，改造公园、绿地4处，对新天地公园、新世纪公园、天香公园、赵王河公园提升改造。2016年，新建和改造公园、绿地5处，对丹阳花园、大剧院等3处公园、广场、街头绿地进行绿化苗木补栽提升改造。

2006—2018年菏泽经济开发区新建和改造公园绿化统计表

表3-15

年份	新建和提升改造公园、绿地数量（个）	年份	新建和提升改造公园、绿地数量（个）
2006	14	2013	5
2007	4	2014	4
2008	10	2015	—
2009	3	2016	5
2010	9	2017	10
2011	13	2018	46
2012	1		

赵王河公园　赵王河是一条流经菏泽城区的重要河流，沿岸为绿化带。2004年7月，菏泽市投入3.6亿元，建设从丹阳路到林展馆赵王河一期工程，其中从中华路到林展馆的全线通航，游客从天香公园出发，一路乘船赏景可直达中国林展馆，登岸后就近游览曹州牡丹园。赵王河公园二期工程于2005年5月开工，总投资4500万元，总面积302公顷。赵王河公园开发区段从

八一桥以北至桂陵路北头，面积 86.6 公顷。新天地公园与天香公园、冀鲁豫边区革命纪念馆以及赵王河公园融为一体，小桥流水、亭台楼榭、绿树鲜花、碧波荡漾、环境幽雅，形成菏泽城区最具现代化气息、地方特色和生态价值，集文化、娱乐、休闲、旅游为一体的重要景观带和生态走廊。2010 年，赵王河公园景观工程获得全国市政工程质量最高奖——市政金杯奖，并入选为国家级水利风景区。

天香公园　位于菏泽开发区中华东路，东临市委、市政府，南临中华路，西面北面与正在规划建设的菏泽赵王河公园相接，面积 10 公顷，其中山 2.53 公顷，岛 0.27 公顷、湖 3.3 公顷，其他 4.8 公顷。天香公园是菏泽市一所集休闲、娱乐、游览、健身于一体的综合性、开放型公园，其繁华性、便民性、规划设计、造园艺术在菏泽堪称一流。

天香公园一角

天香公园始建于 1990 年 10 月，占地 10 公顷，其中硬化面积 0.8 公顷，绿化面积 5.8 公顷，湖水面积 3.3 公顷。1997 年至 2001 年 12 月，实行承包经营管理。2001 年 12 月，拆墙透绿，改为开放式公园。天香公园的规划设计本着“以人为本，分域组合”的原则，按照高标准、大绿量、多角度的总体要求，坚持政府组织、群众参与、统一规划、因地制宜、突出特色、讲求实效的原则，对天香公园进行分块规划，分域设计。

游乐设施区位于公园东部，占地 0.8 公顷，共设有碰碰车、海盗船、浪卷珍珠、十二生肖等 8 种玩具，高空脚踏车下部以竹林相隔，东南角植有雪松、桧柏等高大绿化树种，有防风沙、隔噪声的作用，为市民游客创造了良好的游乐环境。正对天香公园大门北面植有面积 8000 平方米的“国花牡丹”园，区内种有二乔、墨绿、墨紫、大红袍、白豆绿等 50 个余种牡丹。每逢谷雨前后，牡丹盛开的季节，公园内花香芬芳，百花争艳，尽显“花乡”特色，吸引众多游客。在公园内有用蓝砖砌成的“长城”。园路西侧，湖岸东侧立有铝合金装饰的宣传栏，宣传栏内按不同时期，更换不同宣传图展，增添公园景观，又加强对市民、游客爱国爱党爱家乡的教育。公园北部正中有 1 座人工用土堆成的“山景区”，山景区内有山路迂回曲折，蜿蜒回转，有山亭、休息椅等供游客休息，有劲牛、牡丹仙子、黄巢等雕塑，山内植有雪松、桃花、梅花、青桐等植物 50 余种。

新天地公园　新天地公园（赵王河综合服务区 A 地块）与新世纪公园（赵王河综合服务区 B 地块）是由杭州市园林设计院负责设计，公园建筑与周边环境充分结合，体现以人为本、人与自然和谐相处的原则。新天地公园位于天香公园以北，丹阳路桥以南。公园总投资 5400 万元，2005 年 5 月开工建设，2006 年 6 月底完工，总建筑面积 8100 万平方米，绿地面积 2.1 万平方米，共分为五大分区，从南向北依次为临水高档会所、老人休闲服务区、主入口临水林荫广场、儿童嬉戏区以及八一路南侧的服务建筑区。新天地公园以天香路为轴分为东西两部分，东侧为多功能广场和老年门球场，西侧自南向北依次为林荫广场、文化广场、高档会所和商业区。

新天地公园河中的音乐喷泉，喷泉共配置各种喷头 1629 个，彩灯 4130 盏，水泵 98 台，摇摆机12台，设计有气贯长虹、火树银花、盘龙抱柱、花篮迎宾、歌舞升平等18种不同的喷泉造型，同时配备水幕电影1套，激光机1台，具备多媒体音乐喷泉、程控喷泉、手控喷泉3种功能。

新世纪公园　新世纪公园南自冀鲁豫纪念馆北至八一桥，全长412米，占地4.67公顷。自南至北依次为高档会所区，老人儿童娱乐广场和商业区3个部分。公园内除栽植杏树、梨树、木瓜等本地知名树种外，还引进大规格的雪松、皂角、国槐、樱花等名贵树木，使公园的绿化品位得到很大提高。

洙水河公园　洙水河公园为带状滨水公园，一期工程西起赵王河，东至京九铁路，由杭州园林设计院设计，始建于2010年，总面积15万平方米（含水面面积）。建设中克服河道附近土质多为流沙、易滑坡的困难，并对河道两岸路面进行绿化、硬化，道路铺装1.4万平方米，安装路灯、庭院灯、灯带1700盏，种植树木2100棵，绿化面积2万平方米。

胜利公园　公园总占地4.2公顷（含图书馆用地），在原菏泽烈士陵园的基础上修建而成，由北林地景园林规划设计研究院设计，原有绿化树木保留，场地自然分割成“南公园、北建筑”格局，主要阅览空间放在原陵园纪念馆的用地上，利用原陵园轴线作为主入口，形成“馆在园中”的独特景观，为市民营造一个集展览、晨读、纪念等功能于一体的城市文化休闲空间。将保留的林荫、古道以院落的形式与主体建筑融为一体，形成“馆在林中，林在馆中”的意境。2011年8月5日与菏泽图书馆一起开工建设，2013年5月5日正式开放。

第四节　道路桥梁建设

道路　1992年，开发区内设计40～60米宽的主干道7条，总长度19.5公里，支干道21.2公里，道路密度为每平方公里4.02公里。12月，10条主要道路全部完成定点测绘工作，新丰路、站前路、五一路、永昌路、北外环路开通。2003年，市政府投资4亿元，在开发区东区修建60余公里5纵6横11条道路，共完成路网硬化面积130万平方米，通车里程达到40余公里。2003年12月，由市民政局报请市政府同意，开发区建成的12条道路确定新的名称，东西走向的迎宾大道改为黄河东路，秋色路改为淮河路，丹阳路改为丹阳东路，南平路改为长江东路，夕照路改为钱塘路，仓北路改为闽江路，南外环路改为珠江东路；南北走向的花城大道改为广州路，东环城路改为济南路，东环三路改为南京路，东环五路改为福州路，东外环路改为上海路。

2006年，开发区新修道路11条，硬化面积136万平方米；修建完善辖区路网，对太湖东路、郑州南路、钱塘江东路的路段开拓平整硬化4万平方米；南京路、上海路、公交桥立交桥两侧的路面硬化6万平方米，完成人民路、永昌路、珠江路的改造和327国道在区内段的拓宽工程。2007年，开发区加快化工工业园基础设施建设，建好落地大项目的基础设施配套工程。新建化工工业园区内的洪泽路、海河路和台湾东路；投资320万元，建设郑州南路和杭州路；协调市建设局高标准建设华英路。

2008年，完成杭州路、丹阳东路、中华东路、长沙路等路面的建设，长江东路的拓宽改造。2010年，全区投资1.5亿元修建中山路、振兴路、台湾东路、丹阳路、福州路、八一西路、桂陵路、南外环路8条道路，总长20公里；投资1.5亿元，实施黄河东路拓宽改造提升工程；与赵王河新村等一批开发项目配套的长城路、松花江路、郭楼西路、广州路北段建成通车。

2014年，新修中华东路、渤海路、振兴路、八一东路 4 条道路，打通广州路南段。2016 年，管委会高标准提升改造丹阳路、曹州路、天香路，广州南路建成通车。2017 年，开发区对南京路、福州路、郑州路、淮河路、济南路、桂陵路进行改造，武汉路（八一路—丹阳路）、八一东路（武汉路—广州路）、永昌东路（八一路—广州路）等路段等待村庄拆迁后继续施工。2018 年，开发区道路建设快速推进，完成 G240 保台线菏泽市马庄桥至马岭岗改建工程总量的 80%，完成闽江路、武汉路主干道水稳摊铺，完成国道 G220 佃户屯五岔路口向西 5 公里的道路中修工程。

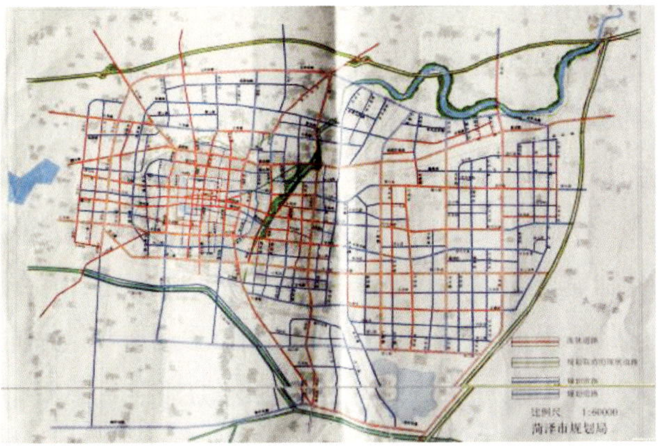

菏泽市城市道路规划图

截至 2018 年，开发区建设道路 58 条，计 193.36 公里。其中，主干道 18 条，次干道 40 条。主干道有长城路、人民路、黄河路、淮河路、丹阳东路、中华东路、长江路、钱塘路、闽江路、上海路、八一路、南外环路、丹阳路、八一东路、八一西路、中华路、南京路、广州路。次干道有大剧院路、和平路、仓南路、渤海路、郭楼东路、松花江西路、光明路、海河路、洪泽路、台湾东路、太湖路、洞庭路、合肥路、湘江路、曹州路、巢湖路、洙北路、康庄东路、永昌路、洙水河北路、中山路、平原路、五屯路、新石南路、华英路、刘庙路、兴仓路、杭州路、福州路、济南路、郑州路、武汉路、长沙路、桂陵路、振兴路、和平路、府东街、府南路、育才路、天香路。

南北向道路

和平路　整体沥青路面，是菏泽城区城市次干道。北起永昌路，南至五屯路，境内总长 3.15 公里，红线宽 36 米。

华英路　该路段分两段，北段康庄东路至长江路，长 3.15 公里；南段新石南路至刘庙路，境内长 0.55 公里，红线宽 40 米，整体沥青路面，是菏泽城区生活性主干道，路段全在开发区境内。

人民路　开发区最主要的南北通道，菏泽市标志性道路。北起北外环路，南至南外环路，总长 11.8 公里。2017 年 7 月，开发区投资 1 亿元进行人民路提升改造，北起新石铁路，南至定陶界，境内全长 6.8 公里，拆迁红线 100 米；道路规划红线宽 60 米，三块板结构，双向八车道，具体断面为 31 米车行道，双向 7 米慢车道、4 米绿化带、3.5 米人行道。投资 2.3 亿元配套建设人民路与南外环路互通立交。同时，对人民路、牡丹路、南外环路五叉口进行立交化改造。人民路与中华路路口升级，对 4 个方向各 160 余米的道路改造，中华路宽度增至 50 米、人民路宽度增至 60 米，人民路设置双向 9 个快车道，5 米宽的慢车道上铺设彩色沥青，其中 2 米为自行车专用，3 米为电动车专用。人民路与中华路、八一路两处交叉口渠化改造同时进行。

桂陵路　北起长城路，南至长江路。境内总长度 6.55 公里，红线宽度 36 米。整体为沥青路面，是菏泽城区生活性主干道。该路全在开发区境内，截至 2016 年末，北段硬化 1.66 公里；南段硬化（中华路—长江路）长 959 米。2017 年，开发区为缓解人民路交通拥堵状况，决定把桂陵路建设成为东部城区第二条城市主干道。是年 7 月，动工建设范围南起长江路，北至长城路，境内全长 5.3 公里，沿线跨越洙水河，串起火车站、丹阳路立交桥、永昌路、八一路、康庄路等，设计时速 60 公里 / 小时，总投资超过 2.7 亿元。同时，道路设施进行提升改造，内容包括沥青混凝土路面、非机动车道、人行道、强电、弱电、公交停车点、道路标牌建设，架设路灯，给水、雨水、污水管道埋设等。

长沙路　北起丹阳路，南至钱塘路，境内总长2.91公里，红线宽30米，整体沥青路面，是开发区生活性主干道。2017年，该路完成丹阳路—钱塘路2.91公里的路面硬化。

广州路　北起长城路，南到南外环路，境内总长9.9公里，红线宽66米，整体沥青路面，是开发区交通性主干道。2001年，开发区一期规划建设花城大道，在菏泽火车站以东2公里处，从327国道到南平路，宽80米、长4.04公里。大道两边建设工业园。2002年，花城大道建成，后改称广州路。

郑州路　北起黄河路，南到长江东路，境内总长3.2公里，整体沥青路面，是开发区城市次干道。

济南路　北起淮河路，南到闽江路，境内总长6公里，红线宽50米，整体沥青路面，是开发区生活性主干道。

东西向道路　长城路　西起赵王河，东至经四沟，境内总长0.68公里，红线宽36米，是开发区主要生活性干道，整体为沥青路面。

黄河路　西起双河立交桥，东至上海路牡丹区界，境内总长10.5公里，红线宽50～66米，是菏泽城区主要干道，整体为沥青路面。

丹阳路　是菏泽城区主要干道，西至太原路，东至济南路，境内总长5.2公里，红线宽度40～50米，道路断面为21米车行道，两侧为6～9米人行道。2016年10月，开发区启动丹阳路提升改造项目，改造路段西起天香路，东至人民路，规划红线宽度40米，道路全长1.41公里。是年12月，提升改造全部完成。改造后，丹阳路道路断面形式为3米人行道、4.5米非机动车道、2米绿化分隔带、21米机动车道；机动车道修复后加罩沥青混凝土，新建非机动车道、人行道、绿化和路灯，新建北侧雨污水管网，新建雨水口；对现有排水管道进行清淤、井盖加固、原混凝土雨水篦子更换为铸铁篦子；配套其他地下管线及设施。同时，对天香路、和平路、华英路、人民路等4个路口进行渠化设计，沿途各公交站点安装新型智能电子站牌，成为菏泽市首条“智能化”道路，实现与竣工通车的丹阳路立交桥对接。

丹阳东路　西至合肥路，东至上海路，境内全长2.4公里。

中华路　西至赵王河中华桥，东至桂陵路，境内全长3公里，是菏泽城区的主要干道。1981年以前，中华路是菏兰公路途经菏泽城区的路段，路面宽6～9米，是菏泽城区为数不多的沥青路之一。1981年，重新制定的《菏泽城市总体规划》编制完成，设计快车道、慢车道、人行道，用绿化带和路沿石分离，规划道路红线48米，并向东延伸至菏泽火车站。经过1年的建设，中华路实现升级，从原来最宽处9米变为近50米，快车道双向四车道。市委、市政府驻地搬迁至该路段，众多单位在中华路两旁安家，成为菏泽的政治、经济、文化中心，是老百姓心中菏泽的“长安街”。

中华东路　西至福州路，东至香港路，境内全长2.45公里。

中山路　西至赵王河，东至铁路，境内全长3.25公里。

长江路　西至赵王河，东至定陶界，境内全长11公里，是菏泽城区交通主要干道，整体沥青路面，红线宽66米。

钱塘路　西至长沙路，东至上海路，境内全长5.6公里，是开发区城区生活性主干道，整体沥青路面，红线宽50米。

2018年菏泽经济开发区道路一览表

表3-16

序号	名称	起止点	长度（米）
1	长城路	赵王河—经四沟	680
2	人民路	北外环—南外环	11813
3	仓南路	人民路—上海路	5576
4	渤海路	刘庄—福州路	1450
5	郭楼东路	北外环—松花江西路	850
6	松花江西路	桂陵路—广州东路	600
7	黄河路	立交桥—牡丹区界	10500
8	光明路	黄河路—电厂门	1250
9	淮河路	广州路—台湾东路	6350
10	海河路	上海路—台湾东路	1950
11	洪泽路	上海路—台湾东路	1950
12	台湾东路	海河路—丹阳东路	2450
13	丹阳东路	合肥路—上海路	2400
14	中华东路	福州路—香港路	1660
15	长江路	赵王河—定陶界	11000
16	太湖路	济南路—广州路	1150
17	钱塘路	长沙路—上海路	5600
18	洞庭路	武汉路—广州路	600
19	合肥路	洞庭路—湘江路	450
		长江路—钱塘路	1350
20	湘江路	兴仓路—南昌路	4700
21	闽江路	人民路—上海路	6400
22	上海路	南外环—黄河路	11500
23	南外环	上海路—牡丹路	4900
24	巢湖路	长沙路—郑州路	1650
25	洙北路	广州路—济南路	1050
26	丹阳路	太原路—济南路	5200
27	八一东路	武汉路—济南路	1450
28	八一西路	洙水河—广州路	4000
29	康庄东路	天香路—桂陵路	1450
30	永昌路	天香路—桂陵路	2000
31	洙水河北路	天香路—振兴路	1950
32	中华路	赵王河—桂陵路	3000
33	中山路	赵王河—铁路	3250
34	平原路	育才路—和平路	1000
35	五屯路	牡丹路—和平路	1200
36	新石南路	华英路—刘庙路	2000
37	华英路	新石南路—刘庙路	550
		康庄东路—长江路	3150
38	刘庙路	牡丹路—兴仓路	2100
39	兴仓路	刘庙路—南外环	2200

续表3-16

序号	名称	起止点	长度（米）
40	杭州路	长江东路—钱塘路	1350
41	福州路	长江路—淮河路	3100
42	南京路	黄河路—闽江路	7350
43	济南路	淮河路—闽江路	6000
44	广州路	长城路—南外环	9900
45	郑州路	黄河路—长江路	3200
46	武汉路	八一东路—丹阳东路南	1100
		巢湖路—太湖路	1180
47	长沙路	丹阳路—钱塘路	2950
48	桂陵路	长江路—长城路	6550
49	振兴路	黄河路—中华路	2900
50	和平路	永昌路—五屯路	3150
51	府东街	曹州路—中华路	350
52	府南路	中山路—五屯路	1100
53	育才路	中华路—五屯路	1650
54	天香路	康庄东路—中华路	1650
55	大剧院路	永昌路—八一路	500
56	和平路	钱塘路—永昌路	3415
57	八一路	天香路—人民路	890
58	曹州路	和平路—天香路	750

桥梁　开发区在辖区河道及骨干渠道上均有架桥梁。1992年开始，在中华路上建设中华桥。随着天香公园的修建，新建万福桥、晋冀鲁豫纪念馆桥、双河立交桥、北人民路桥。开通和平路时，开发区在洙水河新建和平桥、丹阳街道赵堂中心街老桥、人民路桥、铁路桥、何楼桥、姬庄桥。2000年后，随着开发区路网的建设，相继建成广州路桥、济南路东桥。2007年，开发区党工委、管委会加快大项目的基础设施配套工程，投资1600万元完成上海路公铁立交桥工程。2008年，建设珠江立交桥。2017年3月，投资4.3亿元的丹阳立交桥建成通车。

辖区在排水渠上建设众多桥梁。丹阳街道：1992—1995年建2座桥；1996—1998年，南管区王庄沟建生产桥10座，东管区芦庄建生产桥8座，姬庄排水沟建生产桥2座，均为涵管桥或砖拱桥；1998—2003年，王庄沟建生产桥6座，陈庄沟建生产桥4座，肖楼沟建生产桥10座，刘庙干渠建生产桥5座；2005年春，修武寺涵管桥1座。岳程街道：2002年，四号路跨坡刘沟处建18米宽四海桥；2004年，冉雍路和黄河路交汇处建18米宽冉雍桥，青龙路和黄河路交汇处建立青龙桥，玉贞路和黄河路交汇处建玉贞桥，零号路跨经五沟处建8米竹林桥。佃户屯街道：1992年，临曹河佃户屯西建净跨8米石拱桥；2004年，东渔河北支马庄村西新建净跨10米6孔排架桥，桥面宽5米；温堂村西金堤河东建1座砖拱桥；李孟油村西建1座排架砖拱桥；张堂村西建1座排架桥；程庄村西建1座排架桥；纬四路与金堤河交叉处建1座排架拱桥；孔楼村北建1座排架桥；后崔楼村北建1座排架桥。

丹阳路立交桥　菏泽市丹阳路跨铁路立交桥位于菏泽经济开发区丹阳东路。该桥是连接菏泽城区东西部的主要干道，全长2032米，双向六车道，设计速度为40公里/小时，采用双塔单索面斜拉索结构，主塔高89米，总重2.48万吨，是当今世界转体重量最大的斜拉桥。丹阳路跨铁路立交桥工程主桥采用单索面预应力混凝土斜拉，“人”字形主塔，2座主塔高度为68.2米，斜拉索128根，引桥采用40米跨预应力混凝土连续梁。立交桥设计标准为公路Ⅰ级，桥梁安全等级为一级，桥面宽23.5米，跨铁路段桥面宽32米，两侧各设2米人行道。

丹阳立交桥　2014年6月13日正式开工建设，历时2年11个月，2017年3月30日建成通车。施工过程中，攻克一系列技术难题，创造转体重量最大、球铰直径最大、桥身最长3项世界纪录。丹阳路立交桥以转体长度238米，成为当今世界采用单球铰转动施工的最长桥梁。

双河立交桥　双河立交桥是220国道与327国道（黄河路与人民路）在菏泽交会处的十字交通枢纽工程，2000年7月开工，2001年10月1日建成通车。该桥为3层全互通长条苜蓿叶立交桥，主要有主桥、引桥、人行桥等10座桥梁组成。其中，主桥为68米单箱双室现浇后张法预应力混凝土连续箱梁结构，梁高1.5米，两侧悬臂均为2米，主桥宽13米，设计行车时速80公里/小时。

人民路桥　人民路桥位于人民路赵王河上，借鉴新加坡滨海大桥设计，桥梁宽35米，长120米，桥梁离水面最低2.5米，核载50吨，为七跨钢筋混凝土V型拱形连续桥梁，从侧面看，每一“跨”都像展翅欲飞的海鸥，桥梁每一跨孔均为三维造型，立体感较强，造价近5000万元。该桥梁造型独特，跨孔有7个，是当时菏泽跨孔最多的桥梁，整个桥梁需要不同类型大型钢结构模板56套，比一般桥梁高出10倍，施工模板外形复杂，加工困难。同时，桥梁钢筋加工密度大，异形较多。根据设计工艺，为防止混凝土变形，须在桥体其他部分浇筑完毕、孔洞掏土完成后，在桥梁各个方向设置后浇带。工程于2011年5月开工建设，2012年3月建成通车。

丹阳路市政桥　丹阳路市政桥位于丹阳路赵王河上，桥梁借鉴西班牙巴克·德·罗达大桥设计，采用单跨双提篮钢管拱结构，桥长67.04米，宽43.8米，为三跨钢筋混凝土连续梁桥，人行道为提篮式斜拉桥。工程于2005年5月开工，2006年6月建成通车。

八一路市政桥　八一路市政桥仿照英国恒比尔大桥，采用自锚式悬索加等截面连续梁结构，桥长94.16米，宽32.6米。工程于2005年5月开工，2006年6月建成通车。

第五节　城中河治理

2003年10月20日，开发区负责的东渔河北支治理清淤工程全面开工。经40天的紧张施工，共计动土40余万立方米。11月24日，工程提前完工，并通过市级重点水利工程施工指挥部的验收。

洙赵新河是横跨菏泽、济宁两市的大型防洪、排涝、灌溉、供水的综合性河道，全长145.05公里，流域面积4206平方公里。其中，菏泽段长6.53公里，流域面积411平方公里。由于河槽淤积严重，部分堤段残缺不全，建筑物老化失修，存在较大安全隐患。2013年7月，省发展改革委对洙赵新河徐河口以下43.16公里河段治理工程进行立项批复，同意菏泽市进行疏挖河槽、整修加固堤防、完善配套设施，保护流域内人民生命财产安全，维护流域社会安定和工农业的正常生产。

2014年4月起，开发区按照省、市两级政府的要求，组织实施对洙赵新河治理改造工程。工程总投资4.8亿元，主要对河道干流清淤疏挖及复堤加固，进行建筑物改建加固及管理设施建设和防汛交通道路建设。4 月 2 日，建筑物治理工程开工建设，9 月基本完成；清障占迁工作在 10 月底前完成。土方工程于 11 月 1 日开工，12 月 31 日完工，开发区动用挖掘机 400 多台、大型推土机 60 多台、大小型自卸车 1000 多台，完成土方工程量 20 万立方米。

第六节　供水网络建设

1992 年，开发区规划供、排水采用环型成网的供水方式，日供水量 1.5 万立方米，排水采用雨水、污水分流制。2007 年，开发区加快基础设施建设，协调市建设局完成长江路、济南路部分路段供水工程，新铺供水管网 2.8 公里。2008 年，铺设上海路、淮河路、济南路、郑州路等主干道的供水管网。2010 年，开发区加快建设工业区供水工程步伐，主干道管网铺设完毕。2011—2017 年，随着开发区加快城市化进度，在修筑城市道路的同时，地下敷设雨水、污水、热力、燃力、给水等各种管网，管委会将各工程管线、配套设施等一次性建设到位。

供水水源　菏泽市雷泽湖水库占地 86.67 公顷，可蓄水 400 万立方米。东鱼河扩控河道 15.1 公里，可蓄水 1100 万立方米。

供水水质　菏泽市黄河水厂符合《生活饮用水卫生标准》（GB5749—2006）规定的 106 项指标要求。

供水设施　菏泽市黄河水厂厂区原为李娥窑厂废弃窑坑，占地 10 公顷，建设规模日供水 15 万立方米，投资 8000 万元，新建稳压配水井 1 座、竖流折板反应平流沉淀池 2 座、V 型滤池 1 座、加氯加药间 1 座、送水泵房 1 座、高低压配电间 1 座、1 万立方米清水池 2 座、污泥干化池 4 格、主控楼 1 座、维修车间 1 座等建筑物；黄河水厂净水工艺采用法国得利满专利技术，出厂水质优于国家生活饮用水标准。山东水发天源集团供水分公司有自管供水泵站 1 座，供水管道 12 公里。

黄河水厂厂区

山东水发天源水务集团供水分公司位于菏泽经济开发区，以原水开发与供应为主。公司管理的项目有开发区雷泽湖水库、东鱼河北支河道、12 公里供水管道。公司现有自管供水泵站 1 座，设计日供水 5 万立方米。

2018年菏泽经济开发区供水管网分布情况表

表3–17

序号	路名	起止地点	管径（mm）	长度（m）	材质	位置	安装时间
1	长江路	太原路—人民路	600	2161	球铁	中心线以南13.5米	2001年8月
2	长江路	人民路—铁路	400	1200	球铁	中心线以南14米	1997年8月
3	长江路	铁路下	400	450	球铁	中心线以南11米	2002年5月
4	长江路	铁路—广州路	400	1300	球铁	中心线以南14米	2002年5月
5	长江路	广州路—济南路	400	1015	球铁	中心线以南13.5米	2008年6月
6	长江路	济南路—南京路	400	1400	球铁	中心线以南13.5米	2008年11月

续表3-17

序号	路名	起止地点	管径（mm）	长度（m）	材质	位置	安装时间
7	长江路	南京路—杭州路	400	1922	球铁	中心线以南13.5米	2013年
8	八一路	太原路—八一桥	200	710	球铁	中心线以北14米	2002年4月
9	八一路	八一桥—华英路	200	153	铸铁	中心线以北14米	1995年3月
10	八一路	华英路人民路	300	574	铸铁	中心线以北14米	1994年5月
11	曹州路	太原路—和平路	300	980	球铁	中心线以北2米	2007年5月
12	黄河路	双河路—人民路	500	312	玻璃钢	—	2000年6月
13	黄河路	过路	400	48	球墨	—	2000年6月
14	黄河路	人民路	400	72	玻璃钢	—	2000年5月
15	黄河路	人民路东	400	66	球墨	—	2000年8月
16	327国道	立交桥—广州路	500	2149	球铁	中心线以南18米	2003年2月
17	327国道	广州路	400	69	球铁	中心线以南18米	2003年2月
18	327国道	广州路—上海路	500	4472	球铁	中心线以南	2013年
19	327国道	上海路—台湾东路	400	2111	PE管	中心线以南	2013年
20	327国道	台湾东路—皇镇	200	1600	PE管	中心线以南	2013年
21	皇镇路	黄河路—淮河路	200	2670	PE管	中心线以东	2013年
22	淮河路	皇镇路—广州路	315	8030	PE管	中心线以北	2013年
23	渤海路	南京路—杭州路	315	1611	PE管	中心线以北	2013年
24	海河路	上海路—台湾东路	200	1626	PE管	中心线以北	2013年
25	上海路	黄河路—淮河路	400	2067	球铁	中心线以西	2013年
26	南京路	黄河路—太湖路	315	5256	PE管	中心线以西	2013年
27	福州路	淮河路—刘集路	200	578	PE管	中心线以西	2013年
28	刘集路	福州路以东	90	306	PE管	中心线以北	2013年
29	中华路	永丰路—人民路东	200	2400	铸铁	中心线以北20米	1992年1月
30	中华路	人民路东	200	366	铸铁	中心线以北20米	1992年1月
31	中华路	人民路东—东站派出所	100	126	铸铁	中心线以北20米	1998年7月
32	中华路	人民路—桂陵路	315	780	PE管	—	2008年10月
33	丹阳路	东水厂—人民路	500	668	玻璃钢	中心线以北14米	1999年6月
34	丹阳路	人民路—振兴路	200	420	铸铁	中心线以北11米	1983年9月
35	丹阳路	太原路—东水厂	600	940	球铁	中心线以北15米	2003年11月
36	丹阳路	人民路—东货站	500	638	球铁	中心线以北3.5米	2002年9月
37	永昌路	顺河路北	300	244	铸铁	—	1996年6月
38	永昌路	12号井—13号井	200	520	铸铁	—	1996年6月
39	永昌路	天香路—人民路	200	900	球铁		2001年9月
40	中山路	人民路—桂陵路	200	700	球铁	中心线以南	2002年
41	中山路	桂陵路以东	250	318		—	2013年
42	淮河路	广州路—电厂	315	1700	PE管	—	2008年11月
43	太原路	黄河路—康庄路	300	295	球铁	路沿石以西1.5米	2001年2月
44	太原路	康庄路—双河路	300	320	球铁	路沿石以西1.5米	2001年2月
45	太原路	中华路北	100	344	铸铁	路沿石以西	1989年11月
46	太原路	中华路—中山路	200	595	铸铁	路沿石以西2米	1998年8月
47	太原路	中山路—长江路	250	330	PE管	中心线以西12米	2006年10月
48	育才路	中华路—法院家属院	100	280	铸铁	路西边	1988年8月
49	育才路	中华路—中山路	200	990	铸铁	中心线以西4.5米	1988年8月

续表3-17

序号	路名	起止地点	管径（mm）	长度（m）	材质	位置	安装时间
50	育才路	中山路—长江路	250	540	PE管	中心线以西3米	2005年6月
51	天香路	丹阳路—永昌路	200	490	铸铁	路沿石以东1米	1989年10月
52	天香路	—	150	126	铸铁	—	1977年6月
53	天香路	—	100	84	铸铁	—	1986年5月
54	和平路	中华路—丹阳路	300	815	球铁	中心线以西12.5米	1986年5月
55	和平路	中华路—和平大酒店	300	110	铸铁	中心线以西15.5米	1968年8月
56	和平路	长江路—刘庙站	315	1030	PE管	—	2008年12月
57	和平小区	和平路	200	133	铸铁	中心线以西13.5米	1994年4月
58	和平小区	小路	100	932	铸铁	中心线上	1976年8月
59	华英路	八一街以北	200	420	铸铁	中心线以西23.5米	1976年8月
60	华英路	中华路—洙水河	100	250	铸铁	路沿石以东1米	2004年1月
61	华英路	八一路—丹阳路	250	860	PE管	中心线以西9.5米	2007年8月
62	华英路	丹阳路—长江路	250	1800	PE管	中心线以西10米	2007年8月
63	人民路	会展中心以北	315	500	PE管	中心线以东	2014年
64	人民路	中国林展馆（菏泽）会展中心—黄河路	300	2240	球管	中心线以东23.5米	2002年12月
65	人民路	黄河路—丹阳路	400	1103	球管	中心线以西24.5米	2004年6月
66	人民路	丹阳路—中山路	500	1330	球管	中心线以西26米	2003年4月
67	人民路	中山路—长江路	400	487	球管	中心线以西26米	2003年4月
68	人民路	长江路—大屯北	400	931	球管	中心线以西23米	2003年11月
69	人民路	大屯北—立交桥	300	636	球管	中心线以西25.4米	2003年11月
70	人民南路	南立交桥以南	300	914	球铁	中心线以西23米	2003年11月
71	人民南路	恒盛大市场以南	315	3003	PE管	中心线以西	2012年
72	纬四路	人民路以西	250	257	PE管	中心线以南	2013年
73	佃户屯	—	250	3650	—	—	2014年
74	佃户屯	—	200	3390	—	—	2015年
75	佃户屯	—	110	5796	—	—	2016年
76	人民南路	丹阳路以北	150	640	铸铁	中心线以西18米	1998年6月
77	人民南路	永昌路—天河油墨	150	190	铸铁	中心线以西17米	1998年6月
78	振兴路	丹阳路—洙水河	200	618	球管	中心线以西4米	2002年6月
79	振兴路	丹阳路北	200	190	铸铁	路沿石以西1米	1997年5月
80	武汉路	长江路以南	200	240	球管	路沿石以东2米	2003年6月
81	广州路	长城路—黄河路	400	840	球管	中心线以西	2013年
82	广州路	黄河路—长江路	400	4200	球管	中心线以西31.5米	2002年12月
83	广州路	长江路—闽江路	315	2714	PE管	中心线以西31.5米	2013年
84	闽江路	长江路—济南路	200	1075	PE管	中心线以南	2013年
85	钱塘路	长江路以西	200	744	PE管	中心线以北	2013年
86	济南路	长江路—钱塘路	300	1549	球管	中心线以东8米	2007年8月
87	济南路	长江路以北	315	472	PE管	中心线以东	2014年
88	冉贤集路	长江路以北	160	267	PE管	中心线以东	2014年
89	台湾路	淮河路以南	250	1087	PE管	中心线以西	2014年
90	松花江路	广州路以东	315	1077	PE管	中心线以北	2014年
91	长城路	人民路—桂陵路	500	860	球铁	中心线以北	2014年

续表3-17

序号	路名	起止地点	管径（mm）	长度（m）	材质	位置	安装时间
92	长城路	桂陵路—广州路	315	1700	PE管	中心线以北	2012年
93	郑州路	淮河路—长江东路	315	3020	PE管	中心线以西18.5米	2012年
94	丹阳路	广州路—长沙路	500	1200	球铁	中心线以北	2012年
95	振兴路	黄河路以南	160	477	PE管	中心线以东	2014年

供水价格　2017 年，黄河水厂供水价格分为 5 种：第一种为一户一表抄表到户的居民生活用水实行阶梯水价：第一阶梯综合水价 3.05 元 / 立方米，其中基本水价 1.7 元 / 立方米，污水处理费 0.95 元 / 立方米，不征税自来水 0.4 元 / 立方米；第二阶梯综合水价 3.9 元 / 立方米，其中基本水价 2.55 元 / 立方米，污水处理费 0.95 元 / 立方米，不征税自来水 0.4 元 / 立方米；第三阶梯综合水价 6.45 元 / 立方米，其中基本水价 5.1 元 / 立方米，污水处理费 0.95 元 / 立方米，不征税自来水 0.4 元 / 立方米。第二种为未实行一户一表的合表居民用水不实行阶梯水价，综合水价 3.2 元 / 立方米，其中基本水价 1.85 元 / 立方米，污水处理费 0.95 元 / 立方米，不征税自来水 0.4 元 / 立方米（包括大中院校、中小学、幼儿园、社会福利机构、社区居委会及公益服务机构、宗教组织等）。第三种为农村居民用水水价 1.85 元 / 立方米。第四种为非居民用水：综合水价 4.70 元 / 立方米，其中基本水价 2.9 元 / 立方米，污水处理费 1.4 元 / 立方米，不征税自来水 0.4 元 / 立方米。第五种为特种用水：综合水价 6.5 元 / 立方米，其中基本水价 4.5 元 / 立方米，污水处理费 1.4 元 / 立方米，不征税自来水 0.6 元 / 立方米。

供水量　2016—2018 年，山东水发天源集团供水分公司，共计向开发区供水 4879 万立方米，年均 1626.33 万立方米。其中，2016 年最高，为 1763 万立方米；2017 年最少，为 1477 万立方米。

第七节　排水排污管网建设

2006 年，开发区投资 1600 万元，完成长江东路、郑州路、济南路、南京路、太湖路等 6 条主干道的排水工程。2007 年，开发区加快园区基础设施建设，协调市建设局完成淮河路、海河路、洪泽路、台湾东路、长江东路、长沙路、钱塘路等排水工程，新建排水管网 17.5 公里；协调市建设局、市政局完成长江东路公铁立交泵站建设；开工建设长江东路排污管网工程。2008 年，开发区集中资金完善提升基础设施配套功能，完成长江路、淮河路等 11 条道路 20 余公里的排水管网建设。2010 年，投资 2 亿元的开发区污水处理厂建成运行，与之相配套的 32 公里污水管网并网运行。2014 年，新修中华东路、渤海路、振兴路、八一东路 4 条道路和广州路南段供排水、污水处理等工程配套实施。

2017 年 10 月 9 日，菏泽开发区党工委书记、管委会主任李国珍（左三），党工委副书记、管委会常务副主任练建军（左四）一行，现场调度道路管网提升改造项目

2017 年，开发区进行菏泽一中南闽江路、八一路、桂陵路地下综合管廊提升改造。管委会科学组织施工，尽量减少施工对市民生活的不利影响，统筹各类配套设施建设，做好供水、供电、供气、供热以及雨污管网等设施建设。

2018 年，开发区完成现有 16 条道路污水管网铺建，总里程 34.5 公里，总投资 1.39 亿元；完成农村路网琵李、朱庄南—327 国道、朱庄东至铁路、西王堂西头至西王堂北、许楼、松花江路、广州路至石堂等 7 处雨污水管道工程。

当年底，开发区共有污水管线 57 条，主要位于淮河路、上海路、洪泽路、丹阳东路、巢湖路、长沙路、钱塘路、广州路、仓南路、南外环路、珠江路、庄庄沟、郑州路、中华东路、长江东路、湘江路、济南路、长城路、松花江西路、黄河路、海河路、洞庭路、五屯路、平原路、中华路、中山路、丹阳路、永昌路、八一西路、康庄东路、洙水河两侧、桂陵路、郭楼西路、人民路东、华英路、台湾路、福州路、南京路、郑州路、振兴路、和平路、府南街。

2018年菏泽经济开发区污水管网统计表

表3-18

序号	名称	起止点	长度（米）
1	淮河路	广州路—济南路	920
		济南路西—南京路	1301
		南京路—南昌路	448
2	上海路	黄河路—洪泽路北	3006
3	洪泽路	上海路—台湾路	1640
4	丹阳东路	广州路—济南路	1024
		济南路西—南京路	1149
5	巢湖路	长沙路—郑州路	1612
6	长沙路	长江东路—钱塘路	1184
7	钱塘路	长沙路—南昌路	4023
8	广州路	长江东路—闽江路	2687
9	仓南路	人民路—南京路	4907
10	南外环	人民路—珠江路	2047
11	珠江路	闽江路—南外环	2321
12	庄庄沟	仓南路—南外环	1193
13	郑州路	淮河路—洙北路	2241
14	长沙路	丹阳路—中华东路	828
15	广州路	丹阳路—长江东路	1683
16	中华东路	广州路西—济南路	1439
17	长江东路	长沙路—济南路	2413
18	湘江路	兴仓路—济南路	3044
19	济南路	中华东路—闽江路	3259
20	长城路	桂陵路—广州路	1758
		太原路—人民路	1247
21	松花江西路	桂陵路—郭楼西路	1166
22	黄河路	人民路—上海路	6934
		光明路—香港路	3875
23	海河路	上海路—台湾路	1602

续表3-18

序号	名称	起止点	长度（米）
24	淮河路	南昌路—澳门路	2722
25	丹阳东路	上海路—台湾路	1708
26	中华东路	南京路—上海路	2042
		福州路—上海路	1113
		郑州路—济南路	680
27	长江东路	太原路—上海路	9226
28	济南路	长江东路—仓南路	3539
29	仓南路	济南路—珠江路西	2330
30	洞庭路	武汉路—郑州路	1098
31	南外环路	人民路—珠江东路	2542
32	五屯路	育才路—和平路	997
33	平原路	府南街—和平路	614
34	中山路	育才路—桂陵路	2634
35	中华路	人民路—桂陵路	760
36	丹阳路	天香路—人民路	1416
		长沙路—广州路	1217
37	永昌路	天香路—人民路	1157
38	八一西路	天香路—人民路	895
39	康庄东路	天香路—振兴路	990
40	洙水河两侧		2455
			2630
41	桂陵路	北外环路—大学路	2294
42	郭楼西路	松花江西路—长城路	604
43	人民路东侧	长城路—康庄东路	2253
44	华英路	康庄东路—八一西路	456
45	广州路	松花江南路北—黄河路	524
46	上海路	海河路—长江东路	4219
47	台湾路	海河路—丹阳东路	2468
48	福州路	淮河路—丹阳东路	1505
		中华东路—钱塘路	2204
49	南京路	淮河路—丹阳东路	1519
		中华东路—钱塘路	2109
50	济南路	淮河路—长江东路	3202
51	郑州路	淮河路—钱塘路	4468
52	广州路	八一东路—仓南路北	5883
53	人民路	康庄东路—长江路	3113
54	桂陵路	中华路北—长江路	1185
55	振兴路	华瑞南路—曹州路	326
56	和平路	中山路—钱塘路	1655
57	府南街	中山路—长江路	406

第八节 路灯安装

2003年，开发区铺设东区路网40余公里的高标准路面，投资3000余万元安装路灯。2010年，高水平对城区50个楼群进行亮化，为10条主干道新增路灯1675盏。2011年，为12条道路安装路灯，城乡亮化明显改善。

2016年10月，开发区启动丹阳路提升改造工程，安装新式路灯，使用最新式的LED光源，不仅节约能源，还可通过GPS远程控制。2017年12月，开发区对人民路路灯进行改造，安装新路灯350余套，新路灯采用亮度强、环保、耗能更低的LED光源，整体成灰白色，高10余米，灯杆上印有宣传标语。

2017年，开发区对区内的南京路、福州路、济南路、郑州路、淮河路等10余条道路进行提升改造，同时安装路灯。同年，菏泽市城管局对包括开发区在内的市区1.2万余盏非LED路灯进行LED改造，并实现"智慧管理"，能对路灯远程集中控制，根据车流量自动调节亮度、远程照明控制、故障主动报警、灯具线缆防盗、远程抄表等，可大幅度节省电力资源，提升公共照明管理水平，节省维护成本。至2018年，开发区分批次对济南路、上海路、和平路等主要交通要道的老旧路灯更换4000余盏，把原来200～250瓦的老旧钠灯换成70～110瓦的LED路灯，新灯使用寿命延长，更加节能环保。

第九节 供热经营服务

1992年，开发区建区时规划热力总供热量为2.9×10^{11}J/k，总循环水量150立方米/小时。2007年，开发区加快基础设施建设，协调市政局、恒达热力公司完成辖区供暖管网工程，新建供热管网4.6公里；2010年，开发区铺设供热、供气管网32公里。至2018年，全区供热、供气管道总长度超过140公里，集中供热服务小区和单位312个，新供小区和单位30个，登记用户超过10万户，缴费户数6万户；建档面积超过1200万平方米，缴费面积700万平方米，当年新增缴费面积120万平方米，全年供热总量为270万吉焦。

供热经营及服务 2016年，开发区加大城市道路规划建设、提升改造和棚户区改造。热力公司提升供热能力和提高供热质量，实现智慧热网调度系统顺利运行，实施71个小区46418户串联改造。2017年，新建丹阳路（首站—济南路）、太原路（天香广景苑—八一路）、黄河路（立交桥—青年路）等供热主管网8条和分支管网，全年管网开工总里程16公里，完工里程13公里；非供暖季推进二级管网换热系统标准化改造，新建二级换热站4座，对已接管136个小区所有裸露的管道、阀门等进行保温处理，对所有接管小区设备进行全面维保，对2年以上未清洗、换热效果较差的56台套换热机组全面清洗，继续推进串并联改造及分户控制装置升级改造。2017年，完成6个小区772户串并联及分户控制改造，对47个小区21829户实施锁闭阀升级更换，更换二网阀门1156个。热力公司在开发区重点实施部分小区扩容改造，对二网失衡严重的金都华庭、剑桥公馆、牡丹新城南区64万平方米供暖面积实施二网平衡改造，对电耗较高的接管小区全面安装变频设备，全面实施节能改造，工业蒸汽远程监控平台调试完成，实现科学经济运行。

热力公司在开发区开展"服务提升年"活动，实行首问负责制和AB角制度，制定"新用热小区接入流程""用户报停流程""来电来访流程"等工作流程，建立健全业务事项跟踪回访制度，组织宣教、安检队伍，深入65个居民小区，发放宣传册宣传页8000余份，用户满意度调查表1000余份，就近解决用户供热问题。供暖季实行管理员24小时值班、客服4部热线电话24小时值班、领导干部包片负责制，启用电子工单管理系统，与客服热线系统融合，及时派单和回访；开通服务网站和微信公众号，及时发布供热服务最新消息，提供缴费查询和用热基本常识宣传，建立供热保障微信群，与12319热线和大众网菏泽频道联合启动2017暖心工程微信群，开展“访民温暖”活动；结合市城管局在牡丹茶座开设供暖专栏，用户拨打市长热线、行风热线、《牡丹晚报》热线电话或者在菏泽大众网、牡丹茶座的后台留言，均有工作人员将信息及时汇总，并通过热力供热保障群调动公司人员力量，及时处理。

第十节　天然气供应

开发区内的天然气供应主要由菏泽昆鹏天然气利用公司和菏泽中石油昆仑燃气有限公司负责。

供气业务　2011年4月，昆鹏公司与中石油天然气股份有限公司华北天然气销售公司签订《平泰线天然气买卖与输送意见书》。2013年10月，中国石油管道中原输油气分公司批复同意昆鹏公司菏泽分输站扩容改造工程项目。2014年1月，昆鹏公司与中国石油天然气股份有限公司签订《天然气购销协议》，取得至2030年的气源。

2014年9月，昆鹏公司与中国石油管道中原输油气分公司签订《西气东输平泰支干线（山东段）管道天然气输送与计量交接协议》，确保气源充足，供气平稳。2014年10月，昆鹏公司取得山东省住房和城乡建设厅发放的燃气经营许可证。2014年12月12日，昆鹏公司投资建设的菏泽经济开发区天然气门站项目正式通气运营，气源引自西气东输二线平泰支干线菏泽分输站，高压管道长度为5.5公里，选用L360MB、ф273×7.1毫米、3PE加强级防腐高频直缝电阻焊钢管，设计压力为4.0兆帕，门站设计输气量为3×108立方米/年。项目主要担负着菏泽经济开发区工、商业用户直供及居民用户城市燃气保供任务。

2017年8月，菏泽市发改委印发《关于菏泽中石油昆鹏天然气利用有限公司东明至菏泽输气管道项目的核准意见》，同意昆鹏公司建设东明至菏泽输气管道项目，管道起点为东明县中石化分输站，终点为菏泽经济开发区，管道长度88.9公里，设计压力6.3兆帕斯卡，管径711毫米，设计输气量为17×108立方米/年。

2017年9月，菏泽市下发的《菏泽经济开发区冬季清洁采暖“气代煤”“电代煤”工程实施方案》，昆鹏公司按照开发区管委会要求，承接岳程街道和佃户屯街道共计7311户的“气代煤”工程。11月，菏泽市城管局印发《关于同意建设天然气调峰设施的批复》，昆鹏公司向开发区管委会申请建设用地3.33公顷，投资2亿元建设LNG储气调峰站及相关配套设施，缓解菏泽市工业企业用气高峰带来的天然气供应不足情况。至2018年，昆鹏公司在开发区境内已通气38家工业用户、14家公服商业用户、14620居民用户；昆仑公司累计开发居民用户15万余户，公服用户200余户，工业用户20余户，主干管线最大流量为2.8万立方米/小时，日供气22万立方米。

管道铺设　截至2017年，昆鹏公司在开发区境内铺设高压管道5.5公里，设计压力4.0兆帕斯卡、选用L360MB、ф273×7.1毫米、3PE加强级防腐高频直缝电阻焊钢管，最大输气量6万立方米/小时；中压管道103.25公里，设计压力0.4兆帕斯卡、选用DE250、PE100管材，最大输气量1万立方米/小时。中压管道基本覆盖了开发区境内的主干道，各支路管道正在建设当中，以保障开发区内的工、商业及居民用户的用气需求。

菏泽中石油昆仑燃气有限公司　公司概况菏泽中石油昆仑燃气有限公司位于菏泽市中华路1975号，始建于2001年，2003年4月投产运行，是专业从事城市管道燃气开发、建设、运营和天然气加工的燃气企业，由中石油昆仑燃气有限公司控股经营，注册资金3000万元。至2017年，昆仑公司资产总额达2亿元，公司下设综合办公室、财务资产部、营销管理部、生产安全部、门站、客服中心，有员工100余人。

供气业务　昆仑公司在开发区开展的业务主要包括居民用户、工商服务业酒店等业务。区域内的小区居民用气，及酒店、饭店工业用户用气，主要区域为以中华西路（昆明路以西段）和牡丹北路（大学路以北段）为界，中华西路以南，牡丹北路以东和广州路以西构成区域，以及长江路以南、广州路以东、上海路以西区域。

管道铺设　2001—2017年，累计铺设天然气次高压管道30余公里，中压管道180余公里，低压管道300余公里，辐射沿线10万余用户，形成了“三横四纵”环状管网供气模式，管网基本覆盖整个城区；累计开发居民用户15万余户，

公服用户200余户，工业用户20余户；主干管线最大流量为2.8万立方米/小时。2017年，昆仑公司日供气22万立方米。

第十一节　有线电视网络建设

2012年1月，山东广电网络开发区分公司成立。2013年，新增有线数字电视用户2.3万户。2017年，在专注传统有线数字电视业务的同时，向全业务综合网络和信息服务提供商转型，拓展宽带业务，发展集团客户信息化业务，参与智慧开发区建设、平安开发区建设，探索多元发展，尝试资本运营，向内容产业延伸组建传媒版块，形成主业突出、多业并举的发展模式。拥有约1600公里传输光缆线路。公司有3个中心机房，7个小区机房，覆盖数字电视和宽带用户5万多户，年收入1300万元。

业务发展　数字电视2017年，开发区广电提供294套数字直播频道。其中，75套高清数字频道给用户更高品质的视觉体验，高清畅享馆、频道回看、新闻汇播、点点看等新功能的增加，使用户的体验度更加优质精彩。

广电宽带　遵循技术先进、服务优质的原则，凭借强大的全省互联网核心内容平台及核心网络平台，为用户提供高速稳定的Internet网络接入以及各项应用信息服务。

集团客户　为政府、金融及企业等行业客户提供专业的解决视频、网络方案及丰富的集客产品。智慧社区、智慧党建、雪亮工程、系统集成、专网接入、公共WiFi、视频会议、应急广播等多元化业务发展模式，使公司立足根本，更好地适应激烈的市场竞争。2017年7月，同开发区管委会合作，依托全市有线数字电视平台，结合开发区实际，推进智慧社区、智慧党建、智慧教育、智慧医疗、智慧安防、智慧农业等项目建设工作，为“智慧开发区”项目建设提供强力保障；利用山东有线APP平台，开设菏泽经济开发区门户专栏，面向全省2000万有线电视用户宣传菏泽经济开发区；在开发区部分公共区域建设公共无线WiFi网络，为群众免费提供安全快捷的无线网络服务，覆盖辖区内主要公共区域，涉及无线WiFi网络点位200个，主要包含开发区管委会办公区、3个街道办事处办公区域、开发区人民广场等。

多媒体　公司在大力发展数字电视业务的基础上，向上下游延伸，利用自身资源优势、网络优势和技术优势，整合资源打造多媒体平台矩阵。

主要包含山东有线新媒体APP、高清电视美术馆、有线导视服务频道、数字电视广告业务等。

信息化建设　2018年，公司以“统一运作、整合资源、提升管理、优化服务”为信息化目标，按照“适应企业长远发展、打造自主研发品牌”的规划和“顶层设计、自主研发、协同建设、分步推进、全面应用、持续优化”的原则，以业务融合为基础，采取自上而下、部门联动、多措并举、综合用力等手段，强力推进信息化建设工作，在人员配备、制度建设、综合系统建设、视频会议系统建设、机房改造、网络扩容等方面做了大量重要工作，利用信息化优势逐步改变了传统工作方法，快速提升工作质量和效率，增强公司管控水平，为提升企业竞争实力奠定坚实基础。

客户服务　2018年，公司坚持“以客户为中心”的服务理念，重视客户体验，在产品的细致、精致上，在服务的快捷、精心上下功夫。加强服务创新，为擦亮“开发区广电”企业品牌，以过硬的客户服务凝练出公司的核心竞争力，公司客服工作紧紧围绕“全面促进服务质量提升，全力打响客户服务品牌”的工作目标，进一步完善服务管理制度、规范和标准，加强客服工作培训，加大服务质量监督检查力度，全方位接受社会监督，全力将营业厅、服务点打造成全市文明服务窗口。为确保对客户提供统一化、标准化、高品质的客户服务，结合工作实际，公司编制20余项客户服务制度、服务规范，并面向全社会公开9项服务承诺。

企业管理　2018年，山东广电网络开发区分公司对企业管理尤为重视，总结多方面教训，吸取许多公司成功经验，建立一套自身的网格化管理机制，依托城市管理及数字化的平台，将管辖区域按照一定的标准划分为单元网格。通过加强对单元网格的部件和事件查询，建立监督和处置相互分离的管理机制，将过去被动应对问题的管理模式变为主动发现问题和解决问题；实现管理手段数字化，管理对象、过程和评价数字化，保证管理的敏捷、精准和高效；建立科学封闭的管理机制，形成一整套规范统一的管理标准和流程，发现、报修、派遣、恢复、返单5个步骤形成1个闭环，提升工作的能力和水平。在人才培养方面，公司注重员工培训，在员工激励方面，公司每个月都会进行1次优秀员工评选，对优秀员工进行表彰奖励。

第三章　城市执法队伍与管理

第一节　菏泽市城市管理行政执法支队开发区大队

1998年，菏泽市（县级）城建委下属的菏泽市城建监察大队成立，其中有10人负责开发区，分管火车站以西市中心区域的市容环境的治理工作。2001年9月23日，菏泽经济开发区成立城市管理监察大队（正科级），隶属开发区公用事业局（开发区建设局前身），核定编制40人，负责开展辖区城市规划建设、市政工程设施、公用事业、市容环境卫生、园林绿化等方面的监察执法工作。

2003年12月31日，菏泽市人民政府办公室印发《菏泽市市政管理局、菏泽市城市管理行政执法局职能配置内设机构和人员编制规定》，正式成立菏泽市城市管理行政执法支队开发区大队（正科级）。

2010年3月10日，根据省委、省政府批准的《菏泽市人民政府机构改革方案》和《中共菏泽市委菏泽市人民政府关于菏泽市人民政府机构改革的实施意见》，设立菏泽市城市管理局，为市政府工作部门，原菏泽市市政管理局（市城市管理行政执法局）的职责划入市城市管理局。菏泽市城市管理行政执法支队取消直属大队，保留开发区大队、牡丹区大队，增设景区大队、市中大队，其中开发区黄河路（含）以北部分区域由景区大队管辖，其余辖区由开发区大队管辖。

菏泽市城市管理行政执法支队属菏泽市行政执法局直属机构，开发区大队属菏泽市城市管理行政执法支队下设机构，建立时核定编制46人，配备大队长1人，副大队长3人。开发区大队成立后，以市城市管理局名义集中行使城市管理行政处罚权，进一步完善开发区的城市管理行政执法工作机制。大队职能明确为市容环境卫生管理、城市规划管理、城市绿化管理、市政管理、环境保护管理、工商行政管理、公安交通管理等7个方面的全部或部分职能，以及法律、法规、规章、市政府赋予的其他职能。

2016年，菏泽市城市管理行政执法支队开发区大队核定人员编制36人。下设综合办公室以及丹阳中队、岳程中队、佃户屯中队、直属中队4个执法中队。同时，菏泽市设立市城市管理服务中心，为市城市管理局所属的科技城区公益三类事业单位，人员从市规划局所属的各规划所、广告雕塑办公室划转，下沉到各执法中队，主要承担执法辅助和相关服务工作。是年，菏泽市城市管理行政执法支队开发区大队开始下沉到开发区管理委员会管理，各中队下沉到对应街道管理，并开始接手原城区规划所承担的规划执法工作。

2017年后，为进一步提升菏泽的城市形象，优化人居环境，开发区加快城市建设。开发区大队细化分工，压实责任，开展城市管理十项整治、市容环境综合整治，做好市容环境、户外广告、餐饮油烟治理等各项城市管理执法工作。

2018年，开发区大队抓好队伍建设，从严治队、从严带队，加强学习教育，充分发挥基层党组织战斗堡垒作用，开展城市管理队伍“强转树”活动。抓好思想政治建设工作。大队党支部组织全体党员开展“两学一做”专题教育活动，坚持每周五下午定期开展党课活动，加强党性锻炼，使大队全体党员干部不忘初心，树立执法为民、服务为民的理念。组织开展军训活动和业务素质培训活动。大队定期不定期组织全体执法队员参加各类法律、业务知识技能培训，培养执法人员的法制思维，提高执法人员执法业务水平；同时，组织执法人员参与省住房和城乡建设厅、市城管局组织的队列比赛活动，并且大队要求各中队合理利用每日点名时间开展队列训练，培养集体主义精神，提升集体荣誉感；大队做好对新招聘协管人员的培训工作，10月15—21日，组织新入职的协管人员开展为期1周的军事化训练和文化课学习，提高协管人员的使命感、荣誉感和组织纪律性。严格队伍风纪和考勤管理。大队严格落实上级制定的各项人事管理规定，全力抓好执法队伍风纪建设，要求全体执法人员必须服装整齐、标志齐全，文明执法，塑造良好执法形象；大队严格考勤和请销假管理，杜绝随意脱岗离岗、请假到期不归等现象。做好廉政建设。大队高度重视抓好廉政建设工作，通过集中学习廉政相关法律法规、观看廉政纪录片等形式，激励全体人员不忘初心、严守纪律、做好表率，打造廉洁高效的一流执法队伍。

第二节 菏泽市城市管理行政执法支队直属大队

2015年下半年，市委办公室、市政府办公室印发《关于调整理顺城市规划建设管理体制的意见》，菏泽市大力推进城市管理重心下移，不断完善“两级政府、三级管理、四级网络”城市管理工作体系，推动充实基层城市管理执法力量，城管执法工作由区、街道负责。

2015年8月24日，菏泽市机构编制委员会印发《关于调整城市建设管理部门部分事业机构设置的通知》，城管支队机构再次调整，共设置4个大队，即直属大队、牡丹区大队、开发区大队、高新区大队，3个区大队各自承担3个区内的城市管理行政执法工作。直属大队下设大剧院中队、天香中队、牡丹园中队、火车站中队，负责管辖相应的车站广场公园，直属大队所辖中队除牡丹园中队外，其他3个中队辖区皆在开发区范围内。

2016年上半年，直属大队大剧院中队划归开发区大队管理。2016年2月14日，根据菏泽市政府《关于进一步加强市区城市管理工作的意见》，菏泽市城市管理执法体制进一步明确。开发区管委会负责城市管理执法的具体工作，履行属地责任，对社区城市管理工作进行指导。“两级政府、三级管理、四级网络”城市管理工作体系开始逐步形成，城市管理机制进一步完善。

第三节 城市日常管理

开发区是菏泽市委、市政府驻地，是菏泽市政治、经济、文化中心，城市管理水平的高低直接关系菏泽市的整体形象。开发区城市管理执法的主要工作之一是城市市容环境治理，包括治理占道经营、店外经营、跨门经营、乱贴乱画、乱扯乱挂，治理乱搭乱建、乱堆乱放、违章广告等。从早期的市城建委城建监察大队，到2001年设立开发区城市管理监察大队，再到2004年成立市城管支队开发区大队，一直坚持市容环境治理工作，进行市容环境集中治理活动。

2018年8月3日，菏泽市召开市区城市管理十项整治行动推进会，确定城区正式开展十项整治活动，开发区大队根据管委会要求，在辖区开展城市管理十项整治活动，重点开展户外广告、占道经营、店外经营治理工作。

2018年，陈集将镇驻地划分为22个网格，各委办、部门和村相互协调、通力合作、共同参与，明确各自职责和创建目标；开展十项整治专项行动，对违法建设、占道经营、占道停车、户外广告、黑臭水体等进行了集中整治，清理夜市摊位60余个，规划流动市场摊位200余个，拆除违规广告牌100余块，与商户、门店签订门前三包五禁责任书500余份，杜绝乱摆乱放现象，集镇环境出现较大改观。安装大型铁艺公益广告60余个，小型公益广告牌400余块。

整治乱设摊点 2015—2016年，开发区集中力量建设长沙路便民市场、和平南路菜市场、长江路便民市场、大屯便民市场、济南路便民市场等多处规模较大的正规市场，城市管理执法人员持续治理，各类流动摊点日益减少。2016年6月，行政执法大队联合公安、工商、城建、综治办、环保、安监等多个部门，组织60余人，对辖区内长江路、上海路、南京路、黄河路、广州路、济南路、郑州路等多个路段进行治理。是年8月，在327国道三里河路段治理占道经营。

2018年8月1日至12月31日，按照菏泽市政府发布《市区城市管理十项整治行动方案（征求意见稿）》，市区集中开展违法建设、占道经营、占道停车、户外广告、架空管线、雨污分流、黑臭水体、五类特种车辆、裸露土地和行道树补植、电动车等城市管理十项整治行动，着力解决影响市民群众工作生活和制约城市发展的突出问题和顽疾，全面改善城市环境，提升城市形象。是年，开发区大队要求所属各中队结合相应街道办事处开展市容环境整治活动，大力查处占道经营、店外经营，共治理店外经营4550余户；清理流动摊点4160余处；清除“城市牛皮癣”15660余处；清理各类条幅960余条；清除橱窗广告1560余平方米。丹阳街道探索城市管理新机制，设立四级管理网格，明确网格责任，严格考核奖惩，确保日常管理、巡查，将治理触角延伸到每条街巷。

市城管支队开发区大队集中开展十项整治活动

大力推动“十项整治”工作，落实路长制，全面治理中华路、华英路、和平路、丹阳路、振兴路、长沙路、长江路等25条城区主次干道，签订“门前五禁止”承诺书、张贴“门前五禁止”标示牌2600余份，治理店外经营590余户；清理流动摊点643处；取缔废品收购点24家，停业整顿违规洗车点16家。清除商户设置的路边基石2900余米，拆除桑屯、肖楼社区、大屯桥下违章建筑7000余平方米；拆除人民南路、丹阳路、永昌路、中山路灯塔、门头广告等165处，面积742平方米。

整治乱贴乱画、违章广告 街头小广告严重影响城市容貌。开发区城管执法人员在日常巡查中随发现随清理，并不定期开展集中治理，对各类野广告集中清除，同时雇专职人员进行清理。2017年开始，引进“呼死你”系统，对于小广告上的电话号码进行持续呼叫，要求其到城管部门接受处理。是年6月起，开发区集中开展市区户外广告及沿街建筑物外立面专项整治活动，对各类大型违章门头广告进行集中拆除，至8月，拆除大型广告牌600余块，面积1.7万余平方米。

2018年，在长江路、人民路提升改造工程中，大队对人民路、长江路的高层楼顶字、楼体字进行强制拆除，从4月24日正式开始强制拆除，到8月初，拆除大型广告字、广告牌100余处，面积5938.4平方米。十项整治工作开展后，开发区大队4个执法中队共出动工程车辆150余辆次、施工人员430余人次、执法车辆220余辆次、执法人员790余人次。至年末，大队拆除门头广告牌、立杆广告、广告字、各类指示牌共616处，拆除面积2.88万余平方米。

清理城市小广告坚持“疏堵结合、齐抓共管、常态长效”原则，在执法人员日常巡查随发现随清理的基础上，定期开展集中清理活动。大队结合热心公益活动的市民，配备小桶、铲刀、涂料等工具，专门负责各类野广告的清理工作，将城区人民路、中华路、华英路、丹阳路等主要路段逐条进行清理。2018年初至11月底，大队共清除乱贴乱画“城市牛皮癣”1.5万余处，清理各类条幅1600余条。

整治乱搭乱建 2015年下半年，原城区规划所人员划归市城市管理服务中心管理，并分配到执法中队，开发区大队正式开始接手由城区规划所负责的规划执法工作。市城管支队开发区大队负责对辖区违反城乡规划法律法规的违法建设的日常巡查和处理，街道办事处全面负责辖区内违法建设治理行动的组织实施并做好善后工作，城管执法具体工作由区、街道负责。

2016年12月22日，中共菏泽市委开发区工委办公室、菏泽经济开发区管委会办公室印发《菏泽经济开发区城市违法建设治理行动实施方案》，开发区的违法建设治理活动全面展开。至年末，开发区全面完成违法建设排查摸底和认定工作，摸排出城市建成区存量违法建设面积69.16万平方米。2017年，开发区各街道办事处连续组织违法建设集中拆除活动，通过报纸、电视、网络媒体进行密集宣传。至2017年11月，排查的存量违法建设全部拆除完成。

2018年，是山东省“三年违法建设治理行动”的扫尾攻坚年。开发区大队根据管委会统一部署，安排所属中队全力配合相应街镇开展违法建设治理工作。各中队根据街镇安排，对于日常巡查中发现的违建，及时制止，能拆除的第一时间报街道，由街镇组织拆除，对于确有治理难度的，由街镇上报管委会，由管委会组织开展集中拆违活动。全年除各街道安排执法中队开展的拆违活动外，大队组织各执法中队联合参加开发区组织的大型集中拆违活动7次，出动执法人员400余人次、车辆100余辆次，拆除违建面积6万余平方米。

整治餐饮油烟　2012年，开发区全面展开烧烤油烟治理工作。由于没有可供借鉴案例，在起步阶段经历多种的尝试，最后选定使用静电吸附除油烟。2013年，高压静电吸附式油烟净化设备开始在开发区推广，周边地市到菏泽开发区学习无烟烧烤治理经验。2014年6月15日，山东电视台公共频道《今日报道》栏目，以《山东多地整治烧烤污染，净化设备推广成关键》为题，对菏泽开发区的烧烤油烟治理成果进行报道。2016年，开发区全面取缔零星烧烤，并设置9处集中烧烤点，要求入园经营，统一管理。2017年，城区集中设置的烧烤园减少为4个，烧烤园实行园长负责制，管理更加规范。饭店油烟的治理工作同步进行，推广高压静电吸附油烟净化器。开发区城管执法人员摸排调查，将辖区所有餐饮饭店统计造册，形成治理台账，采取销号制开展餐饮油烟治理，要求所有产生油烟污染的饭店必须使用高压静电吸附式油烟净化器，实现油烟达标排放。至2017年末，开发区辖区餐饮饭店油烟净化器实现100%的安装率。

2018年，开发区执法大队根据管委会统一部署，开展餐饮油烟治理工作，将餐饮油烟列入执法人员日常巡查治理范围，避免一阵风式的突击治理。大队组织各中队执法人员，以网格为基础，对辖区所有餐饮服务行业一一登门检查，建立台账，调查其是否安装油烟净化装置、是否存在原煤散烧问题，每月针对治理台账进行更新。同时，大队将企事业单位的餐厅、食堂纳入治理范围，安排各中队网格将辖区内餐饮服务行业油烟净化情况，每月排查一遍，挨门逐户检查其油烟净化情况，确保其配套安装高效的油烟净化设备，对于净化效果不达标的，责令更换高标准的净化器，减少餐饮油烟排放。大队要求所有烧烤店必须入店、入园经营，取缔零星露天烧烤点，取缔主城区道路两侧占道经营的露天餐饮经营点（含早餐和晚餐），兼顾治理燃煤大灶，并禁用燃煤、劈柴等非清洁能源。是年，大队在区内规范设置3处烧烤园（中山路中华世纪烧烤园、中山路美食园、长江路烧烤城），规范烧烤经营户20余户，烧烤园内油烟净化器安装使用率100%。在日常巡查中，执法人员随机抽查餐饮饭店的油烟污染防治情况，并不断更新治理台账。全年共规范治理饭店类餐饮服务经营者747户，餐饮经营户使用燃煤劈柴的全部实现煤改气，除了经营活动中不产生油烟污染的小吃店、火锅店外全部安装油烟净化器，有效治理餐饮油烟污染问题。

整治车辆乱停乱放　为解决机动车辆急剧增加和停车位不足的矛盾，开发区在保障行人通行的前提下，施划路沿石以上合适区域停车位。2017年6月18日，开发区执法大队开始公共停车位标线施划工作。至8月下旬，完成全部施划任务，共施划停车位1.14万余个，实现行人通行畅通和车辆有序停放。

整治噪音扰民 商业宣传、健身娱乐等各类社会生活噪音以及建筑施工噪音问题是市民投诉的热点。2013年夏，开发区城管执法人员治理菏泽市牡丹广场露天KTV夜间噪音扰民问题，每天从21点开始劝导广场上5家KTV经营户并值守到23点，坚持1个多月，彻底消除此问题，赢得市民赞誉。大队走访施工工地，与其签订《建筑工地噪声污染控制措施承诺书》，建立“建筑工地噪音污染防治工作微信群”，宣传治理标准。在中高考期间，大队在各大居民区悬挂“严禁噪音扰民”的条幅，加大夜间巡查力度，为考生创造良好环境。

城市精细化管理 2017年以后，开发区进行城市精细化管理工作。按照菏泽市城管委《关于大力推进人行道守护行动、门前五禁止责任制的实施方案》规定，稳步推进人行道守护行动及门前五禁止工作，制定《关于开展城市环境综合整治以及大力推进人行道守护行动、门前五禁止责任制的实施方案》，以城管中队、网格为单位，层层分解工作目标，落实工作责任，采用中队之间、网格之间相互联合的方式，开展集中治理活动，全面提升辖区内市容环境水平，全面取缔主干道上存在的店外经营、流动摊点，并在丹阳街道辖区内结合大社区网格推广门前五禁止责任制，开展人行道守护行动。

门前五禁止责任制 开发区进一步细分管理区域、提升处置效率，充分发挥社区在城市管理中的基础性作用，切实提高城市管理水平，全面落实“门前五禁止”工作。城管大队联合丹阳街道在城市建成区开展“大社区网格改革”，将执法力量直接下沉到社区网格，全面推进城市管理由粗放化向精细化转变。丹阳街道大社区网格划分，以区内火车道以西城市建成区的主要区域为试点，划分出6个“大社区网格”，由丹阳街道明确1名领导干部为“网格长”，实行网格化、精细化管理。2018年6月14日，大队共抽调执法人员55人、执法车辆6辆充实到各大社区网格。在执法人员到位后，丹阳街道通过社区网格，全面落实门前五禁止责任制，签订门前五禁止责任书500份，天香路、曹州路、和平路、府南街等主城区主次道路两侧店外经营现象基本消失。

马路市场专项治理 开发区城市管理在日常巡查治理的基础上，不定期开展市容环境综合治理活动，结合道路安全治理活动，重点清理影响交通安全畅通的城市道路摊点，杜绝摊点占道经营现象，对于屡教不改的暂扣经营工具。结合食品安全城市创建工作，加大对辖区学校周边的治理力度，在治理流动摊点的基础上，重点清理流动食品经营摊点。对于区内市实验小学、丹阳路小学、何楼小学、开发区实验小学、妇联幼儿园等学校，开发区大队组织执法人员错时上下班，与早中晚班执法人员实行无缝对接，保障好上下学时间段的学校周边市容环境治理工作。2018年，开发区取缔长沙路赵水洼社区的三八集市、巢湖路夜市，做好对佃户屯集市、张什店一六集市、辛集二七集市的治理工作，每逢集市，执法人员错时提前上班开展治理工作，维持道路交通秩序。针对南京路、淮河路、长沙路、和平南路、牡丹南路、长城路等流动摊点占道经营现象多发的道路，安排专人定时定点巡查值守。

人行道守护行动 2018年8月，开发区全面开展人行道硬隔离设施安装工作。至11月底，人民路、华英路、和平路、黄河路、武屯路设置人行道护栏4800米、U型管626根、隔离柱600个，对人行道实施物理隔离，有效改善交通秩序、规范乱停乱放、控制占道经营。

第四章　房地产开发建设与管理

第一节　房地产建设

1992年前，区内房屋多为自建民宅。1993—2000年，开发区重点进行基础设施建设，房地产开发建设加快。2001年，菏泽撤地建市后，开发区规划面积扩大，整个城区向东转移。辖区规划建设6个居民小区，并集中进行5次拆迁。

2002—2003年，开发区开展大规模城市建设，工业初步形成“五个项目聚集区”，即新规划区中心工业项目聚集区、丹阳工业项目聚集区、岳程工业项目聚集区、佃户屯工业项目聚集区、食品城工业项目聚集区。2006年，建设工业通用标准厂房10万平方米，累计完成基础建设投资21.57亿元。全区新建面积超过1万平方米的商业设施4处。

2007年，新建居民小区25个，总规划面积240万平方米，建成面积145万平方米，在建面积44.8万平方米。帝都花园、东站新村、佳合花园二期工程基本建成，进行何楼、党庄旧村改造。

2009年，加大城市开发和居民小区建设力度，开建奥林花园、盛世豪庭、陶然美地、鹏远华府等8个房地产开发项目，启动国贸中心建设。

2010年，国贸中心、齐鲁汽配城、赵王河新村等一批开发项目陆续跟进。全区开工建设小区65个，总投资200亿元，规划建筑面积1100万平方米，其中高层和小高层400余栋。新开工面积350万平方米，竣工面积230万平方米。

2011年，菏泽开发区城市综合开发办公室成立，当年房地产开发面积达到450万平方米，竣工面积260万平方米。全年建设保障性住房773套，完成年度计划的108%，在开发区规划的3处经济适用房全部开工建设。

2013年，开发区城市综合开发步伐持续加快。全年建设安置小区2个，新开工面积510万平方米、在建870万平方米、竣工373万平方米。

2014年，开发区城市综合开发在建面积达到610万平方米。东南湖区加快建设，高科技创业园、南湖康复养老中心等相继开工建设；建筑面积74万平方米的闽江路安置小区全面开工，火车站及广场改造完工。和福祥88栋、23万平方米的安置小区竣工，工业园区5个村庄1425户居民迁入新居。

2015年，全区新招引过亿元项目30个。富盟电子、道中道高端电子激光器等20个项目建成投产，道中道科技产业园研发中心和中试车间建成。妇幼保健院、南湖康复养老中心、老年福利中心加快建设。新开工16个城市综合开发项目、120万平方米，在建面积520万平方米，竣工面积150万平方米。实施4个棚户区改造项目，完成改造26万平方米。打造东南湖区新区，74万平方米的闽江路安置小区加快建设，佃户屯前崔楼和吴店5个村庄4220人迁入新社区。

2016年，新开工建设玉皇新能源产业园、华立新材料、万达广场、红星美凯龙等21个工业和服务业项目，天宇锂电池、北新汇隆新型建材、润德新材料、道中道激光器等25个项目及18万平方米高科技创业园竣工。洞庭路、闽江路安置小区加快建设。

2017年，开发区投资3.2亿元，新建、改建9所学校，新增学位15360个，同为扩建的渤海路小学施工完成并通过验收，兴仓路九年一贯制学校、武汉路小学、八一路小学、兴仓路幼儿园等4所新建学校主体工程完工，新建的合肥路小学、龙山小学建设工程竣工，新建华英路小学在施工中。长城路小学年内投入使用，剩余8所学校全部项目于2018年完成。

2018年，开发区完成5个片区5276户、116万平方米的棚改征收，新开工607万平方米，竣工220万平方米。打通湘江路、五屯路等16条断头路，提升改造钱塘路、南江路等6条道路，完成60个“四小工程”、10个路口的渠化工程，新铺设雨污管网34.5公里；鲁南高铁及站台涉及辖区5个行政村、2632户，已按时完成丈量工作，房屋拆迁正在进行。

重点工业用房　山东德睿节能科技有限公司综合楼建筑面积1.09万平方米。山东玉皇化工科研中心建筑面积4.43万平方米。菏泽玉皇化工稀土橡胶项目后处理厂房、变配电所建设工程建筑面积6000万平方米。山东嘉华食品有限公司建筑面积1.11万平方米。菏泽电厂造纸车间建筑面积3500万平方米。菏泽电业局维修车间建筑面积6400万平方米。菏泽金正大库房建筑面积4.3万平方米。

重点机关办公用房　菏泽市公安局反恐中心大楼占地3.99万平方米，总建筑面积4.99万平方米。菏泽市公路局办公楼建筑面积8600万平方米。菏泽市公路局技术楼建筑面积1.05万平方米。菏泽市民政局福利彩票中心楼建筑面积4800万平方米。菏泽市工商局办公楼建筑面积2900万平方米。菏泽市政府培训接待中心建筑面积1.49万平方米。菏泽市交警监测中心建筑面积2700万平方米。菏泽市人大办公楼，建筑面积3100万平方米。菏泽市司法局培训中心建筑面积2700万平方米。菏泽市老干部活动中心占地3800万平方米。菏泽市消防支队执勤楼建筑面积4200万平方米。开发区消防执勤楼建筑面积2600万平方米。菏泽市检察院技术楼建筑面积2700万平方米。

重点公用事业用房　菏泽火车站占地46.2万平方米，候车室占地面积1.48万平方米。大剧院总投资约3亿元，建筑面积4.02万平方米，建筑高度34.7米。演武楼总投资约1.7亿元，建筑面积1.88万平方米，建筑高度31.4米。冀鲁豫边区纪念馆占地13.2万平方米，建筑面积1.17万平方米。菏泽图书馆占地4.22万平方米，建筑面积4.29万平方米。菏泽市中医院占地3.5万平方米，建筑面积10万平方米。开发区中心医院建筑面积4万平方米。菏泽市博物馆占地1.3万平方米，展厅楼建筑面积3000万平方米。数码大厦占地3700万平方米，总建筑面积3.5万平方米。东城国际大厦建筑面积5.45万平方米。菏泽海吉亚医院占地5.74万平方米，业务用房面积5.17万平方米。菏泽医学专科学校养老康复中心占地20.13万平方米，建筑面积12.8万平方米。菏泽市妇幼保健院建筑面积3万平方米。菏泽儿童福利院建筑面积1.47万平方米。菏泽邮政局邮件处理中心楼建筑面积9400万平方米。电信菏泽分公司通讯枢纽楼建筑面积9500万平方米。菏泽供电公司生产运维楼建筑面积9900万平方米。

重点商贸用房　菏泽万达广场建筑面积15万平方米。和平大酒店总建筑面积2.3万平方米，楼高17层。恒盛大市场占地22万平方米，经营面积24万平方米。花都大酒店占地1.3万平方米，主楼建筑面积1.1万平方米，副楼4000万平方米。茂业百货占地3.5万平方米，楼高4层，经营面积4万平方米。名家居广场经营面积1万平方米。牡丹大酒店占地2.2万平方米，建筑面积1.38万平方米。亿丰时代广场占地52万平方米，经营面积19万平方米。银盛国际酒店占地5000平方米，总建筑面积1.6万平方米。银座商城占地2.67万平方米，营业面积4.2万平方米。菏泽国贸中心占地23.82万平方米，建筑总面积100.44万平方米，其中，商业面积20.66万平方米，办公楼、酒店建筑面积11.84万平方米，国贸中心广场建筑面积5.19万平方米。富年齐鲁国家汽配城占地18.5万平方米，总建筑面积26万平方米。

重点居住小区用房 金都华庭小区占地2.37万平方米，建筑总面积6.38万平方米。公园一号小区占地8.67万平方米，建筑总面积31.52万平方米。龙翔中央公馆占地20万平方米，建筑总面积50万平方米。南华康城占地17.67万平方米，建筑总面积38万平方米。和平人家小区占地9.61万平方米，建筑总面积14万平方米。都庄新村小区占地2.34万平方米，建筑总面积4.8万平方米。华英嘉园小区占地4.53万平方米，建筑总面积15万平方米。帝都花园小区占地13.3万平方米，建筑总面积3.7万平方米。东南湖洞庭路安置小区占地2.9万平方米，总建筑面积34.21万平方米。闽江路安置小区占地26.8万平方米，总建筑面积72.61万平方米。一中南棚改项目安置小区占地3万平方米，总建筑面积42.96万平方米。天华·明珠小区占地2.9万平方米，总建筑面积11.3万平方米。天华·交通家园占地8.16万平方米，总建筑面积20.67万平方米。康馨雅苑经济适用房，占地5.67万平方米，总建筑面积13.2万平方米。惠泽明珠小区占地2万平方米，总建筑面积4.5万平方米。天华·领秀城小区占地11.12万平方米，总建筑面积37.2万平方米。鲁商·凤凰城商业二期工程，总建筑面积6.7万平方米。万象广场，总建筑面积20万平方米。中达尚城占地7.09万平方米，总建筑面积24万平方米。中达好旺角占地约2.25万平方米，总建筑面积4.06万平方米。中达广场占地7.13万平方米，总建筑面积36万平方米。交通未来城占地4.81万平方米，总建筑面积18.29万平方米。

重点小区 东南湖洞庭路安置小区位于开发区东南方向，处于洞庭路以北，钱塘路以南，武汉路以东，规划用地13.49万平方米，由菏泽城建发展有限公司开发、菏泽城建工程发展集团有限公司施工建设。小区建筑由27栋17层建筑组成，占地2.9万平方米，总建筑面积34.21万平方米，其中地上建筑总面积26.03万平方米，地下建筑总面积8.17万平方米。容积率1.93，建筑密度21.51%，绿地率30%，总户数1972户，车位1997个。小区集中供暖，配套设施包括水、电、天然气、有线电视、电话、宽带网络、雨水收集等，均按现代化标准进行设计和施工。项目建成后，将解决东南湖区开发建设工程所涉及的拆迁居民群众的安置问题，解决被拆迁户的居住问题。

2018年开发区主要居民小区情况表

表3-19

小区名称	位置	小区名称	位置
东站新村	中山路南	中央公馆	人民路东、八一路北
荣乐园小区	中山路南	金桂家园	长江路北、桂陵路东
牡丹嘉园	和平路东	东方名城	人民路以东、武屯路南
丰鑫园	和平南路西	天一御庭园	中山路98号
金都华庭	丹阳路北	橡树湾小区	长江路路北长沙路路西
馨润嘉园	长江路北	华平小区	长江路1079号
帝都花园	华英路东	山海天泰	长江路中段
亨通园	华英路66号	颐馨园	和平南路

续表3-19

小区名称	位置	小区名称	位置
佳合花园	丹阳路南	东站小区	人民路南段
新闻家园	和平南路东	怡欣花园	长城路北、桂陵路东
银河家园	黄河路南	赵王河新村	长城路北、桂陵路东
牡丹欣欣家园	黄河路立交桥东纱厂路	党庄小区	长城路北、长沙路东、巢湖路南
南华康城	人民路西	华瑞紫云台	长沙路西、京九铁路东
龙燕金润嘉园	和平南路西	领将帅府	长江路7009号
水岸嘉园	华英路北	帝都东城国际	广州路以东、长江路以北
天宏小区	黄河路南	市政小区	长沙路东、天华领秀城南
怡菏园	华英路西	中山府第	中山路南、华英嘉园北
鑫苑国际	和平路与丹阳路交叉口	绿城国际	人民路东、八一路北
花城小区	长沙路	怡锦园	人民路东、市粮食局南
联众花园	人民路西	永昌府邸	永昌路北、大剧院路东
金鼎凤凰城	中华路北侧	洪福祥小区（花城国际）	桂陵路以东、北外环路以南
畅志园	振兴路	恒祥彩虹城	长江路以北、桂陵路以东
金润嘉园	平原路98号	华泰嘉园	长江路南、菏泽供销储运公司东
好旺角	华英路	交通未来城	长江路北、人民路西
奥林花园	平原路996号	锦绣梨园	桂陵路东、中山路北
中达尚城	和平路661号	鹭岛国际（原国色天香）	赵王河东、长城路南、桂陵路西、大学路北
盛世豪庭	康庄路与振兴路交叉口	天润·东方蓝湾	武汉路以东、巢湖路以北
龙燕阳光城	人民路699号	博世庄园	和平路西、中山路南
华英嘉园	华英路南头	菏泽华侨城	和平路西、武屯路南
鹏远华府	广州路与丹阳路交叉口	明轩嘉园	武屯路北、育才路西
碧桂嘉园	长江路	锦绣豪庭	广州路以西、八一路以南、武汉路以东
天花交通家园	赵水洼	和平人家	和平路以东、武屯路以南
阳光新都	广州路与丹阳路交叉口	公园一号	人民路东
天华领秀城	广州路与丹阳路交叉口	和谐家园	药王庄社区
铁路小区	长江路北	中南世纪锦城	长城路北、桂陵路东
金叶小区	长江路南	锦绣中华	华英路
国贸中心	和平路两侧	亿丰时代广场	人民路以西、刘庙路南
凯瑞国际广场	人民路与中华路交叉口	康馨雅苑	菏泽一中东、铁路以南
天阔国际逸城	双河立交桥东北角	圣泽中华世纪城	中华路以南、桂陵路以东
陶然美地	广州路		

闽江路安置小区 位于开发区的东南方向，南京路以东、湘江路以南、闽江路以北，规划占地 26.8 万平方米，由菏泽城建发展有限公司开发、菏泽城建工程发展集团有限公司施工建设。本项目建设内容为经济实用的拆迁安置住宅、小区配套商业及公建等。总用地 20.82 万平方米，总建筑面积 74.05 万平方米，其中地上建筑总面积 56.62 万平方米（住宅 47.43 万平方米，商业 8.12 万平方米，公建 1.06 万平方米），地下建筑总面积 17.44 万平方米（地下储藏室 6.24 万平方米，地下车库 11.19 万平方米）。容积率 2.11，建筑密度 23.16%，绿地率 30.00%，总户数 4352 户。本项目分两期建设，均为棚户区改造工程。其中一期总建筑面积 45.02 万平方米，共 2950 户。项目二期总建筑面积 29.01 万平方米，共 1402 户。

一中南棚改项目安置小区 位于漓江路以北，

经四路以东，珠江路以西，由菏泽城建发展有限公司开发、菏泽城建工程发展集团有限公司施工建设，占地2.95万平方米，总建筑面积42.96万平方米。其中，地上建筑面积32.25万平方米，地下建筑面积10.71万平方米，建筑密度19.27%，容积率2.11，绿地率30%，规划居住2600户，停车位2498个。该项目位于城市未来发展的几何中心位置，距拟建高铁站4.5公里，距拟建菏泽机场20公里，距定陶新城12公里。区域内规划建设100万平方米的商务金融中心、1所市级幼儿园、2所九年一贯制学校、1所高品质国际学校、1处三甲医院，并配套科技馆、文化宫、全民健身中心等大型公共服务设施。片区位于新石铁路以南、京九铁路以西、万福河以北、人民路以东。庄庄沟中心湿地景观带南起万福河，北至新石南路，东西为规划支路，总用地面积41万平方米，设计宽度200米。

天华·明珠小区　位于黄河路以南，东接光明路，西接广州路，与岳程街道、博爱医院隔路相望。占地2.9万平方米，总建筑面积11.3万平方米，规划居住720户，居住人口2300人，容积率3.0，绿化率36%，配套设施有商业服务、中央会馆、幼儿园等。

天华·交通家园　位于永昌东路以北、武汉路以西、八一东路以南。占地8.16万平方米，总建筑面积20.67万平方米，容积率2.13，绿化率45%。配套设施有商业、幼儿园、物业及其他配套房。

康馨雅苑经济适用房　位于菏泽一中新校区东邻、兴仓路以西、刘庙路以北。占地5.67万平方米，总建筑面积13.2万平方米，规划居住1511户，居住人口4800人，容积率2.2，绿化率30%。配套设施有商业网点、幼儿园等。

惠泽明珠小区　位于黄河路以南、天华·明珠以西、东接光明路，西靠广州路。占地2万平方米，总建筑面积4.5万平方米，规划居住户数268户，居住人口860人，容积率1.75，绿化率35.6%。

天华·领秀城小区　位于丹阳东路以南、长沙路以东、武汉路以西。占地11.12万平方米，总建筑面积37.2万平方米，共由34栋住宅与商业建筑组成，规划居住户数2300户，居住人口7300人，容积率2.8，绿化率45%。配套设施有商业服务、中央会馆、幼儿园。

鲁商·凤凰城商业二期　工程位于松花江西路以南、长城路以北、人民路以东、赵王河以西，总建筑面积6.7万平方米。

万象广场　位于菏泽火车站正前方，桂陵路以西、中华路以南。占地3万平方米，总建筑面积20万平方米，容积率4.8，绿化率25%。配套设施由2栋总部办公写字楼、1栋金角公寓、2栋精品住宅楼，1条商业内街组成。

中达尚城　项目规划用地7.09万平方米，总建筑面积24万平方米，容积率2.91，建筑密度22%，绿化率34.8%。其中，住宅面积18.46万平方米，由7栋多层和11栋高层（11层、18层、26层）住宅组成；沿街商业面积2.15万平方米。规划居住户数1820户，规划居住人口5824人。

中达好旺角　项目规划用地2.25万平方米，总建筑面积4.06万平方米，容积率1.78，建筑密度23.6%，绿化率49.8%。整个项目由1栋18层写字楼、2栋11层写字楼、2栋沿街7层办公综合楼及1栋3层沿街办公综合楼组成。

中达广场　地标级城市综合体，项目北临中华路及菏泽市实验小学，南临长江路，西起太原路及赵王河城市风光带，东至育才路，地块中部有中山路穿过。项目一街之隔即是万达广场，5分钟车程即是银座、新苏天美商业圈，向北100米即为市政府、天香公园，是城市政治经济文化的中心地段。项目规划用地7.13公顷，总建筑面积36万平方米，容积率4.2，建筑密度36.46%，其中住宅面积19万平方米，由12栋高层住宅组成；商业面积10万平方米，由办公、大型商业、特色风情水岸商业组成，项目整体采用 artdeco 建筑风格。

交通未来城　占地 4.81 万平方米，总建筑面积 18.28 万平方米，规划居住住宅 541 套，公寓 308 套，回迁户 202 套，绿化率为 28%，水、电、暖等配套设施齐全，2017 年完工。

第二节　房地产管理

1996 年 6 月，开发区结合辖区的实际情况，对住房制度进行改革，制定集资建房的实施意见。1997 年 2 月，开发区住房制度改革办公室成立，隶属区规划建设局管理。1998 年，开发区进行住房货币化分配改革，实施《菏泽地区职工住房货币化分配实施办法》，以住房商品化为目的，取消福利分房和实物分房，推进住房公积金制度改革，把职工住房补贴纳入工资，实现职工住房分配货币化；改革住房建设方式，变单位自行建房为社会统一建房，并实行社会化的物业管理，逐步建立起符合市场经济要求的职工住房建设、分配新机制。1998 年 5 月，开发区对职工住房标准和一次性住房补偿提出以下意见：实行职级工资制的职工，1997 年前住房资金补偿额 = 现行工龄折扣额（即当地政府测算的 1995 年的折扣额）× 规定的住房面积标准（科级以下干部职工为 65 平方米，科级为 75 平方米，县处级为 90 平方米，地厅级为 120 平方米）× 工龄（截至退离休之年）× 职务级别系数（科级以下为 1.153，科级为 1.2，县处级为 1.333，地厅级为 1.25）× 现级别任职年限系数（正、副职任职年限连续计算，每任职 1 年增加 0.01）；实行技术职务工资制的职工，1997 年住房资金补偿额 = 现行工龄折扣额 × 省规定的住房面积标准（一般职工为 65 平方米，初级技术职务为 75 平方米，中级技术职务为 90 平方米，高级技术职务为 120 平方米，院士为 150 平方米）× 工龄（截至退离休之年）× 现职务任职年限系数（正、副职任职年限连续计算，每任职 1 年增加 0.01）。

企业职工：1997 年前住房资金补偿额 = 现行工龄折扣额 × 省规定的住房面积标准（一般职工为 65 平方米，技术级别相当于初级技术职务的为 75 平方米，技术级别相当于中级技术职务的为 90 平方米，技术级别相当于高级技术职务的为 120 平方米）× 工龄 × 现技术级别任职年限系数（每任职 1 年增加 0.01）。

1999 年 11 月，开发区管委会出台《菏泽开发区房地产市场管理办法》，对辖区内房地产开发经营、各类房地产交易活动进行规范。2001 年 11 月，开发区执行《菏泽市城市房地产开发经营管理办法》，加强城市房地产开发经营管理，规范开发经营行为，保障城市规划和城市建设的顺利进行，推动城市房地产开发健康有序发展。

2002 年，为了整顿土地市场秩序混乱及土地寻租等问题，国土部发布《招标拍卖挂牌出让国有土地使用权规定》，山东省和菏泽市也先后出台政策，规定经营性用地必须实行招标拍卖挂牌出让政策。从此，开发区房地产用地管理走上规范化发展道路。

2003 年，开发区按照省、市要求，采取“对手续不全、自有资金不全的房地产项目不得发放贷款，不得使用银行贷款垫资，房地产项目必须主体封顶才能发放按揭贷款”等一系列措施，避免新一轮房地产投资可能引发的风险。

2004 年 4 月，国务院将房地产开发（不含经济适用房项目）固定资产投资项目资本金比例由 20% 及以上提高到 35% 及以上，同时要求停止审批农用地转为非农用地。是年，开发区按照市政府部署，开始全面清理整顿在建、拟建项目，暂停部分项目的开工建设。

为解决局部地区出现房地产热，自 2005 年 3 月起，开发区按照市政府的统一部署，对房地产市场进行调控，将调控重点指向需求，抑制投资性和投机性房地产需求。2006年4月28日，为抑制投资需求，开发区各银行全面上调各档次贷款利率0.27个百分点。其中，5年期以上的银行房贷基准利率由6.12%上调至6.39%。是年，开发区贯彻国家出台的促进房地产业健康发展的六项措施，对住房供应结构、税收、信贷、土地、廉租房和经济适用房建设等方面进行一系列的调控工作。

2007—2015年，开发区一直把稳定房价作为政府的一项重要工作，积极采取措施，保障低收入家庭的住房需求，打击房屋投机等非理性需求，严格控制房地产开发区用地，促进房地产业理性回归。其中，2007年，开发区总规划面积240万平方米，建成面积145万平方米，在建面积44.8万平方米，对达不到投资密度的项目进行“瘦身”，整合收回土地49.07公顷，通过招拍挂，出让土地17宗；2010年，开发区设计建筑面积650万平方米，全年15个项目立项，21个项目环评，13个项目办理土地使用审批证。

自2016年开始，开发区房地产管理工作更加深入。2017年，市政府办公室《菏泽市关于进一步加强房地产市场调控工作的通知》（简称《通知》），提出规范市场秩序，全面推进新建商品房销售价格申报制度，营造公开、透明的房地产市场价格秩序。开发区积极贯彻《通知》精神，要求辖区内各房地产企业合理定价、一房一价、一套一标，一次性公布全部销售房源；全面落实预售资金监管制度，防止资金挪用、楼盘烂尾；规范商品房合同网签备案及变更撤销管理，严防一房多卖、炒作期房、偷逃税款。开发区全面落实二手房交易合同网签制度，将二手房与一手房纳入统一的市场监测、监管和调控范围。管委会明确要求市场监督部门，坚决打击房地产开发企业恶意炒房、囤积房源、捂盘惜售、违规销售等行为，严厉查处房地产中介机构虚假宣传、虚假违法广告、价格欺诈、不按规定明码标价、哄抬房价、协助规避限购限贷措施、违规开展金融业务行为，并对典型案例予以通报。

2018年，开发区对重点房地产项目进行规划，区建设局、财政局、经济发展局、扶贫办、社会发展局等以及丹阳、岳程、佃户屯等3个街道对重点项目一一落实。严格规范管理，全年经省、市政府批复建设用地8个批次、总面积118.1公顷；不符合城市规划不能供地的50宗；对13宗土地完善供地手续；消除空闲土地10宗、面积42.73公顷，闲置土地22宗、面积103.27公顷；发现违法用地238宗，面积37.47公顷。

第三节 物业管理

2017年6月以前，开发区的物业管理归菏泽市住建局物业科管理。2017年6月，开发区建设局正式承接物业管理工作。接手物业管理后，开发区落实物业管理工作的属地责任，建设区、街镇社区三级物业管理网络，制定物业管理季度考核标准，使辖区物业管理工作从无到有，从管理无序到井井有条，走上有章可循、有法可依的发展道路。

2018年，根据市政府办公室《关于建立健全物业管理执法联动机制的意见》要求，开发区各执法部门按照各自职责分工进小区执法，并设立联系电话，加强各执法部门之间的互相联系，确实做到联合执法，形成齐抓共管、各司其职的工作局面。共接到投诉件400余起，全部进行处理回复，及时解决业主生活中遇到的各种问题，化解矛盾。各管理单位组织物业行业季度考核，开展物业文明创建活动、扫黑除恶专项斗争、物业行业技能比赛，推选了物业行业服务明星。通过一系列的活动，激发物业公司的服务热情，提升辖区物业公司的服务水平。同时，区建设局以定期巡查和不定期抽查的方式对辖区内的各物业小区管理情况进行巡查，发现的问题及时进行督促整改。

2018年开发区主要物业公司管理项目情况表

表3-20

物业名称	小区个数（个）	管理项目	物业名称	小区个数（个）	管理项目
菏泽金通物业	3	金都华庭	佳顺物业	1	佳合花园东
		交通家园	山东效佳红物业	2	联众花园
		天华领秀城			馨润嘉园
山东金佳物业	2	奥林花园南北区	菏泽格林物业	2	维多利亚港湾
		亨通园			和谐家园
菏泽佳如物业	3	水岸嘉园	菏泽佰德物业	2	天一小区
		华平小区			天一·御庭园
		领将帅府（一二期）	天馨物业	1	龙燕金润嘉园
山东菏建恒良物业	3	帝都东城国际	菏泽中房物业	1	花城小区
		华英嘉园	菏泽兴源物业	1	怡菏园
		金桂花园	菏泽兆峰物业	2	金润嘉园
融盛物业	1	公园一号			和平人家
中土物业公司	2	城建华府（观澜小区、兰庭小区）	菏泽豪圆物业	1	博世庄园一二期
			菏泽东珏物业	1	名人居
菏泽德信物业	3	盛世豪庭	汇鑫物业	1	锦绣鹏程
		明轩嘉园	菏泽和其晟物业	1	银河嘉园
		碧桂嘉园	宸宇物业公司	1	天阔逸城
菏泽华通物业	1	中达名门世家一期	菏泽聚馨物业公司	1	裕和嘉园
山东伟明物业	1	南华康城	百事得物业	1	凯瑞国际（一期）
菏泽尚家物业	1	中达尚城	万通物业	1	锦绣中华
菏泽公馆物业	1	中央公馆（一二期）	成诚物业	1	紫玉家园
深圳泰源物业	1	中央公馆（三期）	菏泽华怡物业	2	橡树湾
山东银湾物业	1	怡欣花园			党庄新村
佰特物业	1	时代华侨城（一二期）	瑞和物业	1	杏林小区
菏泽百年物业	1	国贸中心（西区）一期	绿阁庄园物业	2	荣乐园
菏泽天海物业	3	牡丹嘉园			新闻家园
		欣欣嘉园（别墅）	和平物业	1	和平小区
		鹏远华府	德顺物业	1	绿河小区
菏泽舒欣物业	1	康馨雅苑	红盾物业	1	红盾花园
夏威夷物业	1	夏威夷小区	天天物业	1	东站小区
菏泽华润物业	1	龙燕·阳光城	天海物业	1	恒祥彩虹城
菏泽天润物业	2	阳光新都	山东绿地泉物业	1	华瑞紫云台
		帝都花园	菏泽舒欣物业	1	赵王河新村
菏泽天宏物业	2	天宏小区	惠和物业	1	交通未来城
		颐馨苑北区	菏泽亿盛物业公司	1	好旺角
菏泽大华物业	2	银东家	开发区建合物业	1	鑫苑花园
		国贸中心东区	富成物业	1	中山国际
菏泽易达物业	2	中华世纪城一期	华鼎物业	1	公路局嘉苑小区
		陶然美地	北京南洋物业	1	经典国际（南华康城写字楼）
青岛中南物业公司	1	中南世纪锦城一二期	山东宏泰物业公司	1	东方名城一二期

续表3-20

物业名称	小区个数（个）	管理项目	物业名称	小区个数（个）	管理项目
菏泽凯华物业	1	怡景蓝湾	佳和物业	1	西佳合小区
菏泽中正物业	1	金鼎凤凰城	隆鑫物业公司	1	众鑫园
菏泽维佳物业	1	畅志园	天一物业	1	颐馨苑南区
菏泽真诚物业	2	山海天泰	更生物业公司	1	丰鑫园
		富贵家园			

2018年，辖区加大资金投入，相继对公路局、网通公司等4个老旧家属院进行改造提升，督促辖区物业企业对小区裸露土地进行硬化、绿化，实现硬化土地面积1.5万平方米、补栽各种绿化树6000余株，绿化苗木2万余株，使小区地面达到无缝隙硬化和绿化标准。区主管部门还组织辖区内物业工作人员集中学习《菏泽市物业管理条例》和政策法规，各小区物业广泛开展《菏泽市物业管理条例》、扫黑除恶、“十项整治”等宣传活动。到2018年末，开发区下辖3个街道和陈集镇，注册物业服务企业84家，在管物业项目110余个，物业管理面积约1100余万平方米，服务对象囊括住宅小区、办公楼及公共服务、商业服务设施等，物业从业人员业务水平、服务标准明显提高。

第五章　旧房改造与环境整治

第一节　城中村改造

开发区各街道根据菏泽市城区旧村（居）改造专项规划，按照“政府引导、统一规划、区域统筹、属地运作”的原则，聘请上海市城市规划设计院等全国知名设计单位编制详细改造规划，以精品小区标准建设，实施基础、环境、服务设施“三配套”，搞好工程招投标、监理和建筑质量监督检查，对每一栋楼房建设、沙石料供应、门窗、玻璃、地板砖、管材供应和安装进行监管，严把计划预审、条件审查、旧村改造布局，确保旧村改造工程规范、有序、科学健康运行。

工作措施　开发区强化领导、健全制度，建立旧村改造有效的推进机制。涉及辖区内的拆迁工作，开发区成立由管委会、街道、搬迁村干部三级干部组成指挥部，搬迁村庄成立相应分指挥部或工作组。由开发区县级干部和街道党委书记、办事处主任任总指挥，分指挥（工作组）部由街道科级以上干部担任指挥长或组长，成员由街道干部、村干部、老党员及群众代表组成。建立健全各项规章制度，明确工作纪律、组织纪律、生活纪律和廉政纪律，要求工作人员严格遵守。搬迁工作启动后，明确任务、责任和时限，制定时间表和路线图，倒排工期、挂图作战，实行一个村庄“一套班子、一抓到底”，做到领导到位、工作力量到位、责任落实到位。上下坚持“同一政策、同一原则、同一尺度、同一声音”，对群众提出的问题不上交、不推脱、不扯皮，确保一线解决、当天解决，群众合理诉求及时兑现，奠定搬迁工作基础。

安置方式　辖区街道在楼房分配中，坚持客观公正、公平合理、以人为本，采取“村挑楼群户挑房”“先拆迁先安置、同种情况按抽签，优先照顾孤寡老人”“谁先带头拆除、谁先挑选楼房”等安置方式，绝大多数搬迁户仅凭房屋拆迁补偿款，不用新添资金，就能购买得起安置楼房。安置过程中实行民心工程，制定搬迁政策考虑全体村民利益，争取获得奖励和优惠的群众利益最大化。安置区内为各搬迁村附带建设一定数量的商业用房，由各村使用村集体房屋拆迁补偿款购买，作为村集体的固定资产，租赁收入主要用作搬迁群众的物业管理等费用，群众在安置区生活除自家消费外，其他费用没有增加。

主要模式　统一规划、拆迁、建设　和平小区南区，规划总用地4公顷，建筑面积2.44万平方米，总户数202户，总人口1010人。和平小区，系菏泽市第一个综合开发小区。1994年5月6日，举行和平南区一期工程奠基仪式，同年12月，完成122幢小康屋建设，主要为二层楼房，主要户型为100平方米、120平方米。同年，172户动迁户乔迁新居。2012年，原建小区进行二次开发。

货币补偿、先拆后建　都庄原先村庄占地15.33公顷，旧村改造后占地2.33公顷，节约用地13公顷。建设项目2002年12月筹建，2004年5月16日正式动工，2005年10月16日竣工验收。建设8栋楼、304套房，户型有大中小三种，大户型134平方米、中户型109平方米、小户型88平方米，总建筑面积4.8万平方米。小区硬化路面1万平方米，建设物业管理办公楼1000平方米，配套建设老年公寓1000平方米。社区利用公共积累兴建老年公寓、文化活动中心等公益设施，配备健身器材，为群众文化活动提供场所。

社区组织、边拆边建　何楼社区2031人，790户，占地28.27公顷，实行“拆一补一”的办法，拆一处院落补新建单元楼房一套。分期拆迁、建设、搬迁，按拆迁先后选房。原有房屋按9个等级测量评估，价格与单元楼房差价结算。该社区2006年5月16日拿到批文，成立30个代表参加的领导小组，制订方案。到2008年底，一期工程完成，建设楼房8栋280套，共5万平方米，有140平方米和90平方米2种户型。全部改造完成后，可腾出土地13.33公顷。王庄村原有街道坑洼不平、雨天道路泥泞、房屋高矮不一、院落样式繁杂。1989年，村两委对村内闲散院落变私有为集体所有，实施旧村改造。2012年，一个占地3.6公顷、街道宽12～15米、胡同宽4米、13排126座1638间整齐的新村庄落成，120户、620人喜住新居。刘庄社区原为“城中村”，1995年社区决定旧村改造。先建设丹阳菜市场6000余平方米，设摊位90余个。1997年，对7条街道6条巷道拓宽硬化。2008年，主体工程博世庄园第一期工程动工，2010年7月竣工，建4栋6层住宅楼，建筑面积2.8万平方米，第一批142户居民入住。2009—2011年，社区动员拆迁457户居民平房，协助开通和平路、和平南路、中山路。

村民自建、先建后拆　姬庄社区党庄村位于京九铁路以东、长江路以北、巢湖路南，规划占地9.92公顷，居住人口596人。居民住房实行拆一补一、先建后拆的办法。

第二节　棚户区改造

2011年，开发区工业园区内企业与村庄混杂、村民生活居住环境恶化、企业发展受限。年末，管委会报请市政府同意，对何庄、李楼、米庄、南庞、坡刘5个村庄进行搬迁改造，涉及群众1492户、3529人，面积32万平方米。通过听取群众意见、科学规划论证后，街道采取先建设、后搬迁的办法，筹资建成84栋、26万平方米的和福祥安置小区，配套完成小学、幼儿园、农贸市场、社区服务中心等公共设施。

2014年，街道完成丈量、评估、人口界定、选房等10余个程序。同年11月4日，启动搬迁工作，10天搬迁1418户，新居入住率达95%以上；旧院拆除1345个，拆除率达90%以上。年底基本完成搬迁、拆除工作。群众入住社区后由农民变市民，由村庄变小区，居住条件、生活环境得到改善；搬迁村庄腾出土地88.53公顷，为企业发展留出空间。整个搬迁工作群众热情高、搬迁拆除快、社会反响好。

2015年，菏泽经济开发区加快"五大片区"开发建设步伐，根据市政府安排，由菏泽市规划局重点负责开发区人民路原肉联厂片区、丹阳党庄片区、东南湖区片区、双河集片区和赵王河上游片区等五大片区的开发建设工作，开发区高度重视，多措并举，采取周调度、月总结等方式，和有关部门、开发建设单位沟通交流协调。在每周开发区领导班子办公会上，对"五大片区"开发建设中的难点进行集中研究会商，全力促进片区开发，建成人民路原肉联厂片区的华英嘉园二期、交通未来城、名门世家，东南湖区片区的洞庭湖安置小区。是年，菏泽经济开发区新开工城市综合开发项目16个、120万平方米，在建面积520万平方米，竣工面积150万平方米，征收80万平方米。着力打造东南湖区新区，74万平方米的闽江路安置小区全面开工，10个村庄近万人一次性全部搬迁。前崔楼和吴店等5个村庄4220人口迁入新建的龙山社区。实施4个棚户区改造项目，改造面积26万平方米。

2016年4月起，开发区在推动城市综合体开发建设的同时，大资金投入，以民生工程推动城市综合开发。东南湖区规划面积17.2平方公里，区域内有10个村庄、4000余户、1.2万人列入搬迁安置工程，是全市在建的最大棚户区改造项目。村庄搬迁后，改善周边居民的居住条件和生活环境，也为东南湖区的城市建设提供较大的城市发展空间。开发区按照以产促城、以城带产、产城互动、融合发展的思路，科学处理经济发展与城市生活的关系、经济发展与生态环境的关系、城市发展与统筹城乡的关系，实现产业、城市和人的有机融合。当年，实施综合开发"123"工程，即全年征收100万平方米、新开工200万平方米、竣工300万平方米。重点抓好11个棚改项目，开工建设东南湖区、一中南片区、庞楼等6个棚改项目，启动征收中达广场等3个项目，征求刘庄和阿五美食2个片区安置方案意见。

2016年菏泽经济开发区棚改项目表

表3-21

序号	项目名称	所属区县	列入计划户数
1	刘庄片区	开发区丹阳街道	670
2	市实验小学南片区	开发区丹阳街道	410
3	纱厂片区	开发区丹阳街道	230
4	铁路局家属院片区	开发区丹阳街道	340
5	闽江路安置小区（二期）	开发区佃户屯街道	1600
6	一中南片区	开发区佃户屯街道	2000
7	紫金国际（二期）	开发区丹阳街道	170
8	交通未来城（二期）	开发区丹阳街道	60
9	庞楼社区	开发区丹阳街道	500

续表3-21

序号	项目名称	所属区县	列入计划户数
10	阿五美食片区	开发区丹阳街道	170
11	洞庭路安置小区	开发区佃户屯街道	1200

2017年，开发区城市综合开发办接管棚改工作后。加大奖励激励措施，设置现金奖励环节，对按期签订补偿协议并搬迁的给予现金奖励，补偿方式更加体现合法、合理、合情，产权调换房屋价格更加优惠，确保通过棚改让利于群众，让群众得到更多实惠。同年7月31日，丹阳街道武寺社区文化广场、大成庄社区小学，武寺、智慧新城两片区同时启动征收工作，涉及武寺、大成庄、郭庄社区居民近3000余户。2017-3武寺片区项目征收范围为五屯路以南、人民路以东、京九铁路以西、新石铁路以北；智慧新城项目征收范围为市区大学路以南、赵王河以东、桂陵路以西、黄河路天阔逸城项目以北。项目除安置外，还将拟建小学和现代化居民小区等。8月7日，2016-2旧城改建项目（一期）丹阳街道桑屯、武屯两社区启动，涉及居民1280户，各类房屋建筑面积33.2万平方米，项目实施完毕后，“断头路”五屯路将东延至人民路，长江路的交通压力将得到大大缓解，片区内还建设各种配套设施齐全的华英路小学、绿地等其他配套工程。10月6日，菏泽市2013-11旧城改建项目（郭庄片区）正式启动，居民开始集中签订拆迁协议。项目位于开发区赵王河以东、长城路以南、大学路以北、桂陵路以西，项目拆迁后将建设商住综合体，成为赵王河畔地标性新商圈，单位和居民共计781户，房屋建筑面积24.64万平方米，此次征收更加灵活，制定“以征收合法住宅房屋建筑面积置换一份商业用房”的优惠政策。10月17日，开发区与新华控股集团就长沙路片区棚改项目进行签约。长沙路片区棚改项目占地46.67公顷，涉及丹阳街道仝庄、张庄、姬庄、大马庄、赵水洼、陈官庄6个社区，共3074户、9108人，棚改面积46.11万平方米。11月23日，2017-11旧城改建项目（赵水洼片区）启动征收，开始房屋征收签约工作。赵水洼片区征收范围是丹阳路以北，京九铁路以东，陶然美地、交通家园以西，八一路以南，共有居民935户，各类房屋建筑面积26.2万平方米，项目主要改善丹阳路立交桥周边城市面貌，提高居民居住环境和生活条件。12月4—6日，2017-16、17、18旧城区改建项目展开丈量工作，涉及苗屯、庞庄、马庄3个社区。管委会专门成立旧城区（佃户屯）改建项目指挥部，抽调开发办、评估公司、建设局、佃户屯街道和有关社区人员同步作业，全部丈量完毕。

2017年菏泽经济开发区棚改项目表

表3-22

序号	项目名称	列入计划户数
1	郭庄片区	690
2	智慧新城片区	1535
3	何楼片区	710
4	许庄片区	100
5	市中医院东片区	347

续表3-22

序号	项目名称	列入计划户数
6	人民南路片区	3556
7	赵王河上游片区	2396
8	广州路片区	1536
9	肖楼片区	3941
10	一中南片区二期	2000

2017年，开发区共实施棚户区改造项目18个，累计完成棚改458万平方米，棚改户数2.63万户。随着棚改工作的开展，共打通13条断头路（大学路、桂陵路、康庄路、振兴路、永昌路、八一路、华瑞南路、平原路、五屯路、钱塘路、华英路、兴仓路、兴民路），修建1条城市贯通道路（闽江路），腾空4条市投资道路的建设用地（人民南路、北外环东延、广州路北延、长城路）。配套建设综合管廊2条9.5公里；腾空学校用地65.73公顷（规划建设小学6所、中学2所、九年一贯制3所，市直幼儿园1所；广场、绿地25.87公顷）。

管委会棚改确定为棚户区改造攻坚年，工作取得新突破。全年完成棚户改造5276户、116万平方米；划定5大片区，对往年棚改项目的遗留问题进行扫尾攻坚，为安置房、公共设施、商品房建设扫清障碍。同时，加强与市国土、规划、住建等部门沟通联系，为加快安置房建设建立联席机制。全年开工建设郭庄、何楼、肖楼、耿庄等21个整建制社区安置房393万平方米。

郭庄片区　位于赵王河以东、长城路以南、桂陵路以西、大学路以北，征收26公顷，居民853户，建筑面积22.8万平方米。完成项目征收，以及土地出让，由碧桂园分别对安置区和腾空的土地进行建设和商业开发。2017年，进行桩基施工。

智慧新城片区　位于赵王河以东、黄河路以北、大学路以南、桂陵路以西，征收土地52.53公顷，居民1698户，建筑面积36.08万平方米。项目纳入棚改的居民已征收完毕，由碧桂园实施开发建设。2017年，报批土地手续。

耿庄片区　位于丹阳路以北、桂陵路以西、八一西路以南，包含中达大厦东地块、中央公馆东地块、金都华庭北地块3个棚改项目，总征收土地86.33公顷，居民2271户，建筑面积36.35万平方米。片区内规划建设小学2所、中学1所、医院1家。腾空土地分别由福建瑞海集团、龙翔置业、天津华联3家公司开发建设。2017年，安置区开始桩基施工。

何楼片区　位于火车站广场北侧、振兴路以东、丹阳路（东渔河管理处）以南、京九铁路以西，征收土地27.6公顷，居民710户，建筑面积23万平方米。片区内规划建设小学1所、车站1个。2017年，房屋征收完成，土地已出让，规划方案完成，安置房和腾空土地由碧桂园建设和开发。

人民南路片区　位于长江路以南、人民路以西、新石铁路以北、和平路以东，征收土地100.93公顷，居民3556户，建筑面积64.2万平方米。项目房屋征收完成，共腾空基础设施用地50.19公顷，规划建设中央公园、学校2所、打通断头路4条。片区内安置房、基础设施、商业开发均由建邦集团实施，2017年设计规划方案。

肖楼片区　位于人民路以东、长江路以南、新石铁路以北、京九铁路以西，分为肖楼、武寺2个棚改项目，共征收土地113.07公顷，居民3960户，建筑面积67.22万平方米。项目土地已出让，分别由宁夏悦海国际投资公司、河南信友集团负责实施。2017年10月底开挖和桩基施工。片区内同时规划建设广场1个、中小学各1所。

佃户屯片区　位于南外环以南，人民路两侧，征收土地22.67公顷，居民633户，建筑面积16.34万平方米。2017年，房屋拆除完成，随着项目的实施，人民南路改造工程开工建设。

广州路片区　位于京九铁路以南、广州路以西，征收土地59.67公顷，居民1536户，建筑面积22.63万平方米。2017年，房屋拆除完毕，与山东本草房地产公司签订开发协议，1亿元开发意向金到位，规划方案设计完成。

许庄片区　位于上海路以西，淮河路以南，征收土地4.47公顷，居民100户，建筑面积2万平方米，项目属工业园区改造搬迁。2017年，安置区土地清障完成。

黄河路片区　位于黄河路以北、桂陵路以东，征收土地81.53公顷，居民2250户，建筑面积30.2万平方米。2017年，房屋征收完成，广州路以西安置区开工，主体施工进行中。

长沙路片区　位于八一路以南、京九铁路以东、广州路以西，征收土地111.53公顷，居民1434户，建筑面积28.68万平方米。

赵王河下游片区　位于赵王河以南、城建华府小区以东，征收居民2250户，建筑面积34.2万平方米。2017年，房屋征收拆除完毕，规划方案设计完成，安置区土地已整理，2018年开工建设。

赵王河上游片区　位于平原路以南、育才路以西，征收居民2396户，建筑面积33.5万平方米。2017年，房屋征收拆除完毕。

和福祥安置小区　征收何庄、李楼、米庄、南庞、坡刘5个村庄1492户、3529人，面积32公顷。建成84栋、26万平方米的安置小区，配套完成小学、幼儿园、农贸市场、社区服务中心等公共设施。2014年11月，启动搬迁工作，年末基本完成搬迁、拆除工作。

闽江路安置小区　项目建设内容为经济实用的拆迁安置住宅、小区配套商业及公建等。总用地26.82公顷，总建筑面积74.05万平方米，其中地上建筑总面积56.62万平方米（住宅47.43万平方米，商业8.12万平方米，公建1.06万平方米），地下建筑总面积17.44万平方米（地下储藏室6.25万平方米，地下车库11.19万平方米）。容积率2.11，建筑密度23.16%，绿地率30%，总户数4352户。项目分两期建设，均为棚户区改造工程。其中，一期总建筑面积45.02万平方米，共2950户。项目二期总建筑面积29万平方米，共1402户。主要建筑内容包括住宅、商业、配套公建，地下车库、地下储藏室等。

洞庭路安置小区　位于钱塘路以南、京九铁路以东、洞庭路以北、广州路以西，项目委托城建集团建设安置房，进行社区整体搬迁，共涉及魏庄、高庄、沙沃、蒋庄4个村庄的搬迁。规划用地面积13.49万平方米，总建筑面积34.82万平方米，其中地上建筑面积26.04万平方米，地下建筑面积8.78万平方米。小区由25栋17层建筑组成，另有幼儿园和物业楼各1栋。容积率为1.93，绿地率为30%，预计安置2000户。2017年，施工一期工程，20万平方米，包含16栋17层单体，1所幼儿园，1栋物业楼及部分车库工程。2017年，安置区16栋楼主体封顶。安置区交付后，可腾出建设用地133.33公顷。

一中南棚户区改造　项目位于漓江路以北、纬三路以南、珠江路以西、规划路以东，其中漓江路为城市快速交通干道，规划总用地约15.32公顷，总建筑面积42.96万平方米。一中南片区棚改项目涉及10个自然村、4000户居民，总拆迁面积48万平方米。按照“统一规划、合理布局、方便群众、就近安置、先建设、后搬迁”的原则，进行棚户区改造。安置区分两期实施，其中一期规划建筑面积26万平方米，可安置2000户居民，

2018年底前完成建设。二期规划建筑面积22万平方米，正在做前期工作。

第三节　环境综合整治

2015年开始，为解决违章建房问题，开发区采取多项整治措施建立起防违、控违的长效机制，有效遏制辖区内违建现象的发生。城建监察大队实行分片负责，工作人员包到社区，做到责任到人；建立街道、社区和规划两条线巡查机制，各自独立开展工作，互相监督和制约，并实行责任倒查，哪条线失查，追究相关工作人员责任；公开违法建设举报电话，畅通群众参与查处违法建设的渠道。对实名举报者，一经查实，予以奖励；对辖区内出现的违法建设，督促当事人限期拆除，逾期不自行拆除的，及时组织强行拆除。管委会对每个街道、社区和城建监察工作人员制定责任考核方案，对各街道、社区违法建设控制情况进行跟踪考核，凡因对违法建设查处、制止及拆除不力的，严格进行问责。

2015年5月19日，开发区城管部门与佃户屯街道和水政监察部门联合执法，出动50余名工作人员对佃户屯万福河大堤北侧的1处违法建筑强制拆除，面积150平方米。7月22日，组织100余人，对佃户屯街道观上社区的违法建筑强制拆除，拆除违建面积3000余平方米，涉及26户。11月1日，岳程街道组织30余人，对辖区徐河、文方寺社区的2处违章建筑进行依法强制拆除，共计拆除地基260平方米，违章建筑面积50余平方米。

2017年，开发区被定为菏泽市棚户区改造的重点区域。管委会高度重视违法建设专项整治工作，在辖区内全面施行“网格规划、精细管理、联合协作、责任明确”的三级网格化管理，实行多层次动态巡查监管。同时，充实执法力量，增加巡查车辆，抓实预防、发现、制止、查处等环节，对违法建设、违章建筑“两违”行为“露头就打、出土就拆”，从源头上严控“两违”。加强巡查力度，24小时不间断巡查。发现有抢建、乱建的苗头性行为，及时做好登记，列入重点监察范围，并向其发出停工通知书。对不听劝阻、违法抢建的行为，发现一处查处一处，坚决遏制违建蔓延势头。

多部门联合执法，对丹阳街道大屯立交桥附近违建集中拆除

2017年7月3日，管委会组织城管行政执法、国土资源、城建、规划和丹阳街道等多个部门联合执法，出动560余人，启用14台大型机械，对丹阳街道大屯立交桥东、新石铁路北等2016年以后的违章建筑进行集中拆除。拆除总面积达到6万平方米，涉及大屯社区200余户。10月10日，70名执法人员配合丹阳街道拆除违建面积2500平方米，为桂陵路建设扫清障碍。11月13日，出动300余人，大型铲车、捣机11部，对华英路小学地块违章建筑进行集中拆除，共拆除违建100户，面积2万余平方米。为确保规划棚改顺利建设，开发区做好前期工作，多次到现场与当事人进行沟通，反复做当事人思想工作。在重拳出击、依法拆违的同时，全力保证当事人合法权益，做到和谐拆违。

2017年8月15日，开发区党工委书记、管委会主任李国珍到开发区棚户区改造、新建企业等20个重点项目建设现场进行调度指挥，先后调度刘庄、庞楼、人民南路、肖楼、何楼、耿庄、智慧新城、郭庄等棚改项目，强调抓紧建设回迁房，能开工的第一时间开工，尽快建设好拆迁群众的新家。9 月 29 日，市委书记孙爱军到开发区棚改项目现场，现场调度棚户区改造及城建工程项目。

2018 年，全区各街镇建立守土有责、审批负责、监管履责的控违拆违制度，加大对乱搭乱建的查处力度。全年共拆除 110 余处违章建筑，同时推进违法“图斑”整改“百日攻坚”行动，共拆除违法占地“图斑”332 个，复耕土地 40.27 公顷，其中省国土资源厅“图斑”199 个 19.76 公顷，济南国土资源局“图斑”108 个 18.45 公顷，基本农田占用“图斑”25 个 2.06 公顷。

2018 年，丹阳街道开展土地违法违规问题整改“百日攻坚”专项行动，严厉打击违法违规占地行为，全年共清除各类“图斑”82 个，违法占用耕地、违法占用基本农田面积“双清零”，新增建设占用耕地实现“零违法”。岳程街道全年累计拆除户外广告 2.2 万余平方米，治理店外经营 1546 户，清理占道经营 1748 家，完成 1.82 万余辆两轮电动车上牌工作，全年拆除违章建筑 120 余处、4800 余平方米，在 9 月全市十项整治综合评比中，岳程街道获得第一名的成绩。佃户屯街道进一步规范民房翻建程序，严控乱搭乱建行为，对卫星违建“图斑”进行详细统计，集中清理复耕，做好“十项整治”行动。

陈集镇加大基础设施投资，开展城乡环卫一体化集中整治。共投资 100 余万元完成镇村多条公路建设工程，新修乡村道路 5.6 公里，改造提升镇村公路 7.5 公里；完成天然气、热力管道铺设，完成气代煤改造 745 户，外墙保温改造 132 户；在镇主要街道（国华路、文化路）安装护栏 3500 米，实行人车分流，极大疏导了交通，改善了集市拥堵现象；集中开展环境卫生集中整治，配齐保洁队伍，完善垃圾收集设施，规划并正在实施建设 3 个高标准垃圾中转站，解决垃圾清运难和二次污染的问题。强化日常保洁和垃圾清运，每季度清理垃圾 5400 吨。同时，陈集镇多部门联动，开展十项整治专项行动，集镇形象得到全面改进。陈集镇政府还根据开发区创森绿化工作领导小组的统一部署，镇村联动、农办和管区密切配合，完成辖区内高速公路、国道、河流两侧共 414.85 公顷的创森任务。并实现群众签订土地流转合同 100%，苗木种植大户签订绿化协议 100%，有效地引导社会资本参加，营造社会得绿、企业得利、农民得益的多赢局面。

第六章　建筑业

第一节　施工管理

2009 年以前，开发区建筑施工监督管理工作由开发区建筑施工安全监督站负责。主要负责建设工程质量、安全监督管理，协助市建设工程质量、安全监督站做好监督管理，进行工程质量、安全的监督检查，建设工程法规咨询、宣传。

2009—2017 年，安监站查处安全生产隐患 1000 余件。其中，2011 年对 5 家建筑施工企业、4 个在建工程项目、10 个单体工程下达安全隐患通知书 9 份，总建筑面积 11.34 万平方米。

2012年对4家建筑施工企业、4个在建工程项目、9个单体工程共计118条安全隐患下达安全隐患通知书16份，总建筑面积10.13万平方米。

2013年，对4家建筑施工企业、4个在建工程项目、7个单体工程共计50条安全隐患下达安全隐患通知书11份，总建筑面积15.09万平方米；进行全区在建工程隐患治理检查，重点对施工企业安保体系建设、上岗工人安全教育情况进行自查自纠，加强现场起重机械及各种安防用品用具设备使用的管理，对脚手架、施工用电、模板支撑、主体防护、基坑支护及临边设施等安全隐患进行治理检查；多次集中行动对辖区在建工程进行检查，5—12月，集中开展为期8个月的“打非治违”专项行动，与监管的在建工地签订《菏泽市建设工程扬尘污染防治目标责任书》，督促施工单位建立施工现场扬尘污染防治责任制，对施工现场实行封闭管理，在出入口设置监控装置、主要道路进行硬化处理，裸露的场地和集中堆放的土方采取固化、绿化或覆盖等防尘措施，对两层以上、建筑面积大于300平方米的城镇工程纳入规范化管理；12月，督促所有施工工地采取围挡、密闭网、覆盖、道路硬化、洒水、出入车辆冲洗等措施，所有堆场采取密闭、围挡、覆盖、绿化、喷淋、洒水等措施。2014年9月30日，安监站将丹阳街道13家在建工地列入大气污染源普查表，进行扬尘治理检查，发现问题13处，督促13家建筑工地抓紧整改，对大气污染防治起到积极督导作用；是年，对建筑施工企业128条安全隐患下达36份隐患整改通知书。2015年上半年，对建筑施工企业共计63条安全隐患下达21份隐患整改通知书。

2017年，开发区整治大气污染和安全生产事故隐患。安监站人员前往建筑工地检查扬尘治理情况，发现问题对其工地下达隐患整改通知书，并对工地项目存在安全、质量问题进行督导，独立建立文档和执法调查笔录，全年共下达环境和安全隐患整改通知书502份，收到在建工地隐患整改报告书502份，区27个规模以上建筑工地全部安装空气质量在线监测与视频监控系统，并与监管部门联网，实现规模以上建筑工地全覆盖；每月月底，向市扬尘办报送建筑工地施工扬尘专项治理工作进展情况统计表，内容包括制定工作方案、监督管理机制、信息报送制度、执法联动机制、台账个数、检查次数、检查工程个数、责令整改、行政处罚、处罚金额，对拆迁建筑工地扬尘污染加大处罚力度，对环境违法行为均按上限处罚。对辖区35个建筑工地进行集中整治，分别给予菏泽中心、名门世家罚款10万元、5万元处罚，实现7个100%的治理目标。是年12月23日，安监站按照菏泽市大气污染防治工作指挥部办公室《大气污染防治专题会议纪要》及菏泽开发区大气污染防治工作指挥部《关于发布重污染天气橙色预警启动二级响应的通知》精神，对开发区建筑工地、商混站下达采暖季及重污染天气应急响应停工告知书，保证春节期间的良好大气环境。

第二节　施工队伍

区内施工队伍 2002年，开发区建筑业实现总产值8200万元，自有机械设备总功率1150千瓦。

2003年，开发区建筑业总产值8700亿元，自有机械设备总功率2484千瓦。

2006年，开发区有建筑企业14家，签订的合同额达4.34亿元，建筑业总产值3.59亿元；自有施工机械设备1553台，总功率3.5万千瓦，设备净值1.09亿元；有从业人员9718人，其中管理人员368人、工程技术人员1075人、持有一级资质证书的项目经理277人。

2009 年，开发区有建筑企业 30 个，签订合同额为 9.98 亿元，建筑业总产值 8.11 亿元。

2010 年，开发区建筑企业自有施工机械设备 1143 台，总功率 6.13 万千瓦，设备净值 1.32 亿元；有从业人员 1.75 万人，其中管理人员 872 人、工程技术人员 2103 人、一级建造师 197 人。

2012 年，开发区有建筑企业 27 个，签订合同额 30.57 亿元，建筑业总产值 19.26 亿元；自有施工机械设备 783 台，总功率 1.49 万千瓦，设备净值 3800 亿元；有从业人员 2.53 万人，其中管理人员 1162 人、工程技术人员 2362 人、一级建造师 104 人、现场施工人员 2.29 万人（持证上岗 2.12 万人）。

2013 年，开发区有建筑企业 23 个，签订合同额 40.82 亿元，建筑业总产值 20.5 亿元；自有施工机械设备 946 台，总功率 1.42 万千瓦，设备净值 3500 万元；有从业人员 2.18 万人，其中工程技术人员 2541 人、一级建造师 114 人、现场施工人员 2.03 万人（持证上岗 1.6 万人）。

2014 年，开发区有建筑企业 26 个，签订合同额 55.71 亿元，建筑业总产值 31.02 亿元；自有施工机械设备 1523 台，总功率 3.11 万千瓦，设备净值 4400 元；有从业人员 2.44 万人，其中工程技术人员 3336 人、一级建造师 154 人、现场施工人员 2.26 万人（持证上岗 1.8 万人）。

2015 年，开发区有建筑企业 25 个，签订合同额 67.24 亿元，建筑业总产值 36.6 亿元。

2017 年，开发区有建筑企业 46 个，签订合同额 84.84 亿元，建筑业总产值 45.17 亿元；自有施工机械设备 3241 台，总功率 8.13 万千瓦，设备净值 1.71 亿元；有从业人员 3 万人，其中工程技术人员 3692 人、现场施工人员 2.48 万人。

2018 年，开发区内的主要建筑企业有山东岳建建设集团有限公司、菏泽德合建工集团有限公司、菏泽市垚森建筑工程有限公司、菏泽万山建筑工程有限公司、山东庆友建筑有限公司等企业。

区外建筑队伍 **菏泽市内建筑企业** 菏泽市在开发区从事施工工程的企业主要有菏泽城建工程发展集团有限公司、山东菏建建筑集团有限公司、中住建设集团有限公司、山东中达实业集团有限公司、菏泽天安房地产有限公司、菏泽交通集团房地产有限公司、菏泽金龙房地产开发有限公司、菏泽嘉翔房地产开发有限公司、天攻建设集团有限公司、山东菏建白云建筑有限公司、菏泽市立乾建筑工程有限公司、山东建远百氏集团有限公司、山东庆友建筑有限公司等企业。

菏泽市外建筑企业 宁夏悦海国际投资建设集团有限公司、宁夏开元建筑有限公司、河南信友集团置业有限公司、中国建筑第五工程局有限公司、中铁十四局集团有限公司、济南宏建建设工程有限公司、山东莱钢建设有限公司、福建和瑞建设工程有限公司、建省利恒建设工程有限公司、广州天力建筑工程有限公司。

区外（菏泽市外）建筑企业在开发区承建项目统计表

表3–23

序号	建筑企业名称	承建项目	项目地址
1	宁夏悦海国际投资建设集团有限公司	京九馨港	开发区人民路与五屯路交会处东南角
2	宁夏开元建筑有限公司	京九馨港	开发区人民路与五屯路交会处东南角
3	河南信友集团置业有限公司	天润府	开发区人民路大屯立交桥东侧
4	中国建筑第五工程局有限公司	中央公园	开发区人民路与五屯路交会处西北角
5	中铁十四局集团有限公司	中央公园	开发区人民路与五屯路交会处西北角

续表3-23

序号	建筑企业名称	承建项目	项目地址
6	济南宏建建设工程有限公司	华英路小学	开发区人民路与五屯路交会处往西200米
7	山东莱钢建设有限公司	刘庄佳苑	开发区中华路与府南街东南角
8	福建和瑞建设工程有限公司	国府大院	开发区人民路与八一路口向东100米
9	福建省利恒建设工程有限公司	中央檀府	开发区人民路以东、丹阳路以北
10	广州天力建筑工程有限公司	富力城	开发区人民路与闽江路交会处东南角

第三节　建筑设备

瓦工设备　1992年，区内建筑施工瓦工手操传统工具，主要有手锤、钻子、瓦刀、抹子、甩子、托灰板、水平仪等。随建筑业的发展，工具技术不断进步，机械工具逐年增加。到2018年，瓦工机具在保留、革新传统工具基础上，增加混凝土搅拌机、砂浆搅拌机、淋灰机、满动器、打夯机、挖掘机、打桩机、钢筋切割机、弯曲机、弯箍机、调直机、拉伸机、气焊机、电焊机、对焊机等30多种机械，实现机械化操作。

木工设备　1992年，区内建筑施工木工手操传统工具，主要有斧头、凿子、推刨、锯、墨斗、线垂、拐尺等10余种。1992年以后，传统木工工具在施工中逐步被机械工具取代，破木、刨削、凿眼、开榫工具逐步机械化。到2018年，木工机械主要有刨床、钻床、切割床、开榫机、木工带锯、刨带锅、大带锯、木材烘干机等20余种。

运载机械

1994年以前，物料水平运载，场外主要靠拖拉机、汽车，场内有胶轮手推车、独轮手推翻斗车、地排车、大板车等。物料垂直运载，主要机具是钢井架、卷扬机、汽车起重机等。1999年后，随着建筑业的发展，运载机械增加较快。到2018年，主要运载机械有单斗挖掘机、推土机、铲运机、履带式起重机、轮胎式起重机、汽车式起重机、塔式起重机、载重汽车、自卸汽车、拖车、装载机、机动翻斗车、混凝土泵车等20余种机械。

辅助机具　开发区内传统建筑辅助施工工具有油漆刷、玻璃刀、水胶、安装钳等。进入20世纪90年代后，辅助机具大为改善。机械工具有空气压缩机、喷涂机、扎钉机、冲孔机、铲沟冲击锤、大理石切割机、瓷砖切割机、手提水磨石机等。传统木制或竹制胎板、支围架，为钢胎、钢管、螺卡所取代。到2018年，在辖区建筑施工中经常使用的辅助机械有50余种。

第四节　建筑工程技术

基础工程技术　天然地基　辖区部分地区岩层浅，基础好，承重力强，一般工业、民用、矮层建筑，地基开槽挖到原岩石、硬土或粗沙层，经清理夯实，打垫层，即可承负建筑物体。

复合地基　辖区内复合地基有多种做法。换填垫层法，即挖去地表浅层软弱土层或不均匀土层，回填坚硬、较粗粒径的材料，并夯压密实，形成垫层。这种处理方法，造价较低，性能稳定，常用于轻型建筑、堆料场及道路工程等。强夯法是将5～10吨的重锤，吊至5～10米高自由落下，对地基进行强力夯实，提高地基的承载力。砂石桩法是采用振动、冲击或水冲等方式在地基中成孔后，将碎石、砂挤压孔中，形成砂石所构成的密实桩体并和原桩固土组成复合地基。有的企业采用干振挤密碎石桩法成桩，有的采用振冲碎石桩法成桩。

桩基　辖区内桩基主要有灌注桩和预制桩两种。灌注桩采用钻孔灌注，预制桩采用混凝土预制。

墙体工程技术　砌筑　建区前，辖区民宅与公用房，地基以上多用红砖砌墙，辅以上下圈梁黏合剂主要为水泥石灰混合砂浆，水泥勾缝，内墙砂灰打底，白灰抹面。建区后，辖区内平房逐渐停建，楼房兴起，砖混结构，墙体用料基本是黏土砖，要求砖的强度不低于 M10。墙体厚度为 240 ~ 370 毫米。砌筑质量要求横平竖直，边角整齐。砌体砂浆有混合砂浆、水泥砂浆、防水砂浆等。2000 年起，逐步取消砖混结构，黏土砖停止使用，采用框架工程填充墙，大多采用混凝土轻质砌块、粉煤灰砌块、空心棚块等砌体。

钢筋混凝土浇灌　辖区钢筋混凝土浇灌技术始于 20 世纪 80 年代。砖混结构施工中，用木模板支胎，安扎钢筋，混凝土浇灌；或用预制圈梁、简支梁、楼面板、挑檐、门窗过梁、楼梯踏板等构件。其程序是先砌筑围墙和承重墙，浇灌圈梁、简支梁，后安装楼板。墙体厚度视建筑物的负荷大小而定。以钢筋混凝土框架结构为主体的建筑，其程序是先浇灌主体柱、梁、楼板、屋面板，再进行吊装，焊接成框架承重系统，最后填充墙体材料。钢筋混凝土浇灌，应严格按配合比、水灰比、场落度操作。浇灌时要振荡密实，浇筑后及时养护，以增加钢筋混凝土的坚固度。

屋顶工程技术　平屋顶建区初期，楼房屋面多为平顶。屋顶为混凝土预制件吊装。屋顶防水层用毡或油纸，加沥青胶结分层粘贴，多用加热法施工。采用三毯四油、沥青珍珠岩三油二毡一砂等防水。20 世纪 90 年代以后，新材料层出不穷，如聚氨醋、SBS、SBC、改性沥青、涂膜 LM 等，旧材料逐步淘汰。

坡屋顶　1992 年后辖区坡屋面普遍应用。坡屋面多为混凝土屋架，部分为木屋架，覆面采用红平瓦、三曲瓦居多，映红瓦、彩钢瓦次之，琉璃瓦较少。混凝土屋架优点是无建筑通病，不漏雨，冬暖夏凉，居民喜欢。木质屋架优点是保温性好，但与钢筋混凝土屋架相比，耐久性较差。

装饰工程技术　外墙装饰　20 世纪 90 年代，外墙装饰采用水刷面、水刷石，同时利用建筑涂料采用“喷、滚、弹、涂”工艺，做成各种色彩图案饰面。在公共建筑和住宅小区，采用贴瓷砖、马赛克、墙面砖和弹涂饰面等。墙裙、墙柱部分挂天然花岗岩、大理石和玻璃幕墙。到 2017 年，外墙以平墙面为主，辅以窗套、装饰线；用材以面砖为主，辅以涂料、幕墙、挂板。

内墙装饰　1992 年以后，辖区房屋内墙装饰变化很大。到 2017 年，内墙装饰由传统的白灰饰面，发展到喷刷各类涂料，铺贴塑料墙纸、墙布及各类装饰，镶嵌各类艺术装饰板、石雕、金历浮雕、壁画及玻璃制品，铺贴各类天然和人造石材等。吊狮麻刀白灰发翻各类塑料吊顶、金属吊顶、纸面石膏装饰板、浮雕石膏装饰板、墙纸或纸花板、玻璃钢装饰板、矿棉或膨胀珍珠岩等吸音装饰板。在施工方式上，由“湿法”作业向“干法”作业发展。门窗由木质，发展到钢窗、铝合金门窗、塑钢门窗。

截至 2018 年，开发区新建工程，加深加大基础工程，钢筋混凝土工程普遍增加钢筋系数，增加预制构件毗接牢固性和建筑工程的整体性，以防范地震等自然灾害。

第五节　建筑施工成果

1992 年，菏泽经济开发区成立后，大力进行基础设施建设，区域扩大后把整个城区向东转移。2002 年开始，开发区以标志性地段、标志性建筑物、标志性建筑群为重点，加强标志性景观建设。

2002 年全区建筑业施工项目 25 个，竣工 6 个，房屋竣工面积 1.89 万平方米。

2003 年，全区房屋建筑竣工面积 9.4 万平方米。

2006 年，开发区房屋施工面积 95.5 万平方米，新开工面积 69.15 万平方米，新建面积 1 万平方米以上的商业设施 4 处。房屋竣工面积 24.25 万平方米，其中厂房、仓库 2.4 万平方米，住宅房屋 14.8 万平方米，办公用房 6.98 万平方米。

2007 年，新建居民小区 25 个，总规划面积 240 万平方米，建成面积 145 万平方米，在建面积 44.8 万平方米，建成帝都花园、东站新村、佳合花园二期工程。改造何楼、党庄旧村。

2009 年，开发区开建奥林花园、盛世豪庭、陶然美地、鹏远华府等 8 个项目和国贸中心。

2010 年，建设齐鲁汽配城，开工建设小区 65 个，其中高层和小高层 501 栋。全年房屋施工面积 102.53 万平方米，其中新开工面积 59.78 万平方米。房屋竣工面积 20.03 万平方米，其中：厂房、仓库 3.47 万平方米，住宅房屋 13.85 万平方米，办公用房 2.3 万平方米，教育用房 0.41 万平方米。

2011 年，建设保障性住房 773 套，开 2 建设经济适用房 3 处。

2012 年，开发区房屋施工面积 137.34 万平方米，新开工面积 103.9 万平方米。房屋竣工面积 51.83 万平方米，其中住宅用房 30.77 万平方米，商业及服务用房 3.03 万平方米（商厦用房 2.26 万平方米、宾馆用房 0.77 万平方米），办公用房 3.82 万平方米，科研、教育、医疗用房 5.75 万平方米（科学研究用房 0.53 万平方米、教育用房 2.85 万平方米、医疗用房 2.37 万平方米），厂房及建筑物 10.29 万平方米。

2013 年，开发区房屋施工面积 167.11 万平方米，新开工面积 82.36 万平方米。房屋竣工面积 82.03 万平方米，其中住宅房屋 59.96 万平方米，商业及服务用房 2.77 万平方米（商厦房屋 1.85 万平方米、餐饮用房 0.7 万平方米、商务会展用房 0.22 万平方米），办公用房 1.94 万平方米，科研、教育、医疗用房 2.13 万平方米（科学研究用房 0.42 万平方米、教育用房 0.7 万平方米、医疗用房 1.01 万平方米），厂房及建筑物 13.84 万平方米（厂房 12.11 万平方米），仓库 0.84 万平方米。辖区开工建设 2 个安置小区和高科创业园、医疗养生基地。

2014 年，开发区年房屋施工面积 228.23 万平方米，新开工面积 159.07 万平方米。房屋竣工面积 124.57 万平方米，其中：住宅房屋 114.51 万平方米，商业及服务用房 0.66 万平方米，办公用房 2.25 万平方米，科研、教育、医疗用房 1.32 万平方米（其中：科学研究用房 0.4 万平方米、教育用房 0.66 万平方米、医疗用房 0.26 万平方米），文化、体育和娱乐用房 0.53 万平方米，厂房 4.51 万平方米，仓库 0.79 万平方米。辖区加快建设东南湖区，相继开工建设高科技创业园、南湖康复养老中心等项目；建筑面积 74 万平方米的闽江路安置小区全面开工，火车站及广场改造顺利完工。88 栋、23 万平方米的安置小区竣工投用。

2015 年，开发区房屋竣工面积 118.81 万平方米，其中住宅房屋 100.83 万平方米，商业及服务用房 1.41 万平方米（餐饮用房 0.81 万平方米、居民服务业用房 0.6 万平方米），办公用房 3.26 万平方米，科研、教育、医疗用房 7.1 万平方米（科学研究用房 1.08 万平方米、教育用房 5.1 万平方米、医疗用房 0.92 万平方米），文化、体育和娱乐用房 0.87 万平方米，厂房及建筑物 4.67 万平方米（厂房 0.68 万平方米），仓库 0.68 万平方米。是年，妇幼保健院、南湖康复养老中心、老年福利中心加快建设。新开工 16 个城市综合开发项目，实施4个棚户区改造项目，重点建设东南湖区新区，加快建设闽江路安置小区。

2016年，新开工建设玉皇新能源产业园、华立新材料、万达广场、红星美凯龙等21个工业和服务业项目，天宇锂电池、北新汇隆新型建材、润德新材料、道中道激光器等25个项目及18万平方米高科技创业园竣工；11个棚户区改造项目全部完成，提前启动2017年2个棚改项目，丹阳路立交桥主桥贯通，洞庭路、闽江路安置小区加快建设，26处停车场、便民市场、全民健身工程建成投用。

2017年，开发区房屋施工面积184.73万平方米，新开工面积110.85万平方米。房屋竣工面积89.81万平方米，其中住宅房屋78.15万平方米，商业及服务用房0.98万平方米，办公用房2.96万平方米，科研、教育、医疗用房1.58万平方米（科学研究用房0.53万平方米、教育用房0.67万平方米、医疗用房0.38万平方米），文化、体育和娱乐用房0.29万平方米，厂房及建筑物4.68万平方米（其中：厂房0.8万平方米），仓库1.17万平方米。

2018年，新开工建设项目500万平方米，竣工220万平方米。

第六节　建筑企业

菏泽城建工程发展集团有限公司　（简称城建集团）成立于2009年6月11日，注册资金1.01亿元。2017年，城建集团有正式职工179人，其中高级职称23人、中级职称161人。主要施工设备有渣土车、挖掘机、商混车、铲车等。

企业资质　房屋建筑工程施工总承包一级资质。

承建项目　城建集团在开发区承建的工程项目有东南湖区闽江路安置小区、一中南棚改、九年一贯制学校、市直幼儿园、合肥路小学、城建华府小区、城建国际广场、翰林华庭小区、怡欣花园小区、赵王河新村小区、古园小区、滨河新城小区、医专疗养院。其中，闽江路安置小区占地26.82万平方米、东南湖洞庭路安置小区占地2.9万平方米，一中南棚改项目安置小区占地2.95万平方米；总建筑面积，闽江路安置小区为72.61万平方米，东南湖洞庭路安置小区为34.21万平方米，一中南棚改项目安置小区为42.96万平方米；规划居住户数，闽江路安置小区为4354户，东南湖洞庭路安置小区为1972户，一中南棚改项目安置小区为2600户。容积率，闽江路安置小区为2.091%，洞庭路小区为1.93%，一中南棚改小区为2.11%；绿化率，闽江路安置小区为30%，洞庭路小区为30%，一中南棚改小区为30%。2018年开发区在建项目6个，在建建筑面积148万平方米。

闽江路安置小区B、C、E三个小区（单体楼数量42栋，总建筑面积为72.13万平方米），B、C区开工日期为2015年2月10日，B、C区计划竣工日期在2019年5月1日，完成情况：2018年B、C区楼内基本完成，剩余少量维修工程和室外散水、台阶等工程。E区开工日期为2016年7月4日，E区计划竣工日期在2019年8月20日；E区楼内完成窗户安装、抹灰、厨卫间墙砖、地暖盘管等施工。

洞庭路安置小区一期（单体楼数量19栋，总建筑面积34.24万平方米），开工日期为2016年7月4日；现已完成内墙抹灰、厨卫间墙砖、地暖盘管等施工。

绿建科创园中德职教中心（单体楼数量20栋，总建筑面积21.04万平方米），开工日期为2018年5月。完成情况：9#楼主体已完成，部分楼已完成基础结构施工，进行主体结构施工；部分楼进行土方开挖、基础施工。

绿建集成产业园（单体楼数量 11 栋，总建筑面积 10.33 万平方米），开工日期为 2018 年 5 月；1#、2# 车间主体已完成，现进行楼内外装饰装修施工；其他各车间正进行主体结构施工。

城建国际广场二期（单体楼数量 3 栋，总建筑面积 4.3 万平方米），开工日期约在 2018 年 7 月；基础结构已完成，现进行主体结构施工。

一中南棚改（单体楼数量 5 栋，总建筑面积 6.02 万平方米），开工日期约在 2017 年 4 月；基础结构已完成，现进行主体结构施工。

获得荣誉　城建集团在开发区建设配套设施获得荣誉有 2016 年，城建国际广场 2# 楼获得“山东省建设工程优质结构杯”奖，东南湖区洞庭路安置小区 4–6#、11–18# 楼获评“菏泽市建筑施工安全文明标准化优良工地”；2017 年，东南湖区洞庭路安置小区 6# 楼获得“菏泽市建设工程优质结构杯”奖，东南湖区闽江路安置小区 59# 楼获得“菏泽市建设工程优质结构杯”奖，东南湖区洞庭路安置小区 6# 楼获得“山东省建设工程优质结构杯”奖，东南湖区洞庭路安置小区 1#、3#、4#、6#、12# 楼获得“菏泽市建筑施工安全文明标准化优良工地”奖，CFG 桩截桩质量控制获得“菏泽市 QC 优秀奖”，提高防护栏杆的合格率获得“菏泽市 QC 优秀奖”，新型预留线管防护套管的研制获得“菏泽市 QC 优秀奖”，提高二次结构线盒一次安装合格率获得“山东省 QC 优秀奖”，伸缩式建筑施工护栏和新型防水预埋套管申请专利；2018 年，翰林华庭 12#、19# 楼获得 2018 年度“山东省装配式建筑示范工地”；城建国际广场在此期间获 2018 年度牡丹杯 BIM 技术大赛施工组织二等奖。另外，分公司积极开展 QC 活动，其中 QC 课题《切割线槽降尘装置的研制》获得 2018 年山东省建筑业优秀 QC 小组成果奖项并在西安进行成果发布，并在 2019 年对 QC 课题进行深入探讨，争取省级奖项。

山东菏建建筑集团有限公司　（简称菏建集团）源于 1951 年 6 月成立的菏泽县建筑工会。1995 年 7 月，成为山东省菏泽地区建筑总公司。2001 年 3 月，改称菏泽市建筑工程总公司。2001 年 9 月，成立菏泽市建安工程局。2002 年 12 月，正式成立山东菏建建筑集团有限公司。原办公地址在菏泽市青年路 9 号，2013 年 11 月 13 日搬迁至开发区广州路 1777 号，2016 年 10 月 20 日搬迁至开发区长江路 7177 号菏建集团新建综合办公大楼。2017 年，菏建集团拥有在册职工 2127 人，其中高级职称 47 人、中级职称 215 人，下辖 15 个分公司、16 个子公司、9 个专业分公司，为大型国有企业集团。

菏建集团获得中国建设工程鲁班奖

菏建集团获评全国守合同重信用企业

企业资质　菏建集团资质等级有建筑工程施工总承包一级、市政公用工程施工总承包二级、地基基础工程施工专业承包一级、起重设备安装工程专业承包二级、防水防腐保温工程专业承包一级、钢结构工程专业承包二级、建筑装修装饰专业承包一级、建筑幕墙工程专业承包二级、古建筑工程专业承包二级。经营范围包括建筑施工、市政工程、装修装饰、机电设备安装、消防、铝塑门窗和钢结构制作安装、装配式建筑、新型材料、房地产开发、物业管理及劳务服务、建筑教育培训等20余个领域。

承建项目 1995—2017年，菏建集团先后建造冀鲁豫边区革命纪念馆、中国林展馆、菏泽大剧院、菏泽110反恐应急指挥中心、齐鲁工业大学、菏泽市民文化中心等一大批城市标志性建筑，在开发区投资开发建设华英嘉园、菏泽数码大厦等一系列房产项目。

获得荣誉 截至2017年，菏建集团共获得全国和省部级优质工程300多项。其中鲁班奖1项、国家优质工程2项、“泰山杯”工程31项、四川省“天府杯”工程6项、国家AAA级安全文明标准化诚信工地4个，拥有国家专利3项，国家级、省级科技进步奖、工法、成果等66项。先后获得“全国守合同重信用企业”“全国文明单位”“全国优秀施工企业”，山东省先进单位、文明单位、AAA级资信企业、文明诚信百佳企业、建筑施工企业综合实力50强，菏泽市首届“市长质量奖”等称号。

2009—2018年菏建集团开发区获奖工程统计表

表3-24

年份	获奖项目及获奖工程名称	建筑面积（平方米）	层数	价款（万元）	位置
2009	“泰山杯”（菏泽市金鼎凤凰城A#楼）	—	—	2406.30	振兴路以东，中华以北，桂陵路以西
2009	新技术应用示范工程、2011年中国建设工程鲁班奖（菏泽大剧院）	31141.00	—	8210.66	天香路以东，永昌路以备，八一路以南，华英路都庄新村以西
2009	新中国成立60周年山东省精品建设工程（菏泽市牡丹广场、菏泽大剧院）	—	—	—	天香路以东，永昌路以备，八一路以南，华英路都庄新村以西
2009	新中国成立60周年山东省精品建设工程（菏泽市冀鲁豫边区革命纪念馆）	—	—	—	太原路以东，丹阳路以北，八一路交警支队以南，天香路以西
2009	安全文明小区（菏泽华英嘉园区2#楼）	9307.80	11+1	8256.39	华英路以东，长江路以北，人民路西，中山路以南
2009	安全文明小区（菏泽华英嘉园区4#楼）	15291.60	17+1	—	华英路以东，长江路以北，人民路西，中山路以南
2009	安全文明小区（菏泽华英嘉园区8#楼）	16976.00	17+1	—	华英路以东，长江路以北，人民路西，中山路以南
2009	安全文明小区（菏泽华英嘉园区9#楼）	32962.00	26+1	—	华英路以东，长江路以北，人民路西，中山路以南
2009	“牡丹杯”（菏泽金鼎凤凰城A#楼）	—	—	2406.30	振兴路以东，中华路以北，桂陵路以西
2009	安全文明示范工程（盛世豪庭14、15#楼）	—	—	—	人民路公园一号东，黄河路天宏小区以南，欣欣嘉园以西，畅志园以北
2009	安全文明优良工程（城市综合开发中心1#楼）	21295.00	18	2796.00	—
2010	泰山杯证书（金鼎凤凰城A#楼）	—	—	2406.30	振兴路以东，中华路以北，桂陵路以西
2011	“泰山杯”（菏泽市菏清园小区2#住宅楼）	—	—	—	市公安局以东，华英路以西，八一路以北，菏泽规划局以南
2011	安全文明示范工地（菏泽市社会福利院儿童中心楼）	9706.00	4	1278.00	广州路钱塘路路口西北角
2011	安全文明示范工地（和平人家10、11、13、14#楼）	10515.00	5+1	1128.00	和平路华侨城以东，和平路颐馨园以南

续表3-24

年份	获奖项目及获奖工程名称	建筑面积（平方米）	层数	价款（万元）	位置
2011	安全文明优良工地（盛世豪庭11、12#楼）	12823.00	11+1	1042.45	人民路公园一号东，黄河路天宏小区以南，欣欣嘉园以西，畅志园以北
2011	菏泽市优良工程（菏泽医学专科学校图书楼）	21016.00	8+1	2929.00	牡丹路以东，大学路以北，长城路以南
2012	省安全文明示范工地（反恐应急及公安指挥中心）	56367.00	11+4	9978.11	八一路以北、天香路以东
2012	省安全文明示范工地（景岸家园1号2号楼及地下车库）	22472.00	18	4598.00	天香路以东、八一路以北
2012	省安全文明优良工地（国花嘉苑3#楼）	18575.00	18+1	2503.00	天香路以西、长城路以南
2012	省安全文明优良工地（赵王河新村5、10、11#楼）	35208.00	—	5107.99	桂陵路以东、松花江路以南
2012	山东省建筑工程质量泰山杯（菏泽市华英嘉园1#楼）	—	—	—	华英路以东，长江路以北，人民路西，中山路以南
2012	市安全文明示范工地（菏泽数码大厦）	32500.00	22+1	4700.00	人民路以西，海关以北，开发区管委会以南
2012	市安全文明示范工地（和平人家16、17、18#楼）	—	—	—	和平路华侨城以东，和平路颐馨园以南
2012	市安全文明示范工地（菏泽市维多利亚港湾小区建设工程主楼）	40293.00	31	4333.00	天香路以东，丹阳路以南，中医院以西
2012	市安全文明示范工地（中共菏泽市委党校教学科研楼）	13051.00	8+1	2043.00	广州路市妇幼保健院以西
2012	市安全文明示范工地（菏泽中达尚城2、3#楼）	—	—	—	—
2012	菏泽市优良工程（菏建华英嘉园2#、4#、8#、9#楼）	—	—	—	华英路以东，长江路以北，人民路西，中山路以南
2012	菏泽市优良工程（盛世豪庭11#楼）	—	—	—	人民路公园一号东，黄河路天宏小区以南，欣欣嘉园以西，畅志园以北
2012	菏泽市优良工程（和平人家13#楼）	—	—	—	和平路华侨城以东，和平路颐馨园以南
2012	菏泽市“牡丹杯”工程（盛世豪庭11#楼）	—	—	—	人民路公园一号东，黄河路天宏小区以南，欣欣嘉园以西，畅志园以北
2012	菏泽市“牡丹杯”工程（和平人家13#楼）	—	—	—	和平路华侨城以东，和平路颐馨园以南
2012	菏泽市“牡丹杯”工程（菏建华英嘉园1#楼）	—	—	—	华英路以东，长江路以北，人民路西，中山路以南
2012	菏泽市“牡丹杯”工程（菏建华英嘉园5#楼）	—	—	—	华英路以东，长江路以北，人民路西，中山路以南
2012	施工现场综合管理样板工程（景岸家园1、2#楼）	22472.00	18	4598.00	天香路以东，菏泽市公安局以北，
2012	施工现场综合管理样板工程（菏泽盛世豪庭住宅楼）	—	—	—	人民路公园一号东，黄河路天宏小区以南，欣欣嘉园以西，畅志园以北
2012	施工现场综合管理样板工程（菏泽华英嘉园住宅楼1#工程）	—	—	—	华英路以东，长江路以北，人民路西，中山路以南
2012	施工现场综合管理样板工程（菏泽华英嘉园住宅楼5#工程）	—	—	—	华英路以东，长江路以北，人民路西，中山路以南
2013	山东省建设工程优质结构杯奖（古园小区10#楼）	—	—	—	牡丹路以东，太原路以西
2013	山东省住宅工程质量通病专项治理示范工程（景岸家园1#楼）	22472.00	18	4598.00	天香路以东，菏泽市公安局以北，
2013	山东省建筑施工安全文明优良工地（菏泽赵王河新村三期工程12、17、18#楼）	—	—	—	桂林路人社局以北
2013	山东省建筑施工安全文明优良工地（菏泽市拆迁安置古园小区1、2、10#楼）	—	—	—	牡丹路以东，太原路以西

续表3-24

年份	获奖项目及获奖工程名称	建筑面积（平方米）	层数	价款（万元）	位置
2013	菏泽市建设工程优质结构杯奖（古园小区10#楼）	—	—	—	牡丹路以东，太原路以西
2013	安全文明优良工地（百盛商务中心）	—	—	—	
2013	安全文明优良工地（南华康城9#楼）	—	—	—	华英路以东，人民路以西，八一路以北，康庄路以南
2013	菏泽市建设工程质量“牡丹杯”奖（景岸家园1#楼）	—	—	—	天香路以东，菏泽市公安局以北，
2014	省建筑施工安全文明优良工地（帝都东城国际7、8、9、10、11、12、13#楼）	93394.00	30+2	14000.00	武汉路以东，广州路以西，长江路以北，巢湖路以南
2014	山东省建设工程优质结构杯奖（中国电信股份有限公司菏泽分公司通信枢纽）	9497.00	7+1	1526.00	长城路桂陵路口向南路西
2014	山东省住宅工程质量通病专项治理示范工程（南华康城二期9#楼）	26256.00	28+2	3406.00	华英路以东，人民路以西，八一路以北，康庄路以南
2014	山东省建筑业新技术应用示范工程（菏泽供电公司生产运维中心综合楼）	9900.00	11+1	1713.00	人民路以东，中华路以北
2014	菏泽市建设工程优质结构杯奖（赵王河新村17#楼）	—	—	—	桂陵路以东、松花江路以南
2014	菏泽市建设工程优质结构杯奖（中国电信股份有限公司菏泽分公司通信枢纽楼）	9497.00	7+1	1526.00	长城路桂陵路口向南路西
2014	菏泽市建设工程优质结构杯奖（帝都东城国际12#楼）	—	—	—	武汉路以东，广州路以西，长江路以北，巢湖路以南
2014	菏泽市建筑施工安全文明示范工地（菏泽荣泰怡欣花园小区2、4、5、7#楼）	70997.00	27+1	11396.00	—
2014	菏泽市建筑施工安全文明示范工地（中国电信股份有限公司菏泽分公司通信枢纽楼）	9497.00	7+1	1526.00	长城路桂陵路口向南路西
2014	菏泽市工程质量“牡丹杯”奖（南华康城9#楼）	26256.00	28+2	3406.00	华英路以东，人民路以西，八一路以北，康庄路以南
2015	山东省建筑施工安全文明标准化示范工地（山东德睿节能科技有限公司综合楼）	10877.00	9	1348.00	福州路和中华东路口想东路南
2015	山东省建筑施工安全文明标准化优良工地（山东玉皇化工科研中心项目）	44286.00	10	6776.00	长江东路以北，福州路以东
2015	山东省建筑施工安全文明标准化优良工地（菏建。华英嘉园二期A1～A6#楼）	88230.00	30+2	12352.00	华英路以东，长江路以北，人民路西，中山路以南
2015	山东省建筑施工安全文明标准化小区（菏泽金桂花园小区1～11#楼）	155000.00	18+2	21500.00	长城路以南，桂陵路以东，郭楼村以西
2015	山东省建筑工程优质结构杯（华英嘉园二期A3#楼）	—	—	—	华英路以东，长江路以北，人民路西，中山路以南
2015	山东省建筑工程优质结构杯（怡欣花园小区4#楼）	—	—	—	—
2015	山东省建筑工程优质结构杯（菏泽医学专科学校3号楼）	17074.00	6	2481.19	牡丹路以东，长城路以南，大学路以北
2015	菏泽市建设工程优质结构杯（怡欣花园小区4#、5#楼）	—	—	—	—
2016	山东省安全文明优良工地（东城国际16、21#楼）	—	—	—	武汉路以东，广州路以西，长江路以北，巢湖路以南
2016	山东省安全文明示范工地（东城国际综合楼）	56484.00	26+2	9082.13	武汉路以东，广州路以西，长江路以北，巢湖路以南
2016	山东省建设工程优质结构杯（东城国际综合楼）	56484.00	26+2	9082.13	武汉路以东，广州路以西，长江路以北，巢湖路以南
2016	山东省建设工程优质结构杯、2016年度菏泽市建设工程质量“牡丹杯”（名门世家5#楼）	26135.00	33	2741.66	长江路人民路路口西南角

续表3-24

年份	获奖项目及获奖工程名称	建筑面积（平方米）	层数	价款（万元）	位置
2016	菏泽市建设工程优质结构杯（欧洲城住宅小区9、10#楼）	—	—	—	牡丹路以东，太原路以西，长江路以北，中山路以南
2016	菏泽市建设工程优质结构杯（帝都东城国际21#楼）	—	—	—	武汉路以东，广州路以西，长江路以北，巢湖路以南
2016	菏泽市建设工程优质结构杯（帝都东城国际综合楼）	56484.00	26+2	9082.13	武汉路以东，广州路以西，长江路以北，巢湖路以南
2016	菏泽市安全文明示范工地（名门世家5#楼）	—	—	—	长江路人民路路口西南角
2016	菏泽市安全文明示范工地（永昌名邸东方夏威夷12、13#楼）	—	—	—	演武楼以东，永昌路以北，都庄新村以南
2016	菏泽市工程质量“牡丹杯”奖（舜馨苑小区东11#楼）	—	—	—	佃户屯医院以西，菏泽一中附属初中以南
2015	山东省建筑业新技术应用示范工程（菏泽医学专科学校3#实验楼工程）	—	—	—	大学路以北，长城路以南，牡丹路以东
2016	2016年“AAA级安全文明标准化工地”（东城国际综合楼项目）	56484.00	26+2	9082.13	武汉路以东，广州路以西，长江路以北，巢湖路以南
2017	2016年度菏泽市建设工程质量“牡丹杯”（中国电信股份有限公司菏泽分公司通信枢纽工程通信主楼工程）	9497.00	7+1	1526.00	—
2017	菏泽一中南校区扩建工程教学楼工程（2016年度山东省建筑施工安全文明标准化优良工地、2016年度“菏泽市建设工程优质结构杯”）	31509.00		5729.00	—
2017	2016年度“菏泽市建设工程优质结构杯”（东方夏威夷1#楼工程）	20861.00	18+2	2930.00	演武楼以东，永昌路以北，都庄新村以南
2017	2016年度“菏泽市建设工程优质结构杯”（山东嘉华食品有限公司一期10000吨冷藏库工程）	11099.00	框架3层	1360.44	长江路以北，福州路以西
2018	菏泽市建设工程优质结构杯奖（帝都东城国际29#、30#楼工程）	24190.00	28+0	2903.00	武汉路以东，广州路以西，长江路以北，巢湖路以南
2018	菏泽市建设工程优质结构杯奖（帝都东城国际27#、28#楼工程）	37150.00	30+2	4500.00	武汉路以东，广州路以西，长江路以北，巢湖路以南
2018	菏泽市建设工程优质结构杯奖（永昌国际大厦工程）	24650.00	18+1	2530.60	永昌路人民路口西北角
2018	菏泽市建设工程优质结构杯奖（菏建华泰嘉园B2#楼工程）	14764.00	27+2	2067.00	人民路以东，长江路以南

中住建设集团有限公司 （简称中住集团）2007年8月成立，位于菏泽开发区黄河东路1556号，注册资金2亿元，实缴资金5100万元。2007年8月9日，菏泽天华建筑劳务分包有限公司成立。2007年9月13日，更名为菏泽天华建筑安装工程有限公司。2011年9月22日，更名为菏泽天华建工集团有限公司。2012年3月7日，菏泽天华建工集团正式注册成立。2014年12月15日，更名为山东中住建设集团有限公司。2017年2月3日，正式更名为中住建设集团有限公司。中住集团注册资金增至3.1亿元，职工134人。其中高级职称34人、中级职称47人。施工设备主要有50塔吊20台、63塔吊13台、80塔吊10台、施工电梯12部。

企业资质 中住集团获得建筑工程施工总承包一级资质，市政公用工程施工总承包二级资质，钢结构工程专业承包二级资质，建筑装修装饰工程专业承包二级资质，建筑机电安装工程专业承包二级资质。

承建项目 在开发区主要建设开发天华·明

珠小区、天华·交通家园、惠泽明珠小区、天华·领秀城小区、菏泽市人力资源市场综合楼、鲁商·凤凰城商业二期工程、开发区九年一贯制学校、万象广场。

获得荣誉 天华·明珠小区项目获得2012年度“菏泽市建设工程优质结构杯”奖、2012年度“山东省建筑施工安全文明小区”、2013年度“菏泽市施工现场综合管理样板工程”、2013年度“山东省施工现场综合管理样板工程”、2013年度菏泽市建设工程质量“牡丹杯”奖。天华·交通家园获得2011年度“菏泽市建筑施工安全文明示范工地”、2012年度菏泽市建设工程质量“牡丹杯”、2012年度“全市施工现场综合管理样板工程”、2012年度“山东省施工现场综合管理样板工程”。康馨雅苑经济适用房项目获得2012年度“菏泽市建筑施工安全文明优良工地”、2013年度“菏泽市建设工程优质结构杯”奖。天华·领秀城小区项目获得2012年度“菏泽市安全文明工地”、2012年度“山东省建筑施工安全文明工地”、2012年度“菏泽市建设工程优质结构杯”奖、2013年度“山东省建设工程优质结构杯”、2014年度菏泽市建设工程质量“牡丹杯”、2014年度“山东省住宅工程质量通病专项治理示范工程”、2015年度“山东省建筑工程质量泰山杯”奖。菏泽市人力资源市场综合楼项目获得2013年度“菏泽市建设工程优质结构杯”奖。万象广场项目获得2016年度“菏泽市建设工程优质结构杯”奖、2016年度“山东省建筑工程优质结构杯”奖、2017年度“菏泽市建设工程优质结构杯”奖。

山东中达实业集团有限公司 （简称中达集团）成立于1999年8月28日，注册资金1.5亿元，位于菏泽开发区中山路西侧。中达集团下设泰安华易中达置业有限公司、泰安中达建岳置业有限公司、宁阳中达房地产开发有限公司、鱼台豪达置业有限公司、菏泽市御景酒店有限公司、菏泽市中达广场房地产开发有限公司、菏泽市中锐建筑工程有限公司、中达集团酒店运营管理公司、济南中达万润建设开发有限公司等9家子公司。2017年，有员工200多人，拥有房地产专业技术、金融等中高级职称人员50多人。

企业资质 具有二级房地产开发资质。

承建项目 1999—2017年，中达集团累计完成开发面积260多万平方米，质量合格率为100%，累计销售近230万平方米，累计销售额近100亿元，先后在开发区开发中达好旺角、中达尚城、中达广场等项目涉及住宅、商业、别墅、办公等多种物业形态。2017年，中达集团建设总建筑面积120多万平方米，开发建设的项目总投资近35亿元，上缴税金近2.4亿元。

获得荣誉 2008年，文心花园小区被山东省房地产协会评为山东省知名品牌楼盘暨最具潜力楼盘，中达尚城获得2008年中国（淮海经济区）最宜居小区奖，中达金河湾项目被中国房产协会评为“中国绿色健康住宅”，中达集团被山东省儒商研究会评为儒商单位。2009年6月，中达集团被中国房产协会评为中国地产诚信品牌企业，9月被菏泽市工商联合会、菏泽市总工会和中国诚信网三家单位评为菏泽首批建立信用档案企业。2011年，中达尚城被省建设厅评为“山东省2011年度物业管理优秀示范小区”。2017年，中达集团被评为网友信赖的开发企业。

山东岳建建设集团有限公司 成立于1991年3月5日，位于菏泽市黄河东路岳程街道办事处对过。2005年，改制为有限公司。2015年，成立集团公司，注册资金5006万元。2017年，有职工195人，其中高级职称3人、中级职称30人。

企业资质 具有钢结构工程专业承包二级资质，防水防腐保温工程专业承包二级资质，获得建筑装修装饰工程专业承包二级资质，市政公用工程施工总承包叁级资质，建筑工程施工总承包一级资质。

承建项目 开发区承建的各类工程项目有鲁城水泥制品有限公司成品库、包装车间，岳程储备库四号仓、岳程国税分局办公楼及其他设施，菏泽市粮所综合楼、岳程中学综合楼、菏泽东郊粮食储备库综合楼、岳程街道办事处综合楼，鸿祥家具制品有限公司，菏泽地区智达专业技术人才培训中心综合楼，菏泽地区邮政局岳程分局，菏泽市六和饲料，华英食品有限公司，公路局工程一处、二处、三处附楼，岳程教委办公楼，岳程街道中心小学教学楼，菏泽市音乐学校教学楼，希力药业有限公司，菏泽市虹桥服装有限公司车间，岳程街道办事处计划生育办公楼，菏泽市虹桥服装有限公司，盖泽（综合楼、成品库、备件库及联合堆棚钢结构、职工食堂）、盛达板厂（办公室、围墙、桥涵）、菏泽同力工贸有限公司办公楼、领航家具有限公司生产车间、爱德重工钢结构车间、菏泽市东站新村适用房 1 ~ 2 排南别墅、椰风食品（菏泽）有限公司厂房、联通菏泽分公司（枢纽楼附属楼、通讯枢纽楼）、华祥电器有限公司综合楼、友谊医院（门诊楼、辅助设施）、亨通园 A 区 12# 住宅楼及补充合同、菏泽开发区标准化厂房、海昌通讯器材有限公司生产车间及围墙、瑞比公司 1 ~ 2# 车间基础、华平小区（二期）C 栋住宅楼、岳程街道办事处办公楼、传输局（机房楼附属仓库、机房楼、库房楼）、菏泽市金润嘉园（南区）、岳程工贸综合楼、开发区新时尚重型工程机械厂（办公楼、车间、地面、展厅及院内工程）、张氏服装服饰有限公司（2# 综合楼、生产车间、2# 车间地面、水电铝合金及钢结构工程与厂区工程）、鲁宏水泥年产 100 万吨粉磨站技改工程及车间、开发区常屯（西标准厂房、水泥地面）、佳慧电子科技有限公司生产车间、龙燕金润嘉园（2、4、6、8，1、3、5、7、9 联排别墅、一期、二期室外给排水工程）、岳程街道敬老院、佳和花园三期工程 16# 楼、开发区工业园区标准化厂房（1 ~ 6#、10 ~ 12#）、菏泽音乐学校综合楼、言信食盐加工分装中心 1# 车间、华英食品冷藏库、鲁丰农业生产资料有限公司办公楼、山东嘉华食品公司蔬菜加工车间、懋睿达（1#、2# 车间钢结构基础工程、宿舍、餐厅）、德发包装有限公司办公楼、岳程街道岳楼小学教学楼、菏泽市飞翔运动器材有限公司 1# 厂房、岳程汽车装俱加工厂 2# 综合楼、菏泽市鑫华服饰生产车间、众德肥料有限公司（办公楼、宿舍楼、配电室、大门）、南华工业园单身公寓楼（两栋）、菏泽市鑫华服饰生产车间 1、2、3 车间、杨董明德学校教学楼、菏泽市丹阳街道何楼社区旧村改造 6# 楼及门市、湖北洋丰股份有限公司菏泽分公司（地磅基础、综合门房、大门等工程）、菏泽市津圣辰奇化工有限公司车间楼、菏泽金亿包装车间、岳程中学（1#、2# 教学楼、餐厅）、山东德泰化工有限公司办公楼、岳程街道石堂明德小学教学楼、佳和花园沿华英路商业 6# 楼（以北，6#、7# 楼之间，7#、8# 之间）、名人居小区（1#、2#、3# 楼）、开发区广州路小学教学楼、菏泽中泰煤炭化工有限公司（120 万吨洗煤厂工程、240 万吨 / 年第二选煤土建）、菏泽玉皇化工有限公司工程、中联水泥（熟料堆棚土建、钢结构工程）、开发区广州路中学看台、岳程中心小学综合楼、石堂小学厕所、菏泽善建混凝土有限公司办公楼、菏泽聚隆化工有限公司工程、山东孔子酒业有限公司综合楼、菏泽开发区冰峰冷食有限公司办公楼、山东辰信新能源有限公司（宿舍楼、门卫室、地磅室、地磅基础）、山东海纯生物科技有限公司（一期办公楼、生产车间工程）、山东信多达电子科技有限公司宿舍综合楼、菏泽开发区岳程街道孝义堂及附属工程、菏泽开发区佃户屯中学餐厅及宿舍楼工程、岳程综合办公楼（12）轴 ~（25）轴工程、山东方达再生资源利用有限公司1～2#车间、菏泽天洁再生资源回收体系集散大市场项目（2#、3#厂房建设）、菏泽佳成化工有限公司办公楼、菏泽新世纪科技城建设项目、菏泽金正大生态工程有限公司(一二三期厂房、库房工程）、菏泽阳光新都小区（一期、二期工程)、润华三希堂小区(一期、二期工程)、锦绣豪庭居住小区（7#、8#、9#住宅楼工程）、龙燕阳光城小区（5#、11#、14#楼工程）、帝都花园小区37#住宅楼、帝都东城国际小区（2#、3#住宅楼）、菏泽客运公交综合枢纽站综合楼项目、菏泽鑫凯国际家居广场(B馆、C馆工程）、菏泽中蓝电商有限公司综合楼工程、菏泽领将帅府15#楼工程、菏泽华泽模具有限公司标准化厂房工程、岳程文化中心、卫生服务中心工程。

获得荣誉　获评国家级守合同重信用企业、全国优秀施工企业、山东省文明诚信民营企业、AAA级信用企业、创泰山杯、牡丹杯、省、市“结构杯”，获得省市“安全文明标准化优良工地”、省“质量通病专项治理示范工程”“质量诚信、用户满意”“施工现场综合管理样板工程”等220项荣誉。

菏泽天安房地产有限公司　位于开发区人民路东侧中山路南侧（开发区实验中学东侧），2012年4月20日成立，注册资金9000万元，是万达集团菏泽区域资产合作方。2017年，有职工180人，其中高级职称15人，中级职称61人，实行信息化管理，产品研发、建造系统化，从住宅开发建设转变为多业态发展，有商业、酒店、农旅等板块。

企业资质　2016年6月取得资质三级。

承建项目　2017年，菏泽天安借菏泽棚改政策，与万达、碧桂园、绿城、希尔顿酒店、中建二局、21世纪不动产等合作，同万达集团合作投资建设菏泽万达广场；与希尔顿国际酒店集团合作投资建设希尔顿酒店，是菏泽首个国际品牌豪华酒店；菏泽天安国际项目。

获得荣誉　获得菏泽市“企业诚信管理体系示范单位”“十佳诚信示范企业”“先进企业”等称号；国家级奖项2个，分别是中国“星级绿色建筑设计标识证书”和“广厦奖候选项目”；获得省级安全文明工地1个，市级安全文明工地8个，市“结构杯”2个；天安集团获评2017年度山东房地产开发品牌价值企业；菏泽万达广场获评2018年度山东房地产最值得期待楼盘；天安万达广场项目获评菏泽棚改二十佳楼盘。

菏泽交通集团房地产有限公司　隶属菏泽交通集团有限公司，2008年8月成立，注册资金3000万元，位于开发区黄河东路1566号。公司以房地产开发为核心，涉及集地产开发、商业运营、营销策划、物业服务、文化传媒、装饰工程、电子商务于一体，打造住宅地产、商业地产、产业地产和文化旅游地产四大产品线，重点开拓基础建设、文化旅游和新兴业态等业务。截至2017年，公司累计开发投资额突破100亿元，开发面积达200余万平方米，土地储备2333.33公顷；下辖7个分公司，6个子公司，拥有产品研发、建筑工程、规划设计、营销策划、物业管理、装饰装修、广告传媒、园林绿化等专业技术人才300余人，本科以上学历者占80%，中级以上职称占75%。

企业资质　具有房地产开发企业二级资质。

承建项目　2008—2017年，公司先后开发建设“鲁西南记忆”度假区、交通未来城等项目。

获得荣誉　公司承建项目被评为“山东省最佳城市综合体”“山东省建筑安全文明优良工程”“菏泽市最佳宜居小区”。“鲁西南记忆”度假区、被山东省和云南省评为“山东省重点建设项目”。交通未来城项目5#、6#、8#楼获“菏泽市工程建设优秀结构奖”“2016年菏泽地产奥斯卡评选年度影响力大盘”。企业被评为“中国房协会员单位”“AA级信用企业”“山东省房协理事单位”“菏泽市房协副会长单位”“开发区实绩贡献突出单位”“2016年菏泽地产奥斯卡评选投资潜力商业地产”“2017年度网友信赖的开发企业”“2017年菏泽房地产开发企业综合实力二十强”。

菏泽德合建工集团有限公司　成立于2005年11月8日，位于菏泽开发区佃户屯街道（鲁抗制药家属院东邻），注册资金5000万元。下辖建材公司、起重机拆装公司、劳务公司，德合装饰装修一级、钢结构二级、市政三级公司，设有技术质量部、安全管理部、经营预算部、材料供应部、财务部等职能部门。截至2017年，有职工621人。其中，高级职称10人，中级职称60人，国家一级注册建造师14人，二级建造师26人。拥有大中型施工机械40余台套，其中各类塔吊、龙门架20余台，搅拌机20余台，大型挖掘机2台。

企业资质　建筑施工总承包一级企业资质。

承建项目　绿城一期20#、21#、23#、24#楼，菏泽时代·华侨城小区一期（二批）工程（第三标段），花都御景小区一期A—1#、A—2#楼及地下室、C1#、C2#楼第二标段，菏泽医学专科学校康复养老中心（二期）三标段12#楼，佃户屯街道老年福利服务中心建设工程第三标段，菏泽海吉亚医院综合楼、门诊楼、专家楼、后勤楼，翰林华庭18#、21#楼。

获得荣誉　绿城23#楼获评山东省住宅工程质量通病专项治理示范工程，23#楼获评菏泽市建设工程优质结构杯奖、菏泽市建设工程质量牡丹杯奖，绿城一期20#、21#、23#、24#楼获评山东省建筑施工安全文明优良工地。菏泽·时代华侨城I3#住宅楼获评菏泽市施工现场综合管理样板工程，L1#住宅楼获评菏泽市施工现场综合管理样板工程，L1#住宅楼评获山东省施工现场综合管理样板工程，19#、20#、21#、22#楼获评山东省建筑施工安全文明标准化优良工地，4#、5#、6#、7#楼获评山东省建筑施工安全文明标准化优良工地，16#楼获评菏泽市建筑施工安全文明示范工地，12#楼获评菏泽市建设工程优质结构杯奖、菏泽市建筑施工安全文明优良工地，17#楼获评山东省建筑施工安全文明优良工地，11#楼获评菏泽市建筑施工安全文明标准化优良工地，18#楼获评山东省建筑施工安全文明标准化优良工地，11#楼获评菏泽市优秀工程设计优秀奖，佃户屯街道老年福利服务中心获评菏泽市建筑施工安全文明标准化示范工地，2#敬老院获评菏泽市建设工程优质结构杯奖。

第四编　环境保护与节能降耗

开发区环境保护坚持规划设计高层次、产业政策高起点、污染控制高标准原则，合理安排工业区、生活区建设，力求经济效益、社会效益、环境效益三者的和谐统一，环境效益得到充分体现。项目引进坚持发展科技先导型、质量效益型和资源节约型产业，杜绝污染项目进区。污染控制以预防为主，防治结合，倡导清洁生产，实现达标排放。2016 年、2017 年和 2018 年，开发区万元 GDP 能耗均降低 3.7% 以上，规模以上工业万元增加值能耗降低 4.5% 以上。

开发区坚持实施“蓝天计划”“碧水工程”，在治理主干河道、绿化用地、处理危险废弃物等方面取得突出成效。重视水、土、林保护，注重发展循环经济，建设资源节约型、环境友好型城区，空气、水质均达到功能区标准。

第一章　机构与监测

第一节　机构

1992—1993 年，开发区无专门环境保护机构。1994 年 12 月，设立菏泽开发区环保办公室。为副科级行政机构，编制 3 人。隶属经济发展局领导，对进区项目进行环境影响评价，对开发区内的环境保护工作实施统一监督管理。

2002 年，菏泽市环境保护局设立开发区分局，负责辖区的环境保护工作，行政编制 6 人，配备局长 1 人（正科级），副局长 1 人。

2010 年，菏泽市环境监察支队设立开发区大队，人员编制 5 人。菏泽市环境监察支队开发区大队为市环境监察支队的内设机构。主要负责贯彻国家和地方环境保护的有关法律、法规、政策和规章；依据主管环境保护部门的委托，依法对辖区内单位或个人执行环境保护法规的情况进行处理；对所辖企业污染处理设施运转情况现场监督检查；对建设项目“三同时”执行情况和限期治理项目进行现场监督检查；对一般污染事故和污染纠纷调查处理；参与较大、重特大环境污染事故的调查处理。

至 2018 年，开发区环保分局主要采用双随机抽查、日常巡查和信访件调查等方式对工业企业进行监督检查。双随机抽查系统每季度随机派发需检查的工业企业和执法人员。每年对辖区的重点监管企业全部抽查到位，一般工业企业抽查数量不低于现有执法人员人数的 10 倍。对辖区信访件的处理做到有专人负责，接到环境信访件后，第一时间到现场进行调查处理。区环保执法人员配备环境监察移动执法系统设备，在污染源检查过程中，现场及时取证，提高了执法效率。

第二节　污染监测

开发区环保分局主要负责对辖区内菏泽煤化工园区等工业园区的环境监测。菏泽煤化工园区是开发区的主要工业园区，是菏泽煤化工基地的重要组成部分，主要承担煤气化产业和甲醇制烯烃产业的建设，产业规模综合生产能力为每年 440 万吨化工产品。园区位于菏泽规划城区东北部，西起福州路，东至菏兰高速公路，北靠新石铁路，南至钱塘路，占地19.3平方公里。2008年，开发区委托山东省环境保护科学研究设计院编制《菏泽煤化工工业园环境影响报告书》。是年1月21日，省环保局下达《关于菏泽煤化工工业园环境影响报告书的审查意见》，确定园区产业定位为以巨野煤田煤质条件为基础，以山东省煤化工产业发展总体战略为指导，建设化肥产品链、煤制甲醇及下游深加工产品链。

2017年，菏泽化工园区的发展规模和时序落后于原规划、环评；原规划、环评中批复的重点项目仅菏泽德源化工有限公司建设10万吨/年液化气生产烯烃项目、菏泽德瑞化工有限公司建设40万吨/年混合原料制烯烃项目以及其他重点规划项目暂未建设。园区批复建设的其他项目主要为化工项目及机械建材项目，入区项目基本符合国家产业政策。化工园区道路、供水、排水、供热、供电等设施配套较为完善，但园区集中供热中心能力不足，区内仍有部分企业利用自备锅炉供气。污水处理厂的中水回用泵站及管线建成，但尚未签订回用协议。

2017年底，园区工业企业有33家，产业类型主要包括化工、生物医药、机械建材、锂电池制造。园区内企业污染源均采取相应的废水、废气、固废治理措施，符合原环评报告及环评批复中确定的入区企业污染治理要求。区内污水处理厂的中水未得到有效的回用，仍有部分企业建设天然气小锅炉。辖区内企业废水均排入园区污水处理厂，经由菏泽众兴水环境有限公司处理。根据例行监测数据，污水厂出水水质达到《城镇污水处理厂污染物排放标准》（GB 18918—2002）一级标准要求。辖区内供热热源主要为菏泽金盛热力有限公司，根据例行监测及2017年8月3×160吨/小时循环流化床锅炉烟气综合治理超低排放项目验收监测数据，废气排放能够达到山东省环境保护厅办公室《关于进一步明确供热及发电锅炉执行大气污染排放标准有关问题的通知》及山东省质量技术监督局办公室《〈山东省南水北调沿线水污染物综合排放标准〉等7项标准修改单的通知》要求。开发区加快供热工程二期的建设，以尽快实现整个园区的集中供热工程。供水、供电、供气均按照规划逐步实施，可满足区内使用。

2017年菏泽经济开发区煤化工业园区基础设施建设一览表

表4-1

设施名称	市政公用工程	位置	现有规模	服务范围	性质	规划规模
给水工程	雷泽湖水库	煤化工园区外	10万立方米/天	煤化工园区及周边	已建	10万立方米/天
污水处理	菏泽众兴水环境有限公司	开发区内，丹阳东路以北，台湾路以东	8万立方米/天	煤化工园区及周边	已建	一期4万立方米/天，二期4万立方米/天建成并试运行
供热工程	菏泽金盛热力有限公司	煤化工园区内	一期工程建设3×160吨/小时中温中压循环流化床锅炉	煤化工园区	已建	规划二期3×410吨/小时、3×三期410吨/小时
供电设施	变电所	区内	2×110千伏	煤化工园区	已建	规划新建1座110千伏变电所
供气设施	中石油昆仑燃气有限公司	区外	—	煤化工园区及周边	已建	—

工业园区内尚有部分居民未搬迁。随着开发区加大棚改工作力度，搬迁进程加快，已优先搬离距工业区较近的农村居住点。园区内企业产生危险废物均委托有资质单位处理，实践零排放。园区已编制突发环境事件应急预案，建成区无环境风险事故发生。

2018年，开发区环保分局和区有关部门、街道相互配合，以大气污染防治和水污染防治为中心，抓住关键，重拳治理，全区环境质量持续改善。1—11月开发区PM2.5平均浓度55微克/立方米，同比改善16.67%，PM10平均浓度116微克/立方米，同比改善3.86%，河水出境断面水质基本稳定在Ⅲ类水质。按照市委书记孙爱军交办单中21项重点工作情况和《菏泽市贯彻落实中央第三环境保护督察组督察反馈意见的整改方案》要求，每周五上报一次督察反馈意见的整改进度，累计报送10次。

水监测　*废水、污水监测*　开发区废水污染源包括工业废水和生活污水。环保部门对辖区企业排放污水根据排水量、污染物的不同，按照行业状况、企业增加情况，制订污染源监测计划，纳入监测范围。废、污水污染主要监测项目有化学需氧量、悬浮物、动植物油、石油类、氟化物等。

1992年建区时，辖区主要废水来自生活污水，饭店宾馆和居民的生活污水直接排入城区下水道。1993—1999年，随着开发区规模扩大和大量工业企业的入驻，工业废水排放量逐渐大于生活污水排放量。2000年以后，由于工业建设项目执行环境保护“三同时”规定，主要工业废水污染源企业均建设污水处理设施，大多数工业废水经过处理达标后排放。2010年，菏泽市第二污水处理厂建成每日4万吨污水处理一期工程，并投入运行。开发区的城市污水（含工业废水和生活污水）由企业进行废水预处理后，进入菏泽市第二污水处理厂进行深度处理。第二污水处理厂采用“预处理+A2/O工艺+二氧化氯消毒”工艺，对外排废水执行《城镇污水处理厂污染物排放标准》一级A标准。

2014年1月，辖区安装在线监测设备并联网，监测的指标为氨氮、化学需氧量。市控以上企业全部安装废水在线设备，及时监控企业废水是否能达标排放。

2017年7月，菏泽市第二污水处理厂进行扩容改造，二期处理能力为每日4万吨。

地表水监测　开发区境内主要河流为洙水河。自2012年6月起，在众兴污水厂东的出境断面设有24小时自动在线监控。监测项目为氨氮、高锰酸盐指数、pH值、溶解氧、电导率、浊度、水温。

2012—2018年菏泽经济开发区洙水河监测数据表

表4-2

监测时间	氨氮（毫克/升）	高锰酸盐指数（毫克/升）	pH	溶解氧（毫克/升）	电导率（微西门子/厘米）	浊度	水温（度）
2012	3.35	7.00	8.00	2.52	1565	19.6	19.3
2013	2.76	7.65	8.33	3.82	1410	20.6	17.1
2014	3.03	8.15	7.76	3.42	1718	20.9	18.4
2015	3.77	9.91	7.51	4.63	1882	23.8	18.1
2016	3.23	8.53	7.50	3.09	2597	22.6	17.2
2017	2.92	7.73	7.58	3.49	2047	31.80	18.4
2018	0.67	4.95	7.76	3.15	1949	79.2	19.4

大气监测　自2012年6月开始，开发区内设有市政协办公楼、污水处理厂、华润制药3个大气自动监测点，由市环境监测中心站实行每天24小时连续自动监测，监测项目为可吸入颗粒物、PM2.5、二氧化硫、二氧化氮、一氧化碳、臭氧。2018年，第一季度PM2.5季均浓度为82微克/

立方米，完成2017—2018年秋冬季大气污染防治的工作目标；1—11月开发区PM2.5平均浓度55微克/立方米，同比改善16.67%。

噪声监测　随着辖区城市建设和经济建设的发展，噪声污染亦逐步加大。建筑施工、交通和工商企业是主要污染源。

交通噪声　1986年初，菏泽市开始进行道路噪声监测工作，起初设交通噪声监测点2个，控制交通干线路段长3公里。1989年，监测点增加到7个，控制路段10.6公里。至1998年，共设12个监测点，每年5月进行1次监测。根据市环保局监测数据，开发区各监测路段均有不同程度的超标。1986—1990年，交通噪声污染较严重；1991—1995年，虽然车流量增多，但由于加大交通管理力度，以及北环路和东环路的开通，交通干线噪声污染略有改观。自1996年，噪声污染有加重的趋势，主要原因是车流量的大幅度增加，干线上的交通噪声随车流量的增加而提高，还与车速、车种、路面状况、鸣号次数等因素有关，辖区有些路段路面差，进入区内部分机动车辆陈旧，公交车少，机动三轮、载重卡车、摩托车等较多，喇叭鸣号频繁，在一定程度上加剧噪声污染。

功能区噪声　1986—1990年，噪声监测功能区没有明确划分。至1991年，菏泽市环保局在城市规划的基础上，对噪声功能区进行科学的划分，在居民文教区、一类混合区、二类混合区、商业集中区设4个功能区噪声监测点，每年6月和11月各监测1次，24小时连续监测。根据监测结果，居民文教区基本保证比较安静地学习、工作和生活环境；一类混合区昼间和夜间有轻度的噪声污染；二类混合区和商业集中区均有不同程度的超标现象，特别是商业集中区昼间超标较严重。2010年以后，由于加强城市规划与环境管理，各功能区的噪声都有明显下降的趋势。

区域环境噪声普查　辖区内环境噪声普查自1989年开始，每年普查1次，在每年5月进行，监测采样10～20分钟。根据网络布点法，市观测中心站在城区内共设108个监测点位。1990—2000年，除个别年份外，基本不超过标准值。2000—2010年，辖区加快城市化建设，区域环境噪声有上升的趋势。2011—2018年，市、区非常重视城市的合理规划布局和对新污染源的控制，区域环境噪声值趋于平稳，城区噪声污染得到控制，并未因工业、交通运输业的发展而使环境噪声状况进一步恶化。但城市噪声出现污染面扩大，并向乡镇扩展和污染时间延长（尤其夜间）的趋势。

第二章　污染治理

第一节　水污染治理

1992年，全区投产工业企业多为纺织、电子、食品等加工企业，废污水通过排污管道排入洙水河。2010年，菏泽市第二污水处理厂建成投产后，各企业排入洙水河的污水得到初步处理。

2012年12月，菏泽市对全市47条重要河流全面实行“河长制”，开发区负责的排污口分别是济南路洙水河交叉口东的经四沟和南外环庄庄沟交叉口。管委会安排专人负责，并迅速采取措施对有关河段和污水直排口进行治理。

2017年4月，开发区按照市委、市政府要求，建立健全河湖管理保护长效机制，加强辖区河湖管理保护，推进生态文明建设，在辖区东渔河北支南湖库区实行河湖长制，进一步做好环境保护和水污染治理工作。是年8月20日，开发区开展2017年“清河行动”。重点清理拆除河湖管理和保护范围内违法建筑、非法种植林木和高秆作物、违规倾倒渣土、垃圾和违规修建鱼塘、养殖场，坚决制止非法采砂、取土、破坏堤防等违法活动。各街道根据全面实行河长制各级河湖名录，组织专门人员全面开展对本辖区内河湖问题的排查，摸清河湖问题底数，对各类问题逐一核实认定，逐一登记造册，并建立问题清单，按照“一河一档、一湖一档”要求，建立整治台账，实行问题整治销号制度，留存整治前后的影像等资料。在“清河行动”中，严格实行日调度、周通报、月检查制度和严格督导考核，每月对各街道办事处“清河行动”开展情况组织一次督导检查。9月1日前，各街道全面完成排查，制定专项整治方案；至2017年底，全面完成各类违章建筑和违法活动的综合整治。2018年初，管委会组织对各街道“清河行动”完成情况进行严格考核评价。

开发区河湖湖长制公示牌

2018年，开发区严格落实“河长制”，加强畜禽养殖环境监管。对辖区的洙水河、万福河、赵王河、经四沟、庄庄沟等7条、57.6公里的河、沟全部落实具体责任人，由党工委、管委会主要负责人担任“总河长”，党工委副书记及分管副县级干部任“副总河长”。同时，设立“河长制”办公室，办公室设在开发区新农办，具体负责全区“河长制”日常工作。河流所经街道主要负责人担任“街道河长”，所经社区主任担任“社区河长”，各级“河长”名单均在开发区政府网站公布，实现区、街道、社区三级“河长”全覆盖，构建起横向到边、纵向到底的管护网格，推进河长制工作制度化、常态化、规范化。至2018年底，辖区共设置区、街道、社区三级河长63人，其中区级河长5人、街道级河长6人、社区河长52人；同时，聘用民间河长12人、河管员52人，并全部到岗到位；封堵的非法入河排污口，未出现反弹现象。持续加强对畜禽养殖环境监管，禁养区内没有养殖场，禁养区外没有规模养殖场。12月6日，开发区向各街道、镇河长制办公室、区河长制办公室成员单位公布区级总河长和副总河长名单：菏泽开发区区级总河长由党工委书记、管委会主任李国珍，党工委副书记、管委会常务副主任练建军担任；菏泽开发区区级副总河长由党工委副书记赵福龙，党工委委员冯宪法、管委会副主任苗建华担任。陈集镇划归开发区后，加强水环境治理，严格执行“河长制”，深化“清河行动”，持续推进河流水域岸线环境综合整治，重点对柳林河、范阳河实施清淤行动，全镇共清理河道障碍物5处，清理乱堆乱放20余处，清除各类垃圾40余处共9吨，治理黑臭水体5公里，完成柳林河清淤3公里，范阳河清淤6公里。

洙水河治理　洙水河是一条流经菏泽市城区的纳污河流，开发区段西起赵王河、东至上海路东定陶边界，长15公里。2010年，其污水主要来源于城区生活污水和工业废水，其中生活污水占90%，工业废水占10%。生活污水包括开发区、牡丹区的生活废水。其中，部分进入市第一污水处理厂处理后排入洙水河，部分没有经过任何处理直接外排；工业废水包括开发区、牡丹区及市直企业的工业废水，大部分经企业处理后进入市第一、二污水处理厂，再排入洙水河，少部分经企业处理后直接排入洙水河。2011 年，开发区洙水河出境河流断面化学需氧量均值为每升 46.7 毫克，氨氮为每升 12.2 毫克。2012 年 1—2 月，化学需氧量为每升 42.65 毫克，氨氮为每升 1.7 毫克。

洙水河赵王河段。菏泽日报社北上游客水含有大量污水，是造成洙水河段水质变差的重要原因；赵王河两侧还有部分排污口，有污水直接排入赵王河。丹阳路、双河沟等阀门在下雨时开启，两个口均与污水管相连结，造成雨天城区整个污水、雨水管道内积存的污水直接冲入赵王河，进而使洙水河水质变差。

赵王河至橡胶坝段。洙水河公园建设时，部分进水口采用溢水井截污方式使污水进入两侧管道，但由于两侧管道小（或污水泵站抽排能力有限），造成时有污水进入洙水河，特别是在雨量大时，整个雨、污管道连为一体，通过溢水口将管道内污水冲进洙水河。

洙水河橡胶坝以下段。经四沟、许庄沟有大量污水进入，主要是洙水河以北、黄河路两侧企、事业单位和居民的生产生活污水以及许庄、均张庄、长江东路部分单位的生活污水，尤其是经四沟北段，来自经四沟西侧的黄河路段雨、污水，自双河路立交桥、菏泽二毛厂向东，包括丹阳工业园的所有雨、污水通过黄河路管道向东直接排入经四沟，污水流量每天 6000 立方米，是经四沟污水的重要来源。由于东西两污水管网未对接，导致经四沟北段污水全部进入洙水河。在广州路、郑州路雨水管道内有污水进入河道。

菏泽城区内污水管网建设不完善，污水收集率低，致使大量污水没有进入管网而直接排入洙水河；污水管网管理不统一，对接不到位，致使收集到的污水不能全部进入污水处理厂处理，第二污水处理厂治污能力得不到有效发挥。由于当时开发区管委会没有城市建设及城市管理等职能，辖区的河流、道路、污水管网、雨水管网分属市直多个部门，管委会虽经多方协调，却难以形成合力，不能从根本上把问题解决到位。

2012 年，市政府责成有关部门组成专门班子，进一步明确职责，对洙水河实施综合治理。主要涉及太原路、大学路、人民路等 16 条道路及赵王河、洙水河、护城河、南关沟 4 条河道，长度共计 31.5 公里。工程从 2011 年 3 月中下旬陆续开工，投资 9200 万元，抽水 62 万立方米，外运淤泥 3.87 万立方米，外运土方 4.6 万立方米，埋设污水管网 22 公里，铺设雨水管网 16.3 公里，浇灌雨水板涵 3320 米，石砌挡墙 4600 米，石砌排水沟 570 米，清理疏通城区污水管网 56 公里。其中，由市城建集团承担施工的人民路截污工程，南起洙水河，北到康庄路，全长 2000 米，双侧埋设污水管网，对双侧下水道实施清淤。年底，工程全部竣工。

至 2018 年，开发区通过城区污水管网铺设和黑臭水体整治，洙水河水质断面稳定在Ⅲ类水质。同时，管委会开展洙水河人工湿地水质净化工程（开发区段）一期工程建设，完成项目的前期手续，1 号、2 号蓄水池已完成，土方调运完成 10 万立方米，施工正在按计划进行。

涉水企业治理 2012 年 3 月，开发区开展消除环境污染隐患、打击环境违法行为活动。管委会采用突击暗访的形式，重点对辖区重点排污企业、城市污水处理厂和辖区河流出境断面等进行现场检查，发现德泰化工、玉皇盛世化工工业污染源外排污染物严重超标，责令 2 家企业立即整改。是年 7 月，开发区制定洙水河、经四沟和庄庄沟水质改善达标方案，要求辖区各单位做好与市区污水管网的对接、清理生活垃圾、杜绝工业企业擅自排污、取消“土小”企业、加强对流动排污源的监管，进一步落实责任，切实改善河流水质，确保使水质达到化学需氧量每升小于30毫克，氨氮每升小于1.5毫克的要求，达到南水北调工程东段线2013年通水的水质要求。8月，对全区河道及主要支流河道范围内网箱养鱼、养鸭、养鹅进行全面清理，限期拆除有关设施，迁移出河道管理范围，恢复河道原貌，彻底消除水污染隐患。开发区会同市直有关部门对辖区范围内的所有管网、泵站情况进行逐一检查。辖区内共有规划道路33条，其中有污水管网的14条，没有污水管网的19条；规划污水泵站5座，其中1座竣工、4座待建，配套率仅为42%；黄河路、广州北路、南外环路污水无法进入污水处理厂，部分管网尚未同市政污水管网对接完成，致使大量污水进入洙水河、万福河、经四沟等河道。12月，开发区向市政府申请经费，配套完善辖区污水管网、泵站。

2013年2月，开发区对涉水企业监管进行分工，对辖区涉水企业的环境监管实行“管委会领导包片督办、环保部门业务指导督办、街道环保所具体负责”的原则，做到监管督办有领导、监管任务有专人、监管责任有落实。环保部门深入了解企业生产状况，做好“三查三看”，即检查主要生产设施运行情况，看企业生产是否正常；检查开、停车记录，看污染物排放是否异常；检查污染物去向，看污染物是否按规定进入环保设施进行处理。监督检查环保设施运行情况，查设计文件、验收文件，是否依法进行竣工验收；查在线监控设施，流量、浓度数据记录是否保存完整；查环保设施是否正常完好；查药品投加量、环保设备运行记录台账，看环保设施是否正常运行；查排污口，看排污口建设是否规范，污染物排放是否达标，总量控制是否符合批复总量指标要求。加强企业环保“十个一工程”落实情况检查，查厂容厂貌是否干净整齐，厂区内是否有死水坑塘；查领导分工、人员配备、机构设置文件，看环保机构是否落实，分管领导是否明确，环保制度是否健全；查涉水企业生产能力和治污能力是否匹配、是否能稳定达标排放，是否存在暗道，查治污设施是否擅自停用等行为。

至2018年，开发区扎实推进涉水企业的污水治理工作，持续改善辖区水环境。9家涉水重点排污企业高标准建设环保“十个一工程”，安装在线监测系统和电子闸门，实现监测监控自动化。

污水处理　开发区范围内有污水处理厂2座，分别是中科成污水处理厂和菏泽市第二污水处理厂。中科成污水处理厂位于长江路以北、郑州路以东，日处理污水能力8万吨，至2012年满负荷运行。菏泽市第二污水处理厂位于开发区丹阳路以北、台湾路以东，设计规模日处理污水8万吨，第二污水处理厂隶属菏泽众兴水环境有限公司，主要接纳开发区工业园内的企业污水及周边生活污水，占地4.67公顷，项目一期工程日处理污水4万吨，采用“预处理+水解酸化+A/O+絮凝沉淀过滤+二氧化氯消毒处理工艺”。设计进水主要污染物浓度为每升COD小于等于500毫克，TN小于等于40毫克，TP小于等于3毫克，出水符合《城镇污水处理厂污染物排放标准》（GB 18918—2002）中的一级A标准。

2009年8月，第二污水处理厂开工建设。2010年10月，土建工程建设完成。2010年11月23日，经菏泽市环保局批准投入运行。2013年3月1日，通过山东省环境保护厅项目工程竣工环境保护验收。菏泽市第二污水处理厂建成投产，辖区内工业污水得到有效治理，形成较完备的污水收集、处理系统。

2017年8月11日，开发区为贯彻落实省、市、区2017年环境保护突出问题综合整治攻坚会议精神和《菏泽市水利局关于印发〈环境保护突出问题综合整治攻坚工作实施方案〉的通知》等文件要求，进一步加强河道管理，全面提升河道水质，持续改善河道环境，制订《菏泽市经济开发区入河排污口综合治理工作实施方案》。组织各街道、区直有关部门、分支机构对辖区内河流、水库、渠道等水域排放污水的入河排污口进行集中整治，实现河流水质稳定达标，有效提升流域内生态环境质量，不断改善人民群众居住环境。此次整治重点，一是集中整治河道水面环境，打捞水面漂浮物，提升河道环境质量，确保河道环境整洁优美；二是全面封堵、排查入河排污口，分类制定处置措施，严禁污水直排入河；三是有效提升河道水质，通过综合整治，使河道水质明显好转，达到景观用水标准。8月11日至20日是调查摸底阶段：各街道组织专门人员对辖区内的河流、水库、渠道等水域排放污水的入河排污口开展全面排查，逐一登记造册，建立清单。同时编制完成入河排污口整治方案，明确整治任务、时限和要求，严格落实责任。8月21—10月20日是集中整治阶段；各街道严格按照“一口一策、一口一档、一口一标示”的要求，分类研究处置措施：对饮用水源地保护范围内的养殖排污口实施取缔；对超标排放入河排污口和非法设置入河排污口实施监管；制止通过高压、灌注、渗井、深坑、坑塘、废弃地排放废水的行为，切实封堵一批、整治一批、规范一批，确保实现全面封堵非法设置入河排污口目标。10月21日至10月底是督查阶段：开发区新农村建设办公室组织人员，对入河排污口专项整治工作进行督查，督查内容包括街道开展此次专项整治工作的组织是否得力，在整治过程中有无瞒报、假报现象，整改现场监管责任单位是否逐一落实，监管责任单位是否真正落实监管责任。督查结束后，形成专项整治行动总结报告，并进行全区通报。

第二污水厂土建工程完成

2018年，开发区对化工聚集区地下水进行重新取样监测，委托第三方对菏泽煤化工园区地下水进行监测，共监测26个点位，84项监测项目，其中有锰、总硬度、氟化物、溶解性总固体、钠、氯化物、硫酸盐等7个因子超标，超标主要原因与本地区水文地质条件和地下水化学演化及农业施肥，农药以及农村居民生活排污的垂向入渗及当地大气降水淋滤有关；陈集镇工业园区地下水由定陶区环保局委托第三方山东天衡食品检测有限公司进行监测，共监测16个点位，70项监测项目，其中总硬度、氯化物、氟化物、溶解性总固体、硫酸盐、碘化物、大肠菌群、氨氮等监测因子超标。开发区有针对性地进一步强化水污染防治，努力改善地下水和河流水质，由建设局牵头，对部分区域和路段新建污水管网，对经四沟、庄庄沟和许庄沟等黑臭水体进行有效治理，通过铺设污水管网，建设应急拦河闸等治理污水直排和黑臭水体；对第一污水处理厂和第二污水处理厂进行严格监管，严格标准，督促最大限度超低排放，增加总磷在线监测指标，对重点涉水、涉气企业不断进行督导检查，督促中粮艾地盟、清洋化学、佳成化工、卓越皮革、宏伟车辆、易达利化工等多家企业进行问题整改，为洙水河水质达标提供可靠保障。菏泽市第二污水处理厂等污水处理企业进行扩容改造，由12万吨/天扩容至24万吨/天，污水处理能力翻番；铺设污水管网56公里、建设提水泵站3处，彻底解决污水直排问题。同时，治理生活污水直排口和黑臭水体，新建56公里的污水管道、3处提水泵站，对长沙路等11条道路两侧旧管网进行提升改造，全部投入使用，彻底解决污水直排和黑臭水体问题。开发区还依法划定禁养区、限养区，并对禁养区内的96家养殖场实施搬迁或取缔。

第二节 大气污染治理

自2012年6月开始，开发区内设有3个大气自动监测点，由市环境监测中心站实行每天24小时连续自动监测。

2013年6月，开发区成立大气污染综合整治工作领导小组，制定大气污染防治实施方案，对各单位及主要领导的责任做出明确分工。是年8月，管委会成立大气防治工作指挥部，由主要领导担任指挥长，成立城市扬尘污染防治组、工业企业及固定源大气污染防治组等12个小组，全面做好大气污染防治工作，做到责任全覆盖，管理无漏洞。印发《菏泽开发区大气污染防治方案》，要求工业大气污染点源和面源的废气排放符合国家和省相关污染物排放标准，城市建成区和各类园区建筑、市政工地现场以及物料运输和贮存符合《山东省扬尘污染防治管理办法》和《防治城市扬尘污染技术规范》（HJ/T 393-2007）要求，重点餐饮业油烟得到有效净化，使用清洁能源并配备油烟净化装置，提高农业秸秆和城区内树叶综合利用率，消灭秸秆、城区内树叶焚烧火点，机动车环保定期检验率达到85%以上，健全环境空气质量和重点废气污染源监控体系，建立并运行重污染天气预警机制，完善空气质量信息发布制度。9月，开发区进行大气污染防治城乡环境卫生综合治理活动，动员社会力量，全面整治城乡环境。11月，管委会对辖区内52家工业企业及固定污染源限期治理。

2014年1月，管委会印发《开发区大气重污染应急预案部门实施方案》，要求辖区各街道、区直部门及分支机构，积极应对大气重污染，实行大气重污染企业限产停产、机动车辆限行、建筑工地停工、学校减少或停止户外活动、卫生医疗机构做好应对准备等预案。9月，开发区成立煤炭清洁利用工作领导小组，加强对煤炭清洁利用工作执法检查的领导，规范辖区煤炭市场，强化煤炭污染管控，改善大气环境质量。

2015年11月，管委会下发《关于做好当前全区大气污染防治工作的实施意见》，针对辖区冬春季节大气污染较为集中的特点进行防治，要求有效控制辖区内所有建筑施工和拆迁工地、裸露土地、渣土运输、煤场、灰场、道路等扬尘污染，治理锅炉烟尘、餐饮油烟、工处废气等污染。通过治理环境空气质量综合指数同比改善5%以上，工业异味污染实现零投诉。

2016年3月，开发区管委会在年度全区大气工作污染防治重点工作方案中，把辖区内建筑工地扬尘治理、市政工程扬尘治理、渣土运输车辆扬尘治理、道路交通扬尘治理、进城车辆冲洗、城区煤炭市场清理取缔、工业异味企业治理、城区裸露土地治理、创建精神文明城市全城清洁行动、城区小锅炉治理、料场煤场堆场等扬尘治理、餐饮油烟及燃煤大灶治理、露天喷漆喷涂喷绘治理，共13项重点治理列入年度工作内容中，每月进行考核。

2016年11月，开发区开展清洁城市控制扬尘污染行动，减少大气污染物排放，改善辖区空气环境质量。管委会以大气污染防治工作为核心，进行散煤污染专项整治，组织环保人员集中治理散煤经营等违法行为，对辖区内的散煤经营点、蒸馍店、餐馆、洗浴中心等重点燃烧散煤的商户和作坊进行整治，对于不达标的责令其限期整改，使用较为清洁的电、气作业。对排查出的3处散煤销售点下发限期整改通知书。同时，大力宣传散煤燃烧污染物排放的危害性、散煤污染整治的必要性，在辖区内营造自觉抵制燃烧散煤的舆论氛围，全面提升群众的环保意识、自律意识。

开发区进行散煤综合治理

开发区为改善空气质量，开展建筑拆迁扬尘、道路保洁、露天烧烤、燃煤锅炉、工业异味、油气回收、“散乱污”取缔、渣土车治理、畜禽养殖场整治、重污染天气应急等十大方面的污染防治，全区环境质量持续改善。2016年4月，省环保督查开发区，交办信访件共18件，全部按时、按要求办结，其中12件调查属实，6件不属实，对2家企业进行立案处罚，对5家企业限期整改；环保部大气污染防治强化督查，共向开发区下达督办单21个，涉及整改企业83家，全部按照要求整改完毕；开发区开展“散乱污”企业地毯式摸底排查活动，清理取缔“散乱污”企业，共排查出“散乱污”企业320家。6月，开发区取缔整治320家“散乱污”企业，取缔拆除169家，整改提升151家，整改完成率100%；清理取缔55台燃煤小锅炉，完成率100%。7月，环保部开展第六轮巡查，涉及全市企业148家，其中开发区18家全部完成整改；开发区4家企业6台10吨以上的工业燃煤锅炉全部完成超低排放改造；扬尘按照建筑工地7个100%、拆迁工地5个100%的要求，对35个建筑工地、5个料场进行规范管理，治理渣土车扬尘污染，投入700万元购置环保设备，所有主次干道均实现机械化洒水保洁；投入1900余万元补植绿化21万平方米，裸露地块基本消除。2017年1—7月，开发区空气质量持续改善，3个空气自动监测站PM2.5均值为73微克/立方米，同比改善5.15%；PM10均值为131微克/立方米，同比改善11.75%。9月，菏泽市召开全市2017—2018年秋冬季大气污染综合治理攻坚行动动员大会。9月18日，开发区召开专门会议，就进一步巩固“散乱污”企业及集群综合整治成果作出部署，环保部门及各区直部门加强日常巡查、检查，确保整治到位、严防死灰复燃；加快散煤污染综合治理，全力推进气代煤电代煤工程建设，推动燃煤消费和燃煤排放“双下降”；深入推进散煤锅炉治理，开展拉网式排查，确保小锅炉全部清理取缔。

进入采暖季后，开发区进行压煤减排、提标改造、错峰生产。同时，对道路交通、路面卫生、施工工地管理等方面的监督检查，根据季节、天气、施工等对空气质量的影响程度，积极采取应对措施，加强交通管制，严禁焚烧秸秆、树叶，进一步强化施工工地扬尘治理。11月，管委会及环保、园林、城管、街道等负责人组成联合督导组，先后到辖区内3个空气质量监测站、长城路、广州路、丹阳路等区域和路段进行督导检查，针对群众反映强烈的长城路（桂陵路—京九铁路）、丹阳路（广州路以东）等路段绿化带内脏乱差现象，现场明确任务，要求相关部门集中处理，清扫卫生，拆除违建，全力打造洁净卫生文明开发区。

2017年，开发区对33个建筑工地、6个拆迁工地严查严管，督促落实建筑工地“7个

100%”和拆迁工地“5 个 100%”的治理要求；对企业的煤场和搅拌站建设防风抑尘网、密闭料仓，工业粉尘污染得到较好控制；配备 47 台清扫保洁车辆，城区主次干道基本实现机械化清扫保洁。管委会对城区 422 个餐饮场所安装油烟净化装置，监管责任落实到人；规范餐饮烧烤点，烧烤点进园进室内集中管理，全部安装油烟收集处理设施。环保部门强化工业异味治理，对辖区 21 家涉挥发性有机化物企业进行异味专项治理，效果良好；14 家市控以上企业全部安装自动在线设备并与环保部门联网；管委会对 10 吨以上工业燃煤锅炉实施超低排放改造，10 吨以下工业燃煤锅炉全部实施清洁能源改造，对生活燃煤小锅炉给予每台 1 万元的补助，全部取缔燃煤小锅炉。开发区对辖区所有加油站安装油气回收装置，严厉打击非法加油点、流动加油车，减少油气污染。区直各部门、各街道通过广泛宣传和严格问责机制，实现秸秆禁烧“不着一把火、不冒一处烟”。落实重污染天气应急响应措施，按照重污染天气应急预案，指导企业编制重污染天气应急操作方案，“一企一档、一企一策”，应急响应措施得到严格执行。

2018 年，开发区加强涉气企业环境监管，督促工业企业锅炉、热风炉煤改天然气改造。加强工业企业环境监管，确保火电、燃煤锅炉稳定达到超低排放标准。督促德润化工、洋丰肥业对 2 台 15 蒸吨 / 时燃煤锅炉进行煤改气，德润化工燃煤锅炉停止使用，改成燃气锅炉；洋丰肥业采购燃气锅炉，于 12 月 25 日前改造完毕，金正大和洋丰肥业完成热风炉煤改气工程。同时，辖区做好重污染天气应急工作，组织辖区规模以上工业企业参加市环保局组织的大气污染源清单调查培训，企业制定应对重污染天气的具体减排措施，重新修订《菏泽市开发区重污染天气应急预案》，在 2017 年的基础上，增强针对性、可操作性，将 79 家工业污染源纳入重污染天气应急减排清单。是年，提高道路保洁水平，加强渣土运输车监管，城区主次干道每天完成 6 次以上洒水降尘作业，重点区域或特殊天气下，加班加点完成 7 次以上洒水作业。对非机动车道配备 3 吨洗扫车每天完成两侧洗扫作业；机动车道配备 8 吨大型洗扫车，对于个别道路进行双向 4 车道洗扫；抑尘车对多条道路进行循环喷雾降尘作业。主要路段人行道配备小型多功能高压冲洗车 5 辆，根据各个路段特点完成每天 3 遍人行道冲洗作业。对因道路施工、拆迁扬尘、工程车遗撒、园林种植等造成的路面污染，开发区环卫办机械化作业车队制定相应的应急预案，采用高压清洗车和洗扫车联合作业模式，确保能够在最短时间内将污染清洗干净。在日常保洁中，避开高峰、加班加点对多条道路进行刷洗作业，保洁道路达到路见本色。开发区交警大队对渣土车运输违法行为突出的重点路段、重点时段，实行 24 小时不间断监管，发现渣土车违法行为及时纠正处罚，同时安排机动中队、骑警中队加强巡逻，形成无缝隙监管氛围，辖区内 357 辆渣土车全部安装 GPS 定位、限速器和密闭装置。

开发区将餐饮油烟列入日常巡查治理范围，避免一阵风式的突击治理，对辖区所有餐饮服务行业一一登门检查，认真调查其是否安装油烟净化装置、是否存在原煤散烧问题，并建立餐饮油烟治理台账，每月进行更新。截至 11 月，共规范治理饭店类餐饮服务经营者 747 户，设置烧烤园 3 个，在经营活动中产生油烟污染的，督促其安装油烟净化器，净化器安装率达 100%。

开发区加强对柴油车等高排放货运车辆和非道路工程机械的管控，开发区交警大队在黄河路上海路口、黄河路广州路口、南外环广州路口等路口设立检查点，每天开展综合执法检查，采取零容忍的态度加大路查力度，达不到国四标准的高排放货运车辆一律不准进城，外地进入开发区排放明显可视污染物（黑烟）的重型柴油车、不达标的拖拉机依法处罚并劝返，辖区范围内的违法车辆依法实施处罚，全年共检查重型柴油车5000余辆，劝返3800余辆，依法处罚450余辆，处罚拖拉机380余辆。开发区强化非道路工程机械管控，与工程责任单位签订承诺书，按照划定的高排放非道路工程机械禁用区范围，严格禁止不符合要求的车辆使用。辖区持续推进“散乱污”企业治理和燃煤小锅炉淘汰，严防“死灰复燃”。坚持不断开展巡查检查，并对新发现的8家“散乱污”企业立即取缔，燃煤小锅炉未发现反弹现象。

开发区加强烟花爆竹的禁限放管理，在社区张贴《给辖区群众的一封信》，录制禁放烟花爆竹录音，在流动警务巡逻车及社区大喇叭上进行播放，组织社区民警大力开展入户走访活动，将菏泽市人民政府《关于城区禁止燃放烟花爆竹的通告》等宣传材料逐户向群众发放；同时，加大对典型违法案例的曝光力度，引导群众真正理解、真诚支持、真心参与禁燃禁放活动。开发区还完成街道空气质量自动监测站建设，完成站房建设、设备安装，9月1日，空气质量自动监测站联网运行。陈集对全镇各空气监测站周边污染源排查整治，开展镇驻地方圆3公里内涉及相关污染源（扬尘、油烟、气等）的综合整治行动，出动200余人次，开展执法检查，排查餐饮单位100余家，至2018年底，90%以上已整改到位。

第三节　其他治理

噪声治理　2010年以后，开发区建设速度加快，针对建筑施工噪声日益突出的问题，环保部门加强建筑施工噪声管理，要求施工单位实行申报登记制度同时，规范建设施工噪声审批程序，未经工程监理部门审查认定以及环保和建设管理部门审批，一律禁止施工。按照《中华人民共和国环境噪声污染防治法》的有关规定，每年6月23日至7月19日，区内实施噪声管制，严禁一切扰民的夜间、午间施工。限制使用高噪声空气锤打桩，推行混凝土管桩和静压作业等低噪声新工艺。加大噪声超标排污费的征收，强化执法查处力度。

至2018年，开发区对车流量大的路段，实行车辆分流，交通路口禁止车辆怠速行驶。居民住宅区等噪声敏感区域或其他需保护区域，根据功能区划要求，按车辆类型、营运功能实行车辆分流和通车时间限制，减少主要交通干线的噪声污染点源，缓解交通噪声带来的环境压力。

固体废物治理　一般工业固体废物　1992—2016年，开发区产生一般工业固体废物企业主要有菏泽市发电厂、金盛热力、洋丰肥业、中粮艾地盟等4家企业，主要是燃煤锅炉产生的粉煤灰、炉渣和脱硫石膏等。截至2017年，4家企业的一般工业固体废物均作为建材原料资源化利用。菏泽第一污水处理厂、第二污水处理厂产生的脱水污泥每年约8.2万吨，用于制砖或运送垃圾填埋场处理。其他一般固废物或外售资源回收或由环卫部门收集处理。

工业危险废物　2010—2016年，开发区纳入危废重点管理的企业有20家，其中年产危废3吨以上的有6家，分别是德润化工、易达利化工、玉皇盛世化工、玉皇化工、佳成化工、道中道生物制药。这6家企业危废年产量3000吨，占开发区危废产生总量的90%以上。重点危废产生企业均建有标准的危废贮存场所，有记录台账，处置转移执行联单制度，危废规范化管理考核达到合格以上。

2017年，辖区内德泰化工、玉皇化工、玉皇盛世化工、易达利化、德源化工、清源化工、东药药业等涉危险废物企业被环保部、省环保厅、市环保局等上级部门查处。是年3月底，在开发区环保部门的监督下，各重点危废企业将存在的涉危险废物突出问题彻底整改到位；同时，环保分局加大工作力度，严格巡查，杜绝辖区内企业或单位非法收集、贮存、倾倒、填埋、转移、处置危废（医疗废物）等现象的发生，确保不出现危险废物污染环境的事件。6月，开发区管委会成立专门的危险废物管理机构，明确危险废物专职管理人员，突出抓好德泰化工、玉皇化工、玉皇盛世化工、易达利化工、东药药业等重点产生危险废物企业的规范化管理工作，确保产危企业落实好“八项制度”，规范执行相关制度。

固体废物管理　2016年以前，辖区部分规模较小的工业企业对固体废物污染防治的认识不到位，存在厂区脏乱差、分类不到位、管理不规范的现象，工业固体废物贮存、处置能力不足。菏泽发电厂原来粉煤灰贮存场所遗留的大量粉煤灰急需处理利用，但该区域消化量不够；第一污水处理厂的污泥产生量较大，原来用作有机肥生产的企业不再生产，只能临时填埋或制砖，不能持久，新的焚烧处理工程未建好。辖区危废处置企业少，处理费用偏高，中小企业产生的少量危废难以落实有资质的处置单位。汽修行业废活性炭、废过滤棉、废机油桶等危险废物处置存在困难。

2016—2017年，环保分局加强对工业企业固体废物管理和处置的法制教育和宣传引导，通过培训班、发放明白纸、宣传册、典型曝光等方式，落实企业主体责任。同时，严格执法监管，贯彻落实《中华人民共和国固体废物污染环境防治法》，督促企业建立固废管理台账和企业内部管理制度，细化责任分工，强化对危险废物的合法化收集、贮存和处置，对违法行为发现一起、依法处理一起。工作人员深入开展工业企业固体废物排查整治专项行动，对排查出的突出问题快速处理、快速整改，消除污染隐患。加快电厂遗留粉煤灰处理进度，督促第一污水处理厂建设标准的污泥贮存场所，固体废物管理得到极大改善。

2018年，开发区继续进行工业企业危险废物规范化管理，对辖区内6家年产3吨以上危险废物企业每月开展检查，规范化达标率100%。

土壤污染　2017年4月底前，开发区管委会对辖区内拟收回和已收回土地使用权的有色金属冶炼、石油加工、化工、医药、焦化、电镀、制革、铅蓄电池制造等行业企业用地逐一登记造册，建立台账，并报市环保局、市国土局、市规划局备案；对已回收，用途拟变更为居住和商业、学校、医疗、养老机构、公园、城市绿地、游乐场所等公共设施的上述企业用地，由开发区负责调查评估；对拟回收，用途拟变更为居住和商业、学校、医疗、养老机构、公园、城市绿地、游乐场所等公共设施的上述企业用地，由土地使用权人负责开展土壤环境状况调查评估。经调查评估，确定为污染的地块，按照“谁污染、谁治理”的原则，督促责任人制定严格的治理修复方案，开展治理与修复，并确保治理达标，严禁将治理不达标的地块二次开发利用。

开发区禁止在优先保护类耕地集中区域新建有色金属冶炼、石油加工、化工、医药、焦化、电镀、制革、铅蓄电池制造等排放重金属、持久性有机物和挥发性有机物的项目，防范建设用地新增污染，有色金属、皮革制品、石油化工、煤炭、电镀、聚氯乙烯、化工、医药、铅蓄电池制造危险废物处置、加油站等排放重点污染物的建设项目，需在环境影响评价时，同步监测特征污染物的土壤环境成本底值，开展土壤环境质量评价，并提出防范土壤污染的具体措施；建设土壤污染防治设施的，与主体工程同时设计、同时施工、同时投产使用。

2017年，开发区按照国家建设用地土壤环境调查评估技术规定，逐步开展建设用地土壤环境调查评估，落实《山东省土壤污染防治方案》，以农用地和重点行业用地为重点，开展土壤污染状况详查，按照要求有序推进污染治理与修复。当年，开发区无新增污染项目。

2018 年，开发区加强裸露土地的治理。按照“宜绿则绿，不宜绿化的实施硬化”原则，对天香公园、新天地公园、赵王河公园、大剧院、林荫广场、公路局片林、图书馆等20余处公园、广场、街头绿地以及八一路、人民路、长江路、广州路等近 30 条主次干道，完成裸露土地治理 26.06 万平方米。

第三章　环境监察管理

第一节　环境监督

自 2005 年开始，开发区加大环境监督力度，提高应对突发环境污染或生态破坏的能力。对存在污染安全隐患的企事业单位开展全面检查，消除隐患，防止环境污染事故发生。同时，辖区各单位结合实际情况，规定工作程序，明确责任，一旦发现环境污染，人员、设备及时到位，完成环境监测及督查任务，确保开发区环境安全。

2010—2017 年，开发区高度重视环保工作，将环境监督和综合整治当作一号工程来抓。针对群众关切的建筑垃圾、施工扬尘、烧烤碳排放等问题，辖区实行领导干部包保联系社区，各街道设指挥部，下设城市扬尘污染防治、工业企业及固源大气污染防治、城市饮食服务业和露天烧烤污染防治、禽畜养殖专项治理、社区环境卫生整治、宣传材料、考核督导组等工作小组，进行全天候环境监督，加强区内环境综合整治。

2017 年上半年，丹阳街道共取缔整改“散乱污”企业 196 家，实现“两断三清”，关停燃煤馍店和洗浴中心 32 家，关闭露天烧烤摊点 56 家，酒店、宾馆、饭店 342 家全部安装、改装高效油烟净化设备，在建、待建、拆迁 60 余处项目工地全部防尘覆盖达 13.3 万平方米，增补、新植各类绿化苗木 13.6 万余株。

2017 年 4 月 17 日、5 月 9 日，环保部强化督查组分别对中粮艾地盟粮油开展 2 次环保强化督查工作，提出的 7 项环境问题全部完成整改。5 月 19 日、8 月 9 日，环保部巡查组对该公司环保强化督查问题的整改落实情况进行销号验收。8 月 15 日，菏泽市开展“2017 年度菏泽环保世纪行”活动，对前期菏泽环境保护领域突出问题综合整治情况进行督导，抽查中央、省、市环保督察检查中发现问题的整改落实情况。深入开发区中粮艾地盟粮油公司、菏泽锅炉厂、天邦玻璃

记者团询问中粮艾地盟整改情况

3家企业，对前期环境保护领域突出问题综合整治情况进行督导。中粮艾地盟粮油公司新建煤渣和废机油专用存贮车间，废机油露天存放、煤场未遮盖、煤渣未覆盖等问题得到彻底解决。菏泽锅炉厂焊接车间建设烟尘集中吸附和净化装置，50台移动式焊接烟尘净化器保证焊接烟尘全部被集中收集净化后排放。天邦玻璃有限公司投入350万元更换3套高标准天然气新设备，投入30万元在线安装联网工程，坚持24小时达标排放，厂区内垃圾废料全部清除，废物废油有专门仓库，有专人管理，设有台账。

2017年9月，开发区开展“小散乱污”企业清零整治，各街道采取多项措施整治“小散乱污”企业，由环保所、派出所、行政执法中队等组成联合执法队伍，对辖区内“小散乱污”企业开展全方位排查，实行全面整治。为防止死灰复燃现象发生，确保“小散乱污”治理工作无遗漏、无反复，辖区各街道充分利用网格化管理手段，采取网格排查，对重点区域实施每天24小时不间断巡查，发现反弹立即查处，做到发现一处、查处一处、取缔一处，确保辖区内“小散乱污”污染全面整治到位。同时，推行建筑工地湿法作业、道路洗扫、裸土覆盖等地表扬尘治理措施，切实保障辖区环境污染治理工作有序开展。

2018年，开发区深入开展环境突出问题专项治理行动。3月中旬，开展重点区域污染源排查整治专项行动，建设局、行政执法大队、环保分局和3个街道加大巡查和整治力度，对3个空气自动站周边污染源情况进行排查整治，共排查问题58个，现已全部整改完成。在5月中旬至6月底深入开展环境突出问题大排查大整治专项行动，共排查畜禽养殖、“散乱污”企业、工业企业废气、施工工地等8个方面62个突出问题，目前全部整改完成。同时完成岳程和佃户屯两个空气监测站建设，完成开发区网格化环境监管平台建设，进一步提升环境监管能力。开发区开展全区清洁行动情况，安排保洁公司对辖区内道路进行全方位保洁，纵到边、横到沿，重点加强门市前、绿化带后、变电箱栅栏内、建筑物构筑物周边及缝隙内的清扫保洁，用小型高压冲洗车负责对市区内人行道逐条清洗作业，对道路果壳箱加大擦洗频次，对门市产生的生活垃圾做到及时收集清运；街道组织辖区内小区、机关事业单位、企业开展纵向横向相结合、全方位、立体式的清洁行动，做到每季度至少1次，并持续坚持。强化建筑工地、拆迁工地、市政工程工地、道路建设工程等扬尘治理，将辖区42个建筑工地、10个拆迁工地、重点市政工地，分组包干、责任到人，组织工作人员对工地进行全面巡查，共下达整改通知书273份，整改问题680余个，对存在问题多次整改不到位的建设单位，上报市住房和城乡建设局进行处罚。

陈集镇在划归开发区管理以后，全镇环保工作实行网格化管理，对“散乱污”企业和畜牧养殖污染源排查整治，取缔“散乱污”企业7家，查处畜牧养殖污染18家，责令整改11家，改建3家，关停4家。岳程街道全年共治理“散乱污”企业82家，其中整改提升58家，依法取缔24家；完成燃煤锅炉治理、畜禽养殖场取缔、秸秆禁烧等专项活动。完成许庄、张西、张中、冉贤集、西高庄、郭庄、朱明武7个社区、1770户居民的气代煤工作。

第二节　建设项目管理

1992年建区后，开发区建设项目环境管理体制尚不健全，简化有关环保手续、审批手续和审批条件，造成环境审查评估质量下降。

2006—2010年，开发区加强建设项目环境审批工作。管委会对省、市批准建设项目环评“三同时”落实情况进行专项清查清理，重点查处在环评审批和“三同时”制度执行方面存在的违法违规行为。环保分局组织辖区各环保所，对省环保厅审批的项目、2007年后市环保局审批的项目及存在违法行为的项目进行全面排查，共检查264个项目，其中省批项目18个，市批项目246个。

2011年，开发区以迎接国家淮河流域水污染防治考核为契机，加大建设项目审查和管理力度。管委会做好建设项目审查工作，严格环境准入，环保分局提前介入严格审查，跟踪服务，把好第一道关口，从源头上杜绝新污染源的产生，坚决杜绝污染企业在开发区落地，是年有3个污染严重的项目被拒绝入区。同时，对包含省批、市批的78个项目进行仔细排查，对清理出来的环境违法问题提出切实可行的整治要求，督促其加快整改落实。

2012—2017年，开发区环保分局加强建设项目环境管理，密切关注项目进展及污染治理设施建设情况，履行环境影响评价第一审批的职责，对符合产业政策和环保要求的项目积极提供服务，做到快事急办，慢事快办，特事特办，尤其是对由上级环保部门审批的项目，专门成立重大项目环保服务办公室，落实专人专职负责跟踪服务；对不符合产业政策和高污染、难治理的项目坚决不办。

2018年，开发区加强环保智慧监管平台和环保专职网格员队伍建设。采用开发区综治平台，确定各街道环保网格员进行岗前培训，选定终端用房，为辖区建设项目环保管理打下坚实基础。

第三节　环境执法

1994—2000年，随着开发区环保办公室成立，管委会加大环保专项执法力度，有效打击多种环境违法行为。2001年7月，开发区协同市监察、环保、公安、工商等有关部门对辖区水污染防治工作情况进行拉网式检查，对违法企业进行处理，其中岳程街道文方寺造纸厂属“十五（土）小”企业，被吊销营业执照并予以取缔。

2011年，开发区在新建项目环评和“三同时”执行情况、市控企业环保“十个一工程”建设督导和环境监察等方面不断加大执法力度，组织开展整治违法排污企业、保障群众健康环保专项行动，对少数无视政府法令和环保法律法规、未批先建、超标排污环境等违法行为严重的排污单位，管委会下发《检查处理通报》，对环境违法项目进行处理和督导整改，关停无手续和无治污设施的菏泽开发区顺劲腐竹加工厂。决不敷衍塞责。是年，环保分局共接办领导批示、转办、群众来信来访等环境投诉56件，其中市群工办8件，市长公开电话5件，行风热线7件，网络发帖1件，12369转办14件，公开办公电话来电19件，接办群众来访3件，在规定时限内全部按时办结。

2012年3月，对德泰化工私设暗管超标排污进行处理，拆除暗管并处罚12万元的排污费，对德泰化工1年内新、改、扩建的所有项目实行限批，取消其本年度一切先进单位、先进个人评选上报和人大代表、政协委员推选等资格。当年4月，管委会组织全区环境违法行为大清查大排查集中行动，发现位于岳程、丹阳和佃户屯境内的腐竹厂、电镀厂、化工运输车辆清洗点、小镀锌厂、废旧塑料回收站、小化工厂、练车点、小板厂，生产工艺方式落后，污染环境严重，责成岳程、丹阳、佃户屯3个街道立即取缔，做到清除原料、拆除设备、断水断电、注销执照，妥善处置生产废水。6月，对化工工业园区供热主管道范围内的玉皇化工、德泰化工、德润化工、德裕煤化、金正大等企业的燃煤锅炉实施关停。7月，开发区制定洙水河水质改善达标方案，成立专门的领导小组，落实责任，确保在短时间内使洙水河水质达到化学需氧量每升小于30毫克、氨氮每升小于1.5毫克的要求，顺利实现南水北调工程东段线2013年通水的目标。

2013年，开发区进一步强化环保执法，把环保夜查和突击抽查作为一种长效机制，吸收社会公众参与和监督，加强新上项目管理，严格把好项目准入关，从源头上控制污染。在项目建设中认真落实各项环评要求、环保手续，确保项目建设与环境保护设施同时设计、同时建设、同时运营，落实环保责任追究制，提高企业的环保意识和环保工作水平。环保部门对辖区内玉皇盛世化工等重点企业安装远程电子控制闸门，企业排放废水超标，排污闸门自动关闭，在企业整改后由市级环保部门予以打开，电子闸门安上后，可以实时监控，使企业不敢也不能偷排。是年6月，区党工委、管委会联合市环保局，组织纪委、公安、环保部门执法人员及部分人大代表、政协委员和新闻单位记者共50余人，对辖区内的曹州农化、东药药业、玉皇盛世化工、德润化工、辰信新能源等10余家涉及排放工业废水、废气的企业突击夜查，对企业每个生产装置和治污设施逐一检查运行情况，没有发现偷排污水和有明显的异味现象。

2017年，开发区环保分局对于发现的环境污染问题，发现一宗，及时处理一宗。全年共治理违法违规企业71家，立案处罚28起，罚款金额72万余元。

2018年，开发区不断加大环境违法行为查处力度，妥善处理环境信访案件。1—10月，共立案查处企业违法案件19起，罚款123.7万元，涉嫌行政拘留、移交公安机关案件5起。对“行风热线”栏目、“12369”环保热线、市长公开电话及网络等环境信访案件，实行有访必接，有案必查，处理迅速，共妥善处理各类信访270余件。

污染源普查　自开发区成立以来，共进行2次污染源普查。

第一次污染源普查　2008年4月正式启动，至2008年6月初，完成普查数据第一次直报国家任务，共上报工业源178个、农业源370个、生活源231个、集中式1个。

第二次污染源普查　2017年10月27日，为落实《国务院关于开展第二次全国污染源普查的通知》、市政府办公室《关于成立菏泽市第二次污染源普查领导小组的通知》要求，菏泽经济开发区成立第二次污染源普查领导小组，负责领导和协调全区污染源普查工作。

此次普查共分为两个阶段进行。2018年为全面普查阶段，确保基础数据真实可靠。宣传第二次全国污染源普查领导小组的工作部署，及时报道普查进展情况，宣传普查中的先进经验和典型人物，增进社会各界对普查工作和普查工作者的认识、理解、支持。2019年为总结发布阶段，重点围绕污染源普查成果发布和经验总结展开宣传，增进全社会对污染源普查成果的了解，推动第二次全国污染源普查成果的广泛传播和运用。

2018年，环保分局设立污染源普查领导小组和普查办公室，抽调7名业务骨干集中办公，对20名普查指导员、83名普查员进行专业业务培训，并委托第三方开展入户调查和监测评估工作。至年底，完成清查建库、入户调查工作，清查及入户调查的工业企业373家、1蒸吨以上9个、集中式污染治理设施5家、入河排污口7个，摸清开发区生活锅炉污染源底数及排放情况。

排污费征收　2002年，环保分局成立以后，贯彻实施国务院《排污费征收使用管理条例》，国家发展计划委员会、财政部、环保总局、经济贸易委员会《排污费征收标准管理办法》，国家发展和改革委员会、财政部、环境保护部《关于调整排污费征收标准等有关问题的通知》及《菏泽市环境监察工作管理办法》，加大各排污单位排污费的征收力度，让企业清晰排污交费的社会责任和环境义务，坚持依法征收、以收促治，促进企业加快污染治理，减少污染物排放。

2016年12月25日，第十二届全国人民代表大会常务委员会第二十五次会议通过《中华人民共和国环境保护税法》，开发区环保分局进行宣传教育，做好过渡阶段的工作。自2018年1月1日起，排污费取消，由税务部门征收环境保护税。

第四章　节能降耗

第一节　机构

2009年11月18日，开发区印发《菏泽经济开发区事业单位改革实施方案》，设立开发区节约能源办公室，隶属经济发展局领导，为全民所有制副科级事业单位，暂定岗位3人。2018年编制4人，在岗工作人员3人。其主要职能是组织建设节约型社会，研究制定组织实施能源等资源节约和综合利用有关政策，负责组织回收各类再生资源发展环保产业，组织协调节能重点示范工程。在开发区范围内全面推行可持续发展战略，把开发区建设为生态和谐、文明向上的新城区。

第二节　目标责任

“十一五”期间：开发区的节能目标责任为万元GDP能耗降低22%以上。

“十二五”期间：开发区的目标责任为万元GDP能耗2011年比2010年降低3.7%以上，2015年累计降低17%以上；规模以上工业万元增加值能耗降低18%以上，2011年比2010年降低3.89%以上，2015年降低18%以上。

“十三五”期间：开发区的目标责任为万元GDP能耗2016年比2015年降低3.7%以上，2020年累计降低17%以上；规模以上工业万元增加值能耗2016年比2015年降低3.7%以上。

开发区党工委、管委会高度重视辖区内的节能减排工作，层层落实节能目标管理责任制，将年度能耗总量和强度“双控”目标纳入开发区国民经济和社会发展的五年规划，制定开发区节能考核办法，把节能目标任务分解落实到各街道和各重点用能企业，强化节能责任，落实节能措施，较好地实现节能工作目标，在历年节能工作考核中均完成预定的两项指标任务，其中2016年、2017年和2018年，万元GDP能耗均降低3.7%以上，规模以上工业万元增加值能耗降低4.5%以上。

第三节　节能措施

考核监察　开发区节能办不断督导企业完善相关规章制度，完善企业节能管理人员的备案工作，指导企业制定节能年度工作计划及管理制度，检查有限额标准的企业执行单耗限额情况，组织人员开展技能培训，提高应用能力。严格落实目标责任，并将节能目标任务纳入开发区经济社会发展综合考核，将考核结果作为领导班子和领导干部考核的重要内容。对未完成能耗强度降低目标的区直相关部门及各街道实行问责，对未完成市政府下达的能耗控制目标任务的予以通报批评和约谈，实行高耗能项目缓批限批。对节能贡献突出的单位和个人以适当方式给予奖励。严格节能监督检查，加强节能审查，强化事中事后监管，加大对重点高耗能行业、重点用能单位、重点用能设备的监察力度。建立健全节能管理、监察、服务“三位一体”的节能管理体系，积极配合市节能监察支队，对开发区重点用能行业单位产品能耗限额标准执行情况、高耗能落后机电设备淘汰情况、能源审计报告等进行专项监察，对存在问题的单位现场纠正或下达限期整改通知书予以限期完成整改工作。对耗能5000吨以上的用能企业加强日常节能管理，及时完成其中4家“省千家”的网上直报工作及开发区纳入省“百千万”行动的7家企业的能耗填报等工作。菏泽玉皇化工有限公司、华鹏玻璃（菏泽）有限公司、中粮艾地盟粮油工业（菏泽）有限公司、山东洋丰肥业有限公司对各自节能目标完成情况进行自查，按要求形成自查报告并将有关材料装订成册。4家“省千家”企业均超额完成年度节能目标任务。

设备改造　2017年，菏泽金正大生态工程有限公司实施大小各类节能改造10余项，实施的节能改造项目主要有：尿基高塔蒸汽疏水阀改造、锅炉烟气余热回收改造、压缩空气节能优化改造、高塔工艺及蒸汽冷凝液回收利用、循环水泵节能改造、燃煤锅炉改燃气锅炉改造、袋尘集中回收装置改造等。年节约费用970.7万元，年节能量4587吨标准煤。其中，除尘改造节能项目效果最为明显。因公司当前传统复合肥生产工艺大都经过浓缩中和、造粒干燥、筛分、破碎、冷却等生产工艺加工而成，从造粒干燥到冷却均会产生粒径小、浓度大的粉尘。以往大部分复合肥车间均是采用的旋风除尘加尾气洗涤器组成的除尘工艺系统。随着环保要求逐渐严格，该工艺已经远远不能满足生产及环保要求，并且还存在系统装置中洗涤液难以平衡及成品回收的问题，公司通过新上22台袋式除尘器代替原有的旋风除尘器，每年产生经济效益235.04万元，年节能量1800吨标煤。

2017年，中粮艾地盟粮油工业（菏泽）有限公司在菏泽市经信委及开发区节能办等相关部门关心支持下，公司投资700余万元对锅炉烟气脱硫、脱硝、除尘等环保设施进行升级改造，达到超低排放要求；并新增超导热管换热器，对余热进行回收利用。项目增加超导热管换热器，采用锅炉软水作为冷源，与烟气进行热交换；每小时可回收热量56万千卡，以年生产300天计算，年可节约标煤781.2吨，节约资金约62.5万元。且项目改造后，锅炉烟气排放达到超低排放要求，烟尘排放量年可减少0.19万吨，二氧化硫排放量年可减少4.92万吨，氮氧化物排放量年可减少16.44万吨，减排效果显著，具有良好的社会效益。公司在实施35吨/小时蒸汽锅炉烟气超低排放改造工程的同时，积极吸纳新技术和先进工艺，对现有的工艺技术设备进行革新，在提高产品质量的同时，减少能耗支出，降低生产成本。2017年后，公司先后实施锅炉烟气余热回收、浸出工段DTDC增高及冷凝器更换、精炼工序新增螺旋板换热器等项目，年可减少溶剂消耗33.49万吨，节约电耗30.9万千瓦时，节约生产成本69.09万元。

山东玉皇新能源科技有限公司专注节能环保产品的研发，其中自主开发的高能量密度三元和高安全磷酸铁锂电池，具有绿色环保、能量密度高、寿命长、内阻低、安全性能好、充放电功率大、使用温度范围宽广等特点，生产的锂离子电池适用于建设城市储能电站、新能源储能及转换站等，其中动力电池为电动客车、城市功能车提供清洁高效能源，为纯电动小轿车、中巴、大巴等提供配套动力总成系统，产品绿色环保，对替代石油资源，缓解未来能源紧缺，改善城市环境污染，解决社会就业等具有极其重要的作用。

节能企业　开发区重点培育山东玉皇新能源科技有限公司、山东腾鲁环保设备有限公司、方达再生资源利用有限公司3家节能环保产业，对菏泽玉皇化工、菏泽金正大、德润化工等重点用能企业进行能耗在线实时监测。组织山东玉皇新能源科技有限公司、山东方达再生资源利用有限公司参加2017年“山东省及京津冀周边地区节能环保先进技术对接会”“山东省节能环保产业发展联盟成立大会”，玉皇新能源科技有限公司、方达再生资源利用有限公司2家企业成为山东省节能环保产业联盟会员。管委会严格执行新上项目固定资产投资项目节能审查制度，严把准入关，同时对分布式光伏等项目及时立项，降低煤炭消费比重，2017年全区纳入统计的企业煤炭消费量比2016年同期减少2.7万吨。

2018年，开发区有省节能办核定的耗能万吨企业7家。管委会对重点用能企业下达明确节能目标，制定强力节能措施，推广重点节能技改项目，督导“百千万”企业填报2015—2020年的能源使用计划，调度“省千家”日常网报工作，认真开展重点用能企业日常监察工作，对监察、评级等工作中发现的企业存在的高耗能机电设备，按标准制定淘汰计划。2018年共淘汰中联水泥、金正大、孔子酒业等企业高耗能落后设备87台（套）。

重点领域　开发区探索开展节能量、能源消费总量交易，为企业制定节能量目标，引导企业节能量的交易。玉皇化工、中粮艾地盟、洋丰肥业、华鹏玻璃等企业推广实施合同能源管理，有效调动企业的节能积极性。开发区注重统筹推进重点领域节能降耗，尤其是加大建筑节能力度，严格执行建筑节能强制性标准，实现新建建筑全面执行建筑节能标准、绿色建筑占比重目标完成进度达到要求、既有建筑节能改造比例达到年度目标要求、公共建筑节能改造面积达到年度目标要求、可再生能源建筑应用面积达到年度目标、城镇新建建筑中绿色建材应用比例达到目标要求、装配式建筑达到年度目标要求、建筑节能、绿色建筑与装配式建筑、实施进度及质量满足目标要求。同时，开发区强化公共机构节能。2017年，全区公共机构人均能耗为387.62千克标煤，单位建筑面积能耗为4.44千克标煤，人均用水量为23.84立方米，完成公共机构节能工作目标。

宣传活动　开发区先后制定《菏泽市经济开发区节能目标责任考核办法》《关于印发菏泽市经济开发区节能减排工作协调机制的通知》《关于调整开发区节能减排工作领导小组组成人员的通知》《菏泽市经济开发区“十三五”节能减排综合工作方案》等一系列政策文件，加大节能资金投入，落实节能税收支持政策，设立节能专项资金，充分发挥节能专项资金的引导和鼓励作用，扎实推进全区的节能工作。

依托新闻媒体，以全民节能为重点，开发区广泛组织开展各项节能宣传活动，按照“面向基层、贴近群众、形式多样、注重实效”的原则，宣传《中华人民共和国节约能源法》等法律法规，组织各街道、各有关部门深入开展“节能有我、绿色共享”的宣传活动，到重点用能企业张贴节能标语，进行节能知识竞赛等多样化的宣传，提高社会公众和企业的资源意识和节能意识，让节能降耗成为大众的自觉行动。

第五编　交通　邮电　电力

1992年建区时，只有一条人民路贯穿南北，其他道路均为自然土路，无公交线路。随着经济的发展和市场的繁荣，道路客运、货运工具种类齐全，运量增加。2002年，开发区建设“三纵五横”18公里的新区路网。2018年，开发区内道路有235.8公里。经过重新规划和改造后，公路和城区道路路面宽阔，等级提高，人流物流通达方便。

1994年，菏泽地区成立邮电局，邮政服务与通信建设与时俱进。随着经济发展、科学技术进步，顺应国家行政管理体制的要求，1998年菏泽邮政与电信分营。分营后，邮政业务得到拓展，服务领域不断增加，已由过去的包裹、汇兑、报刊发行等传统业务，发展到邮政储蓄、特快专递、物流配送等新的服务领域。

电信分营后，辖区通信产业飞速发展，通信技术不断更新。通信部门顺时应势，积极完善数字化、职能化通信网络设施建设。2018年，辖区网络技术和装备接近或者达到国际先进水平，社会生产生活步入信息化、数字化时代。

位于开发区光明路1号的国家能源菏泽发电有限公司成立于1990年7月，总装机容量1510兆瓦，总投资65.97亿元。2018年供电设施建设，在建3.5千伏以上变电站12座，变压器共计20站，形成220、110、35千伏电压等级可靠电网结构。

第一章 交 通

第一节 公共交通

区内公共交通 菏泽惠菏公共交通集团有限公司 开发区内的公共交通由菏泽惠菏公共交通集团有限公司负责。菏泽惠菏公共交通集团有限公司原名菏泽市公交公司，成立于1977年，由原菏泽县城建局工程队分离后组建。公司地址位于菏泽市定陶路2号。当时菏泽城区仅有1条公交线路、2部公交车。到2000年底，有7条公交线路，公交车70辆，为6米长中巴车型，运营线路77公里，班次密度平均10分钟以上，年最高客流量37万人次，公交车对城市交通的分担率很低，公交体系亦不完善，远远不能满足市民出行需求。2001年，公交上划市交通部门管理，城区公交实行线路承包经营。2004年后，在党和政府关怀和社会各界支持下，菏泽公交事业取得较快发展。

2006年，牡丹路、黄河路、人民路、西安路4条城区主干道新建、改建公交站亭116处。2007年，菏泽城区公交线路发展到17条，线路里程204公里，公交车140辆，为7～8米长车型，万人拥有公交车2.17辆，站点327个，站点覆盖率78.3%，班次间隔平均8分钟，年最高客流量1272万人次，公交对城市交通的分担率增至3.75%。市公交公司陆续将经营权收回，更新52辆7.6～10.5米长的新型无人售票公交车，逐步实行公车公营。2008年，新上38部无人售票公交车。

2009年，7路公交新上12部豪华空调公交车，结束菏泽市没有空调公交车的历史。第一批GPS

智能语音报站系统在7路、2路公交投入使用，结束人工报站的历史。城区公交车辆发展到252部，其中新型无人售票公交车114部。又在长江路上新建20处港湾式公交站亭。2011年，新增100辆公交车，其中LNG新能源公交车60辆，新增6条公交线路。2013年5月，公交车IC卡收费系统正式投入使用，采取定点、定时、流动售卡等方式发售。建成智能调度系统，对公交车辆运行情况进行实时监控、调度，提高公交车的运行效率，使公交车辆运营更加准时。新的语音报站系统安装到所有公交车。

2013年以来，随着公交优先政策的出台和企业内部改革的不断深化，菏泽公交事业发展迅速。公交线网不断拓展，公交服务范围不断扩大，公交服务水平和设施水平大幅提升。2017年，公司有职工1100余人，运营车辆965部，其中新能源公交车878部（包括纯电动公交车450部），占车辆总数的91%。拥有常规公交线路43条，通勤、定制公交143条。站点1100多个，公交站亭227座，电子智能公交站牌6座。年运营里程2980万公里，发送乘客4000万人次。日均发送4300多个班次，年运营收入5437.3万元。公交IC卡发售42.8万余张，日刷卡量5.5万人次，占公交客运总量的50%。是年，公司发行全国交通一卡通，菏泽公交IC卡与全国百余座城市实现互联互通。

2018年，为落实菏泽市政府电动车专项整治工作的安排部署，菏泽公交围绕为群众提供更加便捷、安全、舒适的出行服务，提升公交服务能力和服务质量，认真做好各项工作，努力将公交打造成为市民出行首选。增加新能源公交车100辆；一期对2路、22路、23路、56路4条线路进行班次加密，将运营间隔缩短至6～8分钟，上下班、学生上下学高峰时段缩短至5分钟，在8月底落实到位。同时，引进“客流调查”新技术手段，根据实际出行需求，科学调整运力安排，进一步优化、完善现有公交线网；紧抓城区棚改和城乡公交一体化发展契机，围绕新建小区、大型商场及城区周边城镇等增加公交线路。截至2018年，公司在市区共有43条常规线路，投入公交车辆1015辆，其中新能源920辆，占车辆总数的90%。定制、通勤班车170余条，线路总数210余条，线路总长1700多公里，公交线网覆盖大部分城区；公交站亭、站牌、站点总数1100多个；有5处停调车场、8处公交首末站、7处调度室、1处公铁换乘枢纽站，7处大型公交充电站150余座充电桩。公司公交线路覆盖四区的所有乡镇、街道，市民的出行更加便捷，为经济发展提供保障。开通146条学生定制、企业通勤公交线路，日均发送量1.2万人次，方便全市4000多名中小学生和企业职工日常出行，减少上下学（班）高峰时段私家车出行量，有效缓解城市交通拥堵。

公铁换乘枢纽站夜景

2018年11月28日，经菏泽市人民政府国有资产监督管理委员会（菏国资改革〔2018〕7号）文件批复同意，“菏泽市公共汽车公司”变更为“菏泽惠菏公共交通集团有限公司（国有独资公司）”。菏泽市公共汽车公司积极响应菏泽市旧城改造项目，于2018年12月22日起陆续迁至王本庄公交枢纽站内（中华西路高新区管委会往西约500米路北）。菏泽市公共汽车公司为方便市民办理公交卡、定制公交等各项任务，将部分科室、单位安置在原菏泽市公共汽车公司（牡丹路与中华路交叉路口东南角）附近。

基础设施　从2013年开始，菏泽市政府连续5年更新760部新能源公交车，车辆科技含量逐年提高，安装车载电视，彩色液晶站节牌，配备发动机自动灭火和车窗一键爆破装置，升级车载监控设施，实现远程实时监控。2015—2017年，市政府引进450部纯电动公交车，节能环保，零排放、零污染，菏泽公交进入电动时代。2013—2017年，公司在市区建成7处公交停调车场站。其中，开发区有2处，分别是火车站公铁换乘枢纽站和三里河停车场。开发区2处公交停调车场站集综合办公、换乘枢纽、车辆维修保养、充电站、夜间停车等功能于一体，并依托停调车场站建立2处调度室、2处充电站，满足纯电动车的充电需求。

2017年开发区公交停调车场一览表

表5-1

序号	场站名称	地位	状态	面积（公顷）	土地性质
1	火车站公交枢纽站	火车东站广场东北部	建成	0.27	无偿租赁
2	三里河停车场	菏泽市开发区黄河东路三里河社区南	建成	1.33	租赁

2014年，公司开始对开发区内公交站亭全面升级改造，配备休闲座椅、公交线路运营示意图等便民设施。在开发区新改建的丹阳路上，安装电子智能公交站牌，实时动态显示公交车辆信息，播放视频画面，发布应急信息。

2018年，城区投入使用的公交场站数量从原先3个增加到7个，提高整体运力，建设北外环公交场站项目，长城广州路公交场站进入征地程序，公司积极协调建设资金，在保证质量的前提下加快推进公交场站建设，为公共交通事业稳定快速发展提供基础保障。

企业管理　2013年，公交公司集中研发ERP公交智能综合管理系统，实现网上办公，现场巡查实现图片上传功能，直观反映现场管理中存在的问题，方便对问题整改情况的督查。利用手机定位考勤功能，加强外勤人员的管理。2015年，开发公交网站，开设职工内网，将内网建成集学习、交流、安全教育、考试、企务公开、业绩查询为一体的综合平台。2017年，公司制定日常点检制度和强制例保制度，根据运营里程编制保养计划，做到养修并重，保证车辆保养维护及时、有效，确保车辆处于最佳运营状态。实施工时制改革，多劳多得，优质优酬，提高技术人员的维修质量和维修效率。2018年，公司从严把驾驶员入职关口入手，不断完善公交队伍及安全行车源头管理，加大岗前安全培训力度，强化培训上岗机制。严格要求驾驶员进行公交车辆“三检”（出车前、行车中、收车后的车辆检查）工作。

精准服务　2013—2017年，公司共增加22条公交线路，每年优化调整10多条线路。按照市民要求，开通143条定制、通勤公交，3条守时公交，方便全市4000余名中小学生和多家企事业单位的出行。利用“大数据”分析，把握客流高低峰，有针对性地编制运营计划，提高公交正班正点率。公司组建“公交爱心服务队”，从2014开始，连续4年开展“公交出行宣传周”活动，到各公交枢纽站疏导交通、兑换零钱等，为市民提供优质服务。

公司开发公交IC卡网上交费、定点补登项目，实现IC卡网上充值、定点补登和手机充值。开通微信、微博、兜兜公交、实时公交，研发学生卡刷卡信息推送和公交IC卡余额查询功能，平均每年接听电话近5万余次，发布信息4000余条，回复信息近2万条。2017年，公交微信关注人数突破16万，兜兜公交、实时公交日均启用19万人次。2018年，为方便市民准时乘车，市公共汽车公司研发掌上公交APP，为解决市民充值难题，推出定点补登充值项目、公交充值APP；为缓解乘客上车没带零钱的尴尬，推出支付宝扫码乘车。

公交网络　1977年，辖区始通1路公交车。1980年，2路公交车运行。1996年，5路、7路公交车运行。截至2017年，辖区内共有31条公交线路。

1路。1977年2月，公交公司成立后，首次在市区内开通。起点从现在的市立医院到毛纺厂附近，途径开发区郭庄、大程庄等4个站点，2辆车对开。2017年，起点百货大市场（西客站），终点三捷新能源。

2路。1980年3月，2路车开通，起点长途汽车站，终点火车站。2017年，起点为齐鲁工业大学。

5路。1996年开通，起点菏泽白癜风医院，终点牡丹区吴店镇。2007年，起点延伸至恒盛大市场。

7路。1996年开通，起点市立医院，终点火车站。2009年，起点延伸到牡丹区委。2017年，起点王本庄调停车场。

8路。2010年开通，起点三角花园，终点佃户屯。2017年，起点佃户屯康源电商电商区，终点中南世纪锦城。

10路。2013年开通，起点义乌商品城，终点火车站。2017年，起点延伸至天华电商聚集园区。

12路。2013年开通，起点三角花园，终点万福街道办事处。2014年，起点延伸至恒盛大市场。

13路。1998年开通，起点三角花园，终点孔楼。2009年，终点变更为玉皇化工。2012年，起点延伸至义乌商品城。

14路。2000年开通，起点自来水公司，终点火车站。2012年，起点延伸至义乌小商品城。

15路。2012年开通，起点火车站，终点菏泽医专。

16路。2014年3月开通，起点奥林花园，终点炫乐城。2017年，优化为天华电商聚集园区至市交通检测站。

19路。2014年开通小循环公交，起点佃户屯—长堽集—终点佃户屯。2016年优化，起点为福祥佳苑（菏建中专），终点火车站。2017年12月再次优化，起点延伸至三捷新能源。

20路。2017年开通循环公交，起点义乌商品城—人民路与八一路口—终点义乌商品城。

21路。2013年开通，起点观上，终点气象局。2015年，线路变更为和平人家至范府食品。

22路。2015年开通环城公交，起点火车站—西客站—终点火车站。

23路。2015年开通环城公交，起点西客站—火车站—终点西客站。

26路。2012年开通，起点三角花园，终点观上。

27路。2013年开通，起点庞王，终点佃户屯。

28路。2013年开通，起点黄河路与牡丹路口，终点广州路。2017年改为环城公交，起点和终点为玉皇盛世化工。

29路。2016年3月开通，起点长堽集，终点三角花园。2017年12月，终点延伸至市公交公司。

32路。2017年12月开通循环公交，起点三捷新能源—三角花园—终点三捷新能源。

38路。2017年12月开通，起点庞王，终点三角花园。

46路。2012年开通，起点贾坊，终点火车站。2017年12月，线路调整后重新开通，成为菏泽市第一条扶贫公交，起点杨董社区，终点火车站。

48路。2012年12月开通，起点贾坊，终点火车站。

50路。2013年开通，起点火车站，终点小留。

56路。2014年3月开通，起点火车站，终点穆李旅游村。2017年10月，终点优化至民生热力。

66路。66路是原6路公交的延伸路线。2013年10月，6路公交开通，起点河南王，终点三角花园。2014年7月，终点延伸至高管局。2015年4月，公交公司将原6路在花会期间分段运行：河南王—高管局的公交线路调整为河南王—三角花园，命名为6路；原高管局—河南王的公交线路调整为高管局—三角花园，命名为66路。是年11月，66路终点延伸至枫叶正红老年公寓。2017年11月，公交公司依托66路主场枫叶正红的老年人客流量，在66路打造“敬老线”。

102路。2015年12月开通，起点是火车站，终点是市委党校。2017年7月优化，线路延伸为冀鲁豫边区纪念馆至鲁西南记忆。

105路。2016年2月开通，起点新洲欧洲城，终点人社局。2017年，终点为金域澜湾。

2017年开发区公交常规线路信息一览表

表5-2

线路	主副场区	运营时间		线路长度（公里）	车辆数	车型	日均客运量（人次）
		2017年夏季	2017年冬季				
1	百货大市场（西客站）—三捷新能源	6:15—19:00	6:15—19:00	30	30	2015年中通（LNG自动空调）10.5米	10215
2	齐鲁工业大学—火车东站	5:30—21:00	5:30—21:10	30	30	2013年重汽（LNG空调）12.5米	7124
3	侯集—毅德城	6:20—19:00	6:30—18:00	20	20	2013年中通（LNG自动空调）10.5米	5020
5	恒盛大市场—吴店	6:20—19:00	6:20—18:00	20	20	2015年中通（LNG自动空调）10.5米	6222
7	王本庄停调车场—火车东站	6:00—21:00	6:00—21:00	23	23	2016年中通纯电动（空调）10.5米	4865
8	佃户屯康源电商区—中南世纪锦城	6:20—19:00	6:20—18:00	12	12	2017年常隆电车空调（电）10.5米	3326
				7	7	2014年中通（LNG自动空调）10.5米	
				3	3	2016年中通纯电动（空调）10.5米	
				3	3	2015年中通纯电动（非空调）6.6米	
10	火车东站—天华电商集聚园区	6:00—20:00	5:45—20:10	15	15	2015年中通纯电动（空调）6.6米	1371
12	恒盛大市场—万福办事处	6:20—19:00	6:30—18:00	18	18	2014年中通（LNG自动空调）10.5米	3175
13	义乌小商品市场—玉皇化工	6:20—19:00	6:30—18:00	18	18	2017年常隆电车空调（电）10.5米	4022
				5	5	2017年常隆电车空调（电）8.6米	

续表5-2

线路	主副场区	运营时间		线路长度（公里）	车辆数	车型	日均客运量（人次）
		2017年夏季	2017年冬季				
14	义乌小商品市场－火车东站	6:00—20:00	6:00—19:30	20	20	2015年中通纯电动（空调）6.6米	2886
				1	1	2015年中通纯电动（非空调）6.6米	
15	火车东站－菏泽医专	6:00—20:00	6:00—19:30	18	18	2016年中通纯电动（空调）8.09米	2593
16	天华电商集聚园区－市交通检测站	6:20—19:00	6:10—19:00	18	18	2015年中通纯电动（空调）6.6米	1591
				2	2	2015年中通纯电动（非空调）6.6米	
19	火车站－三捷新能源	6:30—18:30	6:30—18:00	11	11	2015年中通纯电动（非空调）6.6米	1453
				4	4	2013年重汽（LNG非空调车）8.5米	
				5	5	2011年舒驰（非空调）7.6米	
20	义乌小商品市场－八一路人民路东口－义乌小商品市场	—	6:30—18:00	5	5	2015年中通纯电动（空调）6.6米	574
				4	4	2015年中通纯电动（非空调）6.6米	
21	范府食品－和平人家	6:00—20:00	6:20—19:30	14	14	2017年常隆电车空调（电）10.5米	3302
22	火车东站－西客站－火车东站	5:30—19:00	5:30—19:00	10	10	2014年中通（LNG自动空调）10.5米	2426
23	西客站－火车东站－西客站	6:00—19:00	6:00—19:00	10	10	2014年中通（LNG自动空调）10.5米	2201
26	三角花园－观上	6:20—19:00	6:30—18:00	12	12	2015年中通（LNG自动空调）10.5米	2587
27	庞王三源寺－佃户屯舜馨苑	6:20—19:00	6:20—18:00	14	14	2015年中通（LNG自动空调）10.5米	2986
				2	2	2014年中通（LNG自动空调）10.5米	
				2	2	2015年中通纯电动（空调）6.6米	
28	玉皇盛世化工－玉皇盛世化工	6:20—19:00	6:20—18:00	20	20	2013年中通（LNG自动空调）10.5米	3053
				8	8	2015年中通纯电动（非空调）6.6米	
29	长堽集－市公交公司	6:30—18:30	5:45—19:05	22	22	2015年中通纯电动（非空调）6.6米	1383
				2	2	2015年中通纯电动（空调）6.6米	
32	三捷新能源－三角花园－三捷新能源	—	6:00—18:00	8	8	2015年中通（LNG自动空调）10.5米	2122
				3	3	2013年豪沃（LNG非空调）8.5米	

续表5-2

线路	主副场区	运营时间		线路长度（公里）	车辆数	车型	日均客运量（人次）
		2017年夏季	2017年冬季				
36	戴庄农贸城—中南世纪锦城	—	5:50—18:55	1	1	2015年中通纯电动（空调）6.6米	703
				11	11	2015年中通纯电动（非空调）6.6米	
				1	1	2011年舒驰（非空调）7.6米	
38	庞王三源寺—三角花园	—	6:30—18:00	8	8	2011年舒驰（非空调）7.6米	231
46	杨董社区—火车站	—	7:00—17:30	2	2	2015年中通纯电动（空调）6.6米	18
				1	1	2011年舒驰（非空调）7.6米	
48	贾坊—火车东站	6:20—19:00	6:30—18:00	22	22	2016年中通纯电动（空调）8.09米	3304
50	火车东站—小留	6:20—19:00	6:20—18:00	16	16	2014年中通（LNG自动空调）10.5米	2745
				2	2	2015年中通（LNG自动空调）10.5米	
				5	5	2013年中通（LNG自动空调）10.5米	
56	火车东站—民生热力	6:05—20:00	6:05—19:30	24	24	2016年中通纯电动（空调）10.5米	5474
66	枫叶正红—三角花园—枫叶正红	6:10—19:00	6:10—18:30	7	7	2015年中通（LNG自动空调）10.5米	2243
				1	1	2014年中通（LNG自动空调）10.5米	
102	冀鲁豫纪念馆—上海路公交场站	7:00—18:30	6:40—18:00	10	10	2015年中通纯电动（空调）6.6米	416
				2	2	2015年中通纯电动（非空调）6.6米	
105	新洲欧洲城—金域澜湾	6:30—18:30	6:20—18:30	12	12	2015年中通纯电动（空调）6.6米	1360

说明：1. 运营时间根据实际客流需求制定，一般首末班时间变化不大，运营计划为多种模式；车辆配置根据营运需求会有微调情况；客运量每天变化，取2018年1月数据仅做参考

2. 客流方面：随着菏泽城市升级改造，棚户区拆迁力度增强，市中区的客流分散到开发区、高新区及其城边乡镇，其中开发区内客流以黄河路立交桥以东沿线小区、长江路、和平路、华英路、人民路、广州路小区集中地为多

附：开发区辖区主要公交线路及其站点

菏泽公交1路三捷新能源—百货大市场（西客站）站点明细：三捷新能源、大高庄、车辆管理二所、杨湖酒厂、辛集张氏眼科门诊、辛集卫生院、上海路口、铂程汽车园、中住建设集团、旧车交易市场、天宇物流园、鲁心医院、车管所、交通集团总公司、华英食品、博爱医院、岳程办事处、音乐学校、大正药业、三中东校区、天宏小区、双河集、星光驾校、创伤医院、杨庄路口东、杨庄路口西、农机公司、高平路口、牡丹路口、花都服装城（汽车站北门）、三角花园南、市水利局、农贸市场、茶叶市场、二完小、市直幼儿园、

儿童公园、金河湾小区、牡丹体育场北门、市立医院、市技师学院、二中、环翠苑、穆楼、文苑小区南门、刘菜园、金盾小区西门、金盾小区南门、文心花园、中心血站、百货大市场（西客站）。

菏泽公交2路火车东站—菏泽市职业学院站点明细：火车东站、市工商局、移动公司、联通公司、银座商城、和平小区、市政府、天香公园、市电视台、市公交公司、市交通运输局、啤酒厂、汽车总站东门、花都服装城（汽车站北门）、三角花园、夹斜路、东关小学、康庄路口（桑庄）、汽配市场、北苑小学、菏泽学院、学院温泉游泳馆、菏泽医专、菏泽职业学院。

菏泽公交3路毅德城—候集路口站点明细：毅德城、长江路口、万象城（永和嘉园）、小商品城、西客站、鞋城、明珠花园、爱家家居广场、牡丹体育场南门、二十一中、广福街路口、工商银行分行、市政工程处、牡丹区检察院、青年路口、桑盾大厦、香格里拉、三角花园南、花都服装城（汽车站北门）、种子公司、中原科技城、建材大市场、货车出租市场、市区交警大队、古今园、百花园、牡丹新城、曹州牡丹园、牡丹办事处、人民路口、高管局、唐庄、张集路口、付庄、前杨庄、菏鄄路口、尧舜牡丹产业园、昝庄路口、马厂、孟庄、盛华牡丹园、宋楼、杜庙、金河岸采摘园、侯集路口。

菏泽公交4路百货大市场（西客站）站点明细：百货大市场（西客站）、明珠花园、爱家家居广场、牡丹体育场西门（爱家家居广场）、市技师学院、市立医院、市卫生局、西城办事处、第三人民医院、水榭花都、康西路口、付堤口南、鄄城路口、烟厂家属院、北辰社区、经纬中学加强班（梅园学校）、牡丹人民医院、青年路北路口、康庄中原科技城、种子公司、花都服装城（汽车站北门）、三角花园南、香格里拉、桑盾大厦、青年路口、牡丹区检察院、市政工程处、牡丹区中医院南城办事处、牡丹区电视台（菏泽协和医院）、牡丹区计生局、牡丹区公安局、广福街路口、二十一中、牡丹体育场南门、爱家家居广场、明珠花园、百货大市场（西客站）。

菏泽公交5路恒盛大市场—吴店站点明细：恒盛大市场、剑桥公馆、亿丰时代广场（一中新校区）、大屯、桑屯社区、开发区中心医院、东站小区、开发区管委会、名家居广场（齐家网）、金都华庭、市图书馆、市建设局家属院、市中医院、仓房、二十二中、供电公司、汽车总站、三角花园东、三角花园、华厦眼科医院、军分区、解放街、牡丹区妇幼保健院、土产公司、经纬中学加强班（梅园学校）、北辰社区、段胡同、北城派出所、康西路口、付堤口南、付堤口、开元塑料厂、义乌小商品市场、三信食品物流园、弘达武校、万福利群社区、山东睿鹰润泽制药集团、立海润生物公司、中汇国际汽车园、油庄、郭楼、季庄、油泵厂、张楼、天华混凝土、孟庄、吴店中学、铜带厂、吴店新区、吴店。

菏泽公交6路三角花园—河南王南站点明细：三角花园、香格里拉、桑盾大厦、青年路口、牡丹区检察院、市政工程处、工商银行分行、牡丹区公安局、牡丹区计生局、柴庄、张楼、秦庄、何庄、罗庄、高庄、火神庙、玉皇庙、何楼办事处、后尚庄、何楼加油站、何楼、何楼南、姜楼、枣陈庄、郑桥、雷庄、大马庄、刘城、华瑞油厂、金堤中学、金堤移动营业厅、金堤纬五路口、金堤、金堤南、大路张、河南王大饭店、河南王南。

菏泽公交7路牡丹区民政局—火车东站站点明细：火车东站、市工商局、移动公司、联通公司、银座商城、和平小区、市政府、天香公园、市电视台、市公交公司、银盛园、青年路口、牡丹区检察院、市政工程处、工商银行分行、广福街路口、二十一中、牡丹体育场南门、牡丹体育场西门（爱家家居广场）、市立医院、市技师学院、二中、环翠苑、穆楼、文苑小区南门、文苑小区西门、奥斯卡春城、牡丹区政府、牡丹区政府西门、鲁西南汽车城、牡丹区民政局。

菏泽公交8路中南世纪锦城—佃户屯舜馨苑站点明细：中南世纪锦城、市人社局、鲁商凤凰城南门、曹州牡丹园南门、牡丹新城、百花园、古今园、市区交警大队、货车出租市场、建材大市场、中原科技城、种子公司、汽车总站东门、啤酒厂、市交通运输局、市公交公司、聂庄、生建机械厂、毓麟医院、黄口建生妇儿医院、市交通检测站、刘庙、齐鲁水果批发交易市场、石油库、曹州武校、恒盛大市场、庞庄、马张庄、菏泽艺校、鲁抗制药厂、驾驶技能第二考场、青禾苑、佃户屯舜馨苑。

菏泽公交9路菏泽医专—和信汽车城站点明细：菏泽医专、学院温泉游泳馆、菏泽学院、北苑小学、汽配市场、桑庄、康庄路口、东关小学、夹斜路、华厦眼科医院、军分区、解放街、菏泽一中、颐中烟草分公司、水榭花都、第三人民医院、西城办事处、市卫生局、市立医院、市技师学院、牡丹体育场西门（爱家家居广场）、爱家家居广场、明珠花园、百货大市场（西客站）、万象城、长江路口、菏泽农贸博览城、戴庄、纸坊、司庄、山东花王酒厂、和信汽车城。

菏泽公交10路火车东站—义乌小商品市场站点明细：火车东站、市工商局、移动公司、开发区管委会、粮食局、上海大众4S店、菏泽义春乳腺专科医院、南华康城、大剧院、交通警察支队、杨庄、二十二中北校区、康庄服装市场、华星油泵厂、建材大市场、建陶市场、晁庄、北城办事处（五完小）、辘湾、鄄城路口、付堤口、开元塑料厂、义乌小商品市场、三信物流园、西城计生办、张哨门、北城计生办、天华电商集聚园区。

菏泽公交11路西客站—二郎庙站点明细：西客站、万象城（永和嘉园）、长江路口、菏泽农贸博览城、代庄、纸坊、张庄、新李庄、王翰林、侯庄寨、郭庄寨、解元集、桥李、伞头王、大杜庄、沃土学校、王道沟路口、周庄、韩庄、崔庄、二郎庙。

菏泽公交12路万福办事处—恒盛大市场站点明细：万福办事处、万福邮政局、钢瓶厂、万福中心小学、八里庙、张可庄、李尧、山东睿鹰润泽制药集团、薛楼、付庄、龙田名郡、北城中学、西安路口、鄄城路口、辘湾、五完小、牡丹人民医院、青年路北路口、康庄、中原科技城、种子公司、花都服装城（汽车站北门）、三角花园南、香格里拉、桑盾大厦、银盛园、市公交公司、聂庄、牡丹路口、华平小区、市实验小学、和平路口、华英嘉园、桑屯社区、大屯、亿丰时代广场（一中新校区）、剑桥公馆、恒盛大市场。

菏泽公交13路玉皇化工厂—义乌小商品市场站点明细：玉皇化工厂、鲁之翼物流园、程海、徐河、高庄、南京路口、琵李、淮河路农贸市场、电厂路口、钢材市场、岳楼、田屯、广州路中学、孔子酒业、大马庄、诚信集团、广州路口、领将帅府、花城小区、长江路铁路小区、人民路口、华英嘉园、亨通园（和平路口）、新苏天美、和平小区、市政府、天香公园、建设大厦、万福桥、仓房、二十二中、供电公司、汽车总站、三角花园南、市水利局、农贸市场、茶叶市场、二完小、市直幼儿园、儿童公园、金河湾小区、牡丹体育场北门、市立医院、市技师学院、市卫生局、西城办事处（第三人民医院）、西安路口、学院西校区、西子佳苑、奥斯卡春城、牡丹区实验中学、现代城、三信食品物流园、义乌小商品市场。

菏泽公交14路火车东站—义乌小商品市场站点明细：火车东站、市工商局、移动公司、开发区管委会、粮食局、上海大众4S店、义春乳腺专科医院、中央公馆、公园1号、双河集、铝材大市场、魏海、华星油泵厂、建材大市场、中原科技城、种子公司、花都商埠、夹斜路、华厦眼科医院、军分区、解放街、菏泽一中、颐中烟草分公司、水榭花都、第三人民医院、西安路口、学院西校区、西子佳苑、奥斯卡春城、牡丹区实验中学、现代城、三信食品物流园、义乌小商品市场。

菏泽公交15路菏泽医专—火车东站站点明细：菏泽医专、学院温泉游泳馆、菏泽学院、北苑小学、汽配市场、晁庄、北城办事处、五完小、土产公司、牡丹区妇幼保健院、百货大楼、塑料市场、儿童公园东门、图书大厦、市政工程处、牡丹区检察院、青年路口、银盛园、市公交公司、市电视台、牡丹区职业中专、农行家属院、刘善人庄、博世庄园、亨通园北门、博奥医院、开发区实验中学、馨润嘉园、御庭园、火车东站。

菏泽公交16路华侨城—炫乐城站点明细：华侨城、奥林花园、金润家园、中达尚城、和平路口、市实验小学、华平小区、菏泽日报社、牡丹区职业中专、建设大厦、万福桥、冀鲁豫纪念馆、交通警察支队、杨庄、二十二中东校区、康庄服装市场、华星嘉园、古园小区、古今园、百花园、牡丹新城、曹州牡丹园、牡丹办事处、人民路口、周花园、李集路口、黄堽路口、于洼路口、炫乐城菏泽公交17路通古集—三角花园站点明细：三角花园、香格里拉、桑盾大厦、青年路口、牡丹区检察院、市政工程处、工商银行分行、广福街路口、二十一中、牡丹体育场南门、爱家家居广场、明珠花园、西客站、万象城、长江路口、菏泽农贸博览城、戴庄、纸坊、纸坊加气站、司庄、山东花王酒厂、和信汽车城、万乾集、北张堂、南张堂、刁屯路口、税务所、李明远、孟庄、纺织厂、马岭岗镇政府、解马路口、马岭岗东、马岭岗西、杜庄、段庄、徐庄、罗头侯、东范水坑、西范水坑、通古集。

菏泽公交18路百货大市场（西客站）—小留站点明细：百货大市场（西客站）、明珠花园、爱家家居广场、牡丹体育场南门、二十一中、广福街路口、牡丹区公费医疗门诊、儿童公园、市直幼儿园、区政府招待所、颐中烟草分公司、水利花园、烟厂家属院、鄄城路口、韩堤口、市传染病医院、长城路口、毛庄、夏庄、十里铺、刘寨、孙庄路口、烈士陵园、常刘庄、驾驶技能第一考场、刘楼老年公寓、平安店、李楼、吕庄、前刘庄、鲁谢庄、刘庄路口、小留镇政府路口、高庄路口、小留。

菏泽公交21路和平人家—范府食品站点明细：和平人家、金润家园、中达尚城、亨通园小区、新苏天美、银座商城、和平大酒店、电业局家属院、市政府北门、天香公园、万福桥、仓房、二十二中、供电公司、汽车总站、三角花园东、三角花园、华厦眼科医院、军分区、解放街、牡丹区妇幼保健院、土产公司、经纬中学加强班（梅园学校）、北辰社区、段胡同、北城派出所、康西路口、水榭花都、第三人民医院（西城办事处）、菏泽市委党校、第四小学西校区、气象局、西子佳苑、奥斯卡春城、牡丹区政府、牡丹区法院、银川路口、范府食品。

菏泽公交22路快速环线内环（火车东站）站点明细：火车东站、市工商局、移动公司、东站小区、开发区中心医院、人民路口、华英嘉园、和平路口、市实验小学、华平小区、生建机械厂、牡丹路口、南平花园、牡丹区电视台、协和医院、第五监区、郭大千、森博家居广场、万象城、百货大市场（西客站）、明珠花园、爱家家居广场、牡丹体育场西门（爱家家居广场）、市立医院、市技师学院、市卫生局、西城办事处、第三人民医院、水榭花都、康西路口、付堤口南、鄄城路口、辘湾、北城办事处（五完小）、晁庄、建陶市场、建材大市场、华星油泵厂、魏海、铝材大市场、双河集、公园1号、中央公馆、义春乳腺专科医院、上海大众4S店、粮食局、开发区管委会、移动公司、市工商局、火车东站。

菏泽公交23路快速环线外环（西客站）站点明细：百货大市场（西客站）、明珠花园、爱家家居广场、牡丹体育场西门（爱家家居广场）、市立医院、市技师学院、市卫生局、西城办事处、第三人民医院、水榭花都、康西路口、付堤口南、鄄城路口、辘湾、北城办事处（五完小）、晁庄、建陶市场、建材大市场、华星油泵厂、魏海、铝材大市场、双河集、公园1号、中央公馆、义春乳腺专科医院、上海大众4S店、粮食局、开发区管委会、移动公司、市工商局、火车东站、市工商局、移动公司、东站小区、开发区中心医院、人民路口、华英嘉园、和平路口、市实验小学、华平小区、生建机械厂、牡丹路口、南平花园、牡丹区电视台、协和医院、第五监区、郭大千、森博家居广场、万象城、百货大市场（西客站）。

菏泽公交26路观上—三角花园站点明细：观上、南京路口、一中东校区、杨庄社区、洋丰肥业、郭庄社区、金正大、冉贤集、张什店、东药生物、污水处理厂、日南路政大队、广州路口、领将帅府、花城小区、长江路铁路小区、人民路口、华英嘉园、亨通园小区、新苏天美、银座商城、和平大酒店、牡丹嘉园、市建设局家属院、市中医院、仓房、二十二中、供电公司、汽车总站、三角花园。

菏泽公交27路庞王（三源寺）—佃户屯舜馨苑站点明细：庞王（三源寺）、日东高速路口、伊庙、李大营、黄河路口、铂程汽车园、中住建设集团、旧车交易市场、天宇物流园、鲁心医院、车管所、交通集团总公司、华英食品、博爱医院、岳程办事处、音乐学校、大正药业、三中东校区、天宏小区、公园1号、中央公馆、义春乳腺专科医院、上海大众4S店、粮食局、开发区管委会、联通公司、银座商城、和平小区、市政府、天香公园、市电视台、市公交公司、市公交公司、聂庄、生建机械厂、毓麟医院、黄口建生妇儿医院、市交通检测站、刘庙、齐鲁水果市场、石油库、曹州武校、恒盛大市场、庞庄、马张庄、菏泽艺校、鲁抗制药厂、驾驶技能第二考场、青禾苑、佃户屯舜馨苑。

菏泽公交28路玉皇盛世化工（环线公交）站点明细：玉皇盛世化工、中科能地源热泵厂、金正大、长江路口、李胡同、园鸣金蝉养殖基地、国花纺织厂、山东华泽创业园、琵李、淮河路农贸市场、电厂路口、钢材市场、润华汽车园、音乐学校、大正药业、三中东校区、天宏小区、双河集、铝材大市场、魏海、华星油泵厂、建材大市场、中原科技城、种子公司、汽车总站东门、供电公司、二十二中、仓房、市中医院、市建设局家属院、牡丹嘉园、和平大酒店、银座商城、联通公司、移动公司、市工商局、东火车站、御庭园、开发区实验小学、长江路铁路小区、花城小区、中粮集团、沙沃、市儿童福利院、市技术监督局、华昌机械、振华模具、开发区消防队、东药生物、张什店、冉贤集、金正大国际、中科能地源热泵厂、玉皇盛世化工。

菏泽公交29路三角花园—长堽集站点明细：三角花园、花都服装城（汽车站北门）、汽车总站东门、啤酒厂、市交通运输局、市公交公司、聂庄、生建机械厂、毓麟医院、黄口建生妇儿医院、市交通检测站、刘庙、齐鲁水果批发交易市场、石油库、曹州武校、恒盛大市场、庞庄、马张庄、菏泽艺校、鲁抗制药厂、汽运驾校第二训练场、崔楼、开发区养老服务中心、程庄、杜桥、张堂、虎头李、龙山社区、后曹庄、朱大庙、长堽集。

菏泽公交37路鞋城（西客站）—林展馆站点明细：毅德城、长江路口、万象城（永和嘉园）小商品城、西客站（鞋城）、中心血站、文心花园、金盾小区南门、金盾小区西门、刘菜园、文苑小区西门、奥斯卡春城、牡丹区政府、牡丹区实验中学、现代城、三信食品物流园、义乌小商品市场、开元塑料厂、付堤口、鄄城路口、辘湾、北城办事处、晁庄、汽配市场、北苑小学、菏泽学院、学院温泉游泳馆、菏泽医专、古今园、百花园、牡丹新城、曹州牡丹园南门、长城路口、林展馆。

菏泽公交48路火车东站—贾坊站点明细：火车东站、御庭园、开发区实验小学、长江路铁路小区、人民路口、华英嘉园、和平路口、市实验小学、华平小区、生建机械厂、牡丹路口、南平花园、牡丹区电视、协和医院、牡丹区计生局、牡丹区公安局、广福街路口、二十一中、牡丹体育场南门、牡丹体育场西门（爱家家居广场）、市立医院、市技师学院、市卫生局、西城办事处(第三人民医院)、西安路口、学院西校区、西子佳苑、奥斯卡春城、牡丹区实验中学、现代城、弘达武校、牡丹区农机局、山东华鲁康工贸有限公司、巧媳妇食品公司、后宋庄、雷泽湖医院、薛庄、耿海、胡庄、骡车王贾坊。

菏泽公交50路火车东站—小留站点明细：火车东站、御庭园、馨润嘉园、开发区实验中学、博奥医院、华英嘉园、联通公司、审计局、佳合花园、金都华庭、帝都花园、大剧院、交通警察支队、杨庄、二十二中东校区、康庄服装市场、华星嘉园、古园小区、古今园、百花园、牡丹新城、曹州牡丹园、牡丹办事处、人民路口、周花园、李集路口、黄堽路口、于洼路口、炫乐城、残疾人就业扶贫基地、夏庄、十里铺、刘寨、孙庄路口、烈士陵园、常刘庄、驾驶技能第一考场、刘楼老年公寓、平安店、李楼、吕庄、前刘庄、鲁谢庄、刘庄路口、小留镇政府路口、高庄路口、小留。

菏泽公交56路火车东站—果然好食品站点明细：火车东站、市工商局、移动公司、联通公司、银座商城、和平小区、市政府、天香公园、市电视台、市公交公司、银盛园、青年路口、牡丹区检察院、市政工程处、工商银行分行、广福街路口、二十一中、牡丹体育场南门、爱家家居广场、明珠花园、中心血站（西客站）、文心花园、金盾小区南门、景昀苑南门、健民药业、华西社区、海普电器、海王医药、华润医药、华宏制衣（王本庄）、大席张村、阡陌农耕、艺泽生态园、朱庄、穆李新村路口、青啤西厂、果然好食品。

菏泽公交66路三角花园—枫叶正红（环线公交）站点明细：枫叶正红、精品牡丹园、大郭集路口、庞王庄路口、前杨庄、付庄、张集路口、唐庄、高管局、牡丹公馆、林展馆、长城路口、凤凰城、城市管理局、公园1号、中央公馆、南华康城、大剧院、大剧院南门、牡丹嘉园、电业局家属院、市政府北门、天香公园、万福桥、仓房、二十二中、供电公司、汽车总站、三角花园东。

菏泽公交101路汽车总站—西客站站点明细：汽车总站、汽车总站东门、啤酒厂、市交通运输局、银盛园、青年路口、牡丹区检察院、市政工程处、工商银行分行、广福街路口、二十一中、牡丹体育场南门、爱家家居广场、明珠花园、西客站。

菏泽公交102路市委党校—火车东站（守时公交）站点明细：火车站、御庭园、开发区实验小学、花城小区、领将帅府、广州路口、李陈庄、芦庄学校、盛宇集团、高庄、市委党校（开发区公安局）。

菏泽公交103路天华电商集聚园—三角花园站点明细：三角花园、汽车总站、汽车总站东门、种子公司、中原科技城、建陶市场、汽配市场、北苑小学、菏泽学院、学院温泉游泳馆、菏泽医专、刘庄、刘庄新村、永顺驾校、句阳路路口、西安路口、天华电商集聚园区北门、天华电商集聚园区西门。

菏泽公交105路金域澜湾—欧洲城站点明细：

金域澜湾、赵王李新村、市人社局、鲁商凤凰城南门、城市管理局、公园1号、中央公馆、南华康城、帝都花园、金都华庭、市图书馆、牡丹嘉园、和平大酒店、和平小区、市政府、天香公园、牡丹区职业中专、欧洲城。

城际公共交通

开发区的城际交通由菏泽交通集团下属的菏泽城际公交有限公司负责。菏泽交通集团原名菏泽地区汽车运输公司，成立于1959年7月。1962年6月从交通局分离出来。1970年1月，组建菏泽地区汽车运输公司革命委员会。1976年底取消革命委员会，恢复菏泽地区汽车运输公司。1981年12月，改称山东省公路运输联合公司菏泽地区分公司，隶属山东省公路运输联合公司。1993年12月，组建菏泽地区交通集团总公司。2001年3月，菏泽撤地划市，更名为菏泽交通集团总公司。截至2018年，集团资产总额18亿元，年营业收入16亿元，实现利税8000万元。2018年，根据《菏泽市人民政府办公室关于推进全市城乡公交一体化发展的实施意见》，菏泽市开通市区到定陶区及各县的城际公交。为让广大市民尽早尽快享受城际公交的惠民服务，菏泽交通集团成立菏泽城际公交有限公司，在各县区建1处公交场站，在菏泽东西南北建设4处公交换乘中心。

2018年6月4日，城际公交公司投入车辆150部，开始定陶区、单县、成武3条线路试运营，日运行600多个班次，日均发送乘客辆超过万人。定陶、单县、成武城际公交实行双向对开，菏泽—单县、菏泽—成武在市区发车地点为菏泽汽车西站和菏泽火车站，单县发车地点为单县汽车站，成武发车地点为成武汽车站，菏泽—定陶区在市区发车地点为菏泽汽车西站、菏泽汽车总站下客区、菏泽火车站，定陶区发车地点为定陶汽车站。发车时间为首班6:00、末班18:00，菏泽汽车西站至单县每20分钟1班，菏泽火车站—单县每30分钟1班，菏泽汽车西站—成武每25分钟1班，菏泽火车站—成武每40分钟1班，菏泽—定陶区每15分钟1班。城际公交由政府定价，菏泽至单县、成武上车3元，菏泽—定陶区上车2元，上车投币，不找零钱，车上配有乘务员可兑换零钱；试运营期间，可使用公交一卡通，暂不享受打折优惠。老人、伤残军人、伤残警察、盲人凭有效证件可享受市内公交同等优惠待遇。为方便市民乘车，城际公交与市内公交卡互联互通，可在各县区车站售卡点购买，并可通过关注菏泽公交公众号了解公交卡充值方法。

2018年6月17日，开通菏泽—曹县、菏泽—巨野城际公交，实行双向对开。菏泽—曹县发车地点为菏泽汽车西站，曹县发车地点为曹县汽车站；菏泽—巨野发车地点为菏泽火车站，巨野发车地点为巨野汽车站。菏泽—曹县发车时间为首班6:00、末班18:30，每20分钟1班；菏泽—巨野发车时间为首班6:00、末班18:00，每20分钟1班。菏泽至曹县、巨野票价均为3元。至此，菏泽8个县区城际公交线路全部开通，共投入运行车辆360余台，这些车辆大部分是来自原有线路上运营的车辆。

附：市区至七县一区城际公交详细情况

一、发车地点

菏泽—单县、菏泽—成武、菏泽—鄄城在市区发车地点为：菏泽汽车西站和菏泽火车站；

单县发车地点为单县汽车站；

成武发车地点为成武汽车站；

鄄城发车地点为鄄城汽车站。

菏泽—定陶区在市区发车地点为菏泽汽车西站、菏泽汽车总站广场、菏泽火车站；

定陶区发车地点为定陶汽车站。

菏泽—东明市区发车地点为菏泽汽车西站；

东明发车地点为东明汽车站。

菏泽—郓城在市区发车地点为菏泽火车站；郓城发车地点为郓城汽车站。

二、发车时间

菏泽至东明：6:00—18:30；

菏泽至郓城：6:15—18:00；

其余县区发车时间为首班 6:00、末班 18:00。

菏泽汽车西站—单县每 20 分钟 1 班；

菏泽火车站—单县每 30 分钟 1 班。

菏泽汽车西站—成武每 25 分钟 1 班；

菏泽火车站—成武每 40 分钟 1 班。

菏泽市—定陶区每 15 分钟 1 班。

菏泽汽车西站—鄄城每 20 分钟 1 班；

菏泽火车站—鄄城每 20 分钟 1 班。

菏泽—东明每 10 ~ 15 分钟 1 班。

菏泽—郓城每 15 分钟一班。

三、票价

城际公交由政府定价，菏泽—定陶区上车 2 元，其他县区均为 3 元，上车投币，不找零钱，车上配有乘务员可兑换零钱；试运营期间，可使用公交一卡通，暂不享受打折优惠。

四、详细路线

1. 定陶区

菏泽汽车西站至定陶汽车站（108）途经站点为：黄河骨科医院、体育场南门、牡丹区中医院、牡丹区工商局、恒盛大市场、佃户屯、仿山镇政府、艺达宾馆、艺达凯旋城、惠民小区、定陶区服务大厅、新河嘉园、老干所、妇幼保健院、定陶一中、金茂街、天中办事处、定陶区医院

菏泽火车站至定陶汽车站（107）途经站点为：市工商局、东站小区、开发区中心医院、长江路口、桂陵路口、长沙路口、领将帅府、广州路口、郑州路口、济南路口、南京路口、金正大国际、上海路口、罗庄、吴庄、戚姬寺、车管所（驾驶技能考场）、北环路口、吴河

菏泽汽车总站至定陶汽车站（106）途经站点为：市交通运输局、市公交公司、长江路口、佃户屯、店子河、仿山镇政府、府前大道、汽车九队、定陶汽车西站、党校站、范蠡时代商场、定陶一中、金茂街、天中办事处、定陶区医院

2. 单县

菏泽汽车西站至单县汽车站途经站点为：长江路成阳路口、长江路牡丹路口、长江路人民路口、恒盛大市场（一佳中学）、汽运驾校第二训练场（佃户屯）、仿山、山东艺达家纺有限公司、定陶区人民政府、定陶李王庄、十里铺、折桂集、冉堌、伊岗、成武五叉路口、成武劳动局、成武市场监督局、大成宾馆、同慧医院、郜鼎、王桥新村、刘江楼、谢集政府路口、单县新汽车站、幸福小镇

菏泽火车站至单县汽车站途经站点为：长江路人民路口、恒盛大市场（一佳中学）、汽运驾校第二训练场（佃户屯）、仿山、山东艺达家纺有限公司、定陶区人民政府、定陶李王庄、十里铺、折桂集、冉堌、伊岗、成武五叉路口、成武劳动局、成武市场监督局、大成宾馆、同慧医院、郜鼎、王桥新村、刘江楼、谢集政府路口、单县新汽车站、幸福小镇

3. 成武

菏泽汽车西站至成武汽车站途经站点为：长江路成阳路口、长江路牡丹路口、长江路人民路口、长江路广州路口、金正大国际、陈集路口、明天下生态园、科目三考场（范蠡新城）、定陶李王庄（山东石化 158 站）、十里铺、折桂集、冉堌、伊岗、成武五叉路口、成武人寿保险公司、成武劳动局、成武市场监督局、大成宾馆、成武县实验中学

菏泽火车站至成武汽车站途经站点为：长江路广州路口、金正大国际、陈集路口、明天下生态园、科目三考场（范蠡新城）、定陶李王庄（山东石化 158 站）、十里铺、折桂集、冉堌、伊岗、成武五叉路口、成武人寿保险公司、成武劳动局、成武市场监督局、大成宾馆、成武县实验中学

4. 郓城

公园一号、中国牡丹园、新都司、都司、吴楼、徐庄、胡集、黄安、马驿店、华营、双桥、宋江名都、水浒好汉城、郓城汽车站

5. 东明

汽车西站、市立医院、付堤口、义乌小商品城、雷泽湖医院、贾坊、吕陵、杨镇集路口、姚寨、陆圈大队部、王官屯路口、采油六厂、南华公园、玉皇小区、东明汽车站

6. 鄄城

菏泽西站—鄄城汽车站城际公交行驶路线为：汽车西站市立医院、付堤口（北方明珠北）、曹州名郡东门、刘寨、小留、什集、香范庄路口、白集、富春路口、仝人庄路口、青年路口、终点站：鄄城汽车站

菏泽火车站—巨野汽车站城际公交行驶路线为：菏泽火车站、公园一号、林展馆、菏鄄路口、马厂、侯集路口、舜王城路口、马寨路口、鲁仓路口、郑营路口、临商路口、鄄五路口，终点站：鄄城汽车站

7. 曹县

菏泽西站—曹县汽车站城际公交行驶路线为：长江路成阳路口、长江路牡丹路口、长江路人民路口、恒盛大市场（菏泽一中）、汽运驾校第二训练场（佃户屯）、仿山、定陶老汽车站、南王店、青岗集路口、王庄寨、钟口、曹县人民医院、田庄路口、曹县政府路口

8. 巨野

菏泽火车站—巨野汽车站城际公交行驶路线为：公园一号、市交通运输局（天宏小区）、交通集团总公司、辛集医院、三里河、皇镇医院、沙土、双庙、后谷楼、观集、李集信用社、龙堌镇政府、二郎庙、田桥路口、巨野公交公司站、巨野新中医院、巨野火车站路口

2018 年 8 月，城际公交公司对车辆按线路，进行了统一编号：菏泽汽车总站—定陶汽车站原 106 更改为 991；菏泽火车站—定陶汽车站原 107 更改为 992；菏泽汽车西站—定陶汽车站原 108 更改为 993；菏泽西站—鄄城汽车站编号为 911；菏泽火车站—鄄城汽车站编号为 912；菏泽火车站—巨野汽车站编号为 921；菏泽西站—曹县汽车站编号为 931；菏泽火车站—郓城汽车站编号为 961；菏泽西站—单县汽车站编号为 971；菏泽火车站—单县汽车站编号为 972；菏泽西站—成武汽车站编号为 981；菏泽火车站—成武汽车站编号为 982；菏泽城际公交的“编号原则”为 9**；其中菏泽到定陶的城际公交的“编号”为 99*；菏泽到鄄城城际公交的“编号”为 91*；菏泽到单县城际公交的“编号”为 97*；菏泽到成武城际公交的“编号”为 98*。

自 2018 年 10 月 1 日起，城际公交单县始发站点由单县汽车站变更到单县汽车新站东门。地点调整后，原票价、发车时间、至菏泽沿途站点、终到站点均不变。为方便乘客乘车，10 月 1—15 日，城际公交公司将专门抽调接驳车辆，用于新、老车站之间免费接送旅客，实现无缝隙转乘。

第二节　公路交通

机构

市公路局开发区分局　2002 年 2 月，菏泽市公路局开发区分局成立，是市公路局直属派出机

构。2017年，分局下设办公室、政工科、财务科、审计科、路政科、三产办、养护公司、工程处和纪检、工会等9个部门科室，有干部职工99人，技术职称人员89人，其中：研究员3人、高级工程师16人、高级经济师2人、国家一级建造师9人。分局先后获得“省级文明单位”和团中央授予的“全国五四青年红旗团支部”称号；被市委、市政府授予“抗洪抢险先进单位”“抗震救灾先进单位”“城区路网施工先进单位”和菏泽市“工人先锋号”等称号。32人在2008年汶川大地震抗震救灾中受奖，被省政府授予“二等功”2人、“三等功”30人。

山东高速集团有限公司菏泽分公司　是山东高速集团有限公司于2006年12月31日批准成立的直属分支机构，主要承担G1511日兰高速公路菏关段的日常养护、路产巡查、收费管理等工作。2017年，有员工240名，下辖菏泽新区收费站、菏泽南收费站、牡丹收费站、曹县西收费站、鲁豫主线收费站等5个收费站，机关设有安全与综合事务、人力资源与党工部、计划财务部、收费管理中心、养护所、路政大队、信息分中心等7个部室。分公司连续多年被菏泽市委、市政府评为“安全生产先进单位”和“市级文明单位”，被山东高速集团授予年度“安全杯”和“创建四好领导班子先进集体”称号；所辖各收费站全部被共青团菏泽市委、省国资委团委授予“青年文明号”。

道路网络

截至2017年，辖区内除区、村道路外，有高速公路1条、国道2条、省道2条。高速公路、国道、省道干线在开发区通车里程30.6公里。

日兰高速公路菏关段　起于日东高速公路曹州互通立交，向西南至鲁豫两省交界处的关庄，与河南王楼至兰考高速公路顺接，主线全长61.55公里，由山东高速集团出资21.92亿元，2004年2月22日开工建设，2007年4月30日建成通车。G1511日兰高速公路在菏泽开发区境内里程共计9.5公里，主要途经开发区岳程街道、佃户屯街道。

国道G220线　国道G220线（东营—深圳）。原称滨（州）郑（州）线，途经开发区人民路和长江路。1987年，干线公路分为国道和省道后改称现名。2002年公路普查后，改称东（营）郑（州）线。途经郓城、牡丹区、开发区、曹县庄寨镇。从人民路桥入境，到长江路右转，到赵王河中心出境，境内全长6.5公里，红线宽60米，均为沥青路面。根据《国家公路网规划（2013—2030）》中规划的《普通国道网路线方案表》，该国道东营至菏泽段不变，菏泽至鲁豫界段改走牡丹区—定陶区—曹县—鲁豫界等地区到深圳。老220国道菏泽—兰考段改名为河北保定至广东台山的240国道。

国道G327线　国道G327线（固原—连云港）。原来起点为江苏省连云港市，终点为菏泽市，也被称为“连菏线”。按照《国家公路网规划（2013—2030）》，规划起点为江苏省连云港，终点为宁夏固原。该线途经巨野县、沙土镇、开发区岳程和丹阳街道，从黄河路与上海路交叉口入境，从双河立交桥出境，境内全长4.5公里，路面宽24米，红线宽80米。2007年，开发区协调市公路局完成327国道开发区路段的拓宽、改造和珠江路的建设。

2018年，陈集划归开发区。陈集北依新石铁路和327国道，南临陇海铁路，京九铁路纵贯全境，长江路、上海路、钱塘路通达境内，境内拥有日南、德商2处高速路口。作为支撑菏泽交通枢纽城市的机场、高铁、码头均布局陈集附近，构建了集铁路、公路、航空、水运等多层次、立体式现代化交通网络格局。对接大市的交通主干道全部打通，距菏泽市区不足15分钟路程，便利的交通条件，使陈集镇成为承载菏泽经济发展的功能新区，最具活力的经济先行区，宜居宜业的新型城镇。

省道S259临商线 省道S259临商线（临清—商丘）菏泽段。自黄河北岸为起点，跨河经鄄城、牡丹区、开发区、定陶、曹县，到河南商丘市。临商路菏泽段路面宽34米，从丹阳刘庙入境，佃户屯出境，开发区境内4.5公里。

省道S346丰东线 省道S346丰东线在开发区境内5.6公里，路面宽15米。2015年，省道S346丰东线东王店至佃户屯段改线工程完成规划选址手续的审批、转呈工作。

区村道路 2003年，全区共新修建农村公路13条，全长53.3公里。是年12月13日，新修建的曹海路、杨董路、刘庙路等道路通过市交通局的检查验收。

2005年，新建农村道路18公里，道路硬化率90%以上。2006年，新修农村公路25.6公里。2007年，全区新农村村级道路新增通车里程22.5公里。2015年，新建改造道路8条，新建农村道路18公里，道路硬化率90%以上。2016年，建设新建农村道路18公里，农村道路硬化率达到90%以上，

2017年，佃户屯街道完成投资3500余万元，建设农村公路40多公里。至是年底，该街道累计投资2亿余元，建设农村公路200多公里，街道交通条件进一步改善。

2018年，陈集镇划归开发区后，共投资100余万元完成镇村多条公路建设工程，新修乡村道路5.6公里，改造提升镇村公路7.5公里。

汽车站

2018年，陈集镇有陈集、保宁2处客运站，日发客运汽车80班次。

第三节 高速公路

菏泽铁路运输始于1977年。1977年12月13日兴建济菏铁路，位于菏泽站以东，全长108公里。1980年2月8日通车，只有1列济宁—菏泽的老式蒸汽列车，每天往返1次。1983年3月，开始动工修建新菏铁路，位于菏泽站以西，1985年12月28日通车。东西铁路全部贯通后形成新石铁路，贯穿陕、晋、豫、鲁4省，沟通京广、津浦两大南北干线。1992年9月，京九铁路建成穿越菏泽。是年9月1日，从北京西站发车的105次首列旅客列车进入开发区，菏泽站成为京九线与新亚欧大陆桥的交通枢纽，给菏泽市和开发区带来新的发展机遇。

菏泽火车站始建于20世纪1980年。至2014年，车站历经3次较大的站场及客运设施扩能改造施工。80年代，因济菏铁路为省内铁路，菏泽站设置规模较小。车站售票厅启用于1995年，2013年改造时拆除。1996年9月1日，京九线比原计划提前4个月全线贯通，菏泽站增加站内轨道，车站设施规模未改动。2002年，菏泽市政府筹资300万元，国家、省补贴620万元，对菏泽火车站进行第二次改造。2004年，车站改造完工，成为一个外观新颖、功能齐全的车站。第二代菏泽火车站站房建筑面积4783平方米，上下2层框架结构，集旅客候车、购物、休息为一体，能够同时容纳1500人候车，为三等车站。截至2012年，菏泽站候车面积2400多平方米，仅4个低站台，春运日最大发送量1.5万人。2013年，春运日最大发送量1.99万人，日均旅客发送量年均增长近20%。车站客运高峰期，人满为患，不堪重负。

2009年，菏泽火车站开始酝酿第三次改造工程。2012年8月1日，菏泽站客运设施改造工程

破土动工。2014 年 8 月 5 日，菏泽站站改工程竣工，总投资 4.6 亿元。改造后，车站南北长 2100 米，东西宽 220 米，占地 46.2 万平方米。原有的低站台整修为高站台，具备通动车的条件；旅客通道由原来的仅 5 米宽的地下通道，改建为宽敞的天桥；候车厅面积扩大为双层，夏季使用中央空调，冬季采用地暖，冬暖夏凉。候车厅扩建后，站房面积 14813 平方米，其中候车面积 6112 平方米，共 3400 座旅客座椅，2 层能容纳约 6000 旅客同时候车；售票厅人工窗口 9 个，自动售（取）票机 7 台，自动取票机 14 台。

同时建设的菏泽站站前广场，以市中华路为中轴线，分南、北两部分，总占地 55660 平方米，包含 4 大功能分区：中心景观区、休闲活动区、出租车兼私家车候车区、公交车候车区。中心景观区占地 15000 平方米，市民休闲活动区占地 5400 平方米，出租车兼社会候车区占地 21600 平方米，公交车候车区占地 7300 平方米，其中广场人行道铺装面积 6363 平方米。广场铺装大理石，有亮化工程、绿化工程、雨污水铺设以及景观雕塑等。站前广场自 2014 年 11 月 30 日开始，北区封闭开始建设，2015 年 1 月 15 日逐步对外开放，位于北广场的公交车停车场全面启用。

截至 2017 年，菏泽站是京九、新兖线交汇处的三等客货运站，衔接阜阳、衡水、新乡、兖州 4 个方向，车站中心里程（位置）是京九线（北京至九龙）583 公里，新兖线（兖州至新乡）167 公里。主要办理旅客列车、军用列车、货物列车和路用列车的接发以及货物列车的摘挂作业。车站信号操作采用双线四显示自动闭塞的集中联锁方式，京九方向排列进路为分散自律车站控制方式（CTC），新兖方向为列车调度指挥系统（TDCS）控制方式。

客运设施

2017 年，车站有客运站台 7 座，旅客天桥、地道、行包通道各 1 座。年客运发送量 567.5 万人，日均 15548 人，完成计划的 97.3%，客运收入 5.12 亿元，完成计划的 98.6%，分别较 2016 年增长 11%、11.3%。

货运设施

菏泽站有 4 条货物线，发电厂、中粮、物流 3 条专用线，货场龙门吊 1 座，主要办理煤炭、重油、化肥、木材等货物的到达业务以及粮食、麸皮、化肥等货物的发送业务。2017 年，运输计划任务 6.19 亿元，完成计划的 100.1%，较 2016 年增长 9.6%。货运装车 10300 车，日均 28.2 车，完成计划的 111.2%；发送量 49.2 万吨，完成计划的 121.5%；卸车 90635 车，日均 248.3 车，完成计划的 93.4%；货运收入 11384 万元，完成计划的 113.7%，分别较 2016 年增长 33.4%、25.5%、-6.1%、-0.2%。

线路股道

截至 2017 年，菏泽站有 14 条线路。其中 4 条正线、7 条客车线，3 条货车到发线。日均办理接发列车 170 对，调车取送 5 ~ 7 列，始发编组 4 ~ 6 列，日均调动钩数 70 ~ 90 钩，日均折角换挂货物列车 4 对，旅客列车 4 对。

2017年菏泽站火车站旅客列车时刻表

表5-3

序号	车次	运行区段	到达时刻	发车时刻	停时	候车区域	股道
1	Z133	北京西—井冈山	0.01	0.03	2	二楼二区	8

续表5-3

序号	车次	运行区段	到达时刻	发车时刻	停时	候车区域	股道
2	K571	北京西—厦门	0.10	0.13	3	二楼五区	9
3	K1614	连云港东—北京	0.18	0.21	3	二楼六区	6
4	K1264	杭州—石家庄	0.25	0.28	3	二楼一区	5
5	K148	阜阳—北京西	0.32	0.35	3	二楼六区	6
6	Z107	北京西—深圳	0.44	0.47	3	二楼四区	8
7	Z112	海口—哈尔滨西	0.58	1.00	2	二楼二区	5
8	K342	南昌—青岛	1.14	1.34	20	二楼三区	5
9	T397	青岛—深圳	1.17	1.31	14	二楼四区	8
10	Z72	三明北—北京	1.23	1.26	3	二楼六区	6
11	K1012	上海—石家庄北	1.38	1.42	4	二楼三区	6
12	2150	郑州—日照	1.42	1.48	6	一楼二区	1
13	2149	日照—郑州	1.43	1.46	3	二楼五区	11
14	K1137	青岛—南宁	2.21	2.30	9	二楼四区	9
15	T398	深圳—青岛	2.41	2.47	6	一楼一区	1
16	K329	天津—洛阳	2.54	2.57	3	二楼五区	8
17	K2045	沈阳北—西安	3.08	3.11	3	二楼三区	9
18	K1072	安庆—北京西	3.49	3.52	3	二楼六区	6
19	T181	哈尔滨西—汉口	3.50	3.53	3	二楼二区	8
20	K2046	西安—沈阳北	3.56	3.59	3	二楼三区	5
21	K875	烟台—昆明	4.17	4.29	12	二楼四区	9
22	K1454	赣州—北京西	4.30	4.34	4	二楼六区	5
23	K1110	黄山—北京西	4.37	4.40	3	二楼六区	6
24	K731	大同—广州东	4.54	4.58	4	二楼五区	8
25	K1619	天津—深圳东	5.05	5.08	3	二楼三区	9
26	5047	烟台—菏泽	5.11	—	终到	—	8
27	K1074	长沙—济南	5.16	5.23	7	一楼二区	1
28	1303	北京西—郑州	5.33	5.36	3	二楼五区	9
29	K572	厦门—北京西	5.40	5.44	4	二楼六区	6
30	K974	襄阳—哈尔滨西	5.46	5.50	4	二楼三区	5
31	K105	北京西—深圳	5.52	5.55	3	二楼四区	9
32	Z182	深圳东—临河	6.04	6.08	4	二楼二区	6
33	K1512	义乌—聊城	6.09	6.40	31	二楼五区	9
34	5048	菏泽—青岛	—	6.21	始发	二楼五区	8
35	K1904	北京—日照	6.05	6.34	29	一楼一区	1
36	K1395	太原—温州	6.36	6.46	10	二楼四区	8
37	K570	东莞东—齐齐哈尔	6.49	6.55	4	二楼三区	5
38	K2386	南宁—长春	6.25	6.28	3	二楼二区	6
39	5023	青岛—曹县	6.59	7.05	6	二楼四区	9
40	Z308	厦门—北京西	7.14	7.16	2	二楼六区	6
41	7578	菏泽—济南	—	7.02	始发	一楼二区	—
42	K2385	长春—南宁	7.59	8.04	5	二楼四区	8
43	K1620	深圳东—天津	8.00	8.04	4	二楼一区	6
44	Z385	长春—三亚	8.09	8.12	3	二楼二区	9

续表5-3

序号	车次	运行区段	到达时刻	发车时刻	停时	候车区域	股道
45	Z108	深圳—北京西	8.23	8.25	2	二楼六区	6
46	5039	威海—菏泽	8.28	—	终到	—	1
47	K892	杭州—大同	8.33	8.37	4	二楼三区	5
48	Z181	临河—深圳东	8.43	8.46	3	二楼四区	8
49	Z185	沈阳北—深圳	8.50	8.53	3	二楼三区	9
50	K125	长春—西安	9.03	9.06	3	二楼四区	8
51	5040	菏泽—威海	—	9.18	始发	一楼一区	1
52	K715	大连-郑州	9.26	9.29	3	二楼五区	8
53	K126	西安—长春	9.32	9.35	3	二楼三区	6
54	K925	哈尔滨东—郑州	9.32	9.39	7	二楼二区	9
55	5024	曹县—青岛	9.43	9.56	13	一楼二区	1
56	K106	深圳—北京西	9.49	9.51	2	二楼六区	5
57	K1396	温州—太原	11.45	11.50	5	二楼四区	5
58	1304	郑州—北京西	11.57	12.03	6	二楼六区	6
59	K8271	济南—菏泽	13.05	—	终到	—	12
60	K726	昆明—哈尔滨西	13.22	13.26	4	二楼三区	5
61	K732	广州东—大同	13.34	13.37	3	二楼二区	6
62	Z601	北京—菏泽	13.55	—	终到	—	1
63	K1281	济南—深圳东	14.11	14.13	2	二楼四区	8
64	K1902	日照—北京	14.10	14.33	23	二楼六区	9
65	Z186	深圳—沈阳北	14.18	14.21	3	二楼三区	6
66	T180	广州—济南	14.36	14.42	6	二楼五区	5
67	K1510	聊城—义乌	14.42	15.08	26	二楼二区	8
68	Z602	菏泽—北京	—	14.50	始发	一楼一区	1
69	K1282	深圳东-济南	15.06	15.15	9	二楼一区	6
70	K1063	哈尔滨西—重庆	16.01	16.04	3	二楼四区	8
71	K973	哈尔滨西—襄阳	16.08	16.11	3	二楼三区	9
72	K1545	佳木斯—福州	16.47	16.52	5	二楼四区	8
73	K147	北京西—阜阳	16.56	16.59	3	二楼三区	9
74	K1613	北京—连云港东	17.03	17.06	3	二楼二区	8
75	K8272	菏泽—济南	—	17.08	始发	一楼二区	1
76	5027	青岛—曹县	18.45	18.52	7	二楼二区	9
77	K1071	北京西—安庆	18.58	19.02	4	二楼五区	8
78	K926	郑州—哈尔滨东	19.16	19.21	5	二楼三区	6
79	K716	郑州-大连	19.24	19.41	17	二楼二区	5
80	Z386	海口-长春	19.33	19.35	2	二楼五区	6
81	K1453	北京西-赣州	19.45	19.47	2	二楼四区	8
82	5019	烟台-曹县	20.09	20.13	4	二楼二区	9
83	K1109	北京西—黄山	20.22	20.25	3	二楼四区	8
84	Z307	北京西—厦门	20.48	20.50	2	二楼五区	8
85	5020	曹县—烟台	20.59	21.05	6	一楼一区	1
86	K1011	石家庄北—上海	21.01	21.08	7	二楼三区	9
87	K725	哈尔滨西—昆明	21.13	21.15	2	二楼二区	8

续表5-3

序号	车次	运行区段	到达时刻	发车时刻	停时	候车区域	股道
88	T179	济南—广州	21.19	21.26	7	二楼一区	9
89	K1138	南宁—青岛	21.41	21.47	6	一楼二区	1
90	K341	青岛—南昌	21.44	21.55	11	二楼二区	11
91	K1546	福州—佳木斯	21.51	22.09	18	二楼一区	5
92	T182	汉口—哈尔滨西	21.58	22.01	3	二楼三区	6
93	K1263	石家庄—杭州	22.06	22.11	5	二楼四区	9
94	K569	齐齐哈尔—东莞东	22.13	22.19	6	二楼二区	8
95	5028	曹县—青岛	22.14	22.22	8	一楼一区	1
96	K1073	济南—长沙	22.17	22.25	8	二楼三区	9
97	K876	昆明—烟台	22.27	22.29	2	二楼六区	5
98	Z104	厦门—长春	22.35	22.38	3	二楼四区	6
99	K1064	重庆—哈尔滨西	22.46	22.49	3	二楼五区	5
100	K330	洛阳—天津	22.57	23.01	4	二楼三区	6
101	K564	南通—太原	23.06	23.08	2	二楼二区	5
102	K563	太原—南通	23.27	23.31	4	二楼四区	9
103	K891	大同—杭州	23.36	23.39	3	二楼五区	8
104	Z71	北京—三明北	23.54	23.57	3	二楼四区	9

高速铁路

2012年开始，在中央和省委、省政府的关心支持下，菏泽市积极争取鲁南高铁项目。鲁南高铁东起青连铁路日照西站，向西经临沂、曲阜、济宁、菏泽、兰考，在兰考南站接轨郑徐客专，全长494公里，总投资750亿元，设计时速为350公里/小时，在菏泽市境内分菏泽至曲阜段与菏泽至兰考段，全长115.9公里。其中，菏泽至曲阜段长72公里，途经巨野县、郓城县、牡丹区、开发区，设巨野北站、菏泽东站，投资约136亿元，预计2022年实现通车；菏泽至兰考段长43.9公里，途经开发区、定陶区、牡丹区、曹县、东明县，设曹县庄寨站，投资约41亿元。项目通车后，将结束菏泽不通高铁的历史，菏泽到济南仅需1小时。菏泽东站为菏泽地区新客站，设于日兰高速南侧、仓南路以西东鱼河以东、陈集镇桶子河村附近。车站距离菏泽市区7.6公里，距离定陶区城12.7公里。

经过6年多的努力，2018年10月30日，初步设计获得正式批复，高铁建设工作从前期筹划阶段正式转入工程建设阶段。11月，菏泽市鲁南高铁菏泽段建设指挥部成立。2018年12月10日，中铁十局承建的鲁南高铁菏泽段在开发区桶子河村打下鲁南高铁建设第一桩，鲁南高铁主体工程进入全面建设阶段。菏泽市委常委、常务副市长王磊，副市长王忠想，市开发区党工委书记、管委会主任李国珍，市开发区党工委副书记、管委会常务副主任练建军陪同中铁十局董事长杨蓝松、副局长陈国清到施工现场进行指导工作。先后到菏泽东站站址、洙赵新河特大桥预制梁加工厂和上海路混凝土搅拌站实地查看施工现场，听取中铁十局指挥部负责人和工程人员的介绍。菏泽东站框架桥地基管桩加固开工建设，桥长61米，桩径40厘米，桩长23～24米。为减少施工噪音污染，管桩采用静压法施工，依靠设备自身及配重压入土层。

鲁南高铁、京九高铁在陈集镇交会。2018年，陈镇坚持早发动、快行动，完成入户丈量和勘测放线、地上附着物清点、临时用地和先期开工点清障工作。鲁南高铁陈集段全长约8.4公里，涉及陈集桶子河、常店等5个行政村，9个自然村，共丈量院落4344处，涉及户籍人口2632户、8100人，总建筑面积137.57万平方米，村庄占地148.5万平方米（约148.67公顷）。中铁十局公司进场开工，陈集镇结合开发区指挥部酝酿制定拆迁安置方案。

截至2018年底，菏泽市直督导组和县区指挥部密切配合、通力协作，沿线乡镇、街道凝心聚力，扎实奋战；中铁十局提前谋划，充分准备，完成红线内用地3386亩的勘测丈量和附着物清点；完成大型临时用地清表929亩；完成先期用地106.1亩的组卷报批，确保项目如期开工。

陈集镇河道

陈集镇境内属黄淮水系，河流10条，主要河流有洙水河、东鱼河北支、范阳河、南干渠等，境内流长68.06余公里，流域面积200余平方公里。

洙水河，菏泽市境内全长54.5公里，其中开发区段长9.8公里，起点丹阳街道刘庙社区，终点陈集镇盐土。流域面积102.5平方公里。主要流经丹阳、岳程街道和陈集镇，涉及14个社区和3个行政村。区境内有经四沟、经五沟2条支流流入该河。

东鱼河北支，菏泽市境内全长96公里，其中开发区段长9.8公里，起点丹阳街道刘庙社区，终点陈集镇鲁店。流域面积47.11平方公里。主要流经丹阳、佃户屯街道和陈集镇，涉及8个社区和2个行政村。区境内庄庄沟、王秀生河是该河的2个旁支。

范阳河，在开发区境内全长8.7公里，起点开发区陈集镇保宁村，终点开发区陈集镇中沙海村，主要流经保宁、吴庄、何庄、罗庄 、七一、朱庄、刘庄、前沙海、中沙海9个行政村。

南干渠，在开发区境内全长7.7公里，起点开发区陈集镇桶子河村，终点开发区陈集镇崔庄村，主要流经桶子河、常店、何庄、罗庄、七一、八一、崔庄7个行政村。

五斗沟，在开发区境内全长6.46公里，起点开发区陈集镇七一村，终点开发区陈集镇中沙海村，主要流经七一、陈集、刘庄、张庄、前沙海、中沙海6个行政村。

六斗沟，在开发区境内全长6.5公里，起点开发区陈集镇崔庄村，终点开发区陈集镇中沙海村，主要流经崔庄、陈集、盐土、中沙海4个行政村。

七斗沟，在开发区境内全长5.4公里，起点开发区陈集镇陈集村，终点开发区陈集镇焦庄村，主要流经陈集、崔庄、马楼、焦庄4个行政村。

第四节　铁路交通

1992年，京九铁路建成穿越菏泽开发区。是年9月1日，从北京西站发车的105次首列旅客列车亦进入开发区，菏泽站成为京九线与新亚欧大陆桥的交通枢纽，给菏泽市和开发区带来新的发展机遇。

2009年，菏泽火车站开始酝酿第三次改造工程。2012年8月1日，菏泽站客运设施改造工程破土动工。2014年8月5日，菏泽站站改工程竣工，总投资达4.6亿元。改造后，车站南北长2100米，东西宽220米，占地46.2万平方米。原有的低站台整修为高站台，具备通动车的条件；旅客通道由原来的仅5米宽的地下通道，改建为宽敞的天桥；候车厅面积扩大为双层，夏季使用中央空调，冬季采用地暖，冬暖夏凉。候车厅扩建后，站房面积1.48万平方米，其中候车面积6112平方米，共3400座旅客座椅，两层能容纳6000旅客同时候车；售票厅人工窗口9个，自动售（取）票机7台，自动取票机14台。

同时建设的菏泽站站前广场，以市中华路为中轴线，分南、北两部分，总占地5.57万平方米，包含4大功能分区：中心景观区、休闲活动区、出租车兼私家车候车区、公交车候车区。中心景观区占地1.5万平方米，市民休闲活动区占地5400平方米，出租车兼社会候车区占地2.16万平方米，公交车候车区占地7300平方米，其中广场人行道铺装面积就达6363平方米。广场地面大理石已铺装，有亮化工程、绿化工程、雨污水管网铺设以及景观雕塑等。站前广场自2014年11月30日开始，北区封闭开始建设，于2015年1月15日逐步对外开放。

截至2017年，菏泽站是京九、新兖线交汇处的三等客货运站，衔接阜阳、衡水、新乡、兖州4个方向，车站中心里程（位置）是京九线（北京至九龙）583公里，新兖线（兖州至新乡）167公里。主要办理旅客列车、军用列车、货物列车和路用列车的接发以及货物列车的摘挂作业。车站信号操作采用双线四显示自动闭塞的集中联锁方式，京九方向排列进路为分散自律车站控制方式（CTC），新兖方向为列车调度指挥系统（TDCS）控制方式。

高速铁路　2012年开始，在中央和省委、省政府的关心支持下，菏泽市争取鲁南高铁项目。鲁南高铁东起青连铁路日照西站，向西经临沂、曲阜、济宁、菏泽、兰考，在兰考南站接轨郑徐客运专列，全长494公里，总投资750亿元，设计时速为350公里/小时，在菏泽市境内分菏泽至曲阜段与菏泽至兰考段，全长115.9公里。其中，菏泽至曲阜段长72公里，途经巨野县、郓城县、牡丹区、开发区，设巨野北站、菏泽东站，投资136亿元，预计2022年实现通车；菏泽至兰考段长43.9公里，途经开发区、定陶区、牡丹区、曹县、东明县，设曹县庄寨站，投资约41亿元。项目通车后，将结束菏泽不通高铁的历史，菏泽到济南仅需1小时。同时该项目与雄商高铁在菏泽实现十字交汇，将有效解决鲁西南及中原地区群众快速出行问题，助推鲁西南地区的经济发展。菏泽东站为菏泽地区新客站，设于日兰高速公路南侧、仓南路以西、东鱼河以东、陈集镇桶子河村附近。车站距离菏泽市区7.6公里，距离定陶城区12.7公里。

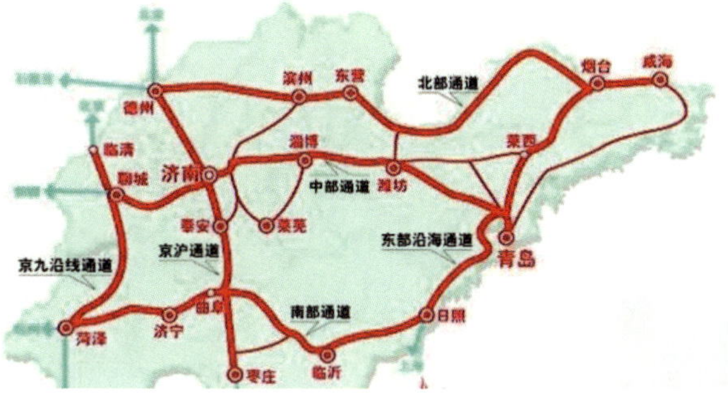

鲁南高铁线路图

2018年10月30日，经过6年多的努力，初步设计获得正式批复，标志着高铁建设工作从前期筹划阶段正式转入工程建设阶段。11月，菏泽市鲁南高铁菏泽段建设指挥部成立。12月10日，中铁十局承建的鲁南高铁菏泽段在开发区桶子河村打下鲁南高铁建设第一桩，标志着整个鲁南高铁主体工程进入全面建设阶段。开工建设的菏泽东站框架桥地基管桩加固，桥长61米，桩径40厘米，桩长23～24米。为减少施工噪音污染，管桩采用静压法施工，依靠设备自身及配重压入土层。

菏泽高铁第一桩

鲁南高铁、京九高铁在陈集镇交会。陈集镇坚持早发动、快行动，完成入户丈量和勘测放线、地上附着物清点、临时用地和先期开工点清障工作。鲁南高铁陈集段全长约8.4公里，共涉及陈集桶子河、常店等5个行政村，9个自然村，共丈量院落4344处，涉及户籍人口2632户、8100人，总建筑面积137.57万平方米，村庄占地148.67公顷。

2018年，菏泽市直督导组和县区指挥部配合、通力协作，沿线乡镇、街道凝心聚力，扎实奋战；中铁十局提前谋划，充分准备，完成红线内用地225.73公顷的勘测丈量和附着物清点；完成大型临时用地清表61.93公顷；完成先期用地7.07公顷的组卷报批，确保项目如期开工。

第二章 邮 政

第一节 邮路邮政支局

网络建设 1998年邮电分营时，邮政公司在开发区设立的5处邮政局所，在邮政传统函包汇发业务的基础上，不断叠加服务种类。至2017年，主要承担包含金融、保险、农资配送、农村电商、代收费、税票代开等服务。其中，赵楼支局、辛集支局、佃户屯支局3个网点位于城乡接合部，具有邮件投递功能，投递段道10条，投递里程超过600公里，服务人口19.2万。牡丹路支局和八一路支局主要服务城区用邮客户，投递服务功能整合到市邮政公司投递局。

赵楼支局 位于牡丹北路龙田府邸楼下，服务区域含庞王乡，服务人口约8万。2017年，支局职工10人，其中3个投递员投递3个段道，投递服务范围北到丁堂湿地公园，南到大学路以北，东到大高桥，西到昆明路。

佃户屯支局 区域内服务人口5.2万。2017年，支局职工10人，其中3个投递员投递3个段道，投递范围北到钱塘路，南到油集高架桥，东到上海路，西到孙楼。

辛集支局 服务区域含岳程街道，服务人口约6万。2017年，支局职工11人，其中4个投递员投递4个段道，投递范围北到孔楼，南到长江路，东到三里河，西到广州路。

牡丹路支局 地处牡丹北路与康庄路交叉路口西南角，2017年有职工6人，无投递服务功能。

八一路支局 地处人民路与八一路交叉路口东北角，2017年有职工6人，无投递服务功能。

至2018年，陈集辖区邮政支局、电信支局各2处，报纸、杂志累计期发行6200份；电话交换机总容量6000门，固定电话用户1500余户，移动电话用户7.2万部，互联网用户1.2万户。

第二节 邮政业务

业务发展 2017年，分公司完成业务收入10.16亿元，收入规模迈上10亿元新台阶，同比增长11.1%，收入规模列全省第二位；全年人均劳动生产率36.55万元，居全省第一位，高出各地市平均值10万元。四大业务板块中7个专业超额完成目标计划。其中，金融专业收入完成7.88亿元，同比增长12.9%。

客户服务　2018年，分公司持续抓好行风建设，落实新的普遍服务标准，实现普通包裹按址投递和县以上城市党政机关当天见报，实施全市建制村全部通邮机制；开展“无着邮件管理提升”、“聚焦服务短板、提升客户体验”、专项活动，专项整治用户投诉，执行“首问负责制”“限时办结制”“有理由投诉待岗制”，加强厅堂规范管理，管控邮件运行时限，完善质量考核体系，实施质量落后问责考核机制，实现服务智能化、管理科学化。是年，全程邮件时限达标98%以上，社会综合满意度91.43分。

第三章　通　信

第一节　机构

中国移动通信集团山东有限公司菏泽分公司　是中国移动通信集团山东有限公司在菏泽市的分支机构，地址在菏泽经济开发区中华路198号。分公司下辖开发区等10个分公司。

主要业务　分公司全面负责菏泽市内的“134（0～8号段）、135、136、137、138、139、157、158、159、150、151、152、188、187、182、183、184、147、178、198”国家公众移动电话网的规划、建设和运营。主要经营移动语音、数据、IP电话和多媒体业务，并具有计算机互联网国际联网单位经营权和国际出入口局业务经营权。除提供基本语音业务外，还提供数据、有线宽带、魔百合、手机139邮箱、飞信、12580、手机支付、手机视频等多种增值业务。2017年，分公司坚持服务地方经济发展，提升服务水平，履行社会责任，在加快企业快速健康发展的同时，为地方经济的振兴提供有力的通信保障，为各级党委政府、党政军部门提供普遍通信服务、专用通信及应急通信等任务。是年，菏泽移动客户规模列全省第5位，用户市场份额位居全省第2位，全年缴纳各项税收超过1.36亿元，公司纳税金额在全市通信行业列第一位。公司先后获全国“安康杯”先进单位、中国移动“五四红旗团委”等称号，在全市行风评议中居同行业第一名。

经营发展　2018年，实体营销服务网点1.25万处，渠道从业人员2万余人，建成全面覆盖市、县、乡、村的渠道体系，全市村庄移动服务网点覆盖面达到87%以上。实现农民在家门口就可办业务、交话费。推出便利店系统、网上商城、网上缴费等电子渠道，业务服务途径更加多样化。通过移动网络，推动移动互联网的发展，基于移动互联网的手机网上支付、购物、微信等多样功能，满足人民群众的物质和文化需求。

信息化建设　分公司挖掘移动网络的优势，利用互联网满足社会及客户的多元化需求。2018年，累计为社会各行业提供专线9300余条，建设智慧城市、智慧党建、电子政务、金保工程、雪亮工程、企业上云等网上重点工程。分公司为各级政府行政提升办公效率和提高企事业单位管理水平提供信息技术支撑，在基础通信、生产控制、办公管理、营销服务等领域发挥作用。相继为市公安局北斗定位系统、市审计局移动办公系统、市纪委新大楼信息化接入、市工商局机房托管等项目提供建设与服务；面向市、县、乡等各级党政部门和农民，提供精准扶贫、智慧农业等10余项功能模块和100余项功能，为农民提供多样化、多渠道的信息服务。

客户服务　分公司落实“为民服务、创先争优”的服务举措，整体提升服务水平。2018年，菏泽移动整体满意度达到85.18%。分公司建立客户满意度提升及短板改善组织机构，制定年度改善计划，健全满意度提升沟通机制，通过客户评议活动多触点传播服务理念。是年，累计参与“行风热线栏目”6期，“总经理做客市长热线”1期，受理12345等各栏目客户咨询及投诉1479件，答复率100%，满意率99%。

中国联合网络通信有限公司菏泽分公司　位于开发区中华东路518号。2008年10月，根据国家通信企业融合重组政策要求，由原中国联合通信有限公司菏泽分公司与中国网通（集团）有限公司菏泽市分公司重组成立。2018年，拥有9个县区分公司，在开发区内中华东路768号、518号设有旗舰营业厅和标准营业厅，主要经营固定通信、移动通信、数据通信、通信设施服务、网络接入和各类电信增值业务及相关的系统集成等业务。

企业发展　2015—2017年，分公司收入、利润指标连续3年排名全省前三位。分公司深化企业改革，提升企业管理和服务水平，开展文明创建工作，先后获得“全国五一劳动奖状”“全国厂务公开工作先进单位”“全国用户满意企业”“全国维护消费者权益先进单位”“山东省精神文明系统”等称号。

信息化建设　截至2018年，分公司通过10余年的运营，建成覆盖全市的三级数据网络，积累技术，面向政府、环保、医疗、教育、能源、公安、金融、交通等行业客户，提供从应用软件开发、系统集成及IT产品化服务等整体解决方案，在电子政务、平安城市、环保监控、民政低保等重点行业取得一系列经验。

中国电信集团有限公司菏泽开发区分公司　位于开发区人民路369号（中国银行南邻），2010年5月26日，在菏泽市工商局注册成立。2012年，市公司将皇镇、沙土、安兴、都司、胡集等5个乡镇的市场开发由牡丹区分公司划转至开发区分公司，共计122个行政村，22.3万人。截至2018年，分公司有营业厅55个，员工100余人，主要经营基础电信业务，包括800MHzCDMA第二代数字蜂窝移动通信业务、CDMA2000第三代数字蜂窝移动通信业务和TD-LTE/FDD-LTE第四代数字蜂窝移动通信业务；互联网接入服务；云主机与物联网服务等。中国电信的特色服务有翼支付、物联网、天翼高清、云主机和大数据、互联网+、智慧家庭等。

信息化建设　分公司依靠先进的信息化技术，积极推进社会信息化建设，为开发区重点行业和重点单位进行对口专项服务，先后推出政务、医疗、公交、物流、商贸、金融、旅游、教育等行业信息化解决方案。2016年，在开发区重点推广IDC、ICT、云计算、大数据等创新型业务。截至2018年，有智慧党建、酒店完美联盟、综合办公、天翼对讲、智慧医疗、智慧工地、智慧校园、智慧公交、信贷鹰眼、云视频会议、物流e通、旺铺助手等一系列新项目在开发区推广使用。

网络建设　2014年，中国电信正式启动“宽带中国·光网城市”工程。“十一五”期间，分公司实施企业战略转型，优化资源配置，投入大量资金、人力和物力，积极开展宽带网络建设与业务创新。2017年，开发区基本实现光纤化覆盖，为用户提供光速互联网体验。在智能连接方面，通过4G网络、光宽带、物联网（NB-IoT）的建设，提高智能连接基础能力。在4G网络上，与现有网络实现高低频协同覆盖，支持高品质VoLTE；在NB-IoT方面，基于800MHz频率做到领先的低频广覆盖物联网；在智慧家庭生态圈方面，重点推广4K高清，2017年天翼高清用户达3000户。

第二节　固定电话

1992年12月，菏泽市淘汰磁石交换机和全自动交换机，在全省最后一个开通长市合一程控交换机，并开办国际电话直拨业务。1995年12月，电话号码升为七位。1996年11月，建成开通长途独立局。1993年1月，省内二干济（宁）菏（泽）长途数字微波开通，菏泽至省会传输由明线载波实现数字化。1996年，改造为光缆传输。是年底，建成济（南）郑（州）一干光缆，组建省内西部环网，并开通更多直达城市。1998年，菏泽实现全市村村通电话。2001年，菏泽全市用户超过100万户。2002年6月，原网通城区PHS（小灵通）投入使用，作为固定电话的补充，2014年退网。

2010—2016年，随着移动电话的普及，固定电话用户逐渐减少。2017年，联通固话用户13万余户，开发区电信固定电话用户1万余户。

第三节　移动电话

1999年9月，原联通GSM2G网络投入运营。2001年12月，CDMA网络投入运营。2002年9月，推出车载GPS/CDMA系统定位服务业务。2008年10月，联通重组，GSM由新联通运营，CDMA交电信运营。融合以后，菏泽联通加快3G网络建设，2009年5月，联通WCDMA3G网络投入运营。2014年，移动、联通和电信的4G网络开始运营。

2014—2016年，移动、联通和电信菏泽分公司分别实施“提速降费”“流量不清零”“逐步取消国内长途和漫游费”等措施，有效降低客户移动电话的费用支出。

截至2017年，移动客户规模超过534万户，联通在网用户超过150万户，移动分公司2G、3G、4G基站总数为9562个。是年，联通分公司与腾讯公司合作推出“腾讯王卡”，使用腾讯应用专属流量免费；与阿里巴巴公司合作推出适用中小企业管理的“钉钉卡”、与支付宝合作推出“蚂蚁宝卡”，与滴滴公司合作推出“滴滴卡”，与百度公司合作推出“百度神卡”等，为广大用户节省大量语音和流量通信费用。电信分公司以大中型企业、事业单位为主发展多家集团虚拟网业务。

2018年，联通公司全市在网用户超过165万户。

第四节　宽带网络

联通宽带　1997年，开通中国公用互联网（CHINANET）业务。2001年，开通宽带互联网业务，分为LAN和ADSL两种模式，互联网开始走入家庭。2013年，开始实施光网改造。2015年，菏泽联通在全省第一个建成全光网络市，受到集团公司表彰。是年，用户接入方式改为光纤入户（FTTH），城乡全部具备百兆接入能力，一根光纤同时实现电话、电视、互联网“三网合一”功能，IPTV互联网电视迅速普及。联通高速光纤宽带改善人民的文化生活，使农村电子商务快速发展，大众创业成为热潮。新华社、中新社、经济日报社等20家中央媒体组成采访团到采访。2018年，联通公司全市宽带互联网用户超过 74 万户。

电信宽带　2012 年 5 月，菏泽电信依托电信国内骨干网及宽带城域网资源，推出大容量高带宽的国内专线服务，为开通各种通信业务提供支持多带宽选择、承载语音、数据、多媒体流的国内数字电路连接，使用户能够灵活快速地部署业务网络或实现局域网和广域网的互联。截至 2017 年底，开发区共发展租线用户 5000 余户，家庭宽带用户 2.2 万余户。

移动宽带　2017 年，菏泽移动传输汇聚机房 200 处，传输光缆皮长 5.5 万公里，传输电路 29436 条；维护家用客户数 60.7 万户，有线宽带覆盖家庭 278 万户。菏泽移动开展“LTE 精品城市示范网络”活动，城区覆盖率由 91.77% 提升到 95.88%；NB-Iot 商用宽窄互联网基站建设 380 个；家庭宽带年装机 28.08 万户，装机及时率达到 99.71%；投诉处理时长缩短至 6.13 小时之内。

广电宽带　2017 年，山东广电网络集团菏泽开发区分公司依靠全省互联网核心内容平台及核心网络平台，在开发区拥有 6 万余户宽带用户。

第四章　电　力

第一节　发电

2004 年 9 月，菏泽投资发展（控股）有限公司投资 1.91 亿元，山东天泽实业集团有限公司投资 0.24 亿元，发起成立国电菏泽发电有限公司。该公司位于菏泽开发区光明路 1 号，主要开展电力、热力生产与供应。2007 年 2 月，菏泽投资发展（控股）有限公司融资收购鲁能集团持有的国电菏泽发电有限公司（电厂三期）25% 股权，股权达到 40%。至 2018 年，公司注册资金 4.78 亿元，参保人员 1258 人。

国家能源菏泽发电有限公司现有装机容量 1510 兆瓦，分 3 期建设，分别隶属 3 个不同的投资主体。其中一期 2×125 兆瓦燃煤机组为地方和中央集资兴建，总投资 7.06 亿元，1990 年 7 月开工，1992 年 7 月投产，由菏泽市投资开发公司、中国华电集团公司和山东省国际信托投资有限公司分别持股 50%、30%、20%。二期 2×300 兆瓦燃煤机组为山东中华发电有限公司中外合资项目，总投资 35.11 亿元，1998 年 12 月开工建设，2003 年 8 月全部移交商业化运营，由国家能源集团山东电力有限公司、香港中华电力公司、法国电力公司分别持股 51%、29.4%、19.6%。三期工程安装 2×330 兆瓦热电联产机组，总投资 23.8 亿元，2006 年 8 月投产，现由国家能源集团山东电力有限公司、菏泽市投资开发公司和山东天泽实业集团有限公司分别持股 55%、40%、5%。累计完成发电量 29.23 亿千瓦时，实现利润 1.5 万元。企业先后获得全国五一劳动奖章、全国精神文明建设先进单位、全国企业文化管理工作先进单位、全国一流发电企业、全国和谐劳动关系优秀企业、中国优秀企业形象十佳单位、山东省百家诚信纳税企业、山东省环保优秀企业、菏泽市改革开放 30 年功勋企业、国电集团公司首批创新型企业、五星级发电企业等称号。

第二节 供电

2018年底，辖区内共计有220千伏变电站1座、变压器2台；110千伏变电站8座、变压器12台；35千伏变电站1座、变压器2台。在建110千伏变电站2座，变压器4台。形成220千伏、110千伏、35千伏电压等级可靠电网结构。

变电站 110千伏菏泽变电站 1992年建区初期，辖区供电主要来自毛纺线、农业线、纱厂线3条10千伏架空线路，线路长度16公里，均来自110千伏菏泽变电站，站址位于人民路与黄河路交叉路口东南200米，该变电站主变电容量100兆伏安。

35千伏岳程庄变电站 1994年12月，开发区第一座35千伏变电站岳程庄变电站投入运行，站址位于岳程街道闫庄村，安装主变2台，容量30兆伏安，电压变比35/10；35千伏进线2回，为室外敞开式设备；10千伏出线8回，采用开关柜室内布置。主要满足岳程庄附近企业及居民用电需求。

110千伏变电站花城站 2003年8月，开发区第一座110千伏变电站花城站投入运行，站址位于中华东路与郑州路交叉路口东100米路南，安装主变2台，容量100兆伏安，电压变比110/10；110千伏进线2回，采用GIS室内布置；10千伏出线24回，采用开关柜室内布置。

110千伏丹东变电站 2008年10月，110千伏丹东变电站投入运行，站址位于上海路与长江路交界处东北角，安装主变2台，容量126兆伏安，电压变比为110/10；110千伏进线2回，采用GIS室内布置；10千伏出线15回，采用开关柜室内布置。主要满足上海路附近居民及企业用电需求。

110千伏长江变电站 2008年11月，110千伏长江变电站投入运行，站址位于长江路与南京路交界处三利纺织厂东北角，安装主变2台，容量126兆伏安，电压变比110/10；110千伏进线2回，采用组合电器室内布置；10千伏出线25回，采用开关柜室内布置，主要满足南京路周边供电需求。

220千伏上海变电站 2009年3月，开发区第一座220千伏变电站开发站投入运行，地址位于菏泽市上海路东80米，安装主变2台，容量360兆伏安，电压变比220/110/10；220千伏进线4回，110千伏出线5回，全部采用组合电器室内布置；10千伏出线14回，采用开关柜室内布置，为上海路附近新增负荷提供电力保障。

110千伏黄河变电站 2013年4月，110千伏黄河变电站投入运行，站址位于黄河路与上海路交界处西1.5公里，安装主变1台，容量63兆伏安，电压变比110/10；110千伏进线2回，采用GIS室内布置；10千伏出线10回，采用开关柜室内布置。主要满足黄河路东部区域用电需求。

110千伏华英变电站 2014年7月，110千伏华英变电站投入运行，站址位于永昌路与桂陵路交叉路口西南，安装主变1台，容量50兆伏安，电压变比110/10；110千伏进线2回，采用GIS室内布置；10千伏出线4回，采用开关柜室内布置。

110千伏天香变电站 2014年9月，110千伏天香变电站投入运行，站址位于华英路与中山路交叉路口西北角，安装主变1台，容量63兆伏安，电压变比110/10；110千伏进线2回，采用GIS室内布置；10千伏出线14回，采用开关柜室内布置。

110千伏长城变电站 2014年12月，110千伏长城变电站投入运行，站址位于长城路与广州路交会处东300米路北，安装主变2台，容量100兆伏安，电压变比110/10，110千伏进线2回，采用GIS室内布置；10千伏出线15回，采用开关柜室内布置。主要满足长城路及人民北路新增小区供电需求。

110千伏佃户屯变电站　截至2017年末，110千伏佃户屯变电站开展设备调试工作，2018年7月投产送电。此期安装主变2台，容量126兆伏安，电压变比110/10；110千伏进线2回，采用GIS室内布置；10千伏出线5回，采用开关柜室内布置。主要满足佃户屯社区新增负荷需求。

110千伏南湖变电站　2017年末，110千伏南湖变电站正在施工，计划2019年1月投产送电。此期安装主变2台，容量126兆伏安，电压变比110/10；110千伏进线2回，采用GIS室内布置；10千伏出线8回，采用开关柜室内布置。主要满足广州路南部企业、居民用电需求。

配电线路　随着辖区新建变电站的相继运行，配电网络逐步完善。110千伏菏泽变电站投入运行后，新增10千伏光源线、双河线、民香线、庭苑线、黄河东线、民北Ⅰ线、黄中Ⅳ线、人北Ⅰ线、南联北线、人北Ⅱ线、水岸Ⅰ线、陈官庄线、民北Ⅱ线、黄中Ⅲ线共14条公用线路。110千伏花城站投运后，新增10千伏花江线、陶鹏线、张什店线、济北Ⅰ线、阳东Ⅰ线、阳东Ⅲ线、广南Ⅰ、Ⅱ线、广北Ⅰ、Ⅱ线、郑北Ⅰ、Ⅱ线、阳东Ⅱ线、领秀城线、三希堂线、巢湖Ⅰ线、阳东Ⅳ线、济南Ⅰ、Ⅱ线、交通家园线共15条公用线路。110千伏丹东站投运后，新增10千伏沪北Ⅰ、Ⅱ线、沪南Ⅰ、Ⅱ线共4条公用线路。110千伏长江站投运后，新增10千伏江济线、江沙线、京南Ⅰ、Ⅱ线、孵化器Ⅰ线共5条公用线路。110千伏黄河站投运后，新增10千伏曹海线、河东Ⅰ、Ⅱ线、上海Ⅰ、Ⅱ线、三里河Ⅰ、Ⅱ线、和福祥线共8条公用线路。110千伏华英站投运后，新增10千伏面粉线、永昌线共2条公用线路。110千伏天香站投运后，新增10千伏嘉城线、和平Ⅰ、Ⅱ线、民南Ⅰ、Ⅱ线、民中Ⅰ、Ⅱ线、中山Ⅰ线、长江Ⅰ、Ⅱ、Ⅲ、Ⅳ线、中桂Ⅰ、Ⅱ线共14条公用线路。110千伏长城站投运后，新增10千伏长丹Ⅰ、Ⅱ线、长西Ⅰ、Ⅱ线、长原Ⅰ、Ⅱ线、桂北Ⅰ、Ⅱ线、长广Ⅰ、Ⅱ线、长民Ⅰ、Ⅱ线共12条公用线路。220千伏开发站投运后，新增10千伏海河Ⅰ、Ⅱ线、沪西Ⅰ、Ⅱ线、淮海Ⅰ线、洪泽Ⅰ、Ⅱ线共7条公用线路。35千伏岳程庄站投运后，新增10千伏张集线、北洼线、闫庄线、孔楼线、石堂线、庞王庄线、桑海线共7条公用线路。截至2018年，开发区配网得到极大改善，网架结构更加坚强，供电质量显著提高。

2004年，开发区实施广州路、郑州路、济南路电缆入地工程，将线路由架空改为地下电缆，增强城市供电可靠性。2005年，实施黄河路、人民路电缆入地工程。2007年，实施中华东路电缆入地工程。2009年，实施长江路电缆入地工程。2016年，实施丹阳路电缆入地工程。2017年末，开发区主要配网线路全部实现电缆入地，美化城市环境，提升辖区供电可靠性。

第三节　用电

1992年之前，开发区用电以农村照明及建筑用电为主。随着开发建设规模不断扩大，辖区工业用电和一般工商业用户数量及用电量大幅增长。2017年，全区高、低压电用户12.4万户，其中高压用户1260户。最高负荷24.4万千瓦，售电量达到13.6亿千瓦时。用电价格为：220～380伏居民生活（一档）0.5469元/千瓦时，220～380伏农业生产0.54元/千瓦时，工商业（两部制）1～10千伏平电价0.6206元/千瓦时。

第六编　招商引资

1992—2000年，开发区开创一条以花招商、依托招商、委托招商、参团招商的工作路子。其间，开发区吸引接纳1万余名客商友人，签订1000余份合同协议。到1999年，共引进外资项目13个，合同利用外资额4596万美元，实际利用外资650万美元，有11个项目投产，5家生产企业开工建设。

2001—2005年，京九铁路的开通为菏泽开发区提供新的机遇，山东省“突破菏泽”战略决策给菏泽开发区增添前行的力量。开发区专业招商队伍相继形成，专职服务团队组建起来，团队招商、小分队出击、登门招商、定点招商、组织民间资本投资等一系列专业招商方式被广泛采用，开发区兴办各类大小项目432个，投资额153.42亿元。

2006—2010年，开发区管委会抢抓机遇，扩大招商队伍，推行产业招商、大项目招商、以商招商等办法，采取坐地招商、定向招商、上门招商多种形式，引进一批投资过亿元的大项目。5年全区共引进投资亿元以上大项目127个，总投资额800亿元以上。

2011—2013年，开发区管委会实施大项目招商战略，目光瞄向世界500强、国内500强、行业500强等龙头企业，通过参加市政府组织的团队整体招商和开发区自主招商活动，先后引进投资过亿元的项目近百个。其中，2013年引进超10亿元的大项目18个，投资总额200多亿元。

2014—2018年，一批新兴工业、科技产业、高端商贸业、现代服务业、流通业、房地产业、医疗卫生单位、金融机构、电子商务项目相继落户开发区。进区项目220余个，投资额11351.35亿元。

第一章　招商政策

第一节　土地使用政策

开发区设立以来起，管委会严格执行国家土地政策，对区内土地实行统一规划、统一征用、统一出让，保证土地开发利用的规范性、合理性和科学性，充分发挥区内土地资源的最佳使用效能。建区之初，开发区境内基础设施相对薄弱，根据实际状况和招商引资工作需要，管委会将土地出让价格确定在熟地3万元/亩、生地2万元/亩。2001年以后，管委会加大基础设施投入力度，区内基本实现“五通一平”，环境条件对项目建设的保证程度明显提高，管委会审时度势，及时把土地价格调整为4万元/亩。2005年，区内地段实现“七通一平”，部分地段达到“九通一平”，开发区将土地价格确定在平均6万元/亩。同时，开发区管委会灵活掌握，根据不同类型、不同规模的项目，在土地出让价格上，适当加以浮动，促进招商引资工作的开展。

1992年4月，菏泽地区行署开始拟定较为完整的鼓励吸引外资的土地优惠政策，并于1992年7月1日开始试行。

开发区内的土地使用权出让金，一般每年每平方米不超过15元。出让金数额由出让方和受让方采取协议方式确定或经招标、拍卖确定。土地使用权出让金每三年调整一次，调整幅度不超过30%。自2000年之后，每年调整一次。

土地出让金一般一次性缴纳。一次性缴纳土地出让金者，在合同期内遇有场地开发费调整时，原收费标准不变，按年度缴纳的应加利息，从调整年度起按新标准缴纳。

开发区内，每年每平方米1元，使用费和开发费合并计收的，每年每平方米2元。高新产业、出口型企业、基础设施项目、投资额1000万美元以上的企业、农业开发企业，减半收取使用费。

在开发区划片开发、投资兴建供水、供气、供电、供热、排水、道路及其他基础设施，或举办科学研究、文化教育、医药卫生等不以营利为目的的项目用地，免征场地使用费。

1994年底以前到开发区投资的企业，免征场地使用费10年，1995年1月1日后投资兴办的企业，免征场地使用费5年。

开发区内新建企业，免收市政公用设施配套费及建设环节中的所有附加费，并免征土地管理费、土地登记费。

1992—1994年菏泽经济开发区土地使用权转让费参考标准表

表6-1

标准（年）用地性质 / 缴纳年限	工业及仓储用地	商业、服务业、金融业及住宅用地
1	15	16
5	70	75
10	130	150
15	100	200
20	200	230
25	220	250
30	240	270
35	255	285
40	270	300
45	280	310（以下为住宅用地）
50	290	320
55	—	330
60	—	335
65	—	340
70	—	340

1999年12月，开发区管委会提出对生产性项目，根据项目投资额、科技含量、效益等情况给予用地优惠，土地出让金可实行分期付款方式。如采取一次性付款，可享受减免土地出让金总额30%～50%的优惠。对高新技术项目、投资额较大的项目可进一步优惠。

2013年，开发区管委会再次明确：对外来投资进入菏泽开发区的项目需新征建设用地的，在符合土地利用总体规划和土地利用年度计划，符合国家产业政策和供地政策前提下。按照市政府的统一调配，国土资源部门优先安排用地指标，优先办理用地手续。工业项目用地在符合国家和省集约用地标准条件下，出让价格按工业用地出让评估最低标准执行；投资10亿元以上的项目用地，除上缴省征收土地和补偿农民的费用外，地方收益部分给予优惠。对重大服务业项目实行"一事一议"。

2015年至2018年12月，根据国家有关规定结合开发区实际，开发区土地使用权出让金为16万元/亩。

第二节 财税政策

1992 年 7 月 1 日，菏泽开发区管委会开始试行《关于鼓励投资的优惠政策》，其中涉及有利于企业创业、起步发展的企业税收优惠政策为：

在开发区投资举办的企业，从事生产、经营所得和其他所得，均按 15% 的税率征收企业所得税，免征地方所得税。

凡经营期在 10 年以上的企业（服务性行业、商业、金融业除外），从开始获利的年度起，第一年至第五年免征企业所得税和地方所得税，第六年至第十年按 10% 的税率征收企业所得税，免征地方所得税。

凡经营期在 15 年以上，并符合下列类型之一者，从开始获利的年度起，免税、减税期分别延长两年和三年，免征地方所得税：高新科技产业；产品出口型、技术先进性企业；建设能源、交通等基础设施的项目；在开发区内包片开发和建设的项目；企业减免所得税期满后，凡当年出口产值达到企业总产值 70% 以上的企业；投资额在 1000 万美元以上的企业；从事农业开发经营的企业。从事服务性行业和商业经营的企业，经营期在 10 年以上的，从开始获利的年度起，第一年免征所得税，第二年按 10% 的税率征收所得税，第三年起按 15% 的税率征收所得税。

在开办初期按规定纳税有困难的企业，经税务部门批准，免征企业工商统一税 1 ~ 3 年。

开发区内企业分得的利润，在开发区内再投资期限不少于 5 年的，可退还再投资部分已缴纳所得税税款的 60%。企业发生年度经营亏损，经税务机关核实，其亏损额可用下 1 年所得抵补，1 年抵补不完的，可再顺延抵补，直至补平为止。

1992 年 8 月 10 日，开发区管委会印发《菏泽经济技术开发区税收优惠暂行办法》，对税收政策作系统说明和完善补充：

外商所获利润汇出境外时，免征汇出额的所得税。外商从企业分得的利润在开发区再投资，期限不少于 5 年的，可退还再投资部分已缴纳的所得税税款。

外籍人员的个人所得，减半征收个人所得税。

该办法适用于在菏泽开发区内从事生产经营的外商、国内经济组织和个人投资兴办或联办的企业以及在开发区内工作、居住的有纳税义务的中外籍人员。内资企业产品税、增值税、营业税和所得税的征收参照外资企业优惠办法办理，内资企业按规定缴纳投资方向调节税确有困难的，经开发区财税局批准，可给予一定的减免照顾，中国公民的个人所得，减半征收个人收入调节税。

随着招商引资工作的深入开展，入区企业的行业类型增多，商贸物流、公共事业、房地产开发、科研单位入驻开发区，适应情况的变化，管委会及时对税收政策作了调整和补充。

1999 年 12 月 27 日，开发区管委会公布《鼓励投资优惠政策》：

对生产性、流通性企业，从获利年度起，5 年内免征企业所得税。从第六年度起，按 15% 的税率征收。

对投资兴建电厂、公路、桥梁等基础设施和投资房地产开发的企业，免征所得税。

对生产性项目，固定资产投资方向调节税统征统还。

对生产性项目，城市建设维护税、教育费附加 5 年内统征统还。

2006 年 8 月 28 日，开发区管委会下发《鼓励外商投资的有关政策》，再次强调，外商在开发区内兴办工业生产性企业，经营期在 10 年以上，企业所得税、增值税地方留成部分从纳税年度起，第一年和第二年全额奖励给企业，第三年至第五年奖励 50%。外商投资商贸物流企业，企业所得税地方留成部分，从纳税年度起五年内奖励给企业50%。开发区境内再投资，期限不少于5年，经税务机关核实，退还再投资额已缴纳所得税款的40%。

2013年，开发区管委会明确对外来投资注册地在开发区鼓励类和优势产业企业，完成投资额1亿元及以上且经营期在10年以上的，企业所得税地方留成部分从纳税年度起，前2年全额由同级财政奖励给企业，后3年奖励50%，用于支持企业发展。

外来投资企业用实现利润进行再投资的，视同新引进项目。外来投资商完成投资额5000万元以上的服务业项目，企业所得税地方留成部分，从纳税年度起5年内由同级财政奖励给企业50%。

对重大招商引资项目积极争取中央和省税收政策的支持。

新建国家级实验室（中心），财政给予1000万元建设资金补贴；新建省级的，给予500万元建设资金补贴，用于专项科研启动经费。

2018年5月11日，对接省新旧动能转换“十强”产业，与开发区主导产业或新兴产业领域的企业有合作协议或建立院士工作站的院士，给予企业100万元的配套资助，至合同终止或项目结束分批实施。

在开发区注册的各企业，主要涉及信息技术、装备制造、新能源新材料、大健康等主导产业或领域的柔性、全职引进或自主培养的专家、万人计划专家，区财政分别给予30万元、50万元配套资助。

全职引进或自主培养的泰山学者、泰山产业领军人才、“外专双百”计划专家、西部经济隆起带紧缺人才等，在市级给予支持的基础上，再一次性给予企业30万元配套资助。

经开发区推荐的被纳入菏泽市“动能转换领军人才特殊支持计划”或被管理培养的“菏泽市有突出贡献的中青年专家”人才工程，作为高层次创新型人才，每年给予5万元科研补贴，连奖3年。

对于企业全职新引进，签订3年及以上劳动合同并按规定缴纳社会保险费的毕业生，并取得博士学位、“双一流”建设高校全日制本科以上学历，或留学归国的全日制硕士研究生以上学历的，区财政原则上按照博士、硕士、本科最高给予每月3000元、2000元、1000元生活补贴，连续补贴3年。

留学归国人员（硕士以上学历）创办企业的，企业可享受最高10万元的无偿资助。一次性5000元奖励。

对新认定的企业技术中心、工程实验室、工程技术研究中心、重点实验室、工业设计中心等创新平台，在争取市财政给予的奖励支持基础上，开发区再按照国家级、省级分别给予200万元、20万元奖励。

对新认定或备案的院士工作站、科技企业孵化器、众创空间、博士后科研工作站（省博士后创新实践基地）、留学生创业创新示范园、引智成果示范推广基地、高技能人才培训基地、技能大师工作室（省技师工作站）等，在争取市财政给予的奖励支持基础上，开发区再按照国家级、省级分别给予50万元，10万元奖励（不分级别的平台给予30万元奖励）。

中国科学院、中国工程院、双一流高校等国内外著名高校、科研机构在我区设立分支机构、研发机构且正式运营，由区财政给予500万元奖励；国内知名高校（含私立高校）、科研机构在开发区设立分支机构、研发机构且正式运营，在市级奖励的基础上，由区财政给予300万元奖励。

对符合条件的创业人才提供最高10万元创业担保贷款，对人才创立的小微企业提供最高

300 万元创业担保贷款，并对借款个人和小微企业可提供累计次数不超过 3 次的创业担保贷款贴息，其中个人贷款按 2 年（第一年、第二年）全额贴息，小微企业按照央行同期基础利率的 50% 给予贴息。

第三节　奖励政策

社会团体和个人奖励办法

1992 年 7 月，为开发区引进项目投资牵线搭桥的国内外团体、个人，根据引进项目投资额给予奖励，经营期在 10 年以上的奖投资额的 7‰，20 年以上的奖投资额的 10‰。

1993 年 7 月 18 日，开发区管委会《关于引进资金、项目、技术、信息的奖励办法》规定：

凡能争取到无偿资金的，按资金总额的 20% 一次性奖给引资者。

凡引进能到账使用、符合国家基准利率的国内资金，按金额及使用年限奖励引资者。引进资金使用期限达到半年、1 年、2 年和 3 年以上的，按引资额分别给予 5‰、10‰、15‰、20‰的一次性奖励。低于国家贷款利率的，奖励标准再提高 3 个千分点。引进无息资金使用 1 年以上的，按引资额的 5% ~ 10% 给予一次性奖励。

引进外资使用期 1 ~ 3 年的，按使用年限，给予引资总金额 1% ~ 2% 的一次性奖励；3 年以上的，给予 3% 的一次性奖励。

凡引进当地以外到开发区兴办独资、合资、合作项目和内资项目的，按该项目征地金额的 3% 给予一次性奖励。

凡引进先进技术、工艺的，按项目投产后三年内新增税后利润之和的 10% 一次性奖励引进者。

凡提供一个项目信息，经考察采用的，一次性奖给现金 100 ~ 5000 元，为吸引外资牵线搭桥、提供信息的，引进资金到位后，根据贡献大小，给予 100 ~ 10000 元的奖励。

部门管理人员奖励办法

1994 开始，所有区直部门全部承担招商任务，引进资金项目按投入资金 0.5% ~ 1.5% 的比例予以奖励，以调动开发区管理人员的招商积极性。

1996 年，开发区管委会对全员招商方案进行完善，把责任和利益紧密结合，对完成招商任务的单位按实际引进资金到位数的 1.5% 给予奖励。同时对各部门实行百分制计分考核，其中 35 分为招商任务。考核结果年终与先进评选、排名直接挂钩。同年，开发区出台委托招商工作意见，由海内外的团体、个人代为招商或在国际市场上销售开发区产品，达成招商成果的，按项目科技含量、资金投入数额给予 0.5% ~ 1.5% 的中介费，销售产品的按营业额 1% ~ 3% 提取中介费，中介费免收个人所得税。

1999 年 12 月 27 日，开发区管委会确定：对引进外资项目的中介人，项目建成后，根据验资部门出具的验资证明，按实际投资总额 1% ~ 3% 的比例一次性奖励给中介人。引进内资项目视情况参照办理。

2006 年 8 月 28 日，开发区管委会印发《鼓励招商引资奖励办法》，明确奖励对象是从区外引进的外商直接投资的实际到位货币资金、专利技术、先进设备和异地金融机构固定资产投资贷款，不包括国家、省政策性资金和政策性银行贷款。

奖励范围是，吸引区外资金的国内单位、中介组织和个人以及华侨、港澳台同胞、外国人和国外中介机构。

奖励标准是，根据认定的外商实际到位固定资产投资，对引进的工业生产性项目和商贸物流项目给予投资额 0.5% 的一次性奖励。其中：对引进中国 500 强和世界 500 强企业投资的工业项目按投资额的 1% 给予一次性奖励；引进工业项目对地方财政年贡献达到 1000 万元以上的，按投资额的 2% 给予一次性奖励。

认定依据是，境外资金以市外汇管理局核定的数字为准；境外客商人民币出资额和引进境内客商资金额以会计师事务所国家注册会计师出具的验资报告为准。专利技术和先进设备以专业评估机构评估的价值为准。

资金来源是由区、处财政每年列出奖励基金预算，奖励资金由受益财政负责兑现。

2009 年 4 月 6 日，制订《开发区大项目招商信息奖励办法》。该办法所说的大项目是指固定资产 5000 万元以上、符合国家产业政策和开发区项目落地条件的大型工业项目，到开发区落地的超市、酒店宾馆、餐饮和大型娱乐场所等三产项目。奖励条件和标准：区直部门或区外信息人提供的大项目招商信息，经跟踪洽谈，在开发区注册并落地建设，形成固定资产，并经开发区固定资产考核小组年终考核认定，投资人认可后予以奖励，具体办法为：区直部门或区外信息人获得招商信息后，自费跟踪洽谈，自费接待客商，开发区没有任何部门参与和投入，项目成功落地建设的，按照固定资产投资额的 3‰奖励给区直部门或区外信息人。该项目不计入招商部门的年终考核；区直部门或区外信息人提供招商信息后，由开发区招商部门跟踪洽谈，并负担各种招商费用，项目成功落地建设的，按照固定资产投资额的 1‰奖励给区直部门或区外信息人。该项目固定资产投资按 2/3 计入该招商部门的年终考核。三产类项目的奖励和固定资产考核按上述条款的 50% 计算。对提供招商信息部门或个人的奖励均由开发区管委会统一支付，由相应的开发区招商部门代为办理。与之同时，管委会对区直部门完成情况年终进行考核排名，完成任务较好的，在评先创优和干部选拔任用时优先考虑。区直部门或区外信息人提供固定资产投资 5 亿元以上的项目成功落地后，开发区党工委、管委会给予特殊奖励。

专职招商部门和个人奖励办法

区招商局是开发区管委会设立的事业单位，人员从部门内挑选，管委会向其提供办公经费，人员工资待遇通过招商奖励提成予以支付。2011 年 12 月 29 日，开发区管委会印发《菏泽经济开发区招商奖励比例及奖金拨付使用的有关规定》，完善对专业招商队伍的管理办法。该规定将高新技术项目界定为生物化工、信息工程、医药、新型能源、新型材料、IT 等项目；符合产业政策、附加值高的项目为化工、机械加工、电子及其他附加值较高的项目；一般的加工业项目为木材加工、纺织、服装、农副产品加工、农资及其他项目；重点三产项目是投资过亿元的五星级宾馆、大型医院、超市等。

对不同类型的项目按投资规模确定出不同的奖励标准和固定资产计算比例：过亿元的高新技术大项目，按固定资产投资额的 10‰予以奖励，不足亿元的奖励标准为 8‰，固定资产按 1 ∶ 1.5 计算；过亿元的符合产业政策、附加值较高的大项目，按固定资产投资额的 5‰予以奖励，不足亿元的奖励标准为 4‰，固定资产按 1 ∶ 1 计算；过亿元的一般加工业项目，按固定资产投资额的 4‰予以奖励，固定资产按 1 ∶ 1 计算，5000 万元 ~ 1 亿元的项目奖励 3‰，5000 万元以下的项目奖励 2‰，固定资产均按 1 ∶ 0.5 计算；重点三产项目按考核办公室认定的固定资产投资额的 1.5‰予以奖励，完成的固定资产投资按 1 ∶ 1 计算。

上述奖励为招商部门的经费，首先用于招商

人员的工资和招商经费，然后根据资金情况，可对招商有功人员进行适当奖励。该规定只适用于新签约、新开工、扩建技改项目。

2013 年 1 月 22 日，开发区管委会印发《菏泽经济开发区招商奖励比例及奖金拨付使用的有关规定》，对项目类型、奖励标准和固定资产的统计口径作了新的调整。

该规定将高新技术项目界定为生物化工、信息工程、医药、新型能源、新型材料、航空航天技术、新能源及节能技术、高新技术改造传统产业、IT 等项目；符合产业政策、附加值高的项目为化工、机械加工、电子及其他附加值较高的项目；一般的加工业项目为木材加工、纺织、服装、农副产品加工、农资及其他项目；重点三产项目是投资过亿元的五星级宾馆、大型医院等。

对于高新技术大项目，固定资产投资按 1：1.2 计算，奖励按照折算后按固定资产投资额的 5‰计算，不足亿元的奖励标准为 4‰，获得国家级、省级、市级高新技术产业证书的，固定资产投资分别按 1：1.5、1：1.4、1：1.3 计算；过亿元的符合产业政策、附加值较高的大项目，固定资产按 1：1 计算，奖励按折算后固定资产投资额的 5‰计算，不足亿元的奖励标准为 4‰；过亿元的一般加工业项目，固定资产按 1：1 计算，奖励按照折算后的固定资产投资额的 4‰计算，亿元以下的项目固定资产均按 1：0.5 计算，亿元以下的项目奖励 3‰；重点三产项目，固定资产投资按 1：1 计算，奖励按折算后固定资产投资额的 1.5‰予以奖励；商贸地产（综合）开发项目固定资产投资按 1：0.5 计算，奖励按照折算后固定资产投资额的 1.5‰计算。

2013 年，为吸引大额资金、技术项目投入，对引进外资奖励办法作明确规定：新引进的鼓励类外资项目实际到账外资超过 500 万美元的，在项目投产经营并经认定后，给予项目第一引荐人（单位、个人）外资到位额 3‰（美元）的奖励，对引进境外 500 强企业、研发中心或地区总部项目的，奖励加倍。

第四节　帮扶与保护政策

对进入开发区的资金项目，管委会想方设法让其不断壮大发展成为带动国民经济和地方事业繁荣的新兴经济组织，并为此制定一系列扶持企业发展、温暖投资创办人的保护政策。

企业可自由选择开户银行，所需资金可由开户银行纳入年度信贷计划，优先放贷。还可以现汇抵押贷取人民币资金。经金融部门批准，企业可以在国内发行债券，也可以向国外筹措资金。企业所需资金也可以通过市场调剂。

2006 年 8 月，开发区管委会提出，对产品市场好、财政贡献大、资产状况优的外资企业，管委会协调银行给予流动资金贷款支持。列入市以上重点项目的，管委会提请市政府优先安排省基建基金和流动资金贷款；优先帮助争取国家政策性资金，企业自有资金配套比例可降低 10%。产品出口潜力较大的外资企业可享受国际市场开拓基金补助政策。

开发区管委会十分重视对区内企业的保护和支持，规定未经开发区管委会批准，任何部门和单位一律不得到企业检查、收费、罚款、集资，任何单位和个人一律不得到企业从事装卸、搬运等活动，企业的所有基建项目工程，有权选择建筑单位，任何单位和个人不得干预。未经企业同意，一律不得到企业参观。企业有权在国家法律允许的范围内自行决定企业的一切生产经营活动，任何单位和个人不得干预。对外商投资企业统一设置重点保护标志，统一规范行政执法，由市纪检、监察机关查处行政执法中的违法行为。

第二章　招商工作

第一节　机构

区商务局　由开发区经济发展局项目中心逐渐演变而来。

1992年7至1994年7月，区经发局具体负责外资引进、项目落地、跟踪服务工作。

1994年7月，成立项目推进服务中心，至1996年2月。负责所有进区项目手续的办理工作并会同区内有关部门、企业和外商洽谈，促使项目尽快落地；为国内外投资者提供政策、环境、程序等方面的咨询工作，督促和协调解决外商投资企业筹建和生产经营过程中遇到的问题；对外宣传、联络和客商邀请工作；同时收集、整理区内外资企业经营管理信息、生产动态，供领导和有关单位参考、查询。

1996年2月，设立山东省菏泽对外加工贸易区对外加工装配贸易局，编制10人，从开发区现有编制中调剂。

2003年2月，开发区设立对外贸易局，编制4人。同时下设项目服务中心（项目服务中心后改为国际贸易促进委员会），编制3人。

2013年3月，根据菏泽市委、市政府关于《开发区机构设置和人员编制方案》和《开发区机构改革实施方案》，将开发区对外贸易局更名为开发区商务局。其工作职责一直延续至今。

区招商局　2001年12月，开发区成立招商局，工作人员全部面向社会招考录用，经费采用自筹自支的方式解决。

2003年2月，开发区管委会成立招商二局，工作人员从开发区工作人员中通过选拔方式产生，经费采用自筹自支的方式解决。同时，开发区原招商局更名为开发区招商一局。是年，开发区管委会专门成立开发区招商信息中心，负责信息收集、整理和发布、咨询工作。

2005年2月22日，开发区管委会成立开发区招商三局，为开发区所属正科级自收自支事业单位，编制8人。2009年11月，开发区管委会把丹阳、岳程、佃户屯3个街道的招商办升格为正科级单位，命名为开发区招商四局、五局、六局，隶属3个街道办事处管理，各自负责街道区域的招商引资工作。

区大项目办　2007年3月27日，成立开发区工业大项目办公室，加大产业招商和项目招商的工作力度，实施大项目立区战略，专门策划和运作大项目，为正科级事业单位，编制内调工作人员7人。

区投资公司　2003年2月，根据《菏泽开发区机关事业单位机构改革实施方案》，开发区设立市政开发投资公司，为管委会直属正科级自收自支事业单位。

2014年5月，根据《菏泽市经济开发区精简压缩编制方案》，投资公司精简后编制9人。

职责范围是投资市政工程、房地产开发、土地开发、高新科技项目开发；负责棚改项目的前期申报、相关建设审批手续和协助企业向银行融资贷款及资金监管等。

区项目服务办　2006年8月，开发区成立项目落地建设领导小组，领导小组下设办公室，为临时议事协调机构。项目落地建设领导小组办公室简称落地办，是项目服务办的前身。

2009年11月，根据《菏泽市经济开发区事业单位改革实施方案》，开发区设立项目服务办公室，为开发区管委会直属正科级财政拨款事业单位，编制6人。

主要职能是帮助投资者和企业在最短的时间内解决水、电、气、暖、路等方面的困难；为投资者免费代办各种手续及提供相关服务等。

第二节 招商方式

花会招商 1992年起，市政府（县级）正式举办菏泽国际牡丹花会。每届花会每年4月中旬举行，为期20天，同时举办经贸文化活动。“菏泽国际牡丹花会”为中国著名牡丹旅游节庆之一，花会的宗旨是“以花为媒、广交朋友、文化搭台、经贸唱戏、开发旅游、振兴经济”，充分体现菏泽“牡丹之乡”的特点，获“全国花卉类节庆十强活动”“中国最具影响力的品牌展会”等称号，菏泽市也被评为“中国优秀旅游城市”“中国优秀节庆城市”等。

1993年第二届牡丹花会期间，开发区共发放宣传资料2万份，接待到开发区考察的商家65人，签订协议、合同26项，合同金额1200万元。1994年第二届牡丹花会，接待客商65家，签订协议、合同16项，合同利用外资额800万美元。1999年第八届牡丹花会，与到菏泽客商签订合同、协议14项，合同利用外资额500万美元、内资额1100万元。其间，开发区管委会与中国北方汽车公司进行项目洽谈，与台湾松颖实业公司签订投资合同，拟在菏泽开发区投资兴建俊龙电子有限公司。美国旧金山齐鲁会馆理事、会长李毓华一行4人组团到开发区考察，结成友好关系，表示要为开发区招商引资服务。东莞市台商协会许义雄带领台商投资企业协会一行13人，在开发区进行为期4天的考察活动。韩国大韩贸易投资振兴公社11人在韩国驻青岛总领事金鍙洙带领下第二次到开发区考察，洽谈合作项目，达成投资意向。第二十七届牡丹花会期间，开发区共向社会各界和海内外人士发放彩页、光盘50万份，接待海内外客商2000余人，草签合同协议120余项，合同金额100亿元。

媒介招商 开发区管委会重视对外宣传报道工作，并在市电视台投资1000万余元开办《直播开发区》栏目，利用黄金时段向社会播报开发区工作动态和发展状况。开发区加强与国际信息网、各大报刊、山东卫视、《香港中外经济》等影响力较大的新闻媒介的联系，大力推介菏泽开发区和对外加工贸易区的优势、人文环境和优厚的投资条件，广泛吸引国内外客商到菏泽开发区投资创业，实现互惠互利。在菏泽开发区接待的众多客商当中，约有3%的客人是从传播媒介当中首次认识菏泽开发区的，其中30%的客商在经过了解和洽谈后与开发区签订了投资合作协议。

委托招商 开发区管委会成立后明确提出，要动用一切力量，主动与上级党委政府部门取得联系，通过与外事部门搭上桥梁，深入沟通联络，收集客户信息资料，并在他们的引荐和帮助下，进行贸易、投资、合资合作谈判。1993—1997年，开发区约见60名国外客商，签订合同36份，引入资金约800万美元。1998年，在省台办的统筹安排下，菏泽开发区与济南、青岛、烟台、威海四市签署协议，在开发区建设“台湾工业园”，吸引一批台商到开发区投资兴业。

环境招商 开发区管委会坚持按国际标准执行，与国际惯例接轨的原则，贯彻“六个一流”的建区规划，充分体现“生态人本、公众利益、高效多元、功能新区”的建设理念，不断提升开发区的整体形象。开发区始终坚持“四个一”的服务理念，即奉行一个原则：投资者至上，服务第一；履行一个承诺：优质服务，欢迎监督；灌输一个思想：执纪执法职能部门第一位是服务，监督是为了更好地服务；形成一个氛围：开发区人人、事事、处处都是投资环境，要求开发区所有工作人员，把为企业、为投资者、为纳税人做好服务作为自己的天职。在开发区建立起“三个服务体系”，即项目引进一条龙服务、项目建设全方位服务、项目投产经常性服务，通过优质服务，使开发区成为“服务高地、政策洼地、安全圣地、发财宝地”，努力让投资者在开发区实现安全、赚钱、高兴的目标。

定点招商　开发区将韩国、日本、美国、俄罗斯等国家及中国港澳台地区列为招商重点地区，建立工作站、联络点；将东部沿海、珠三角、长三角作为引资对象，并于1994年7月15日在深圳设立办事处，菏泽行署驻福州办事处加派常驻人员。深圳办事处与当地政府和工商界人士频繁接触、广泛沟通，向开发区引荐客商160人，发挥了窗口作用，并将美凯电子引入到开发区。2005年，开发区在东莞、烟台、温州、宁波分别设立驻外招商办事处，由各个招商局分别派专人长年驻扎，与当地政府、协会、企事业单位广泛联络和沟通，寻找项目资金，有计划地开展招商引资工作。累计拜访各阶层人员3000余人次，接洽项目260余个。

敲门招商　根据掌握的信息资源，开发区每年出动多支招商队伍到事先确定的公司、企业登门拜访，介绍菏泽开发区的政策导向、对企业的鼓励发展办法、自然人文环境，敲门邀请到菏泽开发区投资办厂。2003年，开发区管委会提出大项目发展战略，以“高、大、外”项目为引资重点，展开公关。2010年，派出40多个招商小组登门招商，奔赴到上海、广东、福建、浙江、江苏等地，签约过亿元项目29个，协议资金额147亿元。

借势招商　2001年，中国加入WTO的。开发区加大招商引资工作力度，组建多支专业队伍，广泛参加各级政府组织的招商活动。2004年9月和11月，管委会组织2次大规模的团组招商，拜访企业576家，洽谈合作意向49个，接待回访企业和投资者126人次，签订投资协议24个，总投资额50.67亿元，当年确定入区项目18个，总投资额34.7亿元。

产业招商　至20世纪末，开发区基本形成农副产品加工和纺织服装两大生产基地。开发区管委会审时度势，及时调整招商策略，变资源招商和政策招商为产业招商。围绕能源工业、煤化工业、石化工业、医药化工、林木工业、纺织工业、食品工业、机械工业、造纸工业和商贸物流十大产业，设计招商项目，部署招商活动。2010年后，招商领域继续扩展、扩大，高端商业服务业、房地产开发、金融业、健康产业、电子商务相继成为开发区吸引的目标，一些超亿元、过10亿元的大项目落地，开发区在较短的时间内迅速发展成为菏泽东部的工业中心、商业中心、金融中心和城市的亮点与现代生活的聚集地。

感情招商　菏泽地区有港澳台胞2.7万多人，他们情系故土、心向家乡，回菏泽办企业、支持家乡建设发展的愿望强烈。开发区管委会派人主动与他们联系，邀请他们到开发区探亲考察、洽谈项目，达成合同金额1600万美元。前后引来3个项目，投资近600万美元。

全员招商　管委会领导带队招商谈项目，深入企事业单位，与工商界人士叙感情谈合作。在分配招商任务时，将指标的一半压在自己肩上。开发区过亿元的招商大项目，50%以上是由开发区领导促成的。

2004年6月21日，市委、市政府发出通知，鼓励市政府部门从菏泽发展的大局出发，发挥政府部门的综合优势，积极帮助开发区招商引资。同时鼓励各县招商项目在菏泽开发区建设。一年时间里，市外经贸局、市公路局、市发改委、市经贸委、市招商局等6个部门为开发区引进22个项目，投资额2亿多元，其中竣工项目8个，投入资金1.17亿元。

开发区的工作人员每个人都是“招商源”，大家积极为招商引资工作收集信息招揽项目，仅2004年一年时间为开发区招商引资工3000万元。

以商招商　开发区将以商招商贯穿于招商引资工作中。原开发区项目的投资者逐渐成为招商引资活动的主力军。山东瑞华集团有限公司在进行房产开发的过程中以商招商，把三鲨海洋世界、敦巴顿生活精品超市、蒙迪贝比儿童主题乐园、开元酒店、维也纳酒店、紫金伯爵酒店引进紫金国际广场，天安集团与万达集团联手，将希尔顿国际连锁酒店建到菏泽，把宝贝王、大玩家、苏宁、优衣库、多走路、普敦斯365以及哥弟、阿玛施、MO&CO、VICUTU、NIKE、adidas、FILA等多个时尚品牌引入菏泽万达广场。

形象招商　2014年以后，政府职能转变，服务意识明显增强，开发区成为菏泽东部的信息中心、金融中心、现代生活的汇集中心，众多客商云集，菏泽开发区成了中原地区最具吸引力的投资区域之一。2014年开发区储备项目59个，2015年储备项目66个，2016年储备项目65个，2017年储备项目44个，可签约资金额1443亿元，2018年保留项目40个，潜在投入资金188.4亿元。

第三节　招商活动

1992年7月，开发区管委会收集整理了“三胞”侨眷名录。10月举办联谊会，介绍菏泽开发区的优势条件、发展规划、投资政策。开展“菏泽开发区管委会致同胞一封信”活动，通过信函、传真、捎递等多种渠道向港澳台地区和海外侨胞发送招商信息。

1993年上半年，通过招商，建成0.6平方公里的外商投资区，引进项目15个，其中外资项目7个，总投资额1911万美元，利用外资额1063万美元，内资项目8个，投资额1.03亿元。是年的在建项目主要有南华、佶星电器、桥本公司、枝源木业、天河油墨公司。是年，先后两次召开由侨办、外办、对台办、侨联、统战部、政协等单位参加的地市涉外单位座谈会，描绘开发区前景，介绍招商引资政策，探讨招商引资渠道，收集客商信息。一年中，13次组织招商人员去青岛、烟台、威海、北京、深圳、广州、福州召开招商信息发布会、招商政策说明会，开展联谊活动，让大家了解菏泽开发区，吸引客商。

1994年4月，接待台湾企业家考察团11人，签订400万美元项目，并商定在台北市建立菏泽开发区招商联络处，为招商引资牵线搭桥。推行“以侨引台、以台引台、以台引外、以外引外”的方针。开发区派员参加7月6—12日在青岛举办的’94（韩国）中国山东投资招商暨进出口贸易洽谈会，达成意向书11份。

1993—1994年开发区，先后参加国家部委组织的中泰高级商务洽谈会、山东省组织的香港招商展示会和青岛对外经贸洽谈会、菏泽地区组织的菏泽对外经贸洽谈会，以吸引高技术水平、高附加值、高出口创汇、高市场占有率“四高”项目为标准，有针对性地寻找合作伙伴。活动中接触中外客商126人，草签协议56份，合同利用资金额2600万元。

1995年春节前后，在北京、青岛、深圳召开新闻发布会和合资合作洽谈会。利用广播、电视、报纸宣传，在沿海城市和香港设立办事处和信息联络点。全区引进项目34个，外资项目7个，总投资额297万美元，新增合同外资额809万美元，实现利用外资额360万美元；内资项目27个，总投资额1.2亿元，实现财政收入321万元。

1997年，开发区派人参加'97香港国际贸易洽谈会，达成合作意向13份，合同金额630万元。新增引资项目28个，其中外资项目7个，总投资额900万美元，合同利用外资额680万美元，实际利用外资额400万美元，加工贸易区内累计5家外资企业开工投产；内资项目21个，总投资额5135万元。

1999年6月，开发区管委会派人参加省外经委组织的赴欧洲（英国和德国）招商团，以及山东省组织的赴美国、加拿大招商活动。9月，开发区管委会组团参加国家外经贸委在厦门举办的招商会，与加拿大、马来西亚等6个国家的客商和11个国内企业进行合作谈判。其间，开发区北联公司与新疆国辰集团签订合资合作协议，共同研究生产杀菌剂，项目总投资额为6000万元。共引进项目26个，投资额9951万元，其中外资项目5个，合同利用外资额269万美元，实际利用外资额172万美元。

2000年，树立“开发区外就是外”的思想，内外资并重，形成全方位、深层次、宽领域的招商引资格局，一切服务于招商引资，一切让路于招商引资，从力量上、精力上、财力上向招商引资倾斜。是年，派员赴北京、济南、青岛、东莞等地邀请客商参加第九届国际牡丹花会，做好花会期间的接待、宣传、推广和项目洽谈工作；吸引当地及北京、江浙、沿海民营企业进区投资办企业；走访联络外国大使馆、领事馆、办事处、国外驻华大公司、大集团，奔赴北京、上海、武汉、青岛、广州、厦门等地上门招商。9月，引进科技含量较高、投资额较大的7个项目，总投资额2.86亿元，山东菏泽诚信集团落户开发区，总投资额8200万元，建筑面积7.77万平方米，年产值2.2亿元，利税1500万元。全年，山东华润制药有限公司入驻开发区民营工业园。

2001年，引进项目26个，投资总额6.3亿元。

2002年，开发区组建专业招商队伍，实行严格的招商目标责任制，在招商机构和机制的建立上力求突破。全年共引进内外资项目59个，总投资额38.82亿元，其中内资项目47个，总投资额21.08亿元，外资项目12个，总投资额折合人民币17.74亿元。全年开工建设项目43个，实现固定资金投资9.02亿元。截至年底，已有12个项目建成投产。

2003年，开发区党工委、管委会适时组建招商二局和招商信息中心，各街道都组建专业招商队伍。全年共引进内外资项目49个，合同金额35.8亿元，到位资金11.4亿元；其中，合同利用外资额7901.2万美元，实际利用外资2017万美元。招商引资不仅数量大幅度增加，而且项目的规模大、质量高，建设速度明显加快。中粮集团和美国ADM公司共同创办的黄海粮油工业（菏泽）有限公司投资4.8亿元，占地26.67公顷，可年产30万吨食用油；晟昊10万吨合纤、中国钉王山东樱花集团10万吨五金制品、山东格林纸业1.5亿套工业包装纸、华星年产1000万付油泵油嘴等大型工业项目开工建设。

2004年，在组建招商一局、招商二局、招商信息中心的基础上，从沿海发达地区招聘英语、日语、韩语专职翻译5人，与中国权威招商机构——深圳贤泽投资公司建立合作关系，充实驻外招商机构工作人员，增加招商顾问团组成人员，在专业招商队伍建设上实现新的突破。在招商目标定位上，按照“三大基地、六大产业”发展战略，提出新的工作思路，充分利用区位优势、交通优势、资源优势、水电价格优势、存量土地优势，瞄准国内外产业聚集区、知名企业、名牌产品，大力引进科技带动型、资源密集型、劳动密集型的大型油脂加工、林产品加工、医药化工、新型建材、纺织服装、机械电子项目。全区引进项目56个，开工建设项目46个，总投资额42.5亿元。

2005年，为进一步加大招商力度，组建招商三局。以引大项目、招强势企业、发展大产业作为招商目标，促使项目引进工作进一步理性化、科学化和规范化，项目的引进数量和质量得到明显提高。瞄准韩国、日本等国家及国内长三角珠三角、台湾、香港地区，抢抓产业转移的机遇，坚持“招大引强”方针。创新招商方式，以专业招商、小股出击为主，降低招商成本，提高招商引资质量。当年，开发区在东莞、烟台、温州、宁波分别设立驻外招商办事处，全区签约项目97个，总投资额71.72亿元。其中，投资过5000万元的项目42个；在过5000万元的项目中，过亿元的项目21个。截至年底，全区正在建设的项目54个，总投资额33.3亿元，其中年内新开工项目45个，总投资额19亿元。

2006年，本着把招商引资工作做深、做细、做实的原则，开发区调整工作思路，实现由粗放招商向集约招商，由政策招商向综合环境等招商转变。全年，新投入建设项目46个，续建项目14个，其中过亿元的项目5个，过5000万元的项目14个，总投资额68.37亿元，23个项目建成投产，银座商城、南华商城、鲁能超市3个大型流通企业，高端三产项目宝岛、德乾和5家保险公司落户开发区。开发区年内新批外商投资企业11个，合同金额3960万美元，实际利用外资1210万美元。

2007年，开发区开展大项目建设年活动。引进过5000万元的项目43个，总投资额130.6亿元，其中过亿元的大项目25个，总投资额119亿元；新开工建设的投资过亿元的项目12个，总投资额47.8亿元；新建成投产过5000万元的项目14个，总投资额12.25亿元。

2008年在招商引资和大项目建设中，管委会按照论证储备一批、洽谈签约一批、开工建设一批、建成投产一批的工作思路，注重项目的策划，转变招商方式，从撒网式的多点多路招商，转向了产业招商、大项目招商、以商招商，实现了由相对简单的招商方式，向目标明确、针对性强、科学理性的招商方式转变。通过整合资源、技术、资金、人才等生产要素，实现大项目建设的历史性突破。建成过亿元的工业项目11个，总投资额26.5亿元，在建过亿元的工业项目9个，总投资额37.3亿元。

2009年，开发区把招商引资和大项目建设作为首要任务和中心工作，组建招商四、五、六局，街道招商引资工作上升到开发区专业招商单位7家。组团参加2009香港山东省经贸洽谈会，签约7个项目。一年中，开发区共运作过亿元工业项目59个，投资额394亿元。其中，建成投产和即将投产项目15个，投资额29亿元；在建项目14个，投资额60亿元；近期拟开工项目8个，投资额45亿元；储备项目22个，投资额251亿元。

2010年，开发区在常年组织招商引资的基础上，先后2次组织开展大型招商活动，派出40多个招商小组登门招商，并在上海、广东、福建、浙江、江苏等地举办5次集中招商推介会，共签约过亿元项目29个，协议资金额147亿元。实行领导招商，要求除专职分管招商的领导外，其他县级领导干部每人引进并落地一个投资过亿元的工业项目。年内共洽谈推进16个过亿元项目，总投资额70亿元。

2011年，开发区加强与世界500强、中国500强、民营500强的联系与沟通，引进龙头型、基地型、旗舰型的大项目。年内共运作过亿元工业项目66个，总投资额416亿元。其中，建成投产项目20个，投资额78亿元；在建项目25个，投资额210亿元。

2012年，先后引进6个房地产开发建设项目，总投资额27.5亿元，35个工业项目，总投资额76.2亿元。全区新开工过亿元大项目18个，总投资额39.2亿元，完成投资8.2亿元。建设亿元以上项目（不计房地产）共计43个，全年累计完成投资42.5亿元。

2013年，把招商引资工作作为开发区建设的招商重点，实行区域分工招商、产业分工招商，引导招商引资工作向专业化、精细化、高效化方向发展，提高招商成效。年内新引进太阳能屋顶发电、鑫泰新能源、泛球生物科技、汉字信息化等过亿元项目33个，总投资额247亿元。其中，10亿元以上项目9个。新开工三捷新能源、派乔易生物制药、道中道生物科技园等过亿元项目21个，在建项目60个，其中10亿元以上项目18个；建成投产项目24个，新增销售收入260亿元以上。

2014年，新签约引进富士康、华大基因、普华制药等过亿元项目27个，总投资额202亿元，在引进世界500强项目上实现新突破。新开工建设高科技创业园、中广核太阳能屋顶发电、泛球生物科技、天宇科技锂电池铝塑膜等过亿元项目30个，总投资额136亿元。全年续建和新开工建设项目62个，其中10亿元以上项目7个，31个项目建成投产。对一批医疗器械、电子、高端设备等产业项目跟踪洽谈。梵果家居在上海股权交易中心挂牌。

2015年，参加市政府组织的7次外出集中活动，签约项目7个，总投资额37.6亿元。各招商部门自主招商，签约项目81个，投资额149.24亿元。新签约青岛高端智能机器人制造、阿里巴巴菏泽产业带、广药集团中药提取过程分离现代化等33个项目，项目总投资额96.3亿元。

2016年，管委会坚持以招商引资为“生命线”，围绕新能源新材料、生物医药、机电设备制造三大主导产业，瞄准产业链、价值链高端，重点引进一批高端、高质、高效项目。全年签约项目35个，签约金额155亿元。其中，新能源新材料项目2个、机电设备制造项目10个、生物医药项目3个、商贸物流项目3个、服务业项目17个。参加市委、市政府组织的5次集中招商活动（北京、杭州、重庆、香港和菏泽春洽会），共签约项目7个，签约金额126亿元。新落地项目21个，总投资额57.1亿元。

2017年，全区新签约项目57个，总投资额491.03亿元。其中，工业类项目29个，总投资额321.33亿元；商贸物流服务类项目28个，总投资额169.7亿元。全区新落地项目37个，总投资额79.6亿元。其中，工业类项目22个，总投资额54.2亿元；商贸物流服务类项目15个，总投资额25.4亿元。全年，全区竣工项目23个，总投资额127.71亿元。分别是山东滕鲁环保年产50套环保设备项目、玉皇新能源年产5亿瓦时石墨烯锂离子动力电池及动力总成项目（一期）、菏建集团隆科科技产业园项目、北京皇朝家私高端定制家具生产项目、梵果家具项目、第二污水处理厂项目、金正大60万吨水溶肥项目、道中道科技产业园项目、北新汇隆综合管廊项目、天宇科技年产3000万只锂电池项目、青岛乾运高科有限公司锂电池项目、中民油气撬站式储油设备项目、盈创3D打印项目（一期）、裕罗电器三期项目、山东高端工程技术研究院菏泽分院、国海证券项目、云鼎跨境电商产业园项目、中软创客电子商务基地项目、雷克萨斯4S店项目、中科清洁能源研究院项目、名沪机器人项目（一期）、迪安医学诊断项目、菏泽市妇幼保健院项目。

2018年，开发区瞄准世界500强、中国

500强、民营百强企业、制造业百强企业，主攻科技含量高、产业层次好、质量效益优的大项目。全区签约项目48个，总投资额658.8亿元。主要项目有投资10亿元的绿建科创园中德职教中心项目，投资137亿元的同济智慧医养项目；华中师范大学菏泽附属学校，项目投资6亿元，占地18.67公顷，建筑面积10万平方米，设90个班级，引进华中师大优质教育资源，建设自幼儿园至高中15年一贯制现代化学校。水发集团分布式太阳能光伏发电项目，投资1.2亿元，利用污水处理厂各类处理池和建筑物空余场地，建筑6兆瓦分布式太阳能发电项目，可有效补充自身电能供给。投资45亿元的现代食品博览城，有北新汇隆装配式房屋，投资35亿元，采用清华大学研发的集成房屋核心技术，是中国建材集团在全国布局的20个产业化基地之一。道中道科技产业园，投资7亿元，规划建设面积15万平方米，分为研发、孵化和中试生产三大板块，现已投产，双子楼孵化器主体工程已完工。孔子文化酒城，各项审批手续基本完成，酿酒车间主体框架基本竣工。鑫凯国际家居广场，主体基本完工，年内开始入驻企业。挺卫健康产业观光园，占地13.6公顷，属于特色产业，规划以提升健康产业为主，并融生产、销售、休闲、旅游、养生、家庭、教育一体。有投资0.3亿元的中鲁检测技术中心项目，投资0.5亿元的文创空间项目，投资1.8亿元的年产120万吨矿渣微粉项目，投资0.1亿元的乐豪斯家装e站项目，投资3亿元的菏泽辰和医院（山东省立医院菏泽脑科医院）项目，投资5亿元的装配式建筑加工项目。年内完成固定资产投入约4.2亿元，新落地开工建设的项目共4个，分别是山东九泽热力转换器、菏泽联绿循环经济产业园、菏泽中洁新风换气产业园、菏泽大健康产业孵化园，落实续建项目3个。年内签约昆鹏燃气公司投资5亿元的东明到菏泽天然气管道及门站项目。先后承接“侨星耀菏泽”、烟台商会、台湾企业家联合会等多个考察团，共计接待中外来宾200余人次，2018年引进外资企业4家，实际利用外资8508万美元，世界500强绿地集团投资的绿地菏泽城际空间站项目，总投资200亿元，年内开工建设。

第三章　招商成果

第一节　利用外资及港澳台投资

开发区始终把招商工作列为首要位置，韩国工业园、中粮艾地盟、富士康等大型企业相继落户开发区。

1992—2018年，菏泽开发区共引进外资企业129家，实际吸收外商直接投资及港澳台投资1.74亿美元，投资主要来自英国、美国、澳大利亚等国家及中国香港、台湾等地区。投资领域涉及机械零部件制造，医药化工，生物制药，金属制品加工，果蔬饮料、化妆品、有机肥料的销售等行业。

1992—2018年菏泽经济开发区利用外资及港澳台投资情况表

表6-2 单位：万美元

年份	引进外资项目	总投资	合同利用外资	实际利用外资
1992	0	0	0	0
1993	4	1260.00	707.00	102.00
1994	5	483.60	431.17	418.87
1995	4	840.0	625.00	840.00
1996	3	288.70	146.25	271.70
1997	2	188.0	188.00	28.00
1998	4	1362.0	1162.00	85.00
1999	5	270.0	226.00	85.00
2000	3	104.50	98.50	160.00
2001	7	2884.0	2823.00	183.00
2002	7	755.50	538.50	405.00
2003	18	7901.20	6565.60	1291.00
2004	12	15244.00	6673.00	2879.00
2005	8	4564.00	3887.00	1188.00
2006	11	6556.00	3960.00	1210.00
2007	7	7776.00	3486.00	1080.00
2008	3	4702.00	3027.00	221.00
2009	1	1647.00	823.50	311.00
2010	4	2362.00	1595.00	1064.00
2011	2	1102.00	1102.00	1163.50
2012	5	860.60	850.00	1007.00
2013	3	438.00	438.00	532.60
2014	2	1100.00	225.00	443.00
2015	5	1702.00	1731.00	1473.00
2016	4	1388.80	1370.00	966.50
2017	5	2504.00	284.00	752.00
2018	4	161476.00	27868.00	8508.00
合计	138	229759.90	70830.52	26668.17

第二节　引进项目

1992年7月至1993年4月，接待到开发区考察、洽谈项目的内外客商180余家，进入实质性洽谈的项目42个。其中外商独资、中外合资项目20个，合同利用外资额1760万美元，协议利用外资额4148万美元；内资项目22个，经批准立项的16个，办理工商执照的10个，投资额5640万元。

1999年，累计完成基础设施建设投资4060万元，区内基本实现“五通一平”；累计批准生产项目33个，项目总投资6.3亿元，实际完成投资3.1亿元。其中，外资项目13个，合同外资额4596万美元，实际利用外资650万美元，有11家内外资项目投产，5家生产企业正在开工建设；8年累计实现财政收入4000万元。

2003年，全区年内共引进各类项目70个，总投资65.4亿元。其中，工业项目55个，总投资

49.2亿元，包含外资项目10个，总投资1.69亿美元，内资项目13个，总投资4.1亿元；商贸项目6个，总投资3.2亿元；房地产项目7个，总投资10.2亿元；文教卫生项目2个，总投资2.8亿元。

2004—2005年，引进项目153个，投资额114.22亿元。至2005年末，全区14年累计引进项目549个，投资总额170.96亿元。

2006—2010年，引进项目199个，投资额804.47亿元。至2010年末，全区19年累计引进项目748个，投资总额975.43亿元。

2011—2013年，引进项目104个，投资额672.8亿元。至2013年末，全区22年累计引进项目852个，投资总额1648.23亿元。

2014—2018年，引进项目253个，投资额2144.89亿元。至2018年末，全区27年累计引进项目1144个，投资总额3818.05亿元。

1992—2018年菏泽经济开发区引进外资、内资项目资金统计表

表6-3

年份	项目数（个）	投资额（亿元）
1992—2003	395	99.24
2004	56	42.50
2005	97	71.72
2006	46	68.37
2007	43	130.60
2008	11	26.50
2009	59	394.00
2010	40	185.00
2011	66	416.00
2012	18	39.20
2013	60	200.00
2014	56	358.34
2015	78	203.20
2016	35	203.00
2017	57	491.03
2018	27	889.35
合计	1144	3818.05

第四章　对外贸易及对港澳台贸易与电子商务

第一节　对外贸易及对港澳台贸易

开发区的对外贸易由区商务局负责，对内做好管理和服务，对外洽谈联络，全程监管。2000年以后，在区商务局的精心组织下，全区形成进出口实绩企业78家。其中，生产企业30家，进出口额过亿元的企业5家，过千万元的企业15家。截至2016年末，全区累计实现进出口额36.7亿美元，其中出口额13.1亿美元，进口额23.6亿美元。

2015 年、2016 年、2017 年，进出口额分别为 7.57 亿美元、31.95 亿元、30.22 亿元，连续三年位居全市第三名。其中，出口额分别为 1.52 亿美元、10.7 亿元、13.86 亿元，出口增幅分别为 5.73%、13%、40%。2018 年，由于受国际（主要是欧美）经济危机的影响和资金投入的制约，年内进出口数量有所下滑，全年实现进出口总额 17.7 亿元，同比减少 41.3%，其中出口额 14.9 亿元，同比增长 7.3%；进口 2.8 亿元，同比减少 82.5%。

从出口产品结构上，呈现出不断优化的状态，由传统出口纺织服装、木制品、农产品向机电产品和高新技术产品转换。2016 年，全区机电和高新技术进出口额 5.25 亿元，增长 33.8%，其中出口 3.54 亿元，增长 25.2%，占全区出口比重为 35%。2017 年，机电和高新技术进出口总额 6.6 亿元，同比增长 38%。2018 年，机电和高新技术进出口总额 7.6 亿元，同比增长 10%。连续三年均居全市第一名。

开发区的产品出口到俄罗斯、乌克兰、日本、美国、加拿大、韩国、澳大利亚、新西兰、南非、阿联酋、荷兰、英国、德国、以色列、缅甸、越南、印度、哥斯达黎加、赞比亚、格鲁吉亚、爱沙尼亚、喀麦隆、土耳其、卢旺达、西班牙、意大利、马达加斯加、爱尔兰等国家及销往香港、台湾地区。

从 2010 年后，开发区提升外贸核心竞争力，创新发展服务贸易，支持服务业扩大出口。2016 年，全区服务贸易进出口总额 1839 万美元，其中出口 1558 万美元，出口额占全市出口量的 56.6%。2017 年，服务贸易进出口总额 2353 万美元，其中出口 2181 万美元，出口额占全市出口量的 64.9%。2018 年，服务贸易进出口总额 3454 万美元，同比增长 47%，其中出口额 3200 万美元，增长 47%，占全市出口总额的 76%，出口额三年均为全市第一。

2000—2018年菏泽经济开发区进出口贸易统计表

表6–4　　单位：万美元

年份＼进出口及增幅	进出口总额	进出口增幅（%）	出口额	出口增幅（%）	进口额	进口增幅（%）
2000	5.0	—	5.0	—	0	—
2001	235.0	4600.00	235.0	4600.00	0	—
2002	913.0	288.51	881.0	274.89	32.0	—
2003	4527.1	395.85	4236.4	380.86	290.7	808.44
2004	24093.0	432.20	12715	200.14	11378.0	3814.00
2005	5756.0	–76.11	4076.0	–67.94	1680.0	–85.23
2006	10103.0	75.52	5702.0	39.89	4401.0	161.96
2007	10711.0	6.02	6121.0	7.35	4590.0	4.29
2008	11102.0	3.65	6619.0	8.10	4483.0	–2.30
2009	16716.0	50.57	5257.0	–20.60	11459.0	115.60
2010	20282.0	21.33	7618.0	44.90	12664.0	10.50
2011	24705.0	23.00	9526.0	28.30	15179.0	19.90
2012	22396.0	13.84	10446.0	10.02	11950.0	17.40
2013	34464.0	53.89	11699.0	12.00	22765.0	90.50
2014	55878.0	65.05	14411.0	24.78	41467.0	85.63
2015	75683.0	34.27	15237.0	5.73	60446.0	44.07
2016	49146.0	–31.67	16464.0	13.00	32682.0	–43.00
2017	47973.0	–3.00	22000.0	40.00	25973.0	–23.00
2018	26475.0	–41.30	22198.0	7.30	4277.0	–82.50
合计	441163.1		175446.4		265716.7	

第二节　电子商务

电子商务由区商务局电子商务科具体负责，承担外向型经济、市场运行、旅游、电子商务等工作的政策研究、调研分析和对外宣传，总结汇报、信息网络建设和管理；市场秩序和市场运行工作的管理和服务；负责电子商务工作的推广、运行分析和调度，电子商务产业园、农村电商及电子商务产业的建设和打造工作。

2015 年 3 月 3—7 日，开发区组织区内干部及相关企业负责人参加浙江大学电子商务培训班约 30 人。2015 年 4 月 8—9 日，区商务局组织 3 个街道分管负责人、传统商贸园区和企业等 10 余人，赴临沂市参观考察临沂经济开发区、临沂新明辉电商城、齐鲁 E 谷电商产业园、雅讯电商，到济南参观考察山东联荷电子商务产业有限公司总部、韩都衣舍运营总部及联荷电商旗下的凤凰山电子商务产业园。2015 年 5 月 21 日，在金正大召开电子商务培训大会。全区副科级以上干部、分支机构负责人、规模以上工业企业负责人、104 个社区支部书记和社区青年创业代表、开发区电子商务协会会员、辖区各市场有意愿发展电商的商户及青年创业者等约 200 人参加培训。

2015 年 7 月，中软创客电子商务孵化基地建成运营。8 月，昭宝电商创业园区、康源果蔬电子商务园区、大德电子商务园区建成运营。9 月 29 日，菏泽开发区电子商务协会利用阿里巴巴核心技术平台为菏泽打造的战略性新兴产业带成立。12 月，区内建成国内知名网络平台 34 个；注册并销售额过百万元的网商企业 158 家，其中跨境电商 43 家、农村电商 16 家，实现交易额 26.5 亿元，从业人员 2.2 万余人。

2016 年 4 月，菏泽云鼎跨境电商产业园建成运营，规划建筑面积 2.32 万平方米，是一个以海关监管为核心，面向全市跨境电子商务企业及上下游服务企业的开放式电子交易平台。其综合服务包括建设海关、商检、工商、税务、金融、公安、物业管理等一站式现场办公体系，入驻企业 60 余家。

2016 年 10 月，经过初选、面试、培训，开发区 8 个阿里巴巴农村淘宝服务点建成投用。着力抓好“1688 菏泽产业带”建设，投资 1000 余万元对富年汽配城进行资源整合、升级改造，新建 1500 平方米标准化工业品展厅和 2500 平方米现代化电商运营中心，总建筑面积 1.4 万平方米。在全国 680 家产业带中，综合排名 49 名，位列山东第一；入驻商家 1165 家，日均访客数 2747 人次，全国排名第三十位；日均买家 408 个，全国排名第十七位；举办活动次数 14 场，和省经信委对接，引进省内“好品山东”工业品展销平台，多渠道、多层次、全方位推进本土工业品上行。

2016 年 1—12 月，全区电子商务交易总额 36.74 亿元，同比增长 165%；网络零售交易额 7.48 亿元。建成公共电商服务平台 3 个，建设电子商务园区 6 处。其中，菏泽跨境电子商务园区被评为 2016 年省级跨境电商产业聚集区，菏泽中软创客孵化基地被评为 2016 年度省级最受欢迎的电商服务机构。招引知名电商企业家 36 家，其中中国 500 强企业 2 家、上市企业 4 家。注册并销售额过百万元的网商企业 254 家，建有服务规范的村级电子商务服务站点 130 余处，注册并销售额过百万元的网商企业 254 家，其中跨境电商 46 家、农村电商 37 家。

2017 年 10 月 19 日，全区 104 个社区完成“为村”①创建任务，覆盖率 100%，“为村”指数经常性保持 100 分的社区 5 个以上，“为村”指数全部达到市级考核标准分值以上，并列全市“为

①为村：一个用移动互联网发现乡村价值的开放平台，以“连接乡村”为口号，以互联网＋乡村的模式，为乡村连接情感、连接信息、连接财富。

村”考核工作第一名。2017年12月8日，在第五届中国淘宝村高峰论坛中，开发区佃户屯街道罗庄社区、后崔楼社区，丹阳街道仝庄社区、肖楼社区获“中国淘宝村”称号。王集、王庄、何半、张和庄等18个社区，被授予“市级电商专业村”称号。全区3个街道全部被授予“菏泽市电子商务专业镇”称号。开发区被评为“菏泽市‘为村’创建工作先进县区”，岳程、佃户屯街道被评为“菏泽市电子商务工作先进乡镇”，佃户屯街道罗庄社区被评为“菏泽市电子商务工作先进村（社区）”，中软创客基地被评为“菏泽市十佳先进电商企业”，菏泽云鼎跨境电商产业园被评为“菏泽市十佳成长性电商企业”，菏泽好品网络科技有限公司被评为“2017年度山东省优秀电子商务服务企业”。

2018年，开发区把发展电子商务作为加快新旧动能转换的关键点和突破口，抢抓电子商务发展机遇期，围绕建设电商集聚园区、电商便民服务、工业电商运营、跨境电商贸易、农副产品等，构筑电商服务体系、打造电商载体、强化人才培训、培育电商品牌，取得明显成效。全区4个乡镇街道中的3个街道获“中国淘宝镇”称号，有13个村社区获“中国淘宝村”称号。全区建成农村淘宝、邮政买卖惠村级电商服务站点等农村民商服务站点133处。通过专项培训和专题会议动员引导，辖区工业企业，特别是规模以上工业企业已有143家触网用网，拓宽购销渠道，推动生产经营活动的开展。2018年，全区130个社区完成“为村”创建任务，覆盖率100%，在8月19日的全国“为村”大会上，菏泽开发区被授予“全域为村示范单位”菏泽创客基地称号，中软·创客电子商务孵化基地。创客基地位于菏泽经济开发区长沙路1506号，是菏泽开发区管委会与江苏中软技术有限公司签约成立的创新型电子商务孵化园区，由江苏中软在菏泽成立的菏泽创客企业管理有限公司负责基地的改造、招商、运营及管理工作。基地共投入资金1.5亿元，占地2.33余公顷，建筑面积1.2万平方米，已建成4000平方米的众创空间、2000平方米的金融超市、2000平方米的智能多功能仓储，可容纳企业200～230家，吸纳800～1000人就业。基地拥有报告厅、商务会议室、便利超市和大型车库等公共设施。

中软创客电子商务孵化基地 创客基地以“视频＋综艺＋教育＋销售”为特色。2017年，创客基地签约企业86家，入驻企业58家，其中中国500强企业1家、上市企业4家。

园区根据入驻企业的发展需求，提供办公、仓储、通信、物流、培训、代运营、投融资对接等一条龙服务，并开展人事、财务、行政、政策解读、申报代理等系统化配套服务，有效满足入园企业创业与发展的双重需求。创客基地先后与O'park中国园区在线，江苏创客邦众创空间、深圳腾邦集团、浙江网仓科技等签订合作协议或战略合作协议，深化园区建设并着力打造“六大集成模块”和“十大服务中心”，围绕区域性电子商务，构建区域性电商企业发展新模式。

创客基地在深化园区企业服务的同时，建立第三方视觉服务平台体系，依靠“视频+”所特有的互联网及流媒体技术进行现场直播的优势，推动当地特色产品宣传、推广，从而达到印象深刻、记忆持久的传播效果；利用第三方电商平台及跨境电商平台，形成从产品包装、设计到宣传、推广、销售“一条龙”的生态产业链条，实现“引进来，走出去”的发展战略。

创客基地注重创新型孵化平台建设，通过信息化集成、整合产业化优势、优化产业发展模式等，实现园区“开放式的交流空间”“一站式”服务体系。通过云端在线体系及电商生态系统建设，形成一体化的电商创新服务平台，让更多的电商企业享受到园区带来的各项服务，以家庭理念构建电商家园，助推菏泽开发区电商产业实现更快、更好的发展。

菏泽运营跨境电商产业园　跨境电商产业园创立于2016年4月，总投资1.04亿元，位于开发区中华路与和平路交叉口的恒泰大厦，从负一层到四层，建筑面积共计2.32万平方米，包括进口商品展销中心、国内商品展销中心、跨境电商园办公区、数据中心机房、跨境电商电子商务产业园区等，计算机等办公设备738台/套。

三楼设立跨境电商众创园，联合菏泽网商协会，针对从事跨境电商的企业和个人，进行孵化和培训，配套有大小会议室、洽谈室和摄影部，进出口商品展示中心等。将协调海关、商检、外汇、税务、商务、金融等职能部门，在三楼设立行政服务中心等6个部门，1个窗口，为外贸企业进行贴近式服务。

园区二楼采取实体店+线上模式将线下的商务机会与互联网结合，让互联网成为线下交易的平台O2O，多种经营，四楼入驻进出口企业36家。主要产品为进出口精品，包含食品系列、日用品系列、母婴用品、洗护用品、保健食品、进口酒水、调味品、礼品、家居家具、小家电等。结合互联网，用O2O的商业模式进行进出口商品连锁销售，打造让所有消费群体都消费得起的“世界进出口商品大众超市”。免费为所有经销商开通跨境电商平台，把国内顶尖商品销售到世界各地。二楼经营方式以联营为主，整体运营由产业园统一管理，统一收银、统一结算、统一配送。

阿里巴巴菏泽产业带　阿里巴巴产业带项目是阿里巴巴集团一个新的推广平台，旨在为当地优势特色产业搭建门户网站和电子商务营销平台。

2015年12月24日，阿里巴巴菏泽产业带项目启动仪式在开发区大德电商产业园举行，阿里巴巴菏泽产业带正式上线。阿里巴巴菏泽产业带平台集电子商务交易中心、数据中心、物流中心和金融中心四大核心载体。

阿里巴巴菏泽产业带依托阿里巴巴优势资源及菏泽市优惠政策，整合菏泽生物医药、能源化工、机电设备制造、农副产品加工四大主导产业，将菏泽优势货源、优质商品全面推向全国及世界。经过一年的运作，将600家企业拉上平台，2017年阿里巴巴菏泽产业带上线企业1170家，综合排名列全国第五十七位、山东省第一位。

2018年，该平台线上企业2558家。线上交易额6.24亿元，与2017年比较增长127.4%，带动线下交易32亿元，综合排名全省第一，全国第二十位。

第五章　项目审批与项目观摩

第一节　项目审批

核准权限　1992年开发区获省、地区计委、外经贸委授权，审批内资项目在500万元，外资项目50万美元，符合国家产业政策和开发区落地条件的工业企业项目自行审批，事后备案制。1995年，审批《外商投资产业指导目录》中鼓励类、允许类，总投资3000万美元以下的外资项目，初期总投资1000万美元以下的项目自行审批发证。1000万～3000万美元的项目审批后由市级发证。随着改革开放的逐步深入和外向型经济的持续发展，后来获得授权自行审批发证。2008年10月30日，商务部再次下放部分服务业项目审批权。开发区获得《外商投资产业指导目录》中总投资1亿美元以下的鼓励类、允许类及总投资5000万美元以下限制类的外商投资道路运输（旅客运输）、城市规划服务、进出口商品检验鉴定机构、国际船舶运输、国际船舶代理、光盘复制生产、认证培训和认证咨询企业的审批管理权限。

2010年，商务部再次大幅下放审批权限，按照《外商投资产业指导目录》中鼓励类、允许类，总投资3亿美元，限制类总投资5000万美元以下外商投资企业的审批管理权限。

内资工业项目核准　1992年10月20日，工银菏泽银达投资150万元兴建上海大众特约维修站项目是开发区核准的第一个内资项目。至2001年，全区核准进区内资项目110个，投资总额11.85亿元。主要项目有南华产业区、诚信家具、山东华润制药、华鹏玻璃等。至2018年，核准内资生产性项目主要有宏伟专用汽车有限公司、山东昊华太阳能有限公司、山东玉皇新能源科技有限公司、天宇锂电池、山东东药药业股份有限公司等。全区累计内资生产性项目1006个，投资额3806.5亿元。

中外合资投资企业核准　1993年，菏泽天河油墨制造有限公司投资8万美元，进行油墨制品加工，是开发区批准的第一家中外合资企业。至2001年，核准中外合资项目9个，投资总额1663.55万美元。主要项目有南华食品、华泽精密模具、天河油墨、爱德重工、东亚纺织、中粮艾地盟、美凯电子等。2002—2018年，核准中外合资项目50个，合同利用外资22588.19万美元。主要项目有道中道（菏泽）制药、北新新型建材、普华制药、天宇新材料、裕罗电器三期、林峰高档壁纸、中印软件、嘉华食品、方达再生资源、润华路虎4S店、石墨烯锂电子动力电池、菏泽华立新材料、山东梵果家居、三元动力电池、菏泽名护机器人等。

港澳台商企业核准　1997年9月8日，枝源木业投资100万美元建设生产胶合板、家具、木制品项目，是开发区核准第一个港澳台商独资企业。2015—2018年，审查核准的外商独资企业项目30个，投资额18417.53万美元。主要项目有巨人实业、天地建材、俊龙电子、杨氏轻纺、领翔家具、东峰木业、黄河粮油、英达实业、珍味佳食品、威信制衣、融峰软件、菏泽富贵花簇生物科技、禾富生物、菏泽新达建筑工程有限公司、菏泽海嘉建设有限公司等。

第二节　项目观摩

2005—2018年，开发区共接待省、市领导，兄弟市区和区内领导观摩50余次。

2005年11月13日上午，菏泽市委书记、市人大常委会主任陈光，市委副书记、市长赵润田带领19个市直部门（开发区管委会委员单位）主要负责人到开发区观摩检查重点项目建设情况。观摩鲁宏水泥、华鹏玻璃、湖北洋丰、上海路公铁立交、南京路公铁立交、韩国工业园、温州城、亿丰实业等20个当年列入推进计划的重点项目。

2006年7月11日—12日，市委常委、开发区党工委书记、管委会主任刘勇带领开发区分管招商工作的副主任，各街道党委书记，各招商局负责人及工作人员到巨野、单县、成武、定陶、牡丹区、鄄城、郓城观摩大项目建设情况。12月4日，市委副书记、市长赵润田带领全市领导干部会议与会人员现场观摩龙华汽车部件、德发包

附：外商独资企业投资程序

外商独资企业投资程序

（1）与开发区管委会洽谈进区意向

⇩

（2）委托招商部门编制企业申请表、可行性研究报告、企业章程等有关资料

⇩

（3）管委会及外经贸局审批，颁发批准证书

⇩

（4）工商局核发营业执照

⇩

（5）银行开户、海关备案、税务登记、土地征收

中外合资、合作企业投资程序

（1）中外双方签订合资合作意向书、编制项目建议

⇩

（2）与开发区管委会洽谈项目进区意向

⇩

（3）管委会及外经贸局批复立项

⇩

（4）编制上报可行性研究报告、中外双方签订合资合同、企业章程等有关资料

⇩

（5）管委会及外经贸局审批，颁发批准证书

⇩

（6）工商局核发营业执照

⇩

（7）银行开户、海关备案、税务登记、土地证

内资、民营企业投资程序

（1）与开发区管委会洽谈进区意向

⇩

（2）委托招商部门编制企业申请表、可行性研究报告、企业章程等有关资料

⇩

（3）开发区经济发展局审批立项

⇩

（4）工商局核发营业执照

⇩

（5）银行开户、税务登记、土地征用

装、青龙纺织等 20 个重点项目。

2007 年 6 月 9 日，市政府在开发区召开大项目建设现场观摩办公会。市委副书记、市长赵润田主持。市委常委、开发区党工委书记、管委会主任刘勇代表开发区汇报大项目建设情况，市发改委、市国土资源局、市建设局等 7 个开发区管委会副主任或委员单位市代表发言。研究解决调度有关项目建设的问题。7 月 22 日，市领导陈光、赵润田率领市委理论中心组读书会观摩团到开发区观摩龙泵车辆、好达实业、天美生物科技、美凯电子、圣世化工、白明木业、嘉华食品、三利纺织、韩国工业园、亿丰制袋、瑞比实业、绿能燃气、公路局工业园、锅炉厂、林海包装、华星公司、诚信家具、中粮艾地盟、花城小区等 32 个重点建设项目情况。

2008 年 2 月 8 日，聊城市委副书记、市长林峰海率党政观摩考察团一行 120 人到开发区就发展工业、大项目建设、工业园区建设进行观摩，市委副书记、市长赵润田，市委常委开发区党工委书记、管委会主任刘勇陪同。考察团观摩了圣世化工、玉皇化工、韩国工业园、华星油嘴泵、樱花五金等 22 个重点项目。

2009 年 5 月 13 日，市人大常委会第一副主任，市石化基地领导小组组长杨永昌，市委常委、常务副市长、市石化工基地领导小组副组长刘勇带领市石油化领导小组各成员单位主要负责人各县区石化基地领导小组负责人及市 16 家石油化工企业主要负责人，到开发区观摩菏泽绿能燃气、华泽精密模塑、金正大生态化工、恒发化工、德润化工、玉皇化工、开发区化工工业园、热力中心等 25 个重点建设项目。

2010 年 3 月 6 日，开发区党工委、管委会召开全区大项目观摩会，党工委、管委会领导与各部门主要负责人实地观摩菏泽德兴化工、聚隆能源、玉皇化工、圣德化工、明大电气、华星油泵、中泰煤化、易达利、兴业炉料、湖北洋丰等 15 个重点项目。5 月 10 日，党工委、管委会领导班子成员、各街道、区直有关部门、分支机构、招商单位主要负责人观摩国贸中心、东药药业、大明电气、金正大生态工程有限公司、菏泽众兴污水处理厂等 14 个重点项目。7 月 8 日，市委副书记王浩到开发区观摩黄河路提升改造、桂陵路东片区工程进度，辛集、佃户屯 2 个集镇改造，小城镇建设和新农村建设等12个项目建设情况。11 月 20 日，开发区党工委、管委会召开第四季度重点项目观摩会，实地观摩山东圣世化工、菏泽玉皇化工、化工工业园热力中心、龙泵车辆、中富工业园、诚信集团、林海包装、金正大、美凯电子、天美生物等 24 个重点项目建设情况。观摩后对各招商单位进行了评比打分、排名，提出决战 40 天，全力推进大项目建设和招商引资工作，完成全年各项工作任务。

2011 年 4 月 10 日，开发区党工委、管委会组织有关部门对区内 30 个重点项目进行观摩，对各个招商单位的大项目建设情况进行署名评议、排名。6 月 30 日，现场观摩 24 个重点在建项目。9 月 9 日，现场观摩全区 31 个工业、三产服务业在建项目和 6 个片区 54 个重点城建项目。市政府党组成员、开发区党工委书记曹升灵，开发区党工委、管委会、人大工委、政协工委班子成员及区直有关部门、各分支机构主要负责人参加观摩。

2012 年 7 月 4 日，市委书记、市人大常委会主任赵润田，市委副书记、市长孙爱军，市人大常委会党组书记、第一副主任杨永昌带领市委、市人大、市政府、市政协四大班子成员，部分部门主要负责人，各县区党政主要负责人到开发区观摩重点项目建设情况，观摩国贸中心、东药药业、金正大、玉皇盛世化工、玉皇化工、辰信新能源、聚隆能源等 24 个重点项目。开发区曹升灵、李国珍、赵福龙等领导全程陪同活动。10月 10 日，市政府党组成员、开发区党工委书记、管委会主任曹升灵带领开发区党工委、管委会、人大工委、政协工委四大班子成员和开发区城镇化领导小组成员对开发区城市综合开发项目进行观摩。11月17日，市委常委、市政府常务副市长段伯汉带领市政府核查组一行12人到开发区检查第三季度观摩项目建设情况。观摩东药药业、金正大、美龙汽车部件、玉皇化工等20个重点建设项目。

2012年12月27日，市委书记赵润田、市长孙爱军率全市第四季度大项目观摩团到开发区现场观摩新苏天美商业中心、中达尚城、东城国际、科技孵化器、以聚隆能源为龙头的化工产业群、东药药业、污水处理厂、裕罗电器、金正大生态工程、玉皇化工、德泰化工、鲁之翼物流、齐鲁汽配城、易达利化工、辰信新能源等项目。

2013年3月15日，市委书记于晓明带领市委、市政府主要部门负责人一行20人，到开发区考察重点项目建设情况，观摩玉皇化工、金正大国际、玉皇盛世等18个重点项目。11月7日下午，原市级老干部一行38人到开发区考察观摩菏泽市高效农业生态示范园、龙山社区、亿丰时代广场、华侨城、国贸中心、中央公馆、金桂花园、怡欣花园、中南世纪锦城、龙华龙泵、华星油泵、樱花五金、科技孵化器、东药药业、金正大生态工程、盛世化工、道中道生物制药、辰信新能源、玉皇化工等24个项目。11月12日下午，省政府副省长夏耕等一行19人到开发区视察观摩辰信新能源、盛世化工、金正大国际、裕罗电器、技术检测中心、科技孵化器、中粮艾地盟等13个列入重点推进计划的项目及开发区园区建设情况。

2014年5月26日，市政协主席刘勇带领部分省、市政协委员一行60余人到开发区考察“加快科技服务平台建设，促进创新驱动战略实施”集中观摩省级科技孵化器、技术检测中心、道中道生物科技产业园、高科技创业园、金正大生态工程、中广核太阳能屋顶发电、盛世研发中心、辰信新能源、易达利化工等18个重点项目。8月14日，全市乡村文明行动第三次现场推进会与会领导到开发区观摩调研乡村文明行动工作，重点观摩许楼、张花园等6个被列入推进项目的社区。开发区领导曹升灵、李国珍、赵福龙等陪同活动。9月26日，市人大常委会副主任丁志刚、孙忠生带领部分人大常委会委员，省、市人大代表到开发区考察观摩“五大主导产业”重点项目和城镇化重点工程华侨城片区、银座家居主力店、火车站广场周边城市开发、丹阳路立交桥、道中道科技产业园、和福祥小区、桂陵路片区、中央公馆等18个建设项目。12月25日，市人大常委会党组书记、第一副主任杨永昌带领市人大常委会各位副主任、秘书长、驻会委员、部分驻菏全国、省、市人大代表到开发区考察观摩开发区老年福利服务中心、市社会福利院、开发区高级中学、工业园区安置小区等20个重点项目。

2014年7月30日，参加市委十二届七次全体会议（扩大）会议现场观摩团到开发区观摩中达御园、城中村改造项目庞楼社区拆迁现场、明轩嘉园、华侨城、奥林花园、和平路综合开发片区、中达尚城、名门世家、银座商城、新苏天美、亿丰时代广场二期、剑桥公馆、开发区九年一贯制学校、东方名城、华英嘉园二期、银东家、中华世纪城、东城国际、党庄旧村改造综合开发、盛百灵生物纳米重大疾病诊断试剂项目、科技孵化器、高科技创业园、东南湖综合开发片区、开发区高级中学（即菏泽一中东校区）、开发区电子产业园、洋丰肥业、裕罗电器、中广核太阳能光伏屋顶发电及太阳能产业园项目、盛世研发中心、道中道生物制药、隆科产业园、桂陵柿叶音乐喷泉广场、中央公馆等重点项目的开发建设。

2015年4月9日，市委书记孙爱军率领全市重点项目观摩团到开发区考察重点项目建设情况，观摩普华新药、道中道科技产业园、高科技创业园、玉皇新能源技术中心、富士康电子和天宇新材料产业园6个重点项目。7月26日，市委书记、市人大常委会主任孙爱军带领市直各部门主要负责人到开发区观摩银座家居主力店、DNA检测试剂盒及重大疾病诊断试剂项目、道中道产业园、科技孵化器及高科技创业园等重点项目。10月10日，市委书记孙爱军，人大常委会第一副主任杨永昌率全市重点项目观摩团到开发区观摩南湖养老康复中心、新世纪科技城、闽江路安置小区、北新汇隆集成房屋、隆科科技产业园和天宇新材料产业园6个重点项目。

2016年4月5日，全市大项目观摩会召开。市委书记孙爱军率团观摩庞楼片区棚改项目、开发区九年一贯制学校、道中道生物医药项目、东南湖棚改、玉皇新能源产业园、山东西部智能机器人等6个重点项目建设情况。10月16日，全市十月份大项目观摩团观摩开发区红星美凯龙、玉皇新能源产业园、北新汇隆集成房屋、合肥路九年一贯制学校、洞庭路安置区、刘庄片区棚改等6个重点推进项目。

2017年上半年，全市大项目观摩会观摩万达广场希尔顿大酒店、一中南片区棚改、东南湖片区棚改、长城路小学、华立新材料、三元动力等重点推进项目。党工委书记、管委会主任李国珍，党工委副书记、常务副主任练建军，党工委副书记赵福龙等领导陪同活动。12月1日，全市科学发展现场观摩团一行到开发区观摩肖楼片区棚改、耿庄片区棚改、山东乾运高科年产2万吨镍钴锰酸锂正极材料项目、山东宝沃动力电池管理系统（pack）项目、菏泽联绿建筑垃圾资源再生循环经济园区、兴仓路九年一贯制学校6个推进重点项目，开发区领导李国珍、练建军、赵福龙等陪同活动。

2018年6月19日，全市经济社会发展现场观摩开发区鲁西南大数据中心、绿建科创园、绿建集成产业园（中洁新风系统）、华立新材料、武汉路小学、人民路片区棚改等6个重点推进项目。12月14日，全市经济社会发展现场观摩开发区华英路九年一贯制学校、桂陵路棚改片区、天厚新材料、西部智能机器人、绿源环保、华星汽车部件6个重点项目。

第七编　经济综述

2000年，区内注册公司企业90家，项目投入资金6.8亿元，利用外资2265万美元，开办起具有一定规模的生产企业10余家，办起建筑公司、装卸队、运输队、加工作坊等集体企业30多家，实现工业产值2.06亿元、工业增加值1.03亿元，实现财政收入近4000万元，抹平了财政赤字，还清了原始借款。

2001年后，开发区加大基础设施建设，推行工业立区、工业强区行动计划。至2005年，辖区内规模以上工业企业发展到24家，工业企业实现销售收入38.64亿元，完成工业增加值3.3亿元，实现地方财政收入1.65亿元。

2010年，开发区完成地区生产总值71.52亿元，规模以上工业企业130家，规模以上工业企业完成主营业务收入253.8亿元，实现工业增加值66.6亿元，实现地方财政收入6.61亿元，三次产业比为3.7：68.9：27.4，人均可支配收入1.44万元，居民人均纯收入增至6693元。

2011—2015年，开发区生产总值由87.19亿元增加到151.1亿元。规模以上工业企业137家，主营业务收入由253.8亿元增加到662.7亿元；工业增加值由41.42亿元增加到77.72亿元。财政收入由11.09亿元增加到24.78亿元，位居全市第四位。进出口总额由2.1亿美元增加到7.57亿美元。城镇居民人均可支配收入由1.44万元增加到2.28万元，农民人均纯收入由6693元增加到1.05万元。三次产业比由3.7：68.9：27.4，调整为1.71：62.21：36.08，服务业三产占比提高8.7个百分点。开发区居民人均收入、人均享受的公共财政支出、人均地区生产总值均居全市第一位。

2016年，完成地区生产总值159.7亿元，规模以上工业企业实现主营业务收入738.9亿元，完成财政收入27.45亿元，出口10.7亿元，社会消费品零售总额54.5亿元，城镇居民人均可支配收入24841元，农民人均纯收入11501元。

2018年，全年实现地区生产总值195.22亿元，年增长8.6%，人均GDP达到6.16万元；一般公共财政预算收入20.4亿元，年增长13.4%；进出口总额18亿元，其中出口15亿元，年增长8.2%，合计利用外资8508万美元；新增纳税过千万元企业14家，累计67家；棚户区改造面积220万平方米，其中回迁安置面积235万平方米。第一产业实现增加值1.51亿元，第二产业实现增加值95.6亿元，第三产业实现增加值7.72亿元，其中工业增加值年增7%，服务业增加值年增13.4%，三次产业增加值当年比重为0.8：59.6：39.6。2018年社会消费品零售总额68.8亿元，同比增长10.88%，城镇居民人均年收入29295元，同比增长8.5%，农民人均纯收入13538元，同比增长8.8%，年内精准扶助贫困人口5474户12706人，减贫计划完成率100%。

第一章 经济发展

第一节 发展概况

1992年7月1日启动，立足自费开发、自我滚动发展和以工业为主、外向型为主、经济效益为主的“两自”“三为主”的办区方针，一边组建机构，一边理顺关系，一边规划建设，一边招商引资，把开发区一步步引向一条全新的发展道路。

2001年开发区扩区，确立发展方向、奋斗目标和工作思路，把招商引资、上项目、办企业作为生命线，把引进工业项目作为招商引资的中心，靠经济开发、招商引资、上项目、办企业、借助外力、加大投入，扩大经济总量，实现工业立区。坚持开发是硬道理，坚持工业化、外向型、现代化的办区方针，坚持用市场机制推动各项工作的开展，坚持贯彻“四个一”的经营服务理念，成为广大干部群众的共识和自觉行动，变成发展前进的强大动力。

2001年，全区实现财政总收入4.11亿元，地方财政收入2901万元，其中国税部门完成305万元，地税部门完成1837万元、财政部门完成759万元。

2003年，全区实现地方财政收入5171万元，完成全年计划的113%，增长43.92%；实现利税9200万元，同比增长27.8%；外贸出口大幅度增长，先后克服“非典”和内涝带来的不利影响，全年完成进出口总额4527.1万美元，同比增长413.8%，其中出口4236.4万美元，增长381%，增幅在全省省级经济开发区中位居第一，受到省外经贸厅的通报表彰。

2004年2月3—4日，省委、省政府在菏泽召开加快菏泽发展现场办公会议，结合开发区实际，党工委、管委会牢固树立全面、协调、可持续的发展观，以加快发展为主题，以招商引资为主线，以加快项目建设进度和投产达产为重点。至2005年，全区实现地方财政收入1.65亿元，比上年增长54.71%，增收5823万元；实现利税6.32亿元，同比增长97.5%；实现利润3.37亿元，同比增长88.3%；出口4085万美元，进口115万美元。

2008年，开发区的经济总量和运行质量获得突破。全年实现地方财政收入2.75亿元，同比增长25.06%。其中，国税收入3689万元，同比增长29.35%，增收837万元；地税收入1.43亿元，同比增长35.53%，增收3741万元。

2009年，由于国际金融危机对实体经济的冲击，国内外市场一度低迷，企业运行困难，原材料和产成品价格波动较大，部分企业利润空间下降。面对严峻的生产经营形势，开发区坚决贯彻市委、市政府应对金融危机的一系列政策措施，加强经济运行调度指挥，建立健全工业经济运行指挥部和办事机构，制定完善经济运行调度方案和各项工作规则，及时进行经济运行情况分析，高度重视安全生产、节能减排和环境保护。实行分类指导，组织规模以上工业企业搞好市场细分，加强营销体系建设，加快产品结构调整，扩大适销对路产品生产；对重点骨干企业和有市场、有订单、效益好的企业，加大原材料和煤、电、油、运等资源的协调力度，保证企业满负荷生产。加大资金支持力度，在全区筛选一批生产规模大、经济效益好、带动作用强、急需资金支持的企业，在向金融机构推荐的基础上，加大银企对接力度，积极为企业协调贷款，缓解企业资金紧张的矛盾，提高企业的生产经营质量和效益。

2010年，开发区以转方式、调结构、增效益为主线，加快工业化和城市化进程、推动城乡一体化发展为重点，推进实施“四大基地一大产业”发展战略，围绕招商引资和大项目建设，大力发展煤化工、石油化工、机械电子、农副产品加工等主导产业，发展商贸物流业，重视发展文化旅游产业。对新上的煤炭化工、石油化工、机械电子等项目，要求其设备、工艺和技术必须达到国内同行业先进水平，生产出高档次、高附加值的产品。煤炭化工、石油化工、机械电子项目向精深加工转变，农副产品加工、商贸物流项目深度开发。坚持做大做强重点骨干企业，扶持发展中小企业，促进企业成长壮大。把招商引资、借助外力贯穿大项目建设的全过程。把培植战略性新兴产业贯穿大项目建设的全过程。把发展低碳经济、推进节能减排贯穿大项目建设的全过程。

发展与工业发展需求相配套的服务业。建设物流公司、发展物流配送，特别是发展第三方物流，具有巨大潜力。依托区内建成的盛世化工铁路专用线，建设化工园区物流中心和工业物资配送货场；依托中粮艾地盟铁路专用线，建设粮油食品物流中心；依托交通集团的运力优势，建设汽运物流配送中心。发展与城市开发建设相配套的服务业。以中华路、人民路十字黄金架为依托，发展高档商贸业，重点抓好银座商城、苏宁电器、恒泰百货、惠和购物中心的高效运营；以开发区东南湖区建设为依托，西起京九铁路，东至东外环路，南起万福河，北至仓北路，规划面积6.5平方公里，主要发展休闲、娱乐、度假、旅游产业，形成集商贸、旅游为一体的综合功能区；以恒盛大市场为依托，辐射带动周边三产服务业的发展；加快发展城北商贸区，在黄河路两侧，以交通集团为龙头，重点发展汽车、农用机械、五金等专业市场。继而，发展适应投资者和城市居民消费需求的服务业。餐饮业在现有的基础上，加强规划布局，促进餐饮业扎堆发展；发展金融、保险、信息和中介服务业。加强金融、保险和中介服务网点建设，方便企业生产和居民生活；充分运用信息技术，加大商贸流通信息资源的综合利用，建设商贸流通业信息网络和数据库，提高三产服务业发展的层次和水平。2010年，全区完成生产总值71.52亿元，同比增长16.5%；固定资产投资57亿元，增长23%；完成进出口总值2.03亿美元，增长21.66%，其中出口7604万美元，增长44.64%；完成地方财政收入6.61亿元，增长39.53%。

2011年，开发区成立工业经济运行调度指挥部，组织人员深入一线、深入企业、深入实际，面对面地了解企业的生产经营状况，现场解决生产经营、产品市场和资金需求等方面的问题。其次主动帮助企业融通资金。注重企业信用等级建设，主动协调金融机构，摸清不同时期的资金投向和投量，召开银企座谈会银企对接会，全年为企业协调贷款16亿元以上；指导企业提高管理水平，对规模以上企业，全面推行市场细分、倒逼成本、定额管理等先进管理方法，最大限度地节能减排，降低生产成本，提高资金使用效益。大力培植进出口重点骨干企业，瞄准国际市场，积极组织企业参加上海“华交会”和广州“广交会”，提高企业的外向度，实现了进出口总值的大幅度增长。同时，高度重视高新技术在企业生产中的应用，鼓励支持企业与科研院所、知名专家搞好交流合作，加快技术改造和创新步伐，提高产品技术含量和附加值，开发新产品，增强了企业的竞争能力和经济效益。2011年，三次产业结构调整到3.8 ∶ 69.2 ∶ 27，其中三产服务业比重提高4.8个百分点。

2012年，根据省委、省政府大力支持菏泽打造鲁苏豫皖交界地区科学发展高地，开发区管委会抓住机会，利用上级给予的有利条件，全力打造“六个高地”，即区域产业发展高地、区域自主创新高地、区域城乡统筹发展高地、区域对外开放高地、区域生态发展高地、区域社会事业发展高地。在具体工作布局上，坚持工业化和城镇化双轮驱动，扎实推进“五大基地一大产业”建设，以招商引资和大项目建设为生命线，大力推进科技创新，加快发展煤化工、石油化工、机械电子等主导产业，加快发展新医药、新能源、新材料等战略性新兴产业，加快发展商贸物流业，注重提高经济增长质量和效益，注重提升城市载体功能，注重推进城镇化和新农村建设，注重改善民生、保持社会和谐稳定，推动全区经济社会科学发展、和谐发展、跨越发展、更好更快发展。

2013年，全年完成生产总值120.12亿元，同比增长19.95%；固定资产投资86亿元，增长25.92%；完成财政收入21.33亿元，增长50.8%；实现进出口总额3.46亿美元，增长54.49%；城镇化率达到89%。科技创新、网格化社会管理等多项工作走在了全市前列，在2013年的全市科学发展考核评比中有8项指标位居全市第一。是年，服务业发展势头强劲，多业态新型服务实体投入运营，“三区一带”的发展格局初步形成。

2014年，是贯彻落实中共十八届三中全会精神、全面深化改革的开局之年，也是深入实施“十二五”规划、创建国家级开发区的关键年。开发区重点抓中粮、盛世、裕罗、好达等现有进出口企业的生产经营；加快法国派乔易生物制药、中英合资的佳成化工、中美合资的妇幼保健院，以及与以色列合资的坤泰医疗器械和水溶肥、与香港合资的兴业炉料和天地汇公路港等外资项目建设。加大对高能耗、高污染等落后生产工艺和设备的淘汰力度，支持企业进行技术升级改造，转移产业低端环节。加大资金投入，采用新工艺、新方法，优化现有生产工艺水平，提升改造现有装置，扩大生产规模，提高产品的质量、层次和竞争力，实现“小投入、大产出”。当年，全区完成地区生产总值135.13亿元，年增长12.44%；完成财政收入22.37亿元，年增长6.2%；实现进出口总额5.5亿美元，年增长60.3%；城镇居民人均可支配收入和农民人均纯收入分别为2.28万元和1.22万元，主要经济指标增幅均居全市前列。大项目建设、科技创新、乡村文明行动、社会治理创新、计划生育、洙赵新河治理、严打及天网工程等多项工作在全市处于领先地位，国家级开发区创建工作进展顺利，当年被评为山东省先进开发区。

2015年，开发区以改革引领、开放促进，转型升级、创新驱动，加快发展、普惠民生为主题。年内“国家级科技孵化器”申报成功，与台湾挺卫集团合作的保健食品化妆品研发中心签约挂牌。高科技创业园4栋高层建筑开工建设，入驻科研机构30家。道中道科技产业园生物原料项目4月投产，玉皇创新研究院5月建成投用，建设一批保健食品孵化平台、医疗器械检验平台、实验中心、工程技术中心、工程研究中心、博士工作站和国家级科技成果转化基地等创新平台。全年新增20家产学研合作机构。引进高层次人才150人以上。年内完成生产总值151.1亿元、同比增长9.9%；完成财政收入24.78亿元、增长10.75%，实现进出口总额7.57亿美元、增长34.27%；社会消费品零售总额50.1亿元、增长11.59%；城镇居民人均可支配收入2.28万元，农民人均纯收入1.05万元。菏泽开发区被评为“中国创新力开发区”“山东省先进开发区”。在菏泽市科学发展综合考核中，名列第四位，进入全市第一方阵。

2016年，开发区根据辖区工业化和城镇化的发展实际，注重发展的协调性与整体性，走出一条“产城融合、以产促城、城乡一体”的工作路子，在工业兴盛、城市崛起、社会面貌日新月异、开发区整体水平持续提高的过程中，民生工程扎实迈进，困难群众的生活得到可靠保障。截至年末，开发区境内的贫困户有2228户，贫困人口5299人。为实现开发区的协同发展，2016年成立开发区和街道两级“打赢脱贫攻坚指挥部”，两级主要领导挂帅，全力攻坚，采取产业扶贫、就业创业扶贫、社会参与扶贫、商务营销扶贫、生态建设扶贫、应保尽保扶贫、专项资金扶贫等全方位、多渠道的各类手段，全年拨付专项资金450万元，建成6个产业扶贫项目、3个基础设施建设项目、6个就业扶贫车间，贫困人口每月增收1100元，年内投入基础建设资金3600万元，修建道路30公里，改造设施6000米，累计发放助学金140万元，年内1522户3458名贫困群众顺利脱贫。

2017年，依托国家级科技孵化器、新世纪科技城、道中道科技产业园、玉皇新能源技术中心等科研平台，吸引更多企业入驻孵化，构筑“孵化—加速—产业化”的发展体系。对成功孵化的国家一类抗癌新药、美容高端仪器、保健品等科技成果，通过引入战略投资、技术管理、市场开拓等，加速项目产业化。搭建科技合作服务平台，与国内外高校合作共建各类研究院，深化以项目为载体的产学研合作。按照“国外孵化、国内加速”的创新模式，建设海外孵化基地，把先进技术“引进来”。全年科技研发投入3亿元，支持和鼓励专研新技术、添置先进设备，追求技术进步，生产适销对路产品，满足社会需求。引导企业积极对接国内外高等院校、科研院所，攻克一批具有全局性影响、带动性强的关键技术，引进重要科技成果，并帮助寻找合作伙伴，打通科研成果到产业化的“最后一公里”。引导企业强化质量意识、品牌意识，加快形成一批拥有核心竞争力、高附加值的知名品牌和企业，积极申报国家驰名商标、省级著名商标。保护自有知识产权，发挥山东省知识产权试点园区作用，做好知识产权创造与应用。在人才引进上。依托人才技术联盟，加大海内外高层次人才引进力度，全年引进研发团队10个以上、高层次人才50人以上。同时，加强企业家队伍建设，全区年内培训企业家100人次，其中组织国外培训2期、30余人次，培训中层管理人员800人次。

2017年，全区实现地区生产总值173.5亿元，同比增长7.9%；完成固定资产投资105.9亿元，增长5.6%；一般公共预算收入17.98亿元；进出口总额30.22亿元，其中出口13.86亿元、增长40%；税收8.22亿元、增长29.7%。全年新修、提升和改造道路共13条61.7公里。全年新增省级科技创新平台9家、众创空间2家、孵化基地2个，昭宝产业园被评为省级孵化器；国家级科技孵化器新引进德康医学检验所、厚生基因检测、山东大学卫生分析测试中心菏泽中心等项目。高科技创业园新入驻科研机构9家，总数50家。产学研合作机构113家。新增院士工作站2家，总数4家；新增泰山产业领军人才1人、西部经济隆起带紧缺人才2人，年内合作的院士9人、泰山学者5人。

2018年，推进6个片区的棚改项目，全年完成5276户、116万平方米的征收工作，开工建设560万平方米、竣工360万平方米。加快郭庄、耿庄、何楼、肖楼等已拆迁项目的安置房屋建设，并及时做好建成安置房屋的回迁安置工作，确保棚户区改造工作协调有序进行。开展基础设施建设，建成桂陵路、八一路、五屯路等17条道路，提升改造钱塘路、南京路、济南路等6条道路，完成长江路与人民路、长江路与上海路等10个路口的渠化工程。以创建国家级卫生城市、森林城市、生态城市为抓手，开展城区市容环境综合整治、交通秩序集中整治和“物业管理服务规范年”活动，提升城市精细化管理水平。深入实施美丽乡村建设3年行动计划，在改路、改厕、改水等“七改”上下功夫，打造一批美丽乡村建设示范点，全年建设省级美丽乡村10个以上，辖区内生产美、生态美、生活美“三生三美”融合发展。高科技创业园一期32万平方米全面竣工。道中道科技研发中心和城建研究院年内建成投用。吸引国家级实验室、工程中心、技术中心等高水平创新平台落户开发区。加大研发投入，全年研发投入占比达到2.3%，鼓励支持规模以上工业企业设立研发机构，全方位推进产品创新、品牌创新，打造一批研发投入高、智能化水平高、国际领先程度高的高新技术企业，加强质量品牌建设，不断培育新品牌，积极申请和培育中国驰名商标、中国著名商标、山东著名商标，扩大品牌知名度，提高企业竞争力。发挥人才技术联盟的平台作用，新设立院士工作站2家，引进院士、专家和泰山学者各2人。深入推进扶贫攻坚工程，管好用好扶贫项目、扶贫车间。加快建立低保、养老、教育、医疗“四位一体”的社会兜底保障机制，确保贫困人口全部脱贫。落实城镇基本养老保险、城乡居民基本养老保险和医疗保险、大病保险、最低生活保障等制度，按照全市最高标准第一时间兑现。优先发展教育，投资4.7亿元，开工建设华英路小学、何楼小学等5所学校，加快兴仓路九年一贯制学校、武汉路小学建设，全年开工面积18.8万平方米，努力解决中小学生“大班额”“全面改薄”等突出问题。关注医疗卫生事业。南湖养老基地、海吉亚医院、岳程医养文一体中心建成投用，开工建设医专附属医院、长城路东片医院，洽谈推进华中科技同济医院，力争实现三甲医院零的突破。以创建省级食品安全城市为契机，找准薄弱环节加以弥补提高，进一步提升辖区的食品安全保障水平。

2018年，全区实现地区生产总值195.22亿元、增长8.6%；一般公共财政预算收入20.4亿元、增长13.4%；进出口总额18亿元，其中出口15亿元、增长8.2%，实际利用外资8508万美金；新增纳税过千万元企业14家，共67家，3个项目获批为省重点，10个项目列入省新旧动能转换项目库；28个项目签约落地，21个项目竣工投运、40多个项目洽谈顺利。完成5个片区5276户、116万平方米的棚改征收新开工面积607万平方米、竣工面积220万平方米，其中回迁安置面积235万平方米。打通湘江路、五屯路等16条断头道路，提升改造钱塘路、南京路等6条道路，新建“四号农村路”12公里、安防道路18公里，完成60个“四小工程”、10个路口的渠化工程，新铺设雨污管网34.5公里，污水直排问题基本解决。年内服务业增加值提高1.6个百分点、达到41.1%。万达广场、紫金国际、银座家居等7个大型商贸综合体建成营业；威海银行、兴业银行、牡丹大宗商品交易中心正式营业，新入驻证券分支机构2家。13个村获“中国淘宝村”称号，淘宝村、淘宝镇覆盖率及增长率位于全国前列。阿里巴巴菏泽产业带上线企业全国排名第22位、全省排名第一位。生态文明建设持续推进，PM2.5、PM10同比分别改善18.57%、7.09%。累计建设精准扶贫项目32个、扶贫车间28个；精准识别、精准退出贫困人口5474户、12706人，减贫计划精准完成率100%，帮扶措施到位率100%，基本完成脱贫攻坚任务。年内教育投入资金3.2亿元，新建、续建、改扩建7所学校，其中6所建成投用、竣工面积9.4万平方米。新招聘教师117人，教师共2645人。

第二节　产业招商

1992年至1994年8月，落实进入开发区的项目15个，其中外资项目7个，投入资金1063万美元，内资项目8个，投资额1.03亿元，当年投产和在建的项目有山东南华产业区、菏泽恒星电器有限公司、菏泽桥本有限公司、菏泽枝源木业有限公司、菏泽大龙服装有限公司、天河油墨有限公司以及连裤袜、果脆片等项目，当年形成生产能力2亿元。1995年，开发区新增项目34个，其中外资项目7个，投资额360万美元，内资项目27个，增加数量明显，投资额1.2亿元。通过经营土地，实现财政收入321万元。至2000年，全区累计批准生产性项目33个，总计投入资金3.1

亿元，有11个项目投入生产运营，6家生产企业开工建设，共计实现财政收入约4000万元，恒立绣品、南华集团、颐中烟草、北联集团、信合商务公司、华旅通讯、铁路京九实业公司等7个利税大户。

2003年，以招商引资为核心，以招大商、引大项目为重点，进一步加大招商引资力度，围绕市委、市政府提出的“两大基地、一个中心”的发展战略，充分利用辖区的资源优势、交通优势、区位优势，引进资源密集型、劳动密集型、科技带动型的农副产品深加工、机械电子和能源化工项目，重点是引进国内外大企业、知名企业、名牌企业，并出台一系列保障措施，加强软硬环境建设，加快工业化、城市化进程。全区落实技改项目18个，完成投资1.08亿元。

2006年，开发区党工委、管委会全面实行大项目建设责任制，对列出的8个大项目和10项城建重点工程，按照分工，实行一个项目、一套班子、一个方案、五套措施、一个奖惩的办法，一包到底，全过程负责。2007年和2008年，开发区选准发展路子、转变发展方式，推动科学发展，促进社会和谐，坚持走新型工业化道路，坚定不移地抓好大项目建设。为确保工作实效，开发区进一步加强考核调度，对各街道和区直各部门提供招商信息的情况，由招商信息中心负责调度汇总，每月公布一次；对在建项目的建设进度，由项目考核领导小组负责，每月调度考核一次，严格实行排名和公布制度；对城建项目的进展情况，由建设局负责，每月通报一次；对重点企业的生产经营情况，由经济运行调度办公室负责，每季度调度一次，并及时评价调度结果；对经济社会发展各项指标的完成情况，由政研室负责，每季度汇总通报一次。同时，坚持严格考核奖惩，按照年初签订的工作目标责任书，采取平时考核与年初考核相结合的办法，制订明确的奖惩措施，对完成或超额完成任务的部门和单位，给予物质奖励和精神鼓励；对为开发区建设做出突出贡献的先进个人，给予重奖。对完不成任务的，给予相应的处罚。通过考核奖惩，考出压力、考出干劲、考出好的作风和成效，在全区上下形成比干劲、比发展、比实绩、比贡献的大好局面。2010年，全区共引进投资过10亿元的服务业项目7个，总投资224亿元、设计建筑面积650万平方米。投资35亿元的国贸中心、投资10亿元的齐鲁汽配城开工建设；投资33亿元的名嘉广场、投资30亿元的亿丰商贸城完成清地；投资76亿元的浙江中大商贸城、投资30亿元的天津四方物流、投资10亿元的金利达汽车销售城办理前期手续。这些项目建成运营，每年实现营业收入400亿元。

2013年，开发区新引进金融类机构20余家。在商贸物流区，亿丰时代广场开业，银座家居主力店主体完成，红星美凯龙、天地汇物流、农机大市场进入开发区开工建设。2014年，开发区坚持城镇化发展道路，先后进行刘庄、何楼、火车站片区、和平路片区、人民路片区等城建项目的征收拆迁工作，开工建设庞楼片区、党庄片区、华英二期、交通未来城等综合开发项目以及国贸中心、中南世纪锦城、中华世纪城及多个片区，全年竣工面积350万平方米。加大基础设施投入，做好城市经营的大文章，以高科技创业园、医疗养生基地等项目建设为重点，推进人防中心和地震疏散基地，同时抓好仓南路、广州南路、洞庭路等道路及配套工程建设。以新型社区建设为目标，对工业园区5个村庄和佃户屯龙山生态文明社区投资完善，抓好振兴路、八一东路等8条道路建设，广州路、仓南路、洞庭路、渤海路建成通车，投资4亿元建设丹阳路立交桥，对南京路、福州路等6条道路进行绿化，提升人民广场、牡丹广场等4个广场和天香公园、新天地公园等5个公园的绿化水平，全年新增绿化面积40万平方米。投资 15 亿元，开工建设以国家级孵化器标准设计的高科技创业园，该项目规划建筑面积 51 万平方米，2014 年建成 25 万平方米，为科技研发、孵化、中试、加速、大学生留学生创业提供了平台和载体。推进投资 7 亿元的道中道生物原料药研发基地建设，2 年时间将其打造成为在周边地区最具影响力的生物原料药孵化器。完成盛世研发中心、医疗器械产业园、动物实验中心项目建设，与中国食品药品检定研究院进行战略合作，培育建设富有特色的生物疫苗生产基地。到 2014 年末，全区新增保险公司、担保公司、小额贷款公司等各类金融机构 15 家，共 102 家。2015 年，开发区对外招商部门以欧美日韩和港台为主攻方向，利用香港山东周、台湾山东周等有利条件，瞄准世界 500 强和大型跨国集团，加大境外招商力度，着力引进一批行业领先、辐射带动力强的外资项目，其中包括引进 1 家世界 500 强企业。对内加快富士康、以色列医疗器械、诺贝丰水溶肥等项目建设，抓好富士康、中粮、玉皇盛世等 62 个外向型企业和裕罗、好达等 10 个外资企业的生产经营活动。

2016 年，开发区新增我投菏泽、移云大智、生物医药 3 家国家级众创空间，道中道科技产业园生物原料项目试生产，高科技创业园建设竣工 18 万平方米，中印软件园、中科清洁能源研究院等 29 家科研机构入驻。年内引进恒丰银行、枣庄银行、招商证券 3 家金融机构，浦发惠企投资基金已运营，企业互助基金、产业引导投资基金、牡丹信用保险开始筹建，新增金融类机构 16 家，总数为 163 家。发挥齐鲁股权交易中心、上海股权交易中心 2 家上市企业挂牌培育中心作用，支持华昌机械、信多达电子等企业上市融资，全年有 10 家企业挂牌。以城市基础设施和民生工程为重点，策划好东南湖区新区安置小区和道路管网、公铁立交、学校医院等一批 PPP 项目，进一步拓宽了基础设施建设融资渠道。加大对阿里巴巴菏泽产业带的支持力度，电子商务年内新上线企业 637 家，总数 1170 家。齐鲁汽配城通过提升改造成为开发区电商产业园，一期入驻 1688 产业带、中农信合、菏泽广告产业园、汽配产业园 4 家电商企业。亚太车联网运营中心、济菏交通云物流等项目投入建设，一批具有地域特色、产业特色的电子商务平台应运而生，好品山东、中海油网络等 36 家知名电商企业，3 个电商服务平台建成投用，中软创客、大德、昭宝、康源果蔬等 8 个特色电商产业园先后投运。开发区电商产业园、跨境电商园等项目投入建设；获批电子商务专业村 7 个、市级电商示范企业 3 家。年内新引进奔驰、捷豹、路虎等汽车 4S 店 12 家，万达广场开工建设，紫金国际广场建设进度过半，家乐福、大润发、香港新华国际影院、希尔顿酒店等项目成功签约，上海新城控股、苏北集团冷链物流正在洽谈。年内推进汽车文化城项目洽谈工作，年新增 10 个高端进口车品牌，汽车装饰、装修、租赁及二手车等汽车后市场日趋活跃，延伸了辖区的汽贸产业链。

2017 年，开发区党工委、管委会指导帮助金正大与德国康朴公司、玉皇新能源与美国伊万特斯能源公司、坤泰医疗器械与以色列大科学家办公室、道中道生物制药与法国马克埃德公司、海吉亚与美国华平投资集团、方达再生资源与台湾惠佳电公司、宏伟车辆与德国汉斯进行项目、资本、技术、研发等合作，推进水溶肥、生物制药、电池组装、家电拆解、专科医院等项目的落地、建设投产。鼓励辖区企业到境外开发资源、投资办厂，提升产品质量，打造国际品牌。利用广交会、鲁台经贸洽谈会、香港招商周等经贸交流合作平台，开展“点对点、一对一、面对面”的洽谈对接，引进一批投资规模大、产业关联度高的外资项目。与中国开发区协会、英国齐鲁文化商贸会、美国硅谷科创、德国舒尔茨咨询公司探讨合作，在项目对接、人才引进、科技服务、金融支持方面达成意向，重点引进世界500强和行业领军企业。发挥加工贸易转移承接地功能，承接长三角、珠三角、京津冀等地区的产业转移，扩大工业总量，用好外贸综合服务平台，为中小微企业提供“一站式”综合服务。申报综合保税区，搭建集保税物流、出口加工、中转和配送服务功能为一体的外贸平台，扩大进出额数量规模。策划新旧动能转换项目26个，其中9个进入省新旧动能转换项目库，全年新签约亿元以上项目26个，新落地项目16个，竣工投产项目20个。全年实施棚户区改造项目15个，涉及棚改居民2.63万户、458万平方米，征收土地846.67公顷，其中公共用地340公顷。

2018年，开发区瞄准世界500强、中国500强、民营百强企业、制造业百强企业，依靠产业招商、以商招商、专业招商、委托招商，引进一批科技含量高、产业层次好、质量效益优的大项目、好项目，签约投资一批过亿元大项目。完善调度机制，实施项目建设“百项工程计划”，解决项目征拆、用地、融资等难题，全年新开工项目100个以上，其中工业、服务业项目50个以上，城市综合开发、基础设施建设、学校等50个以上。年内完成投资150亿元以上，投资100亿元的鲁西南大数据中心、投资20亿元的天然气热电联产、投资8亿元的黄淮大健康产业园、投资5亿元的中杰特装新能源设备等14个项目年内开工建设，联绿建筑垃圾再生资源产业园、宝沃智能动力电池系统、谱元泰特医食品、好妯娌智能家电等20个项目竣工投产，新增主营业务收入100亿元以上。实施企业培育行动计划，提高纵向延伸、横向联合的能力，推动龙头企业培强培优、规模企业加快倍增、科技型企业快速成长，形成更具竞争优势的特色产业集群。支持北汇绿建集团、玉皇新能源、华立新材料、天宇科技等龙头企业做大做强做优，鼓励“有技术、有产品、有市场”的规模企业，通过兼并重组、市场联盟等形式转型发展，全年培育5家龙头企业、20家骨干企业，新增规模以上工业企业10家以上、主营业务收入过10亿元企业5家以上。全年新增10家以上银行、保险等金融机构，全市首家牡丹大宗商品交易中心正式开市运营，推动企业多渠道、多形式挂牌上市，全年10家企业挂牌、15家企业完成股份制改革。鼓励更多企业利用电子商务平台开拓国内外市场，实现电商交易额100亿元以上，入驻阿里巴巴菏泽产业带企业超过2000家。高端商贸业万达广场、希尔顿酒店、银座家居、紫金国际广场正式营业，华联商厦开工建设，培育一批营业额过亿元的高端商贸企业。中南冷链物流建成投入运营，投资额20亿元的菏泽智慧冷城开工建设。汽车4S店、专营店150家，营业额突破100亿元。

第三节　产业规模

1992年7月起，菏泽开发区立足自费开发、自我滚动发展和以工业为主、外向型为主、经济效益为主的“两自”“三为主”的办区方针，将全区产业规模逐步扩大增强。至1995年，4.6平方公里的开发区成为投资热点，村办企业30家，实现产值2100万元。

1996—2000年，开发区把产业发展方向明确为：依靠丰富的农副产品资源，大力发展深加工、精加工产业；依靠当地丰富的劳动力资源，大力发展劳动密集型产业；与大专院校、科研机构紧密结合，大力发展高新技术产业，把开发区引入土地经营、产业经营和同时进行资本经营的发展路子。至2000年，辖区累计完成基础设施建设投资5250万元。

2001年，全区实现工业销售收入6亿元，工业增加值1.8亿元。2002年，境内规模以上企业10家，完成工业产值13.71亿元，实现销售收入12.48亿元，创利税6356万元，基础设施投资2.4亿元，累计4.49亿元，项目总投资累计53.49亿元。2003年，全区工业企业完成销售收入12.1亿元，同比增长43.7%；完成增加值3.6亿元，增长20%；实现利税9200万元，同比增长27.8%。盖泽水泥是开发区扩区以来引进的第一批工业项目，2003年4月12日投产，产品供不应求，2002年完成年产50万吨生产能力改造，2003年再增产能100万吨，企业达到150万吨的生产能力；华鹏玻璃一期工程，2002年4月建成投产，年产玻璃制品3.5万吨，产销两旺。由于市场看好，2003年扩大到年产10万吨的能力；华星油嘴一期工程建成投产，二期工程正在紧张施工中，全部建成将形成年产1000万套长油嘴的生产能力。

2004年，开发区投身到“突破菏泽”的实践中，提出强区富民战略。大力引进资源密集型、劳动密集型、科技带动型的农副产品深加工、机械电子和能源化工项目，培植钢铁、新型建材、纺织、服装、林产品、农产品、机械制造等重点产业，配套引进供电、供水等大型产业配套项目，探索产业链条招商模式，紧紧围绕“三大基地”建设，引进关联企业。至2005年，年内全区工业企业实现销售收入38.64亿元，同比增长40.6%；完成进出口总值4200万美元；完成工业增加值10.05亿元，同比增长42.6%。其中，24家规模以上工业企业实现销售收入13.6亿元，同比增长155.34%；完成工业增加值3.3亿元，同比增长155.89%；实现利税6.32亿元，同比增长97.5%；实现利润3.37亿元，同比增长88.3%。

2006年，党工委、管委会紧紧把握世界经济走势，抓住产业转移和资本大流动的契机，主动融入国际经济大循环，在开放中推进产业结构的优化调整，在市场竞争中推动企业的发展壮大，达成“大项目立区”的奋斗目标。经过一年的努力，开发区的工业呈现出产业化雏形。随着巨野煤田开发建设进度的加快，化工工业成为开发区一大主导产业，由上海道勤集团和日本三井物产共同投资兴建的菏泽煤化工工业园开工建设，一期工程投资15.6亿元，用地1.5平方公里，建设年产110万吨焦化、35万吨甲醇和2万吨二甲醚3个项目。浙江兴达工贸公司投资3.2亿元建设年产18万吨预焙阳极项目在开发区开工建设。青岛广源发集团投资5亿元，建设的菏源润滑油项目，一期工程40万吨延迟焦化项目当年投产。中粮艾地盟、瑞丰粮油、椰风饮料、享谕食品、海宏海品、久久食品、南华食品、华英食品等粮油食品加工企业在开发区蓬勃发展起来。鲁宏水泥三期工程竣工投产，形成年产优质水泥150万吨的生产能力。鲁城水泥的生产规模扩大到100万吨。此外，德国哈尼尔彩砖、美国邦龙特种防水材料、六合粉煤灰承重砖、电力实业承重砌块、矗磊建材等项目上马后，新型建材工业成为开发区又一主导产业。四是机械电子工业。樱花五金项目建成投产，年产气排钉40万吨，华星油泵油嘴有限公司，年产长油嘴1000万付，烟台龙泵集团新上欧3喷油嘴，华飞齿轮、北方钢结构、锅炉厂、义鑫动力、山河电子、深圳美凯电子、俊龙电子等电子生产企业，在开发区发展成了机械电子制造业基地。五是纺织服装业。青龙纺织为5万纱锭，3家企业在开发区动工建设，建成后形成45万纱锭的生产规模。韩国服装工业园、源林川服饰、虹桥服装、亿丰制袋等一批织造企业建成投产，开发区的纺织服装和化纤织造业成为又一主导产业。

2007年和2008年，开发区选准发展路子、转变发展方式，推动科学发展，促进社会和谐，坚持走新型工业化道路，坚定不移地抓好大项目建设，坚定不移地发展壮大主导产业，以工促农、以城带乡、以二产促三产、以二三产业促城市化。到2008年，开发区的经济总量和运行质量获得突破。全年完成生产总值37亿元，工业项目固定资产投资完成27.25亿元，规模以上工业企业增加到102家，实现销售收入107亿元，完成工业增加值26亿元，工业经济总量实现了连续三年翻番目标。至2009年末，开发区规模以上工业企业发展到127家。

2010年，开发区以转方式、调结构、增效益为主线，以加快工业化和城市化进程、推动城乡一体化发展为重点，大力推进实施“四大基地一大产业”发展战略，围绕招商引资和大项目建设，大力发展煤化工、石油化工、机械电子、农副产品加工等主导产业，加快发展商贸物流业，重视发展文化旅游产业。为此，开发区做出了一系列部署和安排：把推动传统产业优化升级贯穿大项目建设的全过程，对新上的煤炭化工、石油化工、机械电子等项目，其设备、工艺和技术必须达到国内同行业先进水平，生产出高档次、高附加值的产品。把精深加工、拉长产业链条贯穿大项目建设的全过程。煤炭化工、石油化工、机械电子项目要向精深加工转变，农副产品加工、商贸物流项目也要深度开发。把做大做强企业贯穿大项目建设的全过程，坚持做大做强重点骨干企业，扶持发展中小企业，促进企业成长壮大。把招商引资、借助外力贯穿大项目建设的全过程，利用国家推进产业转移、促进区域协调发展这一契机，积极承接发达地区产业转移，开展招商引资活动，广泛收集招商引资信息，对其中有价值的，紧盯不放跟踪招商。把培植战略性新兴产业贯穿大项目建设的全过程，全员上下拓宽招商视野，策划论证相关项目，借机发展新能源、新材料、生物医药等战略性新兴产业，尽快培育出一批新的经济增长点。把发展低碳经济、推进节能减排贯穿大项目建设的全过程，强化发展低碳经济意识，准确把握，抢抓机遇，及早下手，掌握在新领域的发展主动权。年内开发区根据单体企业的不同情况，积极给予分类指导，协调运作，确保企业满负荷生产，实现设计产能和效益。突出抓好30家重点骨干企业，主要是玉皇化工、圣世化工、德泰化工、德润化工、德源化工、中泰煤化、金正大、洋丰、中粮艾地盟、华鹏玻璃、龙华汽配、龙泵车辆、樱花五金、绿能燃气、鑫昌机械、鹰华电子、美凯电子、中联水泥、天美生物、诚信家具等。对这30家重点骨干企业，实行定期调度制度，及时协调解决企业生产经营中遇到的困难和问题，加大资金、原材料和煤电油运组织协调力度，确保企业满负荷生产。对120家中小企业，加大帮扶力度。重点解决好融资难问题，促进其成长壮大。是年，全区规模以上工业企业实现销售收入253.8亿元，增长33.2%，实现工业增加值66.6亿元，增长33.7%。

2011年，开发区坚持“抓项目、争资金、扩内需、促发展”，强化措施、加强协调、优化服务，以企业达产达效为出发点，精心组织经济运行。加大工业经济运行调度力度。成立工业经济运行调度指挥部，组织人员深入一线、深入企业、深入实际，面对面地了解企业的生产经营状况，现场解决生产经营、产品市场和资金需求等方面的问题。帮助企业融通资金。注重企业信用等级建设；主动协调金融机构，摸清不同时期的资金投向和投量，多次召开银企座谈会，搞好银企对接，全年为企业协调贷款16亿元以上；指导企业提高管理水平。对规模以上企业，全面推行市场细分、倒逼成本、定额管理等先进管理方法，最大限度地节能减排，降低生产成本，提高资金使用效益。大力培植进出口重点骨干企业，瞄准国际市场，积极组织企业参加上海“华交会”和广州“广交会”，提高企业的外向度，实现了进出口总值的大幅度增长。同时，高度重视高新技术在企业生产中的应用，鼓励支持企业与科研院所、知名专家搞好交流合作，加快技术改造和创新步伐，提高产品技术含量和附加值，开发新产品，增强了企业的竞争能力和经济效益。三次产业结构调整到 3.8 ∶ 69.2 ∶ 27，其中三产服务业比重提高 4.8 个百分点。在具体工作中，按照“增量、提质、培强、集聚”的思路，以现代物流、商贸零售和酒店餐饮三大业态为重点，充分利用开发区的区位优势，研究提出了“三区四园”的服务业发展战略。“三区”：即围绕人民路、中华路十字黄金架，形成以国贸中心、银座、惠和为依托的商贸零售业中心，牡丹、花都、和平为依托的酒店餐饮业中心，5 大商业银行和 9 家保险公司为依托的金融保险业中心，打造中心商贸区；在新石铁路以南、人民路两侧，建设以建筑建材、家居、食品、五金家电、小商品为主的大型专业市场，打造城南商贸区；在京九铁路以东、黄河路两侧，建设汽车销售、汽车配件、汽车装具专业市场，打造城北商贸区。“四园”，即依托京九铁路、新石铁路两大交通干线，建设聚隆能源、圣世能源、中粮货运、南部仓储 4 个现代物流园。加大三产服务业项目招商力度。围绕“三区四园”建设，在引进三产服务业项目上取得了重大突破。推进实施企业二、三产业剥离。重点加大对玉皇、玉皇盛世、德润、德泰、中泰等 33 家涉及多行业、多领域企业三产项目的剥离力度，使副业变主业，不断扩大地方税基、壮大地方财力。

2012 年，管委会围绕煤化工产业，做大做强聚隆能源、玉皇化工、德润化工、明锦化工、润泉化工等重点企业，使煤化工产业链越拉越长。围绕石油化工产业，做大做强玉皇盛世、德泰化工、德兴化工、金正大、洋丰、鑫丰德洗油、德源化工等重点企业。围绕新医药产业，以东药药业为龙头，带动发展生物医药、生物化工。围绕机械电子产业，做大做强龙华、龙泵、蒙源机械、华昌科技等重点企业，形成机械电子产业集群。围绕新能源产业，以辰信新能源为龙头，先期投资 10 亿元，建设以 20 万吨 / 年聚甲氧基二甲醚项目，填补国内空白。围绕新材料产业，以山东易大利化工与中科院过程研究所合作，投资 30 亿元建设 20 万吨 MMA、10 万吨 PMMA、10 万吨异丁烷脱氢、10 万吨 MTBE 裂解及配套工程为支撑，打造新材料产业集群，确保中国导光板、光导纤维、工程塑料、液晶显示器等产业的可持续发展。与之同时，本着产业聚集、关联配套、协调互动、资源共享的原则，科学、集约、理性地开展招商引资活动，引进一批科技含量高、环境污染少、经济效益好、带动能力强的大项目、好项目，延伸主导产业链条，培育新兴产业，打造独具特色的产业集群，以高质量的大项目推动全区产业结构优化升级。按照资源化、减量化、再利用的要求，主动把握国家调结构、转方式政策机遇，扎实做好节约集约用地、自主创新、节能降耗、环境保护等方面的工作，进一步促进工业经济增长方式转型升级。坚持节约集约用地，加大投资强度，强化内部挖潜、整改整合、村庄搬迁、增减挂钩等措施，发挥土地利用最大效益，确保大项目、好项目顺利落地。加大产业结构调整力度，大力发展高新技术产业，提高技术含量和加工深度，努力推动传统产业的升级改造。

2013 年，全区完成规模以上工业企业实现主营业务收入 460 亿元，增长 24.36%。是年，服务业发展势头强劲，多业态新型服务实体投入运营，“三区一带”的发展格局初步形成。在核心商务区，形成以银座商场、新苏天美、茂业百货为主体的高端零售业中心和以和平、花都、五洲国际为主体的酒店餐饮中心；交通银行、济宁银行、浦发银行以及多家保险、担保、证券、信贷公司相继入驻营业。在工业物流区，以盛世物流、中粮物流为主体的铁路物流园区和以鲁之翼物流、交通物流信息中心为主体的公路物流园区初步形成。在汽贸产业带，齐鲁汽配城正式营业，汽车4S店、专营店新增35家，形成集汽车销售、汽车装饰、汽车维修于一体的10公里汽车产业长廊。

2014—2015年，开发区实施产业结构调整，实现经济的升级转型。改造传统产业，生物医药、能源化工、机电设备制造是开发区的主导产业，继续扩大规模，走“专精特新”的路子，上项目、搞技改，实现裂变式增长，放大和保持产业竞争优势。实施“产业提升工程”，拿出专项资金，安排30家重点企业升级改造，通过技术改造、设备更新，产生新的生产力和竞争力。支持传统产业内引外联、增资扩股、转型升级，推动产业向深精加工、技术服务等高端领域延伸，向产业链高端攀升，向价值链两端迈进。大力培育战略性新兴产业，发展以新能源、新材料、节能环保、高端制造等战略性新兴产业。生物医药产业以发展生物诊断试剂、小分子药物、医疗器械等为重点，打造成为全省生物医药重点区域。高端制造业以发展高端核能设备、高端激光器、整车装备制造等为重点，提升装备制造水平。新能源产业以石墨烯、动力电池、太阳能屋顶发电等为重点，上马一批“高”“新”项目，实现产业的现代化与高端化。与齐鲁股权交易中心，北京、上海股权交易中心及山东鲁财控股有限公司等区域资本市场开展合作，共建企业挂牌上市孵化中心，为企业上市提供孵化服务，抓住“新三板”上市的良好机遇和条件，推动一批企业挂牌上市。是年，全区完成规模以上工业企业实现主营业务收入662.7亿元，增长16.2%。

2016年，开发区着力培育一批行业龙头企业、一批在省内具有较大影响力的知名企业，帮助50家骨干企业搞技改、上项目，开拓市场、挖掘潜力，做大做强，实现规模化、集群化、集聚化发展。响应国家提出的“互联网+”“中国制造2025”号召，立足产业发展前沿，聚焦新产业、新技术、新产品，引进再生资源、光电材料、纳米技术、软件信息、3D打印等战略性产业项目，提升经济增长的新动力。年内开发区高新技术产业产值占比提高2个百分点。阿里巴巴菏泽产业带年内线上交易额达到5亿元以上，带动线下交易50亿元。是年，阿里巴巴菏泽产业带综合排名列全国第五十七位、山东省第一位；中软创客孵化基地被评为省级最受欢迎的电商服务机构，菏泽跨境电商产业园被评为省级跨境电商产业聚集区。建成使用的中印软件园是一个集大数据、大数据处理、软件开发、3D打印为一体的信息技术产业示范基地，以之为样板，加快物联网、大数据等公共平台的建设，积极推进智慧城市、智慧社区建设，努力实现工业化、信息化融合，把开发区打造为当地信息产业的先行区。全年汽车产业营业额达80亿元以上。是年开发区新增“四上”企业49家、总数达到422家，规模以上工业企业主营业务收入过百亿元企业1家、过10亿元企业9家；规模以上企业完成规范化改制8家。全市纳税百强企业开发区有11家，新增纳税过千万元企业10家，其中过亿元企业2家。

2017年，开发区党工委、管委会支持北新汇隆装配式房屋、道中道生物制药、好达实业、裕罗电器、富盟电子、中粮艾地盟等企业通过投产达效、技改扩能、嫁接外资、资本运营等方式，加速膨胀规模，拓展国际市场，做大外贸产业。鼓励进口企业，扩大引进技术、设备、原材料等，提高进口总量。鼓励出口企业，抢抓国际市场订单，扩大出口量，进一步提升经济外向度。指导帮助金正大与德国康朴公司、玉皇新能源与美国伊万特斯能源公司、坤泰医疗器械与以色列大科学家办公室、道中道生物制药与法国马克埃德公司、海吉亚与美国华平投资集团、方达再生资源与台湾惠佳电公司、宏伟车辆与德国汉斯进行项目、资本、技术、研发等合作，推进水溶肥、生物制药、电池组装、家电拆解、专科医院等项目的落地、建设投产。鼓励辖区企业，到境外开发资源、投资办厂，提升产品质量，打造国际品牌。利用广交会、鲁台经贸洽谈会、香港招商周等经贸交流合作平台，开展“点对点、一对一、面对面”的洽谈对接，引进一批投资规模大、产业关联度高的外资项目。与中国开发区协会、英国齐鲁文化商贸会、美国硅谷科创、德国舒尔茨咨询公司探讨合作，在项目对接、人才引进、科技服务、金融支持方面达成意向，重点引进世界500强和行业领军企业。发挥加工贸易转移承接地功能，承接长三角、珠三角、京津冀等地区的产业转移，扩大工业总量，用好外贸综合服务平台，为中小微企业提供“一站式”综合服务。大力发展城市客厅、市民中心、购物中心等六大功能板块，在开发区形成市区的城市中心。紫金国际年内营业，家乐福超市、香港新华国际影城等一批知名商业企业正式入驻。同时，开发区注意引进会计事务、律师事务、咨询管理、家政服务等服务业新型业态，力争成为辐射全市的核心商务区。围绕电子商务，引进和培育一批知名度高、带动力强的电子商务龙头企业，培育1家省级电商示范基地和1家省级电商示范企业。对阿里巴巴菏泽产业带增强支持力度，以好品山东为依托，引进中国制造、卓创等更多的第三方专业平台。发展跨境电商，推出1家省级跨境电商产业园，建设集跨境电子商务、保税仓库、金融支付等功能为一体的跨境电子商务产业链。年内新增2家银行类金融机构、10家非银行金融机构。筹建产业基金、创投基金、城投基金等，致力打造成为全市的金融中心。围绕汽贸产业，新引进10家汽车4S店，年内销售收入突破100亿元。以齐鲁国际汽配城市场为基地，大力发展汽车装饰、装修、护理、租赁及二手车等汽车后市场，经营搞活10公里汽车长廊。围绕总部经济，开工建设投资6亿元的中民油气总部基地，洽谈推进投资5亿美元的金正大现代农业总部经济项目，依托新世纪科技城和高层楼宇，新引进一批跨国公司、国内大企业地区性总部或分支机构。是年，全区150家规模以上工业企业实现主营业务收入686.2亿元、增长8.6%，进入全市地方财政贡献500强的企业83家、纳税百强工业企业13家，新能源新材料、大健康、机电设备制造三大主导产业主营业务收入占规模工业的比重达到87.2%。

2018年，开发区先是实施工业强区战略，狠抓实体经济，发展新动能，构建现代产业发展新体系。围绕新能源新材料、大健康、机电设备制造三大主导产业，以项目为载体，以“四新”促“四化”，对上年纳入省项目库的9个项目进行新旧动能转换，年内再策划20个项目，争取更多的项目纳入省、市盘子，做全市新旧动能转换的先行区和智能制造的先行区，全面提升开发区的发展质量和效益。瞄准世界500强、中国500强、民营百强企业、制造业百强企业，依靠产业招商、以商招商、专业招商、委托招商，引进一批科技含量高、产业层次好、质量效益优的大项目、好项目，签约投资一批过亿元大项目。完善调度机制，实施项目建设“百项工程计划”，解决项目征拆、用地、融资等难题，联绿建筑垃圾再生资源产业园、宝沃智能动力电池系统、谱元泰特医食品、好妯娌智能家电等20个项目竣工投产，新增主营业务收入100亿元以上。实施企业培育行动计划，提高纵向延伸、横向联合的能力，推动龙头企业培强培优、规模企业加快倍增、科技型企业快速成长，形成更具竞争优势的特色产业集群。支持北汇绿建集团、玉皇新能源、华立新材料、天宇科技等龙头企业做大做强做优，鼓励“有技术、有产品、有市场”的规模企业，通过兼并重组、市场联盟等形式转型发展，全年培育5家龙头企业、20家骨干企业，新增规模以上工业企业10家、主营业务收入过10亿元企业5家。全年新增10家银行、保险等金融机构，全市首家牡丹大宗商品交易中心正式开市运营，推动企业多渠道、多形式挂牌上市，全年10家企业挂牌、15家企业完成股改。鼓励更多企业利用电子商务平台开拓国内外市场，实现电商交易额100亿元以上，入驻阿里巴巴菏泽产业带企业超2000家。高端商贸业万达广场、希尔顿酒店、银座家居、紫金国际广场正式营业，华联商厦开工建设，培育一批营业额过亿元的高端商贸企业。中南冷链物流建成投入运营，投资额20亿元的菏泽智慧冷城开工建设。汽车4S店、专营店150家，营业额突破100亿元。汇集开发区的特色文化元素，规划建设现代农业产业园，挖掘整合现有2000公顷高效生态农业资源，发展观光农业、休闲农业、生态农业、近郊旅游，推进生态旅游、民俗文化旅游项目的开发，开工建设安丘堌堆文化博物馆、孔子文化酒城等产业项目，形成独具特色的文化旅游产业。发展总部和楼宇经济，利用高品质楼宇引进高端产业，实现从业态到内涵的升级。推行“互联网＋农业”发展模式，培育农业“新六产”，搭建农业云服务平台，建设智能化的现代农业示范基地。服务业增加值年内占比达到39.5%，同比提高2个百分点。威海银行、兴业银行入驻开发区，金融类机构170家；14家企业进行股份制改造，新增挂牌企业6家，总数为24家。紫金国际广场、万达广场主体竣工，银座家居广场、希尔顿酒店、大润发商场、华联商厦等一流知名品牌入驻开发区。阿里巴巴菏泽产业带新增上线企业287家、总数为1562家，综合排名列全国第三十七位、全省第一位。

第二章　经济类型

第一节　合资企业

菏泽美凯电子有限责任公司　2006年注册成立，公司位于钱塘路1555号，是深圳美凯电子有限公司与英国BVI公司联合投资兴建的一家高科技综合性的中外合资企业，系开发区驻深圳办事处介绍引进的项目。公司占地10公顷，总投资2亿元，注册资金3000万元。厂房建筑面积1.3万平方米，宿舍面积5000多平方米，生产车间拥有40多条自动生产线和近700人的生产规模。主要生产各种高、低频电子变压器、电源变压器、电源滤波器、电感器、数字音频解码设备等电磁性元件。主要产品通过CQC、UL、VDE、CE等多项安规认证。建立完善的质量保证体系，并获得质量体系认证证书。产品广泛应用于电视机、显示器、计算机、通信器材及照明灯具等电器设备，年产量3000余万只。主要供应TCL、索尼、三星、东芝、创维、康佳、沈阳LG、青岛海尔、海信、富士康、三洋、松下、Cooper、长城、三星、Sony等国内外型企业。产品远销美国、欧洲、日本、澳大利亚以及东南亚等国家和地区。

富盟电子科技（菏泽）有限公司　2014年12月注册成立，总投资1000万美元，注册资金500万美元。境内投资方为富士康（昆山）电脑接插件有限公司，出资375万美元，占注册资金的75%；境外投资方为新加坡鸿腾精密科技股份有限公司出资125万美元，占注册资金的25%。

2015年6月2日正式投产，运营情况良好。一期厂区面积7.44万平方米，其中车间面积3.28万平方米。有122条生产线、员工1439人。主要进出口产品为电缆、线缆连接器和连接线等，产品主要出口欧美、日本、新加坡等国家，并销驻台湾、香港地区。

金丰农业服务有限公司　2018年3月26日由金正大集团发起成立，世界银行集团国际金融公司（美国）、亚洲开发银行（菲律宾）、北京国际信托有限公司、临沂金丰公社投资合伙企业共同出资参与。公司总投资额近15亿美元，注册资金近5亿美元，其中国际金融公司出资5000万美元，占注册资金的10%；亚洲开发银行出资3000万美元，占注册资金的6%，公司到账外资8000万美元。

金丰农业服务有限公司的总部设在菏泽开发区，具体业务是把金丰公社的现代化农业服务全面覆盖菏泽各县区，让菏泽农户享受到金丰公社为他们带来更新的农资和技术。该公司作为中国首家开放的现代农业服务平台，汇聚全球种植业产业链上优秀的国际知名企业，在中国各重要的农业种植区域，建有1000余家县级金丰公社农业服务机构，覆盖5000万农户，全方位提供生产、金融、信息，即从种植到加工直至流通全过程的农业服务解决方案，包括土壤修复、全程作物营养解决方案、农作物品质提升、农机具销售租赁、农技培训指导、机播手代种代收、农产品品牌、产销对接、农业金融等全面、灵活的农业服务。通过贯穿种植业全过程的综合服务，充分满足种植户的需求，推动规模化、现代化种植，努力实现农民不种地、专业人员帮农民种地的作业方式。

金丰农业服务有限公司建设的平台聚集了世界银行集团国际金融公司、华夏银行、阿里巴巴蚂蚁金服等金融机构，金正大、巴斯夫、拜耳、汉和航空等业界领先的肥料、农药、飞防、农机公司；正大集团、阿里乡村大农业、百果园、京东农业、鲁花集团为金丰公社搭建产销对接的高效通道，破解农产品销售难和售价低等难题；此外，互联网企业的加入，农业物联网、遥感技术等积累海量农业大数据的运用，将引领开发区农业智能化发展。

山东欧铭斯生物科技有限公司　由中国3个自然人与美国的快乐家族宠物食品公司合资设立，注册资金1000万元，投资总额1000万元，外资600万元。经营范围为生物科技研发；宠物食品、宠物保健品、兽药、宠物用品、动物饲料原料的生产与销售。公司规划占地6.2公顷，其中建筑占地2.7公顷，建筑总面积7.6万平方米，年产宠物食品1.5万吨，宠物保健品3000吨。

1992—2018年菏泽经济开发区中外合资企业情况表

表7-1　　单位：万美元

企业名称	国别或地区	经营范围	投资金额
菏泽恒立绣品有限公司	葡萄牙	工艺绣毯、绒绣制品	90
菏泽华通电子塑料有限公司	日本	电子电器制品	15
菏泽天河油墨制造有限公司	马来西亚	油墨	2

续表7-1

企业名称	国别或地区	经营范围	投资金额
菏泽南华食品有限公司	日本	食品加工、销售	37.5
菏泽恒信纺织品有限公司	英国	机绣、电脑绣与抽纱	2.5
菏泽南华百味鲜食品有限公司	日本	食品加工、销售	10
菏泽大地裘革制品有限公司	美国	裘革制品、毛皮、工艺品	5
菏泽良桐家具实业有限公司	日本	日式烧桐家具	10
菏泽汇通纺织品有限公司	俄罗斯	纺织品、皮革加工、皮玩具	3
菏泽盛龙电子有限公司	美国	电子元器件，电脑配件及电脑连接线，电子线，塑胶制品，塑钢模具，电脑线塑胶壳、铁壳、螺丝	4.99
菏泽华纳实业有限公司	美国	裘革服装、木制品、工艺品	21
菏泽蓬盛实业有限公司	俄罗斯	裘革服装、花卉、皮毛工艺品、灯具	21
菏泽华盛裘革工艺有限公司	俄罗斯	裘皮工艺品、裘革服装、布匹服装及其原材料和辅料	2
菏泽市龙威食品有限公司	美国	食用菌、罐头、菇粉及蔬菜的深加工与销售	50
中粮艾地盟（菏泽）有限公司	美国	花生、棉籽、菜籽、小麦、玉米等农产品加工及其副产品的深加工，生物饲料、蛋白饲料的开发、生产与销售	960
富权融资担保有限公司	英国	融资贷款担保	2228
菏泽世纪煤化有限公司	撒摩亚	煤化工，自备电力项目筹建；投资、理财、经济信息咨询；企业资产重组和结构调整咨询策划	152.5
菏泽邦龙特种防水材料公司	韩国	特种防水材料的研发、加工生产及销售	112
菏泽美凯电子有限公司	英国	电子变压器、电源滤波器、电感器；电源变换器；数字音、视频编解码设备（机顶盒）；电子产品用塑胶件、五金件	262.5
菏泽众德肥料有限公司	德国	复混肥	40
山东明达环保科技有限公司	日本	环保制品、家居制品、木制品、工艺品的研发、生产、营销和售后服务	35
菏泽德普五金制品有限公司	加拿大	制造、销售气排钉、码钉、塑排钉、卷钉及其他五金制品	21
菏泽爱思开能源有限公司	韩国	改造节油装置、汽车美容与维修、车辆清洗及相关配套服务	4.9
山东亨德利科技肥业有限公司	挪威	磷肥、磷铵、尿素、复合肥的生产与销售	
派乔易生物科技有限公司	法国	采用生物工程技术的新型药物、新型药用辅料、颗粒剂、硬胶囊剂、口服液、糖浆剂及化妆品开发与生产项目的筹建	429
富盟电子科技菏泽有限公司	新加坡	研发生产加工用于电脑及电脑周边设备、服务器、网络通信设备、音像、影视设备以及汽车电气系统的电子接插件、线缆组件等新型电子元器件、新型仪表元器件；及其上述产品零配件和相关软件的开发；销售自产产品	125
金丰农业服务有限公司	国际金融	农业机械服务、灌溉服务；农业技术开发、技术咨询、推广服务；农副产品、农产品初加工服务；灌溉设备、农林机械设备、农具的销售；农业应用的软件的开发与集成	0
菏泽英格瑞研医疗光学有限公司	英国	激光设备技术的研发，电子产品、化妆品、一类医疗器械的研发、进出口及批发零售；企业形象策划	10
山东宝沃动力系统有限公司	美国	电动汽车电池系统、储能电池系统、电池管理系统及相关辅助产品的设计、研发、生产、销售及相关服务	2
山东欧铭斯生物科技有限公司及销售	美国	主要从事宠物用品、食品和药品的生产	
合计	46		17988.19

1992—2018年菏泽经济开发区与香港、台湾合资企业情况表

表7–2　　单位：万美元

企业名称	地区	经营范围	投资金额
山东华泽精密模具有限公司	中国香港	模具、塑料五金产品	45.25
菏泽金丰房地产开发有限公司	中国台湾	地产开发、水电暖安装	85
菏泽云川工艺品有限公司	中国台湾	草柳编制品、木制品	4
爱德重工（菏泽）有限公司	中国香港	生产销售搅拌车搅拌罐及各种建筑机械	67.8
菏泽爱新木业有限公司	中国台湾	木材加工	57.75
菏泽桦阳实业有限公司	中国香港		1098
菏泽东亚纺织有限公司	中国香港	棉花、纺纱、皮棉的销售、棉纺织品的生产销售与印染	264
山东嘉华食品有限公司	中国香港	农副产品的收购、储存、加工、销售	51
盛发实业（菏泽）有限公司	中国香港	从事普通房地产的开发、建设、销售及经营	850
菏泽市信弘家具有限公司	中国台湾	木制家具、铁制家具、玻璃家具、布艺家具及家具配件的生产与销售	6.2
菏泽富贵花簇生物科技有限公司	中国台湾	生物工程与采用生物工程技术的新型药物的研究与开发、卫生产品、保健（食）品、化妆品、日用百货、服装服饰、皮革制品、鞋帽、玩具、音像设备及器材、包装材料、工艺品、食品、红酒、化工原料（不含化学危险品）、塑胶制品、医疗器械的进出口及批发零售；国际经济、科技、环保信息咨询服务	
菏泽之星汽车服务有限公司	中国香港	汽车销售；汽车配件、零部件及装具的零售，提供汽车美容及相关服务；二类汽车维修（小型车辆维修）；提供相关咨询服务；二手车经销；汽车租赁	460
菏泽新达建筑工程有限公司	中国香港	建筑工程、市政公用工程、矿山工程、消防设施工程的施工；古建筑工程、地基基础工程、钢结构工程、建筑装饰装修工程施工	2

第二节　港澳台资企业

菏泽富贵花簇生物科技有限公司　2015年4月24日注册成立，11月10日在菏泽开发区科技企业孵化器揭幕运营，是一个大健康产业型企业，主要经营生物工程与采用生物工程技术的新型药物的研究与开发，卫生产品、保健（食）品、化妆品、餐具洗洁剂、日用百货、服装服饰、音像设备及器材、包装材料、工艺品、食品、塑胶制品、医疗器械的生产加工、货物进出口业务。该公司由台湾挺卫国际集团和台湾金瑞发国际有限公司共同投资兴办，采用来自台湾的原料和技术，专业从事ODM、OEM化妆品、保养品的生产和推广。

菏泽富贵花簇生物科技项目，合同金额700万美元，首期投资100万美元，2015年5月开工建设，在开发区科技孵化器内建成标准厂房、办公区、仓库3000平方米，投入运营后，年实现销售收入3000万元、利税300万元。

2017年，富贵花簇公司与开发区签订13.6公顷用地合同，投资建设健康产业园，总投资600万美元，建成厂房1万平方米，仓库5000平方米，健康体验室、美丽保养室、科研办公综合楼及附属设施5000平方米，配有景观绿地。设计能力为年销售收入2亿元、利税1500万元。

1992—2018年菏泽经济开发区港澳台投资企业统计表

表7-3　　单位：万美元

企业名称	地区	经营范围	投资金额
菏泽金谷娱乐电子有限公司	香港	餐饮娱乐、电子产品加工	
菏泽云川工艺品有限公司	台湾	草柳编制品、木制品	4
菏泽万德食品有限公司	香港	芦笋罐头、饮料	50
菏泽巨人实业有限公司	台湾	电子喷香器、太空水	160
菏泽枝源木业有限公司	台湾	胶合板、家具、木制品	
菏泽天地建材有限公司	香港	新型建筑装饰	65
菏泽俊龙电子有限公司	台湾	电子元器件、塑钢模具	60
菏泽杨氏轻纺发展有限公司	香港	纺织品	998
菏泽领翔家具有限公司	台湾	家具、木质工艺品	
菏泽东峰木业有限公司	台湾	木制品生产、加工、销售	8.5
菏泽融峰软件开发有限公司	香港	软件开发销售、系统集成	6.05
黄海粮油工业（菏泽）有限公司	香港	花生、大豆等食用油及粕	1186
菏泽祺智环保科技有限公司	台湾	高能电控补气装置及售后服务	40
菏泽立泰华工科技有限公司	台湾	化工产品	254
菏泽旭升交通能源有限公司	香港	道路、热电厂、污水处理及其配套项目的建设运营	2
菏泽英达实业有限公司	香港	普通住宅开发，绿色环保包装产品	1
菏泽中商置业有限公司	香港	普通住宅的开发与销售	
菏泽华江科技饲料有限公司	台湾	饲料和包装袋	10
菏泽珍味佳食品工业有限公司	台湾	食品罐头饮料农副产品加工	
菏泽春达发展有限公司	香港	棉丝混纺系列产品及各类装饰用布	2980
菏泽威信制衣有限公司	香港	各种羊毛衫、纺织品及纺织原料的生产销售	6.3
菏泽维一环保科技有限公司	台湾	生产销售各种环保包装材料	380
菏泽中有线通网络有限公司	香港	研究、开发、生产计算机软件；网络技术、网站技术、多媒体技术的研发；系统集成；提供技术咨询，技术转让、技术服务、技术培训	
菏泽颐房颐地咨询有限公司	香港	国际经济、科技、环保信息咨询服务	1.58
菏泽和利隆生态科技有限公司	香港	生物有机肥、生物饲料、微生物复合菌剂的销售	16
菏泽富贵花簇生物科技公司	台湾	生物工程，新型药物的研究与开发，卫生产品、保健（食）品、化妆品、日用百货、服装服饰、音像设备及器材、包装材料、工艺品、食品、塑胶制品、医疗器械的进出口；国际经济、科技、环保信息咨询服务	70
菏泽禾富生物科技有限公司	台湾	果蔬饮料、环保餐具、有机肥料、保健品、化妆品、茶叶的销售	10
菏泽新达建筑工程有限公司	香港	建筑工程、市政公用工程、矿山工程、消防设施工程的施工；古建筑工程、地基基础工程、钢结构工程、建筑装饰装修工程施工	1
菏泽海嘉建设有限公司	投资集团	房地产开发、经营、设计施工。普通住宅建设及经营、道路、架线和管道工程、城市园林绿化工程的建设及咨询服务	4
合计	30		18417.53

第三节　外资企业

菏泽好达实业有限公司　2006年8月，由美国可达公司独资兴建，总投资1300万美元，注册资金1000万美元，公司占地7.33公顷，总建筑面积5万平方米，厂房面积3万平方米。主要生产汽车配件、空调配件和口腔清洁系列用品，主导产品是塑料牙线牙签。已从单一的牙线牙签产品逐步发展成牙签系列，产品品种有几十多种，成为中国乃至亚洲最大的专业生产牙线牙签的制造商。产品出口到欧美、日本等国家及销注港澳台地区每年出口创汇1.2亿美元，实现利税1000万美元。

菏泽挺卫健康发展有限公司　由挺卫国际集团有限公司注册成立。2017年12月22日，菏泽开发区与该公司正式签约，共同投资10亿元建设菏泽挺卫健康产业动能创新园项目，在上海路西、闽江路北、福州路东、湘江路南建设生产基地，主要生产制造保养品、食品、功能性生物制药以及开发休闲养生产业。

一期投资1.5亿元，2018年3月开始施工，项目为独具特色的四大龙头健康产业观光旅游工厂，其中功能包含生产、仓库、办公、综合科研及销售接待中心约4公顷，预计年产值1亿元。第二期规划占地约6.67公顷，建设10个中型生产车间、80个小型多功能模组车间，车间功能包含办公、制造、观光、销售（前店后厂）一体的大健康产业集聚园区，预计年产值3亿元。第三期规划占地约2.93公顷，将建设高标准行政办公大楼、一带一路国家特色馆、中国梦——寻梦园创客空间、新旧动能转换成果馆、专家人才公寓、国际会议中心、申请挂牌“国家级两岸青年创业基地”、挂牌工业旅游为特色的“国家AAAA级景区”，打造华北地区知名的大健康产业园，创办山东省省级创业孵化基地，协助菏泽建成产业国际集聚、精准扶贫及社会型企业示范项目。项目一期工程于2021年3月31日前竣工投产，整个项目将在2025年3月31日前全部建成投产。

1992—2018年菏泽经济开发区外资企业情况表

表7-4　　单位：万美元

企业名称	国别	经营范围	投资额
菏泽大吉机械配件有限公司	韩国	摩托车零配件	12
菏泽东亚王朝有限公司	韩国	木制品、工艺品	28
菏泽西杰机械电子有限公司	美国	弹性元件、机械配件、电子元件	85
菏泽乔尹康保健品有限公司	美国	葡微素、鱼油	
菏泽金阳食品有限公司	韩国	汤粉、桔梗、牛蒡	46
菏泽帝都实业有限公司	美国	电子元器件、药材中间体	1
菏泽格林造景有限公司	韩国	花木及进出口、园艺工程	50
菏泽汉悦工贸有限公司	美国	工艺品、礼品、棉花棒	65
菏泽正达工艺品有限公司	美国	皮毛玩具、工艺品	12
菏泽纳德科技发展有限公司	美国	石油合成尼龙叶黄素研发	140
菏泽红美工艺制品有限公司	俄罗斯	毛皮制品、裘革服装	10
菏泽赛贝尔服饰有限公司	韩国	服装、服饰、针纺织品	6.05
菏泽美联矿产资源开发有限公司	美国	煤层气的勘探和开发	2888
华亚加亚（菏泽）台塑城基业有限公司	加拿大	塑料管材、管件、阀门	210
菏泽亚龙实业有限公司	马来西亚		121
菏泽晨兴皮草工艺有限公司	俄罗斯	裘皮工艺品、裘革服装、布匹服装及其原材料和辅料	9.7
菏泽白明木业有限公司	韩国	中高密度纤维板、贴面板及各类木制品的生产销售	
菏泽润丰缝纫制品有限公司	罗马尼亚	生产经营各类手套、针织服装、鞋帽、床上用品	50
菏泽世飞服饰有限公司	韩国	生产加工销售各类服装及绣品	60
菏泽恒通精细化工有限公司	俄罗斯	生产经营橡胶助剂和防老剂	15
菏泽富利达服饰有限公司	俄罗斯	羽绒服装、裘革服装、针织品及床上用品	

续表7-4

企业名称	国别	经营范围	投资额
菏泽韩吉家具有限公司	韩国	民用家具和办公家具的生产及销售	10
菏泽好达实业有限公司	美国	塑料制品、汽车配件、日用和工业用五金制品、注塑模具、环保包装制品、花卉。商务咨询	980
菏泽润潮金属制品有限公司	韩国	小型农用机械、金属制品、园艺用品的生产加工。销售本公司产品	
菏泽知伊动漫有限公司	日本	动漫设计制作、印刷品企划、包装设计制作、印刷品资料输入出业务	2
菏泽利普索航空科技公司	澳大利亚	非专控无人机的技术开发、技术咨询及销售；航空材料的技术开发、技术咨询及销售	357
菏泽挺卫健康产业发展有限公司	英国	主要从事生物技术类保健品、化妆品的研发和生产	4
合计	27		12456.8

第三章　主要经济指标

第一节　地区生产总值

1995 年，开发区的经济指标和牡丹区捆绑在一起，人均地区生产总值 1989 元，2000 年增至 2274 元。2001 年以后，开发的工业生产活动迅速发展起来，人均生产总值随之增长到 5126 元。2002 年，增长到 9200 元。

2003 年以后，开发区连续出现的旱情、涝情得以缓解，农业生产趋于稳定，工业项目大量投入，骨干企业迅速膨胀，高端商贸、专业市场发展起来，开发区的国民经济总量上升，地区生产总值增长较快。2008 年，开发区的生产总值 37 亿元，人均 1.76 万元；2009 年，全区实现地区生产总值 58.35 亿元，人均 2.54 万元；2010 年，完成地区生产总值 71.52 亿元，人均 3.46 万元，分别比 2008 年和 2009 年增加 1.7 万元和 0.92 万元。

2011 年，开发区的经济继续保持强劲上升势头，特别是金融保险、现代物流、电子商务、楼宇经济、汽车贸易、城市生活服务等现代经济形式蓬勃兴起、裂变式发展，把开发区的整体经济水平推向崭新高度。到 2015 年，开发区地区生产总值 151.1 亿元，比 2010 年增加 79.58 亿元，增长 1.11 倍，人均产值 6.55 万元，比 2010 年增加 3.09 万元，增长 89.3%，年均增幅 13.61%。

2018 年，完成生产总值 195.22 亿元，同比增长 8.6%。

2009—2018年菏泽经济开发区地区生产总值统计表

表7-5

年份	指标（亿元）	增幅（%）
2009	58.35	
2010	71.52	22.57
2011	87.19	21.91

续表7-5

年份	指标（亿元）	增幅（%）
2012	100.14	14.85
2013	120.12	19.95
2014	135.13	12.49
2015	151.1	11.75
2016	159.7	4.37
2017	173.5	8.64
2018	195.2	8.60

第二节　规模以上工业增加值

2001年，开发区工业增加值1.8亿元。2002年，上升至3.5亿元，增长94.44%。2003年，完成工业增加值3.6亿元。2004年，完成工业增加值6.9亿元，同比增长91.6%。2005年，全区完成工业增加值10.05亿元，同比增长45.65%，其中24家规模以上工业企业完成工业增加值3.3亿元，同比增长155.89%。

2006—2009年，开发区生物医药、能源化工产业蓬勃发展起来，一批骨干企业得到迅速成长。2009年末，开发区规模以上企业127家，与2005年相比增加103家，增长4.29倍。2009年，规模以上企业实现工业增加值49.8亿元，与2005年相比增加46.5亿元，增长14倍，年平均增长352%。

2010年，全区规模以上工业企业完成增加值66.6亿元，同比增长33.73%。到2015年，开发区完成工业增加值77.72亿元，与2010年相比增加36.3亿元，增长87.64%，平均每年的增长幅度为13.41%，远远高于当时中国的平均增长速度；规模以上工业增加值145.55亿元，与2010年相比增加78.95亿元，增长1.18倍，年均增幅16.93%。2018年，开发区工业企业完成工业增加值达到95.6亿元，与2015年相比，年增长幅度为7.04%。每年增加额高于5亿元。

2009—2018年菏泽经济开发区工业增加值、规模以上工业增加值情况表

表7-6

年份	工业增加值（亿元）	增长率（%）	规模以上工业增加值	增长率（%）
2009	34.93		49.80	
2010	41.42	18.58	66.60	33.73
2011	51.23	23.68	80.61	21.04
2012	58.84	14.85	96.09	19.21
2013	70.19	19.29	112.36	16.95
2014	73.46	4.66	128.79	14.63
2015	77.72	5.80	145.55	13.01
2016	79.47	2.25	159.68	9.71
2017	88.91	11.87		
2018	95.6	7.00		

第三节　规模以上工业利税总额

2001—2003 年，开发区工业企业的生产经营状况不佳，10 个规模以上企业有 5 个处于低迷状态。2002 年，实现利税总额 3324 万元，2003 实现 9200 万元。2004 年以后，开发区的工业运行质量明显提高。2004 年，实现利税 2.2 亿元，同比增长 121.5%。2005 年，实现利税 6.32 亿元，同比增长 97.5%。4 年为利税总额增加 5.98 亿元，增长近 17 倍。

2006 年以后，开发区调整理财思路，加强财源建设，进行财政改革，科学运作资金，大力发展企业，拓宽财政增收渠道，国税部门以纳税评估系统上线运行为契机，不断完善税源监控管理办法，堵漏增收，地税部门落实“抓大、控中、定小”的征管思路，推进税收信息化、规范化，不断完善税收征管体系，提高税收征缴能力，在企业经营业绩不断好转的前提下，实现了当地财政收入的增长。到 2010 年，全区完成利税总额 28.55 万元，同比增长 47.24%，与 2005 年比较，增加 22.23 亿元，增长 3.52 倍。至 2015 年，全区完成利税总额 108.46 亿元，与 2010 年比增加 79.91 亿元，每年的增长幅度 30.6%。

2009—2016年菏泽经济开发区规模以上工业利税总额情况表

表7-7

年份	完成指标（亿元）	增长幅度（%）
2009	19.39	
2010	28.55	47.24
2011	44.65	56.39
2012	56.56	26.67
2013	73.12	29.27
2014	92.95	27.12
2015	108.46	16.69
2016	118.97	9.69

说明：2016 年以后不再公示

第四节　地方财政收入

1992—1995 年，开发区坚持自费开发道路，举债经营、借钱投资，实现财政收入 321 万元，财政状况稍有好转。

1996—2000 年，通过招商引资、土地经营，开发区财政收入逐年有所增加，1999 年达到 738 万元。

2001—2005 年，开发区财政收入出现快速增长，2004 年突破亿元大关，达到 1.06 亿元，2005 年突破 1.5 亿元。5 年完成财政总收入 4.28 亿元。开发区先后完成 10 纵、11 横 21 条道路建设，新城区路网框架基本形成，主要路段全部实施绿化、美化、亮化工程，主要街道、公共场所和社区、居民小区实现环卫工程“无缝覆盖、24 小时保洁”，辖区内“五通一平”综合服务功能和城市载体功能得到提高，具备了大项目、强势企业到菏泽开发区投资兴业的条件，成为客商投资兴业的乐园。

2006—2010 年，2006 年开发区财政收入突破 2 亿元，2007 和 2008 年分别超过 3 亿元、4 亿元，2010 年达到 6.61 亿元。按照财政收入来自社会、用之于民的指导思想，开发区提出依据“六个一流”，建设“十大工程”的规划。这十大工程分别是东区路段的供水、排水和电力管网，丹阳路跨京九铁路大型立交桥，长江东路的慢车道、人行道及两侧绿化，建设珠江路，完成人民南路的配套工程，修建和平南路、中原路和站前路，开发建设东部新规划区大型居民区等十大工程竣工后，形成了崭新的时代亮点。

2010 年以后，开发区财政支出进入普惠民生阶段。2011 年，开发区财政收入超过 10 亿元，2014 年达到 22.37 亿元，2018 年为 33.61 亿元。开发区推出公共事业建设和发展民生事务工程。2011 年，投资 1.5 亿元，修建中山路、振兴路、台湾东路、丹阳路、福州路、八一西路、桂陵路、南外环 8 条道路；投资 1.5 亿元，实施黄河东路拓宽改造提升工程；投资 1660 万元，完成广州路中学、大屯小学、赵堂小学等 15 所重点中小学的配套设施建设；为全区中小学生免除杂费 508.5 万元，补助学校公用经费 304.6 万元，拨付新农合基金补偿金额 1616.8 万元，一年中发放城市低保金 99.57 万元、农村低保金 370.16 万元、五保供养资金 37 万元、城乡医疗救助金 25 万元、特困生帮扶资金 10.15 万元。2012 年投入财政资金配套完善赵王河、洙水河景观带，建设 26 条 80 公里排污管网，新修 8 条 21 公里新区道路，绿化了广州路、黄河路等 7 条道路，新增绿化面积 30 万平方米，为 12 条道路安装路灯。投资 3340 万元，建设和完善佃户屯中学、三里河小学、赵王李小学等 9 所中小学的教学设施。

2013 年，继续加大民生事业支出，占公共财政预算支出的 65.25%，新建 8 所小学和幼儿园，面向社会公开招聘教师 92 人。2014 年，投资 5 亿元建设开发区高级中学和九年一贯制学校，投资 3400 万元新建 6 所公办幼儿园，对 5 所中小学进行改造，面向社会公开招聘教师 205 人。2015 年，投资 3.43 亿元，实施“改薄”（改造薄弱学校）项目 32 个；投资 1.2 亿元，完善新建高中和九年一贯制学校的配套建设。2016 年，建成 10 个垃圾中转站，26 处停车场、便民市场、全民健身工程。2017 年，新修、提升和改造道路 13 条计 61.7 公里，完成人民路、长江路、中华路等 7 个主要交叉路口的渠化工程，投资 4.1 亿元开工建设学校 9 所、续建 3 所，建成投用学校 11 所，解决了城区大班额问题，推进医疗养老事业发展，妇幼保健院、佃户屯养老中心投入使用，海吉亚医院主体竣工。2018 年，全区民生投入 12.02 亿元。加大对“三农”的投入力度，改善农村生产生活条件，共支出资金 6415 万元，支持农业和农村经济的发展。落实农村公益事业“一事一议”财政奖补政策，推进新农村建设。支持教育、科技、文化等社会事业健康发展，全区教育支出达 2.76 亿元，占全区财政支出比重 12.17%。增加社会保障投入，支持社会保障体系建设，扶持社会弱势群体和维护社会稳定。全区社会保障及医疗卫生支出 1.79 亿元。

2001—2018年菏泽经济开发区财政收入情况表

表7-8　　单位：万元

年份	收入总额
2001	3831
2002	4949
2003	6886
2004	10644
2005	16467
2006	23685

续表7-8

年份	收入总额
2007	31886
2008	40482
2009	47384
2010	66114
2011	110890
2012	140117
2013	211296
2014	223705
2015	247754
2016	274540
2017	303704
2018	336124

第八编 工 业

1992年，开发区开始引进工业项目，至2000年，共引入大小工业项目30多个，10余个企业建成投产，累计完成销售收入50亿元，实现税收2.1亿元，为地方财政贡献1.36亿元。

2001年，把引进工业项目作为开发区各项工作的重中之重。2003年6月，世界500强企业——中粮集团有限公司与美国ADM公司（全球最大的粮油集团）联合出资4.8亿元，兴办大型粮油加工企业中粮艾地盟有限公司；2004年，全国制钉行业龙头企业——山东樱花五金集团在开发区兴办注册资金3000万元、占地25.33公顷的分公司。成为开发区工业发展的支撑点。

2005年，开发区规模以上企业增加到24家，完成工业增加值3.3亿元，实现销售收入13.6亿元；全区工业企业完成工业增加值10.05亿元，实现销售收入38.64亿元，完成进出口总值4200万美元，其中出口4085万美元、进口115万美元，全区工业企业实现利税6.32亿元、利润3.37亿元。

2010年，开发区规模以上工业企业发展到130家，全年实现销售收入253.8亿元，完成工业增加值66.6亿元，进出口2.03亿美元，其中出口7604万美元，各项主要经济指标实现了2006年初提出的“十一五”前三年连年翻番、后两年再翻一番的目标。

“十二五”期间，发展能源、机电、生物医药三大产业，辖区内已拥有金正大、玉皇化工、道中道、盛世能源、天宇新材材料等一批投资大、产能高、技术领先、发展速度快的新型现代化企业。2011—2015年5年间，全区规模以上工业企业主营业务收入由253.8亿元增加到662.7亿元，进出口由2.1亿美元增加到7.57亿美元。

2016年，开发区规模以上企业143家，其中1家企业的主营业务收入超过100亿元、2家过50亿元，有6家企业的销售收入突破5亿元。2017年，开发区规模以上企业的主营业务收入增长8.6%，利税增长29.7%，其中进入全市地方财政贡献500强的企业83家、全市纳税百强工业企业13家。2018年，投资额500亿元的“鲁西南数据城”开工建设，新旧动能转换工程全面启动。

第一章 工业管理

第一节 管理方式

开发区成立后，管委会对工业企业的管理就是顺应价值规律的作用，用市场法则调节企业的生产经营活动，实行的是市场经济管理体制，政府不干预企业的生产经营活动，不参与企业的决策，不指挥企业的劳动用工，企业在自己的活动领域内享有充足的独立自主权。

政策引导 1992年7月开发区设立之初就把招商引资的重点确定为“三高”项目，从用地价格、税收减免等诸多方面加以倾斜，鼓励企业将资金投向技术含量高、附加值高、出口创汇能力强的生产加工项目上；为引导企业做大做强，从2015年开始，管委会将规模较大、成长性强、有一定比较优势的企业确定为重点企业，给予重点支持和培育，在融资、用地、退税等方面给予政策倾斜，年终进行表彰奖励，促进企业提高经营能力，扩大生产规模；为引导企业科技创新，开展关键技术攻关、设备升级改造、成果转化，对新认定的国家级、省级高新技术企业，分别给予一次性奖励20万元、10万元。对投入研发资金比重高、产品有市场、研发能力强的企业，优先推荐申报国家和省级科技项目，优先评定和推荐各类创新奖项，享受奖励性专项补助资金。

宏观调控　企业申请注册，开发区管委会的职能部门首先审查其是否符合国家的产业政策，是否存在市场需求，有无发展壮大的未来空间，防止企业投资失误，造成不应有的浪费。企业运行过程中，开发区的职能部门密切关注产品供应和社会需求的匹配比例关系，对过剩产能行业杜绝进入，并及时提出调整转产方案，帮助相关企业走出困境，赢得转机。近几年，在国家坚持节能环保发展战略的大形势下，开发区管委会态度明确，措施得力，果断关停20多家规模小、设备旧、耗能高、污染严重的企业，维护了社会和人民的利益。

法律约束　开发区重视法治化建设，严格贯彻落实国家和地方颁布的各项法律法规，坚持靠法律手段约束规范企业的生产经营行为，引导企业合法守法经营，争做文明守信单位。在开发区境内，守法经营的企业会得到管委会的表彰奖励，违法违规企业无处藏身。自开发区成立以来，有10余家制假企业被取缔，20余家违反《中华人民共和国劳动法》的单位被整改警告，30多家排放超标的工厂被停产改造。

企业自立　开发区的企业，皆是依法设立，独立自主开展生产经营活动的经济组织，他们根据法律要求和社会需要各自规划安排自己的各项活动，独自承担相应责任。开发区境内有149家企业成为规模以上企业，同时有100多家工厂被市场淘汰。

第二节　企业上市

2010年，开发区管委会认识到企业通过上市进入资本市场对于企业自身和当地经济发展具有不可替代作用。加快推进企业上市，有利于企业建立规范的现代企业制度，实现规模快速扩张、跨越式发展；有利于企业实现制度创新、管理创新、技术创新，提高企业品牌价值和市场影响力；有利于拉动地方经济快速发展，实现财税增收、就业增加，提高区域经济发展整体竞争力。自此，管委会开始对企业进行规范化股份制改造，提高法人治理水平，鼓励符合国家产业政策、环保过关、主业突出、成长性好的企业上市，并组织有关部门规划、引导、协调辖区企业开展改制上市工作。

2015年，管委会印发《关于加快推进企业上市工作的意见》，明确提出组织开展企业上市工作的指导思想：以科学发展观为统领，以国家的政策为指引，以壮大企业规模、提高企业核心竞争力为目标，以优势骨干企业和高新技术企业为重点，围绕扩大直接融资，促进优势企业做大做强，带动相关产业发展。坚持政府引导，企业自主，市场化运作，扎实开展企业上市的指导协调和服务工作，鼓励、引导、促成一批成长性好、发展潜力大的企业上市，推动全区经济社会更好更快发展。具体的方向目标是按照“储备一批，培育一批，申报一批，上市一批”的工作思路，综合考虑企业规模实力、上市意愿和发展潜力，每年筛选后备企业充实上市资源库，对符合条件的企业助推其在国内外公开发行股份上市，进入新三板和齐鲁股权交易中心等股权交易市场挂牌交易，提高企业融资能力，促进全区经济社会更好更快发展。

为了促进企业上市工作的开展，有效调动企业上市的积极性，开发区管委会提出了企业上市奖励政策：

1. 拟上市企业投资新建符合国家产业政策的项目，发改、国土、环保等部门优先办理立项，优先安排土地使用指标，优先办理环评的预审、转报或核准手续。

2. 拟上市企业在改制重组过程中发生的土地、房产、车船等权证过户费，按规定标准仅收取工本费。各种行政性收费按最低标准收取。

3. 拟上市企业自建自用的生产性建设项目，自进入上市辅导之日起，3 年内免缴城市基础设施配套费（不含供热、供气、供暖）、水土流失防治费。

4. 从 2014 年起，区预算安排的各类技术改造、技术开发与创新等专项资金，优先用于符合条件的拟上市企业的重点技术项目。优先推荐拟上市企业的重点技术项目申报国家和省、市科技计划，争取上级在项目和资金上的支持。

5. 对符合条件的拟上市企业，发改、财政、科技等有关部门在申报国家高新技术产业项目配套资金、中小企业专项资金、科技型中小企业创新发展专项扶持资金等各类政策性资金方面给予优先支持。

6. 拟上市企业改制设立股份有限公司，需要办理土地出让股权分红和契税、营业税手续时，按照一事一议、特事特办的原则，按照税法规定给予相应的税收优惠。

7. 拟上市企业享受的关于企业上市优惠政策所获扶持资金，应重点用于企业的污染治理、节能降耗、技术创新，以提高企业可持续发展能力，增强市场竞争力。因企业自身原因，自享受优惠起 3 年内未能实现上市，该企业需补交所免费用，退还所获扶持资金。

8. 管委会设立企业上市专项资金，主要用于上市后备企业的培育、辅导、上市前期的费用补助，并对于上市企业进行财政奖励。

9. 建立企业上市激励机制。已聘请中介机构完成股份制改造的，一次性奖励 10 万元；上市辅导期满并通过证券监管部门验收，上市申报材料经中国证监会正式受理的，一次性奖励 20 万元；在国内主板、中小板、创业板或香港及境外成功上市的，一次性奖励 50 万元；在新三板上市的，一次性奖励 20 万元，在齐鲁股权交易中心及其他合法股权交易场所挂牌的，一次性奖励 20 万元；首发上市融资额达到 2 亿元的，一次性奖励 50 万元，融资额每增加 1 亿元奖金增加 5 万元；上市后增发股票成功，募集资金全部投入开发区的，一次性再奖励 30 万元。以上奖励资金由区财政负担。

在具体运作过程中，开发区管委会切实加强对企业上市工作的组织领导，主要领导亲自抓，分管领导靠上抓，明确专门的工作机构，负责做好企业上市的组织、协调和推进工作。根据各自职责和分工，加强对企业上市相关政策的调查研究，及时解决企业上市工作中遇到的困难和问题，集中资源优先支持企业上市。

在活动安排上，开发区管委会通过学习培训，参观考察，现身说法等形式，让企业了解上市对企业积累财富、规范管理、做大做强的诸多机遇，提升企业上市的信心。引导企业重视实体经济的发展，同时更加重视虚拟经济的发展，让企业学会利用资本市场谋发展的本领，提高企业资本运作和资本运营水平。

在方向选择上，开发区管委会坚持境内上市与境外上市并举，主板、中小板、创业板上市和新三板、齐鲁股权交易中心及其他符合国家有关规定的股权交易场所挂牌交易并重，根据企业的不同特点和境内外资本市场的要求，帮助企业选对选准上市方向和路子。对效益增幅较大，行业排名靠前的企业，促其在国内主板上市；目前规模不大，但有一定发展潜力和较高成长性的中小型企业或高科技企业，可选择国内中小板、创业板、新三板、股权交易中心上市或者境外上市；对当时自身上市条件不够成熟，但业绩比较平稳的中小型企业，可选择资产重组、借壳、参股上市的路子。

在措施政策上，开发区管委会一是培植优势支柱产业，广泛吸收和采用高新技术改造提升传统行业，拉长产业链条；二是培植优势民营企业，加大技术、管理、制度创新力度，扶持和推动民营优势企业优化资本结构，适时进行规划公司制改革，完善法人治理结构，拉升产品技术含量，提高企业管理水平，建立符合上市要求的机制；三是培植高新技术企业，按照“新、特、精、专”的发展路子，积极扶持企业加大投入，壮大规模，增强实力，把技术优势转化为经济优势、发展优势。鼓励企业利用现有核心技术吸引新的投资主体，优化资本结构，走多元化发展的路子，尽快形成科技创新的人才聚集和基本运作机制，促进高新技术产业的发展。

在方法步骤上，开发区管委会把眼前利益和长远利益结合起来，更新观念，积聚人才，长远谋划，稳步推进。促进企业抓扩张做大规模，抓创新培育核心产业，抓效益提升企业运行质量，抓人才提高现代管理水平，真正把亮点放大，把特点突出，把规模做大，更好更快地推进企业上市融资工作。同时，管委会注重做好后备上市企业的培育服务工作，按照一定标准建立后备上市企业资源库，对后备上市企业实行动态管理，分类指导，重点突破，全面推进。加强对上市企业资源库的管理与服务，培植企业，以便提高上市成功率。同时加强与证券公司的合作与交流，建立和完善联系协调推进机制，促进后备上市企业做大做强。

在工作部署上，开发区管委会安排动员有关部门主动靠上去做工作，帮助企业上市。金融办作为主管部门负责企业改制上市过程中的组织协调和指导服务工作，协调地方政府及其相关职能部门解决企业在改制上市过程中遇到的相关问题；证监局受理企业上市辅导报备，进行辅导验收，配合中国证监会进行举报信核查；发改委对企业上市所募集资金投资项目进行核准或备案。在证监会审核时，国家发改委还将就申报中小企业板的发行人的募投项目是否符合国家产业政策和投资管理规定出具相关意见；税务机关为企业报告期内经营活动及改制过程中的纳税行为是否规范出具证明；环保部门对上市企业进行环保核查给出核查意见；国土资源管理部门负责协调办理历史遗留的各种土地等产权问题，为企业土地使用是否合法合规出具证明；房地产管理部门负责协调办理历史遗留的各种房产等产权问题；劳动与社会保障部门对企业是否遵守国家劳动法规、是否按规定给员工缴纳社保等出具无违规证明；工商行政管理局为企业的建设项目办理非工商登记有关手续提供支持，办理企业年检，变更营业执照，工商注册登记，出具是否合法合规证明；商务部门根据国家有关政策负责办理中外合资、外资独资企业在境外上市的初审，审批外商投资股份有限公司的设立及其变更，对中外合资、外资独资企业在境内上市时，发行人外资股进行确权；国有资产管理部门为企业中涉及国家出资的企业提供相关业务咨询及法律法规政策指导服务，协助企业办理相关审批手续，对于改制过程中涉及国有资产转让是否合法合规出具证明。海关部门对有进出口业务的企业出具无违规证明。

2015—2017 年，开发区管委会围绕企业上市累计投入基础设施建设资金 300 万元，为上市企业融资 8000 万元，发放奖励资金 560 万元。2015 年，菏泽远浩装饰工程有限公司、山东辰信新能源有限公司、山东建科管桩有限公司3家企业率先挂牌上市，2016年和2017年分别有17个、8个单位在齐鲁股权交易中心挂牌。到2018年，开发区累计挂牌上市企业有35家。

2015—2018年菏泽经济开发区挂牌上市企业情况表

表8-1

序号	企业名称	股权代码	挂牌时间
1	山东辰信新能源有限公司	300192	2015年5月
2	山东建科管桩有限公司	300193	2015年5月
3	菏泽远浩装饰工程有限公司	600012	2015年5月
4	菏泽德源化工有限公司	300377	2016年1月
5	菏泽奥达房地产开发有限公司	300378	2016年1月
6	山东恒祥建设集团有限公司	300381	2016年1月
7	菏泽龙辉汽车销售有限公司	300382	2016年1月
8	山东益民文化传媒有限公司	300383	2016年1月
9	山东恒发化工有限公司	300411	2016年2月
10	山东德发包装有限公司	300412	2016年2月
11	菏泽鑫狮汽车贸易有限公司	300407	2016年2月
12	菏泽鑫丰德化有限公司	300409	2016年2月
13	山东明大电器有限公司	300415	2016年2月
14	菏泽帝园食品有限公司	300413	2016年2月
15	菏泽市鼎力建材有限公司	300417	2016年3月
16	山东菏建集团房地产开发有限公司	300416	2016年3月
17	德润化工有限公司	301109	2016年12月
18	道中道（菏泽）制药有限公司	301110	2016年12月
19	山东中科能人工环境有限公司	301112	2016年12月
20	山东圣鑫医药有限责任公司	300410	2016年12月
21	山东易达利化工有限公司	301755	2017年8月
22	菏泽宏伟专用汽车有限公司	301750	2017年8月
23	山东利堃农业科技股份有限公司	301751	2017年8月
24	山东粤安化工有限公司	301756	2017年8月
25	菏泽华林包装制品股份有限公司	301971	2017年9月
26	菏泽昭宝实业有限公司	301970	2017年9月
27	菏泽德驰餐饮管理股份有限公司	600170	2017年12月
28	山东永昶企业管理股份有限公司	600171	2017年12月
29	菏泽中浩建筑装饰工程有限公司	600225	2018年12月
30	山东智展新能源股份有限公司	600230	2018年12月
31	菏泽百锐酒业股份有限公司	600229	2018年12月
32	菏泽隆鑫物业服务股份有限公司	600227	2018年12月
33	山东老泥池酒业股份有限公司	303516	2018年12月
34	菏泽中南冷链物流股份有限公司	303515	2018年12月
35	菏泽鹏翔生态农业科技有限公司	600226	2018年12月

第二章　工业结构和效益

第一节　工业结构

产业和行业结构　在开发区发展工业的初期阶段，管委会发挥人力资源和农副产品丰富的优势，兴办劳动密集型企业，鼓励全社会组织农林产品加工活动，创办加工企业。1992—2008 年，开发区范围内充当工业主体的实体单位多为纺织服装、粮食加工等轻工企业。

2002 年，全区共有 10 个规模以上企业，完成工业总产值（当年价）13710.4 万元，销售产值 12487 万元，出口交货值 690.3 万元。其中，重工业企业 4 个，总产值 3773.8 万元，销售产值 4059.9 万元，利税 75.6 万元，重工业产值占总产值的 27.5%。当年有轻工业企业 6 个，总产值 9936.6 万元，销售产值 8427.1 万元，利税 560 万元，轻工业产值比重为 72.5%。

2006 年，全区共有规模以上企业 24 家，总产值 13.34 亿元，销售产值 1.35 亿元。其中，重工业企业 10 家，产值 3.36 亿元，销售产值 3.33 亿元，重工业产值占工业总产值比重为 25.2%；轻工业企业 14 家，总产值 9.98 亿元，销售产值 10.02 亿元，轻工业产值比重占 74.8%。

自 2007 年以后，开发区着手规划和发展能源化工、机电设备和生物医药三大产业，樱花五金、金正大、道中道、玉皇化工等一批重工业大型企业相继落户开发区。2017 年，开发区 150 家规模以上工业企业实现主营业务收入 686.2 亿元、增长 8.6%，税收 8.22 亿元、增长 29.7%，其中进入全市地方财政贡献 500 强的企业 83 家、全市纳税百强工业企业 13 家，新能源新材料、大健康、机电设备制造三大主导产业的产值、主营业务收入占规模工业的比重达到 87.2%。

2017年菏泽经济开发区规模企业产业结构状况表

表8-2　　　　单位：万元

收入总额	能源化工	机电设备	生物医药	食品加工	轻纺服装	木材家具	电子信息	再生资源	其他
6862000	5229471	403752	171775	525119	44945	81351	58054	120160	227373
占比情况	76.20%	5.88%	2.50%	7.65%	0.66%	1.19%	0.85%	1.75%	3.32%

第二节　技术结构

2002 年，开发区共有规模以上企业 10 家，其中 4 家企业被认定为技术型企业。是年全部工业企业总产值 25.36 亿元，其中高新技术企业的产值 3315 万元，产值比重只有工业产值的 1.31%。2005 年，开发区的规模以上企业增加到 20 多家，高新技术企业 5 家。此后，开发区重视企业的技术进步，大力发展技术型企业。2010 年，全区高新产品产值 73.65 亿元，占规模以上工业总产值的 29.23%。2015 年，全区高新技术产品产值 238.1 亿元，占规模以上企业工业总产值的 35.94%。2017 年，开发区规模以上企业 150 家，高新技术企业发展到 33 家，其中省级高新技术企业 14 家、市级高新技术企业 19 家，全区高新产品产值 490.1 亿元，占规模以上工业总产值的 69.6%。2018 年，开发区高新技术企业发展到 38 家，高新产品产值占到规模以上工业总产值的 73.1%。

第三节 经济效益

开发区建立初期，企业的劳动效率和经济效益处于偏低水平。2002 年，全员劳动生产率为 3500 元 / 人，重工业企业劳动生产率为 24013 元 / 人，区内 10 家较大企业，有 5 个属于亏损单位。至 2006 年，劳动效率有所提高，人均 3.17 万元，规模以上企业的主营业务利润超过 1 亿元。2010 年，开发区的工业运行状况继续好转，规模以上工业企业实现销售收入 253.8 亿元，年均增长 33.2%；实现工业增加值 66.6 亿元，年均增长 33.7%；完成进出口总值 2.03 亿美元，年均增长 21.66%，其中出口 7604 万美元，年增长 44.64%。各项主要经济指标实现了 2006 年初提出的“十一五”前三年连年翻番、后两年再翻一番的目标。

2015 年，规模以上工业企业实现主营业务收入 662.7 亿元、增长 16.2%，完成公共财政预算收入 17.88 亿元、增长 16.1%，税收占比达到 88.25%，上缴市财政 6.93 亿元，创历史最好成绩；实现进出口总额 7.57 亿美元、增长 34.27%。2016 年，随着开发区经济结构的调整和连续不间断投入的技术更新改造，区域内的劳动生产率 258.48 万元 / 人，是年企业盈利总额 83.43 亿元。

2018 年，开发区深入进行工业结构优化和调整，对能源化工企业升级改造，促其减排放、控污染、节消耗，走新型化工、精细化工的发展路子，对机电行业则引领他们更新换代，导入智能控制技术，制造无人机、机器人、激光器等高端装备，对生物医药企业则以发展大健康产业为主题，研发替代产品和前卫专利产品，不断提升企业的市场竞争力和盈利水平。是年，开发区创造工业总产值 401.6 亿元，同比增长 3.5%，实现工业增加值 95.6 亿元，年增长 7%，实现工业销售收入 368.1 亿元，年度增长 3.2%，产品出口 15 亿元，年增长 8.2%，一般公共财政预算收入 20.4 亿元，年增长 13.4%；开发区新增纳税过千万元企业 14 家，总数达 67 家，全年实现利税 40.1 亿元，是年人均 GDP 达到 6.16 万元。

2009—2016年菏泽经济开发区规模企业经济指标表

表8–3

年份	规模以上工业企业个数（个）	工业增加值（亿元）	主营业务收入（亿元）	利税总额（亿元）
2009	127	34.93	190.46	19.39
2010	130	41.42	253.88	28.55
2011	109	51.23	306.52	44.65
2012	112	58.84	366.97	56.56
2013	119	70.19	458.21	73.12
2014	123	73.46	561.53	92.95
2015	137	77.72	662.49	108.46
2016	143	79.47	739.83	118.97

第三章　机电设备制造业

第一节　产业概况

开发区的机电设备制造业始于2004年。菏泽华星油泵油嘴有限公司最先投资建厂，后发展成为资产过亿元、专业生产柴油机燃油喷射装置的大型企业；2004年，樱花五金集团在开发区成立分公司。2005年，菏泽龙华汽车部件有限公司、菏泽齿轮厂和公路局工业园车载饮水机项目开工建设。2008年，山东华昌机械注册成立。2009年，山东明大电器股份公司入驻开发区。2010年12月，菏泽裕罗电器装配有限公司成立。2012年12月24日，菏泽北方能源设备科技有限公司注册资金5000万元，在丹阳社区马庄立项建厂，形成30多亿元的加工制造能力。2016年，规模以上企业29家，完成生产总值36.2亿元，实现销售收入35.9亿元，产品出口3.42亿元，实现利税4.47亿元，其中利润总额2.86亿元。

2018年开发区规模以上设备制造企业增加到17家，创造产值209.8亿元，主营业务收入26.7亿元，产品出口5.8亿元，同比增长20.6%。完成利税总额3.06亿元。

2018年菏泽经济开发区规模以上机电设备企业经济指标表

表8-4　　单位：万元

序号	企业名称	总产值	销售收入	利税	利润
1	菏泽天宇新能源科技有限公司	11806	11739	1500	994
2	菏泽北方能源设备科技有限公司	22057	21553	2980	1975
3	菏泽社会福利轮车烤漆厂	3213	3048	67	-62
4	山东菏泽华星油泵油嘴有限公司	20172	19472	2615	856
5	菏泽裕罗电器装配有限公司	7875	6951	1152	688
6	菏泽宏伟专用汽车有限公司	2664	2675	316	200
7	山东天鹰太阳能有限公司	8273	7770	1245	959
8	菏泽菏星电表有限公司	2948	2718	474	420
9	菏泽天都实业有限公司	4486	4259	774	499
10	菏泽一枝秀门业有限公司	3411	3015	351	198
11	山东菏建集团钢结构分公司	24648	27378	3350	2264
12	菏泽市向阳太阳能设备有限公司	2667	2671	382	251
13	菏泽海神机械制造有限公司	13906	18780	2609	1840
14	山东菏泽华昌机械科技有限公司	21205	20536	2627	1649
15	山东孚沃德新能源科技有限公司	8796	8591	1001	868
16	山东飞鸿桥梁模板有限公司	27241	23708	3319	1995
17	菏泽市明大电气股份有限公司	6697	6767	1199	860
18	菏泽沃尔特工程机械有限公司	6218	5973	702	424
19	菏泽锅炉厂有限公司	17634	15605	1261	437

续表8-4

序号	企业名称	总产值	销售收入	利税	利润
20	山东华泽精密模塑有限公司	4578	4280	438	369
21	菏泽宏宇钢结构工程有限公司	3080	3019	554	379
22	山东樱花五金集团菏泽金属制品	38042	40445	4708	3347
23	山东中科能人工环境有限公司	5109	5122	657	372
24	山东菏泽振华模具有限公司	7532	7715	–71	–189
25	菏泽龙泵车辆有限公司	68640	58014	5919	3910
26	菏泽龙华汽车部件有限公司	26044	20977	2489	1475
27	菏泽山木重工机械制造有限公司	20105	19551	2847	1763
28	山东学献教学用品有限公司	2091	1762	240	141
29	山东绿能燃气实业有限责任公司	12611	12500	1278	752
	合计	403752	386593	46979	29634

第二节　企业选介

山东樱花五金集团菏泽金属制品有限公司成立于2004年，地处菏泽开发区广州路1999号，占地23.2公顷，注册资金3000万元，累计投入资金1.3亿元，有员工120人，其中大专以上学历12人，具有专业技术和高级技术职务的2人。专业生产各种类型气排钉，年生产能力3万吨。公司拥有先进的气排钉生产设备100多台（套），其中引进瑞士技术自主研制开发的全自动气排钉压丝、布胶生产线、气排钉生产技术达到国际领先水平。

樱花牌系列钉被评为山东名牌产品，并被授予全国质量十佳放心品牌称号，樱花牌商标被评为山东省著名商标，继而获得“中国驰名商标”称号，该系列产品为“全国免检产品”。企业多次被评为爱心慈善企业、安全生产先进单位，产品畅销国内20多个省、市、自治区，部分产品出口欧美十几个国家和地区。

山东明大电器股份有限公司　生产变压器的老国有企业，改制后2009年菏泽开发区将其引入开发区发展，是开发区的重点企业之一。公司注册资金1亿元，投入资金6040万元，总资产1.56亿元，占地14公顷，有员工110人，大专以上学历的32人，具有专业技术和高级技术职务的45人。

公司坐落于菏泽开发区济南路999号，主要生产110千伏、35千伏、10千伏各种型号的油浸式、干式、箱式、非晶合金、三角立体卷铁芯变压器，高低压开关柜以及铁芯和油箱等产品，年生产能力达到500万千伏安，年产值3亿元。公司在行业内率先通过ISO9001质量体系、ISO14001环境管理体系认证、ISO28001健康安全管理体系认证，是全国电网合格供应商企业、变压器行业协会会员企业。

公司拥有1项发明专利和13项实用新型专利证书，与武汉大学、西北工业大学、沈阳变压器研究院等高校和科研单位建立了密切的人才、技术协作关系，成为沈阳工业大学的试验基地。企业产品通过国家节能认证，被国家经贸委推荐为全国城乡电网建设与改造选用的主要设备产品，并获山东省“山东省著名商标”、“山东省名牌产品”、“地区消费者信得过单位”、“惠民工程指定产品”、“山东省守合同重信用企业”、菏泽市“花园式单位”等称号。

菏泽裕罗电器装配有限公司　成立于2010年12月，是韩国裕罗株式会社在中国独资兴办的第六家公司，主要生产“现代”“起亚”汽车专用高档电线束，车型达10余种，产品全部出口韩国。公司总投资1100万美元，注册资本570万美元，属于来料加工企业，原材料全部从韩国进口，加工成产品后全部出口韩国。公司总占地面积12公顷，有员工2500余人，管理人员40余人，其中韩国管理人员10人，工人月平均工资2800元左右。公司拥有一流瑞士进口全自动高端设备35台，设备总投资600万美元，现年生产量可达120万套汽车电线线束。

2013年10月投资新建第二工厂，2015年7月投资建成第三工厂。2016年实现进出口总额43504万元，其中服务贸易出口额1718万美元，2017年进出口总额6.1亿元，上缴税金300万元。

菏泽北方能源设备科技有限公司　2012年12月24日成立，注册资金5000万元，2018年初有员工494人，拥有大学学历人才36人。主要经营环保新材料、机电设备配件，以及专业生产汽车配件和矿山专用设备。企业拥有一流的精密加工机械和轻量成型的先进技术，并与清华大学、华中理工大学、哈尔滨工业大学等高校建立了密切的人才、技术、业务协作关系，产品销售网络覆盖全国30多个省、市、自治区，2016年公司的产值、收入均超过2亿元。

山东中杰特种装备股份有限公司　成立于2001年4月，注册资本5000万元，2018年11月更名。经营范围包括锅炉类（燃气锅炉、导热油锅炉、余热锅炉及生物质能锅炉）、压力容器类（液化天然气储罐、液化石油气储罐）的研发、设计、制造、销售及进出口业务，以及锅炉、压力管道及工业设备的安装业务等。具备年产各类锅炉和压力容器6000台（套）的生产能力。

2018年公司职工420人，其中专业技术人员占比30%。2018年总资产2.4亿元，公司实现销售收入1.8亿元，利税近3000万元。累计获得授权实用新型专利15项，授权发明专利2项，具有B级锅炉制造许可及A2级压力容器制造许可资质，A2级压力容器设计许可资质，2级锅炉安装和GB2类、GC类压力管道安装许可资质及三级机电设备安装专业承包资质，并通过ISO9001质量管理体系、ISO14001环境管理体系和OHSAS18001职业健康安全管理体系认证，成为国家高新技术企业。

公司研发的大型生物质锅炉、余热锅炉和有机热载体锅炉，采用烟气多回程设计，多次优化富氧充分燃烧，配合专业节能器热效率达80%以上，是国家重点鼓励的节能环保产品；研发的LPG金属压力容器和超低温深冷绝热金属压力容器具有节能环保、安全性能高、密封性好、耐压性强、控制方便的优点，可广泛应用于化工、石油、机械、动力、冶金、核能、航空、航天、海洋等部门，在工业、民用、军工等部门以及科学研究的多个领域都具有重要的地位和作用。获发明专利2项，实用新型专利15项。

在现有锅炉和压力容器的基础上，新征地14.4公顷，总投资8亿元，上马年产一万台超低温压力容器及大型节能环保动力装备制造项目，重点开发大型节能环保动力装备和超低温深冷绝热压力容器，研发设计LNG储罐、液氢储罐、LNG运输车、LNG罐式集装箱产品，同时实施LNG储备站、LNG城市调峰站等总承包工程。

中洁新风系统　项目由西安中洁集团和城建集团投资建设，总投资5.8亿元，规划建设车间11个、建筑面积16万平方米，从事新一代低负荷建筑用全品质空调、具备自净功能的新风系统、多元联动智能空调系统等产品的研发和生产，提供室内空气处理整体解决方案。设计建设4层厂房，采用新型装配式建筑，容积率达1.5。中洁集团与中国科学院、清华大学、中国建筑科学院等长期合作，研发出适用于不同环境和领域条件下的空气净化技术，是新风系统国家标准制定单位，在空气净化领域已达到国际领先水平。公司研发的滤除 PM2.5 新风系统不需要更换滤网，核心技术获得多项国家发明和实用新型专利。首创的超低能耗新风设备，覆盖壁挂式、柜式、吊顶式、工业型等多种形式，风量 90 ~ 20000 立方米 / 小时，为全球为数不多的广维度、全风量规模化制造企业之一。新风空调一体机产品，可实现“恒温、恒湿、恒氧、恒净、恒静”的室内环境，同时大幅节约能耗，广泛应用于健康住宅、智慧楼宇、学校、医院等场景。

项目于 2018 年 3 月开工建设，至年底已经试生产，全部达产后，年产全品质空调 2 万台、新风类设备 20 万台、防雾霾口罩 50 万只，年可实现销售收入 10 亿元、利税 2.2 亿元。

山东方达再生资源利用有限公司　方达公司（以“方达公司”代称山东方达再生资源利用有限公司和山东兴业炉料有限公司）成立于 2012 年 7 月，于 2018 年 11 月 9 日成为山东水发环保集团有限公司国有控股企业，位于菏泽市经济开发区海河路 777 号，是商务部首批“废旧钢铁加工配送准入企业”，菏泽市第三批国家再生资源体系建设试点城市主要承建单位、中国再生资源行业百强企业，中国废钢铁行业 500 强，菏泽市再生资源示范企业。主要经营三个业务板块：第一板块，废旧钢铁回收、加工与配送。年可配送废钢铁 100 万吨，先后与山东钢铁集团有限公司、河南安阳钢铁集团股份有限公司、日照钢铁控股集团有限公司等多家国有大型钢铁企业建立了长期稳定的合作关系；第二个板块，报废汽车回收拆解，目前公司为菏泽市唯一拥有正规报废汽车拆解资质的在运营企业，担负着整个菏泽市报废汽车的回收及规范化、环保化拆解任务，2018 年被省商务厅列为模范企业并号召全省报废汽车拆解企业到方达公司参观学习；第三个板块为再生料生产塑料制品，年加工生产塑料桶、托盘、双翁化粪池等各类塑料制品 20 万套。2018 年方达公司上缴各项税费 2640.70 万元，是菏泽市重点纳税企业。

菏泽天宇锂电能源科技有限公司　成立于 2015 年 1 月，是一家集宽温度范围锂离子电池、低温高倍率锂离子电池、高安全锂离子电池、超高倍率锂离子电池和快充锂离子电池研发、制造、销售与技术服务于一体的股份制高新技术企业。公司位于菏泽市开发区三里河工业园，占地面积超过 10 万平方米，2018 年有员工 180 人。公司总资产 7000 万元，负债率 44.88%，银行信用等级 AAA 级。公司是由菏泽交通集团有限公司与中南大学合作创办的企业，实现校企联合，优势互补。

2018 年，主营收入 1.05 亿元，同比增长 34.17%，年产 1900 万安时。目前的公司的销售网络已形成，南方市场主要依托深圳办事处。北方市场的销售主要依托公司，向东部、东北、北部和西北辐射。

公司采用独特的技术工艺，制备的低温电池充电温度可达 -20℃ ~ 45℃，放电温度可达 -40℃ ~ 70℃，-40℃ 1C 放电容量保持率 80% 以上，1C 循环 500 周容量保持率 90% 以上，其性能远超市场同类产品，低温电池主要出口俄罗斯和北欧，国内市场主要为军工方面。

山东菏泽华星油泵油嘴有限公司　成立于 1997 年 12 月，注册地山东省菏泽市开发区，注册资本 3216 万元，有员工 1600 人，拥有精加工、检测试验设备 2705 台。总资产 3.34 亿元，其中固定资产 2.18 亿元，资产负债率 29%。公司为柴油机燃油喷射装置（油泵油嘴）专业生产企业。主要产品有喷油泵、喷油器、喷油嘴、柱塞、出油阀等 5 大类数百个品种，主要为汽车、农机、船舶及工程机械的柴油动力配套。2018年，公司主导产品产销量S系列和P系列喷油嘴、喷油器分别达885万付和555万套，居全国油泵油嘴行业第一位，主要与国内高端柴油发动机厂家进行配套，如广西玉柴、昆明云内、安徽全椒、浙江新柴、江苏江动、潍柴动力（扬柴）、山东时风集团等供货占比率均在50%以上，并且批量出口欧美和东南亚地区，年出口额500多万美元。2018年实现业务收入2.23亿元，实现利税2330万元，上缴税金1867万元。企业拥有自营进出口权；通过TS16949质量体系认证和汽车产品认证（CCAP）；主导产品长油嘴是山东省名牌产品，“合众”牌商标获得省著名商标称号。建立有省级技术研发中心，连年被授予“山东省重合同守信用企业”，银行信用等级“AA”级企业、A级纳税单位。

绿源环保科技　由福建南方路机、上海盈创科技和北汇绿建集团合作建设，总投资15亿元，建筑面积13万平方米，生产装配式钢结构8万吨、盈恒石100万平方米、年处理建筑垃圾300万吨、3D打印建筑100万平方米。其中，8万吨装配式钢结构项目，采用浙江大学自主研发的隐式框架钢结构装配式建筑技术体系，技术节能环保，大幅度降低了生产成本，拥有钢筋桁架机、螺纹机床、交流弧焊机、离子切割机、开式固定台压力机等高端设备，产品具有抗震抗风、绿色环保和标准化程度高等优势，较好地解决了建筑适应性问题。上海盈创建筑科技是全球第一家真正实现建筑3D打印的高科技企业，自主研发全球最大的建筑3D打印机。建筑垃圾资源化利用项目采用国际领先的“建筑垃圾资源一体化模块技术”，将建筑垃圾全部转化为建材原料，实现建筑垃圾100%资源化利用，主要生产各类建筑材料，以及建筑3D打印和盈恒石的生产原料，年处理300万吨建筑垃圾可替代240万吨天然石材。此外，该生产线可采用天然原石生产机制砂石，与天然砂石相比，铺装路面使用寿命可达一般高速路面的3倍，已经应用到港珠澳大桥等国家重点工程。项目于2017年3月开工建设，各位领导现场观摩的8万吨装配式钢结构目前已建成投产，可满足100万平方米的住宅项目需求。3条3D建筑打印生产线和1条盈恒石生产线已经投产；建筑垃圾资源化利用一期6月底投产。

2010—2018年菏泽经济开发区机电产品进出口情况表

表8-5　　单位：万元

年份	进出口		出口		进口	
	金额	同比	金额	同比	金额	同比
2010	8552	7596.40	2410	2185.10	6142	108494.00
2011	12001	40.34	5783	139.98	6218	1.24
2012	16104	34.19	11528	99.34	4576	−26.41
2013	22441	51.76	16663	44.54	7778	66.96
2014	33343	36.14	21299	27.41	12044	54.86
2015	37267	12.10	27431	29.21	9836	−18.33
2016	49135	31.85	34227	24.78	14908	51.56
2017	68366	39.14	47941	40.07	20425	37.01
2018	75969	10.10	58532	20.60	17437	−14.80
合计	325178		225814		99364	

第四章　电子信息业

第一节　产业概况

2005年以前，菏泽开发区最早成立的电子企业是恒茂网络电子有限公司，投资额170万元，主要生产用于供电管理的控制芯片。2005年前后，美凯电子落户开发区，主要从事电子产品组装业务。2010年，第一个注册资金超过1000万元、专业生产家电智能控制器的大型企业——信多达电子科技有限公司——在开发区建成投产。2015年，富盟电子科技（菏泽）有限公司宣告成立，开发区的电子信息产业进入快速发展的阶段。2016—2017年，农用无人机、智能机器人、山东慧宇航空遥感技术有限公司、拓普网络股份有限公司、滨城市政工程有限公司等一批高新技术产品和信息化企业陆续进入开发区科技孵化器和现代科技城。2018年1月，山东水发紫光大数据有限责任公司在开发区揭牌。

2018年菏泽经济开发区规模以上电子企业经济指标表

表8-6　　单位：万元

序号	企业名称	总产值	销售收入	利税	利润
1	富盟电子科技（菏泽）有限公司	24545	21834	-1943	-1972
2	菏泽世运电子有限公司	4346	4291	128	68
3	山东信多达电子科技有限公司	11888	11641	1973	1311
4	山东水立方电子有限责任公司	3506	3426	395	240
5	菏泽俊龙电子有限公司	2939	2355	225	189
6	菏泽美凯电子有限公司	10832	10717	1055	874
	合计	58054	54265	1833	710

第二节　选介企业

山东信多达电子科技有限公司　隶属信多达集团，成立于2010年，是一家专业从事家电智能控制器及线束等电子产品研发和生产的大型规模化高新技术企业。注册资金1000万元，位于菏泽开发区南京路1588号，2011年8月建成投产。厂区占地1.67公顷，生产车间1.2万平方米，综合办公、实验楼5000平方米，员工350人，其中大专以上学历87人，技术研发人员39人。公司拥有完备的智能控制器研发、生产、检测设备，有先进的进口设备全自动生产线10条、半自动组装线20余条、专业检测设备50余台。

公司坚持科技创新发展模式，每年科技研发投入不低于200万元，先后被评为菏泽市高新技术企业、经济运行优秀企业、机电行业重点企业、科技创新先进企业、山东省电子行业优秀企业，系九阳股份战略合作供应商。

公司分别与中科院、山东大学、浙江大学、

济南大学建立产学研合作关系，拥有自主专利41项，2015年获批国家级高新技术企业，并上报申请专利10项，其中豆浆机DCS方案、热水器水位检测产品、工业智能泵控制系统、IH电磁加热系统方案居国内领先水平。

富盟电子科技（菏泽）有限公司　该公司为富士康科技集团旗下子公司，成立于2015年6月，位于菏泽开发区长江东路5158号，占地7.33公顷，注册资金500万美元，投入资金1000万美元，总资产约1亿元。共有员工1500人，其中大专学历约400人，具有专业技术和高级技术职务的约600人。公司生产主要产品为线缆连接器，年生产能力2300万PCS。公司先后获得菏泽市人力资源和社会保障先进单位、劳动保护管理绿色园区、五一劳动奖状、职工职业道德建设标兵单位等称号。公司组建3个事业处工会，包含工会小组22个，获得全市模范职工之家、先进基层工会等称号。

鲁西南大数据产业城　该项目的建设单位是山东水发紫光大数据有限责任公司，由山东水发紫光大数据有限责任公司、山东水发天源水务集团有限公司、紫光云数科技有限公司、菏泽市城市建设投资有限责任公司、菏泽开发区市政投资开发有限公司共同组建而成，负责组织实施鲁西南大数据产业城项目的设计、施工、安装运营工作，具体目标是建设大数据中心，发展大数据产业，建设大数据智慧城。该项目2018年1月开始规划建设，计划投资总额500亿元，占地3.4平方公里，其中大数据中心计划投资100亿元，规划建筑面积40万平方米，按照数据中心最高设计等级T4标准建设，装机容量13万台服务器、100PB数据存储量，主要致力于为智慧菏泽和全市主导产业发展提供大数据存储和计算服务。项目建成后，年可新增产值100亿元、税收8亿元，新增就业9000人，大数据产业城也将形成区域核心大数据产业应用与服务中心，构建起菏泽市级统一公共信息大数据和云计算平台，实现全市信息化统一规划、建设和运营。通过建设鲁西南大数据产业城项目，依法推进政府部门和公共企事业单位数据资源统一汇聚并集中开放，提供大数据服务，发展大数据、云计算产业，建设“智慧菏泽、数字菏泽”，打造区域经济发展新引擎。

第五章　新能源新材料产业

第一节　产业概况

在菏泽开发区的最初发展阶段，规模较大的化工企业有2家农药厂、1家塑料厂和2家编织袋厂。2004年，洋丰肥业率先在开发区投资5亿元，建成新洋丰肥业公司。随后，德润化工、金正大、玉皇化工、德泰化工等实力超亿元、10亿元的大型企业在沿长江路地段相继开工建厂。2014年，玉皇新能源公司、科耀化工公司入驻园区基地。到2018年，新能源、新材料发展成为开发区的第一大主导产业，规模以上企业39家，9家企业获得国家级高新技术企业认定。全区进一步加强产学研合作，新建省级企业平台载体3个，其中省级技术中心1个、省级工程研究中心1个、省级孵化器1个，申报博士后科研工作站3个，2018

年，拥有国家级科技孵化器1家、国家级众创空间3家。省级创新平台27家、市级创新平台58家，获得国际专利29件、国内专利210件。与高等院所合作机构113家，合作的院士9人、泰山学者5人。先后有菏泽华立新材料有限公司投资6.3亿元建设的10万吨/年甲基丙烯酸甲酯（MMA）项目、山东乾运高科新材料有限公司年产2万吨正极三元材料项目、山东天厚新材料科技有限公司年产300万平方米静电屏蔽高科新材料项目、山东玉皇新能源科技有限公司年产20万千瓦时的高端动力电芯项目等相继建成投产。山东天厚新材料科技有限公司二期600万平方米静电屏蔽高科新材料项目、菏泽天宇新能源科技有限公司二期日产15万只的18650型锂电池项目、金永发光电项目、华星国四国五柴油机共轨系统项目、宝沃新能源投资18亿元年产20亿瓦时锂离子动力电池项目、华立新材料有限公司二期投资10亿元的年产20万吨MMA项目、乾运高科二期计划投资6亿元年产1万吨三元动力电池正极材料项目等加快推进。先后引进晓兰客车总投资70亿元的氢能源产业园和氢离子反应堆项目、云联智慧能源有限公司投资20亿元的3X200MW（E）级热电机组天然气热电联产项目、凯大光触媒新型建筑材料项目、精进电动、成飞电控电机研究院项目、凯大高分子合成新材料项目、蓝源科技新材料项目等。四是洽谈推进了一批新能源新材料项目。利用市、区两级招商活动，紧盯招商信息不放松，高性能非晶/纳米晶合金超薄超宽带材、高性能纤维、功能性膜材料等一批洽谈项目有序推进。委托中国石油和化工规划院、省发改委工程咨询院，根据全区的产业基础和发展规划，再论证储备100个产业链条关键项目。积极争取省、市新旧动能转换基金支持，破解资金制约难题。已与泽山资本达成了战略合作框架，正在有序推进。2016年，全区能源化工工业总产值470.91亿元，产品销售额463.64亿元，产生利税77.98亿元，盈利54.39亿元。2017年，开发区共有规模以上能源化工企业37家，实现总产值522.94亿元、销售收入508.32亿元、利税87.5亿元、利润61.73亿元。2018年，开发区规模以上能源化工企业39家，主营业务收入204.7亿元，利税23.4亿元，实现产值209.8亿元。

2018年菏泽经济开发区规模以上新能源新材料企业经济指标表

表8-7　　单位：万元

序号	单位名称	总产值	销售收入	利税	利润
1	山东菏泽恒邦化工科技有限公司	4609	4433	428	230
2	菏泽曹州农用化学有限公司	16282	15161	2203	1532
3	菏泽德裕煤化有限公司	3630	3658	607	417
4	菏泽天信新材料科技有限公司	4083	4027	504	330
5	山东科耀化工有限公司	3730	3576	443	287
6	菏泽润泉化工有限公司	15619	15830	2037	1370
7	菏泽鑫丰德化工有限公司	26922	28142	6135	4150
8	山东辰信新能源有限公司	15477	15447	2389	1527
9	菏泽清洋化学有限公司	5464	5380	746	474
10	山东德睿节能科技有限公司	8581	8048	1031	639
11	山东国耀化工科技有限公司	14409	14226	1502	955
12	菏泽锦兴塑胶新材料有限公司	2050	1877	211	129
13	山东玉皇盛世化工股份有限公司	1836497	1789194	307678	223016

续表8-7

序号	单位名称	总产值	销售收入	利税	利润
14	菏泽金正大生态工程有限公司	688030	655906	122096	84252
15	菏泽玉皇化工有限公司	709854	689159	125126	87088
16	山东菏泽德泰化工有限公司	334698	329108	60659	45746
17	山东洋丰肥业有限公司	332455	315019	47112	36278
18	菏泽德源化工有限公司	451533	442958	82187	54311
19	山东恒发化工有限公司	62060	59543	6760	3996
20	菏泽金盛热力有限公司	12337	12330	613	-55
21	菏泽市佳诚泡塑有限公司	9848	8806	1503	916
22	山东易达利化工有限公司	4754	5522	1334	908
23	山东京九肥料化工有限公司	4443	3691	185	-21
24	菏泽仕达化工有限公司	6265	5717	795	473
25	山东曹达化工有限公司	14111	13987	1819	1195
26	菏泽鲁丰农业生产资料有限公司	7580	7315	496	172
27	菏泽天河印刷物资有限公司	5659	4747	674	429
28	菏泽天泽环保工业有限公司	19600	20164	2712	1535
29	菏泽亿丰实业有限公司	23045	23139	2969	1562
30	菏泽寰宇热电有限公司	6307	6289	901	556
31	菏泽众德肥料有限公司	10000	7708	614	465
32	菏泽华瑞塑业有限公司	14572	13717	1084	524
33	山东粤安化工有限公司	6116	5906	1093	723
34	山东德发包装有限公司	6002	5876	1009	663
35	菏泽津圣辰奇化工有限公司	3515	3254	423	240
36	菏泽市恒达热力有限公司	8559	7968	866	529
37	德润化工有限公司	530775	526343	86015	59741
	合计	5229471	5083170	874955	617281

第二节　企业选介

德润化工有限公司　创建于2006年12月，坐落于菏泽开发区上海路中段，占地20公顷，注册资金3.3亿元，总投资10亿元。

公司有5万吨/年粗苯加氢装置1套，采用国际先进的低温液相加氢技术，生产周期长，产品纯度可达99.99%。2012年，增建20万吨/年粗苯加氢装置1套，公司一、二期对接后产量规模达到25万吨/年，为当前国内单体产量最大的装置；同时公司拥有国内首套10万吨/年重苯加氢装置和加氢尾气净化回收装置，主要以粗苯加氢装置副产重质苯为原料，经加氢精制生产汽、柴油基础油，工艺技术在同行业处于领先地位。为促进环保事业、公司投资兴建了国内首套加氢尾气净化回收装置，使加氢尾气变废为宝。

2018年公司有职工200余人，其中高级工程师2人、硕士研究生3人、中级工程师10人，专业技术人员60余人，主要产品为焦化苯、焦化甲苯、二甲苯、重苯、非芳烃、高芳烃、低芳烃等。

通过先进的经营理念和科学的营销管理体系，公司建立稳定的上下游客户群，业务网络覆盖晋、冀、鲁、豫、苏、皖、陕、甘及新疆等地。先后获“山东省地方知名企业”、“菏泽市工业百强企业”、“安全生产标准化二级企业”、

2015—2016 年度“山东化工行业明星单位”、2016—2017 年“山东石油和化学工业百强企业”、2017 年“山东省细化工 10 强”等称号。

菏泽金正大生态工程有限公司　成立于 2007 年 5 月 14 日，位于菏泽开发区长江路 5188 号，注册资金 10 亿元，是金正大生态工程集团股份有限公司的全资子公司，主要致力于缓控释肥、复合肥、水溶肥等新型肥料研发、生产、销售及农化服务。至 2016 末，公司占地 86.67 公顷，拥有总资产 36.65 亿元，固定资产原值 7.72 亿元，产能 273 万吨；共有员工 2093 人，其中科技人员 252 人，高级职称人员 16 人；拥有实验室面积 3000 平方米，仪器设备 160 台 / 套，仪器设备价值 2400 余万元。公司是国家高新技术企业、国家火炬计划重点高新技术企业、缓控释肥产业技术创新战略联盟成员单位、高效复合肥国家农业科技创新联盟成员单位。公司先后与山东农业大学、中国农业大学、中科院南京土壤研究所、全国农业技术推广服务中心及有关省、市土肥站、农科院等 20 余家院校科研机构建立了产学研合作关系，并在全国 10 多个省对水稻、玉米、小麦、棉花等 20 多种作物开展新型肥料应用试验。先后承担和参与国家重点研发计划、国家农业科技成果转化资金、国家火炬计划、国家星火计划、山东省科技发展计划、菏泽市重大技术提升专项等国家、省、市级科技项目 20 余项，承担和参与完成《花生专用控释肥研制与应用示范》等科技成果鉴定 23 项，获中华农业科技二等奖 1 项、山东省科技进步奖 4 项、中国石化联合会科技进步奖 1 项、山东省农牧渔丰收奖 1 项、市级奖励 16 项，授权的发明专利 34 件，受理发明专利 19 件。

山东菏泽玉皇化工有限公司　成立于 2007 年 8 月 10 日，注册资金 5 亿元。公司占地 133.33 公顷，有员工 1100 余人，大专以上文化程度达 95% 以上。系山东省高新技术企业、菏泽市重点工业企业、菏泽市经济增长最快最好企业之一，为中国优秀品牌企业、山东省高新技术企业，居菏泽市重点工业企业第六位。主导产品有苯乙烯、EPS、甲苯、二甲苯、重质苯、非芳烃等，已经建设投产的装置包括 14 万吨 / 年粗苯加氢装置、45 万吨 / 年苯乙烯装置、10 万吨 /EPS 可发性聚苯乙烯装置、7 万吨丁二烯项目、6 万吨环氧乙烷项目、配套 6 万吨减水剂项目及配套公用工程站。2016 年，完成产值 66.9 亿元、销售收入 66.5 亿元、利润 7.7 亿元。

山东新洋丰肥业有限公司　公司系湖北新洋丰肥业股份有限公司的全资子公司，是菏泽市重点招商引资企业，坐落于菏泽开发区，占地 26.67 公顷，资产总额 5 亿元，员工 600 余人，其中大专以上学历人员 55 人，具有专业技术和高级技术职务的 44 人。2004 年以后，公司由小变大、由弱变强，形成年产 100 万吨复合肥、8000 万条编织袋的生产能力，主营业务收入突破 10 亿元 / 年，利税突破 4000 万元 / 年。公司先后获得中华全国总工会“工人先锋号”、中华全国总工会“模范职工小家”、山东省“厂务公开民主管理先进单位”、菏泽市“市长杯”“质量信得过单位”“改革开放三十年菏泽市优秀企业”等称号。

公司主要产品复合（混）肥料养分含量高、副成分少且物理性状好，对于平衡施肥，提高肥料利用率，促进作物的高产稳产有着十分重要的作用。生产的尿基、高塔系列复合肥主要销往山东、安徽、河北、河南等周边临近消费终端的农业大省，辐射东北三省。集团公司在磷复合肥市场上的占有份额稳定在 7% ~ 8%，是全国磷复肥龙头企业，中国化肥企业百强，中国民营企业 500 强，中国制造业 500 强。

山东易达利化工公司　成立于 2009 年，位于菏泽开发区煤化工园区，占地 33.33 公顷，注册资金 1.63 亿元，总资产 13 亿元，有员工 280 人，其中大专学历 96 人，具有专业技术和高级技术职务25人。公司主要产品是甲基丙烯醛、甲基丙烯酸、甲基烯丙醇、甲基丙烯酸甲酯，年生产能力10万吨。公司与中科院过程所、华东理工大学、北京化工大学等多所院校建立产学研合作关系，利用高校的专业水平提高企业的创新能力。公司采用清洁工艺，建成2万吨/年甲基丙烯酸甲酯、1万吨甲基烯丙醇装置。规划建设年产20万吨甲基丙烯酸甲酯项目，其中一套10万吨/年装置建成投产，是当前具有自主知识产权国内碳四氧化法生产MMA最大的工业化生产装置。

山东玉皇盛世化工股份有限公司　隶属山东玉皇化工集团，具有独立的法人资格，是一家大型石油加工企业。公司位于菏泽开发区长江东路4666号，以巨野大型煤矿及中原油田为依托，北临日东高速公路及327、220国道，东依京沪铁路，西邻京九铁路，具有资源优势和交通运输便利等得天独厚条件。企业占地66.67公顷，注册资金5.39亿元，固定资产30亿元。有正式员工近800人，大专以上文化程度员工占85%以上，具有专业技术和高级技术职务的人员167人。

公司具备原油一次加工300万吨、油品加工550万吨的生产能力。现有装置为80万吨/年MCC装置、20万吨/年气体分馏装置、3万吨/年干气制乙苯、60万吨/年汽柴油加氢装置、160万吨/年延迟焦化装置、300万吨原料预处理、1.5万标准立方米/每小时制氢装置、80万吨/年加氢精制装置、60吨/小时酸性水汽提装置、汽油脱硫醇装置、2.5万吨/年硫磺回收装置、5万吨/年硫回收装置、油品储备设施、污水处理站等配套的公用工程和辅助设施。主要产品为汽油、柴油、液化气、重芳烃、丙烯、丙烷、乙烷气、MTBE、焦炭和硫磺、硫酸。公司还同时建设300万吨/年重芳烃综合利用项目，实现清洁化生产，项目配备的装置有300万吨/年原料预处理、300万吨/年RHTL重油加氢处理装置、40000标准立方米/小时制氢装置、5万吨/年硫黄回收联合装置，项目实施后，提高了重质油的加工深度，柴油产品达到国Ⅴ标准，炼油的综合能耗下降，加工成本降低，该项目产品为清洁石脑油、柴油、蜡油和尾渣，其中的石脑油可作为汽油调和组分或作为生产苯、芳烃、烯烃等化工产品的原料；蜡油作为催化裂化或加氢裂化的原料，可以加工生产汽油、柴油等。

公司先后被评为中国优秀品牌企业、山东省高新技术企业，位居2011年中国化工企业500强第71位、中国化工最具成长性企业第五位、全国地炼规模排名第十一位。2013年8月31日，公司首次进入中国企业500强，排名第456位。2017年，排名上升至第389位，工业产值183.6亿元、销售收入178.9亿元、利税30亿元，在开发区企业排名第一位。

第六章　生物医药

第一节　产业概况

2012年，道中道和海纯生物科技公司在开发区注册成立。2013年6月，盛百灵医药科技有限公司成立，开发区的生物医药产业得到长足发展，产业化业态积聚成型。2016年，开发区规模以上医药企业14家，形成产值15.56亿元，实现销售收入16.09亿元，产生利税2.18亿元，其中利润额1.36亿元。到2018年，开发区规模以上生物医药企业增加到14家，完成工业产值12.3亿元，实现主营业务收入11.9亿元，完成利税总额1.28亿元。

2017年菏泽经济开发区规模以上生物医药企业经济指标表

表8-8　　　单位：万元

序号	企业名称	工业产值	业务收入	利税	利润
1	山东海纯生物科技有限公司	12368	12558	1504	941
2	菏泽信达生物科技有限公司	5811	5570	934	581
3	山东希力药业有限公司	5602	5694	951	484
4	山东济水阿胶有限公司	11218	10414	1814	1158
5	菏泽开发区环泽塑皿加工有限公司	6335	6289	881	578
6	道中道（菏泽）制药有限公司	9920	9541	1178	764
7	山东鲁诺生物科技有限公司	2213	2202	278	182
8	山东天方生物科技有限公司	5622	5554	468	291
9	菏泽福美来医药包装有限公司	2122	2090	283	190
10	菏泽圣美高分子塑料制品有限公司	4095	4047	189	-17
11	山东天美生物技术有限公司	57861	55448	7303	4423
12	菏泽好达实业有限公司	48608	48923	6977	4495
	合计	171775	168331	22757	14069

第二节　选介企业

道中道（菏泽）制药有限公司　公司成立于2012年3月，位于菏泽开发区中华东路1001号，占地18.67公顷，注册资金8991万元，总投资3.8亿元。有员工175人，其中生产技术人员44人、质量管理和检验技术人员37人、工程技术人员32人，专业技术人员比例达到64%，其中中高级职称13人，占职工人数的7%。公司重点发展肿瘤、心脑血管、糖尿病、免疫系统、高发传染性等重大疾病治疗药物，年生产能力为盐酸柔红霉素1650千克、盐酸多柔比星200千克、盐酸表柔比星100千克、盐酸伊达比星10千克、盐酸柔红霉素年产冻干粉针250万支；盐酸多柔比星冻干粉500万支；盐酸表柔比星冻干粉200万支；盐酸伊达比星冻干粉10万支。

公司产品引进意大利米兰、美国辉瑞和罗氏公司及礼来、日本Wako公司的原研菌种，精选出优质种子培育发酵而成；合成产品的技术是与国内的华东师范大学、天津大学、浙江大学、上海医药工业研究院、北京大学、山东省鲁南药物研究院等科研院所合作共同研发的工艺技术，居于国内先进水平。

公司有发明专利2项，实用新型专利10项，被评为菏泽市蒽环类微生物制药工程实验室，相继通过山东省企业技术中心认定、高新技术企业认定。公司生产的盐酸柔红霉素和盐酸多柔比星获得欧盟CEP证书。

山东盛百灵医药科技有限公司　成立于2013年6月，位于菏泽开发区广州路999号，是开发区科技孵化器的重点企业，拥有4000平方米厂房及实验室，包括生化试剂生产区、PCR生产区、ELISA生产区和BL-4生产中心，公司注册资金3600万元，投入资金3000万元，总资产5000万元。共有员工63人，大专及以上学历40人，具有专业技术和高级技术职务的15人。主要产品是纳米抗体分子诊断试剂以及配套免疫比浊全自动分析仪，涉及糖尿病、肾病、心血管疾病的早期筛查、诊断等诊断试剂产品，年生产销售能力2亿元。

公司是德国human诊断有限公司在中国的战略合作商，全面引进德国human的生产管理体系，严格遵循德国原厂的生产质量管理规范和制度，取得26项纳米抗体诊断试剂盒注册证，有17个品种完成注册检验。

公司成立以来，获得专利授权7个，包括发明专利、外观专利、实用新型专利和计算机软件著作权，分别为一种恶性黑素瘤T细胞纳米抗体及其编码序列及应用，一种阿司匹林耐药性监测试剂，一种特种蛋白分析仪专用加样装置，BL-4检验信息管理系统，BL-4免疫比浊诊断试剂测试系统，一种特种蛋白分析仪。

公司主要产品阿司匹林试剂盒属于国内首创，采用纳米微球抗体交联技术，直接使用尿液监测人体吸收阿司匹林的疗效，填补了国内空白。

2014年8月1日，国家食品药品监督管理局原局长邵明立到公司参观考察。2014年9月14日、2015年8月8日，公司参加“中国第四届创新创业大赛”进入山东赛区总决赛，并获得决赛第二名。2015年10月12日，公司进入“第四届中国创新创业大赛”全国总决赛，获评优秀企业。2016年2月20日，专利产品“BL-4特种蛋白分析仪及免疫比浊诊断试剂测试系统”获菏泽市科技进步二等奖。2017年12月18日，发明专利“一种阿司匹林耐药监测试剂”获菏泽市科技进步二等奖。

山东希力药业有限公司 位于菏泽开发区黄河东路2526号，紧邻327国道，交通便利。成立于2000年12月，注册资金3000万元，总资产8500万元，有员工100余人。公司占地2.7公顷，建筑面积6000平方米，年产量为片剂3亿片、胶囊1亿粒、原料药20吨。主要产品种类13个，包括补肾宁片、希力舒片、亚硒酸钠片、弹性酶肠溶胶囊等，其中希力舒片和补肾宁片是公司独家研制的品种，希力舒为广谱抗癫痫新药，属国家三类新药，复方制剂；至2018年，补肾宁片功能是温肾助阳、益气固本，全国获得此类药品批准文号的企业有3家，而正式生产的只此1家企业；亚硒酸钠片是国家“八五”攻关项目，是治疗心脑血管疾病、肝炎和肝癌辅助药物的新特药，国内生产中的企业有2家，是国家重点推广的硒产品。弹性酶胶囊是治疗高脂血症的疗效显著的生化药物，产品为全国独家。

山东海纯生物科技有限公司 成立于2012年，位于菏泽开发区福州路1789号，占地3.33公顷，注册资金1000万元，投入资金3000多万元，总资产5000万元；有员工120人，其中大专及以上学历有26人，具有专业技术和高级技术职务的18人。公司主要生产透明敷料、自粘伤口敷料、壳聚糖系列伤口敷料，为国内外生产企业提供原料（卷材）、半成品、OEM等多项服务。公司具有自主研发的PU膜生产设备，黏胶涂布设备，留置针贴膜，导管固定贴膜，PU、PE手术膜（透明敷料），自粘伤口敷料等自动化生产设备，万级化验室，十万级净化车间，年产留置针贴（6×7cm）2亿贴，导管固定贴（10×12cm）5000万贴，年产值2亿元。

山东济水阿胶有限公司 成立于2010年9月，位于菏泽开发区太湖路，占地3.5公顷，一期投资8000万元，建设办公面积2400平方米，胶剂生产车间5000平方米和大型原辅料和成品仓库，年生产能力500吨，是一家集生产、销售、研发、养殖和行业服务为一体的现代化制药企业。

公司2012年2月通过药品生产许可证认证，7月通过国家新版（2010年修订）GMP认证。2014年初公司正式投产，内部员工100人，其中高、中级职称人员30人，当年营业额4000万元。2015年，公司追加投资，对生产、办公场所进行扩建，对生产设施设备和大型化验仪器进行升级更新，办公楼面积扩大到4000平方米，胶剂生产车间扩大到8000平方米，建有1700多平方米的阿胶糕食品生产车间并通过生产许可认证，2016年完工并投入使用，济水阿胶演变成一个现代化的花园式医药生产企业。2015年营销收入突破1.5亿元，2016年突破2亿元，成为行业“黑马”。公司员工增加到150人，其中高级职称10人，中级职称30人，初级职称50人，具有中高级职称专业技术人员占公司员工总数的26%以上。2017年，生产能力为阿胶600吨、鹿角胶100吨、龟甲胶100吨，年产值约6亿元。

山东天美生物技术有限公司　2006年7月注册成立，2007年5月建成投产，是一家私营股份制企业。位于菏泽开发区郑州路与巢湖路交叉口，占地3.65公顷，有员工170人，其中本科学历32人，具有专业技术和高级技术职称9人。公司主要产品有植脂末、低聚异麦芽糖、高麦芽糖粉、调味糖浆粉、冰激凌粉、复合干酪粉、咖啡伴侣等7大系列200多个品种，年生产能力5万吨。公司先后通过ISO9001：2015质量体系认证、ISO22000：2005食品安全体系认证、MUI清真认证，2008年获得自营进出口权。

生产设备采用国内最先进的干燥喷雾塔和德国进口的均质机，生产中推行微胶囊水包油生产工艺，将糖浆、植物油、酪蛋白、乳化剂等混合均质成一定浓度的溶液，在热风中喷雾成细小的液滴，下浮过程中，水份被蒸发而成为颗粒状的产品，该技术在国内最为先进。

公司与完美、喜之郎、统一、天狮等国内有影响的知名企业建立起常年供货关系。公司由国内知名的乳品行业工程师领队，常年与中国食品发酵研究院和江南大学保持技术交流与合作。每年都有30～50个新产品投放市场。

公司系菏泽市百强企业，菏泽市农业产业化龙头企业，菏泽市“守合同重信用”企业，连年被菏泽开发区管委会授予“经济发展贡献奖”，2016年被菏泽市总工会授予“五一劳动奖状”。

公司实现销售收入2.6亿元，利税1588万元，公司知名度、影响力、产品品质在国内同行业均排前三名。

山东天方生物科技有限公司　创建于2009年，位于菏泽开发区丹阳东路1177号，占地2.85公顷，注册资金2500万元，投入资金3200万元，总资产3000万元。有员工36人，大专以上学历16人，具有专业技术和高级技术职务7人。

公司是以功能性食品配料、营养保健品原料生产为主的生产加工型高新技术企业。拥有国内先进的低聚果糖生产线1条、植脂末等产品生产线2条，年生产能力3万吨，公司取得四大类食品生产许可证，拥有低聚果糖、植脂末、植物脂肪粉、复合干酪粉、固体饮料、乳味粉、奶味粉、冰淇淋预拌粉、麦芽糊精、麦芽糖、低聚麦芽糖、低聚异麦芽糖、调味糖浆粉等20多个品种。

公司以中国食品发酵工业研究院、江南大学、上海凯泉生物科技有限公司为技术依托，建立完整的技术创新体系、质量检测体系、市场服务体系，通过ISO9001、ISO22000体系认证，与国内众多知名公司建立稳固的供求关系，产品出口韩国、新加坡、土耳其、伊朗等15个国家和地区，一直供不应求。

菏泽圣美高分子塑料制品公司　成立于2005年1月14日，位于菏泽开发区济南路1188号，占地1.53公顷，注册资金216万元，有员工80余人，其中大专学历20余人，具有专业技术和高级技术职务10余人。公司的主要产品是可吸收/不可吸收缝合线、缝合针、留置针、三通阀、肝素帽等。拥有现代化的生产和检测设备齐全的生产线，精良的设备，先进的生产技术，以及严格的质量控制体系，产品在欧美等近百个国家和地区获得认可。

第七章　食品加工业

第一节　产业概况

至2018年开发区有大小食品生产加工企业50家，其中规模以上企业11家。2016年，主营业务收入46亿元，上缴税金2029万元。2017年，主营业务收入53亿元，实现利税4.96亿元，行业从业人员1500人。主要产品有大豆加工、精炼油、包装油、各种乳制品、冷冻食品、白酒、冷饮、植脂末、低聚异麦芽糖、阿胶、山药罐头等。食品加工制作在开发区属起步较早的行业，特别是冷饮和白酒的生产历史均超过20年以上。但在初期阶段，由于产品单一、实力不足，这些企业都存在着市场受限、销量不大、盈利水平不高的困难。随着开发区的崛起和发展，地区经济规模的扩大，人们收入水平的提高和居民生活的改善，这些企业陆续调整产品结构，增加花色品种，进行市场开发，从而赢得发展空间，企业规模明显增大。华英食品公司由家庭作坊做起，20年间企业资产积累上亿元，并且带动当地村民致富，为社会事业做出较大贡献。中粮艾地盟粮油公司作为美国企业参股的厂家，自2003年入区以来，一边生产一边扩建，产值收入一直保持着两位数的增长幅度，成为企业管理和经营的样板。

2017年菏泽经济开发区规模以上食品企业经济指标表

表8-9　　单位：万元

企业名称	总产值	收入	利税	利润
菏泽市福润生食品有限公司	3281	4139	595	367
山东菏泽天香酒业有限公司	5073	4391	673	430
山东孔子酒业有限公司	6518	5666	784	460
山东杨湖酒业有限公司	3378	3761	1066	343
菏泽太和食品有限公司	3245	3257	342	168
中粮艾地盟粮油工业（菏泽）有限公司	484526	487774	42415	41923
山东华英食品有限公司	14394	16775	3537	1740
菏泽帝园食品有限公司	4705	4406	204	-53
合计	525119	530168	49617	45376

第二节　选介企业

中粮艾地盟粮油工业（菏泽）有限公司　由两个世界500强企业——中粮集团（控股70%）与美国ADM公司（全球最大的粮油集团，控股30%）强强联合，于2003年6月共同投资兴建的大型粮油加工企业，主要加工大豆、花生、棉籽等原料，生产福临门系列食用油、饼粕及其他深加工产品。公司位于菏泽开发区长江东路，注册资金2240万美元，占地26.67公顷，有职工413人。公司引进国内外最先进的生产设备和技术工艺，建有榨油厂、油脂精炼厂、小包装灌装车间、棉籽车间等专业生产厂及其配套设施，生产过程全部实现自动化。

2014 年，固定资产投资 395.4 万元，其中设备投资 34.1 万元，主营业务收入 34.18 亿元。2015 年，固定资产投资 318.59 万元，其中设备投资 318.59 万元，主营业务收入 36.26 亿元，增幅 6%。2018 年，固定资产投资 534.46 万元，其中设备投资 507 万元，主营业务收入 42.55 亿元，增幅 17%。企业生产能力；花生榨油 1500 吨 / 天、大豆加工 1400 吨 / 天、油脂精炼 400 吨 / 天、小包装灌装能力 550 万箱 / 年。

公司是菏泽市委、市政府确立的标杆管理企业，是菏泽企业 60 强。先后获得市政府颁发的“经济发展贡献奖”“节能减排工人先锋号”“食品卫生 A 级单位”等荣誉，为山东省“守合同重信用企业”“安全生产标准化二级企业”“全国放心粮油进农村示范加工企业”，通过 ISO9001、ISO22000、ISO14001、OHSMS18000 体系认证，国家安全生产一级标准化认证等。

山东华英食品有限公司 1996 年成立，2006 年发展成为占地 26.67 公顷、员工 1000 余人，创造连带就业岗位 1 万余个、市场网络健全、产品销往全国 10 余个省市、资产过亿元的民营企业，市级农业产业化龙头企业，菏泽市 60 强企业。

公司拥有冷饮分公司、乳业分公司、速冻分公司、奶牛养殖专业合作社、包装印刷公司，成为集科研、基地、生产、销售为一体的综合性食品加工企业。自 2004 年以后，连续两届获“山东名牌”产品和“山东省著名商标”称号，并获评“省标准化良好行为 AAA 级企业”。公司总经理丁传英被推选为山东省第十届、第十一届人大代表。

最初，公司以冷饮为主导产品，2003 年开始速冻食品生产，2004 年正式启动乳品生产，逐步形成低温奶、常温奶两大系列，80 余个品种，产品销往周边 5 个省。随着乳品生产的扩大，公司建设占地 13.33 公顷、饲养奶牛 1000 余头的养殖基地，形成冷饮、乳品、速冻食品三足鼎立的发展格局。

公司实施“公司 + 基地 + 农户”的管理运作模式，建立发展奶牛基地和连锁加盟基地，带动农民养牛致富。奶牛基地的发展，使 20 个村庄、3000 余户农民、1 万余人调整了种植结构，基地内养殖户的年收益 400 余万元。随着公司产品结构的调整，乳业送奶员和促销员增加 500 余人。速冻食品的生产，带动了蔬菜基地的发展，温室大棚占地 53.33 公顷，带动 400 余户菜农和公司形成经济利益共同体。

公司的主导产品为速冻水饺、馄饨、汤圆等速冻产品，纯牛奶、含乳饮料、果蔬饮料、风味饮料等乳制品，主营业务收入 2014 年 3200 万元、2015 年 3400 万元、3300 万元。

山东杨湖酒业有限公司 山东杨湖酒业有限公司（以下简称杨湖酒业）前身为原菏泽县酒厂，解放前位于菏泽大黄集镇，2006 年迁至菏泽市经济开发区岳程街道辛集东临，是集生态酿造、工业旅游为一体的白酒酒庄。占地 5 万余平方米，建筑面积 2.48 万平方米，现有员工 100 余人。“杨湖”牌圆形商标注册于 1982 年 12 月 30 日。

杨湖酒业结合本地的地理环境、气候特点及消费者的饮酒习惯，在传承传统酱香、浓香、清香和芝麻香白酒工艺的基础上，与贵州大学酿酒与食品工程学院开展技术研发合作，将“产、学、研”纳入到杨湖的发展中，研究北方酱香型白酒和杨湖香白酒的生产工艺，优化菌种，共同研制出“杨湖强化酱香麦曲”，研发出具有浓芝馥郁香气的独特风格的杨湖香白酒和北方酱香型白酒。

2011 年 11 月，杨湖酒业被山东省商务厅认定为山东老字号；2018 年 9 月，被菏泽市人民政府授予“菏泽市市长质量奖”；2018 和 2019 年连续入围“山东省白酒企业综合实力 30 强”。

2011 年至今先后被评为“山东省齐鲁文化大道品牌创建先进单位”“山东省工业旅游示范点”“食安山东食品安全示范企业”；多次荣获“山东轻工名牌”“布鲁塞尔国际烈性酒大赛金牌”“中国白酒国家评委感官质量奖”“中国白酒酒体设计奖”“山东省白酒行业评委感官质量金奖、银奖”。

2015 年至今实现营业收入 1.21 亿元，利税总额 5275.29 万元。

山东孔子酒业有限公司　1989 年 7 月成立，位于开发区广州路中段，注册资金 1000 万元，占地 1.78 公顷，现有员工 162 人。公司采用高粱、大米、小麦、玉米等原料酿造纯粮原酒，建有酿酒窖池 500 个，年酿造优质纯粮原酒 1500 吨，年灌装白酒 800 万瓶，先后开发生产芝麻香型、浓香型和兼香型三大系列 40 多款产品，主要销往国内各大中城市，同时出口韩国、日本、美国、加拿大等国家，并被世界孔子协会确定为 518 所世界孔子学院的专用酒。

2016 年 3 月，国家糖酒行业管理办公室主任、中国中小商业企业协会会长王博在加拿大就孔子酒出口情况接受加拿大多元文化电视台环球新闻独家专访，并牵线搭桥，签订孔子酒在美国、加拿大 100 家沃尔玛超市的销售合同，年合同标的额 2.03 亿美元。

根据出口数量，公司需在 3 年内增建 1000 个酿酒窖池，使原酒酿造能力达到 3000 吨以上，增建原酒储存库 1 万平方米，原酒储存能力达到 1 万吨以上，增容 6 条现代化白酒灌装生产线，年灌装能力达到 2000 万瓶。

企业注册商标“万事孔子”先后获“中国著名品牌”“人民大会堂宴会指定用酒”“中国历史文化名酒”“国际牡丹花会唯一接待专用酒”“中国儒家文化传承第一名酒”“世界孔子文化传播奖”等殊荣，被山东省商务厅认定为“山东老字号”企业。2018 年，实现主营业务收入 6278.32 万元，实现利税 1420 万元。

山东菏泽天香酒业有限责任公司　1993 年 4 月成立，注册资金 700 万元，是一家集白酒研发、酿造、生产、销售服务于一体的白酒企业。公司是在原国营菏泽地区酒厂第三酿酒车间的基础上改制而成的专业酿酒企业，拥有菏泽市区最老的窖池群。

菏泽天香酒业有限公司原址位于菏泽市长江路 239 号，因城市建设需要，该公司在保持 800 吨 / 年白酒生产能力不变的基础上，于 2012 年 12 月将生产地址搬迁至太湖路 1919 号。新厂位于菏泽经济开发区，日东高速公路、兖新铁路、京九铁路在此交会通过，距离火车站 3 公里，距离日南高速 4 公里，距离正在建设的飞机场 15 公里。

厂区占地 2 公顷，年产优质白酒 800 余吨，有 20 年酿酒历史，是菏泽传统老字号白酒企业，公司投入大量资金建厂房、扩产能、聘人才、拓市场、提质量、创品牌、树形象，走科技新兴之路。2015 年初开始动工扩大规模，在新厂区建造第二窖池，并对厂内设施做了修缮。2016 年初，公司新建 4 大储酒罐，提升公司储酒市场供给能力。2018 年，公司生产白酒 300 吨、实现销售收入 1045 万元、利税 430 万元，其中利润 105 万元。

公司有员工 80 人，其中酿酒、调酒、品酒等高级技术专业人才 30 多名。公司始终遵循“实在本分李氏人，纯粮酿造原浆酒”的宗旨，实施“质量兴企”战略，加大科技投入和品牌宣传力度。公司自主研制、不断改进、创新和完善固态法发酵、蒸酒、勾兑白酒酿造工艺技术，在生产中配备先进的测控系统，老泥池酒系列产品，承袭传统的酿酒工艺，采用高粱、玉米、大米、豌豆、小麦为原料，泥池老窖发酵，辅以过滤深层地下水，传统工艺与现代技术结合酿造，酿出的酒窖香浓郁，入口甘甜，风味独特。公司制定有食品安全自查制度，规范各级安全生产操作规程，建立了从总经理到员工的安全质量生产责任制，明确各部门的职责。公司设有安全管理机构，成立安全自查5人领导小组。

菏泽天香酒业有限公司先后开发推出“李氏”原浆酒系列产品、“老泥池”酒系列产品、“天香村”酒系列产品，生产的浓香型白酒“老泥池原浆酒”等深受消费者青睐，在菏泽及周边地区享有良好的知名度和美誉度。

菏泽太和食品有限公司　2000年11月成立，注册资金50万元，位于菏泽开发区黄河东路2061号，以生产销售冷饮产品为主，太和牌冷饮已拥有雪糕、冰棍等40多个品种。公司固定资产800多万元，拥有国内最先进的切片生产线和花色生产线，职工200多人，其中高级职称工程师3人，中级职称10人，一般技术人员50人。年生产能力300多万件，产品主要销往西部地区。2014—2016年，年均销售收入800多万元。

菏泽绿源食品公司　位于菏泽开发区长江东路，1995年3月成立，隶属山东华瑞集团有限公司，为山东华瑞集团核心支柱企业，一级法人单位。公司占地8公顷，固定资产8300万元，拥有日宰杀生猪1000头的现代化加工、分割线1条，车间建筑面积4800平方米；日加工生产30吨的速冻米面制品车间1座；建筑面积2000平方米、日宰杀1.2万只禽类生产车间1座；冷藏库容5000吨，2万吨冷库1座2016年上半年投入使用。公司下辖肉食经营公司、速冻经营公司、多种经营公司、禽类经营公司、格润公司、冷藏物流公司等分支机构，在职职工326人，其中本科学历10人，大中专学历65人。公司生产设备先进，质量管理体系严谨科学，产品畅销国内各大中城市，享有较高的知名度，深受广大市民喜爱。公司先后被国家权威部门认定为机械化屠宰优势企业、山东省农业产业化重点龙头企业、省定点屠宰先进单位、省商贸流通先进企业、肉食经营公司被共青团山东省委授予“省青年文明号”等称号。

山东良心食品有限公司　位于菏泽开发区丹阳大马庄社区北50米，公司注册时间：2016年1月22日。公司注册资金1000万元，是菏泽开发区一家大型红薯粉条及保健食品加工企业，主要从事淀粉、淀粉制品、预包装食品、保健品的生产与销售。

公司加工的红薯粉条纯洁光亮，洁白透明，烹调久煮不碎不烂，吃起来清嫩适口，爽滑耐嚼，风味独特，为菏泽市一大地方特产和名吃。产品采用100%的精制红薯淀粉，经公司独创的纯手工生产工艺加工，保证了原汁原味的营养价值。

第八章　轻纺服装业

第一节　产业概况

菏泽开发区的纺织服装工业集中兴起在2002—2005年。2002年，来自烟台的外贸服装企业盛泰公司和韩国的世飞实业株式会社，在开发区长江路和郑州路交会处建韩国工业园，占地6.67公顷，主要对日本、韩国加工生产出口服装。2003 年，源林川服饰公司和锦绣制衣注册成立，分别投资 5000 万元和 3000 万元在韩国工业园西南方向投资建厂。2004 年，青龙纺织有限公司在公路局工业园西邻开工建设。同一时期，烟台茂木服饰落户开发区。2008 年以前，开发区的纺织服装企业有 6 家，多从事来料加工、贴牌服务。10 余年过去，由于产业政策的调整和外部因素的变化，部分企业相继淡出，有着牢固本土基础，兼顾国内、国外两个市场的企业存活并发展起来。2010 年，国花纺织有限公司成立，投资 1.5 亿元独领纺织业潮头，源林川、锦绣制衣和千翔服饰公司风采依旧。全区规模以上纺织服装企业共计完成工业总产值 4.5 亿元，盈利 3756 万元。

2017年菏泽经济开发区规模轻纺服装企业经济指标表

表8-10　　单位：万元

单位名称	总产值	主营收入	利税	利润
菏泽市国花纺织有限公司	12782	12305	1725	1142
菏泽市千翔服饰有限公司	5227	4593	625	392
菏泽恒泰巾被有限公司	4638	4494	568	332
菏泽市锦绣制衣有限公司	5752	5809	1032	581
菏泽市源林川服饰有限公司	13403	11944	2848	1388
菏泽市远航服饰有限公司	3143	2831	–47	–78
合计	44945	41976	6751	3757

第二节　选介企业

菏泽市国花纺织有限公司　2010 年 6 月登记成立，注册资金 1000 万元。生产园区位于菏泽开发区南京路中段与丹阳路交会处，占地 6.67 公顷，总投资 1.5 亿元。厂房及配套设施建筑面积 3 万平方米，主要生产高档、高支、纯棉精梳棉纱、高档纯棉料坯布、高档棉花被等系列产品。

公司是菏泽市及开发区管委会重点扶持援建的工业项目，2013 年被菏泽市政府评为市级重点农业龙头企业。公司注重建设高素质的职业团队，拥有中高级工程、财会、技师等专业人才 20 余人。业务范围以菏泽为中心，辐射鲁、苏、豫、皖周边及全国各大城市。在纺织原料方面，公司在当地及新疆收购、加工皮棉，购置国内外先进的设备器材，拥有意大利 SAVIO 的自动络筒机、中国恒天集团的清梳联设备、军工企业河北太行最先进的电脑粗纱机及宝成公司的电脑并条机、经纬纺机的细纱机、美国 GD 压缩机及电脑绗缝、绣花机等。流程全部采用大卷装，自动化程度高，大大降低用工和劳动强度，提高了棉纱、棉被质量，打开了广阔的市场销路，2017 年实现销售收入 1.2 亿元，利润总额 1100 万元。

菏泽市源林川服饰有限公司　2003 年 5 月 26 日成立，是以生产服装、纺织品为主的出口型企业。主要产品有睡衣套、睡袍、和服、吊带、文化衫、T 恤衫、婴儿爬爬装、长 / 短裤、夹克等。公司占地 5.1 公顷，拥有生产车间 8000 平方米、仓库 1500 平方米、办公楼 1550 平方米、宿舍食堂等其他配套建筑 2300 多平方米，各种服装生产设备 400 多台套，总资产 5000 万元，职工 512 人，其中服装技术及管理人员 30 多人。

公司采用国内高质量印花、素花、提花等面

料，年产睡衣400多万套，远销欧洲、加拿大、澳大利亚等几十个国家和地区。

菏泽市锦绣制衣有限公司　位于菏泽开发区太湖路中段，2003年4月建成投产，是一家经外经贸部批准的具有自营出口权的工贸型民营企业。占地1.33公顷，厂房面积6800平方米，注册资金108万元。集办公、生产一体化，拥有办公用房、厂房和各种机械及其设备辅助，有员工380人。生产设备主要有高速平缝机225台、五线包缝机75台、全蒸汽烫门32个、吸风烫台36台、检针机1台。公司于2003年9月转为增值税一般纳税人，10月办理出口退税注册手续。公司年生产出口各类中高档男女休闲装、男女式成人睡衣、男女童睡衣、婴儿睡衣、家居服、休闲服、工作装等200多万件，均通过各品牌对公司资质的评估，成为其合作定点定牌生产单位，并与英国、比利时、德国、荷兰等国的多家公司建立良好的贸易合作关系。公司主要是加工生产各种服装及其配件，产品主要用于出口。日产1.5万件，产品出口到英国、法国、比利时、德国、荷兰、澳大利亚等国家和地区。2007年，出口额260万美元；2008年1月，通过ISO9000质量管理体系认证，出口额比2007增长40%；2009年和2010年，销售额分别为1770万元、3111万元；2011年，销售额4581万元，实现利润48万元；2016年，产值收入5083万元，实现利税741万元，利润总额425万元。

第九章　再生资源业

第一节　产业概况

自2015年开始，开发区建立起循环经济的发展模式和功能体系，初步形成木材边角料加工、新型建筑材料、废旧物资回收处理、化工废物再利用产业发展格局，扶持的2个重点企业——菏泽大地木业有限公司和山东方达再生资源利用有限公司具备100万吨的再生资源加工能力，营业收入突破10亿元，实现利税1亿元，并带动近万人的就业。

同时，开发区积极引导全社会共同参与到资源回收和再利用行动中来，努力创建循环发展的舆论氛围，把节约利用内化成大家的自觉行动。菏泽鹏远混凝土有限公司以资金、设备技术投入为先导，推出再生混凝土。华英食品与周边20多个村庄的3000余户农民签订农作物秸秆购销合同，以秸秆为饲草和饲料，饲养奶牛，解决了大部分农作物秸秆被沤掉、焚烧，造成环境污染的问题，农民1亩玉米秸秆可卖到150～200元，仅此一项，农民增加收入450万元，加上公司的饲料补贴，周围农民收入600万元。洋丰肥业公司实施锅炉烟气除尘脱硫脱硝改造项目，金正大公司完成生产粉尘收集项目和油污分离项目，玉皇盛世化工建设油气回收项目和污水处理废气项目，减少污染，优化环境，且变废为宝，再生效益。区域性再生资源回收利用体系的建成让菏泽开发区额外增加30亿元的新生产值，实现近3亿元的利税。

第二节　选介企业

山东方达再生资源利用有限公司　2012年7月成立，位于菏泽开发区海河路，占地12公顷，注册资金3000万元。公司有员工70人，其中专业技术人员36人，专注于再生资源回收与循环再利用产业。2017年，成为节能环保产业发展联盟会员单位，是菏泽作为全国第三批再生资源回收利用体系建设试点城市的主承建单位，菏泽市循环经济示范基地、工业旅游示范基地、科普教育示范基地。

公司主要从事报废汽车回收、拆解；废弃电器电子产品回收及拆解、分选、加工、销售；废旧物资的收购、分拣加工、销售；塑料制品加工、销售；以及货物仓储、货物进出口、技术进出口等业务。公司拥有先进的汽车拆解大型生产线、废钢自动分拣破碎生产线、塑料吹塑和注塑生产线、信息网络平台，同时配备当前最先进的多功能快速拆解机、抓钢机、门式放射性检测仪、红外线网络监控系统等系列专用加工设备。

方达再生资源利用基地达到50万吨/年的废钢回收、加工、销售能力。新建5万辆汽车拆解大型生产线及20万台废旧家电回收利用基地，引进先进的大型汽车拆解及家电拆解生产线，达到年拆解5万辆汽车、年处理20万台废旧家电、年回收2万吨有色金属、5万吨废纸、4万吨废橡胶、3万吨废玻璃的规模。

基地每年可回收再生资源量80多万吨，实现销售收入10亿元，年平均利税额1亿元以上，解决当地近万人的就业问题，成为菏泽市的经济支柱企业之一。山东方达再生资源利用有限公司为菏泽入选全国第三批再生资源回收试点城市起到推动作用。

山东方达区域性大型再生资源回收利用基地作为菏泽发展循环经济、健全再生资源回收利用网络体系的重要工程，为项目建设的推进提供相应的废旧物资处理技术人才，菏泽市各回收网点经营者提供相关废钢铁加工方面的培训，以提高行业的整体素质，同时为菏泽市再生资源回收利用的研究和产业技术人才的培养做出贡献。

菏泽大地木业有限公司　2004年成立，系菏泽交通集团投资组建的国有企业，是山东省政府批准的菏泽唯一的循环经济园区中产业链条的关键组成部分，被山东省经济贸易委员会认定为资源综合利用企业，先后被菏泽市政府及山东省林业厅认定为农业产业化重点龙头企业。

公司位于菏泽开发区松花江路中段，固定资产投资8000余万元，占地12.7公顷，有员工200余人，其中大专以上学历36人，高级职称3人。主要生产12毫米、15毫米、17毫米、18毫米4种规格的1220毫米×2440毫米的中纤维板，密度750～760千克/立方米，甲醛释放量为E2级，其他指标符合国家标准。2018年，公司生产中密度纤维板13万立方米，销售收入1.4亿元。2018年，营业收入突破1.5亿元，实现利税1300万元。

公司拥有一套国内领先的生产线设备，人造板核心设备“热磨机”，由国际热磨机生产厂家奥地利厂商安德里兹提供，自动化程度高、磨出的纤维质量好；成型和砂光线采用国内知名人造板设备生产厂商苏福马股份公司的设备，连续性能强、除尘效果好；生产线采用循环水和循环油进行降温和加热，无三废排放。公司设有专门的质量检测室和质量检测机构，拥有国内一流的人造板检测仪器，产品受检率100%，在各级质量监督部门抽检中，产品均达到或优于国家标准。公司产品畅销于上海、西安、郑州、临沂、天津、北京、成都、石家庄、兰州等全国各地大型家具厂及东南亚和中东地区，产品供不应求。

公司以当地农村的木材三剩物——采伐剩余物、造材剩余物、加工剩余物为原料，采用“公司+基地+农户”的运作模式，发挥资源的充分利用和反复利用价值，节约了资源，同时增加了当地农民的收入。2016年，公司收购当地农民的三剩物16万余吨，直接为农民创收6800多万元。经过培训和培养，周围部分村民还走向技术岗位成为公司的技术骨干，100余人在公司就业。

第十章 高端家具制造业

第一节 产业概况

2000年，菏泽诚信家具生产车间由牡丹区广福大街迁出，落户菏泽开发区广州路地段，总投资8200万元，建成面积7.77万平方米的生产基地和1.2万平方米的生产车间，主要生产沙发、中高档宾馆家具、民用套房家具、办公家具等产品，产值2亿多元。2000年，领将家具进入开发区，在长江路东段建厂，之后良桐家具和东风家具等企业先后在开发区选址办厂，奠定了开发区家具业的产业基础。虽然在家具产业的聚集过程中出现过沉浮，以产品出口创汇为主的外资企业领将家具公司受2008年金融危机的影响而退出这一领域，其他一些厂家经营态势一直表现得较为平稳，生产规模不断扩大。2017年，家具行业实现工业产值8亿多元，利税1亿元。

2017年菏泽经济开发区规模以上家具企业经济指标表

表8-11　　　　单位：万元

单位名称	工业产值	营业收入	利税	利润
菏泽市诚信集团有限公司	31673	31502	5005	3274
菏泽良桐家具有限公司	6521	6190	588	274
菏泽颐信实业有限公司	8760	9053	1070	741
菏泽市东风沙发家具有限公司	4621	4614	694	469
菏泽大地木业有限公司	20156	18204	1860	1030
菏泽市林峰木业有限公司	2120	2128	102	48
菏泽市圣都家具有限公司	4138	3544	415	258
菏泽市圣皇家具有限公司	3362	3212	385	242
合计	81351	78445	10118	6336

第二节 选介企业

菏泽市诚信集团有限公司　公司位于菏泽开发区广州路与长江东路交会处。占地5.33公顷，建筑面积12万余平方米。拥有沙发、床垫、软家具生产线16条，家具生产线4条，总资产3亿余元，员工500余人。主要生产真皮沙发、布艺沙发、弹簧床垫、棕垫、套房家具、民用家具、办公家具、软包床等8大类、300多个品种，畅销山东、山西、河南、河北、江苏、安徽、北京等10余个省、市，商业网点300个。2011年，产品销售收入8727万元，上缴税金428万元。产品生产和销售量在全市同行业中位居第一，综合实力在山东省家具行业名列第三位。2016年，完成工业产值2.98亿元，实现销售收入2.97亿元，利税4739万元，盈利3125万元。

菏泽市东风沙发家具有限公司　2003年3月成立，是一个集现代化沙发、软体家具、床垫研发、设计、生产、销售于一体的生产厂家，占地3公顷，有管理和中高级技术人员以及员工300余人。引进意大利、德国、日本的先进机械和席梦思床垫生产设备，在同行业中率先采用进口钢丝，是国际标准绿色选择认证企业。公司形成一套科学完整的生产经营管理模式，具备近5000万元的制作生产能力，年销售收入4600万元，利润近500万元。

菏泽良桐家具有限公司　2001年成立，位于菏泽开发区黄河东路1198号，占地2.3公顷，生产车间约3000平方米，拥有从日本引进的先进设备18台（套），公司1/3以上的技工接受过日本技师的专业培训。公司主要生产桐木系列产品，包括桐木橱柜、木制生活用品、木制节日用品等。产品质量优良、安全环保，产品90%以上出口日本，其余出口欧美国家。公司积极探求科学的生产模式和管理方式，赢得良好的发展机遇，企业年产值、销售收入均超过6000万元，利税总额580万元。

第九编　农业　林果业　水利

开发区成立初期，辖区内耕地面积不足200公顷，总人口6993人，其中农业人口2800人，分布在都庄、何楼、耿庄3个行政村。

2001年，开发区扩区，人口数量增加到13万人，其中农业人口占92.3%，人均耕地面积0.83亩。开发区管委会引导农民科学安排粮食生产，投资建设蔬菜大棚，种植瓜果梨枣、饲养牲畜家禽。2002年，全区农作物播种面积1.05万公顷，建设塑料大棚239个，建设菜棚177个，当年粮食产量3.54万千克，蔬菜纯收入149.38万元，出栏猪4.11万头、食用牛892头、食用羊5.24万只，全区实现农业产值1.68亿元。

2003年初，开发区划分为城市建成区、城市规划区和城市规划区外3个区域地段。城市规划区外的佃户屯街道2000公顷耕地，重点发展农业，推广林果、蔬菜、苗木种植，逐步增加农民收入。2005年，全区小麦种植面积5505公顷，总产量6500万千克，完成秋粮种植农作物面积3667公顷，其中粮食作物1667公顷、棉花1200公顷、瓜菜133.3公顷、其他经济作物660公顷，粮经作物比例为4 ∶ 6。

2006—2010年，开发区落实国家的支农惠农政策，把粮食直补、农机补贴等各项补贴及时足额发放到农民手中。2010年，全区共发放农业补贴791万元，新建农产品生产基地86.67公顷，总量466.67公顷；年内增加果树种植面积173.33公顷，新建冬暖蔬菜大棚271个，新建林下养殖场3家；投资1000多万元开工建设佃户屯孔庄生态旅游农业观光园，发展农民专业合作社16个。全年实现农林牧副渔产值4.63亿元，其中农业产值2.93亿元，增加值1.82亿元；林业产值507万元，增加值406万元；畜牧业产值1.49亿元，增加值7302万元；渔业产值1252万元，增加值1049万元。

2016年，开发区完成农林牧副渔总产值4.08亿元，其中农业产值2.47亿元、林业产值571万元、牧业产值1.32亿元、渔业产值1498万元；实现第一产业增加值2.44亿元，其中农业增加值1.59亿元；农作物播种面积7021.9公顷，其中粮食作物播种6408.6公顷，总产量4199.45万公斤。

2018年，开发区作物种植面积5814.4公顷，其中夏粮作物2726公顷、秋粮作物2895.3公顷。实现产业增加值1.51亿元，其中农业增加值1.11亿元、林业增加值582万元。8月陈集镇划归开发区代管，开发区辖区内耕地面积增加5708公顷，人口增加70108人，其中农业人口23130人。

第一章　农村经济体制改革

第一节　农村税费改革和第二轮土地承包

开发区成立之时，境内施行以家庭联产承包责任制为形式的第一轮土地承包制度。

1998—2005年，菏泽地区全面推行第二轮土地承包。按照国家和菏泽市的统一部署，开发区严格遵循农村土地集体所有和土地权属关系不变、集体土地的农业用途不变、土地承包关系长期不变、有利于发展和壮大农村集体经济、尊重农民群众意愿的原则，以“大稳定小调整”为方向，突出核心重点，明确“死田”30年不变，目的是让农民吃下“定心丸”，从而加大对土地的投入，避免短期行为，为农业的持续长久发展提供保障条件。在具体操作过程中，各街道工作人员和村干部，从公正立场出发，结合当地实际，认真贯彻市农业局《关于延长土地承包期有关问题的意见》，坚持“稳大块活小块”标准，充分听取群众的建议和意见。至2001年末，顺利完成辖区内第二轮土地承包工作，与广大农户签订新的承包合同，并颁发农村土地承包经营证书。

2003年3月1日，《中华人民共和国农村土地承包法》颁布实施，开发区利用多种方式积极贯彻落实，并结合市委、市政府2003年12月印发的《关于稳定完善农村土地承包经营制度的意见》，大力维护土地政策的稳定性和连续性。开发区全面推行“增人不增地、减人不减地”的土地制度，真正赋予农民长期有效的土地使用权，区内形成牢固的土地承包关系。土地承包责任制的稳步实施，再加上国家取消对粮食及农副产品的统、派、购政策，农民的自主权得以大幅度体现，可得实际利益增加，从而充分调动了农民生产积极性，粮食产量迅速提高，亩产量420千克左右，蔬菜亩产接近4100千克，比改革开放以前翻了两番。

2001年以前，境内农民除上缴国家“公粮”外，还要缴纳“三提留”“五统筹”，作为地方政府财政收入来源。“三提留”是由村一级组织收取的公积金、公益金和集体管理费，“五统筹”是由乡一级政府收取的计划生育、优抚、民兵训练、乡村道路建设和民办教育等费用，为此农民人均需缴纳费用150多元。

2002年，中央在全国推广安徽省的试点经验，实行农村税费改革，开发区积极行动，及时取消统筹费、教育集资等面向农民征收的行政事业性收费和政府性基金集资项目，取消屠宰费，继而改为按照农民耕地类型、种地多少收取一定数额的农业税，每亩地大致收费标准为一类地征收55元、二类地45元、三类地35元。2004年，开发区落实中央精神，将农业税的收取数额降低3个百分点。2005年，开发区农业税率再降2个百分点。

2004年，中共中央、国务院颁布《关于促进农民增加收入若干政策的意见》，各项惠农政策相继出台。按照市委、市政府的有关文件精神，开发区党工委、管委会成立专门的领导机构，各街道成立农田种植面积核定工作小组，铺开对农民的种地补贴制度。为保证该项工作的公平合理、公开公正，开发区制定一整套较为完善、系统的工作流程，先让农民自报小麦实际种植面积，村庄、社区予以核实、公示、确定、统计、上报，并按照规定做好影像资料采集存储工作。街道明确专人负责，对各村（社区）及街道两级的相关工作予以公示，用数码相机提取原始公示资料，资料内容必须显示公示单位、公示内容、耕地面积、公示日期，街道专门保存并上报。对玉米种植面积核定，实行村（社区）和街道两级公示，村庄、社区采取直接丈量的方法，对每个农户实际种植的玉米面积逐一丈量，核实农民自报面积，再公示每户农民实际种植面积和品种。街道公示所辖各村（社区）实际种植面积，并收集保存街道与村（社区）两级公示影像资料。然后按照省财政厅“财政涉农补贴一本通信息管理系统”的程序和格式，进行数据录入、汇总，上报开发区有关部门。

2006年，按照上级统一部署，开始对种地农民发放农资补贴，2008年，开发区采取“专户管理、封闭运行、专款专用”的办法，拨付粮食直补和农资综合直补资金68.95万元。2010年，拨付资金2.9亿余元，其中粮食直补资金50万元，农资综合直补资金2.9亿元。每户小麦种植面积在100亩以上的种粮大户，给予每亩10元的奖励。2006—2010年，开发区向辖区发放惠及“三农”的资金累计达到1.85亿元。2011年，拨付种粮农民资金3.55亿元。2012年以后，根据“稳定面积、提高单产、优化结构、改善品质”的原则，按照“公开推介良种—农民自愿购种—落实种植面积—发放补贴资金”的流程，采取现金直接补贴的方式，对农民种植玉米良种予以每亩10元的补贴。鼓励农民使用优良品种，稳定玉米种植面积，增加玉米单产和总产。同时，开发区全面落实各项惠农政策，积极推行“齐鲁惠农一本(卡)通”，认真编制分户清册，把种粮补贴、柴油化肥等农业生产资料补贴，通过农村信用社营业网络，直接拨付到每个农户储蓄存折结算账户，实行“一户一折一号”，农户可以随时支取。

2015年以后，开发区分发的各种补贴种类增加、金额增大，当年总金额为2570万元，辖区内农民的生产和生活全都有了可靠保障。2018年，开发区用于扶助农民生产，生活的支出上升到6415万元，划掉了开发区的“贫困线”。

第二节　农业结构调整

开发区境内传统的农业种植以小麦、玉米等粮食作物为主，占总播种面积的60%以上，棉花、油料、小杂粮等约占总播种面积的30%，耕作两年三作比较普遍，一年两作有所发展，一年一作较少，复种指数不高，全区的农业产量、产值较低。开发区成立初期，境内居民虽然解决了温饱问题，但手头存款有限，少有结余。开发区党工委、管委会统一思想、明确方向，确定把增加农民收入、改善居民生活作为初心、目标。一方面组织劳务输出，带领农村富余劳动力到工业发达地区务工，另一方面充分利用辖区内的土地资源和农业基础设施大力发展优质高效农业。主要做法就是实行种植方式改革，发展“两高一优”农业，推行间作套种模式，提高复种指数，提高单产量，确保总产量，最终实现农村总体经济繁荣发展的目标。

自2001年开始，3个街道充分发挥各自优势，围绕发展市场经济的需要，积极推行种植结构调整，优化种植结构，扩种高产高效的经济作物，提高农产品的商品化和市场占有比例。在各级政府部门的倡导和鼓励之下，开发区迅速形成多个蔬菜生产基地、高效农业示范基地，2002年共建起蔬菜大棚177个，2006年蔬菜种植面积1103公顷，总产量5.08万吨，农业复种指数大幅度提高，经济作物种植比例接近50%。到2010年，辖区各类农作物的种植面积增至1.12万公顷，其中粮食种植面积9625.47公顷，油料、棉花、水果、蔬菜种植面积1547.6公顷，建有大棚、拱棚、温室293个46.47公顷，全年生产粮食5426.94万千克、油料55.95万千克、棉花53.84万千克、水果375.59万千克、蔬菜4461.22万千克。

2015年，全区种植总面积7766公顷，其中种植粮食作物7005公顷，产粮4551.77万千克；种植油料作物95公顷，产量32.03万千克；种植棉花77.4公顷，产量10.33万千克；种植蔬菜471.93公顷，产量2424.18万千克，收入1.04亿元。区内有各类蔬菜大棚468个，占地面积95.4公顷。全年完成农林牧副渔总产值4.36亿元。其中，农业产值2.61亿元，增加值1.68亿元；渔业产值1594万元，增加值1320万元；林业产值583万元，增加值466万元；牧业产值1.45亿元，增加值7210万元。

至2018年，开发区的农业结构更加趋于合理，各项种植活动呈现出高端化、专业化、多样化的局面，年内新注册5家专业种植合作社，区内经济作物种植面积190公顷，留存温室大棚224个，棚内养殖面积38.26公顷，当年经济作物总产量661.57万千克，粮经比例5.23∶1。

第三节　农业产业化经营

开发区党工委、管委会先后采取积极推广、政策引导、资金扶持、技术指导等一系列措施，通过基地建设、渠道开发、强手带动、联手合作、配套延伸、产销同步等多方面努力，在作物种植、动物饲养、林果加工、特色农业等诸多领域形成了产业化经营模式，利用企业＋农户、企业＋合作社＋农户、合作社＋农户、基地＋农户或更深层的合作手段，推动了产业化的健康深入开展，实现了规模扩大、产业升级和经济效益、社会效益的同步增长。至2010年开发区果园面积达141公顷，水果产量375.59万公顷。2015年，开发区的产业基地发展到7个，注册成立专业合作社6个，农产品储运加工企业21家，其中规模以上企业7家，产值收入超亿元企业2家，农业产值规模达到4亿多元。2016年，水果总产量552.02万公斤，其中苹果38.53万公斤、梨21.64万公斤、葡萄101.59万公斤、桃310.03万公斤、杏8.07万公斤、红枣1.05万公斤、柿子71.12万公斤。

林果——柿树与耿饼

菏泽种植柿树的历史始于秦汉时期，盛于唐、宋、明、清。历史上的曹州柿树繁盛时栽种近5万株。现在主要分布在开发区赵王河两岸的辛集、岳程庄、牡丹、佃户屯、何楼、金堤、丹阳等社区、村庄。

曹州耿饼以菏泽当地生产的柿子为原料，旋去皮、日晒、捏制而成，因以菏泽东郊耿庄一带的镜面柿为原料做成的柿饼风味最好，所以得名“耿饼”。耿饼肉质细韧，色泽橙黄透明，霜厚无核，入口成浆，味醇凉甜，营养丰富，且耐存放，久不变质，历来被人们誉为柿饼中的上品。1985年，曹州耿饼在山东省柿饼鉴评会上获总分第一名；1972年、1975年、1993年，分别获得全国果品博览会金奖；1997年11月，被山东省林业厅、山东果品协会评为“名特优果品奖”。

开发区成立以前，境内的耿饼都由农户家庭制作而成，特别是耿庄，几乎家家户户做耿饼，成为农民的副业和重要经济来源。1996年，开发区在国家工商总局为耿饼注册“曹州”牌商标。并建立耿饼加工厂。2000年后，开发区农户几乎家家有柿树、村村有栽植，合计种植面积不低于500公顷。曹州耿饼也远销日本及香港，东南亚地区。

2011年开办菏泽御皇酒业有限公司，11月经国家相关部门正式批准为柿子深加工生产企业。菏泽御皇酒业有限公司建成后，主要生产柿子酒、御皇系列保健酒等系列产品，所生产的产品分别销往国内20多个城市，解决了当地及周边乡镇柿农卖柿难的问题。

2017年，曹州耿饼厂和菏泽御皇酒业有限公司共收购鲜柿子25万千克，通过传统工艺的生产加工共产出正宗曹州耿饼2.5万千克，柿子发酵酒15万千克，系列保健酒10万余件，年产值达800万元，实现利税20余万元，共安排就业人员26人，其中精准扶贫对象工8人、残疾人1人。

龙果——曹州木瓜

曹州木瓜和陈集山药、牡丹、耿饼（柿子饼）并称菏泽的四大特产。曹州木瓜在菏泽有2000多年的栽培历史，盛栽期就有500多年，明清时期，曹州木瓜还曾作为贡品进京。

曹州木瓜又称光皮木瓜，属温带木瓜植物，其寿命可达1000年以上。古生的曹州木瓜被称作“龙果”“长寿果”。1996年，经山东农业大学及省果品研究所推荐的曹州木瓜，通过山东省科委鉴定，获得林业部珍稀名特产博览会金奖。1999年，被卫生部公布为第一批药食兼用果品，列入菏泽市高效农业“星火项目”。2000年，由科学技术部与国家发展和改革委员会社会发展司主编的《曹州光皮木瓜》一书，被纳入《国家星火计划培训丛书》。2001年，曹州木瓜树和木瓜果分别在国家工商总局注册“降龙木”和“降龙果”商标。2002年，全国林产品博览会授予曹州木瓜优质产品奖。2004年9月，曹州木瓜被评为“2004中国林产品交易会金奖产品”。2011年9月，第八届中国林产品交易会授予曹州木瓜茶金奖。2012年9月，第九届中国林产品交易会授予曹州木瓜酒、木瓜饮片金奖。从2012年秋季开始，成功举办菏泽市7届木瓜文化旅游节，先后推出大型开幕式、木瓜产业研讨会、木瓜产业成就展、祝贺市树诞生摄影展、长寿老人评选等一系列有声势、有影响、为市民群众所喜闻乐见和接受的大型活动，在社会上产生强烈影响，收到预期的效果。曹州木瓜以其独特的自然特性、历史文化特性、经济开发潜力，成为除牡丹之外，菏泽市城市形象的另一重要标志和名片。2013年7月16日，菏泽市十八届人大常委会第十次会议通过菏泽市人大常委会关于批准菏泽市市树的决定，批准木瓜树为菏泽市市树。2015年9月，第十二届中国林产品交易会再次授予曹州木瓜酒、木瓜饮片金奖。2016年9月，曹州木瓜酒、木瓜饮片获得第十三届中国林产品交易会金奖。2017年9月，曹州木瓜果茶获第十四届中国林产品交易会金奖。

自2000年起，菏泽经济开发区相继成立菏泽市雷泽湖农林特产有限公司、菏泽市曹州木瓜研究院等木瓜种植公司、研究院所，开展曹州牡丹的推广种植和开发研究。

菏泽市雷泽湖农林特产有限公司 位于菏泽开发区佃户屯街道，成立于2005年，总资产1.2亿元，注册资金5000万元，占地200公顷，其中木瓜种植面积25.33余公顷，年产量900余吨，销售额约600万元。公司主营产品有木瓜酒、木瓜果茶、木瓜苗木、木瓜盆景、木瓜海棠、木瓜果酒等。下辖山东雷泽湖绿色科技有限公司、祥龙曹州光皮木瓜研究所、菏泽市曹州木瓜研究院、曹州木瓜园、菏泽市远韶光皮木瓜种植专业合作社、雷泽湖专营店等，是一家集农林产品研发、生产、销售为一体的综合性企业。

菏泽市曹州木瓜研究院 位于菏泽开发区丹阳街道蒋庄社区，成立于2016年4月16日。研究院为民办非企业单位，注册资金30万元，法人陈凯。

杏——虎头李村与一村一品

2002年，开发区佃户屯街道虎头李村是基层选定的“一村一品”工作村。为将该村的特色产品培育发展起来，村支部书记李慎同带人到外地学习考察，认定泰安农科所开发的“凯特杏”很有市场潜力。凯特杏色美、味佳、单果大、早熟，每亩种植数量300棵，每棵杏树可产果15公斤，以当时普通杏的市场价格销售，每亩地的收益可达1万元，而且一次投入长久收益。第二年引进一个新品种“红光杏”，该杏的成熟时间为5月，能够抢占最佳销售时机，收入更为可观。不到三年，虎头李村发展成杏花村。种植杏树美化了乡村环境，还为每户村民增加了500 ~ 10000元的收入。

巴西客人在菏泽市高科技农业生态园大棚蔬菜区考察参观

2010 年，开发区境内的果园面积增至 141 公顷，水果产量 375.59 万千克。

2018 年，受华北地区严重自然灾害“倒春寒”的影响，果树“坐果”数量减少，3 个街道的瓜果总产量为 94.95 万千克，与往年相比明显减少。由于葡萄未受到“倒春寒”影响，当年种植葡萄的大户——陈集镇收获果实 141 万千克。

畜牧饲养——猪、羊和家禽

开发区成立初期，境内饲养猪约有 2 万头、羊 3 万只，鸡、鸭、鹅等家禽 20 万只，且以家庭散养的方式为主。2003 年，境内发生禽流感疫情，家禽饲养一度陷入低谷，全区家禽饲养量下降到不足 10 万只。为保证畜牧养殖业的健康发展，开发区加强了辖区的畜牧防疫工作，扩大防疫队伍，3 个街道新招聘 40 名村级防疫人员，并对其进行专业知识和实际操作技能培训，在辖区组建起一支强大的畜牧防疫力量。2006—2010 年，境内养殖基地大量涌现，有的农户还在当地政府的引导下，在树林中建起养鸭场。2006 年，开发区所有农户养猪 5.58 万头、羊 8.92 万只、家禽 12 万羽。2010 年，全区存栏猪 1.6 万头、牛 1137 头、羊 2.47 万只，养鸡 69.02 万羽、鸭 5.37 万羽、鹅 6.45 万羽，出栏猪 5.42 万头、食用牛 1115 头、羊 6.63 万只，出栏鸡 77.18 万羽、鸭 9.97 万羽、鹅 1366 羽、兔 2.27 万只，年内共生产鲜肉 583.34 万千克，其中猪肉 408.58 万千克、牛肉 15.61 万千克、羊肉 51.28 万千克、禽肉 104.07 万千克，生产牛奶 45.18 万千克，当年实现畜牧业产值 1.49 亿元。

2011 年以后，随着开发区城市化发展步伐的加快和人们生活水平的提高、生活观念的转变，人们对社区环境、卫生要求和空气质量提出新的要求，组织力量整顿辖区内的养殖业，关闭一批养殖条件简陋、严重污染周围环境的养殖场，一些设施先进、符合环保要求的养殖场保留和发展起来。2015 年，全区存栏生猪 1.67 万头、牛 692 头、羊 1.73 万只，当年出栏猪 3.42 万头、牛 402 头、羊 3.68 万只、家禽 88.39 万羽，产牛奶 28.67 万千克。畜牧业产值年内完成 1.45 亿元，实现增加值 7302 万元。

2018 年，开展文明卫生城市创建活动，为保持开发区自然生态环境，郊区许多民众自觉放弃牲畜、家禽饲养行为，当年全区存栏牛 140 头、猪 1904 头、羊 2690 头，出栏牛 29 头、猪 5321 头、羊 3300 头，饲养家禽 27.78 万只，产猪肉 24.1 万千克、牛肉 3340 千克、羊肉 4.36 万千克、禽肉 100.08 万千克、禽蛋 148.36 万千克、牛奶 4.56 万千克。

陈集山药

陈集山药，产于山东菏泽开发区陈集镇，中国国家地理标志产品。因其体表生长着像鸡皮毛囊的粗糙斑点，很像鸡皮而得名“鸡皮糙山药”；又因质地坚硬，粉性足，久煮不烂，不易折断，两根相击有铿锵之音，而获名“铁棍山药”。以其“面、甜、香、绵、爽”的优美口感，“药食同源”的优良品质，“药用、保健”的实用价值为人们所推崇，因其历史悠久，紧靠曹州古城，因而又有“曹州山药”之

山药喜获丰收

称，与“曹州牡丹”“曹州耿饼”“曹州木瓜”并称曹州四大特产。

2008年12月31日，国家质检总局批准对“陈集山药”实施地理标志产品保护新闻发布会。

产品特点　陈集山药体形修长，圆润、顺直；断面肉质细腻、洁白，富含营养的黏液汁，稠而黏，可扯出屡屡银丝；质地硬实如铁棍，久煮质不散，形不变；口感集“面、甜、香、绵、爽”于一体。

营养价值　陈集山药含有蛋白质、糖类、维生素、脂肪、胆碱、淀粉酶等成分，还富含18种氨基酸和10余种微量元素及碘、钙、铁、磷等人体不可缺少的无机盐和多种矿物质。

保健价值　现代医学最新发现，山药最大的特点是含大量的黏蛋白，这是一种多糖蛋白质的混合物，对人体有特殊的保健作用，能防止脂肪沉积在心血管上，保持血管的弹性，阻止动脉粥样硬化的过早发生。陈集山药由于其淀粉、多糖、蛋白含量高，适合“蒸、煮、煲、炸”，可配制出千余种菜肴。

品种分类　陈集山药分“西施种子”和“鸡皮糙种子”两大派系。西施种子山药茎块肥大，肌体华润，肉细味甘，面、香、甜俱佳，营养丰富，滋补保健。西施种子山药属无父系，不结豆，靠茎段繁殖，是山药中少有的品种，为陈集镇独有。鸡皮糙山药品质坚硬，粉足液浓，久煮不散。入口品尝面中带沙、香中带甜。

产地说明　陈集镇位于山东省菏泽市东部，北纬35° 12′，东经115° 38′。土质为沙土或沙壤土，质地疏松，块茎在土壤中生长阻力较小，土壤透气性好，有利于山药的生长。山药种植区土地肥沃，富含铜、钙、铁、硒、锌等对人体有益的微量元素，为山药品质的提高提供了物质保障。再加上陈集镇雨热同季，光热充足的气候特点，有利于养分积累，适于山药的生长发育。陈集镇没有大型重工业和严重污染企业，无污染源。特殊的地理环境，为陈集山药的良好品质奠定了基础。

历史渊源　陈集山药有着2000余年的栽培历史。据《定陶县志》记载，春秋末期，商祖范蠡弃官经商，携西施从越国迁居到天下之中的陶丘（今定陶区）定居经商，因西施有“食薯蓣（山药）、美体容”之好，故引种薯蓣，在陶丘北（今陈集镇）一沙壤平川繁衍驯化。

清道光元年（1821），陈集镇陈集村的谷韫璨（字宝岩，1794—1861），武进士，历任省塘、山西游击，抚标中军参将，蒲州副将，湖南衡州、永州总兵等职。谷韫璨曾多次将家乡陈集种的山药进贡于朝廷，得到赏识，后被提升为广西水陆提督。光绪年间，陈集东李庙村李守身在清廷做侍卫，将陈集种植的山药进贡于光绪皇帝，光绪食后大喜：“此山药乃珍品也！”

1949年以后，陈集山药种植面积一直在66.67公顷左右。

中共十一届三中全会以后，特别是1995年以后，随着富民政策、种植结构调整的实施，陈集山药种植面积最大发展到6000多公顷，产品销售往京、沪、冀、豫、黑、辽、吉、鄂、湘、粤、桂等10多个省市。

产业情况　2008年，实施国家地理标志保护以后，陈集山药年生产面积由133.33公顷，增加到2666.67公顷，增长19倍；产品价格每千克提高5元，提高80%；亩产量由平均800千克，增加到1100千克，每亩增产37.5%；农民种植陈集山药盈利由平均每亩400元提高到6000元，提高14倍；从事陈集山药产业的农民由700人增加到2万人，增长27.57倍。开发出山药粉皮、山药酥片、山药罐头、山药果脯、速冻山药粒等9个系列产品。

2009年，陈集山药种植面积超过6000公顷，总产量1.5万多吨，年创产值近2亿元，产品在北京、上海、天津、广州等10多个省市建立销售网点。

2013年，陈集山药种植面积2666.67公顷，年产值6亿多元。2014年，种植陈集山药3600公顷，当地人到外县、外省租地种植陈集山药800公顷，拉动中介、包装、加工、销售等多个领域，从业人员4万多人，山药产业年收入达13亿元。开发出山药粉、山药酥片、山药果脯、山药汁饮料、山药罐头、山药肽粉、速冻山药粒、山药片、山药段等12个山药加工系列产品，形成种植—加工—销售链条体系，带动5万人致富。

至2018年，经过4年的培育壮大，陈集山药成为当地一个规模庞大的特色优势产业，已成为乡村振兴的产业平台、产业扶贫的优势平台、三产链接的发展平台。当年陈集镇当地农户种植山药333.33公顷，带动周边县区发展种植666.67公顷，年亩均产值达1.2万元，农民种植山药每亩平均纯收益达0.5万元，陈集山药年收益7亿元。同时，陈集镇第二产业发展迅速，到2018年，陈集共建有山药恒温冷藏保鲜库3万平方米，年保鲜贮存山药3万吨，实现陈集山药全国市场四季供应。据估算，保鲜山药平均每吨升值3000元，保鲜果汁年升值6000万元。天久集团天久生物公司是省级农业生产龙头企业，年深加工山药能力1.5万吨，深加工山药产品平均升值2 ~ 3倍。2018年，经储藏加工，全镇山药年产值5亿元。此外，陈集山药拉动了第三产业的发展。2018年，全镇经营山药的电商100余家，从事山药中介的商户160余个，在全国各地商场、农贸市场从事陈集山药营销的有500余人，从事山药物流有15家，三产年产值接近8亿元。

陈集山药已形成完整的产业链条，拉动、带动山药种植、加工、销售、中介、劳务、运输、包装、冷藏、电商等10个行业发展。在陈集山药产业链条中，从业农民1.3万人，年产值20亿元。

10年间，陈集山药7次登上央视专访，被省、市、网络、报刊专题报道不计其数，先后获得全国农交会、绿博会6块金奖，被农业部列为“名特优新”产品，被山东省授予“知名品牌”，陈集镇作为陈集山药种植的核心区，被农业部授予“全国一村一品示范镇”称号，天中山药合作社被农业部授予“全国示范社”称号，天蓝果蔬合作社被省农业厅授予“省级示范社”称号，七一村被授予“全国一村一品示范村”称号。陈集山药种植基地获批“山东省农业科技园区”“山东省现代农业园区”。

第四节　农村土地流转

第二轮土地承包结束后，特别是承包期30年不变的政策确定后，使农村土地使用权的流转成为可能。菏泽市委、市政府适时出台《农村集体农用土地流转暂行办法》（简称《办法》），对全市农村土地使用权流转程序和方法做出明确规定。按照这个《办法》内容，开发区开始了辖区内的土地流转工作。

2001—2005年，每年流转的土地数量不多，多发生在农民和地方政府之间，流转的方向是项目建设和工业生产，流转的媒介一般为实物粮食。2006年以后，流转的媒介出现了现金，流转的方向不仅有工业用地、政府用地，产业基地建设、合作社用地、承包用地也大量出现，农户与农户之间的私下交流也时有发生。2016年，开发区土地流转面积210公顷，流转的主要方式是出租，流转的方向多是农户之间和农户与合作社、专业种植项目之间的交流，多数用在蔬菜和水果的种植上，其中蔬菜69.8公顷，水果58.47公顷，还有粮食和林业种植。

第二章　农业管理

第一节　机构

1992年，菏泽市政府（县级）把丹阳街道管辖的何楼、耿庄、都庄3个行政村划归开发区管理，共有农村人口2800人，耕地面积不足200公顷。开发区管委会成立社会发展局负责3个行政村的农业生产和生活管理事务。

2001年菏泽撤地设市，市委、市政府把丹阳、岳程、佃户屯3个街道划归开发区管辖。全区共设立104个村民委员会，农业人口12万，总耕地面积约6666.67公顷。2002年，丹阳街道28个村民居委会，全部改为社区居民委员会。

2003年，开发区进行机构改革，成立农村工作办公室，正科级事业单位，编制4人，归口社会事业发展局领导和管理。2005年，岳程、佃户屯街道76个村民委员会改为76个社区居民委员会。

开发区原来机构设置简单，人员配备不足，市委、市政府为减轻开发区的管理压力，全力支持开发区发展工业，进行城市化建设，2006年将开发区农业管理工作上提，交由市直相关职能部门统筹管理。2009年，开发区农村工作办公室改为新农村建设办公室，隶属管委会直接领导，正科级事业单位，编制6人，设正、副主任各1人，延续至今。

第二节　农产品质量管理

2001—2005年期间，中国加入WTO，管委会安排农业管理部门在辖区内开展农业标准化生产，根据菏泽市政府提出的标准化意见，明确开发区的农业基础标准、种子种苗标准、产品标准、方法标准、环境保护标准、卫生标准、农业工程、管理标准，采取推广、培训、现场指导落实等一系列措施手段，将相关内容贯彻到农户和田间地头，率先在当地建成标准化农业示范基地，生产出无公害、绿色食品。

2006年4月29日，《中华人民共和国农产品质量安全法》颁布实施，明确农产品质量必须符合保障人的健康、安全的要求，责成农业行政主管部门负责农产品质量安全的监督管理工作。为保证农产品质量安全法的顺利实施，管委会及时建立健全辖区农产品质量安全服务体系，围绕提高农产品质量安全水平，大力进行农产品质量安全知识的宣传，提高农民的农产品质量安全意识，引导农民和农产品销售者加强质量安全管理，禁止在辖区内生产、销售不符合国家规定的农产品质量安全标准的农产品，切实保障农产品消费安全。2007—2010年，管委会组织新农办、技术监督局、市场管理局、环保局等职能部门从保护耕地入手，严格控制废物、废水向农田和河流的排放，严打伪劣种子、农资在辖区内的违法销售行为，及时纠正并制止个别农民超标准或不符合标准要求的施肥、灭草、使用农药兽药和添加剂的行为，先后出动600人次，抓获违法人员12人次，收缴低劣、假冒物资10余宗。经菏泽帝园食品公司收购、加工的蔬菜远销日本和韩国，经检测，开发区的产品在卫生、农药残留和公共安全各方面全部合格。

2011年后，开发区进一步推动农业生产的水平升级，大力发展生态农业，引导和带领农村居民朝着生产有机食品的更高目标迈进，累计投资1.5亿元建成1座高科技农业生态园。该园区地处佃户屯街道万福河以南，占地2000公顷，覆盖21个社区、3万多人，被评定为国家级乡村游三星级景区、省级示范区。园区基础设施完善，沟路渠纵横成网，桥涵闸配套齐全，36个农民合作社参与产加销一条龙运作。到2015年，园内金河岸、明星果蔬等11处绿色农产品基地初具规模，分9大功能区域，建有生态果蔬大棚600多个，园内黄瓜、苦瓜、西红柿、油菜等10余类果蔬12个产品通过国家级绿色食品认证。2018年，生态园区成为菏泽周边规模最大、标准最高的生态旅游景点，是市民休闲、旅游、观光、采摘的好去处，在菏泽当地形成“北有牡丹园，南有生态园”的产业格局。

第三章　牡丹花卉

第一节　花卉品种

开发区内拥有牡丹品种1000多个，其中经全国花协命名的600多个品种。传统上分三类、十型和九大色系。花大、型美、色艳，是菏泽牡丹的显著特点。古人曾用“花在盈尺”，形容其大；“千片赤英霞烂烂，百枝绛点灯煌煌”，描述其形貌瑰丽。其三类包括单瓣、复瓣、千瓣。单瓣类，花大如盘；复瓣类，瓣在清晰；千瓣类，花瓣重叠繁密。十型是荷花型、菊花型、金蕊型、蔷薇型、金环型、托桂型、千层台阁型、楼子台阁型、皇冠型和绣球型。九大色系分别为红、白、黄、黑、粉、紫、蓝、绿和复色。红色花系是牡丹园的大家族，品种200余个，其中还有深浅之分。如“一品朱衣”，猩红欲流，芳冠百花；“春红娇艳”，朝霞藏日，光彩陆离；“红绣球”，深浅相间，胭脂染成。黄色花系，如“姚黄”“金玉交章”，端庄典雅，姿貌绝伦。白色花系，如“冰壶献玉”“昆山夜光”“玉板白”等素洁无瑕，清爽袭人。蓝色花系，虽不如红色品种多，却也姐妹成群。“蓝宝石”“蓝花魁”“紫蓝葵”“吊枝蓝”“冷光蓝”“蓝田玉”，是牡丹之中的上品。其中，“蓝田玉”是清代曹州花农赵玉田精心培育而成的。此花朵呈皇冠形状，花蕾圆大，花开时呈浅蓝色，花朵直上。当时，曹州知府马帮举对此花大加赞赏，曾题写“似兰如松”匾牌授予赵玉田。粉色花系是牡丹园里一大分支。“粉彩球”“粉容面”“粉翠球”“赛斗珠”“翠娥娇”“青龙卧粉池”都是牡丹花中名品。再如“赵粉”，稍弯曲的枝干，粗壮的花梗，黄绿色的叶面，圆尖型的花蕾，侧开、大型的花朵，细腻整齐的花瓣。紫色花系在菏泽牡丹品种繁多，除魏紫外，还有“葛巾紫”“紫金盘”“紫霞点金”“邦宁紫”等。“邦宁紫”是明代曹州花农赵邦宁多年心血的结晶。绿色、黑色和复色花系，如“兰绿”“冠世墨玉”“二乔”等。各色都有数十个或上百个品种。

第二节　牡丹栽培与加工

境内是最早种植曹州牡丹的地区之一，牡丹种植面积较为广阔。20世纪80年代起，境内牡丹不断发展壮大。传统品种延绎不断，新育品种日益增多。技术人员研究成功“大田催花”技术，人工控制牡丹的花期，可使其四季开花，并通过国家级鉴定。区境供应外地的牡丹除销往广州、深圳等各大中城市和港澳地区外，还远销日本、朝鲜等国家和地区。

2012年，菏泽市委、市政府提出大力发展牡丹产业的工作战略，开发区积极响应，做出建设“万亩牡丹”基地的实施计划，号召人们学习研究牡丹栽培技术，优选牡丹种植品种，以基地和合作社为依托，以农户为单位，以社会力量为支撑点，集中一定人力财力从事牡丹的种植、加工、销售活动，为菏泽牡丹产业的兴旺繁荣做出应有的贡献。在各街道工作人员的引导督促之下，开发区投身牡丹产业的人员增加近300人，3年种植牡丹33.33公顷。

开发区蓝天蓝食品有限公司始建于1998年，2012年进驻佃户屯工业园，专职牡丹系列产品的规模化生产。至2016年，公司发展成为开发区极具发展潜力的优质牡丹产品生产企业，建筑面积3000平方米，有员工40余人，建有牡丹糕点生产线2条，牡丹花茶生产线1条，牡丹鲜花蜜饯生产线1条，年加工牡丹鲜花10万千克，年产牡丹营养食品500吨，年产牡丹花茶10万盒，年营业收入360万元。新上的牡丹鲜花蜜饯生产线是中国牡丹鲜花蜜饯食品的开拓者，牡丹鲜花蜜饯作为高档食品原料供应全国各大知名酒店一些高端饮料生产企业。

蓝天蓝牡丹糕点采用千年古方结合现代工艺精心制作，产品博采牡丹花香之富贵，纳入许多现代科学技术，所产牡丹糕点既有鲜花食品的清净典雅，又有牡丹鲜花的醇厚丰满。

蓝天蓝食品有限公司在牡丹食品的研发生产中，首先对牡丹鲜花原料预处理进行改革，采用低温发酵技术。新摘牡丹鲜花味苦、青涩、口感不佳，不适合做牡丹食品原料。该公司采用蒸制、糖腌、低温发酵技术使牡丹鲜花在发酵过程中形成幽雅醇厚的风格。由此所产牡丹鲜花食品香味较好。公司生产的牡丹全花茶、牡丹花瓣茶、牡丹花蕊茶，严格选择原料、科学改进原料配比及生产工艺，促使牡丹花茶所含醇、酯、烯系列产物更好融和，花茶观感金黄通透，口感清新，花香醇厚甘甜。公司通过优选方案，将牡丹花茶与日照绿茶、红茶进行复配生产出具有菏泽特色牡丹绿茶、牡丹红茶。公司与山东中医药大学进行合作，将牡丹花茶与枸杞、红枣进行科学配伍生产出玉面桃花牡丹姬复方茶，将牡丹花茶与荷叶、莲心科学配伍生产出美人瘦牡丹复方茶。

蓝天蓝食品有限公司多年来致力于牡丹产业的发展创新，生产牡丹营养食品、牡丹花茶和牡丹蜜饯3大类型100余种产品，畅销国内20多个省区，产品以稳定的质量，古朴典雅的包装和厚重的牡丹文化底蕴，先后获“全国地方名吃金口杯名优食品”“菏泽国际牡丹花会贵宾接待专用牡丹特产”“菏泽诚信经营示范单位”等称号。

2017年，经中国餐饮协会副会长、北京东来顺餐饮公司原董事长汤继顺，北京牡丹新语文化发展公司董事长张欣瑜牵线搭桥，开发区蓝天蓝食品有限公司签订牡丹蜜饯出口美国、加拿大100家大型餐饮企业的销售合同。公司将在5年内增建牡丹鲜花蜜饯生产线5条，使牡丹鲜花蜜饯制造能力达到50万千克以上。增建牡丹多糖车间2000平方米，牡丹鲜花提取液车间2000平方米，增建2条现代化牡丹营养液灌装生产线，年灌装能力达到2000万瓶；公司以丰厚的牡丹文化底蕴为基础，建成 1 座包含牡丹食品制造、品尝、观摩、研讨、收藏、文化、旅游等功能为一体的大型蓝天蓝牡丹文化产业园，成为菏泽市乃至全省较具特点的大型旅游文化胜地。

开发区焦伟牡丹销售中心是一家集牡丹芍药种植、鲜切花、冬季催花牡丹、科研、加工包装、出口与苗木种植销售于一体的综合性花木基地，2016 年栽培面积 66.67 公顷，品种包括九大色系 140 多个种类。其中，牡丹种苗 3000 万株和芍药种苗 3000 万株待售。

开发区万博牡丹销售中心 2017 年种植面积 200 余公顷，专业从事牡丹种植、销售以及牡丹苗圃培育、牡丹品种鉴定、牡丹中药材加工等。其培育的牡丹共有 9 大色系 1000 多个品种 130 万株，还从事催花盆景牡丹种植每年 1 万多盆。

第四章　种植　农机　林业

第一节　耕地　种植

耕地　境内的传统农业，耕翻形式有畜耕、人工深翻和机械耕翻 3 种类型。2001 年以后，畜耕、人工翻地为数少，只在环境条件受到限制的地段采用，旋耕、犁耕成为主流。到 2010 年，开发区的机耕面积占到 95% 以上。

种植　2001 年，辖区内有村庄 104 个，农业人口 12 万人，耕地面积增至 6712 公顷。开发区的土壤系黄河冲积平原，地下水资源丰富，为菏泽重要的产粮种棉地区。2002 年，开发区农作物总播种面积 1.05 万公顷，当年粮食产量 3.54 万千克，蔬菜纯收入 149.38 万元。2005 年，开发区种植小麦 5505 公顷，总产量 6500 万千克，种植秋粮作物 3667 公顷，其中种植粮食作物 1667 公顷，棉花 1200 公顷，瓜菜 133.3 公顷，其他经济作物 660 公顷，粮经作物比例为 4 ∶ 6。

2010 年，开发区发展林果蔬菜等优质高效农业，年内增加果树种植面积 173.33 公顷，新建冬暖蔬菜大棚 271 个，投资 1000 多万元开工建设佃户屯孔庄生态旅游农业观光园，全年种植农作物面积 1.12 万公顷。其中，种植粮食 9625.46 公顷，产量 5426.93 万千克；种植蔬菜 855.13 公顷，产量 4461.2 万千克；种植棉花 401 公顷，产量 53.86 万千克；果园面积 141 公顷，产水果 375.6 万千克；种植油料作物 150 公顷，产量 55.95 万千克。全年实现农业产值 2.93 亿元，增加值 1.82 亿元。

2016 年，开发区共有农户 3.68 万户，农业人口 12.5 万。当年农作物播种面积 7021.9 公顷，其中粮食作物播种 6408.6 公顷，总产量 4199.45 万千克，单产 436.9 千克，夏收粮食 2176.62 万千克，小麦单产 440.3 千克，秋收粮食 2022.82 万千克，玉米总产量 1985.97 万千克，单产 437.1 千克，豆类作物产量 14.4 万千克，油料作物产量 19 万千克；蔬菜种植面积 553.5 公顷，产量 2174.82 万千克；瓜果种植面积 26.9 公顷，产量 126.9 万千克；果园面积 333.2 公顷，总产量 552.02 万千克。当年实现农业产值 2.47 亿元、林业产值571万元，第一产业增加值2.44亿元，其中农业增加值1.59亿元。

2018年，华北地区遭遇严重的“倒春寒”，当年农业生产受到明显影响，有些地方小麦减产幅度高达30%。是年，菏泽开发区的小麦单产数量为409千克，与往年相比减产7.4%。当年农作物种植面积为5814.4公顷，夏粮种植面积2729公顷，秋粮种植面积2895公顷，夏粮总产量1678.33万千克，秋粮总产量1779.31万千克。

第二节 间作套种

经过不断地总结积累，开发区农作物种植模式成熟，基本实现稳产高产、旱涝丰收。体现在种植制度上就是间作和套种，主要有粮粮之间、粮棉之间、粮菜之间、瓜菜之间的间作套种，具体可描述为三作三收、四作四收、五作五收几种间作套种形式。

小麦—越冬菜—玉米 “二、一”式。在冬季播种小麦时，播2行留1套种行。小麦行距20～25厘米，套种行35厘米，在套种行种植越冬菜（油菜、蒜苗、菠菜），带宽55～60厘米。次年，越冬菜收获后，再套播紧凑型玉米。此模式每亩收入1400～1500元，比传统种植方式每亩增加收入200～250元。

“三、一”式。在小麦播种时，播3行留下1套种行，小麦行距20～25厘米，留套种行30～33厘米，在套种行种植越冬菜，带宽70～80厘米。第二年5月，再种植玉米，玉米每亩种植4500～5000株。每亩小麦产量350～400千克，越冬菜500千克，玉米400～500千克，高产地块可达600千克以上。每亩可收入1300～1500元，比小麦、玉米两作两收每亩增加收入100～150元。

小麦—越冬菜—大葱 “三、一”式。播种小麦时，播3行，行距20～25厘米，留1套种行，空间为35厘米，在套种行种植大葱、越冬菜，带宽75～80厘米。每亩可产小麦350～400千克，大葱4000～5000千克，越冬菜500千克。每亩收入4000～4500元，比小麦、玉米两作两收每亩增加收入2500～3000元。

小麦—菜籽（越冬菜）—地瓜 “三、二”式。播种小麦时3行，行距20厘米，留1套种行80厘米种菜籽（越冬菜）。第二年5月中旬，菜籽（越冬菜）收获后种2行地瓜，每亩可产小麦350公斤，菜籽100公斤，地瓜3000～4000公斤。每亩可收入1800～2000元，比单纯地在收麦后种地瓜每亩增收400元。

小麦—越冬菜—玉米—花生 “九、八、二”式。种植带宽2.5～2.9米，播种9行小麦，留空当地0.5米，在空当地种越冬菜。第二年5月，在小麦行内套种8行花生，空档上播种2行紧凑型玉米，每亩可种植玉米2800株左右，花生9000墩左右。每亩可产小麦350～400公斤，玉米400公斤，越冬菜500公斤，花生200～250公斤。每亩收入2000元左右，比小麦、玉米两作两收每亩增收500～600元。

小麦—越冬菜—早春菜（甘蓝）—棉花 “四、二”式。种植带宽1.6米，播种4行小麦，行距0.2米，占0.6米，留1米空当。秋种时，在空档内种越冬菜，立冬前搭小拱棚，元旦上市，春节前后收完。第二年3月上旬，栽植双膜早熟甘蓝，5月初上市，收甘蓝后种植春棉。每亩可收入2500～3000元，比小麦、棉花两作两收每亩增加收入600～800元。

小麦—越冬菜—早春菜—冬瓜 种植带宽2米，播种6行小麦，行距0.2米，占地1米，留1米套种行，秋种时在套种行内种越冬菜。次年3月，越冬菜收完种早春菜；5月初，在早春菜行内套栽冬瓜。每亩可收入 2000 ~ 2500 元，比小麦、冬瓜两种作两收每亩增加收入 600 ~ 800 元。

小麦—越冬菜—春玉米—夏玉米—大白菜 秋种时，做成一个 2 米种植带，畦面 1.35 米，播种 6 行小麦，中间留 0.3 米套种行，畦背 0.65 米实行双株留苗，保证每亩 3000 ~ 3300 株，玉米株距 0.15 米左右，小麦收获后在畦面内种一行紧凑型早熟品种，待春玉米收获后，在复种玉米行间起 3 个垄，种植大白菜，每亩 2000 株，夏玉米留在垄沟里，每亩可收入 3000 ~ 3500 元，比小麦、玉米两作两收每亩可增收入 2000 ~ 2500 元。

蔬菜间作套种模式主要有以下 3 种。

冬蒜苗—春番茄—夏豆角 每年农历 9 月中旬至 10 月上旬，播种蒜苗，11 月中下旬或者 12 月上旬，搭小拱棚越冬，春节前后出售，12 月中下旬，番茄阳畦育苗，次年 3 月下旬定植番茄（小拱棚栽培），5 月中下旬陆续收获。6 月上旬在番茄棵间点播夏季豆角，9 月淡季上市。

冬蒜苗—春土豆—秋芸豆 每年农历 9 月中旬至 10 月上旬，播种蒜苗；11 月中下旬或者 12 月上旬，搭小拱棚越冬，春节前后出售。第二年 2 月下旬（双膜覆盖）或者 3 月上旬（单膜）定植土豆，6 月上、中旬收获，7 月中旬点播秋芸豆，9—10 月上市。

越冬油菜—春番茄（或甘蓝）—秋菜花 每年农历 10 月上旬播种油菜，11 月上旬加盖小拱棚，元旦、春节视市场行情收获上市。第二年 3 月中、下旬定植番茄或甘蓝。7 月中旬播菜花，10 月中、下旬上市。春甘蓝采用早熟品种巾甘 11 号，元旦前后阳畦育苗，3 月上旬定植，加盖小拱棚，5 月上中旬采收上市。

第三节 作物及产量

小麦 主要粮食作物之一，境内种植的均为冬小麦，每年秋分前后播种，第二年 6 月成熟，每年小麦的种植面积占耕种面积的 90% 以上，夏收的粮食均为小麦，占全年粮食作物的 45% 左右，采用的小麦品种有“烟农 19”、“郑州 9023”、济南 17 和 19、山农 664 及泰山 21 号等。2015 年，全区种植小麦 3825.27 公顷，产量 2525.50 万千克，单产 440.2 千克。

2018 年，种植小麦 2729 公顷，总产量 1678.33 万千克。

玉米 主要粮食作物之一，80 年代曾是境内人们的主食，春种玉米较少，多为菜、粮辅佐种植，主要种植一年两作的秋收玉米。种植的主要品种有鲁单 981、郑单 958、沈单 7、掖单 4、12、13 号。2015 年，全区种植玉米 3090.27 公顷，产量 1985.94 万千克，单产 428.4 千克。

2018 年，共种植玉米 2875 公顷，产量为 1773.94 万千克。

棉花 境区内农民种植的传统经济作物，种植的品种有中棉 41 号、鲁棉 15 号、19 ~ 22 号。2005 年，全区种植棉花 1059 公顷，产量 128.6 万千克，单产 80.9 千克。2010 年，种植棉花 401.07 公顷，产量 53.84 万千克，单产 89.5 千克。2015 年，种植棉花 77.4 公顷，产量 10.33 万千克，单产 89.01 千克。

油料 境内的油料作物主要有花生、大豆、棉籽和芝麻。2005 年，油料种植面积 263 公顷，产量 1090 吨。2010 年，种植面积 150.4 公顷，产量 559.49 吨。2015 年，种植面积 95 公顷，产量 320 吨。2018 年，全区种植花生 13.2 公顷，产量 5.08 万千克，种植大豆 9.6 公顷，产量 2.92 万千克。

蔬菜 自 2001 年以后，开发区积极扶持、推广，广大农户普遍种植的产业项目。2002 年，建有专门的菜棚 177 个，占地 11 公顷。2010 年，建菜棚 293 个，占地 46.5 公顷。2006 年蔬菜产量5080.7万千克，2010年蔬菜产量4461.2千克，2015年，境内各类农业设施达到468个，占地95.4公顷。2015年蔬菜产量2424万千克。2018年，蔬菜产量161.83万千克。

第四节　农业技术推广

开发区管委会通过举办农业技术培训班、农业科技广播讲座、高产经验巡回报告、科技宣传咨询车下乡宣传、印制科技手册等不同形式，向广大群众传授高产、稳产种植管理技术，提高广大群众的科学种田水平。初期，开发区境内农业工作的重点和主要活动是粮食开发，通过选育良种、合理密植，开发区率先建成了吨粮田。1993年，万亩夏玉米平均亩产609.7千克，经地、市（县级市）专家、农业技术人员测产验收，实现开发所要求的产量指标，亩产比开发前增加259千克。在蔬菜种植过程中，实施保护地栽培技术，指导农民建设蔬菜大棚、拱棚，进行地膜覆盖，每年每亩平均产值2320元，平均每亩纯收入1860元，平均增值700元。

温室大棚　1992—2005年，在小麦种植上推广良种良法配套高产技术，采用鲁麦1号、山农215953、PH82-2-2等小麦优良品种，同时进行配方施肥，开展“三喷三防”病虫害综合防治等一系列高产管理技术，在玉米种植方面主要推广紧凑型品种与配套高产栽培技术，采用的优良品种有丹玉11号、丹玉13号、掖单4号、掖单13号等种子，并配套实行合理密植、配方施肥、氮肥深施与按叶龄指数分施等种植管理技术，在棉花种植中，采取麦棉间作立体种植技术，推广预留“三、二”式、“四、二”式大套行，进行地膜覆盖与营养钵育苗移栽等。

地面覆膜　2005年以后，境内重点推广优质专用小麦良种良法配套高产技术，主要种植济南17号、稳千1号、鲁麦22号等小麦良种；推广优质专用玉米良种良法配套高产技术，引进掖单13等掖单系列品种、鲁单50、农大108等，采用种子包衣技术、增施微肥技术、氮肥深施与分施等高产栽培技术。在农业栽培技术上，主要推广地膜覆盖技术、冬暖日光大棚技术、秋延迟栽培等反季节栽培技术。在农作物绿色无公害栽培方面，主要推广优化选择土地及水气环境、施用低残留农药、综合防治病虫害等先进技术。几年间，小麦种植主要推广优质专用济南17、烟农19、济麦20、潍麦8号等小麦良种，采取测土配方施肥技术、氮肥后移技术、有机无机复合肥应用等技术。玉米种植重点推广鲁单981、郑单958、沈单7号等优良品种，同时采用节水灌溉技术、农作物标准化栽培技术和立体种植高效栽培等技术。

2012年以后，小麦种植以济麦22为主，玉米种植以先立335为主，玉米的种植密度为每亩6500～6800株。由于合理密植，种植条件改善，管理方式较为科学，单产平均达到610千克以上，并且保持着稳定的生产状态。

第五节　农业机械

开发区辖区内的农业生产已达到机械化作业水平，农业机具数量多、种类全、普及率高，基本达到家家有农机、户户买机具的程度。尤以拖拉机数量最多，开发区有农户2790户，拖拉机购买使用量1200多部，占到了农机数量的40%，户主农忙之时自用，农闲之时跑运输，为粮站、货场、工地和工厂拉货送货。耕种机械和收获机械拥有率也很高，平均每十几户拥有一台，较早就出现帮助村民和附近村民耕地、种地、收割的技术人员和专业户。从机械类型来看，有普通型、先进型、中小型、大中型、单一型、综合型；从技术形态上作区分，主要有牵引式、驱动式、旋转式、垂直式、联合式等多种形式。当时的耕地机具有ILQ-7-27轻型牵引七铧犁、ILQ-5-35牵引五铧犁、IXT-4-27型悬挂四铧犁和三铧犁、ISQ-1-55型深耕一铧犁、IGN-150/175型旋耕机、IG-125型旋耕机、IGL-70型旋耕机和IBQN-200/140/120型滚齿耙。辖区内使用较多的收获机械有小麦、玉米、地瓜、花生收获机，较为大型是小麦和玉米联合收割机，采用的机型有背负式、自走式和卧式，能一次完成收割、脱粒、分离和清选等多种作业程序，具有很高的机械化、自动化水平。此外，辖区内手动式、机动式、压缩式喷雾器等植保机具以及离心泵、轴流泵、潜水泵等排灌机械也有一定数量，能够满足农业管理和生产活动的需要。

农机管理　为加强对农业机械的管理，开发区充分发挥基层农机管理站的作用，依照《山东省农业机械安全监督管理办法》，坚持发展优质、高产、高效农业，为农机化服务、为农民服务，严格农机监理，坚持依法治机、依法管机，由农机站工作人员深入各自然村进行农机登记，建立健全农业机械和驾驶员、操作人档案；严格按照《机动车运行安全技术条件》和《农业机械运行安全技术条件》的相关规定，实施拖拉机、耕作机、收获机的安全技术年检、年审、挂牌，对农机驾驶人员进行培训、考核，达到标准要求方可从事相关活动。通过一系列监管活动，提高辖区内农业机械的技术水平和操作人员的技术能力，减少各类事故和危险情况的发生。在农业服务工作中，按照《山东省农机工作要点》，将工作重点转向完善农机服务体系、拓宽服务领域、提高农业机械化水平等方面上来，先后围绕提高辖区内的农业生产能力，推广使用小麦收割机，每年组织几十台小麦联合收割机走出去参加全国各地的夏收工作。在辖区内推广“十项农业重大技术”，农业机械在玉米地膜覆盖及配套栽培技术、精量半精量机械化播种技术、平衡施肥配套技术、节水灌溉和旱作农业技术、重大病虫害综合防治技术等方面发挥作用，小麦机耕、机播和机收水平在开发区达到98%以上，辖区内实现了农业生产从耕、播、育到收、晒、运、销全过程的机械化。开发区还推广机械深耕技术、机械化肥深施技术、小麦精播技术，2002年，推广机械玉米套播技术、玉米秸秆青贮机械化技术以及玉米秸秆颗粒饲料加工机械化技术。

2001—2005年，农机管理部门几乎每年都组织文化、科技“下乡”活动，现场进行科技咨询，共接待咨询人员2000多人次，发放科技书籍1000多本，农机新机具宣传材料3000多份，各种农机具使用明白纸5万多份。农机管理部门还开展了“创造平安农机，建设社会主义新农村”安全培训活动，对农机手进行现场培训、教室教学、学校专训，培训率100%，辖区内涌现出一批技术能手和专业人员。

2006年，农民产生了专业化的经营想法，有了“协作互补”的念头，特别是一些马力大、体积大、速度快、作业面广、耕收播能力强的现代化农机具出现以后，许多农民开始放弃自种自收的做法，农村的中小型农机具开始闲置，大型农机具派上更大用场。农忙时，大家选择雇佣农机耕作，在市场需求的牵引下，一些动力大、能力强、专业化、综合型的农用机械落户到开发区，诞生一批农业耕、种、养、收专业户。他们专职于农事活动，不仅服务周边，参与到全国的农业生产中去，他们成为现代农业生产的骨干和带头人，辖区内的农业生产难度和强度大幅度降低，新型农民在开发区应运而生，立体高效的现代农业顺势形成。

第六节 林果业

2001年开始，党工委、管委会带领广大干部群众大力开展植树造林运动，按照城乡绿化、道路田间网格化的方向目标，年年植树、全民进行绿化，促进辖区林业的发展。2015年，境内林木面积近1万公顷，其中农田林网面积6666.67公顷，速生林面积1733.33公顷，果园面积800公顷，木材年产量5900立方米，林业产值580万元，占到农业总产值的2.2%，森林覆盖率33.6%，形成“城在林中，林在城中，林城一体”的生态园林环境气息。

2018年，开发区坚持做好植树造林工作，3月利用春季最佳栽树时机，组织动员街道社区和广大民众开展植树造林活动，年内栽种各种树苗10万余株，当年采收木材6000立方米，带来林业产值723万元，占到农业产值的4.5%，年增长比例为6.4%，与农业种植相比，林业成为第一产业的增长点。

林业资源　境内主要有生态林、防护林、用材林和果林；种植的树种，有杨树、柳树、榆树、泡桐、刺槐、臭椿、苦楝等用材树和枣、山楂、木瓜、杏、桃、苹果、梨、柿子等果树以及法桐、栾树、垂柳、黄槐、白蜡、紫叶李等绿化树种。其中，杨树是主要用材树种，杏、桃是主要果树树种，法桐是主要绿化树种，牡丹则是主要的观赏品种。

杨树　20世纪80—90年代，主要种植小叶杨、中林46号。2005年以后，境内种植的杨树品种主要是中林46和中菏1号、中菏2号、107、108、毛白杨等，占到整个林业种植数量的60%。

柳树　柳树分垂柳和旱柳。垂柳又叫杨柳，为落叶乔木；旱柳又称杞柳，亦为河柳，是落叶乔木。杨柳和杞柳，也是种植的主要绿化树种。垂柳发芽早，落叶迟，生长快速。观赏性强，适合种植于池边湖岸、道路两旁。2001—2010年，境内每年都有大量种植。之后，因河道绿化较为普遍，道路绿化以法国梧桐和从南方引进的树种为主，柳树的栽种数量逐年减少。

榆树　又名春榆、白榆等，素有“榆木疙瘩”之称，为榆科落叶乔木，幼树树皮平滑，灰褐色或浅灰色，大树之皮暗灰色，不规则深纵裂粗糙，花先叶开放，在生枝的叶腋成簇生状。榆树喜光，耐旱，耐寒，耐瘠薄，不择土壤，适应性很强。根系发达，抗风力、保土力强。萌芽力强，耐修剪。生长快，寿命长。能耐干冷气候及中度盐碱，但不耐水湿，具抗污染性，叶面滞尘能力强。在土壤深厚、肥沃、排水良好之冲积土及黄土高原生长良好。可作荒漠、平原、丘陵及荒山、砂地及盐碱地的造林或“四旁”绿化树种。

泡桐　为玄参科树种，属于落叶乔木，树皮灰色、褐色或黑色。幼树树皮光滑但皮孔显著，大树逐渐纵裂，叶枝稀疏，树冠呈圆锥状或伞状，大多数树种属假二杈分枝，顶芽越冬后枯萎。叶对生，叶大而长柄，随树龄增大叶面逐渐变小，花序为聚伞圆锥形，花具柄，花萼肉质，倒圆锥状或钟状，花冠大，紫色或白色。果为蒴果，卵状或椭圆状，种子椭圆状，很小，数量多。

泡桐是阳性树种，最适宜生长于排水良好、土层深厚、通气性好的沙壤土或沙砾土，喜土壤湿润肥沃，对镁、钙、锶等元素有选择吸收的倾向。由于泡桐的适应性较强，一般在酸性或碱性较强的土壤中，或在较瘠薄的低山、丘陵或平原地区也均能生长，但忌积水。泡桐对温度的适应范围也较大，各地都有适应当地生态环境的种类。泡桐繁殖容易，采用分根、分蘖、播种和嫁接等，尤以前两种方法较普遍。泡桐是经济价值大的速生树种，也是优良的绿化造林树种，适宜于农桐兼作，材质佳良，用途广泛。

该树生长快，如果管理得好，五六年即可成材，有“三年成林，五年成材”之说，对抗御干旱、风沙、干热风、早晚霜雪灾害具有巨大作用。泡桐材质好，木质轻，易加工，纹理鲜明美观，不易翘裂变形，不易燃烧绝缘，导音性能好，还具有隔潮、耐腐、易干燥等优点，不但用于工农业及日常生活等各个方面，而且是中国传统的出口物资。

泡桐是优良的用材树种，也是“药用树种”“观赏和工矿区绿化的好树种”。在工业和国防方面，可利用制作胶合板、航空模型、车船衬板、空运水运设备，还可制作各种乐器、雕刻手工艺品、家具、电线压板和优质纸张等；建筑上做梁、檩、门、窗和房间隔板等；在农业上制作水车、渡槽、抬杠等。

法国梧桐　中文名三球悬铃木，又叫裂叶悬铃木、鸠摩罗什树，属落叶大乔木，是二球悬铃木的亲本，高可达30米，是世界著名的优良庭荫树和行道树，有“行道树之王”之称。

该树冠阔钟形，干皮灰褐色至灰白色，呈薄片状剥落。幼枝、幼叶密生褐色星状毛。叶掌状5～7裂，深裂达中部，裂片长大于宽，叶基阔楔形或截形，叶缘有齿牙，掌状脉，托叶圆领状。此树喜光，喜湿润温暖气候，较耐寒，对土壤要求不严，但适生于微酸性或中性、排水良好的土壤，微碱性土壤虽能生长，但易发生黄化。特点是抗空气污染能力较强，叶片具吸收有毒气体和滞积灰尘的作用。该种树干高大，枝叶茂盛，繁殖容易，叶大荫浓，树姿优美，生长迅速，适应性抗逆性强，不择土壤，萌芽力强，易成活，大树移植成活率极高，耐修剪，抗烟尘，所以广泛栽植作行道绿化树种，也为速生材用树种。对城市环境适应性特别强，具有超强的吸收有害气体、抵抗烟尘、隔离噪音能力，对二氧化硫、氯气等有毒气体有较强的抗性，是一种很好的城市和农村“四旁”绿化树种。

林业生产　“要想富，多栽树”，开发区积极组织广大群众开展植树造林。起初，主攻的方向是道路、河道绿化，要求在所有交通路、生产路和河堤两旁，按照“上乔下灌”的标准种植树木，接下来推行农田林网化，在大块农田里，推行桐粮（桐树和粮食）间作种植模式，标准是30亩地块为一方，每行桐树株距5米，行距50米。到2000年，开发区境内的植树面积达到2000公顷，林木覆盖率17%，基本实现道路林荫化、田地网格化。2003年，开发区利用春节植树最佳的时机，开展了环城生态林带和绿色通道建设活动，建成环城生态林带30公里，绿化通道3公里，植树面积1733.33公顷、107万株，在全市排列第一名。之后，在境内采取统一定位挖坑、统一栽植、统一浇水、统一培土、统一刷灰“五统一”管理机制，提高了树苗成活率。2005年，开发区重视乡村绿化工作，先后完成10个村的绿化工程，改变村居面貌，美化居民生活环境。

2005年以后，随着产业结构的调整，境内果树种植面积逐渐扩大，果树种类逐年增加。区内先后成立木业公司、注册造纸厂、引进家具厂，从而形成了林浆纸一体化和杨木绒毛浆、细木板加工、高中低档家具生产深加工的产业化格局。2010年，完成5个村庄的绿化工作，在日南高速公路两侧完成140公顷的绿色通道建设，当年开发区的农田林网面积为6086.67公顷，森林面积3300公顷，林木覆盖率27.4%。到2018年，全区果树树种有6科、12属、14种、100多个品种，果树种植面积超过666.67公顷。果树种类，仁果类有苹果树、梨树、山楂树、木瓜树；核果类有桃树、杏树、枣树；浆果类有石榴树、无花果树、柿子树；坚果类有核桃树等，以蔷薇科种类最多，经济价值最高。

第五章　水　利

第一节　主要河流

开发区属黄淮水系，境内河流10余条，主要有赵王河、洙水河、东鱼河北支、经四沟、范阳河、南干渠等，境内流长127.46余公里，流域面积440.11余平方公里。

赵王河　菏泽市境内全长34.56公里，其中开发区段长18.4公里，起点丹阳街道庞楼社区，终点岳程街道东北隅社区，流域面积14.5平方公里。主要流经丹阳、岳程2个街道，涉及10个社区。

洙水河　菏泽市境内全长54.5公里，其中开发区段长9.8公里，起点丹阳街道刘庙社区，终点陈集镇盐土，流域面积102.5平方公里。主要流经丹阳、岳程街道和陈集镇，涉及14个社区和3个行政村。区境内有经四沟、经五沟2条支流流入该河。

东鱼河北支　菏泽市境内全长96公里，其中开发区段长9.8公里，起点丹阳街道刘庙社区，终点陈集镇鲁店，流域面积47.11平方公里。主要流经岳程、佃户屯街道和陈集镇，涉及8个社区和2个行政村。区境内有庄庄沟、王秀生河2条支流流入该河。

经四沟　是开发区境内主要防汛、排洪河道，位于菏泽东部，北起开发区岳程街道孔楼社区赵王河水域，向南流经岳程、丹阳、佃户屯3个街道，全长9.2公里，流域面积20平方公里。

王秀生河　是开发区佃户屯街道西南部主要灌溉排涝河道，位于街道西南部，南起温堂社区，向北流经彭堂、李孟油、张堂、孔楼、后崔楼社区，在后崔楼社区北流入东鱼河北支，全长8公里。

庄庄沟　是开发区佃户屯街道东北部主要的灌溉排涝的河道，位于街道东北部，北起沙沃社区，流经杜楼社区，在杜楼社区南流入东鱼河北支，全长3.5公里。

范阳河　在开发区境内全长8.7公里，起点开发区陈集镇保宁村，终点开发区陈集镇中沙海村，主要流经保宁、吴庄、何庄、罗庄 、七一、朱庄、刘庄、前沙海、中沙海等9个行政村。

南干渠　在开发区境内全长7.7公里，起点开发区陈集镇桶子河村，终点开发区陈集镇崔庄村，主要流经桶子河、常店、何庄、罗庄、七一、八一、崔庄等7个行政村。

五斗沟　在开发区境内全长6.46公里，起点开发区陈集镇七一村，终点开发区陈集镇中沙海村，主要流经七一、陈集、刘庄、张庄、前沙海、中沙海等6个行政村。

六斗沟　在开发区境内全长6.5公里，起点开发区陈集镇崔庄村，终点开发区陈集镇中沙海村，主要流经崔庄、陈集、盐土、中沙海等4个行政村。

七斗沟　在开发区境内全长5.4公里，起点开发区陈集镇陈集村，终点开发区陈集镇焦庄村，主要流经陈集、崔庄、马楼、焦庄等4个行政村。

常店沟　在开发区境内全长5公里，起点开发区陈集镇常店村，终点开发区陈集镇朱集村，主要流经常店、台楼、朱集3个行政村。

柳林河　在开发区境内全长2.7公里，起点开发区陈集镇华堂村，终点开发区陈集镇八一村，主要流经华堂村、曹庙村、八一村。

薛寨渠　在开发区境内全长2公里，起点开发区陈集镇崔庄村，终点开发区陈集镇马楼村，主要流经崔庄、马楼2个行政村。

第二节　蓄水工程

雷泽湖水库（南湖水库）位于观上村南200米处，是菏泽市最大的人工水库之一，建成于2010年，开挖建设面积75万平方米，水库深度达到4米。水库远离城区，风景优美，水质清澈。随着东南湖区的建设，水库附近将建成休闲娱乐区和高档生活区。

第三节　农田灌溉

境内实行的是河流灌溉，使用的机械是柴油机，但普及程度不高，而且受水源限制农田浇灌面积不到60%。引黄灌溉工程扩大后，开发区的地表水资源有所增加，遭遇1997—2002年的连续干旱之后，开发区进一步强化了农田基本设施建设，逐步形成了引黄灌溉和利用地下水灌溉两条腿走路的格局，辖区新打机井300多眼，实现了每50亩耕地配备一眼机井的目标，农田灌溉能力大幅度提高。2010年，境内达到了井灌、河灌双配套，电灌、机灌双保险。到2018年，开发区的水资源总量约3.6亿立方米，人均水资源量1600立方米，亩均水资源量3600立方米，全区农田有效灌溉面积6000多公顷，灌溉率达到96.7%。灌溉办法实现了由机灌向电灌的转变，电机拥有量达到了一户一台的水平。

第四节　抗旱防汛

1997—2002年，境内缺水严重，河道基本处于干枯状态。1997年5月下旬至8月中旬，境内几乎没有雨水，旱情持续较长。1999年1月至10月，冬、春、夏三季连续干旱，总降雨量不足500毫米，明显偏少于往年。2001年上半年，境内降雨量不足100毫米，比几年来的平均降雨量偏少40%。2002年，开发区境内遭遇了历史上罕见的特大干旱，全年区内平均降雨量仅有350毫米，比历年同期偏少47%，全区农作物全面受灾，个别地段粮食绝产。面对久滞不去的旱情，开发区积极寻找破解门路、探索解决办法，一方面紧紧依靠市委、市政府的领导和支持，及时引进黄河水流入开发区境内各个河道，为广大群众提供可以利用的水源，开机灌溉，压制旱情；另一方面，在用足上级鼓励政策的基础上，开发区和3个街道出台奖励办法，号召种地农民筹集资金打机井、修旧井，买电机、上设施，取地下水浇灌，尽可能缓解旱情，把损失降到最低点。在开发区和基层干部群众的共同努力下，境内的抗旱活动取得了预期效果，95%的农作物得到保全，挽回粮食产量20余万吨，避免经济损失3000万元。

2003年8月下旬，开发区境内多次遭受强降雨袭击，大面积农田被淹，全区重灾行政村22个，受灾人口3.95万人，受灾面积3096公顷，成灾面积1217公顷，绝产面积147公顷，倒塌房屋198间，损坏房屋440间。佃户屯街道受灾面积最大，河道出现险情。面对突如其来的灾情，开发区的各级领导迅速赶往受灾情况最为严重的佃户屯街道，带领广大干部职工，日夜奋战在抗洪救灾第一线，安置群众生活，排水救人、救财产，努力把损失降到最低限度。雨水过后，从9月下旬开始，开发区安排社会发展局会同有关街道和行政村一道，开始灾区建房突击战，一个月完成灾区建房任务，在全市灾区建房质量评比中开发区荣获第一名。

2004—2006年，开发区境内的降雨量依然连年偏多，3个街道的粮食作物都有不同程度的减产，境内每年都有村庄进水、涵洞被灌等情况发生。有关部门和基层干部立即出动，利用机动、电动等各类排水设备，及时排出积压的雨水，避免因水浸、淹泡给人民群众物资财产造成损失，确保了辖区社会生活的正常进行。2006 年夏天，从早晨一直下到午后的大雨因河道溢满无法快速流走，并在丹阳街道芦庄社区的李陈庄内形成大量积水，雨水漫过了街道涌进百姓家中，社区干部马相华、李洪涛、马金生知道情况后，马上带领 4 名年轻村民赶赴庄内查看情况，并冒雨在村头的排水沟边挖土导水 3 个多小时，终于排除了险情。

此后，抗旱防汛工作成为开发区各级组织的工作常态，抗旱防汛小组和应急行动分队作为常设组织机构每年都要做出强化和调整，遇到可能出现的旱情，开发区都能提前作出安排，动用一切可以动用的力量，到田间地头现场化解问题，遏制旱情蔓延，碰到涝灾非常情况，相关人员能够迅速出动，保证人民生命财产的安全。为了境内河道供排水的畅通，开发区每年都会利用冬天的农闲时段或赶在汛期来临之前，组织人力、动用大型机械对河道进行清淤，2007 年部队也赶来支援，赵王河和洙水河内的杂物、污泥被彻底清理出来，有力增强了河道的供排水能力。通过对农民发放补贴、给予奖励等手段，境内的机井数量逐年增加。随着城市化发展步伐的加快，基础设施的连年大规模投入，辖区内的融水、排水能力进一步扩大。

第十编　商贸服务业

2000年前，开发区辖区只有牡丹和花都2家正规酒店，小型普通宾馆和家庭旅社居多；2001年以后，和平、中银、银盛、五洲四星级酒店对外正式营业。2001年区内建成经营或建设中的大市场、时代广场、汽配城、商务中心有多家，其中恒盛大市场、年营业额超过10亿元。菏泽开发区拥有发展物流业得天独厚的优越条件，火车和高速公路南北贯通、东西延展，2005年，开发区蓄势勃发，先后建成2条火车地方专用线，酝酿规划4个航母级物流中心，形成2个汽运能力500吨的物流园，全区物流配载能力超过5000万吨。

第一章　贸易与市场

第一节　商贸管理

1992—2006年，开发区的商贸工作由菏泽市经济部门直接管理。2007年，菏泽城区经济发展重点的东移以及开发区境内大型商业实体的出现，根据市政府的统一部署，开发区管委会成立商贸工作领导小组，由区经发局安排专岗专人，负责开发区商贸、物流、服务业的规划、统筹、协调管理工作。2013年，成立开发区商务局，下设商贸科专门负责全区的商贸物流活动。原来区经发局承担的相关工作移交区商务局管理。按照菏泽市总体规划，对开发区境内的商贸物流产业科学布局，分类管理，合理引导，优化产业结构，拓宽发展渠道，提升规模等级，促进商贸物流产业的健康发展。

第二节　商贸业

1992—2000年，开发区境内传统商业占统治地位，辖区内有几个日用百货门市，门面小，商品少，凌乱分散。2001年开发区范围内共有大小商业批发零售单位171个，从业人员258人。

2000年1月27日，菏泽南华购物广场在中华路繁华地段以一种全新的商业模式率先登场，依据人性化、体验式、自主性消费的新业态开创了菏泽开发区现代商业贸易的先河。2001年12月，天羽量贩在人民路中段开业，随后鲁能超市加盟，3家新型商超遥相呼应，在开发区形成一种前所未有的物流潮和人流潮。2005年6月，恒盛大市场建成开业，开发区的商业圈、购物圈渐具雏形。开发区社会经济实力的发展提升居民的购买能力，同时，现代商业新颖、体贴、舒适的运营模式有力引导和促进了消费。当年，开发区社会消费品零售总额5.35亿元，比5年前翻2番。

2006—2010年，开发区进一步加大对商业贸易产业的投入力度，把其提升为招商引资工作的重点、建设发展的重点、鼓励支持的重点，按照新型城市标准、现代城市规范加以统筹规划，以中华路、人民路十字黄金架为依托，打造中心商贸区，组织银座商城、苏宁电器、凯瑞国际、国贸中心、恒泰百货、火车站广场开发、金鼎凤凰城、五洲国际大酒店、口岸建设、华强财富大酒店等项目的运营与操作，发展高档商贸业；以交通集团为龙头，以黄河路两侧为基地建设城北商贸区，举办汽车整体及配件、农用机械、五金等销售展，其间运作的项目有润华4S店、鑫升汽贸、齐鲁汽配城等40余个；以亿丰时代广场、名嘉广场、北方国际商贸城、恒盛大市场为依托，培育城南商贸中心，辐射和带动周边各种商品交易；围绕闽江路两侧发展新城商贸区，开办休闲、娱乐、度假、旅游等项目，建成集办公、房地产开发等为一体的大型商贸中心。2010年，在人民中路、中华东路两侧，以银座商城、恒泰大厦、苏宁电器、惠和购物中心为实体的中心商贸区形成规模，购物、娱乐、餐饮、服务等各类商贸活动活跃，成为人们向往和光顾的繁华地带，成为现代生活用品的集散中心和人流密集的休闲活动中心；坐落在新石铁路南、人民路两侧的城南商贸区，以名嘉、亿丰广场、北方国际商贸、万威光电、恒盛大市场为主体发展起来的建材、家居、五金家电、小商品批发市场，商铺林立，客源日趋增多，成交量逐年上升；在京九铁路东、黄河路两侧建成的城北商贸区，以齐鲁国际汽配城、汽车4S店为旗帜，先后融入汽车销售公司69家，其中4S店43家。5年间，开发区的各类商贸销售收入累计超过300亿元，其中辖区内人口社会消费品零售总额69.6亿元。

2011年，富年齐鲁国际汽配城、菏泽国贸中心开工建设，金鼎凤凰城商业圈形成规模。2012年12月，新苏天美购物中心开业运营。2014年9月19日，总投资30亿元，集家居建材、五金机电、陶瓷卫浴、电器灯饰、橱柜吊顶、门业地板、油漆涂料等多元业态的亿丰时代广场建成开业。2015年5月，总投资6亿元的紫金国际城市综合体项目开工建设。2016年，鑫凯国际广场工程开始施工；是年11月，总投资15亿元的菏泽天安万达广场与开发区签约，正式启动项目建设。2017年，华联商厦等国内一流商业知名品牌入驻开发区。

2015年，全区商贸经营收入突破100亿元。2016年，区内社会消费品零售总额56.1亿元，比2010年增加36.45亿元，翻了一番半。2018年，紫金国际广场、万达广场、银座家居等7个大型商贸综合体建成营业，威海银行、兴业银行、牡丹大宗商品交易中心正式营业。全区当年社会消费品零售总额68.85亿元，比2016增加12.75亿元，同比增长10.88%。

第三节　专业市场

菏泽银座商城　位于开发区中华东路686号，2006年9月23日开业，为银座集团股份有限公司分公司，所属行业为批发零售业，拥有固定资产8933.93万元，占地1.84公顷，共4层，建筑面积4.19万平方米。2017年，有员工357人，下设5个二线部门和9个一线商场，主要经营食品、服装、日用品、首饰、家用电器和电子产品等商品的批发和零售，兼营场地租赁、仓储、停车服务等，2017年营业额6.6亿元。先后获得“山东省财贸系统道德建设先进单位”“山东省消防平安创建先进单位”“菏泽市食品安全诚信单位”“节能降耗先进单位”“共青团菏泽市委青年文明号”“省青年文明号”“菏泽市第三届消费者满意单位”“菏泽市第四届消费者满意单位”“菏泽市先进纳税企业”“全国优秀价格监测定点单位”“希望工程贡献奖”“五一劳动奖状”“价格诚信单位”“市级守合同重信用企业”“山东省消费者满意单位”“全市商贸流通先进企业”“经济发展突出贡献奖”“十佳企业”“菏泽网民依赖单位”等称号或奖励。

恒盛大市场　由山东南方恒盛实业集团有限公司投资兴办的大型商贸项目，占地22公顷，投资额7亿元，建成商业经营铺面24万平方米。是一个集专业化批发经营、仓储配套、信息服务、展示交易于一体的现代化大型商贸物流中心。

市场位于菏泽开发区人民南路，始建于2003

年，2005年6月建成开业，成为鲁西南最大的专业批发市场之一，主要经营范围为建筑材料、钢材、机械电子产品、五金交电、初级农产品、化工产品（不含危险品）、纺织品的销售及进出口业务，计算机软硬件开发、销售及进出口业务，房地产开发、销售。经营品种有建材、副食、百货、五金机电、防水材料、电动车等。2017年，交易额近16亿元。市场2006年成为山东省十大小商品交易市场，2008年评定为山东省十大工业品交易市场，2010年、2012年被当地政府授予经济发展贡献奖。

菏泽银座家居公司　位于菏泽开发区人民南路688号，成立于2013年10月28日，注册资金500万元，占地9公顷，经营面积6.8万平方米，2014年9月19日建成营业。主要经营建筑材料、装饰材料、家具、厨房用品、卫浴洁具、灯具、五金交电、家用电器、通信器材、床上用品、针纺织品、百货、日用品、工艺品、健身器材、汽车美容用品，同时开展家庭生活服务、物业管理服务、场地租赁、企业管理、广告设计、制作、代理与发布以及仓储服务。经营品种有家具、建材、灯具、家装、家饰等，年平均交易额1.3亿元。

新苏天美购物中心　位于菏泽国贸中心B区，地处菏泽开发区中华路以南中山路以北和平路西侧，占地0.8公顷，建筑面积3.5万平方米，与银座商城、茂业百货形成菏泽新兴商圈。2011年6月9日在菏泽开发区市场监管局注册成立，注册资金2000万元，2012年12月7日正式营业。主要经营范围为零售预包装食品兼散装食品、乳制品（含婴儿配方乳粉）、日用百货、针纺织品、鞋帽箱包、通信器材、家用电器、体育用品、服装、工艺品、珠宝饰品、五金交电、照相器材、钟表眼镜、电动车、自行车及配件的批发零售；广告代理、广告发布；场地租赁；物业管理服务；餐饮服务；文化娱乐服务。经营品种有百货服饰、主题餐厅、儿童娱乐、健身、KTV，年平均交易额1.5亿元。

菏泽茂业百货　位于菏泽开发区中华路901号，是茂业国际控股有限公司在菏泽开办的商业机构，是集购物、餐饮、休闲、娱乐为一体的一站式大型现代化商业零售企业。企业前身为菏泽南华购物广场，开办于2000年1月27日，曾以全新的超市业态引领菏泽消费潮流。2008年10月，菏泽交通集团总公司重组菏泽南华购物广场有限公司，更名为菏泽惠和商业中心有限公司。2011年3月，响应政府“大招商，招大商”的号召，菏泽交通集团总公司与深圳茂业国际控股有限公司强强联合，开办菏泽茂业百货有限公司。菏泽茂业百货于2011年3月开业，拥有固定资产1.22亿元，占地1.11公顷，建筑面积2.94万平方米。有员工187人，年营业额1.7亿元，曾获得山东省服务名牌称号、山东省著名商标，为菏泽牡丹花会唯一消费定点单位。

菏泽亿丰时代广场　菏泽主城区城南组团，人民路以西、刘庙路以南、牡丹路以东、恒盛大市场以北，是以商业为主体的大型城市复合体建筑群落，总占地53.33公顷。该广场作为上亿集团第57个大型商业项目，是菏泽市重点招商引资项目、山东省重点商业地产项目、城南商贸物流区的旗舰项目。2010年10月21日立项建设，总建筑面积50万平方米，商业面积17.5万平方米，总投资30亿元，2014年9月19日建成开业。亿丰时代广场集合了家居建材、五金机电、陶瓷卫浴、电器灯饰、橱柜吊顶、门业地板、油漆涂料等多元业态。实行统一规划、统一招商、统一形象、统一推广、统一仓储、统一客服的“一体化”服务体系，集“产品交易中心、博览交易中心、仓储物流中心、金融服务中心、电子商务中心、品牌推广中心、商务配套中心、人居管理中心、物业管理中心、信息交流中心”十大功能为一体，将现代商贸与物流模式相结合，成为鲁西南标志性行业集群基地。为最具投资价值地产、中国建材示范市场、最具投资潜力商业地产。

富年齐鲁国际汽配城　位于黄河东路、上海路、北外环黄金地段，占地18.53公顷，总建筑面积26万平方米，由拥有20年商业地产运营经验的香港新富年集团投入13亿元打造的菏泽汽配航母级市场。项目2011年10月动工开建，2013年12月底一期建设完成并投入使用。

一期为综合性汽车后服务体系市场，由汽车配件区、轮胎油品区、农机配件区、汽车用品区、汽车修理区、工程机械区、商务配套区、生活配套区等八大功能板块组成，基本涵盖汽车后市场的所有服务体系。全国首创仓储办公式商铺，5.7米双首层，独立产权，能同时满足商户多项需求。主入口50米宽高档景观大道，18米宽次干道，13米宽黄金内街，20米宽景观商业街，进出快捷，购物方便。二期为商务配套区，区内设有四星级酒店、写字楼和商务公寓，同时配有购物中心、娱乐、餐饮、休闲等服务设施，为进驻企业商家提供舒适便捷的服务。区内26层的综合商务大厦，成为菏泽城东标志性高端建筑。三期为高档住宅区，紧依赵王河，环境优美。项目设有地下、地上停车位，并设有车场专用通道。完善的景观配套，绿荫环绕，灵动的人文景观，汽车主题雕塑，营造和谐社区氛围。项目配有现代化健身休闲设施。

汽配城内布局宏达，功能齐全，集高端汽车展销、标准化尖端汽配、现代化物流为一体，各大功能区相互独立，功能互补。汽配城配套设施齐全，拥有仓储物流中心、物业中心、电子监控中心等。

园区入住商户300余家，从事汽车后市场服务，向大众提供汽车美容、汽车保养、汽车维修、汽车改装、汽车零配件销售、汽车仪器的安装等后续服务。2015年，为扶持产业园内的中小商户，富年齐鲁国际汽配城成立专门的电子商务部，实现互联网+的扩张，帮助中小商户转变经营思维模式，利用互联网扩大知名度，通过线上引流，实体店体验消费，联手打造菏泽最大的汽车后市场O2O电子商务服务平台，为此获菏泽市市级创业孵化基地、山东省众创空间等称号。

淮河路建材市场　始建于2006年，位于淮河路北侧，紧邻广州路，交通方便，市场占地9公顷，通过十几年的发展，成为鲁西南最大的建材钢材市场，市场经营户156户，就业人员5000名，每天的吞吐量在1000吨左右。

二手车交易市场　位于菏泽开发区黄河东路699号，始建于2003年，2004年末竣工，2005年开业运营，市场原名为通达二手车市场。2014年末，菏泽寰宇实业有限责任公司接手组织市场的整体运营活动。市场面积7.78万平方米，设有查验区、评估区、展销区、交易大厅等功能区域与设施，常驻商户212家，其中精品二手车商户28家，普通二手车商户168家，新车大车商户16家。市场具体分为A、B、C、D、E四个普通二手车区域以及精品二手车展厅区、货车区，市场功能完善，配有2个交易车辆停车区，驻有专业的业务代办人员，涉及保险、金融等业务，交警队、车管所市场内现场办公，为客户购车提供一条龙服务，市场年交易量15658辆，年平均交易额3亿元，是菏泽市内最大规模的二手车交易市场。

市场主办单位菏泽寰宇实业有限责任公司，成立于2005年1月28日，注册资金2007万元。公司主要经营范围为市场建设、运营、管理；房屋、场地租赁；货物配载、仓储（不含危险品）、搬运装卸服务；建材销售；建筑安装工程、土石方工程的施工。2017年，公司有职工15人，固定资产净值839.59万元，年营业收入约800万元，营业税金约53.54万元。

紫金国际广场　位于菏泽火车站西临中华路

南侧，2015 年 5 月开工建设，2018 年 10 月 4 日正式开业，项目建筑面积 18.4 万平方米，总投资 6 亿元，由山东瑞华集团有限公司开发建设，集商场、写字楼、酒店、住宅于一体。其中，商业购物中心面积 5 万平方米，可容纳经营商 1500 家，共设 5 层，主力店为三鲨海洋世界、敦巴顿生活精品超市、蒙迪贝比儿童主题乐园、大地影院。紫金国际广场引入包括时尚零售、餐饮、亲子、生活服务及其他体验式业态等各类品牌，全方位满足菏泽乃至鲁西南地区消费者的各类购物与生活需求。酒店公寓 5 万平方米，大型清真婚宴餐厅、开元酒店、维也纳酒店、紫金伯爵酒店陆续入驻。

菏泽万达广场　菏泽天安集团与中国万达集团联手打造的集休闲、娱乐、餐饮、购物、院线、商务办公、酒店公寓为一体的特大型商业综合体，总投资 15 亿元，位于菏泽开发区长江路和育才路交叉口，占地 4.67 公顷，建筑面积 21.2 万平方米。其中，地上建筑面积约 16 万平方米，地下超市和停车场面积 5.2 万平方米。

菏泽万达广场 2016 年 11 月动工，2018 年 11 月 16 日建成开业，首日客流量近 22 万人次，成为菏泽市新的城市中心和商业中心，为市民提供了一站式休闲、娱乐、购物的新选择。商场汇集 274 个时尚品牌，涵盖儿童玩乐、餐饮、服装、精品、娱乐、休闲等各个业态，包含万达影城、万达宝贝王、大玩家超乐场、新时代超市、苏宁易购、优衣库、多走路、普敦斯 365 健身等 11 家店和 62 家餐饮单位以及“曹州印象”和“海底小纵队”两个主题街区。

鑫凯国际广场　项目总投资 10 亿元，2016 年 6 月开工建设，2018 年主体工程竣工，12 月商户开始入驻。该项目以商场为建设主体，包括精品建材馆、精品家居馆，其中精品建材馆由 22 栋 3 层商场组成，精品家居馆为 1 栋 3 层商场，家居馆为 4 层、局部 5 层建筑。广场同时建成 16 层办公楼 1 栋、16 层酒店式公寓 1 栋，设计为 378 种不同户型，可容纳商户或企业 800 家，中国家具知名企业红星美凯龙定向进场。

第四节　农贸集市

丹阳菜市场　1994 年，由市检察院、文化局、刘庄行政村共同出资 20 多万元，兴建而成，市场占地 600 多平方米，容纳商户 100 多户。初期，市场内设施简单，商户自由摆摊经营。2001 年，根据市工商局规范市场秩序的有关文件精神，对丹阳菜市场进行规范性改建，改建后市场占地 1.05 公顷，房屋 60 间，内设摊位和定位编号 300 多个，容纳商户 500 户。有关部门按行业对商户进行分行划市，实行商户亮证经营，明码标价，建立市场巡查制和预警制。2017 年，该菜市东侧拆迁，市场规模萎缩，商户减少，交易量下降。

和平路便民市场　和平路便民市场地处菏泽市开发区和平路南段，人口密度大。隶属菏泽市开发区丹阳办事处武屯社区，是菏泽市委、市政府 2016 年 20 个便民市场改建项目之一，2016 年 3 月 1 日动工，2016 年 6 月底竣工。

和平路便民市场的前身是和平南路菜市场，2009 年 11 月，由武屯社区投资建成并投入运营，市场的建成使用方便了附近居民的生活购买需求，增加社区内部居民的就业问题，增加社区的集体经济收入。2016 年投资 200 余万元改造后的市场建筑面积 3.4 万平方米，内设 10 大区域，包括熟食区、粮油干货区、面食糕点区、水果区、蔬菜区、豆制品区、生鲜肉区、水产区、鲜鸡活鱼区、生活家居区。入驻商户 30 余家，摊位 50 余个，由市场管理办公室统一管理。商户统一着装，有良好的卫生条件和正规的进货渠道，内部干净整洁，布局合理，有完善的给排水系统、良好的通风采光条件，方便了附近居民的生活。

佃户屯农贸市场　佃户屯农贸市场位于人民路南端街道办事处最繁华地带，占地9000平方米，市场分为大小百货、青菜、牲畜、杂品、瓜果等五大行，经营户800多家，个体户200余人，日上市商品价值100万元，年成交额近1亿元。

长江路便民农贸市场　菏泽市十大便民工程之一，于2017年3月1日成立，占地9800平方米，其中停车场占地2800平方米，市场营业面积7000平方米，有商户80余家，覆盖碧桂嘉园、领将帅府、帝都东城国际3个小区和芦庄社区，3个自然村和周边村庄及辖区附近企事业单位食堂，满足周边居民群众就近消费的愿望和生活需求，市场发展运营状况良好。

和平路菜市场　2000年，中医院门口自发形成一处菜市场，环境脏、乱、差，影响市容，妨碍交通，开发区管委会在工商部门配合下将菜市场搬迁到和平北路。至2000年底，新菜市场内鸡、鸭、鱼、肉样样俱全，占地8000平方米，容纳商户200多家，方便了周围群众生活。和平路菜市场道路以东归菏泽市盐务局管理，以西归仓房居委会管理，双方共同出资在东西两边各修建铁制大棚1排，定点编号，归行划市，分为水果行、蔬菜行、鸡鸭鱼肉行，设立了公平秤。2003年丹阳、岳程街道划归开发区管理，和平路菜市场交与丹阳工商所管理。1000平方米的市场拥有商户30多家，比较破旧，水电不方便，垃圾堆积，污水遍地。2015年，将原和平路便民市场再次进行升级改造，建成3600平方米规模的大市场，容纳商户80家。市场大厅宽敞明亮，冬暖夏凉，经营秩序规范文明。

淮河路农贸市场　市场位于光明路以东、淮河路以南，是岳程街道根据《关于菏泽市城市管理项目计划安排的通知》及《菏泽经济开发区占道经营集贸市场搬迁建设工作实施方案》等文件精神，经开发区管委会批准，于2013年5月开工建设、2014年1月投入使用的大型市场。场内分区划分为蔬菜、水果、粮油、生鲜、水产、熟食、土产、服装、百货等各类经营交易区，设有蔬菜、调料固定摊位26个，流动摊位80个，生肉、鸡鱼固定摊位26个，熟食摊位26个，可全时段营业。市场食品、蔬菜、调料等食品类门市设置统一专柜，放置执照、卫生证、健康证、食品进货单、处置记录等凭证，市场中心处及大门西侧装有电子LED显示屏，及时公示每天市场蔬菜、肉类快速检测结果，方便居民的购买活动。

第二章　餐饮　住宿　生活服务

第一节　餐饮住宿

1992—1994年，开发区成立初期，体制下只有投资区域而没有具体的管理区域。1995年，3个行政村划归开发区，开发区内没有1家正规的宾馆饭店。花都酒店于1994年开业，无论是隶属关系还是属地管理范围，都与开发区不存在联系。当时餐饮住宿业的状况是辖区内有几家旅社，饭馆则是露天摆设的地摊，以炖菜和面食销售为主。

2002年，开发区有餐饮经营户73户、宾馆旅社82家。2002—2005年，开发区范围内掀起发展第三产业的热潮，企事业单位和社会力量，抓住先机投资酒店建设经营，和平、南华、中银等具有星级水准的酒店相继在开发区建成运营。开发区发挥区域、技术优势，鼓励群众以自家庭院为依托，开餐馆、办旅社。到2006年，辖区内的餐馆饭店有206家，宾馆旅社总数182家。其中，100张床位以上的宾馆5家，50～100张床位的25家，30张床位以下的家庭式宾馆120家。2002～2006年，宾馆数量快速上长，特别是菏泽火车站附近家庭式宾馆数量激增。

2007年后宾馆增量趋于平稳，每年增加经营10～15家，其间，有的宾馆关停并转。2010年，开发区辖区维持经营的宾馆共有225家。这个阶段饮食摊点和各类饭店每年增加30～45个，特别是烧烤和麻辣烫很受欢迎。是年，区内各类饭店354家，每年的递增17.9%。传统美食，如银盛园小吃、府东食府、赵家羊肉汤，每天都是食客爆满，深巷内的家庭餐馆颇受欢迎。

2011—2016年，开发区的宾馆、旅社减少110户，相对简陋的宾馆、旅社在市场经济的作用下最终退出。同时，一批中高档、适应外来人员需要的连锁酒店，如汉庭、7天、格林豪泰、速8、如家、丽景落户开发区。同一时段，银盛国际和五洲国际2个四星级酒店分别在中华路和人民路开业。2016年，四星级酒店希尔顿投入建设。截至2018年，开发区实际经营的宾馆160家，其中拥有100张床位以上的宾馆18家，50～100张床位的43家，30张床位以下的家庭式宾馆49家。这些小规模住宿场所多分布于郊区的佃户屯、岳程街道以及城乡接合部。

餐饮摊点和各类饭店平均每年的增长61个，其中有菏泽当地人的持续投入，不断将鲁菜和鲁西南味道发扬光大，演绎出众多美食菜肴。同时，湘菜、川菜和海鲜、火锅陆续进入开发区，西北面食、福建小吃和东北炖菜在沿街挨巷开馆设点。2018年开发区正常营业的餐饮单位共有740家。

第二节 酒店选介

和平大酒店 山东天泽实业集团有限公司投资兴建的一家四星级旅游饭店，位于中华路东段最繁华的和平广场，2002年4月10日开业，先后接待中央和省部级领导视察及重要会议100余次。2003—2017年，完成多名国家领导人重大接待任务，连续多年获全国青年文明号、金叶级绿色饭店、山东省优秀星级饭店，山东省旅游细微服务示范企业、山东省食品卫生A级单位、菏泽市消防管理先进单位等称号。酒店总建筑面积2.3万平方米，酒店楼高17层，拥有各类客房共109套，其中包括豪华套房1套、双间套房9套，VIP豪华单间8套，标准间52套，单人间39套，酒店八层特设无烟楼层，共有床位174个，房间陈设讲究，格调高雅，设有宽带上网、无线上网、网络电视等设施。酒店设有中餐厅、自助餐厅和10个豪华宴会厅，可同时容纳600余人就餐；拥有可容纳300余人的国际会议中心1个，中小型会议室6个，另设有茶社、商场、画廊、健身房等多项配套服务设施。

牡丹大酒店 三星级旅游饭店，1996年正式营业。酒店占地2.2万平方米，建筑面积1.38万平方米，位于菏泽火车站正西1公里的中华路与人民路交会处，交通便利。酒店内到处是牡丹花的装饰，雕刻、写意、工笔、摄影，处处彰显着牡丹的文化氛围，餐厅各个雅间的名字全部采用牡丹花品种名称，牡丹图案宴会名签和菜谱都融入牡丹的文化元素。以该酒店为中心3公里生活圈内，聚集了菏泽市主要党政机关和曹州牡丹园、赵王河公园、冀鲁豫边区革命纪念馆、图书馆、中央金融商务区等重要单位。酒店有大、中、小型会议室5个，高档招待雅间20多个，大型宴会厅可容纳400人同时就餐，套房、标准间129间，配套服务可满足商务、休闲娱乐和购物活动的需求。

自开业以后，多次接待国家级、省级重大活动和会议，如全国林产品交易会、全国计划生育工作会议、全国桥牌邀请赛、全国林业绿化现场会议、山东省铁路会议、东西结合会议以及菏泽市党代会、人大会等，多名党和国家领导人曾在此下榻。

2004 年，酒店制作的金牌曹州烧饼应邀到山东大厦传授技艺。研发的全牛宴以优质鲁西南大黄牛为原料，将牛身体的各个部位用不同的烹饪方法制出多种菜肴，具有浓厚的地方特色。

酒店先后被评为国家级“青年文明号”单位，山东省“消费者满意单位”、山东省“诚信旅游示范单位”，山东省“餐饮百强企业”，菏泽市餐饮食品安全 A 级、客房卫生 A 级单位。

花都大酒店 位于菏泽开发区中华路 466 号，为三星级旅游饭店、省优秀星级饭店和山东省服务名牌单位，1994 年 12 月 26 日开业，占地 1.33 万平方米，主楼建筑面积 1.1 万平方米，附楼 4000 余平方米，总资产 1 亿元。酒店拥有豪华套房、商务客房、文化主题客房 89 间 /（套），能容纳 400 多人同时就餐的宴会厅、包间餐厅 20 余个，大中小会议室 3 个。书画创作室——“墨缘堂”、文化主题贵宾餐厅——“乾坤堂”、花都剧场特色鲜明，商务中心、洗衣中心、茶社、商场、宽带、WiFi 等公共设施配套齐全。

百事得大酒店 地处菏泽开发区中华路与人民路交汇处，成立于 2001 年，总投资 3000 万元，酒店分为 4 层，总建筑面积 3600 平方米。酒店设有豪华双人房、大床房、时尚单人房、时尚迷你房 88 套，另有时尚零点厅和主题宴会包房，可同时容纳 100 人用餐住宿。

事得餐厅奉行“食以养为先”的原则，每日推出自助营养配餐，客房内布置人体曲线床垫、保健枕头、按摩石、水过滤设备。

酒店开启方便快捷的高科技、智能化、方便快捷的服务模式，引进和使用自助入住机的，打破传统的登记入住流程，在自助入住机。

百事得大酒店特聘请中国资深设计师对酒店进行策划设计，使用“黑白搭配”的颜色格调，加以中国传统的装修设计风格，镂空通透的隔断，配以牡丹图案的桌椅，房间布局既简约时尚又高端大气。

菏泽银盛国际酒店 2011 年，经市政府批准，注册成立菏泽银盛国际酒店，位于菏泽开发区中华东路 1256 号，为 18 层四星级别致豪华配置，总投资 1 亿元，占地 5000 平方米，建筑面积约 1.6 万平方米。拥有总统套房，豪华套房、豪华标准间、豪华单人间等各种类型的房型 150 余间（套），其中贵宾包房 4 间、豪华包房 5 间、普通包房 16 间，贵宾包房面积近 200 平方米 / 套。银盛国际酒店餐饮以鲁菜为主，集各大菜系之精华，形成餐饮特色，餐饮部设于 1 ~ 5 层，总面积 4000 平方米，中餐厅、西餐厅、自助餐厅、VIP 大包房、普通包房、宴会厅、多功能厅式样齐全，可同时容纳 800 余人就餐。

五洲国际酒店 位于菏泽开发区人民路 1001 号，2014 年 4 月正式营业。总投资 6000 万元，建筑面积 17285 平方米，拥有各式套房 200 间，中西餐厅 20 间，会议室 3 个，商务中心、商场、茶社、宽带、有线电视、无线网络配套设施齐全，可同时容纳 800 人入住或就餐。

菏泽希尔顿酒店 菏泽天安房地产有限公司投资 1.5 亿元建设的一家准四星级涉外国际饭店，位于菏泽市中心区域长江路中段最繁华的万达广场，地理位置优越。2017 年 4 月开工建设，预计 2019 年 4 月正式开业。酒店总建筑面积 2.2 万平方米，楼高 26 层，酒店的设计充分考虑到商务与休闲旅客的需求，拥有各类客房 260 套，其中包括豪华套房 13 套、VIP 豪华单间 23 套，标准间 96 套，单人间 126 套，无障碍客房 2 套，共有床位 362 个，设有酒柜、电话、电冰箱、宽带上网、无线上网、网络电视等设施。酒店设有中餐厅、自助餐厅和1个豪华宴会厅，可同时容纳260余人就餐；拥有可容纳200余人的国际会议中心1个，中小型会议室3个，另设有健身房、洗衣房、购物中心、银行、邮电、旅行社、出租汽车站等多项配套服务设施。

第三节 生活服务业

2002年，辖区内有33家理发店、10家大众浴池、2家娱乐场所、7个零售药店。开发区只有100多个日用百货门市。2002年以后，娱乐和沐浴休闲业率先活跃起来。到2006年，辖区内登记在册的KTV、歌厅、茶室70个。普通浴池、洗浴中心70个，2010年娱乐场所有90个，洗浴场所80个。2015年，一家专门关注居民健康状况的连锁机构——美年大健康体检中心落户在人民路上，一家代表最新生活时尚的健身机构——一阳健身中心也在演武楼开业。2017年，这些传统的店铺相继升级，成为各种超市遍布各条街道，生活超市、便利店开在小区门口甚至院内，数量超过1000家。2011—2017年，辖区内的娱乐活动明显降温，现代洗浴场所在节能环保政策的推广下数量减少、档次升高，设施条件、服务水平、配套项目超越传统的洗浴行业，达到现代化标准。截至2017年，全区营业的娱乐场所约有60家，现代洗浴场所50家。美容美体店139家，专门经营洗化用品的实体店110家，经营保健食品业户68家。区内拥有药品批发企业、零售连锁机构门市106个，家政服务从无到有，发展到近30家。

美年大健康体检中心菏泽分院 2015年9月15日注册，注册资金1200万元，主营健康信息查询业务。该院设立在人民路龙燕阳光城三、四楼，体检营运面积3514平方米，日接纳体检流量300人次，面向大众提供专业体检、健康管理、绿色就医和远程医疗服务。主要设备包括安瀚内窥镜、MIS数字化DR成像系统（放射）、西门子B超、迈瑞全自动生化分析仪、西门子CT、飞利浦电子阴道镜等一系列国际先进医疗设备及器械，体检规范与国际接轨。专业队伍有专业医生23人，高级医师9人，中级职称4人，初级职称10人；护士39人，其中中级职称2人。

一阳全民健身中心 位于开发区演武楼，是山东菏泽一阳国际健身俱乐部投资近千万元兴办的活动场所，2017年7月8日开业，场馆面积5000平方米，分上下两层。一楼设有健身房、动感职能单车房、多功能操厅、瑜伽教室、散打八角笼、洗浴室、营养餐厅，开办有氧课程、肚皮舞、普拉提、拉丁舞和爵士舞等活动内容。二楼设有羽毛球、乒乓球、篮球项目。

第三章 物流业

第一节 政策引导

2004年7月5日，中粮艾地盟粮油公司的货运专用线建成开通运营。2005年，菏泽亚帝欧物流有限公司入驻恒盛大市场，面向开发区承接物流和配货业务。

2006年，“突破菏泽”发展战略深入落实，菏泽市政府提出利用区位优势，建设苏鲁豫皖交界的区域性商贸和物流基地的规划设想。菏泽是鲁西南出入中原大地的门户，无形中成为齐鲁大地的中转站。

2007年，开发区成立开发区商贸物流工作领导小组，一把手挂帅，在区经发局设立专门的办公室，全面部署和协调开发区的商贸物流工作，经过权衡论证，菏泽烟草公司物流中心建设项目当年投入建设。烟草公司物流中心共分2期施工，2009年5月建成投入使用。

2009年，国家发布《物流业调整和振兴规划》，明确物流业发展的主要任务、重点工程和政策措施。之后，山东省印发《山东省人民政府办公厅关于加快现代物流发展的意见》《山东省"十二五"服务业发展规划》《山东省国民经济和社会发展第十二个五年规划纲要》等一系列方向性文件。根据国家和山东省关于物流业发展方向的中心思想，开发区进一步加大对物流项目的扶持力度，集中精力组织开展物流项目的建设。2009年，首先完成投资额2.7亿元、建筑面积4万平方米、年吞吐量400万吨的山海天泰商贸物流中心。2月，投资1.5亿元，开工建设玉皇盛世化工有限公司5条1050（全车）铁路专用线，该项目建设周期历时2年，2010年12月投入运营，年运输能力500万吨，主要运输对象为重油、煤炭、粮食、化肥等物资。同年，山东大鹤物流服务有限公司（现为大鹤集团），在长江东路征地5.33公顷，投资建设菏泽地区当时最大的物流集散地——大鹤物流园。

2011年3月，商务部发布《商贸物流发展专项规划》。6月，国务院推出推动物流业发展的8项配套措施，《中原经济区发展规划》把菏泽纳入中原经济区规划范围，将菏泽确定为山东对接中原经济区的重要"节点城市"，实现中原经济区"核心带动、轴带发展、节点提升、对接周边"最直接的联动发展区，通过发挥菏泽东向出海桥梁的作用，提升物流集疏功能，推进中原经济区、鲁南城镇带的建设和发展，菏泽商贸物流业再次获得历史性突破的重大机遇。根据国家的宏观规划，开发区因地制宜，迅速拟定出区域的物流中心建设规划，将全区划定出4个物流中心，分头组织实施。化工园区物流中心位于城区东北部，上海路、菏兰高速公路以西，丹阳东路以北，新石铁路以南，以煤化铁路专用线为依托，建有聚隆能源铁路专用线、玉皇化工专用线等，以铁路运输为主，辐射开发区煤化工、石油化工企业，主要功能是煤炭、化工产品及原料的运输。综合工业区物流中心位于长江路南，大京九铁路东侧，中粮艾地盟以西，以菏泽物流专用线为依托，主要服务于化工工业园以外的企业产品的运输，承担粮油、食品、机械、重油等物资的运输。城南综合物流中心位于新石铁路南，总占地660公顷，以汽车南站、恒盛大市场、刘庙货运站、新规划的口岸为依托，形成大型综合物流配送中心。主要服务上海亿丰时代广场、北方国际商贸城、澳门名嘉广场、口岸搬迁、粮食储备搬迁、恒盛大市场、刘庙货运站、烟草物流、三信物流。城北综合物流中心位于黄河路两侧、日东高速北，以齐鲁国际汽配城、鲁之翼物流园区、交通集团为中心，以汽运为主，主要从事大宗货物的运输。

2012年，党工委、管委会调整商贸工作领导小组成员，配齐配全领导力量，重新明确工作职责和岗位任务，并研究出台关于鼓励商贸物流基地发展的若干政策，保障商贸物流业用地的储备和供应，对各类证照手续办理和规费给予优惠，实行税收减免，资金支持，为物流企业培训和引进高素质专业人才。对确定的4个重点物流项目，管委会实行领导、部门分包责任制，采取书面调度、会议调度、现场调度等形式，实时监测项目进度，及时掌握工作动态，定期、不定期检查重点项目实施进展情况，帮助企业和项目单位解决项目审批、土地、规划、拆迁等方面存在的困难和实际问题，促使项目早日开工建设、早日投入运营。

在政府部门的支持下，鲁之翼物流中心（园）建成并投入运营，济南铁路集团菏泽物流中心落户广州路，总投资3.8亿元、占地14.67公顷，全市唯一一家国家公路货运物流枢纽，同时也是为开发区工业园区配套建设的工业物流项目——交通物流园全面竣工。2017年，开发区提出的建设4个物流中心的总体目标完成，全区形成5000万吨（方）常规性物资的物流配货能力，年业务收入50亿元。

第二节　选介企业

中粮艾地盟　2003年9月，中粮艾地盟筹资建设铁路专用线，并于2004年7月5日正式开通运营，该专线在菏泽站82号道岔处接轨，全长841米，其中厂内有效作业长度375米，可容纳27节车皮或9辆油罐车同时作业。公司主要原料的入场大都通过该线路完成，从日照港通过敞口集装箱发运到公司货场，每年的进货量为35万吨。产品主要通过汽车发往河南、山东、山西等地，部分由客户自行派车提货，部分产品由艾地盟委托物流公司或有营运资格的车辆运送，通过汽车每年发送的货物量30万吨左右。

玉皇化工集团　玉皇集团每年约有350万吨的货物进出量，产生的运费约6亿元。为合理妥善解决自身运输问题，同时对外提供物流配送服务，山东玉皇盛世化工股份有限公司与济南铁路局联合，投资1.5亿元，建设5条1050（全车）列车专线，并配套引进装卸车等工程装置，发展物流运输业务。该项目于2010年建成运营，年运输能力500万吨，主要承运重油、煤炭、粮食、化肥等物资。

2011以后，集团的原料购进大部分通过火车运输完成，产品外送以及零散货物采用汽车解决。具体方式分为两种，一是玉皇客户自提并承担运费；二是玉皇送货，由玉皇集团内部设置的运输公司负责统一管理，寻找具有资质的运输队伍承运，办结运费。

山东大鹤物流服务有限公司　2009年进入开发区并发展成为大鹤集团公司，投资建设的菏泽大鹤物流园，占地5.33公顷，有员工82人，各类大型运输车辆500余部，是菏泽规模较大、运输能力较强、能够承担车辆挂靠、汽车销售、汽车配件销售、购车金融服务、二手车交易、物流专线、汽车修理、二级维护、车厢焊接等业务的综合性物流服务企业。大鹤公司先后出资建立菏泽鹤翔汽车销售服务有限公司、菏泽致远运输有限公司2家子公司。2015年10月与大运集团在汽车销售、品牌推广、汽车配件销售等方面达成战略合作关系，取得大运商用车（全系）菏泽八县二区一级代理商资质，主营大运货车同时兼营东风商用汽车的销售。

菏泽烟草物流中心　菏泽烟草公司兴办的集物流、办公、仓储、分拣、打码、配送为一体的大型现代化物流中心，地处开发区长江路以南、桂陵路以东，占地3.3公顷，建设投资1.8亿元，建筑面积2.41万平方米。2009年，中心以全市烟草集中管理为平台，充分利用“专卖政策、网络资源、社会信誉”三大优势，对全市的卷烟零售开展物流配送服务业务。每年的业务量为30万箱卷烟，销售收入25亿元。

交通集团物流分公司　菏泽交通集团下属单位，注册资金3000万元，具有国家二级货运经营资质，货运物流管理体系通过ISO9001 ：2000质量管理体系认证。新建成的交通集团物流园，占地14.67公顷，坐落在上海路以西、杭州路以东、渤海路以南、淮河路以北，建筑面积6万平方米，设有物流交易中心、甩挂物流中心、仓储加工中心、配送中心、商务中心、信息中心及附属设施，集办公、货运交易、物流配载、仓储中转、汽车维修、餐饮等多种服务功能于一体，功能齐全，货运、物流信息网络体系完善。公司自2007年成立，先后获得“山东省重点服务业园区”“山东省文明场站”等称号。

菏泽亚帝欧物流有限公司　2004年注册成立，位于人民南路恒盛大市场，是一家专业的物流、配货公司，以菏泽配货中心为依托，建立菏泽物流服务中心、菏泽配货咨询中心、菏泽货运代理中心、物流信息发布中心等完善的物流服务体系，备有4～17米各种型号车辆，承接全国各地整车零担货物运输业务，主营菏泽到各省物流专线、整车运输、零担配货、菏泽物流信息咨询等服务，是菏泽物流和菏泽配货业中较为专业的物流公司，集普通货物公路往返运输、货运代理、长途搬家、货物配载、商品车运输、保温货物运输和超限大件货物专业运输及菏泽周边设备运输、物流信息咨询服务为一体的第三方物流企业。

第十一编　财政　金融　税务

1992年，开发区设立财政、税务管理机构——财政税务局。2001年，全区财政总收入0.38亿元，财政总支出0.41亿元。为加强财政管理，发挥财政对经济建设的保障作用，开发区实行强化预算管理、集聚财力、培植税源、扩大收入，以及政府采购、集中收付核算、财务监督等改革措施，保障财政科学合理、收支平衡。

1993年11月，开发区税务局单设。1994年税制改革，省以下税务系统国税、地税分设。2001年，开发区税收0.27亿元。2002—2016年，加强税收管理，保护税源，严格征管，税收收入大幅度增长。2017年，税收收入16.45亿元，年均增长率348.58%。

2018年，国税地税征管体制改革。7月20日，新组建的国家税务总局开发区税务局挂牌成立，区国家税务局、地方税务局开发区分局正式合并。2018年后，全区财政总收入33.61亿元，较2001年增长87.4倍；财政支出68亿元，增长165倍。

第一章　财　政

第一节　财政体制

1994年11月，开发区收归地区行署管理，建立开发区计划单列的财政体制，财政收支基数的划转以1993年为基数，市政府与开发区管委会共同测算协商达成协议。财政收入基数划转：财政收入24万元，其中工商税23万元，农业税、农业特产税1万元（丹阳街道9万元，包括工商税8万元，农业税、农特税1万元，东城街道工商税9万元）；财政支出基数划转：财政支出16万元，其中工资14.7万元，办公费0.2万元，医疗费0.2万元，抚恤和社会救济支出0.9万元。市政府移交到管委会的原在编人员工资关系于1995年1月1日始划转到开发区。开发区管辖区域内原市政府征收的各项财政收入从1996年1月1日起由开发区负责征收。

2003—2013年，开发区财政体制经历了核定基数规范支出、区直税收上解结算和下放部分企业归开发区管理3次调整。其中，街道2010年开始实行自收自支、增收按比例上解的管理体制。2012年7月，菏泽市政府下发《菏泽市调整完善市区财政体制方案》，对开发区收入征管范围做出规定：开发区对辖区内企业实行属地管理，辖区内的市级收入范围以外的企业全部由开发区征收管理，其实现的市及市以下地方财政收入全部缴入开发区地方国库；企业属地与纳税登记不一致的维持现有征管模式；新办企业必须严格按照属地相应办理纳税登记，由所在区进行收入征管；对跨区经营总支机构集中核算企业，按总支机构属地进行税收征管，年末由市财政根据跨区经营企业分支机构分布格局及销售经营情况在两区之间进行财力划转。市级对开发区的财政体制：市对菏泽开发区（含街道）实现的增值税、企业所得税、营业税实行按比例分成是：增值税25%部分，市级分成比例10%，区分成15%；企业所得税32%部分，市级分成比例15%，区分成17%；营业税80%部分，市级分成比例20%，区分成60%。如果开发区财政出现困难，年底由市级财政给予适当补助。税收分成上缴方式：开发区将市级三税分成收入作为区级收入，就地缴入区地方国库，年底按照三税财政决算数和三税市级分成比例，计算每年市级分成数，菏泽开发区通过年终财政体制结算将市级分成收入上解市级财政。

市政府先后3次对开发区的财政体制进行调整。

第一次从2003年开始，开发区（不含3个街道）实行“核定收入基数，规范支出项目，收入当年新增部分按50%给予奖励”的管理办法，即以开发区2003年核定收入为基数，市政府每年按开发区当年新增收入的50%给予奖励。该奖励一年一算，不进基数，核定开发区2003年收入基数为2126万元。另外，由于公安管理体制的变化，2005年核定公安经费上划基数213万元。

第二次从2007年开始，改为开发区区直税收收入比上年增长部分按50%上解市财政，年底结算，进入基数。2009年，《菏泽市人民政府关于规范菏泽市区房地产开发区企业税收管理工作的通知》规定：“所有房地产开发企业均按照属地缴纳各项税收。市管理的房地产开发企业，按照属地原则，分别下放给牡丹区和菏泽开发区管理。其上缴市级国库的各项税金，以2008年上缴数为基数，由市、区两级财政进行结算”。

第三次从2013年开始，市下划部分企业给开发区管理，开发区按下划企业2012年实现的财政收入1.72亿元为基数上解市财政，市对开发区实现的税收总量按18%比例分成。

区财政与街道的财政体制，采取“街道自收自支，增收按比例上解”的财政体制。从2010年始，街道一般预算收入比上年增收部分按比例上解区财政，年终结算，进入基数。丹阳、岳程街道与牡丹区的财政关系，是分别解交牡丹区60万元、100万元，沿袭至今。

2005年，根据菏泽市政府办公室《关于进一步加强教育经费投入管理的意见》，农村中小学教师工资全部纳入区级财政预算管理，教师工资上划区级管理，每年核定街道上解工资数，一年一算。从2017年开始，教育人员全部上划区直管理，核定街道教育工资上解基数。

第二节 财政收支

财政收入　1992年，开发区财政税务局成立，管理辖区的财政收入。1994年，开发区财政预算收入计划完成988万元，实际完成209.3万元，占年计划的21.2%，主要是税收收入少，计划554万元，实际完成32.9万元，完成计划的5.94%；土地出让少，计划土地出让金收入300万元，实际完成176元，完成计划的58.67%。

2001年，全区财政总收入3831万元。从2003年开始，随着全区经济发展，区级财政收入大幅度增加。是年，全区财政总收入6886万元，比2001年增长79.7%。2004年，全区财政总收入比上年增长54.6%，突破1亿元，达到1.06亿元。2007年，实现财政收入2.2亿元，同比增长33.03%，其中国税收入2.2亿元、地税收入1.1亿元，同比分别增长39.3%和42%。

2011年，全区财政总收入11.09亿元，比上年增长67.7%，增幅列全市第一位，主体税种占比全市第一位。2017年，全区财政总收入30.37亿元，比上年增长10.6%。

2018年，全年一般公共预算收入突破20亿元，达到20.4亿元、增长13.4%，总量居全市第三位。其中，税收收入完成18.14亿元，占财政收入的91.24%。其中主体税种完成9.43亿元，占税收收入的52%；非税收入完成1.74亿元，占一般公共财政预算收入的8.76%。

财政支出　2001年，全区财政支出4126万元，其中教育事业费962万元，行政管理费916万元，其他项目支出775万元，行政事业单位离退休经费258万元，公检法司支出214万元，城市维护费199万元，社会保障补助支出128万元，抚恤与社会福利救济费107万元。之后，财政支出逐年增加，到2008年，财政支出3.23亿元。2009年，财政支出4.51亿元，其中基本建设支出1.54亿元，占财政支出的34.1%；卫生经费4562万元，占财政支出的10.1%。2012年，财政支出11.28亿元，其中基本建设支出2.76亿元，占财政支出的24.4%。2017年，财政支出22.4亿元，其中基本建设支出2.59亿元，占财政支出的11.6%，开发区基础设施逐步完善，基建支出逐年减少。

2001—2017年，全区财政支出累计124.15亿元，其中基本建设支出22.64亿元，占财政支出的18.2%；文教卫生科学事业支出29.42亿元，占财政支出的23.7%；行政管理费2.12亿元，占财政支出的1.71%；公检法司支出1.85亿元，占财政支出的1.49%；企业技改和科技三项费用支出5.46亿元，农林水利和气象支出7.76亿元，城市维护费1.25亿元，抚恤社会福利救济、行政事业离退休经费及社会保障补助支出5.71亿元，分别占财政支出的4.4%、6.25%、1%、4.6%。其间，在财政支出增长的同时，支出的内容和结构也在不断发生变化。技改和科技事业的投入得到加强，投入企业挖潜改造资金和科技三项费用占财政支出的4.4%，有力地支持了产业和骨干企业的发展壮大。

2018年，按照有保有压的原则，积极调整优化支出结构，集中财力保障重点支出的需要，在严控行政运行成本的同时全力保障党工委、管委会各项决策部署的落实和民生事业的支出。全年集中民生支出12.02亿元，加大对“三农”的投入力度，改善农村生产、生活条件，全区支出农林水资金0.64亿元，支持农业和农村经济的发展，落实农村公益事业“一事一议”财政奖补政策，推进新农村建设；大力支持教育、科技、文化等社会事业健康发展，全区教育支出达2.76亿元，占全区财政支出的12.17%；增加社会保障投入，支持社会保障体系建设，扶持社会弱势群体和维护社会稳定，全区社会保障及医疗卫生支出1.79亿元。全年一般公共预算支出完成22.66亿元，增长3.9%，占年初预算的98.17%，比上年同期增加0.85亿元。

2001—2006年菏泽经济开发区收入支出情况表

表11-1　　　　单位：万元

项目	2001年	2002年	2003年	2004年	2005年	2006年
财政总收入	3831	4949	6886	10644	16467	23685
一般预算收入	2901	3634	5717	7422	11315	16547
其中：税收收入	2690	2809	4292	6159	10005	14646
政府性基金收入	15		77	3	54	109
一般预算支出分类	—	—	—	—	—	—
一、基本建设支出	0	0	0	0	7	0
二、企业挖潜改造资金	8	5	10	0	80	30
三、地质勘探费	0	0	0	0		0
四、科技三项费用	55	55	55	55	55	10
五、流动资金	0	0	0	0		0
六、支援农村生产支出	129	258	319	232	214	318
七、农业综合开发支出	0	0	49	54	86	79
八、农林水利气象等部门的事业费	64	75	96	91	117	174
九、工业交通等部门的事业费	12	10	7	0	13	2

续表11-1

项目	2001年	2002年	2003年	2004年	2005年	2006年
十、流通部门事业费	0	0	0	0		0
十一、文体广播事业费	99	185	275	317	403	536
十二、教育事业费	962	1072	1136	1195	1458	1936
十三、科学事业费	0	0	0	0		5
十四、卫生经费	72	85	126	171	182	756
十五、税务等部门的事业费	64	59	129	120	302	313
十六、抚恤和社会福利救济费	107	174	273	196	184	419
十七、行政事业单位离退休经费	258	435	491	560	658	691
十八、社会保障补助支出	128	59	129	11	36	23
十九、国防支出	0	0	0	0		0
二十、行政管理费	916	1416	2102	3426	5567	6959
二十一、外交外事支出	0	0	0	0	0	0
二十二、武装警察部队支出	0	0	14	6	10	23
二十三、公检法司支出	234	348	397	408	647	1171
二十四、城市维护费	199	281	1056	1009	1452	1982
二十五、政策性补贴支出	0	0	0	5	10	2
二十六、支援不发达地区支出	0	0	2	8	5	5
二十七、海域开发建设和场地使用费支出				0	0	
二十八、专项支出	44	75	95	102	61	240
二十九、其他支出	775	696	1274	2086	2441	3557
三十、总预备费		0	0	0	0	0
本年支出合计	4126	5288	8035	10052	13988	19231
本年基金支出合计	33	297	9	3281	1772	3039

2007—2008年菏泽经济开发区收入支出情况表

表11-2　　单位：万元

项目	2007年	2008年	项目	2007年	2008年
财政总收入	31886	40482	七、文化体育与传媒	24	72
一般预算收入	22013	27529	八、社会保障和就业	1693	2622
其中：税收收入	18037	23776	九、医疗卫生	896	1423
政府性基金收入	139	9008	十、环境保护	30	8
一般预算支出分类	—	—	十一、城乡社区事务	2091	2063
一、一般公共服务	11180	12910	十二、农林水事务	714	1204
二、外交	0	0	十三、交通运输	0	0
三、国防	0	0	十四、工业商业金融等事务	2171	4231
四、公共安全	2112	2228	十五、其他支出	553	434
五、教育	4811	5108	本年支出合计	26275	32303
六、科学技术	0	0	本年基金支出合计	13100	12327

2009年菏泽经济经济开发区收入支出情况表

表11-3 单位：万元

项目	2009年	项目	2009年
财政总收入	47384	十、环境保护	173
一般预算收入	34438	十一、城乡社区事务	5146
其中：税收收入	27948	十二、农林水事务	2246
政府性基金收入	31994	十三、交通运输	0
一般预算支出分类		十四、采掘电力信息等事务	4562
一、一般公共服务	15328	十五、粮油物资储备管理等事务	595
二、外交	0	十六、金融监管支出	0
三、国防	0	十七、地震灾后恢复重建支出	0
四、公共安全	5388	十八、预备费	
五、教育	6315	十九、国债还本付息支出	0
六、科学技术	5	二十、其他支出	828
七、文化体育与传媒	55	本年支出合计	45126
八、社会保障和就业	2566	本年基金支出合计	31325
九、医疗卫生	1919		

2010—2018年菏泽经济经济开发区收入支出情况表

表11-4 单位：万元

	2010年	2011年	2012年	2013年	2014年	2015年	2016年	2017年	2018年
财政总收入	66114	110890	140117	211296	223705	247754	274540	294897	336125
一般预算收入	52126	75083	100398	145056	154089	178863	188457	179887	212565
其中：税收收入	47056	65337	81706	128930	140599	157848	154832	164524	195735
政府性基金收入	5518	27656	14989	73076	108234	53481	159429	116879	1423674
一般预算支出分类									
一、一般公共服务	22465	24951	27575	24984	17287	21998	21830	25879	30126
二、外交	0	0	0	0	0	0	0	0	0
三、国防	1	4	0	0	0	0	0	0	0
四、公共安全	2745	3717	3998	6013	6357	7575	8150	6022	9318
五、教育	7396	14511	19461	18510	18226	29933	54450	37975	56849
六、科学技术	0	0	50	206	4	2529	6164	3732	6125
七、文化体育与传媒	77	133	119	180	230	263	555	995	887
八、社会保障和就业	5497	5852	6642	8599	10930	11220	9188	12142	12975
九、医疗卫生	2974	4951	6286	7177	12444	13412	13738	14957	12440
十、环境保护	12	467	2653	2303	4825	3880	2225	8420	4772
十一、城乡社区事务	5741	15183	9872	31712	32919	22916	25351	27840	28254
十二、农林水事务	5224	5525	8380	4405	6474	8195	8263	8698	13009
十三、交通运输	2	28	151	369	389	698	357	283	2723
十四、资源勘探电力信息等事务	4603	3507	3440	2179	6049	2543	4250	3332	18119
十五、商业服务业等事务	1906	7118	5416	4353	3343	2215	695	2299	1314
十六、金融监管等事务支出	0	0	0	13	0	11884	6020	36	18

续表11-4

	2010年	2011年	2012年	2013年	2014年	2015年	2016年	2017年	2018年
十七、地震灾后恢复重建支出	0	0	0	0	0	0	0	0	0
十八、国土资源气象等事务	93	3410	4752	1252	14461	5504	3998	815	1705
十九、住房保障支出	425	1350	10221	2022	1717	3442	11902	67737	31741
二十、粮油物资储备管理事务	0	0	0	0	0	0	0	0	0
二十一、预备费					0	0	0		
二十二、国债还本付息支出	0	0	0	0	0			842	
二十三、其他支出	1700	1488	3822	1412	2444	427	3159	2301	1347
二十四、债务付息支出						247	3947	0	2881
二十五、债务发行费用支出						0	0		0
本年支出合计	60861	92195	112838	115689	138099	148881	184242	224305	234603
本年基金支出合计	4913	24795	8329	65527	117772	56162	170975	126331	1486614

第三节　财政预算管理

预算内资金管理　2001—2006年，因财力限制，预算安排以维持行政事业单位正常运转为原则，生产建设性支出所占比重较低。2006年，全区财政总支出1.92亿元，其中行政事业费支出6959万元，占36.2%。

2007年，全区财政总收入首次突破3亿元，预算安排相应加大生产建设性支出的比重，安排1.12亿元用于基础建设投资，占财政总支出的56.6%，开发区财政从此由“吃饭”财政转向生产建设性财政。

2010年始，实行“街道自收自支，增收按比例上缴”的财政体制，街道一般预算收入比上年增收部分按比例上缴区财政。是年，区财政总收入6.61亿元，其中丹阳、岳程两街道分别上交牡丹区50万元、100万元。

2016—2017年，区财政从加强党风廉政建设和反腐败抓源头的高度，健全制约机制，建立健全反腐倡廉长效机制，加强监管，保障了财政的平稳、健康、有序运行。管委会强化预算执行，从严控制支出追加，认真执行《中华人民共和国预算法》，规范预算管理流程，预算批复后未经法定程序一律不作调整和追加；对预算单位在预算支出执行中的经费追加申请，有保有压，分清轻重缓急，深入调研、周密审核。严格控制一般性支出，努力节约财政支出，力求把有限的财力用于为群众办好事、办实事和促进社会各项事业的发展上。加强财政财务监督。建立和健全工作责任制，制定和完善专项资金管理办法，努力提高资金的使用效益。

2018年，开发区结合《中央、省委巡视反馈意见整改落实情况“回头看”》活动，针对提出的问题开展专项检查，进一步制定完善《菏泽开发区管委会加强财务管理的规定》，同时将各单位落实预算管理和会议费、公务接待费问题纳入重点治理范围。以制度建设为突破口，强化财政监督管理职能，采取多种形式、方法，加强对行政事业单位财政拨款和支出报账的日常监管，对有关单位整个收支活动过程，进行经常性、全过程监督。区财政积极配合区纪检监察、审计等部门，认真开展会计信息质量检查。同时对专项财政资金使用、非税资金收缴等进行全面监督、检查、清理，进一步规范财政资金的拨付程序，提高资金的使用效益。完成市人社局、市财政局对规范津贴补贴和“吃空饷”问题的专项检查。对区直超范围发放独生子女费和病假事假应扣未扣工资进行了及时清理回收，累计收回7.5万余元。

预算外资金管理　1997年2月，管委会印发《菏泽开发区预算外资金管理办法》，加强预算外资金管理，统筹运用地方财政预算内外综合财力为开发区发展服务。1998年5月，开发区成立清理整顿预算外资金领导小组。1998年起，开发区财政局对预算外资金管理实行统一领导、分级管理和先收后支、自求平衡的原则。2010年，全区预算外收入542.34万元，为历年预算外收入最高的一年；2015年，全区预算外收入11.77万元，为历年预算外收入最低的一年。2009年，全区预算外支出565.53万元，为历年预算外支出最高的一年；2015年，全区预算外支出6.45万元，为历年预算外支出最低的一年。1998—2017年，全区累计预算外收入5248.78万元、支出5079.74万元。

2018年，开发区财政在深化部门预算改革的同时，继续深化国库集中支付改革、公务卡改革等工作。继续深化部门预算改革，全面推进国库集中支付改革。预算安排坚持有保有压、收支平衡的原则，进一步规范部门预算编制、执行、决算和监督等工作，严格控制和压缩会议、接待等一般性支出。国库集中支付、公务卡改革落实至街道，在6月底全面推开。积极推进预决算、“三公”经费公开工作，进一步推进依法行政、依法理财，提高预算透明度，扎实做好《政府会计制度》实施的前期准备工作。11月5—7日，组织举办全区政府会计制度改革及行政事业单位内控建设培训班，增进行政事业单位财务人员对新政府会计制度的了解，提升对行政事业单位内部控制重要性的认识，为贯彻执行新政府会计制度和推进内部控制建设奠定基础。

1998—2018年菏泽经济开发区预算外资金收入支出一览表

表11-5　　单位：元

年份	收入	支出	年份	收入	支出
1998	137	137	2009	510	565
1999	377	245	2010	542	493
2000	363	307	2011	90	157
2001	169	259	2012	84	68
2002	487	216	2013	90	30
2003	313	327	2014	103	172
2004	310	313	2015	12	6
2005	235	314	2016	209	113
2006	308	393	2017	159	154
2007	423	481	2018	518	253
2008	325	327			

第四节　政府采购

1999年10月，开发区成立政府采购领导小组，下设政府采购处，加强财政支出管理，增加政府采购的透明度。2003年，开发区按照“开源节流”的理财原则，加强财务管理，健全财务制度，对超过1000元的支出，一律实行转账支付，实现财务支出的制度化、科学化和规范化。是年，共开展政府采购活动50次，其中公开招标8次，询价采购42次，完成采购额2316万元，节约资金486万元，节约率21%。同时，按照“深、准、透、实”的原则，加强审计监督，完成各类审计项目8个，查出违规违纪金额1200多万元，及时进行纠正和处理。

2007年，完成各类政府采购项目60个，节支358万元。2008年，完成各类政府采购项目86个，节支204万元，提高资金使用效益。2009年，严格执行财务支出管理办法，全年共完成各类政府采购项目60个，节支358.16万元。2011年，完成政府采购项目26个，节约资金266万元，核减工程造价620万元。2017年，政府采购金额约3.7亿元，较2016年增长9%，节约资金约3335万元，节约率0.9%。

开发区政府采购办公室按照市政府、开发区管委会采购政策、制度、办法，指导、汇总区直各部门编制政府采购预算和政府采购计划，进行监督实施，备案开发区采购实施计划和采购范围，编制政府集中采购目录、限额标准和公开招标数额标准，审批达到公开招标数额标准需要采用公开招标方式以外采购方式的开发区采购项目。

第五节　住房公积金征收

1996年1月，开发区开始征收住房公积金。2008年，根据菏泽市人民政府办公室《关于对住房公积金有关管理规定进行调整的通知》，开发区缴存住房公积金的月工资基数不应超过市统计部门公布的上一年度市本级月平均工资的3倍。从2017年7月1日开始，菏泽市住房公积金的最高月缴存基数调整为1.71万元，最高缴存比率为12%，单位和个人最高月缴存额分别调整为2050元；最低月缴存基数调整为1470元，最低缴存比率为5%，单位和个人最低月缴存额分别调整为74元。截至2018年，全区累计征收5250.88万元。累计征收19890人次；累计征收单位346户；月平均征收1745万元。

第二章　金　融

第一节　驻区银行

中国工商银行菏泽开发支行　中国工商银行股份有限公司菏泽开发支行位于开发区主要干道人民路中段。2007年初，支行在原来二级支行的基础上升级为一级支行。2017年，有员工77人。内设对公金融业务部、个人金融业务部、个人贷款营销中心、运行管理部4个部室，辖属支行营业室、中山支行、丹阳支行、黄河路支行、东郊支行、人民南路储蓄所6个营业室网点。是年，资产总额38.2亿元，各项存款余额38.84亿元，实现利润1.6亿元，中间业务收入3817万元。负债业务（存款方面）。至2018年末，工行开发支行全部存款时点余额35.54亿元，较上年减少3.29亿元，降幅8.48%，日均余额37.66亿元，较上年减少1.33亿元，降幅3.41%，其中24.61亿元，较上年增加1.71亿元，增幅7.48%，日均24.56亿元，较上年增加20.52亿元，增长9.12%；公司存款时点5.46亿元，较上年减少4.44亿元，降幅44.84%，日均7.38亿元，较上年减少5.19亿元，降幅41.32%；机构存款时点3.92亿元，较上年减少1.3亿元，降幅24.96%，日均4.54亿元，较上年增加1.72亿元，增幅60.94%。

资产业务（贷款方面）　至2018年末，工行开发支行各项贷款余额47.65亿元，较上年增加9.45亿元，增幅24.72%，其中个人贷款余额22.04亿元，较上年增加5.54亿元，增幅33.55%，公司贷款约25.61亿元，较上年增加3.91亿元，增幅18.01%。至2018年末，工行开发支行实现中间业务收入1732万元，拨备前利润1.39亿元。工行开发支行贷款整体不良贷款率6.59%，较上年增加4.92个百分点。其中个人不良贷款率0.08%，较年初下降0.05个百分点；法人不良贷款率12.19%，较年初增加9.21个百分点。

主要业务　2007年以后，支行为1600余户中小企业提供金融服务。为中铁德商高速公路、交通集团、菏泽玉皇、玉皇盛世、烟草公司等辖区内优质企业提供融资支持，为金亿彩印、华升玻璃、中住电力等一批小企业客户提供小微金融服务；支持天华房地产、天成恒瑞房地产、瑞比置业、中盛置业等一批房地产优质客户。贷款年均20亿元以上，累计为辖区内企业提供逾200亿元以上的融资。工行开发支行新开有效对公结算账户406户，开户总量全市排名第三、计划完成率排名第四；新开法人理财有效户50户；公司金融资产5万元以上客户479户，较年初增加26户；个人日均资产1万元以上客户净增1725户；信用卡发卡1.24万张，全市排名第一；融e联客户净增17083户，融e行客户净增15016户，工银信使净增17104户，一键支付客户净增10401户，电子银行综合排名全市第二。

获得荣誉　2013年12月、2016年5月，支行分别获总行授予的“精神文明建设先进单位”“文明单位”称号；2017年，支行获第五届全国“精神文明单位”称号。在社会公益活动中，支行积极开展“城乡文明共建”“学雷锋志愿服务”“关爱老人”“关爱儿童”“服务客户企业”等活动，所辖中山支行被总行授予“职业道德建设先进班组”称号，被中国银监会命名为全国银行业“雷锋岗”。

中国建设银行东城支行　中国建设银行菏泽东城支行前身为中国建设银行菏泽市分行营业部，成立于1993年11月。2004年6月14日，银监会菏泽监管分局印发《关于同意中国建设银行菏泽市分行营业部改建为中国建设银行菏泽市东城支行的批复》准予改建。2004年6月23日，建设银行菏泽分行印发《关于中国建设银行菏泽市分行营业部改建为东城支行的通知》，明确营业部2004年6月14日改建为中国建设

原建行菏泽分行营业部

银行菏泽市东城支行，营业地址在菏泽开发区中华路669号。2015年7月27日，东城支行搬迁至原菏泽开发支行位置，原开发支行业务并入到东城支行，营业场所地址在菏泽开发区人民路816号，营业办公面积1086平方米。2017年，东城支行有员工32人；内设机构3个，分别为营业室、个人贷款受理中心、客户服务部。2018年，有在岗员工38人，下设客户服务部、营业室和人民路支行。

主要业务　东城支行可办理人民币存款、贷款、结算业务；办理票据贴现；代理发行、代理兑付销售政府债券；代理收付款项；代理保险业务以及监管部门批准的其他业务。1993年以后，支行逐步建立公司业务、个人业务、中间业务、房地产金融业务、国际业务、网上银行业务等综合业务体系，各项业务保持持续、健康发展。2017年，确定立足开发区、辐射菏泽城区、推进“数一数二”战略，争做金融机构排头兵，努力成为客户首选银行的支行定位。支行注重通过氛围带动、数据驱动、公私联动三大“动作”，以贯彻省、市分行的大数据精准营销为根本，创造性地开展“1990”客户营销维护工作法，得到省分行领导的高度认可，在全省建行个人条线进行推广。对市公路局、市工商局、华瑞集团、师专、医专、菏建集团等一大批重要客户的发展提供有力支持，取得较好社会效益和经济效益。至2017年底，总资产19.23亿元，各项存款余额17.44亿元，累计为当地发放贷款约200亿元，支持中小企业120余户。

至2018年末，一般性存款余额24.2亿元，其中对公存款余额11.62亿元，个人存款余额12.6亿元；各项贷款余额17.69亿元，其中对公贷款余额4.64亿元，个人贷款余额13.09亿元，累放、新增均居城区第一位。2018年，支行重点支持菏泽学院、菏泽医专、菏泽职业学院、菏泽市公路局等机构客户，重点扶持了菏泽平土房地产有限公司、菏泽天华房地产有限公司、山东鲁商房地产开发公司等大中型企业。

网点建设　东城支行下辖营业室和人民路支行。截至2018年末，有员工14人。是年，东城支行营业室一般性存款余额20.33亿元，其中对公存款余额11.33亿，个人存款余额9.02亿，单位客户1179户，非零金融资产客户76066户。东城支行营业室于2018年被总行评为“五星级网点”。人民路支行成立于1988年5月，位于菏泽市人民路与八一路交叉口东北角。截至2018年末，网点现有员工9人。是年，全口径存款3.87亿元，其中对公存款0.29亿元，个人存款3.58亿元。单位客户141户。非零金融总量个人客户20734户。

内控管理　加强内控管理，研究制定《内控基础管理综合考核办法》，界定基础管理范围内容，立足业务健康发展需要和基础管理现状，围绕“抓案防、强内控、促合规、防风险”，强化内控与基础管理评价考核责任人管理，促进全行内部风险控制能力和基础管理水平提升。2017年，支行内控基础管理综合考核在菏泽分行序列考核中名列前三名，较2015年度考核前进6个位次，受到上级行好评。加强网点建设，在营业大厅有限的范围之内依照总行标准设置现金服务区、非现金服务区、电子银行服务区、智慧银行服务区、自助设备区、公众教育区等。同时，为大堂经理配备智能设备，每个柜台设置风险提示、消费者权益保护、业务价格公示等。网点实现全WiFi覆盖，设有电脑、电视和上网设备，随时为客户提供最新产品咨询。营业厅环境舒适，安全便民。设有沙发、饮水设备、雨伞、擦鞋机、老花镜等便民设施。为老弱病残客户设有爱心座椅、应急窗口和无障碍通道等，2017年10月被评为总行级“五星级网点”。加强公益建设，抓文化，重和谐，员工凝聚力和向心力得到加强。支行积极参加社会公益事业，不断组织员工参加学雷锋、反洗钱宣传和社会交通秩序维护活动，压缩领导干部自身办公面积，为员工设立阅览室、休息室、职工小餐厅，配备活动器械，打造专属的职工之家品牌——“微家”，被评为建行山东省分行模范职工小家和温馨小餐厅。同时拓展职工之家的内涵，带领员工开展牡丹园郊游、雷泽湖健步行和园艺插花等，在业务发展、企业文化和规范化服务等方面都取得丰硕成果，成为建行在菏泽城区的一面旗帜。建设银行总行《建设银行报》头版头条报道该行工会之家——“微家”建设的先进事迹。

获得荣誉　2001年9月，东城支行获得中国建设银行和中央金融团工委颁发的总行级“青年文明号”称号；2009年7月，获得山东省妇女联合会颁发的山东省巾帼文明岗称号。2017年5月，支行“微家”被中国金融工会授予“全国金融模范职工之家”称号，是全国建行唯一获此殊荣的支行。支行有4人被市分行授予模范共产党员称号，1人获山东省财贸金融“五一劳动奖章”，1人获山东省建行系统“十大突出贡献先进个人”称号。

中国银行菏泽开发区支行　中国银行股份有限公司菏泽开发区支行位于菏泽市中华路839号（和平大酒店西邻），成立于1994年5月，2006年8月由原来的中国银行菏泽分行兴才路分理处升格成立，是中国银行菏泽分行直属经营性支行。至2018年末，支行有员工18人。

主要业务　中行开发区支行可办理人民币存款、贷款、结算业务；办理票据贴现；代理发行、代理兑付销售政府债券；代理收付款项；代理保险业务以及监管部门批准的其他业务。支行自开设以来，逐步开展公司业务、个人业务、中间业务、房地产金融服务、国际结算业务、网上银行业务等综合业务体系。

资产方面　至2018年末，中行菏泽开发区支行各项贷款余额36278万元，较上年末减少4421万元，降幅10.86%，其中公司贷款余额4909万元，同比下降12944万元，降幅72.5%，主要原因为支行核销不良贷款下降；个人贷款余额31369万元，同比增加8523万元，增幅27.17%。

负债方面　至2018年末，中行菏泽开发区支行各项存款余额121968万元，较上年末增加5309万元，增幅4.55%，其中公司存款余额28141万元，同比下降13249万元，降幅31.98%，个人存款余额93827万元，同比增加18716万元，增幅24.92%。

中间业务收入　2018年，中行菏泽开发区支行实现中间业务收入723.33万元，拨备前利润2193万元。

获得荣誉　2017年，菏泽市总工会授予中行菏泽开发区支行“工人先锋号”称号；2018年，支行获得总行万马奔腾网点业绩——竞赛战略贡献奖，山东省分行2018年开门红银行卡分期先进网点，山东分省行2018年度十佳消费分期专营机构等荣誉。支行行长李文霞获山东省妇联颁发的“巾帼建功先进个人”奖章和中行山东省分行“优秀共产党员”称号。

中国邮政储蓄银行菏泽市分行　中国邮政储蓄银行菏泽市分行成立于2008年3月9日，地址在中华路588号，有34个自营网点，内设11个部室。共有员工869人，其中合同工798人，劳务工71人，大专以上学历837人。截至2017年，资产总额638.34亿元，各项贷款余额69.25亿元，累计为当地发放各类贷款近300亿元，支持中小型企业197家。

主要业务　以专业市场开发、信用村建设、银政银企平台为主要渠道，扩大“三农”业务；

着力培养“优享贷”优质单位团办业务，以邮享贷、邮薪贷、电商车贷等业务为辅助，在城区集中攻坚车贷业务，通过优质客群批量开发、微车展等活动措施，全面推进消费业务转型发展，提升非住房业务净增占比。

信贷服务专心专注服务乡村农户、新型农业经营主体、农副产品加工业、个体工商户等个体单元，支持“草根经济体”。积极贯彻国家和上级行各项政策要求，不断改进小微信贷机构设置、人员配置、业务考核等。改革审批报送渠道，简化业务报批流程，提升业务处理效率。

邮政储蓄银行菏泽分行

内控管理　邮储银行菏泽市分行高度重视合规管理工作，坚持案防引领，提升合规检查工作质效、提升合规管理工作水平、提升法律事务服务能力、提升监管工作落实质效、提升法规条线能力素质，推动各项管理工作的转型与质效提升。完善案防管理工作机制、落实案防管理主体责任。菏泽市分行成立案防领导小组，定期召开内控与案防会议，分析问题、揭示风险、研究对策，会后落实责任、跟踪督办、强化整改，推进全辖案件防控工作水平提升；强化合规新制度、新业务合规性审查，有效防范合规风险，促进全行依法合规经营；持续开展制度梳理、评估工作，实现制度管理、业务流程、风险管控和岗位职责的有效衔接，及时发现并有效改进制度存在的各类问题，督导做好制度问题整改；成立市分行反洗钱领导小组，按时召开季度会议，不断完善反洗钱内控制度，对全市反洗钱工作进行规范。

网点建设　邮储银行菏泽市分行共有营业网点 188 处，其中支行 34 处，营业所 154 处。邮储银行营业网点全部按照商业银行标准建设，外部统一设置醒目的机构名称牌、营业时间牌、外币兑换标识，对外设置电子显示屏、利率牌、宣传橱窗、广告灯箱，为客户提供机动车停车位、无障碍停车位。营业厅内部按功能分区，包括现金区、非现金区、大堂咨询引导区、客户等候区、产品展示区、电子银行区、自助银行区、贵宾理财服务区和信贷业务区，内部设置排队机、分区叫号器、无障碍绿色通道、爱心窗口、公用设施、饮水设施、Wi-Fi 上网、便民工具、报纸杂志等便民设施、器材，实现科学分流引导、高效服务。支行均设有贵宾理财室，为客户提供一对一、高质量的理财顾问服务。

公益事业　将菏泽市委、市政府关于“第一书记”“双联双创”“全民创业”“精准扶贫”等重要工作部署作为“一把手”工程，与业务发展一起布置、一起考核。投入资金改善贫困地区基础设施，开展捐资助学活动，为困难群众捐款、捐物。发挥金融机构优势，开展送金融知识下乡和信贷下乡。以再就业小额贷款撬动扶贫工作，2017 年实现辖内再就业小额贷款的全覆盖，投放再就业贷款 3.45 亿元，扶持创业人员 3700 余人。发放“鲁青基准贷”1665 万元，助力青年创业效果显著，为贫困地区实现“融资”与“融智”的结合。

恒丰银行菏泽分行　恒丰银行菏泽分行于 2016 年 8 月 26 日进入菏泽，是恒丰银行济南分行辖属的第七家二级分行，地址在开发区和平路 788 号。截至 2017 年末，分行资产总额 34.88 亿元，较年初增加 6.43 亿元，增幅 22.6%。各项存款余额（含同业）33.32 亿元，较年初增加 5.7 亿元，实现账面利润 1739.72 万元，各项存款余额 28.82 亿元，累计发放贷款 35.53 亿元，支持中小企业 25 家。截至 2018 年末，分行资产总额达 43.06 亿元，较年初增加 8.18 亿元，增幅 23.45%。各项存款余额 37.93 亿元，同比增长 31.58%；年末资产总额为 43.06 亿元。累计为当地发放各类贷款 43.06 亿元。

主要业务　恒丰银行菏泽分行开展各类公司业务，包括存贷款业务；贸易金融业务，内含信用证、保理、GTS 等；金融市场业务，内含同业存款、同业授信、ABS 业务等。2017 年，恒丰银行菏泽分行按照总、分行相关政策，依托菏泽市政府重点工作部署，全力支持重大项目建设。紧跟菏泽市招商引资项目，于 2017 年 3 月参加菏泽市招商引资会议，对一批重点招商引资项目给予大力支持。支持重点基础项目建设，积极与牡丹机场、菏泽铁投等重点平台公司对接，根据企业需求，设计切合企业实际的授信方案。支持菏泽市重点 PPP 项目，积极向上级行争取政策支持，促进单县嘉善新都综合开发等一批重点 PPP 项目尽快批复落地。支持菏泽市各区县棚户区改造，2017 年以后积极协调总、分行对菏泽棚改给予政策、额度等方面的大力支持。2018 年，分行紧跟国家、山东省及菏泽市战略导向，按照总、分行相关决策部署，坚持做实主业，服务实体经济。优化调整信贷结构，将信贷资源重点投向民营企业、乡村振兴项目、新旧动能项目、重点民生基础项目等。积极支持普惠金融发展，截至 2018 年末，小微贷款余额 3196.6 万元，较年初增加 1033.6 万元。率先探索实施乡村振兴的“恒丰模式”，总行于 2018 年 12 月 6 日与菏泽市政府签订《乡村振兴战略合作协议》，拟为菏泽市提供 200 亿元综合金融服务。

内控管理　风险管理方面，分行抓牢抓实风险管理，坚定不移维护金融安全。案件防控方面，加大案件防控工作力度，确保安全运营。内部管理方面，抓好内部管理，打造高效执行力团队。2018 年，抓好员工梯队建设，加强人才培养和团队管理；抓牢抓实风险防控，适时调整信贷审查重点和关键节点，严格限制担保圈客户准入，持续加大“银行业市场乱象”自查力度；加强案件防控，着力做好人防、物防、技防管理；持续关注资产质量，多渠道化解不良。

网点建设　分行把提升服务作为工作落脚点。前台柜员利用晨会时间，模拟客户业务办理场景，练习“服务七部曲”标准化服务流程；加强网点硬件设施，采购消防器材，在每个柜台上配备 3 种度数的老花镜、迷你垃圾箱、伞套机、自动擦鞋机、投票箱，服务环境更加温馨、亲民、安全。室内外 LED 不停地滚动播放 5 条以上的文明标语，制定并张贴服务承诺、行业规范、服务流程等工作制度。同时，分行领导积极动员组织分行青年员工，多次进入学校、社区和大型商圈进行反假币、反洗钱等业务知识宣传，在当地公众中树立良好的口碑。2018 年牢固树立以客户为中心的服务理念，倡树“全心服务”品牌，成立优质服务先锋队，开展“党员服务先锋岗”活动，不定期召开客户接待日，倾听客户心声，借助社会力量，不断规范网点服务；秉承坚守本业、精益求精的匠心，认真梳理开户流程，合理分离业务环节，提升业务处理效率，确保“一次办好”；不断完善厅堂软硬件设施，提升客户体验，畅通投诉渠道，用心打造有态度、有温度、有速度的银行。

公益事业　2016 年 8 月 26 日，恒丰银行菏泽分行向定陶区陈集镇明德小学捐款 20 万元，专项用于改善学校教育设施。2017 年 6 月，分行主动向曹县侯集中学捐赠体育用品，用于学校足球比赛的开展。在菏泽市棚户区改造中，分行为拆迁居民提供上门服务，利用自身的专业知识和丰富资源，向广大公众宣传金融知识，提升公众金融意识。特别是2017年4月下旬，在菏泽市扶贫工作会议召开之时，分行第一时间与上级行联系汇报，多方协调，上下联动，在总行的大力支持下，由济南分行向山东省扶贫开发基金会捐赠100万元，用于菏泽市的健康脱贫、助学消贫、创业减贫、孝行齐鲁、灾害救援等扶贫重点领域。2018年初，恒丰银行菏泽分行党支部与东明黑西岗村党支部结成扶贫对子，开展爱心捐赠和爱心购买活动，全行共计捐赠棉被25套，棉衣近100件、书籍数十册，购买农产品5000多元。六一儿童节之际，与菏泽银监分局举行结对帮扶活动，为学生送去书包、图书、电脑、滑梯等价值29000余元的教学设备和用品；2018年9月7日，与菏泽润泽置业共同赞助“恒丰润泽”足球队，为繁荣体育文化事业助力。中秋节前夕，菏泽分行党支部前往武屯社区，带去米、面、油等生活用品看望慰问抗战老兵。2018年11月，为菏泽市单县高韦庄镇中学援建2个电教室，包括102台电脑以及交换机、显示屏、桌凳等设施。2018年12月，与总行在单县高韦庄镇中学开展“不忘初心勇担当 脱贫攻坚走在前”主题党日活动，为该校学生送去生活用品及学习用品。

交通银行菏泽分行　交通银行菏泽分行于2012年3月开始筹建，12月26日正式对外营业，地址在开发区人民路658号。2017年，资产总额42.08亿元，各项存款余额40.08亿元，其中对公存款余额31.62亿元，储蓄存款8.45亿元。累计发放各类贷款总额181.87亿元，其中实质性贷款累计发放89.48亿元，贴现78.31亿元，贸易融资14.08亿元。支持中小企业数46家。截至2017年12月31日，对公有效客户78户，私人银行24户，沃德客户632户，财管客户2835户，信用卡完成1518户。2017年分行资产质量良好，所有授信五级分类均为正常类，无欠息，无逾期，无不良。菏泽分行至2018年12月资产总额为42亿元。到2018年末累计支持中小企业56家。

市场开拓　2018年，贯彻落实党中央和总行、省行党委的战略部署和总体要求，围绕“内涵式”发展的“八项任务”，“对标规划、对接市场、对比同业”，全面推进“零售改革”，不断提升经营管理水平，集中力量，精兵简政，知难克难，合规经营，努力提高发展质量和效益。截至2018年12月31日，人民币存款时点余额41.59亿元，其中对公时点存款31.75亿元，储蓄时点存款9.83亿元；人民币日均存款36.77亿元，其中，对公日均存款27.72亿元，储蓄日均存款9.06亿元。对公实质性贷款余额59.35亿元，房贷余额为2.61亿元。对公有效客户76户；私人银行25户，沃德客户689户，财管客户3651户。各项贷款余额61.96亿元；其中正常类贷款余额45.37亿元，关注类贷款余额15.97亿元，不良类贷款余额0.61亿元。各项信贷贷款余额50.39亿元，其中对公贷款余额40.07亿元；银行承兑汇票余额6.5亿元；信用证余额7.53亿元；小企业贷款7.52亿元，个贷余额2.8亿元。

内控管理　分行根据上级行授信政策，同时结合菏泽当地的经济结构和产业结构特点，按照“一流双单”的要求认真选择优质客户，提高授信准入门槛，提升授信资产质量，从源头上控制风险。授信审查由坐审转变为行审，提高授信申报效率，做到早投放、早受益。做好临期管理，加强对授信业务还款、还息环节的监控，及时落实还款来源，确保不出现逾期、垫款、欠息现象。严格执行总行及上级行对于授信业务贷后管理要求，发挥贷后管理在及时发现风险隐患、减少经营损失和深度挖掘业务需求、巩固银企关系方面的关键作用，形成贷后管理与业务发展相互促进的良性互动机制。

网点建设　截至2017年12月末，交通银行菏泽分行共设有离行式自助银行10家，人工网点4家，分别是人民路分行本部、黄河路牡丹支行、青年路普惠支行和八一路普惠支行。截至2018年12月末，共设有离行式自助银行5家，人工网点4家，分别是人民路分行本部、黄河路牡丹支行、青年路普惠支行和八一路普惠支行。

公益事业　2012年12月28日，交通银行菏泽分行捐赠鄄城县左营中学10万元善款，用于建造6个多媒体教室，改善办学环境。2016年6月23日，分行以“依法组织，广泛发动，坚持自愿，鼓励奉献”为原则，开展“慈心一日捐”活动，募集善款1万元。2017年6月20日，分行组织开展2017年“慈心一日捐”活动，募集善款1万元。2018年6月20日，组织开展2018年“慈心一日捐”活动，活动结束后将1万元善款送至菏泽市民政局。

济宁银行菏泽分行　济宁银行股份有限公司菏泽分行成立于2013年7月23日，地址在开发区长江路778号，占地500平方米，总建筑面积2150平方米。2017年，有员工115人，内设部门4个，分别为综合管理部、公司金融部、零售金融部、风险授信部。截至2017年12月末，济宁银行菏泽分行总资产254091万元。

主要业务　2017年，分行存款余额236625万元，较年初增加6.72亿元，增幅39.74%。其中，单位存款1.51亿元，较年初增加3.99亿元；个人存款8.49亿元，较年初增加2.73亿元；临时性存款630万元，较年初增加113万元。贷款余额16.81亿元，较年初增加1亿元，增幅6.33%。其中，短期贷款11.35亿元，较年初减少1.13亿元；中长期贷款5.09亿元，较年初增加3.25亿元；贴现1500万元，较年初减少7000万元；贸易融资1043万元，较年初减少3582万元。累计支持中小企业869家。2017年分行进一步拓宽信贷市场，在菏泽市4个区、7个县发展企业客户和个人客户业务，扩大信贷，增加投放电子设备。信贷服务以中小微企业为主，投向菏泽市重点发展行业，年底信贷余额17.28亿元，新增余额1.46亿元。

内控管理　分行建立所有业务的内部管理制度，完善各项业务操作流程，细化岗位分工，明确岗位职责，实行按额度逐级授权制度，严格执行转授权相关规定，对重要岗位、重点环节、重点业务实行重点监控，强化内部控制时效性，建立内控长效机制，防范各类风险。分行始终把防范控制作为经营管理的重点工作，完善内控，强化管理，预防为主，查纠结合，严肃问责，不断总结经验，逐步提高风险防御能力。

网点建设　截至2017年12月末，分行设立牡丹支行、郓城支行、曹县支行、巨野支行、单县支行以及分行营业部6家传统网点，并在菏泽城区设立牡丹路、曹州路2家小微支行，以及华英路、西安路、牡丹路、中华路和天华物流园5处离行式自助银行、菏泽市第三人民医院大堂式自助银行。

公益事业　分行积极配合菏泽市创城工作，在开发区长江路、西安路主要路口处设置公益遮阳棚，宣传文明创城口号。每年组织“金融消费者权益日”、“小微企业金融服务宣传月”、山东银行业金融知识宣传服务月活动、“金融知识普及月”及国家网络安全宣传周活动，通过一系列公益宣传，增强城乡居民的金融消费意识。

莱商银行菏泽分行　2008年4月12日，莱商银行菏泽分行挂牌成立。现地址在开发区中华路与人民路交叉口凯瑞国际广场1楼。菏泽分行市场定位为服务菏泽经济，服务中小企业，服务城乡居民；信贷品牌为廉洁、高效、绿色、阳光、暖心；信贷文化为融资、融智、更融情。菏泽分行服务重心，为各县区域布设网点，延伸服务，设立16家营业网点，全面覆盖各县区。截分行资产总额110.34亿元，累计发放各类贷款409.97亿元，支持中小微企业913家。

主要业务　市场开拓。莱商银行菏泽分行将行业分类和客户分类结合，细化和明确分类标准，将“分类分策”结合“信贷风险管理系统”，逐户进行标识，建立台账，对企业实行动态名单式管理，实时调整，每月调度。截至2017年末，优先类客户15户，较年初减少1户，贷款余额2.52亿元，较年初减少1.53亿元；鼓励类客户344户，较年初减少6户，贷款余额29.68亿元，较年初增加3.64亿元；支持类客户64户，较年初减少8户，贷款余额20.2亿元，较年初增加4.65亿元；维持类客户21户，较年初减少2户，贷款余额3.11亿元，较年初增加1.65亿元；限制类客户0户，较年初减少3户，贷款余额0亿元，较年初减少1.69亿元；制裁类客户3户，较年初增加2户，贷款余额0.13亿元，较年初增加0.11亿元。按照分类结果，在《2017年授信政策指引》中采取差异化的投放措施，优化资源配置效率，提供更加高效、精准的金融服务。分行以“有限资金有效投放”为目标，加大信用风险管控，严把新增业务准入关，对新增客户、存量增信客户、异地授信客户进行重点审查，对资产重组、新增授信方式盘活不良的，加大审查力度，严防风险发生。

2017年，莱商银行菏泽分行专门推出小微信贷产品，推出“出口退税账户托管贷款”“经营性物业贷”“搭桥贷”等9个新信贷业务，开通“汇享付”一码多付扫码支付，推出“服农通”助农终端，启动“微粒贷”、直销银行、“首金网+”等互联网金融项目。分行开展“进走访”“增提创”活动，了解菏泽市重点企业、项目、园区的生产经营情况，加大资金端支持实体经济力度。截至2017年末，累计走访企业273家，制定综合服务方案191个，为232家企业提供授信服务。授信余额60.46亿元，增加5.11亿元；贷款余额47.19亿元，增加4.11亿元；其他融资余额10.71亿元，增加1.3亿元。对遇到暂时性困难的企业“能拉不推”“能续不抽”，支持菏泽实体经济发展。

信贷服务。实体经济贷款。截至2017年末，各项贷款余额56.13亿元，其中制造业23.62亿元，占比最多达42.08%；建筑业16.89亿元，占比30.09%；交通运输、仓储和邮政业3.05亿元，占比5.44%；采矿业2亿元，占比3.56%；批发和零售业2.73亿元，占比4.86%。分行贷款主要投向菏泽市五大主导产业，实体经济贷款余额56.13亿元，占全部贷款的100%，较年初增加6.9亿元，占比较年初上升0.51个百分点。

对小微企业支持。截至2017年末，分行小微企业贷款余额28.66亿元，较年初上升5.27亿元，增速22.54%，高于各项贷款增速7.96个百分点；小微企业户数343户，较同期下降11户；小微企业申贷获得率95.43%，高于同期0.26个百分点。分行争取2.5亿元的小微企业金融债、1300万元的支小再贷款以及9000万元涉农债专项资金，全部投放于分行的小微企业。

涉农贷款。2017年末，涉农贷款本外币39.56亿元，占全部贷款的61.45%，较年初增加2.8亿元，增长8.84%；支持农业龙头企业30户，贷款余额4.62亿元，银行承兑汇票余额1.51亿元；支持农业专业合作社3户，贷款余额0.05亿元。

精准扶贫。分行考察菏泽市各县区基建情况，主动对接政府采取一项一策精细化管理，通过金融支持工程建设带动人员就业、带动改造地区土地增值。截至2017年末，支持产业扶贫生产经营主体29家，扶持贫困人口425人就业。

内控管理　2017年度，莱商银行菏泽分行以“高质量发展是解决一切问题的根源”的理念，调整部室结构，实行人岗匹配、条线管理，开展制度建设年活动，修订和完善管理制度，开展

“三三四及银行乱象”专项治理活动，进行各类检查8次。2017年度，分行内控管理获得好评，2次在菏泽市反洗钱工作会议上做典型发言，连续2年获得反洗钱A级行荣誉。

网点建设　截至2017年末，莱商银行菏泽分行设立12家传统支行、4家小微支行，网点全面覆盖各县区。

公益事业　分行推出“金融+”扶贫，支持基础建设，发放城市提升、道路改造、污水管网修复资金10亿元；支持棚改工程，向30个棚户区改造项目投放资金50亿元；支持特色产业，发放农村企业和专业合作社贷款100亿元，支持农村企业200余家，带动周边困难农户29355人就业，月人均收入增加3000元；支持教育事业，员工自愿募集70万元成立“爱心扶贫公益金”，每年拿出10万元帮助贫困学生，联合市重点中学举行“向爱出发，圆梦筑巢”公益助学活动，在学校成立“莱商银行科技活动中心”“爱心书吧”，开通“心愿直通车”，2017年8月在菏泽市7个县4个区举行“圆梦助学，爱在莱商”贫困大学生资助活动，捐助100名贫困生，捐助资金20余万元。此外，分行党委及各党支部联系菏泽市驻村“第一书记”，为贫困村出资修路，改善公共设施，定期走访周边乡镇贫困户，开展关爱留守儿童、空巢老人公益活动。

上海浦发银行菏泽分行　上海浦东发展银行菏泽分行2014年8月26日开业，地址在开发区和平路777号，是首家进驻菏泽市的全国性股份制商业银行。拥有二级分行1个，县区支行1个，分理处、营业所2个，从业人员62人。

2018年，上海浦东发展银行菏泽分行辖有菏泽分行营业部、郓城支行、菏泽黄河路小微支行和菏泽重庆路社区支行。是年，分行不断加大信贷结构调整力度，将更多金融资源投向市重点产业，大力支持能源化工、生物医药、机电设备制造等支柱产业，有力支持经济转型。分行还充分利用基金、PPP等新型融资手段为我市重点建设项目提供资金融通。有效改善菏泽市居住环境，带动相关产业发展，增加就业机会。截至年末，分行本外币各项存款39.3亿元，贷款余额45.09亿元，其中对公贷款余额36.34亿元，零售贷款余额8.57亿元；公司授信客户78户，总授信额度89.81亿元，用信额度48.34亿元。实现账面营业收入2.22亿元。分行成功办理1.5亿美元进口信用证业务，当期实现零风险资产占用。分行办理1亿元代客策略性大宗商品交易，实现创新产品突破。E企行产品签约使用全省第一。

主要业务　浦发银行菏泽分行主要服务菏泽经济发展和居民生活。截至2017年末，资产总额76.39亿元，存款余额71.19亿元，累计发放贷款超过120亿元。菏泽分行积极落实支持小微企业发展的相关政策，不断加大服务小微企业力度，创新和丰富相关信贷产品，2017年末小微企业贷款余额5.12亿元，累计支持小微企业28家。

2018年，分行支持新旧动能转换，服务实体经济发展。分行根据全市推荐的重点项目和重点工程，结合授信政策进行重点梳理，择优对优势行业、优质客户和项目进行扶持，支持实体经济的发展。围绕重点行业和项目加大信贷支持力度，把“高端能源化工”“生命健康”“生物医药”“高端装备”“高效农业”“交通基建”等作为重点支持的行业，积极筹措资金，提供全方位的融资服务。积极服务涉农企业和中小微企业，加大消费信贷支持力度，运用票据池、“E”企行、订单融资等创新产品，提高综合服务水平，实现全面合作。

分行运用多种融资手段，满足金融服务需求。充分利用股份制银行的产品创新优势，采取股权

+债权融资方式，利用基金、PPP等多种融资手段为我市重点建设项目提供资金融通。对棚户区改造项目，采用债权融资、项目贷款、银团贷款、同业代理等多渠道融资方式，大力发展信用证、福费廷、保理、保函等贸易融资结算类产品，满足供应链上单一或多个企业全方位、多层次的金融服务需求。

市场开拓。浦发银行菏泽分行进行市场开拓和客户结构优化，实现规模和效益协调发展。分行成立跨层级、跨部门专项营销团队，实行精细化管理，通过资源整合提升服务效率，通过重点融资项目和客户群体的差异化服务，树立浦发品牌。

信贷服务。浦发银行菏泽分行重点加强对行业龙头骨干企业的融资支持力度，采取多种融资产品相结合，为客户量身定制综合性服务方案，对菏泽市重点行业和项目加大信贷投放力度，将“能源化工”“医药卫生”“农副产品加工”“外向型进出口加工业”等作为重点支持行业，把政府主导的基础设施建设、民生工程和PPP项目作为重点支持项目，提供全方位融资服务。另外，分行响应国家金融服务导向，对涉农、中小微企业提供专项服务，运用海外直贷、E企行、E企付、集中代收付、电商平台、房屋E售等产品，提高综合服务水平，降低企业财务成本。

内控管理 浦发银行菏泽分行坚持“业务发展、内控先行”的理念，建立健全内部控制体系，防范风险，保障安全稳健运行，完善决策传导及激励机制，强化合规经营理念，提高内控水平持续提高，增强风险控制能力。分行健全内部监督评价机制，配套完善缺陷纠正机制，有错必纠，有错必改。另外，加强内控文化建设，培养员工职业操守和诚信意识，从思想上建立起安全经营的第一道防线。2018年，分行狠抓风险把控措施，确保银行资金安全。成立风险贷款清收化解小组，落实“一把手”责任和行领导不良贷款包干制度，层层落实责任，举全行之力全力推进风险客户的处置化解工作。进一步完善合规、内控制度建设，整章建制，做好制度体系建设，加强培训，有效防范操作风险。分行对现有信贷客户进行梳理，开展行业整体预判，进行企业排队。对优质企业扩大合作；对中间企业谨慎合作；对劣质企业减少合作。

网点建设 菏泽分行在菏泽市内共设有4家营业网点，分别是菏泽分行营业部、郓城支行、黄河路小微支行和重庆路社区支行。

枣庄银行菏泽分行 枣庄银行菏泽分行于2016年6月22日成立，为枣庄银行继济宁分行后的第二家异地分行，地址在开发区人民路1879号。菏泽分行下设综合部、运营管理部、信贷管理部、业务部和营业部，2017年在职员工43人。枣庄银行菏泽分行服务地方经济、服务中小企业、服务城市居民。截至2017年末，枣庄银行菏泽分行资产总额10.14亿元，各项存款余额9.09亿元，综合授信9.44亿元，累计为当地发放各类贷款4.57亿元。2016年，荣获菏泽市A级金融机构称号和人行货币工作先进集体称号。

主要业务 枣庄银行菏泽分行践行“服务下沉、服务渗透、服务覆盖”三服务理念，线上与线下融合，让青年员工服务队伍“走出网点、走向客户”，到社区宣传金融服务，在郊区拓展金融领域。2017年，开展金融知识进万家、反洗钱反诈骗宣传等活动50多次，上门办理银行卡2000多张，手机银行600余个、网上银行100余户。

公益事业 2016—2017年，枣庄银行菏泽分行参与“‘明净关爱’环卫工人”活动，组织齐鲁情山东省校园学生才艺展示大赛等活动，多次组织员工走进养老院看望慰问孤寡老人。

兴业银行菏泽分行 兴业银行菏泽分行隶属于兴业银行济南分行，位于开发区人民路1388号，是山东省内第十三家二级分行，2017年6月筹建，拥有员工60人，其中大学本科以上学历占95%，研究生学历占比15%，员工平均年龄31岁。设立综合部、运营管理部、风险管理部、市场营销部4个管理部门和3个企业金融业务部，1个分行营业部。

主要业务 兴业银行菏泽分行业务涉及山东步长制药有限公司、山东赛托生物科技股份有限公司、山东新巨龙能源有限责任公司、菏泽市第二人民医院等菏泽本地主导产业及民生领域。

市场开拓。筹建期间，兴业银行菏泽分行走访县区，了解重点项目、重点企业，准备信贷项目。组建市场营销部、3个企金业务团队及2个零售业务团队，划分责任区域，建立客户沙盘，匹配营销资源，开展项目营销。

信贷服务。以新旧动能转换项目为突破口，发挥集团优势，支持菏泽市新动能培育和传统产业升级，支持龙头企业和成长型中小企业，支持菏泽市交通基础设施发展，支持易地搬迁扶贫、住房改善、新农村建设、水暖气、医疗教育等社会民生事业，支持菏泽市绿色环保业发展。

内控管理 兴业银行菏泽分行严格执行监管部门有关规定，建立健全各项管理制度、实施细则和操作规程，制定多项规章制度；进行入行培训，让员工了解兴业银行的企业文化、内部运作制度、业务操作规程，进行专业和技能考核，按内控管理要求严格分离不相容的各个岗位、各项职责、各项业务及各业务处理环节。

网点建设 营业场所设计和施工严格按照有关金融机构安全防护等级标准规定进行，各项工程的设计方案和装修预算均经分行审查审批。营业大厅和办公场所要害部位的消防、监控等方案均事先报有关部门审核同意，并通过公安、消防等有关部门的检查和验收，取得金融营业场所安全合格证和消防合格意见书。分行营业面积1000余平方米，设有7个服务窗口，营业厅共分为8大区域，分别是咨询引导区、客户等候区、现金区、电子服务区、自助服务区、贵宾理财区、非现金区、公众教育区。

威海银行菏泽分行 2017年11月1日，威海市商业银行获得中国银监会山东监管局的筹建批复，开始筹建威海市商业银行股份有限公司菏泽分行。威海市商业银行菏泽分行位于菏泽经济开发区永昌路289号夏威夷大厦，西邻菏泽地标建筑菏泽大剧院。

第二节 驻区保险机构

中国太平洋财产保险股份有限公司菏泽中心支公司 成立于2002年7月12日，现地址在菏泽经济开发区黄河东路2999号。设总经理室、综合管理部、财务部、客服理赔部、车险部、非车险部、车商渠道部、电网销业务部、渠道合作部、团车业务部、农险部、综合业务部、中介业务部，银保业务团队等14个部室，拥有菏泽市牡丹区、菏泽市东城、菏泽市高新区、东明、曹县、定陶、成武、单县、巨野、郓城、鄄城11家支公司，管理人员115人，营销人员385人。2017年，支公司实现保费收入2.15亿元。其中，车险实现保费收入1.62亿元，非车险实现保费收入5280万元。是年，赔款支出1.26亿元，综合赔付率66.35%，向菏泽市地税局缴纳营业税、城建税、印花税、个人所得税等各类税金96.67万元，代收代缴车船使用税2523万元。

主要业务 2017年，支公司根据自身实际情况，结合总公司全面推动和实现公司“以客户需求为导向”的战略转型策略，加强人员队伍和渠道建设，组建专业化团队。支公司发展车商业务，实行商业车险改革。强化电销统筹管理，提高市场竞争力。强化产寿交叉工作，提升资源综合利用。扩大银保渠道，提升销售。稳定团体车险规模，提高承保质量。支公司拓展农险、责任险、中小企业财产险、健康险等新业务。续保大企业、大项目，2017年支公司完成山东巨润、方明化工、菏泽市立医院、曹县县立医院、郓城圣达纺织等企业续保工作。县区农险业务继续完善三农服务站，建设懂农时、知农事、察民情、体民心的基层农险队伍，在农业重点区域做到县市有机构，乡镇有网点，村村有人员，解决农业发展和服务工作最后一公里“缺人少脚”难题，为农民提供“面对面”保险服务。

合规经营　2017年，支公司合规经营，带头维护菏泽市场秩序，按照保监局、协会合规要求，根据上级公司“合规、效益、发展”总体指导思想，落实监管要求，加强内部合规达标、经营流程管控，开展自查自纠工作。开展保险中介市场清理整顿工作，强化代理机构合规审查，防范中介机构传销。

内控管理　对理赔人员进行考核，针对性地培训、轮训，服务技能与绩效工资挂钩。开展“客户最需要的就是我应该做的”的讨论活动，引导客服人员提高服务质量。各县区选定1～2家价格合理、维修技能高、信誉好的修理厂进行合作，合理定损。协调同交警、刑警队、法院、物价局、仲裁委的关系，加大赔案调查力度，降低赔案水分。

公益事业　2017年，支公司参与“3·15消费者权益日”宣传、7·8保险公众宣传、反洗钱宣传等活动，提高社会公众对保险的认知。支公司在五一、国庆节等法定节假日组织广大员工在高速路口设置服务点，开展为出行人员提供全方面服务活动，提倡安全出行。各项活动树立支公司良好的社会形象。

中国太平洋人寿保险股份有限公司菏泽中心支公司　于2002年经中国保监会批准成立，成为第二家登陆菏泽寿险市场的保险公司，位于菏泽市开发区人民路1679号。2017年，支公司有11家县级机构、15家营销服务部，有内外勤干部员工队伍9000余人，并与众多专业、兼业代理机构建立业务合作关系，为客户提供保险保障服务，为1万余人提供了就业机会，并安置退伍士兵。

主要业务　截至2017年，支公司在售险种200余个，覆盖人寿保险、年金保险、健康保险、意外伤害保险等多个领域。

中国平安财产保险股份有限公司菏泽中心支公司　2003年进驻菏泽，现地址在菏泽经济开发区长江路与人民路交叉口华英嘉园，有员工200人，保险代理人6000人。2017年保费突破3.7亿元，连续6年市场份额稳居第二，整体承保件数总计19万件，保险额度累计10598亿元，理赔承接报案数2万件，理赔款支付1.6亿元，2015—2017年累计缴纳税费近1.5亿元，其中2017年上缴税费6100万元，获“菏泽市文明纳税人”以及“纳税信用A级”称号。2018年，中国平安财产保险股份有限公司有干部职工300多人，保险代理人6000多人。实现保费突破4.7亿元，连续7年市场份额稳居第二，整体承保件数总计20万余件，保险额度累计3522亿元，理赔承接报案数2万余件，理赔款支付达3.0亿元，三年累计贡献税费近1.77亿元，其中2018年上缴税费近7129万元，2018年，获评“菏泽市文明纳税人”“2018年度消费维权工作先进单位”以及“十佳企业”等称号。

主要业务　自2003年成立以后，菏泽平安财险承担社会风险1.73万亿元，支付赔款26.2亿元。

网点建设　中心支公司有郓城、巨野、单县、曹县、东明、鄄城、成武、定陶8家县级支公司，服务网络覆盖菏泽7个县3个区，有4家平安3.0高级门店，由传统型向AI智能体验式转型，配备智能一体机，提供O2O多场景服务应用，为客户提供专业、体验式服务。其余5家门店也将陆续升级。

客户服务　平安产险全国统一客服热线95511于2003年12月正式在全国开通，在全国率先实现了车险全国通赔，客户能得到7×24小时全年无休服务。推出电话直赔服务，客户使用手机现场拍照，后台理赔在线定损。中心支公司各环节接力，为客户提供一站式理赔服务；成立“交通事故调解室”，为客户提供专业服务；承保、理赔进行反保险欺诈管控，识别保险欺诈行为；针对投保商业车损险的12座以下非营运客车，提供非事故道路救援服务。

中国平安人寿保险股份有限公司菏泽中心支公司　2004年2月26日，正式对外营业，办公地点在菏泽市解放街。2004—2006年，是支公司起步阶段，以营销模式为主，产品主要用于扩大市场规模。2007—2012年，支公司业务进行转型，扩大个险业务，完成菏泽地区机构网点建设，开设银行代理保险。2012年12月底，支公司迁入菏泽开发区中达尚城778号作为办公地点，经营承保人民币和外币的各种人身保险业务，包括平安寿险菏泽中心支公司，包括“团体长期健康保险”、意外伤害保险等保险业务；办理各种法定人身保险业务；代理国内外保险机构检验、理赔及其委托的其他有关事宜；证券投资基金销售业务；经中国保监会批准的其他业务。截至2017年末，中心支公司在牡丹区、定陶、巨野、单县、郓城、鄄城、东明等7个县区共开设四级机构7家。

平安寿险菏泽中心支公司

业务发展　中心支公司主要负责管理菏泽本部及7个县区的个险业务和银邮代理业务。2016年，理赔案件3801件，理赔金额1904.49万元，上缴各类税金998.41万元，提供3300个就业岗位。2017年，理赔案件6122件，理赔金额3024.68万元，上缴各类税金约1747.23万元，提供4200个就业岗位。2018年，公司共处理重疾、死亡、医疗等各类保险案件9042起，共计理赔4372万元，豁免保1151万元。缴纳税金2141.87万元，其中个税1750.77万元，增值税税金及附加3911万元。公司有4848人通过保监会的保险代理人考试，取得保险代理人许可证。

2016—2017年平安人寿保险公司菏泽中心支公司损益表

表11-6　　单位：百万元

年份	保费收入	利润总额	净利润
2016	260.69	27.11	27.11
2017	417.88	44.69	44.69

理赔与给付　公司于2017年改变了传统理赔的纸质流程，推出E化理赔、闪赔等理赔服务，优化理赔流程，提出“信守合约”“为客户寻找理赔理由”“异地受理”“全国通赔”“重特事故”“绿色通道”等7项服务承诺，推出“标准案件、资料齐全、两日赔付”“足不出户、上门

理赔”“服务多渠道，简单便捷真安心”“重疾先赔、特案预赔”等服务举措。中心支公司严格监控理赔基础管理和政策执行，在2016年7月先后成立反保险欺诈工作小组和理赔服务自查检视组，系统地开展风险防控工作；制定虚假案件举报制度，完善调查案件复核规则，保证理赔服务质量；对保单承保两年以上符合条款约定的理赔案件进行重疾先赔，一般2小时到账。2017年，共计赔付此类案件7笔，赔付金额52万元；提高保额销售占比，前十大赔案共计赔付484万元，最高赔案赔付76万元。

2016—2017年平安人寿菏泽中心支公司个人业务理赔给付数据表

表11-7　　单位：百万元

年份	合计	赔付支出				退保金
		赔款支出	死伤医疗给付	满期给付	年金给付	
2016	47.59	1.76	17.28	18.14	0.18	10.23
2017	73.06	5	25.25	29.24	1.77	11.8

经营管理　中心支公司推动标准人力管理体系建设，吸引高素质优秀人才的加盟；线上线下相结合，借助“口袋e”“展e宝”微信精准建群，支持代理人在线营销，推动管理模式升级；中心支公司组织架构实行标准化配置，配置标准与业务量挂钩，通过劳动用工制度体系建设、法律知识培训与辅导、用工监督检查等手段，规范公司日常劳动用工操作，管控公司劳动用工风险。

业务管理有承保管理，为客户提供标准化、专业化、高效率的后援运营服务，全部涉及风险控制的动作集中在后台进行，建立标准的审核流程，后援实现人才专业优势规模化。理赔管理，加强理赔专业人才培养，升级理赔服务；从2013年开始，客户通过电话中心、网络等渠道理赔预约，公司安排专人上门收取理赔材料、代办住院延期、现场解答客户咨询，累计为147万客户提供服务；重疾先赔、特案预赔，提前预付赔款；2016年5月，实现了客户、业务员的场景化自助理赔。

2004年，中心支公司开展柜面服务。经过三次改革，到2017年末，柜面从最简单保全理赔业务受理，演变为“服务+销售支持”的服务中心，日均客户接待量约100人次。财务工作严格遵守保监会下发的《保险公司财会工作规范》，财务制度完备，流程完整，财务队伍梯队建设合理。在公司内部建立合规风险管理机制，完善内部控制和风险管理体系，设置风险负责部门第一道、风险管理部及合规部第二道、稽核作为第三道三条防线的管控措施。

公益事业　2016年3月1日，平安产险菏泽中支总经理崔凤涛、平安寿险菏泽中支总经理孟凡刚等到单县高老家平安希望小学，向20名品学兼优的贫困学生捐助善款1万元、水彩笔100

平安保险向单县希望小学贫困生捐资助学

支，向学校捐助15个救生包。2016年11月29日，开展“幕天捐书”活动，号召各县市区公众捐书，派专人负责捐赠图书的管理、包装及派送。2017年3月11日，种植“诚信树”树苗200余棵，用实际行动为城市“绿色低碳”建设贡献力量。2018年5月27日是平安成立30周年司庆日也是平安公益日，平安人寿菏泽中心支公司开展“三十更懂你 平安伴你行”暨幕天捐书公益活动，共计200余名员工参加捐赠仪式，现场捐赠书籍800余册。7月15日在菏泽学院多功能报告厅举办VIP客户现场活动，公司邀约国内知名教育专家，开展读书沙龙《多屏时代，如何在家庭教育中提升孩子专注力与学习力》活动。

2018年菏泽经济开发区主要保险机构情况表

表11-8

单位	公司成立日期	地址	单位	公司成立日期	地址
太保财险	2002年7月	黄河东路2999号	太保寿险	2002年7月	人民路北段
平安财险	2003年8月28日	长江路与人民路交叉口	平安寿险	2004年2月26日	长江路东段
天安财险	2004年6月18日	人民路国际大厦4楼	新华寿险	2009年6月25日	大剧院东邻
中华财险	2005年5月25日	华英路北段	泰康人寿	2003年7月19日	中华东路与人民路交叉口
大地财险	2006年8月28日	人民路中达地产	人保寿险	2008年10月20日	中华东路中达地产
安邦财险	2006年8月28日	人民路1338号	民生人寿	2009年1月22日	中山路东段
阳光财险	2006年11月29日	黄河东路2999号	合众人寿	2009年9月17日	华英路北段
永安财险	2008年4月30日	黄河东路2519号	太平人寿	2009年8月10日	人民路中达地产对过
安华农险	2008年5月16日	华英路与八一路口	华夏人寿	2011年8月26日	人民路开发区管委会附近
国寿财险	2010年3月17日	人民路数码大厦	生命人寿	2011年9月	长江路110号
亚太财险	2011年11月15日	黄河东路1611号	华泰人寿	2012年4月23日	中山路名人居小区
信达财险	2012年2月日	花香路555号	信泰人寿	2012年7月12日	丹阳路与和平路交叉口
英大财险	2013年2月28日	人民路与中山路交叉口	天安人寿	2012年12月10日	人民路数码大厦
泰山财险	2013年6月7日	人民路国际大厦3楼	百年人寿	2013年12月13日	中山路东段
长安责任	2013年9月25日	太原路永泰大厦8楼	农银人寿	2014年6月11日	华英路南段
天平车险	2013年12月	黄河东路	阳光人寿	2015年6月9日	长江路与华英路交叉口
渤海财险	2015年4月2日	黄河路1577号	平安养老	2015年7月17日	中山路228号
太平财险	2015年5月9日	黄河路与广州路交叉口	德华安顾	2015年8月22日	中华路恒泰大厦
华安财险	2015年6月15日	八一路金泰大厦16楼	安邦人寿	2016年2月23日	八一路东段
安诚财险	2016年4月12日	黄河东路2199号	国华人寿	2016年12月30日	中华路与人民路交叉口
长江财险	2017年1月5日	黄河路2266号	英大人寿	2017年12月27日	
中国人寿	1996年12月28日	人民路925号			

第三节　驻区证券机构

招商证券公司菏泽人民路证券营业部　隶属于山东分公司，于2015年8月31日成立。

业务范围　经纪业务有证券交易、“智远理财”系列资讯产品、财务规划、股权质押融资、融资融券、券商理财产品、公募基金、私募基金。融资融券有融资融券服务、股票质押、期权赋予持有者在到期日按约定价格进行交易的权利。为包括国内外企业、政府机构、金融机构资本市场服务。为公募基金、私募基金、保险机构、上市公司及股东、大型国企等机构客户提供综合金融服务。还有财富管理业务。

内控管理　菏泽证券营业部建立健全公司治理与有效的风险管理及内部控制体系，将风险加以量化，实行风险总量控制，确保风险可识、可测、可控、可承受，并结合风险控制、法律法规和稽核监察三大内部控制部门，建成识别评估、监控测量、控制应对、报告反馈的独立和专业化的管理过程，建立三道防线风险管理体系。

网络建设　建立先进的信息技术系统，多媒体客户服务中心、智远理财服务平台、手机证券、官方网站、官方微信等。

公益事业　截至2016年12月31日，通过中国红十字招商证券博爱基金和深圳市招商证券公益基金会，累计向社会捐赠6300万元；在赣南老区建立7所梦想中心。为陕西、河南、内蒙古等偏远贫困地区的先心病儿童提供手续费自助。与北京大学教育基金会合作设立“北京大学招商证券未来领袖基金”。实施“千校万岗”大学生就业精准帮扶行动。

西部证券股份有限公司菏泽人民路证券营业部　2014年3月28日，成立，为西部证券股份有限公司的分支机构，现地址在开发区人民路中段中央公馆1204号，注册资金500万元，固定资产28.95万元，建筑面积364平方米，有员工9人，下设营业部、营销部等。主要业务为证券经纪；证券投资与咨询；与证券交易、证券投资有关的财务顾问；证券承销与保存；证券资产管理；融资融券；证券投资基金代销；代销金融产品。

第四节　担保公司

菏泽银联担保有限公司　2005年9月1日经市金融办、市工商局批准成立。经营范围：贷款担保；票据承兑担保；贸易融资担保；项目融资担保；信用证担保；其他融资性担保业务；诉讼保全担保；投标担保、预付款担保、工程履约担保、尾付款如约偿付担保等履约担保业务；与担保业务有关的融资咨询、财务顾问等中介服务；以自有资金进行投资；资产委托管理；仓储服务；软件开发服务外包；国内劳务派遣。

公司员工60余人，办公地点位于菏泽经济开发区长江路999号，属公司自有资产。菏泽银联担保公司秉承山东银联担保公司“百年银联担保，诚信铸就辉煌”的奋斗理念，坚持“诚信高效”的服务宗旨和奉献、效益重的工作原则，以客户为中心、以市场为导向，精心打造“百年银联担保、融资服务专家”的服务品牌，在与工、中、农、建四大商业银行和农发行及农村信用社等金融机构的合作中，实现了优势互补、资源共享，建立了长期稳固的战略合作伙伴关系，服务区域遍及8个县2个区。

第三章　国家税务

第一节　机构

1992年菏泽经济技术开发区财政税务局成立。1993年11月财税分设，成立菏泽开发区税务局。1994年税制改革，省以下税务系统分设为国家税务局和地方税务局。1995年3月，成立菏泽地区国家税务局开发区分局。2001年1

月菏泽地改市，更名为菏泽市国家税务局开发区分局。2001 年 4 月，根据省国税局有关精神市国税局进行机构、人员、编制三项改革，把原菏泽市国家税务局直属征收分局的人员和业务归并到菏泽市国税局开发区分局，规格由原来的正科级提升为副县级，管辖范围由原来的开发区范围内新办纳税人的国税管理并代征地方税种（2000 年停止代征）扩大到市直、区直、

全国“三八”红旗集体

3 个街道的企业和个体工商户的税收管理。2003 年 5 月，根据《山东省国家税务局系统推进信息化建设推进征管改革机构调整方案》，更名为菏泽市开发区国家税务局。2005 年 8 月，根据省、市国税局规范机构设置明确职责分工方案，开发区国税局转变为全职能局，单位级别变为正科级，管辖纳税人从几十户发展到 2017 年末的 1.7 万余户，组织入库税收收入由十几万元增加到 2017 年的 30 多亿元。

开发区国税局成立以后，连年超额完成税收任务，多次被市国税局评为“全市国税系统文明建设先进单位”和“模范党支部”，1996 年被授予地区级青年文明号单位，2003 年被评为“市级青年文明号”“市级行风建设示范窗口单位”；办税服务厅 2002 年获得“省级巾帼建功文明示范岗”称号，2003 年被评为“全国三八红旗集体”；2001—2017 年，开发区国税局累计 35 人获得省级以上荣誉称号，68 人获得市级荣誉称号，靳雪华被评为 2003 年度全省国税系统唯一的省级女劳动模范。2006 年以后，一直是省级文明建设单位；2014 年收入核算科被评为“省级巾帼文明岗”。

开发区税务局成立

1993 年 11 月至 2001 年 4 月，设置 4 个内设机构：综合科、管理科、稽查科和办税服务厅。2001 年 4 月至 2005 年 8 月，设置 5 个内设机构：办公室、综合业务科、税源管理一科、二科、三科。2005 年 8 月至 2010 年 9 月，设置 9 个内设机构：办公室、税政管理科、征收管理科、政工科、计划统计科、办税服务厅、税源管理一、二、三科，1 个事业单位：信息中心。2010 年 9 月至 2018 年 7 月，设置 10 个内设机构：办公室、政策法规科、征收管理科、人事教育监察科、纳税服务科（办税服务厅）、收入核算科、税源管理一、二、三、四科，事业单位：信息中心。其间，2012 年增设直属机构：稽查局。

1993—2018年菏泽市国税局开发区分局领导任职一览表

表11-9

职务	姓名	任职时间
局长	时海涛	1993年11月—1995年03月
	齐清涛	2001年04月—2001年11月
	朱兆民	2002年12月—2010年07月
	齐清涛	2010年08月—2013年02月
	耿继敏	2013年03月—2017年01月
	苑广民	2017年02月—2018年07月
副局长（主持工作）	朱兆民	2001年11月—2002年12月

第二节　税种税率

所得税　企业所得税　《中华人民共和国企业所得税暂行条例》于1993年12月13日由国务院颁布并于1994年11月1日施行。辖区企业所得税采用33%的比例税率，同时采用两档优惠税率：年应纳税所得额在3万元（含3万元）的企业按18%的税率征收，对年应纳税所得额超过3万元至10万元（含10万元）的企业，按27%的税率征收。2002年实行所得税分享体制改革，中央分享60%，省级分享8%，地方分享32%。自2002年1月1日起，新开业企业的企业所得税由国税部门征收。2007年3月16日，第十届全国人大五次会议通过《中华人民共和国企业所得税法》，2008年1月1日执行，税率为25%。对符合条件的小型微利企业，其所得减按50%计入应纳税所得额，按20%的税率缴纳企业所得税。国家需要重点扶持高新技术企业、技术先进型服务企业减按15%的税率缴纳企业所得税。

外商投资企业和外国企业所得税　1991年7月1日，辖区开始征收，税率为30%，另按应纳税所得额征收3%的地方所得税。对生产性外商投资企业，经营期在10年以上的，从开始获利年度起，第一年和第二年免征企业所得税，第三年至第五年减半征收企业所得税。该税种的收入中央分享60%，省级分享8%，地方分享32%。自2008年1月1日起，施行《中华人民共和国企业所得税法》，《中华人民共和国外商投资企业和外国企业所得税法》同时废止，从此外商投资企业和外国企业与内资企业同享国民待遇，统一征收企业所得税。

个人所得税　1999年11月1日起，辖区开始对储蓄存款利息所得征收个人所得税，从中华人民共和国境内的储蓄机构取得人民币、外币储蓄存款利息所得的个人，应当缴纳个人所得税，适用20%的比例税率。对个人取得的教育储蓄存款利息所得以及国务院财政部门确定的其他专项储蓄存款或者储蓄性专项基金存款的利息所得，免征个人所得税。利息所得税归国税部门管理，由金融机构代扣代缴。

流转税　自1994年税制改革以后，由辖区国税系统负责征收的流转税主要有增值税、消费税、营业税。

增值税　1993年12月13日发布的《增值税暂行条例》，自1994年1月1日起执行。增值税的征税范围为销售货物，加工、修理修配劳务和进口货物。因不允许一般纳税人扣除固定资产的进项税额，故称“生产型增值税”。增值税纳税人分为一般纳税人和小规模纳税人。

增值税基本税率为：17%、13%、0，出口货物税率为0，实行出口退税政策；小规模纳税人的征收率为6%，自2002年7月1日起，小规模纳税人征收率做了调整：工业6%，商业4%。2009年1月1日，小规模纳税人征收率一律调整为3%。2008年11月5日，国务院修订《增值税暂行条例》，决定自2009年1月1日起，在全国范围内实施增值税转型改革，允许抵扣购进固定资产进项税，由“生产型增值税”转变为“消费性增值税”。从2012年1月1日起，国家开始进行营改增改革。2016年5月1日，国家全面推开营改增，将交通运输、建筑、房地产、金融、生活服务业等改征增值税，营业税正式退出中国税制的历史舞台。营改增后，增值税的基本税率有17%、13%、11%、6%、0，征收率为3%。2017年7月1日起，将原适用于13%货物的税率改按11%的税率征收。

消费税　从1994年开始征收，列入征税范围的有烟、酒及酒精、化妆品、小汽车等11个税目。2009年1月1日起，按新修订的《中华人民共和国消费税暂行条例》执行，增加到14个税目。截至2017年末，在全区征收消费税的范围主要有生产环节的白酒、成品油，零售环节卷烟、金银首饰、超豪华小汽车。

2017年消费税税目税率表

表11-10

税目	税率
一、烟	
1.卷烟	
工业	
（1）甲类卷烟〔调拨价70元（不含增值税）/条以上（含70元）〕	56%加0.003元/支（生产、进口环节）
（2）乙类卷烟〔调拨价70元（不含增值税）/条以下〕	36%加0.003元/支（生产、进口环节）
商业批发	11%加0.005元/支（批发环节）
2.雪茄	36%（生产环节）
3.烟丝	30%（生产环节）
二、酒	
1.白酒	20%加0.5元/500克（或者500毫升）
2.黄酒	240元/吨
3.啤酒	
（1）甲类啤酒	250元/吨
（2）乙类啤酒	220元/吨
4.其他酒	10%
三、高档化妆品	15%
四、贵重首饰及珠宝玉石	
1.金银首饰、铂金首饰和钻石及钻石饰品	5%（零售环节）
2.其他贵重首饰和珠宝玉石	10%
五、鞭炮、焰火	15%
六、成品油	
1.汽油	1.52元/升
2.柴油	1.20元/升
3.航空煤油	1.20元/升
4.石脑油	1.52元/升

续表11-10

税目	税率
5.溶剂油	1.52元/升
6.润滑油	1.52元/升
7.燃料油	1.20元/升
七、摩托车	
1.气缸容量（排气量，下同）为250毫升以下的	3%
2.气缸容量在250毫升以上的	10%
八、小汽车	
1.乘用车	
（1）气缸容量（排气量，下同）在1.0升（含1.0升）以下的	1%
（2）气缸容量在1.0升以上至1.5升（含1.5升）的	3%
（3）气缸容量在1.5升以上至2.0升（含2.0升）的	5%
（4）气缸容量在2.0升以上至2.5升（含2.5升）的	9%
（5）气缸容量在2.5升以上至3.0升（含3.0升）的	12%
（6）气缸容量在3.0升以上至4.0升（含4.0升）的	25%
（7）气缸容量在4.0升以上的	40%
2.中轻型商用客车	5%
3.超豪华小汽车	10%（零售环节）
九、高尔夫球及球具	10%
十、高档手表	20%
十一、游艇	10%
十二、木制一次性筷子	5%
十三、实木地板	5%
十四、电池	4%
十五、涂料	4%

营业税　自1997年1月1日起，辖区金融保险业营业税税率由5%提高到8%，按提高3%税率计征的营业税由国税系统负责征收。从2001年起，分3年将金融保险业营业税率由8%降到5%。2003年1月1日，国税系统停止征收金融保险业营业税。

2016年5月1日，营改增全面推行，营业税停止征收。

第三节　税收

税收征管　1994—1997年，辖区全系统取消了传统的税务专管员分户管理制度，将税收征管划分为管理服务、征收监控、税务稽查三大系列，初步建立起“多元申报、集中征收、分类管理、一级稽查”的运行机制。

1998年，开始税源专业化管理，进行征收、管理、稽查专业机构的重组；实行征收方式改革，推行网上申报、银行网点申报等多种税款缴纳方式，提高了办税效率。其间，各种管理制度不断推出，宏观税负调查分析、税收征管体系建设等工作取得显著成效。随着时间的推移，国税系统的征管改革再入新区，通过实践税源专业化管理，深入落实《全国税收征管规范》和《全国税务机关纳税服务规范》文件精神，开展国地税合作和“便民办税春风行动”，不断精简审批事项、优化办税流程、前移审批权限、加强后续管理，提升了税收征管和纳税服务质效。

税收优惠 国家对重点扶持和鼓励发展的产业和项目，给予税收优惠。税种，主要是增值税优惠和企业所得税优惠。

增值税优惠 免税项目主要包括农业生产者销售的自产农产品，托儿所、幼儿园、养老机构、残疾人福利机构等提供的服务。增值税起征点的范围限于个人，就开发区来说，按期纳税的，月销售额2万元（含）以下的，不征增值税；按次纳税的，每次（日）销售额500元（含）以下的，不征增值税。2014年10月1日调整增值税起征点，月销售额3万元（含）以下的，不征增值税。小微企业税收优惠对增值税小规模纳税人中月销售额未达到2万元的企业或非企业性单位，免征增值税。

所得税优惠 税率优惠。符合条件的小微企业，减按20%的税率征收企业所得税。国家重点扶持的高新技术企业，减按15%的税率征收企业所得税。税基优惠。免税收入主要包括国债利息收入、符合条件的居民企业之间的股息、红利等权益性投资收益、符合条件的非营利组织的收入等。减计收入企业综合利用资源，生产符合国家产业政策规定的产品所取得的收入，可以在计算应纳税所得额时减计收入。企业以国家规定的资源作为主要原材料生产的产品取得的收入，减按90%的收入计入收入总额。免征、减征所得。从事农林牧渔业项目的所得；从事国家重点扶持的公共基础设施项目投资经营的所得；从事符合条件的环境保护、节能节水项目的所得；符合条件的技术转让所得。加计扣除：开发新技术、新产品、新工艺发生的研究开发费用，加计50%进行扣除；安置残疾人及国家鼓励安置的其他就业人员所支付的工资，加计100%进行扣除。税额优惠。专用设备投资额抵免税额，企业购置并实际使用符合规定的环境保护、节能节水、安全生产等专用设备的，该专用设备的投资额的10%可以从企业当年的应纳税额中抵免。

税收宣传 从1992年开始，税务系统每年定于4月集中开展税收宣传，称为“税收宣传月”，由国家税务总局制定指导思想、宣传主题，各地国税、地税结合实际开展丰富多彩的税收宣传活动。区国税局将“税收宣传月”集中宣传与日常宣传紧密衔接，结合不同业务部门宣传需求，根据不同时期的工作重点及时调整宣传内容和宣传方向，普及税法知识，及时报道营改增等涉及国计民生的税收重点工作和纳税服务、协税护税等方面的先进典型，通过举办纳税人培训班、座谈会、上门辅导、印发宣传资料等形式广泛宣传国家的最新税收政策，积极拓展宣传渠道、搭建宣传平台，利用报刊、电视台、外部网站、官方微博、微信公众号、QQ群、微信群、网络直播等载体全方位开展宣传服务活动。

税收稽查 2010年9月经山东省国家税务局批准设立开发区国税局稽查局，于2012年9月正式挂牌成立，机构下设稽查局办公室、选案科、检查科、审理科和执行科5个科室，实际在岗人员6人。主要工作职责是参与风险应对、专司税收稽查、发票协查、与公安部门联合打击发票违法行为、受理涉税案件的举报和查处、税收专项检查的执行。2012年9月至2016年4月，共检查企业40余户次，查补税款，罚款及滞纳金3000余万元。根据上级要求，积极开展对“黄金票”涉案企业、医疗经销企业及上级转办、举报等专项检查，协查发票1000余份，对涉嫌违法的有关涉税企业移交公安机关查处。日常稽查工作，严格按照《税务稽查工作规程》开展，制作“廉政承诺书”“日常税源管理和纳税服务调查单”和“税务稽查廉政情况监督单”，在检查过程中要求企业做好全过程的工作监督，杜绝不廉洁行为的发生，防范职务和执法风险。2016年5月，省国税局进行稽查工作改革试点，开发区国税局稽查局撤并到市国税局第一稽查分局，由市国税局统一安排区国税局的稽查工作。

发票管理　1996年，金税工程工作正式启动。2001年，金税工程二期全面运行，取消手写专用发票，增值税一般纳税人全面通过防伪税控系统开具专用发票。发票由税务部门管理，发票管理的内容包括制定发票管理制度、发票设计、生产、供应、领购、使用、保管、缴销等方面。发票管理的依据是1994年1月1日实行的《中华人民共和国发票管理办法》及其实施细则、《增值税专用发票使用规定》，1995年4月实行的《山东省国家税务局增值税专用发票管理暂行办法》和陆续颁发的发票管理规定。

自2004年7月1日起，发票管理被列入行政许可的内容，开发区国税局建立起完善发票管理制度，设立发票事务受理岗、发票发售岗、发票核实岗，承诺5个工作日内发票许可。增值税发票管理新系统升级，包括增值税专用发票、普通发票、机动车发票、货物运输业增值税专用发票等全部使用税控设备开具，并可通过全国增值税发票查验平台查询开票信息。2016年，对于纳税信用为A级、B级和C级的增值税一般纳税人，还可通过增值税选择确认平台认证发票。2017年面向纳税人推行增值税电子发票。2017年5月，开发区国税局建立24小时自助办税服务厅，实现发票领用、发票验旧和发票认证的全天候、不打烊式服务。当年7月起，纳税人通过山东国税网上办税平台申领发票。

2018年7月20日，国家税务总局菏泽经济开发区税务局挂牌成立。原菏泽市国家税务局开发区分局、菏泽市地方税务局开发区分局正式合并，标志着国税地税征管体制改革在菏泽开发区进入实质性落实和推进阶段。

第四节　办税服务

1996年，开发区成立办税服务大厅。2001年，办税服务大厅（中国税收征管信息系统）上线，初步实现纳税服务的信息化；是年，推行无纸化征收，进行税收征收方式的改革。2002年，开发区国税局办税服务厅获山东省“巾帼文明示范岗”

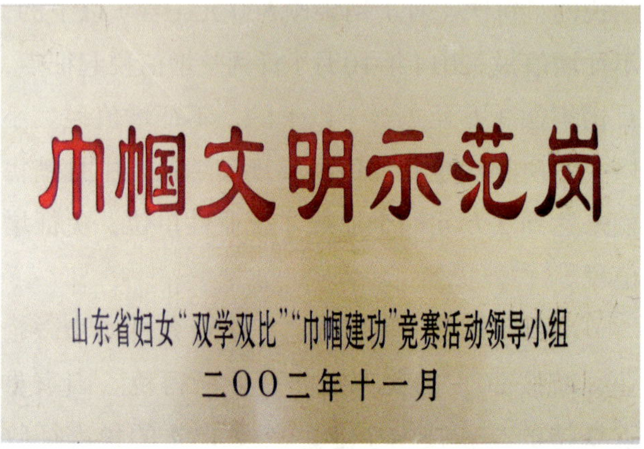

省级巾帼文明示范岗

称号。2003年，在开发区推行“一窗式”管理；是年，在全区积极推行电子申报纳税方式，先后实行电话申报、银行网点申报等电子申报方式。2003年，开发区国税局办税服务厅获“全国三八红旗集体”称号。2005年7月，实现税银库联网；是年，办税服务厅严格要求，认真落实基层建设的标准化，积极推行“一户式税收信息采集系统”。

2014年以，积极开展便民办税春风行动，在纳税服务方面不断创新和提高，提出“纳税人的满意，国税人的追求”这一服务理念，在办公区建立24小时自助办税服务厅。实行技术单位驻厅服务制度，航天金税和百望九赋全时保证在办税服务厅，随时解决纳税人遇到的设备使用问题及异常报税数据处理。积极拓展服务范围，实现税务登记设立变更、发票领用认证、纳税申报、证明办理等业务的全省通办。在办税服务厅张贴《涉税业务“二维码”一次性告知内容》图标，摆放30余类业务宣传资料，实现了办税业务的便利快捷，省时省力。

2015年，开发区国税局落实《全国税务机关纳税服务规范》，采取延时服务、预约服务、工作日中午不间断服务和每日例会等服务措施，积极落实首问责任和一次性告知服务制度。联合地税机关和建设银行，拓展纳税信用评价结果的运用，开展以"税易贷"为主要内容的银税互动服务。全面动员，完成"营改增"试点推行和金税三期换版运行工作，并利用金正大第一会议室设立"纳税人大讲堂"集中开展相关业务培训。

2017年，积极推进国地税联合办税，分别设立开发区国税地税联合办税服务一厅、二厅，实现了"进一家门，办两家事"。

1994—2017年菏泽经济开发区纳税户数统计表

表11-11

年份	纳税户数（户）	年份	纳税户数（户）
1994	45	2006	2378
1995	67	2007	2756
1996	92	2008	3156
1997	132	2009	3644
1998	274	2010	4184
1999	321	2011	4775
2000	556	2012	5368
2001	869	2013	6595
2002	1128	2014	8133
2003	1415	2015	9900
2004	1682	2016	14927
2005	2006	2017	17791

2004—2017年菏泽经济开发区国税出口退税数据统计表

表11-12　　单位：万元

年份	开发区支库	市中心支库	合计
2004	868	5943	6811
2005	769	5399	6168
2006	1274	1258	2532
2007	1654	2000	3654
2008	2171	1136	3307
2009	2521	1090	3611
2010	3083	1192	4275
2011	3377	850	4227
2012	3578	1095	4673
2013	4535	—	4535
2014	4736	—	4736
2015	7465	—	7465
2016	6267	—	6267
2017	6578	—	6578

说明：差均在市库中调整，保证合计数符合四舍五入原则。1994—2003年未发生出口退税业务

1994—2017年菏泽经济开发区国税税收收入统计表

表11-13 单位：万元

年份	税收收入	年份	税收收入
1994	12	2006	55021
1995	16	2007	66965
1996	102	2008	78520
1997	131	2009	90702
1998	198	2010	94024
1999	384	2011	123572
2000	435	2012	152704
2001	24510	2013	177372
2002	36086	2014	193420
2003	34024	2015	222300
2004	30486	2016	288916
2005	45252	2017	316979

第五节　信息化建设

1994年，开发区国税局仅有少数人能够操作计算机。2017年，全局每人1台计算机。20多年来，开发区国税局计算机先后进行多次更新换代，国税系统信息化硬件建设取得长足进步。

1996年，建立办税服务厅，使用税收征管软件，税款的申报和征收初步实现微机化操作。

开发区自助办税服务厅厅启动仪式

2000年7月，上线运行CTAIS系统（中国税收征管信息系统），确立税收信息集中处理模式，计算机技术开始在税收管理中全面应用。2013年，金税三期工程上线，实现各业务系统的安全稳定运行。

2018年6月7日，菏泽开发区24小时自助办税服务厅正式启动运行，这是菏泽城区首家、全市规模最大的离厅式自助办税服务厅。该自助办税厅位于华英路与中山路交汇处的中山国际1楼，厅内共有自助设备31台、内外网电脑9台，分为自助办税区、咨询审核区、

纳税人进行网上办税

设备维护区、网上办税体验区、24小时自助办税区等5个区域，可完成发票申领、发票认证、

税控发行等国地税各项涉税事项的办理。自助办税服务厅启动运行后，缩短纳税人排队等候办税的时间，实现纳税服务“全天候、不打烊、全自助”。开发区国税、地税工作人员，企业代表和普通纳税人能够通过视频了解开发区国税、地税以及新启动的自助办税服务厅情况。自助办税省去排队叫号的麻烦，办税人员随时区随时办理，用 3 ～ 5 分钟可完成发票认证。

第四章　地方税务

第一节　机构

开发区地税分局，全称为菏泽市地方税务局经济开发区分局（以下简称“开发区地税分局”），成立于 1999 年 5 月，属于菏泽市地方税务局在菏泽经济开发区设立的派出机构，级别为正科级。

至 2018 年 7 月国地税机构合并前，开发区地税分局共设置办公室、征收核算科、管理科、政策法规科、征管和科技发展科 5 个科室，丹阳中心税务所、岳程中心税务所 2 个中心税务所以及区直税收管理处、佃户屯税收管理处 2 个税收管理处共 4 个征收管理单位，1 个办税服务厅，在菏泽市政务服务中心、菏泽市开发区国家税务局设有地税办税窗口。营业税税率表

1999年5月至2018年7月开发区地税分局领导任职一览表

表11-14

职务	姓名	任职时间
主持工作	柴远方	1999年05月—2001年10月
	郭满超	2001年10月—2004年11月
局长	郭满超	2004年11月—2011年06月
	张继学	2011年06月—2018年07月

第二节　税种税率

企业所得税　辖区一般企业所得税的税率为 25%；符合条件的小型微利企业，其所得减按 50% 计入应纳税所得额，减按 20% 的税率；国家需要重点扶持的高新技术企业，减按 15% 的税率。

营业税税率表

表11-15

税目	征收范围	税率
交通运输业	陆路运输、水路运输、航空运输、管道运输、装卸搬运	3%
建筑业	建筑、安装、修缮、装饰及其他工程作业	3%

续表11-15

级数	税率（%）	速算扣除数（元）
金融保险业	—	5%
邮电通信业	—	3%
文化体育业	—	3%
娱乐业	歌厅、舞厅、卡拉OK歌舞厅、音乐茶座、台球、高尔夫球、保龄球、游艺	5% ~20%
服务业	代理业、旅店业、饮食业、旅游业、仓储业、租赁业、广告业及其他服务业	5%
转让无形资产	转让土地使用权、专利权、非专利技术、商标权、著作权、商誉	5%
销售不动产	销售建筑物及其他土地附着物	5%

说明：自 2016 年 5 月 1 日起，全面推开营改增试点，营业税退出历史舞台

个人所得税　工资、薪金所得　适用七级超额累进税率，税率为 3% ~ 45%，费用扣除标准为 3500 元。

2017年工资、薪金个人所得税七级个人超额累进税率表

表11-16

级数	含税级距	税率（%）	速算扣除数（元）
1	不超过1500元的	3	0
2	1500元至4500元的部分	10	105
3	4500元至9000元的部分	20	555
4	9000元至35000元的部分	25	1005
5	35000元至55000元的部分	30	2755
6	55000元至80000元的部分	35	5505
7	超过80000元的部分	45	13505

说明：本表所列含税级距均为按照税法规定减除有关费用后的所得额

个体工商户所得　包括其生产、经营所得和对企事业单位的承包经营、承租经营所得，适用五级超额累进税率，税率为 5% ~ 35%。

2017年个体工商户生产、经营所得个人所得税五级超额累进税率表

表11-17

级数	含税级距	税率（%）	速算扣除数
1	不超过15000元的	5	0
2	15000元至30000元的部分	10	750
3	30000元至60000元的部分	20	3750
4	60000元至100000元的部分	30	9750
5	超过100000元的部分	35	14750

说明：本表所列含税级距均为每一纳税年度的收入总额减除成本、费用以及损失后的所得额

个人的稿酬所得　适用 20% 的比例税率，并按应纳税额减征 30%。

个人的劳务报酬所得　适用20%的比例税率，对劳务报酬所得一次收入畸高的，可以实行加成征收，具体办法由国务院规定。

2017年个人劳务报酬所得税率表

表11-18

级数	每次应纳税所得额	税率（%）	速算扣除数
1	不超过20000元的	20	0
2	超过20000元至50000元的部分	30	2000
3	超过50000元的部分	40	7000

其他　包括特许权使用费所得利息、股息、红利所得，财产租赁所得，财产转让所得，偶然所得和其他所得。

契税　房屋买卖　山东省契税税率为3%，分五种适用情况。

2017年房屋买卖契税税率表

表11-19

情形		税率（%）
家庭唯一住房	面积为90平方米及以下	减按1
	面积为90平方米以上	减按1.5
家庭第二套改善性住房	面积为90平方米及以下	减按1
	面积为90平方米以上	减按2
家庭第三套及以上住房		3

土地使用权转让　百分之三（3%）。

土地使用权出让　百分之四（4%）。

城镇土地使用税　菏泽经济开发区适用税额为每平方米11元。

土地增值税　实行四级超率累进税率，税率为30%～60%。

2017年土地增值税税率表

表11-20

级数	计税依据	税率（%）	速算扣除率（%）
1	增值额未超过扣除项目金额50%的部分	30	0
2	增值额超过扣除项目金额50%未超过扣除项目金额100%的部分	40	5
3	增值额超过扣除项目金额100%未超过扣除项目金额200%的部分	50	15
4	增值额超过扣除项目金额200%的部分	60	35

耕地占用税　菏泽经济开发区适用税额为每平方米21.5元。

城市维护建设税　菏泽经济开发区适用税率为7%，计税依据是纳税人实际缴税的增值税税额。

房产税　以房产原值为计税依据的，按房产原值一次性减除30%的余值计算，税率为1.2%；以房产租金收入为计税依据的，税率为12%。

教育费附加 菏泽经济开发区征收率为3%，计税依据是纳税人实际缴税的增值税税额。

地方教育费附加 菏泽经济开发区征收率为2%，计税依据是纳税人实际缴税的增值税税额。

水利建设专项收入 菏泽经济开发区征收率为0.5%，计税依据是纳税人实际缴税的增值税税额。

印花税 在开发区地域设立领受规定的经济平等的企业、行政单位、事业单位、社会团体、个体工商户及其他个人等均应按照国家规定缴纳。

2017年印花税税率一览表

表11-21

税目	范围	税率	纳税人	说明
购销合同	包括供应、预购、采购、购销、结合及协作、调剂、补偿、易货等合同	按购销金额0.3‰贴花	立合同人	—
加工承揽合同	包括加工、定作、修缮、修理、印刷广告、测绘、测试等合同	按加工或承揽收入0.5‰贴花	立合同人	—
建设工程勘察设计合同	包括勘察、设计合同	按收取费用0.5‰贴花	立合同人	—
建筑安装工程承包合同	包括建筑、安装工程承包合同	按承包金额0.3‰贴花	立合同人	—
财产租赁合同	包括租赁房屋、船舶、飞机、机动车辆、机械、器具、设备等合同	按租赁金额1‰贴花。税额不足1元，按1元贴花	立合同人	—
货物运输合同	包括民用航空运输、铁路运输、海上运输、内河运输、公路运输和联运合同	按运输费用0.5‰贴花	立合同人	单据作为合同使用的，按合同贴花
仓储保管合同	包括仓储、保管合同	按仓储保管费用1‰贴花	立合同人	仓单或栈单作为合同使用的，按合同贴花
借款合同	银行及其他金融组织和借款人（不包括银行同业拆借）所签订的借款合同	按借款金额0.05‰贴花	立合同人	单据作为合同使用的，按合同贴花
财产保险合同	包括财产、责任、保证、信用等保险合同	按保险费收入1‰贴花	立合同人	单据作为合同使用的，按合同贴花
技术合同	包括技术开发、转让、咨询、服务等合同	按所载金额0.3‰贴花	立合同人	—
产权转移书据	包括财产所有权和版权、商标专用权、专利权、专有技术使用权等转移书据、土地使用权出让合同、土地使用权转让合同、商品房销售合同	按所载金额0.5‰贴花	立据人	—
营业账簿	生产、经营用账册	记载资金的账簿，按实收资本和资本公积的合计金额0.5‰贴花。其他账簿按件贴花5元	立账簿人	—
权利、许可证照	包括政府部门发给的房屋产权证、工商营业执照、商标注册证、专利证、土地使用证	按件贴花5元	领受人	—

车船税 在开发区域内依法应当在车船管理部门的登记的车船均应按照国家规定缴纳。

2017年车船税税率一览表

表11–22

税目			计税单位	年税额（元）	备注
乘用车按发动机汽缸容量		1.0升（含）以下的	每辆	240	核定载客人数9人（含）以下
		1.0升以上至1.6升（含）的		360	
		1.6升以上至2.0升（含）的		420	
		2.0升以上至2.5升（含）的		900	
		2.5升以上至3.0升（含）的		1800	
		3.0升以上至4.0升（含）的		3000	
		4.0升以上的		4500	
商用车		客车（核定载客人数9人以上，包括电车）	每辆	720（大型）	大型客车〔核定载客人数20人（含）以上，包括电车〕
				600（中型）	中型客车（核定载客人数9人以上，20人以下，包括电车）
		货车	整备质量每吨	72	包括半挂牵引车、三轮汽车和低速载货汽车等
挂车			整备质量每吨	36	—
其他车辆		专用作业车	整备质量每吨	72	不包括拖拉机
		轮式专用机械车		72	
摩托车			每辆	60	—
船舶	机动船舶	净吨位小于或等于200吨	净吨位每吨	3	拖船、非机动驳船分别按照机动船舶税额的50%计算
		净吨位201吨至2000吨	净吨位每吨	4	
		净吨位2001吨至10000吨	净吨位每吨	5	
		净吨位10001吨及其以上	净吨位每吨	6	
		艇身长度不超过10米	艇身长度每米	600	
	游艇	艇身长度超过10米但不超过18米	艇身长度每米	900	—
		艇身长度超过18米但不超过30米	艇身长度每米	1300	—
		艇身长度超过30米	艇身长度每米	2000	—
		辅助动力帆艇	艇身长度每米	600	—

资源税　对开发区区域内开采应税矿产品和　　生产盐的单位和个人均应按其应税数量征收。

菏泽经济开发区水资源费征收税率一览表

表11–23　　单位：元/立方米

<table>
<tr><th colspan="2">类别</th><th colspan="2">取水用户</th><th>税额标准</th></tr>
<tr><td colspan="2" rowspan="5">地表水</td><td colspan="2">城镇公共供水企业</td><td>0.4</td></tr>
<tr><td colspan="2">农业生产者（超规定限额）</td><td>0.1</td></tr>
<tr><td colspan="2">农村人口生活集中式饮水工程单位</td><td>0.1</td></tr>
<tr><td colspan="2">特种行业</td><td>5.0</td></tr>
<tr><td colspan="2">其他行业</td><td>0.4</td></tr>
<tr><td rowspan="15">地下水</td><td colspan="3">城镇公共供水企业</td><td>0.8</td></tr>
<tr><td colspan="3">农业生产者（超规定限额）</td><td>0.2</td></tr>
<tr><td colspan="3">农村人口生活集中式饮水工程单位</td><td>0.2</td></tr>
<tr><td rowspan="4">非超采区</td><td rowspan="2">特种行业</td><td>公共供水管网覆盖外</td><td>15.0</td></tr>
<tr><td>公共供水管网覆盖内</td><td>20.0</td></tr>
<tr><td rowspan="2">其他行业</td><td>公共供水管网覆盖外</td><td>1.50</td></tr>
<tr><td>公共供水管网覆盖内</td><td>2.0</td></tr>
<tr><td rowspan="4">超采区</td><td rowspan="2">特种行业</td><td>公共供水管网覆盖外</td><td>30.0</td></tr>
<tr><td>公共供水管网覆盖内</td><td>40.0</td></tr>
<tr><td rowspan="2">其他行业</td><td>公共供水管网覆盖外</td><td>3.0</td></tr>
<tr><td>公共供水管网覆盖内</td><td>4.0</td></tr>
<tr><td rowspan="4">严重超采区</td><td rowspan="2">特种行业</td><td>公共供水管网覆盖外</td><td>45.00</td></tr>
<tr><td>公共供水管网覆盖内</td><td>60.00</td></tr>
<tr><td rowspan="2">其他行业</td><td>公共供水管网覆盖外</td><td>4.5</td></tr>
<tr><td>公共供水管网覆盖内</td><td>6.0</td></tr>
<tr><td colspan="2" rowspan="6">特殊用水类别</td><td colspan="2">水力发电企业</td><td>0.005元/kwh</td></tr>
<tr><td colspan="2">火力发电贯流式冷却用水企业</td><td>0.005元/kwh</td></tr>
<tr><td rowspan="2">疏干排水的企业和个人</td><td>回收利用</td><td>1.0</td></tr>
<tr><td>直接外排</td><td>2.0</td></tr>
<tr><td rowspan="2">地源热泵使用者</td><td>回收利用</td><td>0.6</td></tr>
<tr><td>直接外排</td><td>2.0</td></tr>
</table>

说明：1. 在禁采区取用地下水的，暂执行严重超采区税额标准

2. 取用微咸水的，暂执行地表水其他行业税额标准。微咸水是指含盐量0.2% ~ 0.5%的水或矿化度（即每升水含有的矿物质含量）在2 ~ 5克/升的水

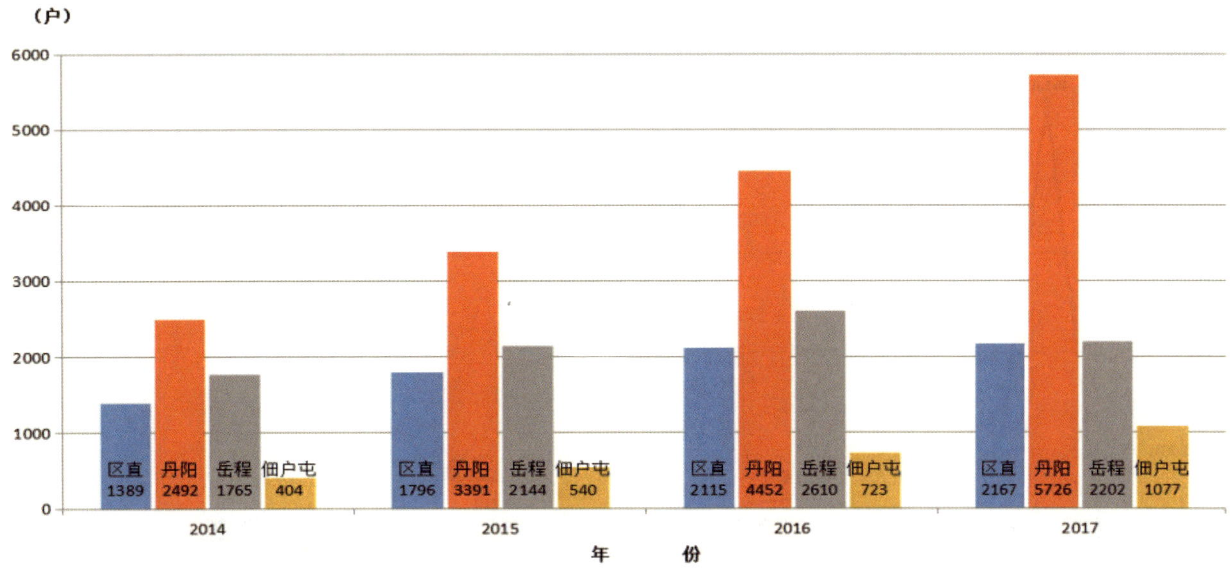

2014—2017 年菏泽经济开发区地税纳税户数柱形图

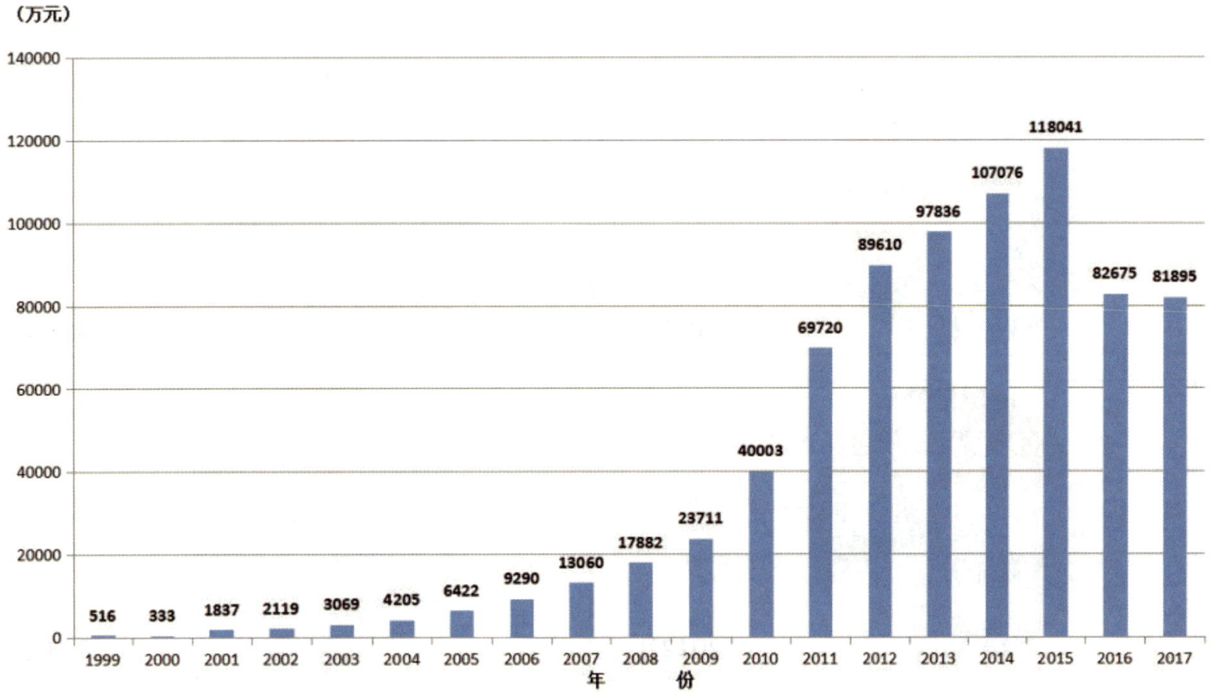

1999—2017 年菏泽经济开发区地税总收入情况柱形图

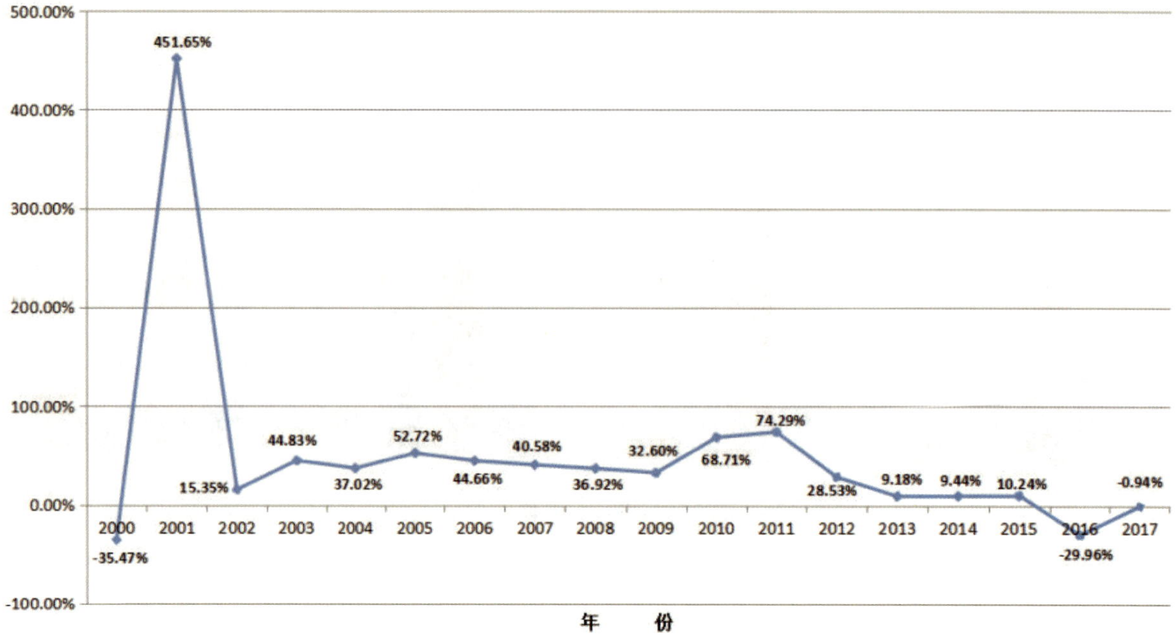

2000—2017 年菏泽经济开发区地税总收入同比增长率折线图

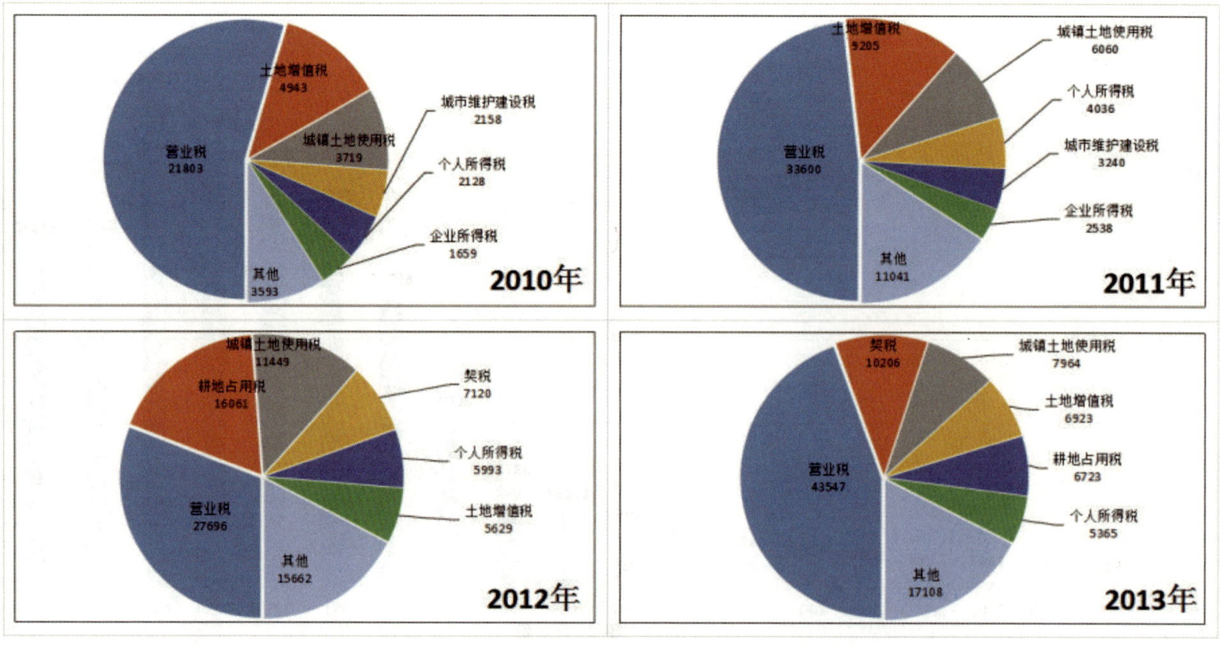

2010—2017 年菏泽经济开发区较大税种收入扇形图

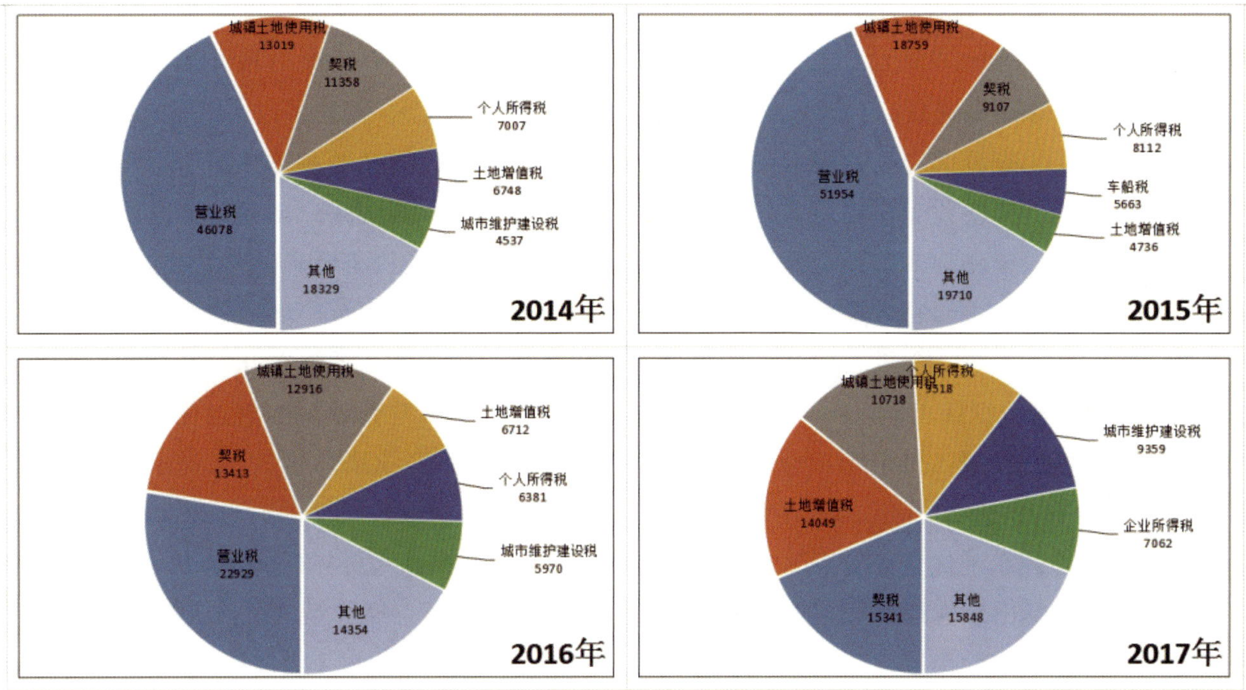

2010—2017 年菏泽经济开发区较大税种收入扇形图

第三节　税务征管

2000 年，全区地税总收入 333 万元，比上年下降 35.47%，是历年下降幅度最大的一年。2001 年，全区地税总收入 1837 万元，比上年增长 451.65%，是历年增幅最大的一年。2015 年，全区地税总收入 11.8 亿元，为历年收入最多的一年，比 2000 年增长 353.48 倍。全区地税纳税户 11172 家，地税总收入 8.19 亿元，比 1999 年增长 157.71 倍。

第四节　税收服务

1999 年以后，开发区地税分局坚持以“服好务”为宗旨，优化纳税环境，提升纳税服务标准化、专业化、信息化、集约化水平，努力营造和谐的征纳关系。

区地税分局落实“便民办税春风行动”。采取预约服务、延时服务、提醒服务、上门服务、“一站式服务”、首问负责制、一次性告知制、限时办结制、同城通办、精简流程等便民办税措施，抓宣传、抓效率、抓形象，充分展现地税部门文明服务新风貌。落实国家支持小微企业、高新技术企业发展和研发费用加计扣除等税收优惠政策，最大限度地释放政策红利，有效发挥税收政策扶持作用。

2017 年，进行纳税信用等级评价。共评出 2016 年度 A 级纳税人 101 户、B 级纳税人 1468 户、C 级纳税人 472 户、D 级纳税人 307 户。

第五节 信息化建设

开发区地税分局推进信息化建设，构建以信息技术为依托、充分融合税收元素的税收征管新模式，推动整体税收工作提质升效，为菏泽经济开发区税收工作提供信息化保障。2017年，开发区地税分局主要通过金税三期税收管理系统、执法360系统、金税三期个人所得税扣缴系统，开展税收征管工作。

金税三期税收管理系统优化版 金税三期税收管理系统全国集中版2013年10月1日上线，金税三期税收管理系统优化版（以下称“金三系统优化版”）是山东省地税局以金税三期税收管理系统全国集中版为基础、结合山东地税实际进行再次优化改造的优化版，2016年9月9日实现双轨运行，2016年10月8日正式单轨上线。金三系统优化版共承接14大类176小类596项具体业务流程操作，内容涉及税务登记、认定、申报、征收、优惠、纳税评估、稽查等方面，涵盖现有的绝大部分税收征管业务，为具体业务开展提供了信息支撑平台。

执法360系统 为提升税收执法质量和征管质效，推进税收执法规范化管理，加快法治地税建设进程，山东省地方税务局引用“互联网+执法”的理念，研发了以《山东地税系统税收执法规范》为依托的税收执法引导与风险提醒系统，即执法360系统，对税务登记、纳税申报、税款征收等8类执法环节在法律依据、法律责任、执法要点、文书示范等方面进行系统性的统一和规范。执法360系统在开发区的推广应用，是税收执法规范化建设的信息化支撑，其主要包括标准规范、执法引导、执法提示、提示预警、运行监控等五大模块。

金税三期个人所得税扣缴系统 根据国家税务总局“金税三期”系统上线安排，自2016年11月1日起，开发区个人所得税扣缴义务人办理全员全额扣缴明细申报使用新的申报软件，即“金税三期个人所得税扣缴系统”。该系统由国家税务总局统一研发，融入现行的税收政策及申报流程，实现自动计税、申报校验、查询统计和自助学习等功能，便于扣缴义务人使用操作和防范税收风险。

第五章 开发区税务

第一节 机构

2018年3月制定《改革任务路线图》，7月成立税务机构改革工作领导小组及10个专项组，并于7月20日正式挂牌。至此，菏泽市开发区国家税务局、菏泽市地方税务局经济开发区分局正式合并，成立国家税务总局菏泽经济开发区税务局，简称开发区税务局。8月，以“改革中顾大局、困难前讲党性”为主题召开第一次机构改革专题民主生活会；9月，召开全区社会保险费和非税收入征管职责划转工作动员部署会，制定印发《社会保险费和非税收入征管职责划转工作实施方案》；10月，举行“三定”

方案宣布仪式；11月，以“坚持问题导向、促进改革发展”为主题召开第二次机构改革专题民主生活会，制定印发《改革并统一税收征管方式工作方案》。

2018年7—12月开发区税务局领导任职情况表

表11-24

职务	姓名	任职时间
联合党委书记、局长	樊庆芳	2018年7月—2018年12月
联合党委副书记、副局长	刘　巍	2018年7月—2018年12月
联合党委委员、副局长	李冬华	2018年7月—2018年12月
联合党委委员、副局长	张秀娟	2018年7月—2018年12月
联合党委委员、副局长	马　浦	2018年7月—2018年12月
联合党委委员、副局长	任　洪	2018年7月—2018年12月
联合党委委员、副局长	聂丰收	2018年7月—2018年12月
联合党委委员、副局长	邵　文	2018年7月—2018年12月
联合党委委员、纪检组组长	周保军	2018年7月—2018年12月

说明：其间，领导干部党内职务于2018年10月23日由联合党委职务统一调整为党委职务，顺序位次保持不变

2018年12月，开发区税务局内设办公室、税政股、社会保险费和非税收入股、收入核算股、征收管理股、税收风险管理股、税源管理一股、税源管理二股、税源管理三股、财务管理股、人事教育股、党建工作股、纪检组13个股室，下设第一税务分局、第二税务分局2个派出机构，信息中心、纳税服务中心2个事业单位，共有干部职工147人。其中，在岗在编人员128人，离退休人员19人。

第二节　税收征管

2018年底，开发区税务局共负责增值税、消费税、城市维护建设税、烟叶税、资源税、土地增值税、环境保护税、企业所得税、个人所得税、印花税、房产税、车船税、契税、城镇土地使用税、耕地占用税、水资源税，以及教育费附加、地方教育附加、文化事业建设费、残疾人就业保障金、水利建设专项收入的征收，负责工会经费的代收工作。

同年底，开发区税务局共管辖8851户企业和5938户个体户。其中，一般纳税人3170户，小规模企业5681户。定陶区陈集镇于2018年7月整建制划归菏泽经济开发区管理，其辖301户企业、418户个体户整体划归开发区税务局。

开发区税务局以征管基础建设为依托，加强税收征管，推进深化增值税改革、个人所得税改革等各项税制改革，依法治税体系建设逐步完善。2018年11月26日，印发《改革并统一税收征管方式工作方案》，全年累计完善征管数据12480条次，并做好管户对照、管户迁移等工作，契税、土地增值税、城市维护建设税等税种管理均实现较好发展，有效规范了征管基础。

第三节　依法治税

2018年5月起，执行下调增值税税率，有序开展深化增值税改革，深入6户企业和重点项目开展调研，为纳税人答疑288人次。稳妥推进个税改革。9月，成立个人所得税改革专项工作

领导小组，启动自然人异常数据整改工作，指导开展自然人登记信息核验与修正，清理 6976 条自然人异常数据，全年深入 20 家重点企业和教育系统进行个税改革点对点政策辅导，累计培训 3700 余人次。11 月起，执行省政府出台的支持民营经济发展 35 条意见，为民营经济发展提供税收支持。全年依法落实税收优惠 7.57 亿元，其中，依法办理困难缓交 4.99 亿元、出口退税 9864 万元、研发费用加计扣除 6158 万元、增值税留抵退税 3762 万元，进一步增强了企业发展后劲。

第四节　风险管理

2018 年，区税务局按照“统一分析、典型解剖、形成模板、专项应对”的总体思路，构建大风控机制，扎紧税收最后一道防线。强化顶层设计，11 月成立重大税务事项审理委员会以及 2 个风险应对团队，12 月成立 3 个专项小组，相继制定《税收风险管理实施意见》《增值税专用发票发售管控办法》等制度，构建全流程风险防范体系。加大虚开骗税行为打击力度，全年累计移交公安机关虚开风险企业 6 户。全年完成各类风险应对任务 175 户次，组织入库各项税款 3255 万元，有效防止税款流失。

第五节　社会保险费和非税收入

2018 年，区税务局在区管委会大力支持下，协调部门配合，社保非税划转工作有序推进。9 月 25 日，成立社保费交接工作专班和非税收入交接工作专班。9 月 26 日，印发《社会保险费和非税收入征管职责划转工作实施方案》，制定了详细的任务分工表。加强与人社等部门沟通协调，11 月 1 日与开发区社会保险事业处联合成立工作小组。11 月 20 日，与开发区社会保险事业处联合赴河南省濮阳县税务局专题学习。11 月 21 日至 12 月 14 日，整改 936 户企业数据，成功率 100%。12 月 10 日，将开发区政务大厅原社保征缴窗口的 8 名同志以聘用人员身份接收至税务部门。12 月 13 日，提请开发区管委会印发《关于进一步做好城乡居民社会保险委托代征工作的通知》。12 月 16 日，进行预生产环境系统测试，29 日进行设备安装调试，30 日 17 时开出系统内菏泽市首张社保费票。

第六节　税收宣传

2018 年起，区税务局常态化推进税收政策宣传，促进税企良性互动，帮助企业更好掌握税收政策，助力企业高质量发展。4 月 14 日，围绕第 27 个税收宣传月“优化税收营商环境，助力经济高质量发展”主题，开展税收主题节目会演；4 月 15 日，举办青少年税收书法比赛、税法课堂，营造依法纳税、诚信纳税的良好舆论氛围。全年征询人大代表、政协委员意见建议 25 人次，针对性改进宣传举措；开展“大走访 大调研”等活动 7 次，举办税企座谈会 3 次，构建了和谐征纳关系。

第七节　纳税服务

2018 年，开发区税务局坚持创新服务理念、提升服务实效，有效发挥了以税资政、以税辅政的职能作用。坚持大服务理念，以服务党委、政府为总体原则，扎实开展税收分析、预测等各项工作，为党委、政府重大决策提供科学参考。6 月 7 日，启用市区首家规模最大的离厅式自助办税服务厅，创新“先咨询 + 次预审 + 再取号 + 后办理”一条龙服务，打造“网上办、马上办、就近办、一次办”的“四个办”纳税服务新品牌，推广“容缺受理”“套餐式服务”等特色服务，纳税人办税体验有效提升、办税效率有较大提高，征纳和谐关系不断加深，税收营商环境得到持续优化。至年底，开发区税务局第一税务分局设有5个办税服务厅，分别为办公区办税服务厅、驻市政务服务中心办税服务厅、驻开发区政务服务中心办税服务厅、自助办税服务厅和陈集办税服务厅。全年实体办税纳税人平均等候时间比2017年减少2分49秒，降低14.94%。12月，纳税服务工作经验做法得到市政府陈平市长和李士三秘书长的批示表扬并在全市推广。

第十二编　综合经济管理

1992—1995年开发区成立初期，经济建设刚刚起步，经济管理比较薄弱，职能管理部门不健全，各项工作由管委会直接管理。1995年以后，计划、统计、物价、环保、科技、工商、税务、招商、审计、劳动、安全生产管理等经济管理机构相继建立，统计管理工作逐步规范。

1992—2018年，开发区经济管理体制转轨变型，由传统社会主义计划经济逐步转入社会主义市场经济，开发区管委会通过制定年度计划、综合计划、中长期国民经济和社会发展计划，实施宏观经济发展战略。统计管理由过去对指令性计划统计逐步过渡到国民经济综合统计，统计范围不断扩大，统计方法由手工纸质到电脑操作电子版报送，统计的社会服务功能进一步增强。工商行政管理保护公平交易，实施规范化管理。安全生产监督管理部门把安全教育放在首位，建立制度，强化生产安全监督，保障生产安全运行。

第一章 计划管理

第一节 机构

1992—1994年，开发区计划管理工作由开发区管委会直接承担。1995年1月，计划管理职能由经济发展局承担。内设发改办公室等综合业务科室，工作人员3人，负责计划、统计、环保、物价等管理工作。1996年1月，经济发展局内设计划统计科，负责全区经济和社会发展计划的编制并组织实施，审批全区固定资产投资计划及商品流通领域和第三产业管理等工作。1998年以后，具体负责经济发展与计划管理工作。2009年，经济发展局内设副科级单位运行办公室，负责全面掌握全区经济运行、跟踪规模以上企业生产经营状况等工作。2012年，经济发展局内设发改办、运行办、科技科等科室，正科级单位。计划工作纳入运行部门管理，具体负责经济运行发展规划管理，人员3人。统计从经济发展局中析出，成立统计中心，为正科级单位。

第二节 年度计划编制与实施

年度计划编制 1992—1996年，开发区的计划指标是每年完成招商项目5～10个，建成0.6平方公里的外商投资区，累计利用外资1亿美元，财政收支保持平衡。从1995年起，开发区每年都编制全区经济与社会发展年度计划。年度计划内容包括年度综合经济指标计划、固定资产投资计划、招商引资计划、财政收支计划等。计划编制经过调研、综合平衡、上下反复落实等环节，最后经开发区党工委、管委会讨论决定后，在全区年度总结表彰大会上以报告或文件的形式下发全区贯彻执行。从1999年起，将年度计划指标分解到各有关部门和单位进行落实，实行岗位目标责任制考核，以保证计划执行的严肃性。

1995年1月19日，菏泽开发区管委会发《关于印发1995年主要经济指标计划（草案）的通知》，确定当年吸引外资2500万美元，内资7800万元，以及财政收入555万元，固定资产投资7000万元、工业总产值4100万元，国内生产总值164万元等主要经济指标计划。1998年3月20日，菏泽开发区管委发《关于印发1998年主要经济指标计划的通知》，确定当年合同利用外资1000万美元、出口创汇1000万美元、项目总投资15000万元、工业总产值6000万元、财政收入700万元、固定资产投资8000万元等主要经济指标计划。2018年2月28日，菏泽开发区管委会公布当年指标计划，确定当年地区生产总值184亿元、财政收入4.3亿元、固定资产投资75亿元、进出口总额1.84亿元、实际利用外资987亿元、主营业务收入290亿元、工业增加值65亿元等主要经济指标计划。

年度计划实施　1992—1996年，全区累计批准进区项目72个，投资总额6亿元。1993—1994年财政赤字，1995年实现财政收入321万元，收支开始平衡，并略有结余。

1995—1998年，由经济发展局计划部门编制综合计划，经管委会讨论后下达并组织实施，主要计划内容包括社会总产值计划、国民生产总值计划、外经贸计划、财政收支计划等。

2005年，开发区实现生产总值10.25亿元，年增长31.7%，完成规模以上工业增加值3.4亿元，年增长120%；实现地方财政收入1.1亿元，年增长55.3%，主要指标的增幅多数居各县区前列。2005年，对于年度主要经济指标计划的实施、落实，开发区管委会及经济管理局采取调研、督查等方式推进，以保证执行成效。

2006年，开发区实际完成固定资产投资32.48亿元，同比增长22.66%，其中工业投资11.59亿元，三产物流项目投资3.07亿元。新批外商投资企业11个，合同金额3960万美元，实际利用外资1210万美元。全区规模以上企业实现销售收入21.57亿元，增长58.49%；完成工业增加值4.86亿元，增长42.94%；实现利税2.37亿元，增长45.4%。全年完成进出口总值10014万美元，增长73.97%。其中，出口5616万美元，增长37.78%；进口4398万美元，增长161.79%。全区完成地方财政收入16547万元，增长46.24%。其中，国税收入2039万元，增长34.32%；地税收入7437万元，增长48.86%。

2007年，开发区完成工业企业销售收入60.36亿元，同比增长103.75%；完成工业增加值12.27亿元，增长137.65%；实现利税4.83亿元，增长103.8%。其中，规模以上工业企业66家，比上年增加42家，实现销售收入50.16亿元，增长132.55%；完成工业增加值11.55亿元，增长137.65%；实现利税3.86亿元，增长62.87%。工业经济总量已经超过2个县。全年完成进出口总值10795万美元，增长7.8%。其中，出口6218万美元，增长10.72%；进口4577万美元，增长4.07%，利用外资1050万美元。全年完成地方财政收入22013万元，增长33.03%。其中，国税收入2852万元，增长39.87%；地税收入10530万元，增长41.59%。

2008年，开发区实现生产总值37亿元，工业项目固定资产投资完成27.25亿元，规模以上工业企业增加到102家，实现销售收入107亿元，完成工业增加值26亿元，工业经济总量实现连续三年翻番目标。全年实现地方财政收入27529万元，增长25.06%。其中，国税收入3689万元，增长29.35%，增收837万元；地税收入14271万元，增长35.53%，增收3741万元。

2009年，开发区实现生产总值54亿元，增长45.95%；规模以上工业企业新增25家、127家，实现销售收入190.4亿元，增长77.94%；完成工业增加值49.8亿元，增长91.54%；实现利税19.38亿元，增长42.33%。完成进出口总值16716万美元，增长50.61%。全区完成地方财政收入34438万元，增长25.1%。其中，国税收入

3196万元，地税收入19063万元，财政部门组织收入12179万元。

2010年，全年实现生产总值68.2亿元，增长26.3%；全社会固定资产投资57亿元，增长23%；规模以上工业企业实现销售收入253.8亿元，增长33.3%，实现工业增加值66.6亿元，增长33.73%；完成进出口总值20336万美元，增长21.66%，其中出口7604万美元，增长44.64%；完成地方财政收入5.21亿元，增长51.45%，税收收入和主体税种收入分别占比91.96%、47.8%；农民人均纯收入6693元，增长10%；社会消费品零售总额19.39亿元，增长19.6%。各项主要经济指标实现了2006年初提出的“十一五”前三年连年翻番、后两年再翻一番的目标，2006—2010年，生产总值由12.6亿元增加到68.2亿元，年均增长52.53%；规模以上工业企业实现主营业务收入由29亿元增加到253.8亿元，年均增长71.99%；地方财政收入由1.65亿元增加到5.21亿元，年均增长33.31%；5年完成全社会固定资产投资216.7亿元；农民人均纯收入达到6693元，增加1720元。

2011年，实现生产总值95亿元，增长39.3%；三次产业比3.5 ∶ 67.2 ∶ 29.3；固定资产投资90亿元，增长57.89%；规模以上工业企业主营业务收入310亿元，增长22.14%；工业增加值84亿元,增长26.13%;完成地方财政收入7.51亿元，增长44.15%，税收收入占比87%；农民人均纯收入7767元，增长16.04%；社会消费品零售总额28亿元，增长17.6%。

2012年，全区规模以上工业企业完成工业增加值105亿元，同比增长25%；实现销售收入410亿元，同比增长33.8%。全区规模以上工业企业110户，实现主营业务收入326亿元，同比增长5.16%；实现利税50.5亿元，同比增长32%。全区新开工过亿元大项目18个，总投资39.2亿元，完成投资8.2亿元。

2013年，开发区实现地区生产总值115亿元，增长14.84%；固定资产投资86亿元，增长25.92%；规模以上工业企业实现主营业务收入460亿元，增长41.1%；完成公共财政预算收入14.5亿元，增长9.98%；进出口总额3.46亿美元，增长54.49%；社会消费品零售总额40.4亿元，增长20.87%；农民人均纯收入10167元，增长15.19%；城镇化率水平达到89%。

2014年，开发区实现地区生产总值132亿元，增长14.78%；规模以上工业企业实现主营业务收入561亿元，增长20.3%；完成公共财政预算收入15.4亿元，增长6.21%，税收占比和主体税种占比分别达到91.25%和62.86%；实现进出口总额5.5亿美元，增长58.96%；城镇居民人均可支配收入和农民人均纯收入分别为22751.7元和12189.6元，分别增长10%和19.89%，主要经济指标增幅均居全市前列。

2015年，开发区实现地区生产总值151.1亿元，增长14.47%；规模以上工业企业实现主营业务收入662.7亿元，增长18.13%；完成公共财政预算收入17.88亿元，增长16.1%，税收占比达到88.25%，上缴市财政6.93亿元，是历史最好成绩；实现进出口总额7.57亿美元，增长37.64%；社会消费品零售总额50.1亿元，增长11.59%；城镇居民人均可支配收入22790元，农民人均纯收入10455元。被评为“中国创新力开发区”“山东省先进开发区”。在菏泽市科学发展综合考核中，取得第四名的成绩，列全市第一方阵。

2016年，开发区实现地区生产总值159.7亿元，增长5.69%；规模以上工业企业实现主营业务收入738.9亿元，增长11.6%；完成公共财政预算收入18.8亿元，可比增长5.15%；出口总额10.7亿元，增长41.35%；社会消费品零售总额

54.5 亿元，增长 8.78%；城镇居民人均可支配收入 24841 元，增长 9%，农民人均纯收入 11501 元，增长 10%。

2017 年，开发区实现地区生产总值 173.5 亿元，同比增长 8.64%；完成固定资产投资 105.9 亿元，增长 5.6%；一般公共预算收入 17.98 亿元；进出口总额 30.22 亿元，其中出口 13.86 亿元、增长 40%；在全省 131 个经济开发区中排名 28 位，前移 7 个位次。规模以上工业企业实现主营业务收入 686.2 亿元，税收 8.22 亿元，增长 29.7%，其中进入全市地方财政贡献 500 强的企业 83 家、全市纳税百强工业企业 13 家，工业带动发展的能力持续提升。新能源新材料、大健康、机电设备制造三大主导产业主营业务收入占规模以上工业的比重达到 87.2%。

2018 年，开发区实现地区生产总值 195.2 亿元，财政收入 20.4 亿元，进出口总额 1.81 亿美元，实际利用外资 8508 万美元，主营业务收入 326.6 亿元，分别比 2001 年增长 52.49 倍、69.34 倍、76.13 倍、45.49 倍、27.9 倍。

第二章　工商行政管理

第一节　机构

1994 年 12 月 7 日，菏泽地区工商行政管理局开发区分局成立，为地区工商行政管理局的派出机构，科级单位，编制 9 人。负责开发区域内的企业注册登记、商标广告管理、合同仲裁、市场管理、打私打假和外商投资企业登记材料的前期审查等工作。2003 年 1 月，市工商局按照“省三定方案”的规定，正式成立菏泽市工商行政管理局开放开发综合试验区分局，为菏泽市工商局派出机构，科级建制，人员由菏泽市工商局派遣和从牡丹区划转，共 124 人，内设职能科室 5 个，下辖岳程、丹阳工商行政管理所。2004 年 11 月，更名为菏泽市工商行政管理局经济开发区分局。2008 年，成立菏泽市工商局经济开发区分局市场监管大队和经济检查大队。2011 年，成立菏泽市工商行政管理局经济开发区分局执法效能督查室。2014 年 2 月 20 日，菏泽市编委印发《关于组建市经济开发区和市高新技术产业开发区市场监管局的通知》，成立菏泽市经济开发区市场监督管理局。2015 年，根据菏编办《关于菏泽市经济开发区市场监督管理局机构编制事项的批复》，整合市工商局经济开发区分局、市食品药品监督管理局经济开发区分局的职责和市质量技术监督局在开发区的相关监管职责，组建经济开发区市场监督管理局，同时挂经济开发区食品药品监督管理局的牌子，下设 3 个派出机构。整合开发区食品药品稽查大队、工商经济检查大队、质量监督稽查大队的职责，组建开发区市场监督管理执法大队。

第二节　注册登记管理

注册登记　1992—1995 年，按照国家工商总局提出的“简化、规范、制约”的指示精神，本着“立足企业、急事急办、特事特办、提高效率”

的原则，开发区把注册登记由原来的6个环节缩短为3个环节，缩短工作流程，提高办事效率。对到工商部门登记注册的企业随时受理，积极提供政策指导，帮助完善审理材料，协助办理有关手续。对非主审材料灵活掌握，允许“先上车后补票”。在材料基本齐全的情况下，一般3天内领证。期间，登记注册的企业共66家，注册资金2829.8万元。其中，1995年注册34家，注册资金852.8万元，从业人员645人。

1996年，登记注册企业76家，注册资金5000万元，从业人员2000余人，发展个体工商户164户，个体运输户135户，注册资金15万余元，从业人员近1000人。1997年，办理个体登记37户，注册私营企业4家、有限公司11家、国有集体企业5家，注册资金1500万元，从业人员600余人。1998年，发展个体私营企业90家。1999年，办理注册登记企业83家，注册资金4687万元。2000年，企业注册80家，其中法人企业44家，注册资金5207万元。

2001年，开发区扩大管辖区域，许多企业竞相到开发区投资建厂。工商部门深化注册登记制度改革，建立起以工商窗口为依托，联合企业登记、土地审批、环保立项、公安备案、计划生育为一体的“一站式”办公、“一条龙”服务体系，提高了办事效率。

2006年，开发区工商部门全面推行政务公开，在注册大厅设置电子触摸屏，方便企业查询，公开各类证件的条件、程序、时限和结果，各项收费的项目、依据、标准。利用“红盾信息网”为企业和商户提供有价值的经济信息，帮助企业在红盾信息网发布供求信息21条，为18名下岗失业人员免费办理个体工商户营业执照，全年注册登记私营企业118家，个体工商户732家。

2007年，实行办照联系点制度，凡到大厅办理执照的企业、个体工商户只要手续齐全当场办理，即时办结。年内办理工商登记1925家，注册资金7亿元。工商注册窗口被菏泽市纠风办、开发区纪委评为区内唯一一家行风建设基层窗口示范单位。

2008年，注重培育农民专业合作社的发展，简化登记程序，免费办证和年检，新发展农民专业合作社10户。积极落实下岗再就业政策，坚持“红盾帮扶”活动，为下岗职工创造创业机会。审批进一步提速，各类市场主体到工商机关登记，材料齐备，当场予以办理；材料不齐备的，一次性告知；企业名称核准随到随办；注册登记实行一审核准制，让企业在2～3小时拿到营业执照；登记注册和办理抵押登记只要手续齐全，立等可取。

2009年，工商部门贯彻山东省《关于充分发挥工商行政管理职能作用，努力做好促进就业工作的通知》精神，促进以创业带动就业，做好对五类人群的管理工作，适时推行“试营业”和“免费注册”工作制度。为军转干部、退役军人及残疾人员、返乡人员大专毕业生开辟绿色通道，快速办证。年内登记各类企业163家，公司95家，个人独资、合伙企业25家，分支机构43家，变更登记139家。新登记个体工商户1599家。

2010年，开展“大项目建设服务年”活动，主动介入企业设立的前期准备工作，加强沟通协调，实行“当参谋、强服务、谋发展”企业跟踪服务制，对项目大的招商引资企业直接提供优质、高效、快捷服务，在法律法规允许前提下进一步简化审核内容程序和工作流程，先后为3家过亿元企业提供跟踪上门服务，用最短的时间办理营业执照。年内受理企业咨询1000余人次，新设立各类企业236家、个体工商户1363家，新发展农民专业合作社16户，企业变更登记140家。

2011年，以开展“行政效能提升年”活动为载体，强化服务窗口建设，简化登记手续和审批环节，缩短办事时限，优化办事效能，按照“有限职能，无限服务”理念，继续践行“跟踪服务”“延时服务”等便民措施，为下岗职工、返乡农民工、残疾人、复退转业军人等提供注册登记政策咨询及办照“绿色通道”。全年受理各类信息咨询1300多人次，新发展各类企业381家、个体工商户1399家、农民专业合作社11家，企业变更登记378家。

2012—2013年，深化“放管服”改革，推进注册资金登记制度、“先照后证”、“三证合一、一照一码”等相关改革，实施简政放权，推进注册便利化。

2014年，全国广泛掀起“大众创业、万众创新”热潮，开发区企业登记，审核事项、审核内容只有5项，短短10分钟时间就可以领取营业执照。2018年，注册各类企业6108户，个体工商户3563户，农民专业合作社5户。

2006—2018年菏泽经济开发区企业注册登记情况表

表12-1

年份	个体工商户		内资企业		私营企业		总计	
	登记数量（家）	注册资金（万元）	登记数量（家）	注册资金（万元）	登记数量（家）	注册资金（万元）	登记数量（家）	注册资金（万元）
2006	771	3715.44	9	1350.35	113	59549.57	893	64615.36
2007	1810	3787.61	8	3800.00	107	66119.50	1925	73707.11
2008	941	4586.30	7	1000.00	111	47543.00	1059	53129.30
2009	1599	10114.80	19	1160.40	182	72239.00	1800	83514.20
2010	1363	9110.80	15	663.00	221	97859.00	1599	107632.80
2011	1399	10966.26	13	200.00	320	178248.10	1732	189414.36
2012	1212	11664.59	12	1500.00	362	120126.90	1586	133291.49
2013	1513	17167.66	14	41100.00	509	187509.00	2036	245776.66
2014	1769	26034.67	8	1997.00	1059	483713.46	2836	511745.13
2015	3086	38065.23	16	760.00	1227	548904.10	4329	587729.33
2016	3828	44603.32	12	60200.00	1874	730013.00	5714	834816.32
2017	3539	78203.00	24	50000.00	2637	951732.00	6200	134403.00
2018	4081	6334276	23	39200.00	5762	2332987.50	9866	8706463.50

年检 开发区工商部门成立后，每年3—6月依法按年度对企业进行检查，主要目的是审核登记公司是否合法经营，是否具有继续经营的能力。这项制度执行到2014年2月，3月1日起取消，改为网上申报。申报时间为每年1月1日至6月30日。

开发区成立之初的5年间，注册企业不多，在年检过程中，工商部门主要通过深入企业、现场办公的形式，宣传有关法律、政策，提供咨询服务，让企业真正了解年检的必要性和重要性，让企业都能积极主动地接受年检。对经营不规范的企业，工商人员采取宣传政策法规的办法，督促其加以改正，规范经营活动。对不愿年检或没有年检的企业，采取走出去、请进来的方法按照“轻处罚，重教育”的原则，扎实做好工作，做到走到一家，落实一家，年检一家，年检率达93%。

1997年，新的《企业年度检验办法》出台，按照这一办法，工商人员坚持深入现场，及时发现并查处各种违反登记管理法规的行为，清理“三无”企业，对企业进行A、B级的评定，年检率达90%，当年对逾期未年检的3家企业根据规定予以罚款处理。

1998年，共年检企业54家，其中有限责任公司17家，法人登记20家，营业登记15家，私营企业2家。1999年，经年检吊销企业33家，查处不按规定年检的私营企业1家，并予以罚款。

2001年，查处个体工商业违法违章7起，罚没款1万元。查处私营企业违法违章17起，对不按规定办理年检企业予以吊销营业执照处罚。查处个体工商户违法违章7家。

2004年，在企业年检中，工商部门从“以方便自我为中心”转到以“方便企业、方便业主为中心”，做“企业的贴心服务员”。副局长袁安伟带领企业科工作人员，主动与企业预约，考虑岳程街道的企业离城区较远，采取到岳程工商所现场办理年检的工作方法。

2005年，工商分局突出“三个转变”：一是变守门服务为上门服务，二是变定时服务为预约服务，三是变限时服务为延时服务，企业年检率95%以上。按照企业登记管理规定吊销私营企业执照77个。

2006年，为便于企业年检，工商人员把电话号码印制成卡片，发放给工商业户，双方通过电话便能解决问题，当年年检企业325家、注销3家。

2007年，加强预先告知，提醒年审时间、年审事项工作，年审工作进展顺利，年审各类企业353家。2011年，年检企业1247家，网上年检率达100%。

2014年，企业年检改为网上年报制度，经过宣传推广，年报率逐年提升。自2017年3月1日起，市场监管局全面实施企业简易注销登记改革，全年办理企业简易注销登记182家。2018年办理企业网上简易注销登记512家。

第三节　市场管理

1994年，开发区工商分局成立市场科，开始履行市场管理职能。

1995年，开发区分局正式归属市工商局领导，市场管理工作步入正轨。由于当时辖区内的商业贸易尚处于起步阶段，商店门市稀少。1996—2000年，市场管理的主要活动就是规范市场秩序，协调经营户与经营户、经营户与买家的关系，制止不文明行为，纠正和处理违规违法现象，保证交易活动的有序进行。

2001年，辖区内集贸市场有8处。2002—2018年随着开发区经济的不断壮大，城市化建设步伐日趋加快，商品市场、集市交易、商业活动、饮食服务日趋丰富和活跃，工商部门的管理范围、职责内容逐渐扩大，特别是现代商业、流通业、服务业和电子商务迅速兴起，对工商管理人员的职业素养要求越来越高。在责任和挑战面前，工商部门不负重托，加大力量，迎难而上，一方面认真做好日常管理工作，另一方面，对重点领域、重点内容采取一系列有针对性的方式和措施，保证了辖区经营活动的有序开展和各类市场的健康运行。

综合整治　2001—2002年，辖区内沿街商铺和农贸市场环境差、条件简陋，场面混乱，工商管理人员全体出动，逐街逐巷进行治理整顿，为每个经营户划定经营区域，讲解规定要求，督促其守法正规经营。2003年9月，为迎接“十一”黄金周的到来，工商分局集中开展一次集贸市场占道经营的专项整治和文明市场创建活动，对占道经营、乱摆乱放的经营行为给予彻底规范、整顿，建立起正规的经营秩序。2005年9月，为优化全区经济社会发展环境，迎接全省城乡环境综合整治考评，提高集贸市场规范化管理水平，建立统一、开放、竞争有序的市场秩序，工商部门对集贸市场进行一次大规模的综合整治，成立整治规范集贸市场领导小组，共出动车辆60余车次，204人次，现场查处违规现象30余处，并与各市场主要负责人签订市场管理责任书，责任到人，巩固工作成效。2009年，对农资市场进行综合整治，共检查农药、化肥、农膜、种子等农资经营户298户，取缔无资格经营户6户，查获假玉米种500余千克，蔬菜用的含硫尿素（冲施肥）800千克，虚假宣传包装物一宗。2010年，按照市委、市政府和市工商局开展小城镇建设的部署要求，密切配合有关部门开展马路市场整治工作，出动力量，沿国道、省道、县道、马路进行集中治理，彻底解决自建、自创、自设马路市场的现象，控制市场外溢，并对困扰地方政府20多年的327国道辛集农贸市场成功实施搬迁，优化城乡发展环境。2011年，以"扫黄打非""百日安全生产"、创建"省级文明城市"为主题，对城乡环境进行综合治理，取缔"黑网吧"4家，扣留电脑38台，取缔无照食品经营户21家、无证照小饭店3家，治理废品收购点28家，下达预警通知书7份、责令整改通知书25份、听证告知书38份、处罚决定书37份，罚款5000元。2012年，中共十八大召开之际，工商分局向开发区管委会提交《关于占道经营集贸市场集中整治建设的报告》，制作《需政府规划场地集贸市场统计表》，制定《开发区占道经营集贸市场搬迁建设工作实施方案》，对辖区内占道经营的5处集贸市场进行集中整治，对1处市场实施整体搬迁，3处重新规划定位，有效提升了开发区城市面貌。2013年，按照省、市工商局"五项规范"的要求，对辖区33家美容行业做了经营规范，在全行业推行"一卡通"，建立进销货台账，规范供货商档案，建立健全了规范化监管工作制度，划分美容业网格化监管责任区，建立美容行业动静态监管档案，定期不定期进行巡查，督促经营者落实"五项规范"，逐步实现美容业可追溯管理的格局。通过对美容行业的宣传发动、培训学习、日常监管，增强经营者行业自律、规范经营、诚信经营意识，填补美容业监管的空白，遏制美容行业投诉日益增多的现象，治理了跨行业经营、天价美容品销售、消费卡管理不规范等问题。2015年，落实国家《节能中长期专项规划》《中华人民共和国计量法》《中华人民共和国节约能源法》和省、市工商局的文件精神，在全区范围内开展机动车检验检测机构在用计量器具计量监督检查、"民用四表"计量专项检查、安全防护用计量器具检查、加油站计量和医疗机构计量专项监督检查、重点用能单位能源计量审查等工作，共出动检查人员100余人次，检查计量器具使用单位100余家，服务企业10余次，对6家重点用能单位完成能源计量审查。2016年，以汽车、家用电器、烟草专卖等为重点，积极开展"强执法、惠民生、促公平"整治行动，依法查处无烟草许可证经营卷烟案件3起。12月，在曹县召开的全市执法经验交流会上，开发区工商分局被树为典型。2017年，围绕食品安全、成品油品质实施监测监管、重点整治，做到食品加工、销售、加油站全覆盖。经抽查，2017年辖区内食品、油品全部合格。2018年，以创建省级食品安全城为抓手，相继开展了夜市餐饮摊点、畜禽水产品、肉制品、乳制品、饮料、蜜饯、学校食堂、学校周边及校园内食品经营单位等食品专项整治，共检查集贸市场118个次，检查商场、大中型超市1029户次，学校食堂（含托幼机构）共计117户次，检查食品经营业户12935户次，其中检查现场制售79户次，查处无照经营22户，有效维护了辖区食品市场经营秩序。

专项整治 2003年，根据山东省人民政府办公厅《关于深入开展毒鼠强专项整治工作的通知》精神，开发区集中开展清查、收缴毒鼠强的专项活动，划分三个阶段进行：一是宣传发动。市场科和各工商所召开整治工作动员会，将农业部等九部委（局）《关于清查、收缴毒鼠强等禁用剧毒杀鼠剂的通知》发至有关单位和行政村（社区），并进行张贴、宣传，动员广大群众和社会各界共同参与工作。二是建立健全责任追究制度，坚持属地整治原则。三是集中收缴。按照"统一领导，分级负责，部门协调，各方联动"的要求，与公安、卫生等部门密切配合，对辖区内的生产企业及摊点，进行全面排查，对重点区域进行清理整顿，在开发区辖区内全面查处、清理和取缔了制售毒鼠强嫌疑的窝点、摊点，保证了人畜安全。

2004年4月，根据国家工商总局《关于做好网吧等互联网上网服务营业场所专项整治工作的通知》和省工商局鲁文件精神，开发区工商部门对辖区的网吧和互联网上网服务营业场所进行专项整治。按照《互联网上网营业场所管理条例》的规定，对无照经营的黑网吧和变相网吧及中、小学校园周围200米和居民住宅楼（院）内设置的网吧进行了取缔。

2006年，从医疗器械、图书发行、商品采购、教育保险等行业入手，查处商业贿赂案件4起，罚没款9.5万元。查处商标侵权案件，特别对侵犯驰名商标、著名商标的大要案件，坚决做到追根溯源，一查到底。同时打击虚假广告，净化广告市场秩序。对辖区的广告公司实行监管服务制度，与其紧密联系，防止发布违法广告，对医院、门诊、药店走访调查，严防出现虚假违法医疗广告，并对户外广告进行规范整顿，登记备案，对4起违法户外广告责令限期整改，对23户户外广告进行登记备案。

2006年，集中开展打假护农活动，规范农资经营主体，狠抓农资商品监测，认真落实各项管理措施，严查大案要案，年内查处违法违章案件17起，涉案金额32.5万元，维护了农资市场的安全稳定。2007年，查处打击违法网吧21户，罚没款9.74万元。2012年，开展整治打击利用合同格式条款侵害消费者合法权益专项行动，对重点行业（商场、超市、宾馆、供水、供电、房地产交易等）、重点区域违法利用合同格式条款免除自身责任、加重消费者责任、排除消费者权利等三类违法行为进行追究，共出动执法人员220人次，散发宣传材料2000份，检查各类企业106户，查处使用不公平格式合同条款案5起，下发责令整改通知书12份。2013年，共检查合同189份，约谈企业24次，下达责令整改通知书8份，查处菏泽广电公司使用不公平格式合同条款案5起，切实维护消费者合法权益。2013年，查获假冒海之蓝名酒110瓶、茅台13瓶，假冒牛栏山100箱，立案20多起。2016年，大力宣传《中华人民共和国商标法》《中华人民共和国广告法》，切实履行商标广告监管职能，立案查处侵犯商标专用权案件3起，没收侵权商品2056件，罚没款2万元，对其中1起涉嫌违法数额较大的案件移送公安机关处理。2018年，广泛开展扫黑除恶专项斗争，通过摸底排查，逐人建立台账，张贴扫黑除恶明白纸，设立举报箱，畅通投诉举报，做到底子清、情况明、措施实。积极巩固无传销城市成果，把打击和防范传销与树立城市形象紧密地结合在一起，保持高压态势，年内果断处理疑似传销线索6起。针对消费者投诉举报的热点问题、热点行业对辖区内4家商超、4家汽车销售公司、2家电梯经营单位进行了行政约谈。积极配合烟草部门开展卷烟市场联合执法行动，立案查处案件10起，案值3.76万元，罚没款1.2万元。开展"雷霆百日"专项整治，严厉打击非法渠道购入药品及酒水类专项稽查行动，共出动执法人员400余人次，执法车辆100余辆次，检查药品连锁店63家，单体药店4家，诊所30家，查处违法案件3起，没收药品19千克，罚款0.5万元，查处酒水类案件3起，结案3起，罚款6.1万元。年内处置不合格的产品质量报告131起，罚没金额25.1万元。一年来，共立案查处一般程序案件58件，实施强制措施8件，罚没款72.5万元，案件核审率100%，无一引起行政复议。

2007年是“农村食品市场专项整治年”，工商部门共出动执法人员3428人次，检查经营主体2968家，检查食品经营户1400多家，查处无照经营940余家，取缔200余家，“四制”建档率达到98%。查获案件54件，其中立案查处38件，查获违法产品货值8.3万元，查处不合格食品31公斤，取缔小摊点8家。立案2起，案值2万元，罚没金额0.4万元，不合格食品和假冒伪劣食品责令退市40千克。

2010年，在全区集中开展行政执法突击月活动。从5月1日起，利用企业年检之际，针对涉嫌“两虚一逃”和提供虚假年检材料等情况加以纠正整改，规范企业注册登记行为。对辖区农资经营户、加油站开展拉网式排查；对广告市场、公用企业不正当竞争行为监督检查，对知识产权予以保护，维护注册商标专用权企业合法权益。当年立案查处“两虚一逃”案件4起、农资违法违规案件5起，查处不合格加油站2家、未经登记擅自发布户外广告行为3起、其他违法案件26起。

2012年，开展罗丹明B食品添加剂、食用明胶、地沟油、猪肉、酒类和乳制品等食品专项整治活动，取缔无照猪肉经营户1家，规范猪肉经营户35家，查获非法使用牛肉味食品添加剂的假冒牛肉干70箱，无标注生产日期“雪花”啤酒1.2万件，假冒牛栏山二锅头36箱，不合格牡丹籽食品油200余件，立案10多起。

2014年5月开始，开展为期一个月的无照经营查处取缔专项整治行动，共检查各类经营主体1652家，依法取缔无照经营10家，引导办理营业执照45家。按照《关于推进工商注册制度便利化、加强市场监管的实施意见》、省政府办公厅《关于进一步做好查处无证无照经营工作的通知》及国务院《无照经营查处取缔办法》等规定，分别向市卫生局、食药局、开发区安监局等部门抄报191家无证经营主体名单。

2016年，以创建“省级文明城市”为抓手，相继开展夜市餐饮摊点、“饿了么”等网络订餐、学校食堂、农村食品、儿童食品、学校周边店铺及乳制品、食用植物油、配制酒、肉制品、淀粉制品、玛咖制品等食品专项整治活动，共检查集贸市场38个次，检查商场、大中型超市56家次，学校食堂（含托幼机构）共计39家次，检查食品经营者2446家次，其中检查现场制售73家次，查处无照经营21家。

2017年，对锅炉安全重点整治，在摸清辖区锅炉底数，掌握锅炉能耗和能效状况后，逐个单位进行检查，按照“人员、措施、时限”三落实原则，共检查锅炉使用单位28家，锅炉总数43台，发现安全隐患1处，当即责令其按期整改。对电梯安全进行专项整治，出动检查人员260余人，检查电梯使用单位78家，检查电梯1100余台，发现隐患10余处，全部予以整改。

监管工作　从2005年开始，对成品油进行市场监管，全面推行成品油备案制度。对辖区内9个加油站全部建立成品油进货备案登记、建立台账，对汽油、柴油加油机全部填写商品备案登记卡，包括成品油的规格、型号、供货单位、进货时间、进货凭证、编号、进货数量、举报电话等全部登记在卡，让消费者一目了然，进一批货都要换填一次卡，严把进货关口，确保成品油的质量，并经常进行抽检、检查，规范加油站的经营行为。

2007年，对工程建设、土地出让、产权交易、医药购销和评估中介等重点领域和行业中的不正当竞争行为进行监管，有效遏制商业贿赂的蔓延势头。其间，立案调查商业贿赂案件12起，办理动产抵押14件，帮助企业融资5.4亿元。2009年，进行合同监管，共查处各类经济违法违章案件322起，涉案金额100余万元，进行商标广告监管，查处侵权商标案件18起、侵权“五粮液”88瓶、侵权“羚羊”电动车30辆，非法卫星接收器20余台，查处广告违法案件5起。2011年，在“创先争优”活动中，以食品安全监管工作为重点，全面落实食品经营自律“三条线”标准，积极推行“一票通”管理制度，实现了“批零对接”，健全了追溯体系等一系列行之有效的监管体制，辖区内的食品安全状况焕然一新。

2012年，为规范市场秩序，采取机关科室与工商所联动机制，对辖区内各类市场、沿街食品经营户、现场制售、电子屏广告等进行监管治理，协助有关部门进行门前“三包”管理，取缔店外经营。共出动执法人员450人次，执法车辆70台次，检查沿街门市960家，整改230余家，新办营业执照11家，取缔无照经营户4家，规范现场制售点15家，并查处一批过期、“三无”食品。是年，对网络商品交易实行监管。开通网络商品市场交易监督“一网一平台”，以网络市场经营主体搜索、建档以及实地走访为基础，以制度建设为抓手，以查办涉网违法行为为手段，全力推进网络市场监管，维护网络市场经营秩序。在经费紧张的情况下，工商部门配备3台彩色打印机、3台电脑，设立专门线路，由专人对网络商品交易网站进行专项巡查。同时，将网络市场监管工作制度、网络市场主体信用管理制度、网络监管政务公开、网络监管工作规则、网络商品交易经营主体网上巡查工作指南、网络经营主体搜索建档示意图、网上日常巡查流程示意图、工商所网络监管数据上报处理流程等汇编成《工作手册》，逐步形成具有特色的网络商品交易监管模式。全年搜索业户10041家，建档1173家，亮照经营89家，巡查1170家，巡查率达99.7%，立案查处开发区子月牡丹销售中心未按规定进行网络商品交易案，下发《责令改正通知书》9份，实现了查办涉网违法案件零的突破，充分发挥了工商部门培育发展网络市场的职能作用，为开发区网络市场的长效发展打下坚实基础。

2016年，对特种设备进行安全监管。开展“大排查快整治严执法”集中行动。突出重点区域、重点场所、重点监控企业，以公众聚集场所电梯、液化石油气钢瓶、气瓶充装单位等特种设备为重点，严格措施，明确责任，对8大类特种设备实现横到边、纵到底、不留死角、不留盲区的全覆盖大排查，全力保障全区特种设备安全生产形势持续稳定。共出动特种设备执法人员1300人次，检查特种设备使用单位460家，检查特种设备4500多台，发现安全隐患21处，下达安全监察指令书21份，整改19处。开展锅炉安全整治攻坚战。从5月6日起，全面摸清辖区锅炉底数，掌握锅炉能耗和能效状况，建立完善数据库，实现锅炉定期检验全覆盖，将锅炉注册登记、检验检测、监督检查和投诉举报纳入动态监管系统，建立隐患排查治理台账，实施责任分解和挂牌督办，做到“人员、措施、时限”三落实，检查锅炉生产企业1家，锅炉使用单位120家，其中正常使用48台，已报废、拆除91台，季节性停用21台，全区安全生产形势得到保障。开展特种设备专项整治。针对冬季以来各地安全隐患事故频发，科所联动，密切配合，开展为期1个月的特种设备专项治理，共检查特种设备使用单位29家，检查特种设备400多台，发现隐患29处，下达特种设备安全监察指令书29份，消除安全隐患13处，整改安全隐患16处。

2018年，实施“透明工厂”监管，对辖区食品生产企业安装监控设备，从“智慧监管”平台上直接了解食品从原料仓库到生产线、从车间生产到实验室检测，最终到成品的全过程，近距离感受“透明”企业生产工艺。通过网络实时查看企业重要生产工序，实时对企业生产情况进行监督，形成部门监管、企业自律、社会监督、电子监督的良性机制，保证了辖区的食品安全。中粮艾地盟粮油工业（菏泽）有限公司、山东小麦粒食品有限公司、山东杨湖酒业有限公司等32家食品生产企业都安装了“透明工厂”监控设备，初步建成了食品安全“智慧监管”工程。

重大案件查处　1998—2004年，区工商分局共计查处传销案件70起，驱散、遣散人员3056人。2005年12月，联合开发区公安分局打掉一个由200人组成的传销团伙，并依据《禁止传销条例》对主要参与人员的规定进行处罚。2006年，查处传销案件7起，端掉窝点11个，遣散495人。2007年，共出动执法人员528人次，取缔传销窝点14个，清查驱散传销人员278人次。3月中旬，接群众举报，联合市工商局在丹阳工业园取缔传销华神绿金化妆品窝点1个，会同公安机关移送司法机关追究刑事责任人7人。2008年，为创建“无传销社区”，出动执法人员500余人次，印发宣传资料2000份，悬挂宣传条幅30条。对房屋租赁户进行重点监管、严加防范，一旦发现传销活动，快速出击，坚决打击。全年出动车辆76台次，端掉10个窝点，驱散参与传销人员1200余人，涉嫌组织传销的骨干分子被移送公安机关处理。2009年，为制止和消除传销现象，开发区加大宣传力度，悬挂宣传条幅36幅，设立咨询台3个，漫画、警示图展板5块，印发宣传品1万余份。同时利用广播、电台、电视、报刊等新闻媒体进行宣传，教育广大群众，震慑违法分子。加大对桑屯、耿庄“无传销社区”的创建力度，成立桑屯、耿庄打击传销办公室。半年中，出动执法人员223人，车辆65台次，取缔窝点、场所13个，驱散传销人员578人（次）。2009年4月16—24日连续9天对开发区辖区的耿庄、何楼、庞庄等社区进行拉网式排查，捣毁传销窝点6处，遣散传销人员92人。全区2010年，开展“迎世博，禁传销”专项整治，推进打击传销宣传“五进”活动，按照“突击打击重点、加强宣传教育、探索打防结合长效机制”的要求，进一步做好“无传销社区”创建工作，辖区内传销活动被逐渐遏制，在国家工商总局组织的检查验收中，开发区所做的工作被充分肯定。

第四节　合同管理

日常工作　开发区成立之初，新企业较多，不懂法、不知法现象十分普遍，一些企业屡屡上当受骗、蒙受经济损失。针对这一情况，工商部门组织专人深入到开发区40多家国有、集体、私营企业进行调查走访，查找问题原因，帮助企业建立合同管理组织，配备专职或兼职的合同管理员，制定并完善合同管理制度，推行合同示范文本，促使企业依法生产经营，规避合同风险。

1995年，为实现市场交易契约化，使经济合同成为企业经营中自主签订、平等交易、自我规范、自我约束的保障和行为准则，工商部门为企业提供法律咨询和鉴证服务，规范企业的签约行为，并深入企业调查走访，为企业排忧解难。把好经济合同鉴证关，帮助当事人完善合同条款，以经济合同鉴证为突破口，从合同的签订、变更、解除，到监督履行等，实行一体化管理。在签证时，审查合同的真实性、合法性、可行性，做到鉴证一份、合格一份，把问题消除在萌芽状态。当年首次开展“重合同，守信用”企业评比活动，向市工商局申报“重合同，守信用”企业15家。

1996 年，帮助企业培训合同管理人员 120 余人次。1997 年，组织辖区企业参加“重合同，守信用”活动评选，命名省级“重合同，守信用”企业 3 家，地区级企业 9 家。

1999 年，为企业提供合同法律服务，向辖区内所有企业、法人、经营者赠送新《中华人民共和国合同法》200 余册，提供咨询服务 1000 余人次，严格执行市工商局 47 条优惠政策。积极参加地区工商局组织的合同法宣传活动，设立咨询点，散发宣传材料。帮助强化企业自律意识，做好经济合同的自我管理，提高合同的履约率，打造企业诚信品牌，当年评选出省级“重合同，守信用”企业 1 家，地区级企业 3 家。

根据《菏泽市工商行政管理系统企业信用管理办法》，从 2004 年开始对企业实行信用管理制度，建立经济户口档案，按市场主体的经营规模、资信状况、行业特点和违法违章情况分“A、B、C、D”4 个类型，并在“经济户口”台账中分别以“绿、蓝、黄、黑”4 种颜色的贴花加以区分，把所有企业纳入信用分类监管序列，按统一标准将企业分为绿牌企业（守信企业）、蓝牌企业（警示信企业）、黄牌企业（失信企业）和黑牌企业（严重失信企业），增强日常监管的针对性和有效性，提高行政效能，降低行政成本。与之同时帮助企业加强信用建设，开展“重合同，守信用”活动，树立守信典型，加强正面引导。对失信企业予以惩戒，及时把日常巡查中的违法违章行为录入“经济户口”档案，将违法失信者置于全社会的监督之下，形成以合同树信用，以信用立形象的良好氛围，建设公平竞争的市场环境。

2009—2017 年，累计登记动产抵押 310 家，注销 161 家，变更 8 家。至 2014 年，区内建成省级重合同守信用企业 3 家，2015 年，申报省级重合同守信用企业 1 家、省级 4 家、市级 19 家，电商企业 10 家。2016 年，申报市级“重合同，守信用”企业 42 家。2018 年，向市工商局推荐 28 家省级“守合同，重信用”企业、33 家市级“守合同，重信用”企业，全年办理商标注册 555 件，注册 212 件，马德里国际商标注册 4 件，山东杨湖酒业有限公司获市长质量奖。

合同监管　1995 年，区工商分局鉴证经济合同 3 份，合同金额 425 万元，履约率达 100%。1996 年，草签或审查经济合同 300 多份，鉴证经济合同 21 份，帮助 11 家企业取得市级“重合同，守信用”称号。

1997 年，鉴证经济合同 7 份，履约率达 100%，合同总值 1382.53 万元，办理抵押登记 2 家，抵押物总值 283.1 万元。1998 年，抵押登记工作中严格依照《中华人民共和国担保法》等有关法律、法规规定的职权范围行使职权、履行义务，当年鉴定抵押登记合同 2 份。1999 年，鉴证房屋合同 100 多份，办理抵押合同登记 3 份，抵押金额 1000 万元。逐步强化企业的合同自律意识、法制意识、提高企业的知名度和信誉，增强企业的竞争能力。

2000—2006 年，鉴证经济合同 74 份，合同金额 313 万元，办理合同抵押登记 5 份，抵押物价值 300 万元。

2007 年和 2008 年，合计办理企业动产抵押物登记 8 件，抵押物价值 2.92 亿元，主债权金额（为企业融资）合计 8662 万元。

2009 年，办理动产抵押 14 起，帮助企业融资 5.4 亿元。

2010 年，国家工商行政管理总局颁布 51 号令，颁布实施《合同违法行为监督处理办法》，工商部门按照查处与引导相结合，处罚与教育相结合的办法，推行行政指导，督促、引导当事人依法订立、履行合同，维护国家利益、社会公共利益和对方当事人的合法权益和第三方利益。

2011 年，对 4 家省级、3 家市级“守合同，重信用”企业进行回访，指导规范经营行为，依法维护其合法权益；努力为个体私营企业发展搭建融资平台，向金融机构推介“守合同，重信用”企业，强化动产抵押，拓宽融资渠道。全年为 21 家企业办理动产抵押登记，融资 3.35 亿元，为企业盘活资产，引进资金发挥了重要作用。

2012 年，开展整治打击利用合同格式条款侵害消费者合法权益专项行动，对重点行业（商场、超市、宾馆、供水、供电、房地产交易等）、重点区域违法利用合同格式条款免除自身责任、加重消费者责任、排除消费者权利等三类违法行为进行追究，共出动执法人员 220 人次，散发宣传材料 2000 份，检查各类企业 106 户，查处使用不公平格式合同条款案 5 起，下发责令整改通知书 12 份。

2013 年，对 3 家省级、2 家市级“守合同，重信用”企业进行回访，指导规范经营行为，依法维护其合法权益。多次召开银企座谈会，搭建银行和企业融资对话平台，积极牵线搭桥，撮合借贷意向，强化动产抵押，拓宽融资渠道，实现了企业与金融机构“双赢”。一年中，共办理企业动产抵押物登记 38 件，主债权金额（为企业融资）10.09 亿元。开展整治利用合同格式条款侵害消费者合法权益专项行动，对重点行业（商场、超市、宾馆、供水、供电、房地产交易等）、重点区域着重整治经营者利用合同格式条款免除自身责任、加重消费者责任、排除消费者权利等三类违法行为。全年共检查合同 189 份，约谈企业 24 次，下达责令整改通知书 8 份，查处菏泽广电公司使用不公平格式合同条款案 5 起，切实维护了消费者合法权益。

2014 年，办理动产抵押 43 起，帮助企业融资 15.5 亿元；变更动产抵押登记 1 起，登记金额 8.7 亿元；办理动产抵押注销登记 37 起，为企业融资 14.5 亿元。2015 年，办理动产抵押 39 起，帮助企业融资 40.7 亿元；变更动产抵押登记 1 起，登记金额 0.6 亿元；办理动产抵押注销登记 21 起，为企业融资 49 亿元。2016 年，办理动产抵押 65 起，帮助企业融资 30.5 亿元；办理动产抵押注销登记 31 起，为企业融资 19.9 亿元。2017 年，办理动产抵押 42 起，帮助企业融资 33.2 亿元；变更动产抵押登记 1 起，登记金额 0.2 亿元；办理动产抵押注销登记 25 起，为企业融资 10.5 亿元。推荐市级“守合同，重信用”企业 46 家，指导规范经营行为，依法维护其合法权益。

2018 年，办理动产抵押登记 40 起，为企业融资 38.87 亿元。

第五节　商标广告管理

1992—2004 年，商标注册的申报受理、广告宣传工作由市场科负责，案件查处由公平交易科负责。1992—1995 年，查获假冒商标标识 12000 套。1996 年，查处侵犯商标专用权 1 件，案值 5 万元。1997 年，在地区工商局的支持下对全区石油经营单位非法使用“火炬”注册商标予以清理，共检查加油站 22 家，没收火炬商标标识 15 个。1998 年，查处菏泽亚星种苗公司在其未注册商标“亚星”加注“®”标志冒充注册商标，当即没收含有冒充注册商标的包装袋并给予销毁。1999—2000 年，查处商标违法案件 1 件，案值 2 万元，查处假冒他人注册商标 5 起，案值 15 万元，仿冒知名商品的特有名称、包装、装潢 5 起，案值 13 万元。2001—2005 年，查处违反商标法规案件 4 件，案值 9 万元，罚款 1 万元，查处假冒他人注册商标 3 件，案值 8 万元。2005 年，查处广告违法 6 件，罚没 1.4 万元，责令公开更正 6 件。2005 年 1 月 1 日，开发区工商分局设立商标广告科，全面负责广告登记、商标注册、违法违规行为查处工作。

2006年，先后帮助菏星电表有限公司、菏泽华祥电器有限公司、菏泽仕达化工有限公司等6家经济效益好、产品质量有保障的企业申报山东省著名商标。对“老字号”的企业品牌进行保护，指导未注册商标企业申报注册商标。对医院、门诊、药店走访调查，严防出现虚假违法医疗广告，并对户外广告进行规范整顿，登记备案，对4起违法户外广告责令限期整改，对23户企业申请的户外广告做了登记。

2007年，查处商标案件1件，案值2万元，罚款1.1万元；广告违法5件，罚没2.6万元；责令公开更正1件。2008年，在广告监管工作上，重点抓好“打虚假、树诚信”活动，特别是对药品、保健食品、医疗、房地产广告及时进行清查和监测，坚决禁止和取缔利用公众人物、专家名义作疗效的药品广告，全年共查处各类广告违法案件34件、登记户外广告13幅；查处商标案件4件，案值4.27万元，罚款3万元。处理广告违法5件，罚没4.7万元。

2009年，查处商标案件15件，案值20.5万元，罚款11.89万元；处理广告违法5件，罚款3.3万元。是年，开发区丹阳工商所荣获国家工商总局颁发的“商标工作先进集体”奖牌。2010年，查处商标案件7件，案值9.4万元，罚款11.3万元；没收销毁商品5582件，处理广告违法4件，罚款4.2万元。2011年，查处商标案件11件，案值17.21万元，罚款6.05万元；没收销毁商品2369件，没收销毁商标标识7874件。

2012年，查处假冒“杜康”注册商标白酒案，假冒“白象”商标饮料奶案，假冒“詹氏”注册商标山核桃蛋白饮料案等8件，案值26.62万元，罚款9.15万元，并给予严肃处理；没收销毁商品952件，没收销毁商标标识410件；纠正广告违法5件，罚款2.8万元。2013年，查处商标案4件，案值2.26万元，罚金1.84万元，没收销毁商品102件。

2014年，以规范汽车4S店、查处“傍名牌”为重点，查处某公司王老吉凉茶抽奖式有奖销售案、侵犯“力诺瑞特”注册商标案等5件，案值6.55万元，罚款9.1万元，没收销毁商品380件，维护了公平竞争的市场秩序；查处广告违法案件4件，罚没1.7万元。2015年，查处商标案件4件，案值1.45万元，罚款金额2.79万元。

2015年，商标广告科合并到市场规范监管科。到2016年12月15日，辖区内的广告经营单位（含媒体）合计767家。注册普通商标1531家，著名商标14件：曹州、诚信、华英、华瑞、京九、天宇、曹达、百味鲜、圣皇、华宇、鲁明、杨湖、万事孔子、HEZEGUOLU。驰名商标2件：诚信、叶霸。

2016年，宣传《中华人民共和国商标法》《中华人民共和国广告法》，切实履行监管职能，全年共受理商标投诉18起，调解15起，立案查处侵犯商标专用权案件3起，没收侵权商品2056件，罚款2万元，其中1起涉嫌违法数额较大，移送公安机关处理；受理涉及广告违规投诉22起，清理不合理房地产广告4处，整改问题户外广告39处。

2017年，把培育和发展商标品牌作为经济建设的突出任务，以“4·26世界知识产权日”为契机，广泛宣传商标法律知识，努力营造“人人关心商标，人人重视商标”的良好氛围。推荐山东孔子酒业有限公司、菏泽锅炉厂有限公司等成功申报马德里国际商标6件。全年新申报有效注册商标230件，开发区共拥有有效注册商标1654件，驰名商标2件，著名商标10件。推荐山东明大电器股份有限公司、山东杨湖酒业有限公司、菏泽锅炉厂有限公司为开发区重点扶持创品牌企业，分别给予50万元专项资金用于企业品牌培育。

2018 年，按照《中华人民共和国广告法》和其他广告管理法律法规，强化监管职能，针对网络舆情反映菏泽万达广场商业管理有限公司在学校发布商业广告，开发区有关部门迅速做出反应，及时立案，多方调查取证，对其作出罚款 34.47 万元的处理。

第六节　个体私营经济管理

1992—1999 年，是开发区境内个体私营经济快速发展的阶段，宽松环境和优厚政策给个体私营经济创造生存发展空间。1999 年 4 月，开发区驻地沿人民路、丹阳路两侧及 3 个自然村的个体工商户增至 277 家，集贸市场 1 处，运输专业村 1 个，经营人员 2400 余人。1999 年，吊销个体工商户营业执照 33 个，查处不按规定年检的私营企业 1 户，并予以罚款。

2000 年，开发区实现社会消费品零售额 18 万元。2001 年，个体工商业销售额增至 213 万元，实现社会消费品零售额 27 万元。2002 年，销售总额达到 1066 万元，社会消费品总额实现 138 万元，呈现出快速上升和急剧发展的态势。

2011 年，工商部门在开发区范围内评选菏泽市文明诚信个体工商户 9 个。

2001 年，查处个体工商业违法违章 7 起，罚没款 1 万元，查处私营企业违法违章 17 起，未按规定办理年检全部吊销营业执照；10 年时间开发区继续加大对无照经营的查处力度，利用企业年检、验照和专项治理活动，查处各种违法行为，对不合格主体坚决予以清除，对符合登记条件的及时督促申请登记办照。2004 年年底，开发区实有个体工商户 3078 家，注册资金 6465 万元，私营企业 483 家，注册资金万元。2015 年，个体工商业增至 23271 家，从业人员 52815 人，注册资金 16.4 亿元，其中城镇 9929 家，从业人员 24193 人；私营企业 3431 家，注册资金 46.22 亿元，其中当年开业 1094 家，投资者 1414 人，注册资金 1.96 亿元；独资企业 156 家，合伙企业 18 家。2016 年，个体工商业主体 23870 家，从业人员 56404 人，注册资金 19.63 亿元，私营企业 7022 家，注册资金 274.27 亿元。其间，注销个体工商企业营业执照 351 家。2017 年，开发区新增个体私营企业 6176 家。2018 年，个体户增加 3563 家，为规范个体私营企业的经营活动，年内有关部门检查集贸市场 118 个次，检查商场、大中型超市 1029 家，学校食堂（含托幼机构）共计 117 户次，检查食品经营业户 12935 户次，其中检查现场制售 79 户次，查处无照经营 22 户。组织食品快检点、快检车检测食品 6000 余批次，上半年抽检 300 批次，不合格 3 批次，合格率 99%；下半年抽检 200 批次，合格率 100%。对辖区内的食品流通企业、餐饮服务单位、食品生产企业开展区级监督抽检工作，共抽检 1385 批，不合格 78 批次，合格率 94.4%，其中食用农产品抽检 787 批，不合格 43 批，合格率为 94.5%。

第七节　消费者权益保护

维权宣传　经开发区工商分局利用“3·15”国际消费者权益日、质量宣传月、“5·20”计量宣传日、“食品安全宣传周”、“消费与安全年”等时机，大规模开展宣传活动，印制大量宣传材料，组织人员到商场门口、各大路口和社区、学校广泛散发，让人们了解产品知识、个人权益保护途径，提高人们的自我保护意识，形成自我保护能力。其中，2009 年的“3·15”权益日，工商人员在南华广场、银座超市、苏宁电器广场，散发《山东省消费者权益保护条例》宣传单 1 万份，现场接受消费者投诉 63 起，当场解决 29 起，分流34起，提供咨询服务560余人次。2012年的“3·15”权益日，深入2个社区发放维权宣传单8000多份。2013年的“3·15”国际消费者权益日活动，现场受理投诉，发布消费警示3条，深入社区发放维权宣传单5000多份。11年来，共发布维权信息1200条，公益广告130条幅，维权知识读本和彩页10万余份。

维权案件查处　2006年，一个覆盖开发区所有村庄、社区、学校、工厂、商超的五级联动体系建立健全起来，大家通过电话和网络随时可以举报反映问题，工商执法人员能够及时赶赴现场追查处理违法违规行为。2006年，受理违反市场秩序、无照经营、假冒伪劣啤酒、水产品药物残留以及儿童食品申投诉、咨询122件，查处违法案件20起，罚没金额19.28万元。2008年，通过网络受理和处理消费者各类申诉投诉举报案件11起，为消费者挽回经济损失4万元。2009年，受理群众投诉580余起，处理率100%，为消费者挽回经济损失21万元。

工商部门在接受来信来访、电话网络投诉的同时，积极发挥消费者协会和个体私营经济协会的作用，与社会各界一道对上级批办和市长热线转办的案件及时做出处理，不留隐患。2010年，共办理信访案件54件，其中群众举报投诉的15件，市长公开电话转办的12件，市工商局群工办转办的15件，开发区转办的7件，“行风热线”反馈的7件。2011年，工商部门深入实施消费维权“五进”工程，处结消费纠纷231件，为消费者挽回直接经济损失150万元，收到感谢信和感谢电话76余次（件）、锦旗5面。当年推荐辖区15家企业申报菏泽市第四届“消费者满意单位”评选，其中9家当选。2012年，共受理投诉327起，网上投诉135起，为消费者挽回直接经济损失160万元，接待来人、来电、来信咨询服务800余人次，收到感谢信和感谢电话70余次（件）；推荐辖区27家企业参加山东省第九届“省级消费者满意单位”评选，其中11家当选。2013年，以“让消费者更有力量”年主题活动为主线，切实维护企业和消费者的合法权益，全年为消费者挽回直接经济损失75.2万元。2014—2017年，累计受理各类投诉1617起，接待咨询服务3338人次，为消费者挽回直接经济损失181.3万元，收到表扬锦旗9面。2018年，维权管理部门共接受食药局转办的维权案件69起，处理36起，转办33件；接受群工办转办的维权投诉489起，全部调解解决；受理行风热线转办的21起，全部妥善处理；受理12365质检热线反映的情况53件，全部转办妥善处理；受理消费者电话投诉460起，全部调解解决。

第三章　统计管理

第一节　机构

1992年11月，开发区经济发展局内设统计科。2009年9月，原开发区经济发展局统计科更名为开发区统计办公室，为正科级单位。由原隶属经济发展局变更为隶属开发区管委会。工作人员6人，设主任1人，正科级。至2018

年内设工业、农业、贸易、投资服务、建筑、房地产等7个部门，工作人员17人。

第二节　统计制度改革

国民经济核算体系　1992年，根据《中国国民经济核算体系（试行方案）》的要求，对国内生产总值的资料来源和计算方法进一步细化，以国内生产总值为主。国民收入降为附属地位。1993年正式取消国民收入报表制度，国内生产总值成为国民经济核算的核心指标。1994年，按照国家统计局建立的国内生产总值支出法统计年报制度，对国内生产总值生产核算的产业部门分类进行调整和细化。

工业统计　1992年，工业统计综合年报表21种，在年报统计中，试行"二套表"的年报组织方式。1995年，从年报开始对工业经济效益的评价体系进行修订，由1992年的6项考核评价指标改为7项。1998年，按国家统计局要求，对按隶属关系实施的乡级及以上工业和村级以下工业统计体制进行改革。全部国有企业及年产品销售收入在500万元以上的非国有企业列入地方政府统计部门的统计范围，实施全面统计。其余的进行抽样调查。2003年，建立规模以上工业企业高新技术产品统计制度，统计范围是在全部国有和年产品销售收入500万元及以上的非国有工业企业中，符合高新技术产品目录并由本企业生产的所有产品。2011年至2018年，规模以上工业企业主营业务收入2000万元及以上的法人工业企业。

商贸统计　1993年，随着商业管理体制和商品流通体制的改革，国家对商业统计指标体系和调查方法实施重大改革，进一步理顺政府统计与部门统计及各专业统计之间的关系，推进"一套表"制度，《商业统计》更名为《批发零售贸易业统计》。1994年，报表制度进一步完善。2000年至2018年，在《消费品零售额》统计中增加经济类型分组。

第三节　重大专项普查

2015年以前所有重大专项普查结果只汇总至县级，开发区数据汇总在牡丹区数据中，无法分开。2016年全国第三次农业普查的登记对象是山东省行政区域内的农业经营户、农业经营单位、居住在农村且有确权（承包）土地的住户；填报对象是列入农业普查范围的村（居）民委员会、乡镇（街道）；遥感测量对象以农作物种植地块为主，并包括其他与之相关的土地覆盖要素。

普查时间安排　普查时期为2016年1月1日至12月31日。

开发区第三次农业普查共查出农户30105户，人数103774人，规模农业经营户200户，确权（承包）的耕地面积4281.6公顷，实际耕种的耕地面积3280.13公顷，其中：3.47公顷，小麦3133.47公顷，玉米3127.13公顷，蔬菜49.2公顷。

每年一次1%人口抽样调查时间为每年11月1—15日。

2018全国第四次经济普查　普查对象　普查对象是山东省行政区划范围内从事第二产业和第三产业的全部法人单位、产业活动单位和个体经营户。法人单位、产业活动单位和个体经营户按照《普查单位划分规定》进行界定。

普查范围　根据《国民经济行业分类》（GB/T4754—2017）和《三次产业划分规定》，普查范围具体包括采矿业，制造业，电力、热力、燃气及水生产和供应业，建筑业，批发和零售业，交通运输、仓储和邮政业，住宿和餐饮业，信息传输、软件和信息技术服务业，金融业，房地产业，租赁和商务服务业，科学研究和技术服务业，水利、环境和公共设施管理业，居民服务、修理和其他服务业，教育卫生和社会工作，文化、体育和娱乐业，公共管理、社会保障和社会组织，以及农、林、牧、渔业中的农、林、牧、渔专业及辅助性活动。

为保证统计单位的不重不漏，普查对包括农业、林业、畜牧业和渔业在内的全部法人单位和产业活动单位进行全面清查。

普查时点和时期　普查的标准时点为2018年12月31日。普查登记时，时点指标填写2018年12月31日数据，时期指标填写2018年1月1日至12月31日数据。

普查内容　普查的主要内容包括单位基本情况、组织结构、人员工资、财务状况、能源生产与消费、生产能力、生产经营和服务活动、固定资产投资情况、研发活动信息化和电子商务交易情况等。根据不同的普查对象，其普查内容也有所不同。

具体分为四类普查表。

一套表单位普查表。包括一套表单位基本情况、财务状况、从业人员及工资总额、能源生产与消费情况、生产能力、生产经营和服务活动、固定资产投资、研发活动、信息化和电子商务交况等内容。

非一套表单位普查表。包括非一套表单位基本情况、财务状况、从业人员情况、部分行业经营情况、固定资产投资情况，以及行政事业单位。

第四节　“四上”企业统计

“四上”是现阶段中国经济统计系统的专用称谓，指规模以上工业企业、资质等级建筑业企业、限额以上批零住餐企业、规模以上服务业企业。至2018年，开发区有“四上”企业367家，其中工业134家，建筑业57家、批发和零售业82家、住宿和餐饮业12家、房地产开发经营业51家、服务业31家。

第五节　统计信息服务

发挥信息主渠道作用，利用统计所掌握的大量数据和实际资料，为开发区党工委、管委会进行科学决策、宏观调控以及制定开发区的经济社会发展规划提供可靠依据。配合市统计局编制《统计年鉴》，及时向有关部门报送月度、季度、年度报表，为部门和社会公众提供统计信息服务。撰写统计分析报告，及时反映经济社会发展状况，帮助全社会了解开发区的发展历史和未来趋势。

第四章　审计管理

第一节　机构

1998年8月，开发区设立审计局，隶属开发区管委会。2003年2月，开发区进行机关事业单位机构改革，隶属开发区财政局。2009年11月审计局调整为审计办公室，隶属开发区纪工委。主要职责是对预算部门财政财务收支审计和政府投资审计。

第二节　财政审计

1999—2009年，共完成审计项目40个，查出违规金额2.24亿元。2010年，完成审计项目10个，其中街道办事处财政决算审计项目3个、区直预算部门财政财务收支审计项目5个、专项资金审计项目2个，同时完成审计调查项目1个、领导安排事项3个。

2011年，贯彻全国、全省和全市审计工作会议精神，紧紧围绕开发区党工委、管委会工作中心，坚持“依法审计、服务大局、突出重点、求真务实”的审计方针，全年完成审计项目13个，圆满完成2011年各项审计工作任务。2013年，完成审计项目和领导交办事项21个，查出违规资金1460万元，管理不规范资金1123万元，漏缴税款155万元。

2014年，完成审计项目和领导交办事项共14个，其中街道办事处财政财务收支审计项目1个、区直部门财政收支审计项目3个、专项资金审计项目1个、跟踪审计项目1个，参与审计署及市级审计项目5个、领导安排事项3个，共查出违规金额9531万元，管理不规范金额1703万元，损失浪费金额98.63万元，漏缴税款189.76万元，提出合理化审计建议100余条，撰写审计专题信息12篇次。

2015年，完成审计项目和领导交办事项10个，其中街道办事处财政收支项目1个、专项审计项目2个、参与省审计厅和市级审计项目4个、领导安排事项3个，共查出违规金额1714万元。

2016年，完成审计项目和领导交办事项12个，其中参与省、市级审计项目9个、领导安排事项3个，共查出违规金额6452万元，管理不规范金额1703万元，损失浪费金额98.63万元，提出合理化审计建议80余条，撰写审计专题信息3篇次。

2017年，完成审计项目和领导交办事项7个，其中街道办事处财政财务收支审计项目1个、配合上级审计机关项目4个、领导安排事项2个，指导街道办事处完成103个村居干部经济责任审计项目，查出各项违规违纪金额8663.03万元，提出合理化审计建议20余条。

2018年，共完成审计项目15个，其中财政财务收支审计项目1个、经济责任审计项目1个，专项审计调查项目6个、参与上级审计机关项目4个、领导安排事项3个。查出各项违规金额1.36亿元，节约财政资金3261.73万元，促进清欠回收资金4200多万元，移送问题线索1件，提报审计信息得到主要领导批示6篇，提出合理化审计建议被采纳87条，促进建立完善政府采购、预算监管、议事决策程序等制度25项。

第三节　政府投资审计

2011年，完成政府投资预算、结算审计项目4个，核减工程造价620余万元，查补税款89万元，确保了政府投入资金的高效使用和审计监督在工程建设领域的“免疫系统”功能。

2012年，完成政府投资工程结算和工程预算项目10个，其中校安工程4个，管网、饮水、道路工程结算项目4个，工程预算审计项目2个，共审计建设资金1.71亿元，审减工程造价1433万元，查补税款80余万元。

2013年，完成当年所有工程预算、结算项目，共核减工程造价1484万元，查补税收80余万元。

2014年，投资1.8亿元的九年一贯制学校、投资2.2亿元的开发区高级中学2个市级重点工程审计项目，已完成的审计结算项目共核减工程造价173.63万元，废止违规签订合同15万元，因设计缺陷扣减设计单位设计费 1 万元，同时查出工程项目建设过程中存在未经报批即开工建设、施工图设计文件未经审查擅自施工、增加建设内容提高建设标准造成资金浪费、部分施工设计与现场实际存在差别、结算金额重复计价、擅自建设计划外工程等其他问题。

2015 年，完成政府投资的民生工程审计项目 10 个，审计资金总额 2.52 亿元，审减 5730 万元。2016 年，完成政府投资的建设工程审计项目 4 个，审计资金总额 2.52 亿元，审减 5730 万元。

2017 年，完成工程结算审核项目 1 个，报审工程造价 4.6 亿元，最终审定工程造价 3.1 亿元，审减 1.5 亿元。

2018 年，先后保质保量地完成了大气污染防治专项审计调查、YBC（中国青年创业计划）有关资金专项核查、2008—2016 年党费补交专项审计调查、全市棚改贷款情况专项审计调查、2018 年扶贫攻坚专项审计调查、抗灾救灾专项审计调查等项目。开发区报送的审计结果数据准确、完整，受到上级审计机关的好评。

第五章　劳动管理

第一节　机构

1995 年 7 月，开发区成立社会劳动保险事业分处，主要负责全区的社会保险工作。2002 年，成立人力资源开发中心，负责开发区内的劳动就业、劳务输出工作。2003 年 2 月，开发区进行机关事业单位机构改革，成立菏泽开发区社会保险事业处，正科级单位，隶属开发区劳动人事局，实行全额预算管理，编制 3 人。随着境内工商业的崛起和发展，错综复杂的劳动关系大量出现，劳动管理工作的作用突出表现出来。2008 年，管委会提升并完善劳动管理体系，以人力资源开发中心为基础，组建成立区人力资源管理服务办公室，正科级事业单位，全面负责辖区内的劳动就业、劳动监察、劳动保险、劳动仲裁等项工作。该机构成立后，以《中华人民共和国劳动法》为准绳，以建立友好和谐的劳动关系为目标，兼顾国家、单位、劳动者三方的利益，妥善处理用工、履责、报酬等环节出现的各类矛盾和问题，有力维护了社会稳定，促进了开发区社会经济的发展。

第二节　劳动就业管理

劳务输出　2001 年，开发区扩区以后，辖区内人口猛增至 13 万多人，2003 年接近 19 万人，剩余劳动力很多，为解决区内人口的吃饭和致富问题，开发区管委会抓住“西输东接”机遇，组织劳务输出。为此，开发区人力资源部门派人到京津唐、长三角、珠三角等经济发达地区，联系确定用工单位，拓宽劳务输出渠道，同时发动 3 个街道做好宣传、组织、发动工作，掌控输出质量，2002 年输出劳动力 1100 人。为长期做好这项工作，有关部门对报名人员进行输出前培训，派专人护送到厂，搞好跟踪服务，及时处理劳动纠纷，并在烟台、南京两地探索性地组织了劳务代理工作，受到了用工单位和务工人员的信赖。2002—

2007 年，累计组织劳务输出 1.2 万余人。2006 年以后，开发区通过招商引资和自办企业，境内的工业生产活动逐渐兴盛起来，当地企业对劳动力的需求数量日趋扩大，在家门口打工的愿望得以实现，原来的剩余劳动力不再剩余，2008 年之后，当地的一些企业开始遭遇到了招工难的问题。至此，组织劳务输出的责任一步步从政府劳动部门的职责范围中被划去。

转移就业　2008 年，随着工业化和城市化进程的加快，辖区内失地农民增多，由于当时就业渠道少，农民技能素质低，工作不稳定，劳动部门采取就地就近安置为主、劳务输出为辅等措施，多渠道转移就业。各街道成立专门机构，多方走访用工单位，组织农民工有序就地转移。同时指导职业中介机构在加强与原有劳务输出基地合作的基础上，将转移重点转向受金融危机影响薄弱的地区，确定 1 个强市、5 个强县、50 个大企业作为劳务基地，建立长效合作机制。组织岗位下乡活动，在区人力资源部门和各街道劳动保障所设立用工信息发布栏，及时为劳动力提供信息服务，全力推动农村劳动力转移就业。5 年时间实现农村劳动力转移就业 9000 余人。

2012 年，进一步开拓劳动力转移渠道，鼓励农村劳动力就地、就近就业、创业，以春风行动、民营企业招聘周等就业专题活动为契机，大力开展招聘、培训等服务。先后统一印发《菏泽开发区企业招工信息表》1 万余份，联系近百家企业提供岗位 2.18 万个。2012—2015 年，开发区和 3 个街道共举办招聘会 30 场，组织动员 3 万人次农村劳动力进场求职，其中 2 万人获得就业岗位。同时依托社区劳动保障协理员，积极开展“就业岗位入村进社区”活动，全力推动农村劳动力转移就业。

2017 年，开发区的电子商务由城市向郊区快速推进，在广大社区得到普及，全区 104 个社区完成创建任务。2018 年，岳程、佃户屯、丹阳 3 个街道被评为“中国淘宝镇”称号，辖区共建成 133 处电子商务服务站。8 月 19 日，召开的为村表彰大会，菏泽开发区被授予“全域为村示范单位”称号。至此，开发区的民众在就近就业的基础上实现了“在家”就业的理想愿望，政府部门为安置调配剩余劳动力压力彻底缓解。

扩大就业　区人力资源部门成立之初，本着为企业服务、为求职者服务的宗旨，注意与入区企业的联系和配合，建立空岗报告制度，全面掌握入区企业的用工动向，及时为用工单位招收、输送各类人员，对新招员工统一进行就业前培训，实行持证上岗。同时加强跟踪，及时督促企业与员工签订劳动合同，参加养老保险，区内企业的用工纳入到了规范化管理轨道。对个体工商户和灵活就业人员加强了服务和管理，完善就业手续，动员他们依法参保，用完善的政策指导，有效扩大了劳动就业总量。2002—2008 年，城镇新增就业人员 7000 余人。

2008 年，开发区招商引资力度进一步增大，大项目入区数量明显增多，劳动力需求大幅度上升。人力资源部门与企业单位加强联系，积极组织适龄人员到企业工作，以大项目建设带动就业增长。区人力资源部门作为开发区推进重点项目建设服务协调领导小组成员单位，及时掌握区内项目签约、建设和投产进度，掌握就业需求情况，逐个与新建大项目签订《企业用工与就业服务协议书》，鼓励企业积极吸纳本地劳动力就业。2008—2012 年，开发区的大项目建设共计带动就业 7860 人，成为劳动就业增长的主要渠道。

2013 年以后，开发区依托资源优势和产业基础，一批既具有较高科技含量又具有较强吸纳就业能力的新能源、新材料、生物医药等新兴战略产业进入开发区，创造了大量岗位，增加了就业机会，区内剩余劳动力明显减少，甚至出现了相对的用工荒现象。但是由于文化限制、体能约束，部分劳动力存在着难于就业情况。2013年，全区共登记认定的未就业困难人员96人，其中女性就业困难人员72人。为解决这一问题，区劳动部门组织发起“春风行动”，帮扶就业困难人员就业，当年安置91人就业，其中女性就业困难人员69人。2014—2016年，举办各类招聘会30场，200余户企业入场招聘，1万余人进场求职，其中8600人达成就业意向，解决了单位和个人的需求矛盾。2018年，开发区一方面利用国家出台的创业担保贷款及贴息政策，鼓励企业积极吸纳高校毕业生和就业困难人员。另一方面完善政策体系引领就业，年内共举办招聘会12场次，累计向社会提供工作岗位7000余个，进场求职7800人次，达成意向4600人次。

职业培训　开发区人力资源部门始终把提高劳动者素质作为基本工作任务，在不同时期不同阶段，根据社会需求，采取集中和分散、理论培训和实践学习等多种方式，并根据区内外用工单位的需求，把长期培训和短期培训、基础培训和专业技能培训、自身培训和依托入区企业培训有机结合起来，有效提高了劳动者的素质和专业技能，受到用工单位好评。2002—2007年，开发区人力资源部门先后为椰风集团、中粮艾地盟有限公司、恒盛集团、茂木服饰和一批外地企业培训员工1800余人。

2008—2012年，区人力资源部门认真落实《提高就业和创业能力五年培训规划》，制定了详细的实施方案和年度培训工作计划，联合辖区内的锦程驾校、奇圣职业学校、惠康技校、汽运技校等十几家职业培训学校，开设机床、电工、钳工、焊接、驾驶、美容美发、服装、艺术、音乐等专业，对城镇新成长劳动力、失业人员、农民工实施初级、中级培训，加快提高城乡劳动者就业和创业能力。先后组织农村劳动力转移培训5675人，城镇新成长劳动力培训2013人，创业培训354人，新增高技能人才150人。同时依托大项目建设，开展订单式培训，组织指导洋丰肥业、玉皇化工、金正大控释肥、德兴化工、信多达电子、中泰化工培训学员1820人。

2012—2017年，开发区紧密结合实际，以提升劳动者竞争能力、职业转换能力和创业带动能力为目标，不断完善培训政策，创新培训模式，改进培训方式，努力提高培训质量，实现了培训与就业的有机结合。管委会把就业培训列为开发区八大民生工程之一，建立了就业培训五大体系，即目标责任考核体系，培训实训体系，区、街道、社区（村居）三级工作服务体系，信息发布及网络服务体系、政策扶持体系，形成了纵到底、横到边的长效工作机制。以提高培训能力为目标，对职业培训资源加以整合，按标准要求确定开发区就业培训定点培训机构，定期进行督促检查，强化对培训机构的监管，实行优胜劣汰竞争机制，夯实培训基础，增强培训效果，努力实现“培训一人、就业一人”“就业一人、培训一人”“培训一人、提高一人”的目标。先后组织劳动者就业技能培训10835人，组织劳动者创业培训2479人，培训合格率99%，就业创业率96%。2018年，开发区境内的新业态更加丰富，为满足有关单位对人才和劳动力的多样化需求，有关职能部门依托菏泽奇圣职业培训学校等6家定点培训学校，开展就业创业培训，全年共完成就业创业培训3280人，其中，职业技能培训2710人，创业培训570人。

第三节　劳动监察

基础工作　日常巡查　2008年起，区人力资源部门依照《中华人民共和国劳动法》和市人社局的指示精神，经常性到企事业单位巡查用工情况。至 2017 年，每年至少巡查大小用人单位 100 家，累计检查用人单位 1500 户，发送宣传材料 3 万余份，发出询问通知书 114 份、限期整改指令书 54 份，及时纠正发现的矛盾和问题，理顺了雇佣关系。

专项检查　从 2010 年开始，每年 3 月、4 月对规模以上企业开展劳动保障年度审查，清理整顿人力资源市场秩序，严厉打击非法中介活动。6—7 月，开展用人单位遵守劳动用工和社会保险法律法规情况检查，重点查看工程建设领域和劳动密集型加工制造、餐饮服务等行业。12 月至春节前，联合公安、建设等部门开展农民工工资支付专项检查。在历次专项检查行动中，共检查用人单位 300 余家。针对检查中发现的拖欠工资、未签订劳动合同、未缴纳社会保险、未办理劳动用工备案手续、违反最低工资规定、违反工时、休息休假规定、瞒报社会保险缴费总额、未经许可擅自经营劳务派遣业务、违法使用童工等进行及时处理整改。督促 50 余家用人单位补签劳动合同，进行劳动用工备案，70 余家用人单位补发拖欠劳动者的工资，80 家企业进行社会保险登记。

重点工作　工资集体协商　自全市开展工资集体协商工作以来，开发区积极采取有效措施，通过广泛宣传发动、上下联动，积极与区工会密切配合，工资集体协商工作得到扎实开展。至 2018 年，全区建立工资集体协商机制企业 57 家，覆盖职工 6670 人。其中，区域性工资集体协商 3 家，覆盖企业 10 家，覆盖职工 220 人；行业性工资集体协商 3 家，覆盖企业 19 家，覆盖职工 1750 人；企业集体合同 28 家，涉及职工 4700 人。在工作中，始终做到加强领导、加强配合、全面发动、典型示范、分类指导、规范过程、巩固成果，工资集体协商工作初步形成“区领导主导，工会牵头，部门配合，企业参与”的良好工作格局，得到了企业、职工和社会多方认同。

落实工资指导线和最低工资标准　2011 年起，开发区根据上级文件精神，全面开展企业薪酬调查，及时发布工资指导线、人力资源市场工资指导价位和人工成本信息，为企业合理确定职工工资水平提供参考。及时发布和宣传最低工资标准，全面落实企业最低工资规定。对执行不到位的提出警告，加以纠正，每年都保证 100% 的落实率。

劳动合同签订　根据上级统一规定，开发区严格推进用人单位全面劳动合同用工制度，利用各种形式督促企业与职工签订劳动合同。截至 2018 年，开发区签订劳动合同的单位累计 1186 家，签订合同 47405 人，劳动合同签订率 99.8%。

用工备案　区人力资源部门成立起，建立用工备案制度，加强对用人单位劳动用工宏观管理，规范劳动用工秩序，全面实施劳动合同制度，维护劳动者和用人单位双方合法权益。利用网络平台与社保处、就业办、3 个街道密切配合，广泛深入推进劳动用工备案工作，成效显著。截至 2018 年，全区劳动用工备案单位 115 家，涉及劳动者 6960 人，劳动用工备案率 100%。

劳动执法　2013 年起，共处理市长热线反映的问题 1000 余件、举报投诉案件 2000 余件，处理信访案件 60 余起，涉及劳动者 2 万余人，涉及拖欠工资金额约 1 亿元。其中，处理群体性事件 100 余起，移送公安机关案件 14 件，行政处理 4 件，申请法院强制执行 2 件，查处非法用工 45 件。

第四节　劳动保险

失业保险　1992 年，开发区开始征缴失业保险费，执行的缴费比例为单位 2%、个人 1%。自 1992 年以来，开发区失业保险参保人数、失业保险费金额逐年增加。至 2014 年底，开发区失业保险参保人数 6351 人，当年收入失业保险费 883.77 万元，待遇支出 0 元；2015 年，开发区失业保险参保人数 7801 人，收入失业保险费 738.07 万元，待遇支出 0 元。为减轻开发区企业负担，增强企业活力，根据省人社厅有关规定，开发区于 2015 年降低了失业保险缴费比例，将缴费比例确定为单位 1%、个人 0.5%。

2016 年，开发区失业保险参保人数 9129 人，收入失业保险费 850.88 万元，待遇支出 9.98 万元；2017 年，开发区根据规定再次降低失业保险缴费比例，将缴费比例降低为单位 0.7%、个人 0.3%；2018 年，开发区失业保险参保人数 1.1 万人，收入失业保险费 708.37 万元，待遇支出 72.7 万元。

2010 年 11 月，为推进全市社会保障体系建设，完善失业保险制度，提高失业保险基金统筹层次，增强失业保险基金的抗风险能力，菏泽市人民政府下发《菏泽市失业保险基金市级统筹办法》。开发区依照该办法规定，加强对失业保险工作的组织领导，严抓工作责任落实，加强对失业保险的动态监测，确保了失业基金平稳运行。

2011 年 4 月，菏泽市人社局和菏泽市财政局联合下发《关于机关工勤、事业单位及其职工参加失业保险的通知》。开发区按照该通知要求，进行机关工勤和全额事业单位参加失业保险并由同级财政代扣代缴失业保险费。

2012 年 10 月，根据省人社厅、财政厅《关于延长扩大失业保险基金支出范围试点有关问题的通知》要求，菏泽市人社局和菏泽市财政局联合印发《关于延长扩大失业保险基金支出范围试点政策的实施意见》。开发区根据该文件精神对符合条件的人员和单位扩大了失业保险支出项目，内容包括职业培训补贴、社会保险补贴、岗位补贴、小额贷款担保基金，并将扩大失业保险基金支出范围试点政策延长执行到国家修订的《失业保险条例》正式实施之日。

2015 年 9 月，山东省人社厅和山东省财政厅下发《关于做好新形势下失业保险支持企业稳定岗位工作的通知》，该政策是经济新常态下稳定和促进就业的重要举措，涉及每个企业的切身利益。开发区严格按照要求，对企业上年度缴纳失业保险费情况进行稽核并出具足额缴纳失业保险费证明，对符合要求的困难企业按照企业及其职工上年度实际缴纳失业保险费总额的 50% 给予稳岗补贴，对符合条件的企业按照企业及其职工上年度实际缴纳失业保险费总额的 30% 给予稳岗补贴。2016 年，开发区为菏泽金正大生态工程有限公司发放稳岗补贴 13.77 万元，惠及职工 1158 人。

2017 年 6 月，为贯彻落实《人力资源社会保障部财政部关于失业保险支持参保职工提升职业技能有关问题的通知》，山东省人社厅、财政厅下发《关于失业保险支持参保职工提升职业技能有关问题的通知》。该政策规定同时符合以下条件的企业职工，可申领技能提升补贴：（一）依法参加失业保险，累计缴纳失业保险费 36 个月（含 36 个月）以上；（二）自 2017 年 1 月 1 日起取得初级（五级）、中级（四级）和高级（三级）职业资格证书或职业技能等级证书。职工取得初级（五级）、中级（四级）、高级（三级）职业资格证书或职业技能等级证书的，补贴标准分别为 1000 元、1500 元和 2000 元。2017 年 1 月至 2018 年 2 月，开发区共发放技能提升补贴 5.55 万元，惠及 34 人。

工伤保险 2010 年 9 月，根据国家《工伤保险条例》《山东省贯彻〈工伤保险条例〉试行办法》的统一安排和市人社局相关要求，菏泽市开发区劳动人事局成立工伤保险筹备小组，高贤瑞任组长。经菏泽市人社局同意，成立开发区工伤保险业务办理单位，负责开发区辖区内的工伤保险征缴、工伤认定、劳动能力鉴定（材料初审）、工伤辅助器具审批，工伤医疗拨付、工伤待遇发放等相关职权，一经工伤行政确认加盖菏泽市人力资源和社会保障局工伤认定专用章。2011 年 1 月，开发区下发《关于成立工伤保险社会统筹有关问题的通知》，正式启动开发区工伤保险相关工作。该险种设立后，开发区先是把原区内企业在市人社局和牡丹区人社局参保的单位，纳入开发区辖区内管理，接收在原参保单位发生工伤所产生的工伤医疗费用、一次性待遇及供养亲属资金发放等管理职权，理清对应关系，掌握具体情况，之后接续开展工作。2010 年，全区收缴工伤保险 20.6 万元，支付工伤医疗费 11.22 万元。

2015 年，根据山东省人力资源和社会保障厅、山东省住房和城乡建设厅、山东省安全生产监督管理局、山东省总工会联合发文，开发区启动建筑业工伤保险工作，全面开展“同舟计划”活动，保障农民工发生工伤后享受工伤保险待遇，为建筑业农民工保驾护航，从根本上解决农民工工伤维权难的难题。截至 2017 年底，全区工伤保险新增参保 5224 人，总人数 5.3 万人，其中增加建筑业农民工 2561 人，征缴工伤保险费约 1650 万元，其中收取“同舟共济”计划实施以后建筑业工伤保险费约 965 万元。2017 年，共接到事故报案 206 起，认定工伤事故 201 起（包括未参保人员），劳动能力鉴定 56 人次，不予受理 6 件；不予认定 2 件；行政复议 1 件；行政诉讼 1 件。支付各类工伤保险待遇 650 万元，工伤保险累计结余 1891.3 万元。2018 年，企事业单位工伤保险参保人数有所提升，总数 30271 人，收缴工伤保险费 2179.02 万元。

第六章　安全生产管理

第一节　机构

2003 年 11 月，开发区管委会在由经济发展局负责安全生产工作的基础上，成立菏泽开发区安全生产监督管理局，编制 3 人。2007 年 6 月，原菏泽开发区安全生产监督管理局整体上划，隶属于菏泽市安全生产监督管理局，更名为菏泽市安全生产监督管理局开发区分局，编制 5 人。

2011 年 5 月，经市政府批准，成立菏泽市安全生产监督管理局开发区分局监察大队，编制 6 人。2015 年 1 月，根据菏泽市机构编制委员会《关于理顺市经济开发区和高新区安全监管体制的通知》，菏泽市经济开发区安全生产监督管理局成立，为管委会组成部门，编制 3 人；菏泽市安监局开发区分局监察大队更名为菏泽市经济开发区安全生产监察大队，编制 6 人。2015 年 4 月，原菏泽市安全生产监督管理局 2 名人员及监察大队 6 名人员完成整体划转。

开发区安监局构筑安全生产长效监管机制，实现全区安全生产形势持续稳定好转，“四项指标”总体逐年下降，工矿商贸领域自 2015—2019 年连续 5 年“零死亡”目标。开发区 2012 年以后连续多年获得“全省安全标准化示范园区”“全市安全生产先进县（区）”等称号。

第二节　安全生产监督

2003—2009年，开发区安监部门以全面实施《安全生产法》为主线，着眼于建立安全生产的长效机制，不断抓好完善体制、健全法制、队伍建设“三件大事”，着力构建安全生产构建安全生产责任、信息、技术、宣传、培训、应急“六个支撑体系”，逐步形成了“政府统一领导，部门依法监管，企业全面负责，社会监督支持”的安全生产工作格局。突出危险化学品、烟花爆竹、非煤矿山等重点领域，深化安全生产专项整治，辖区事故起数、死亡人数实现了“双下降”。

2010年，区安监分局以“安全生产基层基础年”活动为总抓手，深化“打非、治违、抓责任”活动，推进“三项行动”和“三项建设”的深入开展。围绕降事故、控指标、保安全，完善工作机制，落实安全责任，夯实基层基础，着力实现安全生产“三降一杜绝”的目标。在全市工矿商贸领域率先开展安全生产标准化达标活动。

2011年，区安监分局扎实开展“安全生产基层基础深化年”四次集中行动，注重在安全检查过程中引入专家力量参与，试行“专家查隐患”活动。创新安全监管模式，实行“安全监管指导”，针对企业存在的隐患和问题，提供整改指导服务，变“刚性执法”为“柔性指导”，深受企业好评。同时，注重基层安监机构建设，在3个街道办事处全部成立不低于5人的安监站，全部达到有机构、有场所、有人员、有车辆、有装备、有服装、有制度、有台账的“八有”目标。

2012年，区安监分局按照“安全生产基层基础强化年”的部署要求，抓基层，打基础，不断夯实安全生产“双基”工作。在政府层面，扎实开展省级“安全社区”创建工作，辖区三个街道办事处全部通过评审验收，被命名为“全省安全社区”。在企业层面，按照“一手抓创建，一手抓运行”“两手抓两手硬”的要求，持续推进安全生产标准化创建活动。

2013年，区安监分局按照“安全生产基层基础提升年”的总要求，突出源头管理、隐患排查治理、科技预防、应急救援等重点，进一步提高安监工作水平。充分发挥安委会办公室综合协调职能，结合开发区特点，创造性地印发《关于建立重点行业领域安全生产责任机制的实施意见》（菏开管发〔2013〕13号），厘清各街道及有关部门的安全生产职责。同时，编印《领导干部安全生产责任制落实手册》，辅助落实安全生产领导职责。

2014年，区安监分局紧紧围绕从根本上预防和减少安全生产事故这一总目标，全面深化落实政府部门监管责任和企业单位主体责任，进一步完善隐患排查治理体系和安全预防控制体系，创新工作思路，破解工作难点，加大监管力度，在全区重点企业开展“三道防线”建设工作，组建成企业自查自纠第一道防线、企业聘请专家查隐患第二道防线和政府监管第三道防线。督促危险化学品和重点工商贸企业与科研院所、中介服务机构签订安全生产隐患排查治理服务协议，由外聘专家对企业进行经常性的安全检查，推动第三方专家团队参与企业安全生产管理工作。同时，采取“政府购买服务”的方式，邀请专家参与执法检查，对发现的问题下达责令限期整改指令书，要求企业限期整改，对在规定期限内完不成整改的企业，一律按照法律法规上限予以处罚。通过严格的执法监察，有效督促企业整改一大批安全隐患。

2015年，区安监局坚持标本兼治、重在治本，强化安全生产监督管理，扎实开展安全生产隐患“大排查快整治严执法”集中行动，抽调各镇街和消防、城建、市场监管、安监等部门精干人员，成立“大快严”集中行动办公室，实行集中联合办公，对危化品、烟花爆竹和规模以上重点工贸企业，开展专项执法检查，有效整改一大批安全隐患，提高安全生产保障水平。建立健全“专家查隐患”工作新机制，设立安全专家活动专项经费，每年10万元，用于“政府购买安全生产专业技术服务”，辅助开展安全监管。

2016年，区安监局扎实开展安全生产隐患“大排查快整治严执法”集中行动，全面推进风险分级管控和隐患排查治理双重预防机制建设，狠抓各项安全生产措施落实。重点开展了化工产业转型升级工作，委托安全技术服务机构对26家化工企业进行安全生产评级，对2家不符合安全生产条件的企业予以关闭，其余24家企业均通过评级工作，促进隐患整改，夯实安全基础。加强化学品储存环节监管，建立健全356只危险化学品储罐的“一罐一档”台账，实施动态、精准监管。

2017年，区安监局先后开展安全生产隐患“大快严”集中行动、百日攻坚治理行动、安全生产大检查活动、危险化学品专项整治、化工产业安全生产转型升级、安全生产突击大检查等专项行动，危化品生产和化工企业共排查整改安全隐患和问题2077项，涉氨制冷和粉尘涉爆行业共排查整改隐患458项。加强应急联动，着重建立安全生产应急联动机制，全面打造“1.5公里应急互助圈”，推动106家企业和周边1.5公里范围内单位签署《应急联动互救协议》，实现突发事件“一呼百应”。

2018年，区安监局先后开展风险隐患“大快严”集中行动、安全生产突击大检查活动、安全生产综合治理大行动等专项整治活动，对危化品、烟花爆竹和规模以上重点工贸企业，开展“专家查隐患”执法检查，共检查企业137家、309次，排查整改隐患2031处。设立300万元安全生产专项资金，列入财政预算，用于隐患整改奖补、安全监管能力建设、隐患排查治理、安全生产宣传教育等方面的支出。同时，对107家企业完成“双重预防体系”建设，排查风险点9488个，全部明确了管控责任人、管控措施，着力实现“将风险挺在隐患前面、将隐患挺在事故前面”的目标。

第三节 安全生产宣传

区安监部门牢固树立“安全发展”理念，弘扬“生命至上、安全第一”的思想，强化宣传，开展“安全生产月”活动和全民安全生产宣传教育活动，集中开展安全生产咨询宣传日活动，通过展出展板、散发传单等方式宣传安全生产。

2003—2009年，开发区安监部门以“安全生产月”“集中咨询日”“12·4法制宣传日”等活动为载体，通过悬挂条幅、展出展板、发放宣传册、开展专题宣讲等多元化宣传形式，广泛开展安全生产进企业、进社区、进家庭、进学校、进农村的“五进”活动，向全社会宣传了安全生产法律法规、安全事故防范及应急救援常识，在全社会形成了较为浓厚的安全生产舆论氛围。

2010—2016年，区安监局先后印制《居家安全手册》《学校安全知识》等宣传教育读本20万余册，编辑制作《居家安全知识》宣教光盘5.5万余张，制作印有安全常识的围裙5000余个、雨伞3000余把，结合安全生产“七进”活动，发放到社区群众手中。将群众所需的安全常识录制成MP3播音稿，利用社区“大喇叭”反复播放，宣传安全用电、用气、防火等常识。按照“谁执法，谁普法”的普法责任制要求，开展安全普法“进企业”活动，向企业发放《中华人民共和国安全生产法》《山东省安全生产条例》等法律法规单行本。采取“职业病防治大课堂”“职卫宣传进企业”等多种形式，积极开展《中华人民共和国职业病防治法》宣传周活动，不断提高从业人员职业病防治意识。

2016—2018 年，区安监局扎实开展全民安全生产宣教活动，推动安全生产宣传教育进企业、进学校、进机关、进社区、进农村、进家庭、进公共场所，在全社会营造出浓厚的安全舆论氛围。区安监局与《中国应急管理报》《齐鲁晚报》《菏泽日报》、菏泽电视台《直播开发区》、菏泽大众网等媒体建立合作协议，先后播发安全生产新闻 554 条。深入开展安全生产“七进”活动，共悬挂宣传横（条）976 幅、宣传标语 5120 余条，展出宣传展板 720 块，印发宣传手册 20 万余本、明白纸 45 万余张。针对安全生产面临的新形势，不断加强安全生产宣传阵地建设，先后建设安全体验馆 4 个、消防文化广场 2 个，消防安全体验场馆 5 个，社区安全文化广场 72 个，共有 22.6 万人次参与“体验式”安全教育。结合区有关部门，扎实开展非生产性事故预防宣传教育工作，先后开展中小学防溺水宣教活动 1455 场次，开展冬季预防一氧化碳中毒宣传教育活动 3522 场次，开展居家防火、用电、燃气安全宣教活动 1866 场次，居民安全意识以及基本安全技能得到强化。

第四节　安全生产培训

区安监部门牢固树立“安全培训不到位是重大安全隐患”的意识，把安全生产培训教育作为安全生产监管“三大任务”之一强力推进实施。

2003—2009 年，区安监部门不断推动安全生产教育培训行为规范化、法制化、制度化建设，每年都制定年度安全生产培训计划，将全区各危化品、烟花爆竹、规模以上工贸等重点行业企业主要负责人和安全管理人员、特种作业人员作为培训重点对象。同时，动员重点企业的从业人员开展全员培训，指导企业建立健全培训档案。

2010—2012 年，区安监局严格按照上级关于安全生产培训工作的要求和部署，以全区经济发展为首要，拓展培训空间；以全方位服务企业为宗旨，不断提升培训质量；以诚信和谐为基础，开展安全生产教育培训各项工作，使全区生产经营单位主要负责人、安全管理人员、特种作业人员和从业人员的安全意识和安全技能得到很大程度地提高，为促进全区安全生产形势稳定好转起到积极作用。共培训企业主要负责人和安全管理人员 5700 余人（次）；电工、电焊、制冷、高处作业及 16 种高危工艺特种作业人员 2100 余人（次）。

2013 年，以危险化学品企业为试点，开展“各岗位应知卡”活动，将各岗位安全重点信息归纳、精炼到一张卡片上，辅助企业岗位安全培训教育，收到良好效果。

2014 年，在广泛开展“各岗位应知卡”的基础上，在全市率先推行岗位安全“应知应会”活动，指导企业编印涵盖工艺流程、操作规程、安全隐患辨识、应急疏散知识、事故案例分析等内容的《岗位应知应会手册》，并督促企业开展全员培训和考核，不断强化员工对应知应会内容的记忆，全面提高从业人员安全素质。

2015—2018 年，区安监局指定专人负责安全培训，明确职责分工和工作措施，做到“四个到位”：即领导到位、人员到位、责任到位、宣传教育到位，努力形成部门统一组织、企业和培训机构全面负责、群众广泛参与、舆论媒体监督的安全培训工作格局。同时，为强化制度保障，完善各项培训考核制度，对安全生产培训工作的原则、机构、师资、范围、内容、监督管理等作明确规定，推动安全生产培训管理走上制度化、规范化的轨道。并采取行政执法监督检查和安全生产宣传教育相结合的方式，督促企业主要负责人、安全管理人员、特种作业人员积极参加安全培训，并得到企业的广泛积极响应。共培训企业主要负责人和安全管理人员4505人（次）；电工、电焊、制冷、高处作业及16种高危工艺特种作业人员1724人（次），重点化工企业培训“12项重点岗位人员”共培训4560余人（次）。同时，督促企业严格按照有关法律法规开展“三级”安全教育，据不完全统计，全区危化品、烟花爆竹及规模以上工贸企业每年约有1.2万余人参训。

2015年11月，区安监局依托菏泽玉皇化工公司建设开发区危险化学品培训实习基地，区安监部门有计划地组织开展各类培训教育活动，强化从业人员安全意识、提高相关人员安全操作技能和应急处置能力。先后培训危险化学品一线岗位人员2.2万余人次。

2016年，区安监局汇总国内外典型事故案例，制作安全生产警示教育光盘300套，免费发放到辖区各重点企业，全区企业6.4万余人次参与警示教育活动。

2017年，结合“双重预防体系”建设，开展重点企业安全风险知识培训，4200余人参训；开展高危企业“12项重点岗位人员”专业安全培训，参训人数4560余人。

2018年，开展严厉打击假冒特种作业操作证行为专项行动，印发宣传页5000余份，制作宣传条幅156只，利用电子屏等户外广告媒介滚动播放宣传标语4.8万余条，共打击假冒特种作业操作证行为6起。

第七章　国土资源管理

第一节　机构

1992年1月，开发区成立时有牡丹、岳程庄土地管理所。1994年8月，成立菏泽地区土地管理局开发区分局，辖区为丹阳、岳程、佃户屯3街道。

2001年3月6日，菏泽市机构编制委员会批准成立菏泽市国土资源局开发区分局，行政正科级单位，内设办公室、财务科、征地科、监察科、信访室5个职能科室。2005年5月，菏泽市国土资源局进行事业单位机构改革，开发区分局升格为副县级单位，核定行政编制6名，内设综合科、业务科2个职能科室；下设丹阳、岳程、佃户屯3个国土资源所，各所为副科级建制，每个所编制10人。

2018年6月，陈集镇划归开发区管理，至此开发区分局下设4个国土资源所。

第二节　土地资源管理

土地利用规划　1986年6月，第六届全国人民代表大会常务委员会第十六次会议通过的《中华人民共和国土地管理法》第十五条，要求各级人民政府编制土地利用总体规划。菏泽市（县级）成立土地利用总体规划领导小组，1991年和1996年分别开展《第一次土地利用总体规划（1991—2000）》和《第二次土地利用总体规划

（1996—2010）（含开发区）》编制工作。两次总体规划对菏泽市（县级）及经济开发区土地利用、开发和管理等工作起到重大作用，尤其在耕地保护、规范建设行为等方面取得明显成效。

2006年，开始进行《第三次土地利用总体规划（2006—2020）》编制。此次规划基期年为2006年，近期2010年，规划目标年2020年。经过调整，形成以下成果：

2005年，全区农用地面积9673公顷，占土地总面积的65.83%。规划到2010年，农用地面积调整为8699公顷，比基期年减少974公顷，占土地总面积的59.2%。规划到2020年，农用地面积调整为4756.58公顷，比基期年减少4916.42公顷，占土地总面积的33.46%。

当年，全区耕地面积7102公顷，占农用地总面积的73.42%。规划到2010年，耕地面积调整为6555公顷，占农用地总面积的75.35%。规划到2020年，耕地面积调整为3681.05公顷，占农用地总面积的77.39%。

当年，全区基本农田面积3616公顷，保护率为50.92%。规划到2010年，基本农田面积调整为1059公顷，保护率为16.16%。规划到2020年，基本农田面积保持在926.73公顷，保护率为25.18%。耕地特别是基本农田是全区重要的粮食和特色农产品的物质基础，在全区各街道均有分布，其中岳程街道、佃户屯街道是全区耕地和基本农田保护的重点区域，该区域的耕地具有良好的水利设施，多为高产、稳产的良田。

2005年全区园地面积319公顷，占农用地总面积的3.3%。规划到2010年，园地面积调整为551公顷，占农用地总面积的6.33%。规划到2020年，园地面积调整为39.35公顷，占农用地总面积的0.83%。

2005年全区林地面积1093公顷，占农用地总面积的11.30%。规划到2010年，林地面积调整为920公顷，占农用地总面积的10.58%。规划到2020年，林地面积调整为459.55公顷，占农用地总面积的9.66%。规划林地主要布局在岳程街道、佃户屯街道，以发展花卉苗木、绿化苗木、速生丰产林、生态林为主。

2005年全区其他农用地面积1159公顷，占农用地总面积的11.98%。规划到2010年，其他农用地面积调整为673公顷，占农用地总面积的7.74%。规划到2020年，其他农用地面积调整为576.63公顷，占农用地总面积的12.12%。规划其他农用地在各街道均有分布，类型主要以农村道路、农田水利用地和坑塘水面为主。

2005年全区建设用地规模为4690公顷，规划至2010年调整为5748公顷，至2020年调整为9622.43公顷。与2005年相比，2010年增加建设用地1058公顷，2020年增加建设用地4932.43公顷。

2005年全区城镇工矿用地面积1531公顷，占建设用地总面积的32.64%。规划到2010年，城镇工矿用地面积调整为1829公顷，占建设用地总面积的31.82%。规划到2020年，城镇工矿用地面积调整为6010.34公顷，占建设用地总面积的62.46%。

2005年全区交通水利及其他建设用地面积452公顷，占建设用地总面积的9.64%。规划到2010年，交通水利及其他建设用地面积调整为862公顷，占建设用地总面积的15%。规划到2020年，交通水利及其他建设用地面积调整为850.17公顷，占建设用地总面积的8.84%。

土地使用权出让、转让　1990年，为深入贯彻国务院《城镇国有土地使用权出让和转让暂行条例》，菏泽市（县级）出台《城镇国有土地使用权出让和转让暂行办法》，使土地使用制度改革逐步由农村转向城镇。是年，从出让第一块国有土地使用权开始，以后逐步扩大出让和转让的范围。中共十四届三中全会为建立和发展社会主义土地市场指明方向，县、乡两级党委、政府把土地使用制度改革，培育和发展土地市场摆到重要议事日程，开展大规模的清理整顿土地市场工作，把土地交易纳入依法管理的轨道，严格控制土地资源的流失。

1994年，全国土地使用制度改革工作会议召开后，开发区土地使用制度改革进入新的发展阶段。集体土地、乡镇企业用地有偿使用、原划拨土地使用权的转让、出租和抵押管理、国有土地使用权的出让，“四荒”土地的开发利用等项改革都有了新的起色。出让方式由协议出让发展到招标、拍卖出让，增加出让土地在新增建设用地中的比重。在土地供应上，实现由行政划拨向有偿出让的转变：在出让方式上，实现由协议出让向招标拍卖出让的转变，土地使用制度改革有了新的突破。

1998年，菏泽市（县级）推行行政村宅基地有偿使用试点工作。通过行政手段和经济手段相结合，加强对农村宅基地的管理，有效控制村庄建设规模，增强广大农民群众节约集约用地、保护耕地的意识。国务院废止农村土地管理收费后，菏泽市（县级）进一步改进和完善农村宅基地和村内空闲地管理，及时制止了部分乱圈、乱占地及占用耕地建造住宅等不良现象发生。

耕地保护 1993年，围绕实施国家、省《基本农田保护条例》，认真落实“十分珍惜，合理利用土地和切实保护耕地”的基本国策，积极开展基本农田保护区规划试点工作，并顺利通过上级验收。1996年12月至1997年9月，开展第二轮基本农田划定调整工作，并在此基础上编制基本农田保护区规划，全区共确定基本农田保护区1218.49公顷。

为切实保护耕地，尤其是保护好基本农田，2016年开展了城市周边永久基本农田划定工作，划入永久基本农田保护面积926.67公顷，维护了区域生态平衡和粮食安全，达到了“既要保口粮，也要保发展”的规划目标。2017年，全面完成永久基本农田“落地块、明责任、设标志、建表册、入图库”5项工作任务，设立基本农田保护标志牌7个，埋设界桩287根，签订目标保护责任书245份、保护责任卡95份，及时形成永久基本农田划定成果，并汇交数据库成果，为全面落实永久基本农田实行特殊保护提供坚实基础。

2018年，全区耕地面积9443.41公顷，基本农田保护面积4645.56公顷。其中，陈集镇耕地面积5708.41公顷，基本农田保护面积3385.56公顷。

2006—2017年菏泽经济开发区统一征地面积情况表

表12-2　　　　单位：公顷

年度	面积合计	新增建设用地				
		面积小计	农用地		其他农用地	建设用地
			面积	耕地		
2006	173.7045	171.8577	170.952	162.8107	0.9057	1.8468
2007	168.1007	159.1131	116.6822	104.1443	3.9882	8.9876
2008	140.4953	136.6727	130.4103	114.0141	7.7334	3.8226
2009	137.9146	25.3125	21.557	20.3723		112.6021
2010	208.2249	141.3567	136.0655	129.6154	5.2912	66.8682
2011	250.764	217.637	202.6857	202.1291	6.8402	33.127
2012	254.0243	189.7261	189.7261	164.0362	25.6899	64.2982

续表12-2

年度	面积合计	新增建设用地				建设用地
		面积小计	农用地		其他农用地	
			面积	耕地		
2013	194.1883	158.9764	158.9764	141.3085	17.6679	35.2119
2014	269.1261	141.0390	141.0390	127.7108	13.3282	128.0871
2015	187.7674	163.3567	151.619	151.619	18.5556	17.5928
2016	191.0949	188.836	188.836	164.188	24.645	2.2589
2017	432.7876	292.075	243.9424	236.821	55.254	140.7126

第三节　土地执法监察

队伍建设　1988年以后，菏泽地委、行署高度重视土地执法监察工作，多次为土地管理部门增加人员编制，设立调整监察机构，加强队伍建设。地区土地管理局多次行文协调执法监察工作的外部环境，建立对上级、下级及横向相关部门的协调机制，土地监察机构从无到有、从小到大，从不健全到逐步完善、不断加强的监督检查机制。

土地违法查处　坚持统一领导、分工负责、团结协作的原则，全面推行分片包干、定期巡回监察制度，发现问题及时解决。2007—2017年，共查处各类土地违法案件1257起，其中擅自占用1186起，买卖和非法转让44起，越权批地8起，私自出租和抵押10起，其他9起。对其中806起土地违法案件进行依法处理，拆除违章建筑物360万平方米，罚款3.99亿元。

专项治理整顿　2003—2005年，在全区范围内开展全面清理整顿土地市场秩序工作，对各类非法占地行为彻底清理整顿、对闲置土地依法收回，纳入政府储备库。查处各类违法用地、不规范用地219宗，面积99.1公顷，完善用地手续2宗，面积5.7公顷，收回闲置土地27宗，面积59.6公顷。

2005年6—7月，在全区范围内开展治理整顿城区内“小面积开发”活动，共清出违法用地、违法建设案件13宗，均得到妥善处理。其中移交司法机关处理4宗，占压红线严重影响规划3宗，交清各种规费、罚款5宗，收回房地产抵押规费1宗，行政拘留涉案人员9人，收缴各种规费和实物折款2.74亿元。

卫片执法检查　2000年，国家首次利用卫星遥感监测技术开展土地执法检查工作。

2001—2018年，卫片监测涉及开发区16854个图斑，总面积1331.03公顷，历年违法用地占新增建设用地面积占用耕地面积比例4.5%，均顺利通过省、市验收。

土地信访　成立专门的信访接待办公室，配备专职信访工作人员，负责接待上访群众，开通土地信访举报电话，推行“局长接待日”制度和“一事一报”制度，使一些涉地信访案件得到较好解决。1992—2017年，共接待群众信访1787人次，结案率达99%以上。

第十三编　党务　群团

推进红色品牌创建　夯实基层党建基础
市开发区党工委书记、管委会主任李国珍调度“红色品牌”创建工作时强调，各级各部门党组织书记要扛起“第一责任人”职责，压实工作责任，坚持问题导向，抓住关键环节，强化工作措施，加快推进速度，确保实现“全覆盖、无死角、无空白”。
市开发区党工委副书记、管委会常务副主任练建军在“红色品牌”联系点调研时强调，要以“红色品牌”创建工作为总抓手，充分发挥示范点的引领带动作用，参考示范点的做法，全面铺开；要跟踪督导，要把对各镇街、各单位，将“红色品牌”创建情况作为年终党建工作考核的主要内容，全面提升基层党建工作水平。
传导压力，压实创建责任。实行品牌打造联系点制度，县级领导带头，每个品牌都有县级领导指导，全区315个单位，每个单位都明确1名责任人包保；全区分领域成立了6个专项推进专班，围绕“红色品牌”创建工作，突出关键环节、重要时间节点，分领域对八大“红色品牌”创建工作督导调度。
统筹谋划，加快品牌建设。研究制定《市开发区“红色品牌”工程实施方案》，成立了领导小组，出台了10项工作措施、5项保障措施，统筹推进“红色品牌”建设；建立对标清单。实地学习考察先进地市的党建先进经验和有效做法，分领域分别建立对标清单，坚持问题导向，明确追赶方向；从组织建设、融合发展、基本保障、发挥作用等方面，对“红色品牌”示范点建设，逐项明确工作标准；加大财政支持力度，以点带面，全面铺开，全面推进，全面提升。
突出特色，坚持“一品一策”。我们采取“一品一策”工作机制，即一个红色品牌一个推进策略，一个品牌突出一项特色，一个品牌突出一个主题。加强教育培训，对党组织书记有针对性培训4次，取得了醒脑补钙的效果；实行党组织书记任免、奖惩备案制度，定期考核，动态管理。
严格考核，确保取得实效。把“红色品牌”创建工作作为年终考评的重要内容，全面落实定期调度和专项督查、跟踪督办制度；对在“红色品牌”创建工作表现优秀的，在评先树优等方面予以激励扶持；对评价不高的，及时约谈负责人。

1992年7月，中共菏泽经济技术开发区委员会成立，2001年3月改称中共菏泽市委开发区工作委员会（简称开发区党工委）。至2018年，丛林、张玉荣、李玉华、刘勇（市委常委、副市长）、曹升灵、李国珍先后任开发区党工委书记，张玉荣等13人先后任开发区党工委副书记。开发区党工委注重党的组织建设、思想建设、作风建设和制度建设，加强党的宣传工作、精神文明建设、纪律检查和人民团体等工作。党的基层组织不断发展完善，党员队伍逐步壮大，截至2018年末，中共菏泽开发区党工委辖行政、企事业单位党（工）委10个，党总支11个，党支部250个，党员8459人。

第一章　工委综合党务

第一节　重要会议

开发区是党政合一管理体制，成立之后的开发区党工委会议相当于县（区）的常委会和常委扩大会。

党工委会议　开发区党工委会议由党工委委员组成，有党工委书记主持会议，非党工委委员的管委会领导列席会议。根据会议内容与研究议题，相关部门负责人参加会议。主要任务是研究决策开发区建设发展的重大事项、党的建设、组织人事等事项。一般每周召开1次，有重要事项及时召开。会议由党工委办公室负责记录，会后形成《党工委会议纪要》，经党工委书记审定签发，其决定事项作为各相关部门落实工作的依据。

党工委扩大会议　开发区党工委扩大会议一般半年、年终各召开1次，由党工委主持，开发区各部门、街道、镇、直属单位和驻区管理机构的负责人参加。主要任务是总结分析全区经济发展形势，讨论研究重大决策部署和工作思路，统一思想、明确目标、推进各项任务的完成。为贯彻落实上级的重大任务或重要精神，适时召开党工委扩大会议。

第二节　组织工作

组织管理　开发区组织工作由1994年12月成立的党群工作部负责。

1995年5月，根据菏泽市委下发的《菏泽开发区管理委员会职能配置，内设机构和人员编制方案》精神，开发区党群工作部主要负责指导和管理开发区的基层组织建设，做好积极分子培养、党员发展和党员教育管理等工作。年底共评出先进党支部15个，优秀共产党员45人。

2000年3—4月，开发区党工委组织开展领导班子和领导干部讲学习、讲政治、讲正气的“三讲”教育，党工委成员和科级干部参加教育活动。参加学习的都能做到边读书边思考，读书笔记在2万字以上，每个专题的心得体会在3000字以上，有的达6000字。

2000—2007年，组织万名干部下乡，排查问题322个，解决309个。加强党员数据库建设，实现各级党组织和个人信息的分类管理。3000名党员交纳特殊党费33万元。

2001年2月23日，按照省、市有关规定，在全区开展“三个代表”学习教育活动。全区除机关外106个行政村、农村2700名党员、“两委”成员560余人参加活动。是年3月16日，开发区党工委印发《组织工作要点》，党工委每年召开1～2次领导干部民主生活会，遇到重大问题及时召开民主生活会，重点解决党工委领导班子自身建设、班子成员“德、能、勤、绩、廉”和事关开发区发展及群众关心的热点难点问题，促进领导干部作风的转变，发挥领导班子的核心领导作用。

2010年，组织开展深入学习实践科学发展观活动，3—8月集中开展2批次学习实践活动。区机关事业单位2个党总支，15个党支部，245名党员参加活动。第三批学习实践活动中新增“五个好”村党支部7个。全年发展新党员158人。农村“党建示范点”“设岗评星”活动扎实开展，为群众做好事162件，村级班子健全率100%。

2011年，加强基层党组织建设，以“两委”换届为契机，按照“三高三强”要求，全区成功选举产生104个社区党支部和居委会，按期换届率和一次成功率达到100%。

2014年，对软弱涣散社区班子进行集中整治。在“两委”换届工作完成后，加强“第一书记”工作，选派30名“第一书记”到社区任职，多渠道争取资金6000余万元，修打机井209眼，安装路灯260盏。组织区、街两级党员干部开展结对帮扶活动，帮扶困难群众1034户、2059人。为规范党员发展工作，开发区党工委印发《关于进一步做好发展新党员工作的意见》，制订加入中国共产党积极分子推优制、发展党员公示制。为加强流动党员的管理，在北京建立流动党员党总支、党支部。截至2018年末，开发区党工委下设直属机关党委、丹阳街道党工委、岳程街道党工委、佃户屯街道党工委、陈集镇党委、公安分局党委、税务局党委、综合党委、天源水务有限责任公司党委、天华实业有限公司党委等10个党委（工委），11个党总支，250个党支部，党员8459人。

党员干部培训 开发区党员干部培训工作由开发区党群工作部和管委会办公室（与党工委办公室合署）具体组织。

1999年，开发区首选10名加入中国共产党积极分子参加学习党的基础知识培训。当年11月，开发区机关党委举办首期党员“学邓小平理论、学党章”轮训班。

2005年开始，开发区党工委每年结合实际制定党员干部教育培训计划，依托菏泽市委党校，分期分批组织机关、企事业单位干部轮训、培训，有针对性地举办领导干部政治理论及业务培训班，对党员干部进行政策法规知识讲座，开展经常性的思想政治专题教育等相关知识培训。

2011年1月，开发区党工委、管委会组织开展党建90周年系列庆祝活动，开展结对帮扶活动。全区40个党政机关和事业单位党组织，1300名在职党员与104个社区党组织，1400多名城乡困难党员结成对子，解决困难800余件。2012年，举办社区干部和非公企业党组负责人专题培训班15期，培训社区干部1200人次，社区副职干部和企业党组织负责人300多人。高标准、规范化新建21处社区办公场所，提高社区党支部书记的政治和经济待遇。

2013年11月17—30日，由开发区机关县级领导，各街道党委书记、办事处主任及分管负责人、区直部门和分支机构主要负责人共93人考察团，分两批到商务部国家级开发区（苏州）培训基地进行集中培训。学习苏州工业园区发展经验，并赴苏州工业园、昆山开发区、泰州医药高新区、宿迁开发区、徐州开发区实地考察学习。

2015年6月14—19日，开发区党工委、管委会、人大工委、政协工委领导班子成员，区直部门和街道领导干部，50家重点企业负责人共

150余人，分批赴中国海洋大学进行培训学习，并赴青岛开发区、烟台开发区、威海开发区、济宁开发区实地考察学习。

2016年8月15—21日，开发区党工委、管委会、人大工委部分班子成员，法院院长、检察院检察长、公安分局局长，经济发展局、商务局、财政局、市场监管局、安监局、投资公司、项目服务办、统计办、审计办、国土资源分局、环保分局、国税分局、地税分局主要负责人，大项目办各招商局主要负责人，各街道党委书记、办事处主任，分管经济工作的负责人，区内10家骨干企业主要负责人共计57人，到清华大学进行培训学习。2016年11月，为贯彻落实《中国共产党党校工作条例》《2010—2020干部教育培训改革纲要》和中央、省、市委党校会议精神，开发区党工委批准与菏泽市委党校联合办校，成立菏泽市委党校开发区分校，由菏泽市委委员、开发区党工委书记、管委会主任李国珍任名誉校长。开发区分校以增强党员和加入中国共产党积极分子"知识性、党性、能力"为目的，以培养开发区急需的后备干部为宗旨，注重提高办学质量，聘请大专学校科研专家学者讲课。分期分批次组织机关、企事业单位干部进行教育、培训，有针对性地举办领导干部政治理论培训班，对党员干部进行政治、法规、知识讲座，开展经常性思想政治专题教育。

2018年，深入开展中共十九大及十九届二中全会精神学习和"不忘初心，牢记使命"主题教育活动，把思想和行动统一到党中央决策部署上来。突出机关党建抓示范，社区党建抓提升，"两新"党建抓覆盖。7月3日，党工委印发《全区贯彻落实全省基层党建工作重点任务推进会和全省抓党建促乡村振兴工作会议精神工作方案》的通知，大力推进党员教育培训，坚持集中教育与经常性教育相结合。区、街、镇分级负责，采取集中教育、脱产培训、集体学习方式，每年集中学习培训时间不少于32学时。基层党组书记和班子成员每年不少于56学时，至少参加1次集中培训。各街、镇集中对农村社区党员进行培训，请进来与走出去相结合，2018年内轮训一遍。

干部管理　开发区干部实行分级管理模式。开发区党工委成员、管委会主任及副主任以及人大、政协工委主任、副主任，由菏泽市委组织部管理和任免；开发区副科级以上干部（包括正科、副科），由开发区党工委党群工作部考察后提交党工委决定任免；科级以下干部的任免，由各单位考察审批，报党群工作部审核备案。

1995年开始，由党工委党群工作部管理干部因公出国（境）审查审批和护照管理等工作，党政干部因公出国（境）的由所在单位提出申请，经组织部门审核后提交党工委会议研究批准。1995—2018年，开发区办理招商引资和交流访问等出国（境）审查审批50余批，268人次。

2012年12月17日，印发《菏泽市经济开发区区直部门正职领导干部选拔任用工作试行办法》。干部使用按照《党政领导干部选拔任用工作条例》《党政机关竞争上岗工作暂行规定》《公务员管理暂行条例》等法规规定，通过干部在职实践、挂职锻炼、轮岗交流等途径加强对干部能力的培训，建立和完善选拔任用动态管理、考核激励等机制。制定干部管理使用办法，建立后备干部人才库，规范干部队伍动态式、阶梯式培养使用机制。

第三节　宣传工作

2010年以来，开发区加强舆情管控，牢牢把握话语权。重视舆情管控工作，成立区、街道、社区（企业）三级舆情管控网络，把立根基层、熟悉网络、会说网民语言的青年骨干人员吸收到舆情管控队伍中来，发出正声音，传播正能力，纠正网络歪思想、歪风气。至2018年，全区舆情信息员队伍发展至216人，宣传队伍人员发展至50余人，建立覆盖全区、横到边、纵到底的舆情管控网络。为全区经济社会又好又快发展弘扬正能量、唱响主旋律、营造了良好舆论氛围。全区全年没有发生一起舆情失控事件。

理论教育　开发区党工委坚持一手抓经济建设，一手抓党的建设和社会主义精神文明建设，建立和健全各级党（工）委中心组学习制度，以专家教授作辅导报告，举行专题讲座、演讲会以及参观考察、社会调查等多种形式，组织全区干部职工学习邓小平理论、“三个代表”重要思想、科学发展观、习近平新时代中国特色社会主义思想，以及党在各个阶段的路线、方针、政策等。提高干部职工的思想政策水平和科学文化素质，促进了全区“两个文明”建设的协调发展。

1994—2004年，开发区党工委理论学习中心组成员由党工委、管委会领导组成，并视情况扩大到机关各部门和直属单位负责人。学习中心组围绕开发区经济和社会发展的总体目标，紧密结合开发区工作实际开展理论教育。学习内容以马列主义、毛泽东思想、邓小平理论、“三个代表”重要思想、科学发展观、党的重要文献和党的基本路线、方针、政策、党规党纪、法律法规、经济管理、现代科技知识等为主，着眼于马克思主义理论的运用，对实际问题的理论思考以及对开发区实践和发展经验教训的总结。中心组采取个人自学和集中学习、专题讨论、领导授课和研读原著相结合的方式进行，为提高中心组学习质量，开发区党工委行文并出台有关中心组学习方面的一些具体措施，推动了理论学习的深入开展。

2006年3月起，根据中组部《农村党员干部现代远程教育试点工作方案》《山东省农村党员干部现代远程教育扩大试点工作实施方案》《菏泽市农村党员干部现代远程教育工作实施方案》的要求，结合开发区实际，至8月建成覆盖开发区各社区、管委会机关及直属事业单位、中小学校、医院和非公企业的以电化教育为平台的终端接收站80多个，成为党员教育管理新的载体。

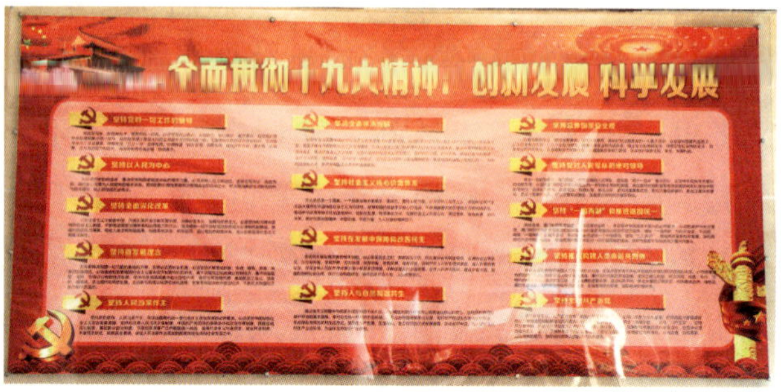

科学发展观宣传栏

2015—2017年，《菏泽市经济开发区创建省级文明城市实施意见》印发，由政研室牵头，制定创城年度宣传工作方案，制作公益广告牌在公园、广场、车站发布。有步骤组织新闻媒体进行宣传，营造浓厚的社会氛围。

2018年1月24日，党工委印发《关于认真学习贯彻党的十九届二中全会精神的通知》，要求各级党组织理论学习中心组把学习党的十九届二中全会精神与学习贯彻十九大精神相结合，制定学习培训计划，列出专题讨论，做到入脑入心，融会贯通。对科级以上领导干部举办学习班进行培训，推动全会精神进企业、进机关、进校园、进社区，做到家喻户晓、深入人心。

对外宣传　开发区对外宣传工作主要由党工委、管委会办公室、政研室负责策划和组织实施，宣传重点是利用市内外媒体介绍开发区投资环境、产业导向和开发成果等情况，扩大开发区对外影响力和知名度，为吸引投资服务，开发区招商局、商务局运用自身对外联络优势和出国（境）招商活动等时机，进行推介宣传和系列宣传。

1997年5月，“中国青岛对外贸易洽谈会”期间，开发区加大对外宣传力度，运用文字、图片、声像多种方式，宣传开发区投资环境和各项建设成就。

2013 年 10 月，开发区在广州路与长江路、长江路与闽江路交叉口两侧兴建首批 8 块大型宣传牌，主要对外宣传东区区块 60 平方公里总体规划和启动区块控制性详细规划。

2013 年 3 月 1 日起，开发区与《菏泽日报》合作，以每年给予开发区刊登 8 个头版头条新闻板块，报社配备 1 名专职记者，负责版面稿件组稿工作，报道开发区重要新闻和工作动态；与菏泽市人民广播电台合作开辟新闻报道，于每天早 7:20 至 7:30《行风热线》节目前播出 5 分钟《开发区新闻》专题节目；与菏泽市广播电视台合作，在菏泽电视台新闻中心开辟《直播开发区》电视专栏，每期长 8 分钟，每周一、三、五 20:50 首播，每周二、四、六 20:50 重播，扩大了开发区的影响。媒体的宣传主线、报道内容、版式设计，成为开发区对外宣传的一个新窗口。

2016—2018 年，开发区管委会利用“七一”“十一”等重大节日和每年的“菏泽国际牡丹旅游节”，加大对外宣传，运用文字、图片、声像等多种手段，宣传开发区各项建设成就。利用光盘、画册、沙盘模型、大型电子屏幕等形式，提高了开发区在国内外的知名度。利用因特网站制作 CD-ROM 光盘分送等方式扩大宣传。建成开通菏泽开发区官网 www.hzkfq.com，门户网站介绍开发区投资环境及建设发展情况。

“两会”青年志愿者服务队

报纸电视　《今日开发区报》是菏泽经济开发区工委的机关报，创刊于 2002 年，采用铜版纸 4 版印刷。2007 年改为普通新闻纸发行，为半月刊。每期印刷 2000 份，设时事、要闻、动态、政策、专题、风情等栏目。至 2016 年停办，该报总共办了 336 期，除分发到各部门阅读外，上报市委、市政府领导阅览，与其他县区、省内兄弟开发区交流，发挥了指导当地工作、宣传介绍开发区情况、提升地方知名度等作用，特别是对招商引资工作产生了深远影响。

《直播开发区》电视栏目《直播开发区》是开发区与菏泽市广播电视局合作开办的新闻宣传发布平台，创办于 2005 年 3 月 1 日。播出频道集中在菏泽一套新闻栏目，周一至周六 20:50 ~ 20:58 直播，次日 6:38 ~ 6:46 和 17:00 ~ 17:08 重播，时长 8 分钟。栏目大致设立 8 个板块，每期视情况安排 2 ~ 4 个板块，主要播出“开发区要闻”“工作快讯”“招商动态”“人物访谈”“专题报道”“基层采风”等内容，成为菏泽市的知名栏目，拥有较高的收视率。

第四节　精神文明建设

开发区建区初期，党工委、管委会把精神文明建设作为推进开发区全面发展的重要工作，并由党工委、管委会党群工作部负责具体组织实施。2005 年 5 月，开发区成立精神文明建设委员会（文明办）。

开发区精神文明建设，主要通过群众性教育宣传活动和文明单位创建活动等有效载体和平台在全区展开，并由点到面、由小到大，逐步形成文明、和谐的社会氛围。

建区初期，开发区以宣传党的改革开放政策为重点，开展一系列精神文明创建活动。1993 年，全区开展“五讲四美三热爱”活动。1994 年，组织开展“艰苦创业”教育，举办“优秀党员、先进工作者报告会”，并结合学习焦裕禄先进事迹激发干部群众了解开发区、热爱开发区、献身开发区的政治热情与工作干劲，推动开发区精神文明建设发展。

青年志愿者服务队

1995—1996 年，开展向孔繁森、王廷江、韩素云学习的“三学”活动，弘扬爱国主义精神，增强干部职工的社会责任感。

1997 年，开发区坚持两个文明一起抓，推动精神文明建设和社会事业全面发展。组织中共十四届六中全会精神的学习贯彻和落实，开展“热爱开发区、比贡献、树新风”“争做文明开发区人”以及其他精神文明创建活动。

1997—1999 年，围绕香港、澳门回归和中华人民共和国成立 50 周年，开展“回顾 50 周年，展望下世纪”教育活动，增强全区人民坚持社会主义道路，坚持党的领导的自觉性和坚定性。

2000 年 1 月 14 日，菏泽开发区党工委印发《关于加强社会主义精神文明建设的实施意见》，转发中共中央《爱国主义教育实施纲要》和《中共山东省委关于贯彻落实爱国主义教育实施纲要》，在公务活动、重要会议规范插挂国旗、党旗，在学校升国旗、奏国歌、唱国歌。广泛开展社会公德、职业道德、家庭美德教育。推广《文明市民规范》，开展“创建文明城市，争当文明市民，争创文明机关，争做全区表率”活动。开展“学先进，树新风”“青年志愿者号”“希望工程”等系列活动。广泛开展“五好家庭”评选，推广“双爱双评”职工星级管理及“三户”（遵纪守法户、五好家庭户、文明经商户）争创活动。

2007 年，开展群众性精神文明创建活动，以广场文化、社区文化、乡村文化、企业文化为载体，利用春节、牡丹花会、林交会等有利时机，组织开展丰富多彩的宣传文化活动。年末开发区公路局被评为省级文明单位，岳程街道许楼行政村被评为省级文明村。全区文明创建作出突出贡献的政策研究室等 5 个单位和程鲲鹏等 6 人获“文明创建工作先进单位”“文明创建工作先进个人”称号。

2016 年 10 月，以菏泽市“省级卫生城市”复审迎检工作为重点，着力营造宣传氛围，配合相关职能部门（单位）查死角、整治热点难点，有效推进开发区“省级卫生城市”复审评比与文明城市创建工作。签订《门前三包责任书》8000 余份，开展排查销号、属地管理、条块结合、门前三包活动，逐条街道拉网式排查，排出 200 多个问题，整改验收后销号，做到“横到边，纵到底”，不留死角。广泛开展宣传活动，设置大型广告牌 8 个（20 米 ×1.8 米），印制宣传挂图 8000 余份，禁烟标志 1 万余份，健康素养宣传材料 5 万余份。投入基础设施项目 15 项，投资 1491.55 万元，新建道路 7441 米，新建环卫机械保洁服务中心 1 处，环卫所 3 个，垃圾中转站 10 个，停车场 8 个，健身广场、早市、夜市 24 个，出动清运车、大型机械 200 余车次，清理垃圾 3000 余立方米，清理流动摊点、占道经营 2200 余处，有效地推动开发区省级卫生城市复审迎检和精神文明建设工作。

2018 年，以创建全国文明城市为主线，以讲文明、树新风，提升市民文明素质为主题，营造创建氛围，把创建工作与加快开发区推进城市化、环境综合整治和完善城市功能相结合，保证文明创建工作顺利推进。

在文明城市创建中，严格落实网格包联制度。开发区共划分4个网格，由10名县级干部、30个区直部门、200名街道干部包联。各街道和社区把创城要求逐一细化，由大网格派生出社区网格，由社区网格再划分为若干小网格，安排专人负责小网格的治理。通过设置“诚实守信”“节俭养德”等公益广告、文明用语提示牌和在各居民小区普遍设立社会主义核心价值观、居民公约、健康教育等宣传栏，为全市创建省级文明城市，做出应有贡献。各社区主动担当起创城主体责任，积极配合市、区、街道包联单位和人员的工作。通过文明创建，城市文明环境和基础设施明显改善。

第五节　纪检监察

工作机构　1995年6月1日，菏泽地委发文件任命张道社为菏泽开发区纪委书记。2006年7月至2010年1月，魏琳任纪工委书记。2010年1月至2012年5月，席巍任纪工委书记。2012年5月至2017年4月，程海建任纪工委书记。2017年6月起，李国利任纪工委书记。

2001年，菏泽市编委批准成立菏泽开发区纪律检查工作委员会（简称开发区纪工委）。2007年9月，开发区监察局成立，与纪工委合署办公。2009年末，开发区纪工委内设审计办公室，为正科级事业单位。2018年12月原开发区监察局撤销，设菏泽市监察委员会市经济开发区工作委员会，与纪工委合署办公，开发区纪工委和监察工委在市纪委、市监察委直接领导下开展工作。

廉政制度建设　1997年2月，制定《菏泽开发区党工委、管委会党风廉政建设责任制》，对开发区党员领导干部和机关人员实行党风廉政建设责任制。

1998年11月，中共中央、国务院《关于实行党风廉政建设责任制》颁发，开发区党工委为加强党风廉政建设和反腐败工作组织的领导，每年对党风廉政建设和反腐败工作的组织领导进行责任分工，明确责任人和工作措施。对党风廉政建设和反腐败工作落实情况和领导廉洁自律工作、查办案件工作、纠风工作等作出明确规定。开发区纪委每年与开发区重点部门和直属单位签订党风廉政建设责任书，明确各部门、单位在党风廉政建设工作中的任务和应承担的责任，同时将各部门、单位党风廉政建设责任书落实情况纳入年终绩效考核。

2000年2月14日，根据中共中央、国务院《关于实行党风廉政建设责任制的规定》和省委、省政府《关于落实党风廉政建设责任制的实施办法》，按照地委行署党风廉政建设岗位职责细则，制定开发区党委、管委领导党风廉政建设岗位职责细则，党工委书记、管委会主任，党工委委员、管委会副主任分别制订相对应的岗位党风廉政建设细则，在制度上确立反腐败领导机制。

2001年4月，根据《中国共产党领导干部廉洁从政若干准则（试行）》的规定，开发区党政机关、社会团体、企事业单位的党员干部，在公务活动中收受的可能影响公正执行公务、无法或不便于退回的现金、礼卡、有价证券，按规定上交所在单位。纪委工作人员都签订了责任状，保证零持卡，为机关党员干部自查自纠做出表率。

2004年6月，纪工委将上级印发的有关廉政建设制度、规章以及开发区管委会各直属单位、部门制定的廉政制度汇编成册，发至开发区所有单位和部门，供学习和监督。7月，下发《菏泽开发区廉政建设责任制实施办法》，对开发区党风廉政建设实施的基本原则、组织分工、责任内容、责任追究、管理、检查等予以明确规定。同时印发《领导干部述职廉政实施细则》，并从2004年起每年开展一次县级领导干部述职报告和党内民主生活会活动。

2005年，先后制定《政府采购管理办法》《财政预算管理办法》《廉政考核实施办法》等反腐保廉体系相关制度和管理办法，并付诸实施。

2006年，将党风廉政建设责任书的签订范围扩大到党工委、管委会管理的所有部门、单位，同时根据不同的工作性质、特点，分别制定不同的考核办法。当年，出台《关于规范开发区政府采购工作有关事项的通知》《开发区工程建设效能监察实施办法》等廉政规章制度。

2007年，随着开发区建设的推进，开发区党工委先后出台《关于印发党工委、管委会领导党风廉政建设岗位职责的通知》《项目建设招投标监督规定》《土地出租监督规定》等规章制度。

2008年3月20日，开发区党工委、管委会郑重向全社会公开作出7项廉政承诺。让全区干部职工及社会各界予以监督。带头严格遵守法纪，不滥用权利，不利用职权谋私利；履行“一岗双责”；自重、自醒、自警、自励、廉洁办事，不接受任何影响公正执行公务的利益；严格遵守《廉政准则》“中共中央八项严格禁止”的规定精神；艰苦奋斗，勤俭节约，不奢侈浪费，不大吃大喝高消费，不公款旅游；不大操大办婚丧嫁娶、生日庆祝、乔迁宴请，不借机收钱敛财；坚持重大事项报告制度，不向组织隐瞒个人重大事项。

截至2018年末，开发区先后制定各类廉政规章制度45个，促进党风廉政各项工作的落实。

党风廉政教育　1992—1999年，开发区纪工委、监察局没有正式建立，也没有专职工作人员，开发区的党风廉政教育和纪检监察等活动由开发区管委会机关党委负责组织实施。在开发区监察局正式成立及有关工作人员到位后，党风廉政教育和纪检监察等工作有了专门的组织管理机构。至2018年末，开发区纪工委（监察局）共组织开展问卷考试、知识竞猜150次，进行各种讲座、理论学习300余次，观看反腐倡廉录像（警示教育片）和电影50部，组织纪检干部培训260次，建立反腐教育基地。

1999年，先后组织开发区广大党员干部集中观看《中国共产党纪律处分条例》《损公肥私者的最终结局》等教育片，受教育党员干部2000人次。

2000年，开发区党工委在领导班子和领导干部中组织开展以“讲学习、讲政治、讲正气”为主要内容的党性党风教育活动，组织学习《中国共产党纪律处分条例试行》，观看《生死抉择》《国企蛀虫》等电教片，受教育者1000余人次。同时开发区各单位党支部以召开支部大会和民主生活会形式，围绕中央严惩典型案例，讨论反腐倡廉的重要性和必要性，教育活动富有成效。

2001年，重点开展以防范职务犯罪为重点的警示教育，先后组织党员干部观看《蜕变》等纪实录像，举办《贪污、贿赂、渎职犯罪立案标准宣传》展览和法律咨询活动，邀请法律专家到活动现场解答职务犯罪的法律问题。向开发区各级领导干部和有关单位发放《人民检察院直接受理立案、侦查案件立案标准的规定》宣传资料500余份，组织党员干部开展专题党风廉政教育讲座，邀请市委党校教授作“党员领导干部从政道德”专题报告，组织副县级以上领导干部、街道和直属单位党政主要领导参加党风廉政建设专题考试。

2002—2005年，组织党员干部开展以“立党为公，执政为民”为主题的从政道德教育和学习以“三个代表”重要思想为主要内容的党员先进性教育活动，引导党员干部提高党性修养，自觉实践“三个代表”“两个务必”；在科级干部中开展为人民掌好权、用好权和党纪政纪等法律法规教育，在一般干部中开展执政为民教育，引导党员干部牢固树立公仆意识，牢记为人民服务宗旨。不断增强拒腐防变，抵御各种不正之风的能力。开展以学习贯彻《中国共产党党内监督条例》和《中国共产党党纪处分条例》（简称：两个《条例》）为主要内容的党风廉政教育活动，发放两个《条例》宣传资料500余份，组织收看中央电视台转播的《条例》知识竞赛，每年组织县级领导干部“述职述廉”活动，从“德、能、勤、绩、廉”五个方面向各级组织和全体干部作述职报告，接受监督。

2005年，组织各级党员干部开展为期一个月的“党风廉政建设宣传教育月”活动，重点学习《预防职务犯罪》《党员领导干部廉洁从政手册》等内容。组织党员干部进行反腐倡廉理论知识考试，邀请专家做党风廉政建设专题报告，组织全区党员干部观看《从政警示录》等警示教育片，分批组织开发区全体党员干部参观开发区警示教育基地。开发区纪委在节假日，利用电子政务内网向开发区县级领导干部发送廉政短信，为开发区各级领导干部廉洁自律敲响警钟。

2006年，组织全区党员开展以学习党章、遵守党章、贯彻党章为主题的学党章知识竞答活动，邀请开发区检察院负责人就有关职务犯罪、渎职犯罪的表现形式、危害进行专题讲座。组织参观菏泽市反腐倡廉成果展览，分5批组织开发区各级单位党员干部500余人到党员干部法纪教育基地接受廉政警示教育。

2007年，根据菏泽市委部署抓党风党纪宣传教育活动。在活动中征集社会各界意见建议50条，研究制定整改措施80条。组织观看警示教育片《忏悔录》《贿之害》《警钟》。举办2期廉政理论培训班，分别邀请上级纪委和检察院领导到开发区授课。

2010年，开发区党工委、管委会投资500万元建立廉政教育基地，当年共有区直机关、各街道34批次1300余名党员干部到基地参观接受教育。

2015年，开展“三严三实”专题教育，县级领导干部带头上党课、强学习、查问题、抓整改。在“互联互创”活动中，68个部门、897名在职党员干部，对5.89万个家庭进行走访调查，为群众办好事、解难事。当年5月15日，印发《关于在全区县级领导干部中开展“三严三实”专题教育实施方案》。党工委书记讲“三严三实”专题党课，运用正反两方面典型开展教育。组织学习焦裕禄、杨善洲、王伯祥、朱彦夫等先进典型案例，吸取教训、受警醒、明底线、知敬畏。

2016年1月，组织各级党员干部学习《关于规范管理公务人员操办婚丧喜庆事宜的暂行办法》，针对本人、配偶及其直系亲属相关的结婚嫁娶、丧事忌日、建房乔迁、升学留学、职务变动、入伍就业、开业庆典、生日庆寿、孩子满月等事宜规定“五个一律”。一律不准通知亲属以外的人员参加，更不准借机敛财；一律不准参加亲属以外的婚丧喜庆事宜；一律不准使用公车，使用私车不准超过6辆；酒席总数一律不准超过10桌；一律不准用公款报销或变相支付应有本人承担的费用。

2017年8月，印发《菏泽市经济开发区“以巡察促党建以党建促工作”专项活动实施方案》的通知。重申“完善廉政建设相关制度，坚持标本兼治、综合施治、惩防并举、注重防范”的原则，加强对权力运行的监管和制约，从源头上防治腐败。进一步完善反腐倡廉制度体系，全面推进惩治和预防腐败体系建设，有效推动党风廉政建设。

2018年11月，挂牌成立“菏泽市监察委员会市经济开发区工作委员会”（简称市开发区监察工委），推进“两学一做”学习教育常态化制度化，举办中共十九大精神宣传活动45次、党员培训班5期，对全区130个村级基层党组织采取五星管理。深入开展“双联双创”活动，服务群众3600余人，解决群众困难780余个。加大监督执纪力度。全年受理信访举报137起，处理问题线索64件，立案38起，给予党纪政纪处分44人。

反腐败工作　1998年，重点对开发区工商行政、公安、城市监察、环境保护等行政执法部门和群众反映强烈的行业热点问题开展专项检查。狠刹“吃、喝、卡、要”等腐败行为，杜绝乱收费、乱罚款、乱摆摊等不正之风。根据中共中央、国务院《关于党政机关厉行节约，制止奢侈浪费行为的若干规定》的要求，组织科级以上干部学习有关车辆配备规定，严禁公车私用和超规定配备车辆，制止奢侈浪费行为的发生。

1999—2001年，纪委会同财政局对开发区行政事业性收费和罚款收入“收支两条线”管理落实情况开展专项清理检查。以督办整改形式将意见反馈给相关部门督促整改，及时将整改情况反馈给原部门，接受群众监督。

2000年，开发区纪委（监察局）会同经济发展局、财政局、管委会办公室等部门，对全区8大类48项行政事业收费专项调查、整顿、检查，实行开发区收费许可证和交费登记卡制度，杜绝行政机关凭借权力向企业乱收费或变相有偿服务的不良行为。会同财政局对全区行政机关、事业单位进行预算外资金“收支两条线”工作情况开展专项检查，会同有关部门对用公款购买与公费电话号码同号配置的便捷电话（小灵通）和领导干部个人住宅配备电脑或报销上网费等热点问题进行检查，未发现违规情况。

2001年，对丹阳、岳程、佃户屯街道的村务公开情况进行检查，完成30余户农村党员、干部违章建筑的拆除工作。同时对党政机关公车管理使用情况开展检查，出台《菏泽开发区管理委员会小车管理若干规定》。当年，对领导干部违反规定接受现金、有价证券和支付凭证等问题开展专项清查。

2007年，在开展党风廉政建设和反腐败工作中，对全区132名副科级以上干部全部建立廉政档案，全年查办案件12起。

2008年，加强对行政村（社区）学校、企业的廉政文化示范点建设，加大对公路“三乱”的治理力度。重点查办违法超生、失职、渎职等计划生育违纪案件，对54名党员干部给予党纪处分，促进了计生工作的开展。

2013—2018年，纪工委落实中央八项规定精神，纠正“四风”，抓好春节、中秋节重要时点监督检查，集中治理公款购买贺卡、公款送礼、大吃大喝、滥发津贴补贴等问题。针对机关存在“庸懒散”，开展专项治理，组织4个检查组不间断明察暗访，查办案件18件，通报问责相关人员12人，问责处理103人。其中，政纪处理68人，党纪处理35人。

2013—2018年度案件入库报送对比统计表

表13-1　　统计单位：件／人

年份	立案件数	党政纪处理人数	通报批评人数	谈话函询人数	诫勉谈话人数	书面检查人数	组织措施人数
2018	37	44	11	2	5	1	1
2017	28	30	8	—	—	—	—
2016	18	20	2	—	—	1	2
2015	19	19	—	—	—	—	—
2014	3	5	—	—	—	—	—

续表13-1

年份	立案件数	党政纪处理人数	通报批评人数	谈话函询人数	诫勉谈话人数	书面检查人数	组织措施人数
2013	9	10	—	—	—	—	—
合计	114	128	21	2	5	2	3

2013—2018年度案件入库四种形态对比统计表

表13-2　　统计单位：人次

年份	第一种形态	第二种形态	第三种形态	第四种形态
2018	30	20	11	3
2017	8	23	6	1
2016	3	16	3	3
2015	—	19	—	—
2014	—	4	1	—
2013	—	2	—	8
合计	41	84	21	15

2013—2018年度案件入库六大纪律对比统计表

表13-3　　统计单位：人次

年份	违反政治纪律	违反组织纪律	违反廉洁纪律	违反群众纪律	违反工作纪律	违反生活纪律	职务违法犯罪	其他涉法行为
2018	4	2	15	13	20	7	0	3
2017	1	1	8	7	16	3	1	1
2016	—	—	13	—	5	—	—	7
2015	—	3	3	—	—	—	4	9
2014	—	—	3	—	—	—	1	1
2013	—	—	—	—	2	—	5	2
合计	5	6	42	20	43	10	11	23

第六节　企业党建

开发区是非公企业（包括外商独资企业，外商参股控股企业，私营企业和国企改制后的私营、民营企业）集聚的特殊的经济和社会区域。由于非公企业尤其是外资企业享有高度的自主经营权和利益分配权，建区初期，有些非公企业对于在企业中建立党组织并开展活动一定程度上存在着不理解和顾忌。开发区党工委结合非公企业党建工作的特殊性进行深层次分析，探索加强非公企业党建工作的针对性、有效性的方法和措施，不断推进非公企业党建工作的开展。在非公企业党组织建设中，开发区党工委始终坚持“为企业所需，为党员所欢迎，为职工所拥护，为业主所理解和支持”的原则，以加强组织为基础，以发挥作用为重点，以壮大队伍为关键，使党建工作与企业生产经营目标同心，思想同心，工作同步，通过发挥积极的作用赢得企业投资经营者和职工的支持，逐步稳固党组织在企业中的地位。

2001年6月28日，开发区党工委印发《关于加强非公有制经济组织党建工作的实施意见（试行）》，确定非公企业党建目标任务；建立健全非公企业党组织，理顺非公企业党组织隶属关系，明确非公企业党组织的地位和职责。

2015年12月14日，批准成立山东天源水务集团控股有限公司党委。2016年3月17日，批准成立菏泽天华实业控股集团有限公司党委。企业党委坚持“党的工作与企业生产经营相结合”的方针，工作以兼职和业余化为主，党员教育实行分散化和自学化。企业党委在区域经济和企业发展过程中主要发挥5个方面的作用：通过宣传贯彻党的方针、政策和国家的法律法规，促进企业依法经营和职工合法权益的维护；通过开展思想政治教育，引导职工群众克服雇佣思想，树立主人翁精神；通过强化“党员塑形象，闪光在企业”，和别人比多了一份责任，增强了奉献意识，发挥党组织的战斗堡垒作用和党员的先锋模范作用。

2014年，中共天华实业集团有限公司委员会成立。2018年末，开发区共建立企业党委2个，基层党支部15个，有中共党员211人。

第二章　基层党（工）委

第一节　区直部门与企业党委

开发区直属机关委员会　1995年6月19日，经中共菏泽市委组织部批准成立中共菏泽开发区机关委员会（后更名为中共菏泽开发区直属机关委员会），肖焕斌任书记（兼）。2000年6月15日，卢洪宾任机关党委书记。

2001年4月至2003年4月，中共菏泽市委开发区工作委员会批准李守玉任直属机关党委书记。2003年5月至2009年2月，穆杰任直属机关党委书记。2009年2月至2012年4月，程海建任直属机关党委书记。2012年至2017年4月，赵福龙任（兼）直属机关党委书记。2017年6月，刘勇任（兼）直属机关党委书记。2016至2017年，发展新党员61人。2018年末，直属党委下设9个党总支，35个党支部，558名党员。

开发区公安分局党委　2005年3月21日，经开发区党工委批准，成立中共菏泽市公安局开发区分局委员会。撤销中共菏泽开发区公安分局党组。公安分局党委受菏泽市公安局党委和开发区党工委双重领导，负责开展开发区公安分局党群工作，张道社任书记。

2017年10月21日，经中共菏泽市委组织部批准，成立中共菏泽市公安局开发区分局机关委员会，王法生任书记。

2018年末，公安分局党委有政治工作室、警务保障室、指挥中心、国内安全保卫大队、治安管理大队、刑事警察大队、警务督察、网络安全大队、法制大队、丹阳派出所、岳程派出所、佃户屯派出所、陈集镇派出所、东站派出所、和平路派出所、济南路派出所、经侦大队、食药环侦大队、禁毒大队、刑事科学技术等20个党支部，有中共党员178人。2017年，获评全国特级优秀人民警察1人，获全国五一劳动奖章1人，立个人二等功2人。

开发区税务局党委　2018年9月21日，经开发区党工委研究同意，设立中共国家税务总局菏泽经济开发区税务局委员会，设委员9人，其中党委书记 1 人，党委副书记 1 人。

2018 年 11 月 7 日，经中共菏泽开发区直属机关委员会批准，成立中共国家税务总局菏泽经济开发区税务局机关委员会。2018 年末，下设 7 个党支部，有中共党员 95 人。

山东天源水务集团有限公司党委　2015 年 12 月 14 日，经开发区党工委批准同意，设立中共山东天源水务集团有限公司党委，设委员 7 人，其中党委书记 2 人，党委副书记 1 人。下设 13 个党支部，有党员 181 人。2017 发展党员 7 人。

菏泽天华实业控股集团有限公司党委　2016 年 3 月 17 日，经开发区党工委批准同意，设立中共菏泽天华实业控股集团有限公司党委，设委员 5 人，其中党委书记 1 人，党委副书记 1 人。下设党支部 2 个，有中共党员 23 人。

第二节　街道（镇）党（工）委

丹阳街道党工委　1983 年 12 月 30 日，中共丹阳路办事处委员会成立，为中共菏泽市委（县级）派出机构，正科级单位。辖 24 个农村党支部。1992 年，桑海、双庙陈、赵王李、药王庄 4 个村党支部由牡丹区牡丹办事处析出，划归丹阳办事处。该办事处下辖 28 个农村党支部，党委会成员由中共菏泽市委（县级）任命。

2001 年 1 月，丹阳街道划归开发区管理，街道党委成员由中共菏泽市委开发区工作委员会任命。2006 年 12 月，街道党委进行换届选举，选举产生第一届丹阳街道党委领导班子，田剑锋任书记。2011 年 9 月，被中共菏泽市委授予基层党建工作先进镇（街道）称号。2011 年 12 月，召开第二届中共丹阳街道党员代表大会，选举产生第二届丹阳街道党委领导班子。

2017 年 12 月，经中共菏泽市委开发区工作委员会批准，丹阳街道党委更名为丹阳街道党工委。辖党政综合办公室、党群委、政法委、考核督查办公室，有基层党组织 47 个。其中，党总支部 1 个，党支部 46 个，党员 1722 人。

岳程街道党工委　2001 年，中共牡丹区委任命李守玉为岳程乡党委书记；是年 3 月，岳程乡划归开发区并更名为岳程街道。2002 年 1 月 23 日，经中共菏泽市委组织部批准同意程海建任岳程街道党委书记。2006 年 12 月 24 日，经中共菏泽市委开发区工作委员会批准，中共岳程街道第一届委员会成立，康健任书记。2009 年 4 月至 2015 年 9 月，赵宗玺任岳程街道党委书记。2015 年 7 月，孔鲁民任街道党委书记。2016 年，岳程街道党委更名为岳程街道党工委，下设党支部 77 个，有中共党员 2071 人。

佃户屯街道党工委　2001 年 10 月，经中共菏泽市委开发区工委研究决定，穆杰任中共佃户屯街道工委书记，2003 年 8 月，王保民接任佃户屯街道党工委书记。2006 年 12 月 24 日，选举产生街道新一届党工委、纪委领导班子，王保民当选街道党工委书记。2009 年 4 月，经开发区党工委研究同意苗建华任佃户屯街道党工委书记。2017 年，张晓宁接任佃户屯街道党工委书记。下设党支部 44 个，有中共党员 1507 人。

陈集镇党委　2018 年 6 月以前，陈集镇党委成员由中共定陶区委领导。2018 年 7 月，根据《关于打造区域中心城市的实施意见》《中共菏泽市委常委会议纪要》，经菏泽市委常委会研究决定，将定陶区管辖的陈集镇划归菏泽经济开发区代管。经中共菏泽经济开发区工委研究决定，菏泽市定陶区陈集镇党委、纪委分别更名为菏泽经济开发区陈集镇党委、纪委，席云明任陈集镇党委书记。下设企业党委 1 个，党总支 1 个，党支部 49 个，有中共党员 2158 人。

第三章　群团工作

第一节　工　会

机构　2003年3月，经开发区党工委批准，菏泽市开发区工会工作委员会成立，设主任1人，副主任1人。开发区工会工作委员是开发区机关单位，为区直机关和乡镇街道工会组织的领导机关，在开发区党工委和菏泽市总工会领导下开展工作。至2018年下设办公室、职工服务中心，配置工作人员3人。

基层工会组织建设　根据《中华人民共和国工会法》和《中国工会章程》规定，有会员25人以上的企业、事业和机关单位中须建立基层工会委员会；对会员不足25人的企业、事业单位，须采取与相邻企业各选举1名工会组织员的方式，联合建立基层工会委员会。2003年，菏泽市总工会授权开发区工会工作委员会履行工会职责，着手在区内机关企事业单位中建立基层工会组织。截至2018年，开发区工会工作委员会下设3个街道工会委员会、1个镇总工会，共计基层工会187个，会员42377人。

区工会以党建带工建，以工建促党建，推动工会组织建设。2003—2005年制定建会工作三年规划、工会“小三级”网络建设指导意见，几年来深入开展“广普查、深组建、全覆盖”集体建会行动，组织起来切实维权。工会组建工作有序推进，本着哪里有职工、哪里就必须建工会的原则。2005年3月开展广普查、深组建、全覆盖集中建会行动和双措并举，二次覆盖行动为契机，把农民工作为发展会员的重点对象，推行基层工会委员会、联合工会、区域性、行业性工会联合会等多种建会形式，推进工会组建工作。截至2018年12月，全区共建立工会组织187个。其中区域性、行业性工会联合会7个，机关、事业单位工会21个，集体企业工会16个，非公企业工会130个，村、社区工会12个。同时解决乡镇（街道）工会的组织体制，配备专职社会化工作者6人。乡镇（街道）工会主席同级副职配备实现新突破。

先进班组创建　2003—2018年，以“创建先进班组、争当工人先锋号”活动为载体，落实工会班组（小组）建设管理标准，加强工会班组（小组）建设，提升管理水平和员工队伍素质。2003年建立长效机制，推进创建工作常态化运行。以坚持“一个载体”、落实“两项标准”、建立“三个机制”、突出“四项突破”、实施“五年计划”的工作思路，完善班组建设标准体系和考核评价体系，形成“公司统一领导、工会牵头协调、部门分工负责、基层具体实施、工会班组（小组）全员参与”的工作格局，促进工会班组（小组）建设常态化健康发展。2003—2018年，有2个工会班组（小组）荣获“全国工人先锋号”、5个工会班组（小组）荣获“山东省工人先锋号”、52个工会班组（小组）荣获“菏泽市工人先锋号”。2016年，结合工会班组（小组）实际，制定《“查身边隐患、保职工安全、促企业发展”活动行动方案》，把活动纳入“创建先进班组、争当工人先锋号”活动中，切实在维护职工的生命安全健康权益，增强职工自我保护防患意识、督促企业改善职工作业环境上下功夫。至 2018 年，已建会企业的近 3 万名职工参与“查保促”活动，职工查出的安全隐患 17120 项，并按照“六落实”要求进行整改或有效控制。

工资集体协商　2010 年，区总工会与区劳动人事局联合，制定工资集体协商年规划，5 月印发《开展工资集体协商“集中要约行动月”的活动意见》，召开全区工资集体协商“要约行动月”签约仪式暨现场观摩会，推动区域性、行业性工资集体协商。强力推进企业四项合同签订工作，将集体合同和工资专项集体合同与建会工作同时部署、同时检查、同时考核，在全区范围内全面铺开工资集体协商制度。至 2018 年末，全区签订工资专项集体合同 194 份，覆盖企业 184 家，签订率 98%。规模以上企业全部建立工资集体协商制度，并经区劳动人事局审核备案，维护广大职工的合法权益。

厂务公开民主管理　2015 年，坚持以制度建设为抓手，切实加强对非公企业民主管理工作的组织、指导和协调。注重宣传引导。广泛宣传《中华人民共和国工会法》《中华人民共和国劳动法》《中华人民共和国劳动合同法》等法律法规，加强企业负责人和员工的民主意识。

注重以点带面。推进非公企业民主管理选择那些具备一定规模，管理水平，职工素质，影响力比较明显的非公有制企业，加强指导和推动力度。

坚持循序渐进。在民主管理的内容上，坚持循序渐进，从易到难，从单一到多项；在民主管理的形式上，有的坚持职代会制度，有的自觉通过厂报、厂刊、局域网等途径进行厂务公开。

加强指导检查。组织协调小组成员经常深入企业，对企业的民主管理工作进行指导帮助、监督、监察。区企业民主管理工作取得一定成效。2018 年末，全区 135 个大中型企业单位全部实行公开。包括企业制定、修改或者决定有关劳动报酬、工作时间、休息休假、劳动安全卫生、保险福利、职工培训、劳动纪律以及劳动定额管理等直接涉及职工切身利益的规章制度或者重大事项，都能依法向全体职工公开，并提交职代会讨论。2015—2018 年，32 家企业荣获“全市厂务公开民主管理先进单位”，推动不同类型企业单位厂务公开民主管理的深入开展。

构建和谐企业。创新创建思路，完善创建格局，总结推广典型经验，6 家企业获“全市劳动关系和谐企业”称号。

维权救助　2003 年至 2017 年 3 月，实施“创业”工程，培植创业基地 1 个，培养创业带头人 35 人，安置人员就业 8480 人，培训农民工 3000 余人，安置农民工就业 2100 余人。2003—2018 年，开展“两节”送温暖活动，元旦、春节期间，各级工会筹集送温暖资金 520 万元，慰问困难企业 15 个、困难劳模 78 人、困难职工 1660 户、农民工 1587 人。2001—2018 年，开展金秋助学活动，筹集资金 39 万元，资助特困职工子女和困难农民工子女 102 人。2018 年 4 月推动互助工作，共有 366 人参加，救助 7 人次，发放救助金 5 万余元。2001—2018 年，向一线职工、建筑工地农民工、环卫工 2.6 万余人发放防暑降温清凉消暑物资 44.2 万元。2003—2018 年，对 140 名在职在档困难职工和困难农民工家庭子女发放助学金 28 万元。对企事业单位 91 名特困职工进行救助，投入救助金 45.2 万元。2018 年 5 月，实行全区一线职工免费疗休养，组织 280 名优秀职工进行免费疗休养，每年分二批次，每次为期 5 天，到日照、临沂、烟台等疗养院进行疗休养活动。2017 年，免费为 11609 名市以上劳模进行健康查体。2015—2018 年，是自筹资金 54 万余元，为 1040 余家企业订阅《工人日报》《山东工人报》《华夏女工》等报纸杂志。2013–2018 年，大力宣传国家、省、市就业政策，开展就业宣传周、职业技能大赛、创业服务年活动，全区发放宣传单13万余份，举办33场就业援助月大型招聘会，245家企业进场招聘，提供岗位21420个，吸引21100余人进场求职，达成就业意向6210人。3月份，统一印制《开发区企业春季招工信息表》50000余份，送岗入户，广泛宣传。2018年，拓展职业诉讼渠道，区工会5337688职工维权热线开通，畅通群众利益诉讼渠道，健全维权维稳工作机制。被市总工会授予“职工法律援助维权服务示范单位”荣誉称号。

建功立业评选　2011—2018年，区工会动员全区职工“当好主力军、建工十二五、十三五”。2011年，全区基层工会开展劳动竞赛180余项、参赛职工2万人；2011年以后实施职工素质提升工程，推进“讲文明、铸诚信、树新风”职工职业道德建设，有65家单位和104名个人荣获省、市职业道德建设荣誉称号。2015年开展技能竞赛70余项、参赛职工1万余人，提出各类合理化建议460条、采纳352条。2011-2018年广泛宣传劳模事迹，大力弘扬劳模精神，荣获“全国劳动模范和先进工作者”5人、“全国工人先锋号”2个、“全国五一劳动奖章”2名，“省劳动模范和先进工作者”19人、“省富民兴鲁劳动奖状”2个、“省富民兴鲁劳动奖章”5人、“省工人先锋号”5个，“市劳动模范和先进工作者”29人、“市五一劳动奖章”72人、市级“职工之家”称号和“工人先锋号”称号95个。

文体宣传　2003—2015年，以文体活动为载体，陶冶职工情操。组织举办传播健康生活方式及家庭急救知识公益讲座、“三八书香”妇女节系列文体活动、庆“十一”职工太极拳比赛、职工健身运动会乒乓球、篮球、羽毛球比赛等活动，2450余职工参加活动。2016年，向10家基层工会赠送了价值11万余元的综合训练器、坐拉训练器、双杠、篮球架、跑步机、动感单车、台球桌、乒乓球台等体育健身器材，职工有了更多的活动场所，保障合理的职工业余文化生活，进一步增强企业活力和职工队伍的凝聚力，推进基层工会职工之家建设，使工会工作更加贴近实际、贴近基层、贴近职工，更加符合职工群众意愿。2017—2018年，在全系统开展“创建学习型企业、争当知识型员工”活动，充分发挥职工书屋的文化功能，通过读书分享、读书漂流等活动，倡导职工爱岗敬业、诚实守信、服务群众、奉献社会。至2018年底，全区建成职工书屋4家，其中，“全国职工书屋”1家、“全省职工书屋”1家、“全市职工书屋”2家。

第二节　妇　联

机构　1999年5月，菏泽开发区妇女委员会成立，归属党群工作部。2000年2月18日更名为菏泽开发区妇联（以下简称“区妇联”）。2013年2月，区妇联为工委直属正科级群众组织。至2018年，下设办公室、组宣部、发展部、家儿部、权益部5个部室，工作人员3人。

组织建设　1999—2000年，下设3个村妇委会。2000年，开发区下设3个街道妇联。2013年，全区104个社区建立“妇女之家”，成立13个区直妇委会。2015—2018年，陆续争取省、市资金50万元，在岳程街道何福祥佳苑、丹阳街道姬庄社区、佃户屯街道曹楼社区和龙山社区打造4处省级“妇女儿童家园”，被指定为省级基层妇联组织建设改革试点。2016年，开发区巾帼志愿者协会注册成立，会员150余人。2017年，在全区8处“两新”组织建立“妇女之家”；菏泽市女企业家协会开发区委员会成立，会员企业55家；菏泽市国之韵旗袍协会开发区委员会成立，会员120余人；全区104个社区妇代会全面完成社区妇联改革。2018 年，陈集镇划归开发区，辖区 26 个行政村完成改革，全区街道妇联 3 个，镇妇联 1 个，社区妇联共 130 个。

巾帼建功　1999—2000 年，区妇委会带领 3 个村妇委会开展“双学双比”、争创巾帼文明岗、争创巾帼建功标兵活动。2000—2013 年，区妇联以“双学双比”和争创巾帼文明岗、争当巾帼建功标兵活动为抓手，引导全区女性立足本职、创新争优。2014 年以后，组织开展“新农村、新生活”培训 300 多场次，培训农村妇女 3 万余人。培训内容涵盖家政、面点、美容、养生、家庭教育等各个方面，联合辖区企业推荐安排就业岗位 3000 人次。2015—2018 年，大力开展“巾帼脱贫”行动，加大女性电子商务发展的培训和扶持力度，开展专题培训 54 期，培训 5500 人。打造开发区“花城巧姐”居家创业就业品牌，开展“花城巧姐”手工课堂，组建 5 支编织队伍，从业人员 600 余人，年完成订单 10 万余元。建立大姐工坊 4 处，带动 200 余名贫困妇女创业就业；每年开展女性专场招聘会 2 期，为 3000 余名妇女提供就业岗位。

巾帼维权　1999—2000 年，区妇委会通过广播、宣传页等形式，宣传妇女儿童维权知识。2000—2013 年，利用“三八”维权周，在广场、社区等场所以讲座、培训等形式，让法律知识走进社区，增强维权意识。2013 年，建立省级妇女维权站 2 处，市级妇女维权站 6 处。2014 年，区妇联依托社区妇女之家建立 104 处社区妇女维权站，并举办婚姻家庭调解专题培训班，对全区 150 名女性业务骨干进行婚姻家庭纠纷调解技能的专业培训，提高业务人员的专业素养。2015 年，区妇联联合区劳动、社发、民政、计生、维稳、公检法等部门成立开发区婚姻家庭调解委员会，构筑区、处、社区三级妇女儿童维权网络。3 年间利用三级网络和 12338 热线，共收到各类咨询诉求类信息 500 余起，调解婚姻家庭纠纷 327 件。2016—2018 年，区妇联在 2 处基层社区建立知心大姐工作室，成功调解家庭纠纷、邻里矛盾等来访 70 件，打造以婚姻家庭调解为核心，基层维权站和知心大姐工作室三位一体的全区妇女儿童维权平台。

巾帼关爱　1999—2000 年，区妇委会采取多种形式慰问关爱辖区妇女，开展救助活动。2000—2013 年，区妇联充分发挥妇联组织在促进社会和谐稳定中的独特作用，全力开展救护活动，切实推动解决困难妇女群众民生问题。2014—2017 年，建立贫困妇女儿童救助体系，共救助贫困妇女儿童 692 名，发放救助款 54 万元。在菏泽一中附属中学、李孟油小学、广州路中学建立青少年快乐成长活动站。组织爱心企业建立“爱心妈妈”团队，由 50 名爱心妈妈与孩子结对帮扶，每月固定开展“爱心周末”活动。连续 4 年和山东大学、山东师范大学、青岛海洋大学以及山东艺术大学进行合作，开展暑期义务支教活动，创立“暑期关爱　弥补空白”关爱儿童工作品牌。2015—2018 年，全力推动女性两癌筛查和救助工作，为全区 8500 名妇女免费筛查。

文明创建　2014 年，依托心理咨询中心建立和谐家庭教育基地，组建 30 人专家志愿服务队，开展和谐家庭教育“四进”（进机关、进企业、进社区、进校园）活动。2014—2018 年，开发区 1 人获得全国“巾帼建功”标兵称号，1 人获“全国维护妇女儿童权益先进个人”称号，4 个单位获得省“巾帼文明示范岗”称号，1 个单位获得省“城乡妇女岗位建功先进集体”称号，2 个单位被授予省级维权站称号，1 名个人获得“省巾帼建功标兵”称号，2 名个人获省级“三八红旗手”称号。2014—2018 年，区妇联在全区常态化开展寻找“最美家庭”“文明家庭”“平安家庭”“好媳妇好婆婆”活动，有 1 户被授予全国五好文明家庭称号，1 户被评为省级最美家庭，20 户家庭被评为市级最美家庭，10 户被评为市级“文明家庭”，150 户被评为区级“最美家庭”。依托女企业家委员会和旗袍委员会，持续开展“玫瑰有约——走进企业”“玫瑰有约——书香润德”“巾帼心向党”和旗袍联谊等文娱活动 30 余场。2017 年，举办全市“家文化论坛”，“母亲素质提升工程”定期举办家庭教育讲座。同年，区妇联组织开展“创城文明月 巾帼志愿者在行动”活动，累计有 10 支志愿服务队伍，1000 名志愿者开展一系列长期志愿服务活动，助力开发区省级文明城市创建工作。2018 年，在丹阳街道姬庄和李大庙社区、岳程街道许楼社区和佃户屯街道龙山社区设立家庭教育指导服务站，104 个社区建立家长学校。

第三节　共青团

组织建设　2001 年 3 月，经团市委批准成立团开发区委，隶属管委会办公室领导，明确 1 名工作人员负责日常事务工作。2003 年 10 月，经党工委批准杨绍青任团开发区委书记。2013 年 2 月，杨绍青调离工作。2018 年，开发区下设 3 个街道、1 个镇团工委全区、1 个机关工委、3 个中学团委、1 个中学团总支。全区共有团员 3511 人。

主要工作　菏泽开发区团委在共青团菏泽市委和开发区党工委领导下开展工作。其主要职责为：领导开发区各级共青团组织工作，对开发区青少年社团组织进行指导和管理；参与开发区青少年事业发展规划和青少年工作有关政策法规的制定和实施，对开发区青少年活动阵地、青少年服务机构的建设进行规划和管理；参与监督青少年法规的执行，协助党和政府处理协调青少年利益相关事务；调查研究青少年思想动态和青少年工作理论，提出相应对策；协助政府教育部门组织大、中、小学生开展各类特色的教育活动。维护学校稳定和社会安定团结；组织和带领青年在改革开放和现代化建设中发挥主力军、突击队伍作用，指导、协调开发区各级志愿者组织的工作。

特色活动　2000 年 3 月 13 日，开发区团委开展“3.15”中国青年志愿者服务日志愿服务活动，30 名机关青年在火车站广场挂起“菏泽开发区青年志愿者服务队伍”的横幅，为过往旅客及附近居民提供咨询，散发宣传资料 300 余份。工商分局团支部的青年志愿者积极宣传《中华人民共和国消费者权益保护法》，散发宣传册 500 余册。联合有关部门与每年暑期联合组织大学生志愿者参与“暑期关爱弥补空白”活动，组织关爱留守儿童活动。不定期举办“缘来是你”联谊活动，重点关注青年婚恋交友问题；组织创业青年培训、电商培训、联系小额贷款等关注青年创业再就业等一系列活动。

2010 年，获评菏泽市优秀少先队辅导员 3 人，菏泽市中学优秀青年工作者 2 人。2012 年，获评山东省优秀团员 1 人，菏泽市优秀青年工作者 1 人。3 月 20 日，联合中国人民银行在开发区实验小学举行希望工程、市人民银行助学金发放暨金融知识进校园活动仪式，救助贫困小学生 16 人，发放救助金 8000 元。积极组织开发区贫困单亲学生参加第五届希望工程菏泽认亲会，救助贫困学生 10 人，发放救助金 5000 元。与团市委、市公路局团委一道慰问岳程办事处敬老院五保老人，为他们送去价值 3000 元的面粉、食用油等物品。2013 年，佃户屯团委组织 1000 余名中小学生的志愿者服务队参加义务植树活动，为弘扬雷锋精神，美化家园贡献力量。3 月初，联合市规划局团委在佃户屯刘堂小学开展爱心图书捐赠活动。团市委学少部与市规划局团委一起到刘堂小学，捐献 1200 余册少年儿童图书。5 月底，银座集团股份有限公司菏泽银座商城团委向丹阳办事处何楼小学捐献500余册图书。6月初，与开发区妇联联合举办中南世纪锦城爱心助成才捐赠仪式，为丹阳办事处27位困难学生每人捐赠1000元。2014年，获评山东省优秀少先队辅导员2人。2014年佃户屯团委组织1000余名中小学生的志愿者服务队参加义务植树活动，为弘扬雷锋精神、美化家园贡献力量。佃户屯中学团委组织青年教师志愿者服务队，重点关心服务留守儿童。开展贫困学生救助活动。全年累计资助贫困学生200余人，钱物累计4万余元。其中，年初慰问贫困学生12人，钱物共计10000余元；暑期关爱留守儿童200人，钱物共计1万余元；关爱贫困大学新生3人，钱物共计1.5万余元；认亲会学生10人，钱物共计5000元。2015年，获评菏泽市优秀共青团干部1人。全年累计资助贫困学生400人，钱物累计8万余元。其中，年初慰问贫困学生18人，钱物共计1万余元；六一“手牵手，心连心”活动慰问学生7名，钱物累计8000余元；暑期关爱留守儿童活动300余名，钱物共计1万余元；关爱贫困大学新生5人，钱物共计2.7万余元；学生10人，钱物共计6000余元；在佃户屯中学援建“希望厨房”，争取资金1万余元。为丹阳办事处都庄社区青年志愿服务岗申请省财政补助10万元，强化了少先队辅导员队伍建设，全年共组织3次的集中培训，累计150余人次参加。2016年，获评菏泽市优秀青年工作者1人，第四届“菏泽青年五四奖章”3人，菏泽市青年岗位能手1人，菏泽市党史国史优秀个人2人。2017年，获评省优秀团干部1人，菏泽市优秀少先队辅导员3人。

2018年，引领凝聚青年，扎实打造组织架构，加强团员培训，普及入团仪式和14岁集体生日活动。执行“三会两制一课”（支部大会、支部委员会、团小组会，团员教育评议制度、团员年度团籍注册制度和团课）制度，举行3次集中培训。举办“暑期关爱弥补空白”关爱留守儿童活动，山东大学、山东师范大学23名大学生志愿者、佃户屯中学10名教师志愿者及300余名留守儿童参加活动。年内筹措资金近5万余元，救助困难儿童400余人。推选村级好青年122人、区级好青年22人，发展新团员503人。

第十四编　政　务

菏泽市经济开发区管理委员会（以下简称开发区管委会）是菏泽市人民政府派出机构。至2018年，丛林、李玉华、刘勇（市委常委、副市长）、孙忠生、曹升灵、李国珍先后任开发区管委会主任，张玉荣等30人先后任开发区副主任。管委会按照“小政府，大服务”的思路，围绕“经济发展的龙头，对外开放的窗口，体制创新的示范，城市建设的样板”的要求和目标，逐步建立一套精简、高效的组织机构，培养一支团结、廉洁、富有战斗力的干部队伍。为精简行政办事机构，减少领导层级，管委会对凡能实行企业化管理的行政、商业、物资、房地产、市政工程、园林等，统统按企业序列建制；对职能相近的部门尽量进行合并或合署办公，力求少环节、少层次、不苛求上下对口，不少工作部门形成“上边多条线，下边一家干”的综合管理模式。城建、环卫、园林、市政在管理上实行“四合一”。经济发展局担负着计划、统计、经贸、物价、发改、经信、知识产权、电力、科技、安全生产、节能运行等相当于市政府10多个职能部门的所有职责。

第一章　重要会议与政策研究

第一节　重要会议

开发区是党政合一的管理体制，成立之后的开发区管委会会议相当于县（区）政府全体会议、常务会议和县（区）长办公会议。

管委会主任办公会议　开发区管委会主任办公会议参加人员为开发区管委会主任、副主任，管委会主任或主持工作的常务副主任主持会议，人大工委主任、政协工委主任、专职党工委副书记、纪工委书记和党工委委员列席会议。根据会议内容与研究议题，相关部门负责人参加会议。主任办公会议主要研究开发区建设、城市管理、招商引资等方面的主要事项，安排日常工作。主任办公会议一般每周召开一次，由管委会办公室负责记录，会后形成《主任办公会议纪要》，经管委会主任或常务副主任审定签发，其决定事项作为各相关部门落实工作的依据。

管委会专题会议　管委会专题会议由管委会分管领导召集并主持，主要研究、协调和决定开发区日常运行中的专题工作事项，参加人员依据会议研究的内容而定。会后，由综合或牵头部门起草会议纪要，经审定后正式以《管委会纪要》下发各单位，作为各相关部门（单位）落实或调整专项工作的依据。

管委会全体会议　管委会全体会议由机关各部门全体人员参加，必要时各直属单位和街道、镇政府相关人员，驻区机构的负责人参加。会议由管委会主任或主任委托副主任主持召开。会议的主要任务：贯彻上级重要精神和工作部署，适时组织召开；进行专题工作动员布置，择机及时召开；开发区阶段性的工作总结或部署，一般每季度（或半年）、年终各召开1次。

第二节　政策研究

开发区政策调研工作由党工委（管委会）

办公室具体组织实施，其主要任务是围绕开发区各个时期的中心任务，开展政策研究、综合分析、信息交流等工作。2002 年，党工委、管委会研究成立管委会政策研究室，田玉卿任主任。

政策研究课题主要包括开发区党工委、管委会每年根据开发区实际确定的课题。每年年初，根据党工委、管委会的工作思路和中心任务，拟定研究课题，下发调研通知，确定责任单位，并督促实施。

各相关责任单位组织力量进行调查研究，分析讨论，形成调研成果，年底由政策研究室组织收集整理汇编成册。各课题由管委会分管领导担任课题主持人，确定课题研究重点和内容，主持课题讨论会，对调研成果进行把关。

2002 年 3 月 20 日，党工委、管委会针对全区改革、发展、稳定几个重大问题制定 9 个方面的调研课题，并明确分工具体到人。党政各级领导干部率先垂范，身体力行，带动广大党员干部大兴调查研究之风，将开发区调查研究工作提高到一个新水平。

2007 年，党工委委员、管委会副主任魏林撰写的《关于干部作风建设的调研报告》获全市政府系统调研工作先进个人奖，开发区政研室获市级先进单位奖。

2018 年 3 月 22 日，根据《中共菏泽市委办公室关于在全市开展大学习、大调研、大改进的通知》，开发区党工委、管委会组建“大学习，大调研，大改进”领导小组办公室。并提出紧紧围绕群众路线教育实践活动，切实做好“三严三实”“两学一做”“不忘初心、牢记使命”学习教育，大力实施乡村振兴战略、加快新旧动能转换 3 个专题研究，为开发区加快发展、创新发展，提供坚强组织保障。

第二章　行政工作

第一节　效能管理

目标管理　1995 年 3 月，开发区管委会决定从 1995 年完成目标责任制任务、签订 1996 年度实现目标管理责任书开始，每年确定开发建设、招商引资、经济发展、社会事业等年度指标任务，并以目标管理责任书的形式分解到规划建设、经济发展、社会发展、招商引资、劳动人事、财税收入、土地管理、计划生育等各职能部门，采取季度分析、半年小结、年度考核的方法，以确保各项目标任务的实现。此后，开发区管委会实施年度工作目标管理，作为推进开发区开发建设及发展的重要手段和加强机关效能建设的主要措施之一。1995 年，菏泽市政府向开发区下达年度目标任务，实行目标管理考核，并与开发区管委会签订主要项目的目标责任书，开发区管委会按工作职能落实到各部门。

2001 年起，除完成年度主要目标任务外，开发区管委会有重点地推进开发建设和城市化进程，每年确定实施“十大工程”和“十件实事”，并将任务分解到各相关责任单位，年终与目标责任制考核挂钩。

2001—2018年菏泽经济开发区“十大工程”任务一览表

表14-1

年份	序号	项目简介
2001	1	启动实施“1236”工程
	2	1条花城大道长4.04公里，宽80米，支线路网20公里，投资4094.2万元
	3	2个小区工程，绿河小区投资3526.58万元，牡丹小区投资8645.2万元，总建筑面积30万平方米
	4	3个工业园项目，鲁能工业园、食品工业园、木材加工工业园
	5	6大工业项目，康师傅方便面、台湾铃翔家具、华鹏玻璃等工程
	6	东区19平方公里二期开发区域4项规划设计工程
	7	帝都实业有限公司投资3000万元、占地64.53公顷、居住小区工程
	8	社会救助（千只羊）扶贫工程
	9	恒通实业发展有限公司投资3500万元，占地8.07公顷，货运配件市场工程
	10	菏泽国家粮食储备库投资2.76亿元
2002	1	启动实施“1336·1886”工程（招商引资13亿元，引进36个项目，18公里路网建设，销售收入8亿元，财政收入增长60%）
	2	医药产业集群工程（大正药业、希力药业、华润制药项目）
	3	盖泽水泥煤气砖块、鲁能美达粉煤灰承重砖工程
	4	锦江工业园中木材加工产业集群工程
	5	海南椰风集团投资5500万元，年产羊胎素1000吨，系列饮料3万吨工程
	6	天宇高科技工业园工程
	7	台湾台塑集团投资10亿元，占地140公顷的台塑城工程
	8	美国纳德科技发展有限公司兴建的京津高科技园工程
	9	温州工业园一期工程
	10	新兴集团与香港爱德公司合作年产2000辆混凝土搅拌车工程
2003	1	中粮集团和美国ADM公司投资4.8亿元，占地26.67公顷，年产30万吨食用油工程
	2	山东樱花集团10万吨五金制品工程
	3	格林纸业1.5亿套工业包装工程
	4	华星年产1000万付油泵油嘴工业项目
	5	可容纳商户6600户，从业人员2.6万人，年交易额35亿元的恒盛（菏泽）大市场一期42栋门面楼工程
	6	盖泽水泥年产100万吨至150万吨工程
	7	东区路网40余公里高标准路面铺设工程
	8	投资3000余万元，东区路灯安装工程
	9	东渔河北支流经开发区8公里，土方38.92万立方米水利建设工程
	10	都庄新村347户、1500人、占地2.34公顷旧城改造工程
2004	1	上海道勤集团投资30亿元，占地133.33公顷，道勤化工工业园工程
	2	山东省百强企业青岛广源发集团年产高级润滑油92万吨，重焦沥青100万吨，年销售收入60亿工程
	3	山东樱花五金（菏泽）有限公司，总投资2.6亿元，年生产能力40万吨，产品80%出口工程
	4	菏泽华星油泵油嘴有限公司，一期投资1.2亿元，二期与德国合资，年产1000万付长油嘴工程
	5	菏源润滑油有限公司，总投资5亿元，年产高级润滑油92万吨，重焦沥青100万吨工程
	6	中国联合水泥鲁南公司，建设50万吨全封闭粉磨站，100万吨扩建工程
	7	菏泽华飞齿轮箱桥有限公司，总投资1.2亿元，年产各种齿轮60万件工程
	8	投资35万元区内洙水河、华英沟的清淤工程
	9	开发区国家大型优质小麦生产基地建设工程
	10	长江路、钱塘路、广州路与南京路之间规划6个工业园区工程

续表14-1

年份	序号	项目简介
2005	1	鲁宏水泥项目继一期投资4000万元后，新上二期、三期扩建工程，追加投资1.2亿元
	2	华鹏玻璃一期生产能力3.5万吨，又增加二期年产达8万吨工程
	3	洋丰复合肥一期投产后，二期、三期正在建设年产复合肥70万吨和尿素40万吨工程
	4	上海路公铁立交桥、南京路公铁立交桥段工程
	5	完成太湖路和郑州路的道路施工设计，房屋拆迁、附着物清理、桥涵土石方工程完工
	6	新区路网风景林带10处，绿化面积15.2万平方米，主要路段的绿化、亮化、美化工程全部竣工
	7	韩国工业园中茂木服饰有限公司、韩国世飞服饰有限公司相继开业投产
	8	温州城总投资5亿元，生产规模40万锭的纺织城及10余家服饰加工企业工程
	9	临商路（人民南路公铁立交—定陶界）道路拓宽建设工程
	10	亿丰实业新增投资6000万元、年生产能力扩大4亿条工程
2006	1	山东省资产管理局投资10亿元的110万吨焦化及甲醇项目一期40万吨甲醇生产能力启动工程
	2	邹平三利集团有限公司投资24.5亿元，总规模100万纱锭，主要生产棉纱、织布、印染、服装等工程
	3	深圳美凯电子投资2亿元建电子工业园，主要生产开关变压器电感元件等工程
	4	樱花五金集团投资2.6亿元、建筑面积4.5亿平方米，其中厂房面积3.6亿平方米工程
	5	煤化工业园工程，总投资31亿元，年产220万吨焦化、70万吨甲醇和10万吨二甲醚，一期占地1.5平方公里，年产值25亿元
	6	烟台龙泵油嘴油泵有限公司生产龙华汽车部件投资1.5亿元，建筑面积20万平方米，其中厂房面积16.7万平方米工程
	7	山东菏建集团投资1.2亿元，在黄河路以南建设工业园项目工程
	8	台湾维一环保科技有限公司投资800万美元在广州路以东华飞齿轮公司以北建设维一环保包装项目
	9	菏泽瑞比股份有限公司投资2亿元在长江路以南，韩国工业园以西建筑面积2万平方米，其中厂房面积1.43万平方米工程
	10	菏泽星光实业有限公司投资1亿元，在327国道以南、杨董路以东，建筑面积1万平方米工程
2007	1	东玉化工投资12亿元，占地30公顷，生产20万吨苯乙烯/40万吨芳构化产品工程
	2	圣世化工投资10亿元，占地25.33公顷，生产60万吨芳烃/烯烃工程
	3	肥化煤化投资22亿元，占地40公顷，年产120万吨，焦炭14万吨，甲醇20万吨工程
	4	中富工业园投资3.4亿元，占地14.73公顷，建筑面积15.51万平方米标准厂房工程
	5	德润化工投资3.6亿元，占地14.73公顷，年生产10万吨苯加氢工程
	6	天马化工苯精制焦油加工投资3.6亿元，占地5.33公顷，年产10万吨苯精制、20万吨焦油加工工程
	7	元通甲醇汽柴油投资5亿元，占地6.67公顷，年产100万吨醇醚燃料工程
	8	德泰化工投资4.5亿元，占地20公顷，年产20万吨芳烃油，10万吨针状焦，20万吨催化芳构化工程
	9	华群变压器投资1.5亿元，占地7.33公顷，生产1000万千伏安变压器工程
	10	一品生物科技投资2亿元，占地14.3公顷，年产6000吨食品添加剂工程
2008	1	山东圣世化工有限公司圣世一期60万吨/MCC，合同投资额5.4亿元工程
	2	山东玉皇化工有限公司投资1.5亿元，玉皇一期10万吨苯加氢工程
	3	菏泽华鹏玻璃有限公司华鹏三期投资1.8亿元工程
	4	菏泽华星油嘴油泵有限公司投资1.5亿元，龙华汽车部件工程
	5	山东龙口油嘴油泵有限公司投资1亿元，龙泵油嘴工程
	6	菏泽诚信集团有限公司投资1.2亿元，诚信家具工程
	7	菏泽德润化工有限公司投资1.8亿元德润一期工程
	8	菏泽瑞比实业有限公司投资1.8亿元瑞比实业工程
	9	山东樱花五金制品有限公司投资2.6亿元，樱花五金工程
	10	江西开门子集团投资1.4亿元，中泰一期240万吨/年洗精煤工程

续表14-1

年份	序号	项目简介
2009	1	山东玉皇化工有限公司投资5.46亿元，年产20万吨苯乙烯工程
	2	菏泽德润化工有限公司投资1.5亿元，生产10万吨/年液化气制烯烃工程
	3	菏泽圣世能源有限公司投资1.51亿元，兴建圣世能源物流基地工程
	4	菏泽恒发化工有限公司投资1.2亿元，年生产8万吨聚丙烯工程
	5	菏泽中富投资有限公司投资1.6亿元，兴建中富工业园工程
	6	菏泽龙华汽车部件有限公司投资1.63亿元，兴建龙华车用喷油器技术改造工程
	7	菏泽德润化工有限公司投资1462万元，兴建德润10万吨/年苯加氢工程
	8	菏泽龙泵车辆有限公司投资1.5亿元，兴建龙泵车辆150万付提前器、输油泵工程
	9	菏泽诚信集团有限公司投资1.2亿元，年生产3000套实木家具，1万套软体家具项目
	10	菏泽金正大生态工程有限公司投资7.12亿元，年生产金正大120万吨复合肥，40万吨控释肥工程
2010	1	天方生物投资1.6亿元，1万吨/年果粉，5000吨/年低聚果糖工程
	2	湖北洋丰投资1.5亿元，30万吨/年控释肥工程
	3	金正大投资1.6亿元，10万吨/年生物有机肥工程
	4	菏泽德源化工投资1.5亿元，生产10万吨/年液化气制丙烯工程
	5	菏泽玉皇化工投资3.6亿元，生产20万吨/年EPS，6万吨/年环己烷工程
	6	好达实业投资1.28亿元，塑料空腔用品工程
	7	兴业炉料投资2亿元，生产30万吨/年废钢炉料工程
	8	菏泽飞鸿伟业有限公司投资1.2亿元，生产桥梁模板项目
	9	菏泽华昌机械科技有限公司投资1.6亿元工程
	10	菏泽众兴水环境有限公司新建众兴污水处理厂工程
2011	1	菏泽玉皇化工投资1.1亿元，生产9000吨/年异丙醇工程
	2	山东东药投资7亿元，生产1500吨硫氰酸红霉素工程
	3	菏泽华升投资2亿元，生产10万吨玻璃/年工程
	4	菏泽市明大电气股份有限公司生产300万千伏安变压器项目
	5	山东信多达电子科技有限公司投资1.2亿元，生产各类小家电项目
	6	菏泽鑫丰德丰化工有限公司投资3亿元，生产4万吨洗油项目
	7	山东济水阿胶有限公司投资1.5亿元，年产1500吨阿胶剂产品
	8	山东易达利化工有限公司投资5亿元，年产10万吨异丁烷脱氢制2万吨MMA项目
	9	山东华昌机械科技有限公司投资2.5亿元，年生产5000台（套）矿山设备压力容器
	10	菏泽润泉化工有限公司投资2.3亿元，生产甲醛溶液10万吨，多聚甲醛3000吨，乌洛托品1000吨工程
2012	1	山东玉皇盛世投资3亿元，为60万吨产品升级项目工程
	2	山东东药药业投资11亿元，生产2000吨泰乐菌素，200吨雄烯二酮，1万吨兽药预混剂工程
	3	菏泽华昌机械有限公司投资10亿元，生产矿山设备压力容器制造项目
	4	菏泽大元置业有限公司投资35亿元，建设国贸中心一期建筑面积106万平方米工程
	5	山东易达利化工有限公司投资30亿元，年生产20万吨MMA，10万吨PMMA，10万吨MTBE裂解配套工程
	6	山东粤安华工有限公司投资3亿元，年产3万吨新型环保制冷剂及1.5万吨防冻液工程
	7	菏泽市质量技术监督管理局投资3亿元，建1个国家质检中心、7个省级质检中心工程
	8	菏泽富年置业有限公司投资10亿元，建齐鲁国际汽配城工程
	9	菏泽宏伟有限责任公司投资7亿元，生产1.06万辆专用车工程
	10	菏泽裕罗电器装配有限公司投资2.4亿元，生产100万套汽车连接线项目

续表14-1

年份	序号	项目简介
2013	1	菏泽玉皇化工投资10亿元，丁二烯10万吨/年、丁烷8.1万吨/年、氧化脱氢反应单元工程
	2	盛世化工股份有限公司投资15亿元，160万吨/年延迟焦化装置、配套80万吨加氢装置工程
	3	东药药业投资2.5亿元，年产300吨超级泰乐菌，新增建筑面积1.58万平方米厂房工程
	4	菏泽德润化工投资5亿元，年产20万吨粗苯加氢工程
	5	菏泽信达生物科技有限公司投资1.5亿元，1万吨/年米糠油生产项目
	6	上海亿丰企业集团（菏泽）投资有限公司投资7亿元，建设39.87万平方米商业市场项目
	7	菏泽金正大生态工程有限公司投资36.6亿元，建设年产120万吨硝基肥项目
	8	菏泽三捷新能源科技有限公司投资2.5亿元，建筑面积6.89万平方米，年产镍氢电池1600万只项目
	9	韩国裕罗电器有限公司投资2000万美元，年产50万套汽车线束项目
	10	菏泽市伟泽家具有限公司投资2.3亿元，建筑面积7.27万平方米，年产3万套沙发、5万张床垫、8000套实木家具项目
2014	1	菏泽玉皇化工有限公司投资6.5亿元，生产6万吨/年环氧乙烷装置，7.5万吨/年乙醇胺装置等3套装置配套建设的配套设施工程
	2	菏泽德瑞化工有限公司投资9.5亿元，生产80万吨/年混合原料制烯烃项目
	3	菏泽德润化工有限公司投资5亿元，生产10万吨/年重苯加氢装置项目工程
	4	菏泽枫叶环保包装有限公司投资5亿元，年产6亿只纸浆模塑包装制品项目
	5	山东方达再生资源利用有限公司投资5亿元,年加工50万吨废铜、2万吨有色金属、5万吨废纸、3万吨废玻璃项目
	6	山东金丰鲁德医药科技有限公司，投资17亿元，总建筑面积12.8万平方米，生产中心2.2万平方米，研发国际药品交易中心10.6万平方米工程
	7	道中道（菏泽）生物制药有限公司投资3.8亿元，年产1500公斤原料药和960万支制剂项目
	8	菏泽美龙汽车部件有限公司投资10亿元，年产300万套高压共轨电控喷油器项目
	9	菏泽海润新能源有限公司投资5.2亿元，年产PVC新型木塑模板180万张项目
	10	派乔易（中国）生物科技有限公司投资4.2亿元，生产药品系列产品（颗粒剂5亿，片剂3亿粒、胶囊剂2亿粒）医疗器械1亿支/套工程项目
2015	1	天宇科技泡沫镍投资3亿元，年产300万平方米混合动力汽车电池泡沫镍工程
	2	菏建住宅产业园一期投资5亿元，生产装配式建筑PC构件、新型建材、装饰材料工程
	3	枫叶环保包装年产6亿只纸浆模型包装制品工程
	4	普华制药国家一类新药投资3亿元，建设新版GMP原料药车间4万平方米工程
	5	道中道激光器投资3亿元高端激光器生产工程
	6	润华汽车园投资3亿元，建设宝马、沃尔沃、凯迪拉克等6家4S店工程
	7	新世纪科技城一期项目总投资8亿元，建筑面积32万平方米工程
	8	林峰新材料高档壁纸总投资3亿元，年产壁纸5000万张工程
	9	富贵花簇化妆品保健总投资3亿元，生产化妆品保健品工程
	10	天宇铝塑膜一期总投资5亿元，6000万平方米锂电池包装、医用铝塑膜工程
2016	1	道中道科技产业园总投资7亿元，建设15万平方米双子楼孵化器科研楼中试车间
	2	北新新型建材总投资35亿元，轻钢结构工厂，FK预制组装厂新型房展中心
	3	普华制药投资5亿元，生产盐酸洛拉曲克等3种国家新药
	4	天宇新材料产业园二期投资5亿元，建18条锂电池生产线，9条铝膜生产线
	5	阿里巴巴电商产业园投资6亿元，建1.1万平方米电商产业园工程
	6	林峰高档壁纸投资5亿元，年产2000万张高档门板纸工程
	7	中印软件园投资5.6亿元，大数据处理、云计算中印与研发中心软件开发工程
	8	海润新能源投资5亿元，建年产300万平方米pvc绿色装饰板工程
	9	宏伟专用汽车投资7.5亿元，建年产专用车设备115台（套）工程
	10	隆科科技园绿色新材投资3.5亿元，建年产2400万平方米硅钙板工程
	11	丹阳立交桥建成通车，投资4.3亿元，主塔高89米，总长度2032米，双向6车道桥面宽度23.5米，跨铁路段桥面宽度32米，两侧各设2米人行道

续表14-1

年份	序号	项目简介
2017	1	3D打印科创小镇投资37.4亿元，轻钢结构工厂、FK预制围护组装厂、建筑3D打印，建筑面积10万平方米工程
	2	玉皇新能源锂电池产业园投资55亿元，年产60亿瓦时石墨烯锂电子动力电池，一期5亿瓦时与美国伊万特合作10亿瓦时动力系统（PACK）工程
	3	万达广场投资15亿元，商业面积14.6万平方米，其中地上9.4万平方米、地下5.2万平方米工程
	4	新世纪科技城投资15亿元，建设58万平方米科技孵化器、大学生留学生高科技园、总部经济园工程
	5	金丰农业服务有限公司投资5亿美元，种子、肥料、地膜、农机服务、农技开发、农副产品加工、城市园艺、农业应用、软件开发区工程
	6	神州长城医疗康健城投资40亿元，建设集医、科、教、保健、康复养老等一体多专科、多门类现代医疗健康城，设计床位4000个工程
	7	协鑫智慧能源投资26亿元，年发电量38亿度，蒸汽量340万吨，耗天然气9亿立方米工程
	8	华立新材料投资15亿元，年产20万吨甲基丙烯酸甲酯工程
	9	医专附属医院投资15亿元，按三级甲等医院规划设计2000张床位工程
	10	雷泽湖水游乐度假特色小镇投资20亿元，建设水上主图乐园区，地上主体乐园区，大型餐饮、住宿、酒店等设施工程
2018	1	智慧冷城投资20亿元，占地40公顷规划城市冷链中心、农产品交易中心等六大板块，总建筑面积60万平方米工程
	2	医专附属医院投资10亿元，占地17.33公顷，1500张床，建筑面积17.8万平方米工程
	3	万达广场、希尔顿酒店投资15亿元，占地4.67公顷，建筑面积14.6万平方米，酒店2.2万平方米工程
	4	绿建科创园投资10亿元，占地17.07公顷，建设研发楼、职教中心23万平方米工程
	5	赫拉环保科技投资11亿元，占地14.67公顷，建设年处理工业废弃物9万吨，废液物化处理12万吨工程
	6	建筑垃圾资源再生循环经济园投资10亿元，占地16公顷，规划建筑面积10.5万平方米，年处理300万吨建筑垃圾工程
	7	道中道生物制药二期投资8亿元，占地8.47公顷，规划建筑面积2万平方米，生产抗真菌类药物以及1000万支粉针制剂工程
	8	云联智慧能源投资21亿元，占地10公顷，建设3×200兆瓦（ge）级燃气联合循环机组装机容量636兆瓦工程
	9	鲁西南大数据中心投资100亿元，占地5.67公顷，建筑面积40万平方米，装机容量13万台服务器，数据存储容量100PB（约1亿GB）工程
	10	台湾大健康产业园投资10亿元，占地13.6公顷，总建筑面积22万平方米，生产化妆品、保健品等项目

2001—2018年菏泽经济开发区“十件实事项目”任务一览表

表14-2

年份	序号	项目简介
2001	1	投资150万元，提升青啤广场、林荫广场亮化、美化、绿化项目及天香公园推墙透绿改造项目
	2	筹集98万元，改建丹阳菜市场，和平路菜市场，中原路菜市场项目
	3	对牡丹小区4000多平方米违法建筑强行拆除
	4	全年完成政府采购合同额121.55万元，节支率37.51%
	5	发放农民负担卡3.2万册，持卡交纳，杜绝搭事收费，减轻农民负担25.21万元
	6	人民路、中华路、沿街实施亮化工程，垃圾三定、门前三包项目
	7	全区小学布局进行统一调整，由原来的55处合并为31处，并对危房进行改造
	8	筹集12万元资金，解决优抚对象生活困难，实施社会救助工程
	9	对全区17个后进村党支部班子进行整顿，调整充实村干部28人
	10	全年为群众办好事421件，解决宅基地纠纷214件，化解矛盾356起，修路5600公里，下水道4300米

续表14-2

年份	序号	项目简介
2002	1	新区三纵五横路网和迎宾大道全部贯通
	2	建成新石铁路公铁立交桥，2座洙水河桥，1座经四路排洪沟桥
	3	组织300余人对新规划区内16个自然村、4864户居民房屋进行测量普查，完成登记造册建档立卡工作
	4	在新区14平方公里内的供水、排水、电力、热力、通信、广电、宽带网等各项管线敷设预埋全部完成
	5	完成京九铁路、新石铁路、洙水河沿岸各纵深60米的绿化、亮化及配套工程
	6	建立地埋式垃圾中转站，将城区积存的2万多立方米垃圾清运出城
	7	解决“垃圾围城”，对城市出口“三大堆”400余个（处）进行清理
	8	对人民路人行道进行铺整，完成铺整面积1.5万平方米，墙体美化粉刷3万平方米
	9	全区发展优质杂果80余公顷、桐粮间作1333.33公顷、片林66.67公顷、花卉53.33公顷、蔬菜大棚140个、种植蔬菜66.67公顷
	10	机关抽调党员干部239人，组成3个督导组、106个指导组，实行县级领导包村联系点制度
2003	1	完成区内就业2100人，市外劳务输出3150人
	2	建设环城生态林带30公里，绿色通道3公里，植树1733.33公顷、107万株
	3	全年办理土地使用手续106.67公顷，创政府收益3000多万元，储备土地8宗60余公顷，复垦40余公顷，复垦补偿耕地112.91公顷
	4	全年办理企业注册18家，个体经营户登记183家，换发执业证460户
	5	向323名特困生发放救助金
	6	向一佳中学划拨国有土地14.02公顷
	7	农村公路村村通项目启动
	8	规范区内中小学收费
	9	食品工业园内路网建设项目
	10	东区晓月路等8条道路的路灯安装项目
2004	1	主要街道、公共场所和社区、居民小区实现环卫工程“无缝覆盖、24小时保洁”
	2	对人均耕地2分以下的农民，免征农业税
	3	对60岁以上的老人实行养老保险
	4	对贫困户和“五保”老人实行了应保尽保，对城镇低保对象实行抚恤补助，对种粮农民兑现直补政策
	5	解决了区内居民“路、水、学、医”的实际问题
	6	实现18个区直部门与全区52家企业的结对帮扶，抽调104名机关干部进行帮村活动
	7	对大龄民师按照农民人均收入的1.8倍逐年补助额项目
	8	对中小学校危房改造的项目
	9	工商部门实施“红盾帮扶”，建立红盾信息网，发放“IC”卡，为属地154家企业和492家个体经营户建立“经济户口”
	10	实行“四定四包”责任制，办结家33个信访老户的突出问题
2005	1	全区村村通油路工程全面完成，104个村居，全长98.2公里
	2	开发区城乡设置标准地名楼门牌项目
	3	全区开展送温暖献爱心捐赠活动
	4	启动菏泽市经济开发区ISO14000环境管理认证项目
	5	为完成市政府要求70%集中供养目标，开发区三年内建敬老院房屋260间，供养五保老人350人以上，每建一间补助5000元
	6	完成“村村通”“用水”“就学”“就医”，城镇低保“五保供养”等工程
	7	全年提供新的就业岗位1万余个，新增劳务输出1380人
	8	计划生育“六项指标”完成，通过市政府对开发区基层线、工作线考核验收
	9	对高致病禽流感进行积极有效防控，全区90余万只家禽全部进行免疫
	10	积极开展“平安开发区”建设，实行属地管理，防范主体多元，实现全区“六个不发生”目标

续表14-2

年份	序号	项目简介
2006	1	开发区实行委员会领导体制，增补市发改委等5个部门主要负责人为开发区管委会的委员、副主任市经贸委、市财政局等14个部门的主要负责人为开发区管委会委员
	2	新体制运行后，为开发区解决具体实事21件，协调注入各类资金7559万元
	3	立足内部运行机制与新的管理体制，制定“决策目标、执行责任、考核监督”三大体系，建立完善各项制度40余项，形成科学高效的工作行为规范
	4	新增营业面积超万平方米的商业设施4处，各类市场10处，星级以上酒店6处，超市网点54家
	5	新修10横、11纵21条道路，硬化路面136万平方米，完善了新区路网建设
	6	投资1600万元，长江路、郑州路、太湖路等6条主干道的排水工程
	7	完成了人民路、永昌路、珠江路的改造和327国道在区内段的拓宽工程
	8	完成太湖东路、郑州南路等4条道路平整硬化4万平方米，上海路、公铁立交桥两侧路面硬化6万平方米
	9	新修农村公路25.6公里，发放“两免一补”资金44.17万元
	10	投资998万元，新建6所小学新农村合作医疗参合率89%，各项社保基金积累达到1600余万元
2007	1	投资320万元，建设郑州南路、杭州路2条区内主干道
	2	投资1600万元，完成新石铁路与上海路交叉处的公铁立交桥的施工项目
	3	完成淮河路、海河路、洪泽路等7条路的排水工程，新建排水管网17.5公里
	4	恒达热力公司完成区内供暖管网工程，新建供热管网4.6公里
	5	完成京九铁路与长江路交叉处的公铁立交泵站建设
	6	协调市建设局完成长江路、济南路部分路段供水工程建设，铺设供水管网2.8公里
	7	关闭黏土砖窑场16个，整合收回土地49.07公顷，增改建9座垃圾中转站，清理垃圾6000余立方米
	8	新农村建设扎实推进，改厕1万余个，改灶100余处，新增通车里程22.5公里
	9	新建岳程中学1所，广州路小学1所，改建区内小学校14所
	10	完成岳程、佃户屯2个街道卫生院和149处（居）卫生室的规范化建设
2008	1	全区发放粮食直补和良种、农资农机各项补贴资金691.4万元
	2	投资1560万元，对广州路中学、佃户屯中学综合试验楼及石堂明德小学校舍的建设完善10所小学的基础设施建设，公开招聘50名小学教师
	3	投资246万元，建立农村低保、五保、供养、社会救助、特困生帮扶等社保体系最低生活保障救助3498人
	4	新增劳动就业人员3500人
	5	投资50万元，疏通经四沟、零号沟、三支沟等7条沟渠的淤塞项目
	6	投资3.4亿元，建立中小企业工业园区
	7	组织1.5万人清理农村生活垃圾堆，清除垃圾5000余立方米
	8	清除关闭16座窑厂，腾出建设用地248公顷，盘活存量土地125.33公顷清理违法占用土地13宗，涉及18个行政村，计137.33公顷
	9	新建220千伏变电站和西座110千伏变电站，8条供电管网专用线
	10	完成区内20条道路、10条街巷、23个生活小区、65个驻区单位的绿化，栽植各种树木6万余棵
2009	1	投入资金4500万元，打通半截路、断头路9条，总长16公里，平整硬化路面30万平方米
	2	东南湖主要为区内工业提供水源，一期工程土方量全部完成
	3	新建污水处理厂建设顺利，与其配套的32公里污水管网完成
	4	工业区内新建供水管网8公里，排水管网20公里，电力、热力管网9.6公里
	5	全区农村旧房危房改造6处
	6	长江东路两侧种植乔灌木2万余株，绿地18万平方米
	7	天香公园改建推墙透绿，新铺水泥路面5000平方米，建水岸墙面4000平方米，栽植树木花卉5000余棵，草坪绿地8500平方米
	8	全区新增农村劳动力转移就业3200人，城镇新增就业4300余人
	9	投资400万元，解决14个自然村10411人的安全饮用水工程
	10	投资1810万元，完成广州路7所重点中小学校的配套设施建设，免除中小学生杂费508万元，补助学校办公经费305万元，招聘中小学教师30人，对196名在编不在岗教师补办相关手续

续表14-2

年份	序号	项目简介
2010	1	投资1.5亿元修建中山路、振兴路、台湾东路、丹阳路等8条区内道路，总长度20公里
	2	投资6000万元，完成洙水河公园建设项目
	3	区内铺设供热、供气管网32公里
	4	年内开工建设居住小区65个，总投资200亿元，规划建筑面积1100平方米
	5	对八一路、中华路、长江路等6条道路升级改造，补栽树木30余万棵，新增绿地42万平方米，更换广告牌4569万块
	6	清除卫生死角1200余处，垃圾5万余立方米，新增城区保洁面积28万平方米
	7	区内新增路灯1675盏，对50个楼群进行亮化美化
	8	新型农村合作医疗参加13.7万人，城镇新增就业1.1万人
	9	投资888万元改善农村人畜饮水项目
	10	为全区中小学生免除学杂费508.5万元，特困生帮扶资金10.15万元
	11	为104个社区建立治安巡逻队，37所学校、76所幼儿园配备193名专职保安
2011	1	全区房地产开发面积450万平方米，竣工面积260万平方米，保障性住房77.3套，规划建设经济适用房2处，全部开工建设
	2	完成赵王河、洙水河公园景观带建设
	3	建成20条共计80公里排污管网
	4	区内新修8条共计21公里道路
	5	绿化广州路、黄河路等7条区内主干道路，绿化面积30万平方米人工造林面积达29公顷
	6	投资3340万元，建设完善佃户屯中学、三里河小学、赵王李小学等9处学校教学设施
	7	全年共有43.9万人获新农合基金补偿，最低保障救助5711人其中城镇2053人，农村3658人
	8	受理群众来访94件，立案64起，结案率100%
	9	全区62名教师被评为中小学骨干教师
	10	全区40个单位、1300名党员与104个社区中1400名困难党员结成帮扶对子，解决实际困难800余件
2012	1	完成开发区工业园区5个村庄1700余户、3900余人的搬迁工作，完成签约97%，80栋安置房正加快建设中
	2	启动吴店、温堂等4个社区1584户、4400余人新型社区建设项目
	3	投资4.2亿元的火车站客运设施及站前广场升级改造项目，人防工程、2.8万平方米站前广场竣工、站房投入使用
	4	社会保障力度加大，发放城市、农村低保金1100余万元
	5	加强敬老院规范化建设，集中供养标准提高到700元，分散供养标准提高到400元
	6	投资4900万元，新建改建中小学校舍1.96万平方米，新建续建城区小学2所、新建幼儿园3所
	7	繁荣发展文化事业，新建农村文化大院30处，新组建剧团4个
	8	为59.5万人次补偿新农合基金4465万元，受益村覆盖率达到100%，顺利通过省级卫生城市复审
	9	全面落实“强基固本工程”，高标准新建设21处社区办公场所，提升了社区支部书记的政治和经济待遇
	10	按照省、市委要求选派30名干部到社区担任“第一书记”，为群众办实事，解难事，加强社区党组织建设，促进了社区经济发展
2013	1	全年民生支出占公共财政预算支出的65.25%，新建8所小学和幼儿园，公开招聘教师92名
	2	3个街道敬老院被评为国家三星级敬老院
	3	新农合参保人数新增2017人，参合率100%，城镇居民养老保险新增参保2.9万人，参保6万人，参保率100%
	4	改造提升城乡基层文化设施，新建农村文化大院32个，新增有线数字电视用户2.3万户
	5	投资3700万元，建设视频监控系统和信息综合平台，构建天网工程项目
	6	大力整治城市交通秩序，取缔三轮车乱放乱停，实现“一稳两置”项目
	7	发挥“第一书记”的先锋模范作用，协调帮扶资金46万元，调解各类矛盾167起
	8	全年新开工面积510万平方米，在建870万平方米，竣工373万平方米完成征收丈量面积322万平方米，集中拆除违章建筑15万平方米
	9	新修10条道路，通车里程30.7公里，绿化面积9万平方米
	10	规范建设辛集、淮河路、冉贤集3处农贸市场

续表14-2

年份	序号	项目简介
2014	1	闽江路安置小区建筑面积74万平方米工程全面开工，洞庭路安置小区建筑面积35万平方米工程前期工作完成
	2	火车站及广场改造扩建工程完成
	3	丹阳立交桥东段引桥完工
	4	新修中华东路、渤海路、振兴路、八一东路4条道路绿化面积35万平方米
	5	工业园区5个村庄1425户居民迁入建筑面积23万平方米共88栋的和福祥小区
	6	新建垃圾中转站23个，购置垃圾运输车78辆，保洁人员439人
	7	新建文化大院65处，健身广场56个，安装健身器材632套，送戏下乡160余场
	8	投资1600万元，建设全省第一家、全国第三家大气污染物自动在线监控系统
	9	投资3400万元，新建6所公办幼儿园，对5所小学进行改造，招聘教师205人，新增省、市教学能手18人，获市委、市政府授予特别跨越奖
	10	全区新增农村劳动力转移就业1700人，城镇新增就业2200人企业养老保险参保22001人，征缴保险费8540万元，发放生活救助金1232.1万元
2015	1	佃户屯养老中心投资1.3亿元，建筑面积5.4万平方米，床位2000个项目
	2	前崔楼和吴店5个村庄4220人迁入新建龙山新区
	3	实施4个棚户区改造面积26万平方米，新建改造道路8条，18公里，腾出闲置用地133.33公顷
	4	开展空气质量专项治理，对583个污染源排查改造项目
	5	新建垃圾中转站4个，购置各类环卫车辆137辆
	6	全年发放城市低保金、农村低保及各种补贴2300万元，五保户供养费270万元
	7	新建社区日间照料中心35处，全区总数87处，居全市第一
	8	投资3.43亿元，实施学校改薄项目32个
	9	投资1.2亿元，新建九年一贯制学校1处并完善新建南京路高中学校设施
	10	全区建设食品安全快速检测网络平台，保证全区人民饮食安全
	11	帮助806户，2000人实现脱贫致富
2016	1	第二污水处理厂扩容试水，4万吨/日污水处理项目
	2	康源果蔬电商产业园4万平方米营业楼项目
	3	全区新建10个垃圾中转站，26个停车场
	4	新建便民菜市场8个，全民健身广场30个，新增绿地面积18万平方米
	5	新增金融机构16家，全区金融机构163家
	6	阿里巴巴菏泽产业带上线企业新增637家，总数1170家
	7	电子商务专业村7个，市级电商示范企业3家
	8	新建扶贫车间6个，1518户、3451名贫困群众脱贫
	9	城镇新增就业人员2400人，返乡创业人员1900人
	10	为解决大班额投资1.5亿元新建2所学校，改扩建13所学校新增校舍面积5.7万平方米，新建提升13处社区卫生室、12处社区日间照料中心
2017	1	全年棚户区改造项目15个，涉及棚改居民2.63万户，458万平方米，征收土地846.67公顷，其中公共用地达340公顷
	2	新修提升改造道路13条，61.7公里，人民路、长江路、中华路等7条主要交叉路口的渠化工程项目
	3	新增省级创新平台9家，众创空间2家，孵化基地2个
	4	阿里巴巴菏泽产业带新增上线企业287家，总数1562家，排名列全国37位，全省第一
	5	“为村”创建工作开展顺利，104个社区全部上线，覆盖率100%，居全市第一，并带动培养淘宝村4个
	6	冬季清洁采暖“气代煤”“电代煤”完成户数共7308户
	7	新建污水泵站3处，应急拦河闸4个，污水管网24公里第二污水厂二期工程建成投用
	8	投入各类扶贫资金800余万元，精准扶贫光伏项目2个，扶贫车间43个，改造农村危房100户，脱贫682户，1787人
	9	新设返乡创业工作站1个，市级创业孵化基地2个，新增就业人员1600余人
	10	投资4.1亿元开工建设学校9所，续建3所，建成投用11所

续表14-2

年份	序号	项目简介
2018	1	完成6个片区棚改项目共5276户、116万平方米的征收开工建设560万平方米，竣工360万平方米
	2	新建桂陵路、八一路、五屯路等17条道路，提升改造钱塘路、南京路、济南路等6条道路
	3	新铺设雨污管网34.5公里，新建停车场、小绿地、小公园、小广场15个
	4	人民路与南外环路互通立交桥正式开工建设
	5	建设省级美丽乡村10个，实现生产美、生态美、生活美“三生三美”融合发展
	6	全年新增地理标志证明商标1个，马德里国际商标4个，山东名牌1个
	7	全市首家牡丹大宗商品交易中心正式开始运营，金融业纳税突破3亿元
	8	投资4.7亿元建设华英路小学、何楼小学等5处学校，建筑面积18.8万平方米，努力解决中小学生“大班额”问题
	9	引进华中师范大学附属中学优质教育资源，招聘教师226人，提高教育教学质量
	10	建立全路面多机械联合洗扫作业模式，购置各类保洁机械30台，新增绿化面积20万平方米，新建污水管网33公里

效能建设 开发区管委会以精简、高效的行政管理体制，秉承“小政府，大服务”“让创业者投资、让投资者获利”的服务理念，注重行政效能建设，先后多次下发文件，制定规章制度。成立由管委会主要领导任组长，各部门主要负责人为成员的考核领导小组。努力使开发区管委会机关成为效能建设的“排头兵，示范地”。加强建章立制，深化政府信息公开，提升“窗口”功能，完善廉政制度建设，抓好招商引资、城市规划、企业生产、配套服务以及城市“绿化、美化、亮化”综合环境整治等重要工作。

为使效能建设真正体现高效、服务的目标要求，开发区管委会成立行政服务中心，设经济建设、市场监管、人事劳动、医疗保障、卫生、土地等42个窗口，“优化流程、审批提速”，明确各窗口日常管理及投资咨询、窗口受理、部门协调、监督考核等工作职责。为开发区企业和群众提供便捷、规范的服务。同时安装多个电子屏和1台自动拍摄机，方便企业和群众办理业务。

绩效考核 2002年，开发区管委会实施目标责任制绩效考核制度。开发区管委会机关目标责任考核坚持“三结合一挂钩”的原则：平时督查与年终考核相结合，共性目标考核与部门（单位）重点责任目标考核相结合，单位考核与个人考评相结合，实行工作业绩与利益分配挂钩，做到科学公正、突出效率、兼顾公平、群众认可、奖优罚劣、促进工作。

开发区成立年终责任目标考核小组，由管委会领导和相关局室主要负责人组成，领导小组办公室设在党群工作部。列入工作目标责任制考核范围的单位有：开发区各街镇、区直机关事业单位、分支机构。

考核指标 实行共性目标与重点责任目标考核相结合、定性与定量相结合、内部考核与社会考核相结合。共性指标按项目进行分类量化考核；个性指标以当年下达给各部门（单位）的重点工作目标任务分解内容为考核依据，以确定的完成时间进度为标准进行考核。

共性指标 依据菏泽市委、市政府对开发区管委会的共性目标考核要求和专项任务情况确定。

个性指标 依据菏泽市委、市政府下达的年度目标任务和开发区年度重点工作目标任务确定。开发区管委会按年度下达各部门重点任务量化指标，以完成时间进度为标准进行考核，并以考核领导小组办公室对各项重点工作的阶段性督查结果作为考核基础。各单位未能完成重点工作任务的按分项考核扣分。考核指标量化的，按是否完成目标扣减分数，对于有时效性的考核指标，按完成时间扣减分。

考核内容及权重　区直机关事业单位、分支机构满分为100分。菏泽市对开发区经济社会发展综合考核为70分，争先创优10分，服务经济20分。

考核结果运用　对综合考核得分前列的区直部门、分支机构，授予“先进单位”称号，主要负责人年度考核为“优秀”等次。6个招商局、大项目办公室和商务局8个招商部门设置“全区招商引资先进单位”奖3个，其他区直部门1个。设“招商引资功臣”专项奖4个，招商引资先进个人15个，年度考核结果作为评先树优和选拔任用干部的依据。

本年度全市经济社会发展考核名次下滑最多的部门、在考核中倒数第一的部门，黄牌警告，主要负责人诫勉，当年不得评为“优秀”等次。

附：2008—2018年主要年份开发区责任目标考核结果

2008年度全区群众工作先进集体、先进个人

一、全区群众工作先进单位

岳程街道

二、全区群众工作信息报送先进单位

佃户屯街道

三、全区群众工作问题办理先进单位

社会事业发展局

四、全区群众工作先进个人

曹文立　群众工作办公室

张奎安　群众工作办公室

陈备立　劳动人事局

刘志涛　建设局

刘昱超　信访办

李德兰　工商分局

孙永刚　丹阳街道

贾　佳　丹阳街道

刘凤娟　岳程街道

高永燕　佃户屯街道

2008年度受表彰单位

一、目标管理考核先进单位

丹阳街道　目标管理考核综合一等奖

佃户屯街道　目标管理考核综合二等奖

岳程街道　目标管理考核综合三等奖

二、招商引资工作先进单位

丹阳街道　招商引资一等奖

招商三局　招商引资一等奖

佃户屯街道　招商引资二等奖

招商一局　招商引资二等奖

岳程街道　招商引资三等奖

三、2008年度工作先进单位

党群工作部

办公室

财政局

社会事业发展局

经济发展局

2009年度全区群众工作先进集体、先进个人

一、先进单位

开发区岳程街道

二、先进个人

刘志清　开发区纪委副书记

迟　峰　开发区社会发展局副局长

付玉文　开发区建设局招标办主任

陈备立　开发区党群工作部科员

张奎安　开发区群工办分流转办组组长

王　芳　开发区群工办信息采集组组长

贾　佳　开发区丹阳街道科员
宋海莉　开发区岳程街道科员
高永燕　开发区佃户屯街道科员
王国平　开发区环保分局科员
办公室
社会事业发展局
党群工作部
建设局

2009年度受表彰单位

一、目标管理考核先进单位
岳程街道　目标管理考核综合一等奖
丹阳街道　目标管理考核综合二等奖
佃户屯街道　目标管理考核综合三等奖
二、招商引资工作先进单位
招商四局　招商引资一等奖
招商三局　招商引资一等奖
招商五局　招商引资二等奖
招商一局　招商引资二等奖
招商六局　招商引资三等奖
三、区直机关工作先进单位
社会发展局
办公室
财政局
计划生育局
党群工作部

2010年度受表彰单位

一、科学发展考核先进单位
丹阳街道　科学发展考核一等奖
岳程街道　科学发展考核二等奖
佃户屯街道　科学发展考核三等奖
二、招商引资先进单位
招商三局
大项目办公室
招商四局
招商一局
三、区直机关工作先进单位
财政局

2011年度受表彰单位和个人

一、街道科学发展考核先进单位
1. 岳程街道　科学发展考核第一名
2. 丹阳街道　科学发展考核第二名
3. 佃户屯街道　科学发展考核第三名
二、街道科学发展赶超奖
岳程街道
三、招商引资先进单位
招商三局
大项目办公室
招商五局
招商二局
政研室
经济发展局
纪委
四、招商引资功臣
沙志强　招商三局局长
张中舟　大项目办公室主任
刘洁灏　招商五局局长
高　峰　招商二局局长
五、招商引资赶超奖
招商二局
六、综合目标考核先进单位
政研室
经济发展局
纪委
社会事业发展局
办公室
七、服务经济建设先进单位
地税分局

安监分局

工商分局

法院

国土分局

公安分局

国税分局

检察院

八、经济发展突出贡献奖

菏泽金正大生态工程有限公司

菏泽天华实业有限公司

银座集团股份公司银座商城

九、经济发展贡献奖

华鹏玻璃（菏泽）有限公司

山东洋丰肥业有限公司

菏泽中联水泥有限公司

中粮艾地盟粮油（菏泽）有限公司

山东天美生物技术有限公司

山东菏泽龙翔房地产开发有限公司

菏泽南华置业有限公司

山东南方恒盛实业集团有限公司

菏泽市大元置业有限公司

中国太平洋财产保险股份有限公司菏泽中心支公司

中华联合财产保险股份有限公司菏泽中心支公司

永安财产保险股份有限公司菏泽中心支公司

中国人寿财产保险股份有限公司菏泽市中心支公司

十、固定资产投资奖

山东菏泽玉皇化工有限公司

山东东药药业股份有限公司

菏泽聚隆能源有限公司

菏泽市大元置业有限公司

菏泽国际汽配城

菏泽裕罗电器装配有限公司

十一、综合考核先进社区

（一）丹阳街道：

赵堂社区

刘庄社区

都庄社区

（二）岳程街道：

琵李社区

许楼社区

坡刘社区

冯楼社区

（三）佃户屯街道：

吴店社区

刘堂社区

邵楼社区

2012年度受表彰单位和个人

一、街道科学发展考核先进单位

丹阳街道　科学发展考核第一名

岳程街道　科学发展考核第二名

佃户屯街道　科学发展考核第三名

二、招商引资先进单位

招商一局

招商二局

招商二局

大项目办公室

办公室

财政局

对外贸易局

三、固定资产投资先进单位

招商三局

四、大项目观摩评比优胜奖

大项目办公室

招商三局

招商一局

五、利用外资先进单位

招商四局

招商六局

六、招商引资赶超奖

招商一局

七、招商引资功臣

仟红姣　招商一局局长

沙志强　招商三局局长

高　峰　招商二局局长

张中舟　大项目办公室主任

八、城镇化先进单位

丹阳街道

建设局

开发区公安分局

开发区法院

菏泽市城市管理行政执法支队开发区大队

九、综合目标考核先进单位

办公室

财政局

对外贸易局

纪委

党群工作部

政研室

社会发展局

十、服务经济建设先进单位

开发区公安分局

开发区国税局

开发区法院

开发区检察院

开发区地税分局

开发区食品药品监督分局

开发区安监分局

开发区消防大队

十一、社会综合治税先进单位

佃户屯街道

开发区公安分局

开发区检察院

开发区法院

开发区工商分局

十二、人力资源和社会保障先进单位

丹阳街道

佃户屯街道

菏泽金正大生态工程有限公司

菏泽裕罗装配有限公司

十三、经济发展突出贡献奖

菏泽金正大生态工程有限公司

银座集团股份有限公司菏泽银座商城

山东菏泽玉皇化工有限公司

山东新洋丰肥业有限公司

中粮艾地盟粮油工业（菏泽）有限公司

菏泽天华实业有限公司

华鹏玻璃（菏泽）有限公司

山东菏泽德泰化工有限公司

山东玉皇盛世化工股份有限公司

十四、经济发展贡献奖

菏泽时代置业有限公司开发区分公司

菏泽南华置业有限公司

菏泽锦都房地产开发有限公司

山东菏泽龙翔房地产开发有限公司

山东绿能燃气实业有限责任公司

菏泽中联水泥有限公司

山东天美生物技术有限公司

山东南方恒盛实业集团有限公司

菏泽交通集团房地产开发有限公司

菏泽润华投资有限公司

菏泽市大元置业有限公司

菏泽好达实业有限公司

中国太平洋财产保险股份有限公司菏泽中心支公司

山东菏建建筑集团房地产开发有限公司华英

分公司

菏泽市德润化工有限公司

永安财产保险股份有限公司菏泽中心支公司

菏泽市奇林房地产开发有限公司

菏泽亿丰置业有限公司

中华联合财产保险股份有限公司菏泽中心支公司

菏泽金鼎置业有限公司

山东樱花五金集团菏泽金属制品有限公司

菏泽市源林川服饰有限公司

山东菏泽华昌机械科技有限公司

菏泽市德合建筑工程有限公司

菏泽金龙房地产开发有限公司

菏泽领将房地产开发有限公司

山东杨湖酒业有限公司

菏泽市山塑置业有限公司

中国大地财产保险股份有限公司菏泽中心支公司

山东兴业炉料有限公司

菏泽市卓达房地产开发有限公司

菏泽茂业百货有限公司

十五、固定资产投资奖

山东菏泽玉皇化工有限公司

山东玉皇盛世化工股份有限公司

山东东药药业股份有限公司

菏泽聚隆能源有限公司

山东辰信新能源有限公司

菏泽金正大生态工程有限公司

菏泽亿丰置业有限公司

菏泽美龙汽车部件有限公司

十六、综合考核先进社区

（一）丹阳街道

李大庙社区

刘庄社区

赵堂社区

都庄社区

大马庄社区

（二）岳程街道

许楼社区

坡刘社区

西王堂社区

李胡同社区

文方寺社区

（三）佃户屯街道

沙沃社区

吴店社区

邵楼社区

均张庄社区

罗庄社区

十七、服务大项目建设先进社区

（一）丹阳街道

李大庙社区

耿庄社区

赵王李社区

庞楼社区

（二）岳程街道

琵李社区

冯楼社区

何庄社区

杨堂社区

西南隅社区

（三）佃户屯街道

天波张楼社区

刘堂社区

庞庄社区

杨庄社区

2013年度受表彰单位和个人

一、街道科学发展考核先进单位

丹阳街道　科学发展考核第一名

岳程街道　科学发展考核第二名

佃户屯街道　科学发展考核第三名

二、招商引资先进单位

招商三局

大项目办公室

招商一局

招商五局

招商四局

财政局

商务局

三、招商引资增长奖

招商三局

大项目办公室

四、大项目观摩评比优胜奖

大项目办公室

招商四局

招商三局

招商二局

五、利用外资先进单位

招商一局

招商五局

六、财政贡献奖

招商四局

招商三局

招商五局

招商一局

七、财政增幅奖

招商五局

招商四局

招商六局

八、招商引资功臣

沙志强　招商三局局长

张中舟　大项目办公室主任

任红姣　招商一局局长

刘洁灏　招商五局局长

王运华　招商四局局长

九、综合目标考核先进单位

财政局

办公室

党群工作部

检察院

政研室

计划生育局

纪工委

社会发展局

维稳办

法院

十、服务经济建设先进单位

建设局

经济发展局

项目服务办

商务局

公安分局

地税分局

工商分局

消防大队

环保分局

国税分局

食品药品监督分局

安监分局

十一、城镇化先进单位

丹阳街道

岳程街道

佃户屯街道

建设局

公安分局

法院

国土分局

菏泽市城市管理行政执法支队开发区大队

十二、社会综合治税先进单位

丹阳街道

岳程街道
公安分局
检察院
法院

十三、人力资源和社会保障先进单位

丹阳街道
岳程街道
菏泽金正大生态工程有限公司
山东新洋丰肥业有限公司
丹阳街道都庄社区
佃户屯街道杨庄社区

十四、维稳工作先进单位

丹阳街道
岳程街道
佃户屯街道
维稳办
办公室
党群工作部
纪工委
社会发展局
财政局
公安分局
法院
检察院
建设局

十五、维稳工作先进个人

丹阳街道：朱家福　党委副书记、街道主任
贾　佳　政法委委办主任
王　璐　网格办主任
李学刚　刘庄社区党支部书记
李　焕　亨通园社区网格员
洪廷权　和平社区网格员
岳程街道：李学斌　管区书记
毛建品　管区书记
边晓亮　维稳办主任
白　芳　文方寺社区网格员
白银粉　许楼社区网格员
佃户屯街道：刘福民　政法委主任
田洪果　综治办主任
王志国　司法所所长
李　晨　滨河片区网格员
办公室：袁　月　妇联主任
李国政　网络办主任
姜玉鹏　机关服务中心副主任
李栋平　丹阳街道副主任（挂职）
纪工委：崔新建　纪工委工作人员
杨玉强　纪工委工作人员
党群工作部：刘洪兵　人力资源管理服务办公室副主任
维稳办：刘　杰　维稳办副主任
周明强　政法信息网络中心主任
商务局：张艳阳　商务局主任科员
法　院：石胜利　立案庭庭长
检察院：姜　锐　控申科科员
公安分局：王　斌　刑警大队教导员
刘英华　纪委干警
国税分局：梁爱萍　科员
工商分局：李建生　办公室主任
技术监督分局：郭国栋　办公室主任
环保分局：胡　伟　科员
安监分局：贾　红　科员
国土分局：田衍诗　办公室主任

十六、科技创新奖

菏泽金正大生态工程有限公司
山东信多达电子科技有限公司
山东东药药业股份有限公司
山东辰信新能源有限公司
山东易达利化工有限公司
道中道（菏泽）制药有限公司

十七、经济发展突出贡献奖

菏泽金正大生态工程有限公司
菏泽市康乾房地产开发有限公司
银座集团股份有限公司菏泽银座商城
山东新洋丰肥业有限公司
菏泽天华实业有限公司
中粮艾地盟粮油工业（菏泽）有限公司
菏泽城建工程发展集团有限公司
菏泽南华置业有限公司
山东菏泽龙翔房地产开发有限公司
山东玉皇盛世化工股份有限公司

十八、经济发展贡献奖

山东菏泽东盛房地产开发有限公司
华鹏玻璃（菏泽）有限公司
菏泽市大元置业有限公司
菏泽时代置业有限公司开发区分公司
菏泽玉皇化工有限公司
菏泽市岳程建筑工程有限公司
菏泽开发区帝源房地产开发有限公司
菏泽亿丰置业有限公司
菏泽圣泽置业有限公司
菏泽开发区丹阳建筑工程有限公司
菏泽中联水泥有限公司
菏泽意杨实业有限公司
菏泽润华投资有限公司
太平人寿保险有限公司菏泽中心支公司
山东天美生物技术有限公司
菏泽鹏远置业有限公司
中国太平洋财产保险股份有限公司菏泽中心支公司
永安财产保险股份有限公司菏泽中心支公司
菏泽金龙房地产开发有限公司
菏泽锦都房地产开发有限公司
莱商银行股份有限公司菏泽分行
山东泰和明天置业有限公司
山东绿能燃气实业有限责任公司
菏泽天华实业有限公司开发区岳程分公司
山东樱花五金集团菏泽金属制品有限公司
菏泽领将房地产开发有限公司
中华联合财产保险股份有限公司菏泽中心支公司
菏泽大地木业有限公司
中国人寿财产保险股份有限公司菏泽市中心支公司
山东东药药业股份有限公司
菏泽天成恒瑞房地产开发有限公司
中国大地财产保险股份有限公司菏泽中心支公司
中国平安财产保险股份有限公司菏泽中心支公司
菏泽市山塑置业有限公司

十九、固定资产投资奖

山东菏泽玉皇化工有限公司
山东玉皇盛世化工股份有限公司
山东东药药业股份有限公司
菏泽聚隆能源有限公司
菏泽德润化工有限公司
山东辰信新能源有限公司
菏泽金正大生态工程有限公司
道中道（菏泽）制药有限公司

二十、综合考核先进社区

（一）丹阳街道
刘庄社区
都庄社区
赵堂社区
桑屯社区
张花园社区
（二）岳程街道
西王堂社区
昆李社区
李胡同社区

许楼社区

闫庄社区

（三）佃户屯街道

吴店社区

邵楼社区

前崔楼社区

刘堂社区

杨庄社区

二十一、服务大项目建设先进社区

（一）丹阳街道

庞楼社区

蒋庄社区

姬庄社区

大屯社区

马庄社区

（二）岳程街道

东南隅社区

大高庄社区

常屯社区

南庞社区

许庄社区

（三）佃户屯街道

观上社区

张楼社区

沙沃社区

位庄社区

庞庄社区

2014年度表彰先进单位和先进个人

一、街道科学发展考核先进单位

丹阳街道　科学发展考核第一名

岳程街道　科学发展考核第二名

佃户屯街道　科学发展考核第三名

二、招商引资先进单位

招商三局

招商四局

招商一局

招商二局

招商五局

三、招商引资增长奖

招商四局

四、大项目观摩评比优胜奖

招商四局

招商二局

大项目办公室

招商一局

五、利用外资先进单位

招商一局

招商四局

六、财政贡献奖

招商一局

招商二局

招商五局

招商三局

七、招商引资功臣

沙志强　招商三局局长

王运华　招商四局局长

任红姣　招商一局局长

高　峰　招商二局局长

刘洁灏　招商五局局长

八、科学发展先进单位

办公室

财政局

检察院

法院

经济发展局

计划生育局

纪工委

党群工作部

政研室

建设局

九、服务经济建设先进单位

维稳办

社会事业发展局

项目服务办（投资公司）

商务局

公安分局

国税局

地税分局

消防大队

国土分局

市场监管局

规划分局

环保分局

安监分局

十、城镇化先进单位

丹阳街道

岳程街道

佃户屯街道

建设局

城市管理行政执法支队开发区大队

城市综合开发办公室

公安分局

法院

国土分局

规划分局

十一、社会综合治税先进单位

丹阳街道

岳程街道

佃户屯街道

公安分局

财政局

十二、人力资源和社会保障先进单位

丹阳街道人社所

岳程街道人社所

佃户屯街道人社所

菏泽金正大生物工程有限公司

山东新洋丰肥业有限公司

丹阳街道都庄社区

十三、维稳工作先进单位

丹阳街道

岳程街道

佃户屯街道

办公室

维稳办

党群工作部

纪工委

社会发展局

财政局

建设局

法院

检察院

公安分局

十四、维稳工作先进个人

杨广运　丹阳街道综治办主任

赵文东　丹阳街道赵堂社区党支部书记

马国强　丹阳街道芦庄社区党支部书记

徐美菊　岳程街道信访办主任

李学斌　岳程街道辜处管区书记

祁文立　岳程街道项目建设办主任

田洪果　佃户屯街道综治办主任

王志国　佃户屯街道维稳办主任

姚慧萍　佃户屯街道信访办主任

彭　磊　网络办副主任

杨　敏　办公室工作人员

刘　婷　办公室工作人员

徐润楠　纪工委工作人员

吴长跃　纪工委工作人员

刘洪兵　人力资源管理办公室副主任

刘　杰　维稳办副主任

察 彦 维稳办工作人员
李 岩 计划生育局主任科员、副局长
侯振忠 经济发展局工作人员
石胜利 法院立案庭庭长
殷玉玲 检察院刑事检察科科长
王亚属 公安分局国保大队干警
贾明远 公安分局丹阳派出所干警
杨俊广 公安分局便衣侦察大队干警
李建生 市场监管局办公室主任
马江锋 国土分局执法监察科副科长
胡 伟 环保分局工作人员
丁建国 规划分局工作人员
晁 生 安监分局工作人员

十五、群众工作及公开电话工作先进单位

党群工作部
社会发展局
计划生育局
环保分局
城市管理行政执法支队开发区大队
丹阳街道
丹阳街道大屯社区
丹阳街道桑屯社区
岳程街道
岳程街道何庄社区
岳程街道杨堂社区
佃户屯街道
佃户屯街道吴店社区
佃户屯街道刘堂社区

十六、群众工作及公开电话工作先进个人

练 达 办公室工作人员
刘 爽 纪工委工作人员
马德印 纪工委工作人员
李志鹏 劳动人事局工作人员
何福印 社会发展局工作人员
孟祥林 建设局环卫办副主任
张美娜 计划生育局信访科工作人员
肖 强 政法信息网络中心科员
朱 琳 公安分局指挥中心科员
武增山 网络办工作人员
杨 彪 群工办工作人员
陈 莉 环保分局工作人员
张银环 新农村建设办公室工作人员
李素珍 丹阳街道群工办主任
刘俊荣 丹阳街道工作人员
贾文豪 丹阳街道政法委主任
王 蕊 岳程街道群工办主任
王晓亚 岳程街道城建办公室主任
李财邦 岳程街道文方寺社区党支部书记
刘福民 佃户屯街道政法委主任
赵艳青 佃户屯街道群工办主任
马万季 佃户屯街道吴店社区党支部书记

十七、经济发展突出贡献奖

山东中华发电有限公司菏泽发电厂
国电菏泽发电有限公司
菏泽交通集团有限公司
山东菏泽发电厂
菏泽金正大生态工程有限公司
山东新洋丰肥业有限公司
菏泽天华实业有限公司
银座集团股份有限公司菏泽银座商城
山东菏泽龙翔房地产开发有限公司
新华人寿保险股份有限公司菏泽中心支公司

十八、经济发展贡献奖

菏泽市康乾房地产开发有限公司
菏泽城建工程发展集团有限公司
菏泽时代置业有限公司开发区分公司
山东菏泽华星油泵油嘴有限公司
菏泽南华置业有限公司
华鹏玻璃（菏泽）有限公司
山东玉皇盛世化工股份有限公司

山东菏泽东盛房地产开发有限公司

菏泽荣泰房地产开发有限公司

山东菏泽玉皇化工有限公司

菏泽市岳程建筑工程有限公司

山东天润电气集团有限公司

菏泽市大元置业有限公司

莱商银行股份有限公司菏泽分行

中国太平洋人寿保险股份有限公司菏泽中心支公司

菏泽银河纺织有限责任公司

菏泽中联水泥有限公司

菏泽圣泽车业有限公司

太平人寿保险有限公司菏泽中心支公司

中国人寿财产保险股份有限公司菏泽市中心支公司

菏泽开发区丹阳建筑工程有限公司

山东天美生物技术有限公司

山东泰和明天置业有限公司

中国太平洋财产保险股份有限公司菏泽中心支公司

山东天泽实业集团有限公司

菏泽金龙房地产开发有限公司

中国平安财产保险股份有限公司菏泽中心支公司

中华联合财产保险股份有限公司菏泽中心支公司

菏泽天成恒瑞房地产开发有限公司

山东绿能燃气实业有限责任公司

山东菏泽华昌机械科技有限公司

菏泽天宇科技开发有限责任公司

菏泽亿丰置业有限公司

山东樱花五金集团菏泽金属制品有限公司

菏泽德馨苑置业有限公司

菏泽市兴龙房地产开发有限公司

永安财产保险股份有限公司菏泽中心支公司

菏泽开发区帝源房地产开发有限公司

菏泽市富川房地产开发有限公司

菏泽茂业百货有限公司

十九、固定资产投资奖

山东菏泽玉皇化工有限公司

山东玉皇盛世化工股份有限公司

菏泽市德润化工有限公司

菏泽高科创业园发展有限公司

菏泽金正大生态工程有限公司

山东道中道生物制药有限公司

山东东药药业股份有限公司

二十、综合考核先进社区

（一）丹阳街道

刘庄社区

赵堂社区

都庄社区

张花园社区

大马庄社区

（二）岳程街道

许楼社区

西王堂社区

琵李社区

闫庄社区

王集社区

（三）佃户屯街道

张楼社区

曹楼社区

邵楼社区

温堂社区

马庄社区

二十一、服务大项目建设先进社区

（一）丹阳街道

庞楼社区

蒋庄社区

李大庙社区

桑海社区

耿庄社区

（二）岳程街道
南庞社区
琶李社区
何庄社区
坡刘社区
西南隅社区
（三）佃户屯街道
杜楼社区
观上社区
杨庄社区
张楼社区
佃户屯社区

2016年度受表彰单位和个人名单

一、科学发展考核先进办事处
丹阳街道
岳程街道
佃户屯街道

二、招商引资先进单位
招商一局
招商三局
招商四局
招商二局
招商五局

三、招商引资增长奖
招商一局

四、大项目观摩评比优胜奖
招商四局
招商一局
招商三局
招商五局

五、利用外资先进单位
招商二局
招商四局
商务局

六、财政贡献奖
招商三局
招商五局
大项目办公室
招商六局

七、招商引资功臣
任红姣　招商一局局长
沙志强　招商三局局长
王运华　招商四局局长
高　峰　招商二局局长
刘洁灏　招商五局局长
张艳阳　商务局主任科员、副局长

八、科学发展先进单位
办公室
财政局
经济发展局
检察院
法院
党群工作部

九、经济建设服务奖
政研室
建设局
社会事业发展局
商务局
纪工委
卫生和计划生育局
市场监督管理局
安全生产监督管理局
投资公司（项目服务办公室）
维护稳定办公室
公安分局
国税局
国土分局
地税分局
消防大队

环保分局

地税直属分局

十、社会综合治税先进单位

公安分局

国税局

经济发展局

丹阳街道

岳程街道

十一、人力资源和社会保障先进单位

丹阳街道人社所

岳程街道人社所

佃户屯街道人社所

山东新洋丰肥业有限公司

山东玉皇盛世化工有限公司

菏泽金正大生态工程有限公司

十二、维稳工作先进单位

办公室

纪工委

党群工作部

社会事业发展局

财政局

市场监督管理局

法院

检察院

公安分局

消防大队

丹阳街道

岳程街道

佃户屯街道

十三、维稳工作先进个人

温晓军　网络文化管理办公室工作人员

靳晓东　群众工作办公室工作人员

徐润楠　纪工委工作人员

付玉文　建设局招标办主任

韩家康　建设局工作人员

崔德玉　城市开发办公室工作人员

张美娜　卫生和计划生育局工作人员

李文婷　安全生产监督管理局工作人员

张银环　新农村建设办公室工作人员

张　辉　维护稳定办公室工作人员

肖　强　维护稳定办公室工作人员

丁延河　大项目办公室副主任

尚跃璋　招商一局工作人员

李　庆　招商二局副局长

朱瑞彪　招商三局副局长

荣晓雪　法院民事一庭审判员

李改勤　法院民事二庭审判员

乔建设　检察院法律政策研究室副主任

王金科　公安分局车站派出所副所长

吴建坤　公安分局岳程派出所副所长

陈　莉　环保分局工作人员

潘若川　公路分局党组成员、办公室主任

李传银　国税局办公室副主任

邓仰敬　地税分局办公室主任

贾文壕　丹阳街道武装部副部长、政法委主任

赵文东　丹阳街道赵堂社区党支部书记

徐美菊　岳程街道信访办主任

毛建品　岳程街道管区书记

田洪果　佃户屯街道综治办主任

王志国　佃户屯街道维稳办主任

十四、群众工作及公开电话工作先进单位

党群工作部

社会事业发展局

卫生和计划生育局

市场监督管理局

城市管理办公室

市城市管理行政执法支队开发区大队

丹阳街道

丹阳街道都庄社区

丹阳街道马庄社区

岳程街道
岳程街道郭庄社区
岳程街道王集社区
佃户屯街道
佃户屯街道温堂社区
佃户屯街道虎头李社区

十五、群众工作及公开电话工作先进个人

杨　敏　办公室工作人员
彭　磊　网络文化管理办公室副主任
杨　彪　群众工作办公室工作人员
吴长跃　纪工委工作人员
李志鹏　党群工作部工作人员
何福印　社会事业发展局工作人员
许雪艳　城市管理办公室工作人员
朱翠萍　环境卫生管理办公室工作人员
朱燕敏　园林管理处工作人员
张美娜　卫生和计划生育局工作人员
夏胜利　市场监督管理局投诉举报中心副主任
孙　慧　政法网络信息中心工作人员
陈　莉　环保分局工作人员
马琰琛　市城市管理行政执法支队开发区大队工作人员
刘俊荣　丹阳街道群工办工作人员
马西泉　丹阳街道姬庄社区党支部书记
马国强　丹阳街道芦庄社区党支部书记
毛建品　岳程街道管区书记
王建龙　岳程街道管区书记
李学斌　岳程街道管区书记
马百合　佃户屯街道管区书记
李志轩　佃户屯街道管区书记
袁　鹏　佃户屯街道管区书记

十六、文明卫生城市工作先进单位

建设局
卫生和计划生育局
市场监督管理局
市城市管理行政执法支队开发区大队
丹阳街道
岳程街道
佃户屯街道

十七、文明卫生城市工作先进个人

郭忠信　办公室工作人员
沙　鑫　网络文化管理办公室副主任
丁　玲　党群工作部副科级干部
刘瑞萍　社会事业发展局工作人员
何福印　社会事业发展局工作人员
周广奎　建设局工作人员
相隆广　建设局工作人员
田　林　建设局工作人员
付家勇　建筑工程质量安全监督站站长
刘盼兵　园林管理处工作人员
肖　波　园林管理处工作人员
朱翠萍　环境卫生管理办公室工作人员
张　红　环境卫生管理办公室工作人员
田新芳　财政局工作人员
郭保国　财政局工作人员
李　岩　卫生和计划生育局主任科员、副局长
刘昱超　卫生和计划生育局工作人员
张美娜　卫生和计划生育局工作人员
潘　杰　计划生育协会副会长
杨爱云　市场监督管理局工作人员
何　凯　机关党委副书记
师文硕　妇联工作人员
刘玉敏　市城市管理行政执法支队开发区大队工作人员
侯　燕　丹阳街道城管执法中队工作人员
于保进　丹阳街道城管执法中队工作人员
张广辉　岳程街道副主任
马志华　岳程街道城建监察大队队长
祁文立　岳程街道城建委副主任、环卫办主任
赵忠营　岳程街道城管执法中队中队长

吉文选　佃户屯街道政研室主任

庞亚杰　佃户屯街道城乡环卫一体化办公室主任

姚万发　佃户屯街道城建委办公室主任

十八、经济发展突出贡献奖

山东中华发电有限公司菏泽发电厂

菏泽金正大生态工程有限公司

山东玉皇盛世化工股份有限公司

菏泽交通集团有限公司

山东菏泽玉皇化工有限公司

山东菏泽龙翔房地产开发有限公司

山东新洋丰肥业有限公司

银座集团股份有限公司菏泽银座商城

菏泽天安房地产有限公司

菏泽城建工程发展集团有限公司

十九、经济发展贡献奖

山东菏泽东盛房地产开发有限公司

菏泽天华房地产有限公司

菏泽时代置业有限公司开发区分公司

山东黄埔房地产开发有限公司

山东天润电气集团有限公司

莱商银行股份有限公司菏泽分行

上海浦东发展银行股份有限公司菏泽分行

菏泽交通集团房地产开发有限公司

菏泽荣泰房地产开发有限公司

中国平安财产保险股份有限公司菏泽中心支公司

山东菏泽华星油泵油嘴有限公司

菏泽南华置业有限公司

菏泽鹏远混凝土有限公司

菏泽市开发区瑞比房地产有限公司

华鹏玻璃（菏泽）有限公司

山东天美生物技术有限公司

菏泽中南世纪城房地产开发有限公司

山东菏泽华昌机械科技有限公司

菏泽天宇科技开发有限责任公司

菏泽中联水泥有限公司

菏泽圣泽置业有限公司

中国太平洋财产保险股份有限公司菏泽中心支公司

天安财产保险股份有限公司菏泽中心支公司

太平财产保险有限公司菏泽中心支公司

菏泽大成恒瑞房地产开发有限公司

山东杨湖酒业有限公司

菏泽银河纺织有限责任公司

中国大地财产保险股份有限公司菏泽中心支公司

中粮艾地盟粮油工业（菏泽）有限公司

交通银行股份有限公司菏泽分行

菏泽市宸宇房地产开发有限公司

菏泽德馨苑置业有限公司

中国平安人寿保险股份有限公司菏泽中心支公司

济宁银行股份有限公司菏泽分行

山东水发天源水务集团有限公司

中华联合财产保险股份有限公司菏泽中心支公司

信达财产保险股份有限公司菏泽中心支公司

菏泽泓泽置业有限公司

中国太平洋人寿保险股份有限公司菏泽中心支公司

山东菏建建筑集团房地产开发有限公司开发区分公司

二十、固定资产投资奖

菏泽天安房地产有限公司

山东玉皇新能源科技有限公司

山东玉皇盛世化工股份有限公司

玉皇盛世创新研究院

菏泽医专南湖康复养老中心

菏泽金正大生态工程有限公司

菏泽众兴水环境有限公司

菏泽华立新材料有限公司

二十一、综合考核先进社区

（一）丹阳街道

刘庄社区

都庄社区

赵堂社区

郭庄社区

大屯社区

（二）岳程街道

琵李社区

许楼社区

西王堂社区

石堂社区

何庄社区

（三）佃户屯街道

曹楼社区

刘堂社区

沙沃社区

张堂社区

邵楼社区

二十二、服务大项目建设先进社区

（一）丹阳街道

桑屯社区

庞楼社区

耿庄社区

李大庙社区

桑海社区

（二）岳程街道

孔楼社区

琵李社区

菜园刘社区

李胡同社区

许庄社区

（三）佃户屯街道

杜楼社区

佃户屯社区

均张庄社区

观上社区

前崔楼社区

2017年度受表彰的先进单位和个人

一、综合考核先进单位

丹阳街道

党群工作部

开发区办公室

公安分局

安全生产监督管理局

二、招商引资先进单位

招商三局

招商一局

三、招商引资功臣

沙志强　招商三局局长

任红娇　招商一局局长

四、招商引资先进个人

张中舟　大项目办公室主任

李　鑫　招商一局副局长

高　峰　招商二局局长

曹文立　招商三局副局长

彭志远　招商四局局长

刘　强　招商五局局长

刘义伟　招商六局局长

杜馨馨　商务局局长

霍学建　建设局副局长

韩　飞　社会保险事处副主任

史卜江　国土资源分局局长

马自俊　办公室工作人员

五、经济建设服务奖

开发区办公室

劳动人事局

经济发展局

社会事业发展局

建设局

财政局

市场监督管理局

安全生产监督管理局

项目服务办公室

统计办公室

公安分局

国土资源分局

环保分局

国税局

地税分局

消防大队

六、社会综合治税先进单位

公安分局

检察院

法院

佃户屯街道

七、人力资源和社会保障工作先进单位、企业

岳程街道

菏泽金正大生态工程有限公司

山东新洋丰肥业有限公司

八、维稳工作先进单位

丹阳街道

岳程街道

佃户屯街道

开发区办公室

党群工作部

维护稳定办公室

法院

检察院

公安分局

维稳工作先进个人

迟　峰　建设局主任科员

王　军　市场监督管理局副局长

赵瑞君　民政工作办公室主任

周明强　维护稳定办公室政法信息中心主任

徐润楠　纪工委工作人员

卞　薇　财政局工作人员

张红星　卫生和计划生育局工作人员

李文婷　安全生产监督管理局工作人员

李云库　公安分局信访科工作人员

邴秀娟　国土资源分局工作人员

陈　莉　环保分局工作人员

王明立　丹阳街道信访办公室主任

刘自坤　岳程街道工作委员会副书记

崔　涛　佃户屯街道西南管区书记

九、城市建设工作先进单位

城市开发办公室

丹阳街道

岳程街道

佃户屯街道

城市管理办公室

园林处

环境卫生管理办公室

城市建设工作先进个人

戚凤军　城市开发办公室主任

李合生　环境卫生管理办公室主任

周广奎　建设局办公室主任

赵家旺　建设局园林处技术人员

马　倩　城市管理办公室工作人员

谢之隆　城市开发办公室工作人员

王效军　丹阳街道环卫所所长

仵允松　丹阳街道环卫所工作人员

张广辉　岳程街道党工委委员、办事处副主任

祁文立　岳程街道环卫办公室主任

姚万法　佃户屯街道城建委办公室主任

庞亚杰　佃户屯街道城乡环卫一体化办公室主任

十、经济发展突出贡献奖

山东玉皇盛世化工股份有限公司
菏泽金正大生态工程有限公司
山东菏泽龙翔房地产开发有限公司
菏泽城建工程发展集团有限公司
银座集团股份有限公司菏泽银座商城
山东新洋丰肥业有限公司
菏泽圣泽置业有限公司
山东菏泽玉皇化工有限公司
菏泽南华置业有限公司
菏泽金龙房地产开发有限公司
菏泽鹏远混凝土有限公司
菏泽天华房地产有限公司
菏泽天成恒瑞房地产开发有限公司
菏泽中联水泥有限公司
菏泽市开发区瑞比房地产有限公司
上海浦东发展银行股份有限公司菏泽分行
山东黄埔房地产开发有限公司
莱商银行股份有限公司菏泽分行
山东菏泽华星油泵油嘴有限公司
菏泽时代置业有限公司开发区分公司
中住建设集团有限公司
菏泽丹阳房地产开发有限公司
济宁银行股份有限公司菏泽分行
菏泽市中达广场房地产开发有限公司
山东兴业炉料有限公司
菏泽城建置业有限公司
华鹏玻璃（菏泽）有限公司
山东菏建集团恒通通信工程有限公司
菏泽正祥置业有限公司
中国大地财产保险股份有限公司菏泽中心支公司
山东天润电气集团有限公司
菏泽天安房地产有限公司
菏泽浩宇置业有限公司
枣庄银行股份有限公司菏泽分行
菏泽市军威房地产开发有限公司
永安财产保险股份有限公司菏泽中心支公司
菏泽中油石油销售有限公司
山东鸿福祥房地产开发有限公司菏泽分公司
润华汽车产业园

十一、扶贫工作先进单位

佃户屯街道
丹阳街道
岳程街道
劳动人事局
卫生和计划生育局
教育工作办公室

扶贫工作先进个人

武少俊　丹阳街道工作委员会副书记、办事处主任
邓文博　岳程街道工作委员会副书记、办事处主任
吴　沛　佃户屯街道工作委员会副书记、办事处主任
王同武　法院监察室主任
刘　杰　维护稳定办公室副主任
高永燕　佃户屯街道副主任
贾　佳　丹阳街道副主任
付建玲　群众工作办公室副主任
赵　运　检察院反贪局工作人员
汲怀芝　扶贫办公室工作人员
盛　倩　扶贫办公室工作人员
昝　莹　扶贫办公室工作人员
魏　东　岳程街道工作人员
施学新　岳程街道工作人员
丁　鹏　岳程街道工作人员
石宪波　佃户屯街道工作人员

扶贫工作先进企业

菏泽金正大生态工程有限公司

山东菏泽玉皇化工有限公司

山东杨湖酒业有限公司

山东菏泽龙翔房地产开发有限公司

十二、环保工作先进单位

环保分局

经济发展局

城市管理办公室

市城市管理行政执法支队开发区大队

丹阳街道

岳程街道

佃户屯街道

环保工作先进个人

张　晖　经济运行办公室主任

付家勇　建设局建筑质量安监站站长

邢保立　城市管理办公室副主任

李合生　环境卫生管理办公室主任

任　婧　新农村建设办公室工作人员

李长磊　环保分局工作人员

黄显庆　市城市管理行政执法支队开发区大队工作人员

黄保中　丹阳街道环保所所长

李学斌　岳程街道环保所所长

韩相刚　佃户屯街道环保所所长

十三、安全生产工作先进单位

岳程街道

丹阳街道

佃户屯街道

经济发展局

社会事业发展局

卫生和计划生育局

市场监督管理局

安全生产工作先进个人

付家勇　建设局建筑质量安监站站长

周　梅　财政局政府采购办公室副主任

徐　影　经济发展局工作人员

高尚宽　社会事业发展局工作人员

李　燕　商务局工作人员

耿亚民　卫生和计划生育局工作人员

冯德良　市场监督管理局工作人员

顿海建　工会工作人员

邢炳辉　公安分局工作人员

李　絮　消防大队助理工程师

李传占　丹阳街道安全生产监督管理办公室工作人员

赵允军　岳程街道安全生产监督管理办公室工作人员

孔凡宾　佃户屯街道安全生产监督管理办公室工作人员

企业先进个人

冉令华　山东德发包装有限公司安全经理

郝　丹　菏泽华瑞塑业有限公司安全主管

王长良　山东清洋新材料有限公司安全经理

徐玉香　山东菏泽德泰化工有限公司安全经理

凤选成　菏泽金正大生态工程有限公司安全经理

十四、安全生产工作先进企业

山东裕罗电器装配有限公司

菏泽好达实业有限公司

山东新洋肥业有限公司

菏泽市诚信集团有限公司

山东菏泽华昌机械科技有限公司

德润化工有限公司

山东清洋新材料有限公司

十五、公开电话工作先进单位

党群工作部

市城市管理行政执法支队开发区大队

丹阳街道

岳程街道

佃户屯街道

公开电话工作先进个人

吴长跃 开发区办公室工作人员

刘 婷 开发区办公室工作人员

何福印 社会事业发展局工作人员

王 栋 市场监督管理局投诉举报中心主任

马俊平 环境卫生管理办公室工作人员

陈 莉 环保分局工作人员

马琰琛 市城市管理行政执法支队开发区大队工作人员

刘宪伟 丹阳街道群众工作工作人员

王 蕊 岳程街道群众工作办公室主任

王 兰 佃户屯街道群众工作办公室工作人员

十六、电商工作先进单位、企业

商务局

丹阳街道

岳程街道

佃户屯街道

中软创客电子商务孵化基地

菏泽好品网络科技有限公司

十七、返乡创业工作先进单位

菏泽市返乡创业（青岛）服务站

菏泽市返乡创业（重庆）服务站

菏泽市返乡创业（银川）服务站

返乡创业工作先进个人

韩 飞 社会保险事业处副主任

李 鑫 招商一局副局长

企业先进个人

叶春彦 山东青麦源农业科技发展有限公司总经理

袁明国 菏泽华美医疗美容门诊总经理

李建国 山东圣牡祥农业发展有限公司总经理

孟庆国 菏泽微小盛电子商务有限公司总经理

十八、文明创建工作先进单位

政策研究室

建设局

丹阳街道

岳程街道

佃户屯街道

文明创建工作先进个人

程鲲鹏 安全生产监督管理局主任科员

周明强 维护稳定办公室政法网络信息中心主任

郜效华 建设局园林处主任

李合生 环境卫生管理办公室主任

孟玉良 市城市管理行政执法支队开发区大队大队长

田 林 文明创建办公室工作人员

2018年受表彰先进单位和个人

一、综合考核先进单位

（一）综合考核先进街镇一等奖

丹阳街道

（二）综合考核先进街镇二等奖

岳程街道

（三）综合考核先进街镇三等奖

佃户屯街道

陈集镇

（四）综合考核先进部门一等奖

党群工作部

办公室

公安分局

（五）综合考核先进部门二等奖

纪工委

财政局

税务局

法院

卫计局

（六）综合考核先进部门三等奖

安监局

市场监管局

商务局
检察院
环保分局政研室
新农办（扶贫办）

二、招商引资先进单位和先进个人

（一）招商引资贡献奖

招商三局
招商六局
招商一局
招商五局

（二）招商引资跨越奖

招商六局
招商四局

（三）招商引资功臣

任红姣　招商一局局长
沙志强　招商三局局长
刘　强　招商五局局长
刘义伟　招商六局局长

（四）招商引资先进个人

丁延河　大项目办公室副主任
李　鑫　招商一局副局长
田　峰　招商二局副局长
曹文立　招商三局副局长
杜保生　招商四局副局长
蒋嘉过　招商五局副局长
孙长路　招商六局副局长
张艳阳　商务局主任科员
赵四立　陈集镇机关主任科员
刘　冰　办公室工作人员
任　洪　税务局副局长
邵珠峰　接待办公室主任
孔祥振　经济发展局工作人员
刘振权　市场监管局工作人员
张　雷　项目服务办公室工作人员
张锡强　招商二局工作人员
谢之隆　城市开发办公室工作人员

三、经济发展贡献奖

菏泽华立新材料有限公司
山东新洋丰肥业有限公司
银座集团股份有限公司菏泽银座商城
菏泽城建发展有限公司
山东天美生物技术有限公司
中国太平洋财产保险股份有限公司菏泽中心支公司
山东菏泽华星油泵油嘴有限公司
菏泽市源林川服饰有限公司
中国平安财产保险股份有限公司菏泽中心支公司
山东建科管桩有限公司
山东天润电气集团有限公司
上海浦东发展银行股份有限公司菏泽分行
莱商银行股份有限公司菏泽分行
菏泽城建建筑设计研究院有限公司
山东天源水务集团有限公司
交通银行股份有限公司菏泽分行
菏泽好达实业有限公司
济宁银行股份有限公司菏泽分行
山东方达再生资源有限公司
菏泽裕罗电器装配有限公司
山东乾运高科新材料有限公司
金丰农业服务有限公司
菏泽城建绿源环保科技有限公司

四、城市建设工作先进单位

城市开发办公室
丹阳街道
岳程街道
佃户屯街道
公路分局
城市管理办公室

园林管理处

环境卫生管理办公室

城市建设工作先进个人

戚凤军 城市开发办公室主任

李合生 环境卫生管理办公室主任

周广奎 建设局工作人员

肖 波 园林处工作人员

马 倩 城市管理办公室工作人员

杨 静 城市管理办公室工作人员

闫大伟 丹阳街道党工委委员、宣传委员

赵美霞 丹阳街道党工委委员、统战委员

王晓亚 岳程街道城市建设办公室主任

祁文立 岳程街道环卫办公室主任

姚万发 佃户屯街道城建委办公室主任

庞亚杰 佃户屯街道城市管理十项整治办公室主任

五、党建工作先进单位

丹阳街道党工委

华英北路社区党委

丹阳街道中心商圈党委

岳程街道党工委

广州路中学支部委员会

许楼社区支部委员会

山东杨湖酒业有限公司支部委员会

山东新洋丰肥业有限公司总支部委员会

佃户屯人民医院支部委员会

佃户屯街道办事处张堂社区支部委员会

陈集镇陈集社区支部委员会

陈集镇七一社区支部委员会

陈集镇天久实业集团公司党委

区直机关党委

检察院党总支部委员会

党建工作先进个人

王惠民 丹阳街道丹东社区党支部书记

赵士起 丹阳街道大马庄社区党支部书记

马西泉 丹阳街道姬庄社区党支部书记

牟进宝 丹阳街道党务办主任

王 凤 丹阳街道网格办主任

李德元 岳程街道琵李社区党支部书记

李财邦 岳程街道文方寺社区党支部书记

高尚江 岳程街道大高庄社区党支部书记

孙学明 岳程街道中心学校党总支书记

刘自坤 岳程街道党工委副书记

姜瑞金 岳程街道党务办主任

张洪山 佃户屯街道张楼社区党支部书记

邵光生 佃户屯街道邵楼社区党支部书记

邵长海 佃户屯街道孔楼社区党支部书记

肖 洋 佃户屯街道团委书记、组织干事

周美英 佃户屯街道社区卫生服务中心副主任

张西进 陈集镇刘庄村党支部书记

何贵平 陈集镇桶子河村党支部书记

沙振华 陈集镇中沙海社区党支部书记

吕承波 陈集镇传化物流党支部书记

杨亚金 陈集镇党委委员、组织委员

王启盘 陈集镇党委秘书

韩继峰 法院党总支书记、党组副书记、副院长

付建玲 办公室副科级干部

靳海锋 党员干部现代远程教育中心副主任

郜效华 园林管理处党支部书记、主任

楚子龙 财政局党支部委员、结算中心主任

孔红霞 市场监管局党总支部委员、办公室主任

刘 琳 税务局机关党委副书记

刘亚波 天源水务集团机关党支部书记

李志轩 佃户屯街道党工委委员、宣传委员

焦圣宏 陈集镇党委委员、宣传委员

第二节　质量管理体系认证、环境管理体系认证

2006年初，开发区管委会为加快机关管理创新，提升服务水平，向“服务型、责任型、诚信型、公开型”政府职能转变，增强行政管理的凝聚力、约束力、控制力，以适应行政管理与国际接轨的要求，启动ISO9001质量管理体系认证及GB/T24001环境管理体系认证工作。

开发区管委会成立以党工委书记、管委会主任刘勇为组长的认证推进领导小组，并设立办公室具体负责组织协调与联络，并由管委会主任刘勇为最高管理者，程海建为管理者代表。

2010年2月，开发区管委会召开ISO9001质量管理体系认证推进领导小组会议暨高层管理者培训会，管委会机关ISO9001质量管理体系认证工作正式启动，有15个部门参加认证，在各局室推荐的基础上确定内审员，并专门组织培训并取得内审员证书。最高管理者曹升灵，程海建、赵福龙为管理者代表。

2011年，最高管理者李国珍，赵福龙为管理者代表。通过全员培训，内审员资格培训后，管委会机关的ISO9001质量管理体系认证及GB/T24001环境管理体系认证工作进入相关文件编写阶段。在第三轮现场调研基础上结合25个部门的主要职责，编写完成质量手册，43个程序文件和共8个分册303个支持性文件（工作指导书），总计2000多页。在质量手册中，制定富有开发区特色、符合管委会实际的质量方针和质量目标，43个质量文件覆盖劳动人事局和社会保障、财政（审计）经济建设、社会事业发展、国土资源管理、城市规划、城市管理、

环境管理体系认证证书

质量管理体系认证证书

建设（环保）管理、招商引资等方面。9月，管委会召开ISO9001质量管理体系及GB/T24001环境管理体系贯彻大会，启动试运行管委会机关ISO9001质量管理体系。10月，北京中水卓越认证有限公司的专家对管委会机关ISO9001质量管理体系认证进行末次审核，肯定了质量管理体系文件符合ISO9001标准要求GB/T24001环境管理体系认证，建议批准管委会质量管理体系认证资格，管委会机关ISO9001质量管理体系及GB/T24001环境管理体系通过认证机构专家组审核。

第三节　文秘与简报

开发区党工委（管委会）办公室系公文处理管理机构，负责党工委（管委会）公文的起草、核稿、呈批、印发和来文的登记、办理工作，指导管委会机关各部门、各直属单位的公文处理工作，并确定专兼职人员负责公文处理工作。各部门（单位）主送开发区党工委、管委会的文件由党工委（管委会）办公室负责签收、登记、催办，“请示”“意见”为办件，“报告”为阅件。

对于确定为办件的公文，由党工委（管委会）办公室进行收文、审核，并单独进行办文登记，办公室主任按规定呈报管委会领导阅批，根据领导阅批意见，转送相送承办部门（单位）办理。

对于确定为阅件的公文，由办公室主任提出传阅意见，呈送管委会有关领导阅示，管委会领导有批示的，按批示意见办理。中共中央、国务院、山东省委、山东省政府、菏泽市委、菏泽市政府下发或交办的公文以及上级有关部门的来文，由办公室收文登记，确定为办件或阅件。需要办理的按规定程序进行办理，如属阅件，由办公室主任提出传阅意见，呈送管委会领导阅示。领导有批示的，按照批示意见办理。以党工委、管委会名义制发的公文，属上报菏泽市委、市政府的请示、报告等公文和报送同级部门的函，由管委会办公室核稿并签注呈批意见后，先经分管领导审阅，后由主要领导签发。属普发性的下文，一般由办公室主任核稿后呈分管领导签发。以党工委（管委会）办公室名义下发的文件，由办公室主任审核签发。各部门（单位）报送开发区党工委、管委会的请示意见报告，由各部门（单位）主要负责人或主持工作的负责人签发。

简报　1998年3月10日，开发区管委会创办第一期《开发区动态》，由管委会办公室主编，主要介绍开发区建设的主要信息和重要动态。2002年5月，《开发区动态》更名为《开发区信息》，由开发区管委会办公室主编，成为反映开发区建设和经济发展社会动态的主要平台。

2002年，开发区管委会创办《今日开发区》报，为半月刊。该报展示开发区经济社会发展的成果和开发区新城区新面貌，并以图文并茂的形式宣传开发区，成为各级领导机关和社会了解开发区的重要窗口。2013年停刊，共发行336期。

2011年，《一周要情》创办，每周1期，主要反映开发区重点工作、重要活动、经济社会动态、信息情况，方便各级领导和社会各界及时了解开发区建设发展的主要情况。截至2015年底，共计刊出270期。

为及时反映和交流管委会各职能部门、街道、镇和直属单位的工作动态，同时改变传统的纸质媒介传播方式，从2016年起开发区管委会废止各部门、直属单位的纸质《简报》，利用开发区电子政务网发布开发区经济社会发展信息。2018年末，开发区简报主要有《党政联席会议纪要》《专题会议纪要》《开发区志编纂动态》。

档案管理　开发区档案室，是从事档案管理的专门机构。自1992年开发区建立至2018年末，开发区档案收集具有保存价值的文件文书4.81万件、图片资料及其他档案资料。主要档案有开发区管委会本级文件文书档案3.1万余件，本级图片档案340余册，存档照片2.3万余张，数码照片光盘100余件，会计档案3000件；开发区人口普查档案5000余件，上级文件文书档案2500余盒。

信息化建设 2003年，党工委、管委会批准成立网络文化管理办公室，为正科级财政拨款事业单位，隶属管委会办公室管理。2013年，该办建立开通开发区网站，域名为www.hzkfq.com，主要职能定位为为扩大宣传、招商引资服务。之后，域名改为www.hzkfq.gov.cn。建立开发区政务网，开通开发区管委会政府门户网站，立足于“政务公开、为民服务”，加强信息更新，实现网上办事流程。

2006年开通招商网，以宣传开发区投资环境、政策法规、办事程序为主，为更好地宣传开发区提供优质的网络平台。

第三章 人事工作

第一节 组织建设

1999年设立劳动人事局。2013年3月，菏泽市机构编制委员会批准成立菏泽开发区人力资源开发中心，从事收集、储存、提供人才供需信息，组织人才交流，接受开发区内企业委托向社会公开招聘专业技术人员，并代理有关专业技术人员人事档案工作。每年组织各类专业技术人员职称的初（认）定推荐评审工作；负责直属企业事业单位专业技术人员的职务认定和年度考核，考核结果与专业技术人员的职务晋升、工资调整挂钩。

第二节 干部录用与任免

开发区管委会严格按照《党政领导干部选拔任用工作条例》《党政机关竞争上岗工作暂行规定》《公务员管理暂行条例》等规定，坚持德才兼备的原则，采取公开竞争上岗或民主推荐的方式选拔任用干部。1992年，开发区管委会开始实行干部任用制，10月首次聘任6名管委会中层干部。1994年，开发区根据实际工作需要，经过考核选拔，党工委下文聘任24名副科级以上领导干部充实到各个部门和单位。

1996年，根据菏泽市推行公务员制度的要求，开发区管委会组织机关干部实施初任培训，并经考试合格后核发资格证书。至1998年，开发区管委会完成机关公务员的过渡工作。为增强管委会干部队伍力量、优化素质结构，自2002年开始开发区采取公开竞争上岗和民主推荐两种方法选拔任用干部。民主推荐选拔任用干部，由党群工作部制定推荐工作实施方案（包括推荐职位、任职条件、推荐范围等内容），报开发区党工委批准后，由党群工作部推荐给职位所在的部门召开民主推荐会，确定考核对象并实施组织考察。开发区党工委根据考察情况，集体讨论确定拟任人选，通过任前公示后，批准任命。公开竞争上岗选拔任用干部，由党群工作部制定竞争上岗实施方案，公布竞争上岗职位、任职条件及竞争上岗的程序和方法，通过组织报名、资格审查、笔试、面试、民主测评，研究确定考察对象。开发区党工委根据考察情况讨论确定拟任人选，通过任前公示后批准任命。

2003—2017 年，通过民主推荐、竞争上岗等方式选拔任用 54 名科级干部。截至 2018 年末，开发区管委会在任的包括非领导职务人员有正科级干部 88 人，副科级干部 147 人。

第三节 干部培训与考核

1996 年起，根据菏泽市委《菏泽市干部教育培训规划》的要求，每年制定开发区干部教育培训计划，除完成上级指定的各项委派干部参加学习培训外，开发区以创建“学习型开发区”活动为载体，实施科级以上领导干部和一般干部分类培训，每年推选管委会机关副科级以上干部参加市委党校、市行政学院干部轮（培）训。

开发区行政事业单位考核从 1994 年开始。是年 3 月，成立开发区工作人员考核领导小组，负责组织实施年度工作人员的考核和评定。干部考核以“干多干少不一样，干好干坏不一样，干与不干不一样”和突出对干部能力和业绩的考核，突出按干部管理权限实施分层考核为基本原则，以岗位目标管理责任制为主要内容，以工作实绩为重点，对工作人员的德、能、勤、绩、廉等方面进行全面考核。考核分优秀、称职、基本称职和不称职 4 个等次。考核按个人总结、民主评议、确定等次、反馈结果的程序实施，并填写个人年度考核登记表，考核结果以书面形式通知被考核人。2002 年起，开发区干部考核范围扩大至所有国家公务员。2004 年以后，开发区规定县级领导干部每年进行一次“德、能、勤、绩、廉”五方面的述职报告，接受群众评议和监督。

2016 年，组织 105 名正科级以上干部参加《党政领导干部选拔任用条例》考试，全部达到合格要求。选调 2 名县级、4 名科级干部参加党校领导干部进修。选调 3 名街道党工委书记、10 名社区书记参加乡镇党委书记、村党支书记培训班。3 名统战委员、12 名党外干部参加培训班，发放《全国干部学习培训教材》25 套。2018 年末，完成国家公职人员出入境手续办理授权和入网工作，全区拥有出国护照干部 106 人，其中科级干部 25 人统一由党群工作部管理备案。

2016 年，专业技术人员计算机应用能力统一考试分 2 次报名，46 名工作人员参加报名考试。完成了网上报名审核，证书发放。对初、中级卫生专业技术资格考试，113 名报名考生完成现场审核和申报。81 名一级建造师资格考试、42 名执业药师，初中级经济专业 36 人完成现场审核及申报。2018 年末，开发区各类专业技术职称人员中副高级职称 70 人，中级职称 1286 人，初级职称 1317 人。

第四节 人才管理与引进

开发区行政机关和企事业单位高层次人才引进由人才领导小组办公室具体组织和实施，根据年度人才引进计划，组织开发区人才招聘会和利用省、市人才招聘、交流平台实施。

2001 年，根据招商引资工作需要，在全市招收有专长的招商人员。

2003 年，开发区出台《关于加快人才引进，促进人才合理流动的暂行管理办法》，规定开发区管委会对全区人才实行指导性管理，鼓励和促进人才智力的合理流动，逐步建立人才社会化服务保障体系和运行机制。开发区企业引进各类人员实行聘用（劳动）合同制，保障企业用人自主权和个人择业自主权。企业可按规定面向社会公开招聘人才，参聘人员由企业考核、择优聘用。企业聘用的应届大中专毕业生、研究生，经开发区管委会报菏泽市人事局办理分配手续后可享受干部身份待遇、工龄从分配报到之日起计算，应聘到开发区工作的专业人员和管理人员可以不受身份、学历、职称和专业的限制，在区内不同所有制企事业单位之间流动，流动后身份可以按所在单位的性质和岗位确定，也可保留原身份、工龄连续计算，应聘到开发区企业工作的专业技术人员按国家有关规定政策规定参加专业职务任职资格评定和考试，企业有权自行聘任，不受指标限制。开发区企事业单位因工作需要可聘用外地专业技术人员和管理人员，受聘人员可不迁户口，由当地县以上人民政府出具有关证明，到公安部门办理暂住户口手续，享受常驻户口的有关待遇。

2014 年 3 月，印发《关于建设人才技术联盟的实施意见》，积极申请省、市各项高层次人才扶持项目。申请“泰山学者蓝色产业领军人才团队支撑计划”“泰山产业领军人才工程”等 8 个项目，全区 12 家企业参加遴选申报。

2015 年，省、市委组织高层次人才菏泽行活动，全区 21 个企业参与，17 名专家进行交流，签署合作意向 10 个，完成高层次科技人才专家入库工作。截至 2018 年，全区高层次人才中，泰山学者 7 人，泰山领军人才 4 人，西部经济隆起带紧缺人才 6 人，国务院特殊津贴获得者 3 人，中科院院士 7 人，工程院院士 1 人，长江学者 1 人，博士 25 人，留学归国博士 2 人，博士，教授 5 人，山东省留学归国人员优秀创业奖 1 人，外专双百计划 1 人，硕士研究生 1 人。

2016 年，开发区陆续在科技创新、孵化器、科技城、企业研发中心建设、人才培养、引进等方面投入资金 1.52 亿元，人才投入占本级财政支出比重 3 ： 2，高新技术产值占比达到 69.6%，有力地推动开发区新旧动能转换、产业转型升级。

开发区构筑人才技术联盟，已有 42 家企业、78 高校院所为联盟成员单位。先后与清华大学、山东大学、南华大学、济南大学、国家疾控中心、中科院上海微生物所、大连化物所、北京过程所以及清华深圳研究生院、上海交大创新研究院、中国海洋大学、中国药科大学等 85 家科研院所、高等院校建立合作关系。与一批高科技人才团队开展合作。道中道生物制药、DNA 检测试剂盒、盛百灵重大疾病诊断试剂、泛球生物科技、普华制药国家一类抗癌新药等一批成长性强、技术水平高的项目相继落地转化。陆续挂牌侯保荣院士主持的科耀化工院士工作站、钱逸泰院士主持的玉皇新能源院士工作站、吴以成院士主持的道中道激光科技院士工作站。组建 5 个博士团队，设立城建集团、金正大、玉皇新能源 3 家博士后创新基地；建立留学归国人员创业园，入园创业留学归国人员 10 多人。

开发区出台引进高层次人才激励办法。针对辖区高层人才现状，出台完善《菏泽市经济开发区引进高层次人才的试行办法》，积极落实和提高各类人才待遇，及时兑现相关待遇。2017 年初，开发区党工委对入区发展的院士、泰山领军人才、博士等高层人才及人才平台载体进行奖励，一次性兑现奖金 400 万元。2018 年，在第五届人才技术联盟暨科技人才奖励大会上，一次性颁发奖金 1200 万元。

至 2018 年，开发区共申报泰山领军人才支撑计划 13 人，西部经济隆起带人才计划 16 人，双百计划 1 人。围绕创新创业，设立 200 万元 / 年的创业扶持资金，采取提供创业补贴、场租补贴、贷款贴息等形式，充分发挥财政资金的杠杆效应。区级财政每年将创业基金、人才工作经费列入财政预算，并每年保持高速的增长，以此来支持大学生创业、吸引海内外高层次人才创新创业。

完善科技创新平台 开发区坚持以政府为引导、企业为主体、市场为导向，着力打造一批研发孵化平台，开发区省级科技孵化器升级为国家级孵化器，引进基因测序世界排名第一的华大基因二代检测中心、基因检测世界排名前列的德国凯杰公司动植物基因检测实验室、具有世界领先水平的美国雅光高端美容仪器实验室、国内自主研发的普华制药国家一类新药中试车间。

至2018年，开发区拥有国家级科技企业孵化器1家、国家级众创空间3家、院士工作站5家，省级科技企业孵化器2家、众创空间9家、工程实验室3家、工程技术研究中心3家、企业技术中心10家，省级以上高新技术企业29家。其中，投资15亿元、建筑面积58万平方米的新世纪科技城已有中科清洁能源研究院、清华大学公共安全研究院、山东高端科技工程研究院菏泽分院等19家科研机构入驻。同时，与菏泽市市场监管局共同打造菏泽市大健康产业孵化园，与山东大学、水发集团共同打造医药研发协同创新基地以及北京化工大学膜分离技术实验室、大分子结构实验室等科研平台，策划成立山东省医疗器械检测中心菏泽分中心。钱逸泰院士工作站被评为全国示范院士工作站。

政产学研用融合　2016—2018年，开发区先后出台《菏泽市经济开发区企业（单位）研发经费投入奖励实施方案》《菏泽开发区奖励高层次人才和平台的办法（试行）》等文件，加大对企业研发投入的补助力度。2018年，开发区争取国家、省、市级科技计划项目60项，无偿支持资金3000多万元，取得重要科技成果100余项。是年，开发区围绕新能源新材料、大健康、高端装备制造三大主导产业和战略性新兴产业，先后与中国科学院、中国工程院、清华大学、北京大学、山东大学等数十家高校和科研院所建立长期合作关系，取得60多项科技成果。

第五节　人事档案管理

开发区人事档案统一由开发区党群工作部负责管理。2001年，开发区党群工作部配有能保存2万份人事档案容量的档案库房。按照《中华人民共和国档案法》《干部档案工作条例》《流动人员人事档案管理暂行规定》及其他相关法律法规，先后建立《人事档案管理条例》《人事档案借阅制度》《人事档案保管制度》，按照档案转接业务办事流程实施。随着人事档案数量的增多，人事档案工作从最初的纸质化管理、手工登记发展到无纸化计算机管理。目前，共管理人事档案5000余卷。

第四章　民政事务

第一节　救济与救助

2005年，开发区对全区790户、1190人救济对象，进行认真摸底调查，实施社会救助，共计发放面粉16吨，救助款13.56万元。春节期间对部分困难群众、优抚对象、企业困难职工及18户特困党员，发放救助面粉60吨、救助金15万元。是年秋，辖区持续降雨，给全区造成严重损失。据统计，受灾人口3.85万人，倒塌房屋73间，损坏房屋340间；农田积水面积3750公顷，农作物受灾面积2700公顷，直接经济损失965万元，其中农业直接经济损失 879 万元。灾情发生后，开发区立即拨出专款救济资金 10 万元，分别拨给岳程街道 4 万元、丹阳街道和佃户屯街道各 3 万元，用于倒塌房建设补助金。及时启动社会救助，共救济 847 户、1155 人，其中发放面粉 1420 袋、救助金 3.39 余万元；向 66 户、临时救助对象 205 人发放面粉 1250 千克。开展特困生帮扶工作，帮扶 323 名农村特困中小学生免费上学，并为他们解决书本费 9.69 万元。开展“慈心一日捐”活动，建立经常性捐助体系，区直各部门、各街道及区内企业广大干部职工积极参与，共募集慈善资金 8.20 万元。2006 年，开发区制定《城乡特困群众医疗救助暂行办法》，建立长效医疗救助机制。至此，开发区以定点医院减免、合作医疗报销、民政救济、大病救助为一体的医疗救助制度全面建立。至 11 月，全区共救助 22 人，发放救助金 3.5 万元。同时，争取市民政局医疗救助专项资金 9 万元。在“慈心一日捐”活动中，共募集善款 14.22 万元，比上年增长 74%。按照每人 1000 元的标准，为 45 名特困大学新生，发放救助金 4.5 万元。是月，开发区着力组织全区“送温暖、献爱心”社会捐助活动，共接收棉衣 1994 件、棉被 15 床，捐款 9350 元。2007 年，完善城乡医疗救助制度和医疗救助体系。全年共救助 57 人，发放大病救助金 12.4 万元。开展“康复助医”“爱心复明”“微笑列车”等康复工程，共为 5 名贫困家庭的先天性心脏病患者免费做手术；为 4 名贫困家庭的白内障患者免费做复明手术；为 2 名贫困家庭的先天性唇腭裂儿童免费做矫治手术；救助 10 名贫困高三学生和 20 名贫困初中生。开展“慈心一日捐”活动，共接收善款 20.24 万元，比上年增长 42%。2008 年，按照《开发区城乡特困群众医疗救助暂行办法》，进一步完善医疗救助体系。至年底，共为 78 名特困大病患者发放救助金 14.7 万元。实施特困大学生帮扶工程，为 52 名特困大学本科新生发放救助金 5.2 万元。开展春节慰问，共为优抚对象、低保家庭等特困群众购买面粉 110 吨、大米 7250 千克、食用油 1250 千克、猪肉 360 千克。组织开展全区援川捐赠仪式，全区抗震救灾捐赠及“慈心一日捐”等活动，共捐款 171.0 万元。开展农村困难群众危房调查统计，经排查，全区农村危房 320 间、121 户。至年底，完成 10 户、22 间的改建任务。2009 年，共为 97 名特困大病患者发放救助金 19.4 万元，救助贫困大学新生 90 名，发放救助金 14.25 万元。春节慰问，共为困难群众发放面粉 8.1 万千克、大豆油 0.18 万千克、大米 0.2 万千克、猪肉 300 千克、棉被 100 床，发放城乡困难群众一次性春节生活补贴 57.7 万元。“慈心一日捐”活动，全区共接收善款 26.1 万余元。2010 年，共为 72 名特困大病患者发放救助金 20.5 万元。实施医疗救助“一站式”即时结算服务，为 51 名困难群众即时结算救助金 6.8 万元。春节慰问，共为城乡低保对象、困难计生户、优抚对象、老党员等弱势群体发放面粉 100 吨、大豆油 1800 千克、大米 2000 千克、猪肉 300 千克。组织区直机关开展为青海玉树“4.14”地震募捐活动，共为灾区募集善款 1.88 万元。开展“慈心一日捐”活动，共接收善款 50.85 万元。利用慈善捐款，救助贫困大学新生 69 名，发放救助款 10.15 万元。2011 年，完善“一站式”医疗救助即时结算体系，全年为 542 名特困大病患者即时结算救助金 43.71 万元，为 9 名孤儿发放基本生活费 6.48 万元，为 92 名贫困大学新生发放救助金 14.2 万元。建立爱心超市 5 家，捐赠接收点 4 家，为城乡低保困难群众发放生活补贴款 24.2 万元。春节慰问，共为城乡低保对象、五保对象、优抚对象、老党员等弱势群体发放面粉 4776 袋、大米 1445 袋、大豆油 960 桶、猪肉 300 千克、春联 1326 幅。“慈心一日捐”活动，共募集善款 70.74 万元。2012 年，共为 629 人“一站式”即时结算医疗救助金 48.05 万元，为 91 名大病患者发放救助金 40.5 万元。投入 3.7 万元，资助 615 名困难群众参加新农合。全年为 17 名孤儿发放基本生活费 12.24 万元。春节慰问，共为城乡低保对象、五保对象、困难计生户等弱势群体发放面粉 5234 袋、大米 1343 袋、大豆油 900 桶、猪肉 375 千克、春联 1500 副，为 20 名生活困难的残疾人发放基本生活补贴 5.4 万元，为 21 名少数民族困难群众发放牛羊肉物价补贴 2100 元。“慈心一日捐”活动，募集善款 94.5 万元，设立慈善基金 2500 万元。并利用善款，为 209 名特困大学新生发放救助金 65.8 万元，为 30 名因家庭失火、患大病等原因造成家庭困难的群众发放救助金 10.2 万元。2018 年，上半年共为 468 人次“一站式”即时结算医疗救助金 81.49 万元，为 1 名特困群众补助大病医疗救助金 0.3 万元，为 23 名孤儿发放生活补助 9.94 万元，为 14 名困境儿童发放补贴 2.7 万元，为 18 名失能老人发放补贴 0.67 万元，为 80 ~ 99 岁低保老年人发放高龄津贴 16.05 万元。春节期间，投入 400 余万元，慰问城乡低保对象、五保对象、优抚对象、困难老党员等弱势群体。

第二节　优抚与退伍安置

优抚　2005 年，做好优抚对象定期定量补助和抚恤工作，建立完善优抚自然增长机制，实现优抚补助标准与当地人民群众生活水平同步提高的自然增长机制。开展“爱心献功臣”活动，帮助重点优抚对象解决“三难”问题。全区全年为优抚对象发放抚恤金，解决医疗费 4.7 万元，协调省、市荣军医院安排疗养人员 20 余人次。2006 年，为优抚对象，解决医疗费 7.6 万元。春节期间，全区投入专款 27 万元，购买慰问品，走访慰问军分区、武警和消防官兵以及五保户、优抚对象等生活困难群众。2007 年，春节期间

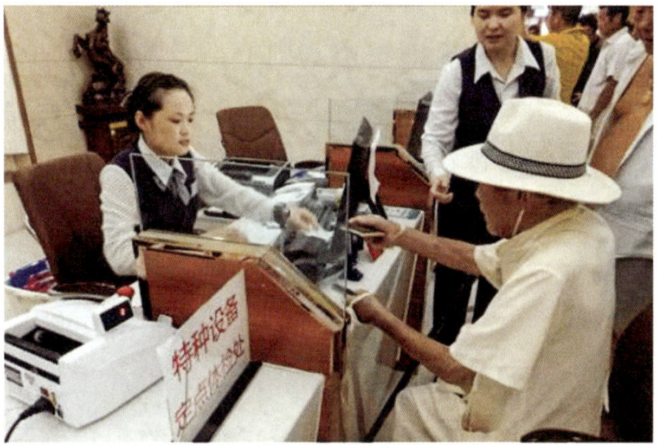

开发区 2017 年八一建军节期间组织优抚对象查体

全区共为优抚对象、低保家庭等特困群众购买面粉 70 吨、大米 0.58 万千克、食用油 1250 千克、猪肉 375 千克、面条 20 箱、糕点 85 千克。为全区军烈属等重点优抚对象送去面粉、棉被、豆油等过节物资，发放抚恤金。当年，全面落实优抚对象和部分军队退役人员相关政策，及时、足额为优抚对象发放各类抚恤金；在确保二等乙级以上优抚对象医疗费足额报销基础上，为其余优抚对象解决医疗费 3.7 万元；协调省、市荣军医院为开发区安排疗养人员 40 余人次。2008 年，为优抚对象发放各类抚恤金。在确保二等乙级以上优抚对象医疗费足额报销基础上，为其余优抚对象解决医疗费 4.2 万元，协调省、市荣军医院为开发区安排疗养人员 20 余人次。对全区优抚对象住房情况进行拉网式摸底排查，经排查，共有 33 户、84 间危房。至年底，为 15 名优抚对象建房 40 间，维修房屋 9 间，发放优抚建房补助 13.35 万元。2009 年，在确保二等乙级以上优抚对象医疗费全额报销 17.8 万元基础上，为其余优抚对象解决医疗费 4.45 万元。协调省、市荣军医院为开发区安排疗养人

员30余人次。协调市劳动局医保办，将六级以上优抚对象全部纳入城镇在职职工医疗保险。并将其余优抚对象全部纳入新型农村合作医疗。2010年，切实抓好优抚补助标准与当地人民群众生活水平同步提高，在确保二等乙级以上优抚对象医疗费全额报销基础上，为其余优抚对象解决医疗费5.2万元。协调省、市荣军医院为开发区安排疗养人员20余人次。投入3.2万元，为困难优抚对象建房5间。提高现役军人补助标准，由2009年的每人每年1200元提高到每人每年5000元。2011年，全面落实优抚政策。做好优抚抚恤补助金的及时发放工作，在确保1～6级优抚对象医疗费全额报销的基础上，为其余优抚对象解决医疗费4.2万元。2012年，在确保1～6级以上优抚对象医疗费全额报销的基础上，为其余优抚对象解决医疗费7.3万元。协调市荣军医院，为开发区安排疗养人员8人。投资40余万元，对佃户屯街道烈士陵园进行修建。2017年“八一”前期，岳程街道组织辖区内优抚对象参加免费查体活动，并建立健康档案。

2018年，着力解决优抚对象“三难”问题。投资2.6万元，为4名困难优抚对象改造危房8间；为伤残军人缴纳职工医疗保险金11.9万元，发放门诊补助6万元，住院救助25人7万元；为其他重点优抚对象发放门诊补助7.8万元，住院救助105人28万元。在庆“七一”迎“八一”期间，投资18.72万元，为所有60岁以上优抚对象开展免费健康查体。春节期间，投入79.3万元，为所有优抚对象每人发放2袋面粉、2袋米、1桶油和3副对联。当年，全面开展退役军人和其他优抚对象的信息采集工作。

退伍安置 自1996年开始，开发区开始接收安置城镇退役士兵。1996—2016年，完成接收安置退役士兵工作。

2001年，开始接收农村籍退役士兵。2001—2010年，完成接收农村籍士兵工作。

2010年，开始对退役士兵开展教育培训及就业指导。2010—2016年，累计培训退役士兵300余人，参训率逐年提高。

2011—2016年，为自主就业士兵发放自主就业金。2015年12月，党工委、管委会成立退伍军人安置领导小组，加强退役安置工作。2017年7月，开发区组织召开专题会议，专题研究退役士兵安置有关问题。积极稳妥推进安置工作，确保按时“清零”，保障社会稳定。

2018年，完成为退役士兵发放自主就业金等各项补助工作；接收转业士官，完成安置任务。

第三节 城乡低保

2005年，开发区共有城镇低保对象304户、810人，人均月补差由上年的32.84元提高到36.2元，全年发放低保金36万元。2006年，对全区原有低保户进行全面认真走访调查，终止107户385人，新入11户24人。全年全区共为242户526人发放低保金35.7万元。在完善“两证一卡”农村救助基础上，认真制定《菏泽开发区农村居民低保实施方案》，为每户建立、规范了档案，并按照每人每年100千克面粉、120元救助金的标准，为全区847户1155人农村困难群众发放面粉19.2万千克、救助款13.56万元。2007年，对全区城市低保户进行认真走访调查，终止低保16户、新入低保23户。人均月补差由上年的50.8元提高到60.7元，实现人员、保障标准的动态化管理。全年共为249户545人城市低保对象发放低保金39.6万元。农村社会救助全面实施农村低保制度，共新纳入农村低保1653户3026人，全年共发放农村低保金45.39万元。2008年，采取集中时间、户户到的方式，对农村低保对象进行全面普查。调查核实，全区农村低保对象1611户2953人，人均月补差45元，全年发放农村低保金130.58万元。完善城市低保制度，通过全面普查，全区城市低保对象为252户545人，人均月补差105.6元，全年发放城市低保金47.09万元。2009年，全区城市低保对象由上年的252户553人调整为274户599人，人均月补差由上年的105.6元提高到120元，全年发放城市低保金83.91万元。加强农村低保的动态化管理，全区农村低保对象由上年的1653户3026人调整为2009年的1638户3039人，人均月补差由上年的45元提高到62元，全年为农村低保对象发放低保金225.83万元。2010年，对全区城乡低保对象进行全面普查，重新界定低保对象，将全区城市低保对象由上年的252户545人调整为291户633人；将农村低保对象由上年的1638户3039人调整为1810户3581人。将城市低保人均月补差由上年的120元提高到135元，农村低保金人均月补差由上年的60元提高到77元。全年发放城市低保金102.55万元，发放农村低保金336.35万元。2011年，全区城市低保对象993户2053人（含市属低保对象），农村低保对象1742户3658人。城市低保标准每人每月240元，人均月补差提高到145元；将农村低保标准每人每年1400元，人均月补差提高到77元。全年发放城市低保金358万元，发放农村低保金337万元。2012年，对全区城乡低保对象进行普查，全区城市低保对象1041户2138人，农村低保对象1983户4246人。城市低保标准每人每月280元，农村低保标准每人每年1800元。全年发放城市低保金511.6万元，农村低保金564.2万元。

2018年，1—6月新增城市低保对象95户192人，退保12户17人；农村低保新增95户166人，退保98户195人。至2018年6月底，全区共有城市低保对象688户1346人，农村低保对象2313户4520人。共发放城市低保金217.14万元，农村低保金520.06万元。

第四节 五保供养

2005年，为全面提高五保供养水平，切实维护五保老人的切身利益，开发区严格按照《菏泽市农村五保供养工作三年规划》的指示精神，科学规划，加强措施，扎扎扎实开展敬老院建设工作。其中丹阳街道征地30亩，计划建房180间；佃户屯街道征地24亩，计划建房90间；岳程街道在一处厂房基础上，计划建房150间，确保让辖区五保老人老有所依、老有所养。是年，在确保57名集中供养对象衣食无忧的同时，按照每人每年400斤面粉、120元救助款标准，对239名五保老人实施分散供养。全年发放面粉4.78万千克、救助款2.87万元。2006年，全区共有五保对象562人，其中丹阳街道188人、岳程街道133人、佃户屯街道241人。按照每人每年400斤面粉、120元救助款的标准，为分散供养五保老人发放面粉9.76万千克、救助款5.86万元。全年争取省、市敬老院建设资金100万元，重点完成岳程敬老院建设任务，共建楼房148间、4936平方米。是年11月，全省敬老院建设检查评比，开发区岳程敬老院作为菏泽市亮点工程，受到省民政厅表扬。2007年，全区集中供养五保老人166人，年人均2000元的集中供养经费足额到位。共为395人分散供养五保老人发放面粉3160袋、供养资金4.74万元。进一步完善五保供养制度，投资120万元，新建建筑面积2000平方米、拥有36个房间的高标准佃户屯敬老院。2008年，加强对分散供养五保对象的管理。是年4月，组织人员对分散供养五保对象全面普查。通过核实，全区有分散供养五保对象379人，全年共为分散供养五保老人发放面粉3411袋、救助款9.1万元。加强对敬老院的规范化管理，统一制定各项规章制度，并及时为敬老院拨付集中供养经费39万元。2009年，在确保集中供养五保对象衣食无忧基础上，全年按季度及时为348户380人分散五保供养对象发放供养资金11.98万元、面粉9.97万千克。2010年，确保集中供养五保对象衣食无忧，对其他五保对象按照每人每年1000元、200千克面粉的标准实施分散供养。全年拨付、发放供养资金120万元、面粉4.82万千克。完成佃户屯敬老院二期工程2400平方米的宿舍楼建设任务，开工建设丹阳敬老院一期工程。2011年，完成丹阳敬老院3900平方米及内部配套建设任务，并投入使用。是年11月，开发区丹阳、岳程、佃户屯3处敬老院全部通过省一级敬老院的验收。按照集中供养每人每年3000元、分散供养每人每年1500元的标准，及时发放供养资金，全年发放供养资金120万元、面粉5.15万千克。2012年，进一步加强敬老院规范化建设，将集中供养标准由上年的3000元提高到3700元，分散供养标准由去年的每人每年1500元提高到每人每年1900元。全年拨付集中五保供养经费89万元，为276人分散供养五保对象发放生活费52.6万元。

2018年，实行集中供养标准每人每年5500元、运转经费每人每年1700元，分散供养标准每人每年3800元。至6月底，共发放集中供养经费51万元，分散供养经费50.16万元。

第五节　签订家庭赡养协议

2005年3月，开发区依据市老龄办的指示精神，在全区开展签订家庭赡养协议书工作，切实保障农村老年人的合法权益，使老年人老有所养。开发区共有60周岁以上老人13501人，至年底，共有12221位老人与子女签订家庭赡养协议，签订家庭赡养协议的老年人占全区老年人总数的98%，此项工作名列全市第一名。

第六节　双拥共建

2006年，为创建双拥模范城、推进双拥优抚工作，在城区主要街道设置大型双拥展板38块、悬挂宣传条幅18条，进行以爱国主义为核心的国防教育和拥军爱民教育。2007年，扎实开展双拥共建活动，在洙水河治理期间，积极为驻地官兵解决住宿、供电、吃水等生活问题，慰问广大官兵，为他们送去猪肉、鸡蛋等生活用品，并利用条幅、宣传栏等多种形式营造拥军爱民的良好氛围。2010年，开展“双拥创城”工作，共悬挂宣传条幅7个，设置大型广告牌9个，制作并安装“荣军、烈属、军属”光荣牌400余个。

第七节　地名管理

2005年，扎实做好辖区楼门牌设置安装工作，成立由开发区党工委常务副书记、管委会副主任孙忠生任指挥长、区直有关部门和各街道办事处主任、分管政法书记为成员的开发区城乡楼门牌设置安装指挥部，实行“一级抓一级，一级促一级”的领导机制，明确职任，做到人员到位、责任到位，切实保障全区楼门牌安装整齐、标准、规范。

2006年，开发区认真做好对全区各行政村（社区）、驻区各单位平面图及门牌号的编制、复核、审查工作，共为居民编制门牌4.87万余户。

第八节　社会事务

2007年，加强社会事务管理，出动宣传车40余车次，村村悬挂横幅标语、张贴通告300多张，宣传殡葬改革政策，把殡葬改革的方针、政策和意义对广大群众进行广泛宣传。全年全区火化尸体386具，劝导丧主起尸14具。2008年，火化尸体405具，劝导丧主起尸20具。2010年，进一步强化宣传，倡导文明、健康的丧葬方式。是年4月，开展“殡改宣传月”活动，出动宣传车80余车次，印发宣传单2000余份，全年火化尸体150具。2011年，区、街道、村层层签订殡改目标责任书，实行丧葬费免除制度。全年全区火化尸体666具。对高速路、国省道、铁路及路网两侧的坟碑进行集中清除，共平坟9505座，推碑2213块。2012年，争取上级福利补助资金200万元，启动社会福利中心建设。通过采取一周一通报、丧葬费用免除等有效措施，全年火化尸体887具，火化率104%。2018年，实行城乡居民丧葬费免除800元政策，上半年火化尸体471具，完成全年任务目标的51%。

第十五编　人大　政协

2011年3月、4月，政协菏泽市委员会菏泽经济开发区工作委员会、菏泽市人大常务委员会菏泽经济开发区工作委员会相继成立，分别为政协菏泽市委员会、菏泽市人大常务委员会的派出机构。开发区人大工委先后组织129名人大代表参加菏泽市、牡丹区人民代表大会，并依法履行重大、重要工作的考察、调研、执法检查等职责。菏泽经济开发区政协工委先后组织69名政协委员参加菏泽市、牡丹区政治协商会议，并认真履行政治协商、民主监督、参政议政等职能。

第一章　区人大工委

第一节　机构

2011年前，菏泽开发区未设立人大工作专门机构，具体工作由开发区党群工作部安排1名工作人员负责。主要为开发区内的市、区人大代表出席市、区人大会议、参加活动等提供服务，征求、汇集大会讨论修改意见，反映他们的意见和要求。

2011年4月15日，经菏泽市十七届人大常委会第六十八次主任会议研究决定，设立菏泽市人大常委会菏泽经济开发区工作委员会，为县级单位，受市人大常委会和开发区党工委的双重领导，并分别向市人大常委会和开发区党工委报告工作。李守玉任开发区人大工委主任，另设副主任1人、工作人员2人，人员由开发区内部调整。2012年12月，设立开发区人大工委办公室，配备办公室主任。2017年4月，范阳春任开发区人大工委主任。

第二节　人大代表选举产生

市、区人大代表的产生，依照《中华人民共和国全国人民代表大会和地方各级人民代表大会选举法》《中华人民共和国全国人民代表大会和地方各级人民代表大会代表法》和有关文件规定，经选举产生。

菏泽经济开发区全国、省、市、区人大代表情况表

表15-1

姓名	工作单位及职务	届次
李德芝	七一行政村生产大队队长、经理	全国第五届人民代表大会代表
苑宪章	国华实业总公司党总支书记、董事长	全国第八届人民代表大会代表
张九勋	山东都庆集团公司　董事长兼总经理	全国第十届人民代表大会代表
王金书	山东玉皇化工有限公司董事长	全国第十二届、第十三届人民代表大会代表
苑宪章	国华实业总公司党总支书记、董事长	山东省第七届人民代表大会代表
郭绪福	中沙海村党支部书记	山东省第八届人民代表大会代表
张九勋	山东都庆集团公司、董事长兼总经理	山东省第九届人民代表大会代表
张九勋	山东都庆集团公司董事长	山东省第十一届人民代表大会代表
张九勋	中食都庆（山东）生物技术有限公司董事长	山东省第十二届人民代表大会代表

续表15-1

姓名	工作单位及职务	届次
李国珍	菏泽市开发区党工委副书记、管委会常务副主任	山东省第十二届人民代表大会代表
高义武	菏泽金正大生态工程有限公司董事长、总经理	山东省第十二届人民代表大会代表
郭绪福	开发区陈集镇中沙海村顾问	山东省第十三届人民代表大会代表
徐玉静	山东玉皇化工有限公司副经理	山东省第十三届人民代表大会代表
曹升灵	市政府党组成员，开发区党工委书记、管委会主任	菏泽市第十八届人民代表大会代表
李守玉	开发区人大工委主任	菏泽市第十八届人民代表大会代表
李国珍	开发区党工委副书记、管委会主任	菏泽市第十八届人民代表大会代表
任民勇	开发区规划分局局长	菏泽市第十八届人民代表大会代表
张永生	菏泽工商银行开发区支行行长	菏泽市第十八届人民代表大会代表
姜　勇	菏泽玉皇化工股份有限公司董事长	菏泽市第十八届人民代表大会代表
高义武	金正大有限公司董事长总经理	菏泽市第十八届人民代表大会代表
王凤滩	方明药业总工程师、东药药业总经理	菏泽市第十八届人民代表大会代表
杨　军	聚隆能源总经理	菏泽市第十八届人民代表大会代表
赵建华	华升玻璃（菏泽）有限公司总经理	菏泽市第十八届人民代表大会代表
刘保宏	德润化工有限公司	菏泽市第十八届人民代表大会代表
王福波	菏泽伯特利置业有限公司董事长	菏泽市第十八届人民代表大会代表
张西慈	菏泽银座商场总经理	菏泽市第十八届人民代表大会代表
赵文东	丹阳街道赵堂社区党支部书记	菏泽市第十八届人民代表大会代表
王金书	山东玉皇化工有限公司董事长	菏泽市第十八届人民代表大会代表
郝敬忠	菏泽市中医医院院长	菏泽市第十八届人民代表大会代表
张新德	菏泽开发区人民检察院检察长	菏泽市第十八届人民代表大会代表
彭志强	方正科技有限公司董事长	菏泽市第十八届人民代表大会代表
耿继敏	市国税局党组成员开发区国税分局局长	菏泽市第十八届人民代表大会代表
阎剑波	菏泽市委常委，常务副市长	菏泽市第十九届人民代表大会代表
孙忠生	菏泽市人大常委会副主任	菏泽市第十九届人民代表大会代表
刘　勇	菏泽市政协原主席	菏泽市第十九届人民代表大会代表
赵传山	菏泽市人大常委会原副主任	菏泽市第十九届人民代表大会代表
高　强	菏泽市妇联主席、党组书记，市人大常委会委员	菏泽市第十九届人民代表大会代表
刘守文	菏泽市总工会党组书记、常务副主席，市人大常委会委员	菏泽市第十九届人民代表大会代表
宁友明	菏泽市人大常委会委员、市人大内务司法委员会副主任委员	菏泽市第十九届人民代表大会代表
张中华	菏泽市人大常委会委员、市人大财经委副主任委员、市人大常委会财经工委工作室主任	菏泽市第十九届人民代表大会代表
周登宪	中国人民银行菏泽市中心支行行长	菏泽市第十九届人民代表大会代表
侯宪会	菏泽市人大常委会委员，市人大民族侨务外事委员会副主任委员，菏泽康辉国际旅行社有限公司总经理	菏泽市第十九届人民代表大会代表
李信强	菏泽市人大城环委委员，山东菏建集团有限公司党委书记、董事长	菏泽市第十九届人民代表大会代表
郑子昌	菏泽市人大常委会委员，菏泽市诚信集团有限公司董事长	菏泽市第十九届人民代表大会代表
刘海生	菏泽中达宜居置业有限公司董事长	菏泽市第十九届人民代表大会代表
李国珍	菏泽经济开发区党工委书记、管委会主任	菏泽市第十九届人民代表大会代表
练建军	菏泽经济开发区党工委副书记、管委会常务副主任	菏泽市第十九届人民代表大会代表
范阳春	菏泽经济开发区人大工委主任	菏泽市第十九届人民代表大会代表
李守玉	菏泽经济开发区人大工委原主任	菏泽市第十九届人民代表大会代表
郑孝义	菏泽经济开发区人民法院党组书记、院长、审判委员会委员	菏泽市第十九届人民代表大会代表

续表15-1

姓名	工作单位及职务	届次
张新德	菏泽经济开发区人民检察院党组书记、检察长	菏泽市第十九届人民代表大会代表
刘述勤	菏泽市公安局开发区分局党委书记、局长、调研员	菏泽市第十九届人民代表大会代表
孔鲁民	菏泽经济开发区管委会副主任、岳程街道党工委书记	菏泽市第十九届人民代表大会代表
任红姣	菏泽开发区招商一局局长	菏泽市第十九届人民代表大会代表
赵文东	菏泽市人大城环委委员，菏泽开发区丹阳街道赵堂、和平社区党支部书记	菏泽市第十九届人民代表大会代表
宋爱珍	菏泽市人大常委会委员，市人大城环委副主任委员，菏泽泉汇汽车出租有限公司、菏泽金盾汽车出租有限公司总经理	菏泽市第十九届人民代表大会代表
王进山	山东玉皇化工有限公司董事、炼化集团总经理	菏泽市第十九届人民代表大会代表
彭志强	菏泽正大动力科技有限责任公司、正大汽车广场董事长	菏泽市第十九届人民代表大会代表
徐恒军	菏泽金正大生态工程有限公司总经理	菏泽市第十九届人民代表大会代表
刘保宏	道中道国际控股有限公司董事长	菏泽市第十九届人民代表大会代表
马红岩	山东菏泽德泰化工有限公司支部书记、执行董事	菏泽市第十九届人民代表大会代表
刘绍海	菏泽山塑置业有限公司、菏泽天安房地产有限公司董事长	菏泽市第十九届人民代表大会代表
吴小灿	菏泽传化公路港物流有限公司总经理	菏泽市第十九届人民代表大会代表
刘　鹏	山东本草食品有限公司董事长	菏泽市第十九届人民代表大会代表
张　钊	山东天智绿业生物有限公司发酵车间主任	菏泽市第十九届人民代表大会代表
郝有彪	菏泽市开发区金硕生态农产品种植专业合作社理事长	菏泽市第十九届人民代表大会代表
马兴美	菏泽市鲲鹏皮草有限公司	菏泽市第十九届人民代表大会代表
徐先雷	山东尚舜化工有限公司副总经理兼山东圣陶化工有限公司董事长、总经理	菏泽市第十九届人民代表大会代表
李冠斌	市直机关工委书记	菏泽市牡丹区第十七届人民代表大会代表
赵福龙	开发区党工委委员、办公室主任	菏泽市牡丹区第十七届人民代表大会代表
田玉卿	开发区人大工委副主任	菏泽市牡丹区第十七届人民代表大会代表
杨传宏	开发区丹阳街道党委书记	菏泽市牡丹区第十七届人民代表大会代表
刘晓明	开发区检察院党组副书记副检察长	菏泽市牡丹区第十七届人民代表大会代表
杨　宏	开发区人大工委办公室主任	菏泽市牡丹区第十七届人民代表大会代表
李　强	中国银行菏泽开发区支行行长	菏泽市牡丹区第十七届人民代表大会代表
王　鹏	菏泽市联通公司副总经理	菏泽市牡丹区第十七届人民代表大会代表
鲁庆杰	山东德睿节能科技董事长、德源化工副董事长	菏泽市牡丹区第十七届人民代表大会代表
袁绍飞	菏泽松井电器有限公司总经理	菏泽市牡丹区第十七届人民代表大会代表
孙建国	圣豪大酒店总经理	菏泽市牡丹区第十七届人民代表大会代表
朱家福	开发区丹阳街道党委副书记、办事处主任	菏泽市牡丹区第十七届人民代表大会代表
张晓宇	开发区佃户屯街道党委副书记、办事处主任	菏泽市牡丹区第十七届人民代表大会代表
龚爱华	开发区丹阳街道人大联络处主任	菏泽市牡丹区第十七届人民代表大会代表
姚元军	开发区岳程街道人大常委会主任	菏泽市牡丹区第十七届人民代表大会代表
张德胜	开发区佃户屯街道人大联络处主任	菏泽市牡丹区第十七届人民代表大会代表
王以春	菏泽义春乳腺专科医院院长	菏泽市牡丹区第十七届人民代表大会代表
王建军	菏泽市公路管理局工程一处党支部书记、处长	菏泽市牡丹区第十七届人民代表大会代表
李　俊	菏泽市电信公司开发区分公司总经理	菏泽市牡丹区第十七届人民代表大会代表
刘秀鹏	丹阳街道刘庙社区党支部书记	菏泽市牡丹区第十七届人民代表大会代表
王东洋	丹阳街道都庄社区、丹阳路社区党支部书记	菏泽市牡丹区第十七届人民代表大会代表
郭少存	张花园社区支部书记	菏泽市牡丹区第十七届人民代表大会代表
许朝珍	岳程街道许楼社区支部书记	菏泽市牡丹区第十七届人民代表大会代表

续表15-1

姓名	工作单位及职务	届次
石金陵	岳程街道石堂社区支部书记	菏泽市牡丹区第十七届人民代表大会代表
张洪印	菏泽农商银行岳程支行行长	菏泽市牡丹区第十七届人民代表大会代表
仝俊亮	亿丰实业有限公司董事长	菏泽市牡丹区第十七届人民代表大会代表
张万力	山东恒祥建设集团公司董事长	菏泽市牡丹区第十七届人民代表大会代表
李长进	菏泽开发区岳程建筑工程有限公司总经理	菏泽市牡丹区第十七届人民代表大会代表
朱士芳	济南路派出所副所长	菏泽市牡丹区第十七届人民代表大会代表
丁兵刚	华英食品有限公司	菏泽市牡丹区第十七届人民代表大会代表
赵建军	菏泽天河印刷物资公司经理	菏泽市牡丹区第十七届人民代表大会代表
郑子林	诚信家具总经理	菏泽市牡丹区第十七届人民代表大会代表
邵长海	佃户屯街道孔楼社区党支部书记、居委会主任	菏泽市牡丹区第十七届人民代表大会代表
马长顺	鲁杰建工集团董事长	菏泽市牡丹区第十七届人民代表大会代表
李维东	菏泽神舟纺线有限公司董事长	菏泽市牡丹区第十七届人民代表大会代表
庞群山	佃户屯街道庞庄社区居民委员会主任	菏泽市牡丹区第十七届人民代表大会代表
邓　允	菏泽帝源食品有限公司法人代表、总经理	菏泽市牡丹区第十七届人民代表大会代表
晁岳合	菏泽市德合建筑有限公司董事长	菏泽市牡丹区第十七届人民代表大会代表
张耀忠	菏泽市直机关党工委书记	菏泽市牡丹区第十八届人民代表大会代表
田玉卿	菏泽开发区人大工委副主任	菏泽市牡丹区第十八届人民代表大会代表
杨　宏	菏泽开发区人大工委办公室主任	菏泽市牡丹区第十八届人民代表大会代表
韩继峰	菏泽开发区法院副院长	菏泽市牡丹区第十八届人民代表大会代表
刘晓明	菏泽开发区检察院副检察长	菏泽市牡丹区第十八届人民代表大会代表
龚爱华	菏泽开发区丹阳街道工作委员会主任	菏泽市牡丹区第十八届人民代表大会代表
姚元军	菏泽开发区岳程街道工作委员会主任	菏泽市牡丹区第十八届人民代表大会代表
张德胜	菏泽开发区佃户屯街道工作委员会主任	菏泽市牡丹区第十八届人民代表大会代表
张彦海	菏泽农村商业银行股份有限公司二部经理	菏泽市牡丹区第十八届人民代表大会代表
李学刚	菏泽开发区丹阳街道刘庄社区党支部书记	菏泽市牡丹区第十八届人民代表大会代表
李艳霞	菏泽银盛国际酒店副总经理	菏泽市牡丹区第十八届人民代表大会代表
刁爱娟	菏泽知馨大姐家政服务有限公司总经理	菏泽市牡丹区第十八届人民代表大会代表
马长顺	山东鲁杰建工集团董事长	菏泽市牡丹区第十八届人民代表大会代表
刘秀鹏	菏泽开发区丹阳街道刘庙社区党支部书记	菏泽市牡丹区第十八届人民代表大会代表
李青文	菏泽开发区丹阳街道大屯社区党支部书记	菏泽市牡丹区第十八届人民代表大会代表
邓志峰	菏泽市中医医院眼科主任	菏泽市牡丹区第十八届人民代表大会代表
苗　林	菏建集团有限公司总经理	菏泽市牡丹区第十八届人民代表大会代表
王　鹏	联通公司菏泽分公司副总经理	菏泽市牡丹区第十八届人民代表大会代表
袁绍飞	菏泽鲁财控股管理公司总经理	菏泽市牡丹区第十八届人民代表大会代表
吕昌文	菏泽银湾物业集团有限公司总经理	菏泽市牡丹区第十八届人民代表大会代表
李维合	菏泽天香酒业有限公司董事长	菏泽市牡丹区第十八届人民代表大会代表
彭春雨	菏泽舒欣物业服务有限公司总经理	菏泽市牡丹区第十八届人民代表大会代表
王以春	菏泽花城中医医院院长	菏泽市牡丹区第十八届人民代表大会代表
赵　明	山东鸿福祥房地产开发公司菏泽分公司总经理	菏泽市牡丹区第十八届人民代表大会代表
马传生	菏泽鲁丹建设集团有限公司董事长	菏泽市牡丹区第十八届人民代表大会代表
杨功新	工商银行菏泽开发区支行行长	菏泽市牡丹区第十八届人民代表大会代表
张庆宇	山东丽天建设集团总经理	菏泽市牡丹区第十八届人民代表大会代表
邵长海	菏泽开发区佃户屯街道孔庄社区党支部书记	菏泽市牡丹区第十八届人民代表大会代表

续表15-1

姓名	工作单位及职务	届次
庞群山	菏泽开发区佃户屯街道庞庄社区党支部书记	菏泽市牡丹区第十八届人民代表大会代表
李　强	中国银行菏泽开发区支行行长	菏泽市牡丹区第十八届人民代表大会代表
晁岳合	菏泽德合建工集团董事长	菏泽市牡丹区第十八届人民代表大会代表
李长进	菏泽岳建建设集团有限公司董事长	菏泽市牡丹区第十八届人民代表大会代表
郑子林	山东诚信集团有限公司总经理	菏泽市牡丹区第十八届人民代表大会代表
朱士芳	菏泽开发区公安分局济南路派出所所长	菏泽市牡丹区第十八届人民代表大会代表
许朝珍	菏泽开发区岳程街道许楼社区党支部书记	菏泽市牡丹区第十八届人民代表大会代表
蔡忠峰	山东德润化工有限公司总经理	菏泽市牡丹区第十八届人民代表大会代表
李　亚	菏泽指南针智能交通服务有限公司总经理	菏泽市牡丹区第十八届人民代表大会代表
李守华	菏泽杨湖酒业有限公司副总经理	菏泽市牡丹区第十八届人民代表大会代表
郭忠峰	菏泽林峰新型装饰材料有限公司董事长	菏泽市牡丹区第十八届人民代表大会代表
丁友刚	山东贤妻食品有限公司总经理	菏泽市牡丹区第十八届人民代表大会代表
石金陵	菏泽开发区岳程街道石堂社区党支部书记	菏泽市牡丹区第十八届人民代表大会代表
张洪印	菏泽农商银行岳程支行行长	菏泽市牡丹区第十八届人民代表大会代表
王　新	尚品宅配、新川商贸有限公司总经理	菏泽市牡丹区第十八届人民代表大会代表
李明强	菏泽市开发区佃户屯中学　党支部书记、校长	菏泽市牡丹区第十八届人民代表大会代表
马远超	菏泽市开发区陈集镇前沙海社区党支部书记	菏泽市定陶区第十八届人民代表大会代表
王曾昌	菏泽市开发区陈集镇第二学区团委书记	菏泽市定陶区第十八届人民代表大会代表
席云明	菏泽市开发区陈集镇党委书记	菏泽市定陶区第十八届人民代表大会代表
李彦君	菏泽市开发区陈集镇人大主席	菏泽市定陶区第十八届人民代表大会代表
郭绪福	菏泽市开发区陈集镇中沙海社区顾问	菏泽市定陶区第十八届人民代表大会代表
田明展	山东天久实业集团董事长	菏泽市定陶区第十八届人民代表大会代表
张存朝	山东盛华达股份有限公司总经理	菏泽市定陶区第十八届人民代表大会代表
张志伟	菏泽市开发区陈集镇保宁卫生院医生	菏泽市定陶区第十八届人民代表大会代表
张海玉	菏泽市开发区陈集镇七一社区党支部书记	菏泽市定陶区第十八届人民代表大会代表
张善绪	山东泉润纸业有限公司总经理	菏泽市定陶区第十八届人民代表大会代表
周　燕	菏泽市开发区陈集镇第一学区中学教师	菏泽市定陶区第十八届人民代表大会代表
庞守宪	菏泽市开发区陈集镇第一中学原校长	菏泽市定陶区第十八届人民代表大会代表
房灵国	菏泽市开发区陈集镇陈集社区党支部书记	菏泽市定陶区第十八届人民代表大会代表
孟　伦	菏泽市开发区狮克农场总经理	菏泽市定陶区第十八届人民代表大会代表

第三节　考察　检查

2011 年 9 月，开发区人大工委组织驻区 10 余名人大代表考察开发区城建重点工程和重大项目建设情况。考察结束后，考察组在菏泽玉皇化工三楼会议室召开座谈会。

2013 年 7 月 17 日，开发区组织开展人大代表考察环保工作活动。人大代表现场查看中粮艾地盟、东药药业、金正大、玉皇盛世化工、德泰化工、玉皇化工、第二污水处理厂等 7 家重点企业工业废气、废水治理工程及洙水河出境断面应急拦河闸和在线监测站。

2014 年 7 月 18 日，开发区人大工委组织开发区部分驻区人大代表对全区的科技、教育、环境保护、乡村文明行动工作进行考察。考察活动采取上午考察现场，下午座谈的方式进行，共现场考察科技孵化器、道中道科技产业园、中广核太阳能屋顶发电、九年一贯制学校、南京路高级中学、丹阳东路污水处理泵站、张和庄社区、许楼社区、张花园社区等17处站点，6位代表和委员分别作发言，对开发区的工作给予充分肯定，并提出意见、建议。

2016年12月14日，组织部分驻区省、市、区人大代表对区内城市建设和工业项目进行现场视察。通过考察观摩，人大代表们对开发区的经济社会发展状况有了较为全面、客观的了解和掌握，并提出建设性的意见和建议。视察结束后，召开了座谈会，区党工委副书记、管委会常务副主任练建军向人大代表、委员们介绍开发区经济社会发展情况，部分人大代表、政协委员作了发言。

2017年5月23日，市人大常委会召开“后来居上、代表先行”系列活动动员大会。5月25日，开发区人大工委召开由各街道人大常委会主任、人大代表活动小组召集人及市、区人大代表参加的动员会，印发了系列活动实施方案。会后，各街道成立“后来居上、代表先行”系列活动领导小组，做到有机构、有人员、有目标、有督导。

2017年8月15日，市人大常委会副主任、党组副书记丁志刚带领市人大常委会督导组一行到开发区，对环境保护突出问题综合整治情况进行专项督导。开发区党工委书记、管委会主任李国珍、区人大工委主任范阳春、区政协工委副主任冯宪法等全程陪同。

2017年9月26日，市人大常委会党组成员、秘书长郭景堂一行到开发区考察棚户区改造工作。郭景堂一行先后到开发区庞楼片区棚改项目安置房建设现场、肖楼片区棚改项目拆迁现场、李大庙棚改项目安置房建成现场、洞庭路安置小区等项目现场进行实地视察，听取开发区棚户区改造工作情况汇报。

2018年9月29日，菏泽开发区人大工委召开驻区人大代表座谈会，开发区人大工委主任范阳春和驻区省、市、区人大代表参加座谈会。

2018年10月17日，菏泽市人大组织离退休干部一行34人到开发区参观考察。老干部一行先后参观万达广场暨希尔顿酒店、华中师范大学菏泽附属学校、火车站、肖楼棚改片区、天宇新材料产业园、玉皇新能源产业园、北汇绿建产业园（盈创3D打印）和鲁西南大数据中心，老干部们对开发区近年来的发展给予充分肯定。每到一处，老干部们都认真听取负责人关于企业的情况介绍，并仔细询问项目发展的前景、遇到的问题等，并就项目发展提出自己的建议和意见。

第四节　议政履职

2017年1月16日，菏泽市牡丹区第十八届人民代表大会第一次会议在牡丹区公务大厦西会堂开幕，来自开发区各行各业、各条战线的42名人大代表齐聚一堂，共商改革发展大计。

2017年2月23日，菏泽市第十九届人民代表大会第一次会议在菏泽大剧院开幕。来自全区各行各业、各条战线的30名人大代表依法履职，共商发展大计。

2018年1月3日，菏泽市第十九届人民代表大会第二次会议在菏泽大剧院开幕。来自全区各行各业、各条战线的30名市人大代表汇聚一堂，共商全市发展大计。

2018年1月8日，菏泽市牡丹区第十八届人民代表大会第二次会议开幕。来自全区各行各业、各条战线的42名人大代表共商全区改革发展大计，共绘美好愿景。开发区代表团参加会议。

第二章　区政协工委

第一节　机构

2011年1月26日，菏泽市机构编制委员会印发《关于菏泽市人大常委会经济开发区工作委员会和政协菏泽市委员会经济开发区工作委员会机构编制事项的批复》，中国人民政治协商会议菏泽市委员会经济开发区工作委员会核定行政编制4人，配备主任1人（正县级），副主任1人（副县级）。

2011年3月29日，政协菏泽市委员会印发《关于设立政协菏泽市委员会菏泽经济开发区工作委员会的通知》，根据市委意见，经政协第十三届菏泽市委员会常务委员会第十九次会议研究决定，设立政协菏泽市委员会菏泽经济开发区工作委员会。

同日，政协菏泽市委员会印发《关于朱斌等同志职务任免的通知》，根据市委提名，经政协第十三届菏泽市委员会常务委员会第十九次会议研究通过，决定周广存任政协菏泽市委员会经济开发区工作委员会主任（试用期一年）。

2015年1月29日，中国共产党菏泽市委员会印发通知，市委提名牛化民任菏泽经济开发区政协工作委员会副主任。

2015年3月5日，政协菏泽市委员会印发通知，根据市委提名，经政协第十四届菏泽市委员会第二十七次主席会议研究决定牛化民任菏泽经济开发区政协工作委员会副主任。

2017年4月21日，中国共产党菏泽市委员会印发通知，提名程海建任政协菏泽市委员会经济开发区工作委员会主任；周广存不再担任政协菏泽市委员会经济开发区工作委员会主任职务。

2017年7月28日，政协菏泽市委员会印发通知，根据市委提名，经政协第十五届菏泽市委员会常务委员会第二次会议审议通过：程海建任政协菏泽市委员会开发区工作委员会主任；周广存不再担任政协菏泽市委员会开发区工作委员会主任职务。

第二节　主要活动

2011年9月，开发区人大工委、政协工委组织驻区的10余名人大代表、政协委员考察开发区城建重点工程和重大项目建设情况。考察结束后，视察组在菏泽玉皇化工三楼会议室召开座谈会。

2013年1月7日，开发区政协工委组织全体驻区市政协委员到新苏天美、金正大复合肥、东药药业、玉皇盛世、聚兴化工、再生资源工业园、聚隆能源、辰信新能源和玉皇化工等企业，进行考察调研。曹升灵书记主持召开座谈会。

2013年7月17日，菏泽开发区组织开展人大代表、政协委员考察环保工作活动。区人大工委主任李守玉、区政协工委主任周广存携人大代表、政协委员现场查看中粮艾地盟、东药药业、金正大、玉皇盛世化工、德泰化工、玉皇化工、第二污水处理厂等7家重点企业工业废气、废水治理工程及洙水河出境断面应急拦河闸和在线监测站。

2014年4月21日，针对开发区党工委、管委会领导班子及政协开发区工委在“四风”方面存在的问题，组织召开企业负责人座谈会，会上共梳理意见建议11条。

2014年4月23日，政协开发区工委组织召开驻区市、区政协委员会议，共梳理意见建议42条，并将梳理意见和建议送达开发区有关部门，对促进开发区发展、化解矛盾、维护稳定发挥重要作用。

2014年4月29日，省政协副主席栗甲率省政协社会法制委员会“推进社会组织管理创新和发挥作用”专题调研组一行16人到开发区调研。开发区党委工委书记曹升灵、开发区党委工委副书记、管委会主任李国珍，区政协工委主任周广存，区党工委委员、办公室主任赵福龙、区党工委委员副主任冯宪法等全程陪同。

2014年5月26日，配合市政协组织部分省、市政协委员到开发区视察“加快科技服务平台建设，促进创新驱动战略实施”情况。视察开发区省级科技孵化器、技术检测中心、道中道生物科技园、金正大生态、中广核太阳能屋顶发电、盛世研发中心、辰信新能源和易达利化工等项目。

2014年6月5日，开发区政协工委组织部分驻区政协委员，对佃户屯庞庄小学和前崔楼小学进行视察调研。市政协副主席孙凤云参加视察调研。

2014年3月31日、4月25日和6月30日，分别以马俊委员“弘扬儒家文化，打造孔子文化酒城”、王凯委员“发展循环经济　实现再生资源回收利用”、南孟强委员“安得广厦千万间”为主题，录制几位委员的先进事迹，在市电视台播出。这些政协委员的先进事迹播出后，社会反响良好。

2014年7月18日，开发区人大工委、政协工委组织开发区部分驻区人大代表、政协委员对全区的科技、教育、环境保护、乡村文明行动工作进行视察。视察活动采取上午视察现场，下午座谈的方式进行，共现场视察科技孵化器、道中道科技产业园、中广核太阳能屋顶发电、九年一贯制学校、南京路高级中学、丹阳东路污水处理泵站、张和庄社区、许楼社区、张花园社区等17处站点，6位代表和委员分别发言，对开发区的工作给予充分肯定，并提出许多宝贵意见和建议。开发区党委工委书记曹升灵、开发区党委工委副书记、管委会主任李国珍陪同视察。

2014年11月5日，市政协主席、党组书记刘勇带领部分省、市政协委员视察开发区医养结合型养老服务工作情况，实地查看张花园社区日间照料中心、市社会福利院。开发区党委工委书记曹升灵、区政协工委主任周广存、区党工委副书记张继争等陪同活动。

2015年1月27日，组织驻开发区活动组全体委员对开发区8家企业单位进行走访调研；8月20日，住开发区政协委员开展环保和安全生产考察活动，对辖区8家企业进行现场考察，并进行座谈交流。

2015年8月20日，开发区政协组织驻区政协委员就全区安全生产和环保治理工作开展考察活动。区政协工委主任周广存、副主任牛化民携同驻区委员重点对开发区空气自动监测站、中粮艾地盟、玉皇化工、金正大国际安全生产和环保治理现场进行考察。

2015年11月11日，组织部分委员考察开发区公安工作，委员们对开发区公安工作提出意见和建议。

2015年12月10日，市政协副主席陶体华带队到开发区调研大气污染工作，对开发区玉皇化工和交通未来城实地调研。

2015年12月18日，区政协工委在菏泽金正大生态工程有限公司三楼会议室召开驻区政协委员座谈会。会议由区政协工委副主任牛化民主持，区政协工委办公室主任张文艳传达市委书记孙爱军 12 月 14 日在市委政协工作会议上的讲话精神，席怀宝、徐恒军、韩科振、郑子昌等委员就下一步如何更好地开展工作提出意见和建议；周广存主任总结回顾区政协 2015 年的工作情况，并就 2016 年的工作做安排部署。

2016 年 3 月 22 日，市政协文史委调研文化产业。

2016 年 6 月 16 日，市政协港澳台侨民族宗教委员会部分市政协委员，在市政协副主席、港澳台侨民族宗教委员会主任、市科技局局长侯婕的带领下，一行到开发区富士康科技集团进行调研。企业负责人就富士康在菏泽发展情况作汇报。

2016 年 6 月 17 日，开发区政协工委在开发区五楼会议室，召开驻开发区市政协委员结对帮扶工作座谈会。区政协工委副主任牛化民传达了市政协有关扶贫工作会议精神，政协工委主任周广存安排部署具体工作。

2016 年 8 月 23 日，市政协副主席、市社会主义学院院长孙凤云，带领 30 余位市政协委员，到开发区南湖康复养老中心和孝和老年护理院调研菏泽市医养结合型养老机构建设情况。

2016 年 12 月 14 日，根据开发区党工委安排，开发区活动组组织部分驻区省、市、区政协委员对区内城市建设和工业项目进行现场考察。考察结束后，召开座谈会。党工委副书记、管委会常务副主任练建军向委员们介绍开发区经济社会发展情况，部分政协委员发言。

2017 年 7 月 26 日，市政协副主席孙凤云带领市政协社会法制委员会调研组一行到开发区对规范物业管理促进和谐社区建设工作进行调研。实地调研华平小区和南华康城，并在南华康城召开座谈会。区党工委副书记、管委会常务副主任练建军、区政协工委主任程海建陪同。

2017 年 9 月 13 日，政协开发区工委召开驻区委员会议。会议学习传达尹玉明主席在市政协第十五届菏泽市委员会常务委员会第二次会议上的讲话精神，学习传达市委书记孙爱军在领办政协重点提案上的讲话，转发市政协文件，印发《政协菏泽市委员会开发区工委 2017 年度重点工作安排》印发《建立住菏泽开发区委员会活动组的方案》的通知，印发《社情民意信息撰写说明》。政协开发区工委副主任牛化民主持，政协开发区工委主任程海建讲话。

2018 年 1 月 9 日，政协菏泽开发区工委主任程海建携区十四届驻开发区政协委员一行 19 人，到牡丹区胡集工业园尚尧集团考察三产业态联合发展模式。

2018 年 1 月下旬，开发区政协工委办公室主任张文艳带队，岳喜军、李东娟、刘洁灏、段亚青等 5 名住区政协委员参加，赴上海市黄浦区南京东路、瑞金二路等街道和江苏省宜兴市等地进行实地调研考察老年日托中心建设情况。

2018 年 3 月 13 日，政协菏泽开发区工委就驻区政协委员李东娟提出的《关于住宅小区大门两侧绿化带矮化种植的建议》，专门组织部分驻区委员进行现场视察，并召开“建议”推进工作座谈会。

2018 年 5 月初，根据《政协菏泽市委员会关于开展“大学习、大调研、大改进”的方案》和《市政协 2018 年度协商工作计划》安排，组织部分驻区委员，赴深圳罗湖区、惠州大亚湾开发区、惠州仲恺高新区、东莞市进行实地调研考察学习。

2018 年 6 月 12 日，在市政协组织下，带领市政协委员集中参观开发区鲁心医院、方达化工、杨湖酒业 3 处“委员之家”建设情况，并在开发区召开“委员之家”现场观摩会。

2018 年 7 月 23 日，市政协组织开展“抢抓

新旧动能转换机遇　助推工业强市建设进程”集中视察，考察开发区华星油泵油嘴、玉皇新能源、华立新材料、乾运高科四家企业。

2018年10月25日，市政协机关老干部樊思宝、贾凤英一行33人，到开发区考察经济社会发展情况。

2018年11月12日，开发区政协工委组织驻区委员视察方达化工、鲁心医院、杨湖酒厂3家企业，并在杨湖酒厂开展红色教育。

2018年12月6日，青岛市政协主席杨军一行31人到开发区考察经济社会发展情况。

2018年12月27日，省政协委员活动工作室副主任孟燕一行5人到开发区就委员学习培训和界别工作情况进行调研。

菏泽经济开发区市、区政协委员情况表

表15-2

姓名	工作单位及职务	届次
张文艳	政协开发区工委办公室主任	政协菏泽市（牡丹区）第十三届委员会
贾其武	曹州武校校长	政协菏泽市（牡丹区）第十三届委员会
王春梅	菏泽烟草美发学校校长	政协菏泽市（牡丹区）第十三届委员会
吴　斌	天虹商贸公司总经理	政协菏泽市（牡丹区）第十三届委员会
李冬娟	开发区妇联副主任	政协菏泽市（牡丹区）第十三届委员会
李　涓	食品药品监督管理局开发区分局局长	政协菏泽市（牡丹区）第十三届委员会
冯　芳	开发区电信公司副总经理	政协菏泽市（牡丹区）第十三届委员会
贾海燕	开发区移动公司总经理	政协菏泽市（牡丹区）第十三届委员会
谭祥琨	佳华物流储运有限公司总经理	政协菏泽市（牡丹区）第十三届委员会
王仕青	菏泽金正大公司总工程师	政协菏泽市（牡丹区）第十三届委员会
张国强	菏泽弘一实业总经理	政协菏泽市（牡丹区）第十三届委员会
刘汉宇	菏泽隆泰商贸总经理	政协菏泽市（牡丹区）第十三届委员会
李青文	丹阳街道大屯社区支部书记	政协菏泽市（牡丹区）第十三届委员会
闫静远	丹阳街道办事员	政协菏泽市（牡丹区）第十三届委员会
刘本玲	岳程街道社区服务中心主任	政协菏泽市（牡丹区）第十三届委员会
季爱国	佃户屯街道孔庄社区副主任	政协菏泽市（牡丹区）第十三届委员会
南孟强	菏泽建设集团总工程师	政协菏泽市（牡丹区）第十三届委员会
牛元辰	菏泽创兴法律服务所所长	政协菏泽市（牡丹区）第十三届委员会
韩联合	菏泽立邦生物科技有限公司总工程师	政协菏泽市（牡丹区）第十三届委员会
张继雪	山东杨湖酒业有限公司总工程师	政协菏泽市（牡丹区）第十三届委员会
王伟川	菏泽发电厂技术员	政协菏泽市（牡丹区）第十三届委员会
张文艳	政协开发区工委办公室主任	政协菏泽市（牡丹区）第十四届委员会
韩联合	菏泽立邦生物科技公司总工程师	政协菏泽市（牡丹区）第十四届委员会
王勇全	山东杨湖酒业有限公司副总经理	政协菏泽市（牡丹区）第十四届委员会
王伟川	山东王氏药业有限公司副总经理	政协菏泽市（牡丹区）第十四届委员会
刘汉宇	菏泽市隆泰商贸有限公司经济师	政协菏泽市（牡丹区）第十四届委员会
何　瑾	开发区法院立案庭法官	政协菏泽市（牡丹区）第十四届委员会
刘　斌	丹阳街道肖楼社区党支部书记	政协菏泽市（牡丹区）第十四届委员会
王盼荣	菏泽开发区天荣大酒店董事长	政协菏泽市（牡丹区）第十四届委员会
段亚青	开发区检察院党组成员、纪检书记	政协菏泽市（牡丹区）第十四届委员会
刘洁灏	开发区岳程街道党委副书记	政协菏泽市（牡丹区）第十四届委员会
武少俊	开发区丹阳街道党委副书记	政协菏泽市（牡丹区）第十四届委员会

续表15－2

姓名	工作单位及职务	届次
吴　沛	开发区佃户屯街道党委副书记	政协菏泽市（牡丹区）第十四届委员会
秦成安	菏泽农商行佃户屯支行行长	政协菏泽市（牡丹区）第十四届委员会
石明松	信泰人寿保险公司菏泽支公司总经理	政协菏泽市（牡丹区）第十四届委员会
魏艳丽	菏泽美年大健康体检管理公司总经理	政协菏泽市（牡丹区）第十四届委员会
李　雷	山东老泥池酒业有限公司经理	政协菏泽市（牡丹区）第十四届委员会
丁会娟	菏泽市首佳房地产评估咨询公司总经理	政协菏泽市（牡丹区）第十四届委员会
周广存	政协菏泽市开发区工委主任	政协菏泽市第十四届委员会
宋春生	市开发区党群部副主任、劳人局局长	政协菏泽市第十四届委员会
张应战	山东玉皇化工集团副总裁	政协菏泽市第十四届委员会
闫兆进	菏泽颐和红木工艺有限公司董事长	政协菏泽市第十四届委员会
王建群	山东天美生物技术公司总经理	政协菏泽市第十四届委员会
王　凯	山东兴业炉料有限公司总经济师	政协菏泽市第十四届委员会
任红姣	市开发区招商一局局长	政协菏泽市第十四届委员会
刘同军	菏泽德源化工有限公司总工程师	政协菏泽市第十四届委员会
李佑东	市政协常委、市实验中学校长	政协菏泽市第十四届委员会
余洪智	菏泽尧舜牡丹生物科技有限公司总裁	政协菏泽市第十四届委员会
丁　振	菏泽市开发区中心医院院长	政协菏泽市第十四届委员会
韩科振	山东菏泽沃尔特工程机械有限公司董事长	政协菏泽市第十四届委员会
席怀宝	市开发区大项目办副主任	政协菏泽市第十四届委员会
郑子昌	市政协常委、诚信家具有限公司董事长	政协菏泽市第十四届委员会
钟国栋	市政协常委、博爱医院院长	政协菏泽市第十四届委员会
吴基晶	市龙翔房地产开发有限公司董事长	政协菏泽市第十四届委员会
马　思	新麦加酒店总经理	政协菏泽市第十四届委员会
马　俊	万事孔子酒业有限公司董事长	政协菏泽市第十四届委员会
唐相典	菏泽市质量技术监督局副局长	政协菏泽市第十四届委员会
王学雷	菏泽市佳诚泡塑有限公司董事长	政协菏泽市第十四届委员会
王　凯	山东方达再生资源利用公司总经理	政协菏泽市第十五届委员会
牛化民	政协菏泽市委员会开发区工委副主任	政协菏泽市第十五届委员会
刘乾阁	菏泽圣泽置业有限公司总经理	政协菏泽市第十五届委员会
李春山	中科（菏泽）清洁能源研究院院长	政协菏泽市第十五届委员会
方辉杰	菏泽市公安局开发区分局副局长	政协菏泽市第十五届委员会
晁代斌	菏泽德合建工有限公司总经理	政协菏泽市第十五届委员会
丁　振	菏泽开发区中心医院 院长	政协菏泽市第十五届委员会
韩科振	山东菏泽沃尔特工程机械公司董事长	政协菏泽市第十五届委员会
席怀宝	菏泽市开发区大项目办副主任	政协菏泽市第十五届委员会
谭祥锟	菏泽恒源农资有限公司总经理	政协菏泽市第十五届委员会
文国赞	菏泽鲁心医院院长	政协菏泽市第十五届委员会
钟国栋	菏泽博爱医院院长	政协菏泽市第十五届委员会
岳喜军	菏泽市实验中学校长	政协菏泽市第十五届委员会
李宪德	山东杨湖酒业有限公司董事长	政协菏泽市第十五届委员会
常　峰	菏泽道中道激光科技有限公司	政协菏泽市第十五届委员会
赵娅楠	菏泽华侨留学服务中心主任	政协菏泽市第十五届委员会
李冬娟	菏泽开发区妇联副主任	政协菏泽市第十五届委员会

续表15-2

姓名	工作单位及职务	届次
侯志坚	菏泽奇圣集团总经理	政协菏泽市第十五届委员会
邓玉阁	菏泽昭宝实业有限公司总经理	政协菏泽市第十五届委员会
杨明玉	菏泽美迅电子科技有限公司总经理	政协菏泽市第十五届委员会
阎兆进	菏泽市颐和红木有限公司董事长	政协菏泽市第十五届委员会

第十六编　民主党派

深刻领会十九大精神：不忘初心 牢记使命
十九大大会主题
不忘初心，牢记使命，高举中国特色社会主义伟大旗帜，决胜全面建成小康社会，夺取新时代中国特色社会主义伟大胜利，为实现中华民族伟大复兴的中国梦不懈奋斗。
十个方面历史性成就
第一 经济建设取得重大成就
第二 全面深化改革取得重大突破
第三 民主法制建设迈出重大步伐
第四 思想文化建设取得重大进展
第五 人民生活不断改善
第六 生态文明建设成效显著
第七 强军兴军开创新局面
第八 全面从严治党成效显著
第九 港澳台工作取得新进展
第十 全方位外交布局深入开展
两大重大判断
1、中国特色社会主义进入新时代
是承前启后、继往开来、在新的历史条件下继续夺取中国特色社会主义伟大胜利的时代
是决胜全面建成小康社会、进而全面建设社会主义现代化强国的时代
是全国各族人民团结奋斗、不断创造美好生活、逐步实现全体人民共同富裕的时代
是全体中华儿女勠力同心、奋力实现中华民族伟大复兴中国梦的时代
是我国日益走近世界舞台中央、不断为人类作出更大贡献的时代
2、我国社会主要矛盾变化
由人民日益增长的物质文化需要同落后的社会生产之间的矛盾
转化为
人民日益增长的美好生活需要和不平衡不充分的发展之间的矛盾
一个历史使命与“四个伟大”
实现伟大梦想
进行伟大斗争
建设伟大工程
推进伟大事业
四个伟大
历史使命
实现中华民族伟大复兴
十四条基本方略
一个重大思想
是 对马克思列宁主义、毛泽东思想、邓小平理论“三个代表”重要思想、科学发展观的继承和发展
是 马克思主义中国化最新成果
是 党和人民实践经验和集体智慧的结晶
是 中国特色社会主义理论体系的重要组成部分
是 全党全国人民为实现中华民族伟大复兴而奋斗的行动指南
九个方面理论分析和政策指导
经济方面
政治方面
文化方面
社会方面 提高保障和改善民生水平，加强和创新社会治理
国防军队 坚持走中国特色强军之路，全面推进国防和军队现代化
一国两制 坚持“一国两制”，推进祖国统一
外交方面 坚持和平发展道路，推动构建人类命运共同体
党建方面 坚定不移全面从严治党，不断提高党的执政能力和领导水平

1992 年 7 月菏泽开发区成立时，境内有中国国民党革命委员会（简称民革）省直菏泽支部，中国民主同盟（简称民盟）菏泽地区直属小组，中国九三学社山东省委直属菏泽小组。2000 年，菏泽市五大民主党派中国致公党、九三学社、民革、民盟、农工民主党（简称农工党）相继成立菏泽市委员会，办公地址位于开发区中华路 611 号原二轻局大楼。2015 年，五大民主党派办公地址搬迁至开发区曹州路 789 号。2018 年，境内有民主党派成员 1048 人。其中，大学文化程度 803 人，高级职称 445 人，省人大代表 4 人，市人大代表 5 人，市政协委员 101 人，区县人大代表 12 人，区县政协委员 71 人，副县级以上干部 62 人。

第一章　民革开发区支部委员会

第一节　组织建设

中国国民党革命委员会（简称民革）开发区支部委员会成立于 2016 年 8 月。2018 年支部有党员 15 人，其中省政协委员 1 人，市政协委员 2 人，区人大代表 1 人。支部设支委会委员 5 人，其中主任委员 1 人，副主任委员 2 人，委员 2 人。主委袁绍飞主持支部全面工作，具体分管支部办公室工作，副主委李燕华分管支部的祖国统一和妇女老年工作，副主委贾佳分管组织建设工作，委员孔翔负责参政议政、社情民意信息征集、社会服务等工作，委员吴宪勋分管宣传联络等工作。支部办公室负责支部综合事务工作，办公室主任邓玉阁。

2017 年、2018 年，民革菏泽开发区支部先后被民革菏泽市委评为优秀示范支部、组织建设先进支部、社会服务先进支部。

民革开发区支部下设 5 个党员活动小组，每个活动小组由 3 名党员、2 名加入中国共产党积极分子和 5 名以上社会服务志愿者组成，分别为：中心党员活动小组，丹阳党员活动小组，岳程党员活动小组，佃户屯党员活动小组，陈集党员活动小组。

第二节　主要工作与活动

支部党员每年多次走进开发区辛集小学、渤海路小学看望特困儿童，定向帮扶 12 名贫困学生。2018 年 6 月世界献血日前夕，支部多名党员义务献血，党员王海建坚持献血 11 年，累计献全血 3600 毫升。

2018 年 7 月，民革开发区支部全体党员到武警驻菏部队看望武警官兵，为他们送去消夏饮用水、方便面等物品。

2018 年 12 月，民革开发区支部在民革党员之家接待台商考察团，台湾客商意升农业公司李珩博士、杨育昌就在菏泽投资建设育苗基地达成初步意向。

2019 年 1 月 1 日，民革开发区支部在迎新联谊会上为特殊儿童举行字画慈善拍卖活动，并将拍卖所得近 2 万元全部用于接济特殊儿童、贫困学生。

2019 年 3 月，民革菏泽开发区支部启动“观故居、走多党合作之路”系列活动，第一站去往南京，追忆缅怀中国民主革命的伟大先驱孙中山先生。

2019 年 4 月 5 日，民革山东省委组织部部长李浩、民革山东省委宣联部部长胡文杰、菏泽市委统战部副部长吕文军、民革菏泽市主委赵胜利、民革菏泽市副主委王爱秋为民革开发区支部委员会“党员之家”举行揭牌仪式。

菏泽民革组建以后，先后提交提（议）案 350 余条（件），均被有关部门采纳。

第二章　民盟开发区总支部委员会

第一节　组织建设

2017 年 12 月 9 日上午，中国民主同盟（简称民盟）菏泽经济开发区总支委员会成立大会在花都大酒店召开。

民盟菏泽经济开发区总支是在整合民盟菏泽市经济支部、民盟菏泽市科技支部基础上组建的，有盟员 43 人。选举产生民盟菏泽经济开发区总支第一届总支委员会，岳喜军当选为总支主委，谭祥锟、司美丽当选为总支副主委，韦伟、于卫国当选为委员。随后召开总支所属 3 个支部的领导班子选举会议，刘东当选为一支部主委，李红建当选为二支部主委，魏亚当选为三支部主委。

第二节　主要工作与活动

2017 年 6 月 6 日，民盟菏泽市第六次代表大会召开，换届选举产生第六届委员会。换届以来，民盟菏泽市委围绕中共菏泽市委、市政府的工作中心，不断加强自身建设，全面履行参政党职能，为菏泽市经济社会发展做出积极贡献。民盟市委通过深入开展“不忘合作初心，继续携手前进”专题教育活动，内强素质、外树形象，不断加强思想建设、组织建设和制度建设，提高了盟员队伍的整体素质。

民盟市委和广大盟员充分利用政治协商平台，提出建设性意见和建议 300 余条，提交政协提案 100 余份，多次被选定政协大会发言，多个团体、个人提案被列为市政协重点提案，或评为优秀提案。其中，在市政协十五届三次会议上，提交的集体提案《统筹推进重大基础设施建设全力打造宜居宜业菏泽》和《关于我市高端装备制造业发展的几点建议》被列为重点提案。多份社情民意信息分别被市委统战部、市政协、省政协、盟省委采用，并得到中共市委主要领导批示。其中，《改革的终极目的应让群众少跑腿好办事》《妥善解决中小学生走读生午餐的建议》《优化我市医保个人账户使用的建议》《关于农村建设公益性墓地和丧事简办的建议》等 4 篇信息获中共菏泽市委书记孙爱军批示，《关于建设菏泽市第二地表水厂的建议》获中共菏泽市委副书记、市长陈平批示。10 余位盟员担任市、区特约检察员、特邀监察员、特约审计员、特约教育督导员、特约税务监察员等，发挥很好的民主监督作用。

民盟市委会和各基层组织充分发挥盟员智力优势，积极开展“民盟乡村少年科学营”、教育扶贫“助力天使”、“农村教育烛光行动”暑期培训、“烛光行动菏泽乡村助教活动”、教育扶贫图书捐赠、“送春联送祝福”扶贫活动、农资捐助等系列活动。书画家盟员积极提供作品参加各级各类展览，文艺界盟员多次在各项大型活动中导演和演出节目，扩大菏泽民盟的影响。

民盟菏泽市委及多个基层组织多次被民盟山东省委、市政府、市政协授予“高优人才发展突出贡献奖”“社会服务工作创新实践奖”“思想宣传工作先进集体”“社会服务工作先进集体”“社情民意信息工作先进集体”等奖励或称号。多个基层组织和盟员个人受到民盟中央、民盟省委、市委统战部、市政协表彰。

第三章　农工党开发区支部委员会

第一节　组织建设

2011 年 7 月，中国农工民主党（简称农工党）市直二支部开发区支部成立，选举席怀宝为主委，郝惠蔷为委员，2018 年有党员 15 人。

农工党支部成立时有党员 8 人。至 2018 年，全市党员发展到 111 人，设立 5 个支部。平均年龄 42.5 岁，中高级职称占 72.1%，硕士以上学历占 36.6%。党员中有省政协委员 1 人，市政协委员 22 人，县区政协委员 8 人，县区人大代表 1 人。其中市政协副主席 1 人，市政协常委 5 人，县政协副主席 1 人，区政协常委 2 人。

第二节　主要工作与活动

参政议政　农工党菏泽市委根据中共菏泽市委、市政府、市政协等有关单位安排，认真落实有关民主协商的制度规定和协商计划，积极参加各类协商会、座谈会、征求意见会等，就市政府工作报告、经济与社会发展规划，以及全市改革、发展、稳定大局的重大决策等，参与协商和讨论，积极认真地发表建设性意见建议。

在政协提案方面，市政协第十五届二次会议上，农工党提案立案 49 件，比上年增加 14 件，其中列入市政协重点提案 6 件，占市政协全部重点提案的 30%。市委会连年被市政府、市政协评为“优秀提案先进集体”“优秀提案先进单位”。其中，张国华撰写的《关于培育特色小镇，助推乡村振兴的提案》（农工党市委提交）被列为 2 号重点提案，由陈平市长亲自领办；包立强撰写的《关于加强学前教育管理的提案》（农工党市委提交），崔萌萌撰写的《关于在棚户区改造中保护历史文化资源的提案》（农工党市委提交），许谦、谢鹤展撰写的《关于治理无牌电动车造成道路拥堵的提案》，范平撰写的《关于提升公厕档次完善城区公厕设施的提案》，刘冬翠、席怀宝撰写的《关于推动生活垃圾分类处理的提案》等 6 件提案，获得市政府、市政协通报表彰。

在重点课题调研方面，7 月 24—26 日，与农工党山东省委联合调研大健康及医养结合产业发展、新旧动能转换及全域旅游等课题。8 月 31 日向市委统战部提交《关于我市医养结合状况的调研报告》。由张成林起草的《我市政务服务情况调研报告》，受到市委、市政府主要领导批示。

在反映社情民意信息方面，全体党员共提交各类参政议政信息 154 篇，分别被农工党中央、中共山东省委统战部、省政协、市政协、农工党山东省委等采用 126 篇，其中农工党中央采用山东省 17 篇，菏泽市提供 7 篇。其中，《关于加快我省农村电子商务发展，培育壮大乡村振兴新动能的建议》，在内刊《山东省委统战部通报》全文刊发；《关于单病种收费有关问题的建议》《关于加强天香公园南门中华路过街天桥运行管理的建议》，分别受到市委、市政府主要领导批示。冯雅撰写的《完善国产疫苗监管　重塑公众信任》被全国政协采用。市委会在全市政协反映社情民意信息工作会议上再一次作典型发言，获“全市政协反映社情民意信息工作先进单位”称号，庄丽萍获“全市政协反映社情民意信息先进工作者”称号，周东升、张成林、高峰、冯雅等 4 人获得“全市政协反映社情民意信息工作优秀信息员”称号。

主要活动　积极响应农工党省委号召，市委会及党员企业家侯志坚同大方县教育局签署了提升大方县教育软实力意向书以及提升大方县职业教育软实力意向书，党员企业家李建民为博爱家园项目捐款 1 万元。组织 60 名党员在农工党中央帮扶的毕节市大方县扶贫商城购买了价值 15340 元的爱心猕猴桃。被省委授予“2018 年度扶贫攻坚工作先进集体”称号。启动“关爱孤弃儿童　传递农工爱心”活动，为儿童福利院百名孤弃儿童进行免费查体、建立健康档案。

市委会获农工党山东省委“二〇一八年全省脱贫攻坚工作先进集体”称号；李建民获“二〇一八年全省脱贫攻坚工作先进个人”称号；刘冬翠、席怀宝、周东升、张成林、谢鹤展、冯雅等 6 人获“2018 年度政协履职工作先进委员”称号。

第四章　致公党开发区支部委员会

第一节　组织建设

中国致公党开发区支部委员会，于 2003 年 11 月 15 日成立，并分别于 2008 年、2012 年、2016 年召开换届会议，主委、副主委、委员均严格按照有关程序通过选举产生。2016 年 9 月，致公党菏泽开发区第四次代表大会选举张文艳为开发区致公党主委，冯建生、付玉文为副主委，韩景军、孙瑞莲为支部委员。截至 2018 年 12 月底，共有党员 19 人。

2018 年，中国致公党菏泽市委员会共有 8 个党支部，党员 136 人，平均年龄 41.03 岁。其中，女党员 63 人，占 46.32%；在职党员 133 人，占 97.8%；大学以上学历 124 人，占 91.18%；高级职称 47 人，占 34.6%。党员中有省政协委员 2 人，市人大代表 3 人，其中常委 1 人，市政协委员 25 人，其中政协副主席 1 人、常委 4 人，县（区）政协委员 10 人，其中政协副主席 1 人、常委 6 人。

第二节　主要工作与活动

参政议政　对参政议政专门委员会进行充实

和调整，由副主委李军担任专委会主任，各支部主委担任副主任。选拔一批具备较强参政议政能力的党员补充进入专委会，参政议政专委会组成人员 55 人，超过全部党员人数的 1/3。出台《致公党菏泽市委员会关于进一步加强参政议政工作的意见》《关于调整致公党菏泽市第四届委员会专门委员会组成方案》等文件，制定参政议政考核细则，把参政议政作为对支部、党员考核的主要指标，对应参政议政方式、层次、影响确定支部和党员的得分。参加中共菏泽市委组织召开的政党协商会议、情况通报会议等 10 余次，针对协商主题积极开展调研，并提出建议。在《政府工作报告》征求意见会上，朱明燕提出的“关于定陶区通城市公交”“去年市政府承诺而未完成的民心工程应做出说明”等 3 项建议均被采纳；任红姣在会上提出“关于全力抓好招商引资”增加“招商引资政策和考核奖惩办法”，以及“积极拓展融资平台”增加“产业基金、城投基金”等 5 条建议均被采纳；副主委李军组织召开 3 次参政议政专题培训会，提高党员参政议政能力和水平。

2017 年，市委会提交市政协十五届一次会议集体提案 6 件。其中，《关于进一步实施产业扶贫、推进脱贫攻坚的建议》《关于构建我市水资源安全体系的建议》，被市政协表彰为优秀提案和重点提案。《关于进一步实施产业扶贫推进脱贫攻坚的提案》由中共菏泽市委副书记李建华督办，李建华副书记组织召开提案办理工作推进会议，市委会做提案起草情况的说明；《关于构建我市水资源安全体系的建议》作为重点提案在督办会上作提案说明。截至年底，社情民意信息被市政协采用 91 篇，报省政协 12 篇，被致公党省委会采纳 8 篇。其中，田满菊《关于高度重视医改过程中基层医疗机构存在的问题的建议》和李继生《关于农业适度规模经营规范发展的建议》被省政协采用，并报全国政协；孙瑞莲《关于民营企业持续健康发展仍然面临五个难题的建议》被省政协采用，并报全国政协，同时还被致公党中央采用；油宏康《关于推进“三园同建”助力农业供给侧结构改革的建议》被致公党中央采用；安洪强《关于在基督教宗教活动中开展爱国主义教育的建议》被致公党中央和中央统战部同时采用；孙凤云《关于举办村支部书记传统文化培训班的建议》得到市委书记孙爱军高度重视，并作批示；张文艳《关于城中村改造中做好史料留存的建议》《关于出台我市古树名木保护办法的建议》均由孙爱军书记签批，后者进入市人大立法程序；侯宪会提出的《关于加快城区绿地建设的建议》，列入《政府工作报告》10 个方面的民生实事。在市十九届人大一次会议上提出 9 条代表建议，其中《关于改善市区交通拥堵现状的建议》，被菏泽人大常委会评为优秀代表建议。

社会服务　做好传统社会服务品牌。侯宪会出资捐建 1 所“致公・同心书屋”。累计在各县（区）农村小学捐建 38 所“致公・同心书屋”，捐赠图书 14.1 万册，总价值超过 254 万元。持续救助黄河滩区 10 名贫困儿童，累计捐款 5.6 万元。连续 5 年利用“致公康辉・爱心基金”，组织菏泽特教中心的盲聋哑儿童到邹城参加修学旅游，累计投入资金 16 万元。与民革菏泽市委及市传统文化促进会联合，多次开展中华优秀传统文化五进活动。孙凤云主委 2017 年应邀在省内外讲授传统文化 55 场，被省委会推荐在党派中央举办的《中国梦侨海情》宣讲活动中作了题为《不忘初心、砥砺前行，做中华优秀传统文化的践行者和推动者》的演讲；响应市委、市政府“双包双促”扶贫攻坚的号召，定期到鄄城县郑营镇河李庄村帮扶所联系的 19 个贫困户，积极联合其他党派组织医疗专家队 140 人次为贫困群众开展义诊活动，党员陈劼为 50 多名贫困群众进行免费针灸治疗。市委会与市体育局联合在鄄城县郑营镇举办“公益体彩·爱心助学”仪式，共为60名贫困儿童送去3万元助学金。三八节期间与民革菏泽市委会和市传统文化促进会联合，在菏泽市电视台演播大厅以“献给母亲的爱”为主题，举办以弘扬孝道文化为主题的联欢会。参与主办“中国体育彩票”公益慈善晚会，为6名品学兼优的贫困学生捐助3万元体彩爱心救助金，近2000余名市民观看演出。联合其他单位，组织党员参与文明城市创建活动。市直一支部帮助曹县青菏街道在各村社区建起“道德讲堂”，并开设道德讲座，自筹资金为多个村委会捐赠《菏泽文化通览》等传统文化书籍；与青菏街道办事处一起开展“致公同心·同一片天·同一片绿”活动，在街道辖区道路上植树100余棵。市直二支部联系2个城区环卫工人贫困家庭开展精准扶贫活动。市直三支部、开发区二支部联合，到开发区佃户屯敬老院为70多位孤寡老人进行义诊，并开展送电影进敬老院活动。市直四支部赴东明开展义诊，举办农业科普讲座。开发区支部连续多年救助佃户屯天波张楼2名贫困学生；以“村庄记忆”为主题，在棚户区改造中为即将拆迁的10个村庄拍录影像资料。开发区二支部开展传统文化进校园、进企业活动，组织慰问“教师妈妈”“留守女童”，开展“医疗服务进社区”义诊活动，并与开发区巾帼志愿者协会一起为菜农收橄榄菜，帮助销售5000多千克。牡丹区支部开展医疗扶贫活动，承办为期两天的2018年“致公·鸿达杯”菏泽业余排球省内外邀请赛，这是菏泽首次由社会团体组织的高水平排球赛事。

第五章　九三学社菏泽市委员会

第一节　组织建设

1987年6月，九三学社山东省委直属菏泽小组成立，陈东洲任组长。1988年9月，九三学社菏泽市（县级市）第一次大会召开，选举产生3人组成的九三学社菏泽支社第一届委员会，陈东洲主委，王文熙、梁乃浮任委员。1996年12月，九三学社菏泽市（县级市）第二次社员大会召开，选举陈东洲任主委，副主委晁中胜、岳济格，委员王庆英、王荫堂等。2000年1月，九三学社菏泽支社选举产生7人组成的九三学社菏泽地区筹备委员会（后改为九三学社菏泽市筹备委员会），主委晁中胜，副主委岳济格，委员王荫堂、王庆英、杨文彬、夏省祥、齐伯生。2002年2月26日，九三学社菏泽市第一次社员代表大会召开，选举何茂远任主委，副主委侯捷，委员岳济格、王荫堂、王英庆、杨文彬、杭新杰，名誉主委晁中胜。会议选出九三学社山东省第四次代表大会代表何茂远、晁中胜、夏省祥。之后，增补杭新杰为副主委，王英庆为副秘书长。2007年4月30日，九三学社菏泽市第二次社员代表大会召开，选举侯捷为主委，副主委杭新杰，委员岳济格、王英庆、杨文彬，选出出席九三学社山东省五次代表大会代表侯捷、杭新杰、石春玉。2011年11月25日，选举产出九三学社菏泽市第三届市委领导班子，主委侯捷，副主委王庆英、张传新，委员王勇、张涛、张淑萍、陈秀英、魏立男、杜亚娜。2016

年 11 月 29 日，选举产生九三学社菏泽市第四届市委领导班子，主委侯捷，副主委王庆英、张传新，委员张淑萍、陈秀英、杜亚娜、魏立男、高焕文、周艳丽、朱永青。

1985 年 1 月，九三学社山东省委吸收菏泽地区林科所所长陈东洲为九三学社社员。1987 年，九三学社菏泽直属小组社员发展到 7 人。1996 年，社员发展到 44 人。2002 年发展到 60 人，2005 年底发展到 77 人，2010 年底增至 121 人。2018 年，全市有社员 177 人，平均年龄 50.8 岁。其中，妇女占 46%，大学以上学历占 96%，高级职称占 50.2%，科技界占 19.2%，教育界占 19.2%，医药卫生界占 27%，经济界占 6.4%，政府机关人员占 16.9%，文化艺术界占 1.7%。社员中市人民政府副市长 1 人，市人大代表 3 人，市政协委员 26 人，其中市政协常委 5 人，县区政协委员 11 人，包括县区政协副主席 2 人，政协常委 2 人。

2018 年，开发区有社员 3 人，在积极发展社员的基础上，筹备九三学社开发区支部委员会。

第二节　主要活动

参政议政　2002—2018 年，九三学社菏泽市委在省、市级政协会议上共提交集体提案 50 余件。绝大部分提案被市政府主要领导作重要批示，被市委、市政府有关部门决策时采纳。九三学社菏泽市委连续 5 年被市政府、市政协评为优秀提案先进单位。

社会服务　从 2002 年开始，九三学社菏泽市委连续 5 年协助九三学社省委帮扶曹县普连集镇，每年捐资 2.31 万元，救助 231 名失学儿童重返校园。2003 年，九三学社菏泽市委争取邵逸夫基金 80 万元港币，为普连集镇中学新建教学楼 1 座。至 2005 年，共组织各类“三下乡”服务活动 150 多次。举办农业、卫生、科技讲座 60 多场次，建立 4 处科技示范服务基地，参与社员 500 多人次。该社社员获国家、省、市级科技进步二等奖 2 项，发表论文 350 余篇，出版各种专著、教材 20 部，获其他地市级以上称号的有 150 余人次。2017 年 12 月 17—18 日，通过社市委协调九三学社青岛市委带领专家团队参加菏泽经济开发区第四届人才技术联盟大会，九三学社青岛市委主委赵铁军与菏泽经济开发区党工委书记李国珍共同为九三学社青岛市委技术服务与成果转化（菏泽）中心揭牌，九三学社青岛市委员会与菏泽经济开发区管委会签订了战略合作协议。九三学社青岛市委先后 3 次组织专家 23 人次赴菏泽开发区举办主题论坛和科技成果发布，为开发区经济转型升级、创新发展提供智力支持。

第十七编　法治　军事

1994 年，开发区公安局成立。公安工作逐步建立起打、防、控相结合，治安、调解、巡逻、帮教一体化的社会治安体系和综合治理网络，为全区经济建设和人民生活安定创造良好环境。2005 年、2006 年，开发区法院、检察院先后成立。法院审判工作从改革民事、经济审判方式，逐步拓展到行政、刑事、再审程序等审判领域，建立统管型立案机构，对所有案件实行统一立案、统一收案、统一移送，并开展专项执法活动，集中执行一些久拖不决的案件。检察工作强化立案监督、侦查监督和监管监督，突出查处反腐败大案要案、惩治严重刑事犯罪和执法监督等工作。

开发区成立后，不断加强民兵队伍建设，落实军民联防工作，增强全民国防意识；在拥军优属活动中，涌现出许多军民共建和双拥工作先进单位；每年均向部队提供合格兵员，保质保量完成征兵工作任务。

第一章　社会治安综合治理

第一节　机构

2001 年前，开发区社会治安综合治理工作主要由开发区公安机关组织实施。2001 年 11 月，开发区建立社会治安综合治理委员会办公室，协调各方面社会治安综合治理工作。

2003 年 2 月，开发区设立群众来信来访办公室。2007 年 4 月，群众来信来访办公室与综合治理办公室合并成立开发区维护稳定办公室，在市政法委，市综治办、市维稳办等单位指导下做好维稳工作。区维稳办主要受理、交办、转送、处理信访事项，及时向开发区党工委、管委会提出完善政策和改进工作的建议，指导开发区各部门的信访工作。2012 年 12 月，开发区社会治安综合治理办公室更名为社会管理综合治理办公室，与维稳办一个机构，两块牌子。同时，社会治安综合治理委员会更名为社会管理综合治理委员会，下设 9 个专项组、3 个联席会议，共 12 个机构。

2016 年，根据上级要求恢复社会治安综合治理办公室名称。

2017 年 12 月 27 日，开发区法制工作领导小组成立，由党工委副书记、管委会常务副主任练建军任领导小组组长，办公室设在区综治办，落实上级法制政策，规划全区法制建设，监督年度法制工作，筹划法制活动，研究解决相关问题。

第二节　治安整治

1992 年建区时，开发区就制定年度综治工作要点，细化分解社会治安综合治理目标管理责任，协调解决跨地区跨部门的突出社会治安问题。2003 年 11 月至 2005 年底，开发区党工委和管委会领导组织协调各单位，贯彻落实中央、省、市、区关于社会治安综合治理决策部署，推进平安开发区建设，全面提升辖区维稳工作水平，使全区街道、社区、单位达到平安标准。2015 年，中央政法委副秘书长、中央综治办主任陈训秋到开发区调研综合治理基层基础建设，对开发区综治基层基础建设的做法给予充分肯定。部分内容被写入社会治安综合治理基层规范化建设标准，当年全国创新社会治理大会将菏泽开发区“三调联防、多调联动”的做法列为典型。2017—2018 年，开发区加强调查研究，创新综治工作，总结推广典型经验；建立健全社会治安综合治理督查督办制度，重点对社会治安综合治理重大决策部署贯彻落实情况、对社会治安秩序长期混乱、群众反映强烈的地区、单位或者被列为中央、省、市、区重点管理的地区、单位进行督办，提出限期整改建议和领导责任追究建议，分析研判社会治安形势，协调解决工作中遇到的突出问题。

信访工作　1999 年 9 月，开发区成立信访工作领导小组，对信访工作进行专项指导。2001 年 2 月，成立信访办，隶属办公室领导。2003 年 3 月，信访办在办公室分出，成立群众来信来访办公室独立办公。此后，设置接访科和办信科负责日常信访工作。信访接待大厅包含来信访受理、复查受理、网信查询、涉法涉诉 4 个窗口，方便信访人提出和查询信访事项情况。

2005 年，山东省信访信息系统在开发区全面联通应用。对反映的信访问题，开发区做到来访必登，对上级转送、交办的案件做到及时受理、转送、交办、督办。

排查社会矛盾　2009 年，开发区深入开展矛盾纠纷排查和化解工作，全年排查矛盾纠纷 96 起，化解 90 起，化解率 94%；共受理群众来信来访 69 起，立案 54 起，结案 54 起，结案率 100%。同时，解决群众反映的问题 345 件。

2010 年，全区排查矛盾纠纷 171 起，化解率 100%；受理群众来信来访 165 起，立案 165 起，结案率 100%。2011 年，健全完善矛盾排查化解机制，受理群众来信来访 94 件，立案 64 起，结案率 100%。

2013 年，开发区深入开展矛盾纠纷排查化解“百日会战”活动，调处各类矛盾纠纷 153 起，化解率 95%。2016 年，开发区加大矛盾化解力度，信访案件办结率达到 97% 以上。

2017 年，开发区组织公安、土管、行政执法、纪工委、民政、司法等相关部门组成专项打击工作小组，对信访过程中的违法行为进行严肃处理。同时，开发区认真贯彻落实中央、省、市信访案件首办责任制，加大初信、初访案件办理力度，对来信来访事项的回复，做到以政策为依据、以法律为准绳、以事实为根本进行办理。

2018 年，开发区全面开展社会矛盾纠纷大排查大化解活动，对全区社会矛盾纠纷实行“地毯式、拉网式”排查，建立台账，制定实施方案，对排查出的矛盾纠纷全部落实“四定四包”（“四定四包”即定责任单位、定办案人员、定解决方案、定结案时间，包调查、包处理、包疏导教育、包结案）责任制，重点案件落实县级领导包保责任。积极开展社会矛盾纠纷大排查大化解活动，全区共排查社会矛盾 1168 起，化解 1059 起，化解率 90.7%。

多元化解决问题　因案施策多元化解信访问题，对合理诉求，千方百计解决到位；对不合理诉求，加大教育疏导力度；对生活确有困难的，依托精准扶贫，积极帮扶救助，促进息诉罢访。对涉法涉诉信访事项，积极引导依法解决，对应当通过法定途径依法分类处理的，引导进入司法途径解决，对信访老户和骨头案、钉子案，持续开展“融冰暖心”活动。

2012—2017 年，开发区人民来访接待大厅设立涉法涉诉信访事项咨询窗口，通过法定途径分类处理信访投诉请求，联合开发区法制办公室，及时引导涉法涉诉信访案件走司法程序。组织各街道信访办在各个社区通过喇叭、宣传车、发放明白纸等方式大力宣传《信访条例》《国家信访局关于进一步规范信访事项受理办理程序引导来访人逐级走访的办法》《关于依法处置信访活动中违法犯罪行为的通告》，引导群众依法、理性、有序、文明、逐级信访，维护正常的信访秩序和信访人的合法权益。2018年，全区共化解博士庄园回迁户、中山国际回迁户等重点信访问题38件。

领导接访 2009年，开发区建立领导干部公开接访制度。党工委、管委会主要领导带头，所有县级领导公开接访。实行联合接访，信访部门及时安排领导接访约访，并由相关责任部门单位主要领导陪访，面对面与群众交心交流，共同协商解决办法，提高矛盾化解效率。2018年，全区共接待群众来访589批、1563人次，将问题解决在当地。

实现“五个不发生” 2003—2008年，对重大社会决策、重大工程项目、重大强制性措施及其他涉及群众利益重大事项等社会稳定风险评估工作，加大源头治理力度，实现重大活动和敏感时期“五个不发生”（不发生有重大影响的敌对势力分裂破坏活动和暴力恐怖事件；不发生有重大影响的群体性事件；不发生有重大影响的群死群伤恶性治安灾害事件；不发生有重大影响的涉黑涉恶团伙犯罪案件；不发生敏感时期、重大活动、主要目标和要害部位安全保卫工作的五大事故）。2009年，开发区扎实做好中华人民共和国成立60周年和第十一届全运会等各项重大活动的安保工作，确保社会平安稳定。

2015—2018年，通过加强组织领导，周密部署，完成全国、省，中央巡视组驻济南巡视期间、青岛峰会，牡丹文化节等重大活动期间的安保任务。切实做好对社会决策、工程项目、强制性措施及涉及群众利益重大事项等社会稳定风险评估工作。截至2018年底，全区共进行风险评估项目5个，全部备案实施，做到应评尽评。

维稳工作 2001年，开发区公安机关贯彻依法“从重从快”的严打方针，以深入开展“打黑除恶”和治爆缉枪专项斗争为龙头，坚决扫除“黄赌毒”等社会丑恶现象，严厉打击各种严重刑事犯罪活动，先后在岳程、佃户屯、丹阳召开4次公捕、公开处理大会，震慑犯罪，维护社会稳定。

自2003年开始，开发区集中开展影响社会稳定矛盾问题摸排调研活动，组织全覆盖、无盲区、无遗漏、拉网式、摸底式的摸排调研，对各类矛盾问题底数清、情况明，做好重要节日、重大活动期间应急处置。2017年，开发区把社会治安综合治理和平安建设纳入全区经济社会发展总体规划，纳入各级领导干部任期目标和政绩考核，经费纳入财政预算。党工委、管委会联席会议每年4次听取综治和平安建设专题汇报。建立健全综治委成员单位定期例会制度、联席会议制度，把工作目标要求纳入本单位本系统规章制度，形成齐抓共管的大综治工作格局。健全完善决策目标、执行责任、考核监督体系，坚持一级抓一级，层层抓落实，每季度组织1次暗访，半年进行1次检查。严格落实责任查究和奖惩制度，加大对考核结果的使用力度。管委会加强矛盾纠纷排查化解网络建设，建立矛盾纠纷定期排查化解、情况报告、协调会议、交办督办、领导干部定期接访、考核奖惩“六项制度”，从源头上防范群体性事件发生。对排查出的矛盾纠纷建立台账，分类汇总。一般性矛盾由社区化解，重大矛盾纠纷由街道召集综治中心有关部门进行集中调处化解，落实“四定四包责任制”（即定领导、定措施、定时间、定责任，包调查、包处理、包化解、包稳定），确保问题在规定时限内得到妥善解决。全年共排查各类矛盾纠纷108件，调处化解矛盾纠纷99件，化解率92%。

2018年，开发区全面实行网格化服务管理，构建“开发区—街道—社区—网格”四级网格体系，实现区、街道、社区三级平台信息共享、工作联动，做到“日常事项不出网格”“一般事项不出街道”“重大事项不出开发区”，件件有着落、事事有结果，实现社情民意在网格中掌握、便民服务在网格中开展、矛盾纠纷在网格中化解、干群感情在网格中融洽，促进社会和谐稳定。是年8月，开发区印发《菏泽市经济开发区加强中小学生欺凌综合治理方案》，采取有效措施，防治中小学生欺凌，保障中小学生的身心健康和全面发展，深化“平安校园”建设，构建“共建、共治、共享”的社会治理格局，促进社会和谐稳定。

陈集镇2018年被划入开发区后，共排查各类矛盾纠纷85件起，处结78起，处结率90%；承办市长热线634件，办结率达100%，满意率95%以上；镇领导公开接访23起，处结20起；完成“两会”及青岛上合峰会期间的维稳工作；镇级综治中心建设按标准完成，并通过验收；村级26个综治中心建设按要求全部完成，每个村综治中心都配有5室，制度上墙；完成26个村的雪亮工程建设。镇派出所全年受理群众报警1026次，治安拘留96人，抓获在逃犯罪嫌疑人6名，刑事拘留12人，逮捕7人，调处各类纠纷求助568起，化解信访案件5起；新增探头385个，安装9块55寸高清LED显示屏，可预防性案件发生数下降33%。对辖区内重点场所进行拉网式摸底排查，共检查1026家，签订《治安管理责任书》965份，张贴消防、防诈骗等宣传彩页5860张，开展消防、法制教育10场次，发现消防、安全隐患156条，下发限期整改通知书65家，并全部录入信息库。

2001—2003年度获全市信访工作先进单位。2006年获平安菏泽建设先进基层单位。2007年获全市信访工作先进单位、平安菏泽建设先进单位、平安菏泽建设先进基层单位。2008年获市公正执法先进单位、平安菏泽建设先进单位、平安菏泽建设先进基层单位、奥运安保和维护社会稳定工作先进区、奥运安保和维护社会稳定工作先进单位、维护社会稳定工作先进集体。2009年获省平安山东建设先进基层单位。2009—2011年获全省平安铁路示范县（市区）。2010年获全市公正执法先进单位、平安菏泽建设先进基层单位、维稳系统先进单位、信访工作先进单位。2011年获菏泽市集中清理执行积案活动先进集体、平安菏泽建设先进基层单位、政法宣传工作先进单位。2012年获市见义勇为基金募捐工作优秀组织奖、2010—2012年教育转化攻坚与巩固整体仗先进单位。2013年获市城区交通秩序综合整治工作先进集体、维稳视频监控系统建设先进集体。2014年获市2013年度综合目标考核先进单位、反邪教工作先进单位。2015年获得“曹州牡丹园杯”菏泽市山东信访条例电视知识竞赛一等奖、菏泽市科学发展先进单位、全省无邪教创建示范县（市区）。2017年获全市信访工作先进单位。

综治工作 1996年3月，开发区设立社会治安综合治理办公室，办公室设在纪委，隶属党工委领导，人员从公安局、工商分局、税务分局、规划建设局、社会发展局、公用事业局抽调，统一开展工作。2001年11月综治办独立。2007年4月，综治办与信访办合并为维稳办。

建立社会治安防控体系 开发区完善“三调联动”“多调对接”“警民联调”等多元化矛盾纠纷解决体系，建立人大代表、政协委员、社会组织、律师、法律工作者等第三方参与的矛盾调处化解机制，对重大矛盾实行领导包案、成立专班、限期化解，防止扩大化、对抗化。加强预防“民转刑”命案预防工作，抓早抓小抓苗头。对严重影响社会大局和群众安全感的治安突出问题，以及黑恶势力、涉枪涉爆、盗抢骗、黄赌毒、校园暴力、拐卖妇女儿童等违法犯罪加大打击整治力度，在重点地区、部位、场所实行动态巡防，解决治安突出问题。开展“无命案街道、无刑事案件社区”综治主题创建活动，对公共视频监控增点扩面、提档升级和联网应用。2002 年 4 月，组织各部门多措并举，治理整顿学校周边秩序。2010 年，坚持打防并举，建立“点、线、面、片”相结合，人防、物防、技防相配套，打击防范震慑于一体的治安防控体系，全区 104 个社区建立治安巡逻队，队员 545 人，为 37 所学校、76 所幼儿园配备专职保安 193 人。

2013 年，开发区加强社会治安综合治理，政法机关充分发挥自身优势，工作重心下移，警力下沉，严厉打击违法犯罪活动，维护社会公平正义，确保了社会治安大局稳定。同时，加大食品药品监管力度，确保人民群众饮食用药安全，深入开展三轮车综合整治工作，做好三轮车主的思想稳定和转岗安置车辆处置，实现“一稳两置”，开发区被市委、市政府授予集体二等功。2013 年，开发区在全市第一个试点“社会治理网格化”并建立网格化平台，成为省、市典型，其应用范围不断扩大。2016 年，开发区创新社会治理方式，全力推进社区警务、天网工程、治安防范、治安管理责任体系“四个全覆盖”。

2017 年，区维稳办组织开展治理危害食品药品安全、环境污染等犯罪专项活动，对黑出租、黑校车非法运营的源头加大执法力度，开展学校及周边、交通运输、消防等领域专项治理，消除安全隐患，有效遏制重特大安全事故。开发区组织专业化、职业化治安巡防队伍及平安志愿者、社工、义工、群防群治队伍等社会化力量，在村庄、社区打更巡逻防范治安案件，采取“以房管人、以证管人、以业管人”等措施，落实暂住证和房屋租赁登记备案制度，减少治安隐患，加大综治暨平安建设舆论宣传力度，营造平安建设人人有责、人人参与的社会氛围。

2018 年，开发区着力进行立体化治安防控体系建设，以“天网工程”为基础，以社会治理网格化平台为支撑，着力构建“天上有网、地上有岗、社区有警、监管有责”的立体化社会治安防控体系。全区共建设各类监控探头 7165 个，城区监控覆盖率达到 100%，农村平均每个村庄安装 6 个以上，安装率达到 100%。在城区，实行网格化巡防，积极推行特巡警、派出所、便衣队、协勤、保安“五位一体”的动态巡逻防控模式。在农村，进一步加强社区打更巡逻组织队伍建设，全区社区全部建立打更巡逻队。

基层建设　自 2017 年开始，开发区认真贯彻落实《社会治安综合治理综治中心建设与管理规范》国家标准，加快推进区、街道、社区综治工作中心标准化建设，明确进驻部门职责任务，规范运作程序与考评标准。截至 2018 年，区、街镇综治中心全部建成。按照“实用、管用、够用”原则和“兼容并用”的思路，设立社区综治中心。全区 136 个社区，其中拆迁和正在实施拆迁的有 28 个，其他社区按照标准全部建成，达到标准化、规范化建设要求。2018 年初，辖区广泛开展年度“无命案街道、无刑事案件社区”综治主题创建活动，以“命案必破、命案必防、极力化解非访”为目标，全区 3 个街道均无命案发生。同时，进一步明确综治委和综治办的职责定位，明确由党工委书记兼任综治委主任，党工委副书记担任综治办主任，配备年富力强、高学历的综治专职副主任，每个街道配备 5 名以上的工作人员，在社区明确综治办主任由党支部书记或居委会主任兼任，配备 1 名专职副主任，着力建强社区综治办，统筹治保会、调委会、普法领导小组、帮教领导小组、治安巡逻队等群防群治力量，筑牢维护社会稳定的“第一道防线”。

实施雪亮工程　2017 年，开发区综治中心以

“四个一”（坚持“一个标准”建设、坚持“一个平台”整合、坚持“一张图”显示、坚持“一张网”应用）为载体，一手抓突出问题整治，一手抓体制机制创新，大力实施“互联网＋综治”工程。2018年，区综治中心与责任单位资源整合、信息共享，实现“天网”、视联网、综治专网的雪亮工程横向到部门、纵向到社区的贯通，整合政法、综治、维稳、信访、公安、消防、民政、卫计、城建、环保等相关单位力量，实行日工作制度，机动派员集中办公，筑牢开发区综治工作、平安建设的指挥、协调、督查、考核的实战平台；街道综治中心重点整合综治、司法、民政、信访等单位力量集中办公，建立协作配合、精干高效、便民利民的工作平台，开展“一站式”服务，建成集社会治理、平安建设、信访维稳、公共服务等功能于一体的实战平台；社区综治中心采取“三室一窗口”（综合协调室、矛盾调解室、治安防控室和群众接待室）模式，充分依托网格员、社区干部情况熟悉、群众信任的优势。全区各级综治中心是基层开展网格化管理、掌握社情民意、服务群众、实施社会治理的前沿阵地，实现区、街道、社区三级综治中心全覆盖。

重点人员管理　严重精神障碍患者救助救治　开发区认真贯彻落实《关于实施以奖代补落实严重精神障碍患者监护责任的实施意见》精神，完善以政府为主导、有关部门各负其责、社会各界广泛参与的组织管理网络。2018年，开发区成立严重精神障碍患者救助救治工作领导小组，各街道各有关部门成立相应的组织机构，各社区成立监护小组，落实包保责任，形成管理和服务的网络，并制订相应的工作机制和工作方案。管委会加大对以奖代补政策的资金投入，切实保障实施以奖代补政策落实严重精神障碍患者监护责任所需经费。经权威医学机关鉴定，辖区3级以上严重精神障碍患者17人，均已签订《肇事肇祸等严重精神障碍患者有奖监护协议》，按时发放奖补资金。同时，将严重精神障碍患者信息全部录入社区服务管理平台。

社区矫正人员管理　至2018年，开发区共有社区矫正人员154人。建立健全社区矫正人员报到登记、档案管理、谈话教育、双向管理等工作制度，做到社区矫正人员底数清、情况明，电子台账健全完善，建立帮扶措施。为落实安置帮扶政策，建立完善社区矫正执行档案、工作档案和电子档案，制定矫正方案，落实个别教育、心理矫治等个案矫正措施。针对每个矫正人员分别成立矫正小组，由街道司法所所长、社区干部和监护人组成，新增人员每周到街道司法所报到，根据其表现调整为每半月、每月到司法所报到，汇报其社区服务等情况。对矫正人员定期走访，了解其生活和思想情况，每月统一上法律教育课，时间不少于8小时。同时与法院、检察、公安等相关部门进行交流，听取意见，取得各单位对社区矫正工作的支持。同时将社区矫正服务管理工作纳入综治暨平安建设考核范围。

吸毒人员管理　至2018年，成立由公安机关牵头的吸毒人员评估管控工作小组，组织开展社会吸毒人员评估管理，组织各街道、社区对辖区内脱失吸毒人员逐人查找，落实禁毒管理措施。据排查，辖区共有吸毒人员95人。开发区切实搞好对辖区吸毒人员的帮教管理工作，对每个人员成立帮教小组，定期或不定期对帮教对象活动和动态进行监督，及时了解其心理动态和活动规律，有针对性地帮助其解决一些实际困难，确保帮教对象戒断脱毒，巩固戒毒成果。

扫黑除恶专项斗争　根据中央、省、市关于扫黑除恶专项斗争督导工作要求，开发区将扫黑除恶专项斗争作为一项重大政治任务，摆到工作全局突出位置、列入重要议事日程。至2018年，管委会召开全区扫黑除恶专项斗争工作会议，成立区扫黑除恶专项斗争领导小组及办公室，研究制定《开发区开展扫黑除恶专项斗争实施方案》，建立健全扫黑除恶专项斗争涉黑涉恶线索排查、移交、办理和工作情况、数据报送等制度，抽调业务骨干12人成立扫黑除恶专业队，专门负责涉黑涉恶类案件的办理。全区共配备10辆宣传车巡回宣传，悬挂宣传条幅2600余条，喷刷墙体标语700多条，墙体彩色喷绘600余平方米，印制张贴“扫黑除恶”公告4.7万余份，设立宣传牌1000余块，发放《一封信》和明白纸20万份，印制宣传挂历1.6万份，知识手册5000份，宣传漫画3000份，发放宣传页8万余份，印制《致中小学生家长的一封信》10万份。通过宣传，8名犯罪嫌疑人投案自首。狠抓线索排查，共接到群众举报线索35条，核查完毕18条，均不构成涉黑涉恶犯罪。初核涉黑涉恶腐败问题线索12条，查否4条，查实并处理2条，正在调查2条，移交上级2条；排查信访案件疑似线索13条。收到上级交办线索48条，已认定查结12条，移交线索39条，查否认定32条，其余正在核查认定。坚持露头就打，提升打击实效。2018年底，全区共破获涉恶案件58起，刑拘犯罪嫌疑人65名，逮捕涉恶嫌疑人52名；打掉恶势力犯罪集团1个，抓获集团成员8名；打掉其他涉恶类共同犯罪团伙19个，抓获团伙成员91名；移送起诉涉恶类犯罪嫌疑人85名；党政纪处分2人，组织处理1人。

第二章　公　安

第一节　机构

1994年9月7日，成立菏泽地区公安处开发区公安局，编制20人。1995年5月11日，经省编委与省公安厅批准，设立菏泽开发开放综合实验区公安局，科级建制，隶属地区公安处和实验区管委会双重领导，所需人员编制从地区公安系统现有人员编制中调剂。是年7月22日，完成正式交接手续。1995年7月，菏泽地区公安处决定开发区公安局内部设置政秘科、政保科、刑警大队、预审科、治安科。

1996年8月16日，菏泽地区编委根据省编委指示，批准设立菏泽地区开放开发综合实验区公安局，科级建制，行政上归属开发区管委会领导，业务上由市公安处指导。1997年6月，设立开发区公安局指挥中心、法制科、户籍科。菏泽地区公安处政治部1997年6月批复同意开发区公安局成立人民路派出所。是年7月，经山东省消防总队批准，成立菏泽开放开发综合实验区消防大队。2000年9月4日，政保科更名为国内安全保卫大队，治安科更名为治安大队，经济文化保卫科更名为经济侦查大队。2001年2月，菏泽市对县、区行政区划调整，丹阳、岳程庄、佃户屯、辛集、车站派出所划归开发区公安局管辖。

2001年6月，设立开发区公安局控申科、行政科、行政拘留所，科室增至15个。2001年6月15日，成立局党组，成员7人。2005年3月，开发区公安局由开发区管委会行政领导改为由市公安局直接领导，更名为菏泽市公安局开发区分局。2005 年 3 月 21 日，开发区分局党委成立，由 5 人组成。2005 年 6 月，对分局下属机构重新设置，机关机构整合为政治处、综合科、法制科、国内安全保卫大队、治安管理大队、刑事警察大队；撤销行政拘留所，辛集派出所；人民路派出所更名为和平路派出所；保留丹阳、岳程、佃户屯、车站派出所。

2008 年，对分局内设机构更名调整：政治处更名为政工室，法制控审科更名为法制室，综合科更名为指挥中心（加挂办公室牌子），刑事警察大队更名为刑事侦查大队，国内安全保卫大队不再加挂经济犯罪侦查大队的牌子，增设警务保障室，正科级规格，增设纪委（加挂督察大队、信访室牌子），增设济南路派出所。11 月，成立济南路派出所，其他机构更名、增设、人员调整并实行。至 2018 年，区公安局内设机构基本无变化。2018 年 8 月陈集派出所划归开发区公安局业务代管。

1994-2018年菏泽经济开发区公安分局领导一览表

表17-1

职务	姓名	任职时间
党组书记（党委书记）、局长	张道社	1994年9月—2004年7
	孔跃进	2004年7月—2007年2月
	刘述勤	2007年2月—
党组副书记（党委副书记）、政委	王　严	1995年1月—1997年10月
	张宗建	2004年7月—2011年3月
	王法生	2011年3月—
党组成员（党委委员）、副局长	黄承友	1994年9月—2009年12月
	赵学佺	1997年1月—2005年6月
	袁月亮	2001年6月—2005年6月
	李守英	2001年6月—2004年9月
	赵凌志	2005年6月—
	方辉杰	2011年6月—2017年9月
	樊庆振	2011年6月—2017年9月
	周永伦	2017年9月—
党组成员（党委委员）、副政委	赵凌志	2001年6月—2005年6月
党组成员（党委委员）、指挥中心主任	李昌柱	1997年1月—2001年6月
	王长城	2001年6月—2005年6月
党组成员（党委委员）、纪委书记	王长城	2005年6月—
党组成员（党委委员）、丹阳派出所所长	夏成森	2017年9月—
党组成员（党委委员）、和平路派出所所长	刘保起	2017年9月—

第二节　刑事侦查

1994 年，开发区公安分局刑事侦查工作开始起步。1995 年 7 月，建立开发区刑警大队。1998 年 12 月，刑警大队升格为副科级单位。2005 年 6 月，刑事警察大队成立，为公安分局内设机构。

刑事犯罪侦查　2005 年 7 月，岳程街道发生抢劫、强奸未遂系列案件，开发区公安分局挑选精兵强将成立专案组，将犯罪嫌疑人孟某某抓获，一并破获 2 起现行案件及牡丹街道、皇镇、都司镇抢劫、强奸案件 40 余起。2006 年，开发区公安分局开展“打击流窜犯罪、深挖盗销团伙”统一行动，在市公安局刑警支队协助下，4 月破获一起由 16 人组成、盗销一体的重大跨省流窜团伙，涉案价值近 200 万元；12 月初，分局打掉有 6 名成员的重大盗窃团伙，破获该团伙自 2004 年 4 月以后盗窃变压器、电机、电瓶等积案 60 余起，涉案价值 50 余万元。是年，破获各类刑事案件 490 起，打掉犯罪团伙 21 个。

2007—2011 年，区内刑事案件发案增多。刑侦工作重点转到抓大案、要案侦破上来，同时带动破获一批命案、隐案。2007 年，共抓获各类犯罪嫌疑人 1321 名，打掉犯罪团伙 57 个，破获邪教组织案件 4 起，其中破获重大杀人案件 2 起，抓获犯罪嫌疑人 7 名；破获命案积案 1 起，抓获在逃 6 年的 2 名犯罪嫌疑人；破获绑架勒索案 1 起，成功解救人质。2008 年，共破获各类刑事案件 938 起，查处治安案件 1338 起，抓获犯罪嫌疑人 1159 名，打掉犯罪团伙 34 个，成员 102 人，其中破获杀人案件、入室抢劫案件各 1 起，抓获犯罪嫌疑人 4 名。2009 年，破获杀人案件 3 起、保险柜系列被盗案抓获犯罪嫌疑人 8 名，为第十一届全运会菏泽分赛场创造良好的治安环境。2010 年，侦破各类刑事案件 684 起，打掉犯罪团伙 53 个，抓获各类犯罪嫌疑人 876 人，其中端掉 1 个盗窃通信电缆价值 100 余万元的 5 人犯罪团伙。2011 年春节期间，发生朱某某被杀、银行卡被盗取现金 6 万余元的案件，分局党委高度重视，组织警力在 2 月 3 日将犯罪嫌疑人抓获。

2012—2015 年，分局把主攻方向放在防治侦破现行案件上，发挥 110 联动机制，侦破一些影响较大的恶性案件。2012 年 2 月，案发不到 10 天，刑警大队跨越河南、湖北、江西等 4 个省，辗转 1000 余公里，在江西省九江市抓获杀人犯罪嫌疑人王某；6 月，分局刑警大队闻警而动，及时处置菏泽银座肯德基快餐店故意杀人案，当日将 4 名犯罪嫌疑人全部抓获。2013 年 9 月，丹阳街道刘庄社区街里发生一起杀人案，刑警大队、派出所、特巡警大队、便衣队民警迅速出警，将未逃离现场的犯罪嫌疑人从某某抓获。2014 年 4 月，辖区连续发生 3 起抢劫女性出租车司机案，分局安排警力在火车站广场周围蹲点守候，抓获犯罪嫌疑人李某。

2015 年 9 月 26 日，分局举行退赃大会，集中将近期侦破案件中缴获的 112 万元现金、3 辆机动车、4 辆电动轿车、8 辆电动自行车和 3 台电脑等赃款赃物退还给被害人。是年，分局共侦破 336 起刑事案件，逮捕 245 人，抓获在逃犯犯罪嫌疑人 109 名；查处治安案件 1664 起，治安拘留 255 人。在全市严打战绩考核中，开发区公安局百名民警逮捕人数、破案数均居第一。

2017—2018 年，分局围绕警务实战化建设核心，改革创新大侦查机制，紧扣“情报导侦、监管查控、巡逻防控、群防群治”四个关键点，紧盯严重影响群众安全感的突出违法犯罪活动，先后开展“扫黑除恶”、三打击一整治、集中力量、合成作战，坚决遏制犯罪分子的嚣张气焰，在 2017 年 3 月 12 日破获一起杀人隐案，将犯罪嫌疑人胡某某、马某某、马某某、任某某抓获。在 2018 年共破获各类刑事案件 337 起，抓获各类违法犯罪嫌疑人 1324 名，刑事拘留 299 人，其中批准逮捕 212 人，行政处罚 659 人，抓获各类在逃犯嫌疑人 79 名。

经济犯罪侦查　建区后，随着开发建设的发展和市场经济的深化，经济犯罪案件时有发生。2014 年 4—11 月，开发区发生冒充军分区领导、政府工作人员和公安局民警连续诈骗 170 余万元的特大诈骗案，社会影响恶劣。刑警大队制订详细的侦查计划及抓捕方案，经过参战民警团结协作、摸排汇总涉案线索，在 2015 年 3 月

1日，将涉嫌诈骗的犯罪嫌疑人王某某、戚某某抓获归案。

2016年，开发区公安分局主动同政府各部门、驻区企事业单位联防联动，针对多发的网络金融诈骗等犯罪，加强治安防控，开展专项治理活动。分局和通信运营商、银行联合，在营业大厅、自助银行、ATM机等部位张贴或放置醒目的防范宣传资料，播放防范宣传短片，电子屏幕滚动播放防范提醒标语；主动走访各社区、企业、街面商铺，发动社会各界力量积极参与防范诈骗网络宣传活动，共制作防范宣传短片30余集，展板20余块，张挂条幅200余条，发放彩页3万余张。同时，加大打击力度。是年1月，刑警大队民警远赴河南濮阳，将涉嫌诈骗金额200余万元的逃犯王某抓获；3月，逮捕在网上虚拟角色谈恋爱、诈骗2名“女友”20万元的巨野男子郑某，抓获涉嫌信用卡诈骗26余万元的开发区男子孙某；4月，抓获“POS机大盗”濮阳男子盛某、洪某；5月，逮捕以提高信用卡额度为名诈骗10余万元的菏泽女子李某。分局加强与金融部门沟通，探索建立电信诈骗犯罪涉案账号、资金的快速查询冻结通道，力争做到发案后第一时间行动，最大限度保护群众利益；加强与通信部门联系，探索建立长效机制，坚决打击为电信诈骗犯罪提供网络服务的行为。通过整治活动，共破获此类案件40余起，逮捕犯罪嫌疑人20余名，退赃200余万元，冻结嫌疑账户资金150余万元。

网络侦查　自2007年开始，开发区公安分局逐步完善社会监控网络，建立各警种联动机制、联席会议机制和督导工作机制，联合各部门力量，各司其职、各尽其责，形成打击合力，在全市率先实行“天网工程”，实现视频监控对主要路口、重点部位、社区出入口、重点区域的全覆盖。2013年，开发区大力实施天网工程和网格化社会管理，投入3700余万元，建设视频监控系统和信息综合平台，构建“科技加创新、天网加地网”的社会服务管理新模式，为平安开发区建设提供强力支撑。2017年，建筑面积1100平方米的丹阳综治综合服务大厅和综治调度中心主体投入使用，连接起辖区内3个“三调联防工作站”，构建起条块结合、上下贯通的网络侦查工作体系，实现由人员严防死守向社会网络监控的转变，提高辖区刑事案件的防范和侦破水平。是年10月下旬，丹阳街道8辆汽车被砸、丢失部分财物，分局依靠天网和社会监控，用4个半小时将此案告破。12月，刑警大队和便衣中队民警通过对案发现场及周边“天网”监控视频分析比对，侦破1起连环盗窃电动三轮车案件，擒获3名实施盗窃仅半个月的犯罪嫌疑人，查获赃款8000余元。

至2018年，分局持续加强科技信息化建设，先后启动4期天网建设，按照主城区干道100米、城乡道路500米1个摄像头的标准，立杆补点扩面增补摄像头。

第三节　治安管理

社会治安防控体系建设　1999年起，开发区分局坚持“标本兼治、打防并举、预防为主”的工作思路，不断加强和完善社会治安防控体系建设，逐渐形成城区街面巡防网、社区和农村巡防网、内部单位及居民小区防护网、社会治安动态监控网、农村易发案部位电子报警网和治安卡点查控网等六大防控网络。从影响辖区治安状况优劣的“热点、重点、难点”出发，全警发力、主动作为，以创新大巡防机制为抓手，以110平台为中枢，合成作战中心，巡特警、交警、图侦、便衣、社区警务等部门各司其职，按照“基层防控、重点巡控、处突应急”的三个层级，拓展巡逻防控的触角和纵深，夯实网格、囤警街面、巡逻处置，大幅提升街面见警率，有效压缩违法犯罪空间。仅 2018 年盘查可疑车辆 4000 余台次，盘查可疑人员 5000 余人次，现场查获各类违法犯罪案件 18 起，抓获现行违法犯罪嫌疑人 10 名，聚众斗殴等违法犯罪嫌疑人 20 余名。

城区街面防控网 1999—2005 年，以巡警大队警力为主，以各派出所警力为辅，划分责任区，分路段责任到人，开展昼夜 24 小时巡逻。巡警大队抓获违法犯罪人员后，立即移交属地派出所处理。2005 年 6 月至 2008 年 8 月，开发区公安局改为市公安局直属分局，撤销巡警大队，开发区辖区巡逻任务由市公安局巡警支队负责。2008 年 8 月，开发区内的街面巡逻交由开发区分局承担，分局相继购买巡逻车和巡逻摩托车，采取警车、警用摩托车、步行相结合的方式，划分责任区，开展昼夜巡逻。2018 年，分局招聘 100 余名巡防队员，在分局巡特警部门的领导指挥下，坚持“歇人不歇车”的原则，对辖区进行 24 小时全天候覆盖式机动巡逻、备勤，快速处置各种突发性事件。

社区和农村巡防网 分局在农村成立夜间打更巡逻队，由行政村和社区组织，派出所进行指导、监督，在村庄、社区大街小巷巡逻。2001 年，岳城街道农村巡逻队巡逻人员普遍配备对讲机，基地台设在派出所，村与村之间的巡逻队遇有情况“一呼百应”，派出所警力可在第一时间作出反应，统一指挥、及时出警，对各类违法犯罪形成震慑。这种“一呼百应”的农村巡防经验得到菏泽市综治办、政法委领导的认可，并作为经验在全市推广。2002 年，在全区全面推广此经验，筹集专项资金购买无线基地台和对讲机等设备，条件好的村队还配备了摩托车，并协调党工委、办事处解决巡逻人员报酬问题，在全区范围内基本形成对讲机总台设在派出所，民警通过总台实现对各打更巡逻队工作情况的检查监督和指挥调度的制度，构成村村自治、村间联防、警民联动、一呼百应的防控网络。

内部单位及居民小区防控网 认真抓好《企业事业单位内部治安保卫条例》的贯彻落实，指导和督查企事业单位、居民小区建立健全保卫组织，制定保卫制度，落实人防、物防、技防等保卫措施，建立打更巡逻队等防范组织。同时定期召开座谈会，加强对内部单位和居民小区的安全检查，及时了解存在的治安隐患，发现安全隐患立即下发《安全隐患整改通知书》督促整改，提高各单位及社区的自防自卫能力。2018 年，分局做实“一村一警”社区警务，协调街道办事处招聘整合工作人员专司“警务助理”工作，形成专门力量与群防群治力量通力合作，成员单位齐抓共管的良好局面。

社会治安动态监控网 2007 年 6 月，分局投资 50 余万元建设监控中心，丹阳、岳程、车站派出所、和平路、佃户屯 5 个派出所分别建设监控室。2007 年底，根据开发区综治办《关于进一步做好安全技术防范工作的实施意见》要求，各单位技防设施的安装全面铺开，党政机关、大型商场、居民小区、重要路段、重点部位等全部安装监控设施，并部分和分局实现联网。2009 年，丹阳街道投资近百万元在辖区主要路段、广场、村口等处安装监控设施。至 2009 年底，开发区基本实现对市委、人大、政府、政协、大型超市、金融网点、通信、电力、公共场所、居民小区等重点要害部位的治安动态监控。2018 年，分局通过天上有网、地上有岗、常态化、无缝隙的大巡防机制运行，两抢一盗等可防性案件发案率较前 3 年同期平均值下降 25% 以上，社会治安大局持续稳定。

农村易发案部位电子报警网 为有效预防农

村大牲畜、农机具、变压器等盗窃案件的发生，分局自2001年起，每年都加强宣传，动员广大群众在大牲畜、农机具、变压器等所在地安装一大批电子报警器、电子防盗锁，在家庭推广安装电子报警器，形成具有一定规模的电子报警网。遇有警情，即发出报警。至2018年，各项措施有力地震慑违法犯罪活动，有效预防各类案件发生。

治安卡点查控网　2006年，分局筹措资金50余万元，在日东高速辛集北路口、长江路与上海路交会处、菏商公路佃户屯大桥3个进出开发区的主要位置，建立3个高标准的警务工作站，为每个警务工作站统一配备警车1辆、警用摩托车2辆及微机、电视机、数码相机、录音笔、强光灯、对讲机、电话、监控设施、路障、破胎器、防刺背心、防割手套、救生衣、电警棍等装备。工作站建设规范，厨房、卫生间齐全，为工作站长时间发挥作用提供条件。工作站制定严格的工作制度和工作职责，每个工作站有6名民警昼夜24小时值守，担负着监控过往车辆行人、治安盘查、设卡堵截、重点登记、接受群众报警求助等多项职能。2018年，斥资500余万元为基层所队新购出警车辆23辆，警用摩托40辆。

派出所规范化建设　2007年初，分局按照菏泽市公安局关于开展“十七室”建设的统一部署，外学内创，深入开展派出所警务模式改革、推行所长直接领导下的无中间层次管理体制。以岳程派出所为试点单位，坚持高起点、高标准，投资20余万元，对派出所内部设置进行调整和建设，改变原来“一人一事”“一人一桌”的办公模式，变办公室为更衣室，集体办公、集体休息，增设应有的工作场所，增加办公设备，设置110接警室、指挥室、备勤室、监控室、询问室、候问室、生活室、刑事技术室、物证室、装备室、照相室、健身娱乐室、学习室、恳谈室、信息工作室、调度室、休息室等17个室，并根据实际需要，增加档案室、会议室、内勤工作室、洗浴室，达到21个室。2007年1月21日，市公安局组织全市8个县区的公安局领导到岳程派出所观摩学习。2007年7月，丹阳派出所、车站派出所、和平路派出所、佃户屯派出所先后达到“十七室”建设标准。

2008年3月，根据市公安局“110民警着装携装标准化、现场取证规范化、重大警情处置程序化、情报信息研判实战化”建设的要求，为满足取证工作需要，各派出所增设刑事技术室，并以“十七室”建设为契机，全面推进派出所规范化建设。

至2018年，分局依托派出所建立完善警务实战指挥体系，健全完善警务实战指挥中心与警种部门联动响应机制，实现指挥调度部门和综合情报部门以及多警种合成作战中心全时空融合的一体化运作模式。辖区所有派出所均设立勤务指挥室，形成上下联动、快速高效的实战指挥体系。

第四节　户政管理

1995年9月，开发区管委会下发《菏泽开发区管理委员会关于办理地方城镇居民户口有关问题的通知》，对开发区居民户口的审批和管理做出明确规定，具体事务由开发区公安局负责。

1997年7月，管委会明确凡开发区管委会直属机关、企业及行政村村委会的人员申报新生婴儿户籍，须由申报人凭开发区计生办出具的计划生育证明和本单位介绍信，方可到开发区公安局户籍科办理。

2011年3月，《菏泽市公安机关户籍窗口服务和业务办理工作规范》实施，开发区放开户口落户政策，户口管理以合法稳定住所和稳定职业作为户口迁移的基本条件。2014 年 3 月，按照山东省公安厅《关于进一步规范出生登记管理有关问题的通知》和省卫计委、省公安厅《转发国家卫生计生委、公安部关于启用和规范管理新版〈出生医学证明〉的通知》，开发区放开新生儿出生落户政策，公民申报出生登记应当凭“出生医学证明”办理，无需开具落户介绍信。是年，根据中共十八届三中全会和中央城镇化工作精神，菏泽市政府制定出台《关于进一步深化户籍管理制度改革的意见》，放开户口落户政策，租赁房屋可以迁移户口。

2018 年，分局进一步加强实有人口管理。组织开展“一标三实”（“一标”是指标准地址，“三实”是指实有人口，实有房屋、实有单位）基础信息采集工作培训，5 月集中开展“一标三实”信息采集工作，对辖区人口实际居住地址的清理核对，全面推进“一标三实”基础信息采集，全年标准地址采集 230753 条，更新采集实有人口信息 2479172 条，更新登记实有单位 8024 家，更新采集实有房屋 128833 余户。

2011—2018年菏泽经济开发区户籍人口情况表

表17-2　　单位：人

年份	人口数量			
	户籍人口	城镇人口	农村人口	流动人口
2011	217469	—	—	—
2012	208061	—	—	1189
2013	210497	—	—	1774
2014	220175	—	—	2833
2015	226185	173433	52752	2645
2016	234472	183045	51427	1734
2017	241812	201000	40812	2261
2018	249963	208358	41605	3964

第五节　科技强警

2004 年，分局开通公安局域网三级网，开始推进网上办公办案。2005 年，在全市率先实行网上执法办案，集中购买一批微机、打印机等装备，保证办公办案工作的需要。2007 年，分局设立情报信息中心，建立信息收集、汇总、上报、分析研判和预警机制，实现信息主导警务、情报引领实战的目标。2008 年，全局派出所与全国公安“四级网”对接，开通 350 兆无线寻呼系统。

信息化建设　2000 年开始，分局高度重视信息化建设，坚持从党委成员做起，在全体民警中叫响“争做信息型民警，争当科技骨干”的口号，坚持信息主导警务、信息引领实战，把信息应用融入日常工作中去。至 2009 年，在全局范围内形成“领导重视、全警参与、精确研判、深度应用”的浓厚氛围，不断提高警务工作科技水平、工作效能。2018 年，分局进一步做强执法信息化规范工作，3 月由分局纪委书记王长城带领法制、办案中心等部门人员赴聊城、潍坊等地学习交流受立案中心及执法规范化建设工作，专门为法制部门充实人员专司受立案工作，并进一步建设受立案大厅，完善执法信息审查、监督等制度。

设施投入　2004—2010 年，分局加大设备投入，先后筹集资金 200 余万元，购买微机 291 台、手提电脑 79 台、录像机 17 台、录音笔 42

支及一大批技术装备，民警人手1台电脑，保证各项警务工作的正常开展。2018年，分局建设1000余平方米的民警训练馆投入使用，1.1万余平方米的民警综合训练楼主体建设已经完成。在民警宿舍方面，已经达到农村每人1间房，城区每人1张床的保障标准。

信息化应用　2014年起，分局不断提高民警信息化应用水平。至2017年，先后举办信息化培训班67次，民警均能熟练掌握信息化应用基本技能，会录入、查询、浏览、发邮件、比对，懂基本的网上技战法，上班必开机、开机必浏览、浏览重查询、重比对已成为民警的工作习惯，在工作中加强信息分析研判，把科技强警的举措落到实处。2018年，分局斥资70多万元在菏泽地标性建筑大剧院牡丹广场内建设无人警局，方便群众办理各项公安业务；加大科技装备的投资应用，斥资500余万元购买网侦车、无人侦察机、单兵等高精尖设备；斥资1000余万元对围绕进出开发区通道、重点区域、重点部位，重点路段完善布建监控3299处、卡口48处、电子围栏30处、人脸识别40处及WiFi探针300个点位。

网络侦察技术　2017—2018年，分局持之以恒抓好经济金融秩序的管理，稳步提升公共安全监管能力，不忘初心、牢记使命，打击非法集资、恶意逃废银行债务等行动，遏制开发区金融犯罪的势头，成效明显。

第六节　交通管理

2017年11月，菏泽市公安局交警支队开发区交警大队正式成立。在职人员311人，其中民警65人、职工19人、保安公司1人、辅警226人，下设11个科所室、9个外勤中队，负责佃户屯、丹阳、岳程3个街道和皇镇、沙土、安兴3个乡镇的国省道、县乡道路及城市道路交通秩序管理、交通事故处理、车驾管业务办理、服务企业群众、“五进”交通安全宣传、交通安全警卫等项工作。

交警队伍建设　2017年起，开发区交警大队始终把队伍建设放在首位，创新管理模式，营造风清气正、积极向上的氛围。

政治建警　大队发挥党建作用，开展“两学一做”活动，落实“三会一课”、谈心谈话以及民主评议党员等组织生活制度，逐级签订党风廉政建设责任书，提高政治觉悟，用习近平总书记系列重要讲话精神凝聚警心、用人民警察核心价值观激励斗志，担负起党和人民赋予的职责使命。

从严治警　开发区大队成立监察室，履行执法监察、服务监察、队伍监察、民意回访职能，每天记录监察工作日志，每周通报，每月分析研判。建立和完善考勤、请销假制度、廉政建设制度、监督制约机制、内务管理规定，“监督跟着警力走”，加大问责力度，发生问题逐级追究责任，实现队伍管理无盲区、工作措施全落实，做到管理人，将制度完善到极致。监督人，全覆盖、无盲区；处理人，将违法违纪降到最低。2017年，大队5名违纪民警受到通报批评，对8名违纪辅警予以辞退。2018年，大队与队委会成员、队委会成员与分管科室、中队逐级签订党风廉政建设责任书，明确责任，强化监督，全面落实党风廉政建设主体责任。开发区大队积极开展春季大练兵、岗勤比武等活动，队伍素质得到很大提高。队委会班子立下一个规矩：要求民警做到的，班子成员必须首先做到；要求民警不做的，班子成员必须首先不做。班子成员不仅敢于喊响“向我看齐”，而是要身体力行，处处为全体民警、辅警做出表率，树立榜样。

文化育警　交警大队以“三项活动”为推手，

建设“书香警营、快乐警营、和谐警营”、培育民警归属感和荣誉感，增强民警凝聚力、向心力和战斗力。重大节庆日和重要纪念日，开展歌咏、朗诵、演讲比赛，抒发爱国之情，畅谈从警之乐；引导民警参加文学、书法创作，音乐、舞蹈表演和扎染制作，展示艺术才华，陶冶道德情操；到冀鲁豫纪念馆开展重温加入中国共产党宣誓、清明扫墓祭奠等活动，接受革命传统教育；在办公楼走廊建设传统文化墙，让民警随时实地感受文化魅力，汲取文化源泉。加强体育活动，秉承“关爱民警、健康先行”的理念，大队经常组织乒乓球、棋类等体育比赛，丰富精神生活，激发民警活力，突出训练活动、大队组织队列训练、指挥手势和执法用语培训，提高民警、辅警综合素质。组织各中队开展岗勤大比武，推进交警队伍正规化建设，提升道路执勤执法专业技能和业务水平，展示开发区交警大队良好形象。

科技强警　大队始终坚持一切为了实战、一切为了应用的方向，以用促建、边建边用、实战应用，加大科技投入，不断发挥科技强警在交管工作中的职能作用。2017年，交警支队科技科指导开发区大队建设指挥分控中心，对接天网系统、雪亮工程、卡口监控系统，将查缉布控、重点车辆管理、警车、执法记录仪监察、道路通行状况网上巡查等职能汇聚成“一张图”，实现扁平化实战指挥，提高交通管理工作效率。是年，大队共拦截查缉套牌假牌、逾期未年检、逾期未报废等报警车辆800多台次，协助查获交通肇事逃逸案件9起，甄别交通事故责任58起，为群众服务40余次。

2018年，开发区大队按照“建一中队，守一阵地，保一方平安”的工作目标，大力推进基层基础建设。充分运用智能警务模式，发挥数字勤务室实战作用，自8月25日至11月26日，利用缉查布控系统共查处交通违法行为93起。其中逾期未年检30起、无证驾驶17起、吊销暂扣驾驶证5起、超分21起、酒驾2起、醉驾1起、报废车辆2辆、未投保交强险16起。至2018年底，开发区大队共拦截查缉套牌假牌、逾期未年检、逾期未报废等报警车辆1000余次，实现打击交通违法由“随机性”检查到“精准化”查缉的跨越。在接到支队转发的公安部交管局推送的5辆假套牌核查信息后，大队迅速行动成立专案组，经过轨迹分析，信息研判，终将5辆车全部查获。此外大队还重点监管车辆检查登记3000余次，协助查获交通肇事逃逸案件9起，甄别交通事故责任58起，为群众服务40余次，道路交通秩序明显得到规范。

从优待警　大队一方面积极争取开发区管委会、交警支队的政策支持，不断改善民警工作环境、政治待遇、福利待遇；同时，在现有政策、现状下，充分挖潜，搞好人性化的鼓励激励；拉近民警距离，让大家有归属感。实行即时奖励。对工作成绩显著、工作能力突出的民警、辅警通过报功、提高工资待遇等方式予以表彰。加强后勤保障；落实民警、辅警年休假制度，关心爱护民警；建设食堂、宿舍、健身房等暖警工程，解决民警、辅警后顾之忧。做好人性关怀，对大队民警、辅警家庭、住房、生病、子女入托、上学、就业等信息登记造册，为民警排忧解难，体现队伍大家庭的温暖。

执法能力建设　2017年以后，开发区交警大队树立“服务意识”，把以人民为中心的思想落到实处，创新工作思路，提升执法能力和服务水平。

服务　为方便群众查询交通违法处理信息、办理违法处理业务，开发区交警大队在辖区建设10处交通岗亭、违法处理点，将违法处理窗口延伸到社区门口、田间地头，老百姓出家门就能办理违法业务和打印6年以内小型轿车免检标志。

在汽车4S店建设4处交警服务站，实行一站式服务，方便购车群众选号办牌。大队车管所按照支队下放驾驶人满分学习业务的要求，对考场进行改造，符合驾驶人满分学习业务的考试条件，解决许多驾驶人满分学习难的问题。截至2017年底，大队车管所培训满分驾驶人15批650人，考试合格360人。

2018年，大队对接处警模式进行了改革，事故处理中队成立综合调度室，有专人负责接处警的工作，接到市公安局警情指令后，根据事故发生地点。使用对讲机派辖区中队路巡民警迅速出警，警情处置完毕反馈到调度室，由值班人员台账管理，解决了以往警情处置情况不方便查找的问题。高峰时段建立统一指挥调度系统，合理安排事故处理民警处置各个事故现场，并且由调度室值班人员每天三个时段向大队分控中心汇报事故情况，保障讯息畅通。大队事故处理民警始终树立以人民为中心的执法理念，在执法工作中全面推广交管12123平台进行交通事故处理。全年平台受理580起，位居全区第一，提升公正执法的能力和水平，让人民群众感受到实实在在的便利。

2018年，大队车管所完成机动车辆注册登记业务20422辆，车辆转移登记1727辆，车辆抵押登记3474辆，发放临时号牌3866辆，核发检验标志17058辆；驾照初次申领1136人，驾照增驾申领2302人，补证、换证12539人，驾驶人审验9787人。2018年3月26日，大队为方便群众，成立安全教育培训中心，截至11月26日已有1857名驾驶员参加满分学习。同时组织满分考试驾驶员在辖区内交通路口体验交通指挥，让驾驶员切实受到教育，大大提升驾驶员交通安全意识。大队坚持以人民为中心的工作理念，在各城区中队岗亭及乡镇中队驻地开展办理违法处理业务和6年内免检小型客车年审标志申领业务。并在汽车4S店成立4个民服务站点，极大方便人民群众办理车驾管和违法处理业务。为进一步落实公安交管“放管服”20项改革措施，规范机动车查验、登记工作，大队车管所对查验区进行了改造，简化窗口办理、机动车查验流程，实现“通道式”集成服务，做到一次排队、一次办结，最大限度地缩短办理时间，减少办理环节，确保群众方便、快捷办理车辆业务，车管所满意度得到明显提高。

宣传 随着非机动车数量的迅猛增加，开发区非机动车走机动车道、随意变道、逆向行驶、闯红灯等交通违法行为难治理，驾驶人不服管理问题突出。开发区交警大队在交警支队指导下，借鉴外地先进治理经验，在交通秩序较混乱的丹阳路华英路口先行试点设置宣教服务亭，对查处的非机动车驾驶人通过观看警示教育片、写保证书、发朋友圈检讨集赞等形式进行治理。对再次违法的非机动车驾驶人采取延长学习教育时间，在路口协助民警执勤等措施，达到查处一人、教育一片、影响社会的效果。大队在辖区其他路口推广这种做法，提高群众交通安全、文明出行意识。

2018年，大队在皇镇、佃户屯中队驻地积极创新警营文化，将国学精粹与菏泽牡丹之都区域文化相结合，设计内涵丰富的大队队标，利用营区走廊和楼梯拐角，打造“走廊创意文化墙”，成为警营文化创建亮点。佃户屯中队因地制宜，利用院墙，通过通俗易懂、图文并茂的形式，打造交通安全宣传阵地，积极传播交通安全知识。

基础建设 交警支队支持开发区大队加快基层基础建设，新建皇镇中队、佃户屯中队。其中，皇镇中队按照省一等中队标准建设，规划建设服务区、办公区、办案区、生活区，打造数字勤务室，强化科技应用；新建科目一考场，可进行初领C1

驾驶证的科目一考试；车管服务大厅规划设计完毕，用市级规范化车管所水平，打造县级规范化车管所，为群众提供更优质的服务。2018年，开发区大队将人力、物力、财力全部向基础建设倾斜，全力建设指挥中心、皇镇及佃户屯中队，在11月全市交警系统基层基础建设观摩中，皇镇中队名列第一名、佃户屯中队名列第二名，大队指挥中心被评为全市基层基础建设示范点。

交通违章整治　2017年，交警大队落实“三长负责制”（片长、路长、段长负责制）指挥中心24小时领导带班制，与开发区公安分局图侦大队、巡防大队、市交通局稽查支队、开发区安监局、环保局、执法大队等相关部门联动，整改交通安全隐患，查处货车超限超载，查违治乱、疏堵保畅。开展治超联合行动8次，整改交通安全隐患110余处，共查处各类交通违法行为4万余起，行政拘留56人。其中，酒后驾驶189起、醉酒驾驶173起、涉牌涉证2115起、货车超载123起、非法改装421起、校车违法12起、渣土车违法38起、危化品车辆违法11起、拖拉机违法254起、乱停车6130起、乱用灯光3264起、闯禁行489起、教育电动车违法行为6200余起。

2017年12月5日晚，交警大队在辖区主要路段开展百日集中整治行动。当晚，菏泽市副市长、市公安局党委书记、局长高荣国到丹阳街道和平路口视察，询问现场检查的情况，要求执勤人员加强道路治安管理，严管重罚，严格履职，对各类违法行为保持高压态势。大队100余名干警协勤在辖区主要路段设立4个检查点，重点治理“三驾、三乱、两闯、两牌”及非机动车不按道行驶等重点交通违法行为，确保开发区道路安全畅通。此次行动共查处违法行为161起，其中酒后驾驶3起、疑似醉驾1起，打击和震慑各类交通违法行为，净化开发区道路交通环境。是年12月，交警大队召开企业交通运输安全座谈会，强化辖区内重点企业车辆安全管理工作，辖区14家交通运输企业负责人参加会议。会议传达上级相关文件精神，就进一步加强工程运输车辆交通安全管理工作与企业负责人进行商讨，要求企业增强安全责任和风险意识，做好交通事故预防工作。会后，大队加强路面及监控视频巡查，严查车辆超限超载等交通违法行为。警企携手，共同做好重点车辆管理工作。多家企业负责人表示，本着安全第一的工作原则，继续下大力气抓安全、保安全，加强企业驾驶员的道德修养和安全行车教育，严格管理、安全行车。

2018年，大队继续严格落实“三长负责制”、指挥中心24小时领导带班制，加强与开发区公安分局图侦大队、巡防大队、市交通局稽查支队、开发区安监局、环保局、执法大队等相关部门的联动，整改交通安全隐患、查处货车超限超载，疏堵治乱保畅。是年，大队整改交通安全隐患110余处，治超联合行动48次，在完成各项安保任务的情况下，共查处各类交通违法行为8万余起，行政拘留126人，刑事拘留224人。其中，酒后驾驶189起、醉酒驾驶231起、涉牌涉证4115起、货车超载223起、非法改装921起、校车违法12起、渣土车违法68起、危化品车辆违法17起、拖拉机违法454起、乱停车8130起、乱用灯光3264起、闯禁行589起。大队全年共接处警1.26万起，受伤人员2360人，死亡事故55起，死亡56人，逃逸事故警情78起，死亡逃逸案件侦破率100%。

电动车治理　截至2018年，菏泽市区内超标电动三轮、四轮保有量超过30万辆，并以每年8万辆的速度增长，其中95%以上的电动车不在工信部发布的《道路机动车辆生产企业及产品公告》目录名单内。加上部分电动车驾驶人交通安全意识淡薄，闯信号灯、不按规定车道行驶、违法载人、随意停车等行为多发，造成交通秩序混乱和多起伤亡交通事故的发生，严重扰乱正常的交通秩序和威胁人民群众的生命安全。2018年，开发区按照全市统一部署，自8月1日起，开展电动车生产、销售和使用管理专项整治行动。对二轮电动车实行登记并发放号牌，车辆所有人需提供有效身份证件、车辆相关购买证明、整车出厂合格证等。当年10月31日前主动办理登记手续的予以免费登记。列入整治范围的电动三轮车、电动四轮车是指不符合依法登记上牌条件的，具有三个或四个车轮，使用电力装置驱动的车辆。依据《中华人民共和国道路交通安全法》《机动车运行安全技术条件》（GB7258—2017）等相关规定及标准，电动三轮车、电动四轮车属于机动车，办理行驶证件后纳入机动车辆管理；禁止利用电动三轮车、电动四轮车从事非法运营、占道经营以及违法行驶等行为。自2018年9月16日起，设定禁行路段，菏泽市区中华路（桂陵路至西安路）、长江路（桂陵路至西安路）、人民路（长江路至北外环路）禁止电动三轮车、电动四轮车通行，禁行时段为7:00至19:00；自2018年10月16日起，设定禁行区域，南至长江路（含）、东至人民路（含）、北至黄河路（含）、西至西安路（含）区域内禁止电动三轮车、电动四轮车通行。在专项治理中，开发区各相关单位和部门充分利用疏堵结合的方式展开工作。通过文化中心、社区大屏幕分时段播放电动车治理视频，发放通告、电动车治理宣传手册。同时，开发区安排部署电动车调查摸底，对辖区符合上牌二轮电动车，超标三轮、四轮电动车进行认真摸排。实行区内部分路段禁行，组织志愿者在各路口进行劝导、劝退，并认真讲解超标三轮车治理政策。为方便辖区居民处理电动三、四轮车，开发区相继举办一次大型超标电动车处置交易会，共处置超标电动车辆300辆，丹阳街道都庄社区自筹资金20余万元，购置300辆名牌自行车，奖励自行处理超标电动三轮、四轮车的居民，得到群众的一致好评。执法人员综合采取外围控、点上卡、路上巡的模式，严厉查处驶入禁行路段超标电动三、四轮车。经过对超标电动车的治理，交通拥堵乱成"一锅粥"的现象得到很大改观，各行其道、井然有序成为道路上最大的变化。

开发区大队宣传科通过"开发区交警"公众号，及时发布市政府治理超标电动车有关政策、《关于电动车专项整治的通告》《关于菏泽市城区内车辆限行的通告》。同时，编辑大队年内破获的电动车肇事逃逸案件，通过发生在身边的惨痛事故案例，让市民认识到超标电动车整治的必要性、紧迫性，理解、支持市政府开展的电动车专项整治工作。同时，大队印发《致广大居民一封信》2万余份，并与丹阳街道办事处联合成立宣传小分队，进小区、进社区、进楼道宣传政府政策。夜查行动中，进行现场直播，并邀请媒体记者随警作战，加大宣传力度，提高社会效果。大队根据禁行区域实际情况，实行大队领导包片，中队长包路，民警、辅警包段责任制，明确分工，强化责任，细化措施，确保禁行区域整治无死角。根据辖区具体情况，大队调整了警力部署，错时治理。6:00 ~ 7:00，19:00 ~ 20:00重点查处超标电动车，每周开展2次夜查行动。当年11月16日起，对查处的超标电动车，依法进行处罚。对中队处罚超标电动车实行日统计、周通报、月奖惩制度，严格考核。截至11月26日，共查处超标电动车292起，拖离143辆，处罚54辆。11月29日到12月4日，共查处超标电动车27起，拖离3辆，处罚20辆，登记残疾人驾驶电动车14辆。城区交通秩序明显好转，城区道路更加畅通，交通事故发生率明显下降，治理效果非常明显，开发区大队在市政府超标电动车整治推进会上做典型发言。同时，开发区加大二轮电动车登记、治理力度，11月29日到12月4日，共登记二轮电动车2200余辆。大队科学划分勤务责任区，通过定人、定岗、定责，充分调动执勤人员的工作积极性，着力提高路面见警率、管事率。在工作中，以各个岗勤点为依托，认真履行路面管理职责，严厉查处电动车不按道行驶、乱停乱放、闯红灯、随意掉头、逆向行驶、酒后驾驶等严重交通违法行为。

第三章　检　察

第一节　机构

2008年，根据最高人民检察院《关于同意设立菏泽经济开发区人民检察院的批复》，设立菏泽经济开发区人民检察院（简称区检察院），作为菏泽市人民检察院的派出机构，行使县一级人民检察院的职权。院址设在菏泽经济开发区中山路189号。是年，经菏泽市机构编制委员会批准，区检察院开始组建。设置6个职能部门：办公室、政治处、刑事检察科、职务犯罪侦查科、民事行政检察科、控告申诉检察科。

2011年7月13日，区检察院增设司法警察大队、法律政策研究室、反渎职侵权局、职务犯罪预防科、侦查监督科、检察技术科6个内设机构，均为正科级规格。同时，职务犯罪侦查科更名为反贪污贿赂局。2013年9月6日，增设派驻岳程检察室，为区检察院所属正科级单位。是年12月10日，设立案件管理室，为正科级内设机构。至2018年，区检察院内设机构有办公室、政治处、反渎职侵权局、反贪污贿赂局、职务犯罪预防科、刑事检察科、侦查监督科、民事行政检察科、控告申诉检察科、司法警察大队、法律政策研究室、检察技术科、案件管理室、派驻岳程检察室等14个。政法编制48人，实有43人，其中17名员额检察官、16名检察辅助人员、8名司法行政人员和2名司法警察，事业编制3人，实有14人，检察长1人，副检察长2人，纪检组长1人，专职检委1人；副处级领导1人，正科级领导19人，副科级领导7人，科员16人；研究生4人，本科46人，大专5人，中专及以下4人。

2008–2018年菏泽经济开发区人民检察院领导一览表

表17–3

职务	姓名	籍贯	任职时间
党组书记、检察长	杨依柱	单县	2008年12月—2012年4月
	张新德	郓城	2012年4月—
党组副书记、副检察长	刘绍军	定陶	2008年12月—2011年12月
	刘晓明	山东博兴	2009年1月—
	刘玉佩	单县	2009年7月—

续表17-3

职务	姓名	籍贯	任职时间
党组成员、纪检组组长	段亚青	牡丹区	2009年7月—
党组成员、政治部主任	郑玉松	河南温县	2014年1月—
党组成员、专职检委	高利军	河南商丘	2014年1月—

第二节　检察工作

刑事检察　刑事检察科成立于2008年12月，承担公诉、侦查监督两方面业务工作。2014年1月，经业务调整，刑事检察科承担公诉、未成年人检察、执行检察三方面的业务工作。

2013年，受理刑事案件318件562人，追诉漏犯21人，抗诉案件2件均获改判。2014年，受理各类刑事案件221件376人，经审查依法提起公诉166件258人，报送1件1人，抗诉2件2人，改判2件2人，追诉漏罪17件，漏犯6人，改变定性4件，纠正侦查活动违法6件次，纠正审判活动违法3件次，出庭支持公诉140次。2015年，受理各类刑事案件376件565人，经审查依法提起公诉298件432人，报送3件3人，抗诉3件3人，追诉漏罪17件，漏犯8人，改变定性4件，纠正侦查活动违法22件次，纠正审判活动违法3件次，出庭支持公诉315次。未成年人检察受理25件，批捕14件，不批捕1件。其中，被害人是未成年人的9件9人，受理性侵未成年人案件4件4人。2016年，共受理各类刑事案件275件391人，经审查依法提起公诉206件296人，成功抗诉4件，追诉漏犯8人；未成年人检察起诉25件31人，批捕18件22人，抗诉1件1人获改判；执检羁押必要性审查13件13人，社区矫正纠正违法10件10人。

开发区检察院在广州路大桥工地进行预防犯罪讲座

2017年，共受理各类刑事案件299件364人，抗诉2件，追诉漏犯12人；执检羁押共受理审查逮捕案件7件7人，批准逮捕案件7件7人，追捕1人；受理审查起诉案件7件7人，羁押必要性审查案件被采纳14件14人。社区矫正纠正违法3件3人；未成年人检察办共受理涉及未成年人案件30件47人，其中受理提请逮捕案件11件17人，受理审查起诉案件19件30人；追诉漏罪漏犯2件2人，附条件不起诉案件1件1人。

2018年，共受理审查逮捕案件191件262人，批准逮捕142件190人，不批捕43件65人；受理审查起诉案件509件601人，提起公诉469件544人，不起诉6件6人。无一错捕错诉。

侦查监督　*发挥审查逮捕职能*　2014年，区检察院侦查监督科成立，依法严厉打击影响群众安全感的严重暴力犯罪、拐卖儿童、危害食品药品安全等犯罪，共受理审查逮捕案件654件928人。经审查，批准逮捕454件657人，不批准逮捕80件139人。

2018年，区检察院加大对民生领域犯罪和重大责任事故犯罪的打击力度，全力开展“破坏环境资源犯罪专项立案监督活动”和“危害食品药品安全犯罪专项立案监督活动”，通过加强与行政执法机关联席会、座谈会等形式，提升平台、机制的有效运用水平，加大对涉及知识产权、环境、食品药品安全犯罪的打击力度，落实民生检察、知识产权司法保障的措施和成效。

严防冤假错案　2014年以后，侦监科积极适应以审判为中心的诉讼制度改革，转变执法理念，注重证据裁判规则，注重人权保障，注重程序公正，坚持规范办案、精细办案，做到凡逮捕均依法逮捕、凡不逮捕均依法不捕；坚持重点案件提前介入侦查、引导取证，确保收集证据的真实性、合法性，提高报捕案件质量；强化捕诉衔接，对于重大、疑难案件，批捕后做好补充侦查事项跟踪落实，巩固、强化、完善证据，为后续诉讼工作打下良好基础；落实听取辩护律师意见规定要求，听取侦查活动有无违法情况、犯罪嫌疑人是否具有社会危险性等方面意见；狠抓执法规范化，以案件评查为载体，以查找问题为导向，狠抓规范化建设不放松，建立完善案件质量评查常态化机制。至2017年，侦监科通过承办人员自查、科室同事互查、部门负责人和分管领导复查、邀请案管部门和公诉等部门抽查“多位一体”的方式，2次开展全覆盖、无缝隙的案件自查和互查活动，坚决杜绝被上级检察院评为“最差案件”。

强化法律监督　2015年1月，侦监科抓住人民群众反映强烈的执法不严、司法不公问题，持续开展对公安派出所刑事执法专项监督活动。截至2017年，侦监科共追捕犯罪嫌疑人51名，向公安机关书面纠正违法案件81件135人次，监督立案21件27人，监督公安机关撤案30件40人。

2018年，共监督立案2件2人，监督撤案1件2人，追捕5人，追诉漏罪9件9人，提出抗诉2件2人，纠正违法56次。办理民事行政案件9件。其中，提请抗诉2件，公益诉讼诉前程序案件7件，行政执法监督1件。

服务经济社会发展大局　2018年，区检察院切实担负起政治责任和法律责任，将“聚焦大局、服务大局、保障大局”的要求落到实处，坚决贯彻好中央决策部署和最高检察院工作安排，努力加强司法监督，为经济建设提供优质的司法服务，着重发挥公益诉讼职能在环境污染防治、食品药品安全、环境资源保护中的作用，综合运用打击、预防、监督、教育、保护等手段，把办理破坏环境资源犯罪案件放在优先位置来抓，为生态文明建设提供有力司法保障。紧紧围绕维护社会和谐稳定的工作大局，修订完善《开发区院预防和处置突发事件应急预案》，将信访维稳工作作为检察工作的重要环节，及时安排部署并抽调人员参与全区对信访维稳工作的统一调度，为地方及全国两会、“上合青岛峰会”的胜利召开、中央“扫黑除恶”巡视工作组在顺利开展工作营造和谐稳定的社会环境。全年共受理来信7件，来电2件，来访25件70余人次，所有信访案件均依法妥善处理。

扫黑除恶专项斗争　2018年，区检察院成立由党组书记、检察长任组长的扫黑除恶专项斗争领导小组，下设办公室，为专项斗争的开展提供扎实有力的组织保障。收集有关扫黑除恶专项斗争相关文件送请领导传阅，按照市检察院和开发区综治办的要求，定期报送黑恶势力犯罪情况，保证专项斗争情况及时准确反映。制定《菏泽经济开发区人民检察院扫黑除恶专项斗争实施方案》《在开展扫黑除恶专项斗争中加强案件管理工作的意见》等7份制度文件，并将相关规章制度、工作流程上墙。设立12309检察服务热线，指派专人负责接听、登记、处理，确保不遗漏任何涉黑涉恶线索。扎实开展涉黑涉恶线索摸排梳理工作，建立涉黑涉恶案件上下两级管理台账，实行对扫黑除恶工作的动态掌握、整体掌控。对2016年以后300余件涉嫌非法拘禁、寻衅滋事等九类案件进行专人审查，并建立排查台账。加强与公安、法院、纪委监委、民政等部门的沟通联系，印发《菏泽经济开发区人民检察院、菏泽市公安局开发区分局关于建立扫黑除恶专项斗争协作机制的意见》《菏泽经济开发区人民检察院关于办理黑恶势力犯罪案件检察机关介入侦查引导取证的暂行办法》，打造多部门联合打击格局，确保对涉黑涉恶案件依法高效办理。利用检察内网、“两微一端”等多种渠道，及时宣传报道中央、省、市关于开展扫黑除恶专项斗争的政策规定，检察机关开展扫黑除恶专项斗争的工作情况，发布扫黑除恶信息30余条。发挥检察室的控告申诉检察职能，开通电话、举报信箱接受群众举报。通过深入社区开展扫黑除恶专项斗争宣传活动2次，向群众发放宣传资料，介绍扫黑除恶专项斗争的重大意义、黑恶势力犯罪的表现形式、举报涉黑恶犯罪的途径及方式。发动刑事被执行人，与刑事被执行人面对面讲解专项斗争的目标任务、重大意义和打击重点，鼓励刑事被执行人积极检举揭发涉黑涉恶犯罪线索。

加强自身建设　2014年，修改后刑事诉讼法和刑事诉讼规则虽然明确规定和细化社会危险性的5种情形，但在具体工作中难以把握。侦查监督科结合办案实践，与公安机关联合建立“社会危险性”量化标准证明机制，将“社会危险性”标准，分为强化标准和弱化标准，细化为28种具体情形，保护了犯罪嫌疑人的合法权益。

侦监科加强干警业务学习，订阅各类书籍60余册，通过案例研讨、理论调研，开展基础培训和专业培训，让年轻检察官多办理疑难复杂案件，提升整体业务素能。2017年，推选青年干警毛玉参加全市侦查监督业务竞赛，取得第一名；并代表市检察院参加全省比赛，获得“全省侦查监督业务能手”称号。2016年，侦查监督科办理的1起案件被省检察院评为全省两项优秀监督案件之一。

2018年，区检察院切实提高政治站位，共举办11次党组中心组专题学习，围绕学习贯彻中共十九大、十九届二中、三中全会精神和《中共中央政治局关于加强和维护党中央集中统一领导的若干规定》主题细学深研，增强学习效果。加强政治理论学习，组织干警参加最高检察院、省检察院检察官网络培训学院十九大精神在线轮训、“灯塔·党建在线”等活动。6月组织班子成员及检委会委员参与习近平新时代中国特色社会主义思想知识测试；7月组织全院正科级以上干部参与党纪法规和德廉知识学习测试；10月组织对《中国共产党纪律处分条例》的学习和考试，所有党员均参加在线考试，41名党员有34人考满分，满分率达到78%，其他7人在92分以上。切实推进“大学习、大调研、大改进”工作，每个党支部每月至少开展1次集中学习研讨，5月召开党组务虚会，深入查摆学习贯彻习近平新时代中国特色社会主义思想、践行初心使命、推动检察工作走在前列等方面的差距和不足，分析自身优势，理清短板弱项，明确目标方向。扎实推进“两学一做”学习教育常态化制度化，持续抓好党章党规、习近平新时代中国特色社会主义思想的学习教育，引导全体党员做合格的共产党员，每月组织开展一次主题党日活动。加大意识形态领域情况分析研判力度，扎扎实实地做好思想政治工作，每季度组织一次意识形态工作联系会议。开展经常性的谈心谈话活动，把解决思想问题同解决实际问题结合起来，不断增强党组织的凝聚力和向心力。积极开展岗位练兵、志愿服务等活动，充分发挥党员的先锋模范作用。“三八”

妇女节期间，组织青年党员志愿者，到菏泽市大剧院广场，与市妇联联合开展“三八”妇女维权法律宣传活动，取得较好效果。健全完善机关党员、干部与贫困户联系服务长效机制，深入推进“四下基层”活动，全年院领导带头脱贫攻坚调研10次，党员干部普遍开展一次基层走访调研活动。坚持把从严治检、廉洁从检摆在突出位置，层层签订廉政责任书和廉洁从检承诺书，通过自动预警和检务督察，实现对廉政风险的全过程防控，全年共召开党组会30余次，党风廉政建设联席会议3次，编发督察通报13期，开展廉政宣誓、约谈、教育等活动10余次，组织全体干警观看《沉沦》和《光环下的蜕变》等廉政教育片1次，无一人违法违纪。深入推进检察文化建设，共编发信息22期，简报9期，《调查与研究》5期，图片新闻90余期，微信746条，微博624条，在各类新闻媒体上发表稿件70余篇。

职务犯罪侦查与预防　**职务犯罪侦查**　2009年，职务犯罪侦查科侦查案件线索6起，协办或查办市检察院交办案件4件；对农机补贴、“村村通自来水”工程、环境污染状况提出对策；对“村庄土地整治”项目及土地开发整理补助资金提出整改意见；对市政污水管网工程、岳程街道小学教学楼等20余项重点工程同步预防，涉及建设资金1.3亿元。2010年，共立查职务犯罪案件8件11人，其中贪污贿赂案件6件8人，渎职侵权案件2件3人；结合办案，开展法律宣传6次，讲法制课8次；针对发案单位存在的漏洞，从机制、制度等方面提出检察建议4份；参与公路改造、村村通自来水、大项目建设等重点项目的预防，参与工程招投标20余次，标的额2.8亿元；对农机补贴、“村村通自来水”工程、环境污染状况撰写调研报告9篇；对“村庄土地整治”项目及土地开发整理补助资金开展调查，提出整改建议30余条。2011年，共立查职务犯罪案件8件11人，其中贪贿案件6件8人。渎职侵权案件2件3人，挽回直接经济损失1000余万元。2012年，共初查职务犯罪案件线索12件，立查职务犯罪案件5件8人，其中，贪污贿赂案件4件6人，渎职侵权案件1件2人，均为大案；结合办案，开展法律宣传和警示教育19次，开展预防调查7次；针对发案单位存在的漏洞，从机制、制度等方面及时提出检察建议7份；撰写案件分析报告6篇，开展职务犯罪预防咨询50次；积极参与亿丰时代广场、中小学、幼儿园建设、齐鲁国际汽配城等重点项目的预防，参与工程招投标标的额4亿余元。2013年，共立查职务犯罪案件6件8人，其中副处级干部1人，正科级1人；判决案件5件8人。预防开展警示宣讲课3次，参与招投标11次，发检察建议1篇，开展法律咨询40余次，市检察院转发信息4篇，案例分析报告2篇，在城区主要街道电子显示屏做公共宣传、警言警句滚动播放。

反渎职侵权侦查　开发区检察院反渎职侵权局于2014年2月成立，共办理渎职侵权案件17件25人，移送审查起诉17件23人，均作出有罪判决。是年，立查渎职案件2件3人，名列全市反渎职工作第四名。2015年，立查渎职案件3件5人，反渎职工作为全市第一名。反渎局被市检察院反渎局给予集体嘉奖。2016年，立查渎职案件3件9人，在全市反渎职工作中名列第一。是年6月中考泄密事件，反渎局用20多天将全案侦查终结，6名犯罪嫌疑人在法庭上当庭表示认罪，并感谢检察机关依法文明办案。2017年，立查渎职案件1件3人，率先完成全年工作任务。

贪污贿赂侦查　2014年，反贪污贿赂局共立查贪污贿赂案件3件3人。2015年，共立案侦查贪污贿赂犯罪案件6件8人，提起公诉8件10人。

2016年，共立查国家机关工作人员犯罪案件6件6人。2017年，共查办贪污贿赂案件6件7人。

职务犯罪预防 2006年，开发区检察院成立，职务犯罪预防工作由职务犯罪侦查科代管。2014年2月，成立职务犯罪预防科，配备干警3人。截至2017年低，共完成职务犯罪年度报告6份，为党工委领导提供决策参考；完成案例分析12件，预防调查4件，向发案单位发出预防检察建议27份；先后在开发区市场监管局、丹阳街道、开发区教育办、开发区全体基层党员培训班等单位开展预防教育和警示教育27场；接受开发区公路局、市场监管局、泓基建筑、亨通纺织等国家机关、非公经济和自然人的预防咨询40人次。

职务犯罪预防科开展重大工程项目专项预防和同步预防，与项目实施单位、建设单位、主管部门联系协调，帮助堵塞管理漏洞，开展落实预防“五书”制度。先后建立新世纪科技城、上海路建设工地、丹阳路建设项目、广州路南延跨万福河工程及人民路升级改造工程等重点项目联系点。2016—2017年，结合开发区棚户区改造工作，制订《发挥检察职能服务棚户区改造15条措施》，参与庞楼、刘庄、大屯、郭庄、陈王庄等棚户区改造工作。

2018年，反渎职侵权侦查，贪污贿赂侦查，职务犯罪预防以上三项职能划归监察委。

控告申诉 2009—2017年，控告申诉检察科共受理各类来信来访384件460余人次，处理、息诉复杂、疑难信访案件53件；初核案件41件，移送立案20件；办理刑事申诉案件30件；办理刑事被害人救助案件23件，发放救助金11.99万元；完成上级机关交办案件20余件；开展集中举报宣传活动22次。控申检察工作先后有200余篇信息材料被上级检察机关及媒体转发。截至2017年，全区保持涉检案件赴省进京零上访的记录。

2018年，区检察院精准服贫打好“三大攻坚战”，将扶贫工作和检察工作有机结合，切实加大脱贫领域严重刑事犯罪的打击力度，通过实地走访与调研相结合，助力精准扶贫工作深入开展，全年开展脱贫攻坚调研活动10次，办理国家司法救助案件4件，救助金额共计4.7万元。

民事行政检察 2009—2018年，民行科共受理各类民事行政创新案件181件，其中办理提请抗诉4件，建议提请抗诉25件，诉讼活动类的监督6件，执行监督6件，行政执法类的监督119件，息诉21件。

社会管理创新 开发区地处城乡接合部，学校多、企业多、娱乐场所多。2014年，区检察院探索建立“一三五”观护模式，对违法犯罪的未成年人进行帮助和教育。具体做法，设立1个帮教基地：派驻检察室未成年人观护帮教基地。设立3类观护点：对无固定住所、无固定收入来源、无固定监护人的“三无”未成年人在相关企业设立观护点；涉罪未成年人是学生的，在其就读的学校设立观护点；对有固定居所的涉罪未成年人在所在社区设立观护点。采取5项帮教措施：一是对作出不起诉和附条件不起诉的未成年人开展社会调查、观护帮教；二是对刑事和解后不批捕的未成年犯罪嫌疑人跟踪回访、观护帮教；三是监督、配合司法行政机关对涉罪未成年人开展社区矫正工作；四是加强对刑事案件中的未成年被害人的权益保护、心理疏导；五是积极开展法制宣传教育，有效预防未成年人犯罪。该观护帮教模式实施以来，共对4案6人作出不批准逮捕决定，对3案6人决定不起诉，对3案3人决定附条件不起诉，设立8个观护点，对违法犯罪的未成年人进行帮助和教育。

“一三五”观护模式，2016年被山东省人民检察院评为未成年人观护帮教示范基地，成为全省未成年人检察工作典型事例，在全省检察机关新闻发布会上发布。山东省检察院检察长吴鹏飞及菏泽市委、市人大、市政府、市检察院主要领导先后多次到派驻岳程检察室视察调研，对未成年人观护帮教工作给予充分肯定和高度评价。安徽宿州、江西赣州等地检察院前来交流学习未成年人观护帮教工作。山东省检察院基层处对这一工作经验予以转发，《山东法制报》、齐鲁网、菏泽电视台等多家媒体宣传报道20余次。

2016年4月21日，由山东省菏泽市检察院警务、纪检监察和自侦部门共同组成的检查组对菏泽开发区检察院职务犯罪案件办案安全情况进行检查。开发区检察院邀请赵文东、闫金铸2名人民监督员参与检查活动，对检查过程进行现场监督。检查活动主要通过查阅卷宗、观看同步录音录像等方式进行，重点对检察机关在办理直接立案侦查的职务犯罪案件中安全措施是否落实、

开发区检察院开展未成年人预防犯罪宣传

办案工作区是否存在安全隐患、侦查活动是否合法、审录和看审分立制度是否落实等情况进行深入细致的检查。人民监督员认为该院的案件查办工作管理严格、执法程序规范、法律文书完备，特别是安全办案措施完备并得到认真落实，值得肯定和推广。

2017年后，区检察院按照中央政法委、最高检察院和省、市检察院的部署要求，持续做好司法责任制改革，健全规范办案组织，严格执行领导带头办案、强化检察长列席审委会制度，做好检察机关内设机构改革准备工作。2018年，加大力度推进智慧检务建设，办理法医文证审查8件，参与市检察院文件检验鉴定会检4次，协助市检察院为市监察委办案手机电子取证1次，抽调1名技术人员到市监察委协助安装同步录音录像45天，主动适应新形势下办案模式的需要，提前谋划智慧检察。

区检察院大力推进派驻检察室标准化建设，最大限度地满足人民群众的司法需求。2018年，派驻岳程检察室共接群众来访21次，深入农村基层走访40次，通过专项走访等多种形式，深入社区、村庄、企业、学校、农户，进行法治宣传16次，为基层群众提供法律咨询18次，对辖区公安派出所、司法所执法行为开展法律监督活动。区检察院积极探索开展特色检察室建设，依托未成年人观护帮教基地，深入开展未成年人合法权益保障工作。派驻岳程检察室在未成年人权益保护方面，通过不断完善和持续创新，探索建立起"点、线、面"观护帮教机制，从"面"入手、抓"点"促线、以"线"带面，逐渐形成了"一个平台—三类观护点—五项帮教措施"由中心向外围全方位辐射的"帮教立方体"，为未成年人提供多维度、多层次、全覆盖的综合保护。自"帮教立方体"运行以来，经过帮教的未成年人无一人重新犯罪，该基地被评为"全省未成年人观护帮教示范基地"，作为帮教基地品牌项目在省院新闻发布会上予以发布，并入选菏泽市检察机关加强未成年人司法保护品牌创新项目。

区检察院严格贯彻省检察院《关于建立检察机关领导干部和人大代表直接联系工作制度的通知》，明确分管联络工作的院领导和联络工作负责人，与代表、委员建立固定联系的联

络工作机制，每位党组成员联络1名代表、委员，确保工作有序开展。通过“检察开放日”、人民监督员座谈会等活动，集中走访人民代表、政协委员，采取召开座谈会、登门走访等方式，向代表、委员通报检察工作整体情况。同时，就检察机关如何进一步发挥职能服务经济社会发展，如何更好参与、加强和创新社会管理，如何加强检察队伍建设等方面征求代表、委员的意见建议。2018年，共召开座谈会2次，走访6次，举行活动1次；通过向部分人大代表、政协委员送阅《检察日报》《山东检察》《人民监督员》《方圆》等报刊，邀请参与我院院重大活动，全面展示各项检察工作情况，年内邀请人大代表、政协委员参与开展“检察开放日”活动1次。进一步规范案件受理审查工作，制定《关于严格规范案件受理审查工作的通知》，提高案件受理效率和质量，提升司法办案规范化水平，对案件受理标准的把握、同步录音录像的审查、电子卷宗的报送、系统流转程序、知识产权案件的集中管辖等内容作出细化规定。此外，积极开展律师接待和案件信息公开，打造阳光检务工程，2018年共公开案件程序性信息655条，法律文书34份，重要案件信息4件，共接待律师申请阅卷84人次，实行阅卷“一张光盘带走”工作机制，进行案件程序性信息查询120次，回访满意度为100%。

第四章　法　院

第一节　机构

1997年，菏泽地区中级人民法院设立开发区审判庭，由经济审判二庭管理。2002年7月，菏泽市委决定设立菏泽市中级人民法院开发区审判庭，属于市中院内部有专门建制的副县级综合庭室，内设3个庭室，专职审理开发区范围内属于中级法院管辖的各类案件。2005年7月5日，最高人民法院批复同意设立菏泽经济开发区人民法院。2005年11月6日，菏泽市编办批准暂设7个职能部门，规格为副县级，行使基层法院职权，由菏泽市中级人民法院和菏泽经济开发区共同管理，受菏泽市人民代表大会监督，业务上受菏泽市中级人民法院的监督指导，按照法律规定依法行使审判权。

2005年12月29日，菏泽经济开发区人民法院正式揭牌成立。暂核定政法专项编制45人。设办公室、政治处、立案庭（审判监督庭）、刑事审判庭、民事审判庭（商事审判庭）、行政审判庭、执行庭7个职能部门。从市中级人民法院选配和9个基层法院考选的25名法官均

开发区法院举行揭牌仪式

为大学学历。

2006年2月20日，从各县区法院考选的16名法官到位，法院各项审判业务正式开展。

2009年4月，区法院对内设机构设置进行调整，撤销刑事审判庭，设立刑一庭、刑二庭（挂少年审判庭牌子）；撤销民事审判庭，设立民一庭、民二庭；撤销执行庭，设立执行局，下设执一庭、执二庭；增设研究室、司法警察大队；分设监察室和纪检组。法院招聘司法警察、书记员等审判辅助人员18人，从其他县区法院选调审判人员5人，其他工作人员7人，招收选调生2人，公务员招考1人，借调审判人员、工作人员3人，聘用其他工作人员9人，区法院全体工作人员共71人。至2018年，区法院有在编法官干警45人全部具有本科以上学历，其中法律硕士7人。

2006—2018年菏泽经济开发区人民法院领导一览表

表17–4

职务	姓名	籍贯	任职时间
党组书记、院长	王乃忠	鄄城	2006年3月—2007年9月
	郑孝义	曹县	2007年9月—
党组成员、副院长	李建民	郓城	2006年3月—2009年8月
	韩继峰	牡丹区	2009年4月—
党组成员、纪检组组长	袁　平	江苏丰县	2006年3月—2016年11月
党组成员、政治处主任	孙振鸿	巨野	2006年3月—2016年11月
党组成员、执行局局长	耿守刚	牡丹区	2009年6月—
党组成员	吴　为	牡丹区	2009年6月—
党组成员、专委	崔学敏	鄄城	2015年4月—2019年4月

第二节　审判工作

2006年，开发区法院共受理各类案件959件，审（执）结948件，结案标的额5162.2万元，各类案件综合结案率达到98.85%。其中，刑事、民商事、行政三大审判综合结案率为98.62%，执行案件结案率为100%。坚持“从重从快”的严打方针，共受理刑事案件105件178人，审结104件175人。审结抢劫、抢夺、入室盗窃、盗窃机动车等多发性和严重影响群众安全感的犯罪案件42件77人，其中判处3年以上有期徒刑的有14人。审结各类商事合同纠纷案件502件，结案标的额4106.57万元。其中，买卖合同案件63件，借款合同案件271件，担保合同35件，电信合同34件。审结房地产开发和建设工程合同纠纷案件30件，标的额1894.94万元。

2007年1—11月，新收各类案件808件，审结819件，分别比上年同期上升21.14%和31.94%，结案率80.71%，结案标的额3132.94万元。2008年，共新收各类案件1186件，审结1072件，结案标的额6439.09万元。

开发区法院办公大楼

2009 年，新收各类案件 1397 件，审执结 1665 件，收结案比上年同期分别上升 9.23% 和 43.41%，结案标的额 9703.07 万元。是年，审结“两抢一盗”案件 38 件 70 人，新收各类刑事案件 138 件 218 人，审结 144 件 227 人，收结案同比分别下降 4.83% 和上升 2.86%。生效判决 129 件 206 人，其中判处 10 年以上有期徒刑的 7 人，10 年以下 3 年以上有期徒刑 28 人，3 年以下有期徒刑 58 人，89 名被告人被依法判处刑罚并适用缓刑，10 名被告人被判处管制，73 名被告人被单处或并处罚金。

2010 年，受理各类案件 1456 件，审执结 1353 件，结案标的额 7066.63 万元。2011 年，共受理各类案件 1461 件，审执结 1455 件，同比分别上升 12.38% 和 12.44%，结案标的额 1.05 亿元。先后开展“争先创优”和“人民法官为人民”活动，受到上级法院的好评。

2012 年，新收各类案件 1662 件，审执结 1661 件，同比分别上升 21.94% 和 13.3%，结案标的额 1.06 亿元。2013 年，新收各类案件 2591 件，审执结 2627 件，分别同比上升 56.56% 和 114.62%，结案标的额 16097.89 万元。2014 年，新收各类案件 2803 件，审执结 2556 件，标的额 8401.92 万元。开展拖欠农民工工资案件集中办理活动，办结相关案件 8 件，为 12 名农民工讨回欠薪 7.8 万元。新选任人民陪审员 31 人，人民陪审员总数 57 人，人民陪审员参与审理案件 912 件，参审率 97%。

2015 年，新收各类案件 3550 件，审执结 3942 件，分别同比上升 40.21% 和 71.15%，案件收结比 113.73%，结案率 97.53%；适用简易程序 2395 件，适用率 75.86%；人民陪审员参审 1533 件，参审率 100%；公开法律文书 3528 份，文书上网率 112%。从严判处被广泛报道的“毒腐竹”案，审结贪污贿赂犯罪案件 8 件 11 人。

2016 年，共旧存案件 311 件，新收 4240 件，同比上升 32.5%；结案 4243 件，同比上升 24.62%；案件结收比 100.07%；未结 308 件，同比下降 13.63%；结案率 89.22%，同比上升 4.24 个百分点；法官人均结案 111.66 件，同比上升 26.3%。在诉讼服务中心实行“一站式”窗口服务，购置触摸屏查询打印一体机，设置便民服务数字化平台。对经济困难的当事人，依法缓、减、免诉讼费用 25 人次 55.89 万元。受理网上立案 3 起，接收代理词等材料 26 份。依法退还诉讼费用 326 万元。全面使用科技法庭，所有开庭案件全部同步录音录像，科技法庭开庭 1186 次。

2017 年，新收案件 4532 件，结案 4543 件，结收比为 100.24%，全年审结刑事案件 281 件。共办结民商事案件 2637 件。简易程序审结民商事案件 2203 件，适用率 83.54%。解决执行难题，组建司法警察执行中队共有执行干警 21 人，参与各项执行措施实施，将失信被执行人纳入“黑名单”，限制高消费，限制出境，执结各类执行案件 1561 件，实际执结率 47.36%。院领导“回归”法官本色，所有院领导均在一线办案，院、庭领导承办案件 1008 件。完成首批 16 名员额法官的考核和任命工作，3 月底，组建 9 个审判执行工作室，新增司法辅助人员 23 人。邀请中级人民法院 4 位审判经验丰富的退休法官，常驻诉调对接中心，负责诉前调解，调解息诉 679 起。参加上级法院组织的远程视频培训 11 次，参加省高级法院专项业务培训 12 人次。

2018 年，法院坚持对审判质效实行一周一通报、两周一调度，做到逐案调度、逐案处理，审判执行质效明显提高。全年新收案件 5164 件，结案 3801 件，结收率 73.6%，共受理刑事案件 473 件，审结 431 件，结案率 91.12%。新收一审民事案件 2547 件，审结民商事案件 1831 件，结案率为71.89%。依法惩治非法集资、商业欺诈等犯罪行为，妥善化解市场经济运行中的各类商事纠纷，民事案件调撤率占53.03%。加大行政争议诉前协调力度，全年审结行政诉讼案件128件。组建专业审判团队，扫黑除恶，紧抓审判，做到幅度内从重，与公安、检察机关建立扫黑除恶案件提前介入机制和重大黑恶势力犯罪案件会商制度，增强涉黑涉恶案件打击合力，开庭审理、宣判牡丹区人大原常委会副主任、西城街道办事处书记陈金峰涉保护伞案，开庭审理原牡丹区西城街道工作委员会主任朱玉录涉保护伞案，严格执行“三项规程”，发挥庭审决定性作用，全面为开展扫黑除恶专项斗争提供有力保障。法院积极服务经济、保障发展，进一步优化辖区营商环境，通过法官、人民陪审员、调解员等组成的诉前调解团队，及时快速解决简单经济纠纷，共办结民商事案件550件；妥善处理涉民生案件，扎实推进繁简分流，简易程序审结民商事案件1573件，民商事案件简易程序适用率85.03%。实行亮剑行动，全力攻坚“基本解决执行难”，开展规范执行行为和执行百日攻坚专项行动，执结各类执行案件1260件，实际执结率为74.36%，移交公安机关查控被执行人129人次，移送涉拒执罪案件3件3人，先后出动执行干警680余人次，拘传、拘留被执行人139人次，有力地震慑“老赖”，推动案件的执结。坚持司法为民，全力打造阳光司法，将审判流程、庭审活动、裁判文书、执行信息等适宜公开的7类信息、136项内容、52个节点全部公之于众，年内公开裁判文书2256份，上网率99.12%。安装配备5套庭审直播设备，累计在中国庭审公开网公开直播65次，观看3.24万人次，推进官方网站、微博、微信公众号建设，及时更新相关信息，官方微博排名一直位于基层法院前列。法院在诉讼服务中心实行立案、咨询、查询、收费、信访等“一站式”窗口服务，开通推广网上立案App，网上立案585件，网上立案率43.69%，开通立案“绿色通道”，加大司法救助力度，为伤残、失业、低保等人员实行优先立案、优先审理、优先执行，依法缓、减、免诉讼费用8人次23.85万元，依法退还诉讼费用，及时办理退费手续，做到应退尽退。积极构建法院主导、多方参与的多元化纠纷解决机制，与妇联等部门共同建立婚姻家庭案件调解委员会，调解息诉550起，即时履行236件，达成和解协议342件，及时化解矛盾纠纷。

第五章　军　事

第一节　武装部

2001年9月，经菏泽军分区批准菏泽经济开发区人民武装部（简称区武装部）成立。开发区人民武装部为副县级单位，配部长1人（副县级），由开发区党工委1名副书记兼任，配专职副部长1人（正科级）、助理员1人，开发区人民武装部接受同级党委和军分区的双重领导，负责开发区的民兵组织建设、军事训练、政治教育、民兵预备役人员的登记统计、兵役以及带领所属民兵预备役人员完成上级赋予的其他工作任务等，并对开发区所属基层武装部实施领导。

第二节　兵役

征兵工作　2002年，开发区成立征兵工作领导小组，对兵役工作进行指导。2016年7月，开发区成立国防动员及征兵工作领导小组，加强对国防动员及征兵工作的领导。

第三节　民兵

开发区以深化城市民兵工作调整改革为重点，突出抓好民兵应急分队、专业技术分队、基干民兵队伍和非公有制企业民兵组织建设，进一步优化组织结构，提高科技含量，巩固民兵调整改革成果，努力建设一支规模适当、布局合理、重点突出、可靠管用的基干民兵队伍，切实提高民兵队伍快速动员和遂行作战任务的能力、使民兵预备役工作更好地适应“两场”（战场和市场经济）的要求。

2002年至2003年1月，开发区进行2次为期各10天的民兵整组工作，军分区进行抽查验收。管委会要求在做好农村基干民兵编组的同时还要做好各街道本身的编组，特别是要在所属“五所四站”建立民兵组织，扩大编组范围。民兵对口专业分队各组建单位，要增加专业技术人员，年龄可以到35岁。也可吸收适量女性，但要在28岁以内。提高民兵队伍的科技含量，凡2001年12月31日前不超28周岁的基干民兵不准转队。

开发区把山东省《民兵组织整顿实施办法》作为组织开展民兵整组工作的基本依据，要求各单位严格按照规定的内容、方法和要求抓好落实。开好民兵连大会，搞好基干民兵集合点验，各街道在位民兵不足70%的，整组不得开始。专武干部参加民兵连大会；各街道组织点验时，开发区派人参加，人员到点率必须达到95%以上；杜绝弄虚作假、冒名顶替等不良现象的发生。

管委会注重研究市场经济形势下民兵编组、民兵管理，积极探索适应形势要求的民兵整组方法、民兵管理形式和开展民兵活动的渠道。尤其对基干民兵动态管理问题，要求各单位制定出各单位切实有效的措施，保证遇有紧急情况能够召之即来。同时，做好民兵干部的选配和基干民兵出入转队的工作，严格执行民兵连长“一推双考”制度，面向社会公开招聘，通过答辩、竞争上岗，真正把民兵干部配齐配强，民兵连长调整面控制在10%以内。注重落实民兵干部的政治、经济待遇，调动干部的工作积极性。基干民兵出入转队，严格按照规定条件进行，出入转队人员控制在10%以内；当年经过训练的人员必须编入基干民兵组织，退伍军人随到随编；优先把政治思想好、文化程度高、有专业特长的青年编入基干民兵组织，把基干民兵编实编准，防止错编、漏编。

区武装部加强各单位民兵活动阵地和营连部建设，建立民兵连部、民兵执勤室、民兵之家，规范“四个秩序”，明确任务，做好巩固提高工作，充分发挥应有作用。对于没有建或缺项的，要积极创造条件建成，以增强民兵基层工作的生机和活力。

开发区一直把搞好“双争”评比活动作为民兵工作的重点。人武部根据军分区要求，结合整组工作，采取多种形式，广泛宣传先进单位和个人事迹，落实先进单位和个人待遇，发挥好先进典型的示范、辐射和激励作用。

区直各单位把整组工作作为一件大事抓，摆到重要议事日程。一方面完成征兵任务，另一方面把精力转到整组工作上来，制定整组工作的实施方案，明确整组工作的程序、方法和步骤。科学计划，精心组织，保证整组工作有条不紊地进行。针对民兵干部调整面比较大、人员新，对民兵整组工作不熟悉的问题，整组展开前采取多种形式，搞好整组培训、学习上级的有关指示和文件，明确工作任务，实施方法和步骤，使他们成为整组工作的明白人。整组后，开发区组织有关部门验收，对于验收不合格的进行补课，进行通报批评。

开发区自觉坚持和发扬党管武装的光荣传统，认真履行党管武装“第一责任人”的职责，大力加强民兵预备役建设，完成上级赋予的各项任务，党管武装工作取得显著成绩。2012 年 2 月，菏泽市委、菏泽军分区通报表彰丹阳街道党委书记杨传宏为“党管武装好书记”的宣传典型。

2015 年 3 月，开发区根据军分区指示要求，成立由党工委副书记张继争为组长的民兵组织整顿工作领导小组，领导全区民兵组织整顿工作。

第六章　消　防

第一节　消防装备设施

2017 年，开发区消防大队拥有执勤车辆 7 部，其中涡喷消防车 1 部，举高消防车 1 部，抢险救援车 1 部，城市主战消防车 2 部，大吨位泡沫水罐消防车 2 部，车载灭火药剂共 57 吨（水 46 吨、泡沫 11 吨）。2018 年，灭火救援器材 585 件（套），消防员个人基本防护装备 2530 件（套），特种防护装备 58 件（套）。

2018 年，大队多措并举，全力做好“从优待警”工作。大队坚持以官兵为本，从严治警，想官兵之所想、急官兵之所急。根据官兵日常生活需要，依次更换了餐厅桌椅、饮水机、战斗班衣柜、电视机。同时，为进一步改善营区营貌，提升部队正规化水平，在管委会领导大力支持下，利用营区附近道路改造的有利时机，对营区内 3100 平方米水泥路面进行沥青化改造。

开发区消防大队组织化工企业消防演练

开发区微型消防车辆配发仪式

第二节　消防措施

立体化火灾防控　2004年4月，市政府决定由开发区管委会组建消防站，加强辖区内机关、团体、企事业单位的消防安全管理工作。消防站以消防车5分钟到达现场为标准，保卫半径为4～7公里。截至2017年，全区91个重点单位和68个社区建立“有器材、有人员、有战斗力”的微型消防站，组成13个联防区域，实现区域联防内“一点着火，多点出动，邻里互助，协同作战”，提高区域联防协作能力，强化区域消防安全保障。2017年，管委会拨付惠民消防设施建设经费180万元，组成10个社区联防区域体系，每个社区联防区域购置1辆微型消防车，并为68个社区配置POC对讲手机和具有可视对讲功能的监控摄像头，共计花费45万元。辖区化工企业落实单位消防安全主体责任，在单位企业内按照消防站标准，配齐器材装备，配置8部中型消防车，构建3个化工企业联防区域，共计投入资金约435万元。大队结合微型消防站工作实际，多次按照“距离相近、行业相同”的调派原则，召开化工企业负责人协调会，以德泰化工、清洋化工、润泉化工为灾情设定中心，同时调集周围1.5公里范围内所有的微型消防站及特勤、岳程2个现役中队，开展多次大型区域联防灭火演练。

2018年，大队紧密结合开发区实际情况，联合相关部门先后开展养老机构、敬老院专项检查，高层建筑消防安全专项检查，易燃易爆场所专项检查，人员密集场所专项检查，“九小场所”（是指小学校或幼儿园、小医院、小商店、小餐饮场所、小旅馆、小歌舞娱乐场所、小网吧、小美容洗浴场所、小生产加工企业）、“三合一”（是指住宿与生产、仓储、经营、一种或一种以上使用功能违章混合设置在同一空间的建设）、“多合一”（是指在‘三合一’基础上又增加办公室、厨房等）、群租房专项检查，进一步净化全区消防安全环境。是年，共检查单位1932家，发现火灾隐患11592处，督促整改11578处，下发责令整改通知书1679份，下发行政处罚决定书63份，下发临时查封决定书25份，责令“三停”19家，拘留67人。

建立消防主题公园　开发区人民广场晨练人员较多，人们散步、活动等多聚于此。2013年2月，消防大队协调开发区管委会有关部门，在广场原有基础上改建成消防主题公园。公园紧扣“消防”主题，突出“平安”文化特色，为辖区居民提供集休闲娱乐、消防知识学习于一体的寓教于乐平台。公园在显眼的位置布置消防雕塑、消防宣传

开发区消防主题公园

展板、消防温馨提示牌等消防主题设施。固定的宣传栏是以活口的形式制作，内置的宣传栏可以根据不同时期防火重点，有针对性地更换内容，做到内容丰富、更新及时。温馨提示牌则宣传最基本的防火常识，提醒市民时刻不忘防火。

提高消防意识　2016年4月，为加强、提高娱乐场所消防安全意识，确保春季火灾形势的稳定，消防大队联系辖区KTV、电影院公众娱乐场所，利用场所内点歌系统、开机视频画面播放“火灾案例警示片”“消防安全常识宣传片”“消防安全提示”。在营业期间，消费者进入娱乐场所

时均会看到消防提示，KTV、电影院的开机视频播放消防宣传片，KTV 场所在视频点歌系统待机时，系统会自动播放消防安全提示语，使辖区群众在娱乐的同时，能学习到消防安全知识，达到人人讲消防安全、重视消防安全的效果。是年，辖区内 KTV 以及电影院全面落实开机消防公益宣传的工作。

2018 年，大队借助“3·15 国际消费者权益日”和安全宣传月活动，通过向群众发放消防法律法规、消防宣传手册、《消防安全二十条》、消防知识宣传扇子、电动车防火等宣传资料，有力扩大消防宣传的覆盖面和影响力，取得较好的宣传效果。大队联合支队消防安全宣传教育宣讲团，深入辖区居民小区、学校、工厂、企业和社会单位开展消防安全宣传培训，进一步提高群众的消防安全意识和自防自救技能，并且借助“119 消防宣传月”，在万达广场举行 119 宣传活动启动仪式。

创建消防安全社区　针对电动车违规充电而频频引发重特大火灾事故发生的情况，消防大队大力推进创建消防安全社区活动。2018 年 1 月 30 日上午，开发区管委会组织召开全区物业管理消防安全综合治理现场会，各社区书记、物业负责人、业主委员会代表等 200 余人参加。会议期间集中参观名门世家、中央公馆、南华康城 3 个小区，各小区物业管理人员介绍了他们在电动车集中充电及消防巡查等方面采取的有效措施，同时介绍各自的先进经验和做法。2018 年 1 月 30 日，为切实预防和减少居民住宅区电动自行车火灾事故的发生，大队根据管委会统一部署，在名门世家小区组织召开全区物业管理消防安全综合治理现场会。

消防知识培训　2015 年 3 月 25 日，消防大队举办全区人员密集场所负责人消防安全培训班，要求辖区人员密集场所单位在会议结束后，回到单位传授消防知识，并利用单位户外 LED 显示屏滚动播放消防宣传知识标语。大队负责总体组织和指导，发放各类消防知识宣传标语，由社会单位自主选择 1 ~ 2 条进行滚动播放，以 LED 显示屏贴近群众的优势把消防安全知识、消防法律法规等灌输到广大市民心中，时刻提醒广大群众注意消防安全，使广大市民在生活中重视消防、学习消防、参与消防，坚决抵制消防违法行为，共同消除火灾隐患。是年，大队在全区范围内深入开展 LED 显示屏消防宣传活动，使人民群众关注消防。

2016 年 4 月，为增强幼儿园师生的消防安全意识，提高师生们火灾防范和自救能力，有效预防校园火灾事故的发生，消防大队受邀对辖区开发区实验幼儿园全体师生开展消防安全培训。

开发区消防大队组织消防综合治理现场会

消防大队佃户屯中学消防课

2017年9月，在开发区佃户屯中学（菏泽一中第一附属中学）军训场，大队为近400名初一新生上消防安全知识课，通过消防安全知识讲座、灭火器使用、参观消防车辆，学习防火灭火知识。

2018年，先后组织召开儿童活动场所负责人约谈会、宾馆酒店及公共娱乐场所消防标准化管理培训会、维保企业消防安全培训会等，有效提高单位负责人、管理人的消防安全意识，规范单位消防安全管理。

人员密集场所消防拉练　2017年6月17日，为做好人员密集场所区域联防应急救援演练工作，提高各单位微型消防站战斗力，经济开发区大队组织人员密集场所开展区域联防拉动演练。拉动演练假设中国工商银行起火，将8家人员密集场所单位分为2组出动力量，大队参谋利用POC对讲手机对第一出动力量进行指挥，在不到2分钟的时间里，第一出动单位驾驶改装后的消防电动车陆续到达现场，迅速进行列队，10分钟后，大队参谋再次利用POC对讲手机对第二出动力量进行指挥，第二出动力量也按照规定时间到达了现场。随后，大队官兵对各单位人员装备器材情况进行清点，并对各单位出动情况进行分析反馈。此次拉动演练，主要目的在于查找各单位微型消防站人员、装备、器材的配备是否齐全，能否达到周边1.5公里企业微型消防站互助灭火救援。

2018年，大队加强执勤备战，全力做好各类活动消防安保工作，认真贯彻落实上级执勤备战工作要求，战备期间全体官兵停止探亲休假，严格控制人员外出，严格落实值班备勤和领导带班制度，完成“春节元宵”战备、牡丹花会、农产品交易会、上合组织“青岛峰会”、林产品交易会等执勤战备在内的多项执勤战备任务，组织开展联合演练8起。其中，大型城市综合体演练2起、石油化工演练2起、高层建筑演练2起、地下建筑和人员密集场所演练各2起。

检查督促　2018年，根据全市消防工作会议要求，大队提请管委会在3月29日召开全区消防工作会议。会上与各街道办事处、区直有关职能部门签订《2018年度消防工作目标责任书》，细化、量化工作任务，推动责任落到实处。菏泽市主要领导非常重视开发区的安全消防工作。是年12月24日，为稳定岁末年初安全生产环境，推动企业落实消防安全主体责任，全面做好元旦、春节期间火灾防控工作，市委常委、常务副市长王磊，率领市安监、消防等有关部门人员，开展人员密集场所消防安全夜查行动。检查组先后深入到和平大酒店、银座商城、万达广场等人员密集场所，重点检查各单位疏散通道是否畅通、消防设施是否运行良好、值班人员是否在岗在位、各项消防安全措施是否落实到位等情况。检查组还随机抽查企业员工消防“四个能力”掌握情况、应急器材使用能力情况等，并再三叮嘱单位负责人严格落实消防安全责任，加大巡查力度，做好消防安全设施维护保养，强化单位员工消防安全意识。

第十八编　科技创新与管理

开发区把加快培育和发展高新技术产业放在经济工作的突出位置，实施创新驱动战略，引进培育技术型企业，鼓励企业科技创新。在创新平台建设、政产学研用合作、科技成果转化、高层次人才引进等方面精准发力，高新技术产业快速增长，科技产值膨胀增大。2018 年，开发区拥有国家级科技企业孵化器 1 家、国家级众创空间 2 家、院士工作站 4 家、省级科技企业孵化器 2 家、省级众创空间 7 家、省级重点实验室 3 家、省级工程技术研究中心 2 家，市级以上企业技术中心 35 家、市级以上高新技术企业 38 家。山东玉皇新能源科技公司院士工作站获“2017 年全国示范院士工作站”称号。2018 年高新技术产业产值占规模以上工业总产值比重 72.56%。

第一章　科研机构与成果

第一节　科研机构

2010 年成立开发区科技企业孵化器，并在 2016 年评为国家级科技企业孵化器。2017 年，开发区拥有市级工程技术研究中心 3 家，省级工程技术中心 1 家；院士工作站 3 家，省级工程实验室 3 家；市级以上企业技术中心 14 家，各类研发平台 19 个，先后研发出 197 个专利产品，经转化后，不仅实现产品的更新换代，提升产品的技术水平，而且推动了社会的科技进步，形成强大的生产力，为企业带来显著的经济效益。至 2018 年 12 月底，全区共有国家级科技企业孵化器 1 家，国家级众创空间 2 家，院士工作站 4 家，其中山东玉皇新能源科技公司院士工作站获评“2017 年全国示范院士工作站”，省级科技企业孵化器 2 家、众创空间 7 家、重点实验室 3 家、工程技术研究中心 2 家，市级以上企业技术中心 35 家、市级以上高新技术企业 38 家。

科技创新平台建设　2010 年后，开发区通过对科技资源的整合、优化，推动以企业为主体的技术创新体系建设。全区有 30 余家企业建立技术研发机构，省级以上企业创新平台 20 家。一批科技创新孵化平台从无到有、快速发展。2018 年全区孵化器增加到 3 家，众创空间增加到 7 家，其中新世纪科技城被认定为省级科技企业孵化器，智点众创空间获省级众创空间备案，天宇锂电获批省级企业技术中心，沃特管业院士工作站正在申报，玉皇新能源、金正大、天厚新材料、乾运高科等正在申报市级重点实验室。与清华大学共建清华大学公共安全研究院，与市食药局共同打造菏泽市大健康产业孵化园，与山东大学共同打造药物安全性评价中心，与北京大学合作建立膜分离技术实验室、大分子结构实验室等科研平台。道中道科技产业园研发中心主体完成，其中蛹虫草、植物肽等 5 个品种试生产。

政产学研融合　开发区先后与中国科学院、中国工程院、清华大学、北京大学、山东大学、上海微生物所、大连化物所、北京过程所、清华大学高端装备研究院、上海交大创新研究院、中国海洋大学、南京大学、华南师大生命科学院等多家科研院所和高等院校建立长期稳定的合作关系，产学研合作机构 113 家，并开展技术交流、项目合作，取得了一批重要科技成果。管委会与江南大学签订共建江南大学技术转移中心菏泽分中心协议，山东天久生物技术有限公司与中国科学院生物物理研究所签订两个合作协议，中食都庆（山东）生物技术有限公司与中国科学院生物物理研究所签订合作协议，山东天久高科新材料有限公司实验基地与中南大学的陈腾飞教授签订合作协议，乾运高科与中南大学签订合作协议，天宇新能源科技有限公司与菏泽学院签订合作协议，慧宇航遥与山东科技大学签订合作协议，北汇绿建和浙江大学签订合作协议，北汇绿建和山东建筑大学签订合作协议，山东圣牡祥农业发展有限公司和中国农业科学院签订合作协议。

人才培养　2018年，开发区根据中央、省、市精神，研究制定《关于实施人才支撑新旧动能转换重大工程的意见》，在企业引进人才、建设研发平台以及创业融资等方面给予倾力支持。年内引进国家科技进步二等奖获得者戴勇教授、中科院顾玉东院士和工程院瞿金平院士、金正大张瑞福、天厚新材料刘冬等入选泰山产业领军人才。与开发区合作的院士11人、泰山学者9人，新培养泰山领军人才6人、西部经济隆起带紧缺人才8人。

第二节　科技孵化器

菏泽开发区科技企业孵化器始建于2010年4月，占地2.8公顷，建筑面积3.22万平方米，投资额2亿元，由菏泽开发区高新技术产业园管理办公室具体负责运营管理。管理办公室有管理人员14人，均具有大专及以上学历，其中7人接受中国技术创业协会的培训，并获得科技企业孵化器从业人员资格证书。园内设有综合部、外联部、物业部、企业部，拥有国际会议中心、学术报告厅、产品展示厅、信息中心、商务中心等配套服务设施和病毒实验室、抗肿瘤实验室、纳米抗体实验室、基因测序检测中心等10个研发中试平台，具备科技研发、人才引进、注册申报、产品中试、分析检测和信息服务6大功能和政、产、学、研、资“五位一体”的成果转化机制，

开发区国家级孵化器

为科技成果转化提供全方位的跟踪指导。2012年12月，孵化器被认定为省级高新技术创业服务中心，2016年3月被确定为国家级科技企业孵化器。

第三节　科技成果

甲基丙烯酸甲酯、聚甲基丙烯酸甲酯　华立新材料公司的高科技产品，达到世界领先水平。产品主要应用于生产导光板、光导纤维、航空及轨道交通透明材料、LED面板、光学工业透镜、医用牙托、人造眼膜、液晶显示屏等产业。

石墨烯　玉皇新能源科技公司的高科技产品，属国内首创、国际领先，产品具有良好的导电性、优良的机械性和极高的导热性，是动力电池的核心材料，也广泛应用于锂电池及触摸屏、液晶屏、发光LED和超级电容等光电领域。

石墨烯锂离子动力电池　玉皇新能源科技公司的高科技产品。具有高导电性、高容量、高安全性、长寿命等特点，主要应用于电动汽车（EV）、备用储能和智能电网，以及移动电话、

数码相机、笔记本电脑、电动工具等领域。

三元动力电池　乾运高科公司的高科技产品，采用清华大学的技术，产品充放电电压平稳，循环寿命长，具有电压高、能量密度大、循环性能好、自放电小、无记忆效应等优点，广泛应用于电动汽车、3C电子产品、电动工具、发电储能设备等，在新能源客车、物流汽车、通勤车、出租车等领域有广阔的市场。

镍氢、锂离子、镍镉可充电电池、超低温锂电池　天宇科技公司的高科技产品，采用哈尔滨工业大学、中南大学先进技术，具有节能环保、体积小、发电时间长、维护简单、安全稳定、可循环使用等特点，是国家鼓励类新能源重点产品，广泛应用于无绳电话机、对讲机、备用电源、充电电筒、应急灯、航模天机，电动工具等领域。超低温锂电池主要应用于无人机、坦克、航模、矿用通信工具等，解决了极端自然环境、超低温情况下充电难、放电难的问题。

锂离子电池铝塑膜　天宇科技公司的高科技产品，生产工艺属国内首创，具有自主知识产权。产品主要用于锂离子电池的包装和保护，通过国内大多数大型锂电池厂商的认证。

天宇锂电池

复合肥、控释肥、硝基肥　金正大国际的高科技产品，复合肥采用滚筒造粒先进技术，具有肥效长等特点；控释肥采用自主研制的树脂包膜技术新工艺，具有节肥、增效、减少农业面源污染等优点，获136项国家发明专利；硝基肥率先采用低温转化、热能回收等国际先进技术，实现“三废”零排放，获16项国家发明专利。

环保型复合肥　洋丰肥业公司生产的先进环保型复合肥料，生产过程全自动电脑控制配料，可为植物生长提供氮磷钾矿物质及微量元素，改良土壤结构，增强土壤保水保肥能力。

柔红霉素　道中道生物制药生产的新一代抗肿瘤药物。采用美国辉瑞公司的生产工艺，具有自主知识产权，填补山东省抗癌药物生产的空白。柔红霉素每克市场价格2万元，主要应用于白血病、淋巴瘤、乳腺癌等恶性肿瘤治疗。

盐酸洛拉曲克　普华制药公司生产的国家一类新药，广泛适用于恶性肿瘤的治疗，共获得35项国际和国内发明专利，技术水平国际领先。

甾体类药物及粉针试剂　双缔生物科技公司生产的高科技产品。该产品为甾体类原料药，广泛用于治疗风湿性关节炎、支气管哮喘、湿疹等皮肤病，以及过敏性休克、前列腺炎、爱迪森氏等内分泌疾病。

达托霉素、比伐卢定　达闻西生物科技公司生产的高科技产品，比伐卢定对心脑血管方面疾病疗效显著，达托霉素是自链霉菌发酵液中提取的第二代糖肽类抗生素药，生产工艺在同行业领先。

希力舒片、补肾宁片、亚硒酸钠片　希力药业公司的高科技产品。其中，希力舒片主要用于顽固性癫痫的治疗，属国家三类新药，国内唯一一家生产；补肾宁片主要用于肾阳虚衰所致阳痿，为国内唯一一家该药品生产企业；亚硒酸钠片是国家“八五”攻关项目，是治疗心脑血管疾病、肝炎和肝癌辅助药物的新特药。

特殊医学用途配方食品　谱元泰特医食品公司的高科技产品，针对进食受限、消化吸收障碍、代谢紊乱或其他特定疾病状态人群的营养需要专门加工配制而成，在患者治疗、康复及机体功能维持过程中起着极其重要的营养支持作用。该公司作为国内最早进行研发、生产特医食品的企业之一，已经申报全国第一批特医食品生产许可证。

国际尖端医疗美容治疗仪器　山东雅光科技的高科技产品，代表当今医疗美容无创无痛的发展潮流。主要有冷冻溶脂仪、量子微雕童颜焕肤系统、等离子像素焕肤系统等65个产品，其中超声波皮肤治疗仪、射频皮肤治疗仪等6个品种填补国内空白。

止鼾器、运动护齿　坤泰医疗器械公司的产品，采用全球生物领先生产技术，具有人性化的个体超强记忆、多重随意、可控可调、性能稳定等特点，拥有6项国际专利。

重大疾病诊断试剂　由盛百灵生物公司与德国胡曼公司合作生产，包括生化、免疫、基因等生物诊断试剂133个品种，其中4个试剂填补国际空白，12个填补国内空白。

紫外激光器、红外激光器　为道中道激光科技公司的产品。该公司与中科院理化所吴以成院士合作，利用世界领先水平的高端激光器技术，研发、生产的3～10瓦紫外激光器、10～40瓦红外激光器、8～30瓦蓝绿光激光器和其他高指标高性能激光器，达到国际领先水平，填补了国内空白。研制的3W高光束质量、窄脉宽（优于15ns）端面泵浦紫外激光器具有高输出功率、连续使用时间长、功耗低、光束质量高、使用稳定、可靠等特点，广泛应用于科研、航天、通信、国防、医疗等领域。

养老机器人、教育机器人　为名护智能科技公司研制的高科技产品，是基于成熟的AI（人工智能）研发的以IA（智能增强）为主导的被动机器人。其中，芯片、控制系统完全自主研发，主要产品有医疗机器人、工业机器人、老年陪护机器人、儿童教育机器人、交警机器人、消防机器人等。该公司首创机器人管家系统，建成机器人管家云平台和3个系列机器人管家产品，为18.32万套新住房提供机器人管家服务。

智能服务机器人、消防机器人　为西部智能公司的高科技产品，具有人性化、智能化、自动化、高精密的特点，可以实现人机对话、人机交互，广泛应用于现代服务业、智能家居等领域。

农业无人机　为利堃农业科技公司的产品。该公司致力于农业领域的技术研发、现代农业无人机系统产品的集成和销售、农业科技工程项目服务、循环经济产业化发展，以及为农牧业联网系统提供解决方案、信息技术大数据和云计算的应用，通过智能化操作终端实现对农业产前、产中、产后的过程监控，进行科学管理和即时服务。

第四节　新世纪科技城

菏泽市新世纪科技城位于菏泽经济开发区济南路666号，是菏泽经济开发区管理委员会与菏泽高科创业园发展有限公司共同投资打造的创新创业示范园区，系2015年“山东省重点建设项目”，2018年被评定为山东省“省级科技企业孵化器”。项目占地29.8公顷，规划建筑面积58万平方米，集“科技研发孵化中心、创新创业园区、区域总部经济及综合配套服务功能”于一体，是在菏泽市大力实施“产业倍增工程”，全面提升产业竞争优势，确定大力发展能源化工、生物医药、机电设备制造、农副产品加工和商贸物流等五大主导产业的大背景下，菏泽经济开发区着力实施东南湖区的发展规划，积极推动“科学发展、产城融合”战略，鼓励“大众创业，万众创新”，加快培育四新经济（新产业、新业态、新技术、新模式），依托菏泽经济开发区主导产业优势，为高科技项目研发、孵化、加速、中试、成果转化和高端科技人才创新创业以及企业区域性经济总部发展搭建平台，全面提高区域科技创新能力、促进科技成果转化、孵化创新创业企业、发展区域总部经济，而做出的重要战略举措。截至2018年，项目共完成约20万平方米的平台建设工作，有130余家企事业单位与科技城签约，达成合作互动关系，先后有80余家科技企业、创业团队及研发中心进驻园区，500余名各类人才在园区就职。中科院过程所清洁能源研究院及技术转化中心、山东高端工程研究院及技术转化中心、清华大学公共安全研究院、浙江大学绿色建筑研究中心、天津大学山东绿色技术研发中心、山东科技大学“产学研”菏泽基地等10余家高校和科研院所入驻园区；科技企业孵化方面，已完成孵化20家，现有在孵企业35家，自主知识产权、专利50余项，1家申报中的高新技术企业；建成MMA新工艺实验室、新能源实验室、智能换相开关工程实验室、锂电池资源化实验室等高科技实验室4个。

自运营以后，科技城组织创新创业活动60余次，创业导师孵化培训20余次，技术人才交流会10余次，企业诚信联盟交流30余次，溯源平台、自主知识产权、财税、企业家商务交流等服务活动基本形成定期举办的创新氛围。先后促成“中科院过程所清洁新能源”多项科研成果成功转化；带动《智能换相开关工程实验室》与菏泽峥艳电力科技有限公司技术成果转化合作；吸引山东高端科技工程研究院近千项科技成果展示，并达成各项科技成果落地的合作意向，通过收集园区内企业技术需求，推广各高校及科研院所的科技成果，形成科技成果转化的相互性。

第五节　企业研发平台

中科（菏泽）清洁能源研究院　2016年进驻园区，由2位中科院院士张锁江、佟振合作为技术顾问，工作人员17人，其中研究员以上职称5人，副研究员3人，助理研究员3人；博士以上学历9人，硕士4人，本科4人。

研究方向为清洁新能源、新材料、医药、化工催化剂技术研发、转让；环保节能技术的研发、推广；工业工程设计。2018年已投入使用的研发试验室3个，分别是MMA新工艺实验室、新材料实验室和锂电池资源化实验室。

山东高端科技工程研究院菏泽分院　2017年进驻园区，是一个集高端科技项目产、学、研、发融于一体的综合性科研机构，研究院吸收并整合全国各类高校和科研院所研发的5000多项专利。至2018年，该院在新世纪科技城开始技术转化推广，并积极引进先进高端科学技术。

山东名护智能科技有限公司　2017年进驻园区，是以上海名沪机器人有限公司为技术支撑，以创新商业模式推动、跨产业智能升级解决方案、提供服务型智能机器人及云平台运营为主干业务的高科技企业，研发团队均为高级软件工程师，且有留学和跨国公司工作经历。

山东慧宇航空遥感技术有限公司　简称慧宇航遥，成立于2017年，注册资金1001万元，属于政府支持的高新技术企业，主要从事航空摄影测量、无人机摄影测量、机载激光测量等数据处理技术的研发、数据生产、行业应用的推广。

山东利堃农业科技有限公司　2016年进驻园区，主要从事农牧物联网的技术研发、应用、推广，数据处理和存储服务，农业技术信息咨询服务，航测无人机、农业植保无人机的研发生产销售，农业机械的生产销售及服务，有机肥料的研发与生产，农作物种植与加工。

山东水发紫光大数据有限责任公司 2018 年进驻园区，由山东水发天源水务集团有限公司、紫光云数科技有限公司、菏泽市城市建设投资有限责任公司、菏泽开发区市政投资开发有限公司联合组建，负责组织实施鲁西南大数据产业城项目，建设大数据中心，发展大数据产业，铸造大数据智慧城。

菏泽开发区滨城市政工程有限公司 2017 年入驻园区，是以信息与通信技术为基础，以节能高效环保为智慧城市主体目标的未来城市形态。公司业务范围包含公共安全电子政务、数字执法为主要内容的智慧政务，以智慧水务、智慧能源、智慧交通、智慧社区为主体的城市基础设施服务和公共设施的智能管理实行大数据智能化管理。

2018 年，公司完成城管智能平台的构建工作，开始对城市路灯照明系统进行智能管理，实行单灯和集成控制，通过远程控制后台软件实时监控。

菏泽峥艳电力科技有限公司 2016 年进驻园区，位于菏泽开发区济南路 666 号新世纪科技城园区内，由张艳玲董事投资建设。该项目节能、节水、节地、环保，高参数、大容量、充分利用超超临界等新技术，是一个节约型、资源综合利用型、环境友好型的典型电站项目。

菏泽东鋆新能源科技有限公司 2017 年进驻园区，由江苏东鋆光伏科技有限公司投资打造。该公司是华东集团投资创立的子公司，是一家国际化的专业从事太阳能晶体硅高效电池、长寿命组件生产和销售的高科技公司，拥有专业的研发、生产、运营、售后服务团队。公司立足于菏泽，进行光伏项目研发推广，秉承可持续发展策略，努力成为行业领先的专业光伏电池、组件和系统供应商。2018 年，电池片年产能 400 兆瓦，组件年产能 600 兆瓦。

菏泽开发区亘古机电设备有限公司 2017 年进入园区，是一家金属切割行业智能自动化高新技术企业，位于菏泽开发区新世纪科技城。公司的主要产品有：便携式火焰 / 等离子数控切割机、龙门式火焰 / 等离子数控切割机、激光数控切割机，焊接机器人等工业智能化设备。

菏泽盛鑫环保科技有限公司 2017 年 12 月 1 日注册，具有独立法人资格。主要从事工作场所检测、环境监测及验收、大气检测、噪声监测、水质检测、土壤检测、公共场所检测、一次性用品检测等。公司有员工 36 人，其中专业技术人员 28 人，高级职称 8 人，中级职称 2 人，初级职称 5 人。取得各项专业资格证书人员，包括 3 名内审员，5 名嗅辩员，2 名判定师，1 名压力容器管理员，2 名压力容器操作员。

菏泽市兴菏国有产权交易有限责任公司 2016 年入驻园区，坐落于新世纪科技城 24# 楼，主营业务为国有产权交易、工艺品和文化品展示交易。该公司注重共赢发展，严控产品及服务质量关，积极为用户提供优质产品与服务。公司秉承传统，不断创新，注重技术投入，根据行业经营和风险特点，以防范风险和依法合规为目标，建立了制度健全、风险管控到位、责任落实明确、运行相互制衡的内控管理体系。

菏泽拓普网络股份有限公司 成立于 2016 年 7 月，位于菏泽开发区新世纪科技城，主要从事第一类增值电信业务中的因特网数据中心业务、建筑智能化工程、安全防范技术工程、音视频工程的安装、网站建设、计算机硬件销售、企业信用评估、物联网技术研发、软件研发、大型智能化工程设计施工一体化等业务，是国家级高新技术企业、是山东省优秀软件企业、山东省信息服务业重点企业，拥有射频识别工程技术中心和软件工程技术中心 2 个省级研发平台。2018 年，公司有员工 9 人，研发人员占全部员工总数的 80%，其中博士 2 人、硕士 2 人、国际专家 1 人。公司与北京航空航天大学等国内外高校广泛开展产学研合作，自主研发的60余套产品均拥有自主知识产权，多次获得国家和省级荣誉奖项，在国内得到推广应用。

山东亚太集团菏泽分公司 2017年入驻园区，自创建之日起，就以“振兴民族工业”为己任，以“创世界满意品牌”为奋斗目标，先后被中国制冷学会、中国制冷工业协会、中国电子学会洁净技术分会、中国玻璃钢协会吸纳为会员单位。德州亚太集团获中国驰名商标称号，“亚太牌”被评为省著名商标，制冷机及末端产品首批获得国家质检总局颁发的制冷设备生产许可证，获得“全国制冷设备质量信得过产品”称号，并被列入国家火炬计划。集团连续获得中国建设银行、中国农业银行AAA级信誉企业称号，具有国家二级安装资质，全面严格运行质量管理体系和环境管理体系，并先后通过此体系认证。

菏泽经济开发区省级企业技术中心名录

山东华星油泵油嘴有限公司（2004年）
菏泽银河纺织有限责任公司（2008年）
山东东药药业股份有限公司（2012年）
菏泽金正大生态工程有限公司（2014年）
山东玉皇盛世化工股份有限公司（2014年）
山东信多达电子科技有限公司（2016年）
道中道（菏泽）制药有限公司（2017年）
中住建设集团有限公司（2017年）
山东菏建建筑集团有限公司（2017年）
菏泽宾够电子商务有限公司（2018年）
菏泽高科创业园发展有限公司（2018年）
山东玉皇新能源科技有限公司（2018年）
山东科耀化工有限公司（2018年）
菏泽天宇锂电能源科技有限公司（2018年）
山东沃特管业股份有限公司（2018年）

菏泽经济开发区市级企业技术中心名录

华鹏玻璃（菏泽）有限公司（2009年）
菏泽开发区曹州农用化学有限公司（2009年）
山东菏泽德泰化工有限公司（2009年）
山东菏泽玉皇化工有限公司（2009年）
山东菏泽玉皇盛世化工有限公司（2010年）
山东菏泽天美生物科技有限公司（2010年）
山东新洋丰肥业有限公司（2010年）
菏泽市德润化工有限公司（2011年）
菏泽中联水泥有限公司（2011年）
山东东药药业股份有限公司（2011年）
菏泽金正大生态工程有限公司（2012年）
菏泽福美来医用包装有限公司（2012年）
山东信多达电子科技有限公司（2013年）
山东水立方电子有限责任公司（2013年）
山东菏泽华昌机械科技有限公司（2014年）
菏泽天华建工集团有限公司（2014年）
山东盛百灵医药科技有限公司（2015年）
道中道（菏泽）制药有限公司（2015年）
菏泽天宇锂电能源科技有限公司（2016年）
菏泽天信新材料科技有限公司（2016年）

省级工程技术中心名录

山东省泡沫镍工程技术研究中心（2012年）

市级工程技术研究中心名录

重质油结构转化及碳材料工程技术研究中心（2010年）
菏泽市水溶性肥料工程技术研究中心（2011年）
科耀化工丙烯酸树脂工程技术研究中心（2016年）

省级工程实验室名录

山东省大环内酯类药物工程实验室（2012年）
山东省石墨烯新材料工程实验室（2016年）
山东省小麦种质工程研究中心（2016年）

院士工作站名录

玉皇新能源院士工作站（2016 年）

山东科耀化工院士工作站（2017 年）

道中道激光院士工作站（2017 年）

中科（菏泽）清洁能源研究院有限公司院士工作站（2017 年）

国家级众创空间名录

菏泽生物医药产业众创空间（2016 年）

菏泽我投众创空间（2016 年）

移云大智·创客空间（2016 年）

省级众创空间名录

菏泽生物医药产业众创空间（2015 年）

创客 . 众创空间（2015 年）

国花汇众创空间（2016 年）

老伙计（梦想）咖啡（2016 年）

菏泽我投众创空间（2016 年）

移云大智·创客空间（2016 年）

昭宝创业园（2017 年）

菏泽富年众创空间（2017 年）

第二章　科技管理

第一节　管理职能

开发区的科技管理工作归口区经济发展局，由 1 名副局长和 2 名工作人员主抓这项业务，其主要职能是按照国家的科技发展规划和省、市科委、科技局的宏观布局、政策导向、科研目标、主要课题，确定开发区的科研计划，筛选科研企业，选定主攻方向，投入资金、资源和人员，组织开展科技研发、技术创新、设备改造、工艺升级、产品换代等活动，不断提高开发区的科学技术水平、科技创新能力，引导区内企业以科学技术为动力，不断生产出技术含量高、竞争能力强、市场前景广阔的各类产品。

第二节　科技鼓励政策

管委会从 2006 年开始，组织科技资源引导支持企业创新，对研发投入力量大、投入强度高的辖区企业申请领取补助专项资金；鼓励区内企业开展技术攻关、设备升级改造、科研成果转化，规定对新认定的国家级、省级高新技术企业或创新型企业，分别一次性奖励 20 万元、10 万元；财政部门每年安排不低于 1000 万元的科技研发经费，支持企业开展科技攻关和技术创新活动，对企业用于科研活动产生的贷款予以贴息；企业自建或与高校科研院所共建工程技术研究中心、企业技术中心、重点实验室、院士工作站等研发平台，对认定的国家和省级研发平台分别奖励 50 万元、20 万元；企业自主或企业与高校、科研院所联合开展的创新项目，在资金上给予优先支持，优先帮助申报国家级、省级项目，科技型企业自己研发、购买高校、科研院所得科技成果或开展产学研合作项目在区内转化的，给予其对财政贡献的 10% 的补贴。

2017 年，管委会再次明确对新认定的企业技术中心、工程实验室、工程技术研究中心、重点实验室、工业设计中心等创新平台，按照国家、省两个等级，市财政分别给予200万元、20万元奖励。对新认定备案的院士工作站、科技企业孵化器、众创空间、博士后科研工作站（省博士后创新实践基地）、留学人员创业创新示范园、引智成果示范推广基地、高技能人才培训基地、技能大师工作室（省技师工作站）等，按照国家、省两个等级，由市财政分别给予20万元、10万元奖励。

第三节 科技创新管理

开发区坚持以企业为主体、以市场为导向，建立健全产学研相结合的技术创新体系，通过建立新型科技管理体制，充分发挥市场对技术研发方向、路线选择、要素价格、各类创新活动的导向作用，引导企业设定研发项目、提出研发内容、作出研发投入，建立研发机构，开展科研攻关，进行成果转换，推动技术进步。在科技投入导向上，提出最低指标：规模以上企业的投入强度不低于销售收入的1%，百强企业不低于3%，高新技术企业应超过4%以上。在奖励政策的落实上，开发区通过考核企业的科技投入比重和资金投入总量确定企业的技术能力和水平，并以此划分企业和机构的技术级别，分别给予相应的补助和奖励。

开发区扶持、培育、反复塑造科技实体，取得大量科技成果。2012年，开发区推出省级高新技术企业4家，市级9家；省级实验室1家，省级工程技术研究中心1家；市级工程技术研究中心2家，市级企业技术中心10家，市级创新型试点企业3家，院士工作站1家。2013年，推荐的山东辰信新能源有限公司“万吨级聚甲氧基二甲醚示范装置项目”获得山东省自主创新成果奖以及100万元资金支持，菏泽金正大的“马铃薯专用控释肥研制及应用示范项目”获得菏泽市科学进步一等奖，开发区园林管理处的“休眠季节用涂白剂防治紫薇绒蚧方法研究与应用项目”获得三等奖。2014年，通过开发区评定，申报金正大、辰信新能源、道中道（菏泽）制药、易达利化工等12家企业列入山东省科技发展计划、山东省中小企业创新基金和菏泽市科技发展计划项目，其中易达利化工、金正大、辰信新能源、玉皇新能源、科耀化工、京九肥化等6家企业立项，获得市科技资金220余万元。2015年，组织17家企业申报省、市级科技项目，5个项目被省级立项，3个项目市级立项。2016年，山东菏泽经济开发区高新技术产业园申报为国家级科技孵化器，也是全市唯一一家国家级孵化器。组织大德、云舟、财富中心等众创空间和新世纪科技城等科技企业孵化器通过网上系统备案省级众创空间和省级孵化器。其中，菏泽我投众创空间和移云大智·创客空间通过科技部备案，国花汇众创空间、老伙计（梦想）咖啡、菏泽我投众创空间、移云大智·创客空间等众创空间通过山东省2016年度第一批众创空间备案。2017年，积极培养高新技术企业，为道中道（菏泽）、玉皇新能源、金正大、新亚机械、中科能人工环境、昊华太阳能、科耀化工、鹏远混凝土、清洋化学、太辉包装等10家企业申报省级高新技术企业，均已公示。组织玉皇新能源、中软创客等企业参加山东省中小微创新竞技行动计划活动，道中道（菏泽）和玉皇新能源被评为2017年山东省中小微创新竞技行动优秀企业。2018年，开发区坚持重点项目、重点企业、重点产业并举，经认定的市级以上高新技术企业38家，其中国家级高新技术企业20家。北汇绿建、信多达电子、辰信新能源、易达利化工、华立新材料、科源种业、中软信息、鹏润信息、粤安化工等9家企业申请待定为高新技术企业。科耀化工、清洋化学等11家企业进入国家科技型中小企业库。

第四节 产学研合作

2008 年，全国科技大会的召开，给菏泽开发区产学研活动注入了强大动力。2010 年起，开发区管委会积极率领区内骨干企业到各大院校和科研机构走访寻找对口专业，洽谈合作项目。2014 年，开发区与国家疾控中心、中科院物理研究所以及金融机构、科技中介达成合作关系，与中科院沈阳分院商定在菏泽设立研发中心，清华大学在菏泽设立未来新能源技术研发中心，与清华大学深圳研究生院签订战略合作协议。2016 年，新增产学研合作单位 6 家。2018 年，与开发区的产学研合作机构有 113 家，并开展了一系列技术交流、项目合作，取得了一批重要科技成果。

第五节 科技成果管理

专利发明及项目推广　2011 年，曹州农化的“节水型药渣涂膜底施肥及其生产方法”专利获得菏泽市专利技术奖三等奖。2012 年，金正大、曹州农化获得省专利奖，水立方电子获得市专利奖。全区获批战略性新兴产业项目 21 个，总投资 106.8 亿元。其中，以东药药业为龙头的新医药产业项目 10 个；以辰信新能源为龙头的新能源产业项目 3 个；以易达利化工为龙头的新材料产业项目 2 个；高端机电制造业产业项目 5 个；新信息产业项目 1 个。

2015 年，开发区内以高端核能设备、高端激光器为重点的制造业，以石墨烯、铝塑膜、动力电池为重点的新能源产业，以生物原料、生物诊断试剂为重点的新医药产业，与中国科学院、中国工程院、清华大学、北京大学、山东大学、上海微生物所、大连化物所、北京过程所、清华大学高端装备研究院、上海交大创新研究院、中国海洋大学、南京大学、华南师大生命科学院等科研院所和高等院校开展技术交流、项目合作，完成一批重要科技成果，DNA 检测试剂（盒）、重大疾病诊断试剂等 20 余项技术产品项获得国际专利 29 项、国内专利 196 项。

2016—2017 年，区内形成 4 个专利技术发明大户：山东玉皇新能源科技有限公司申请发明专利 17 项，授权发明专利 10 项；国网山东省电力公司菏泽供电公司申请发明专利 18 项，授权发明专利 1 项，菏泽锅炉厂有限公司申请发明专利 15 项；山东明大电器股份有限公司申请发明专利 15 项。此外，玉皇新能源院士工作站，累计申请专利 120 余项，同时承担中央引导地方科技创新项目、泰山产业领军人才工程项目、山东省重点研发计划项目等 10 余项。菏泽金正大生态工程有限公司承担和参与国家重点研发计划、国家农业科技成果转化项目、国家火炬计划、国家星火计划、山东省科技发展计划、菏泽市重大技术提升专项等国家、省、市级科技项目 10 余个，承担和参与完成“花生专用控释肥研制与应用示范”等省级鉴定成果 20 余项，获山东省科技进步奖 4 项、中国石化联合会科技进步奖 1 项、山东省农牧渔丰收奖 1 项、市级奖励 16 项，获授权的国家专利 34 项。山东易达利化工有限公司拥有国际发明专利 1 项，中国发明专利 12 项。至 2018 年底，开发区内有效发明专利累计 230 余项。

科技成果转化　2008 年，华鹏玻璃有限公司 4 月投产的三号窑炉采用三通道蓄热室强化余热回收，超常规设计窑炉熔化部结构改善火焰流动方向和料液的热对流轨迹，强化传热，减少玻璃液回流，有效提高了热效率，每年约节约标准煤 1300 吨。鲁城水泥公司采用新技术，加大粉煤灰、锅炉炉渣、矿粉微粉的掺加量，台时提高近 3 吨。

2010—2013 年，易达利化工利用中国科学院的技术建设异丁烯氧化制甲基丙烯酸甲酯（MMA）项目。山东辰信新能源有限公司采用中科院兰化所技术建设的20万吨/年清洁柴油调和组分合成装置项目，产品投产后填补国内空白。派乔易（中国）生物科技有限公司采用来自法国Patrick Choay S.A.公司生产技术和生产工艺，投资5亿元建设投产的系列药品、化妆品，打开国外市场（欧美市场）。道中道（菏泽）生物制药有限公司通过技术成果转化，形成研发抗肿瘤药物能力，提高了生物药物科技含量和附加值。菏泽莱佛生物科技有限公司利用成果转换建成全国最大的疫苗生产基地。菏泽百奥灵生物科技有限公司的产品癌症生物靶向性纳米抗体治疗药物和疫苗，在全球处于领先地位。

2014—2017年，基因测序世界排名第一的华大基因二代检测技术、基因检测世界排名前列的动植物基因检测技术、具有世界领先水平雅光高端美容仪器在开发区投入使用。玉皇新能源技术中心研发的高品质石墨烯、动力电芯，进入规模化生产。道中道生物制药采用美国辉瑞公司先进技术生产的系列抗癌药物，填补了山东省空白，道中道科技产业园，建设投产生物原料项目，成为国内较大的专业生物原料基地，填补国内在生物领域中的多项空白。动力电池、石墨烯和动力电芯高端材料投入使用，自主研发的制备高质量石墨烯的工艺——磷酸密闭法，国内首创、国际领先，投入批量生产。铝塑膜、超低温锂电池、镍氢电池研发成功，铝塑膜生产线已经投产。DNA检测试剂、检测试剂盒，填补了国内空白。普华制药公司自主研发的3个国家一类抗癌新药试生产。

2002年申报4个市级技术先进企业，并以之为样板大力推进开发区的科技创新。2010年4月，开发区投资2亿元建成建筑面积3.22万平方米的高新技术创业服务中心；2010年9月山东科耀化工有限公司“院士工作站”正式成立。截至2010年，先后培养出6个省级技术型企业，全区实现高新产值73.65亿元，占规模以上工业总产值的29.23%，全年高新技术产品出口18.1万元。

2011年开始，开发区加大科技资金投入，高标准打造创新载体和平台。2012年12月，开发区科技创新服务中心提升为省级科技孵化器。2016年3月，再次被确定为国家级科技企业孵化器，形成科技研发、人才引进、注册申报、产品中试、分析检测、信息服务六大基本功能，设有病毒实验室、抗肿瘤实验室、纳米抗体实验室、食品药品分子生物检测中心、基因二代测序检测中心等10个研发中试平台。

2012—2013年，山东省大环内酯类药物工程技术研究中心、四省交界地区规模最大的动物实验中心、山东省第一家遗传病筛查中心先后建成并投入使用，山东省泡沫镍工程技术研究中心、中科院山东综合技术转化中心菏泽中心、山东高端科技工程研究院菏泽分院、科耀化工院士工作站、中科（菏泽）清洁能源研究院院士工作站、山东省玉皇新能源院士工作站、道中道激光医学创新研究院、小麦种质工程研究中心、中住建设集团科研中心、山东北汇绿建研究院等一批由企业自主投资设立的研发中心和创新平台相继开始进行研发活动。

2014年11月28日，人才技术联盟在开发区正式成立。在一系列政策的引导下，汇聚在开发区的高端人才有1300余人。鼓励并支持企业与大专院校和科研机构广泛合作，积极探索与科技金融、科技平台的结合。截至2017年，与开发区企业合作的科研机构74家，累计研发了DNA检测试剂（盒）、重大疾病诊断试剂等20余项国际领先技术产品，获得国际专利9项、国内专利179项。

对科研机构、研发平台研究成功的项目、技

术和产品，开发区主动帮助企业筹措资金，进行立项建设，组织生产高新产品，及时实现科技成果的转化。2011 年，全区实现高新技术产值 87.1 亿元，占规模以上工业总产值的 29%。至 2015 年，开发区的高新产值增至 238.1 亿元，占到规模以上工业总产值的 35.94%。发展到 2017 年，高新产值 490.1 亿元，占规模以上工业总产值的 69.6%，科技进步对经济增长的贡献率达到 50% 以上。2011—2012 年，开发区高新产品的出口金额分别为 17.7 万元和 41 万元；从 2013 年开始，出口数额急剧增加。每年的增长比例均达两位数，至 2018 年，开发区各类企业创办的研发机构达到 20 个，其中达到省级以上技术水平的 5 个。高新技术产品全年出口额 2279 万元，与 2011 年相比，每年的增加额达 200 万元以上，8 年时间增长近 128 倍。

第三章　产业园区

第一节　高科技创业园园区项目

盛百灵生物纳米抗体试剂　2013 年 6 月，山东盛百灵医药科技有限公司在菏泽开发区建成，投资额 3.5 亿元，年生产 2 亿支生化试剂、5000 台生化分析仪，具备每年 500 ~ 1000 例试管婴儿的能力。年可实现销售收入 10 亿元，利税 2 亿元。

道中道国际生物科技项目园　2013 年 5 月，道中道（山东）生物科技工程公司在菏泽开发区成立，投资 7 亿元兴建，规划建设面积 16 万平方米。分为研发基地、技术产业孵化基地和生产基地 3 大区域，集产品研发、孵化和生产为一体，主要致力于生物原材料、菌毒种苗、细胞细菌培养、抗体药物、疫苗的研发和生产，产品涵盖 5 大类别、2000 余个品种，高端生物原料、辅料及生物中间体研发和生产，能够彻底扭转中国高端生物原辅料长期依赖进口的被动局面，填补国家在生物领域中的空白。可实现销售收入 10 亿元、利税 2 亿元。

道中道（菏泽）制药有限公司　2013 年 3 月注册兴建是道中道国际控股有限公司下属子公司，一期项目总投资 3.8 亿元，占地 11 公顷，拥有职工 140 余人。该项目生产技术和菌种从欧洲引进，涵盖生物发酵、提取、精制及合成领域。菌种经发酵后，提取精制得到最初产品 D1、D2、D3、D4，可年产 D2 原料药 200 公斤，D3 原料药 100 公斤，D4 原料药 10 公斤，D1 冻干粉针 250 万支，D2 冻干粉针 500 万支，D3 冻干粉针 200 万支，D4 冻干粉针 10 万支。然后产品在不同条件和步骤下合成，分别得到 3 种最终产品。技术能力在国内处于前沿领先水平，产品主要出口欧美，销售收入约 20 亿元。

第二节　化工工业园

园区规划

2011 年 11 月，菏泽市经济和发展委员会专门制定《菏泽开发区精细化工发展示范基地建设方案》，明确园区的区域范围为菏泽市东部，西起福州路，南至钱塘路，北至新石铁路，东至菏兰高速东侧的东一路，占地29平方公里；产业范围是在规划建设期内，重点发展石油化工产业、煤化工产业、新材料产业、生物工程与生物科技产业和医药产业等5大产业。建设期为2011—2020年，重点是“十二五”时期。具体发展目标为“十二五”期间，菏泽开发区精细化工基地计划总投资300亿元，重点发展石油化工、煤化工、新材料、新医药等战略新兴产业及用高新技术改造传统产业示范项目，主要经济指标以平均23%的速度增长。

按照市委、市政府确定的“退二进三”的发展要求，统筹考虑推进化工园区向城市东侧发展，并分阶段组织化工企业搬迁，逐步向外转移产能，开展异地生产，将腾出的土地空间，用于建设高精尖工业项目和商贸物流项目，上海路以西不再安置化工企业。2012年，依据化工园区800米卫生防护距离标准，园区内何庄、米庄、李楼、南庞、坡刘、小闫庄、朱明武、石尧、小程庄、许庄、郭庄等11个自然村，需搬迁2863户，共计7056人。为确保群众生命财产安全，营造良好的生活环境，管委会研究制定化工园区搬迁方案，分阶段有步骤实施。一期涉及何庄、米庄、李楼、南庞、坡刘等5个自然村，2014年底完成搬迁。二期计划搬迁小闫庄、朱明武、石尧、小程庄、许庄、郭庄6个自然村，将6个自然村纳入开发区棚户区改造蓝图，按照《菏泽市城市总体规划（2015—2030年）》《菏泽市新型城镇化规划（2015—2020年）》确定的城市功能定位和发展方向，统筹考虑6个村庄的搬迁计划，排出路线图和时间表。

园区建设

2012年开始，开发区管委会相继对化工园进行“园区区域环评”“地质灾害评估”“水资源论证”“压矿评估”“质量管理认证”“环境体系认证”等一系列基础性和前瞻性准备工作，并按照建设大型化工企业和安全环保型企业的规范标准，投入大量资金进行基础设施建设，投入15亿元，完成园区路网及绿化亮化建设；投资2亿元完成雨水、污水分离管网建设，铺设雨水管网50公里、污水管网87公里；在园区供电设施上，建成投用110千伏丹东变电站、110千伏长江变电站、35千伏岳程变电站、110千伏黄河变电站、220千伏开发变电站；在供水能力上，建成雷泽湖水库蓄水工程、15万立方米/日供水工程和10公里的工业供水管网；在园区内建设2座8万立方米/日污水处理厂；在供热方面，园区热力中心3×160吨/小时中压锅炉建成供汽，园区热力低压管网、中压管网实现集中供热；与济南铁路局合资建设中转能力220万吨/年的园区物流产业铁路专用线。园区主次干道建设和强电、弱电、供水、排水、污水、热力、燃气管网等达到“九通一平”，基础设施配套完善。

园区管理

在建设发展化工园区的过程中，开发区管委会，开启安全生态高效集约模式。坚决抓好环境保护，抓源头、抓治理、抓监管、抓问责，把环保工作向社会公开，吸收人大代表、政协委员、社会监督员、新闻记者参与，多次组织突查企业污染治理工作。投资1600万元建设全省第一家、全国第三家的大气污染物自动在线监控系统，对大气污染物第一时间监控、第一时间发现、第一时间处置，为大气污染监控安上了“天眼”。投资3900万元对23家企业实施关停并转、工艺改造、技术提升等工程。对违法违规设立的化工生产企业全面清理整顿。对非法设立、不符合国家产业政策和安全生产条件、不能稳定达标排放污染物的化工企业，依法坚决予以关闭。对拟关闭的化工企业，由管委会组织相关职能部门依法取缔，吊销企业相关证照，并向社会公告。对被责令关闭又擅自恢复生产的化工生产企业，管委会组织有关部门依法强制取缔，并严肃追究有关责任人的责任，构成犯罪的依法追究刑事责任，确保监控率、重大危险源监管率100%。

园区发展

2016年，开发区管委会依据山东省人民政府办公厅《关于加强安全环保节能管理加快全省化工产业转型升级的意见》，以“打非治违”和评级评价为抓手，开始对化工行业进行为期三年的综合整治，按照安全生产、环境保护、节能降耗3个指标督促化工企业加大环保措施和技改力度，尽快实现规范达标，有效遏制安全生产和环境污染事故，凡在主城区、居民集中区等保护控制区域内的化工企业，2018年底前完成搬迁、转产或关闭，确保实现化工企业安全生产标准化建设达标率、污染物在线监测设备安装率、突发环境事件应急预案备案率和重点用能企业节能量进度目标完成率全部达到100%。

同时，开发区管委会引导化工企业投资高新技术和高新设备，采用新工艺，对现有产品实行升级改造，以人才为根本，以发展为目标，以产学研结合为手段，走园区化、集约型、绿色清洁发展之路，充分利用现有的技术基础和产业优势，大力发展市场急需的新材料，形成具有中国特色的、在若干行业处于国内领先地位的新材料研发生产能力，实现向新材料产业转移，走出一条健康和谐的新型产业发展之路。在方向思路上，以跨越式发展为目标，以提高持续创新能力和核心竞争力为重点，坚持以改革为动力，在创新中求发展。引进国内外先进技术和人才，通过合资、合作等途径，抢占科技制高点，注重提高引进技术的消化吸收和自主开发能力，形成具有自主知识产权的高新技术产品。在措施政策上，突出重点，做到有所为，有所不为，重点扶持一批骨干企业和拳头产品，做大做强一批产业，形成菏泽开发区新材料产业的优势与特色。在结构布局上，适应国际国内新材料产业的发展趋势和市场需求，立足在非金属材料、新型节能建筑耐火材料、合成树脂、合成橡胶材料等领域，围绕合成树脂、合成橡胶、建材等传统基础材料转型的内在要求，重点发展无金属材料、有机高分子材料、精细化工材料。具体计划为：由大项目办公室牵头负责，以重点企业为依托，从2016年开始，至2020年为时间节点，充分研究国家的产业政策，以保护环境为目标、以调结构促转换为前提，实现产品升级、更新换代。

无机非金属材料

玻璃材料产业 以华鹏、华升等为骨干，引进当今世界先进的高端玻璃制造工艺技术对企业进行改造升级，进一步加大核心技术与产品的产业化力度，扩大产业规模，改善玻璃产业结构不合理、中上游企业数量较少、产量和技术水平落后的现实，研发和推广基于超白玻璃基础上的各种功能性玻璃，并做大做强，形成太阳能超白减反射玻璃、超白弥射玻璃、高档家电玻璃等功能性系列产品，进入太阳能温室、太阳能电池、太阳能工业用品、高档家电等市场领域。

环保节能建筑材料 以山东德睿节能科技有限公司和山东建科管桩有限公司等为依托，发展新型建材，重点是新型墙体材料，实现黏土质墙体向非黏土质墙体材料发展，实心型墙体材料制品向空心型墙体材料制品发展，小块墙体材料制品向大块墙体材料制品发展，重质墙体材料制品向轻质墙体材料制品发展，现场湿作业多的墙体材料制品向现场湿作业少的墙体材料制品发展，单一材料的墙体向多功能复合材料墙体发展。

有机高分子材料

新型有机高分子材料　以玉皇化工、科耀化工、易达利化工等企业为基地，与国内大学院所联手，通过自主创新和引进消化吸收再创新，研究开发满足各行业更高要求的各类树脂，开展树脂复合材料、高性能工程塑料的改进与应用，功能高分子材料、烧蚀与热防护材料、特种橡胶制品、完全可循环利用工程塑料、收缩包装膜、呋喃树脂、PMMA 树脂（有机玻璃）、聚酰亚胺及特种高分子材料、聚乳酸及制品、密封材料、隐性材料、特种黏剂材料等方面的研究与开发，建成国内较大影响力的树脂生产制造基地。

高性能特种纤维　依托盛世化工、德泰化工等企业，推进高性能碳纤维项目的建设，实现年产 3000 吨原丝、1500 吨 T-300 级碳纤维生产能力，为航空、航天领域提供原料，并加快向 T700、T800、M40 以上的高端产品发展；建设 1000 吨级芳砜纶生产项目，发展 F 级和 H 级芳砜纶耐高温绝缘纸等，形成以芳砜纶为核心向下游产品延伸；加快超高分子量聚乙烯纤维的产业化项目发展。

特种膜材料　以易达利化工、新能源、玉皇新能源等企业为先导，加快特种功能性膜的开发与应用，包括平板显示器光学膜与偏光膜、锂电池隔膜用聚四氟乙烯（PTFE）微孔膜等特种功能膜材料，质子交换膜、碳布的隔膜和高性能 PP 膜等满足燃料电池产品生产的关键材料。

电子信息材料　由三捷新能源科技有限公司、玉皇新能源、信多达电子等企业牵头，围绕电子信息材料高起点、规模化、前瞻性发展要求，大力推进新型电子材料的研发和产业化，实施电子级晶硅材料、平板显示材料、电子浆料和其他电子专用材料四大产业工程，实现电子信息产业结构调整和优化升级。

精细化工材料

绿色特种涂料产业　依靠德睿科技、科耀化工等企业，面向石油化工、海上石油平台、海底管道、跨海大桥、船舶制造等行业，研发生产各种耐高温、耐腐蚀、耐磨的防静电涂料、防火涂料、防水涂料、粉末涂料和复合材料，提升现有产品的科技含量和技术水平，增强市场竞争力。

精细化学品　以玉皇化工、易达利化工、山东辰信新能源、天美生物、科耀化工等企业为依托，瞄准新一代信息技术、城市建设、环境保护，能源开发、综合利用，为国防建设、IC 行业开发相关产品，包括食品添加剂、饲料添加剂、胶黏剂、表面活性剂、造纸化学品、超净高纯电子化学品、皮革化学品、油田化学品、水处理化学品、橡塑助剂及生物化工产品等。

园区状况

2016 年，入住能源化工企业 37 家，主要能源化工产品有乙烯、丙烯、苯乙烯、苯、甲苯、EPS、聚丙烯、轻重芳烃、烷烃、醇、甲基叔丁基醚、甲基丙烯酸甲酯、碳四制冷剂、酚、清洁石油燃料、石油焦、丙烯酸树脂、石墨烯、锂电池、化工机械等产品，整个化工产业化工产品总量达 600 万吨以上。到 2018 年 6 月底，开发区能源化工产业实现主营业务收入 220.32 亿元，同比增长 9.8%；利润总额 24.72 亿元，增长 3.5%。

第三节　新材料产业园企业

菏泽天宇科技开发有限责任公司　山东省高

新技术企业，ISO9001 质量管理体系、ISO14001 环境管理体系、OHSAS18001 职业健康安全管理体系认证企业，公司拥有一批高科技技术人才和强大的销售队伍，致力于连续式泡沫镍及系列产品的研制、开发、生产、销售。

1995 年创立，占地 6 公顷，有员工 300 人，拥有一批杰出的材料学、电化学专家和一支经过专业培训的高素质、思想稳定的员工队伍，其中博士、硕士及各类工程技术人员 60 余人，技术力量雄厚。天宇公司具备年产量 200 万平方米泡沫镍的生产能力，成为中国镍氢电池材料行业的先锋。

公司拥有完善的电池材料分析检测中心和省级泡沫镍工程技术中心，生产工艺和技术设备先进，拥有连续式泡沫镍、集流式拉网式泡沫镍、超厚泡沫镍、合金泡沫镍、泡沫铜、镍粉的全部知识产权，产品性能指标达到国际先进、国内领先水平，获“国家实用新型专利”证书，制造工艺获“国家发明专利”证书。被国家经贸委认定为“国家级新产品”，被科技部、国家税务总局、对外经济合作部、国家技术监督局、国家环保总局批准为国家重点新产品。列入国家“双高一优”导向计划和省、市重点科研攻关项目。

菏泽天信新材料科技有限公司　菏泽交通集团与中南大学合作组建的一家高科技企业，2014 年 11 月成立，注册资金 5000 万元。该公司拥有国内首条锂电池包装用铝塑膜生产线，拥有行业内优秀的研发团队，其中博士生导师 4 人，博士生 8 人，硕士研究生 15 人，坚持自主研发自主创新战略，拥有多项产品专利技术。

公司采用国际领先的拥有自主知识产权的生产工艺和设备，生产车间严格按照 GMP 标准设计和建设，主打产品为锂电池包装用铝塑膜，年产能超过 1200 万平方米。公司同时生产高质量、高标准、高等级的药品、食品包装材料。

公司致力于高档包装材料的开发与研究，自主开发生产的锂电池包装用铝塑膜，药用、食品用纸铝塑复合膜，铝塑复合成型材料等均为填补国内空白的产品。

山东天厚新材料科技有限公司　2017 年 9 月成立，位于菏泽市开发区黄河东路二里河工业园内，总建筑面积 1.5 万平方米，总投入资金 1 亿元；共有员工 110 人，其中大专学历 30 人，具有专业技术和高级技术人员 24 人。公司主要产品是电磁屏蔽材料，年生产能力 700 万平方米。

公司是一家专业从事防辐射、防电磁软体材料、屏蔽服面料整理、加工、研究开发并致力于产业化发展的科技企业。该项目组织一批杰出的材料学、电化学专家自主研发以柔性化纤织物等为基本材料，利用物理气相沉积与离子反应技术，生产软体电磁屏蔽材料。该项目生产的软体电磁屏蔽材料是国内最新一代技术产品，具有覆膜均匀、附着力强、耐腐蚀、工作频率宽、屏蔽性能好、使用领域广泛等优点。

第四节　新能源产业园

玉皇新能源产业园

山东玉皇新能源科技有限公司成立于 2014 年 2 月，位于开发区中华东路 888 号，工业生产园区占地 43.2 公顷，研发中心占地 2.53 公顷；注册资金 2.5 亿元，总资产 6.8 亿元；共有员工 371 人，大专及以上学历 272 人，具有专业技术和高级技术职务人员 124 人；公司主要从事石墨烯、锂离子动力电池及电池核心材料的研发、制造和销售，其中高品质石墨烯粉体年生产能力 3 吨，锂离子动力电池年生产能力 5 亿瓦时，是一家拥有先进管理、技术、制造能力的现代化高新技术企业。

玉皇新能源是中国石墨烯技术研发与产业应用的领军企业，石墨烯产品采用独创的磷酸密闭制备工艺，现开发至第七代，单层石墨烯薄膜单个尺寸大于 10×10 厘米，性能优异，批次稳定，技术水平国际领先。现有锂离子电池主打产品为自主开发的高能量密度三元和高安全磷酸铁锂电池，具有绿色环保、能量密度高、寿命长、内阻低、安全性能好、充放电功率大、使用温度范围宽广等特点。通过 GB/T31484、GB/T31485、GB/T31486 强制性检测，产品已在国内一线车企配套应用。

经过几年的探索与发展，企业建立起一支一流的科研、生产、营销团队，团队有博士 11 人，硕士 25 人。园区建有一批高端的研发平台：中国科学院钱逸泰院士领衔的院士工作站、山东省国民经济动员中心新能源电池动员中心、山东省石墨烯新材料工程实验室、山东省博士后创新实践基地、山东省“一企一技术”研发中心等；与清华大学等高校及科研院所合作研发，研制新型高镍正极材料、硅碳复合负极材料以及改性复合钛酸锂材料等，突破高能量密度电芯的产业化加工制备技术，在材料开发、电芯制备过程工艺技术、电化学性能及安全性能测试等方面形成标准化平台。在专家团队的带动下，园区的科研水平得到快速提升，先后申请专利达 120 余项，承担中央引导地方科技创新项目、泰山产业领军人才工程项目、山东省重点研发计划项目等 10 余项。

锂离子电池生产自动化和管理智能化兼具，采用全自动生产线，建立从原材料到成品的全方位自动化仓储物流系统，实现了卷绕、装配、注液、化成、后处理等各工序的生产自动化。同时，通过引进 MES 系统，可以对产品进行严格的在线检测、判定，实时传输数据信息，实现了电池全生命周期的监控和追溯。产品性能稳定可靠，先后通过中汽研、18 所等产品认证检验，在国内外市场拥有良好的市场预期和发展空间。

园区先后获得全国示范院士专家工作站、中国国际石墨烯创新创业大赛优秀项目奖、第五届中国创新创业大赛（山东赛区）二等奖、第二届国际碳材料大会新锐成长企业奖荣誉，企业被认定为高新技术企业、山东省知识产权优势培育企业、山东省中小企业创新转型优胜企业、山东省“专精特新”中小企业、菏泽市知识产权示范企业，获第二届山东省专利奖、菏泽市科学技术进步奖二等奖，2015—2017 年蝉联菏泽市专利技术一等奖。

天宇新能源产业园

园区位于菏泽市开发区三里河工业园，占地 10 公顷，有员工 200 人，其中博士生 6 人，硕士生 11 人，本科生 20 人。菏泽天宇锂电能源科技有限公司是菏泽交通集团有限公司与中南大学合作创办的企业，是一家集宽温度范围锂离子电池、低温高倍率锂离子电池、高安全锂离子电池、超高倍率锂离子电池和快充锂离子电池研发、制造、销售与技术服务于一体的股份制高新技术企业。

公司拥有以博导、教授、博士、硕士为主体的研发队伍和管理团队，拥有多项国家专利和自主知识产权的高新技术，处于国内领先水平，可为客户提供极端条件下电源系统整体解决方案。

公司具备完善的生产管理和质量管理体系，通过 ISO9001 质量管理体系、ISO14001 环境管理体系、OHSAS18001 职业健康安全管理体系认证。产品通过国家轻工业电池及储能材料质量监督检测中心《低温高倍率锂离子电池》《矿灯用锂离子蓄电池安全性能检验规范》中所有的测试，进入生产、推广和销售阶段。主要产品有宽温度范围锂离子电池、低温高倍率锂离子电池、高安全锂离子电池、快充锂离子电池。

第四章　科技企业

第一节　企业队伍

开发区的科技创新活动从2002年开始起步，伴随着现代工业的成长节奏，各企业积极转变观念，以质量求生存，靠技术谋发展，依据自身优势，广泛探索创新模式，寻找创新路子，在管委会的统筹之下，借助国家和地方提供的政策条件和保障措施，在各领域和各行业掀起各式各样的科技创新活动，优化产品质量，丰富产品品种，提高技术水平，增强企业的生存发展能力，助推开发区经济社会的发展，全区涌现一批具有行业领先地位、产品具有竞争力、产值利润接连攀升的技术型骨干企业，在国内和国际市场经济中充分发挥了作用，形成一定的影响力。经过十几年的培育、链接发展，到2018年，开发区境内拥有市级企业技术中心20家，省级企业技术中心9家；市级创新型企业6家，市级高新技术企业19家，省级高新技术企业14家；省级众创空间8家，国家级众创空间3家。

2017年菏泽经济开发区省级高新技术企业基本情况表

表18–1

序号	企业名称	成立时间	占地面积（平方米）	建筑面积（平方米）	注册资金（万元）	累计投资（万元）	固定资产（万元）	主要产品
1	菏泽新亚机械设备有限公司	2000	30000	7500	1000	2500	1850	液压翻转犁、全方位深松机、绞盘式喷灌机、秸秆粉碎还田机、玉米精量播种机、小麦播种机、喷杆式喷雾机、深松整地联合作业机等
2	山东中科能人工环境有限公司	2002	47007	10595	1500	3170	1060	地源热泵、空气源热泵
3	菏泽金正大生态工程有限公司	2007	866447	365700	100000	123314	109330	控释肥、硝基肥、水溶肥、有机肥
4	菏泽鹏远混凝土有限公司	2008	30000	17000	2231	38604	2438	预拌混凝土、湿拌砂浆等
5	山东易达利化工有限公司	2009	200000	8965	14250	24058	20250	甲基丙烯酸甲酯、甲基烯丙醇、甲基丙烯醛、丙酮
6	山东太辉包装有限公司	2009	33333	12000	500	150	410	纸箱、纸盒、手提袋
7	山东科耀化工有限公司	2010	62825	15443	500	487	825	热塑性丙烯酸树脂、热固性丙烯酸树脂、丙烯酸改性醇酸树脂、TDI改性醇酸树脂、快干性醇酸树脂
8	山东信多达电子科技有限公司	2010	15387	12265	1000	1000	1500	豆浆机线路板
9	山东清洋新材料有限公司	2010	40000	5000	300	7000	4000	甲基四氢苯酐、甲基六氢苯酐

续表18-1

序号	企业名称	成立时间	占地面积	建筑面积	注册资金	累计投资	固定资产	主要产品
10	山东辰信新能源有限公司	2010	300000	8200	16000	26000	11000	清洁柴油调和组合（聚甲氧基二甲醚）
11	菏泽锅炉厂有限公司	2011	38177	8015	5000	15700	5000	锅炉、容器
12	道中道（菏泽）制药有限公司	2012	40000	12000	8991	31075	18803	抗肿瘤药物、免疫制剂、超级抗生素
13	山东昊华太阳能有限公司	2013	10000	7000	1200	1900	253	太阳能储热搪瓷内胆 太阳能储热搪瓷水箱 空气能储热搪瓷水箱 商用大容量搪瓷水箱
14	山东玉皇新能源科技有限公司	2014	432000	36000	25000	68000	28000	锂离子电池、石墨烯

2018年菏泽经济开发区省级以上高新技术企业主要情况表

表18-2

序号	企业名称	认定时间	产品服务领域	主营业务收入（万元）	从业人数（人）
1	山东中科能人工环境有限公司	2017/12/28	新能源与节能	4131.28	148
2	山东玉皇新能源科技有限公司	2017/12/28	新能源与节能/新型高效能量转换与储存技术/新型动力电池（组）与储能电池技术	8854.43	353
3	山东太辉包装有限公司	2017/12/28	纸箱、纸盒	714	21
4	山东清洋新材料有限公司	2017/12/28	新材料	10494.9	48
5	山东科耀化工有限公司	2017/12/28	化工	0	58
6	菏泽新亚机械设备有限公司	2017/12/28	农业机械生产与销售	700	70
7	菏泽鹏远混凝土有限公司	2017/12/28	资源与环境	25068.4	37
8	菏泽金正大生态工程有限公司	2017/12/28	复合肥、缓控释肥、水溶肥等新型肥料研发、生产及销售	157343	1993
9	山东中杰特种装备股份有限公司	2016/12/15	化工	17466	360
10	道中道（菏泽）制药有限公司	2017/12/28	抗肿瘤药物、制剂	371.5	152
11	山东昊华太阳能有限公司	2017/12/28	太阳能	7431	120
12	山东辰信新能源有限公司	2018/11/30	资源与环境	36	68
13	北汇绿建集团有限公司	2018/11/30	新能源与节能/高效节能技术/建筑节能技术	13218.8	350
14	山东易达利化工有公司	2018/11/30	新材料/高分子材料/新型功能高分子材料制备及应用技术	18995.7	134
15	菏泽华立新材料有限公司	2018/11/30	新材料/高分子材料/新型功能高分子材料制备及应用技术	55459.6	133
16	山东信多达电子科技有限公司	2018/11/30	智能装备驱动控制技术	16158.1	150
17	山东粤安新型材料有限公司	2018/11/30	环保制冷剂	5635.2	74
18	山东鹏润信息技术有限公司	2018/11/30	信息传输、软件和信息技术服务	4023.73	33
19	山东科源种业有限公司	2018/11/30	农业	492	24
20	菏泽中软信息科技有限公司	2018/11/30	计算机软件	1042.25	20

菏泽经济开发区省级高新技术企业名录

菏泽金正大生态工程有限公司
山东信多达电子科技有限公司
山东易达利化工有限公司
山东辰信新能源有限公司
菏泽锅炉厂有限公司
道中道（菏泽）制药有限公司
山东玉皇新能源科技有限公司
菏泽新亚机械设备有限公司
山东中科能人工环境有限公司
昊华太阳能有限公司
山东科耀化工有限公司
鹏远混凝土有限公司
菏泽清洋化学有限公司
太辉包装有限公司

菏泽经济开发区市级高新技术企业名录

山东水立方电子有限公司
菏泽华索电子有限公司
山东绿能燃气实业有限责任公司
菏泽天玲农化有限公司
山东曹达化工有限公司
山东菏泽玉皇化工有限公司
山东东药药业股份有限公司
山东德睿节能科技有限公司
菏泽市德润化工有限公司
山东菏泽振华精密模具有限公司
菏泽天宇锂电能源科技有限公司
道中道（山东）生物科技工程有限公司
山东盛百灵医药科技有限公司
山东鹏润信息技术有限公司
菏泽天信新材料科技有限公司
山东北新汇隆集成房屋有限公司
山东菏泽德泰化工有限公司
山东科源种业有限公司
山东京九肥料化工有限公司

菏泽经济开发区市级创新型企业名录

菏泽开发区曹州农用化学有限公司
山东菏泽德泰化工有限公司
山东华泽精密模塑有限公司
山东洋湖酒业有限公司
菏泽圣美高分子塑料制品有限公司
山东京九肥料化工有限公司

省级一企一技术研发中心名录

山东易达利化工有限公司（2015）
山东玉皇新能源科技有限公司（2016）

省级一企一技术创新企业名录

山东信多达电子科技有限公司（2015）
山东菏泽振华精密模具（2015）

市级一企一技术研发中心名录

山东易达利化工有限公司（2015）
山东玉皇新能源科技有限公司（2016）

市级一企一技术创新企业名录

菏泽市德润化工有限公司（2015）
山东德睿节能科技有限公司（2015）
山东菏泽振华精密模具（2015）

第二节　重点技术企业

菏泽鹏远混凝土有限公司

公司成立于2008年4月，位于菏泽市开发区钱江路999号，隶属菏泽城建集团。公司注册资金2231万元，累计投入3521万元，固定资产

2506 万元。拥有预拌混凝土和湿拌砂浆 2 项生产备案资质，全自动化生产线 6 条，年生产能力 300 余万立方米。有员工 128 人，其中大专以上学历 96 人，中高级职称 13 人，一级或二级建造师执业资格 24 人。

公司主要从事预拌混凝土和湿拌砂浆的生产与销售，特色新产品有再生混凝土、高强混凝土、彩色透水混凝土、高耐久性混凝土等。2009 年，公司研制的透水混凝土和清水混凝土市科技进步三等奖，公司研发的湿拌砂浆液体外加剂填补行业空白。近年承揽的重点工程有：赵王河湿地景观、福州路消防队、长城路桥、大学路桥、中山路桥、人民路桥、松花江路桥、亿丰时代广场、开发区高级中学、城建华府、城建国际广场、齐鲁工业大学菏泽校区、东南湖区及高新区棚改项目、合肥路小学、市直幼儿园、仓南路九年一贯制学校等项目；与菏泽城建集团、临沂天元建设集团、菏泽德合建工集团、菏泽碧桂园房地产公司等知名企业建立长期战略合作关系。

2012—2017年鹏远混凝土公司主要经济指标情况表

表18-3

年份	产品产量（万立方米）		工业总产值（万元）		销售收入（万元）		实现利税（万元）		利润（万元）	
	公司总量	高新技术产品	公司总额	高新技术产品	公司总额	高新技术产品	公司总额	高新技术产品	公司总额	高新技术产品
2012	26.10	1.50	8021	451	8021	451	1203	69	762	44
2013	19.80	2.60	6690	882	6690	882	1003	135	636	83
2014	26.50	7.90	12267	3821	12267	3821	1840	553	1165	498
2015	33.50	15.10	10458	4809	10458	4809	1578	693	1266	716
2016	56.20	47.80	17229	15327	17229	15327	2619	1235	1878	1204
2017	49.80	42.30	21232	17518	21232	17518	3484	2467	2613	1357

2015—2018年鹏远混凝土公司获得国家专利情况表

表18-4

专利名称	专利权单位（人）	专利号	认定时间
定量进料混凝土搅拌机	中华人民共和国国家知识产权局	ZL201520562950.3	2015年
双卧轴混凝土搅拌机	中华人民共和国国家知识产权局	ZL201520678841.8	2016年
小型混凝土拌料装置	中华人民共和国国家知识产权局	ZL201620245134.4	2016年
稳定抗压泡沫混凝土及制备方法	中华人民共和国国家知识产权局	ZL201511026595.9	2017年

菏泽锅炉厂有限公司 成立于 2001 年 4 月，其前身是 1984 年成立的菏泽市东城炉具厂，1986 年变更为菏泽市热水锅炉厂，1998 年更名为菏泽锅炉厂，2001 年 4 月企业改制，成立菏泽锅炉厂有限公司，迁址至开发区济南路 2218 号。

2018 年，公司占地 10 余公顷，主车间面积 3 万平方米；注册资金 5 亿元，累计投资 2 亿元；员工 650 余人，其中博士 1 人，硕士 3 人，中高级职称人员 22 人，技术研发人员 90 人，大专及以上学历者 250 人，公司董事长张春雨被评为“山东省优秀企业家”。

公司具有 2000 台锅炉和 3000 台（套）压力容器的年生产能力，产品远销 20 多个省、自治区、市，并出口到非洲、拉丁美洲及东南亚和中亚等国家。公司先后与大专院校和科研机构进行交流和合作，深化与山东省科学院、山东建筑大学的合作项目。公司申请专利26项，其中发明专利8项，实用新型专利18项；实审发明专利4项，授权实用新型专利8项，核心技术拥有自主知识产权。

菏泽新亚机械设备有限公司　成立于2000年，是集生产、研发、设计于一体的综合性企业，主要从事大豆精量播种机、玉米播种机、小麦播种机、秸秆粉碎还田机、深松机、喷灌机等农业机械及其零部件的生产与制造，在鲁西南地区的农业机械行业中处于领先地位，2014年12月被菏泽市科技局认定为“市级高新技术企业”，2017年12月，被科技部等部门认定为“国家高新技术企业”。公司占地3.33公顷，厂房面积10000平方米；注册资金1000万元；在职职工120人，其中本科以上学历人员18人，专科以上学历人员32人，高级工程师6人，工程师17人。

公司2014年成立技术中心，负责公司产品的研发、新产品的研究、技术管理以及公司技术发展的总体规划；把握公司产品整体技术的发展方向以及产品的研发进度，对研发产品的成本进行控制，提高产品性能，成本生产降低。公司与山东理工大学常年保持长期科研技术合作关系，技术中心人员配备合理，由主任、工程师和各专业部门负责人组成项目组，分工明确，设施设备齐全先进，配备各种机械加工设备160余台/套。

公司7项产品获得国家知识产权局授予的实用新型专利。各种型号的产品有16项获得省部级以上的农业机械试验鉴定站出具的农业推广鉴定报告及证书。2016年和2017年，共获得山东省农机装备研发创新计划项目的奖励资金160万元。2000—2018年，公司主要产品产量4556台，工业总产值12057万元，销售收入2824万元，利税13.5万元，利润13.4万元，年均增幅分别为6%、7%、11%、22%、17%。

山东昊华太阳能有限公司　成立于2013年7月，注册资金200万元，2016年注册资金增至1200万元。主打产品为各类搪瓷内胆及储热水箱，是一家集研发设计、生产制造、销售、服务为一体的综合性企业。公司拥有大学专科以上学历、中级以上技术职称的技术、质量管理人员20余人，一线生产员工100余人，销售及售后服务人员10余人。

产品生产线主要工序均采用自动化设备，年生产各类搪瓷内胆20万台，储热水箱10万台。产品销往山东、河北、安徽、北京、宁夏等全国各地，并与山东桑乐、山东力诺瑞特、皇明等多家知名企业建立长期稳定的合作关系。

公司是全国太阳能协会、太阳能热利用联盟、中国搪瓷水箱专业委员会、中国节能协会热泵专业委员会会员，中国搪瓷工业协会理事单位，太阳能农村热利用委员会副理事长单位。自2014年起，先后获得12项专利证书，专利覆盖太阳能搪瓷内胆、储热水箱、产品生产工艺及生产设备等多个方面。

山东科耀化工有限公司　成立于2014年4月，位于菏泽经济开发区八一东路7号，占地6.6公顷，建筑面积12000多平方米，注册资金500万元，现有固定资产796.95万元；有员工70余人，其中高级职称5人，大专以上学历23人。公司有年产6万吨丙烯酸树脂生产线，能生产各种门类的丙烯酸树脂，生产的丙烯酸改性醇酸树脂、TDI改性醇酸树脂、IPDI改性醇酸树脂在业内领先，产品覆盖水性树脂、油性树脂及无溶剂涂料用活性稀释剂等，广泛用于机械漆、防腐漆、汽车漆、地坪漆、划线漆及建筑漆等各领域。山东科耀化工院士工作站2016年10月被中国科协评为示范工作站，山东科耀化工有限公司2017年6月获评2017创新中国（化工）十大领军企业，2016 年 8 月 22 日被山东省中小企业局授予山东省第五批“专精特新”企业称号，2017 年 12 月 28 日被山东省科技厅公示为山东省高新技术企业。

公司拥有国家知识产权局授权发明专利 1 项，受理发明专利 6 项，先后完成国家科技支撑计划子课题 1 项，山东省科技计划课题 2 项，菏泽市科技计划课题 4 项，科技转化高新产品 18 项。研发的 80% 固含量、90% 固含量的丙烯酸树脂，2018 年工业化生产 4543.05 吨，高新产品新增销售收入 2787.05 万元，实现利税 223.9 万元。

山东清洋新材料有限公司　成立于 2010 年 11 月，原名为菏泽清洋化学有限公司，位于菏泽市经济开发区台湾东路，是招商引资的浙江籍企业。公司主要生产甲基四氢苯酐、甲基六氢苯酐等环氧树脂类固化剂，是一家集科研、生产、销售于一体的科技创新型企业。成立之初，注册资金 300 万元，占地 4 公顷，员工 40 余人，其中大专以上学历 5 人，高级职称者 2 人。2018 年，公司发展为固定资产 8000 万元，年销售收入过亿元的国家级高新技术企业，拥有员工 45 人，大专以上学历 17 人、本科 5 人、留学归国人才 1 人。公司拥有 6 项知识产权，15 项研究开发活动，2 项创新型课题，1 套新型技改项目。

公司所研发出的新产品远销日本、韩国、德国、俄罗斯等国家。

公司还与浙江大学材料与化学工程学院、天津大学材料科学与工程学院等高等化工院校建立长期技术合作关系，以高校科研力量为主导、企业活动为依托共同研发 CMH、CMT 系列多种产品。

2013—2018 年，公司生产的酸酐类固化剂实现工业总产值 34371 万元，销售收入 33678 万元，利税 1799 万元，利润 472 万元，年均增幅分别为 54.8%、61.2%、127.8%、70.1%。其中，高新技术产品实现工业产值 26000 万元，销售收入 25796 万元，利税 1612 万元，利润 372 万元，分别占公司各项总数额的 75.6%、76.6%、89.6%、78.8%。

山东太辉包装有限公司　成立于 2009 年 12 月，由菏泽市牡丹区华宇包装印刷厂改制组建而成，位于菏泽开发区济南路 2666 号，是专业从事纸质包装印刷研发和生产的有限责任公司。公司建立之初，厂区占地 2.67 公顷，车间建筑面积 9000 平方米；注册资金 500 万元，投资金额 500 万元，固定资产原值 350 万元，有员工 18 人，其中具有大专以上学历 3 人。至 2018 年底，累计投资 600 万元，固定资产原值 410 万元；员工增至 22 人，其中具有大专以上学历 6 人，具有高级技术职称 1 人，研究员 2 人。

公司为集研发、生产、销售于一体的包装印刷生产企业，主要产品有各种包装纸箱、纸盒、手提袋等系列高中低档产品，广泛用于食品包装、药品包装、化妆品行业，卷烟行业和小家电行业等。

公司与齐鲁工业大学签订产学研合作协议，取得多项科研成果和国家专利。2016 年，公司研发并获得实用性专利 7 项；2017 年，公司研发的全自动双片订箱机技术荣获国家发明专利。2018 年，公司实现销售收入 400 万元。

山东中科能人工环境有限公司　公司始建于 2002 年，其前身是菏泽南华中央空调有限公司，位于菏泽开发区高新科技创业园，占地 4 公顷，主车间面积 12000 平方米，设有技术中心、生产中心、产品性能测试中心，有员工 130 多人，其中科研人员 15 人，专业技术人员 40 多人，大专以上学历人员 45 人，固定资产 1.5 亿元。通过国际质量管理体系认证、环境质量认证、职业健康安全认证、节能认证、省级高新技术企业等多项认证，获得 2016 年度“守合同、重信用企业”称号，是中国制冷产业联盟会员单位。

公司开发有400多个品种规格的产品，其中开发的地源热泵CTEDB180K获得节能认证二级能效标识，CTEDB600获得节能认证一级能效标识。至2018年底，公司共取得6项实用新型专利、4项计算机软件著作权专利，均转化为公司主导的产品，并取得良好的经济效益。

2012—2018年，公司高新技术产品共实现工业总产值7359.69万元、销售收入6696.72万元、利税680.52万元、利润161.23万元，各项主要经济指标分别连续两年翻一番。

山东科源种业公司　成立于1999年4月，是一家集科研、生产、加工、销售于一体的科技密集型专业化种子企业，公司注册资金3000万元，2018年有职工24人，系“国家AAA级信用种业企业”“山东省骨干种业企业”“国家高新技术企业”“山东省小麦种子工程研究中心”“山东省现代种业科技培育企业”“菏泽市农业产业化龙头企业”。

该公司拥有省级研发创新平台1个——山东省小麦种质工程研究中心，科企创新联盟3个，分别是与菏泽市农科院联合成立的“科企创新战略合作联盟”，与安徽农大、安徽金桥公司等2家科研单位和8家种子企业联合成立的“8+2科企创新联合体”，与河北宽城种业公司等6家种业企业联合成立的“华麦科企创新联合体”。这些研发创新平台已成为公司科技研发、科技成果转化的重要载体，在农作物品种升级、改良、换代活动中充分发挥了作用。经过多年积累，公司拥有自主知识产权大豆品种9个，自育小麦品种6个。自育玉米品种4个。

山东粤安新型材料有限公司　创建于2006年4月，坐落于菏泽经济开发区化工园、高新技术产业园、国家级孵化器园区内，是一家民营企业。公司占地6.67公顷，注册资金2458万元、总资产6500万元。公司专业从事新型环保制冷剂、汽车护理品的研发、生产和销售，系国家级高新技术企业，拥有发明专利1项、实用新型专利10项，曾获得“安全生产标准化三级企业”称号，并通过质量、职业健康安全和环境（QHSE）三合一体系认证。

2018年，公司有员工70多人，其中高级管理人员5人、管理及技术人员15人、检验人员6人。设有生产技术部、品管部、安全环保部、采购部、销售部、财务部、物流部、综合办公室。生产区域分为主装置区、储运区、装卸区、公用工程区等。主要的原材料由中石化、中石油等大型公司提供，质量稳定可靠。生产工艺采用先进的液化烃净化技术脱硫、脱水、加氢、精密分馏，产品的纯度达99.99%，无废水、废气、废渣和污染物排放。

12年来，该公司坚持只做碳氢制冷剂，努力把制冷剂做到极致。国标Ⅰ型R600a的质量分数99.5%，国内顾客最高质量分数要求99.95%，该公司的质量分数达到99.99%，满足了国内冰箱厂最高的品质要求。2015年，公司投资2000多万元对原生产装置进行彻底改造，成为R290高纯产品（99.99%）国内生产第一厂家，申请生产制造发明专利。顾客产品的交付合格率100%，社会返回率260ppm。2018年，公司碳氢制冷剂产能达到1万吨，约占市场年需求量的83.33%。

公司检测设备完善，先后投资300多万元建立实验室和购买检测设备。主要检测设备有气相色谱仪（岛津）、硫分分析仪、水分分析仪等，国标制冷剂的所有指标该公司均能检测。公司拥有一个11人的研发团队，先后得到美国股东、加拿大股东提供的情报信息和技术支持，2014年，产品成功进入三星、东芝等国际著名企业，国内稳定的顾客群有美的、格力、海尔、海信、TCL、三星、奥马、新飞、星星、澳柯玛等品牌公司，碳氢制冷剂（r600a）的市场占有率达到40% 左右。

北汇绿建集团有限公司　创建于 2014 年 7 月 15 日，是国家级高新技术企业、首批国家装配式建筑产业基地、中国住宅产业联盟新型房屋（菏泽）基地、山东省建筑产业现代化生产基地、山东省装配式建筑产业基地、菏泽市钢结构装配式建筑集成产业基地、浙江大学钢板剪力墙技术研发中心。公司位于菏泽开发区钱江路 166 号，注册资金 1 亿元。一期工程占地 26.8 公顷，厂房建筑面积 12 万平方米，装配式钢结构、薄壁轻钢集成房屋、预制混凝土构件、3D 打印建筑等项目正式投产。后期扩大规模，规划用地 305.73 公顷，基地区域划分为生活区、生态区、办公区、产品展示区、研发区、文化创意区和生产区。

先后公司主编参编国家、山东省地方标准 10 余项，申请软件著作权及实用新型专利 16 项，形成一系列核心技术，主要产品包括 3D 打印建筑、盈恒石、钢结构剪力墙构件、装配式钢筋桁架楼承板、钢柱、钢梁、装配式集成房屋、建筑节能与结构一体化新型维护板、装配式钢结构综合管廊、预制楼梯、阳台、飘窗、海绵城市建设用各种检查井、综合管沟、地下暗渠、各种小型构件等，用于各类型民用、商业和工业建筑，实现了建筑行业的工业化。

业务范围涵盖钢结构工程、建筑工程、装饰装修工程、道路桥梁工程、防腐保温工程、市政工程、环保工程、绿化工程的施工以及建筑工程设计、技术咨询、金属材料销售等。2018 年公司实现营业收入 1.32 亿元，利润 1168.8 万元。

山东鹏润信息技术有限公司　成立于 2012 年，位于菏泽开发区人民路公园 1 号，注册资金 1010 万元，是一家从事计算机信息系统集成、智慧城市、平安城市、建筑智能化系统、城市智能交通、隧道监控与轨道交通自动化、高速公路三大系统、教育信息化、智能环保工程等项目设计与实施的高新技术企业，并研发和生产上述领域的相关产品。通过 ISO9001 质量管理体系、ISO14001 环境管理体系、ISO27001 信息安全管理体系、ISO20000-1 信息技术服务管理体系、OHSAS18001 职业健康安全管理体系等认证，2018 年通过国家级高新技术企业认证，信息系统集成三级、安防二级认证，年营业收入 4000 余万元。

公司高度重视科技创新工作，设有专家委员会负责公司科研规划、重大科研项目立项论证，研发中心和产品设计所分别负责公司中长期产品研发和产品工程化研发，经过多年在智能科技领域的研发积累，公司自主研发出自助服务设备，智能纳米技术、软件系统多类自有产品，包括自助打印机、自助售卡机、多媒体自助终端、缴费机现金机、自助售票机、自助取票机、税务自助终端、综合功能一体机、基于纳米技术的采暖炉以及相关的软件产品以及楼宇自控系统、智能照明系统、计量与能源管理系统、会议中控系统、机房监控系统、一卡通系统、停车场引导系统、交通集成管理系统、隧道自动控制系统、视频事件检测系统等多门类系列产品。

公司拥有自主研发的智能楼宇集成管理系统（IBMS 系统），以开放的软件架构，集成管理现代楼宇中的设备管理系统、消防报警系统、安全防范系统、一卡通系统、停车场管理系统、网络系统、办公自动化系统、物业管理系统、机房监控系统等 10 多个子系统，实现多用户、分层次、基于 B/S 结构的智能楼宇整体管理，该产品已成为国内楼宇智能化名牌。此外公司拥有涉及幼教、普教、中职、高校的多套教育信息化解决方案以及配套教学课件及数字化校园管理软件。产品方案包括交互式班班通系列，电视电脑触摸液晶一体机系列，全自动高清精品课程（微格）录播系统系列，无线投影网关，教师手持移动平板终端系列，学生电子书包系列、校园数据中心、校园智能一卡通、移动运营商平台“家校通”、区域级教育云平台解决方案等。

菏泽中软信息科技有限公司　成立于2013年12月5日，注册资金1000万元，系专业从事系统集成、物联网、安防监控、软件开发、综合布线、智慧校园、机房代维等为主要业务的高新技术企业，公司先后取得安防技术证书、ISO管理质量体系认证、环境管理体系认证、职业健康安全管理体系认证、高新技术企业证书、14项软件著作权及软件产品证书。公司2018年形成20余人的技术、管理团队和专业的施工及开发队伍，其中大学本科以上学历人员15人。

公司主要经营计算机软硬件及辅助设备自动化办公设备、自动控制设备的研发、生产、销售、安装及维护；监控设备、消防设备、低压电器、智能化建筑设备、通信设备、办公用品、多媒体设备、五金交电、计算机及耗材的销售、维护；广播系统；物业管理系统；系统集成、通信工程、安防工程、防雷工程、综合布线、园林绿化、建筑安装工程设计与施工；机房及网络维修；市场调查；企业管理信息咨询。公司先后与菏泽市中级人民法院、菏泽市人民检察院、菏泽市住房保障和房产管理局、菏泽市地方税务局、菏泽市公安局、齐鲁工大菏泽校区等建立了良好的合作关系，先后承接成武县人民法院信息化系统技术服务项目、菏泽国开学校智能弱电工程项目、东明县法院审判法庭基础弱电建设项目等优质项目，并已完工单县人民法院智慧建设项目、东明县人民法院执行指挥中心建设项目、菏泽市中级人民法院审委会管理系统采购项目、菏泽市中级人民法院执行指挥中心建设项目、山东省菏泽生建机械有限责任公司车间监控、报警安装工程项目、菏泽市商品房预售资金监管平台服务项目等。2018年公司营业额3000万元。

第十九编　文化　教育　卫生

开发区成立后，建成生活区文化广场17个，其中5个建筑面积超过1000平方米。拥有广场舞活动队、秧歌队137个，民间地方剧团11个，武术门派、门类11个。累计教育投资12.6亿元，新建改扩建校舍建筑面积40余万平方米。2015年，开发区通过山东省义务教育均衡发展验收，全区中小学办学水平明显提高。共有医疗卫生机构105处，就医床位1104张，医技人员1896人。其中，市中医医院为省级“爱婴医院”，获评“全省中医工作先进集体”“山东省中医保健特色示范医院”；菏泽荣军医院被评为“山东最受百姓信赖十佳医院”“全国诚信示范医院”。计划生育工作由属地严格管理逐步向婚姻和优生优育服务转变，2018年全区婚前医学检查率、免费孕前优生健康检查率均在98%以上。

第一章　文　化

第一节　公共文化建设

2016年以来，开发区重点抓综合文化中心建设，并取得阶段性成效。同时，大力加强社区文化服务中心建设，全区104个社区基本实现全覆盖。按照全市统一安排，岳程、佃户屯街道完成广播“村村响”工程。2018年，全区持续加强文化基础设施建设，在各社区普遍建设文化广场或文化大院、道德讲堂、图书阅览室、文体活动室等，普遍组建有众多群众参与的文艺队伍。

开发区的文化建设归口党工委政研室负责，由1名党工委领导成员分管。自2004年后，政研室跟随时代发展节奏，根据现代生活需要，及时编制全区公共文化设施建设规划，辖区内公共文化设施起点高、规模大、设施全、普及面广。2000年以前，开发区只有“青菏泉”1个文化广场。至2017年，通过提升改造、城市建设配套，覆盖开发区主要生活区的文化广场17个，其中建筑面积超过1000平方米的5个。按照开发区的总体部署和安排，辖区3个街道均成立文化站和民间文艺工作组织机构，基层党委1名成员分工主抓街道社区的文体活动。

冀鲁豫边区纪念馆　冀鲁豫边区革命纪念馆于1998年4月奠基，2000年5月建成开馆。占地13.2公顷，建筑面积1.17万余平方米，总投资4000余万元，集展厅、画馆、广场建设于一体。主体建筑由展厅和全景画馆组成。展厅分为序厅和星星之火、浴血抗日、逐鹿中原、革命儿女4个大厅，全面系统地反映20世纪三四十年代冀鲁豫边区党政军民在中国共产党的领导下，不怕牺牲、前赴后继、不屈不挠、英勇奋进的革命精神。画馆内全景画面高17米，周长123米，绘画、地面塑形和灯光音响相互交融。

菏泽大剧院　位于菏泽城区规划中东西南北两轴相交的文化中心地带，北靠八一路，南接和平路，西邻赵王河新世纪景观廊道，是开发区一项重要的现代文化设施。

工程以牡丹花瓣为造型，突出“刚柔相济、牡丹盛开”设计理念，体现菏泽“牡丹之乡”的地方特色。工程建筑面积3.11万平方米，建筑高度34.7米，设计概算2.2亿元。工程由中外建顾问设计有限公司设计，山东菏建建筑集团有限公司中标承建。该工程设计有1506座主演播厅、

3 个 112 座的小放映院、3 个戏剧茶座和 1 个 320 座的多功能厅，有会议室、化妆间、小排练厅以及琴房等功能用房。

大剧院周边景观工程总面积 10.48 万平方米，其中道路广场面积 8.27 万平方米，绿化面积 2.15 万平方米，水体面积 591 平方米。工程涵盖市政、绿化、给排水、雕塑、电气照明及配套设施等多个项目。其中，建有牡丹广场、文化戏曲区、休闲健身区、演武楼集散广场、预留用地、自行车停车位、固定停车位、临时停车位等。大剧院 2007 年 8 月 1 日开工建设。2009 年，水电、空调、

菏泽大剧院

幕墙、弱电、舞台机械、电梯、灯光音响、消防等室内装修工程安装调试完成，实际完成投资 2.9 亿元。工程于 2009 年 8 月全面竣工。市两代会、市公安局邀请的中央音乐学院教授“走进音乐的世界”大型讲座、省公安厅全省文艺调演、中央台《星光大道》《山东汉子》等活动相继在大剧院举行。

菏泽演武楼　菏泽演武楼是菏泽市一项重要的现代综合体育设施，采用“人”字形为造型，体现博大精深的中华精神，突出菏泽“武术之乡”的地方特色。菏泽演武楼项目是省级重点工程，选址在菏泽城市规划区南北、东西两轴交汇的核心地带，南接规划中的中心城市花园，西邻赵王河景观廊道，与菏泽大剧院和北侧拟建的群众文化综合楼共同组成市区文化中心。演武楼设计方案由上海中建建筑设计院设计，工程采用钢构架及曲面屋盖，具有较强的灵活性和综合性。演武楼 2007 年 8 月开工建设，2008 年末建成，2009 年 3 月试运营，2009 年 6 月竣工投入使用。总投资 1.7 亿元，建筑面积 1.88 万平方米，地上两层、地下一层，建筑高度 31.4 米。除设有容纳 5000 人的比赛大厅外，还有办公、会议、训练、新闻发布、运动员比赛检验和休息等场所，能满足武术散打、篮球、排球、羽毛球、乒乓球等多种体育项目的比赛和训练，可为大型会议、文艺演出、群众集会和健身提供场所。演武楼举办第十一届全运会武术散打比赛，还承办其他多场体育比赛、会议和大型文艺演出。演武楼被评为“第十一届全国运动会优秀场馆”。

丹阳街道民俗博物馆　于 2017 年 10 月开馆，投资 1000 多万元，建筑面积 5000 多平方米。确定初步布展大纲，内容以菏泽记忆为主线，包括第一部分住居记忆（城市记忆、街道记忆、村落记忆、庭院记忆、住居记忆）；第二部分吃的记忆（家常饭、节庆饭、待客饭、菏泽滋味、难忘的滋味），穿的记忆（土布、包袱、鞋帽、婚服、礼服），玩的记忆（泥玩具、木玩具、布玩具、儿时游戏、玩耍）；第三成长记忆（上学记忆、课堂记忆、先生记忆、同窗记忆），甜美记忆（情爱记忆、升学记忆、创业记忆）；第四部分永恒记忆（乡音、戏曲、武术、乡愁、乡情）等。是年，街道综合文化服务中心同时投入使用。

岳程街道综合文化中心　占地 20 亩，总投资 2000 万元，建筑面积 3000 平方米，园林景观面积 10000 平方米，中心主体建筑为 3 层楼房，设有健身房、排练室、书刊阅览室、电子阅览室、书画室及容纳 200 人的多功能厅等功能性设施。中心广场呈“品”字型布局，分为法治、文化、健身三大主题板块，并配套建设标准化篮球场 1 处。2017 年 1 月，该项目主体建设通过验收，年

文化广场

内作外墙保温和三楼网架顶棚的建设工作。

佃户屯街道综合文化服务中心于2017年进行规划设计。

第二节　群众文化活动

2016年，开发区拥有秧歌队、广场舞队115个，群众主动参与文化活动的热情高涨。为加强组织引导，年内丹阳街道在大剧院广场举办秧歌大赛，有35个秧歌队参加。岳程街道组织47个广场舞队分布在4个广场，举办大型广场舞比赛。佃户屯街道举办广场舞和秧歌舞比赛，并于农历二月初二，举办斗羊邀请赛，来自周边4省10余个地市20多个代表队参赛，场面壮观。2016年以来，全区还完成送戏下乡95场，把大戏送到群众家门口，深受城乡居民欢迎。

在市文广新局的大力支持下，开发区经过近年来的培育和扶持，至2018年，全区拥有8个专业剧团、12个戏剧社、109支舞蹈队，涉及豫剧、枣梆、两夹弦、四平调、化妆坠子等多个剧种。文化活动在社区天天上演，精彩纷呈，丰富广大居民群众的精神文化生活。邀请市政协、市委讲师团、菏泽学院、市妇联等单位的专家、学者到区举办道德大讲堂68期，接受文化教育的居民群众2.8万人次。邀请市文明办做专场辅导报告，重点培训区直、街道和社区干部，让参与创城的工作人员成为行家里手。村村设立“四德榜”，普遍公开评选“四德”模范和一大批“五好家庭”“卫生模范户”“孝老爱亲模范”等，树立典型，倡导文明新风。

积极举办文化活动，把创城知识和要求与丰富群众文化生活结合在一起，利用曲艺、戏曲、广场舞伴奏歌曲，创作成创城内容，到广场、社区进行巡演，以群众喜闻乐见的方式，寓教于乐，提高居民文明意识。积极遴选优秀剧团，立足全市创建省级文明城市的实际，编写讴歌新时代文明生活、弘扬优秀传统文化的剧目，在全区进行巡回展演。相继组织开展“友邻杯”中国象棋大赛、“庆七一、颂党恩 共建全国文明城市”等系列文化活动，丰富群众文化生活。

牡丹花会期间秧歌会演

大力完善公共文化服务体系建设，着力做实区、街道、社区三级图书阅览室、街道综合文化站、社区文化健身广场、社区文化活动室、农家书屋、广播“村村响”等利民惠民文化项目，推动全社会形成讲文明、树新风、知荣辱、做奉献、促和谐的良好风尚。

第三节　乡村文明行动

2014年以来，开发区开展“乡村文明行动”，成立区乡村文明行动领导小组，进行现场视察

调度，印发简报宣传先进典型、分析存在问题。当年4月23日，开发区党工委副书记、乡村

健身活动

文明行动领导小组组长张继争，组织带领各街道办事处主任和相关部门的负责同志，对各街道开展乡村文明行动情况进行现场调度，实地察看18个社区。各街道、区直有关部门按照党工委、管委会的要求，结合自身实际，制订乡村文明行动实施方案，在广泛发动、全面展开的同时，每街道选择6个社区，重点打造，树立一批示范社区。对社区环境综合整治、绿化亮化美化、健身广场、百姓大舞台、“四德”榜、文明一条街等建设工程，各街道普遍采用以奖代补的方式，依据考核验收结果进行奖补，有力调动社区的积极性，促进乡村文明行动扎实有序的向前推进。

各街道在当前工作基础上，全面铺开，把“四清五化”文明一条街、文化广场、“四德”榜建设整体推进，形成各项工作齐头并进的工作局面。督促每个社区均成立红白理事会，道德讲堂要挂牌。抓紧建设垃圾中转站，落实好卫生保洁员的待遇。坚持统筹兼顾，科学安排，硬件软件一起上，把“乡村文明行动”涉及的工作事项，拉出单子，明确到人，同时向前推进，确保上半年取得明显成效。树典型，通过《乡村文明行动工作动态》，及时汇报交流各街道和先进社区的好做法、好经验。扩大宣传，利用电视、报纸等新闻媒体，及时报道区“乡村文明行动”进展情况。各社区充分利用广播喇叭，向社区居民宣传“四清五化”，卫生保洁，文明街巷建设，文化广场建设，“四德”榜建设的重要性，宣传红白理事会、居民议事会、道德评议会的职能作用，提高居民群众参与的自觉性，树立文明和谐新风尚。

至2014年6月，“乡村文明行动”成效凸显。按照区、街道对“乡村文明行动”活动的整体要求，做到精神文明、生态文明齐抓共管，由环境整治向文化内涵延伸。岳城街道全面实施“四德工程”建设，广泛开展“四德”楷模评选。在西王堂社区，弘扬“真善美”的善行义举四德榜得到群众广泛赞誉，共评出4位好婆婆、7位好媳妇、4位致富带头人及4户五好文明家庭。丹阳街道33个社区红白理事会共为社区群众张罗置办红白喜事130多件，节约资金17.5万元，形成了厉行勤俭节约、倡导文明和谐、节俭操办红白事的新风尚。

第四节　文物保护

自2007年12月《中华人民共和国文物保护法》颁布实施起，开发区始终重视辖区文物的保护管理。至2018年，全区共有县级以上文物保护单位15处（详见：附表）。其中，国家级文物保护单位1处、山东省级文物保护单位3处、菏泽市级文物保护单位10处、县级文物保护单位1处。

2018年菏泽开发区县级以上文物保护单位一览表

表19-1

序号	所属地	公布名称	年代	地址	类别	公布时间	批次	备注
菏泽市国保（1）								
1	开发区	安邱堌堆遗址	新石器时代至商	开发区佃户屯街道曹楼村	古遗址	2001.06	第五批	
菏泽市省保（3）								
1	开发区	长岗堌堆遗址	周至汉	开发区佃户屯街道长岗集村	古遗址	2015.6	第五批	
2	开发区	坡刘堌堆遗址	商至汉	开发区岳程庄乡坡刘村	古遗址	2015.6	第五批	
3	开发区	冉贤集冉仲弓祠	汉至明	开发区岳程庄街道冉贤集村	古建筑	2015.6	第五批	
菏泽市市保（10）								
1	开发区	卞氏宗祠	1990年	开发区丹阳街道卞庄村	近现代	2009.12	第一批	
2	开发区	王氏民居	清代	开发区岳程庄街道王集村	近现代	2009.12	第一批	
3	开发区	田卫东等烈士墓地	1947年	开发区佃户屯街道张合庄村西北角	近现代	2009.12	第一批	
4	开发区	何家花园	明代	开发区丹阳街道岳楼村西南	其他	2009.12	第一批	
5	开发区	武寺武氏墓地	明代至民国	开发区丹阳街道武寺村	古墓葬	2015年	第二批	
6	开发区	张李庄姑庵寺遗址	明代	开发区陈集镇张李庄村	古遗址	2015年	第二批	
7	开发区	陈集村李玉民民居	清代	开发区陈集镇陈集村	古建筑	2015年	第二批	
8	开发区	齐庄齐鸿猷故居	清代	开发区陈集镇齐庄村内	古建筑	2015年	第二批	
9	开发区	辛集村火神庙	清代	开发区岳程街道辛集村	古建筑	2018.12	第三批	
菏泽市县保（1）								
1	开发区	八里庙汉墓群	汉代	开区区陈集镇八里庙村西南1公里	古墓葬	2011.07	第三批	

第二章 教 育

第一节 行政管理

1992—2002年，开发区的教育行政管理工作由牡丹区教育局代管。2003年，成立开发区教育管理科，办公地点设在市教育局，与开发区社会事业发展局文教卫综合管理办公室共同负责协调辖区的教育行政管理工作。2005年3月之前，由辖区各街道教委协助负责，共同做好开发区教育行政管理各项工作。2005年3月之后，开发区撤销各街道教委，设立各街道中心小学，原街道教委人员进行分流调整，中心小学保留4～5人，剩余人员充实到教育第一线。中心小学不再管辖中学事务，开发区各中学、中心校直接由区社会事业发展局文教卫综合管理办公室负责管理。

2006年5月，菏泽市教育局撤销开发区教育管理科，开发区组建教育工作办公室，隶属开发区社会事业发展局，负责管理全区中小学教育教学工作。2006年9月，开发区管委会决定由人事部门组织，在全区教育系统中通过考试、面试，公开选拔借调人员到教育工作办公室负责具体工作。从此，教育工作办公室作为开发区教育的行政管理职能部门，在教育事业上发挥主导作用。2009年8月，郭守云调入教育工作办公室任主任，全面主持教育工作办公室的工作。2010年初有5个科室，2016年底有8个科室。

第二节　学前教育

开发区本着“培养兴趣、开发智力、健康成长”的原则，对辖区内的幼龄儿童开展学前教育。

1992年，全区幼儿园共有49所，其中公办小学附设的幼儿园占大多数，民办幼儿园占少数。民办幼儿园逐年增多。开发区共有幼儿园149所，639个班级，在园幼儿15893人。其中，登记注册幼儿园33所（民办幼儿园29所，公办幼儿园4所），注册园211个班级，幼儿5863人，教职工758人。登记注册的29所民办幼儿园中，城区内小区配套幼儿园10所，分散在农村或城区其他地方的幼儿园19所。按照开发区学前教育三年行动计划规划，管委会于2012年投资577万元完成每个街道建设1所中心幼儿园的任务。3所街道中心园均建在各街道办事处附近，产权归管委会所有；中华世纪城小区配套幼儿园，由开发商无偿转交给开发区社会事业发展局，成为全日制公办幼儿园，政府投资100多万元内部装修完毕后，命名为菏泽开发区实验幼儿园，2016年春开园，正式招生，同年被评为市级一类园。2016年，投资7000万元新建兴仓路幼儿园、合肥路幼儿园、李孟油幼儿园，全部竣工，其中兴仓路幼儿园为36个班的大型幼儿园。截至2018年，开发区共有幼儿园176所，480个班级，在园幼儿14867人。其中，登记注册幼儿园50所（民办幼儿园41所，公办幼儿园9所），注册园276个班级，幼儿8340人，教职工720人。登记注册的41所民办幼儿园中，城区内小区配套幼儿园9所，分散在农村或城区其他地方的幼儿园32所。

2010年以后，开发区严格落实学前资助政策，全面实施对全区注册幼儿园救助工程。救助比例为在园幼儿总数的10%，按照每生每年1200元的平均资助标准，对学前儿童予以救助。结合全区实际情况设立学前教育政府助学金，对家庭经济困难儿童、孤儿、残疾幼儿、烈士子女、少数民族幼儿、因病因灾造成家庭特别困难的儿童予以优先资助，并向农村贫困地区给予倾斜，使真正困难学前儿童享受到国家的资助政策。2016年，对全区幼儿园基本情况进行摸底统计，确定582名贫困在园幼儿救助名单，资助金额69.84万元，救助比例为在园幼儿总数的10%。2018年确定1885名贫困在园幼儿救助名单，资助金额113.66万元，救助比例达到在园幼儿总数的10%。

2010年后，开发区对学前教育加大投入，还多方引进人才，为公办幼儿园统一招聘幼儿教师，纳入机构编制管理。

菏泽开发区实验幼儿园　2014年，开始筹建菏泽开发区实验幼儿园。2016年春开园，正式招生，同年被评为市级一类幼儿园。开发区实验幼儿园为全日制公办幼儿园，位于菏泽开发区桂陵路与中山路交叉口东100米路北，占地4500平

开发区实验幼儿园教学楼内景

方米，建筑面积2980平方米，现代化的教学活动室、多媒体活动室、科学发现室、图书室、美工室、建构室、厨房操作间、保健室、视频监控室一应俱全，各种教学设备均按山东省示范园的标准配备。活动室内配备多媒体一体机、钢琴、空调等现代化设施。2017年，园内共有小、中、大7个教学班，在园幼儿380人；教职工34人，全部大专以上学历，其中本科毕业的幼师8人。

丹阳街道中心幼儿园　位于菏泽开发区丹阳街道桑屯社区，是一所全日制公办幼儿园。2013年，由丹阳街道党委、办事处出资586万元开始建设，2015年8月交付使用，占地3698平方米，建筑综合使用面积2096平方米，室外活动面积2460平方米。2015年9月，开始招生。2017年，设有大、中、小班7个，在园幼儿220人，教职工24人。

岳程街道中心幼儿园　位于开发区渤海路中段，是一所全日制公办幼儿园。始建于2012年，2014年9月投入使用，同年通过山东省教育厅乡镇（街道）中心幼儿园认定，2017年被评为菏泽市一类幼儿园。园舍为独立建筑群体，符合国家相关安全、卫生标准，布局合理，建筑风格体现幼儿特点。园所占地6700平方米，建筑面积4100平方米，户外活动场地1500平方米，并铺设塑胶防滑彩色地砖，设有30米直跑道，配置组合滑梯、攀登架、爬网等大中型玩教具，开园后相继建设玩沙区、戏水池、种植园等。室内设有大型多功能活动室、园长办公室、接待室、卫生保健室、教具资料室、美工室、图书室、科学发现室等功能用房，一体机、空调、钢琴、电子琴、录放机、照相机、玩教具等配套设施。2017年，幼儿园有5个教学班，160名幼儿，专任教师15人，专业合格率达100%，大专学历达100%；另有兼职保健教师1人，厨房工作人员2人，专职保安2人。

佃户屯街道中心幼儿园　位于佃户屯街道佃户屯社区，为全日制公办幼儿园。始建于2014年，投资500万元，占地6000多平方米，建筑面积2700多平方米，户外活动场地3000多平方米，2015年9月正式开园，当年被评为菏泽市市级一类幼儿园。2017年，设有大、中、小9个班，在园幼儿135人，教职工19人。园内环境净化、美化、儿童化，拥有配套齐全，符合幼儿健康成长要求的活动室、午睡室、漱洗室；有培养幼儿兴趣与能力的科学发现室、图书室；有功能多样的大型玩具，充满冒险的攀爬墙。

菏泽市大地幼儿园　位于开发区八一东路帝都花园小区内，是一所全日制民办幼儿园。2006年12月开园，并通过山东省菏泽市教育局认定。大地幼儿园秉承“以国际视野培养完整儿童”的教育理念，凭借专业、敬业、优质的形象赢得社会各界的肯定和认可，获得“中国十大儿童领先品牌”称号。园舍为独立建筑群体，符合国家相关安全、卫生标准，布局合理，建筑风格体现幼儿特点。园所占地2000平方米，建筑面积2000平方米，户外活动场地1000平方米，并铺设塑胶防滑彩色地垫，设有30米跑道，配置组合滑梯、攀登架、蹦蹦床、平衡木等大中型玩教具。开园后相继建设玩沙区、种植园。2017年，幼儿园有12个教学班，280名幼儿，专任教师26人，专业合格率达100%，大专学历达100%；另有兼职保健教师1人，厨房工作人员3人，专职保安2名。

小精灵幼儿园　成立于2004年2月，是一所全日制民办幼儿园，位于菏泽开发区岳程街道三里河社区。园舍占地1580平方米，建筑面积2000平方米，操场面积400平方米。园内配有符合幼儿身心发展特点的大型玩具和中小型玩具，标准的活动室、图书室、舞蹈室、玩具室，教育设备设施齐全。2017年，该园在园幼儿230人，共有7个教学班，16名教职工，其中7名专业教师、7名保育员、2名保安。

菏泽市童星幼儿园　为一所发展中的民办幼儿园，创建于2000年，位于菏泽开发区岳程街道，占地约1800平方米，建筑面积900平方米，绿化面积300平方米。2017年，幼儿园有7个教学班，在园幼儿180人，教职工18人，专任教师均达到大专学历。

优贝幼儿园　建于2010年7月，是一所全日制民办幼儿园。位于菏泽开发区岳程街道郝庄社区郝庄村。幼儿园占地1200平方米，建筑面积650平方米，绿化面积300平方米，活动场地面积150平方米。园内配有符合幼儿身心发展特点的大型玩具和中小型玩具，活动室、图书室、玩具室等教育设备设施齐全。2017年，该园在园幼儿84名，分为3个教学班，教职工10人，其中1名园长、3名专业教师、3名保育员、2名保安、1名保健医生。

智慧树幼儿园　创建于2013年6月，是一所全日制民办幼儿园。坐落于菏泽开发区黄河东路岳程街道办事处东1000米石堂社区，南邻市车辆管理所，北邻市开发区育才明德小学，占地1500平方米，建筑面积650平方米，户外场地600平方米。建有现代化办公室、传达室、保健室、图书室、档案室、活动室、休息室、伙房、洗手间、盥洗室、多功能室，大型玩具活动场地，院内外使用全方位监控。2017年，该园设有6个班，共有幼儿140余人，教职工15人。

王集社区幼儿园　成立于2014年9月，位于菏泽开发区岳城街道王集社区291号，是一所全日制民办幼儿园。占地650平方米，园舍建筑面积600平方米，操场面积240平方米。园内配备较为齐全的教学设施和设备，幼儿食宿设施，大型户外玩具及符合孩子身心特点的中小型玩具，以及符合幼儿标准的活动室、寝室、舞蹈房、图书室、玩具室。2017年，在园幼儿107人，共4个教学班，12名教职工，其中5名专业教师、4名保育员、炊事员2人，保安1人。

红苹果幼儿园　创办于1999年8月，位于岳程街道文方寺光明路中段，是一所全日制民办幼儿园。建筑面积1500余平方米，有先进的教学设备，各种各样的大型玩具等。2017年，幼儿园有教职工12人，专任教师10人，保安人员2人。

金宝贝幼儿园　创办于2009年，是一所全日制民办幼儿园。园内拥有先进的教学设备，雄厚的师资力量。幼儿园占地9000平方米，建筑面积1300余平方米。2017年，幼儿园共有8个班级，幼儿270人，教职工30人，班主任均为大专学历。

第三节　小学教育

1992年，全区共有小学47所。随着社会的发展和上级教育主管部门有关合校并点的要求，到2016年，义务教育阶段公办小学变成29所，在校生2.38万人，在校生人数逐年上升。全区共有小学在编教师1521人，学历合格率100%。至2018年，开发区公办小学发展到46所，在编教师1639人，在校学生3.7万人。

开发区小学教育遵循九年义务教育路线实施，2002年以前是五年制，2002年以后实行六年制小学义务教育。在实施义务教育阶段，辖区小学适龄儿童入学率平均达到99.89%，巩固率99.41%。2010年以后，全区以标准化学校建设为抓手、薄弱学校改造为重点，办学条件得到改善，校校班班通，多媒体、教学器材配备、标准化的塑胶操场等均达到一类标准，区域性教育发展差距明显缩小，义务教育趋于均衡。2015年，学校全部通过省政府义务教育基本均衡督导评估验收。

开发区各小学坚持把立德树人作为教育的根

本任务，培育和践行社会主义核心价值观，促进学生德智体美全面发展。将生命教育作为素质教育的重要抓手，开展一系列社会主义核心价值观、心理健康、学生理想、社会伦理道德、卫生保健等教育。每个学生至少掌握一项终身喜爱的体育活动，每年至少召开一次体育运动会，各学校每年举办艺术节或体育节，每校有一支特色传统体育项目运动队，提高学生的身体素质。

教育属地管理 *丹阳街道小学教育* 1991年，丹阳中心校改设为丹阳教委，根据上级要求，抓好中小学的校舍建设，抓好教师队伍建设及学校规范化管理。1991—1995年，丹阳教委连续获得“菏泽市（县级）教育系统先进单位”称号；1993年，获得山东省人事厅、教育厅授予的“教育工作先进集体”称号；1994年，所辖学校丹阳中心学校（原李大庙小学）获得山东省小学教学工作“先进单位”称号。

1995年起，丹阳教委在巩固普及九年义务教育的基础上，开始对小学教育进行规范管理，提高教育教学质量。2001年，街道小学合校并点，将原来的17处小学合并为14处，并完成小学由五年制变为六年制的改制工作。校舍等方面继续加大投入，改建教学楼、实验室、微机室等，努力改善办学条件，微机开课率100%。

1996年，丹阳街道办事处获评“全国体育工作先进办事处”；1996年和2001年，分别获评“菏泽市（县级）全国读书活动先进单位”；1996年、1998年、1999年、2000年、2001年，丹阳教委获评“菏泽市（县级）教育系统先进单位”；2002—2003年，连续获评“菏泽市开发区教育工作先进单位”；2004年，获得“山东省中小学危房改造先进单位”称号。

2005年，丹阳教委改设为丹阳中心校。2006年，丹阳中心校对机关人员进行精简，并根据开发区小学布局调整规划，研究制定学校建设方案，积极采取措施，以适应繁荣发展的需要。随着城镇化建设的推进，2006年，辖区内小学经过调整，合并整合为10处重点小学。调整后的10所定点小学为开发区实验小学、丹阳路小学、何楼小学、赵堂小学、广州路小学、黄河路小学、长城路小学、刘庙小学、芦庄小学、大屯小学。

2006—2008年，丹阳中心校连续3年获评“菏泽开发区教育工作先进单位”，2009年获评“市委电化教育先进单位”。

2011年，全街道217名教师参加远程教育研修学习，学习总成绩名列全市第一，有11名教师被评为首批市级教育精英。

2013年，丹阳街道党委、办事处响应开发区管委会号召，对丹阳中心校实行竞聘上岗，7名校级班子成员围绕“转作风、保安全、提质量”的总要求，结合丹阳的具体实际，积极开展各项工作。由于管理措施得力，丹阳中心校教师在课堂教学、教师个人能力等方面得到大幅度提升，在开发区组织的优质课评选中，获奖人数、向上级教育教研部门推荐人数较多，有时占比近4/5。至2017年，在《人民教育》《山东教育》《江苏教育》《菏泽教育教学研究》等教育教学刊物发表论文150多篇，省、市级课题立项80余项，其中70多项完成结题。名校长占街道小学的2/3，2名名师获市级提名。在开发区组织的春季运动会上连年稳获第一名。

岳程街道小学教育 岳程街道小学教育的发展大致分三个阶段。

1992—2001年为第一个阶段。当时教育分属辛集教委和岳程教委管理，只有小学18所，每个教委下属9所。辛集镇教委下属辛集镇中心小学、辛集西南隅小学、南庞小学、程海小学、三里河小学、马庄小学、杨董小学、曹庄小学；岳程教委下属岳楼小学（岳程中心小学）、琵李小学、文方寺小学、王堂小学、李胡同小学、张什店小学、常屯小学、石堂小学、孔楼小学。

第二阶段为2001—2004年。2001年，随着岳程街道和辛集镇的合并，岳程教委和辛集教委合为岳程街道教委。原辛集中心小学和辛集西南隅小学合并，校址迁到原辛集镇中学，重建1座容纳12个班级的高标准教学楼，校名为辛集小学；原程海小学、南孟小学合并，在原程海小学建起容纳12个班级的高标准教学楼，校名为程海小学；原琵李小学、文方寺小学、王堂小学合并一处，在文方寺刘庄村南择地新建1所高标准学校，校名为岳程街道实验小学。2001—2004年，岳程街道共有小学14所。

第三阶段为2005—2016年。2005年1月，岳程街道保持12所完全小学，在校生6000余人，在职教师310人。2005年4月，岳程街道教委撤销，改制为岳程中心校。随着城镇化建设的推进，岳程中心校调整办学规模，规划学校建设布局，从2005年7月起，对所属小学进行调整：原孔楼小学和曹庄小学合并为一校，校名为孔楼小学，后更名为育才明德小学；原杨董小学和马庄小学合并为一校，校名为杨董小学，后更名为育英明德小学；2005年9月，原岳程实验小学更名为岳程中心小学。2009年9月，常屯小学并入岳程中心小学。2015年9月，岳程中心小学、南庞小学、程海小学合并成开发区渤海路小学。2017年，街道小学调整为7所，分别是渤海路小学、辛集小学、岳楼小学、南京路小学、育才明德小学、三里河小学、育英明德小学。在校学生7000人，有教职工600人，其中专任教师530人。

佃户屯街道小学教育　1992—2017年，佃户屯街道小学教育大致划分为三个阶段。

1992—2004年为基础教育发展阶段。全街道共有长堽集小学、董堂小学、刘堂小学、李孟油小学、孔楼小学、前崔楼小学、佃户屯小学、庞庄小学、杜楼小学、观上小学、张楼小学、沙沃小学、双庙小学、温堂小学、罗庄小学、张合庄小学、后姚庄小学和张堂小学，共计18所小学及邵楼小学等若干教学点，辐射全街道32个行政村。当时学校建设由各行政村负责，学校分散，规模小，且教学用房多为砖木结构，平房年久失修，多危房。教师队伍中，有民办、代课和正式编制老师近100人，学生近5000人。师资力量薄弱，教育发展较为缓慢。

2005—2014年为规范发展阶段。佃户屯街道教委改设为佃户屯中心校。经合校并点，18所小学及教学点整合成12所小学：长堽集小学、董堂小学、刘堂小学、李孟油小学、孔楼小学、前崔楼小学、佃户屯小学、庞庄小学、杜楼小学、观上小学、张楼小学、沙沃小学。各校全部取缔砖木结构危房，由村委会和街道办事处共筹资金，12所小学均盖起标准两层楼房。教师队伍逐年充实，正式教师近200名，学生3000余人。课程开设较为完整，教师的年龄、知识结构较为合理，教育质量逐年提升，教育发展步入正轨。

2014—2017年为高速发展阶段。自2014年起，全市开始迎接国家均衡化验收。街道教育发展变化巨大，进入高速发展的快车道，3年内，学校校舍建设、校内设施配套前后投资过亿元。长堽集小学、刘堂小学、董堂小学和佃户屯小学均进行改扩建。12所小学配套设施及功能用房齐全，均配置微机室、图书室、音乐美术室、心理辅导室、卫生保健室、实验室和综合活动实践室。各校教室安装空调、教学一体机、饮水机，实现班班通，操场进行升级改造。教师均配置教学电脑，教师人数逐年增加，陆续公开招聘百余名大中专毕业生，师资力量不断增强。2017年，全街道共有近300名正式教师，在校生4000余人。

陈集镇小学教育　1992—2001年前为第一阶段小学教育分属陈集镇公社教委和保宁乡教委管理。陈集镇有小学12所，126个教学班，在校生

4907人；保宁乡有小学11所，68个教学班，在校生2581人。

2001—2017年为第二阶段。2001年3月实行乡（镇）合并，原保宁乡与陈集镇合并，相应的原保宁乡教委与陈集镇教委合并。陈集镇教委所辖学校在陈集、七一、八一、崔庄、马楼、焦庄、盐土、张庄、前沙海、中沙海、北刘庄、八里庙12所完全小学基础上，增加朱庄、朱集、台楼、罗庄、何庄、常店、保宁、桶子河、吴庄、南刘庄、华堂11所完全小学，共辖23所完全小学。2001年5月，根据县教委的统一要求，结合该镇实际，实行小学结构布局调整，由原来的23处完全小学，调整为陈集、七一、八一、崔庄、焦庄、联合、前沙海、中沙海、朱庄、保宁、华堂11所定点小学，8个（后调整为6个）教学点。2005年5月，根据上级文件要求，撤销乡（镇）教委，设立陈集镇中心学校。

1996—2005年，陈集镇中心学校投入1000余万元用于校舍维修、新建和危房改造、信息教学，使18所完全小学实现"两机一幕"进课堂，11所定点小学建立微机室，开设信息课。其中，前沙海小学建立语音室和多媒体电教室。前沙海、中沙海、八一、保宁等学校实现了"四机一幕"进课堂。陈集镇有前沙海、中沙海、八一3所市级电化试点学校，7所县级电化试点学校，2所市级规范学校，8所县级规范化学校，5所市级少先队工作规范化学校。

2017—2018年为第三阶段。2017年8月，菏泽市定陶区以乡镇或办事处为单位推行学区制改革，中学校长任学区主任，兼管学区内各小学。因陈集镇境内有2所中学，故设两个学区。原陈集镇中心学校管辖的19所小学（含民办小学2所），依据中学招生范围相应划归2个学区管理。每个学区设立4个中心：教学研究与管理中心、德育研究与管理中心、后勤服务与管理中心、幼儿教育管理中心。

成立学区以后，陈集镇第一学区。相继完成了陈集小学教学楼、马楼小学教学楼建设，硬化马楼小学、盐土小学地面，购置教学一体机、教师用计算机、学生用计算机等教学设施。陈集小学的动感中队获全国优秀动感中队称号，张庄小学获市文明校园称号。在2018年6月全区中小学才艺大赛中，崔庄小学的节目获全区第四名。7月全区首届少儿朗诵大赛中，张庄小学《大学》、中沙海小学《北大荒的秋天》获小学组三等奖。2018年8月，陈集镇划归开发区代管，陈集镇两个学区相应归属开发区教育办主管，两个学区小学在校学生6000余人，在编教职工211人。

学校选介　菏泽市开发区实验小学　原名李大庙小学，1987年建于菏泽火车站西侧，占地0.8公顷，有教师18人，学生450多人，砖木瓦房38间。后来学校几经改建、扩建、美化，曾连续10年被菏泽市（县级市）评为"花园式单位"，成为丹阳街道的窗口学校。2005年，学校有教师66人，学生1230人，教室62间，设小学班16个、幼儿班2个，购置电脑、电视机、录像机等电教器材，开设信息技术课，为重点中学二十一中、二十二中输送一批批优秀学生。2006年，由于城区开发，校址迁往桂陵路中段路东，由李大庙社区划拨1.33公顷土地、出资200多万元资金，上级政府投资800多万元，建起3座综合教学楼，面积8810平方米，2007年竣工并投入使用，学校更名为菏泽开发区实验小学。2007年8月，从菏泽市实验小学引进拔尖人才卜韦楠为校长。2011年暑假后，桑屯小学并入该校，更名为菏泽开发区实验小学西校区。2016年，学校新建1座建筑面积6200平方米的教学楼并投入使用，学校建筑面积增至14220平方米，拥有标准化教室69个，并设有多媒体室、实验室、微机室、电教室、音乐室、美术室、综合实践活动室、心理咨询室、乒乓球室、图书室、阅览室等，专业教室和功能室一应俱全。2017 年，该校拥有 69 个教学班，在校学生 4197 人。教职工 222 人，其中菏泽市名校长 1 人，菏泽名师 1 人，菏泽市教学能手 15 人，菏泽市骨干教师 35 人，菏泽市优质课获得者 42 人，区级教学能手、骨干教师、优质课选手 61 人。该校课题研究方面走在全市前列，拥有市级课题立项、结题研究人员 39 人，省级课题研究人员 3 人。

学校追求内有深厚文化底蕴，外显独特亮色的办学目标，形成“学校有特色，教育有特点，教师有特技，学生有特长”的良好局面。1994 年，学校被评为“山东省教书育人先进单位”；1997 年，被评为“菏泽地区教书育人先进单位”；2008 年，被菏泽市评为“平安校园”；2009 年，被评为“菏泽市规范化学校”和“菏泽市德育示范学校”，被省教育厅评为“依法治校示范学校”；2011 年，被评为“菏泽市体育特色学校”，被省教育厅评为“山东省教学示范学校”；2012 年，被评为“菏泽市绿色学校”，被省教育厅评为“中小学德育工作先进单位”。学校开展的“快乐教育”教学独具特色，成效显著。2012 年，被评为“山东省中小学德育工作先进单位”“全省关心下一代工作先进集体”“全市关心下一代工作先进集体”；2014 年，被评为“山东省教育系统先进集体”“全省教育工作先进单位”“菏泽市体育特色项目学校”；2015 年，被评为“山东省德耀齐鲁道德示范基地”“全市体育工作先进集体”“菏泽市校本培训示范学校”；2016 年，被评为“山东省中小学安全文化建设重点研究基地”，菏泽市教育系统关工委“党史国史”教育先进集体；2017 年，被评为“全国青少年校园足球特色学校”。

菏泽市开发区丹阳路小学 该校是经菏泽市政府和菏泽市开发区管委会批准，在原烈士陵园旧址建设的隶属菏泽开发区教育办公室的一所公办全日制小学。学校于 2011 年 10 月动工建设，2012 年 9 月 1 日正式投入使用。一期工程占地 1.12 公顷，总面积 11221.68 平方米，建筑面积 7300 余平方米，办学规模 24 个教学班。配有微机室、仪器室、实验室、多媒体教室、音乐教室、舞蹈教室、美术教室等专用教室，图书阅览室、卫生室、心理咨询室，体育器材室、音美器材室等功能室，有单杠、双杠等联合训练器材，150 米环形塑胶运动场等学生活动设施。拥有完备的多媒体语音广播系统，建立校园网，实现与宽带网的互联互通办公现代化。

2012 年 9 月 1 日，学校招收一年级学生 196 人，开设 4 个教学班；二年级学生 80 人，开设 2 个教学班；三年级学生 83 人，开设 2 个教学班。是年，丹阳路小学全面交给菏泽市实验小学托管，任教的 22 名教师均为菏泽市实验小学选派的骨干教师。新招聘的 30 名教师全部安排到菏泽市实验小学任教学习。2013 年，由于丹阳路小学招生所划区域较大，学区内的小区集中，适龄儿童较多，当年招收 4 个一年级教学班已不能满足学区内的适龄儿童的入学要求。经开发区教育行政主管部门批准，是年招收一年级学生 6 个教学班，2014 年招收 7 个教学班，2015 年招收 8 个教学班。2016 年，由于丹阳路小学校舍受限，开发区投资建设菏泽市实验小学东校区（即八一路小学）。2016 年年丹阳路小学一年级新生在该校区开设 6 个教学班，八一路小学校区开设 3 个教学班；2017 年，本校区开设 5 个教学班，八一路小学校区开设 5 个教学班。2017 年，学校共计 44 个教学班（其中八一路小学校区 8 个班），2455 名学生，102 名正式在编教师。

2015 年 3 月，学校被评为市级应急管理示范点；2014—2017 年，连续 4 年获得开发区中小学运动会团体操表演一等奖、组织奖和道德风尚奖；2016 年，被评为开发区精神文明单位；2016 年 9

月，获得开发区中小学迎国庆歌咏比赛一等奖。

菏泽市开发区丹阳街道何楼小学　始建于1949年，校址位于何楼村东。1984年，对校舍进行改造、扩建，容纳10个教学班，在校学生400余人。1996年，校址迁于菏泽火车站西邻，投资300余万元建起教学楼1座，占地1.1万平方米，建筑面积3500平方米。2017年，学校开设小学班22个，教职工57人，在校生1300余人。

2000年，都庄小学并入耿庄小学，2005年耿庄小学并入何楼小学。1992—2016年，学校连年被评为县区级“教育工作先进单位”和“教学

丹阳路小学全景

管理先进单位”；2005年，被评为“菏泽市电化教学示范学校”；2009年，被评为“菏泽市平安和谐校园”和“菏泽市文明学校”；2010年，被评为“菏泽市德育工作先进单位”；2011—2013年，连年被评为市“教育目标管理先进单位”；2015年，在“山东省菏泽市中小学文艺展演”活动中获得小学合唱组一等奖；2015年、2016年，获得市教育局、市妇联举办的少儿书画比赛优秀组织奖；2014—2016年，连年被评为菏泽市“教学管理先进单位”。

赵堂小学　位于开发区中华东路银座商场北兴达巷150米，始建于1910年，是一座百年老校。学校占地0.4公顷，建筑面积5100平方米，建有2座教学楼和1座专业教室楼，微机室、实验室、音乐教室、舞蹈教室、美术教室、书法教室、图书室、仪器室、体育器材室、科技活动室、少先队活动室、心理咨询室、卫生保健室。2017年，学校有教职工59人，20个教学班，在校学生1107人。

2004年，丹阳街道对赵堂小学教师队伍进行优化组合，教育教学水平有了大幅度提高，在丹阳中心校组织的各类考试和竞赛中成绩名列前茅。特别是2010年以后，学校着力打造“书香墨韵文明和谐美丽校园”。

菏泽开发区广州路小学　前身为马庄小学，位于马庄社区前街。1992年，马庄小学学生来源为马庄社区和仝庄社区2个社区。2003年，姬庄小学归入该校。2009年，迁址于丹阳东路与广州路交界处西300米路北，更名为菏泽开发区广州路小学。学校附属幼儿园始于马庄小学，每年均有2个班，从原来的30余人，发展到70余人；2014年秋季减至1个班，2015年7月正式撤销。学校配备微机室、图书室、阅览室、仪器室、实验室、音乐教室、美术教室等专用教室，图书室藏书3.2万余册，满足师生阅读的需求。每个班配备多媒体，学校还修建200米跑道、足球场、篮球场和排球场地。

2017年，学校有28个教学班，在校学生1717人，专任教师67人，教师专业合格率100%。其中，获省级教学能手1人、山东省特级教师1人，菏泽市教学能手3人，菏泽市骨干教师1人，获市、区级优质课教师7人，获开发区优秀教师荣誉8人。学校获得“菏泽市绿色学校”“菏泽市依法治校示范校”“语言文字规范化学校”等称号，尤其在2014年菏泽市课程督导评估中，在全市20所（每县区2所）学校中获得第一名。2016年，被评为“全国青少年校园足球特色学校”。

大屯小学　创办于1962年，位于大屯社区

前二街东段。1970 年，迁到社区委员会东邻。1986 年起，学校改造扩建，规模逐步扩大。1996 年 7 月大屯社区多方筹资，新建能容纳 8 个教学班的教学楼 1 座。2006 年，武寺小学并入该校。2009 年，学校重新规划校园格局，新建能容纳 8 个教学班的高标准教学楼 1 座，并硬化路面，修建花园，添置风景树和观赏花草等，使学校成为花园式学校。2011 年，上级教育部门为学校配备 31 台微机，安装 42 台空调，优化教师工作和学生学习环境。2012 年，重新装修教学楼，修建高标准的运动场地。2015 年，为迎接菏泽市教育局三级课程评估，开发区教育办和丹阳街道投入 90 余万元，对学校运动场地再次升级改造，同时新增足球、篮球、乒乓球、排球等运动场地及达标器材。2016 年，为缓解学校生源压力，大屯社区投资 80 余万元新建学校综合楼 1 座，建筑面积 1002 平方米。

至 2017 年，学校主要服务于大屯社区、武寺社区、王庄社区及附近小区，校园占地 0.57 公顷，建筑面积 2982 平方米，拥有 24 个标准教室，13 个教学班，教师 37 人，空调、一体机一应俱全；教师人手 1 台办公电脑，学生机 55 台，学生 700 余人。学校设有微机室、多功能室、仪器室、实验室、图书阅览室、美术室、音乐室、德育室、少先队队室、心理咨询室、综合实践活动室、书法室，达到省级规范化办学的标准。1995 年，学校被菏泽市人事局、菏泽市教育局评为“尊师重教先进单位”；1998 年，获全国青少年爱祖国、讲文明读书教育活动特等奖；2012—2015 年，多次获菏泽开发区社会事业发展局“教育目标管理一等奖”“教育目标管理进步奖”，及“教育系统先进集体”“教育目标管理先进单位”等称号；2015 年，被菏泽市教育局评为“小学教学工作先进单位”。

菏泽开发区黄河路小学 该校前身是菏泽市丹阳街道大成庄小学，位于黄河路北侧，大成庄社区南邻，由于黄河路的升级改造和学区的区域划分，2013 年秋季更改为现名。学校始建于 1972 年，自建校起，就附设幼儿园，2016 年秋季按照上级要求停办幼儿园。1978 年，在村东选址新校址，占地 0.4 公顷，建设教室、办公室 30 余间，设置 5 个小学班，学生 300 余人，教师 13 人。2000 年，投资 55 万元建起标准化三层教学楼 1 座，建筑面积 1000 余平方米。同时硬化校园路面，增设微机室、多媒体室、仪器室等，教学条件进一步改善。2005 年，张花园小学并入大成庄小学。2011 年，开发区投资近 300 万元建造 1 座包括 10 个教学班、5 个功能室的综合楼，建筑面积 2300 多平方米，社区征地 700 多平方米用于学校操场建设。2015 年底，开发区投资 200 多万元用于学校内部建设。2016 年秋季，征地 3000 多平方米用于学校规范化操场建设。

2017 年，学校占地近 1 公顷，拥有教学楼 1 座，综合楼 2 座，设有微机室、舞蹈室、音乐室、多功能室、卫生保健室、综合实践活动室、综合实践活动器材室、体育器材室、图书室、阅览室、仪器室、科学教室、美术室、德育室、心理咨询室、科技教室、少先队队室、乒乓球室、书法教室等，操场占地近 6000 平方米，绿化面积占 50% 以上，达到了市级标准化小学标准。设有教学班 9 个，在校生 400 余人，专业教师 27 人。

丹阳街道刘庙小学 该校是开发区丹阳街道辖区内的一所完全小学，位于丹阳街道刘庙社区中心。学校北临新石铁路，西傍牡丹路，占地 3200 平方米。南有李店、孔庄 2 个自然村，北有卞庄、孙庄 2 个自然村，服务人口约 5000 余人。创建于 1939 年春，因建校之初校舍设在当时的火神庙内，又称刘火神庙学校。2004 年，刘庙社区筹集资金 40 余万元，在原校址建起 1 座建筑面积 1100 平方米、可容纳 12 个教学班的教学楼。

2012年，丹阳街道投资30万余元，硬化校园地面、粉刷教学楼。2017年，在教学楼东整修1个1500平方米的操场，扩大学生的活动场所。当年设有10个教学班，教师21人，其中大学本科9人，专科以上20人，全部达到国家规定的学历水平，在校学生410余人。

菏泽经济开发区长城路小学　该校前身是赵王李小学，1937年由私塾先生李松峰创办，初名为桑海小学，校址在桑海村西的旧庙。20世纪60年代，由于桑海村、赵王李村、双庙陈村和药王庄4个村庄曾合为一个大队，称赵王李大队，于是学校更名为赵王李小学。1969—1973年，学校陆续迁入位于四村中心的现址，并开设初中班。1984年，赵王李大队解散，4个自然村各自组成村民委员会，学校一、二年级分别由4个村委会主办，三年级至五年级和初中班仍集中在该校上课。1998年，学校自筹资金，在4个行政村的支持下建起1座办公楼、1个微机室。2006年，郭庄小学撤并到该校。2009年，初中班停止招生。学校有小学班6个，学生260人，教师24人。2012年，新建1栋1750平方米的教学楼，扩大学校建筑面积4800平方米。2013年9月，学校迁址，更名为菏泽经济开发区长城路小学。学校占地3.33公顷，建筑面积1.5万余平方米，计划总投资5500万元，分两期完成。2013年投资800万元，完成一期工程。从2014年开始，学校周边居民小区大幅度增加，小区入住率不断上升，学生人数由2013年的200多人，增至2016年的14个教学班、学生640人。2017年，2号教学楼建成，在职教师46人，专业合格率100%，全部为专科及以上学历。

1985—1991年，学校连年获评“菏泽市（县级市）教育模范单位”。1996年，获评“菏泽市（县级市）教育工作先进单位”。2014年以后，连续获得开发区教育教学评估进步奖。

芦庄小学　该校始建于1948年，由孔庆明、高贤银两人于村内创办。学校曾多次迁址，于1969年迁往芦庄村东，由芦庄大队投资兴建，占地0.67公顷。1986年，村委会投资20万元，对学校进行改建、扩建，达到10个教学班的规模。1994年，投资7万元，建起幼儿园。2004年，学校迁至菏泽市广州南路西侧芦庄社区，芦庄社区投资近100万元，建起标准化校园。2015年，开发区投资400余万元建设高标准教学楼1座。2017年，学校占地近1公顷，主要招收马庄、芦庄、李陈庄、蒋庄、高庄等自然村学生，开设9个小学班，在校学生424人，教师28人。学校于2001年、2011年2次被菏泽开发区社会事业发展局评为菏泽开发区“教书育人先进单位”。

渤海路小学　2002年9月，根据上级合校并点精神及校改要求，琵李小学、西王堂小学、文方寺小学合并成岳程实验小学。2005年9月，更名为岳程中心小学。2009年9月，常屯小学合并入岳程中心小学。2015年9月，岳程中心小学、南庞小学、程海小学合并而成菏泽开发区渤海路小学。

渤海路小学始建于2012年，由菏泽开发区和岳程街道投资2000余万元建设而成。学校占地3公顷，服务半径4公里，覆盖14个行政村，服务1.98万人。学校建成教学楼2座，办公楼和多功能厅各1座，可以容纳48个教学班。总建筑面积1.3万平方米。教室内全部安装一体机，实现“班班通”。校内拥有舞蹈教室、音乐教室、美术教室、综合实践活动室、微机室、科学实验室等专业教室和图书室、阅览室、仪器室、音体美器材室、卫生保健室、心理咨询室等功能室。各类实验仪器配备达到国家Ⅱ类标准。图书室藏书5万余册。拥有篮球场、排球场各2个，足球场1个和200米环形塑胶跑道。校园硬化面积8300余平方米，公共绿地面积5500多平方米。2017年，学校有学生1724人，35个教学班，在职教师 113 人，其中本科学历 74 人、专科学历 36 人，学历合格率达 100%。高级教师 5 人，一级教师 47 人；市级教学能手 12 人，市级骨干教师 3 人，区级教学能手 3 人；国家级优秀教师 1 人，市级优秀教师 8 人，区级优秀教师 18 人。

辛集小学　该校创建于抗战前夕，坐落在千年古镇——辛集镇，南临黄河路，北依赵王河，是岳程街道一所环境优美、特色突出、师资雄厚、设施一流的农村小学。学校占地 0.71 公顷，建筑面积 4353.25 平方米，操场面积 3825 平方米。至 2017 年，新建高标准四跑道运动场 1 个，内有篮球场、排球场、乒乓球台等体育设施，微机室、科学实验室、音乐室、舞蹈室、美术室、综合实践活动室、图书室、阅览室、心理咨询室、多功能教室等一应俱全，图书藏量 31987 册，生均图书 27.8 册。班班配有一体机，校园网络覆盖所有教学办公场所。学校辐射周边 4 个社区，服务群众近万人。设有 22 个教学班，在校生 1151 人，教师 74 人，其中高级教师 1 人，一级教师 18 人，师生比 1 ∶ 16，专科学历以上 71 人，学历达标率 100%。

育英明德小学　位于菏泽开发区岳程街道马庄社区，是一所全日制完全小学，前身是马庄小学和杨董小学。马庄小学创建于抗日战争时期，“文化大革命”期间曾举办戴帽高中；杨董小学创建于 1956 年。2017 年，学校占地 1.3 公顷，建有教学楼、综合楼各 1 座，建筑面积 4566 平方米，设有 12 个标准教学班，在校生 499 人，专任教师 36 人。其中，一级教师 5 人，研究生学历 2 人，本科学历 25 人，专科学历 8 人，学历达标率 100%；市、区级优秀教师 8 人，市级教学能手 2 人，区级教学能手 2 人，市级骨干教师 3 人，市级优质课获得者 4 人。

2013—2016 年，学校被评为“开发区先进单位”，获得“菏泽市依法治校示范校”“菏泽市精品课程学校”“菏泽市关心下一代先进校”“菏泽市园林化学校”“开发区绿色学校”称号。

菏泽开发区育才明德小学　位于岳程街道石堂社区，始建于 2008 年，由原来的石堂小学、孔楼小学和曹庄小学合并扩建而成。校园服务半径 3 公里，覆盖 5 个社区和 1 个小区，总人口 9000 余人。2017 年，学校占地 1.65 公顷，建成教学楼 2 座，综合楼正在规划中，总建筑面积 4159 平方米。在校学生 622 人，16 个教学班。在职教职工 46 人，其中专任教师 43 人。在这些教师中，本科 28 人，专科 12 人，学历达标率 100%；一级教师 21 人，二级教师 18 人；市先进工作者 1 人，市教学能手 1 人，区教学能手 4 人，市骨干教师 1 人，区骨干教师 4 人；市优秀教师 2 人，区优秀教师 10 人，市师德标兵 2 人，区优秀班主任 3 人。

三里河小学　坐落在菏泽开发区岳程街道东部，服务于三里河社区、大高庄社区、郝陈庄社区，服务人口 4100 人，服务半径 2 公里，是一所完全制公办小学。学校始建于 1950 年，2012 年进行扩建，占地 2 公顷，新建教学楼 1 座，建筑面积 1759 平方米。2018 年，学校配备班级多媒体、微机室、科学实验室、音乐教室、美术教室、综合实践活动室等教育教学专用教室，图书阅览室、卫生保健室、心理咨询室等公共教学用房。建设标准化操场、羽毛球场、排球场、篮球场等体育活动场地。教学仪器达到省级二类标准，图书生均 24.1 册，学生机达到最大班额每人 1 台，教师人手 1 机。开设 12 个教学班，在校生 529 人，学校专任教师 31 人，其中本科及以上学历 15 人、专科学历 16 人，学历达标率 100%。

菏泽开发区南京路明德小学　该校创办于 1972 年，原校名为菏泽市辛集公社李胡同学校。1983 年 8 月，划归菏泽市岳程庄乡李胡同学校；1995 年 10 月，属菏泽市岳程街道李胡同小学；

2007年，爱国台商王永庆捐资助学，台塑集团捐款45万元，在原校址西邻新建校舍并投入使用，学校更改为现名。2015年10月，岳程街道新征学校用地0.5公顷，投资460余万元，为学校新建功能楼、教学楼2座，水冲式厕所1座，配备多功能教室、计算机教室、图书室、卫生室、科学实验室、仪器室、音体美器材室、舞蹈室、美术教室、音乐教室等专用教室。2017年，学校占地1.44公顷，建筑面积4200平方米，体育用地0.4公顷，绿化用地0.23公顷。学校主体建筑为3座综合教学楼，有普通教室18个，计算机教室、

岳程南京路明德小学

图书室、阅览室、多功能教室、音乐舞蹈室、科学教室、美术教室等专用教室17个。设有教学班18个，教职工66人，其中专任教师64人，学历达标率100%。在校学生715人。服务半径3公里，覆盖1.2万人。

学校先后获山东省明德智能竞赛优等奖，被评为菏泽市教学先进单位、菏泽市校园绿化先进单位、菏泽市电教示范化学校、菏泽市关爱妇女儿童先进集体、好福气艺术表演先进学校、常规化管理先进学校、电化教育先进集体等奖励或称号。

菏泽开发区岳楼小学　该校始建于1946年，1949年被菏泽县政府命名为菏泽县立岳楼完全小学校，1965年被山东省政府列为省重点小学，素有“小宝塔”之称。1985年，被岳程庄乡定为中心小学，几经修缮，其中经历2次大的校舍改造，1992年6月普九建设标准化平房54间，2006年校舍重新设计建设12班规模教学楼1座。2016年，建设综合楼1座。学校占地1.33公顷；校舍建筑面积3022平方米，运动场地面积4263平方米，绿化面积1815平方米。2017年，学校开设15个教学班，学生571人，最大班额45人，最小班额31人，平均班额38人，服务半径2公里，常住人口8000人。共计教师50人，其中专任教师47人，专科以上学历43人，其中本科25人。师生比1 ：11.4。市级和区级骨干教师10人，高级教师2人，一级教师23人。“十二五”以后申报获批1项国家级课题，2项省级课题，10多项市级、区级课题。

学校先后被评为山东省幼儿教育先进集体、菏泽市规范化学校、菏泽市文明单位、菏泽市依法治教先进集体、菏泽市足球进校园示范学校、开发区目标管理先进单位。

佃户屯中心小学（佃户屯小学）　该校始建于1956年，校址几经搬迁。2009年，由台塑集团捐资50万元，政府配套50余万元，佃户屯社区无偿提供土地，在开发区佃户屯街道佃户屯社区北建设占地约1.45公顷的新校。2016年，开发区又投资300余万元，新建1座综合教学楼。

佃户屯小学

2017年，学校建筑面积5374平方米，绿化面积3850多平方米。建有普通教室16座和200米环形塑胶跑道、6道60米直跑道，有足球场1个、篮球场1个、室外乒乓球台6个、排球场1个，单杠、双杠、平梯、肋木等室外体育器械均按标准配备。开设16个教学班，700余名学生，专任教师44人，其中高级教师2人、一级教师10人，研究生1人、本科20人、专科13人，教师学历达标率100%。

李孟油小学 该校创建于1958年，位于佃户屯街道龙山社区，占地0.67公顷，建筑面积3079平方米。至2017年，学校配套建设仪器室、实验室、图书室、阅览室、美术室、音乐室、综合实践活动室、心理咨询室、卫生保健室，每个教室都配备多媒体。开设教学班14个，在校生680人，教职工41人，教师学历达标率为100%，其中专科学历15人、本科学历26人。

陈集镇陈集小学 始建于1949年春，原址在陈集南街谷家大院；1952年迁至陈集西街西门里玉皇庙；2002年迁至现在校址。隶属陈集行政村，服务于陈集行政村、镇直机关、刘庄行政村及各居民小区，服务近3万人。2018年7月，随陈集镇由定陶区划归开发区。

学校占地面积14960平方米，建筑面积7914.52平方米，绿化面积5869平方米。2015年建教学楼1座，建筑面积为761.48平方米，能容纳8个教学班。2018年建高标准操场5400平方米，设有200米环形塑胶跑道，安装了单杠、平梯、篮球架等体育器材。2018年建教学综合楼1座，建筑面积为7027.52平方米，功能室配备齐全、能容纳24个教学班；硬化1600多平方米活动场地；学校按照标准要求，配备仪器、音、体、美器材等教学设施；教室安装31台一体机；2个微机室有学生机90台，能同时满足2个班级上微机课；教师达到人手一机。图书室现有图书36537册。

学校现有24个教学班，在校生1060人。有教师53人，大学本科学历40人，专科学历13人，学历达标率100%。拥有市级优秀教师3人，市级教学能手3人，市级骨干教师4人，市优秀少先队辅导员1人，区级优秀教师10人，区级教学能手5人，区级学科带头人1人，区级名师1人。

学校先后被上级党委、政府评为教育教学工作先进单位、县规范化学校、市规范化学校、市少先大队规范化学校、市绿色学校、市平安学校、山东省优秀少先队集体（大队），其中向阳中队被评为“全国优秀动感中队”。

张庄明德小学 陈集镇张庄明德小学原名陈集镇张庄小学，学校历史悠久，可以追溯到清朝道光年间，因清朝两江总督马新贻师出张庄村张汉青老先生而享盛名。1950年办成完全小学，是菏泽城以东、定陶城以北一所完全小学。生源辐射30里，佃户屯、黄安等周边乡镇的学生到校就读。1953年鹿湾小学合并到本校，高小生全部来到学校高小部学习。1959年定陶县划归成武县，成立初中班，学校更名为成武十六中，校址在南楼。1961年，定陶重新设县，成武十六中更名为陈集初级中学，1962年底迁至陈集东门外。1967年学校新建于张庄村村南，创办初中班。

2007年春季争取明德教育公益项目基金，选址新建于村南、长江路北60米处。学校下辖八里庙一个教学点，服务于7个自然村，适龄儿童入学率100%。2018年7月随陈集镇由定陶区划归开发区。

学校占地面积10666平方米。2007年春季，明德小学教学楼正式立项，明德教育公益项目划拨基金60万元，村委会配套资金30万元，明德教学楼设计三层，可容纳15个教学班，建筑面积1140平方米，2008年8月完工并投入使用。当年村委会又筹资20万元，新建厕所10间，面积120平方米，硬化学生活动场地500平方米，围墙420

米，门卫室2间。2014年学校结合村委会、驻村第一书记、教育局，争取省教育建设资金100万元，新建三层综合楼1座，12个功能教室，建筑面积1068平方米，2015年9月完工并投入使用。

学校现有教学班8个，在校学生302人。课程开设齐全，学校各教室配备65英寸触屏一体机，设有多媒体教室、微机室、图书室、阅览室、音美器材室、音乐室、美术室、科学仪器室、实验室、体育器材室、心理咨询室、卫生保健室、德育室、舞蹈室、综合实践活动室。

校内设有200米的环形跑道、100米直跑道、篮球场、乒乓球场及其他体育活动场地。学校绿化面积1920平方米。花园共植特色树木30种，灌木14种，绿围墙500米，种植花草200多平方米。树木葱茏，绿草如茵，四季有花。

2008年被评为县规范化学校，2009年被评为“菏泽市平安和谐校园”，2010年被评为“市绿色学校”，2013年被评为“县三省教育先进单位”，2014年被评为“县依法治校示范学校”，2014年被评为“市规范化汉字书写特色学校”，2017年被评为市级文明校园。学校教师中市级教学能手1人，县级教学能手3人，县级骨干教师2人，市县优质课13人次，省级优质课2人，市县优秀辅导员2人，县优秀教师9人。有4名学生获得明德教育公益项目组织的创意智能竞赛奖项，3名学生获得县级汉字书写、汉字听写大赛、文艺展演奖项。

崔庄小学　陈集镇崔庄小学，始建于新中国成立，至2018年建成为一所功能齐全，设备先进的现代化小学。音乐室、舞蹈室、美术室、微机室、仪器室、图书室、阅览室、科学实验室、音体美器材室、心理咨询室，卫生保健室、综合实践活动室等功能教室一应俱全。

学校占地面积10600平方米，其中建筑面积1836平方米。绿化面积900平方米。现有8个教学班，在校生450人，教师17人。

崔庄小学全方位展开德育探索，积极投身教材教法改革实验，大力推进素质教育，实行新课程改革，改善办学条件，加强教师队伍建设，在对外交流方面取得了优异成绩。学校计算机房配备学生机45台，教师机人均一机。存有图书12000册，生均42册。各教室、功能室安装多媒体一体机12台。1991年，学校少先大队被评为全国优秀大队，2002年8月被共青团菏泽市委、菏泽市教育局、菏泽市少工委授予“规范化学校”称号。

八一小学　陈集镇八一小学是一所完全小学，始建于1958年，位于西谷庄自然村，后又几易其址，最终定于现址，位于陈集镇南2.5公里，定陈路东侧八一社区东中谷庄自然村，主要服务于八一社区下辖的13个自然村及周边陈洼、曹庙、华堂、张胡同、陈庄等自然村，服务8600多人。

1985年，行政村投资35万余元新建54间高标准走廊房，随着教学点的撤并和生源的增加，于2009年重建1座能容纳12个教学班的教学楼；2014年建设西综合楼；2015年新建水冲式厕所1座；2016年4月开工建设东功能楼；2016年7月开工建设南综合楼；2017年4月新建高标准运动场1处。功能楼和综合楼设有图书室、阅览室、仪器室、实验室、器材室、音乐舞蹈室、综合实践活动室、书法美术室、心理咨询室等。2018年7月随陈集镇由定陶区划归开发区。

学校占地10056平方米，建筑总面积4691平方米；2016年，建操场9158平方米，设有150米环形跑道，100米直跑道，安装单杠、平梯、肋木、篮球架等体育器材；篮球场、排球场、足球场等设施基本达标。学校有18个教学班，在校生756人，适龄儿童入学率100%。有专职教师33人，其中大学本科学历20人，大学专科学历12人，中师1人，学历达标率100%。

学校连年被镇党委、政府评为教育、教学工

作先进单位，先后被评为县规范化学校、县农村小学对外窗口学校，市规范化学校、省档案管理二级单位等。

七一小学 陈集镇七一小学是一所定点小学，前身在七一施庄村，有小学和初中，1966年迁址到七一后李庄村，也就是现在的七一小学。1985年，行政村投资35万余元，新建高标准的土庙房。随着办学规模的扩大，原有校舍已不能满足教学需要，2012年，积极争取资金，新建能容纳12个教学班的教学楼。2015年秋新建综合楼1栋，建筑面积1664平方米，总建筑面积2914平方米。配有图书室、阅览室、仪器室、实验室、微机室、音美专用教室、综合实践室等教学用房。

2018年7月随陈集镇由定陶区划归开发区。至2018年，学校占地0.93公顷，9300平方米。教学楼1250平方米，校园绿化面积2300平方米。体育场占地3040平方米。学校有14个教学班，在校学生512人，服务6825人，有教师26人，学历达标率100%。学校按省定二类标准配备了教学仪器、音、美、体器材，购置了大量的电教器材。2014年，建立微机室，购微机21台，后购置教师机8台，2015年购置学生机45台，教师机17台。有图书13090册。

学校年年被评为镇教育教学先进单位，多次被评为县教育工作先进单位。

朱集小学 又名朱集明德小学，是一所历史悠久的农村小学，学校创办于1932年6月。经过多年发展，2007年5月从朱集村老校址搬迁到朱集村西白路口东。2018年7月随陈集镇由定陶区划归开发区。至2018年校园占地总面积8500平方米，校舍建筑总面积1650平方米，绿化面积1310平方米。学校有六年制教学班5个，学生144人。有专任教师10人，其中本科学历7人，中师3人，专任教师合格率100%。

学校教师获省论文科研成果二等奖；语文、数学、科学学科教学改革曾为镇学区带头学科，有1人被评为先进工作者，1人被评为县优秀教师，学校被评为陈集镇“先进文明单位”。

华堂小学 陈集镇华堂小学历史悠久，1948年创办，设在华堂村村民华文合家中。1950年迁至华堂村南约200米处的宝觉寺院内，成为具有4个班的初级小学，属曹楼乡管理，学生来自周边8个自然村。1956年学校扩建，新建四座教室，新设五、六年级2个班，成为具有6个班的完全小学。学校占地约2000平方米，另有校田1333.33平方米。高级部招生对象为陈集老三区各自然村学生，共6个班，校长张中佩，教师9人。1958年人民公社建立，华堂小学归保宁公社管理，学生来自原保宁公社东八村，校长石维田，教师9人，在校生200多人。2018年7月随陈集镇由定陶区划归开发区。

“文化大革命”中教师归队期间，有教师9人，学生200余人，主要来自陈洼、华堂、曹庙、何庄。“文化大革命”中学校增设初中班2个，新招学生100人左右，来自保宁公社东八村，新盖教室3座。后增设2个高中班，共有9个教学班，16名教师，学生300多人。1980年中学并入八中，该校恢复成完全小学。

1980年以后，学生来自华堂、何庄、曹庙、陈洼4个自然村，有教师9人。2013年陈集镇合校并点，由于该校教室破旧，高年级学生改去陈集镇八一小学就读。华堂小学只保留二年级2个教学班，教师3人。2015年新建教学楼1栋，学校恢复5个教学班。2018年，华堂小学占地3000平方米，建筑面积942平方米，绿化面积1000平方米，学校布局合理，教学区、活动区分明。学校服务于陈集镇华堂、曹庙两个行政村，服务人口3200人。有5个教学班，在校学生110人，教师9人，其中正式在职教师4人。本科学历2人，大专学历1人，中专学历1人，教师学历达标率100%。

保宁小学 陈集镇保宁小学创办于1967年，坐落于保宁村东，有小学1～5年级和初一、初二二年制初中班。隶属保宁公社保宁大队。于1995年搬迁至保宁村东南，教学楼为两层教学楼，能容纳小学1～6年级10个教学班，被评为县级规范化学校。施教区包括周边5个行政村（保宁、吴庄、何庄、常店、桶子河），校园占地6673平方米，校舍建筑面积2044平方米，能容纳10个教学班，学生450人，专任教师共18人。中级教师7人，一级教师11人。2018年7月随陈集镇由定陶区划归开发区。

何庄教学点因为离保宁小学较远，学生年龄小，保留一年级，共24名学生，1名中级教师包班教学，办公设施简陋。2015年搬迁到保宁村北原工厂地，占地1.33公顷。现有1座教学楼和1座综合楼，可容纳12个教学班，学校多次被评为县教学工作先进单位。

第四节 中学教育

1992年，开发区共有初中6所。随着教育事业的发展，各办事处陆续开始合校并点，新建规模较大的学校，到2016年，开发区共有中学3所。2018年陈集一、二学区并入，开发区的中学为5所，即菏泽市实验中学、佃户屯中学、广州路中学、陈集镇中学、陈集镇第二中学。

丹阳街道辖区中学 1992年设有丹阳一中、丹阳二中。丹阳一中坐落在桑屯社区，其前身是桑屯联中；丹阳二中坐落在陈官庄社区。为适应中学教育发展的需要，从1993年开始，丹阳街道开始筹建新的丹阳中学，并在丹阳的中心地带中山路中心征地2.67公顷，建起拥有40个教学班、建筑面积4600平方米的教学楼1座。1995年8月，教学楼交付使用，丹阳一中、丹阳二中合并在，更名为菏泽市实验中学。2006年8月，菏泽市政府为均衡城区教育资源，实行强弱帮扶，将菏泽市实验中学交给菏泽一中托管。2013年下半年，丹阳街道与开发区社会事业发展局筹建分校，分校校址坐落在菏泽大屯铁路立交桥西邻，2014年8月交付使用。缓解了菏泽城区义务教育阶段初中入学难和大班额问题。

佃户屯街道辖区中学 1992年设有2所中学，即佃户屯联中和董堂联中。1998年9月，佃户屯联中、董堂联中合并到新建的佃户屯中学。2013年8月，佃户屯中学由菏泽一中托管，菏泽一中选派获得过“全国百名优秀校长”“山东省特级教师”“山东省课程专家”“山东省优秀教师”“山东省教学能手”等称号的李明强到佃户屯中学任校长，坚持以提高教育教学质量为核心，稳步推进课程改革，全面实施素质教育，培养学生良好的学习习惯，促进学生全面发展。2014年，学校引进合学教育，在此基础上逐渐形成了基于课堂的“双线教研”活动特色。2016年4月15日，全国合学教育现场观摩会在佃户屯中学召开，来自全国十几个省市的专家、教师300余人，观摩佃户屯中学教育教学成果。学校应邀参加全国课改前沿校合作组织S20，并且成为该组织的创始学校。

岳程街道辖区中学 1992年设有2所中学，分别是岳程中学和辛集中学。岳程中学建校于1983年，当时由李胡同中学、常屯中学、琵李中学合并而成，占地6公顷，建筑面积4000平方米。到2009年7月，共有教师121人，学生1300人，拥有5座实验室、1座电教室、1座微机室、1座图书室，图书存量5万余册。辛集中学前身是菏泽第四中学，创建于1958年，1981年更名为辛集联中，1992年更名为辛集中学，1994年辛集中学和菏泽第三职业高中合并成立辛集镇综合实验中学，后更名为辛集中学。到2009年7月，占地7.33公顷，建筑面积1万平方米，学校配套设施齐全，电教室、微机室、仪器室、实验室一

菏泽市实验中学

应俱全，有教职工289人，其中高级教师4人、中级教师35人，在校生5600余人。2009年8月，岳程中学和辛集中学合并，组建成广州路中学。

陈集镇辖区中学 1992年，陈集镇共有中学2所，即陈集镇中学和保宁乡中学。2001年定陶县推行乡镇合并，原保宁乡并入陈集镇，保宁乡中学更名为定陶县陈集镇第二中学，简称陈集二中。2016年定陶县撤县划区，学校分别更名为菏泽市定陶区陈集镇中学和定陶区陈集镇第二中学。2017年8月，定陶区教育局推行学区改制，撤销陈集镇中心学校，设置陈集镇第一学区、陈集镇第二学区，中学校长任学区主任，兼管学区内各小学。2018年8月，陈集镇划归菏泽市经济开发区代管，学校分别更名为菏泽经济开发区陈集镇中学和陈集镇第二中学。两所中学共占地12.74万平方米，拥有近6.8万平方米的各类建筑，包括现代化的办公楼、教学楼、学生公寓、餐厅，实验室、电教室、语音室、微机室、音乐教室、美术室、阅览室，各种教学设备均按国家一类标准配备。校内还建有校园网、班班通多媒体教学网络等现代化设施，图书室藏书达7万册。目前，学校共有48个教学班，在校学生2500余人，215名在职教师，一大批中青年骨 干教师脱颖而出，成长为市、县级教学能手、业务精英，为学校教学质量的提高提供了保障。

菏泽市实验中学 丹阳街道成立时，辖区南北分设2处中学。南部有桑屯学区的丹阳一中，北部有陈官庄学区的丹阳二中。当时丹阳一中在全市小有名气，截至1993年，学校连续十年被评为全市教育工作先进单位，被市教育局授予“教书育人，十年先进”称号。为适应中学教育的需要，从1993年开始，丹阳街道开始筹建新的丹阳中学，并在丹阳的中心地带中山路中心征地2.67公顷，建起拥有40个教学班、建筑面积4600平方米的高标准教学楼1座。1995年8月，教学楼开始交付使用，丹阳一中、丹阳二中合并成立菏泽市实验中学，拥有28个教学班，学生1800人，教职工180人。

2006年8月，菏泽市政府为均衡城区教育资源，实行强弱帮扶，决定将菏泽市实验中学交菏泽一中托管。经过几年的努力，学校的硬件建设、师资配备都达到省级标准。2013年下半年，学校筹建分校，分校校址坐落在菏泽大屯铁路立交桥西邻，东临人民路，西临牡丹路，南临珠江路，交通便利，地理位置优越。2014年8月，分校建成交付使用，七、八年级的学生在分校就读。分校占地12.13公顷，建筑面积62335平方米，有教学楼6座，实验楼、艺体楼、综合楼、室内体育馆各1座，标准操场1个，96个普通教室都配有一体机，网络实现班班通。设有技术教室2个、计算机教室8个、音乐教室6个、美术教室6个、舞蹈教室1个、史地教室4个、理化生实验室31个及相应的仪器室、药品室、准备室，实验器材配备达到一级标准。图书阅览室1200平方米、体育活动室2500平方米、多功能室1000余平方米。图书室藏书量17.37万册，生均图书32.1册。拥有400米跑道的标准塑胶运动场，学校硬件建设达到省级规范化学校标准。2017年，学校有96个教学班，学生5400余名，349名教职员工，其中高级教师33人、一级教师114人，研究生学历43人、本科学历270人、专科学历36人，学历达标率100%。

佃户屯中学　该校最早兴建于1968年，归口佃户屯公社教育组管理。1982年，佃户屯公社，将所属4所中学合并为2所联中——佃户屯联中和董堂联中。并被菏泽一中、二中定为“生源基地”。1998年9月，佃户屯联中、董堂联中合并到新建的佃户屯中学。2008年，开发区投资240万元新建1座高标准实验楼。2009年，投资100余万元建设阶梯教室。2010年，开发区投资350万余元为学校建设学生宿舍楼，并实现校园网的“班班通”。2011年，街道多方筹资近400万元为学校建设新教学楼，投资70多万元新建学校大门。2012年，投资460万元新建教学楼1座，投资50万元改扩建学校大门。

佃户屯中学

2013年8月，佃户屯中学由菏泽一中托管。学校借鉴北京十一学校优秀的教育教学与管理经验，对音、体、美等学科采用“走班制”教学。2014年后，学校育人质量不断提高，升入菏泽一中人数年年递增，升入菏泽一中指标生分数线稳居菏泽市区前三名。此外，学校为国家和省、市各级运动队培养和输送一大批优秀运动员。其中，举重运动员王鲁萍多次获得山东省举重冠军，代表国家队获得亚洲青年锦标赛第三名；国家队皮划艇运动员宋怡彤曾获得全国200米、500米双人艇冠军；王倩入选国家队军事五项运动队集训等。

2015年后，佃户屯中学先后参加在北京师范大学举办的历届中国教育创新博览会，并连续在历届博览会上发言。学校多次派遣学术委员会教师和骨干教师参加由《中国教师报》组织的江苏南通课博会、广东乐从课堂展示会、郑州课博会等，并且在南通课博会上应邀出课，获得与会听课教师的广泛认同。学校还应邀参加全国课改前沿校合作组织S20，并且成为该组织的创始学校。在合学教育研究院的指导下，学校到北京十一学校、北京育英学校参观交流，并且与北京工业大学实验学校和泰安宁阳12中进行多次同课异构教学教研活动。音、体、美等学科采用“走班制”教学，足球进课堂，阳光运动一小时，每天2次学生课间操。

2017年，学校占地4.53公顷，建筑面积17998平方米，生均11.6平方米；绿化面积7158平方米，生均4.6平方米；学生宿舍建筑面积6248平方米，生均4平方米。开设28个教学班，在校学生1500余人。专任教师138人，师生比为1∶11.3；硕士学历5人，本科学历117人，专科学历16人；高级教师15人、一级教师62人。李明强、李现增、王冬菊、王洪印、宋国平、马爱香、朱颜君等十几位教师先后获得“全国百名优秀校长”“山东省特级教师”“山东省课程专家”“山东省优秀教师”“山东省教学能手”“山东省教学先进个人”“山东省优质课一等奖”等省级以上荣誉。学校先后荣获菏泽市规范化学校，菏泽市五一劳动奖状，菏泽市教育系统先进集体，菏泽市教书育人先进单位，菏泽市职工体育工作先进单位，山东省教师远程研修组织工作先进单位，山东省五四红旗团支部，山东省省级体育传统项目学校（足球）等省、市级称号。

菏泽市开发区广州路中学　该校由岳程中学和辛集中学于2009年8月合并而成。学校占地7.2公顷，生均占地36.3平方米；建筑面积26343平方米，生均13.2平方米；绿化面积21018平方米，生均10.5平方米。学校先后开设美术、书法、舞蹈、古筝、电子琴、航模、田径、篮球、排球、乒乓球、足球、太极拳、象棋、五子棋、合唱团、手工制作等校本课程，学生的才华得以展现。在2017年全国青少年无人机大赛当中，广州路中学代表队一举夺得一等奖。2017年，学校开设36个教学班，学生1994人，180名专任教师。其中，高级教师23人，一级教师85人；研究生学历13人，本科学历144人，专科23人，学历达标100%。

广州路中学教学楼一角

学校围绕“学会做人、学会学习、学会审美、学会创造”的学生培养目标，争创“十个一流”，即一流的校长、一流的领导班子、一流的教师队伍、一流的班主任、一流的级部、一流的教研组、一流的教代会、一流的硬件设施、一流的软件设施和一流的德育教育。先后被各级党委、政府和教育行政部门授予“全国青少年校园足球特色学校”“全国国防教育特色学校”“山东省规范化学校”“山东省教学示范学校”“山东省电化教学示范校”“山东省教育系统行风建设先进单位”“山东省绿色学校”“山东省依法治校先进单位”“山东省语言文字工作先进单位”“山东省餐饮安全示范校”“山东省健康示范校”“山东省消防进军训先进单位”“山东省毒品预防教育先进单位”“山东省教育信息化示范单位”等14项国家级、省级称号和“菏泽市精神文明单位”“菏泽市卫生工作先进单位”“菏泽市平安和谐校园”“菏泽市初中教学工作先进单位”“菏泽市德育工作先进单位”“菏泽市先进基层党组织”“菏泽市青少年体育工作先进单位”“首批菏泽市特色学校”等16项市级称号。

陈集镇中学　陈集镇中学始建于1960年春，招收2个班，学生100余人，校址设在陈集镇北张庄完小院内。1962年在陈集东门外（陈集镇中学现址）置地2.82公顷，建立陈集中学。1972年改名为定陶县第七中学。1985年，撤县办高中，改为陈集镇初级中学，1985年9月定名为定陶县陈集镇中学。2016年4月，因撤县设区，更名为菏泽市定陶区陈集镇中学。2018年8月，因陈集镇划为菏泽市经济开发区代管，学校更名为菏泽市经济开发区陈集镇中学。

学校坐落于菏泽市经济开发区陈集镇陈集村东，陈集行政村境内，距陈集镇人民政府0.8公里。共占地8万多平方米，拥有近6万平方米的各类建筑，包括现代化的办公楼、教学楼、学生公寓、餐厅、实验室、电教室、语音室、微机室、音乐教室、美术室、阅览室，各种教学设备均按标准配套。校内还建有校园网、班班通多媒体教学网络等现代化设施，图书室藏书 7 万册。2018 年，学校共有 30 个教学班，在校学生 1700 余人。2018 年 123 名在职教师中，有高级教师 20 人，一级教师 55 人，本科以上学历 80 多人，省级优秀教师 2 人，市、县教学能手、优秀教师 100 多人次。学校先后被评为省科教兴鲁先进集体、省科普示范学校、省首届素质教育论坛实验基地、省电化教育示范学校、省规范化学校、省教学示范学校、省绿色学校、省教育科学“十一五”规划重点课题文化与特色建设研究基地、省依法治校示范学校、省中小学素质教育先进单位、省平安和谐校园、省民主管理示范学校、全省科普教育基地，全国中学生实践教育活动先进学校、全国农村教育综合改革先进单位、全国青少年爱国主义读书教育活动示范学校、全国教育系统先进集体、全国特色学校、全国教育科学“十二五”规划教育部重点课题实验学校。2004 年 5 月，通过省级规范化学校的验收，成为全市农村中学第一家省级规范化学校。2009 年 9 月，被评为全国教育系统先进集体。2011 年 11 月，通过省级规范化学校的复验。

陈集镇第二中学　菏泽市经济开发区陈集镇第二中学是菏泽市规范化学校，位于陈集镇保宁行政村保宁村西南部，万福河北，西临上海路。学校始建于 1969 年，原为定陶县第七中学（高中），于 1980 年撤销高中改为定陶县第八中学（初中），1990 年 8 月，更名为定陶县保宁乡中学。2001 年，定陶县推行乡镇合并，原保宁乡并入陈集镇，更名为定陶县陈集镇第二中学，简称陈集二中。2016 年定陶县撤县划区，学校更名为定陶区陈集镇第二中学。2017 年 8 月，定陶区教育局推行学区改制，撤销陈集镇中心学校，设置陈集镇第一学区、陈集镇第二学区，陈集镇第二学区管理原保宁乡辖区内中小学、幼儿园。2018 年 8 月，陈集镇划归菏泽市经济开发区代管，学校更名为菏泽市开发区陈集镇第二中学。

学校占地 47346 平方米（4.8 公顷），建筑面积 7974 平方米。三层教学楼 1 座（每一个教室配备 2 台空调），三层综合楼 1 座，四层功能楼 1 座，四层男、女宿舍楼各 1 座。理化生实验室、仪器室、图书室、阅览室、舞蹈室、电子备课室、多媒体教室、学生探究活动实践室等一应俱全。

2018 年，学校有 18 个教学班，在校生 865 人，教职工 92 人。学校把狠抓教学管理、提高教学质量作为工作重点。先后被授予“定陶县教育工作先进单位”“定陶县教学工作先进单位”“定陶县文明单位”“定陶县安全先进单位”“共青团菏泽市先进单位”“菏泽市思想政治工作先进单位”“菏泽市师德建设先进集体”“菏泽市绿色学校”“菏泽市规范化学校”，称号。

第三章　卫　生

第一节　机构

管理部门　1992—2002 年，开发区卫生工作由牡丹区代管。2003 年，开发区成立文教卫管理办公室，配备工作人员 2 人，隶属菏泽经济开发区社会事业发展局领导和管理。2006 年成立菏泽开发区新型农村合作医疗管理委员会办公室。

2009年，菏泽经济开发区出台事业单位改革实施方案，撤销文教卫管理办公室，调整为卫生工作办公室，编制5人。2015年与菏泽市经济开发区计划生育局合并为菏泽市经济开发区卫生和计划生育局，正科级单位。

区属卫生机构　岳程街道社区卫生服务中心　建于1957年，是全市成立较早的一所乡镇医疗卫生机构。其前身是辛集卫生所、菏泽县人民医院辛集分院、菏泽市人民医院辛集分院、辛集镇卫生院、岳程街道中心卫生院，2011年岳程街道卫生院与防保站合并更名为岳程街道社区卫生服务中心。中心占地1.33公顷，建筑面积2000平方米，有卫生防疫工作人员140余人，配有200MAX光机、日本产岛津B超、半自动生化分析仪、自动多导心电图和全套手术设备。形成以妇产科、外科、骨科为龙头，以基本医疗和基本公共卫生服务为基础的医疗工作体系。

佃户屯街道社区卫生服务中心　2001年3月菏泽撤地设市，乡镇合并，将1970年成立的原菏泽县人民医院佃户屯分院划归菏泽开发区佃户屯街道管理，成立菏泽开发区佃户屯街道卫生院，后更名为佃户屯街道社区卫生服务中心。由于卫生院房屋建于20世纪50年代，年久失修，破烂不堪，设备落后，技术力量薄弱，管理水平低，无法满足群众的就医需求，开发区和佃户屯街道共同投资300万元，于2007—2008年建成门诊楼2100平方米，病房楼2500平方米，开设内科、外科、妇科、儿科、中医科、理疗科、中医骨科、五官科、发热门诊、传染病门诊，成立中西药房、放射科、B超室、心电图室、生化检验室、手术室等科室。医疗设备主要有200Am双床、双管X光机、凸阵B超机、心图机、彩色颈颅多普勒自动生化分析仪、多功能牵引床及普外科、妇产外科、骨外科手术器械等。

丹阳街道卫生防疫站　成立于1984年，有工作人员6人，2007年1月12日经原市卫生局批准，由菏泽市中医院举办，以防疫站为主体，成立市首家社区卫生服务中心，并指定为医保合作单位，开始面向居民开展医疗保健服务。2013年4月，防疫站被山东省卫生厅授予“山东省示范化预防接种门诊”称号，2014年4月被山东省卫生和计划生育委员会授予“山东省群众满意预防接种门诊”称号。

2017年防疫站由原来肖楼社区搬迁至姬庄社区，建设了宽敞明亮的门诊大厅，分设预检、登记、接种、留观等不同区域，向社会提供更加全面优质的防疫服务。2018年，防疫站共有专业人员16人，其中临床执业医师4人，护士7人，乡村全科助理医师5人，除开展卫生防疫工作以外，还面向居民提供基本医疗、保健救治、康复训练服务。

陈集镇中心卫生院　该机构的最初形式为医药合作社，成立于1950年。1951年改称为联合诊所，次年9月改称第三区卫生所。1958年6月称为陈集地段医院，10月陈集卫生院与陈集乡联合保健中心合并建立火箭人民公社卫生院。1969年，卫生院正式命名为定陶县人民医院陈集分院，性质为全民所有制单位。2018年7月，更名为菏泽经济开发区陈集镇中心卫生院，现址在陈集镇政府驻地。

该院占地面积10347平方米，业务用房面积约3000平方米，中心卫生院有工作人员98人，正式编制75人，其中医药护技各类专业技术人员75人，高级职称4人，中级职称32人，初级职称37人。专科学历18人，中专学历57人，医院核定床位30张，设有内科、外科、口腔科、妇科、公共卫生科、合作医疗、护理部、住院部、心电图室、放射科、B超室、化验室、中医科、针灸理疗科。服务辖区人口64090人。

陈集保宁卫生院　建于1958年，原为定陶县保宁乡卫生院，2000 年因行政区域规划原定陶县保宁乡与定陶县陈集镇撤并，改名为定陶县陈集镇保宁卫生院，2018 年 8 月陈集镇划归开发区代管，更名为开发区陈集镇保宁卫生院。

经过 2 次扩建，院区占地面积 9000 平方米，建筑面积 4000 平方米，人员 50 人，正式编制 18 人，其中医药护技各类专业技术人员 42 人，副高级职称 1 人，中级职称 6 人，初级职称 35 人。本科以上学历 5 人、专科学历 12 人、中专学历 25 人。

医院核定床位 21 张，设置国医堂、内科、外科、妇科、中医科、儿科、化验室、放射科、B 超室等科室，其中中医科理疗为特色科室。

医院配备有南宁一举医疗 DR-X 光机、进口日本东芝 SAL-32BB 超机、BURDICKEK10 自动心电图机、GRT3000 半自动生化分析仪、GRT200 全自动尿液分析仪、RAYTOET-7300 全自动细胞分析仪、HDF2600PLUG 全自动生化分析仪、煎药机、肺炎支原体仪、万能手术床等先进医疗设备，服务辖区 14 个行政村，面向 2.6 万名周边居民。

驻区医疗单位　菏泽市中医医院　建于 1975 年，1979 年正式开诊，1996 年被国家中医药管理局评为三级甲等中医医院，2013 年通过三级甲等中医医院复审。是山东中医药大学非直属附属医院、省级“爱婴医院”，山东中医药大学、山东中医药高等专科学校、菏泽医学高等专科学校、菏泽家政学院、曲阜中医药学校的教学医院，全国中医住院医师规范化培训基地、中医类别全科医生规范化培养基地（临床培养基地）、山东省“西医学习中医”培训菏泽基地。集医疗、教学、科研、预防、康复、养老、急救功能于一体，起着全市中医药事业的龙头带动作用。

医院占地 3.5 公顷，建筑面积 10 万平方米，编制床位 1450 张，总资产 6.9 亿元，人员编制总量控制备案数 1160 人，2017 年职工 1022 人。其中，高级职称 136 人，博士、硕士研究生 183 人，第六批全国老中医药专家学术经验继承工作指导老师 1 人，山东省名中医药专家 5 人，山东省五级中医药师承教育市级指导老师 8 人，山东省中医药大学硕士研究生导师 5 人，菏泽市名老中医 2 人，菏泽市名中医药专家 2 人、市优秀中医药人才 2 人，市级专业技术拔尖人才 5 人。

医院科室设置齐全，有内、外、妇、儿、针灸、推拿、骨伤科等 52 个临床、医技科室。其中，国家级重点专科 3 个（含 2 个建设单位），省级重点专科 7 个（含 3 个建设单位），市级重点专科 14 个，形成国家级、省级、市级多层次的重点专科建设格局。

医院坚持中医为主的发展方向，设立国医堂，承担国家中管局“中医药预防保健及康复服务能力建设项目”，大力发展针灸科、推拿科、“治未病”科、康复科等中医特色科室。其中，康复科成为菏泽市及周边地区规模最大、设备最先进、技术力量最雄厚的康复中心。先后投入 1 亿多元购进大量大型医疗设备，如西门子炫速双源 CT、西门子 1.5T 核磁共振、西门子平板大 C、医科达图像引导直线加速器、腹腔镜、宫腔镜、膀胱镜、关节腔镜、椎间孔镜、钬激光等，开展多种内镜诊疗技术、综合介入诊疗技术、血液净化技术、人工膝 / 髋关节置换术等中西医结合技术。

医院不断深化中医药特色优势，拓宽业务领域。医学生殖中心通过验收，具备开展人工授精诊疗资质；国家药物临床试验机构通过现场检查，已有 10 个品种通过伦理委员会审查。

医院先后获“全省中医工作先进集体”“山东省中医保健特色示范医院”“全省惠民医疗先进单位”“山东省药品不良反应监测工作先进集体”“山东省文明单位”等称号。

市妇幼保健院新院　建于 1951 年 4 月，占地 0.33 公顷，建筑面积 5000 平方米，业务用房 3500 平方米，设床位 30 张。编制 49 人，在编职工 49 人，专业技术人员 44 人（高级 17 人，中级 21 人），聘用人员 33 人（高级 4 人，中级 3 人）。

医院设有妇女保健科、儿童保健科、乳透门诊、妇产科、儿科门诊、特检科、检验科、中医科、针灸理疗科、新生儿疾病筛查中心、新生儿听力筛查中心、更年期保健门诊、婚前保健门诊、新生儿沐浴室、手术室、供应室、放射科等科室。仪器设备先进，拥有 500 毫安 X 光机、全自动生化分析仪、芬兰产时间分辨荧光分析仪、奥地利产洗板机、酶标仪、法国产 ABX 血液分析仪、德国产保灵曼尿液分析仪、血凝仪、丹麦产筛查性声阻抗、ABR、0RE 诊断性脑诱发电位、美国产 GE 彩超、日本产黑白 B 超及心电监护仪等高尖设备。

2017 年 12 月，菏泽市妇幼保健医院新院区启用，地处菏泽市开发区（长江路与广州路交叉口南 1500 米，市开发区公安分局南邻），设有妇产科、产房、儿童康复、妇女保健等几十个临床科室，设床位 200 余张，总建筑面积 3 万余平方米。

菏泽市荣军医院 建于 1960 年，原为菏泽地区荣军疗养院，2001 年改为现名。该院是菏泽市唯一一所市级优抚医院，正科级全额事业单位。

该医院现址位于开发区钱塘江路 2777 号（市儿童福利院西邻），占地 2.44 公顷，建有综合楼、医技楼及附属建设，总建筑面积 2 万余平方米，包括重点优抚对象疗养区、复退军人精神病区、社会流浪乞讨人员精神病区、优抚对象疾病鉴定中心、康复中心等，容纳床位 260 余张。2017 年，医院内设办公室、医务科、护理部、质控科等 8 个职能科室，化验室、B 超室、理疗室、X 光室、心电图室、脑电图室、药房等 7 个辅助科室。购置有 CT、DR、CR、X 光、数字胃肠、彩超、睡眠障碍治疗仪等先进医疗设备。工作人员共计 96 人，其中医护技人员 69 人，行政后勤人员 27 人，正高级职称 2 人，副高级职称 5 人，中级职称 16 人。

市荣军医院于 2012 年、2013 年连续 2 年获得市级“三八”红旗集体称号；2012 年、2014 年分别被评为全市民政工作先进集体，菏泽市红十字会救护培训工作先进集体。

开发区中心医院（开发区惠慈医院） 该院坐落在菏泽东部新城区，2006 年 3 月建成开业，总投资 1.5 亿元，占地 3.33 公顷，是经菏泽市卫生行政主管部门批准成立的现代化大型非营利性二级综合医院，为菏泽市职工医保、城乡居民医保定点医院。

2018 年，建筑面积 5 万平方米，开放床位 800 张，设有综合内科、心内科、神经内科、肿瘤科、普通外科、骨外科、泌尿外科、神经外科、妇产科、儿科、中医科、眼科、耳鼻喉科、口腔科、皮肤科、重症监护室、透析中心、眩晕治疗中心、急诊科等临床科室，以及医学影像科、介入治疗科、检验科、肿瘤放射治疗科、超声科、内镜中心等医技科室。医院职工 500 余人，专业技术人员 400 余人，中级以上职称占比 30% 以上。其中，医疗人员 160 人，医技人员 65 人，护理人员 180 人，其他专业技术人员 32 人。医疗医技人员中主任医师 23 人，副主任医师 25 人，主治医师 42 人，执业医师 65 人；护理人员中主管护师及以上 27 人，护师 86 人，护士 67 人。

医院门诊病房综合大楼设有门诊诊疗区、住院病房区。配有中央空调、中心供氧、中心吸引、消防安全自动报警、语音通信等系统，及病员、职工餐厅、学术报告厅、地下停车场。并设有高中低档病房，病房设有淋浴卫生间、壁橱，高档病房装有数字电视。百级、万级层流净化手术室 10 间，能满足各种手术需要。

医疗设施主要有飞利浦1.5T超导核磁共振、美国GE64排128层容积CT、GE双螺旋CT、GE2100型大C臂、SGS-Ⅰ伽马射线立体定向全身治疗系统（超级全身伽马刀）、SRM-Ⅳ型眩晕诊疗系统、视频眼震电图仪、电子直线加速器、美国氩氦刀、微波射频消融、飞利浦彩超、四维彩超、西门子彩超、飞利浦DR、爱柯法CR、数字胃肠镜、德国史托斯腹腔镜、艾克松腹腔镜、蛇牌胆道镜、美国强生超声刀、奥林巴斯电子胃肠镜、德国蔡司手术显微镜、德国弗森尤斯血透机、西门子1300生化分析仪、西门子化学发光仪、美国全自动血气分析仪、希森美康全自动血凝仪、德国产体外循环机、麻醉机、进口主动脉反搏器等大型医疗设备。

菏泽白癜风医院　位于菏泽市人民路150号，1993年经菏泽市政府批准成立并注册，占地2公顷，投入资金1亿余元。菏泽市委、市政府就医院的成立、建设与发展多次专门印发文件，明确市人大常委会主任任医院建设领导小组组长，1名副主任和市政府分管卫生与城建的副市长任副组长，市政府办公室、市计委、市卫生局等22个部门的负责人为领导小组成员，并在领导小组下成立办公室，具体负责医院建设的日常工作。至2018年，医院发展成为占地3.3万公顷，建筑面积1.2万平方米，医务人员100余名，设有基础研究、门诊、病房、特检、制剂、国际互联网等30余个科室，配有彩色B超，心电监护仪等国内外先进仪器100余台套的全国最大的一所白癜风专业医院。

医院拥有6层门诊大楼5000多平方米，专家、科研楼3600多平方米，制剂楼、药检室2000多平方米，其他附属设施600多平方米。卫生技术人员100余人，其中中级职称人员22人、副高级以上职称12人。开设病床60张，配备药浴室、熏蒸室以及涂药室，内有中央空调、呼叫机、供养呼吸系统、数字电视百兆宽带系统、免费无线网络系统和24小时热水供应系统。

医院专家先后撰写发表《白癜风的发病原因》《白癜风的预防与治疗》《白癜风的四联疗法》等几十篇医学论文，其中多篇在中华医学会、美国中华医学会、世界中医药学研究会等学术组织举行的大型交流会上宣读，获得国内外医学界的高度评价。专家队伍经过30年来不断总结临床实践经验，形成独树一帜的药疗、食疗、光疗、神疗“四联综合疗法”，被科技部批准为国家科技成果重点推广项目。配备美国产原子吸收光谱仪、色素脉冲调整系统、UVB靶向精准治疗仪、308纳米准分子激光治疗仪、伍德灯鉴别诊断仪、黑色素细胞种植仪、自动气血分析仪等设备，能满足病人多元化需求，为病人提供先进的治疗技术。医院成功研制出“祛癜精”和“祛癜丸”系列药物。该2个系列的药物于1992年通过省级鉴定，1994年获得省卫生厅颁发的“制剂许可证”，1997年10月获得中国中医研究院“优秀成果奖”。2类药物通过国际联机检索《世界药学文摘》650万篇资料，填补专治白癜风药物的空白。1999年，医院院长丁新甫和副院长郭梅香主编的《怎样防治白癜风》一书出版问世，成为全国第一部治疗白癜风的医学专著。

医院每年向社会和当地财政贡献100多万元，1999年被评为省级卫生先进单位，丁新甫院长当选省政协常委、市劳动模范。院长每年拿出一定数量的资金捐助社会公益事业，平均每年资助社会公益事业都在50万元以上。1992年，他向希望工程捐款2万元，向菏泽一中捐款3.5万元设立奖学金，向山东平邑县郑城镇捐助2万元，使11名辍学儿童重新走进校园；1994年，向安徽灾区捐资3万元；1996年，向菏泽市黄河滩区捐款2.2万元；1997年，向菏泽公安局110和甘肃灾区分别捐款1万元和2万元；1998年，向菏泽环卫工人捐款6万元，向河南淇县修路捐款30万元；1999年，向黄河滩区修路捐款30万元；2000年，向中华慈善总会捐款10万元，向菏泽市公安局110捐款5万元，向残联捐款1.5万元，向“保护母亲河行动”捐款2万元，向市民政局救助失学大学生捐款1万元。

1994年10月，卫生部部长崔月犁，副部长孙隆椿，国家中医药管理局、中国中医研究院的多位领导听取医院关于白癜风的研究、治疗与医院发展情况的汇报；山东省政协主席陆懋曾、省卫生厅领导亲临医院视察指导工作；民政部原部长、中华慈善总会会长闫明复给院长丁新甫颁发“情深意重——慈善捐助荣誉纪念”牌匾。2000年5月和2001年4月，越南、斯里兰卡、泰国、尼泊尔等国驻华使馆的大使及其国家卫生考察团分别考察该医院。

博爱医院 该院始建于2002年，坐落于菏泽市黄河东路1999号，占地3.54公顷。2018年，开设外科、内科、康复医学科、中医科、临床体液与血液专业、医学影像科等科室，编制床位80张，实际开放床位120余张，手术室5间，职工110余人。拥有主任医师、副主任医师、主治医师等专业技术人员70余人。

医院先后获得“菏泽市文明单位”“山东省省级文明单位”“山东省消费者满意单位”“山东省诚信医疗服务单位”“山东省雷锋号先进集体”“山东省花园式单位”“山东省和谐发展示范医院”“山东最受百姓信赖十佳医院”“全国诚信示范医院”等称号。

海吉亚医院 该院由拥有自主知识产权、在肿瘤治疗技术领域处于国际领先地位的高科技医疗机构——海吉亚医疗集团（中美合资）于2016年3月投资兴建，占地5.47公顷，投资规模5.7亿元，经营业务用房面积51743.81平方米，拟开设床位600个，规划设立科室有外科、妇产科、儿科（门诊）、眼科、耳鼻喉科、口腔科（门诊）、传染科、肿瘤科、急诊医学科、康复医学科、麻醉科、医学检验科、病理科、医学影像科、中医科（门诊）、疼痛科。拟购进进口医用电子加速器、进口DSA、进口PET-CT、进口核磁、进口CT以及陀螺刀等先进设备、设施。2018年底建成使用，依托海吉亚医疗集团的资金、技术支持，开展肿瘤的临床防治和基础研究，惠及周边人民群众。

为菏泽开发区招商引资项目，2015年9月15日注册成立，注册资金1200万元，是一家股份制企业，主营健康信息查询业务。该院设立在人民路龙燕阳光城三、四楼，面向大众提供专业体检、健康管理、绿色就医和远程医疗服务。主要设备有安瀚内窥镜、MIS数字化DR成像系统（放射）、西门子B超、迈瑞全自动生化分析仪、西门子CT、飞利浦电子阴道镜等一系列国际先进医疗设备及器械，体检规范与国际接轨。体检营运面积3514平方米，日接纳体检流量300人次。有专业医生23人，高级医师9人，中级职称4人，初级职称10人；护士39人，其中中级职称2人。

第二节　医疗队伍

2011年8月16日，开发区管委会出台《菏泽市经济开发区管委会办公室关于印发菏泽开发区社区卫生服务中心主任公开选聘实施方案的通知》（菏开管办发〔2011〕42号）和《菏泽市经济开发区社区卫生服务中心人员竞聘上岗实施方案》（菏开管办发〔2011〕34号）。2011年9月底3个办事处社区卫生服务中心主任、副主任及工作人员竞聘工作全面完成。共聘用人员102名，其中丹阳社区卫生服务中心6人，岳程办事处社区卫生服务中心41人，佃户屯办事处社区卫生服务中心 55 人。管理岗位、专业技术岗位、工勤岗位分别占总岗位人数的 9%、87% 和 6%。

2018 年，陈集镇整建制划归开发区代管，开发区社区卫生服务中心、卫生院共有在编人员 214 人，其中管理岗位工作人员 13 人、专业技术人员 194 人、工勤 7 人；高级职称 12 人，中级职称 68 人，初级 75 人，员级 56 人，其他 3 人。社区（村）卫生室注册村医 453 人。

2018年开发区社区卫生服务中心卫生院编制人员统计表

表19-2　　单位：人

序号	单位名称	总数	其中		
			管理人员	专业技术人员	工勤人员
1	丹阳社区服务中心	22	1	21	0
2	岳程社区服务中心	47	4	41	2
3	佃户屯社区服务中心	52	2	49	1
4	陈集镇卫生院	75	3	68	4
5	陈集保宁卫生院	18	3	15	0
合计		214	13	194	7

开发区社区卫生服务中心卫生院在岗人员技术职称统计表

表19-3　　单位：人

序号	单位名称	高级	中级	初级	员级	其他
1	丹阳社区服务中心	0	4	18	0	0
2	岳程社区服务中心	3	17	9	16	2
3	佃户屯社区服务中心	4	12	20	16	0
4	陈集镇卫生院	4	31	21	19	0
5	陈集保宁卫生院	1	4	7	5	1
合计		12	68	75	56	3

第三节　社区卫生服务

2011 年，开发区岳程、佃户屯街道率先成立社区卫生服务中心，由单纯的防疫转为基本医疗和基本公共卫生服务。社区卫生服务机构面向基层提供一般常见病、多发病诊疗、护理和诊断明确的慢性病治疗。

2011 年 6 月 30 日，开发区印发《关于菏泽开发区推行国家基本药物制度实施意见的通知》，社区卫生服务中心于 7 月 1 日实行药物零差率销售。2012 年开发区将社区一体化村卫生室纳入制度实施范围，4 月 1 日正式启动实施国家基本药物制度，覆盖率达到 100%。

2015 年，国务院办公厅发布的《关于推进分级诊疗制度建设的指导意见》明确提出，以强基层为重点完善分级诊疗服务体系，大力提高基层医疗卫生服务能力，鼓励并规范常见病、多发病患者首先在基层医疗卫生机构就诊。在政府领导、社区参与、上级卫生机构指导下，以基层卫生机构为主体，全科医生为骨干、合理使用社区资源和适宜技术，以人的健康为中心、家庭为单位、社区为范围、需求为导向，以妇女、儿童、老年人、慢性病人、残疾等人为重点，以解决社区主要卫生问题，满足基本医疗卫生服务需求为目的，融预防、医疗、保健、康复、健康教育、计划生育技术服务为一体的有效的、经济的、方便的、综合的、连续的基层卫生服务体系全面建成。截至2018年，全区共建立居民电子健康档案255037份，建档率85.93%，建立预防接种证4086份，建证率达100%，新生儿健康管理率90.77%，0～6岁儿童系统管理率87.76%，儿童中医药调养覆盖率45%，孕产妇健康管理建册率86.38%，产前健康管理率86.59%，65周岁以上老年人健康查体率64.16%，高血压患者健康管理率37.57%，肺结核患者健康管理率100%，60岁以上老年人家庭医生签约28681人、签约率45.16%，65岁以上老年人签约24485人、签约率58.97%，贫困人口和计划生育特殊家庭签约率100%。当年，共举办各类健康教育知识讲座344场，健康教育宣传咨询活动31次，发放宣传资料7万余份，开办健康教育专栏468期，新生儿访视2822人，为65周岁以上老年人健康查体26642人，高血压患者健康管理22482人，为老年人开设就医绿色通道11家，开通率84.6%。辖区2～3岁儿童“八苗”全程接种率87.32%；麻疹第一针及时率89.98%，麻疹第二针及时率89.37%，乙肝第一针及时率93.98%。全年拨付医保资金136.14万元、公共卫生资金177.84万元、财政资金133.38万元。

第四节　爱国卫生运动

机构与职责　开发区卫生和计划生育局是开发区爱国卫生活动的职能部门，负责拟定、组织贯彻国家和地方公共卫生和防病治病等的方针、政策和措施；统筹协调有关部门及社会各团体，发动广大群众，开展除四害，讲卫生、防病治病活动；广泛进行健康教育，普及卫生知识，提高卫生素质；开展群众性卫生监督，不断改善城乡生产、生活环境的卫生质量；检查和进行卫生评价，提高人民健康水平。

创建卫生城市　在创建省级卫生城市期间，开发区爱卫会办公室在党工委、管委会和上级组织的领导下，以“我行动、我健康”为主题，积极做好农村改厕和农村饮用水安全工程监测等国家重大公共卫生项目工作，重点开展城乡环境卫生整治、除害防病、卫生创建、健康教育等重点工作，对区级公路及乡村公路两侧、村边路旁卫生进行大扫除、大整治，出动人力5万人次，清理卫生死角1200个，清运垃圾3万立方米，保证省级卫生城市的创建。

2013年，菏泽开始创建国家级卫生城市，开发区积极投入资金加大卫生基础设施建设，改善卫生条件，率先在辖区推行城乡环卫一体化。3个街道分别成立3～5人的环卫办公室，建设垃圾转运站26座，购置移动式垃圾箱500个，清运车24辆，机械化作业车辆62台，配备保洁员926人。

2016—2018年，围绕卫生城市建设，以“清洁家园、除害防病”春季爱国卫生和“全国爱国卫生月”活动为抓手，围绕“健康山东行动”主题内容，开展重大公共卫生知识宣传活动10多次。每年投入30余万元，委托专业消杀公司，为辖区中小学、医疗单位、生活小区进行4次蚊蝇消杀。

第五节　食品监督管理

职能部门　1992—2003年，开发区的工商管理机构系牡丹区工商局的派出单位，只负责开发区的工商注册业务。2003年，开发区工商管理局被菏泽市政府赋予市场管理职能，食品监督管理工作开始进入常态化运行模式。2015年3月，根据《关于菏泽市经济开发区市场监督管理局机构编制事项的批复》文件精神，开发区管委会整合原菏泽市工商行政管理局开发区分局、原菏泽市食品药品监督管理局开发区分局、原菏泽市质量技术监督管理局开发区分局职能、人员等，组建菏泽经济开发区市场监督管理局，加挂菏泽市经济开发区食品安全委员会办公室、菏泽经济技术开发区食品药品监督管理局牌子，属开发区管委会管理的正科级直属部门。内设办公室、食品药品监管科等7个科室，增设综合性投诉受理中心；下辖开发区市场监督管理执法大队和丹阳市场监管所、岳程市场监管所、佃户屯市场监管所3个副科级派出机构。核定行政编制37人、事业编制20人。2018年，开发区市场监督管理局共计115人，其中公务员41人，事业编人员74人。

监管工作　2003—2006年，开发区工商分局采取“防打结合，以防为主”的食品监管模式，实行食品经营单位自检和工商部门巡回抽检相结合的办法，全面开展辖区内的食品安全管理工作。2004年6月，率先在超市引进启用食品品质检测设备。同年9月，鲁能超市建成菏泽市第一个流通领域绿色食品检验室。与之同时，开发区工商分局协同菏泽市工商局启用“12315”食品安全检测车，对辖区内的集贸市场、大型超市中的各类食品进行巡回、随机抽检。抽查包括蔬菜水果的农药残留、水产品中的甲醛测定等，对问题商品实行下架，退出市场，并对有问题超市及时纳入企业信用警示系统，进行预警警示，建立食品入市过滤体系，消除餐桌污染。大力推行食品市场准入制度，引导食品销售单位建立和完善索证、索票、商品备案等工作程序，对自检制度健全、商品质量管理到位、市场信誉好的超市，颁发“农副产品检测示范单位”牌匾。开展红盾护农行动，整顿和规范市场经济秩序，加强流通领域食品安全监管，保证全区人民群众所用产品的安全，督促辖区内的食品经营者建立健全进货台账、市场准入备案、不合格食品退市、召回和“黑名单”曝光等制度，在开发区建成“食品准入工程”体系，构建起食品安全保障网络。推出“12315”进农村、进社区、进学校活动，在全区设立106个举报联络点，接到举报及时查处。集中开展市场主体、节日市场、专项食品的集中整治活动，保障商品质量，净化市场秩序。

2007年，按照省、市工商部门的部署，在开发区深入开展“农村食品市场专项整治年”活动，在小型食品经营户中推行“一户多档”制度，对食品销售人员实行“实名登记”制度，探索试行农村大集“熟食证明登记”制度和裸（散）装食品“标牌公示”制度，有效规范农村食品经营行为。全年出动执法人员3428人次，检查经营主体数量2968户，检查食品经营户1400多户，查处无照经营940余户，取缔200余户。查处案件54件，其中立案查处38件，查获违法产品货值8.3万元，查处不合格食品31千克，取缔小摊点8户，责令不合格食品和假冒伪劣食品退市40千克。

2008—2009年，为迎接第十一届全运会以及2个专业项目在菏泽举行，围绕食品安全，全局上下以“迎全运市场综合整治”为主线，以推行食品“四制”为依托，对辖区内主要街道的沿街门市进行拉网式检查，取缔店外经营和占道经营。对社区、医院、学校、车站附近所有食品加强监管，对辖区内大型超市、食品批发部进行监测抽查，特别是对运动员、工作人员居住场所的食品加大监管力度，保证区域内食品优质达标。

2010年工商部门开展食品安全专项整治，清查食品经营户583户，依法查扣“青城”啤酒、“营养快线”“特仑特”，假冒“今麦郎”“康师傅”“可口可乐”饮料、矿泉水等“问题食品”10余吨，价值20万元。年内工商部门开展儿童食品、乳品和含乳食品、地沟油、月饼市场、违法添加非食用物质和滥用食品添加剂等专项整治，净化食品市场消费环境，特别是农村食品状况有明显好转。

2011—2012年，工商部门全面开展“创先争优”活动，以食品安全监管工作为重点，在辖区内落实食品经营自律“三条线”标准，推行“一票通”管理制度，坚持“批零对接”，健全追溯体系，打造出开发区安全放心的消费环境。经过努力，辖区内食品批发企业、超市和食杂店全部建立“一票通”台账，实现了辖区食品经营户全覆盖的目标。工商部门加强对元旦、春节、元宵节、五一、端午节、六一、中秋节、国庆节等重大节日期间食品市场监管，突出抓好粮油、肉制品、蔬菜、水产品和副食品等节日食品安全，先后出动执法人员816人次，清查食品经营户1438户，规范食品经营户336户，取缔无照经营户87户，查处过期饮料456瓶、牛肉37箱、“好吃点”小食品87袋。其间，对罗丹明B食品添加剂、食用明胶、地沟油、猪肉、酒类和乳制品等食品进行专项整治，取缔无照猪肉经营户1户，规范猪肉经营户35户，查获非法使用牛肉味食品添加剂的假冒牛肉干70箱，无标注生产日期“雪花”啤酒1.2万件，假冒牛栏山二锅头36箱，不合格牡丹籽食品油200余件。

2013年，突出抓好粮油、肉制品、蔬菜、水产品和副食品等节日食品安全，对监管区域内的食品经营户进行逐户逐项检查，对部分食品实施抽检，共出动执法人员986人次，清查食品经营户1684户，取缔无照经营户29户，查处过期饮料813瓶，假冒康师傅纯净水140瓶，假冒“可口炸鸡”20余袋，抽检食品55个批次，对3家不合格食品依法进行查处。同时对肉制品、酒类、乳制品等食品组织专项整治，共检查集贸市场5处，商场超市16家，冷库7家，督导11户肉类经营者规范建立进销货台账，抽检3个批次的鲜猪肉、1个批次的肉制品，取缔无照猪肉经营户1户，规范猪肉经营户35户，查扣假冒海之蓝名酒110瓶，假冒茅台13瓶，假冒牛栏山100箱。

2014年，在职能调整过渡过程中，2次配合山东省食品药品监督管理局开展食品安全监督抽检工作，共抽检39个大类，265个批次，不合格食品28个批次。[illegible]年中，开展节日食品、婴幼儿配方乳粉、学校及周边食品安全、牛羊肉注水、食用油、非法添加剂和滥用食品添加剂、农贸市场、网络食品交易等专项整治17次，共出动执法人员776人次，清查食品经营户2174户次，查处无照经营户19户，责令改正36户，查处过期食品1宗，立案查处5起，罚款12万余元。

2015—2016年，将工作重心放在建设和完善食品安全监管长效机制方面，启动“明厨亮灶”工程，在辖区选取100家餐饮服务单位、机关企事业单位食堂、学校食堂作为第一批试点单位，为试点单位免费配备监控摄像头、显示屏、硬盘等“明厨亮灶”设施设备，为试点单位负责人安装手机APP，随时随地进行网络监控，及时自查自纠；在管理局五楼设立监控室，对“明厨亮灶”单位厨房及人员进行远程监控及视频监督检查，借助平台推进量化分级、寻找笑脸就餐、清洁厨房创建、“食安山东”等基础性工作。截至2016年，通过验收并上报“清洁厨房”10家，“示范学校食堂”2家，示范餐饮店5家，示范街1条，示范商超2家。2016年，职能部门以创建“省级文明城市”为抓手，相继开展对夜市餐饮摊点、“饿了么”等网络订餐、学校食堂、农村食品、儿童食品、学校周边及乳制品、食用植物油、配制酒、肉制品、淀粉制品、玛咖制品等食品专项整治，共检查集贸市场38个次，商场、大中型超市56户次，检查学校食堂（含托幼机构）共计39户次，食品经营者2446户次，其中检查现场制售

73户次，查处无照经营21户。年内，组织开展食品快检点、快检车检测食品8000余批次，配合市食药局开展监督抽检共计58批，其中不合格批次4批，合格率93.1%；食品生产企业国家抽查51批次，不合格6批次，合格率86.23%；省级抽查47批次，不合格4批次，合格率91.48%；市级抽查27批次，不合格3批次，合格率86.89%；区级监督抽检，共抽检品580批，不合格批次25批，合格率95.69%，其中保健食品30批，食用农产品抽检249批，录入国家食品安全抽检检测信息系统并公示。

2017年，与丹阳街道、城市管理行政执法大队、环保分局和特警大队共同成立创城指挥部，实行地毯式排查，针对发现的问题，设立台账、限期整改，实行销号制度。对市场、学校周边、餐饮单位、食品经营单位、火车站周边等重点场所、重点行业进行重点检查，每天出动执法人员50人次，执法车辆16台次。一年中共计检查市场35次、学校周边20次、餐饮单位800余次、食品经营单位900余次、其他行业3000余次、露天烧烤园50余次、治理小散乱污单位100余户、小摊贩200余户。发放张贴宣传画300套，发放文明餐桌牌2000多个，张贴公示牌300多张，建立餐饮台账300多套。

2018年，开发区开展创建省级食品安全城市工作。一是从源头抓起，把目标定位在食品生产、加工环节，在辖区内全力建设“透明工厂”，对开发区的食品生产企业全部安装了安装监控设备，从“智慧监管”平台上直接了解食品从原料仓库到生产线、从车间生产到实验室检测，最终到成品的全过程，形成部门监管、企业自律、社会监督、电子监督的良性机制，确保生产加工环节的食品安全。年内，中粮艾地盟粮油工业（菏泽）有限公司、山东小麦粒食品有限公司、山东杨湖酒业有限公司等32家食品生产企业安装了“透明工厂”监控设备，纳入了“透明工厂”体系“智慧监管”工程。二是积极打造“食安菏泽会客厅”，引领广大企业主动创建“食安山东”“食安菏泽”示范企业，不断提高产品质量。按照市食药局的安排由开发区承接主体展厅，布置在市邮政公司一楼，在市移动公司综合大厅，通过“政策+市场+监管”，实现监管部门、平台公司、经营公司、生产企业多方共赢，最终实现食品安全社会共治。当年，300平方米主体展厅与开发区食安城市会客厅体验馆正常运行，助推省级食品安全城市创建活动。三是，加大市场监管，对食品销售市场整治检查。年内，市场管理部门相继开展夜市餐饮摊点、畜禽水产品、肉制品、乳制品、饮料、蜜饯、学校食堂、学校周边及校园内食品经营单位等食品专项整治，共检查集贸市场118个次，商场、大中型超市1029户次，检查学校食堂（含托幼机构）共计117户次，食品经营业户12935户次，其中检查现场制售79户次，查处无照经营22户。严格落实“三小”条例，健全小作坊监管档案，按照“打击取缔一批、规范发展一批、转型升级一批”的要求，实施小作坊食品安全规范提升计划。加大对小作坊的检查力度，深入排查治理小作坊食品安全隐患。探索推行“一票通”或产品销售随货单制度，体现产品原料来源，成品去向的信息，实现小作坊产品的可追溯。2018年，共为开发区26家食品小作坊办理相关证件，将小作坊纳入了管控之下，实现了对食品监管的全覆盖。四是扎实做好重大活动期间的食品安全监管。以“规范监管执法，落实主体责任，有效控制风险”为目标，年内开展“两会”餐饮服务单位食品安全保障、全市政协委员培训、市第十九届人大第三次会议、牡丹花会、林交会及高考、中考期间等食品安全保障工作，完成各项监管任务，确保重大活动期间的饮食安全。

第四章 计划生育

第一节 机构

1992年，开发区计划生育职能隶属社会事业发展局。1997年，开发区计划生育办公室成立，所属职能由开发区社会事业发展局划入，副科级单位，11名编制人员。2003年机构改革，开发区计划生育办公室改为开发区计划生育局，为正科级行政单位，设立计划生育服务站、计划生育监察大队。2015年5月，卫生、计生机构整合为开发区卫生和计划生育局。行政编制3人，配备局长1人、副局长2人。将街道计划生育办公室更名为卫生计划生育办公室，撤销各街道计划生育服务中心，将其职能划转至各街道社区卫生服务中心，在街道社区卫生服务中心加挂妇幼保健计划生育服务站牌子，并将其在编在岗的专业技术人员相应划转。

第二节 计划生育政策

基本生育政策　山东省实行国家提倡的一对夫妇只生育一个孩子的政策，严格按照《山东省计划生育条例》的规定，实行生育证制度，持有生育证的夫妻方可生育。依法结婚后要求生育第一个子女的，由夫妻双方申请，经所在单位报乡（镇）人民政府、街道办事处批准发给生育证。符合规定要求再生育子女的，由夫妻双方申请，经乡（镇）人民政府、街道办事处审核，报县级计划生育行政部门批准发给生育证。农村户口第一胎是女孩的，育龄妇女年满30周岁，由本人申请，经区计划生育主管部门批准，可以生育第二胎；国家机关和企业事业单位职工，城镇居民符合条件，申请生育第二个子女的，按计划安排；但无论什么情况，都不准生育第三胎。

2002年9月28日，山东省第九届人民代表大会常务委员会第三十一次会议通过《山东省人口与计划生育条例》生育第一个子女实行免费登记制度。2013年6月2日，《山东省人口与计划生育条例》进行第一次修正，取消女方再生育须年满30周岁的规定，可以生育第二个子女。生育第一个子女实行免费登记制度。

2014年5月30日，《山东省人口与计划生育条例》进行第二次修正，经夫妻双方申请、县级卫生和计划生育行政部门批准，夫妻双方或者一方为独生子女的，可以生育第二个子女。

2016年1月22日，《山东省人口与计划生育条例》进行第三次修正，提倡一对夫妻生育两个子女。生育第一个、第二个子女实行免费登记制度。

夫妻可以自行选择生育子女的时间，依法享受母婴保健和计划生育技术服务。

具有下列情形之一，经批准可以再生育子女：

（一）夫妻生育两个子女，有子女经依法鉴定为病残儿，不能成长为正常劳动力，医学上认为可以再生育的；（二）夫妻曾患不孕不育症，依法收养两个子女后女方又怀孕的；（三）再婚夫妻一方已生育两个子女，另一方未生育或者生育一个子女，再婚后无共同生育子女的；（四）再婚夫妻一方已生育一个子女，另一方未生育，再婚后已共同生育一个子女的；（五）再婚夫妻各生育一个子女，再婚后已共同生育一个子女的；（六）省人民政府卫生和计划生育行政部门认定的其他情形。

晚婚晚育政策　20 世纪 80 年代初期，国家提倡和鼓励晚婚晚育，少生优生。男年满 25 周岁、女年满 23 周岁以上结婚为晚婚，晚婚后生育为晚育。按照《山东省计划生育条例》规定，对晚婚者增加婚假 2 周，晚育者增加产假 60 日，所增假期视为出勤；农村居民免一年集体义务工。2002 年，对晚育者，增加男方护理假 7 日，护理假视为出勤，工资照发，福利待遇不变。2016 年，对符合法律和本条例规定生育子女的夫妻，除国家规定的产假外，增加产假 60 日，并给予男方护理假 7 日。增加的产假、护理假，视为出勤，工资照发，福利待遇不变。

计划生育利导政策　独生子女父母奖励费　1988 年 7 月 23 日通过的《山东省计划生育条例》规定：国家机关和企业事业单位职工每月发给独生子女保健费不少 5 元，由双方所在单位分担，夫妻均为农业人口的，每年发给独生子女保健费不少于 60 元。由所在单位发给每月不少于 10 元的奖励费。独生子女父母为在职工作人员的，在独生子女年满 14 周岁时，一次性奖励 1000 元，由夫妻所在单位各负担 50%。独生子女奖励费标准提高的每月 100 元，奖励费由夫妻双方单位各负担 50%。2016 年 1 月 22 日通过的《山东省人口与计划生育条例》规定，子女年满 18 周岁止每月领取不少于十元的奖励费。开发区执行每月 100 元。

合法生育双女绝育奖励　按照国家规定，农民合法生育两个女孩夫妇，2009 年 7 月 1 日以后一方在规定时间内落实绝育措施并经县级主管部门审核属实的，发放一次性补助 3000 元。给予符合条件的夫妻双方每人每年不低于 600 元的奖励。

奖励扶助　国家实行奖励扶助制度开始，对符合条件的人员每人每月发放 50 元时，开发区于 2008 年 9 月 19 日，对符合条件的人员每人每月发放 100 元。

特别扶助　国家实行特别扶助制度开始，对符合条件的独生子女伤残家庭每人每月发放 80 元，死亡家庭每人每月发放 100 元时，开发区执行伤残家庭每人每月发放 160 元，死亡家庭每人每月发放 200 元。2015 年开始，伤残家庭每人每月发放 600 元，死亡家庭每人每月发放 700 元。2014 年 10 月 12 日开发区规定，今后发生失独家庭的，一次性给予 1 万元的救助，对符合条件采取试管婴儿等辅助生殖手段的家庭，给予 2 万元的救助，对生活不能自理的老人按全市最低工资标准 50% 给予现金补贴。2016 年 10 月 26 日规定，对女方年满 49 周岁的计划生育特殊家庭成员每年安排在社区卫生服务中心或区定点医院免费进行 1 次健康检查，对符合条件的计划生育特殊家庭成员参加居民基本养老保险的，每年每人给予 500 元的参保缴费补贴，计划生育特殊家庭特别困难并纳入低保的，其家庭成员死亡后，按规定给予 1000 元的补贴。

2016 年 9 月 26 日规定，户籍在开发区城镇无业、失业、自主创业和与原单位解除劳动合同的独生子女父母参照奖励扶助制度给予奖励。参加新型农村合作医疗农村户籍家庭成员个人应缴纳的部分全部由政府承担。

第三节　技术服务

2003 年，开发区设置计划生育服务站，隶属区计划生育局管理，负责计划生育技术指导和宣传，承担计划生育宣传教育、技术服务、人员培训、药具管理等工作。至 2015 年，全区实行避孕节育措施知情选择，以落实长效节育措施为主。区、街道计划生育技术服务人员技术服务工作内容，以计生国策宣传和计划生育手术术后随访、药具发放为主。

2015 年以后，随着卫生、计生机构的整合和生育政策的调整，对育龄群众的技术服务及已婚育龄群众在采取节育措施的选择等方面有了新的变化，已婚育龄群众采取药具避孕的人数呈逐年递增趋势。至 2016 年底，采取药具避孕的人数占总落实避孕节育措施人数的 11.2%，比 2015 年政策调整之前上升 8.6 个百分点。区卫生计生工作重点之一为加强技术服务信息化建设工作，提高服务效率。其中拓宽药具发放渠道，逐年递增免费计划生育避孕药具自助发放机设置网点，推广“互联网 +”药具工作信息化建设，提高群众获取免费计划生育避孕药具的易得性为其重中之重。其间，区、街道计划生育技术服务人员技术服务工作重点以开展避孕节育优质服务、免费计划生育避孕药具发放、出生缺陷干预及以“两癌”筛查、母婴阻断等妇幼健康服务项目为主，以技术服务为重点推进优生优育全程服务。各项工作服务率均能达到工作指标要求，群众满意度在 90% 以上。2018 年，深入开展全程优生优育服务工作，婚前医学检查率 98.2%；免费孕前优生健康查体率、目标人群查体率均为 100%；产前筛查率 78.7%；新生儿代谢性疾病筛查率为 98.0%；新生儿听力筛查率 100%。继续加强梅毒、艾滋病、乙肝母婴传播阻断、农村育龄妇女叶酸补助、“两癌”筛查工作，均达到市、区指标要求。

第四节　计生管理

1992 年，开发区辖何楼、耿庄、都庄 3 个行政村，落实宣传教育为主、避孕节育为主、经常性工作为主的“三为主”方针，当年人口出生 56 人。2001 年扩区，辖丹阳、岳程、佃户屯 3 个街道 108 个社区居委会，总人口 130412 人，以稳定低生育水平为中心，突出“控制违法生育和出生人口性别比失调”两大重点，构建“依法管理、村民自治、优质服务、政策推动、综合治理”管理机制，当年出生人口 2173 人。其中，一孩 1415 人，占 65.1%；二孩 703 人，占 32.4%；三孩及以上 55 人，占 2.5%。2002 年 7 月，实行“属地管理”，辖区各级各类法人单位全部划归开发区管理，区内机关事业单位 102 个、企业 379 个，总人口 184485 人，当年出生人口 2248 人。其中，一孩 1477 人，占 65.7%；二孩 718 人，占 31.9%；三孩及以上 53 人，占 2.4%。2011 年，以建设“居民自治、管理有序、服务完善、治安良好、环境优美、文明祥和”的和谐社区为目标，以满足群众需求、强化服务为重点，以理顺管理体制为保障，建立“办事处保障、社区为主、业主参与、物业配合、网格落实”的城市计划生育管理模式。2012 年 5 月 17 日，在都庄社区帝都花园小区召开全市城市社区管理现场观摩会，全市推广开发区计划生育网格化管理模式。同年，出台《关于进一步完善处、居两级计生工作机制的意见》，在街道办事处建立管理、监督、服务、奖惩、保障机制，取消包社区计生指导员，分别设立业务指导组、工作督导组、执法查处组、监督检查考核组；在社区全面实行“居为主”计生管理机制，完善任期承诺制、党员带头制、合同管理制、居务公开制、群众参与制五项工作制度，落实宣传教育群众化、节育措施经常化、月访季查制度化、统计信息规范化、生育关怀常态化五化工作要求。当年全区出生人口4115人。其中，一孩2419人，占58.8%；二孩1576人，占38.3%；三孩及以上120人，占2.9%。2016年，全区出生人口5465人。其中，一孩1770人，占32.4%；二孩3460人，占63.3%；三孩及以上235人，占4.3%。2018年，陈集镇划归开发区代管。全区总人口313543人，已婚育龄妇女57818人，共出生4958人，其中政策内4125人，合法生育率83.2%，出生人口性别比113.6，人口出生率16‰，自然增长率9.7‰，孕情上报及时率81.5%，发放生育登记3451人，办理生育证93人。

1992—2018年菏泽经济开发区人口自然变动统计表

表19–4

年份	总人口（人）	出生（人）	死亡（人）	出生率（‰）	死亡率（‰）	自然增长率（‰）
1992	6880	56	15	8.1	2.2	5.9
1993	6921	89	17	12.9	2.5	10.4
1994	6993	100	23	14.3	3.3	11.0
1995	7070	74	19	10.5	2.7	7.8
1996	7125	91	16	12.8	2.2	10.6
1997	7200	108	21	15.0	2.9	12.1
1998	7287	96	15	13.2	2.1	11.1
1999	7368	85	19	11.5	2.6	8.9
2000	7424	76	20	10.2	2.7	7.5
2001	130412	2173	766	16.7	5.9	10.8
2002	131485	2248	742	17.1	5.6	11.5
2003	188591	1711	730	9.1	3.9	5.2
2004	187921	2397	669	12.8	3.6	9.2
2005	191789	2563	1019	13.4	5.3	8.1
2006	198754	2626	1012	13.2	5.1	8.1
2007	202032	2741	860	13.6	4.3	9.3
2008	210707	3122	1257	14.8	6.0	8.8
2009	212333	3257	1209	15.3	5.7	9.6
2010	206566	3348	1008	16.2	4.9	11.3
2011	208841	3504	994	16.8	4.8	12.0
2012	211904	4115	1273	19.4	6.0	13.4
2013	215474.5	3443	1218	16.0	5.7	10.3
2014	220025	4680	1749	21.3	7.9	13.4
2015	227101.5	3202	1580	14.1	7.0	7.1
2016	233571	5465	1794	23.4	7.7	15.7
2017	237599	5647	1763	23.9	7.4	16.5
2018	313543	4958	1934	16	6.2	9.7

第五节　计划生育协会

组织建设　1997 年 8 月 31 日，选举产生了开发区计划生育协会第一届常任理事会、常务副会长，聘请了名誉会长和秘书长。菏泽开发区计划生育协会成立，开发区党工委委员兼管委会副主任卢洪斌当选会长，张洪涛任常务副会长。

2008 年 11 月，菏泽开发区计划生育协会，经过改选选举党工委副书记、常务副主任孙忠生当选为会长，张洪涛任常务副会长。

2013 年—2018 年，开发区原副调研员、党工委委员、计划生育局局长，现任区政协工委副主任牛化民任会长，张洪涛任常务副会长。

2018 年全区协会组织 139 个，3.3 万名会员。主要工作：在全区计生协系统广泛开展关怀关爱“一帮一”活动。约 6000 人次参加发放慰问金 300 余万元，资助计划生育家庭贫困大学生 500 余人，发放助学金 280 余万元，关爱留守家庭 1156 户，免费查体 1200 人。投资约 162 万元，建居民健康素养馆 2 处，青春健康教育基地 2 处。为流动人口服务 2 万人次，优生优育指导 6.7 万人次，生殖健康咨询 15.6 万人次，维权 30 人次。

2018 年 2 月，《中国计划生育协会改革方案》正式印发，对促进人口计生工作转型发展提出了新要求，也为计生协改革发展注入了新的强劲动力。开发区计生协的重点工作领域和方向：围绕群众生育开展服务活动。聚焦“生不起、生不出、生不好”问题，宣传计划生育相关政策，普及新婚期、孕产期和育儿期知识，探索提供婴幼儿照护、儿童早期发展等服务，加快推进优生优育工作；二是围绕计划生育家庭福祉开展服务活动。聚焦失独家庭、农村双女户等计划生育家庭的现实需求和突出困难，规范提供关怀帮扶服务，把党和政府的温暖传递给计划生育家庭；三是围绕家庭健康开展服务活动。以家庭为单位，以大、中、小学生和青年流动人口为重点，规范开展青春期健康工作、为青少年提供全面的性与生殖健康教育和服务，组织开展家庭健康教育和健康老龄化等系列活动；四是围绕基层社会治理开展服务活动。主动参与现代企业共建、乡村振兴、健康扶贫、计生家庭维权、流动人口社会融合等基层社会治理工作，助力建设共建共治共享的社会治理格局。

全区计生协会工作取得显著成绩：荣获中国计生协先进工作者 1 人；荣获省级先进 2 人次；荣获市级先进 26 人次；荣获国家级先进集体 6 个；荣获省级先进集体 12 个；荣获市级先进集体 14 个。

第二十编　社会生活

开发区成立后，通过工业化进程、城市化发展、现代化建设，奠定了厚实的经济基础，聚集丰富的实力，人们的生活水平由温饱渐渐提高到小康水平，年增长10%的收入、多样化的生活方式、时尚高端的生活品味，充分体现开发区20多年的建设成就。在开发区党工委、管委会的大力倡导和政策鼓励下，所有居民享受到养老保险和医疗合作保险，即便没有劳动能力的居民，其生活水平也远远超过最低生活保障线。由政府牵头、社会联手兴办起来的日间照料中心和10多家养老机构让老年人生活无忧。

第一章　居民生活

第一节　居民收入

1995年，开发区内居民的年人均纯收入2236元。在所属的3个行政村中，何楼村依据地处火车站较近的优势，因地制宜，从事商品零售、拉人送客、餐饮供应、开办旅社等经营活动，丰富了收入来源，人均纯收入接近2600元。耿庄依靠农林产品加工实现人均收入2400元。都庄行政村的人均收入1708元。

从1995年开始，开发区主动帮助辖区内居民拓展挣钱门路，针对地少人多的状况，组织周边群众成立开发区装卸队，同时发动群众开展三产服务和短途运输经营，让辖区内1200名群众实现了自创式就业。到2000年，区内居民平均纯收入突破2400元。

2001—2005年，管委会成立劳动就业办公室，有计划地安排区内人员就近到新开办的工厂就业；另一方面，组织劳务输出，动员农村剩余劳动力到京津冀地区和东部沿海打工挣钱。到2004年，居民人均纯收入3007.48元，2005年接近3500元，与开发区成立之初相比人均增加1264元。

2006年，中粮集团、美凯电子和一批轻纺企业相继入区开工投产，规模以上企业24家，小型及个体企业500多家，当年就业11929人，在岗人员工资年平均8374元。至2010年，从业人员工资待遇年平均1.92万元。辖区内居民收入的构成成分发生明显变化，由原来的经营性收入为主体开始演变为工资性收入占优势。以工资性收入为基础、经营性收入为补充，加上政府的各类补贴不断增加增多，2010年辖区内居民人均纯收入增至6693元，2013年突破1万元，2016年上升到1.14万元，2018年的人均纯收入为1.35万元。

2009—2018年菏泽经济开发区居民人均收入统计表

表20-1

年份	人均收入（元）	增长幅度（%）	年份	人均收入（元）	增长幅度（%）
2009	6400		2014	12250.51	20.49
2010	6693	4.60	2015	10455.66	-14.65
2011	8567	28.00	2016	11375.70	8.79
2012	8862	3.44	2017	12444	9.39
2013	10167	14.73	2018	13538	8.8

第二节 居民消费

1995年前后，开发区居民的温饱问题全面解决，消费水平日益提高。到2000年，辖区居民的人均消费能力接近1000元。

2000年以前，普遍以成为万元户作为奋斗目标，省吃俭用存银行是大家一致的选择，购买能力低迷。2000年，工商部门对当时社会消费品零售额做了一次市面调查，发现人们用于生活的工业品的销售额为18万元，以当时辖区内人口总数，人均不到30元。进入21世纪以后，人们的消费观念发生根本转变，饮食结构更趋科学合理，家庭建设，铝合金门窗大量安装，电瓶车、移动电话、空调、电脑进入家庭，娱乐活动、健康运动成为时尚。到2010年，辖区居民的人均销售额9516元，比2005年翻了2.4倍。

2011年以后，开发区居民总体生活水平进入小康时代，生活的高档化、消费的多元化特征十分鲜明，住房消费支出增长明显，汽车、电轿购买数量连年递增，通信费用开支超过收入的5%，旅游健身成为一种全新的生活时尚，社区居民80%的家庭都有私家车辆。

2005—2018年菏泽经济开发区人均消费情况统计表

表20-2　　单位：元

年份	人均消费（元）	增长幅度（%）	年份	人均消费（元）	增长幅度（%）
2005	2792.23		2012	15667.47	13.61
2006	4439.65	58.98	2013	17542.72	11.96
2007	5357.31	20.68	2014	19406.89	8.79
2008	6641.54	23.96	2015	21532.26	10.62
2009	7686.84	15.73	2016	24018.39	11.55
2010	9516.57	23.81	2017	25833	7.56
2011	13790.39	44.91	2018	28643	10.88

第二章 社会保障

第一节 养老保险

企业养老保险　1992年10月，固定职工个人开始缴费，从此以后，职工工龄开始以缴费年限计算。1996年1月，按照全省统一部署，对企业职工基本养老保险实行社会统筹与个人账户相结合的办法，为参保者建立基本养老保险个人账户，基本养老金计发办法按山东省有关办法执行，同时将城镇私营企业和个体工商户纳入企业基本养老保险范围。1998年1月，根据山东省有关规定，统一企业职工基本养老保险办法，对城镇各类企业和各种用工形式的职工及个体劳动者实行统一的基本养老保险制度。2003年11月，企业基本养老保险范围扩大到乡镇企业，根据菏泽市下发的工作方案，开发区连续多年开展企业养老保险扩面征缴活动，辖区内参保人数和收缴保费连年翻番。至2017年底，参保35193人，累计征缴企业养老保险费6.54亿元，基金累计结余6.4亿元，确保426名企业离退休人员养老保险金按时足额发放。2018年，企业养老保险参保40855人，当年征缴养老保险费1.22亿元，基金累计结余6.8亿元。

机关事业单位养老保险　1996年1月，开发区机关事业单位开始实施养老保险费统筹工作。养老保险费按工资总额的23.4%征收，其中单位缴纳21.4%，个人缴纳2%。2001年3月，牡丹区丹阳、岳程、佃户屯3个街道划入开发区，开发区机关事业单位养老保险实行区内自行统筹，养老保险费的征收比例不变，3月养老保险基金结余全部转入区财政局建立的财政专户。到2017年底，全区机关事业单位参保人数增至3144人，离退休人员871人。全区机关事业单位累计征缴养老保险费3.8亿元，基金结余0.52亿元。2018年，机关事业单位养老保险实现应保尽保，参保总人数3625人，共收缴保险费6760.54万元，参保率100%，资格认证率100%，2018年为871名离退休人员按时足额发放退休金4798.43万元。

居民养老保险　1992年，开发区按照民政部出台《县级农村社会养老保险基本方案（试行）》，农民按每人每月2～20元的标准缴纳养老金，按民政部确定的利率计息。该方案1999年停止执行。

2009年9月，国务院发布《开展新型农村社会养老保险试点的指导意见》，开发区管委会根据意见精神，印发《菏泽开发区关于开展新型农村社会养老保险试点工作的实施方案》，提出：新农保基金由个人缴费、集体补助、政府补贴三部分构成，其中个人缴费分为100元、200元、300元、400元、500元5个档次，市、区政府对参保人给予每人每年30元补贴，养老金待遇由基础养老金与个人账户养老金组成，其中基础养老金按照国家和省规定对年满60周岁以上且未享受城镇职工基本养老保险待遇的农村户籍人员按月55元标准发放。2011年8月，管委会印发《菏泽开发区城镇居民社会养老保险试点工作实施方案》。规定城镇居民养老保险基金主要由个人缴费和政府补贴构成，其中个人缴费设为每年100元、200元、300元、400元、500元、600元、700元、800元、900元、1000元、1500元、2000元、3000元13个档次，实行自主选择、多缴多得，政府补贴标准为每位参保人每年30元。该方案规定养老金待遇由基础养老金与个人账户养老金组成，其中基础养老金按照国家和省规定对年满60周岁以上且未享受城镇职工基本养老保险待遇的城镇户籍人员按月发放55元基础养老金，个人账户养老金的月计发标准为个人账户全部资金累计额除以139（与城镇职工基本养老保险个人账户养老金计发系数相同）。2013年12月，《菏泽市经济开发区管理委员会关于实行城乡居民基本养老保险制度的实施意见》，规定城乡居民养老保险基金由个人缴费、集体补助和其他资助、政府补贴等因素构成，其中个人缴费设为每年100元、300元、500元、600元、800元、1000元、1500元、2000元、2500元、3000元、4000元、5000元12个档次，对于100元档次只适用于重度残疾人等缴费困难群体，政府补贴标准为每位参保人每年30元。城乡居民保险养老金待遇由基础养老金与个人账户养老金组成，支付终身，其中基础养老金按照国家和省规定的最低标准调整为每人每月65元，个人账户养老金的月计发标准为个人账户全部储存额除以139。之后，开发区根据自身情况对城乡居民基础养老金待遇进行调整，分别为2014年5月调整为每人每月75元，2015年1月调整为每人每月85元，2016年7月调整为每人每月100元，2018年1月调整为每人每月118元。

至2018年7月，开发区城乡居民养老保险共计参保63534人，其中缴费38414人，领取养老金25120人；开发区城乡居民养老基金结余8641.36万元。2018年底，开发区居民养老保险参保63366人，收缴保费1192.1万元，60岁以上待遇领取人员25206人，全年发放养老金2741.32万元，基金累计结余9048.61万元。

第二节　医疗生育保险

职工医疗生育保险　从2016年1月1日起，经开发区管委会同意，原在市人社局管理的开发区所属单位城镇职工医疗和生育保险移交给开发区管理，共移交职工医疗定点机构15家、生育医疗机构10家、特慢病门诊3家。原市人社局确定的享受特慢病待遇的人员待遇不变，定点医疗门诊不变。开发区仍执行市人社局城镇职工医疗和生育保险全部政策，原市人社局所有管理模式和支付方式不变。参保职工2015年度发生的医疗和生育费用及待遇仍在市人社局享受，由于人员划转原因，不能在市人社局享受的可在开发区享受。在开发区参保的人员，2016年度发生的医疗和生育费用及待遇在开发区享受。

2016年，开发区职工医疗生育保险新增8650人，实际参保18748人，征缴医疗保险费5228.73万元、生育保险费260.52万元。全年支付医疗费用618.3万元，其中住院费543万元、普通门诊费75.3万元，支出城镇职工生育保险费505万元。

2017年，职工医疗、生育保险新增5087人，实际参保20902人，共计征缴医疗保险费7457.46万元、生育保险费319.79万元，全年有4880人次获得医保基金补偿，基金补偿支出815.67万元，其中住院648.47万元、特慢病76.8万元、普通门诊90.4万元。2017年，城镇职工生育保险共计支出428万元。2018年，职工医疗、生育保险参保17918人，当年征缴医疗保险费7084万元、生育保险费575万元。

居民医疗保险　2014年2月，菏泽市人民政府下发《菏泽市整合城乡居民基本医疗保险工作实施方案》，开发区严格落实各项政策。2014年10月，菏泽市人民政府下发《菏泽市居民基本医疗保险实施办法》，规定全市统一居民基本医疗保险筹资标准，实行统收统支和一制一档缴费模式。2015年，居民基本医疗保险筹资标准为一档510元，其中个人缴费每人每年150元，政府补助每人每年360元；二档标准为450元，其中个人缴费每人每年90元，政府补助360元。学生统一按照二档个人缴费标准缴费，享受一档缴费标准居民医疗保险待遇。2016年，居民基本医疗保险个人缴费实行一制一档，缴费标准全市统一为每人每年140元，并享受《菏泽市人民政府关于印发菏泽市居民基本医疗保险实施办法的通知》规定的一档个人缴费标准待遇。2017年，开发区居民基本医疗保险缴费标准与2016年相同。2018年，开发区根据规定将居民基本医疗保险缴费标准调整为每人每年180元。

2015年，开发区共有153552人参加居民医疗保险，人均筹资由2006年的60元提高到450元。全区共有284049人次获得居民医保基金补偿，基金补偿支出6098.3万元，其中住院补偿14823人次，基金补偿支出5079.81万元（区外住院补偿453人次，补偿支出491.12万元，大额保险支出548.7万元）。门诊补偿268529人次，基金补偿支出718.61万元。2015年，为落实门诊大病和慢性病保险制度，开发区对门诊大病和慢性病实行定点医疗机构确诊制度，实行医院联网即时结报，10种门诊大病和12种慢性病纳入居民医疗保险补偿范畴。当年全区共办理门诊大病433

人、慢性病 1718 人。门诊大病报销 61 人次，合计报销 119.46 万元。

2016 年，居民医疗保险全区共有 154504 人参加，人均筹资由 2015 年的 450 元提高到 560 元，全区共筹资 8622.3 万元。是年全区共有 350068 人次获得居民医保基金补偿，基金补偿支出 8107 万元，其中住院补偿 21442 人次，基金补偿支出 3644.12 万元（包括区外住院补偿 399 人次，补偿支出 256 万元），门诊补偿 162728 人次，基金补偿支出 314 万元。新增 1 种慢性病纳入居民医疗保险补偿范围，共办理门诊大病 241 人，慢性病 463 人。门诊大病报销 600 人次，合计报销 149 万元，门诊慢性病报销 985 人次，共计报销 8.73 万元。

2017 年，全区居民医疗保险共有 164664 人参加，参保率连续多年达到 100%。全区共筹资 9715.18 万元，共有 321193 人次获得居民医保基金补偿，基金补偿支出 8669.7 万元，其中住院补偿 22201 人次，基金补偿支出 7883.66 万元（包括区外住院补偿 886 人次，补偿支出 488.28 万元），门诊补偿 288136 人次，基金补偿支出 748.14 万元。是年，全区共办理门诊大病 564 人，慢性病 2135 人。门诊大病报销 1827 人次，合计报销 66.63 万元。门诊慢性病报销 1829 人次，合计报销 15.8 万元。2018 年，全区居民参保 174122 人，参保率连续多年达到 100%，筹资额 11659.5 万元。

第三章　社会养老服务

第一节　养老服务中心

菏泽经济开发区辖丹阳、岳程、佃户屯 3 个街道及陈集镇，135 个社区，总人口 31.3 万，其中 60 岁以上老年人 3.5 万，占全区总人口的 11.2%。开发区把注意力投放到养老事业上，按照属地管理原则，持 3 个街道兴建养老机构，升级服务设施，在开发区范围内建立健全以公办养老服务机构为主体、社会养老服务机构为补充、全覆盖的养老服务体系，实现了居家养老、社区养老和机构养老的统筹发展。截至 2017 年，开发区建起 3 家公办敬老院和 5 家民办养老机构。2018 年，以创建全市示范单位为目标，培育 3 个社区养老试点、3 个医养结合机构，是年全区共有各类养老机构 13 个，其中医养结合机构 7 个，正常运营 4 个，3 个即将建成投入使用。

丹阳敬老院　位于中华路南、人民路西交汇处，占地 3996 平方米，其中生活区 1500 平方米，生产及车库平房面积 610 平方米，拥有宿舍 30 间、办公室 4 间、活动室 2 间、伙房 2 间、储藏室 2 间，能满足近 60 人养老居住需要。2010 年 8 月，丹阳街道在钱塘路和武汉路交叉地带选取新址，

丹阳敬老院

投入资金300万元开工建设，2010年12月底竣工。新院占地1.33万平方米，建筑面积3500平方米，共有房间36个，并配备标准的饮食起居娱乐活动器具和设施，设计容纳80余人同时入住和生活。2012年3月，新建敬老院通过验收并被省民政厅评定为省一级敬老院。2015年3月，取得并办理事业单位法人资格，更名为菏泽经济开发区丹阳敬老院，2016年12月取得养老机构许可证。

岳程敬老院　位于菏泽开发区东部，2006年建成投入使用。开设的服务项目和内容主要有：对社区的五保老人、老年人进行日间照料、健身娱乐、学习阅览等服务。敬老院建筑面积1万平方米，总体建筑为四面环形楼房结构，北边为3层楼房，其余东南西三面为2层楼，有可用房间109间，其中活动室3间，会议室5间，餐厅5间，操作间3间，储藏室3间，仓库2间，卫生间10间，医务室1间，院民住房77间，可容纳154名老人入住，工作人员6人。院内水、电、暖等基础设施齐全。2007年被评为“全省模范五保供养服务机构”，2013年被评为“山东省三星级敬老院”。

佃户屯敬老院　始建于1987年，起初有15间平房，条件简陋。2008年，开始建设新的佃

岳程敬老院

户屯敬老院。新院位于开发区临商路与佃户屯社区大街交汇处西500米，占地8000平方米，分3期投入资金600多万元，于2010年完成改扩建工作，新院建筑面积3652平方米，床位120个。2013年5—6月，对敬老院投资70余万元进行全面装修升级改造，提升养老院的供养能力。2014年，为更好地改善老年人居住环境，开发区和街道决定在纬四路与西干渠交界处，投资1.5亿元，建设占地6.67万平方米，总建筑面积5.4万平方米的大型医养相结合的养老服务中心，该中心建成后可容纳2000名老年人入住。

陈集镇敬老院　陈集镇敬老院位于陈河南路

佃户屯敬老院集体聚餐

南侧，于2010年11月多方筹资400多万元选址建设。2011年10月投入使用。同时，完成了路面硬化、绿化、美化等配套设施，使之成为集五保供养、文化娱乐、康复保健于一体的社会福利中心，占地面积21838平方米，建筑面积3359平方米，楼房114间，院民房间60间，设立床位102个，设有生活区、娱乐区、健身区、种植区，生活娱乐设施齐全，服务管理规范。

孝和护理院　一家民办养老服务机构。地处菏泽开发区黄河东路车管所西邻，占地1万平方米，建设面积6500平方米，共有床位248张，注册资金250万元。2013年10月，在菏泽市民政部门登记注册成立。该院是菏泽地区一家集养老、医疗、康复、保健、文化娱乐于一体的综合性医疗养老机构，是菏泽市、牡丹区、开发区职工、居民医保和新农合定点单位。

福禄寿老年公寓　2015年，在菏泽市民政部门登记注册成立，地处开发区广州路与中华东路交叉口大马庄社区，公寓占地3000多平方米（四合院双层楼房），南北通透，冬暖夏凉，可同时接待136位老人入住。设有单人间、双人间、三人间和多人间，老人可根据自己的情况选择不同的房间和床位。

爱晚老年公寓　2010年注册，位于菏泽开发区佃户屯街道张堂社区，占地2万平方米，养老床位68张，设有单人间、双人间、多人间、洗衣房、娱乐厅、餐厅，老人生活方便。

顺馨老年公寓　注册于2014年12月1日，床位50张，设在开发区南京路与淮河路交叉口西100米路北，地理位置优越，交通便捷。房屋面积6000平方米，主要开展老年人集中居住、日间照料，对老人提供医疗保健、健身娱乐、餐饮服务。

怡心老年公寓　成立于2017年8月，位于开发区黄河东路1611号。总建筑面积6000平方米，设有床位107张，每个房间为双床标间，配有液晶电视、卫生间、空调、暖气等设施。娱乐大厅，书画间等配套齐全。

佳华老年公寓　建于2014年3月，位于菏泽开发区陈集镇，占地20余亩，公寓楼6000余平方米，房间150余间，可容纳300余老人入住。设有单人间、双人间、三人间和多人间，室内配有独立卫生间、液晶电视、中央空调，面向社会开展养老服务。

孝慈护理院　2017年4月6日，在菏泽市民政部门登记注册成立，位于开发区永昌东路与桂林路交会处（开发区国税局南邻），占地10000平方米，开放床位320张，拥有单人间，双人间，多人间，宾馆式的装修与服务，院内配有现代化餐厅，是菏泽市一家集养老、医疗、康复、保健化为一体的综合性养老机构。

颐养德护理院　2018年4月，通过菏泽市卫生局、民政局审批，是一家医养结合的老年护理院。地处开发区佃户屯街道孔楼社区，占地7300平方米，建筑面积约3000平方米，共有床位150张。设有单人间、双人间、三人间、多人间，老人可根据自己的情况选择不同的房间和床位。该院为老人提供医疗保健、健身娱乐、餐饮服务。

菏泽医专附属医院护养中心　位于菏泽开发区广州路399号，成立于2014年4月，占地302亩，床位1050张，设有颐养区、中医康复保健区、老年大学、老年活动中心、运动健身区、水疗区、垂钓区、图书阅览室、营养餐厅、幸福农场等。每栋楼均安装高标准的医用电梯、地源热泵空调系统、太阳能等高科技节能环保设施，全部无障碍设计，24小时热水供应，配备呼叫对讲系统、电子巡更系统、火灾自动报警、监控安全防范系统、人员定位系统、通信网络系统、机房工程系统、公共广播系统、有线电视系统、健康管理系统等，以互联网+养老的智能化设计，为入住的老年人提供全方位的医养服务。

第二节　社区日间照料中心

2013年，按照国家有关社区老年人日间照料中心建设的指示精神，开发区出台《关于加快社会养老服务体系建设的意见》，以“立足社区、面向老人、专项服务”为导向，以辖区内60周岁以上的老年人为服务对象，重点针对高龄、空巢、独居且生活有自理能力的老年人，采取政府和社区共同承担的方式，在所有社区全面铺开老年人日间照料中心创建活动。经过5年的努力，开发区先后建成投入使用社区老年人日间照料中心46处，内部配备食堂、客房、棋牌，周围环境清幽，白天老年人在这里可以享受饮食、休息、娱乐服务，接受生活照顾和参加休闲娱乐活动，晚上回家享受家庭温暖。老年日间照料中心基本满足老年人在生活照料、保健康复、精神慰藉等方面的需求。2018 年陈集镇划归开发区代管，照料中心总数达到 58 个。

2014—2018年菏泽开发区社区日间照料中心统计表

表20-3

序号	街道名称	社区名称	日间照料中心	备注	
			名称	面积（平方米）	建成年份
1	丹阳街道	张花园	张花园社区老年人日间照料中心	2000	2014
2		仝庄	仝庄社区老年人日间照料中心	1100	2014
3		蒋庄	蒋庄社区老年人日间照料中心	1300	2014
4		大马庄	大马庄社区老年人日间照料中心	360	2015
5		桑海	桑海社区老年人日间照料中心	1700	2015
6		赵王李	赵王李社区老年人日间照料中心	1700	2015
7		大成庄	大成庄社区老年人日间照料中心	360	2015
8		陈官庄	陈官庄社区老年人日间照料中心	800	2015
9		何楼	何楼社区老年人日间照料中心	1200	2015
10		都庄	都庄社区老年人日间照料中心	380	2015
11		芦庄	芦庄社区老年人日间照料中心	820	2015
12		陈官庄	安和老年人日间照料中心	360	2015
13		赵水洼	赵水洼社区老年人日间照料中心	1700	2016
14		武寺	武寺社区老年人日间照料中心	1200	2016
15		桑屯	桑屯社区老年人日间照料中心	1000	2016
16		耿庄	耿庄社区老年人日间照料中心	1200	2017
17		药王庄	药王庄社区老年人日间照料中心	1500	2017
18		双庙陈	双庙陈社区老年人日间照料中心	1200	2018
19	岳程街道	曹庄	曹庄社区老年人日间照料中心	500	2014
20		王集	王集社区老年人日间照料中心	300	2014
21		大高庄	东高庄社区老年人日间照料中心	750	2014
22		孔楼	孔楼社区老年人日间照料中心	385	2014
23		西孟	西孟社区老年人日间照料中心	750	2014
24		杨堂	杨堂社区老年人日间照料中心	756	2014
25		许楼	许楼社区老年人日间照料中心	1100	2014
26		琵李	琵李社区老年人日间照料中心	1105	2014
27		石堂	石堂社区老年人日间照料中心	430	2014
28		西王堂	西王堂社区老年人日间照料中心	1100	2015
29		岳楼	田屯老年人日间照料中心	2116	2015
30		许庄	许庄社区老年人日间照料中心	1100	2015
31		程海	程海社区老年人日间照料中心	1100	2015
32		坡刘	坡刘社区老年人日间照料中心	750	2016
33		南庞	南庞社区老年人日间照料中心	750	2016
34		何庄	何庄社区老年人日间照料中心	750	2016
35		李胡同	李胡同社区老年人日间照料中心	3800	2016
36		西高庄	西高庄社区老年人日间照料中心	1100	2016
37		文方寺	文方寺社区老年人日间照料中心	2200	2016

续表20-3

序号	街道名称	社区名称	日间照料中心	备注	
			名称	面积（平方米）	建成年份
38	佃户屯街道	庞庄	庞庄社区老年人日间照料中心	320	2014
39		罗庄	罗庄社区老年人日间照料中心	430	2014
40		长堽集	长堽集社区老年人日间照料中心	420	2014
41		草庙	草庙社区老年人日间照料中心	376	2015
42		刘堂	刘堂社区老年人日间照料中心	380	2014
43		沙沃	沙沃社区老年人日间照料中心	360	2014
44		张和庄	张和庄社区老年人日间照料中心	750	2014
45		马庄	马庄社区老年人日间照料中心	400	2014
46		朱大庙	朱大庙社区老年人日间照料中心	980	2015
47		邵楼	邵楼社区老年人日间照料中心	300	2015
48		曹楼	曹楼社区老年人日间照料中心	1500	2015
49		张堂	大爱同心老年人日间照料中心	610	2015
50		苗屯	苗屯社区老年人日间照料中心	320	2015
51		张楼	张楼社区老年人日间照料中心	400	2017
52		孔庄	孔庄社区老年人日间照料中心	1100	2017
53		杜桥	杜桥社区老年人日间照料中心	800	2018
54		虎头李	虎头李社区老年人日间照料中心	525	2018
55	陈集街道	吴庄	吴庄幸福院	440	2016
56		保宁	保宁社区老年人日间照料中心	1750	2016
57		八一	八一老年人日间照料中心	1100	2017
58		焦庄	焦庄村幸福院	400	2018

第三节　南湖康复养老中心

南湖康复养老中心是菏泽经济开发区和菏泽医学专科学院联手打造的集养老医疗、教学实训为一体的医养结合的养老机构，位于广州路与南外环交会处，占地20.13公顷，总投资8亿余元，建筑面积12.8万平方米，设置医疗护理床位960余张，养老床位1200张，2018年5月试营业。设有医疗区、护理区、康复保健区和养老区，另设老年大学、健身房、游泳馆、水疗中心、图书馆、培训中心、营养餐厅、幸福农场、超市等多项综合性设施，是一种先进的医养统一的养老新模式。

第四章 宗 教

第一节 佛教

佛教在开发区的正式活动自 2016 年开始，虚云佛学社通过印经、讲座、网络传媒推广佛学知识及海内外的佛教活动，宣传佛教文化。其固定宗教活动场所位于开发区广州路南段的虚云佛学社。

虚云佛学社占地 300 平方米，于 2016 年 5 月开始筹建，9 月获得市宗教局审批建立，10 月正式开放，可容纳 400 人参加活动。佛学社设施功能比较完善，具有佛堂、云水寮及斋堂，有专职法师 1 人，居士 6 人，负责佛教日常功课、佛教文化的传播及宗教活动的组织安排。

2016 年以后，在菏泽市委统战部和宗教事务管理局及菏泽市佛教协会的领导下，虚云佛学社积极推广教风文化建设活动，宗教组织体系健全，财务、人事等制度逐渐完善，在菏泽市佛教界形成一定影响，助推地方文化的繁荣和发展。

第二节 伊斯兰教

开发区共有清真寺 3 座，主要分布在陈集镇，其中前沙海 1 座，中沙海 2 座。

前沙海清真寺　始建于明万历三十六年（1608 年），坐落在村西段，南靠中心街，北依南北街。时有礼拜殿、讲堂、浴室、存置“慎终具”等房舍，已 400 余年。其间，代有捐益，历有修葺。据寺残碑记载，清嘉庆、道光年间中修 2 次。1989 年穆斯林群众筹措资金，在村西五斗沟附近建筑清真寺 1 座，2008 年，由村委会多方筹措资金 200 万元，在占清真寺旧址新建 1 座清真寺，有大门、朝拜大殿、讲堂、水房等，建筑面积约 2000 平方米。

前沙海清真寺，2001 年被山东省宗教事务局授予“全省文明宗教活动场所”称号；2009 年被山东省民委授予“省级和谐宗教活动场所”称号。

中沙海清真寺（东寺）　1988 年秋，在村东新建中沙海清真寺，大殿（天方）东西长 24 米，南北宽 18 米，总捐资 28 万余元。2012 年，东清真寺建清真寺大门，大门朝东，与大殿（天房）东西呼应，双飞檐，双挑角，共投资 85 万元。2015 年，东清真寺大殿（天方）重建，大殿东西长 30 米，南北宽 20 多米，共捐资 205 万元。

中沙海清真寺（西寺）　1991 年，中沙海村西北角的村民，自发集资约 80 万元，建起了一座西清真寺，该寺占地约 0.67 公顷，建筑面积 3000 平方米，其中大殿（天方）东西长 25 米，南北宽 16 米。从此，中沙海村有 2 座清真寺（东清真寺、西清真寺）。

第三节 天主教

清光绪十七年（1891 年），天主教传入菏泽，德国籍神父安治泰是到菏泽传教的第一人。21 世纪，天主教在开发区的正式活动有 10 余年时间，主要活动节日为圣诞节、复活节、圣神降临节和圣母升天节，固定活动地点位于岳程街道大成庄的耶稣普世君王堂，2018 年有信徒约 300 人。

耶稣普世君王堂占地 1.15 万平方米，累计投入资金约500万元，于2004年开始建造，2010年底基本完工。教堂属哥特式风格，建筑面积1000平方米，高41米，可容纳800人参加活动，主教府建筑面积700平方米，综合楼建筑面积1350平方米。教堂有专职神父1人，修女5人，负责《圣经》解读、教义传播，进行教堂的日常管理和宗教活动的组织安排。2010年以后，在市委统战部和市宗教事务管理局的领导下，菏泽教堂在推进牧灵福传事业的同时，开展教风建设活动。教堂设有议事机构——教堂管理委员会（堂务会），由民主选举的15名信徒组成，下设8个执行小组，内部管理民主有序，职责明确，宗教活动、财务、物业等各项管理制度健全，在全省天主教范围内率先设立教堂银行账户，有专职财务人员管理，收支公开透明。

第四节 基督教

基督教于1901年传入菏泽。2004年，菏泽开发区有信徒60人，在设立的临时活动地点开发区中医院对过物资局家属院组织活动。因入会人员不断增加，活动地点几经搬迁。2006年7月，租赁双河集立交桥东南公路局家属院餐厅作为教会活动地点，面积约300平方米，可容纳信徒200人参加活动。2010年2月，向菏泽市宗教管理部门申请活动场所登记证，同年获批复。当年开发区基督教信徒发展到200人左右，成立堂委会，负责人为田素良。2013年堂委会换届，于秀娟被推选为堂委会主任。2014年，教会开始筹备建设教堂；2015年11月25日，在菏泽开发区丹阳街道陈官庄村购买1个服装厂车间，经改造后建成1座正规的活动场所。2017年4月27日，教堂正式启用，建筑面积1665平方米，内设教堂、办公室、餐厅、宿舍等设施，其中教堂面积近1000平方米，可容纳500人参与活动。

基督教以自主、自治、自养、自传为方向，多次组织开展社会公益活动，为社会繁荣和稳定做出努力。至2018年，开发区信基督教徒约300人。

第五章 民间习俗

第一节 生活习俗

衣着习俗 解放前，当地群众一般穿最简单的粗布衣，十有八九都是补丁连补丁，稍富足的才有长袍马褂。20世纪80年代初期，辖区城乡人们彻底摆脱了“补丁装”，但色调单一，式样多为简单中山装或国防服，冬天多穿绿色或兰、灰色军式棉大衣，布料由粗布逐渐转为涤纶、涤卡和毛料。夏天则是背心、短裤或圆领汗衫、长裤。女性样式开始变化多样，色彩渐趋鲜丽。20世纪90年代以后，变化尤为迅速，色调五颜六色，样式繁杂各异，西装逐渐转向随心所欲的休闲装、轻便装，棉衣多为丝棉、羽绒服或皮衣所取代，女性服装更是争奇斗艳，追求质地、品牌成为时尚。夏装则向新、奇、美和短、薄、露方向发展，城乡差别几乎不复存在。在装饰方面，手表被手机取代，年轻女性多戴金银首饰，老年妇女有金耳环、金戒指、金项链者也迅速增多。

居住习俗 农村住房以前多是传统的砖、土、木结构起脊房。20世纪80年代后的富裕户，开始建门楼、厨房、配房、“明三暗五”正房的砖木结构“三合院”“四合院”，一般农户则是正房三间、门楼、厨房各一间的砖木“小三合院”。20世纪末以后，富起来的农村居民们开始建造式样讲究的新房院，门楼高大，能进出拖拉机、三轮车、小轿车，房院多为连体式，砖木结构为砖、水泥、钢筋结构所代替，并像城内楼房一样铺地板、装修四壁和房顶。从1986—1995年，城区居民干部职工多住公房，一般居民住继承房或简单的自建房，经济条件好的家庭开始在城郊买地自建简单房院。1996年以后，随着经济发展和菏泽旧城改造步伐加快，居民住房建造标准急剧攀升。特别是2002年以后，大型房地产开发商涌入，旧城改造提速，楼房居住结构和配套设施日趋完善，城区居民迅速由自建分散型向集中小区型过渡，居住条件开始步入城市化和现代化。

交通习俗　1986年以前，农村居民出门多用自行车、小型拖拉机或农用三轮车，以自行车为主。2005年后，主要交通工具是自行车、摩托车、电动车，其中以电动车为主，小轿车开始进入农民百姓家。

城区居民在1986年以前多用自行车、摩托车，2005年以来逐渐为电动车所代替，小型面包车和小轿车所占分量迅速扩大。

公共交通工具在1986年以前是以公共汽车为主，出租汽车、人力三轮车为辅。2005年以后，人力三轮车迅速减少，基本退出历史舞台。

生育习俗　得喜　辖区内妇女怀孕普称为有喜了、有身子了、有身孕了、怀孩子了、怀孕了，一般称妊娠反应为害病、害口。

孕期习俗　一般家庭都强调孕妇的保养，孕妇想吃的食物一定要让她吃到。另一方面，饮食禁忌，普遍的习俗是不准吃兔子肉，大部分地方都不准吃狗肉，还有不准吃姜、不准吃葡萄、不准在葡萄架下睡觉等。

孕妇被称作“双身人”，刚娶进门的新娘忌见“双身人”。孕妇一般不参加葬礼，即使是亲生父母去世，也不准接近尸体。在日常生活中，孕妇不能生气，情绪也不能有大的波动，以免动了胎气等。

添喜　婴儿降生，俗称添喜，又称临盆、落草（儿）、添孩子等。生男谓之大喜，生女谓之小喜。解放前，一般人家的妇女添喜，既无医院可住，又无专科医生助产，多在自己家中请个接生产婆，俗称接生婆。接生婆多是以助产为职业的老妇，也可临时请邻里或家中有经验的老妇充当，但必须是夫妻同在、儿女双全的人。旧时产房通常设在产妇的卧室，卫生条件一般不太讲究。只要安静、暖和、不透风就可以。产妇分娩时，产房内不能有闲杂人，男性、儿童、寡妇和没出嫁的姑娘是绝对不许在场的；丈夫也要在门外静听喜讯。婴儿降生时，不准落在床上。大部分是在床前放一凳子，地上铺上麦秸灰或放一块坯，上面铺上麦秸。旧时，由于卫生条件很差，又加土法接生，孕妇和婴儿死亡率较高。20世纪60年代起，随着人们思想的不断进步和农村医疗条件的逐步改善，不少妇女可以住进医院生产；在家生产的，卫生条件也比较讲究，产婆多已被乡村医生代替。新接生法使大部分生育旧俗淘汰将尽，文明、科学的产育新风在广大农村形成。

报喜　添喜3天后，除向产妇的娘家专门报喜外，还有向本家族、亲戚和街坊邻居送喜面的风俗。向产妇的娘家报喜，是生育礼俗的重要组成部分。解放前，有身份的人家派佣人去，一般人家派弟兄去，20世纪80年代后多是女婿亲自前去。

坐月子　产妇分娩之后，解放前三日之内不下床，一个月之内不出屋门，或者不出院门，俗称之为“坐月子”。月子里产房有许多禁忌，主要是忌生人进屋，生人进屋谓之“踩生”。产妇穿着暖和一点，不能受风吹，一般习惯是扎裤腿、包着头。20 世纪 60 年代起，产妇禁忌减少，有的产妇不到三天便能下地干活，但忌讳凉水洗衣等。饮食主要是吃煮鸡蛋，喝小米或糯米做的稠饭，再加上红糖，还要煮些猪蹄、蟑螂鱼汤之类的下奶和补养身体的食物吃。忌吃豆制品，以免“叉奶”。

送粥米　亲戚朋友，特别是产妇的娘家，前来祝贺添喜，谓之送粥米、送祝米。在婴儿出生六日、九日或十二日送粥米时，设宴招待前去贺喜的亲友。一般邻里早在产后三五天就送些鸡蛋、面粉、小米、红糖等，但不能用篮子盛。送鸡蛋，有的送 100 个，取婴儿长命百岁之意；有的送 1001 个，取千里挑一意。除主家叫去陪客外，一般就不再吃请了。有些地方，主家要回赠几个红鸡蛋，个数不等。除此，娘家还要送红糖、小米、白面、4 尺尿布及小棉袄、小被子各 2 件。

搬满月　婴儿降生一个月，称为满月。满月之后，产妇结束坐月子生活，可以正常活动，对婴儿的许多禁忌也解除了。产妇的娘家不仅要祝贺，还要把婴儿母子接回去住几天，称作“搬满月”“叫满月”“请满月”。

过百岁　婴儿降生百日，古称“百晬”。俗以长命百岁为吉，遂演为“百岁”。此日庆贺，谓之“过百岁”“做百日”。一般由姥姥、妗子、姨、姑姑等送礼庆贺，各地仪式虽不完全相同，但都是要给小孩送些衣服、鞋帽之类的东西，最有特色的是送百家锁和百家衣。穿百家衣是为了长寿，有的孩子穿到周岁才脱掉。

抓周　婴儿出生满一年，称周岁，俗谓之生日、过生。周岁这天不仅要庆贺，还要举行抓周仪式，即将书、笔、秤、馒头等物品放在一个器皿里，让小孩去抓，如首先抓到馒头，则认为长大没出息，只知道吃。有些地方的亲友给小孩送花鞋，祝愿孩子顺利成长。

婚嫁习俗　新郎新娘同去新娘家，俗称“回门”，古称“归宁”。“回门”时新郎由一位有经验的人带领，俗称“帮客”，作用是免新郎失礼，再则怕闹婿过分。这天，女家设盛筵相待，并请娘舅、姑夫、伯叔相陪，新婿坐上首。新婿到岳父家后，先拜谱或神主，后拜岳父母，然后入席，新婿面前要摆双盅、双筷。吃喜面时，岳父家用红纸封钱给新郎，俗称“绞面礼”。新郎回门时所带礼物，女方多不收折留，如收一部分，必须有更好的东西回敬。新娘回门之后，即可参加家庭日常劳动了。贫穷人家，婚礼从简，甚贫者，常领一名女童至男家，俗称“童养媳”，至宜婚年龄，再行婚礼。

新中国成立后，国务院颁布《中华人民共和国婚姻法》，废除封建婚姻制度，规定男女青年自己做主，提倡自由恋爱，自选对象。有的虽经中间人介绍，但决定权在本人。辖区广大农村的订婚方式，事先由中间人介绍，经双方家长同意，再让青年男女见面交谈，若无意见，再交换礼品，然后开名（亦称换帖）订婚。结婚前，男女商订结婚日期，共同到基层政府的民政部门办理结婚登记手续，然后举行婚礼。20 世纪 50 年代，婚礼大大简化，嫁衣是新做的普通式样，有不少新婚夫妇办完结婚登记手续便一起回家。60 年代，流行女方由三五位伙伴陪同去其婆家，男方组织人在路上敲锣打鼓迎接，到家后举行结婚仪式，婚后一两天便参加集体生产劳动。70 年代，结婚时男方组织青年男女一二十人，骑新自行车，胸戴红花至女家将新娘带回，回家后举行简单婚礼。80 年代，城市结婚，开始使用小汽车，新娘在前一天下午到理发店梳妆，其嫁衣多为红裙套装，有的是白色婚礼服。农村则使用拖拉机迎接新娘，然后再举行婚礼；在城市，青年男女办理完结婚登记手续后举行“旅行结婚”，渐有不少地方政府或机关单位为 2 对以上的新婚夫妻举办集体婚礼，新婚夫妇代表、家长代表致谢，会场鞭炮齐鸣，掌声阵阵，开一代新风。

寿诞习俗　辖区内，家人寿诞日皆有庆贺举动，不同年龄的人庆贺活动不同，名称亦不同。青少年的生日名为“过生”“过生日”。生日这天，多于中午吃面条，谓之喝长寿面。俗定孩子生日这天不受打骂，儿童过生日，母亲早晨为其煮鸡蛋，从小孩头顶滚下来再吃，祝其交好运气。菏泽一带特别注重小孩的三岁生日，称“过三生”，小孩的三生这天，主家设盛筵，孩子的姥姥、姨、舅、姑姑等都带着新做的棉袄、棉裤、鞋、帽等礼品前去祝贺，俗谚曰“姑的棉裤姨的袄，妗子的新鞋穿到老”。20 世纪 80 年代，渐有在孩子生日时，买玩具、食物、书画、生日蛋糕为礼物；青少年之间送生日卡，聚会成为流行的习俗。进入老年，诞日名为寿辰，庆祝活动称为庆寿、做寿。庆寿的具体年龄各地不同，大部分自 60 岁开始，但也有从 50 岁甚至 40 岁便开始做寿的。一般特别重视 60 大寿和此后的 70 大寿、80 大寿，俗称“整寿”。较重视 66 岁寿辰，到时女儿要送一块肉（6 斤 6 两）为贺礼，俗谚有“六十六，吃块肉”。77 岁生日女儿送鸡。所以谚语说“六十六割块肉，七十七杀只鸡”。至 80 岁要举行大庆，谓之“庆八十”。当地老人忌 73 岁与 84 岁，谚语:“七十三、八十四，阎王不叫自己去”。有的地方为已故长辈过生日，名为“烧生日”。

第二节　生产习俗

1985 年以前，当地农民的生产习俗多是传统式的“日出而作，日落而息”，生产工具是拖拉机、抽水机、农用三轮车以及人工的犁、耧、锄、锨、耙等。春天是春耕春播，农谚有“八九（指严冬的九九）七十二，鞭打黄牛遍地是（指开始春耕）”“谷雨前后，种瓜点豆（指开始春播）”。夏季是夏收夏种，夏收就是麦收，因雨季将至，小麦蜡熟又很急速，必须抢收，以免大雨特别是连阴雨影响收获，或麦熟过头，造成颗粒减产，所以要“抢收”。农谚有“麦熟一晌，蚕老一时”“麦熟一场雨，老少累半死”，因为小麦要抢收、抢晒、抢种，同时抓住难得的“五月雨”，突击抢种小秋作物，这时农民起早赶晚，争分夺秒，特别忙累。秋季有秋收秋耕秋种，也叫“三秋大忙”，也是农民们最紧张、劳累和辛苦时期。农谚有“七月十五趟花棵（摘棉花），八月十五摘豆角（绿豆、黄豆成熟）”“八月半，种上麦子栽上蒜”。五谷成熟，“三秋”大忙，农民要割谷、割豆、收玉米，马上把收获后的田地耕翻起来，以免水分蒸发流失，还要抢墒把小麦迅速播种。农民天明忙到天晚，是一个最辛苦的时节。过去机械化程度低，耕地多用牛拉犁，打麦牛拉磙人扬场，收获更是人力割砍，劳动强度大，成效低。2005 年以后，人力车、农用牲口退出耕种舞台，耕地、播种、收割完全实现了机械化作业，夏收、秋收由原先的一个月上下缩短到一星期左右，劳动强度减少 2 /3。

当地的农谚，“立了秋，挂了钩”（不再锄地），“逮鹌鹑，打野兔”“小麦播下地，赶集上会”“白霜蒙了路，袖手看鸡斗”。意思是立秋以后一个时期和秋种以后的漫长冬季直到春耕，农民可享受清闲自在的日子了。20 世纪 80 年代后，特别是 1995 年以后，农民们开展多种经营，除农田生产外，从事家庭副业和农闲打工、经商，特别是农民工外出成为时尚，其收入远远超过农田收入，成为家庭经济支柱。这样一来，农闲、冬闲没有了，过去的清闲老人成为家庭的留守主体。现在流传这样的民谣，“人多地少不再愁，打工挣钱财水流。一年四季到头忙，养家糊口又盖楼”。

第三节　时节习俗

传统节日　春节　农历正月初一，是一年之中最隆重的传统节日。当地俗称“年下”“过年”“旧历年”“阴历年”。

一入腊月（农历十二月），家家户户开始置买过年物品，俗称“办年货”，主要是置办一家老少的新衣、新帽、新鞋袜，过节用的肉、菜、点心、果品，敬神用的焚香、蜡烛、箔纸，庆贺用的灯笼、爆竹等，还要打扫房舍，以求清净吉祥。腊月二十三开始做过节馒头、菜馍、花糕、枣花等，表示一年的丰衣足食。腊月三十，是春节前的最后准备，要换上天爷（玉皇大帝）神像，挂上灯笼，贴上门联，拴上柏枝，备好过年的菜料、果品。当晚，为诸神摆好供品。一家人包贺岁饺子，有的举家喝团圆酒。临睡前，厨房里备好全家一人一套的干净碗筷，锅里笼上放好花糕、馒头，给老人、孩子装好压岁钱，在院门口横上一根长木棍，以阻挡鬼怪邪气；在院里撒上芝麻秆，嘴里还要念叨：“东一撒，西一撒，又有骡子又有马；东一拎，西一拎，又有金钱又有人”。半夜过后，开始早起，俗称“起五更”，往锅里下饺子，在院里燃放鞭炮，以示新的一年在欢庆中开始。吃过饺子，开始左邻右舍全村走串，晚辈向长辈磕头拜年，以示敬重和祝贺；老人则向随来的孩子发散花生、糖果、核桃、山楂等“年礼”，以示爱抚。太阳出来后，则全村男女老少涌上街头，在大树上燃放鞭炮，向玉皇、龙王、火神、关爷、财神等神灵叩拜，接着便演出本村的武术、秧歌或其他文艺节目。中午是一年中最丰盛的过年饭，红烧肉、酥肉、鸡、鱼、丸子必不可少。正月初二开始串亲戚，直到正月十五过后，春节气氛逐渐淡去。

杨公忌　农历正月十三是“杨公忌”，为年后第一个不吉利日子，民谣“杨公忌，做啥都不利”，意思是这一天不要出门干什么事，否则会不顺利甚至破财伤人。据传，明嘉靖年间，进士杨继盛秉正弹劾奸相严嵩“十罪五奸”，结果被陷害下狱。正月十三是对他的第一个审判日，以后每隔 28 天再审一次。杨继盛临危不惧，临刑时昂然赋诗，痛骂严嵩，广受众人敬慕颂扬。后穆宗继位，为杨继盛平反正名，追谥“忠愍”。后世人为追念一代忠良杨继盛，就把他第一次被审作为“最不吉利”的倒霉受气之日，俗称“杨公忌”，有的音讹为“杨官忌”或“阎王忌”。

元宵节　农历正月十五，又称“上元节”，当地人因这一天要吃元宵、吃饺子、上花灯、玩狮子，所以称元宵节，又叫花灯节，有“正月十五闹元宵”之说。当天早晨要吃饺子，有的吃元宵，给神上香。当晚家家户户火树银花，争放烟花爆竹，竞挂各种样式的灯笼，甚至在每间房门口、水沟口、茅房口、院门口置放黏面做的香油灯盏，满庭灯火辉煌，称为“散灯”，预示新一年“五谷丰登”之意。各家的门口插上用高粱秆剥皮做成的“打鬼棒”，以挡妖魔鬼怪；在土杂肥堆上插五谷秆穗和五彩纸、枣树枝扎成的花树，还带有纸扎的拾棉女，象征新一年生产劳作和丰收景象。元宵节活动一直持续到第二天即正月十六日早晨，男女老少在吃罢早晨的“花饺子”（各种花样的饺子）、豆杂面饺子后，一起走出家门，走上田野。

跑百病　亦称“走面令”。正月十六黎明时，人们早起，居城者沿大堤散步，居乡者沿村路或到野外溜达，有的还骑着驴、马、骡奔走，谚语曰“起早跑一圈，百病都抛开”。有民谣道，“跑百病，跑百病，一年四季不生病”“正月十五喝了杂面扁（饺子又叫扁食），又不咳来又不喘”“跑一跑，不见老”。青年人收集各家门旁挂的柏枝，集于路口或街口燃烧，俗称“燎掉百病”，希望身体健康。

二月二 农历二月二，俗称“龙抬头”“龙头节”，又称“青龙节”。民间谚说，“二月二，龙抬头”，意指从即日起春雷震动，春雨降临，适宜耕种，万物开始复苏。头天晚上，将石磨上启撑起，叫作“龙抬头”。在院里和打谷场里用锅底草木灰画成一个个“粮仓”，还有装粮入仓的“梯子”，“粮仓”中央埋入小麦、高粱、谷子、豆子、玉米等等，俗称“围仓”“打灰囤”，预兆新一年五谷丰登、麦粮满仓。早晨上香放炮，煎年糕，就是黏米面发酵后再切成片，用油煎、炸，焦黄香酥，甜脆可口。人们用铁锅炒焦黄豆。吃春节放到今天的花糕，称为“咬蝎子肚”“蝎子爪”。特别是家家户户吃绿豆面做的煎饼，边吃边唱“二月二，摊煎饼，蝎子蚰蜒上安岭”，意思是驱除各种毒虫侵害。

三月三 农历三月初三，是建房奠基的良时佳日，这一天传说中的“三煞”和“太岁”恶星凶神出游，破土动工伤不着他们，可保开工大吉，建房顺利。这一天，婚嫁不满三年的媳妇须在婆家，因为有“在娘家过了三月三，死了丈夫塌了天”之说，故三月三新媳妇不走娘家的习俗流传至今。

寒食节·清明节 清明前一日为寒食，一般两节合一。相传晋文公逃亡避难之时，忠臣介子推紧随不弃，历尽艰辛，晋文公饥甚，介子推割自己腿部肉烤熟送文公吃。后晋文公复位，介子推背老母隐于绵山之中。后晋文公思介子推，介子推隐居山中不出。有人出主意放火促介子推母子出山，但介子推误解其意，母子依树焚死山中，晋文公闻之甚哀。遂下令这天（清明前一天），举国禁烟火，吃冷饭也，以纪念火中丧生的忠臣介子推，寒食节之俗流传至今。又说介子推母子是依柳树而死的，万户千家在寒食、清明之际门旁挂柳枝，男女老少戴柳枝，以纪念介子推，并有“寒食清明不戴柳，死后变个花毛狗”之说，取不要忘恩负义和驱灾避难之意。清明这天，早晨戴柳，中午喝菠菜汤，为故去的家人及祖宗烧纸添坟。新中国成立后，党政机关团体为革命烈士扫墓献花。

谷雨节 谷雨为农历中二十四节气之一。当地农谚“谷雨前后，种瓜点豆”，开始春季播种。“谷雨三朝看牡丹”，这个时节，菏泽牡丹盛开。21世纪以后，丹阳街道境内种有牡丹266.67公顷。

端阳节 农历五月初五，当地俗称“端午节”“端阳节”。这天，家家户户吃黍米或糯米加红枣煮做的粽子，炸油条、面泡、糖糕，取生活甜甜美美之意。要在门旁插艾条，给娃娃戴艾条和香袋，表示驱毒消灾，康泰平安。

六月初一 农历六月初一，一年将半，当地俗称“小年下”，人们烧香、拜神、吃饺子、炸面泡、油条，以示庆贺。

七月七 农历七月初七日，又称“七夕节”。传说中牛郎织女鹊桥相会之日，是纪念爱情的美好时刻。当晚，农村的姑娘们一般以七人为团，相聚一起，包“绣花针饺子”，即有意将一枚绣花针包进一个饺子里，哪个姑娘小心翼翼吃住，且咬住了针尖，表示她最心灵手巧，故名“乞巧”。相聚葡萄架下，据说可以听到牛郎织女说悄悄话，有时会遇上天降细雨，那是牛郎织女的泪水。传说这天喜鹊较少，都到天上搭鹊桥去了。

中秋节 农历八月十五为仲秋时节，故名“仲秋节”或“中秋节”，是当地隆重的节日之一。亲戚好友之间互送月饼、烧鸡、水果，后添加烟酒等礼品，互致问候祝贺。当天中午，农村要吃冬瓜烩肉大锅菜，晚上要吃石榴、西瓜、月饼。如果合家团圆，要在院里上香“圆月”，庆贺举家团圆。

重阳节 农历九月九日，为“九九重阳”之日，故名重阳节，后演绎为“老人节”。这一天，机关单位等要向离退休老人送慰问礼品。家庭中则为老人送上可口饭菜或其他贺寿礼物等。

十月一　农历十月一日，当地俗称“十拉一”，又称“鬼节”。传说清明是“收鬼节”，十月初一是“放鬼节”，冬天将近，鬼可以自由活动了。一般人家多上坟烧纸，为九泉下的亲人添送冥间银钱，供其花用，并致哀思。

冬至节　为农历二十四节气之一，意为“冬天已至，天将变寒”，这天要吃饺子，会保佑在严冬不冻耳朵。从这天开始，夜长昼短的情况开始转变，有民谚“吃了冬至饭，（白天）一天长一线。”即日起，开始“交九”，寒冷的“九天”（共九个“九天”）开始了。

腊八节　农历腊月初八俗称“腊八”，本为佛教节日，信徒以香谷和果实造粥供佛，称作“腊八粥”，后演绎为民间习俗“入腊第一节”。这一天，人们用小米、红枣、红薯煮饭，称“腊八米饭”；也可用玉米糁、红薯煮粥，称“腊八粥”。一般喝“腊八米饭”，而不喝“腊八粥”，因为粥黏稠，有“糊涂”之意。

祭灶　腊月二十三为“祭灶日”，是传说中的“一家之王”灶君爷上天向玉皇大帝汇报工作的日子，这一天要烧香祭奠，吃祭灶糖。烧高粱秆皮扎的祭灶马，将旧的纸质灶君神像请下祭烧，一边祷告：“上天言好事，下界保平安”“二十三日去，初一五更来”“多带谷和粮，不带灾和殃”等。其中有条禁忌，如果全家团圆，可祭灶；如果家人有的在外，则不能祭灶，免得把家“祭”到外地不能归家。

新兴节日

新兴节日按公历，可称作公历节日。这些节日，最初主要流行于城市，逐渐发展到广大农村。

元旦　公历1月1日称元旦，又称新年，俗称阳历年。按国务院规定，新年放假一天。新年前的一天，各机关、团体和企事业单位集中打扫室内外卫生，搭造彩门，悬挂宫灯、彩旗和“庆祝元旦”“欢度新年”之类的横幅。一般家庭主要是制作节日食品，或者为节日聚会、游乐做一些准备工作。新年前后，单位和个人邮送贺卡、年画、挂历等日趋盛行。地方、军队相互慰问，干部、群众彼此探望，病号、离退休人员得到节日的特别关照，成为节日的新风。

三八妇女节　3月8日为国际妇女劳动节，简称“三八妇女节”或“三八节”。中华人民共和国成立初期，三八节多由各级党政部门和群众团体出面组织活动，政治色彩较重。20世纪80年代，以妇女为中心的节日活动，在城市中、青年妇女中较为流行，节日习俗逐渐形成。这一天，单位妇女多放假半天，并组织一些小型、多样、轻松而又有意义的纪念活动。

植树节　3月12日为中国的植树节。城市机关往往分片包干绿化荒山或者建置园林。各单位以共青团员为骨干，领导带头以身作则，参加义务植树活动，一般家庭多在此时移植花木。

五一劳动节　5月1日为国际劳动节，简称“五一节”或“劳动节”。新中国成立初期，多由党政部门组织大型的游行、集会等纪念劳动节活动；进入20世纪90年代，改为小型、分散的游园活动。此日结婚的渐多，许多单位都在这天组织举行集体婚礼。

五四青年节　5月4日为中国青年节，这个节日主要流行于城市的大专院校及社会上的青年知识分子中间，工农青年多忙于生产，不以为节。有的单位团组织会组织“青年志愿者服务队”，上街为群众做好事。

六一儿童节　6月1日为国际儿童节节前家长们要为孩子准备节日服装和礼物，届时打扮一新。小学、幼儿园举行庆祝“六一”联欢会、儿童运动会或孩子作品展览等。农村自托儿所、幼儿园增多以后，过“六一”儿童节的习惯逐渐形成。

中国共产党建党纪念日　7 月 1 日为中国共产党建党纪念日，俗称“党的生日”或“七一”。此日各地党组织举办纪念活动，党员和部分群众参加，夜间组织报告会、纪念会或庆祝晚会。有的在此日组织青少年接受党史和革命传统教育。

八一建军节　8 月 1 日为中国人民解放军建军纪念日，俗称“八一建军节”或“八一”。“八一”前后开展“双拥共建”活动，群众到部队驻地开展拥军活动，军队也为群众开展便民服务。

教师节　9 月 10 日为中国教师节，简称“教师节”，地方政府学校举行庆祝活动，表彰先进教师，师生联欢等。社会各界多在此日向学校捐赠一定的物品，慰问教师。

国庆节　10 月 1 日为中华人民共和国成立纪念日庆，简称国庆节。节日习俗类同新年、五一，多有游园、晚会等活动。男女青年亦多在当日举行婚礼。

第四节　礼仪习俗

婚嫁习俗　议婚　辖区内通行男娶女嫁，婚姻关系比较稳固。从前的男女婚姻，自由恋爱者极少，多是家长包办，通媒结亲，即所谓“父母之命，媒妁之言”。议婚，就是媒人来往于双方家长之间，商量缔结婚姻关系。媒人有临时的、专职业。职业媒人多由巧嘴中年妇女担任，俗称“媒婆”，她们经多识广，信息灵通，为人说媒收受谢礼。媒婆议婚，首先口头探询女方意图。女方不允，一般会委婉谢绝，俗谚“一家女，百家求”，可不允，但不可得罪媒人。若双方可以成全，一般由男方出面正式请媒人商量定亲事宜。

婚龄　旧时，早婚的习俗比较流行。一般男 15 ~ 16 岁即娶，有的甚至 10 岁即娶 18 ~ 20 岁之妇。早婚大多是女长于男，一般相差七八岁。1950 年《中华人民共和国婚姻法》规定：婚龄男不小于 20 岁，女不小于 18 岁。1980 年《中华人民共和国婚姻法》规定：结婚年龄为男满 22 岁，女满 20 周岁。由于政府提倡晚婚，实际婚龄男 25 周岁，女 23 周岁。议婚的年龄不尽相同，通常在婚前一年就议定。

下帖　又称“开名”“换帖”“换书”“换小字”，就是正式订婚的文书。贴用红纸写上“正亲家某某之长（次）子”及属相，由媒人送往女家；女家答以“允帖”。贴上写“正亲家某某之长（次）女”及属相，由媒人送往男家，此为小帖。贫寒之家，只换小帖，便定终身，富裕之家，还要换大帖，又称“传柬”。柬帖是用一块长方形红纸叠作四折，俗称“四幅柬”。帖上写“赤绳良缘，百年好合”“敬求金诺”等字样，早晨由媒人送往女家；女家在复柬封套上印有“广寒宫殿”“仰答尊命”等字样，早饭后由媒人送往男家。是日中午，男家须设宴招待媒人和女方客人。换大帖，则为定终身，如赤绳系足，不得反悔。

择吉　俗称“要好”。男家派人到女家讨新娘生辰，一般第一、二次女方不答应，以表示女家不舍得将女儿嫁出，借以抬高身价，第三次才表示同意。生辰讨回后，男方请算命先生根据生辰选定结婚日期。吉日择定后，写出婚单，注明结婚时应注意的事项，并带衣料、首饰送往女家，谓之“送好”。女家主要回敬扇子、腰巾等，另附一包麸，一包食盐，意为“夫妇有缘”。

嫁娶　喜日前一天，男家要张贴喜联，收拾新房，添置床帐。下午新郎要先拜祖先，再拜长辈、四邻。喜日零点，娶亲人马先行，富家用花轿或轿车。一般人家用牛马车，上扎“扑楞”（拱形车篷），前端吊红毡，后端吊布单，车中坐娶女婆，必须是全备人（夫妻子女齐全者），还带一只公鸡与一名男童（俗称“抱打鸣鸡的”）。女家回礼要配一只母鸡，也派一名男童，称“挂门帘的”。

双方家长要回男童赠喜钱。往往男家赠钱数高于女家。

新娘上轿（车）之前，先“上头”“开脸”，穿嫁衣谓之“成人”。完备后，娶亲人鸣炮“催嫁”，一般要催三次，新娘要痛哭流涕，表示舍不得爹娘。上轿（车）时要避开禁忌和注意方向。

嫁妆要由男家来人预先抬走，或娘家人提前一步送去，嫁妆多少，视女家经济情况而定，一般分大三件、小三件、大八件、小八件、巧十三、全嫁妆等。贫家有的只陪送一个柜子或箱子，有的连柜箱也没有，只用一个花包袱包裹衣物。

娶亲时忌走原路。一般是出东进西，路上如遇井、石、庙宇、坟地和十字路口都须放鞭炮，或用红毡遮蔽。

一般在早晨四时左右新娘到男家门首，出来两位大姑娘，手端托盘，上放酒和用红纸封的进门礼（钱）相迎，然后由一位“全备”妇女手持火把围新娘的轿（车）转三圈，以示驱逐路遇的邪恶。新娘下车时足不着地，坐在椅子上，由人抬至天井院内，站在红毡子上与新郎同拜天地。一拜天地，二拜高堂，三夫妻对拜。然后，新娘从红毡子上步入洞房。

洞房内点燃明灯，俗称“长命灯”。由娶女婆用秤杆去挑新娘的“蒙头红”，新郎新娘行“合礼”，饮“交心酒”，婚礼告成。

新婚三日内，不分男女老幼，均可到洞房去“闹”，夜晚邻居开始听房，若无人听房，窗下或门旁放一把扫帚，以之代人。

婚后第三天早上，新娘早起先拜公婆，早饭后拜本家长辈，受拜人都须赠送拜钱，用红纸包好，这是新娘的积蓄。

丧葬习俗　**初丧**　辖区民间旧俗极讲究寿终正寝。凡正常死亡的老人，当咽下最后一口气后，即将其移到正屋明间的灵床上，在亲属的守护下停放 3 天、5 天或 7 天，此谓之抬床、挺丧。如没有为其准备德寿衣，俗谓之“老人光着身子走了”。

人死了，忌说“死”字，一般称为“老了”“不在了”“走了”“过去了”等。去世人穿的衣服谓之寿衣，或称送老衣。老人去世后，作子孙的无论贫富都会尽心尽力地将丧事办好，葬礼中的礼俗较多。

老人临死时，请人穿送老衣，口内放上“嘴口钱”，在停丧期间男左女右，子女围尸痛哭。大门要贴白纸，挂“白纸骨朵”，同时请人主持办理丧事，并讣告亲友前往吊唁。

成殓　将尸体移入棺内，头枕鸡头枕，垫履被褥，由子女净面，并用镜子照尸体。富者棺内置金珠珍饰。盖上棺盖，孝子穿上孝衣，卧薪枕坯于棺旁，谓之“守灵”，停灵时间不尽相同，穷苦人家 1 ~ 2 天，富人则在七天以上。

出殡　富户人家要扎各种“舍火”，有大花座罩、轿车、纸人、纸马、金山、银山、摇钱树等，有的以绸缎代纸的。并用剪纸糊“引魂幡”，中间写亡者的姓讳及岁数。请“孔相”（清末时多系秀才）、“司礼”、吹鼓手，热闹非常，招引很多观众，以此显示主家的威风和大方。亲朋好友参加葬礼时，多带香烛、纸马、挽幛、供品，也有以钱代礼的。客人到齐后，先举行“家祭”，然后灵柩抬到大街上“路祭”。孝男分两列在棺前伏地而哭，孝妇则齐立于棺后，用手巾掩面而哭。亲朋分批奠礼，以亲疏分为“三拜礼”“五拜礼”“九拜礼”“十二拜礼”“二十四拜礼”。亲朋多者，常至下午三四点钟祭奠才能结束。

路祭完毕，笙乐前奏，“舍火”相跟，孝子随后，接着是灵柩，后是女眷，乐声哭声并起，直向墓地。

灵柩埋葬时，所有“舍火”，付之一炬。葬礼结束后，孝家大摆筵席，款待亲朋，一般摆上几十桌。

三天之后，孝子须到墓地圆坟，然后是“一七”“三七”“五七”“十七”“百天”“一年”“二年”，都须奠祭。“三年”时，守孝满期，又需大操大办，亲友乡邻亦携带礼品前往参加，事主设宴待客，此为最后一次谢奠，孝子换服。

三年内，主家过春节，不贴红春联，以示哀痛。穷苦人家遇到丧事，扎不起“命火”，请不起“吹鼓手”，只好买口薄棺材草草埋葬，更有连薄棺材也买不起的，只好用箔席裹尸，埋葬了事，俗称“软埋”或“土砸脸”。

新中国成立后，提倡丧葬改革，丧事简办。人死亡后，尸体火化，通知亲友开追悼会，孝子捧骨灰盒，其亲友护送至茔地深埋，不聚坟头。对有功于人民者，骨灰盒安放在烈士陵园。

第六章　方言俗语

第一节　俗语

俗语是流行于民间的哲理性语言，是民众经验的总结和智慧的结晶。开发区内俗语简练生动，富有文学色彩。

爱情不能掺假。

熬不中煮不烂。

拔了萝卜摁上葱。

梆子不敲不响。

百里不同俗，十里改规矩。

饱汉子不知道饿汉子饥。

逼着哑巴说话。

不经一事，不长一智。

不巧不成书。

不知者不怪罪。

不见兔子不撒鹰。

不养孩子不知报娘恩。

不当家不知柴米贵。

不见高山不显平地。

不吃那个馍也得蒸那口气。

不是省油的灯。

不是一个槽上的牲口。

不知他葫芦里装的啥药。

不到黄河不死心。

不看僧面看佛面。

不受苦中苦，难得甜上甜。

馋咬舌头饿咬腮。

扯东家唠西家。

车到山前必有路。

长木匠，短铁匠。

处暑三天遍地红高粱。

吃了不疼撒了疼。

吃亏人长在。

吃不了兜着走。

吃死蝇子不掐爪。

吃人家的嘴软，拿人家的手短。

吃人家的谷子还人家米。

吃不穷，穿不穷，不会当家得受穷。

吃着碗里，看着锅里。

吃饭吃饱，干活干了。

朝里有人好做官。

吹胡子瞪眼。

大梁不正二梁歪。

大河有水小河满，大河没水小河干。

大锅里饭香，小锅里菜香。

打生不如混熟。

打马骡子惊。

打开窗户说亮话。

打破盆儿说盆儿，打了罐儿说罐儿。

打人不打脸，骂人不揭短。

倒了油瓶不扶。

东扯葫芦西扯瓢。

多一事不如少一事。

单丝不成线。

读不完的书，走不完的路。

东一榔头西一斧子。

逮不着黄鼠狼子惹股子臊。

得了灶户上炕头。

得了暄土只管拱。

儿大不由爹，棍大摧不折。

儿大不能越爹娘，山高不能遮太阳。

儿孙自有儿孙福，不为儿孙做马牛。

二八月里乱穿衣。

二八月里看巧云。

摁下葫芦瓢起来。

饿了吃糠甜似蜜，不饿吃蜜也不甜。

饿死卖姜的，饿不死卖蒜的。

夫妻没有隔夜仇。

扶竹竿不扶井绳。

干急不出汗。

干冬湿年下。

干打呼噜（雷声）不下雨。

干打谷子湿打黍。

干姜老头活一百。

干啥说啥，卖啥吆喝啥。

光棍儿不吃眼前亏。

光看人家碗里肉多。

胳膊别不过大腿。

闺女大了是人家的人。

害人如害己。

孩子哭了抱给他娘。

虎嘴里夺不出肉来。

槐树底下做春梦。

旱天难下雨。

好马不在鞍。

好狗不叉（cha，挡）路。

好货不如好行市。

好儿不如好媳妇。

好话说三遍，鸡狗不待见。

好鞋不踩臭狗屎。

好人死在证人手里。

好借好还，再借不难。

河里没鱼市上看。

花无百日红，天无百日晴。

花开也有落花时。

花好看，树难栽。

花钱容易治（赚）钱难。

话不说不明，木不钻不透。

话是开心锁。

还账如割痞。

黄鼠狼子专拉病鸡。

会说的不如会听的。

会推磨就会推碾。

会的不难，难的不会。

货卖一张皮。

活人不能让尿憋死。

怀揣刀子口抹蜜。

鸡毛飞不上天。

鸡窝里飞不出金凤凰。

家有贤妻少生气。

家有千口，主事一人。

家里土，地里虎。

借梯子上楼。

交个朋友多条路。
娇儿无孝子。
嚼过的馍不香。
井里的蛤蟆能见多大天？
节气不等人，年纪不饶人。
救急不救贫。
脚跌两家船。
将心比心都一样。
近水知鱼情。
紧早不紧晚。
酒肉朋友，米面夫妻。
看景不如听景。
哭了半天还不知谁死啦。
亏众不亏一。
烂姜不烂味。
老黄历看不得。
老鸹等不到椹子黑。
老鼠再大也怕猫。
老了别说当年，穷了别说方面（富）。
老将出马，一个顶俩。
良医门前病人多。
聋子会打岔，瞎子会算卦。
骡马大了值钱，人“大”了不值钱。
驴唇不照马嘴。
驴不喝水不能强摁头。
慢工出巧匠。
卖饭的不怕大肚汉。
眉毛胡子一把抓。
苗怕胎里旱，人怕老来穷。
门里的光棍儿——家里一套外面一套。
没有不透风的墙。
没有不下雨的天，没有不用的人。
没有卖苦瓜的。
没有过不去的火焰山。
没有王子乱了蜂。
没有嫌东西扎手的。
没有三分利，谁起早五更。
拿着棒槌当针。
拿着不是当理说。
你敬我一尺，我敬你一丈。
哪里痒痒哪里扢（kuai）。
哪庙里没有屈死鬼？
哪把壶不开提哪把。
娘不嫌孩脏。
牛毛出在牛身上。
牛马年，好种田。
宁吃鲜桃一口，不吃烂杏一筐。

牛皮不是吹的，火车不是推的，泰山不是垒的。

女大不可留，留来留去结冤仇。
捏个圆的是个圆的，担个扁的是个扁的。
孬得没血。
能得不叫招。
能不是谝的，哗啦棒槌不是砍的。
泼到地上的水收不起来。
破车驮大载。
破裤子先伸腿。
怕鬼偏遇鸡橛子。
千条河流归大海。
千金难买回头看。
千锤打锣，一锤定音。
千人千思想，万人万模样。
前头有车，后头有辙。
前不归村，后不归店。
强扭的瓜不甜。
巧买哄不了拙卖的。
巧媳妇难做无米之炊。
巧妻常伴拙夫眠。
轻来轻去搬泰山，病来病去病死人。
噙着冰凌化不出水来。

瘸子里头选将军。
清亮不了糊涂了。
清酒红人面，财帛动人心。
穷怕客来，富怕贼偷。
穷家难当。
穷家难舍。
穷怕闹，富祷告。
穷干净，富拉撒。
枪打出头鸟。
齐不齐，一把泥。
骑马坐轿，不如黎明睡觉。
人勤地不懒。
人多不怯重。
人老骨头硬。
人不伤心不掉泪。
人心都是肉长的。
人怕出名猪怕肥。
人不得外财不富。
人犟损心，牛犟损力。
人走时运马走膘。
人趁衣裳马趁鞍。
人有名，树有影。
人有脸，树有皮。
人哄地皮，地哄肚皮。
人老弯腰，树老焦梢。
人心隔肚皮，虎心隔毛衣。
人不拐，账不差。
人到难处想知己。
人过四十往下衰。
人争一口气，神争一炉香。
人在人眼下，不得不低头。
人无十年俏，花无百日红。
人多没好饭，猪多没好食。
人怕出（输）理，狗怕夹尾。
日子不可长算。
肉烂在锅里。
肉里不能掺假。
软的欺，硬的怕。
热天光棍好打。
仨芝麻不顶个料豆儿。
三榔头砸不出个屁来。
三个臭皮匠，顶个诸葛亮。
杀鸡给猴看。
啥大人啥孩子，啥萝卜啥苔子。
上山容易下山难。
上不够天，下不着地。
上得高，摔得重。
商量不如强量。
伤筋动骨一百天。
生意好做，伙计难搁。
生米做成了熟饭。
生就的骨头长就的肉。
生瓜梨枣，见了就咬。
生养孩子都是往上长的。
省囤尖儿不省囤底儿。
省了盐，瞎了酱。
虱子多了不觉痒。
师徒如父子。
十雾九晴。
十个指头有长短。
拾了芝麻，丢了西瓜。
是猫都吓老鼠。
实的虚不得，虚的实不得。
死猪不怕开水烫。
树大自直，人大心开。
树叶落到树底下。
树大招风。
树大荫凉大。
手大遮不住天。
说书的嘴，唱戏的腿。

说瞎话捣棒槌。
说人话不办人事。
说着容易做着难。
舍不得金弹子，打不着金凤凰。
守着瘸子不说短话。
水大蒙不了船。
谁家灶户里不冒烟。
勺子没把，单捡近的挖。
天塌了砸大家。
天下的老鸹一般黑。
贪多嚼不烂。
听风就是雨。
听话听音，刨树刨根。
头三脚难踢。
兔子不吃窝边草。
同行是冤家。
抬头不见低头见。
提着裤子充好人。
万事开头难。
剜到篮里就是菜。
碗大勺子有数。
窝窝头蘸辣椒，越吃越上膘。
为人别说过头话。
无本难求利。
无事不登三宝殿。
瓮里跑不了瘸鳖。
稳着不少打粮食。
弯刀对着瓢切菜。
文不成，武不就。
现发现卖。
现烧香现捏佛。
先薄后不争。
县官不如现管。
小时候胖不算胖。
小庙里鬼没见过大香火。
想巧就有拙。
向理不向人。
响炮仗要早放。
响鼓不用重槌敲。
心急不能吃热米饭。
心里没病死不了人。
稀稠是糊涂，孬好是媳妇。
一个巴掌拍不响。
一家人不说两家话。
一拃没有四指近。
一回生，两回熟。
一个鼻孔出气。
一瓶子不满，半瓶子晃荡。
一棍子打八家。
一聋三分傻。
一榔头夯死。
一梁顶一柱。
一马不配两鞍。
一个锅里要勺子。
一个女婿半个儿。
一粒粮食一滴汗。
一棵树上吊不死人。
一把钥匙开一把锁。
一嘴吃不成胖子。
一个萝卜顶一个窝儿。
一人难趁百人意。
一人捂不住众人口。
一块烂肉沾得满锅里腥。
艺多不压身。
牙错咬腮。
鸭子一嘴鹅一嘴。
油多不香，蜜多不甜。
眼里下不去拳头。
又吃肉又撇腥。
有一勺子添一碗。

有苗三分收。

有枣没枣打一竿子。

有头发谁肯装秃子。

有状元徒弟，没有状元师傅。

有享不了的福，没有受不了的罪。

鱼帮水，水帮鱼。

鱼好吃，腥难闻。

鱼怕抠腮，人怕揭短。

用着靠前，用不着靠后。

要吃还是家常饭，要穿还是粗布衣，要疼还是结发妻。

越渴越给盐吃。

羊毛出在羊身上。

子孝父心宽，妻贤夫祸少。

早娶的不如晚嫁的。

早起三光，晚起三慌。

宰相肚里行舟船。

针尖对麦芒。

贼人心虚，浪人心多。

张嘴给个蚂蚱吃。

睁一只眼，闭一只眼。

纸糊的灯笼，一戳就破。

知道你吃几个馍。

仗着大枝子压人。

仗着好鞋不扎脚。

站着睡着一般长。

众人是圣人。

钻过头去不顾腚。

嘴不尖别想吃磨眼里食儿。

嘴越烂越小，鞋越穿越大。

粘毛赖四两。

在家千日好，出门当时难。

庄稼老头不识货，单拣大的摸。

再好的篱笆不如墙，再好的婆婆不如娘。

第二节　谚语

谚语是劳动人民生产和生活经验的总结，是人民群众传承知识和文化的重要方式。谚语一般分为上下两句，内容相互关联，两句押韵，容易记诵，不受文化水平和识字能力的限制。菏泽开发区地处平原，农业生产是其根本命脉，因此，谚语的内容多涉及农业生产的气象、节令、耕作等方面。同时受齐鲁传统思想的影响，一些谚语也反映出民众做人处世的原则和行为标准。

气象

蚂蚁打窝，大雨要落。蚂蚁成群，大雨来临。

鱼打漂，雨来到；鱼翻湾，要变天。

疮疤痒，雨要响。瓮穿裙，大雨淋。

燕子低飞蛇过道，大雨不久要来到。

三天东南风，不用问先生。

云向东，一阵风；云向西，披蓑衣。

云向南，雨涟涟；云向北，一阵黑。

鱼鳞云，下满盆；云绞云，雨淋淋；瓦碴云，晒死人。

清早烧霞，傍黑沤麻。

日落云，雨淋淋。

日落云长，半夜雨响。

早霞不出门，晚霞行百里。

江猪（黑云团）过河，大雨滂沱。

西北一片红，十场大雨九场穷（多雹灾）。

知了挪树儿，下一阵儿。

东虹（jiang）风，西虹雨，南虹出来卖儿女。

虹吃雨，下一指；雨吃虹，下一丈。

啄木鸟，叫三声，不下雨，就刮风。

太阳倒照，晒得猫叫。

日落胭脂红，无雨定有风。

开门雨，闭门雪。

蛤蟆叫，雨来到。

早雾晴，晚雾阴。

早看东南，晚看西北。

屋檐滴水儿，下四指儿。

蜘蛛倒挂，大雨要下。

日晕三更雨，月晕午时风。

风刮一大片，雹打一溜线。

八月十五云遮月，正月十五雪打灯。

九月九不下盼十三，十三不下一冬干。

头伏有雨，伏伏有雨。头伏无雨三伏干。

夜雨三场下，场场下得大。

时令

九尽杨花开，伏尽秋天来。

春分秋分，昼夜平分。

雪打灯，好年景，一个麦穗打一升。

寒食寒十天，早晚穿布衫。

椿鼓鼓儿，大似碗，脱了棉衣才大胆。

三月里寒食榆钱不老，二月里寒食老了榆钱。

桃花开，杏花败，楝子开花吃蒜菜。

谷雨麦挑旗儿，立夏麦穗齐。

小满葚子黑，芒种吃大麦。

白杨叶，拍光光，满地里，耩高粱。

枣发芽，种棉花。

四月八，吃黄瓜。

正月的麻籽（蓖麻）二月的苘（qing），三月的麻籽不结种。

谷雨前，好种棉；谷雨后，好种豆。

三月雪，果不多。

十七、十八，合黑摸瞎。初九二十三，出落半夜天。

大二小三，月亮出来一杆。二十四五，月亮出来漫东屋。二十七八，月亮出来一支蜡。二十八九，月亮出来一肘。

六月六，看谷秀。七月七，搓谷粒。

八月八，拾棉花。

天河调脚，吃毛豆角。

一场秋雨一场寒，十场秋雨换上棉。

六月里天，瓦不干。

有钱难买五月里旱，六月里连阴吃饱饭。

七月十五定旱涝，八月十五定收成。

七月立秋，早晚都收。

冬走十里不明，夏走十里不黑。

过了七月节，夜寒白天热。

立秋十八天寸草结籽,处暑三天遍地红(高粱)。

（蚊子）七月十五杠杠嘴儿，八月十五伸了腿儿。

七月十五枣红圈，八月十五晒半干。

七月里核桃八月里梨，九月里柿子乱赶集。

（燕子）走时不过九月九，来时不过三月三。

春天种一棵，秋后煮一锅。

麦收时节松一松，风吹雨打一场空。

头伏萝卜二伏芥，三伏天里种白菜。

白露早，寒露迟，秋分种麦正适时。

麦到芒种谷到秋，寒露才把豆子收。

霜降麦儿，鸡爪墩儿。

天长长不过夏至，天短短不过冬至。

吃了冬至饭，一天长一线。

冷在三九，热在中伏。

冬练三九，夏练三伏。

小暑不算热，大暑在伏天。

夏至无雨三伏热。

夏至无云三伏烧。

夏至鸣雷旱三伏。

该冷不冷，人受灾情；该热不热，五谷不结。

过了中秋节，一夜冷一夜。

麦盖三场被，枕着馍馍睡。

船走不等客，季节不等人。

麦到芒种谷到秋，豆子寒露动镰钩，骑着霜降刨芋头（红薯）。

一九二九不出手，三九四九凌上走。五九半，凌花散。立春六九，沿河看柳。七九六十三，行路的君子把衣宽。八九七十二，黄牛遍地是。九九杨花开，十九寒不来。

二十四节气歌：春雨惊春清谷天，夏满芒夏二暑连。秋处白秋寒霜降，冬雪雪冬小大寒。

每月两节日期定，最多相差一两天。

上半年是六、廿一，下半年是八、廿三。

农事

有钱买种，无钱买苗。

稠倒高粱稀倒谷，立镰芝麻卧镰黍。

花生棉花，最喜重茬；茄子芝麻，重茬白搭。

谷雨花，大车拉；小满花，不回家。

谷种谷，守着哭；瓜种瓜，也白搭。

伏天划破皮，强似秋天犁一犁。

深耕细耙，草芽不发。

旱锄田，涝浇园。

旱天锄头有水，涝天锄头有火。

麦子去了头，高粱漫了牛。

麦熟一晌，蚕老一时。

秋忙不算忙，麦忙忙断肠。

庄稼活，不用学，人家咋着咱咋着。

栽不死的葱，饿不死的兵。

入了伏，手不离锄；立了秋，挂锄钩。

治病要早，除虫要了。

三分种，七分管，人勤地不懒。

人勤地生宝，人懒地生草。

好种出好苗，好葫芦开好瓢。

种地选良种，一垅顶十垅。

种瓜得瓜，种豆得豆。

头遍高粱二遍谷，三遍棉花要深锄。

插耧快三摇，提耧慢三摇。

三耕六耙九锄田，一季庄稼顶三年。

棉花锄八遍，桃子像蒜辫。

雪花化成河，麦子收得薄。

种地不上粪，等于瞎胡混。

深耕加一寸，顶着上茬粪。

扫帚响，粪堆长。

家里土，地里虎。

买牛要买抓地虎，种地还是莲花土。

耕得深，耙得匀，地里长出金和银。

庄稼一枝花，全靠粪当家。

粪是庄稼宝，没它长不好。

饿死爹娘，不吃种粮。

庄稼老头活一百，别价忘了种旱麦。

要想高产，科学种田。

金筐银筐，不如粪筐。

豆锄三遍粒儿圆，谷锄七遍米汤甜。

早谷晚麦，十年九不得。

冷粪果木热粪菜，生粪上地连根坏。

旱豇豆，涝小豆，不旱不涝收绿豆。

地无底粪不壮，马无夜草不肥。

不怕苗儿小，就怕坷垃咬。

沙地看苗，淤地吃馍。

月牙站，粮食贱；月牙睡，粮食贵。

桃三杏四梨五年，枣树当年就换钱。

桃养人，杏伤人，李子行里抬死人。

花见花，四十八，棉花开花到吐絮。

寒露不刨葱，必定心里空。

椿栽骨朵枣栽芽。

杨柳下河滩，榆杏上半山。

高地栽榆桑，杨柳水坑旁。

吃饭在牙口，种地在茬口。

地是刮金板，人勤地不懒。

寸草铡三刀，没料也上膘。

（牛）有病没病，倒磨为证。

喂猪没啥巧，窝干食喂饱。

嘴齐腰圆，当年出圈。

头大脖子粗，保准长大猪；头小尾巴细，越

喂越不济。

猫三狗四，猪五羊六，兔子一月抱一窝。

鸡，鸡，二十一；鸭，鸭，二十八；鹅，鹅，一月才窝脖。

春争日，夏争时。

若要玉米大，不准叶打架。

芒种月黑头，麦子收得稠。

谨慎庄稼，消停买卖。

寒食有雾多耩谷，寒食清亮多耩高粱。

兔子一年十二窝，热死一窝，冻死一窝。

南京到北京，扬场不让风。

场里活，闲不住，丢下箢子摸扫帚。

想吃高粱面，扒出根来看。

卫生

吃饭先喝汤，到老胃不伤。

锅台净，少生病。

酒多伤身，气多伤心。

要想身体好，吃饭不过饱。

人是铁，饭是钢，一顿不吃也发慌。

不干不净，吃了生病。

病从口入，祸从口出。

饭后一杯茶，老来不眼花。

出汗不迎风，走路要挺胸。

养是健康源，冻是健康泉。

立如松，坐如钟，卧如弓，走如风。

恼一恼，老一老；笑一笑，少一少。

早上吃得好，中午吃得饱，晚上吃得少。

学习

天下无难事，只怕有心人。

勤学好问，不怕头脑笨。

一日读书一日功，一日不读十日空。

怕跌的学不会走路，怕水的当不了渔夫。

立志要专，万事不难。

热桌子冷板凳，睡半夜起五更。

百步之内必有芳草，三人行必有我师。

澡盆里学不会游泳，平地上打不着老虎；板凳上学不出骑术，不流汗练不出真功夫。

刀子不磨要生锈，人不学习要落后。

没有理想，灵魂空荡；没有志气，前途渺茫。

才华是刀刃，辛苦是磨石。

马贵有前蹄，鸟贵有翼；树贵有根，人贵有志。

镜子越擦越亮，脑子越用越灵。

钢梁磨绣针，功到自然成。

学如逆水行舟，不进则退。

不怕走得慢，就怕丢了袢。

志大者胸宽，志小者怀窄。

三天不念口生，三天不写手生。

熟读唐诗三百首，不会作诗也会诌。

有志万事不难，无志一事无成。

有志不在年高，无志空活百岁。

处世

刀不磨不明，路不走不平。

跟着好人学好人，跟着巫婆子学跳神。

真金不怕火炼，真理不怕人辩。

一天少吸一支烟，三年买个大老犍。

全家一条心，黄土变成金。

远亲不如近邻，近邻不如对门。

啥地长啥苗，啥葫芦开啥瓢。

树老焦梢，人老弯腰。

为人不做亏心事，不怕半夜鬼叫门。

狼走千里吃肉，狗走千里吃屎。

钱是光棍胆，有钱就有脸。

枪打出头鸟，霜打露头青。

根正不怕黄风摆，脚正不怕泥里崴。

人心难摸，泥鳅难捉。

人留子孙草留根，山无树木不养人。

画龙画虎难画骨，知人知面不知心。

人往高处走，水往低处流。

自夸没人爱，残花没人戴。

账要勤算，磨要勤锻。

一天省一口，一年省一斗；一天省一把，一年买匹马。

浇花浇根，交人交心。

啥坑啥蛤蟆，啥大人啥娃娃。

儿大不由爹，女大不由娘。

从小看大，三生知老。

人多主意好，柴多火焰高。

人不可貌相，海水不可斗量。

其他

家鸡打得团团转，野鸡不打自来飞。

不怕夜猫叫，就怕夜猫笑。

天没边，地没沿，老和尚没有头发辫。

人急悬梁，狗急跳墙。

老兵怕号，新兵怕哨。

不见棺材不落泪，不到黄河不死心。

牛不知角弯，马不知脸长。

人倒霉运不发，喝凉水也塞牙。

千军好招，一将难求。

一麦当三秋，官家的小姐也下楼。

老鸹叫，事来到。

懒人有懒福，泥胎住瓦屋。

人善有人欺，马善有人骑。

东西南北拐儿，人人都有偏心眼儿。

男不和女斗，鸡不和狗斗。

端人家的碗，受人家管。

天怕猛一晴，人怕猛一穷。

人没有十年穷富，粮没有十年贵贱。

给人做丫环，不如自己纺线线。

能走十步远，不走一步喘。

人仗权势，狗仗人势。

小孩别夸胖，庄稼别夸旺。

做贼心虚，放屁脸红。

秀才改大夫，好像快刀打豆腐。

要饭不为孬，丢下棍子一般高。

一家不如一家，和尚不知道人家。

热东屋，凉堂屋，傻瓜媳妇住南屋。

三六九往外走，二五八要回家。

秤砣小压千斤，胡椒小辣人心。

近了怕鬼，远了怕水。

一物降一物，卤水点豆腐。

脱坯打墙，活见阎王。

墙歪三遍，给砖不换（指垛土墙）。

第三节　歇后语

歇后语是劳动人民创造的示意性熟语，形象、生动、诙谐、幽默，能增强语言的表达力，是人民群众生活智慧的结晶。菏泽开发区的歇后语极富地方特色，既可讽刺、嘲弄人或事，也可自嘲、解闷，使人们的日常生活减少痛苦，增添快乐。现仅举具有当地特色的例子，从中可以感受菏泽人的乐观、诙谐。

鏊子底下骑驴——抬不起头来

八月十五过月子——赶上节了

搬着梯子上天——没门儿

半夜里摸帽子——早着哩

半天空里挂口袋——装风（疯）

抱着琵琶进牛棚——对牛弹琴

白糖拌黄连——有苦有甜

被窝里伸腿——没外人

鼻梁上挂板镢——张嘴就砍（侃）

布袋里装牛角——内里有弯儿

脖子上挂铃铛——晃啷啷

裁缝掉了剪子——光剩尺（吃）了

苍蝇飞到牛眼里——找泪（累）吃

草帽子烂了檐儿——顶好

茶壶里装凉粉——倒不出来

唱戏的胡子——假的

唱戏的吹胡子——恼了

程咬金的斧子——就这两下子

吃条子屙笼嘴——现编

吃豆腐蘸羊油——爱吃那个别滋味

砌墙的砖头——后来居上

七仙女走娘家——上天

膝盖上钉掌子——离蹄（题）太远

吹喇叭的分家——摊不着号

吹喇叭的下乡——找事

穿着坎夹子作揖——露两手

墙头上栽葱——白（辈）儿高

打绳的摆手——到劲了

大闺女上轿——头一回

大年五更拾个兔子——有它也过年，没它也过年

掂着秤进茅房——过粪（分）

戴着草帽子亲嘴——差得远

戴着乌纱弹棉花——有弓（功）之臣

豆腐渣贴门神——不粘板

独眼龙相媳妇——一目了然

对着镜子作揖——自己恭维自己

屙屎屙到鞋叶根上——没法提了

二大爷赶集——随便溜

翻砂工干活——装模作样

放屁拍桌子——打掩护

秆草包老头子——丢大人了

高粱地里打阳伞——难顶难撑

隔着袜子挖痒痒——不摸脚

狗打哈哈——没人味儿

狗撵鸭子——呱呱叫

狗舔磨盘——打圈子转

狗吃豆腐——得嘴啦

狗吃豆腐脑子——衔（闲）不住

狗咬吕洞宾——不认真人

狗咬刺猬——没法下口

狗头上长角——出羊（洋）相

狗黑子戴皮帽——充人

寡妇哭儿——没指望啦

闺女穿娘的鞋——老样儿

裹脚布做领子——臭一圈儿

薅着胡子打滴溜儿——上嘴啦

喝凉水栽轱辘儿——装晕

喝水拿筷子——是个招呼儿

河里翻花——有鱼（余）

何仙姑走娘家——云里来雾里去

蛤蟆腚上插鸡毛——不算鸟

黑碗蒜臼子——一个窑里货

黑瞎子掉到泥窝里——邂（懈）熊

花不即（棉绒棒儿）敲磬——没音儿

黄鼠狼子看鸡——越看越稀

黄鼠狼子抱老鼠——一窝不如一窝

黄河里尿泡——随大流

黄连树上弹琴——苦中作乐

豁牙子啃西瓜皮——道道多

鸡蛋掉到油篓里——滑蛋

叫花子吹唢呐——穷吹

叫花子唱戏——穷欢乐

搅屎坑的棍子——闻（文）不得舞（武）不得

姜子牙的钓鱼钩——直的

军棋盘上下象棋——不对路

扛着窝窝遛河涯——渴不着，饿不着

裤裆里放屁——两岔音

辣椒炒蝎子——又毒又辣

腊月三十看黄历——没日子啦

老公公背着儿媳妇上山——出力不讨好

姥娘哭儿——没舅（救）啦

老和尚的木鱼——天天挨敲

老鸹落在猪身上——光嫌人家黑
老虎拉车——没影的事儿
老鼠拉木锨——大头在后边
老虎脖子上挂念珠——假充善人
老虎掉到井里——有力使不上
癞蛤蟆爬香炉——碰一鼻子灰
临死放个屁——完味啦
梁山寨的军师——吴（无）用
六月里穿皮袄——里外发火
罗锅腰蹚水——湿（失）脸啦
聋子的耳朵——摆设
驴头不叫驴头——长脸
麻包片子当罗底——不是那块料
麻包片子上绣花——底子差
卖香油的敲锅盖（盖）——牌子不小
卖豆沫子的不吆唤——闷缸子啦
卖梨糕的盖楼——熬的
买个鳖子没有脚——砖（专）等着
磨道里的驴——听喝儿
磨扇子压住狗耳朵——没人腔儿
磨眼里插竹竿——通天大筹（仇）
卖了秆草买秫秸——越倒腾越高
南墙上贴狗皮——不像画（话）
南天门上的瓜蒌——悬（玄）蛋
脑门勺子戴眼镜——往后看
盆子里喝水——平滃
琵琶断了弦——没法弹（谈）
旗杆上挂灯笼——高照（招）
圈嘴胡子吹猪——毛包毛
山上放石磙——石（实）打石（实）
三个豆粒开油坊——小打油
小小虫蹲在梁头上——个子不大，架子不小
小小虫站在门槛上——里外叼食儿
小小虫跟着夜猫子飞——有熬的眼，没吃的食儿
石膏不叫石膏——大矾（烦）
屎克郎推车——滚蛋
屎克郎打喷嚏——粪气
砂锅里捣蒜——一槌子买卖
孙悟空的金箍棒——能大能小
孙悟空打跟头——一步登天
西北风带蒺藜——连风（讽）加刺
唐僧的马——不见骑（奇）
剃头的使推子——一个师傅一个传授
铁锅里炒黄豆——熟一个蹦一个
腿上绑铃铛——走到哪里响到哪里
拖拉机撵兔子——有劲使不上
晚娘打孩子——暗暗地加劲
网包子兜猪——露蹄爪子啦
捂着耳朵晃铃铛——自哄自
瞎子吃酒——摸不着壶
瞎子吃芥末——干瞪眼
瞎子打灯笼——白搭一支蜡
鞋壳篓里长草——荒（慌）脚啦
杏行里打枪——不打梨（离）
哑巴打手势——不言而喻
眼睛朝天——目中无人
阎王爷的围脖——不好缠
阎王爷贴告示——鬼话连篇
羊屎蛋子钻天——能豆儿
羊群里跑个驴——满显它
要饭的不走——是个门儿
要饭的借算盘——穷有穷打算
腰里绑扁担——横行
一家人盖个布衫子——胡扯
正月十五贴门神——晚了半月啦
拄着拐棍儿上坟头——捣鬼
猪八戒扛个空褡溢——要人没人，要钱没钱
嘴上抹石灰——白说
枣核子解板儿——一锯（句）儿

拄着棍子蹚水——试着来

姊妹俩出嫁——各忙各的

第四节　歌谣

开发区民间歌谣是民间口头流传的歌谣，内容广泛，形式多样，富有鲜明地方特色和浓郁的生活气息。民间歌谣包括逗小孩唱的或小孩自己唱的儿歌，以及表达各种风俗习惯和思想感情的民谣。

小老鼠偷吃馍

小老鼠，偷吃馍，掉下来，腿摔瘸。
不敢哭，怕猫捉，忍着痛，爬进窝。
娘看见，拍拍手，爹看见，跺跺脚。
媳妇看见把嘴撅：谁叫你偷吃又偷喝？

筛罗罗

筛罗罗，打噔噔，磨白面，看姥娘。
姥娘没在家，气得您妗子呱嗒嗒。
呱嗒到屎茅里，吃得饱饱嘞！
呱嗒到粪坑里，吃得撑撑嘞！
呱嗒到床底下，露个小尾巴。
一簲，吱哇！一簲，吱哇！
（唱此歌时，大人与小孩对面，手扯手，一推一拉，作筛罗状。）

石榴石榴裂裂

石榴石榴裂裂，里头坐个爹爹。
爹爹出来买菜，里头坐个奶奶。
奶奶出来烧香，里头坐个花娘。
花娘出来磕头，里头坐个孙猴。
孙猴出来打仗，里头坐个和尚。
和尚出来念经，里头坐个先生。
先生出来算卦，里头坐个蛤蟆。
蛤蟆出来凫水，里头坐个小鬼。
小鬼出来推车，一推吱哇吱哇。

大小姐二小姐

大小姐，二小姐，
你拉风箱我打铁。
赚了钱，给咱爹，
叫爹买个红缨帽，
叫娘买双咯噔鞋。
咯噔咯噔上楼去，
咯噔咯噔下楼来。

小白鸡挠草垛

小白鸡，挠草垛，没娘的孩子咋着过？
跟狗睡，狗咬我；跟猫睡，猫抓我。
咋不娶个花娘搂着我？

种上麦　拾完花

种上麦，拾完花，年轻的媳妇走娘家。
娘看见，接包袱，妹妹看见接娃娃。
嫂子看见一扭达：“龟孙妮子又来啦！”

小老鼠爬谷穗儿

小老鼠，爬谷穗儿，栽下来，没有气儿。
大老鼠哭，小老鼠叫，一群蛤蟆来吊孝。
一百蜻蜓来陪灵，哭得眼泡红彤彤。
一群老鸹来吊孝，穿着一身黑道袍。
一群麻嘎子来吊孝，蓝大衫子黑顶帽。
黄鼠狼子来吊孝，百样鸟儿嫌它骚。
（注：麻嘎子即喜鹊）

小镰把两头翘

小镰把，两头翘，我到地里去割草。
割了草，喂黄牛，喂了黄牛拉砖头。
拉了砖，盖高楼，盖了高楼娶媳妇。

娶了媳妇添娃娃，添个娃娃喊爸爸。

小女婿

一个大姐本姓焦，寻个女婿四指高。
跑到屋里老鼠咬，跑到院里老鸹叼。
大姐河里去洗澡，把他装在手提包。
小女婿出来河边玩，过来个蛤蟆搂当腰。
要不是大姐撵得快，就叫蛤蟆抱跑了。

小狸猫上华县

小狸猫，上华县，走到路上断盘缠。
卖公鸡，会打鸣；卖草鸡，会下蛋。
卖小孩子怪可怜，卖老婆子谁疼俺？

客来了　把鸡杀

小麻嘎，叫喳喳，客来了，把鸡杀。
鸡说：“我下蛋，咯咯嗒，杀我不如杀小鸭。”
鸭说：“我走起路来扭秧歌，杀我不如杀小鹅。”
鹅说：“我腿短脖子长，杀我不如杀小羊。”
羊说：“我四条金腿往前走，杀我不如杀个狗。”
狗说：“我看家看得喉咙哑，杀我不如杀个马。”
马说：“我备上鞍子下亳州，杀我不如杀个牛。”
牛说：“我拉起车来咕噌噌，杀我不如杀个猪。”
猪说：“吃您的菜，馕您的糠，杀了我，真冤枉。”

小蚂蚱　一身青

小蚂蚱，一身青，缺衣少裤过不了冬。
五月六月还好过，就怕九月刮北风。
北风刮得呜呜响，枯草棵里害头疼。
一天两天不吃饭，三天四天眼不睁。
五天六天发了昏，七天八天把命送。
蚂蚁来成殓，蜘蛛来搭棚。
小促织是吹鼓手，兔子忙着去开坑。
黄牛老弟来吊孝，哞啦哞啦放悲声。

婚礼装枕歌

你七把，我五把，
还喂骡子还喂马。
装上枣，光生小，
装上火烧，穷气都跑了。

裹脚苦

裹脚苦，裹脚苦，八寸裹成三寸五。
又伤筋，又断骨，一步走不了一虎虎。
要是遇上荒乱年，一命交天坐着哭。

推着小车去逃荒

月姥娘，明晃晃，推着小车去逃荒。
前边跑的叭叭狗，后头跟着妮她娘。
妮她娘，你别哭，前边有个小车屋。
支上锅，馇糊涂，喝得肚子圆鼓鼓。
推着小车再赶路。

脚烧锅　手和面

小枣树，倒发芽。
今天做饭做晚啦。
到明天，早做饭
脚烧锅，手和面，
胳膊肘子捣着蒜。
磨着面，缠着线，
纳着鞋底送着饭。
看着瓜，拾着花，
头顶箩筐晒芝麻。

秋风凉

秋风凉，落叶黄，没娘的孩子没衣裳。
路上行人嫌天短，寡妇房里哭夜长。

二十四节气歌

一月小寒接大寒，大雪纷飞兆丰年。
二月立春雨水前，耕地送粪整田园。
三月惊蛰和春分，追肥浇麦要抓紧。
四月清明谷雨到，春耕春播最紧要。
五月立夏望小满，查苗补苗带锄田。
六月芒种和夏至，夏收夏种紧相连。
七月小暑并大暑，天变无常雨连绵。
八月立秋接处暑，谷子高粱一起熟。
九月白露和秋分，适时种麦最要紧。
寒露霜降十月天，复收晚秋保麦田。
立冬小雪十一月，副业生产莫放过。
大雪一到冰雪天，冬至十天阳历年。

棉花段

天上星星滴溜转，听我唱个棉花段。
出门碰见个庄稼汉，深耕细耙要种棉。
选良种，青灰拌，点到地里匀散散。
老天下场安乐雨，小苗出来齐又全。
勤恳汉，去锄棉，横三竖四七八遍。
打花顶，坐花盘，棉桃结得像蒜辫。
大小姐，去拾棉，一趟拾了一花篮。
回家摊在大箔上，晒得棉花松软软。
轧车轧，小弓弹，弹得棉花扑然然。
拿莛子，搬案板，搓得布积细又圆。
一个纺车八根齿，买个锭子两头尖。
点着油灯把线纺，纺得穗子像鹅蛋。
打车打，上桨椽，风筝子转，络子缠。
经线姑娘跑开马，线头再闯杼里边。
刷线刷得缕顺顺，织布就像坐花船。
织出布来平展展，送到缸里染青蓝。
剪子裁，针线连，做成一个大布衫。
一道工序不能少，您看麻烦不麻烦。

颠倒话

说你诌你真胡诌，大年五更立了秋。
东西街，南北走，出门碰见人咬狗。
拿起狗来砸砖头，砖头咬住狗的手。
村西一棵大柳树，结的葚子黑乎乎。
拿起鞭来用棍打，落了满地黑萝卜。
拾到兜里是红薯，下到锅里是糊涂。
张三喝了李四饱，撑得王二撇嘴哭。
颠倒话，话颠倒，楝子树上结樱桃。
蚂蚁一脚踩死个驴驹子，绊倒老鼠衔个猫。

第五节　方言

天文地理

热头地（天拦地）——太阳
月老娘——月亮
贼星——流星
雾淅——毛毛雨
酱缸子雨——大暴雨
雪床子——冻雪
月明地——月亮、月光下
扫帚星——彗星
云彩——云
雾拉雨——小雨
冷子——冰雹
风绞雪——风雪交加
琉璃——冻冰
吉年个——今年
凉儿凉儿——阴凉地
上冻——结冰
漏天——连阴雨天
土圩子——村镇的围墙
薄地——贫瘠地

废地——荒地
河沿——河岸
月门地儿——月亮
淹了——涝了
雪常子——雪珠
冰凌——冰块
瓦碴子——碎瓦片
坷垃——土块
大尽——农历大月 30 天
小尽——农历小月 29 天
开春——年初
过年个——明年
今儿个——今天
燕音个（夜没）——昨天
第以儿——第二天
前音个（前以）——前天
清起来——早晨
冰凌嘎——冰柱
年时个——去年
前年个——前年
眼限——现在
明儿个——明天
头以个——头一天
大前以——大前天
晌午——上午
晌午头——中午
眼乱（傍黑、擦黑）——傍晚
白印个——白天
江江来——刚才
起五更——凌晨、早起
成天价——整天
脯土——尘土
黑家半夜——夜间
啥会——什么时候
五更头上——拂晓
江才——刚才
胶泥——黏土
恶碴子——垃圾杂质

时令、农事

半晌——半天
来后——今后
粪操——给牲畜垫圈的土
黍秫——高粱
莲花豆——蚕豆
京瓜——南瓜
倒落生——收花生
拦庄稼——追肥
拾花——摘棉花
峦庄稼——复收
上晌——下地干活
哪何——什么地方
粪箕子——用肩扛的粪筐
玉秫秫——玉米
落生——花生
花——棉花
芫荽——香菜
黑家——夜里
几儿——什么时候
多明——什么时候
瓜根——彻底
横横——下午
年下——春节
啥会儿——什么时候
耩地——播种
拉头遍、拉二遍——锄头遍、锄二遍
砍黍秫——收割高粱
拾花——摘棉花
倒红薯——收地瓜
倒花生——收花生

削芝麻——收割芝麻

峦庄稼——复收庄稼

下晌——下地干活收工

植物、动物

红黍黍——高粱

杆节——谷子秸

秦椒——辣椒

树柯杈——树枝

扁嘴——鸭子

槐鼠狼——黄鼠狼

妈嘎子——喜鹊

喳喳木——啄木鸟

老鸹——乌鸦

小小虫——麻雀

光棍扛锄——杜鹃

蝎虎子——壁虎

都了子——蝉

山里红——山楂

姿灯——蒲公英

夜猫的——猫头鹰

咕咕鸟——斑鸠

老牛舌——车前子

罗罗蛛——蜘蛛

虫艺儿——对小鸟的广称

地初子——蜥蜴

虼蚤——跳蚤

腻虫子——蚜虫

长虫——蛇

面面乎子——蝙蝠

老砍刀——螳螂

爬叉——蝉的幼虫

房舍、器物

单沿的——院子

当院儿——院子里

偏房——厢房

门提溜——门搭链

顶棚——天花板

抽斗——抽屉

地把子——扫帚

擦包纸——手纸

旱伞——阳伞

篮儿——篮子

洋戏——留声机

洋灰——水泥

乌都水——未烧开的水

堂屋——北屋

调羹——小勺

洋车子——自行车

洋钉——钉

吸铁石——磁石

门插的——门闩

风掀——风箱

坎夹子——坎肩（马夹）

过木——门梁的掩木

胰的——香皂

洋碱——肥皂

汗叉子——马夹

杌桌子—方凳

门嵌子——门槛

家什——泛指工具用具

绍绳——拴牛用的绳子

称谓

汉子——男人

家里人——女人

大师傅——厨师

玩把戏勒——杂技演员

说合——媒人

大刀贼——强盗
小摸儿——小偷
小儿羔的——儿子
妮儿——女儿
门婿、客儿——女婿
媳妇——儿媳妇
外头人——丈夫
妗子——舅妈
两乔——连襟
二半吊子——办事莽撞的人
小舅子——内弟
妯儿们——妯娌
老丈母娘——岳母
老丈人——岳父

身体部位、疾病

脑瓜子——头
脖拉梗——脖子
眉骨头——额头
瞳仁儿——瞳孔
耳营——耳屎
鼻子——鼻涕
下巴颏儿——下巴
脊梁——背部
肋巴骨——肋骨
肚膜脐儿——肚脐
光膀子——光上身
打合撒—哆嗦
定疙痒——结痂
扎旱针——针灸
魔道——神经病
豁子——豁嘴
秃子——不长头发
捶头——拳头
妈妈——乳房
抓药——拿药
各拉支——腋窝
手脖子——手腕
光腚——裸体
冻着拉——感冒
缺虎——夜盲眼
出疹子——麻疹
羊角风——癫痫
腚帮子——屁股
尿泡——膀胱
害耳底子——中耳炎
害眼——红眼病
腰子——肾
踝子疙瘩——踝骨

服饰、饮食

套勒衣裳——内衣
大氅——大衣
裤腰带——腰带
汗衣——汗衫
借得——尿布
清早饭——早饭
晌午饭——午饭
锅圪巴——锅巴
糊涂——用面做的粥
卷子——长方形的馍
坐桌——吃宴席
馃子——点心
兜兜——口袋
小坎儿——背心
围嘴——幼儿用的涎布
手巾——毛巾
细粉——粉条
大油——猪油
大肉——猪肉

下货——猪杂碎

泔水——刷锅用的废水

滚水——开水

好面——白面

壮面——杂面

馍——馒头

角了　　包了

扁食——饺子

包扁食——包饺子

黄围子——黄面豆包

花糕——用枣和白面做的面食

酥肉——生肉条蘸面糊油炸的肉食

腥气——鱼腥味

日常生活、用品

剪头——理发

打嗝喽——打嗝

打通铺——合睡一个被窝

相相——相亲

重身——怀孕

背生子——私生子

老生儿——夫妇所生最小的孩子

发丧——出殡

做生儿——给小孩过生日

老灶爷——灶王爷

喜木——寿材

木头——棺材

埋人——下葬

成人儿——结婚

借光——让让路

掉啦——流产

老啦——死亡

响器——唢呐

舍火——纸扎的葬物

孝帽子——丧事戴在头上的白帽子

对摸儿——敷衍

外气——客气

实诚——实在

装样儿——做作

装拼——装傻

出大相——出洋相

变远——走远

赶会——赶集

圪垃子（茅子）——厕所

盖体——被子

铺体——褥子

单子——床单

套子——旧棉絮

汗褂子——粗布上衣

单裤子——裤子

水裙——围裙

喝汤——吃晚饭

臭虫蛋儿——樟脑球

胳拉拜子——膝盖

围脖——围巾

门插创——门闩

兄尼——弟弟

过月子——生孩子

动作、活动

背膀手——背手

不拉——扒拉

团悠——把东西揉成圆形

板啦——扔掉

豁水——倒水

骨及下——蹲下

把起——把屎（尿）

卷人——骂人

觉儿——知道

二八听——指不可信

跷急——焦急
结记——挂念
待见——喜欢
洑水——游泳
圆油——很圆
扒查——到处乱翻
仰门叉——仰面倒地
支棱——植物茎叶鲜、水灵
抬杠——故意争辩
窝憋——生气窝在心里出不来憋得慌
牙碜——食物中有土、砂
刺挠——痒痒
扎瓜——梳洗打扮
豁——泼、倒水
招——摸
缭衣裳——缝衣裳

言语、状态

腌臜——脏
清亮——聪明
死头揣脑——比喻死脑筋的人
听说——听话
可服——舒服
气清——漂亮
暄乎——又软又蓬松
瓷实——坚硬
絮磨——小孩在大人面前缠
絮叨——连续不断地说
败坏——浪费
呼——大声说话、喊叫
寒碜——样子难看
坏——事情未办好
麻利——做事干净利落
不瓤——不简单
搁摸——边想边做干成某件事
火毒——火旺
一伐（班伐）——一起、一块
马蜂菜——马齿苋
缺大空——吹牛、讲笑话

第二十一编　街　道（镇）

1992年7月菏泽经济开发区设立，规划面积11.5平方公里，下辖耿庄、何楼、都庄3个村庄。2001年3月，经市委、市政府批准，丹阳街道、岳程街道、佃户屯街道成建制划归开发区管理。经过2003年的再次扩区后，开发区面积扩大到148.6平方公里，下辖3个街道，104个行政村、社区。2018年7月，经市委常委会研究决定，将定陶区管辖的陈集镇划归开发区代管。至此，开发区进入区管镇的新体制。是年末，辖区总面积236.9平方公里，建成区面积4.6平方公里，辖1个镇、3个街道，138个社区、行政村，262个自然村，人口30.82万人。丹阳街道位于菏泽城区东部城乡接合部，是市委、市政府和开发区党工委、管委会驻地，曾获得全国体育工作先进街道、全国读书活动先进单位等称号。岳程街道位于开发区东部，为全区新能源、新材料和汽贸产业基地。佃户屯街道位于菏泽开发区南部，被授予“中国淘宝镇”称号，4个社区获评“中国淘宝村”。陈集镇位于菏泽开发区东南部，曾获“全国重点镇”“国家级生态文明乡镇”“中国淘宝镇”等称号，“陈集山药”被评为全市第一个国家地理标志产品。

第一章　丹阳街道

丹阳街道位于菏泽经济开发区东部，辖区面积45平方公里，人口20多万，下辖33个社区、43个自然村，是市委、市政府及开发区党工委、管委会驻地，全市政治、经济、文化、金融中心，菏泽市新一轮城市规划的核心发展区，菏泽市最具发展潜力的经济高增长区域之一。街道全面贯彻落实中共十九大会议精神，紧跟市委、市政府决策部署，坚持“创新、协调、绿色、开放、共享”五大发展理念，实现街道持续、快速、健康、协调发展，经济及各项社会事业走在全市“科学赶超、后来居上”发展征程的前列。2017年，街道实现社会总产值285.22亿元（不含农业），规模以上企业实现生产总值185.75亿元，国地两税完成14.01亿元，实现地方财政收入8.12亿元，居民人均纯收入18281.76元。街道连续4年保持“省级文明街道”称号，先后获得“国家级生态乡镇”“国家级‘119’消防先进集体”，省“教育转化决战先进单位”“省级卫生办事处”“省级消防工作先进办事处”“省级旅游强镇”“省级安全社区创建工作先进乡镇办事处”等60多项称号。

第一节　历史沿革

丹阳街道明朝属兖州府管辖，清朝隶属曹州府。1913年，属山东济宁道城区乡。1933年，属菏泽实验县南华乡。1941年，属巨菏县和菏泽抗日县城府的永绥区、离明区。1952年，属菏泽县城关区和一区。1958年初建人民公社时，属城关镇。1958年10月至1961年10月，属城关公社和辛集公社。1959年初，辛集公社改称东风公社。1979年1月至1983年底，属菏泽市城关镇和辛集公社。

1983年12月17日，山东省人民政府批准《菏泽市政、社合并，建立乡（镇）政府的请示报告》，原县级菏泽市辖区建立5个城区街道办事处、6

个农村办事处，23个公社改建为36个乡（镇）。城关公社一分为五，丹阳街道办事处即为5个城区街道办事处之一。1983年12月31日，召开大会宣告丹阳街道办事处正式成立。2000年6月23日，经国函字〔2000〕86号文件和鲁政字〔2000〕197号文件批复，撤销菏泽地区，设立地级菏泽市，原县级菏泽市改设为菏泽市牡丹区，丹阳街道隶属菏泽市牡丹区。2001年2月，菏泽市政府对牡丹区和市经济开发区的辖区进行调整，丹阳街道整体上划归菏泽开发区管辖。

1983年12月30日，中共丹阳街道党委、办事处成立，为菏泽市委（县级）、市政府派出机构，正科级单位，下辖24个农村党支部。1992年，桑海、双庙陈、赵王李、药王庄4个村党支部由牡丹区牡丹街道划归丹阳街道，农村党支部、村委会分别增至28个。1983—2001年，街道党委、办事处成员由菏泽市委（县级）直接任命；2001—2006年，由开发区党工委任命；2006年以后改为党代会、人大会选举产生。王运光为首任街道党委书记，此后张玉荣、肖焕斌、楚延君、王祥武、田剑锋、杨传宏、朱家福先后任街道党委书记；胡玉宝为首任街道办事处主任，杨景元、肖焕斌、楚延君、王祥武、杨传宏、晁中华、朱家福、武少俊先后任街道办事处主任。2017年12月，街道党委下设党政综合办公室、党群委、政法委、考核督查办公室等，党委下辖基层党组织46个，社区居委会33个。其中，党总支1个，党支部45个（社区党支部33个，企业党支部4个，部门党支部9个），共有党员1722人。

第二节　管辖范围

丹阳街道，位于菏泽城区东郊城乡接合部，总面积45平方千米，现有人口10.16万人。东邻菏泽开发区岳程街道，西接牡丹区东城街道、南城街道，南靠菏泽开发区佃户屯街道、南城街道，北连牡丹区牡丹街道。最北边到药王庄、双庙陈社区，最南边到王庄社区，纵长15千米。最东边到蒋庄社区，最西边到刘庙社区，横跨3.5千米。西北靠赵王河，西南傍东渔河北支（又名万福河），洙水河在中部腹地横穿，流经赵堂、何楼、李大庙、仝庄、姬庄、大马庄等社区。北临日东高速公路，东临日南高速公路、济广高速公路，327、220国道、省道过境，“大京九”“新石”铁路在这里十字交叉，“新石”铁路从西南部刘庙社区孙庄自然村入境、经过大屯、肖楼、武寺、李大庙、何楼、赵水洼、陈官庄、大成庄等9个社区，“大京九”铁路自北而南纵贯全境，经药王庄、桑海、张花园、大成庄、陈官庄、赵水洼、耿庄、何楼、李大庙、肖楼、武寺等11个社区。

丹阳街道由于原辖区地处丹阳路，并借“丹凤朝阳”之意，故得名。办事处现办公地址位于菏泽市中华路459号，地理坐标为北纬35° 15′ 07″、东经115° 26′ 09″，东去省会济南200余千米，北到首都北京约600千米。丹阳街道是菏泽市委、市人民政府，开发区党工委、管委会驻地，系全市政治、经济、文化的中心，菏泽市新一轮城市规划的核心发展区，是菏泽市最具发展潜力的经济高增长区域之一。

2001—2018年丹阳街道辖区人口变化情况表

表21-1　　单位：人

年份	常住人口			外来人口
	合计	男	女	
2001	87354	46779	40575	6463
2002	87965	46813	41152	6945
2003	89783	47469	42314	7142
2004	90337	47731	42606	7597
2005	91259	48235	43024	8149
2006	92694	48667	44027	9077
2007	94461	48902	45559	10474
2008	96830	49455	47375	12541
2009	99055	49661	49394	13044
2010	101606	50016	51590	13400
2011	102264	51645	50619	14073
2012	103056	51833	51223	14695
2013	103766	51875	51891	15108
2014	104521	52447	52074	15719
2015	115729	58741	56988	16043
2016	122355	63225	59130	16657
2017	131659	67167	64492	17581
2018	207578	109589	97989	59683

第三节　经济发展

所有制结构　1992年，丹阳街道计划经济改革加快，精简指令性计划，加强宏观调控。工业生产实行指导性计划，只对农产品产量、面积实行指导，简化基本建设项目审批程序。1993年，街道强化产业政策的引导，改革计划经济指标体系，建立计划经济报告制度。1994年，强化农业基础，增加发展后劲。加快工业企业技术改造及企业管理，培植主导产业。加强供电、交通基础设施建设。

1996—2000年，国有及集体工业企业逐渐改为股份合作制及股份制，街道个体民营经济开始快速发展，涌现大批民营企业、三资企业。2000年，街道个体工商户发展到2350多家、从业人员8万多人，私营企业600余家、从业人员13000多人。

2001—2005年，随着街道加大招商引资力度和改善投资环境，工业企业转变为以民营企业和外资企业为主。至2005年，全街道工业企业62家，总产值8.6亿元。其中，民营企业61家，总产值2.9亿元；外资企业1家，总产值5.6亿元。

2012年，全街道工业企业单位85家，总产值30.3亿元。其中，民营企业84家，总产值11.4亿元，占工业企业总产值的37.63%；外资企业1家，总产值18.9亿元，占工业企业总产值62.37%。社会商品零售额13.42亿元，其中股份制企业社会商品零售额7.5亿元，占55.89%；个体社会商品零售额5.9亿元，占43.96%。

产业结构　第一产业　1993年，街道加大力度整合产业结构，分别建立刘庙、仝庄、赵王李等蔬菜种植基地，双庙陈、药王庄、赵王李、桑海等花卉种植基地，王庄高效农业示范区，药王庄等畜牧养殖基地，形成菜、药、花卉、林果基地的区域布局。“吨粮田”通过菏泽地区验收。当年，农村经济总收入4453万元，农民人均收入1101元。

2001年，街道归菏泽经济开发区管理，工业化和城镇化速度加快，街道农业耕地面积逐年减小。赵堂、刘庄、何楼等社区耕地先后被征用进行商业开发，农民转化为市民。京九铁路以东进行路网建设和工业项目开发，姬庄、肖楼等社区农民耕地人均不足0.2亩，个别农民失去土地，成为“无地农民”。止2012年，由于辖区内丹阳社区旧村改造、城市开发和赵王河公园景观带建设，丹阳街道33个社区已有16个完全没有耕地，现存耕地不足200公顷，第一产业明显下降。

第二、三产业　1992年，丹阳街道以经济建设为中心，加快改革开放步伐，立足区位优势，个体和私营经济得到发展。1993年，社会生产总产值4.4亿元。1995年，全街道工业企业总数58个，均为联合和个体私营企业。建筑业、装卸运输业成为两大支柱产业。其工业门类主要有纺织、建材、食品、粉条加工、造纸、印刷、酿酒等，产品主要有钢材、布匹、家具、预制件、饮料、白酒、玻璃容器、石膏、肠衣等90多个，从业人员5600多人，工业企业总产值1.93亿元，实现利税2114万元。桑屯、肖楼、闫楼等村的专业运输达210多家，有东风汽车、50拖拉机260多台（套）。是年，地区生产总值第二产业占34.34%，第三产业占57.72%。

2000年，街道招商引资，吸引大批外商，新项目、大项目相继开工、建成和运营，成为街道的主导产业。

2001年，民营经济发展环境更加优越，在竞争实力、企业素质、产业层次等方面都有提高。2004年，街道工业企业60家，各类餐饮、商业网点、个体工商户740家。工业企业主要有大正医药、希力药业、华润制药、领将家具、皇圣家具、华瑞方便面、汇通纺织、椰风食品、金信票据、齐鲁水果市场等，总产值4.12亿元，实现利税4340多万元。

2005年3月，街道以招商引资为中心，在园区经济、社区楼宇经济、商贸物流市场等寻求突破。2010年，街道工业、商贸物流等企业2434家。其中，规模以上企业26家，涉及医药、机械电子、纺织、服装、食品、酿酒、餐饮服务、金融保险等多个门类。主要有中粮艾地盟、樱花五金、美凯电子、源林川服饰、圣美医疗、意扬木业、丰源变压器、青龙纺织、鲁诺兽药、健志医药、佳诚泡沫、云台羊绒、丰菏制衣等，工业生产总值完成24.65亿元，固定资产投资14.86亿元，社会商品零售额2.3亿元，新增个体工商户260家。

2011年，街道提出建设工业高新区、商贸服务核心区、城市文化特色区、创业安居首选区、金融保险中心“四区一中心”和实施“十大民生”工程，优化三产服务业，形成金融、保险、餐饮、商贸、物流、房地产开发、建筑业、房屋租赁业等优势产业。辖区工业经济以股份合作、民营独资、三资企业为主体，个体私营企业发展迅速。生物医药、商贸服务、金融保险成为主导产业。街道规模以上企业实现销售收入15.06亿元，增加值3.89亿元，全年完成固定资产投资35.69亿元。

2012年，境内共有规模以上工业企业、商贸物流、金融保险、餐饮服务等各类工商业3620家。其中，主要有中国银行、中华联合、阳光财险、长城担保等56家金融、保险、证券、担保公司以及80多个商业银行网点。另有中国移动、联通、电信等三大公司及各类合作网点220个，有牡丹大酒店、花都大酒店等460家餐饮机构和宾馆，银座商城、茂业百货、新苏天美等230家购物超市、连锁店和专营店，各类建筑装饰和房地产开发公司230家，旅行社19家。在社会生产总值构成中，第一产业比重下降为2.08%，第二产业比重50.33%，第三产业比重为47.59%，产业结构基本趋于合理。

2013年，街道依托高创中心研发平台，陆续开工建设生物医药项目7个，待落地项目8个，在谈项目11个，初步形成以生物医药为主导的工业框架。生物原料药基地及生物技术转化平台项目、派乔易生物制药项目、道中道生物医药项目建设的坤泰医疗器械项目、DNA快速检测试剂盒项目、山东疫苗销售中心、兰州生物制药研究所专家团队的多糖蛋白结合疫苗研发中心、重大疾病诊断试剂和纳米抗体靶向治疗、药物研发中心、曲师大研发中心、南华大学螺旋体疫苗和梅毒早期快速诊断治疗研发中心等项目相继建设，洽谈富士康项目入驻菏泽。街道商贸服务业依托区位优势，不断拓宽三产服务业发展空间，突出金融保险、商贸物流、餐饮服务、房地产开发等主导优势产业，国贸新苏天美购物中心运营良好，亿丰时代广场项目开盘，火车站提升改造工程、丹阳立交桥工程全面启动，以中华路、和平路、华英路、丹阳路等为网线的商业核心区已经形成，中南世纪锦城、中央公馆等50多处房地产项目为商业发展创造空间，凤凰城、财富中心等入驻营业单位不断增加，帝都国际大厦、凯瑞国际、五洲国际、数码大厦、中达商厦等项目相继建成投运。街道打造金融保险创新中心，成立全市第一个乡镇级金融办公室，机械工业第六设计研究院菏泽分院、中国第一家医药交易所、洪旭投资担保有限公司等4家机构入驻；新招交通银行、济宁银行、上海浦东发展银行3家大型商业银行和泰山财险、英大财险、长安汽车险、天平汽车责任险、百年人寿5家保险公司以及金和担保等7家金融担保或融投资公司，全街道保险公司22家，其中财险12家、寿险10家。英大财险开业当年实现税收142万元，泰山财险实现92万元，全街道金融保险入库税金近1亿元。以丹阳街道保险公司为骨干的菏泽市保险业实现保费总量位居全省第八位，同比增长30.1%，多于全省平均增幅13.07个百分点，增幅居全省第二位。

2014年，街道围绕工业高新区建设，以科技立处为目标，以生物医药、先进设备制造、新能源新材料等为主导产业，实行“一岗四责”工作法，强化招商信息收集，采取产业招商、项目招商、以商招商等多种有效方式方法，投产和在建项目有投资21亿元金丰鲁德分子生物产业园、投资7亿元的道中道生物制药、投资7亿元的道中道科技产业园、投资3亿元的坤泰医疗器械、投资2亿元的盛百灵重大疾病诊断试剂、投资1亿元的鲁西疫苗销售中心、投资3亿元的辅助生殖医学中心、投资8000万美元派乔易生物医药、投资1亿元DNA分子生物诊断试剂，建设富士康临时厂房，打造病毒实验室、抗肿瘤实验室、体外诊断试剂、医疗器械、保健品、化学合成药等7个研发中试平台，先后20多家科研机构及高等院校建立合作关系，先后引进侯云德、曾毅、吴以成、侯保容、乔易5名院士，宋淳等2名泰山学者，75名博士，109名硕士。是年，街道共引进5家金融服务公司和5家民间资本管理公司，全年金融业上缴税款近亿元。新引进浦发银行和农银人寿保险公司落户丹阳，平安养老保险公司、泛华保险代理公司正在筹备中，西部证券、国盛证券落户丹阳。

2015年，街道建成和在建项目共有9个，分别是投资2亿元的富士康科技集团一期项目、投资7亿元的道中道科技产业园、投资35亿的北新汇隆集成房屋、投资3亿元的山东普华制药国家一类抗肿瘤新药、投资3亿元道中道激光科技；另外，富士康产业园、天地汇物流公路港，云南大学云百草博物馆及虫草保健品、功能食品的研发生产基地等10个拟落地项目，复旦大学纳米级智能自修复抗磨材料项目、南京同仁堂等11个在谈项目。银座家居主力店、亿丰时代广场、新苏天美购物中心、大东电器等商贸服务业运营良好。是年，有华安保险股份有限公司菏泽中心支公司、阳光人寿保险菏泽分公司等5家保险代理公司、6家保险公司、5家金融服务公司和民间资本管理公司落户于丹阳，全市共有40家保险公司，其中丹阳辖区内保险公司32家、证券公司3家、非融资性小额贷款公司、投资担保公司及其他金融机构10多家。

2016年，街道科技企业孵化器累计承担省部级以上项目30余个，与企业合作或为企业解决的技术难题500余项，获得发明专利80项，服务企业1000多家。有16个试剂填补了国际国内空白。是年，以丹阳街道保险公司为骨干的全市保险业实现保费总量位居全省第五位，同比增长30.1%，多于全省平均增幅13.07个百分点，增幅居全省第二位。

1984—2017年丹阳街道各产业总产值统计表

表21-2　　单位：亿元

年份	农业产值	工业产值	服务业产值	年份	农业产值	工业产值	服务业产值
1984	0.25		0.12	2001	0.64	5.02	8.02
1985	0.26	0.45	0.18	2002	0.66	5.88	8.26
1986	0.28	0.72	0.32	2003	0.68	6.21	8.52
1987	0.30	0.84	0.62	2004	0.70	7.38	8.78
1988	0.32	0.90	0.86	2005	0.72	8.56	9.20
1989	0.34	0.95	0.96	2006	0.74	10.14	9.50
1990	0.36	0.97	1.12	2007	0.77	13.14	10.00
1991	0.39	0.98	1.55	2008	0.81	17.61	12.20
1992	0.42	1.06	2.14	2009	0.84	20.40	15.01
1993	0.44	1.28	2.68	2010	0.90	24.65	19.51
1994	0.46	1.65	2.88	2011	0.93	29.72	24.95
1995	0.48	1.93	3.21	2012	1.25	30.25	28.60
1996	0.51	2.22	5.06	2013	1.29	66.00	38.00
1997	0.54	2.85	5.68	2014	1.32	74.00	45.00
1998	0.57	3.01	6.15	2015	1.36	77.00	47.00
1999	0.59	3.98	7.22	2016	1.39	83.00	52.00
2000	0.61	4.51	7.89	2017	1.41	91.00	7.00

2018年，在建项目主要有6个，其中投资35亿元的北新汇隆装配式房屋，采用清华大学研发的集成房屋核心技术，是中国建材集团在全国布局的20个产业化基地之一，是年底，车间主体结构完工，正在进行内部装修以及大型机械设备基础建设，设备已经预定；设备投资1亿元，车间计划建设4条钢结构生产线，其中3条传统H型生产线，1条全自动生产线。投资7亿元的道中道科技产业园，规划建设面积15万平方米，分为研发、孵化和中试生产三大板块，已投产。双子楼孵化器主体工程完工，正进行内部装修。投资5亿元的道中道生物制药二期，建设伊沙匹

隆、莫西菌素等4个抗癌品种和1000万支冻干粉针制剂，项目立项备案、节能评审、安评已批复，环评通过专家论证待批复，围墙建设完成、土地平整。投资1.8亿元的孔子文化酒城项目各项手续基本完成，酿酒车间主体框架基本完成。挺卫健康产业观光园区项目占地13.6公顷，结合菏泽特色产业，在菏泽规划为以提升健康产业为主，并集生产、销售、休闲、旅游、养生、家庭、教育为一体的健康产业观光园区，是年底项目立项备案、节能评审、安评、环评通过专家论证待批复，围挡建设完成。

社会生产总值

1984—2018年丹阳街道社会生产总值统计表

表21-3　　单位：亿元

年份	社会生产总值	比上年增幅（%）	年份	社会生产总值	比上年增幅（%）	年份	社会生产总值	比上年增幅（%）
1984	0.37	—	1996	7.79	38.61	2008	30.62	28.06
1985	0.89	140.50	1997	9.07	16.43	2009	36.25	18.39
1986	1.32	48.31	1998	9.73	7.28	2010	45.06	24.30
1987	1.76	33.33	1999	11.79	21.17	2011	55.60	23.39
1988	2.08	18.18	2000	13.01	10.35	2012	60.10	8.09
1989	2.25	8.17	2001	13.68	5.15	2013	142.00	136.00
1990	2.45	8.89	2002	14.80	8.19	2014	157.00	8.00
1991	2.92	19.18	2003	15.41	4.12	2015	182.00	18.18
1992	3.62	23.97	2004	16.86	9.41	2016	245.08	34.6
1993	4.40	21.55	2005	18.48	9.61	2017	285.22	16.4
1994	4.99	13.41	2006	20.38	10.28	2018	313.2	9.81
1995	5.62	12.63	2007	23.91	17.32			

财政收入

1992—2018年丹阳街道财政收入统计表

表21-4　　单位：万元

年份	财政收入	增长幅度（%）	年份	财政收入	增长幅度（%）	年份	财政收入	增长幅度（%）
1992	84.6	—	2001	727	39.43	2010	18118	73.98
1993	93.2	—	2002	1012	39.20	2011	25061	38.32
1994	127.2	8.26	2003	1304	28.85	2012	36300	44.85
1995	216	69.81	2004	1654	63.75	2013	43641	20.22
1996	—	—	2005	3036	36.33	2014	56076	28.50
1997	—	—	2006	4137	30.49	2015	63218	12.73
1998	—	—	2007	5401	25.61	2016	75756	19.83
1999	—	—	2008	6784	48.18	2017	81200	7.19
2000	—	—	2009	10414	53.51	2018	102800	26.60

投资结构固定资产投资

1995—2018年丹阳街道固定资产投资统计表

表21-5　　　　　　　　　　　　　　　　　　　　　　　单位：万元

年份	固定资产投资额	年份	固定资产投资额
1995	1804	2007	60246
1996	2215	2008	17476
1997	3700	2009	99886
1998	3518	2010	264041
1999	3700	2011	26157
2000	3705	2012	346512
2001	23907	2013	
2002	43206	2014	
2003	40269	2015	658652
2004	23625	2016	631126
2005	12000	2017	606305
2006	162221	2018	

房地产开发投资　2000年以后，菏泽房地产开发业大发展，丹阳街道辖区是最密集、最集中的区域。辖区共有60余家房地产开发公司，开发建设90余个项目，约占整个市区的60%左右。2003—2011年，房地产开发业投资额83.03亿元，其中2005年，房地产开发投资额11.86亿元。2012年，房地产开发业投资额30.38亿元。

2013年，街道完成16个项目、130.07公顷土地的丈量、附着物清点、清理和征用工作，对郭庄、蒋庄、何楼、涤纶厂、刘庄、交通未来城、红星美凯龙、赵王河上游湿地公园、丹阳路立交桥9个项目涉及的2890户、85万多平方米的房屋进行丈量征收，对党庄、庞楼、刘庙、卞庄、华英二期、城建华府、中南世纪锦城、中山府邸7个项目涉及的1640户、51万平方米进行征收拆迁，新建或续建项目60多个。

2014年，街道对蒋庄高新科技园、大屯九年一贯制学校等建设项目用地测绘、清偿土地123.4公顷，对和平新贵、永昌大厦、交通未来城、紫金国际、庞楼、芦庄、王庄、刘庙、纱厂等征收丈量3694户、征收土地143.87公顷、丈量房屋面积42.21万平方米，征收拆迁1811户、房屋面积101.71万平方米、腾空土地75.73公顷。根据市统一规划目标，联合各级有关部门启动旧村改造3个，其中党庄、庞楼征收拆迁完毕。开工建设华英嘉园二期、交通未来城、中南世纪锦城二期等市重点工程项目及一批高档住宅小区，新开工和续建110多个城建项目。

2015年，完成建设项目用地测绘、清偿土地28.4公顷、政府征收丈量1342户、丈量房屋面积24.16万平方米，征收拆迁99户、房屋面积7.61万平方米。其中，新石南路、兴仓路、刘庙路、华英路、一中教育用地道路拓宽用地征收共计3.73公顷，一中南片区拆迁征收清空土地5.99公顷，庞楼社区开拓育才路、府南路、平原路3条道路共清空土地2.33公顷，涉及居民用户30户，全年拆迁腾空土地共计14.67公顷。

2016年，完成建设项目用地测绘、清偿土地59.47公顷，涉及赵王李、双庙陈、桑海、药王庄、大屯、武寺、耿庄7个社区。丈量6大地块，涉及10余个社区，共计5500户，丈量房屋建筑面积120余万平方米。其中人民南路

158户、武屯、桑屯、大屯2830户、立交桥北片区52.53公顷1535户、广州路北外环路北沿46.67公顷、一中南片区7.47公顷、桂陵路3.24公顷。完成万象广场、城市中心、纱厂、郭庄、中达广场一期、二期、阿五地块、红星美凯龙等11个项目的房屋征收拆除工作。征收各项目房屋共计2000余户，征收房屋面积达600万平方米。其中，万象广场涉及征收340户、1100余人、3.5万平方米；纱厂北门涉及纱厂家属院237户、700余人、1.9万平方米；刘庄城市中心项目涉及刘庄社区居民及信息中心、商检局、文广新局、劳动局、新华书店等单位家属院共计670户、2200余人、21.3万平方米。郭庄项目涉及郭庄居民690户、2500人、24万平方米；中达广场一期、二期涉及450户、1500余人、8.2万平方米；融邦中山苑涉及191户、620余人、4.5万平方米。

2017年2月12—16日，街道丈量耿庄项目，2月21—23日丈量丽景片区项目，3月11—15日丈量肖楼、武寺、桑屯、大屯社区项目，4月25—28日丈量粮食局片区项目，5月16—20日丈量桑海、药王庄、双庙陈社区项目，5月21—24日丈量赵工李社区，6月9—10日丈量丹阳工业园项目，11月13—15日丈量和平南路和平铁路小区项目，12月10—12日丈量李氏原浆酒片区项目等，40多个工作组连夜奋战在项目一线。是年，街道强力推进棚户区改造征收拆迁工作，3月17—23日何楼、3月23—27日耿庄、7月12—18日肖楼、7月22—26日武寺、智慧新城（郭庄、大成庄）、8月8—12日桑屯、武屯、8月19—25日大屯、11月22—28日赵水洼等8个整建制村庄，和大成庄、郭庄、陈官庄、药王庄等4个社区部分进行征收和拆迁，穿插进行名门世家、一中南片区、红星美凯龙项目、广州路北延项目、赵王河上游湿地公园项目、丹阳工业园项目、智慧新城、丽景片区、华瑞（粮食局）片区、凯瑞国际片区项目征收和拆迁。房屋征收拆除2.2万多户、458万平方米、总兑付资金40多亿元、拆除腾空土地总面积687.13公顷。以此次棚改征收为契机，紧抓“完善公共设施和基础配套建设”机遇，在征收的687.13公顷土地中，公共设施建设用地246.59公顷，占比达36%。打通16条断头路，总长32公里，占地59.2公顷；腾空10所中小学建设用地38.83公顷；腾空中央公园、文化广场、多功能城市绿地6处建设用地，总占地43.36公顷。

2003—2012年丹阳街道房地产投资一览表

表21-6　　单位：万元

年份	房地产投资额	年份	房地产投资额
2003	13423	2008	85643
2004	70873	2009	157065
2005	118590	2010	21652
2006	7820	2011	277557
2007	107157	2012	303791

2018年，丹阳街道全力做好棚改、旧城改建等工作。街道全年共征收房屋2780户，征收面积119万平方米。其中，整建制村庄4个，合计2500余户，被征收房屋总面积约92.3万平方米，清空土地约103.5公顷。对28个项目进行扫尾，共签订协议860余户，拆除项目内滞留户房屋面积23.36万平方米，督促各项目安置房开工建设297.85万平方米。打通五中路、平原路、华英路、

桂陵路、振兴路，升级改造中华路、人民路、中山路、华英路、牡丹南路等多条道路。配合各项目、各部门完成市区内重要路口的渠化，公园绿地的建设。

经济效益　2000年，街道工业全员劳动生产率为42.15万元/人，比1990年89601元/人增长3.7倍，产品销售税金870万元，比1990年增长3.15倍；盈利金额2102万元，比1990年增长3.59倍。第一、二、三产业产值分别为0.61亿元、4.51亿元、7.89亿元。第一产业占4.69%，第二产业占34.67%，第三产业占60.64%。

2002年，整体经济规模不断扩大，二、三产业快速发展，街道各类企业适应市场需求，提高产品质量和经营服务水平，完善规范管理制度，不断加强企业内部管理，经济效益不断提高。2010年，全街道社会生产总值55.6亿元，比2005年增长2倍。第一、二、三产业产值分别为0.90亿元、24.65亿元、19.51亿元。第一产业占比下降到2%，第二、三产业分别为54.7%、43.3%。

2012年，街道工业全员劳动生产率为75.02万元/人；产品销售税金1802万元，比2000年增长2.06倍。全街道农业劳动者的农业产值人均1000元，人均粮食生产300千克，粮食亩产500千克，棉花单产500千克，比2010年均有明显减少。规模以上工业企业28家，实现工业增加值9.8亿元，实现销售收入40.6亿元，利税5.8亿元；非工业企业97家，投资额31亿元，实现增加值11.7亿元，实现主营业务收入46亿元，实现利税9.2亿元，实现利润6.1亿元。企业各项经济效益指标均有所提高，创历史最高水平。

2015—2017年，丹阳街道得益于街道城市品质的提升，带动了二、三产业的发展。2018年，街道实现财政总收入10.28亿元，成为菏泽市第一个财政收入超过10亿元的街道。

第四节　社区建设

1983年12月，经山东省人民政府批准，原县级菏泽市政、社分开，菏泽城区组建东城、西城、南城、北城、丹阳5个街道办事处，原城关镇公社的刘善人庄、赵堂、赵水洼、郭胡同、刘庙、孙庄、卞庄、李店、孔庄、耿庄、孟花园、都庄、桑屯、阎屯、阎楼、武屯、胡屯、李大庙、何楼、肖楼、武寺、王庄、大屯、庞楼、大成庄、张花园、郭楼、陈官庄、郭庄等29个自然村，和原辛集公社的仝庄、张庄、大马庄、姬庄、党庄、卢庄、前马庄、陈庄、蒋庄等9个自然村划归丹阳街道办事处管辖。是年，丹阳街道办事处共辖24个生产大队、38个自然村。1984年2月7日，按照菏泽市政府关于将生产大队改建为村民委员会的决定，24个生产大队全部改称村民委员会。1992年7月，设菏泽市经济改革和开发开放综合试验区（俗称“小开发区”，后改称菏泽经济开发区，简称菏泽市开发区）。1992年12月，经菏泽市人民政府批准，将原属牡丹区牡丹街道办事处的赵王李、双庙陈、药王庄、桑海、于庄等5个自然村划归丹阳街道办事处管辖。1995年，丹阳街道办事处的何楼、都庄、耿庄、孟花园等4个自然村划归菏泽开发区（俗称小开发区）管辖。是年，丹阳街道办事处共辖25个村民委员会、39个自然村。

2001年2月，丹阳街道整体由牡丹区划归菏泽经济开发区管辖，原来隶属“小开发区”管辖的何楼、都庄、耿庄、孟花园等村划回丹阳街道管辖。是年，丹阳街道共辖28个村民委员会、43个自然村。

2002年2月，根据城市化建设需要，经菏泽市政府批准组，丹阳街道辖区28个行政村和

5个居民小区改称为33个社区居民委员会。分别是庞楼、刘庙、刘庄、赵堂、大屯、王庄、武寺、桑屯、肖楼、武屯、何楼、李大庙、姬庄、马庄、仝庄、芦庄、赵水洼、陈官庄、蒋庄、耿庄、都庄、郭庄、张花园、桑海、大成庄、赵王李、双庙陈、药王庄和丹阳路、和平、丹东、亨通园、华平等社区。

2012年底，丹阳街道辖33个社区，其中庞楼、刘庙、刘庄、赵堂、大屯、王庄、武寺、桑屯、肖楼、武屯、何楼、李大庙、姬庄、马庄、仝庄、芦庄、赵水洼、陈官庄、蒋庄、耿庄、都庄、郭庄、张花园、桑海、大成庄、赵王李、双庙陈、药王庄等28个为村改居社区，社区居民多半为农业户口。和平、华平、丹东、丹阳路、亨通园5个为非村改居社区，社区居民多半为非农业户口。

2018年丹阳街道社区情况表

表21-7

社区名称	所辖自然村	面积（公顷）	居民小区数（个）	户数（户）	人数（人）	主要姓氏
刘庙	卞庄、孙庄、孔庄、李庙、刘庙	253.33	1	1060	4050	卞、李、庞、刘、孔、吴、张
刘庄	刘庄	73.33	14	480	1756	刘、李、吴、陈、曹、王
华平		1.07	1	972	4600	
大屯	大屯	200	2	1234	4795	贾、李、康、陈、吴、赵、王、肖、石、吕、庞
赵堂	赵堂、郭胡同	90	18	76	2100	赵、李
和平		6.67	10	2161	9736	
武寺	武寺	93.33	3	660	2200	武、付、刘、赵
桑屯	桑屯、阎屯、阎楼	150.00	7	4110	12167	阎、商、郭、许、宋
肖楼	肖楼	120.00	6	2160	5220	桑、李、马、徐、赵、郭、于、苏、肖、成、陈、崔
武屯	武屯、胡屯	86.67	9	560	1600	武、胡、马、丁、刘
何楼	何楼	93.33	10	840	3200	石、孔、李、王、孙、周、黄、刘、曹
李大庙	李大庙	60.00	6	308	1600	李、沈、张
姬庄	姬庄、党庄	86.67	6	499	1880	姬、都、胡、马
大马庄	大马庄	146.67	5	893	2890	马、赵、张、姜、李、陆、孙、蔺、祁、刘、纪
仝庄	仝庄、张庄	90.00	1	560	1580	仝、张、赵、李、陈、郭
芦庄	芦庄、陈庄、前马庄	53.00	2	610	1950	马、丁、芦、李、孙、张、刘、赵、付、金、杨
赵水洼	赵水洼	46.67	2	650	2100	杨、赵、李、冀、王、刘、汪、代、吴、蒋
陈官庄	陈官庄	53.33	1	410	1450	陈、刘、龚
蒋庄	蒋庄	73.33	0	160	580	蒋、刘、姚、常、李
耿庄	耿庄、孟花园	120.00	7	880	3800	耿、杨、孟、陈、仝、张、王、康、贾、薛、宋、岳
都庄	都庄	120.00	15	310	1600	都、吴、王、李、张、周、毛、段、许
丹阳路	—	150.00	27	7039	21588	
郭庄	郭庄	66.67	1	568	1869	许、李、刘、吴、王、赵
张花园	张花园、郭楼	113.33	2	630	2200	张、郭、李、陈、丁、胡、姚、吴、刘、马

续表21-7

社区名称	所辖自然村	面积（公顷）	居民小区数（个）	户数（户）	人数（人）	主要姓氏
大成庄	大成庄	180.00	8	12000	3300	成、王、丁、刘、李
赵王李	赵王李、于庄	146.67	5	700	2820	赵、王、李、邱、孙、刘、郭、丁、于
桑海	桑海	66.67	1	430	1150	李、徐、陈、孙、张、傅、杨
双庙陈	双庙陈	80.00	0	530	1730	陈、赵、李、张、田、朱
药王庄	药王庄	100.00	0	480	1730	王、[illegible]、李、[illegible]、田
丹东	—	26.47	7	3800	12000	
亨通园	—	14.40	1	2895	8000	王、张、庞、李
王庄	王庄	40.00	3	144	620	王、张
庞楼	庞楼	93.33	6	640	2680	庞、陈、李、赵、刘、张、回、古、匡、石、高、杨

第五节　社会事业

社会保障　丹阳街道人力资源与社会保障所成立于1999年底，原名丹阳街道劳动保障所。

至2017年，城乡居民养老保险参保5万余人，企业养老保险参保1.2万余人，城乡居民医疗保险参保6.6万余人，参保率100%。就业培训累计8900余人，劳动力转移累计3900人，承办大型用工招聘会32次。调解劳资纠纷858起，为劳动者挽回经济损失698万元。

2018年，街道社会保障体系进一步完善。全年共举办企业用工招聘会、大中专毕业生见面会和劳动就业培训2次，新增就业再就业人员980余人。办理就业创业证1380本；督促辖区内用工单位签订劳动合同1300余份，处理劳资纠纷81起，挽回经济损失23万多元；征缴企业养老保险金6500万元、城乡居民养老保险金420万元，领取人员资格认证8500多人。医保参保6.9万人，征缴城乡居民医疗保险金1350万元。

2018年，街道结合精准扶贫，共办理农村低保474户867人；城市低保345户659人。全年共发放城乡低保金415万余元。低保信息全部录入民政大数据和民政智慧平台。街道做好辖区内退役军人和其他优抚对象信息采集及优抚工作。共采集3600多人，军烈遗属6人，发放优抚金367.9万余元。对现有符合条件的172名困难残疾人和402名重度残疾人发放残疾补贴29.1万元。为辖区残疾人发放辅助器械266台套。街道建立福寿园纪念堂，累计存放骨灰盒近1500个；全年累计火化194具。

社会救助　丹阳街道敬老院始建于1988年5月，占地0.4公顷，院民生活区建筑面积1500平方米，生产及车库平房面积610平方米，其中宿舍30间、办公室4间、活动室2间、伙房2间、储藏室2间。由于设施落后，与日益发展的五保供养事业不配套。2010年8月，丹阳敬老院新址在钱塘路北、武汉路东开工建设。2011年12月底，全部工程竣工。2012年初，正式投入使用，更名为菏泽经济开发区丹阳敬老院。2015年3月，敬老院设立事业单位法人。2016年，取得菏泽市养老机构设立许可证。2017年底，更名为菏泽经济开发区丹阳街道敬老院。

新敬老院总投资300万元，占地1.33公顷，建筑面积3500平方米，共有房间36间，设计容纳90余人入住。内设办公室、食堂、仓库等，工作人员共7人。主楼分为东西1座、南北1座，室内有卫生室、棋牌室、图书馆、餐厅等多功能配套设施服务区，设有双人间、夫妻房等房型，适合老人居住。服务对象是街道内所有孤寡老人、优抚对象以及其他有需要提供服务的各阶层老人。有日托、整托、日间照料等多种服务形式。敬老院以“老人为本”为服务宗旨，以“奉若父母，情同亲生”为服务理念，让入住的老人体会到老有所养、老有所为、老有所乐。

2012—2017年丹阳敬老院接受捐赠一览表

表21-8

年份	捐赠单位	捐赠金额（元）	备注
2012	菏泽银色世纪	2000	物资
	市人大	10000	春节慰问
	街道党委	2000	物资
2013	市政府	10000	春节慰问
	街道党委	2000	物资
2014	开发区管委会	10000	春节慰问
	街道党委	2000	物资
2015	开发区管委会	10000	春节慰问
	街道党委	2000	物资
2016	开发区管委会	10000	春节慰问
	街道党委	2000	物资
2017	市政府	10000	春节慰问
	街道党委	2000	物资

2018年，丹阳街道对有大病及常年病人家庭，重点实施健康扶贫。对贫困户定期进行健康查体，建立健康档案，纳入大病健康医疗保险，办事处派出专门工作人员为病人联系住院、跑报销手续等一条龙服务，住院综合报销比例达90%以上。卫生服务中心为贫困户推行“先诊疗、后付费”机制、“两免两减半”制度，便民惠民门诊对建档立卡的贫困患者，免收个人自付的普通门诊挂号费、诊查费，专家门诊诊查费以及大型设备检查费减半收取等。街道对孤儿及家境困难的儿童，重点实施教育与心理扶贫，免除学杂费、课本费，发放资助金，依托健康素养馆、妇女儿童中心等，聘请心理辅导专家，进行定期心理疏导，帮助他们树立乐观向上的成长信念。街道对精神病患者、失能病人家庭实施政府兜底，政府与监护人沟通签订协议，配备专业护理人员照料，实行集中康复护理，将家庭中劳动力从看护病人中解脱出来走入社会，为家庭创造财富以最终脱贫。

文明创建　2018年，围绕文明城市创建，街道抓好社区文体活动中心、文艺团体、文化大院、社区书屋等建设。已建成和未棚改社区全部建设文化广场、文体活动中心、文化大院等公共文化基础设施，广泛开展全民性、群众性文体活动，居民群众文艺文化生活日益丰富多彩。街道发展机关文化、社区文化、企业文化、校园文化、家庭文化，使文化覆盖每个角落。2月26日开始，街道举办为期1周的庆元宵佳节戏曲展演；2月28日，在药王庄社区举办居民自编自演“乡亲乡情”春节联欢会；6月28日，举办“庆七一颂党恩、共创文明城”消夏文艺晚会；9月29日，菏泽市老年戏曲音乐协会到丹阳街道亨通园社区举办“迎国庆戏曲演唱会”。街道打造10分钟社区生活服务圈。

学校教育　1984年1月，丹阳街道设立中心校，具体负责全街道中、小学（包括幼儿）教育教学管理工作。辖区内有中学1所，小学18所。1985年，丹阳第一中学、第二中学成立，辖区有中学2所，小学18所，幼儿园17所。1991年，中心校改设丹阳教育委员会，除负责中小学教育外，开始抓成人教育，兴办农业技术学校。1995年8月，丹阳一中、二中、农技校合并，成立丹阳实验中学。2001年，小学优化教育资源，开始合校并点。2005年，丹阳教委改设丹阳中心校，农技校停办。2006年8月，小学合并为10所。李大庙小学交菏泽市实验小学托管。2011年，桑屯小学交菏泽市实验小学托管。2017年，街道有中学1所，小学9所，幼儿园16所，教师596人，中学在校生2180人，小学在学生5240人，学前班学生2020人。

2018年，街道办事处抓住棚户区改造机遇，优先设置教育资源，八一路小学、武汉路小学投入使用，华英路小学加快建设。改善办学条件，加强师资队伍建设，优化整合教育资源。初三应届毕业生，升入菏泽一中340余人，其中指标生分数线达到全市前列，音体美考生被菏泽一中录取45人。同时，街道按照教育部“三通两平台”建设要求，投入800多万元的中学数字化校园管理平台，包括云计算、大数据技术等8个云教室环境计算机教室投入使用，学校办公自动化、学校管理信息化建设有质的突破。全年投资3000多万元对小学教室、多媒体室、音体美室进行升级改造，完善配套教学设备、设施、仪器、图书等。开发区实验小学、丹阳路、广州路、大屯小学、芦庄等学校，通过国家级均衡教育发展的验收。

学前教育。1984年，辖区内共有17所幼儿园。1987年起，街道和各村开始筹集资金建设高标准的幼儿园。至1992年，4所幼儿园的建设超过小学建设的水平。其中，李大庙、何楼、赵堂、马庄、桑屯、刘庙、大屯、赵王李、张花园、耿庄、陈官庄、大成庄12所幼儿园达到菏泽市（县级市）一类幼儿园的标准。1993年，丹阳中心校采取措施对幼儿教师加强业务培训，并把幼儿教师的教课业绩纳入全街道学校教师的考核，注重从抓幼儿教育开始抓学生教育，带动整体教学工作争先创优，教学质量得到提高。1994年，丹阳中心校获“菏泽地区幼教工作先进单位”称号。1999年，李大庙小学抓幼儿素质教育，总结幼儿快乐体育的经验，得到省、市教育主管部门充分肯定。1999年9月，全市快乐体育工作现场会在该校召开。

2000年，丹阳中心校不再统管幼儿教育，街道发挥社会力量办学，幼儿教育多元化发展。2012年6月，街道投资500余万元，在开发区实验小学西校区建成中心幼儿园1所，9月启用。中心幼儿园大楼主体3层，建筑面积3800平方米，基本设施齐全，按省级规范化标准建设。2012年，街道9所定点小学中，有7所附设单独幼儿园，另有9所社会创办幼儿园，共计16所，其中蓝天、快乐童年、大地、ABC、金星贝贝、青苗、真爱、快乐宝宝和未来星9所社会力量兴办的幼儿园经有关部门审查合格得到正式注册。辖区内有各类幼儿代管托教机构158家。2017年，中心幼儿园开设7个班，学前幼儿400余人。

小学教育。1991年，丹阳教委根据上级要求，开始全面实施九年义务教育，抓好中小学校舍和师资队伍建设以及规范化管理。至1995年，街道投资200余万元，建成丹阳实验中学教学楼，可容纳40个教学班；初中毕业生普及率达到95%以上，基本上达到“普九”要求。继李大庙小学建成规范化学校后，何楼、大屯、桑屯、张花园、陈官庄、刘庙等村也都加快学校建设步伐，办学条件得到改善。1991—1995年，丹阳教委连续获评“菏泽市（县级市）教育系统先进单位”；1991年，丹阳街道获评“山东省体育工作先进乡镇”；1992年，获评“山东省初等义务教育示范乡镇”；1993年，获山东省人事厅、教育厅授予的“教育工作先进集体”称号；1994年，获评“山东省中心小学教学工作先进单位”。1995年起，丹阳教委开始对小学教育进行规范管理，提高教学质量。

2001年，街道开始小学合校并点工作。到2005年，全街道小学由原来的18所合并为14所，完成小学由五年制变为六年制，均拥有教学楼和微机室、实验室，微机开课率100%。丹阳街道1996年获评“全国体育工作先进办事处”；1996年和2001年，分别获评菏泽市（县级市）、全国读书活动先进单位；1996年、1998年、1999年、2000年、2001年，丹阳教委获评“菏泽市（县级市）教育系统先进单位”；2002—2003年，连续获评“菏泽市开发区教育工作先进单位”；2004年，获评“山东省中小学危房改造先进单位”。

2006年，辖区内小学合并为9所定点小学。由于城区开发，李大庙小学校址迁往桂陵路中段路东。李大庙社区划拨1.33公顷土地、出资200多万元，上级政府投资800多万元，建起3座综合教学楼，2007年竣工并投入使用，学校更名为菏泽开发区实验小学。2011年暑假后，桑屯小学并入该校。学校开展特色教学，2011年被市教育局、市体育局评为“体育特色学校”，被省教育厅评为“山东省教学示范学校”；2012年，被省教育厅评为“中小学德育工作先进单位”。

中学教育。1991年7月，丹阳教委成立，管理辖区内丹阳一中、二中2所中学。1995年8月，丹阳一中、丹阳二中、于丹阳农技校合并，成立菏泽市实验中学，迁址菏泽市中山路228号，隶属于丹阳街道。2006年8月，开发区把实验中学升格为开发区直属中学，全权委托百年名校菏泽一中管理，由市政府牵头成立管理委员会。实验中学确立“备研合一、教学案一体化、分组合作管理、六部教学法”等主要内容的教学模式，在全市推广，被全国中学教育学会确立为“十一五”规范化重点课题学校教育最优化变革研究实验学校，承担国家级《小组合作形式下的初中物理教学研究》课题和省级《主体参与型课堂教学模式在英语教学中的运用》课题的实践和研究。

2008年，开发区对实验中学全面翻修，新建1座2800多平方米的教学楼，更新学生课桌凳2300多套，硬化学校道路，建200米塑胶学生运动场。2010年，实验中学48个教学班全部配备高标准的多媒体教学设施，所有教室都装上空调；为办公室配备空调、电话，更新办公桌椅；学校安装远红外电子监控摄像头20个，完善学校绿化面积2000多平方米，增设校园文化宣传橱窗。

2010年，有2名教师获省级优质课一等奖，1名教师获省级优质课二等奖，1名教师获省级优质课三等奖；12名教师获得市级优质课证书。2011年，该校获评区级骨干教师13人，获市级骨干教师8人，市级教学能手8人，省级教学能手1人。2006年以后，有100多名教师获得省、市、区教学能手、骨干教师、学科带头人、优质课获得者等称号。学校先后获市综治委、市人事局、市教育局等授予的“教学示范学校”“平安学校”“师德建设先进集体”“电化教育先进单位”和“依法治校示范学校”等称号。

1984—2017年丹阳街道中学教师基本情况统计表

表21-9　　　　单位：人

年份	教师总数	女教师	大专人数	本科人数	研究生人数
1984	62	32	12	0	0
1985	66	34	14	0	0
1986	70	36	20	0	0
1987	68	35	36	1	0
1988	71	36	42	1	0
1989	86	40	50	2	0
1990	94	42	56	4	0
1991	90	39	68	7	0
1992	112	46	72	16	0
1993	124	52	89	25	0
1994	158	61	105	27	0
1995	167	62	110	30	0
1996	167	62	105	41	0
1997	137	59	97	32	0
1998	137	59	93	32	0
1999	148	68	86	39	0
2000	148	68	72	42	0
2001	148	68	64	50	0
2002	146	67	58	67	0
2003	142	64	55	78	0
2004	140	62	45	86	0
2005	137	59	41	94	0
2006	137	56	41	94	0
2007	136	56	41	94	0
2008	164	80	41	122	0
2009	171	87	40	130	0
2010	179	95	39	139	0
2011	192	107	39	152	0
2012	198	113	37	157	3
2013	210	146	28	182	0
2014	223	152	20	203	4
2015	251	173	15	236	7
2016	292	204	10	282	55
2017	370	250	10	360	61

成人教育　1991年，丹阳教委为适应经济发展开始抓成人教育，成立丹阳农技校，地点设在丹阳教委综合办公楼，建立2处标准教室，配备桌凳120套，聘请专兼职教师12名。

丹阳农技校采取短期培训的方式，根据社会需求开设课程，培训各种人才。培训班常年开办，并下设28个农技培训点。1991—1999年，培训2万人次，涉及扫盲、栽培、养殖、农技等多方面的教学内容。农技校基础设施配套完整，教师水平高，课程针对性强，学员学以致用，在工作实践中发挥技术骨干作用。1991年，丹阳农技校被评为“省级规范化农技校”；1992年，丹阳街道被评为“省级成人教育示范乡镇”。1999年，成人教育、职业教育归属上划，农技校结束办校历史。

医疗卫生　防病防疫丹阳防疫站1984年成立，有工作人员6人，租赁赵堂村一个农家小院办公。1992年，为实现2000年消灭脊髓灰质炎目标，防疫站每年进行2次消灭脊灰免疫活动，接种率达到100%。1993年，开始无偿接种新生儿乙肝疫苗，接种率85%，2002年达100%。1995年，防疫站实行目标管理责任分片包社区，责任到人，任务到人的办法，儿童的建卡率、建证率、卡证符合率、单苗接种率保持95%以上，街道儿童免疫接种实现85%达标验收率。麻疹、新生儿破伤风、结核、流脑等传染病的发病率和死亡率均降至历史最低水平，连续13年无白喉、百日咳、破伤风病例发生。

2003年，抗击“非典”。卫生防疫人员始终在车站、隔离区、居民区第一线，对乡村医生、校医、厂医等人群进行“非典”防治知识培训16期，培训50人次，发放宣传材料4000余份；对辖区所有学校及公共场所消毒30处，消毒面积1.2万平方米；每天实施“日报告”和“零报告”制度，24小时值班，报告体温38℃以上人员名单就诊情况，严格控制人员流动，加强对外来人员体温检测，在出入城区的交通站点设点检查旅客体温，发现发热病人快速应急处理，控制疫情的扩散和蔓延，受到市卫生局及开发区的表彰，站长田光被山东省委、山东省人民政府记三等功。

2009年4月，丹阳防疫站加强对手足口病疫情检测，每天安排专人调查核实聚集性疫情，进行流调、采样等处理。对达到标准的托幼机构下达停课建议通知，通报教委确保落实各项防疫措施；每日报告疫情，及时关注每一位病人的治疗转归情况，通知包片医生对出院病人进行跟踪消毒，有效预防手足口病发生。10月，甲型H1N1流感在全球范围内大规模流行，防保站全面防控，正面宣传，制定防控预案，成立应急处置工作队；做好防治宣传，张贴宣传画160多张，发放宣传资料2000多份，培训学生3000多人次；为辖区教师、公共场所服务人员进行甲流疫苗优先接种，上传国家甲流平台接种信息2万多人次；加大防控人员、物资、技术等各项保障准备工作力度，采购15%过氧乙酸60瓶、漂白粉100袋、消毒剂3件、酒精120瓶、碘伏120瓶、体温计50个、板蓝根冲剂和抗病毒冲剂各10件、相关预防性中草药100公斤、口罩和帽子200套、防护服16套；对辖区中小学校消毒10次，进行环境卫生大整治，对重点区域进行消毒，开展“除四害”工作，有效切断传播途径，维护群众健康。11月8日，丹阳社区卫生服务中心建立预防接种门诊，是菏泽市首家投入使用的数字化预防接种门诊，全市数字化预防接种门诊现场会在该门诊召开。

2012年3月，为如期消除麻疹，丹阳社区卫生服务中心召开辖区免疫规划工作暨消除麻疹研讨会，强化查漏补种工作，对8个月至4岁儿童进行一次强化免疫，对4～6岁儿童查漏补种；摸底调查农村、小区、幼儿园、学校及外来务工人群，对流动人口进行麻疹疫苗接种，应种1.2万人，实种11813人，接种率达到98.44%。是年，卫生服务中心成立“数字化预防接种门诊”。2013年4月被山东省卫生厅授予“山东省规范化预防接种门诊”称号。2014年4月被山东省卫生和计划生育委员会授予“山东省群众满意预防接种门诊”称号。2016年11月，防疫站在每周五下午开设“妈妈课堂”，向家长普及防疫知识，至2017年底举办39期。2018年，办事处开展春季育龄妇女健康普查工作，共查体3100人次。

城镇医保　2006年，防疫站推动新农合工作，按规定审核、审批参合群众的医疗及转诊，填写、上报定点医疗机构和转诊医院医疗费用；按照新农合基金财务管理办法，搞好财务管理和会计核算，做到基金专户储存，专账管理，专款专用，封闭运行，保证基金安全和合理有效使用；按月向各社区张榜公布参合农民住院减免补偿情况，接受村民监督。至2012年，群众参合率达到100%。群众参合报销限额从2006年启动时的2万元提高到2012年的12万元，人均住院补偿、受益人次、住院平均补偿比例逐年提高；新农合工作从无到有、应保尽保，人均筹资由每人40元达到300元，五保户、优抚对象、独生子女户及两女绝育户个人缴纳部分全部由政府承担，从定点医院获得补偿，群众参合意识不断转变，从不理解、不接受，到衷心拥护、积极参与。

公共卫生服务　2009年，防疫站开展国家基本公共卫生服务工作，站内设有公共卫生服务科，服务经常化、制度化。4月，加大宣传力度，营造全民知晓、全民参与氛围。2012年7月，丹阳社区卫生服务中心在城区开展“居民健康素养调查”活动，3天分别在银座商城、茂业百货、东站小区、亨通园小区、新闻家园、金都华庭小区、南华康城小区、帝都花园小区、交通家园小区等居民小区发放健康教育宣传资料2000余份，收回有效问卷420份，现场咨询1000余人次。2012年，丹阳街道为加强卫生监督协管工作，在社区卫生服务中心成立领导小组，设专门办公室，配备器材，各种制度上墙，配备服装；对协管员、信息员进行全面系统的培训；选拔卫生监督协管员2人，信息员16名，建立16人社区卫生室卫生网格，实现卫生监督协管全覆盖。同年8月，卫生服务中心加强0～6岁儿童健康管理服务，与预防接种结合，在数字化接种门诊建立儿保室、预检室，配备设备；在4个疫苗接种点设立儿保室，统一验收；年底，防疫站为所有孕产妇、0～6岁儿童免费办理妇幼IC卡，所需资金由开发区统一补助。是年，街道共建立社区居民健康档案9.21万人次，录入电子版健康档案4.95万人次。其中，农村社区居民累计建档4.56万余人次，涵盖辖区28个社区95%以上的居民；发放《国家基本公共卫生服务与健康教育便民手册》2万余册，使城镇小区70%的居民知晓国家基本公共卫生服务项目的主要内容；累计发放健康教育宣传材料1.5万余份，健康教育受益者达5万余人次。

2009—2012年，社区卫生服务中心每年为60岁以上的老年人健康查体6000余次，高血压患者健康管理5275人次，Ⅱ型糖尿病患者健康管理1315人次，重性精神疾病患者健康管理110人次；为新农合慢性病患者发放慢性病手册600余人次，为慢性病人随访服务；为0～6岁儿童健康管理服务2589人次，为辖区孕产妇保健查体累计560人次，为育龄妇女发放叶酸360余人次。

2013年，街道开展慢性病预防与控制工作，建立与完善慢性病监测系统，开展慢性病监测与调查，动态掌握慢性病发病、患病死亡及危险因素的流行状况和变化趋势。

2017年，社区卫生服务中心每年不定期开展“居民健康素养调查与宣传”活动，发放宣传资料10万余份，现场咨询3万余人次；共建立社区居民健康档案近10万余人次，录入电子版健康档案9.5万余份。2017年进行档案更新，复核高血压患者6840人，糖尿病患者2845人，涵盖丹阳辖区28个社区95%以上的居民。发放《国家基本公共卫生服务与健康教育便民手册》5万余册，涵盖城镇小区90%的居民。发放健康教育宣传材料3.5万余份，健康教育受益8万余人次。每年为辖区内65岁以上的老年人进行免费健康查体，按照《国家基本公共卫生服务规范》要求对辖区内35岁及以上居民进行血压、血糖测量，将确诊的原发性高血压、糖尿病纳入管理，每年至少4次；健康管理严重精神障碍疾病患者

319 人次，录入国家严重精神障碍信息平台 319 人。孕产妇健康管理 11575 人，产后访视 9821 次，42 天健康检查 8714 次。免费为发放叶酸 14416 瓶为 3030 人。新生儿疾病筛查报销 5015 人。免费为孕中期孕妇做产前筛查 2835 人，发放《母子健康手册》2491 本。管理结核病患者 73 人，规范化管理 65 人。慢性病预防与控制共报告死亡 2000 余例，报告冠心病 350 余例，脑卒中 950 余例，肿瘤 700 余例，慢性病患者随访 3800 人次。

2018 年，全年累计建立居民健康档案 98066 份，举办健康教育讲座 57 次，播放健康教育光盘 537 小时，家庭医生累计签约 1328 人。街道开展省级食安城创建工作，组织社区协管员对所管理辖区内的超市、饭店、门诊进行全面的排查摸底，做到底数清、情况明。办事处食安办对社区协管员进行食品安全知识普法集中培训，与 33 个社区签订食品安全目标责任书。

卫生室管理　2009 年，丹阳防疫站设立卫生室管理科，对村级卫生室加强管理。制订村级医疗机构一体化管理实施细则，提出硬件达标、服务规范等要求，帮助 16 个社区卫生室进行用房改造，初步建立起达到基本要求的卫生室医疗体系，统一采购药品及医疗器械，促使社区卫生室提高医疗服务质量。

2010 年，街道将原有 52 个卫生室合并为 12 个规范化卫生室。2011 年 12 月，社区卫生服务中心有新农合、公共卫生服务、卫生室药品管理 3 个专网，确保检测数据的公正可靠，通过开发区认证复核。

2012 年，街道将 12 个规范化社区卫生室增加到 16 个。服务中心卫生室药品管理专网加强管理和监测，社区群众享受到公平、优质的医疗服务。2016 年 5 月，在都庄社区成立“便民小屋”，方便居民健康查体。2017 年，街道 16 处社区卫生室共计医生 91 人，开设病床 42 张。

2018 年，上半年一体化卫生室改造 3 个，全年一体化卫生室改造 12 个。

2018年丹阳街道规范化卫生室统计表

表21-10

单位名称	位置	负责人	床位数（张）	医生数（人）	是否开中医药
刘庙卫生室	刘庙社区	刘继雁	5	5	是
庞楼卫生室	庞楼社区	庞洪普	2	4	否
大屯卫生室	大屯社区	贾瑞莲	4	7	否
桑屯卫生室	桑屯社区	王会彦	2	6	否
刘庄卫生室	刘庄社区	李洪刚	2	6	是
芦庄卫生室	芦庄社区	高　峰	2	7	否
马庄卫生室	马庄社区	赵建民	2	7	否
赵水洼卫生室	赵水洼社区	李友民	3	5	是
何楼卫生室	何楼社区	孙保珍	2	8	是
耿庄卫生室	耿庄社区	时红玲	2	5	否
大成庄卫生室	大成庄社区	王新清	5	7	是
桑海卫生室	桑海社区	徐常景	2	5	否
赵王李卫生室	赵王李社区	王君华	2	5	否
肖楼卫生室	肖楼社区	李明军	3	5	否
赵堂卫生室	赵堂社区	李　霞	2	3	否
都庄卫生室	都庄社区	宋世峰	2	6	否

规范化处置医疗废物　2015年3月，防疫站规范化处置医疗废物项目启动，包含医疗机构共81家，其中签署协议的有56家，平均每年收医疗垃圾7832.4千克。

第六节　历史古迹

辖区内现有重要文物古迹19处。其中，菏泽市市级文物保护单位1处，价值过亿元的珍贵文物1件。

元代古沉船　2010年9月17日，在辖区恒泰商厦南国贸中心小区B区1号楼西工地，发掘出600多年前的元代古沉船。船体残长21米，宽4.82米，高1.8米，所用木料初步断定为柏木和楸木。经考古发现船内载有包括陶器、瓷器、漆器、玉石、玛瑙、石器、铁器、铜器、金饰等文物128件，还有碳化粮食、渔网等物品。典型器物包括元代青花龙纹梅瓶、钧窑影青釉杯盏等，其生活用品的瓷器包括景德镇、龙泉窑、钧窑、磁州窑、哥窑等窑系。所出土的尺，为研究古代度量衡提供了重要实物佐证。其中，3件元代青花瓷器中以青花龙纹梅瓶最有代表性，是元青花中不可多得的珍品，文物价值超过亿元。

明天启帝圣旨　在张花园社区郭楼村郭氏祠堂，现保存有明代天启皇帝褒奖重臣郭允厚家人的两道圣旨。郭允厚，字万舆，号默千，今郭楼村人，官居户部尚书。其父郭堵，曾做过户部主事。

元代古沉船发掘现场

清代重臣赠写的匾额

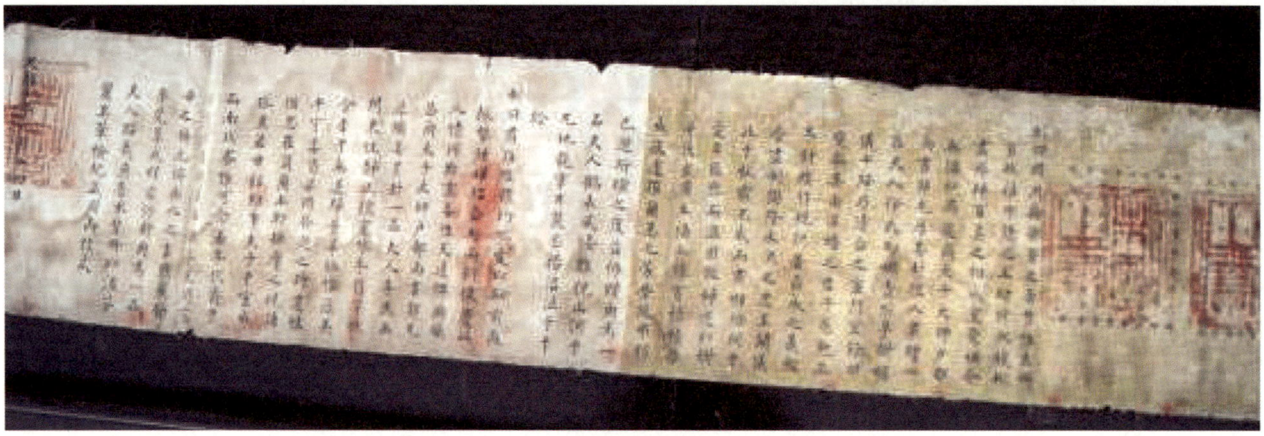

明代天启帝圣旨

父子两人秉公为官，政绩显著。朝廷为褒奖其家族功业，钦赠四世一品官衔。明代朝廷的两道褒奖圣旨，其一是天启七年（1627年）九月十四日由天启帝朱由校封郭允厚妻子徐氏为孺人、一品夫人的圣旨。另一道圣旨，是天启帝朱由校封郭允厚父亲为道台、母亲为孺人的圣旨。

清重臣赠写匾额　在张花园社区张氏家庙，现保存有清代4位重臣为太史张星吉赠写的“太史第”匾额，以褒奖其显赫功绩。

张星吉，进士出身，历任清代国史馆协修、总编纂，广西右江道道员，云南迤南和迤东道道员等。一生忠君爱国，秉公办事，刚正不阿，不畏强暴。为褒奖张星吉一生功业，清朝4位重臣户部左侍郎、镶蓝旗满洲副都统、加三级嵩申，吏部尚书、镶白旗满洲都统、加三级锡珍，经筵讲官、都察院左都御史、加三级祁世长，经筵讲官、工部左侍郎、军机大臣、加三级孙毓汶，联名为张星吉赠写“太史第”匾额。匾额中间为“太史第”三个遒劲大字，右边四行竖排小字为四位赠匾大臣的官职姓名，左边八行竖排小字为张星吉在乡试、会试、殿试中的名次及钦点翰林院庶吉士荣誉。

庞氏宗祠和清光绪赐墓碑　庞氏宗祠始建于清光绪二十五年（1899年）。在庞楼社区庞家祠

庞氏宗祠墓碑

堂院内，现存有清朝光绪帝御赐重臣庞玉璞为其先人立的两块龙头墓碑。庞家祠堂占地0.33公顷，廊下高悬“庞氏宗祠”古匾，走廊东头有清朝古碑，上面记述庞氏族亲的由来及分居地。大院的东北角有古碑，记录着庞玉璞、庞镜塘等几代人的事迹和贡献。

庞玉璞以军功晋升广州协镇，在任两广督标中镇时政绩显著。庞玉璞进京后，朝廷为表彰他的显赫功绩，御赐其已故祖父和曾祖父武功将军、祖母和曾祖母二品夫人官衔，允许他归家祭祖立碑纪念。两块御碑中间有“圣旨”二字。碑文分别为：“皇清酕赠武功将军、二品夫人庞公讳汝科字鹏程德配陈夫人之墓”“皇清酕赠武功将军、二品夫人庞公讳万中字荣第德配孔夫人之墓”，立碑时间同为清光绪二十三年（1897年）。两碑旁边，有庞玉璞的墓碑，上刻：皇清诰授武功将军、晋封武显将军、两广中镇庞公讳玉璞字荆山之墓，为光绪三十二年（1906年立牌）。

明清柿子树　丹阳辖区内存有明清老柿子树112棵，树龄最大的600年，属国家一级古树，平均树龄400年，属国家二级古树。丹阳柿树种植始于宋代，至明代达到昌盛期。明代耿庄柿饼曾作为贡品，被称为耿饼。清代“仕陵柿叶”被列入曹州八景之一。民国初期曾“出城进柿园、二十五里不见天”。抗日战争前菏泽柿树种植最盛，约有10万棵，年产鲜柿1500万千克，制饼350余万千克。仅耿庄一带柿树就达7500棵，年产鲜柿100余万千克，制饼25万千克，销往北京、天津、汉口、西安、济南等地。

三贤石碑　石碑隅首古代为曹州城最繁华的地方，是原菏泽市的市中心和商业中心，曾立“三贤石碑”1块，现存丹阳街道刘庙社区卞庄村。该石碑也称“三贤碑”，是为纪念古曹州的魏相、卞壶和张齐贤所立。魏相，济阴定陶人西汉著名大臣，官至丞相，被封为高平侯。卞壶，济

阴冤句人，东晋初年著名大臣、政治家、军事家、书法家，两度任尚书令。张齐贤也是济阴冤句人，北宋名相。明正德五年地方政府在菏泽老城（今东方红大街与解放大街交叉路口）拥立。到清代，祖籍曹州的著名文人曹垣还专门为“三贤碑”书写1块纪事碑。

武寺老陵　丹阳街道武寺的武氏先祖自明代迁民以来，在村西南建陵园立祖碑，600余年未迁移过。陵地占地3公顷，共有墓葬600多座，其中明代墓葬5座，清代30多座，1996年被菏泽市人民政府列为菏泽市级文物保护单位。这里安葬着抗日烈士武志文，菏泽县第一任宣传部部长武斌文，民国将军武九清，还安葬着民间书法家武伾、武永厚等。武氏祖陵曾经是古柏繁茂、鸦鸟成群，石碑林立，“文化大革命”期间遭到破坏。武氏祠堂建于清朝中期，正殿3间，东、西厢房各3间。现在的祠堂是2000年由众族人筹资重新翻建的。每年清明节，周边县区的武氏宗亲代表汇聚在这里，举行祭祖仪式。2017年，祠堂拆迁。

武寺兴隆寺　武寺有古曹州兴隆寺。据《武氏族谱》记载，武氏先祖明初在这里建村定居，因傍古刹兴隆寺，故村名为武家寺，后改为武寺。该寺始建于唐代，多次重建，历代香火不断。1939年，中共地下党员武斌文和教育前辈武兆泰曾在此办学。

霍庄庙　在武寺村南1公里处，有1座庙宇建在霍庄遗址上。100多年前，这里发生过一场惨烈的霍窑大战。清同治四年（1865年），僧格林沁率领数千清军，一路尾追农民起义军捻军到这里，捻军设下埋伏，与清军展开殊死搏斗，最后清军溃败全军覆没。僧格林沁带领数名亲兵连夜逃脱，在菏泽城西北吴店附近被义军杀死。由于当时战场中间两座烧砖瓦的马蹄窑是制高点，双方进行反复争夺，后人称这场战事为大战霍窑。

卞氏宗祠　位于丹阳街道卞庄村北段中段北侧，是历代卞氏家族祭祀先祖卞壸的地方。祠堂坐北朝南，正中悬挂东晋中书令卞忠贞影像。宗祠左右楹联为“根在冤句魂昭冶城，忠为报国告慰父老”。院内立石碑6块，其中明代2块，分别是明正德五年（1510年）的三贤故里碑和万历年间的晋卞忠贞故里下马碑；清代2块，分别是康熙五十一年（1712年）和光绪十九年（1893年）重修卞公祠碑，碑文记述了卞壸一生功业及祠堂修建情况。1990年翻新。2009年被菏泽市人民政府公布为第一批市级文物保护单位。

第二章　岳程街道

岳程街道位于菏泽经济开发区东部，辖区面积53.5平方公里，人口6.09万，下辖44个社区、64个自然村。街道按照市委、市政府战略部署进行科学发展，加快转变经济发展方式，着力建设大项目和工业园区，辖区工业经济以股份合作、民营独资、三资企业为主体，个体私营企业发展迅速。2016年，街道通过国家义务教育基本均衡督导评估。2017年，街道重点发展新能源、新材料和汽贸产业两大产业，新签约项目14个，新竣工投产项目13个，在开发区第四季度大项目观摩评比中，在全区7个招商单位中排名第一。是年，乡镇企业及个体经营经济实现产值188.24亿元，营业收入261.36亿元，增加值55.12亿元，其中工业实现产值144.97亿元、营业收入142.32亿元、增加值35.72亿元。固定资产投资完成38.6亿元，农民人均纯收入12467.25元，城镇居民可支配收入26885.86元。2018年，新签约落地项目23个，总投资42.59亿元，完成固定资产投资22.29亿元。黄河东路汽贸产业带销售收入成功突破百亿大关。阿里巴巴产业带入驻企业2506家，综合排名列全省第一名，全国第22名。全年新增工商业户181家，企业总数达到1229家，2018年全处共完成地方财政收入4.31亿元，同比增长16.2%，实现了逆势上扬，成功突破4亿大关。

第一节　历史沿革

岳程街道名称来源于岳程庄乡，后与辛集镇合并设立。据《程氏家谱》记载，清顺治年间（1644—1661），程氏由程海分居此地建村，以姓氏命名程庄。后来程氏大部分田产卖给岳楼的岳氏。清道光年间（1821—1850），岳氏迁居该村，经双方协商改名为岳程庄。1948年，分属菏泽县一区、五区，1957年，分属岳楼乡、辛集乡。1958年，属东风公社，1959年更名为辛集公社。1983年，建岳程庄乡。1995年，撤乡建街道。首任办事处党委书记高士明，此后徐新军、李守玉、程海建、康健、赵宗玺、孔鲁民先后任书记；首任办事处主任郭洪彦，此后王化臣、程海建、康健、赵宗玺、张言国、孔鲁民、邓文博等人先后任主任。

辛集相传建于北宋，名青龙镇，是一个重要的河岸码头。据《姜氏家谱》记载，明永乐年间（1403—1424）青龙镇即是曹州的重镇，“邕水环绕，楼阁棋布”。清咸丰年间（1851—1861），太平军与清军在此进行一次激战，村镇遭到破坏，恢复后，称为新集，新中国成立后演变为辛集。民国初年，辛集属菏泽县永绥区。1932年，搞实验县时改乡。1943年11月，部分村庄属临泽县第四、七区管辖。1948年11月临泽县撤销，归菏泽县一区和十一区管辖，下设20个行政村。1957年，分属岳楼乡、辛集乡。1958年，属东风公社。1959年，更名为辛集公社。1983年，改社建乡时成立辛集镇。

2001年乡镇合并，原岳程办事处与辛集镇合并为新的岳程办事处。是年，划归开发区管理。2016年岳程办事处更名为岳程街道办事处。至2018年，辖区内有中学1所，小学7所，公办学前教育机构1所，私立学前教育机构10所；有医院1所，私人医院2所，社区卫生服务中心1所。岳程街道机构设置有党政办公室、农委项目落地委、招商五局、社会稳定委、城建委、财税委、党群委、经委、卫计委、行政效能办公室、纪工委共8委、2办、1局，合计41个部门。

第二节　管辖范围

岳程街道位于菏泽经济开发区东部，北邻牡丹区牡丹街道，东接牡丹区皇镇，南临开发区佃户屯街道，西临开发区丹阳街道。境内东至马庄行政村东高庄自然村，西至何半社区，南至郭庄社区，北至孔楼社区。2018年，街道面积53.5平方公里，耕地640公顷，人口6.27万人，其中农业人口4.3万人、非农业人口1.76万人，辖44个社区，66个自然村。

2001—2018年岳程街道辖区人口统计表

表21-11　　单位：人

年度	常住人口			外来人口
	合计	男	女	
2001	50689	26358	24331	21
2002	52520	27310	25210	27
2003	53510	27825	25685	33
2004	55092	29064	26828	38
2005	60793	31612	29181	41
2006	63557	33050	30507	45
2007	61966	32222	29744	67
2008	61626	32046	29580	78
2009	61970	32224	29746	96
2010	62383	32439	29944	112
2011	62728	32619	30109	119
2012	63445	32991	30454	122
2013	64618	33601	31017	248
2014	66894	34785	32109	254
2015	69505	36143	33362	260
2016	70883	36859	34024	264
2017	72099	37491	34608	302
2018	68758	35142	33616	572

第三节　经济发展

所有制结构　1978年，中共十一届三中全会后，辖区内经济实施改革开放政策，以公有制为主导、个体经济作补充、多种经营发展经济。工业、商业、建筑业、交通运输业等方面出现许多集体或者个体经营者。土地采取承包的方式进行管理。1983年，境内调整经济结构，改革经济体制，推行和完善经济责任制，搞好企业的整顿、改组和联合，发展多种经营；发展工业，扩大商品流通，加快教育和科技事业的发展，严格控制人口增长，改善城乡人民生活水平。经过调整，农业总产值、工业生产总值、财政收入、社会商品零售额、副业生产总量及农业人口平均分配都有大幅度的提高。

1983—1992年，工业经济开始进入大发展阶段。其所有制结构以全民所有制和集体所有制为主，个体民营企业有了较大的发展。开始实行计划经济为主，市场调节为辅的计划管理模式。2001年，乡镇合并后成立岳程街道，划归开发区管理。工业化和城镇化速度加快，农业耕地面积减小。特别是开发区东扩，耕地先后被征用，社区农民逐渐转化为市民。

2005年，随着境内招商引资力度的加大和投资环境的改善，工业企业转变为以民营企业和外资企业为主。街道工业企业76家，总产值42.5亿元，其中民营企业62家，总产值31.2亿元，占整个工业总产值的73.5%。2010年，工业企业102家，总产值80.1亿元。其中，民营企业85家，总产值72.4亿元，占工业总产值的90.39%；外资企业1家，总产值1.1亿元，占工业总产值的

1.37%。

2011 年，山东省委、省政府支持菏泽打造鲁苏豫皖交界地区科学发展高地座谈会召开后，岳程街道按照市委、市政府战略部署，加快转变经济发展方式，建设大项目和工业园区，辖区工业经济以股份合作、民营独资、三资企业为主体，个体私营企业发展迅速。2012 年，街道工业企业 125 家，总产值 106.4 亿元，其中民营企业 107 家，总产值 90.5 亿元，占工业企业总产值的 85.06%，外资企业 1 家，总产值 1.6 亿元，占工业企业总产值 1.52%。

2013—2016 年，岳程街道抓住经济产业调整的发展机遇，推进发展方式转变，吸引投资招大引强，引进新兴产业，调优、调强经济结构，天宇新材料产业园、润德包装、林峰新型材料等一批科技创新型企业先后建成投产。

2017 年，街道重点发展新能源、新材料和汽贸产业两大产业，新签约项目 14 个，新竣工投产项目 13 个，在开发区第四季度大项目观摩评比中，在全区 7 个招商单位中排名第一。工业实现总产值 144.97 亿元，营业收入 142.32 亿元，增加值 35.72 亿元。

产业结构 2004 年，街道工业企业 64 家，各类餐饮、商业网点、个体工商户 520 家。工业企业主要有金正大、玉皇化工、圣皇家具、杨湖酒业等工业企业，实现总产值 28.2 亿元，利税 1.42 亿元。

2010 年，街道工业、商贸物流等企业 1126 家。其中规模以上工业企业 22 家，涉及医药、机械电子、纺织、服装、食品、酿酒、餐饮服务、金融保险等多个门类。工业生产总值完成 80.12 亿元，比上年增长 22.57%，全社会固定资产投资 18.52 亿元，社会商品零售额 2 亿元，新增个体工商户 260 家。街道规模以上工业企业实现销售收入 93.6 亿元，增加值 22.65 亿元，全年完成固定资产投资 34.76 亿元。

2017 年，实现了由一、二、三产业向二、三、一产业历史性转变，基本达到岳程街道确立的“三二一”产业发展规划。

2018 年，街道产业培育步伐加快，经济发展注入新动能。全年新签约项目 13 个，投资 32 亿元的鲁西南大数据产业城（一期）、投资 3 亿元的菏泽辰和医院项目正在建设。新能源、新材料和汽贸产业两大百亿元级产业发展势头强劲，投资 7.5 亿元的蓝源新材、投资 5 亿元的装配式建筑加工等项目正在建设，投资 1.5 亿元的新能源汽车城签约落地，建成后将成为全市最大的新能源汽车销售商家。

社会生产总值 岳程街道成立之前，生产力水平很低，经济发展缓慢，社会生产总值相应较少。岳程街道党委、办事处坚持以经济建设为中心，以改革开放为动力，使街道经济得到持续较快发展。

2000—2005 年，社会生产总值由 5.86 亿元增加到 13.67 亿元，5 年增加 7.81 亿元，增长幅度为 133.28%。2005—2010 年，社会生产总值由 13.67 亿元，增加到 28.25 亿元，5 年增加 14.58 亿元，增长幅度为 106.66%。

2017 年，街道企业运行平稳，工业企业发展强劲，商贸业快速发展。街道企业及个体经营经济实现产值 188.24 亿元，营业收入 261.36 亿元，实现增加值 55.12 亿元，其中工业实现产值 144.97 亿元，营业收入 142.32 亿元，增加值 35.72 亿元。固定资产投资完成 38.6 亿元，农民人均纯收入 1.25 万元，城镇居民可支配收入 26885.86 元，分别高出全市 714.25 元、2769.86 元。第一产业产值 0.6 亿元，增加值 0.2 亿元，第二产业产值 159.31 亿元，增加值 39.47 亿元，第三产业产值 30.93 亿元，增加值 15.65 亿元，一二三产业增加值占比为 0.36 ∶ 71.35 ∶ 28.39。

2018 年，街道牢固树立为企业服务意识，积极帮助企业解决难题，多方位拓宽投融资渠道，经济运行平稳、工业企业发展强劲、商贸业快速发展。是年，岳程街道辖区企业及个体经营经济实现产值224.77亿元，营业收入304.22亿元，实现增加值62.37亿元，其中工业实现产值176.86亿元，营业收入173.63亿元，增加值43.58亿元，完成进出口8965万美元，其中出口8250万美元。

2001—2018年岳程街道财政收入统计表

表21-12

年份	地税收入（万元）	国税收入（万元）	地方财政收入（万元）
2001	452	80	159
2002	553	114	365
2003	716	157	362
2004	901	295	672
2005	1321	400	1225
2006	1903	627	1694
2007	2506	984	1810
2008	3039	1363	1637
2009	6325	2064	3845
2010	3798	602	2979
2011	14279	3909	938
2012	19423	3470	4208
2013	24443	4726	2242
2014	24145	4993	1252
2015	24784	6577	4495
2016	17492	14998	5789
2017	11449	25686	0
2018	14592		35

2001—2018年岳程街道招商引资项目一览表

表21-13

年份	项目名称	投资规模（万元）	占地面积（公顷）	建筑面积（平方米）
2001	良桐木业		2.00	—
	同力工贸		1.93	—
2002	虹桥服装	2100	1.00	—
	恒茂电子	3600	4.33	—
	凝香旭业	3600	2.60	—
	寰宇实业	8500	10.8	—
	益丰公司	6700	3.20	—
	金信票证印务	1200	0.50	—

续表21-13

年份	项目名称	投资规模（万元）	占地面积（公顷）	建筑面积（平方米）
2003	华祥电气	4200	2.00	—
	金陵冷食	1000	1.95	—
	恒祥实业	1618	4.17	—
	蓬盛实业	2000	2.33	—
	中水环保	6000	5.33	—
	华洋纸业	3000	1.20	—
	宏宇钢结构	1000	3.38	—
	三汇利重工	8000	3.33	—
	光阳精塑	4000	4.00	—
	矗磊建材	6000	4.00	—
	博泰制造	3000	1.67	—
	路建交通	6000	3.33	—
2004	双菱塑钢	2200	1.33	—
	一佳服饰	1400	1.33	—
	恒惠电子	2500	2.33	—
2005	金信票证印务二期	1500	1.20	—
	杭达木业	5000	2.67	—
	奥罗拉发制品	2400	0.70	—
	双菱塑钢	2000	2.00	—
	水邑特种防护材料	600	3.33	—
	六合建材	7500	4.67	—
2006	鑫盛不锈钢	3700	2.40	—
	懋睿达矿山设备	6000	3.33	8000
	鑫利华实业	6000	3.33	7000
	瑞思佳针织品	2500	1.67	—
	嘉泰新型建材	6500	4.33	—
	金海洋冷冻食品	2200	1.00	4000
	亿丰实业	6700	4.43	—
	津圣辰奇化工	5000	3.33	12600
	圣都家具	2500	1.67	10075
	星光实业	5000	3.33	—
	杨湖酒业	2500	1.60	3500
	红光篷布	2800	1.78	8200
	中鲁电动车	3000	0.67	3100
	天都实业	2000	1.07	5160
	七彩伟业	2000	0.67	4000
	誉佳制冷	2000	0.67	3100
	鑫春绒毛	3000	1.53	6000
	三阳纺织	3500	2.33	21000
	维力达食品	8000	3.33	33520
	正大车业	6000	4.00	22000
	罗布麻天然纤维制品	2000	1.05	2000

续表21-13

年份	项目名称	投资规模（万元）	占地面积（公顷）	建筑面积（平方米）
2007	天泽百汇铸造	5000	3.33	14000
	艺恒制绣	1200	0.67	4000
	交通集团高密度板厂	25000	12.87	—
	中源汽车零部件	6324	3.51	25000
	一品生物	20000	14.30	—
	昌源汽车城	8000	3.33	17500
	[illegible]玻璃	5000	0	3000
2008	艺家食品	—	1.33	1100
2009	铂程自动变速箱	5000	2.67	—
	菏泽城建集团	12000	9.33	—
	圣宇化工	11000	4.00	—
	弘德气体	5000	2.00	—
	正大科技	9300	4.05	—
	中联水泥	12000	6.67	35000
	天华实业	6000	3.33	—
	杨湖酒业二期	3500	1.33	—
	方正新材	2000	1.33	—
	效民机械	2500	1.01	—
	太辉包装	8000	3.15	—
	福特鑫汽车销售	5000	2.00	—
	铂程复合板材制造	5000	2.67	—
	鲁华工业设备	12000	5.33	—
2010	祥和泡沫厂	2500	1.33	—
	汽配城	80000	20.00	400000
	腾元服装加工	15000	6.67	—
	汇胜钢结构	7500	3.33	—
	岳程建工	7000	3.41	—
	振龙消防器材	5000	2.73	—
	国花纺织	18000	6.67	40000
	中科能源高科	15000	6.67	—
	清洋化学	12000	4.00	—
	威利思化工涂料	2500	1.38	—
	利华钢结构	3000	1.91	—
	鲁之翼物流	38000	16.67	1000000
	中润建工	5000	2.00	15200
2011	凌越消防器材	12000	6.00	—
	鲁华建工	1000	0.33	—
	世泰汽车	12000	3.00	—
2012	润华汽车服务园（东区）	20000	10.19	38790
	伟泽家具	24000	8.00	67074
	生兰机电	8000	2.67	—
	天宇新能源	100000	20.00	—
	海润新能源	50000	9.68	89300

续表21-13

年份	项目名称	投资规模（万元）	占地面积（公顷）	建筑面积（平方米）
2013	泛球生物	78000	20	204078
	润众电子	10000	3.23	—
	鲁华机械	10000	3.23	34000
2014	其乐机械	10000	1.17	8820
	林峰新材	30000	5.33	30000
	天宇科技泡沫镍项目	20000	4.27	37462
	华胜汽车4S店	12000	0	10000
	润众汽车	50000	0	—
2015	天宇锂电	50000	13.33	133335
	中民油气	15000	2.93	—
	润德食品软包装项目	150000	2.33	24010
	交通职业中专	20000	0	—
	岳程老年福利中心	9000	7.33	61373
	进口名车直营店	250000	2.67	25000
	昭宝电商创业园项目	150000	5.33	71000
	华晨金杯4S店项目	50000	0	—
	奔驰4S店项目	1000万美元	0.24	2661
2016	中民网联	100000	0	—
	天宇新材料产业园锂电池、铝塑膜二期	50000	6.67	25000
	林峰高档壁纸二期	10000	0	—
	乾运高科动力电池	100000	12.00	50000
	汽配城电子商务园	10000	0	—
	中汇汽车园广州本田4S店、沃尔沃4S店	10000	—	—
	正大斯柯达汽车4S店	50000	—	—
	中蓝电商产业园	5000	—	15865
2017	鲁西南大数据产业城一期	3200000	27.47	70000
	杨湖生态观光体验园	100000	3.33	—
	吉利帝豪4S店	50000	—	—
	博骏4S店	50000	—	3635
	润华精品二手车行	50000	—	2200
	太辉包装高档纸	10000	1.40	27900
	林峰定制家具	10000	—	—
	天厚新材料装饰公司	12000	1.87	8721
	博家铝单板幕墙	12000	—	27000
	阻隔防爆撬装加油装置	180000	—	—
	省立医院菏泽脑科医院	30000	—	—
	牡丹大宗商品交易中心	30000	—	61500
	菏顺建材大市场	75000	16.67	167000
2018年	林峰新能源汽车城项目	15000	33.6	35650
	斯达绿配装配式建筑加工项目项目	50000	150	54300
	格拉西亚多功能清洁设备项目	15000	50	40000
	辰和医院（山东省立医院菏泽脑科医院）项目	35000	39	20000
	清华公共安全研究院项目	13600	租用场地2500平方米	2500

续表21-13

年份	项目名称	投资规模（万元）	占地面积（公顷）	建筑面积（平方米）
2018年	鲁建年产60万吨矿渣微粉新型建材项目	12000	31	17000
	牡丹国际商品交易中心项目	17500	南华康城写字楼A座10层400平方米	400
	天厚年产300万平方米软体屏蔽材料项目	12000	租用厂房8730平方米	8730
	蓝源新材项目	75000	130	167000
	鲁西南大数据中心（一期）项目	320000	200	70000

2001—2017年岳程街道经济总收入及人均纯收入统计表

表21-14

年份	经济总收入GDP（亿元）	人均纯收入（元）
2001	5.86	5462
2002	12.65	5845
2003	24.02	6138
2004	33.69	6507
2005	33.67	6768
2006	41.70	7107
2007	45.70	7569
2008	50.59	8023
2009	56.10	8344
2010	63.67	8845
2011	72.27	9288
2012	82.10	9648
2013	93.26	10904
2014	108.74	12250
2015	122.66	10455
2016	140.45	11375
2017	166.57	12443

2001—2017年岳程街道规模以上企业工业产值、增加值统计表

表21-15

年份	规模以上企业工业产值（亿元）	规模以上企业工业增加值（亿元）
2001	19.21	—
2002	41.26	9.61
2003	78.54	18.37
2004	110.16	25.92
2005	123.93	29.37
2006	136.07	32.38
2007	149.82	35.61
2008	165.10	39.60
2009	183.59	44.25
2010	206.36	49.77
2011	234.00	56.62

续表21-15

年份	规模以上企业工业产值（亿元）	规模以上企业工业增加值（亿元）
2012	266.30	64.45
2013	303.58	74.07
2014	350.94	85.66
2015	409.90	98.91
2016	473.84	115.43
2017	561.98	136.94

第四节 社区建设

至2018年，岳程街道辖许楼、菜园刘、西王堂、孔楼、郭庄、李胡同、冯楼、杨堂、朱庄、曹庄、三里河、郝陈庄、大高庄、东孟、西孟、高庄、程海、何庄、石尧、杨董、郝庄、徐河、南孟、坡刘、南庞、马庄、文方寺、岳楼、王集、何半、常屯、石堂、闫庄、琵李、刘庄、东王堂、冉贤集、张中、张西、许庄、东南隅、东北隅、西南隅、西北隅44个社区。

2018年岳程街道社区基本情况表

表21-16

社区名称	方位（距离办事处驻地）	占地	居民	姓氏
东北隅	东5.6公里	90公顷	居民447户2088人	姓氏以高姓和万姓为主
郝陈庄	东6公里	43.3公顷	居民240户980人	有陈、郝、侯、姜四个姓氏
郝庄	东南10.5公里	151.3公顷	居民370户1260人	姓氏以郝、张、田、尚为主
西北隅	东5.2公里	84.3公顷	居民361户1439人	姓氏以潘、石、郝、李为主
何庄	东南5公里	160公顷	居民495户2300人	姓氏以顾、李、米为主
南庞	东南7.5公里	112公顷	居民209户903人	有庞、赵两个姓氏
西南隅	东南5.2公里	194公顷	居民436户2860人	姓氏以吴、桯、潘、施为主
东孟	东南10公里	34.6公顷	居民136户526人	有孟、徐、李三个姓氏
东南隅	东南6.4公里	146.6公顷	居民680户2360人	姓氏以姜、张、马、肖为主
三里河	东7公里	62.5公顷	居民400户1400人	姓氏以徐、石、庞、金为主
马庄	东南8公里	54.6公顷	居民208户902人	姓氏以马、高、顾、刘为主
西孟	东南7.5公里	47.3公顷	居民230户764人	姓氏以孟、郝、刘、张为主
石尧	东南6公里	5.02公顷	居民204户854人	姓氏以石、刘、张、李为主
杨董	东南11公里	158.9公顷	居民578户1716人	姓氏以杨、仝、程、李为主
大高庄	东6.8公里	95.6公顷	居民340户1468人	姓氏以刘、高、张、梁为主
坡刘	东南5公里	81.3公顷	居民160户600人	姓氏以刘、蒋、李、吴为主
许庄	东南5.5公里	84.7公顷	居民269户901人	姓氏以许、刘、成、孙为主
许楼	东南4.5公里	54.1公顷	居民320户1150人	姓氏以许、周、刘、郭为主
岳楼	西南1.8公里	129.7公顷	居民1591户3655人	姓氏以岳、常、何、程为主
郭庄	东南8公里	70.7公顷	居民412户1006人	姓氏以宋、王、李、韦为主
张中	东南4公里	100公顷	居民270户950人	姓氏以张、续、李、刘为主
张西	东南3公里	93.3公顷	居民295户1121人	姓氏以陈、张、李、刘为主
杨堂	东南5公里	25.5公顷	居民309户995人	姓氏以杨、李、郑、王为主

续表21-16

社区名称	方位（距离办事处驻地）	占地	居民	姓氏
李胡同	东南6公里	110.8公顷	居民485户1420人	姓氏以李、聂、张、郑为主
南孟	东南4公里	157.9公顷	居民434户1606人	姓氏以孟、李、刘、郑为主
冯楼	东南4公里	44公顷	居民638户2160人	姓氏以冯、吕、李、郭为主
西王堂	东南3公里	34.7公顷	居民436户1560人	姓氏以王、张、李、刘为主
常屯	南2.5公里	106.7公顷	居民650户1856人	姓氏以常、李、胡、陈为主
冉贤集	东南6.5公里	74.7公顷	居民415户1200人	姓氏以冉、王、付、潘为主
菜园刘	北150米	64.3公顷	居民370户1274人	姓氏以刘、陈、张、郭为主
朱庄	东南5公里	38.7公顷	居民230户950人	姓氏以朱、程、孙、党为主
程海	东南4公里	143.8公顷	居民620户1680人	姓氏以程、李、赵、王为主
徐河	东南3.5公里	57.9公顷	居民260户1032人	姓氏以徐、孙、陈、齐为主
琵李	东南2.5公里	146.7公顷	居民1400户3600人	姓氏以李、周、张、宋为主
何半	西南1.5公里	20.3公顷	居民162户650人	有何、王、刘三个姓氏
刘庄	东南2公里	80公顷	居民326户1171人	姓氏以张、李、刘、立为主
文方寺	东南0.5公里	138公顷	居民406户1667人	姓氏以李、刘、于、赵为主
孔楼	东北3公里	130公顷	居民824户2342人	姓氏以孔、李、王、郑为主
王集	南0.5公里	41.3公顷	居民362户1573人	姓氏以王、杨、张、楚为主
闫庄	东北1.5公里	102.7公顷	居民745户1864人	姓氏以闫、王、张、杨为主
石堂	东北2.5公里	61.3公顷	居民669户2280人	姓氏以金、石、候、王为主
曹庄	东4公里	104公顷	居民463户1976人	姓氏以曹、孙、李、石为主
西高庄	东南3公里	37.7公顷	居民267户1047人	有高、李两个姓氏
东王堂	东南2.5公里	13.3公顷	居民156户528人	有李、王两个姓氏

第五节　社会事业

社会保障　1999年，岳程街道劳动保障所成立，配备人员2名。2001年，岳程街道与辛集镇合并，成立新的岳程街道劳动保障所。2014年，更名为岳程街道人力资源与社会保障所。至2017年，有人员10名，其中专职人员7名，公益性岗位人员3名。

2001年，岳程街道重视人力资源和社会保障工作，在人员、经费、场所、设施等方面给予倾斜。为每个社区配备1名劳动保障协理员，定期开展业务和技能培训。人社工作纳入财政预算，专款专用。街道出资560余万元，高标准建设1处5层，总面积2700余平方米综合服务大楼，服务厅内设社会保险、劳动就业等服务窗口，配备计算机、二代身份证读卡器等办公设备，安装电子显示屏，全天候发布人力资源和社会保障各项政策信息，开通专网与省、市网络中心连接；人力资源和社会保障所的工作职责、工作制度、参保登记、新农保缴费、支付业务流程图等用展板公示，实行“一站式”和“柜台式”综合服务，公开标准、公布监督电话，接受当事人和社会的监督。街道依托服务平台建立人力资源信息库，健全业务工作数据，协调企业用工，至2017年，为辖区100余家企业协调用工1.9万人次，在全市率先实现社会保险体系全覆盖。企业职工养老保险金从2010年780余万元增加到2017年5500余万元；另外，作为首批城乡社会养老保险试点乡镇，2009年以后全街道城乡居民参保2.6万人，其中领取人员9204人，累计发放养老金6000余万元。

街道做好维权工作，开展劳动争议纠纷预防调解，维护用人单位和劳动者的合法权益。至2017年，共受理各类劳动争议案件658起，涉及金额320余万元。同时，街道做好咨询服务，落实各项工作制度，接待来访群众，化解各类矛盾。人社所2013年被评为全市人力资源和社会保障工作先进保障所；2017年被菏泽市人民政府评为全市全民创业工作先进集体，被菏泽市人力资源和社会保障局评为“全市先进人力资源和社会保障所”。

2016年5月，岳程街道进行退离休人员养老金资格认证

2018年，街道医疗养老片区文化中心运行良好，卫生服务中心主体工程封顶完工，养老中心正在紧张施工。启动沿经五路6个社区的美丽乡村建设工程，成功举办第三届群众文化艺术节，“双十双百”《文明之星耀岳程》书籍编纂完成。推行丧事简办一碗菜，全年共简办丧事482起，节省资金1000余万元。全年发放低保金、五保金等各项救助资金730余万元，养老金1300余万元，报销医疗款3200余万元。

文化建设　岳程街道培育和践行社会主义核心价值观，建设美丽乡村，实施乡村文明行动。至2017年，44个社区全部建立红白理事会，开展移风易俗，制定章程，制订村规民约，婚事新办、丧事简办；综合防治农业资源污染，综合利用秸秆等农林废弃物，44个社区对主要街道两侧房屋进行美化、绿化，建设“乡村文明行动”示范点20个；建立环境卫生治理长效机制，兴建垃圾中转站5处、地埋式垃圾站30处，所有社区配备保洁员，制定管理办法和文明卫生居民公约，引导居民自觉养成文明卫生习惯；开展“四德”工程，践行社会主义核心价值观，44个社区评选出“助人为乐”“见义勇为”“敬老爱亲”等各类“身边好人”1726人，全部上榜表彰；44个社区建立44处道德讲坛，定期开展讲座活动，经常邀请市委讲师团、市妇联专家授课，共开展教育宣讲活动200余场，受教育群众3万余人次。

修建绿荫广场、文化广场和健身广场，安装健身器材。至2017年，建绿荫广场5处，文体广场35处，老年人日间照料中心20个，其中能容纳万人的大型广场2处，安装健身器材120套；依托街道综合文化中心、社区文化大院，成立群众文体艺术协会，有2个社区剧团，56支广场舞队、秧歌队，定期编排节目，组织文艺演出；组织送剧下乡戏曲巡演、元旦秧歌会演大联欢及新春岳程“文化行”活动等全街道性的群众文体活动，开展全民健身广场舞大赛、秧歌比赛、戏曲会演、象棋大赛、书画比赛等群众性文体活动，做到“月月有活动，天天有戏看”。

2015—2017年，投入10余万元建设街道、社区两级有线广播“村村响”工程，宣传党的路线、方针、政策，科技、文化、信息和社区应急处置事项；对社区广播喇叭进行更新，设置工作站45个，安装广播喇叭300余个，成为全市首个有线广播无缝隙全覆盖的街道；同时，建立工作管理、岗位职责、设备维护、目标考核、责任追究等机制，明确专人管护广播终端，街道“村村响”工程操控室实现与44个社区广播相互对接。

街道把农家书屋建设列入优先计划，至2017年，建设44个社区农家书屋，总面积近1500平方米，统一配备书柜、桌椅、照明设施；定期购置和更新图书，全街道农家书屋图书730余种、总量近3.2万册；各社区配备专门管理人员，制定《管理员岗位职责》《农家书屋管理制度》《图书借阅制度》，配备图书借阅登记本图书目录登记本和征求意见本，台账清晰，借阅登记及时、清楚；书屋每周正常开放，元旦、春节等重大节日期间延长开放时间；利用农家书屋开展生产技能、学习培训、知识竞赛和演讲等活动，引导和吸引社区居民到农家书屋读书。

2016年，街道投资2000万元建设岳程综合文化中心，占地1.33公顷，建筑面积3000平方米，园林景观面积1万平方米，设有健身房、排练室、库房、教室，以及能容纳200人的多功能厅、广播电视服务室、电子阅览室、书刊阅览室、教室和休息室。2017年，中心投入使用后，街道以此为平台，进行爱国主义、集体主义和社会主义等宣传，组织开展丰富多彩、群众喜闻乐见的文化娱乐活动，围绕街道中心工作有针对性地开展科普和教育活动，充分调动群众参与的积极性，让居民主动融入丰富多彩的文化生活，提升居民幸福指数。

至2018年，街道44个社区新建、扩建社区文化服务中心，平均建筑面积200平方米以上，实现基层综合文化服务设施全覆盖；同时，配套建设基础和服务设施，集宣传文化、党员教育、科学普及、普法教育、体育健身等功能于一体，成为群众满意的基层文化活动场所。在此基础上，街道利用“四下乡”、文化进万家、送剧下基层、免费送戏及全民健身运动等活动，把优秀的电影、戏曲、图书、科普活动、文艺演出、体育活动送到群众中间，扶持民间文艺社团和业余文化队伍，培养文体骨干，增强基层文化活力。

学前教育 1992年，开发区建立时，岳程庄乡和辛集镇绝大部分小学附设幼儿园。各个行政村有幼儿园或学前班，多设在学校内或学校附近。教师工资由乡镇政府负担，业务纳入乡镇中心校管理。2002年，街道将幼儿教师推向社会，民办学前教育机构逐渐发展起来。2012年，开发区在渤海路建设岳程中心幼儿园。2014年9月，幼儿园投入使用，同年，通过山东省教育厅乡镇（街道）中心幼儿园认定。2017年，被评为菏泽市一类幼儿园。街道实行公办园引领，其他园跟进的学前教育办学模式。至2018年，街道幼儿园共计45所，通过开发区认证的民办幼儿园有9所。

小学教育 1992—2001年，岳程庄、辛集2个乡镇教委隶属菏泽市（县级）教育局管理，辖区学校规模较小。岳程庄乡（后改设为岳程街道）教委下辖琵李小学、岳楼小学、李胡同小学、张什店小学、常屯小学、文方寺小学、石堂小学、孔楼小学共8所小学。辛集镇教委下辖辛集中心小学、西南隅小学、曹庄小学、程海小学、南庞小学、三里河小学、马庄小学、杨董小学共8所小学。其中，岳楼小学、辛集中心小学在新中国成立之初建立。2001年，开发区扩大规模，岳程街道与辛集镇合并为新的岳程街道，辛集镇中心校和岳程街道中心校合并成立岳程中心校，负责全街道小学教育、学前教育。开发区教育办公室成立后，中心校业务上受教育办公室指导，财政人事由街道负责。2002年9月，琵李小学、西王堂小学、文方寺小学合并成立岳程街道实验小学。2005年8月，杨董小学、马庄小学合并为开发区育英明德小学；9月，实验小学更名为岳程中心小学。2009年9月，常屯小学合并入岳程中心小学。2014年，街道7所学校全部通过省政府义务教育基本均衡督导评估。2015年9月，岳程中心小学、南庞小学、程海小学合并成立开发区渤海路小学。2016年，街道通过国家义务教育基本均衡督导评估。至2018年，岳程中心学校下辖小学7所，分别是渤海路小学、辛集小学、岳楼小学、南京路明德小学、育才明德小学、三里河小学、育英明德小学。

2018年岳程街道小学情况表

表21-17

学校名称	地理位置	教职工人数（人）	学生人数（人）
渤海路小学	开发区渤海路中段	113	1724
辛集小学	开发区辛集西北隅	67	1016
育英明德小学	开发区岳程街道马庄社区	36	499
育才明德小学	开发区岳程街道石堂社区	46	622
三里河小学	开发区岳程街道三里河	31	529
南京路明德小学	开发区南京路中段	62	634
岳楼小学	开发区淮河路西端	47	578

职业教育　街道发展职业教育，实行校企合作、工学结合，根据市场需要培养人才。2013年4月，引进外资5.6亿元，启动规划占地10公顷的建筑职教园区“隆科科技园”项目建设，建成后农民可免费就读中等职业学校。至2018年，全街道累计培训各类人员7000余人。

特殊教育　2012年，街道出台《关于进一步加快特殊教育发展实施意见》，大幅度提高特殊教育学校学生人均经费标准，对义务教育阶段实行全免费，辖区内残疾学生受教育水平全面提升。2013年5月，成立岳程中心校特殊教育资源中心。至2017年，街道每年组织100余名残障学生进行身体健康状况普查测试、建档，对8名学校医生教师进行培训，实现医教结合。

至2017年，街道有各类学校、幼儿园56所，其中小学7所，中学1所（广州路中学）；中等职业学校4所，分别是荧光音乐学校、希望集团商学院、奇圣培训中心、菏泽市建筑中等职业学校；街道在校生1.5万余人。其中，在园幼儿4500余人，小学生7000余人，初中生2600余人，中职生1600余人。街道共有教职工600余人，专任教师530余人。小学教师具有专科以上学历的达到95.1%，其中本科以上学历占67.7%，研究生学历占5.9%；初中教师学历达标率为99.9%，其中本科以上学历占84.6%；研究生学历占16.7%。

医疗卫生服务中心建设　岳程社区卫生服务中心成立于1957年，其前身依次是辛集卫生所、菏泽县人民医院辛集分院、菏泽市人民医院辛集分院、辛集镇卫生院、岳程街道中心卫生院。2011年，完成卫生院与防保站合并，更名为菏泽经济开发区岳程街道社区卫生服务中心。

2017年，为岳程社区卫生服务中心成立60年。是年，街道投资5000万元进行新的社区服务中心建设，相继完成工地的测绘定桩、土地规划审批、施工图纸设计、图纸设计审核、工程地质勘探、桩基施工检测、工程材料市场考察。

防疫免疫　1992年，为实现2000年消灭脊髓灰质炎的目标，中心卫生院与防保站每年进行2次免疫活动，接种率达到100%。1993年，新生儿乙肝疫苗开始接种，卫生院与防保站进行乙肝疫苗的无偿接种，从1993年的85%提高到2002年的100%。1995年，进行查漏补种，责任到人，任务到人，儿童建卡率、建证率、卡证符合率、单苗接种率均达到95%以上。麻疹、新生儿破伤风、结核、流脑等传染病的发病率和死亡率均降至历史最低水平，连续13年无白喉、百日咳、破伤风病例发生。2003年，卫生院与防保站对乡村医生、校医、厂医等人群进行“非典”防治培训16期，对辖区所有学校及公共场所消毒30处，消毒面积1.2万平方米，被山东省委、省政府给予记三等功表彰。

2009年4月，开展手足口病防治工作，医务人员每日报告疫情，跟踪每一位病人治疗，及时通知包片医生对出院病人消毒。10月，甲型H1N1流感大规模流行，中心卫生院与防保站全面防控，张贴宣传画190余张，发放宣传资料2000余份，组织教师培训学生3000余人次，为辖区教师及公共场所服务人员进行甲流疫苗优先接种，上传国家甲流平台接种信息2.3万余人次，对辖区中小学校消毒15次；结合城乡环境综合治理，进行环境卫生大整治，对重点区域进行消毒和“除四害”，搞好群防群控。同时，紧急采购15%过氧乙酸60瓶、漂白粉100袋、消毒剂3件、酒精120瓶、碘伏120瓶、体温计50个、板蓝根冲剂和抗病毒冲剂各10件、相关预防性中草药100公斤、口罩和帽子200套、防护服16套。

2012年，为如期完成消除麻疹目标，社区卫生服务中心于3月召开研讨会，分析消除麻疹形势及应对措施，对8个月至4岁儿童进行1次强化免疫，对4～6岁儿童查漏补种；开展小区、学校及外来务工人群摸底调查，对流动人口1200人进行疫苗接种。此次强化麻疹查漏补种工作应种12000人，实种11813人，接种率达到98%。

公共卫生服务　自2009年开始，社区服务中心开展国家基本公共卫生服务，设立公共卫生服务科，工作实现经常化、制度化。至2012年，社区服务中心每年为60岁以上老人健康查体5194次，体检内容包括体温、脉搏、呼吸、血压、空腹血糖、体重、腰围、皮肤、浅表淋巴结、心脏、肺部、腹部等常规体格检查，对口腔、视力、听力和运动功能等进行判断；共计为高血压、Ⅱ型糖尿病、重性精神疾病患者健康管理7014人次；为新农合慢性病患者发放慢性病手册600余人次，并提供随访服务；为0～6岁儿童健康服务2400人次，为孕产妇保健查体550人次，为育龄妇女发放叶酸380余人次，保障居民身体健康。

2012年，社区服务中心成立卫生监督、协管2个小组，选拔卫生监督协管员2名，信息员16名，设办公室，配备器材，制度、标牌上墙，对协管员、信息员进行系统培训，在16个社区卫生室建立16个网格，实现卫生监督协管全覆盖。7月，社区卫生服务中心进行居民健康素养调查，掌握居民健康知识知晓率和健康行为养成率，5天在全街道26个社区发放宣传资料2000余份，收回有效问卷420份，现场咨询1000余人次。8月，服务中心加强0～6岁儿童健康管理服务，在接种门诊建立儿保室、预检室，配备硬件设备，安装软件系统；在疫苗集中接种处设儿保室，统一按信息室、保健室、接种室、留观室配备标准验收使用，奠定儿保基础。当年，为所有孕产妇、0～6岁儿童免费办理妇幼IC卡，由开发区统一补助；发放《国家基本公共卫生服务与健康教育便民手册》2万余册，让辖区70%的居民知晓国家基本公共卫生服务项目主要内容，参与健康档案建档工作。累计发放健康教育宣传材料1.5万余份，健康教育受益达5万余人次。

2013年，街道开展慢性病预防与控制工作，完善慢性病监测系统，动态掌握慢性病发病、患病死亡及危险因素的流行状况和变化趋势。2015年开始，服务中心为65岁以上老人免费查体，新增腹部B超项目检查，初步筛查肝、胆、肾脏及胰腺常见及多发性疾病。中心按照《国家基本公共卫生服务规范》要求对辖区内35岁以上居民进行血压、血糖测量，将原发性高血压、糖尿病纳入管理，每年至少4次面对面随访、1次全面年度体检；同时，开始结核病防控工作，将辖区内结核病患者纳入管理，共管理结核病患者 52 名，规范化管理 43 名，对已确诊患者、密切接触者进行宣传指导，避免结核病的传播。自 10 月 6 日开始，免费为孕中期孕妇做产前筛查，加强出生缺陷综合防治。至年底，发放健康教育宣传材料 3.2 万余份，健康教育受益者达 6 万余人次。

2017 年，中心对辖区居民健康档案进行档案复核更新，复核高血压、糖尿病、重性精神病者 7014 人，涵盖辖区 44 个社区 95% 以上居民；发放《国家基本公共卫生服务与健康教育便民手册》5 万余册，城镇小区 90% 居民知晓服务项目主要内容，积极参与复核。自是年 7 月 19 日开始，中心发放《母子健康手册》2600 本。中心卫生监督协管领导小组对辖区内的医疗单位按时巡查，监督是否存在非法行医、非法采供血等违法行为；进行食源性疾病预防宣传及指导，按时巡查学校、幼儿园，查看晨午检、消毒记录等材料，做好现场巡查记录；每月巡查辖区内公共场所，查看卫生情况、消防安全设施，发现问题及时报告。截至是年底，社区服务中心居民小区发放健康教育宣传资料 1 万余份，现场解答健康教育知识咨询 2.6 万余人次；共建立社区居民健康档案近 6000 余人次，录入电子版健康档案 7.2 万余份，电子规范化 6200 人；共报告冠心病 370 余例，脑卒中 750 余例，肿瘤 300 余例，对慢性病患者随访共 3800 人次。

卫生室管理　2009 年，社区卫生服务中心设立卫生室管理办公室，对村级卫生室加强管理。是年，印发《岳程办事处村级医疗机构一体化管理实施细则》，提出硬件达标、服务规范等要求。工作人员深入到每个社区，帮助 16 个社区卫生室进行用房改造，初步建立起达到基本要求的卫生室医疗体系，统一采购药品及医疗器械，促使社区卫生室提高医疗服务质量。

2010 年，街道将原有的 44 处卫生室合并为 16 处规范化卫生室，实行专人包片管理，责任到人，进行具体帮扶。2012 年，服务中心建立卫生室药品管理微机专网，进一步加强管理和监测，使社区群众享受到公平、优质的医疗服务。

规范化处置医疗废物。2015 年 3 月，服务中心规范化处置医疗废物项目启动。至 2017 年，平均每年收集处置医疗垃圾 2832.4 千克。

第六节　历史古迹

冉雍故里碑

冉雍故里碑在开发区岳程街道张什店村。张什店村曾名“冉村镇”，现存“先贤冉子故里碑”1 座，高 1.4 米，宽 0.4 米，系明万历四十年（1612 年）秋曹州知州周鼎撰文，为县级文物保护单位。

冉仲弓庙

冉仲弓庙是一座古建筑群，原在菏泽城东南茶堌集（现开发区岳程街道冉贤集社区）东南。曾几度重修，比较大规模的有汉建元元年（前 140 年），唐贞观十五年（641 年），明宣德三年（1428 年），嘉靖十七年（1538）、嘉靖三十年（1551 年），万历三十六年（1608）、万历四十年（1612 年）重修。到清代，因避洪水迁到镇内，多次小修。冉仲弓庙原有广连门（头道山门）、二道山门、东司、西司、大殿（正殿）、启贤殿等建筑物，彩釉琉璃瓦复顶。正殿系滚龙正脊、飞檐九脊歇山式。大殿正面檐下立槽式蓝底金边竖匾 1 块，上书“薛公殿”三个金字。各建筑物四角装有“铁马”。大殿前，有方砖砌成高出地面 3 尺的祭坛。大殿内有暖阁 2 座，正中为冉雍塑像，两旁立柱木牌书有楹联 1 副。上联为“德行居圣门之首独承东鲁真传”，下联为“敬简备王道之全配享南华名祠”。西暖阁为冉雍次子冉季牌位。大殿内还陈列有金瓜、钺斧、朝大镫以及书有“肃静”“回避”字样的木牌等仪仗物。头道山门上方竖 1 金边红底匾额，上书“先贤冉子仲弓庙”。庙院内原植满翠柏苍松，现存有大殿前方大楷树。楷树主干高 5 米，胸径 0.75 米，地面至树顶 27 米，冠幅 14.05 米，树龄 700 余年。

新中国成立后，人民政府对冉仲弓庙采取保护性措施。1956 年，列为菏泽县文物保护单位。由于年久失修，在“文化大革命”时期，广连门冉子塑像、石碑均被拆掉、砸毁、推倒，大殿毁损严重。1984 年，地、市政府文物部门进行抢救性维修，幸免倒塌。现为省级文物保护单位。

坡刘堌堆

坡刘堌堆 位于开发区东偏南 10.5 公里岳程街道坡刘庄村东 500 米处。北距新洙水河约 200 米，东邻旧洙水河。遗址南北长 66 米，东西宽 51.4 米；现存堌堆南北长 39 米，东西宽 33 米，高 3 米。1970 年因堵河用土致使堌堆面目全非。1976 年春，菏泽地区文物工作队对该遗址进行调查试掘。在堌堆西侧开掘了一条南北长 10 米、东西宽 2 米的深沟，发现有商、周文化遗物及西汉、东汉墓葬各 1 座。后因地下水位较高而停止挖掘。对该遗址的文化层堆积厚度，包括几个文化时期尚难确定。现为省级文物保护单位。

凝香园

凝香园是中国古代北方八大名园之一，市级文物保护单位，俗称何家花园，位于开发区岳程街道境内，东临广州路，西靠花城西路，南接新丰路，北依淮河路。据考证，隋唐时代就有此园，正式建于宋代，宋代此园名叫东皋园，是曹州府第一游览名胜。元朝时蒙古族袁姓占据此园，取名“正春园”；明万历年间，当朝御史何尔健买下此园，取名凝香园，亦称何家花园。

原何家花园占地约 10 公顷，院内有楼台亭阁，花厅水榭。园内花木品种繁多，有 500 多年的古腊梅桩、桧柏，400 余年的凌霄、紫薇、绣球、银杏、楸树、文冠果、枸橘等 120 余种，名贵牡丹品种何园红、何园白出自此园。1936 年，冯玉祥将军隐居泰山，一次从何家花园购买移走腊梅 500 多棵。当时就连赵楼、李集“下广”的大胡红，也从此园购买。何尔健之子何应瑞辞官回乡后，在此园写下七律《牡丹》：“廿年梦想故园花，今到开时始到家。几许新名添旧谱，因多旧种变新芽。摇风百态娇无定，堕露丛芳影乱斜。为语东皇留醉客，好教晴日护丹霞。”

1937 年底，何家花园内的许多古物、字画及花草树木被侵华日军掠夺，有些遭到严重破坏。“文化大革命”期间，何氏坟墓遭破坏。何家花园现存留 2.67 公顷，其景观大致分三大部分：何家祠堂、何家碑林、各类奇花异草。何家祠堂内陈列摆放着何氏自明朝以来在朝为官者的灵位及画像，何家碑林为何氏墓地。何家花园内现存留腊梅、桧柏等名贵花草树木 40 余种，园内曲径通幽的石板小道仍依稀可见。仙足石、神蟾烧井、破碎的花缸、仙药坑、卧虎石等神话传说的遗迹仍保留着。

凝香园石碑

1996 年 5 月，赵登禹将军的女儿赵学芬到园游览，并建议开发此园。1996 年 7 月，何思源的女儿——全国人大常委会副委员长何鲁丽到园考察后，书写“凝香园”。

何家花园作为一座千年古园，流传着许多神话传说。

铁拐李变驴毁花缸　明朝御史何尔健从京城带回两个花缸，放在花庭两侧。仙人吕洞宾出游至此，被园中美景所吸引，竟忘记与众仙聚会，铁拐李唤其不回。突然，一头毛驴跑进花庭，又蹦又跳，把花缸踢碎。传说，碎片上的古人像稀奇少有，其硬度惊人，用金刚钻也无法钻动。

神蟾烧井　凝香园内有口古井，井水清凉甘甜，消暑解渴，有 400 余年的历史。几经地震，而井壁依然笔直，砌井的砖都是琉璃。相传，井内有一只神蟾，三条腿，能喷火，琉璃砖乃神蟾喷火烧制而成，故为“神蟾烧井”。

吕洞宾送友人留仙足石　凝香园的美丽景色把仙人吕洞宾迷住，并与园主（何御史之父何朝臣）交上朋友。两人常在园内吟诗作画。待园主谢世之后，门外一个身背宝剑、手拿拂尘的道长前来化缘，家丁让他到别处去，道长长叹一声便不见了，站过的石板路上留下一脚印，人们称为“仙足印”。

卧虎石　传说，当年何家花园中央一天忽然长出一块石，并渐渐长高，忽有一只狗骑石便尿，自此不再长，观其形如虎坐卧。后来人们把它镶在一块石头座上，供人观赏。民国初年曾有人出 1 万元购买，未成。

仙药坑　何家花园所在地岳楼村，解放后是菏泽县一区所在地，当时有个卫生室，正门朝南。1957 年秋，卫生室药品经常不翼而飞，卫生室的人曾听到晚上药瓶叮当作响，而何家花园旁一个水坑内药气扑鼻。消息不胫而走，西至西安，南至阜阳，东至济南，北至德州，每天人山人海，来此烧香求药的络绎不绝，至今仙药坑仍在。

第三章　佃户屯街道

佃户屯街道位于菏泽经济开发区南部，是经济开发区的南大门，辖区面积 54.5 平方公里，下辖行政村 32 个、自然村 61 个，人口 6.2 万人。街道按照深化改革、实施新旧动能转换的政策要求，瞄准高、精、尖、大项目，通过产业链招商、会展招商、以商招商等招商形式，先后引进上海盈恒石生产 3D 打印、菏泽联绿环保循环经济产业园、新风换气系统产业园、名沪机器人研发推广以及鲁西南科技大市场等一批新型产业项目，总投资额约 26 亿元。至 2017 年，街道共完成固定资产投资 5.8 亿元，引进企业 76 家，注册资金 10.36 亿元，其中注册资金 1000 万元以上企业 23 家。街道近几年来获得全国生态乡镇、全国反邪教示范乡镇、省级文明街道、省级卫生乡镇、省级旅游强镇、省级社会科学普及示范镇、菏泽魅力乡镇、全市环保系统先进集体、市级电商系统专业镇等国家、省、市级称号。街道民政办 2011 年被评为全市“十佳”乡镇卫生服务中心，2012 年、2013 年被评为全市民政工作先进集体，佃户屯敬老院被民政部评为三星级敬老院。2013 年 2 月，佃户屯医院获评“山东省群众最满意的医疗卫生机构”，7 月被山东省卫生厅评为“山东省星级社区卫生服务中心”。2017 年，沙沃小学代表开发区通过国家级教育均衡化验收。

第一节　历史沿革

新中国成立前，辖区菏商公路以西 38 个自然村属菏泽县顺河区李孟油管辖，菏商公路以东 16 个自然村属菏泽县永绥区管辖，观上、天波张楼、均张庄、杨庄、邵楼、贵子韩庄、杜庄 7 个自然村属定陶县管辖。

1949 年 10 月新中国成立，菏泽县下设 12 个区，佃户屯村庄分别属一区（岳楼）、二区（何楼）管辖。属一区的有 7 个行政村 25 个自然村，属二区的有 7 个行政村 29 个自然村。属定陶县保宁区的有 2 个行政村 7 个自然村。1952 年 8 月，区划未变，将原 16 个行政村改为 16 个乡。

1957 年撤区并乡时，从定陶县划来观上等 7 个自然村和原属一区的 25 个自然村，合成佃户屯乡；原属二区的 29 个自然村合成李孟油乡。1958 年，成立人民公社时，李孟油乡划归何楼公社，佃户屯乡划归城关公社。1963 年，从何楼公社划来原李孟油乡的 29 个自然村和从城关公社划来原佃户屯乡的 32 个自然村合成佃户屯公社，辖 32 个大队 61 个自然村。1983 年，佃户屯社改乡。2001 年，佃户屯乡划归菏泽经济开发区管理，成立佃户屯街道，区划未变。至 2018 年辖 32 个行政村，61 个自然村。

第二节　管辖范围

佃户屯街道辖区范围北到丹阳街道，南至定陶区仿山镇，西到何楼街道，东至陈集镇，东北与岳程街道为邻。街道面积 54.5 平方公里，有耕地 2895 公顷，辖行政村 32 个，自然村 61 个，人口 6.2 万。

2001 年佃户屯街道成立，并划归菏泽开发区管理，区划未变。2018 年辖 32 个行政村，61 个自然村：后崔楼行政村、庞庄行政村、罗庄行政村（辖罗庄、国庄、丁庄自然村）、后姚庄行政村、苗屯行政村、张和庄行政村、前崔楼行政村、佃户屯行政村（辖佃户屯、张衙门、韩庄自然村）、马庄行政村、张堂行政村、温堂行政村、彭堂行政村、草庙行政村（辖草庙、崔庄自然村）、李孟油行政村、吴店行政村（辖吴店、马庙、刘庄户自然村）、杜桥行政村、孔楼行政村（辖孔楼、程庄自然村）、虎头李行政村（辖虎头李、前姚庄自然村）、朱大庙行政村（辖朱大庙、前曹庄、后曹庄自然村）、曹楼行政村（辖曹楼、李庄自然村）、双庙行政村（辖双庙、张楼自然村）、刘堂行政村（辖刘堂、风水李、吴铺、毛庄自然村）、长堽集行政村（辖长堽集、王庄自然村）、孔庄行政村（辖孔庄、前董堂、后董堂、张文振自然村）、观上行政村、邵楼行政村（辖邵楼、贵子韩庄、杜庄自然村）、杨庄行政村、张楼行政村、位庄行政村（辖位庄、高庄自然村）、沙沃行政村、均张庄行政村、杜楼行政村（辖杜楼、庄庄、时庄、西李庄、东李庄、韩堂、田水井自然村）。

第三节　经济发展

2001 年，佃户屯街道归属开发区后，将招商引资、项目建设当作经济发展的重点和中心工作，加大园区基础设施建设力度，优化招商引资环境，按照深化改革、实施新旧动能转换的政策要求，瞄准高、精、尖大项目，通过产业链招商、会展招商、以商招商等招商形式，先后引进上海盈恒石生产 3D 打印、菏泽联绿环保循环经济产业园、新风换气系统产业园、名沪机器人研发推广以及鲁西南科技大市场等一批新型产业项目，总投资额约 26 亿元。其中，联绿项目投资 13.7 亿元，规划建设面积

3平方公里。3D打印项目参加全市大项目观摩，受到市委书记孙爱军的表扬。至2017年，街道共完成固定资产投资5.8亿元，实现进出口1亿美元。

街道通过招商培植税源，争取发展资金，加强税收征管。2017年，共实现工商税收1.78亿元，其中国税1.05亿元、地税0.73亿元、地方基金1.09亿元。街道执行八项规定，建立节约型政府。把资金优先用在教学条件改善、医疗水平提高等民生事业上，为街道经济社会持续发展提供保障。

2018年，完成工业项目固定资产投资4.2亿元；通过培植主导税源，深挖现有税源，加强税收征管，力争应收尽收，全年实现工商税收2.6亿元；2018年完成新增四上企业批零业7家、工业13家、建筑业2家的审核申报任务；全年街道各行业共完成营业收入49.7亿元，规模以上工业收入完成42.1亿元，完成工业销售产值37.2亿元。

招商引资

2009年以前，佃户屯街道招商机构由经委负责，人员兼职。2009年9月，开发区成立6个招商局，其中招商六局专门负责佃户屯街道的招商引资工作，有局长1人，副局长2人，工作人员3人。职能是研究、制定街道招商工作方针和政策，负责对外招商活动，项目洽谈签约及落地，项目后期运营服务等。

2010—2018年，街道把招商引资、项目建设当作重点工作和中心工作来抓，加大园区基础设施投资，优化招商营商环境。至2018年底，共有在谈项目18个，其中奥特莱斯小镇、上海天永智能装备制造、上海红双喜游艇、清华慕华幼教、韩国裕罗电器发动机配件、吉利汽车“手拉手”汽车城、山东国金光电科技有限公司等项目，作为招商重点进行推进。共有续建项目3个，分别是海吉亚综合医院、佃户屯养老中心和建树产业园。新开工项目4个，分别是中洁新风系统、绿源循环经济示范园、山东九泽热力转换器、菏泽大健康产业孵化园项目。

招商政策　土地政策。根据拟投资项目的投资额度、科技含量等因素，采取“一事一议”的方法，确定土地价格。一般情况下工业供地价格为120万～150万元/公顷。投资强度为3600万～3900万元/公顷。每公顷土地财政贡献率不低于75万元。项目用地达到“五通一平”标准。

税收政策。凡生产性工业项目，经营期在10年以上，企业所得税地方留成部分，从纳税年度起，前2年全额由同级财政奖励给企业，第三年至第五年奖励50%。

行政性收费。对工业项目建设过程中的行政规费和技术服务费按最低标准收取。

企业用工。菏泽经济开发区负责协调人力资源部门保障企业用工问题。菏泽富余劳动力约150万人，技术工人的工资每月每人3000元左右，普通工人每月每人2000～2500元。

水电等企业成本。菏泽市大工业用电0.48元/千瓦时，普通工业用电0.58元/千瓦时；工业用水2.6元/立方米；供热价格为180元/吨。从菏泽到青岛港，40尺集装箱费用3500～4000元，20尺集装箱费用2800～3000元。

其他。街道负责协调企业管理技术人员、员工及家属子女在当地的落户和子女的上学问题；对投资规模大、财政贡献大、附加值高、科技含量高的项目，采取“一事一议、特事特办”的办法，享受更多的优惠政策。

招商活动　街道先提出“招商引资就是生命线”的理念，后为“项目就是生命线”“人人都是投资环境，事事关系信誉形象”，开展全民参与招商引资活动。提出“九通一平”的投资环境建设目标和全方位综合发展理念。

初期招商重点为工业项目。2009年以后逐步调整招商战略，以瞄准世界500强，抓大项目、大财团为招商重点。

街道根据客观形势和具体情况，不断改进和丰富招商方式。早期是多种招商方式的综合运用，即实行全员招商，优化配置全区招商资源，各部门协同作战。2014年以后，主要采取产业链招商、以商招商等简单有效的方式。

提出“一条龙”服务方式，派专门人员全程陪同到工商、税务、环保、安监、消防等有关部门办理手续，使项目审批时间从1个月减至半个月。1个项目成立1个指挥部，下设生产组、土建组、能源组、综合组，分别负责协调解决企业投产、基本建设、能源供应等发生的问题，提供综合服务。把前期项目审批与后期促进企业生产结合起来，了解企业困难，提供高效服务。建立联络员制度、企业走访制度、企业沟通制度和企业非常问题解决制度等。定期与不定期走访企业、协助解决生产、营销各环节中出现的问题。

重点企业 1992—2018年，街道共引进企业76家，注册资本10.36亿元，注册资金1000万元以上企业23家。其中落地项目26家按行业分类有：工业、建筑业、房地产业、金融保险业、医疗服务业、观光农业等。

1992—2018年佃户屯街道招商落地项目一览表

表21-18

序号	企业名称	序号	企业名称
1	山东新洋丰肥业有限公司	27	菏泽鲁晨林纸有限公司
2	菏泽联绿环保科技有限公司	28	山东洋丰编织袋厂
3	菏泽赢创3D打印有限公司	29	菏泽神舟纺线有限公司
4	菏泽名沪机器人有限公司	30	菏泽市友泰新型墙体材料有限公司
5	菏泽鹏远市政工程有限公司	31	山东菏泽沃尔特工程机械有限公司
6	山东鸿运达建设有限公司	32	菏泽三木重工机械制造有限公司
7	华鹏玻璃（菏泽）有限公司	33	山东南方恒盛实业集团有限公司
8	菏泽德合建工集团有限公司	34	菏泽恒盛物业服务有限公司
9	菏泽裕罗电器有限公司	35	菏泽帝园食品有限公司
10	菏泽宏伟专用汽车有限公司	36	山东飞鸿伟业桥梁模板有限公司
11	山东国耀化工科技有限公司	37	菏泽市兴达路桥工程有限公司
12	菏泽科源种业有限公司	38	菏泽市盛业建材有限公司
13	菏泽龙田生态园	39	山东牛太太乳业有限公司
14	菏泽海吉亚医院有限公司	40	菏泽皇圣家具有限公司
15	菏泽市建树产业园	41	菏泽开发区康美思冷食厂
16	菏泽妇幼保健院	42	菏泽富阳印务有限公司
17	开发区养老福利中心	43	山东学献教学用品有限公司
18	山东美盛电子科技有限公司	44	菏泽市中鲁油气销售有限公司蓝天加油站
19	菏泽万通机动车检测中心	45	菏泽泰林仓储有限公司
20	菏泽汽运驾校	46	菏泽市星原铁塔有限公司
21	菏泽华鸿地产有限公司	47	菏泽开发区华信液化石油气站
22	菏泽军威地产有限公司	48	菏泽华印包装有限公司
23	山东水发（集团）有限公司	49	菏泽人和化工有限公司
24	菏泽联众医药有限公司	50	菏泽市润霸润滑油有限公司
25	菏泽康源果蔬电商产业园	51	菏泽开发区蓝天蓝食品厂
26	菏泽市鲁晨实业有限公司		

产业园区建设菏泽市循环经济示范园区。园区坐落在菏泽市区东南部、佃户屯街道东北部。总规划面积3.06平方公里，206.67公顷，计划投资100余亿元，由城建集团合作合资建设。2017年，进入园区企业4家，总投资30亿元。分别是北汇绿建装配式房屋生产基地；上海赢创3D打印建筑科技有限公司，年生产赢恒石100万平方米；菏泽联绿环保科技有限公司，年处理建筑垃圾300万吨。山东高端科技工程研究院是一所集高科技项目产、学、研于一体的综合性科研机构。2017年10月27日，副市长曹升灵与山东高端科技工程研究院院长黄治中为山东高端科技工程研究院菏泽分院揭牌。

佃户屯街道电商扶贫示范园区。佃户屯街道电商扶贫示范园区市由菏泽军威房地产开发有限公司在佃户屯建设的一座扶贫产业生态园区，占地5.34公顷，建筑面积5000平方米。2017年，入驻27户电商企业，重点打造电子商务+扶贫，主要与贫困村曹楼、虎头李、杜桥、朱大庙对接，设置贫困村特色农产品专供区，产品服务中心、网商培训中心、信息化交易中心、物流配送中心、智慧仓储中心和生活服务综合配套，从农业产业培育、技术支撑、网商创业培训、金融、人才引进、公开课服务等方面建设服务体系。

园区内与贫困村对接的电商企业，网商创业团队以及物流快递企业，采取“七免一扶持”即免租金、免装修、免办公家具、免网络、免物业、免费停车、免费培训、资金政策扶持的优惠政策。多元化的服务体系及扶持优惠政策，为菏泽电商产业的发展提供平台，重点培育一批平台类、B2C、O2O电子商务应用示范企业，形成集电商运营中心、网商培训中心、分拨配送中心及综合配套为一体的全功能园区。发挥集聚优势，建设涵盖电子商务应用、电子商务交易平台、电子商务配套服务的产业集群。

2017年，园区通过设立梦想学院、创客导师，为电商创业者提供人才培养、培训讲座、模拟实训、技术政策咨询、协会沙龙、高峰论坛等服务，搭建菏泽影响力最大的电商交流平台、电子商务培训基地和大学生实训基地，为大众创业、创新提供新空间。

2018年，街道被授予“中国淘宝镇”称号，罗庄、后崔楼、杜桥、朱大庙4个社区被授予“中国淘宝村”称号。辖区共创建33个为村平台，全部达到二星考核标准，率先完成考核任务，全面提升村级网上办公的能力和水平。

菏泽市高科技农业生态园。菏泽市高科技农业生态园，集农业高新科技、生态型、农业休闲观光旅游为一体。园区围绕生态现代农业的发展要求，以特色化为核心，生态化为基础，产业化为载体，科技化为动力，把园区建成全国有名、全省著名、全市最好的生态农业示范园。在菏泽形成北有“牡丹园”、南有“生态园”的格局。

园区位于菏泽开发区、牡丹区、定陶区中心地带，日兰、日南高速在园区内留有出入口，距菏泽机场20公里。园区文化底蕴深厚，园内安邱堌堆遗址是菏泽市第一个国家级文物重点保护单位，有省级文物保护单位古汉墓群遗址是“两夹弦”和“大平调”戏曲发源地。

园区占地2000公顷，覆盖21个社区，基础设施总投资1.5亿元，主要建设绿色、生态、休闲旅游农业。生态园分温室大棚种植区、季节蔬菜种植区、林下生态养殖区、生态水果生产区、生态农作物种植区、农家乐生态房展示区、生态养殖区、文化广场、休闲餐饮区、生态产品展厅、农产品加工区十大功能区域。含“一环”“两廊”“三带”“九园”建设。2017年，园区内沟、路、渠、桥、涵、闸、井、喷、灌、电正进行全面升级改造，发展绿色、生态、特色、高效农业；有高标准蔬菜大棚800个，葡萄、樱桃、苹果等林果660余公顷，露地蔬菜330余公顷，生态园内黄瓜、苦瓜、西红柿、小油菜4个产品通过国家级绿色食品认证，2015年新增8种果蔬通过国家绿色食品认证。2011年1月，菏泽市高科技农业生态园被评为全国休闲农业与乡村游三星级景区。2014年7月，园区四星级评审工作开始进行，是菏泽市城区的有机“菜篮子”“田园了”，成为市民休闲、娱乐、观光、旅游的去处。

2018年，园区初具规模，形成绿色产品基地11个和生态规模养殖基地10个，带动街道生态农业产业化、规模化发展。每逢节假日和周末，休闲采摘的游人络绎不绝，园区建成后将成为菏泽城郊最大的生态旅游观光景点。

第四节　社区建设

街道社区建设以满足人民群众日益增长的美好生活需求为工作目标，加快美丽乡村建设，大力实施乡村振兴战略，不断提升人民群众的获得感、幸福感。至2017年，街道根据佃户屯现状，制定实施方案，坚持“规划先行、以点带面、全面铺开”的原则，启动吴店新村、张堂、杜桥、后崔楼等社区的美丽乡村建设，累计投入资金1600余万元，完善基础配套建设，搞好美化、绿化、亮化，抓好村容村貌治理，结合社区文体活动开展，全面提升乡村文明水平。

2017年佃户屯街道各社区情况表

表21-19

序号	社区名称	成立时间	户数（户）	总人数（人）	总耕地面积（亩）
1	佃户屯	2009年	1186	4120	2680
2	张和庄	2009年	500	1996	1680
3	罗庄	2009年	569	2017	2602.5
4	前崔楼	2009年	765	1807	1800
5	后崔楼	2009年	452	1138	760
6	后姚庄	2009年	420	1580	1500
7	刘堂	2009年	496	1779	1360
8	曹楼	2009年	361	1100	1280
9	虎头李	2009年	410	1263	1462
10	孔楼	2009年	620	2022	1560
11	张堂	2009年	519	2312	2100
12	李孟油	2009年	168	729	680
13	彭堂	2009年	260	1000	770
14	温堂	2009年	325	1386	1652
15	草庙	2009年	240	860	900
16	吴店	2009年	523	1535	1416
17	杜桥	2009年	242	789	679
18	长堽集	2009年	700	3000	5000
19	孔庄	2009年	568	1911	1800
20	双庙	2009年	520	1895	2800
21	朱大庙	2009年	210	940	1100
22	庞庄	2009年	441	1446	125
23	马庄	2009年	280	1000	1000
24	苗屯	2009年	268	886	753

续表21-19

序号	社区名称	成立时间	户数	总人数	总耕地面积（亩）
25	沙沃	2009年	580	2697	900
26	杜楼	2009年	1175	4062	3280
27	杨庄	2009年	280	924	1350
28	观上	2009年	614	2350	2350
29	张楼	2009年	505	1650	3600
30	邵楼	2009年	421	1590	1100
31	均张庄	2009年	146	476	1200
32	位庄	2009年	418	1468	1340
共计			15182	53728	52579.5

2007—2018年佃户屯街道辖区人口一览表

表21-20　　单位：人

年度	常住人口（人）			外来人口
	合计	男	女	
2007	46812	23996	22816	71
2008	47511	24301	23210	80
2009	48045	24596	23449	101
2010	48384	24748	23636	91
2011	48691	24846	23842	64
2012	47862	24526	23336	37
2013	48393	24739	23654	127
2014	50665	26014	24651	481
2015	51855	26653	25202	817
2016	53339	27353	25986	139
2017	54133	27696	26437	405
2018	55485	28284	27201	654

第五节　社会事业

社会保障　农村养老保险。佃户屯街道制作新型农保数据库，规范资料管理，实现参保人员资料系统化录入，提高效率和准确性，保证全街道60周岁以上农民基础养老金发放到位。街道健全完善社会保障体系，落实市政府与区政府签订的职责书，采取上门蹲点、宣传政策、召开调度会、加收滞纳金、发放催缴通知单、制约调动和退休审批等措施，加大征缴及清欠力度。

2017年，街道设立专门的咨询台，散发宣传彩页，召开各村庄社区领导及负责人政策培训会，组织专门的人员到各村庄社区召开群众会，建立通报评比平台，每日一公布各村庄及社区的进度及名次。是年，街道落实城镇居民养老保险新政策，城乡保险应参加20032人，参保18957人，参保率达到94.6%，基础养老及高龄补贴7472人。2018年，街道落实“两不愁三保障”，在基本养老及基本医疗的基础上，完善大病商业补充险、人身意外险及家庭财险。

居民医疗保险。街道根据市社保局的要求，

召开辖区城镇居民医保专项工作会议，部署城镇居民基本医疗保险参保工作。同时，发放大量的参保人员基本信息采集表，要求以社区为平台，广泛宣传，简化程序，方便百姓，使城镇居民应保尽保。2017年，辖区居民医保参保人员为4.48万人，参保率100%。

社会福利。街道落实农村低保、五保、救灾救助等各项政策。2017年，共发放低保金450万元，五保金45万元，孤儿和大学生救助金76万元。开展拥军优属活动，关心伤残军人、复员军人、烈属，落实各项优抚政策。落实高龄津贴制度，为15个社区建设老年人日间照料中心、残疾人发放燃油补贴和残疾补贴。街道投资1.7亿元，建设1个大型福利养老中心，委托山东孝润养老公司管理。2018年，街道开展建设文明社区活动，每个社区都成立红白理事会，喜事新办，丧事简办，制止丧葬过程中封建迷信和铺张浪费的陈规陋习，实施殡葬改革。是年，共火化尸体279具，完成殡改任务。加大低保、五保工作力度，强化动态管理，做到“应保尽保，应退即退”；全年共发放低保金420余万元；发放五保金40余万元，供养率100%；发放残疾人两项补贴40余万元；为困难大学生发放救助金8万余元；发放慈善救助款17.9万余元，日常发放慈善救助金7万余元。街道将60～79周岁的居民列为“银龄安康工程”的受益者，统一为老人购买保险。17个社区建成老年人日间照料中心，为留守老人排忧解难。

民政工作。1992年后，街道先后多次召开民政工作会议，确定为基层优待抚恤、救灾救济、社会福利等内容，始终坚持“上为政府分忧，下为百姓解愁”的原则，开拓创新、扎实工作，使街道救灾救济、农村低收入家庭、优抚工作，敬老院建设等各项工作都取得积极进展。民政办2009年被市人社局民政办评为全市城乡救助工作先进集体；2011年被评为全市“十佳”乡镇卫生服务中心；2012年被评为全市民政工作先进集体，佃户屯敬老院被民政部评为三星级敬老院；2013年被评为全市民政工作先进集体、银龄安康先进单位。

救灾救济。1992—2017年，街道共下拨救灾救济款600万元，救灾面粉1200吨，救助灾民、贫困户、特困户2.6万户6万余人次，解决灾区群众基本生活困难，维护灾区稳定；农村危房改造投资70万元，对街道农村困难户土坯房进行全面改造；街道为老年人购买“银铃安康”保险，累计6000人次，金额20余万元；发放高龄津贴、发放燃油补贴和重度残疾补贴金共20余万元；救助孤儿与困境儿童15人次，发放救助金75万余元，统计有先天性心脏病的儿童，筛查符合条件的儿童，进行免费治疗；开展“慈心一日捐”活动，共筹集善款120余万元；发放大学生救助、慈善救助金共100余万元，救助350余人次；对街道患重大疾病的困难群众实施大病医疗救助，救助特困群众200余人次，发放救助金72万余元。

2018年，街道实施危房改造11户；为贫困家庭提供公益性岗位96个；发放“雨露计划”3.6万元，惠及12名贫困学生。

低保　街道民政办开展“阳光低保”专项行动，深入到每个困难家庭，多方面了解其家庭困难情况，做到应保尽保，应退尽退，特困群众的基本生活得到有效保障。2017年，确定904户1904人纳入低保，累计发放2600万余元低保金。2018年，街道合理利用扶贫公益基金，搞好社区基础设施建设，建设8000平方米社区服务中心，6000平方米文化广场，修建6000米下水道。

优抚　街道落实优抚工作，开展拥军优属活动，关心伤残军人、复员军人、烈属等重点优抚对象。至2018年，救助特困老复员军人120余人次；落实各项优抚政策，为优抚对象免费查体2000余人次，发放救济金18万余元。

文明创建。街道社区文明一条街和善行义举“四德榜”健全，每年都开展“四德标兵、好媳妇、好婆婆、十大孝星”等评选活动，上榜5000人，并进行表彰。在干渠和主要街道建设5公里的文化长廊。做好省、市级文明城市创建和文明单位、社区创建工作，街道被评为省级文明单位；沙沃、刘堂、张和庄社区被复审为2017年省级文明社区。街道全年在各大新闻网站发表正面帖文1000余条，开发区一周要情170余条，在菏泽电视台等市级以上媒体发表作品100余篇。

2018年，街道创建6个省级美丽乡村示范点，累计投入资金2000余万元，完善基础设施配套建设，街道硬化12公里、绿化12万平方米，公园绿化3万平方米，墙体美化25万平方米，村容村貌得到全面提升。32个社区制定村规民约，成立红白理事会。道德讲堂建设规范，活动经常性开展。搞好综合性文化服务中心、文化广场、文化活动室、图书阅览室等文化设施建设，积极开展各类文体活动。建设一流的综合社区文化服务中心33个，共有秧歌、广场舞、戏曲、唢呐、书画等文艺队伍92支，1200余人。街道每年拿出专项资金用于秧歌、广场舞、戏曲、斗羊、书

斗羊比赛

画比赛、文化下乡等文化活动的开展，丰富了辖区居民精神文化生活。

学校教育。1992—2018年，佃户屯教育发展大致可划分为3个阶段。

1992—2004年基础教育发展阶段。街道共有长堽集小学、董堂小学、刘堂小学、李孟油小学、孔楼小学、前崔楼小学、佃户屯小学、庞庄小学、杜楼小学、观上小学、张楼小学、沙窝小学、双庙小学、温堂小学、罗庄小学、张合庄小学、后姚庄小学和张堂小学，共计18所小学及邵楼小学等若干教学点，辐射全街道32个行政村，学校分散，规模小，且教学用房多为砖木结构，平房年久失修，多危房。学校建设由各行政村负责，教师有民办、代课和正式老师近100人，学生5000余人。师资力量薄弱，教育发展缓慢。

2005—2014年规范发展阶段。佃户屯教委改设为佃户屯中心校。经合校并点，18所小学及教学点整合成12所小学，分别是长堽集小学、董堂小学、刘堂小学、李孟油小学、孔楼小学、前崔楼小学、佃户屯小学、庞庄小学、杜楼小学、观上小学、张楼小学、沙沃小学。各校全部取缔砖木结构危房，由大队和街道共筹资金，12所小学均盖起标准2层楼房。教师逐年充实，正式教师200余人，学生3000余人。2014年，街道投资500万元建中心幼儿园1所，设施配套齐全，为市级标准化幼儿园。这一阶段学校课程开设较为完整，教师的年龄，知识结构较为合理，教育质量逐年提升，教育发展步入正轨。

2015—2018年高速发展阶段：自2015年起，菏泽市开始迎接国家均衡化验收。街道学校建设、校内设施配套投资过亿元。改扩建长堽集小学、刘堂小学、董堂小学和佃户屯小学，街道12所小学配套设施及功能用房齐全，配置微机室、图书室、音乐美术室、心理辅导室、卫生保健室、实验室和综合活动实践室。各校教室安装空调、教学一体机、饮水机，实现班班通，地面硬化，铺设草皮，升级改造操场。教师均配置教学电脑，人数逐年增加，陆续公开招聘100余名大中专毕

业生充实师资力量。街道有300余名正式教师，在校生4000人，课程开设、学校文化建设更加科学。2017年，街道沙沃小学代表开发区通过国家级教育均衡化验收。

至2018年，佃户屯街道前后投资500万元建设佃户屯中心幼儿园，将幼儿园设施配套齐全；投资2000万元兴建龙山小学（36个班），合并李孟油小学和董堂小学；投资3300万元建设合肥路小学（48个班），合并张楼小学和观上小学；投资近亿元建设兴仓路小学（90个班，中学30个班小学60个班），合并杜楼小学和庞庄小学，3所学校均主体完工。崔楼小学（48个班）合并孔楼小学和前崔楼小学，分别投资近3000万元迁建洞庭路小学（48个班）、沙沃小学2所学校。对中学投资450万元新建教学楼3240平方米，电教设备投资33万元，教学楼内部配套投资70多万元，校园监控系统及学校广播系统投资18万元，实现校园监控全覆盖，改善学校办学条件。2018年中考，123名学生考上菏泽一中，指标生分数线为666分，在市区学校中，指标生分数线与菏泽二十二中并列第二名，中考成绩各学科均排开发区第一名。

医疗卫生　2001年，佃户屯划归开发区后，各级领导十分重视医疗卫生工作。街道落实制度，抓源头、抓基础、抓管理，制定严格的奖惩制度，实行干部蹲点制，重点抓好计划生育季度查体，认真落实生育政策，强化服务，做好优生检测，完成上级下达的各项工作目标。

2010—2016年，街道通过卫生院开展健康教育宣传，举办健康讲座，完善居民健康档案。严格落实国家基本药物制度，实行基本药物零差率销售。加强专业培训和岗位练兵，提高医疗护理服务水平。全面实施“先诊疗、后付费”，为患者减免各类医疗费用，把国家惠民政策落到实处。

2017年，街道开展健康扶贫，对建档立卡贫困人员700余人实施“八个一”工程。成立5个医疗团队，签约医生，上门服务，建立就诊绿色通道。门诊实行“两免两减半”，全年为患者减免医疗费用9445元。

2018年，佃户屯卫生健康产业全面快速发展。街道超额完成开发区下达的孕前优生监测工作指标，积极配合市、区创建国家卫生城市。山东省爱卫会于2018年12月命名辖区16个社区为卫生村，积极参与创建国家级卫生镇，参与创建省级慢病示范区，对660余名群众免费健康体检，对1000名群众开展居民健康素养水平调查，13个社区把创建健康社区纳入社区发展规划。海吉亚医院投入运营。医专附属医院全部建成。

佃户屯医院　菏泽经济开发区佃户屯人民医院北邻新石铁路，南靠日东高速、日南高速入口，占地约1公顷，建筑面积约8000平方米。医院是开发区居民医保、菏泽市城镇职工医保定点单位，太平洋保险、中国人寿保险定点理赔单位，直接服务辖区32个行政村5万多人口，周边辐射服务人口约50万。

医院始建于1970年，负责全街道的基本医疗和预防保健，原名为菏泽市人民医院佃户屯分院。2000年，随着菏泽经济开发区的成立，更名为菏泽经济开发区佃户屯人民医院。2007年，建成建筑面积约2100平方米的门诊大楼。2009年，医院建立眼科，聘请山东省省立医院眼科专家每周六在医院坐诊。

2010年，医院投资建立医疗垃圾暂存处，负责对医院和19个一体化卫生室医疗垃圾的规范化处置。面积约1800平方米的药政楼、外科病房楼、妇科病房楼、眼科病房楼竣工，完成装修投入使用。

2012年，医院建设新的内科病房楼，面积约1600平方米。2015年，医院在原有中医科的基础上改建国医堂。建设医技综合楼，面积约2800平方米，医技科室搬迁到标准化配置的办公区域，房间配备空调、暖气；门诊大厅设有导医台和预检分诊台、LED电子屏、就诊椅，医院收费、取药、办理入院手续、报销结算等全部实行开放式零距离服务；病房添置多功能病床、床垫、床头柜、输液椅以及远程呼叫系统，部分病房还设立独立卫生间。医院建成餐饮伙房，24小时供应热水；划分60余个停车位。院内进行硬化、亮化和美化，设有中心花园。

2013年2月，医院获评“山东省群众最满意的医疗卫生机构”。7月，被山东省卫生厅评为“山东省星级社区卫生服务中心”。先后被授予“菏泽市基层医疗机构信誉A级单位”“菏泽市卫生系统先进单位”“菏泽市妇幼工作先进集体”“菏泽市卫生监督协管先进单位”“菏泽市优秀乡镇卫生院”等称号。

2016年，医院建立污水处理站，对医院产生的污水进行消毒处理。全面开展健康扶贫工作，按户建立档案1559人，其中患病702人；建立702份健康扶贫卡，发放健康扶贫明白纸，为每名持有健康扶贫卡的因病致贫人员建立健康档案，明确1所定点医疗机构，确定了家庭医生团队，签订承诺书，组织健康查体，做血常规、心电图、B超等各项检查，并把检查单逐个粘贴到每份健康扶贫档案里；11月、12月及2017年3月、6月各开展1次二级医院专家健康会诊活动，针对37个病种702人开展分类救治，并对每名健康扶贫对象实施“两减两免”等“精准”医疗救助，累计减免20939元。

佃户屯医院门诊楼

2017年，发放健康教育印刷材料13846份，完成健康教育宣传栏更新138次，举办健康讲座129次，开展健康咨询活动11次，完成孕产妇健康管理787人，完成免费保健5445次，完成0～6岁儿童健康管理4755人，完成免费保健9532次，完成27093（一类：22066、二类：5027）人次的预防接种。医院累计完成居民健康档案48219份，电子档案完成48219份。

至2018年，医院中医门诊接诊2万余人次，开出中医药处方8000余张，在日常随访中，印制、发放有关中医药服务的宣传册5万余份。眼科门诊接诊人次累计4万人次，住院2000余人次，为1700余例白内障患者实施扶贫手术，累计减免费用200余万元。医院在岗人员97人，其中正式编制人员57人，临时聘用人员40人；拥有专业技术人员86人，高级职称者5人，中级职称者22人，初级职称者61人；取得本科学历者36人；中共党员15人，预备党员4人。

第六节 历史古迹

佃户屯街道历史文化底蕴深厚。辖区内曹楼社区的安邱堌堆遗址是菏泽市唯一的国家级文物重点保护单位，长堽集社区有省级文物保护单位古汉墓群遗址，是“两夹弦”和“大平调”戏曲发源地，温堂社区和长堽集社区分别是两夹弦戏曲名家“小白鞋”黄云芝和大平调戏曲名家“小黑牛”郭盛高的家乡。曹楼社区是书法家曹以熿、曹垣、曹铁如的家乡，在菏泽有“字不压曹”之说。

安邱堌堆

安邱堌堆位于菏泽开发区佃户屯街道曹楼村东，为原始社会村落遗址。安邱堌堆所处时代最早距今6000多年，历经大汶口文化、龙山文化、岳石文化，直到商代晚期，是全国重点文物保护单位。

通过科学的考古发掘，在遗址中确认龙山、岳石文化的灰坑、商代的陶窑等重要文化遗迹；出土大量的珍贵文化遗物；岳石文化遗存，被学术界定名为“岳石文化安邱堌堆类型”。安邱堌堆遗址对研究鲁西南地区龙山文化的聚落形态和原始宗教信仰、岳石文化的地域性特征、

安邱堌堆

商代社会的发展水平以及海岱文化与中原文化的关系具有十分重要的价值。北大教授邹恒称该窑址为“中国商代第一窑”。1977年被列为山东省文物保护单位，2001年6月25日被国务院命名为“全国重点文物保护单位”，成为菏泽市179处文物保护单位中第一处国家级重点文物保护单位。

长堽堌堆遗址

长堽堌堆遗址位于开发区佃户屯街道长堽集村，是一处周至汉代的古文化聚落遗址。

该遗址原为三个高大的土堌堆，呈南北长于东西的椭圆形，方向为东北西南。有周至汉代的文化遗迹，周代的有泥质灰陶绳纹瓦、夹砂红陶鬲；汉代的灰陶罐、盆、瓮口沿等。整个遗存保存完好，其文化内涵极为丰富，在研究菏泽市周至汉代社会经济状况、社会历史变迁、埋葬习俗等方面，都具有较高的历史和科学研究价值。

文物保护范围为以遗址中心为基点，向东192米，向西192米，向北260米，向南260米，面积199680平方米。建控制地带为以保护范围外沿为准，向四周各延伸10米。在保护范围与建设控制地带内未经批准不得进行任何形式的施工和作业。

张和庄烈士陵园

田位东等烈士墓，又名张和庄烈士陵园。田位东，原名田秩，字位东，化名田雷，田秀川，田青林，菏泽市牡丹区南城街道三里庄人，生于1907年，1925年加入共青团，1927年参加中国共产党，1928年负责菏泽的地下党工作，1931年出任枣庄特委书记。1932年夏，在他的带领下，爆发震惊中外的枣庄煤矿大罢工。1932年秋，在济南千佛山就义，年仅25岁。

1947年12月，华东野战军第八纵队为打击敌人嚣张气焰，解救人民群众，配合刘邓大军挺进中原，临时决定攻打菏泽城，张和庄作为前线临时医院，牺牲的136位烈士葬在此处。

2009年12月16日，被菏泽市人民政府定为市级文物保护单位。开发区管委会、佃户屯街道经过2次出资修建，安葬田卫东等170位烈士，其中136位为华东野战军第八纵队无名烈士。社区党支部书记张景宪经过几年多方查寻，找到其中57名烈士姓名。其事迹在中央电视台、山东电视台、《解放军报》《齐鲁晚报》、菏泽电视台、《菏泽日报》等媒体多次报道。

第四章　陈集镇

陈集镇位于菏泽开发区东部，原隶属菏泽市定陶区，2018年7月划归菏泽经济开发区代管。全镇总面积83.9平方公里，耕地面积5708公顷，下辖26个行政村、92个自然村，总人口6.9万，其中回族8600人，占12.46%。城镇常住人口2万，城镇化率28.6%。陈集镇是山东省百强建设示范乡镇，曾获“全国重点镇”“国家级生态文明乡镇”“山东省文明镇”“全国一乡一业一村一品示范镇”“山东省安全生产先进单位”“山东省卫生工作先进乡镇”等称号。天久集团、金硕产业园被国务院、人社部定为全国扶贫就业基地。2018年8月，陈集镇被命名为山东省乡村“十百千”工程示范镇。该镇种植山药已有千年历史，“陈集山药”是全市第一个“地理标志产品”，已通过国家地理标志认证和绿色食品认证，并被列入农业部全国名特优新名录产品，获第十四届中国农交会金奖。2018年，该镇获得“中国淘宝镇”称号，3个村庄获评“中国淘宝村”。

第一节　历史沿革

陈集原名程桥，明初开始在程桥起集，因陈楼村陈氏在此集立千顷碑，改名为陈桥集，后又称陈家集。清朝中期演变为陈集，清末属北方棠西村。1934年，改建为陈桥镇，属第五区。1944年10月，改称陈集区。1949年，改为定陶县第三区。1958年3月，成立陈集乡。1958年8月，成立火箭人民公社；是年，更名为陈集人民公社。1984年1月，成立陈集镇。镇政府机关驻陈集社区国华路与文化路交叉口西150米。2001年，原保宁乡并入。

保宁乡于1934年设立，属第四区。1944年，属陈集区。1958年，成立保宁人民公社。1984年1月，改为保宁乡。1991年，保宁乡辖16个行政村，35个自然村，总面积34.8平方公里，人口20405人。2001年2月，并入陈集镇。

陈集镇和保宁乡合并后，名仍为陈集镇，属定陶县辖镇。2016年，定陶县改设定陶区，陈集镇属定陶区。2018年7月29日，原陈集镇划归菏泽经济开发区代管。

至2018年底，辖区内有中学2所、小学19所、学前教育机构30所；有医院2所，社区卫生服务中心47所。陈集镇机构设置有党政办公室、党建办公室、招商办公室、财务结算中心、社会事务办公室、经贸委、卫生和计划生育办公室、农委、社会治安综合治理办公室、环境保护和安全生产办公室、城建办公室、项目开发办公室，共2委、10办，合计12个部门。

第二节　管辖范围

陈集镇地处菏泽开发区东部，地势平坦，北洼东低、西南平、中间高。境内有万福河、洙水河、南干渠3条横向水系，常店排水沟、汜阳河、五斗沟、六斗沟、七斗沟5条纵向水系。东临定陶区半堤镇，南靠定陶区杜堂镇，西与开发区岳程、佃户屯街道接壤，北和牡丹区皇镇乡为邻，南距定陶城区15公里，西距菏泽市区7公里；全镇东西最大距离 9.13 公里，南北最大距离 9.4 公里，总面积 83.9 平方公里，镇政府地处东经 115° 38′，北纬 35° 11′。陈集镇交通便利。北依新石铁路和 327 国道，紧邻皇镇济铁物流园、青岛保税区，西靠京九铁路；菏泽市长江路、上海路、仓南路、菏定连接线通达境内，日南高速、德商高速公路纵贯境内且有高速出入口。菏泽牡丹机场在驻地 10 千米生活圈。菏泽高铁站选址陈集镇桶子河村。

至 2018 年，陈集镇辖陈集村、前沙海村、中沙海村、张庄村、刘庄村、七一村、八一村、崔庄村、焦庄村、盐土村、马楼村、八里庙村、桶子河村、张胡同村、保宁村、常店村、朱集村、朱庄村、台楼村、华堂村、罗庄村、何庄村、吴庄村、曹庙村、曹楼村、鲁店村等 26 个行政村。

2008—2018年陈集镇辖区人口变化情况表

表21-21　　单位：人

年份	常住人口		
	合计	男	女
2008	62482	31941	30541
2009	63354	32476	30818
2010	64299	33058	31241
2011	64491	33230	31261
2012	63444	32772	30672
2013	63084	32941	30743
2014	66339	34553	31786
2005	67333	35140	32193
2016	68465	35741	32724
2017	69400	36215	33185
2018	70108	36492	33616

第三节　经济发展

2018 年，陈集镇大力实施企业倍增计划，全镇规模以上企业达到 72 家，全年完成国地税入库 10500 万元，首次超过 1 个亿，同比增长 68.4%，形成地方财政收入 6700 万元，同比增长 62.45%（以上数据均不含 10 月以来划转区直的 80 家企业数据）增幅创历年来最高。全年共洽谈项目 18 个，新落地诚泰建材、蓝源建材 2 个大项目，医养结合健康城项目、冷链物流、丰陶制衣、陈集百年牡丹园等 9 个项目拟落地，中模科技新增投资 4000 多万元、天智绿叶和医用敷料项目新增投资 4500 万元，天智绿叶完成试生产，医用敷料项目建设完毕，正在办理生产许可，辖区企业呈现裂变式发展壮大。

划归开发区后，陈集镇推进新旧动能转换，科技创新驱动经济发展。2018 年，全镇有 8 个项目初步入选省级新动能转换项目库，天骄生物被认定为省级高新技术企业，天久生物被认定为省级重点龙头企业，狮克农场被评为全国农村创业创新园区。稳步推进专项税源清查及低效闲置土地治理活动，重点整治正衡、晨露生态园、国华西农场、好多亿食品等多个低效闲置项目，征收租金 55 万余元。对接区统计局全面做好全国第四次经济普查工作，对省企业名录库中的 1966 家企业及个体工商户进行了逐一核查。

2018 年，天骄生物、天中合作社均实现线上销售额500万元，沙海皮毛玩具实现线上销售收入600万元，找到传统特色产业发展的新路子。

2018年，镇政府指导各村完成农村集体产权制度改革工作，全镇26个村完成清产核资、成员资格认定和资产量化、股权设置等工作，各村成立股份经济合作社，7次成为全市农村集体产权制度改革现场会观摩点。建立村级集体经济收入稳定增长机制，通过鼓励发展“边角”经济、流转土地、盘活闲置资产、扶贫大棚分红等多种途径，26个行政村集体经济均达到3万元以上，其中七一等8个村达到10万元以上。

根据开发区创森绿化工作领导小组的统一部署，陈集镇镇村联动、农办和管区密切配合，完成辖区内高速、国道、河流两侧共414.85公顷的创森任务。并实现群众签订土地流转合同100%，苗木种植大户签订绿化协议100%，有效地引导社会资本参加，营造社会得绿、企业得利、农民得益的多赢局面。

2018年新建山药存储保鲜冷库6座，结合淘宝村、淘宝镇建设，实现农产品线上销售，推进一、二、三产业融合发展，提高农产品附加值。2018年，申报的山药小镇入围菏泽市特色小镇评选，以山药产业为重要基础申报的省级现代农业产业园、山东省农业科技园区2个项目获批。

第一产业　20世纪90年代后到2015年底，陈集镇培植起具有地方特色的山药、蔬菜、畜牧、林业四大优势产业，建立起山药、无公害蔬菜、油用牡丹等生产基地。2018年，全镇加大种植业结构调整力度，大力发展高效农业。陈集镇以种植小麦、玉米、山药为主，全年实现农业总产值4.96亿元。粮食作物以小麦、玉米为主，山药种植面积3333.33公顷，产量3.75万吨；曹楼村种植葡萄46.7公顷，亩产2000千克；畜牧业以鸡、猪、羊为主，饲养鸡62万羽、生猪存栏量3.46万头，羊饲养量8973只。10个村达到市、县级“一村一品”标准，七一蔬菜专业村被农业部评为国家级一村一品示范村。全镇机井保有量1600眼，旱能灌、涝能排的高产稳产田占可耕地面积的80%。粮食亩产突破600千克。

金硕生态农业高新产业园区。位于陈集镇境内，东临定陈路，西至高速连接线，南到万福河，北至保张路。2015年，园区在山东鲁建城市规划设计院规划基础上，聘请山东天之然农业规划设计院进行田园综合体规划设计。至2018年，产业园累计投资1.6亿元，流转土地8500亩，种植苹果、梨、桃等特色林果、高档苗木花卉4500亩、绿色粮食作物4000余亩，其中优质水果2200亩、高档苗木花卉2300亩，建设完成5.1公里的葡萄长廊，建设农田灌溉管网20公里、电脑程控日灌溉农田300亩，高标准智能果蔬“扶贫大棚”28座，连栋大棚6座，恒温库1座，实施面积3.7万平方米的荷兰标准兰花输美玻璃温室1座。

天中陈集山药专业合作社。2010年1月注册成立，注册资金1632万元，经过“国家地理标志保护产品”标识认证。合作社8000亩山药生产基地获得“绿色食品基地认证”，产品2次获得中国农产品交易会金奖，3次获得绿色食品畅销奖。天中合作社引领农民在发展特色农产品——陈集山药产业中，在带领农民致富的事业中成效显著，在鲁西南大地上成为一个名副其实的“领头雁”。先后获评“山东省示范社”“国家示范社”“中国绿色食品示范企业”“全国农产品加工示范企业”。

菏泽宏兴原种猪繁育有限公司。创建于1995年7月，历经20余年的发展，成为国家生猪核心育种场、国家生猪标准化示范场、全国猪联合育种协作组成员单位、农业部无公害农产品认证企业、中央储备肉活体储备基地、国家948项目承办单位。2018年，存栏能繁母猪3000头，后备母猪1000头，年出栏生猪8万头，拥有大白、长白、皮特兰、杜洛克等国内外优势猪种8个，为全市乃至全国良种猪繁育推广做出了积极贡献。

陈集狮克假日生态农场。农场地处菏泽市东郊，西邻日南高速连接线，北临菏泽牡丹机场。总占地33.97万平方米，总投资1.2亿元，是菏泽市农业首个集综合性生态农业观光、产业扶贫开发、科普教育、乡村旅游、鲜果养生采摘、假日休闲、“美丽乡愁”民俗游、采摘体验游、民宿餐饮、生态农庄、园艺艺术、设施农业、科普教学、狮克大樱桃采摘文化节（春季）、狮克富硒西瓜采摘文化节（夏季）、狮克苹果小提琴艺术文化节（金秋）、狮克情侣之冬草莓采摘文化节（冬季）、学生实践等于一体的农业科技示范基地。先后获评“山东省省级农业标准化示范基地”“农业部四星级现代农业休闲观光企业”“菏泽市生态循环农业示范企业”。

菏泽牡丹园。位于菏泽经济开发区长江东路，德商高速公路菏泽口东临，菏泽牡丹机场西1公里。由中科农林科技有限公司投资建设，项目占地400亩，总投资额3亿元。主要包括菏泽牡丹园、牡丹种质资源库、牡丹科研中心、牡丹芍药观赏基地、名贵大丽花观赏繁育基地等。拥有百年以上牡丹树2000余株，20年以上“什锦”牡丹20万株；观赏牡丹品种1200多个，观赏芍药品种600多个，天竺牡丹120余种。该园同中科院以及荷兰、以色列等国际高端研发单位合作，拥有专家科研团队2个、业务拓展团队3个、技术服务团队6个，建有牡丹种植培育基地1300亩。逐步把园区打造成菏泽牡丹及高档花卉品种研发、种植、生产、销售、旅游于一体的现代化国际花卉基地。

山药。陈集镇是开发区山药的主产地，山药种植历史悠久，“陈集山药”是山东省菏泽市的第一个“地理标志产品”，已通过国家地理标志认证和绿色食品认证。陈集山药具有“面、甜、香、绵”的口感特点，除含蛋白质、可溶性糖、淀粉等常规营养物质外，还含有锌、硒、钙、铁、铜等多种对人体有益的矿物质元素和17种氨基酸、皂苷、多酚氧化酶、淀粉酶消化素。

葡萄。陈集镇曹楼村栽植葡萄始于1982年。至2013年，该村种植葡萄33.33公顷。2016年，陈集镇发展以曹楼村为主的葡萄采摘园，把曹楼葡萄融入旅游观光线路中。2018年，该村种植葡萄近46.7公顷，亩产约2000千克。

第二产业 2013年，陈集镇工业以机械制造、生物化工、工艺品加工、食品加工、地毯、建材、造纸、纺织、服装为主；全年完成工业主营收入39亿元，完成工业增加值7.9亿元；拥有工业企业140余家，职工1.4万人；拥有裘皮生产加工出口基地2个，新闻纸生产基地1个，多功能肽研发制造出口基地1个。

工业。陈集镇工业起步较早。20世纪90年代，企业经营方式由粗放型向集约型转变，通过调整联合、优化产业和产品结构，都庆、国华、菏达、盛华达和前、中沙海皮厂等6大企业集团的龙头带动作用日益凸显，围绕6大企业集团兴起的小型企业数以千计。2000年，全镇有各类工业企业逾千家，从业人员2万多人，完成企业总产值13.2亿元，创利税1.22亿元，成为全省最大的羊毛地毯加工出口基地和全国重要的食品添加剂生产基地。都庆、菏达2家企业相继通过国际质量体系认证，“都庆”牌麦芽糊精获山东省名牌产品称号，“蔬而康”冲剂被卫生部批准为“健字号”保健食品，在菏泽市尚属首家。2010年后，陈集镇在与开发区接壤的西部规划建设工业园区。通过招商引资和项目建设，入驻亿业石油等33家企业，合同投资总额70亿元，累计完成投资20多亿元。以天久实业、泉润纸业等为代表的镇内原有骨干企业膨胀了规模，实现了可持续健康发展；裘皮、地毯等传统产业逆势上扬。2015年，全镇规模以上企业发展到44家，初步形成食品加工、纺织服装、商贸物流、工艺品加工等优势产业，完成规模企业总产值66.05亿元，完成固定资产投资11.5亿元，实现地方税收4325.84万元。2018年，全镇规模以上工业企业5家，服务企业30家，产业集群化优势明显，形成食品加工、机器制造、建筑材料、仓储物流等龙头企业带动优势产业，完成规模企业总产值86.35亿元，国地税入库1.05亿元，实现地方财政收入6700万元。

陈集皮毛玩具享誉海内外，出口20余个国家。由于多种因素影响，出口受阻，但全镇仍有数千人从事皮毛加工业，那些做工逼真的动物很吸引人的眼球，令旅游者爱不释手。2015年，全镇皮毛产业年产值约2亿元。2018年，全镇皮毛产业年产值约4.38亿元。主要企业有山东定陶众兴皮毛有限公司、定陶县吉光裘革皮毛有限公司、菏泽市海盟毛纺织有限公司、定陶县焱鑫裘革皮毛有限公司、菏泽市祥盛皮毛制品有限公司。

陈集堆绣是一种古老的民间贴补工艺，起源于青海，以绢、绫、丝、棉麻及各种布料为原料，剪制成形，其工序有图案设计、裁剪、堆贴、绣制等几道。尤其是镇伟威制衣公司的“堆绣”产品填补山东省空白。利用现代技术手段和工艺，使堆绣作品更具绘画效果，或花卉、人物，或山水、畜禽，画面色彩亮丽，形象逼真。

陈集镇是黄淮流域最大的地毯生产基地，年产手工羊毛地毯50万余平方英尺，从业人员2000余人，年产值5000万元。天安门城楼和人民大会堂多次采用盛华达股份有限公司生产的地毯。2018年，年产手工地毯13.5万平方英尺，从业人员992人，年产值1351万元。

第三产业 20世纪90年代后，个体私营经济发展步入快车道，国营集体商业、服务业网点大多实行集体承包或私人承包。2000年后，镇政府出台优惠政策，先后建起前沙海、中沙海、保宁、陈集4个较大的农贸市场，相继在镇区扩建、改建、新建服装、瓜果、蔬菜商业街。2013年，陈集镇共有城乡集贸市场5处，商业网点700多个，从业人员2600余人，社会商品零售总额5.2亿元；年末金融机构各类存款余额3.3亿元，比2012年增长23%，各项贷款余额1.23亿元，比2012年增长26%。2015年底，陈集镇共有城乡集贸市场5处，商业网点1100多个，从业人员8600余人，社会商品零售总额8.2亿元。

2018年，陈集镇发展乡村游，相继建起多处乡村采摘园，让游客体验休闲采摘乐趣，助推乡村振兴。

2018年，陈集镇共有城乡集贸市场4处，商业网点2000多个，从业人员4800余人；年末金融机构各类存款余额16.07亿元，比2017年增长10.75%，各项贷款余额4.43亿元，比2017年增长28.78 %。

2001—2018年陈集镇财政收入统计表

表21–22 单位：万元

年份	地税收入	国税收入	地方财政收入
2001	847	939	2223
2002	737	817	1991
2003	854	945	2237
2004	1038	1150	2407
2005	548	607	1234
2006	999	543	1751
2007	1612	526	2297

续表21-22

年份	地税收入	国税收入	地方财政收入
2008	1903	770	2763
2009	2359	429	2801
2010	2835	576	3437
2011	2551	846	3685
2012	3281	1289	5575
2013	1849	845	2694
2014	2472	847	3716
2015	3528	798	4326
2016	3469	1354	5240
2017	2197	1489	4124
2018	2929	3436	6365

1994—2018年陈集镇招商引资统计表

表21-23

年份	项目名称	投资规模（万元）	占地面积（亩）	建筑面积（平方米）
1994	定陶宏瑞包装	4000	30.00	10000
2004	山东天骄生物有限公司	1500	37.35	3000
2005	定陶旭日煤炭经销有限公司	2000	42.66	10000
2008	菏泽德泰物流有限公司	12000	92.00	
2009	山东泉润纸业有限公司	34000	440.00	70000
2009	菏泽和瑞化工有限公司	2000	60.00	3000
2009	菏泽兴宇科技有限公司	2500	15.00	2500
2009	菏泽市华牧饲料有限公司	2600	16.80	15500
2010	山东天智绿业生物技术有限公司	30000	40.00	45000
2010	菏泽市双隆纺织有限公司	12000	27.80	30000
2010	山东华宝隆轻工机械有限公司	26000	120.00	40000
2011	菏泽宇浩化工有限公司	3000	16.60	3000
2012	菏泽汇通新型建材有限公司	10000	60.00	3800
2012	菏泽市云嘉建材有限公司	5000	37.00	8200
2012	山东儒商智信工业机械有限公司	12700	120.00	—
2014	山东绿德地生物科技有限公司	3000	50.00	3000
2014	山东七建建筑科技有限公司	10000	40.00	6000
2014	山东天久实业集团	5000	270.00	24000
2014	山东天地大节能新材料股份有限公司	6500	90.00	—
2015	菏泽宇航化工有限公司	2000	35.00	1500
2015	山东本草食品股份有限公司	12000	186.40	70000
2015	菏泽九州通医药有限公司	10000	37.23	—
2015	菏泽圣淋混凝土有限公司	6000	18.00	—
2016	菏泽晨泽化工有限公司	8000	30.00	7000
2016	山东中模建筑科技有限公司	26000	119.20	50000
2016	菏泽传化公路港物流有限公司	24000	207.00	80000
2017	山东旖旎木业有限公司年产30000扇木门制造项目	5200	28.00	9000

续表21-23

年份	项目名称	投资规模（万元）	占地面积（亩）	建筑面积（平方米）
2017	山东中模建筑科技有限公司新材料铝模板的研发与生产项目	12000	80.00	50000
2017	中铂物流园冷链物流项目	50000	200.00	—
2017	山东七建新型建材有限公司40万立方米／年商品混凝土项目	9500	40.00	—
2017	山东天久实业集团果椹膨化加工项目	500	—	—
2017	山东天久实业集团海藻酸盐敷料加工项目	6000	—	—
2017	菏泽诚泰建材有限公司40万立方米/年商品混凝土项目	8350	—	24900
2018	山东盛陶化工有限公司提高二硫化碳利用率深冷项目	6000	3.00	—

2001—2018年陈集镇经济总收入及人均纯收入一览表

表21-24

年份	经济总收入（万元）	人均纯收入（元）
2001	—	2341
2002	—	2440
2003	—	2432
2004	—	3222
2005	—	3963
2006	—	4681
2007	92198	5216
2008	—	5360
2009	1756857	5839
2010	2201206	7167
2011	2711691	8256
2012	4143569	9402
2013	4898479	10906
2014	5499147	10332
2015	6596604	11324
2016	—	10220
2017	—	—
2018	—	—

2011—2018年陈集镇规模以上企业工业产值一览表

表21-25

年份	规模以上企业工业增加值（万元）
2011	271169.1
2012	396758.2
2013	476147.8
2014	544176.8
2015	660126.6
2016	811210.3
2017	958323.5
2018	109657.2

第四节 村镇建设

1991 年，陈集镇面积 49.1 平方公里，辖 12 个行政村，58 个自然村，人口 35255 人。2015 年，陈集镇辖陈集村、前沙海村、中沙海村、张庄村、刘庄村、七一村、八一村、崔庄村、焦庄村、盐土村、马楼村、八里庙村、桶子河村、张胡同村、保宁村、常店村、朱集村、朱庄村、台楼村、华堂村、罗庄村、何庄村、吴庄村、曹庙村、曹楼村、鲁店村等 26 个行政村，92 个自然村，总人口 6.73 万，其中城镇常住人口 3.2 万，城镇化率 47.55%。民族以汉族为主，占 88.4%，回族占总人口的 11.6%。至 2018 年，陈集镇辖七一、曹楼、崔庄、盐土、张庄、陈集、八一、保宁、前沙海、中沙海，共 10 个社区；辖何庄、桶子河、常店、吴庄、鲁店、张胡同、曹庙、华堂、焦庄、马楼、八里庙、刘庄、朱集、台楼、罗庄、朱庄，共 16 个行政村。总人口 6.94 万。

陈集镇行政村村名由来一览表

表21–26

行政村名	村名由来	所辖自然村
陈集	相传由程、乔二姓建村，名程桥。明朝初年，因陈彪在此立千顷碑，改名为陈桥集。据《定陶县志》记载，民国五年（1916），叫陈家集，后演变为陈集	陈集、陈楼、姜庄
保宁	明洪武年间（1368—1398），水灾严重，王、朱、冯等族村民为祈求永保安定，将原来几个小村连成村寨，命名为保宁寨。清光绪年间（1875—1908）因成集而得名保宁集	保宁、西曹庄、陆庄、何家庄
华堂	明永乐年间（1403—1424），华氏先祖由山东莱州府即墨县迁此建村，因建有祠堂，故名华堂	华堂
八一	1956年8月1日，由13个自然村组成高级农业合作社，称“八一高级农业合作社”。后改为行政村	西刘庙、刘庙、东刘庙、单县张庄、蔡庄、东谷庄、东中谷庄、西中谷庄、西谷庄、西李庙、东李庙、丁胡同、杨庄
何庄	明万历年间（1573—1620），先祖何氏于黄店镇西台集迁居该村，故以姓氏命名为何庄	大何庄、后刘庄、东曹庄
七一	20世纪50年代，由7个自然村组成七一高级农业合作社，后称七一大队，1984年更名为七一行政村	后李庄、东李庄、张庄、李家庙、施庄、赵庄、高庄、孔何庄
北张庄	张氏始祖于明成化三年（1467年），由山西迁至菏泽城东刘庄，二世在村东立村名为张家庄，后演变为张庄，因重名，故命名为北张庄	北张庄、赵楼、刘花园
桶子河	明永乐年间，张氏自山西迁此建村，因村三面环河，村庄如在水桶之中，故名为桶子河	前桶子河、后桶子河
罗庄	明洪武年间，赵、王2姓自山西迁此建村。清康熙年间（1662—1722），罗姓由八里庙迁居至此，后因王姓犯法，改村名为罗庄	罗庄、牛庄、张庄
朱庄	明崇祯年间（1628—1644），先祖由南朱庄迁此建村，以姓氏命名为朱庄	朱庄、张马牛、连集、岳庄、任庄、温庄、歪李庄
曹楼	清乾隆年间（1736—1795），曹氏先祖由保宁曹庄迁此，曾盖小楼1座，故名曹楼	曹楼
马楼	清顺治十八年（1661年），马氏由孟海马楼迁此，沿用老家村名	马楼、孟庄、齐庄、胡楼、张楼、西马楼
刘庄	刘氏先祖明成化年间（1465—1487），由山西迁此，以姓氏取名刘庄	刘庄、回民张楼、林王庄、杨李庄

续表21-26

行政村名	村名由来	所辖自然村
鲁店	明洪武年间，鲁氏先祖由山西迁此。因有南北官道经过村中，客商云集，生意兴隆。村内开有两家客店、两家茶馆，因此得名鲁店	鲁店
曹庙	先祖明洪武年间，由山西迁此，因村内修建一庙宇进行纪念，故名曹庙	曹庙、何庄、陈洼
盐土	因辖区内盐碱地面积占70%左右，村始建在盐土堌堆上而得名盐土	盐土堌堆、三官庙、曹胡同、陈三楼、吴庄、秦坑、前段楼
中沙海	原名沙家庄，清两江总督马新贻回乡省亲，论及前沙海、沙家庄、后沙海被统称为沙海时，他说，沙家庄在前后沙海间，不如叫中沙海为好。由此，沙家庄更名为中沙海	中沙海
常店	明洪武年间，常、肖2姓由山西迁此，因当时隶属河北常安县，故名常安店。因村周围皆是盐碱地，又被称为碱场店，后改称常店至今	常店
朱集	朱氏先祖明初由山西迁此，以姓氏取名朱集	朱集、白路口
前沙海	明万历年间，沙氏由河北迁此建村，因地势低洼多水，故以姓氏和海命名为沙海，又因村北有后沙海，故命名为前沙海	前沙海
张胡同	明洪武年间，张氏先祖由山西洪洞县西关外大桥外北张胡同迁此，沿用老家取名张胡同	张胡同、刘胡芦沟
台楼	该村建于元朝前，明朝嘉靖初年，台居重在朝里为官，后荣归故里，盖楼房居住，随以台姓和楼房命名该村为台楼	台楼、王庄、赵庄、康庄、郭楼
八里庙	因村西有1庙，东距陈集8里，南到保宁8里，西到张什店8里，北距辛集8里，故称村名为八里庙	八里庙、胡庄
焦庄	明洪武年间，由山西迁居此地，以姓氏命名焦庄	焦庄、尚庙
吴庄	原名王家坑，清康熙年间（1662—1722），吴氏祖由定陶城北迁此，后因吴姓人口较多，故改名为吴庄	吴庄
崔庄	明永乐年间，由定陶北崔庄迁此，以姓氏命名崔庄	崔庄、苑庄、徐庄、张李庄、香李庄

2018年陈集镇社区一览表

表21-27

社区名称	方位（距离镇政府驻地）	社区概况
前沙海社区	镇北2.8公里	占地面积137公顷，居民810户3120人，共14个姓氏，人口以沙姓、马姓、李姓、张姓居多
中沙海社区	镇北3.5公里	占地面积143公顷，1300户人口5160人。姓氏以沙姓、马姓居多
盐土社区	镇东北3.4公里	耕地面积257公顷，居民707户总人口2700人，人口以李姓、张姓为主
保宁社区	西南10公里	总耕地面积193公顷，居民总人口2975人，姓氏王姓居多
七一社区	镇驻地	耕地面积411公顷，居民1548户6100人，共15个姓氏，人口以李姓、张姓居多
曹楼社区	西南5公里	耕地面积77公顷，243户人口820人。姓氏以曹姓居多，另有许氏
陈集社区	镇驻地	耕地面积243公顷，人口4610人，姓氏以刘、张、李、王、房居多
八一社区	南3公里	占地面积约14平方公里，居民2000户6706人，共31个姓氏，姓氏以谷、刘、张、李、丁、蔡、杨居多
崔庄社区	东南3公里	耕地面积326公顷，居民1260户3778人，姓氏以李、张、苑、崔、徐居多
张庄社区	北1.8公里	辖区面积3.5平方公里，总耕地面积200公顷，居民882户2858人，姓氏以张姓为主

2018年陈集镇行政村一览表

表21-28

行政村名称	方位（距离镇政府驻地）	社区概况
八里庙村	西北4公里	耕地面积151公顷，420户，1636人，居民以李姓，刘姓，胡姓为主
曹庙村	南4公里	耕地面积158公顷，居民510户，总人口1690人，现有王，曹，苏，许4个姓氏，曹姓居多
华堂村	西南3公里	耕地面积140公顷，315户，1200人全为华姓
鲁店村	西南6公里	耕地面积97.2公顷，居民380户，共计1120人，有鲁，王，华，禁等15个姓氏，鲁姓人数最多
罗庄村	西4公里	耕地面积143公顷，共425户，总人口1444人，有罗、张、牛姓氏，罗氏最多，无棚户区改造
吴庄村	西南5.3公里	耕地108公顷，600户1497人，姓氏吴、郭、王、曹，吴姓居多，无棚户区改造
张胡同村	西南6.5公里	耕地面积146公顷，居民550户，总人口1629人，主要有张、李等姓氏
桶子河	西南7.4公里	占地面积1.5平方公里，总人口1322人，397户，贾姓居多
朱集	西北4.9公里	总耕地587公顷，全村共有1680人，姓氏张、刘居多
常店	西南6.0公里	耕地115公顷，总人口1378人。姓氏黄、肖居多
台楼	西北5.1公里	总面积4.5平方公里，耕地面积187.2公顷，村庄占地面积93.33公顷，共879户，人口2789人，台姓人口居多
何庄	西南3.2公里	共404户，总人口1589人，何姓、刘姓居多
朱庄	西北3.7公里	638户，3176人，朱、王、马姓居多
马楼	东北3公里	耕地面积278公顷，居民786户2562人，姓氏以齐、孟、胡、马、张、王居多
焦庄	东北4公里	耕地面积132公顷，居民315户1229人，姓氏以焦、苏、尚、宁居多
刘庄村	西北2公里	现有耕地167公顷，居民500户1700人，姓氏以刘姓、张姓居多

城镇规划　2014年，根据山东省城乡规划设计研究院编写的《陈集镇控制性详细规划》，陈集镇累计投资近2亿元，先后完成国华北路、文化路升级改造，新修润鑫路、洙华路、振兴路、育英路、泉润路等，新建文化广场、集贸市场等一批市政和民生工程，启动瑞景新村、七一社区、泰运嘉苑建设等。镇区开发面积47万公顷。

陈集镇围绕提高公共服务能力和水平，不断改善民生。2017年，建设省级标准的中心敬老院、中心幼儿园、镇中学、卫生院、民生服务中心，满足群众需求。派出所、计生服务站、国地税、工商、国土等基层便民设施，达到全市一流、全省先进水平。

通过产城融合一体发展，2015年，建成区面积6.2平方公里，城镇人口3.2万。2018年，建成区面积5.4平方公里，镇区人口7.01万。

基础设施。2018年底，陈集镇有客运站2个，分别是位于陈集、沙海，日发客运汽车分别为48和20班次；变电站2处，分别是11万伏变电站、3.5万伏变电站，年用电量2亿千瓦；有线电视用户700户，入户率5%；体育场33个，100%的村安装健身器材；邮政支局共2个，分别是陈集和保宁支局，地址分别位于陈集国华路中段和保宁村委会西侧。

电信网络。2018年，陈集镇移动公司拥有移动用户40700户，宽带网络5700户；联通公司移动用户6800户，固定电话560户，宽带网络5500户；电信公司移动用户20000户，固定电话100户，网络1500户；广电公司宽带用户100户。

道路情况。至2018年底，陈集镇区街道有横后街道10条，纵向街道6条，近70公里。见表21-29。

2018年陈集镇主要道路统计表

表21-29

名称	道路方向	长度	宽度	修建起止时间
商业街	横向	1300米	16米	1997年、2005年、2010年分阶段修建
保张路	横向	6000米	5米	2003年4—7月初建，2015年改建
三八路	横向	4000米	6米	2014年8—11月修建
陈菏南路	横向	4800米	7米	1993年初建，2015改建
陈孟路	横向	8500米	9米	2002年初建，2008年改建
胡焦路	横向	7500米	5米	1997年3—7月修建
泉润路	横向	1500米	10米	2013年3—7月修建
文化路	横向	4800米	6～16米	1996年、2002年、2016年分段修建
长江东路	横向	7000米	28米	2018年全线贯通
仓南路	横向	3000米	22米	2015年由定陶区公路局承建
东外环	纵线	1900米	7米	1996年初建，2011年改建
国华路	纵线	6400米	15～28米	1996年初建28米，2014年改建北段成15米
富民路	纵线	1200米	10米	2005年修建
新郕大街	纵线	2500米	20米	2003年初建南段，2013年4—7月修建北段
窑西路	纵线	1700米	6米	2014年5—7月修建
连接线	纵线	7000米	24米	2005年初建，2015年改建拓宽

第五节 社会事业

科技 陈集镇积极实施科教兴镇战略，认真落实“经济建设必须靠科学技术，科学技术必须面向经济建设”的方针。2015年底，该镇有省级技术研究中心1家，省级研发基地2个，市级技术研究中心2家，各类科技人才1000余人，拥有各类发明专利20余项。2018年底，陈集镇有省级技术研究中心1家，省级研发基地1个，拥有各类发明专利20余项。

文化 2018年底，陈集镇有镇综合文化站1个，村级文化活动中心（文化大院）26个，各类文化专业户15户，各类图书室11个，藏书6万余册，音乐、美术、书法、摄影及文学业余创作队伍50多人；有体育场33个，100%的村安装健身器材，各村有秧歌队、广场舞队52个，经常参加体育活动的人员占常住人口的20%。

教育 2018年，陈集投资1476.11万元，先后完成镇中学东教学楼、教师周转房、室内体育馆的建设工作，完成陈集小学教学楼、马楼小学教学楼、崔庄幼儿园活动室建设任务，刘庄幼儿园正在建造中。镇政府投入73.14万元，硬化镇中学、马楼小学、盐土小学地面，并购置教学一体机20台、教师机20台、学生机40台，空调500余台，课桌椅2170套，各中小学硬件设施逐步完善。2018年末，陈集镇有幼儿园24所。小学19所，小学适龄儿童入学率达100%。初中2处，初中在校学生2622人，专任教师213人。

2018年陈集镇幼儿园在园幼儿人数、专任教师情况表

表21-30

幼儿园名称	所在地址	在园幼儿人数（人）	专任教师人数（人）
陈集镇中心幼儿园	陈集转盘往西500米	410	28
陈集中建幼儿园	陈集七一东李庄东头	220	12
陈集早教中心	陈集小学东	400	30
陈集镇七一幼儿园	陈集镇七一小学西	145	10
陈集镇春蕾幼儿园	陈集八一社区西李庙村	121	6
陈集镇八一幼儿园	八一小学南50米路东	215	8
陈集镇崔庄幼儿园	陈集镇崔庄社区前	168	8
陈集镇焦庄幼儿园	陈集镇焦庄村东南方	98	5
陈集镇前沙海幼儿园	陈集前沙海	160	7
陈集镇中沙海幼儿园	中沙海小学院内	158	7
陈集镇张庄幼儿园	张庄社区东	110	6
陈集八里庙幼儿园	陈集镇八里庙村	52	3
陈集镇马楼幼儿园	陈集镇马楼小学前	130	5
盐土幼儿园	盐土行政村	170	11
小天才幼儿园	陈集西街	87	6
新启点幼儿园	陈集镇七一小学东临	115	0
刘庙幼儿园	陈集镇八一后刘庙	35	3
金太阳幼儿园	中沙海村	180	9
未来星幼儿园	陈集镇中沙海村	83	4
励志幼儿园	陈集镇保宁	270	15
立新幼儿园	陈集镇吴庄	180	8
保宁幼儿园	陈集镇保宁	90	4
娃哈哈幼儿园	陈集镇常店	234	15
南刘幼儿园	陈集镇刘庄	183	9

2018年陈集镇小学在校学生人数、专任教师情况表

表21-31

小学名称	所在地址	在校学生人数（人）	专任教师人数（人）
陈集小学	陈集镇富民路中段	1055	37
陈集镇七一小学	陈集镇七一后李庄村	512	13
陈集镇八一小学	陈集镇八一村谷庄	755	19
陈集镇前沙海小学	陈集前沙海	253	8
盐土小学	盐土社区盐土堌堆村	245	2
陈集镇八里庙小学	陈集镇八里庙村	162	9
中沙海小学	陈集镇中沙海社区	428	20
陈集镇马楼小学	陈集镇马楼村	251	3
陈集镇焦庄小学	陈集镇焦庄村东南	292	10
陈集镇张庄明德小学	陈集张庄村	292	12
陈集镇崔庄小学	陈集镇崔庄村	365	7
陈集镇保宁小学	保宁	751	25
陈集镇立新小学（私立）	吴庄	680	37

续表21-31

小学名称	所在地址	在校学生人数	专任教师人数
陈集镇刘庄小学	刘庄	284	9
陈集镇朱庄小学	朱庄	263	9
陈集镇朱集小学	北朱集	145	9
陈集镇台楼小学	台楼	210	8
陈集励志小学（私立）	保宁	192	12
陈集镇华堂小学	华堂	124	5

2018年陈集镇初中在校学生人数、专任教师情况表

表21-32

初中名称	所在地址	在校学生人数（人）	专任教师人数（人）
陈集二中	陈集保宁	862	91（工勤3人）
陈集镇中学	陈集镇陈集村东临	1760	122

计划生育　2018年，陈集镇全年共出生976人，男519人，女457人，出生人口性别比113.57%；严打“两非”案源，认真落实“三三五”工作机制，与重点人群签订合同900余份。大力开展“关爱女孩”行动，利导全镇1330户，兑现前三季度独生子女费292人共175200元；完成免费孕检596对；一胎、二胎服务手册办理717人，三胎生育证19人；全镇55～59岁奖扶55人，60岁以上奖扶169人，特扶3户5人；减免新农合3672人、807840元；流动人口落实人口基本卫生计生服务均等化，流出地和流入地计划生育双向服务管理达到90%以上。

医疗　2018年，陈集镇中心卫生院和保宁卫生院为全镇60岁以上老人免费体检6277人次，发放健康教育材料2万余份，举办咨询会9次、健康讲座114次，中心卫生院投入600万元新建病房楼，改善住院条件。

2018年底，陈集镇有各级医疗卫生机构51个，分别是陈集镇中心卫生院、保宁卫生院、崔庄卫生室、崔庄村张李庄卫生室、中沙海村卫生室、刘庄村卫生室、马楼村卫生室、七一村卫生室、施庄村卫生室、前沙海村卫生室、谷庄村卫生室、李庙村卫生室、盐土村卫生室、八一村卫生室、东谷村卫生室、八一东谷庄卫生室、八一东李庙村卫生室、北张庄村卫生室、蔡庄村卫生室、陈集村北街卫生室、陈集村卫生室、陈集村东街卫生室、陈集村西街卫生室、中沙海村北卫生室、丁胡同村卫生室、焦庄村卫生室、马楼村西卫生室、七一村第二卫生室、七一村东李庄卫生室、李家庙村卫生室、盐土村吴庄卫生室、张庄村卫生室、中沙海村东街卫生室、中沙海村南街卫生室、中沙海村西南卫生室、中沙海村西卫生室、定陶苑志勇口腔诊所、桶子河村卫生室、常店村卫生室、常店村东卫生室、后刘庄村卫生室、保宁村卫生室、台楼村卫生室、何庄村卫生室、吴庄村卫生室、朱集村卫生室、张胡同村卫生室、华堂村卫生室、朱庄村卫生室、歪李庄村卫生室、连集村卫生室，固定资产总值1757.21万元，专业卫生人员190人，其中执业医师31人，执业助理医师26人，注册护士50人，有床位97张，每万人拥有病床9.6张；医疗机构完成诊疗5.22万人次，60146名村民参加新型农村合作医疗，参保率达98.5%。

社会保障　陈集镇严格履行低保申请、核实、

审批程序，每月收集1次低保人员调整信息，实现动态管理下的应保尽保。截至2018年底，全镇享受低保待遇的有740户945人，每月发放低保金179550元，为贫困群众解决了基本生活困难；五保集中供养30人，分散供养78人；救助困境儿童4人，孤儿9人。

社会福利和民政工作　2010年，陈集镇共发放1438人残疾人补贴、资金36.6万元；90岁以上老人264人，共发放高龄补贴5.28万元。足额发放620名优抚对象的抚恤补助优待经费119.59万元。全面开展退役军人和其他优抚对象信息采集工作。此外，为了切实抓好殡葬改革，坚持问题导向，杜绝以罚代化，强化督导问责，陈集镇出动宣传车300余辆次，发放殡葬改革明白纸9000余份，悬挂条幅144条，共火化遗体238具。新农合、新农保参保率分别为93%、95%，并已全部录入信息系统，办理企业养老保险、机关事业退休人员验证938人，协助异地退休验证91人次。

陈集镇中心敬老院　1990年，陈集镇党委、政府40多万元兴建，1991年运营，位于定陈路西侧、八一社区境内。2010年11月，陈集镇党委、政府为改善五保老人生活环境，在菏泽开发区东部、陈菏南路南侧七一社区境内重新选址建敬老院，2011年11月投入运营。该院占地21838平方米，建筑面积3359平方米，楼房114间，院民住房60间，设立床位102个，设有生活区、娱乐区、健身区、种植区，生活娱乐设施齐全，服务管理规范。1992年2月被省民政厅、老龄委授予“文明敬老院”称号，2010年被评为二级乡镇敬老院，2012年2月被评为“山东省一级五保供养服务机构”，多次受到省、市、县、区表彰。

第六节　历史古迹

张李庄姑庵寺遗址位于陈集镇崔庄行政村张李庄村西北50米，是一处明代的寺庙遗址。姑庵寺始建于明代初期，因童姑从山西洪洞县随身带来佛像并在此建寺而得名，明崇祯七年（1634年）重修，清代亦进行过修缮，20世纪60年代，大部分古建筑被毁，现遗址上仍存有明代石狮一对，明清时期的石碑、石柱数块及附近宗教信仰者新建的庙宇。现存遗址东西长16米，南北长60米，占地面积960平方米。2005年，该遗址被定陶县文物管理处公布为定陶县文物点，并树立定陶县文物保护点标志碑。2009年，第三次全国文物普查时，定陶县第三次文物普查队对该遗址进行调查，并将其登录上报为新发现文物点。2011年7月，该遗址被定陶县人民政府公布为第三批县级文物保护单位。2015年3月，被菏泽市人民政府公布为第二批市级文物保护单位。张李庄姑庵寺遗址所处黄泛平原，属黄河冲积扇类型，由于黄河多次决口泛滥，受地形流速等诸因素的影响，形成了高低起伏复杂的地貌，总的趋势是西南高、东北低，呈微倾斜状，海拔高度在44 ~ 53.5米之间，落差为9.5米。

张李庄姑庵寺遗址

人 物

姜玉贞

人物部分包括人物传略，开发区现任和离任负责人简介，市级以上劳动模范、高级专业技术职称人员、硕士、博士、中科院院士、革命烈士英名录。人物传略坚持生不立传的原则，选录辖区历史上有较大影响的过世人物28人，以正面人物为主，以卒年先后为序。开发区现任和离任负责人简介，简要介绍建区以来70位副县级以上领导基本情况，其中25名现任领导人以在开发区的位次为序、离任45名领导人以生年先后为序。人名录中，收录市级以上劳动模范52人，开发区引进的高级专业技术职称人员，硕士、博士研究生学位人员，中科院院士63人，区籍革命烈士78人。

人物传略

冉　雍（前522—？）

字仲弓，生于周景王二十三年（公元前522年）。春秋末期鲁国茶堌坡（今菏泽市开发区岳程办事处冉贤集村）。冉贤集，春秋时期称茶崮。汉代建元元年（前140年）称冉村镇，唐称冉贤集，清代改称冉村镇，民国时期称张什店，1948年属菏泽县一区、五区。1957年属岳程楼乡，1958年属东风公社，1983年属岳程乡，2000年属菏泽开发区岳程街道。）人。与冉耕（伯牛）、冉雍（仲弓）、冉求（子有）皆在孔门十哲之列，有“一门三贤”之誉，当地人称为“三冉”。

冉雍

鲁哀公十三年（前482），41岁的冉雍曾任季氏宰，后因“谏不能尽行，言不能尽听”，辞官复从孔子。孔子去世后，仲弓与闵子及孔子的其他弟子合编《论语》120篇；又自著《敬简集》3篇，后因秦朝焚书，失传。

冉雍在孔门弟子中以德行著称，孔子对其有“雍也，可使南面之誉”（《论语.雍也》）。冉子庙门两旁立柱木牌书有楹联。上联“德行居圣门之首独承东鲁真传”。下联：“敬简备王道之全配享南华名祠”。楹联的横批就写的是“可使南面”。这是孔子对冉仲弓的一句评语，说其宽洪简重，有人君之风范，让他做诸侯治理一个国家也是能够胜任的。这是孔子对其他弟子从来没有过的最高评价。后世对冉雍的评价甚高，如荀子在他的《儒效篇》中，把冉雍与孔子相提并论，说：“通则一天下，穷则独立贵名，天不能死，地不能埋，桀、跖之世不能污，非大儒莫之能立，仲尼、子弓是也。”汉高祖过鲁以太牢祀孔子，祀奉冉雍为陶子。汉元帝加封冉雍为陶侯。唐贞观二十二年（648年）封冉雍鲁侯，唐开元二十七年（739年）封为薛侯。宋真宗祥符二年（1009年）增封冉雍为下邳侯，宋度宗咸淳三年（1267年）封为薛公。明嘉靖九年（1530年）改称冉雍为先贤冉子。清康熙间赐冉雍嫡派后人为翰林院五经博士，世袭奉祀。

谷梁赤（？—？）

名赤，字元始，《谷梁传》的作者，陈集镇八一谷庄人，战国时期著名的经学家。孔子门下十哲之一子夏晚年居家著书授业，离谷庄很近。谷梁是子夏弟子，学成后在鲁国为吏并且著书立说，其直系后人在今菏泽一带。现在陈集镇西谷庄有谷梁的墓和碑。谷梁精明能干，思维敏捷，精通语言学和史学，他的著作《谷梁传》是研究战国时期儒家思想的重要资料。《春秋》一开始仅口说流传，直到谷梁才为经作传，称《春秋谷梁传》。《春秋谷梁传》亦称《谷梁春秋》或《谷梁传》，是今文经学派的著作，与《左传》、《公羊传》同为解说《春秋》的三传之一。《谷梁传》全书正文两万三千多字，采用问答体解说《春秋》，重点在阐述经义即《春秋》的政治意义，与《公羊传》大抵同调，但在个别具体问题上也有歧异。晋代范宁在《春秋谷梁传序》中对《谷梁传》《左传》和《公羊传》进行比较，作出“《左氏》艳而富，其失也巫；《谷梁》清而婉，其失也短；《公羊》辩而裁，其失也俗”的评论。

卞　壸（kǔn）（281～328）

字望之，济阴冤句（今开发区丹阳街道刘庙社区卞庄）人。东晋初政治家、军事家、书法家，累事三朝，两度为尚书令。

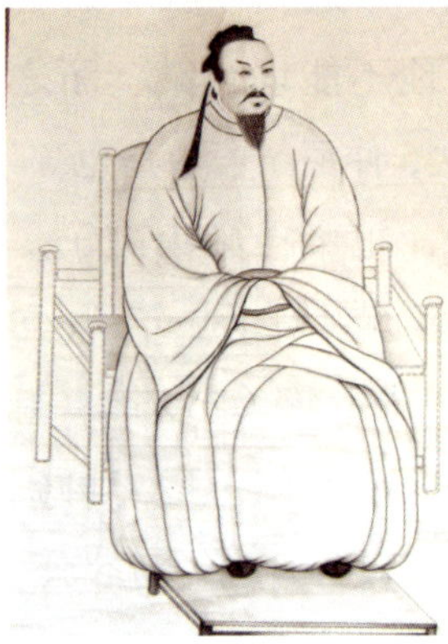
卞壸

卞壸出身官宦之家，祖父卞统曾任琅琊内史，父亲卞粹兄弟六人“并登宰府”，世称“卞氏六龙”。

建武二年（318），司马睿在建邺建立基地，召卞壸为从事中郎，委以官员选拔之责，深受宠信。后出任司马绍（即后来的晋明帝）的长史，成为晋王世子司马绍的老师。东晋建立后，任太子中庶子，后转散骑常侍，侍讲东宫。后又先后担任太子詹事、御史中丞等职。

太宁元年（323），明帝即位，升为吏部尚书。次年，叛乱平定后因功封建兴县公，不久迁任领军将军。太宁三年（325），明帝病重，辅助太子，任顾命大臣，并任右将军，加给事中、尚书令。成帝登位后，他与庾亮共掌机要。

为人刚正不阿，不畏权贵，维护朝廷纲纪不遗余力。在成帝即位举行登基大典那天，元老重臣王导竟以病缺席。他严加斥责，王导听说后连忙带病赶来。皇太后临朝，下令召南阳乐谟为郡中丞，颍川庾怡为廷尉评。但二人拒不赴任。卞壸上奏章认为不能放任二人，朝议一致赞成、乐谟、庾怡只好走马上任。此后，凡朝廷有命不得以任何借口推延，形成一条永久性制度。王导与庾亮不和，庾亮掌权王导就称疾不上朝，却私下为车骑将军郗鉴送行。卞壸得知后上奏王导“亏法从私，无大臣之节”，引朝野震肃。

卞壸勤于吏事，以匡风正俗为己任，不肯随波逐流。有人说他：“卿恒无闲泰，常如含瓦石，不亦劳乎？”他说：“诸君以道德恢宏、风流相尚，执鄙吝者非壸而谁！”可见他为国事任劳任怨。当时贵族子弟多以放浪形骸、清谈不倦的王澄、谢鲲等人为旷达，卞壸却认为这些人“悖礼伤教，罪莫斯甚，中朝倾覆，实由于此。”

咸和二年（327），庾亮认为苏峻屯兵历阳会生祸乱，建议朝廷召苏峻任大司马，借机释其兵权。诸官皆无异议，卞壸却认为苏峻现拥有重兵，会激发苏峻提前叛乱，应慢慢削兵权，庾亮不听。不久苏峻联合祖约起兵。卞壸率领郭默和赵胤等在西陵与苏峻军大战，后苏峻攻青溪，卞壸抵抗战败，殉国，时年48岁。其二子卞眕、卞盱见父殉国，相随杀入敌军力战而死。咸和四年（329），苏峻之乱平定，朝议追赠卞壸侍中、骠骑将军、开府仪同三司等荣衔，谥号“忠贞”，祀以太牢。赠子卞眕为散骑侍郎，卞盱为奉军都尉。时人赞道：“父死于君，子死于父，忠孝之道，萃于一门。”明成祖朱棣也赋诗称赞：“父将一死报君恩，二子临戎忍自存。慨慷相随同日尽，千古忠孝表清门。”

卞壸是一位书法家，善草书。唐窦臮《述书赋》云：“望之之草，聚古而老。落纸筋盘，分行羽抱。如充牛刃多士，交连杂宝。”《淳化阁法帖》卷三有其草书1帖，6行，56字。卞壸书法现存于西安碑林，为无价之宝。

成守节（？—1571）

字子安，号甘霖，曹州（今开发区丹阳街道大成庄社区）人。明代大臣，官至大理寺丞。

成守节自幼聪慧，家贫孝顺。明嘉靖二十八年（1549）获乡试第一名。嘉靖三十二年（1553）中进士。初授河南扶沟县令，继授元氏县令，其间他兴建学校，推举善良之才，为政清廉，深受当地百姓敬仰。由于天灾，邻境盗匪群起为患，他率部歼其匪首，扶贫救难，使百姓安居乐业。继而到外地就职，百姓随车泣下道：“节是生我父母也”，以此送别。

后任监察御史，巡察大江南北。巡庐沟，弹劾部使落职；巡宣天，摘武弁奸；巡江西，上疏军输改折之弊。他匡时弊，广循良，清选法，议考课诸疏，为台、省推服。禁侈封，正纲纪，纠贪引廉，务实斥伪。后为河南道，改京畿，继升大理寺丞。守节勤于政务，积劳成疾，隆庆末年（1571）病逝。元氏县祀入名宦，曹州入乡贤祠。

郭 堵（？—？）

字秀孝，号宣泽，曹州（今丹阳街道张花园社区郭楼）人。嘉靖四十二年（1563）中举人，隆庆三年（1569）中进士，初授太常寺博士，升户部主事，历任陕西按察副使，官至南京刑部郎中。

任户部主事期间，督管通州粮仓事务。当时该地百姓拖欠国家税银很多，许多人为此长久在监狱关押。郭堵以羡粮代优粮的办法，将多余部分替百姓上交积欠的税银，使狱中民众得以解脱。后郭堵升户部郎中，到山西大同督办军饷，当时大同为明九边要镇之一，商人招募养马、种粮、晒盐者甚多，因粮畜足称富饶，狡猾的富商为了少交纳税银，便贿赂魏忠贤之党羽，请改本色银两以纳税，业已得到批准。郭堵莅任，极力争辩其弊端，力持不可，最后迫使商人仍按旧制，以不折色银两交纳税银。

郭堵后为陕西按察司副使，驻兵西宁。当时番邦多数养马，官方便以茶叶换取马匹。在交易时，使者穿军服办理事务，肆无忌惮，番邦民众多有反感，大声喧哗，有甚者露刀相威胁，致使交易市场十多天极不稳定。郭堵闻知后，把利害祸福公布于边境之上，才使番邦民众肃然无哗，手提钱囊俯首听命。其后洮岷兵变，被掠男女百姓无数，郭堵借此为由，建议发兵进剿，兵变首领闻风丧胆，将活着的千余人口与财物尽数归还。

郭堵后遭谗被解职。不久任泗州知州，再升南京刑部郎中。其父卒，在家守孝，从此不入仕途。郭堵死后被祀为乡贤。

郭允厚（？—？）

字万舆，号默千，曹州（今开发区丹阳街道张花园社区郭楼）人。明代大臣，官至户部尚书。

明万历三十五年（1607），中进士，任文安（属河北省）知县。文安县经常遭水灾，旧有防水堤坝被大水冲毁，淹没农舍田园，农作物毁于一旦，百姓流离失所。他仿照兵部尚书王孟津展堤之法，修筑大坝，加固堤防。明天启六年（1626）秋，又逢大水，保定、霸州等郡县尽成泽国，而独有文安县幸免，五谷丰登。

郭允厚秉公办事，不畏强暴。任洛阳知县时，福王初被封中使横征暴敛供自己挥霍，还侵占夺取民田，殴打丞尉，向其部下强派藩禄赡田，民众无法承受。有师姓和黄姓两大家族，投靠藩王充当差役，秉承主子旨意到里甲敲诈勒索。郭允厚表面应付搪塞，实则令各监司按照法规办事，不得多征、多摊。

天启年间，授兵科给事，赴任湖广副使，因有疾病不能司职而归。一年后晋升太仆寺少卿，又升兵部左侍郎。是时，朝廷政治上日趋腐败，边疆粮饷供给不能保障，在这危难之际，郭允厚被提拔为户部尚书。他殚精竭虑，富民强国，在朝廷内外享有声望，载入“会计册”，示为效法的榜样。后又升光禄大夫，加封宫保。崇祯末年，朝廷封“四世一品”荫及后代，并在曹州城内建过路牌坊，流芳后世。

郭允厚爱惜民众。明崇祯十三年（1640）粮食歉收，他开仓放粮赈济百姓，使众多百姓度过饥荒。由于积劳成疾，屡次上疏，要求退职，没有得到批准，卒于任上，享年70岁。

谷韫璨（1794—1861）

字宝岩，菏泽经济开发区陈集镇陈集村人。清道光元年（1821）武进士。入仕后，谷韫璨带兵打仗身先士卒，屡建奇功。他最初担任省塘、山西游击，升抚标中军参将、蒲州副将，后授湖南衡州副将署永州总兵。1845年，谷韫璨攻打湖南李沅德有功，赏戴花翎。次年，他因镇压白莲教起义有功升任广西水陆提督。1856年，谷韫璨总理江南大营营务，攻破太平天国军营，封显武将军。1861年，谷韫璨病死于定陶。

庞玉璞（1850—1905）

开发区丹阳街道庞楼社区庞楼村人。清代名臣，官至两广水师提督。生于农耕家庭。20岁时家乡发生旱灾，生活所迫，外出投军，在广西参加防营训练，后辗转广州，由把总、都司、游击逐步提升为新会参将、广州协镇兼任两广督标中镇府和两广水师统训、两广水师提督。他先后被诰封为武功将军，晋封武显将军，再晋封为建威将军。曾随冯子材参加谅山抗法之役。

任两广督标中镇府（是两广协镇中最高荣誉的头衔）时，曾废捐减政。当听说上司指定增加广州所属各县市的“花捐”（娼妓税）、“赌捐”来拨充该机关的经费时，就向上司条陈。一方面反对增加这些不当捐税；一方面建议缩小该机关的编制，并另行指定正当来源的经费。条陈虽得到上级嘉许，而经费来源仍未有变更。因而他到任之后，则大行缩小编制，尽量调所属各机关的职员兼任必须的职务，借以减少开支。因此，纳税人赠送“万民伞”“万民旗”表示感激和谢意。

清光绪二十三年（1897），他应召进京，回程路过家乡，曾捐250两银子兴办家塾1处。至今菏泽城内潘隅首的住宅大门上有“恩被乡塾”的匾额1块，是当年乡民们赠给他的纪念品。

庞玉璞乐于为乡亲们解困分忧。一年冬季，广州气候失调，菏泽花商运到广州的牡丹花全部毁坏，几十家花商赔损不堪，连在广州的生活费用及回程旅费都无所出。当时他身为广州协镇，闻讯后，便派人给花商安排住处和生活，代订回程的舱位，需要贷款的人还斟酌情况一一给予贷款。为他们饯行时，拿出各人的借据，当众焚烧。花商们感激不尽，联名赠“慷慨风尚”匾额于他，以示纪念。

临终时，庞玉璞再三嘱咐后人：“我一生所

积，一家勉可温饱，只有保持世代耕读，才能传之久远；有一个子弟挥霍就难免有冻馁之虞，你们应特别加以警惕。”待家人一一表示接受他的训示时，才瞑目长眠。终年 55 岁。

张星吉（1852—1911）

号翼辰，曹州（今开发区丹阳街道张花园社区）人。清光绪八年（1882）科举人，光绪十二年（1886）入进士，朝考钦点翰林院庶吉士。初授服阕散官编修、国史馆协修，继升国史总编，先后任广西右江道、云南迤南、迤东道道员等职，官居二品。

张星吉忠君爱国，不畏外寇。光绪二十六年（1900），八国联军攻占北京，他是护送慈禧太后和朝廷两宫去陕西西安避难的主要随员之一。回京后，他参加清政府与列强签订的《庚子协定》，不畏外寇，据理力争，为清廷挽回不少利益。庚子谈判伊始，他主动向恭亲王请命参加主要内容谈判，采取互相制衡的策略，使列强妄图并吞中国的阴谋未有得逞。《庚子协定》签订后，面对中国被列强蚕食的现实，他曾多次向光绪帝上疏，大言治国之道。当光绪帝垂询挽救时局之法时，他进言：“枢臣须用正人，一正人进，众正人俱进，国事始可有为。”被光绪帝接纳。

张星吉秉公办事，刚正不阿。光绪三十年（1904），他任广西右江道员时，在检查梧州关税司税收时，发现内幣亏空大，秉公执法，充公 4000 两水果银两，罢免广西桂平梧州盐法道贪污官员，维护朝廷的法纪。1 艘英国邮船装有私货鸦片，准备登陆中国，被张星吉发现后，马上派人盘查扣押。英船主携巨银到张府行贿，遭到断然拒绝。他还顶住英领事馆向中国政府施加的压力，依据规定条款处罚英国邮船银两一大宗。

张星吉拒收贿赂，清正廉洁。光绪三十一年（1905），他在云南任迤南道时，处理大量疑积案例，并惩处一批贪官污吏，受到当地百姓称赞，光绪帝加赏他为一品官衔，并赏赐大量财物，他把皇帝赏赐的财物救济给广大灾民。光绪三十三年（1907），宁洱、思茅等地反清会众，在千里之外边疆骚乱，威胁着清廷的安危。他受命率兵进剿，擒口舌，摸底细，以迅雷不及掩耳之势，一举击败会首渠某，将其斩首示众，并通令反戈一击者有奖，不到旬日，便散会众，反戈一击者 5000 余人。由此受到清政府的嘉奖。

光绪三十四年（1908），张星吉任云南迤东道时，下决心整治当地泛滥的罂粟市场，曾多次拒绝罂粟大户的巨银贿赂，并将计就计，采取先收银两，查清种植罂粟方位后，率兵砍伐和烧毁仍在生长的罂粟，然后把先收下的银两再发给贫困的百姓，让他们走上正当的谋生之路。

张星吉著有《濰滨集》。宣统三年（1911）回归故里，卒于家乡曹州，享年 59 岁。

郭如仪（？—？）

字明心，号松岩，开发区丹阳街道张花园社区郭楼村人，清代著名文人。18 岁由儒生经考试入县学为生员，学习帖括。未等到毕业，国祸家难并至，长兄遭时疫早逝留下幼子，被清兵破城时掳走，家中财物被抢一空。此时父亲年迈，救侄治家全由他一人承担，从此无心求取功名。清朝建立后，有令准其以财救侄，于是他变卖麦田家产，筹巨资将其侄赎回，在家教育其侄，管理家务。

后被清廷任命为新泰训导，但此非他所好，数年辞官回归故里。在巢云园中种竹养花，召集诗人咏唱赋闲，自号双河布衣。他诗文清畅，善八分书。善作画，尤擅水墨花卉，皆用淡墨，不设色妙趣横生，变动有神，一时鲜与伦比。达官贵人以金求之，断不给予。熟人朋友取之，从不惜之，因此其书画留世稀少。后病逝郭楼家中，享年 69 岁。

曹以爟（？—？）

开发区佃户屯街道曹楼村人，著名书法家。出身于书香门第，清咸丰三年（1853）进士，曾任福州知府多年。书习“二王”、欧、柳、赵，熔众家之长于一炉，自成一派，以正楷称世。其风格秀美，结构严谨，富书卷气，名载国子监碑文。菏泽书法有“字不压曹”之说，“曹”指的是开发区佃户屯街道曹楼曹家书法，其中曹家书法开创者和杰出代表人物便是曹以爟。

曹　垣（？—？）

开发区佃户屯街道曹楼村人，曹以爟之子，著名书法家。曾在清室任军机章京、工部郎中。他书承父艺，真草隶篆均有功力，尤以正楷著称。从他个人《年谱》得知，曾在故宫写过楹联，曾任慈禧太后六十大寿总理事，寿堂匾额楹联，多出自他的手笔。编有《辞林二妙》《四时分韵》二书。《辞林二妙》是当时历代翰林状元诗词总汇，皆是蝇头小楷，亦是珍贵史料。《四时分韵》是他一生书艺总集，约 2.4 万字，皆正楷手书。从起笔用墨，点、横、竖、撇到骨架结构，布局谋篇，精辟透彻，通俗易懂，为书法理论珍品。

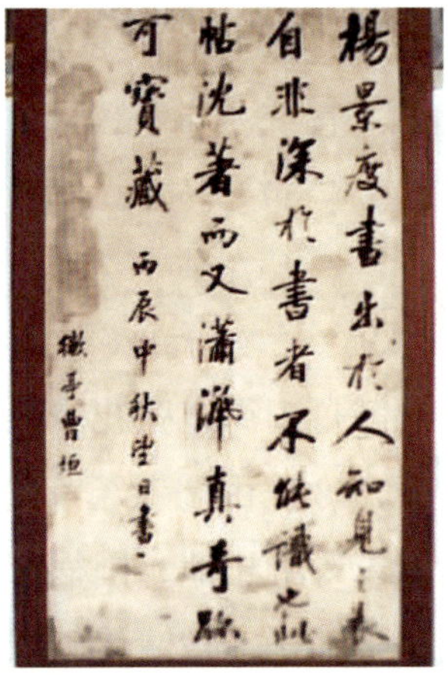

曹垣书法作品

姜玉贞（1894～1937）

字连璧，开发区岳程街道辛集村人。抗战阵亡旅长，革命烈士。1913 年在陕西招兵站报名参军，不久陆续升任班长、排长、连长、营长等职。北伐战争胜利后，姜玉贞入中央军校学习。毕业后任山西陆军第三团上校团长。1934 年任国民党晋绥军第一九六旅旅长，奉命北上抗日，驻防雁门关一带。

姜玉贞

1937 年 9 月 29 日越口被侵华日军攻陷后，平型关撤守，姜玉贞奉命死守原平，时限 7 日。10 月 1 日，日军由代县南下包围原平，双方在城外展开激战。在兵力极端悬殊情况下，所部遭重大伤亡。奋战 7 日后，又奉命死守 3 日。他说道：“有我姜玉贞在，就有原平在，我姜玉贞誓与原平共存亡！”由于日军飞机大炮的轰击，部队伤亡惨重。日军趁机突入原平。他率残部与敌人在城内临街对峙，展开巷战，肉搏厮杀，不幸牺牲，时年 43 岁。

姜玉贞牺牲后，全国各主要报刊纷纷发表悼念文章；许多大中城市的各界爱国人士，举行公祭活动，痛悼忠魂；当时的国民政府也予以明令褒扬：“查姜玉贞久历戎行，夙称忠勇。此次奉命抗战，苦战经时，坚守围攻，竟以身殉，眷怀忠烈，轸悼实深，应以明令褒扬，并追赠陆军中将，交行政院转饬军政部从优议恤，以彰忠烈。”国民政府授予一九六旅荣誉称号，并追赠其为陆军中将。1938 年 3 月 12 日，中共中央军委主席毛泽东在《纪念孙总理逝世十三周年及追悼抗敌阵亡将士大会

姜玉贞纪念碑

上的演说词》中，赞扬姜玉贞等人“给了全中国人以崇高伟大的模范”。

1979年6月，山东省人民政府追认姜玉贞为革命烈士。2014年9月1日，被列入民政部公布的第一批300名著名抗日英烈和英雄群体名录。

烈士的家乡辛集为姜玉贞将军建造了纪念碑，供人们凭吊。菏泽市烈士陵园中奉有遗像。

郭世英（1883—1951）

字俊卿，回族，开发区陈集镇中沙海村人。清朝末年秀才。郭世英早年被国家选送到日本留学，曾先后担任立达小学校长、南华中学校长、省立六中校长、菏泽县参议长、曲阜县县长。1948年返乡，1951年病逝于定陶清真寺内。

杨士文（1901—1953）

又名杨子斌，开发区丹阳街道耿庄社区人，民国时期著名武术家。

自幼酷爱武术，12岁时曾拜李庄乡李庄村李福田为师，习练梅花拳械。16岁时，已是拳脚精湛，刀枪纯熟，力气过人。以“铁板桥”（腹上开碑）功夫见长，他躺在地上，手脚并用，能支撑起200多斤重量的石磙，常携提100余千克方形块石绕庭院数周。18岁时，赴济南拜师学艺，摔跤、散手等集数技于一身，武功更大增进。1919年，投奔马良武术队。时著名武术家王子平任摔跤教练，向他悉心传授摔跤功夫。

20世纪20年代初，赴上海开办“精武馆”。为发扬光大中华武术，在上海大世界举办武术表演。以“二水分中”“俯鹰击水”等一系列招式将日本武士摔至地面。而之此事激怒驻上海的日本领事馆。在武术家王子平的帮助下，他从上海安全转移到青岛。在青岛期间，他表演将正在开动的小汽车后厢掂起、使汽车不能前行的功夫。

1928年，在南京举行的全国国术会考擂台赛上，力战群雄，膺得国术最高荣誉的甲等奖。奖品是宋美龄奖银盾2个；冯玉祥奖优胜锦旗1面，刀、剑各1把，上有“冯玉祥敬赠”字样；中央国术馆长张之江奖“发扬国光”匾1块。

1929年，“曹州国术馆”成立，任馆长。1930年韩复榘从河南调任山东省主席，路经菏泽，在菏泽原衙门前花厅观看杨士文等人表演后，韩大加赞赏，并赏给现洋500元让国术馆购买器械。1933年国术馆停办，他被中美烟草公司经理张林宣聘请为保镖。1935年菏泽国术馆第二次成立，任副馆长。抗日战争爆发后，国术馆被迫停办。随南华中学南撤，一路上摆场卖艺，为学生募捐。后经故旧介绍到国民党部队任武术教官。

1950年脱离军队，返回家乡，设场授徒，贾龙生等人是其高足。1953年，杨士文因病去世，享年52岁。

黄云芝（1923—1966）

女，开发区佃户屯街道温堂村人，菏泽地区两夹弦剧团团长，著名的旦角演员。

黄云芝剧照

父亲是著名的两夹弦琴师，母亲是两夹弦旦角演员。自幼受父母艺术的熏陶，6岁学戏，8岁登台，13岁就以花旦、闺门旦著称。因其母艺名“大白鞋”，她有“小白鞋”之称。

1948年菏泽解放后，在人民政府的扶持下，她主演《白毛女》《小二黑结婚》，受到观众好评。1954年和1956年，她先后参加省第一、第二届戏曲观摩演出，其主演的《站花墙》《换亲》分别获演员和剧目一等奖，并由上海唱片厂灌制唱片，同时出席全国群英会。1959年9月，毛泽东在济南观看黄云芝主演的《三拉房》。是年，又参加山东省赴京汇报演出团，受到刘少奇、朱德、陈毅等国家领导人的接见，并合影留念。1960年，被选为山东省政协委员，加入中国戏剧家协会。

她所演的人物形象鲜明、朴素大方，唱腔优美甜润，清丽舒畅，悦耳动听，有浓郁的地方色彩，在鲁西南有“拆了屋子卖了梁，也要听小白鞋演的《站花墙》”的美誉。她善于吸收山东梆子、河南豫剧等演唱技巧，改革两夹弦剧的“捻子”、“占子”等曲牌，为两夹弦剧种的发展作出贡献。

“文化大革命”中，黄云芝受迫害自缢而死。

沙锡瑞（1892—1967）

回族，开发区陈集镇前沙海村人。沙锡瑞信仰伊斯兰教，自幼攻读《古兰经》。他在新乡、鄄城、金乡等地任清真寺教长50余年。他是位开明人士，富有同情心，疾恶如仇，在战争年代关心革命，支持革命。1947年羊山战役，在清真寺大殿天沟里掩护范昭坤、魏德新等7名共产党干部脱险。他在鄄城任教长期间，与民族英雄马本斋交往密切。在金乡任教长期间，多次当选为县人大代表，任政协主席多年，曾出席省人民代表大会。

曹铁如（1880—1970）

又名曹蕴键，开发区佃户屯街道曹楼村人，曹垣之子，善书法。20岁时被选为优贡。1918年之后的20余年间，历任湖北省济水、黄冈，河南省信阳，山东省潍县、即墨等县县长，各地均有其遗墨。新中国成立后，被国务院聘为中央文史馆馆员。其楷书源于家学，为世人称道。尤善草书，其特点是恪守传统而不囿于传统，食古能化，刻意求新，讲究意在笔先，重在气韵。

曹豫仙（？—？）

开发区佃户屯街道曹楼村人，曹铁如之子，著名书法家，堪称曹氏书法集大成者。20世纪30年代，师从著名工笔画大师于非闇攻重彩花卉。同时，在国画泰斗齐白石门下学习金石篆刻。为齐白石、于非闇的优秀弟子之一，在书法、绘画、篆刻等方面均有较高造诣。1966年，携家眷回菏泽定居，悉心指导幼子曹东林等人学习楷、篆、隶诸体书法。

张金生（1929—1975）

开发区丹阳街道仝庄社区张庄村人，当代革命烈士，被追记铁道部“特等功”，获得甘肃省委授予的“优秀共产党员”称号。

1951年，为支援大西北铁路建设参加工作，1966年加入中国共产党。1975年4月9日，由乌鲁木齐开往郑州的72次特快旅客列车在通过甘肃通安驿站时，没有通知此处的施工工地，这时候机械还在线路上正常作业。在列车快接近工地时才被发现，在人车将撞之际，正在整理路肩的张金生甩掉手中的工具，冲到正在作业的捣固机前，将两组电动捣固机中间的连接销子快速地拔出，用力掀翻一侧的捣固机，随后在掀翻另一侧的捣固机时，被呼啸而至的列车卷走牺牲。

张金生牺牲后，中共甘肃省委授予他优秀共

张金生追记大会及连环画

产党员称号，甘肃省人民政府追认他为革命烈士，铁道部为张金生追记特等功。当时很多报刊都连续登载他的事迹和学习英雄的情况报道，《优秀共产党员张金生》等书及连环画随之出版，《人民日报》整版刊登题为《永不松动的道钉》通讯。

孙凤展（1893—1977）

开发区丹阳街道桑海社区人，山东省劳动模范。自幼家境贫寒，饱尝旧社会的痛苦。新中国成立后他听党的话一心跟党走。20世纪50年代初，第一个在桑海组织起互助组。1953年协同李学全、李学轮、李学山等建立桑海初级农业合作社。1954年被评为山东省农业劳动模范，出席山东农业积极分子大会，受到省委、省政府领导人的亲切接见。

庞镜塘（1900—1977）

原名庞孝勤，别名（笔名）黑园，开发区丹阳街道庞楼村人。曾任黄埔军校政治教官、国民党中央组织部秘书长、国民党山东省党部主任委员等职。其祖父庞玉璞任清末两广督标中镇府兼两广水师提督，其父庞士云为清监生、候补知县。庞镜塘生于广州，9岁时祖父去世，随父亲还乡。

1921年，他毕业于山东省立六中，并于是年考入北京大学文学系，后转入山西大学政治经济系。1925年毕业后南下广州，参加国民革命。1927年春，任黄埔军校政治教官。1928年代理国民革命军第八路军右翼军政治部主任。1929年秋，任黄埔军校武汉分校政治教官兼国民党汉口市党部整理委员。1932年，调任国民党北平党部整理委员兼北平农学院讲师。1934年夏，任浙江省台州行政督察专员兼临海县长。1937年，任国民党中央组织部秘书长。1943年任国民政府参政会参政员。1946年，任国民党山东省党部主任委员，被选为“国大”代表。1948年济南战役时被人民解放军俘虏，1960年获赦后，周恩来总理专门邀他至家中作客，勉励其多为人民做有益之事。

1970—1974年，他在辽宁省新民县大柳屯农村插队期间，通过劳动锻炼与农民建立深厚的感情，曾拿出自己的3000元积蓄，帮助农村通电。被安排到沈阳定居，任沈阳市政协文史专员。他潜心学习，根据自己亲身经历，撰写有价值的文史资料。

庞镜塘诗集

庞镜塘晚年怀念在台湾的亲朋故旧，每次致函亲友，希望他们为祖国统一大业做出力所能及的贡献。

庞镜塘喜爱收藏古书和名人字画，几十年来收藏书籍9万余册，其中有不少珍本秘籍。晚年他将珍藏的善本图书，大部分捐献给国家。由其幼子庞祯代为保存的书法家赵子谦的手迹隶书四扇屏，也于他获赦后献给全国政协。

1977年5月12日，在沈阳因病去世，终年77岁。

武斌文（1909—1983）

开发区丹阳街道武寺社区人，中共党员，离休干部。

参加过抗日战争和解放战争，在著名的淮海战役中冲锋陷阵，屡立战功。转业在菏泽县城关镇、县委工作，先后任菏泽县委统战部、宣传部副部长等职。1959年，先后调任菏泽县三中、五中党委书记兼校长。曾任菏泽县第四届人民代表大会代表。1970年离休。1983年病故。

齐鸿猷（1900—1985）

开发区陈集镇齐庄村人。1924年，齐鸿猷考入天津北洋大学土木工程系，1927年，毕业后在沈阳奉海铁路分局实习。1930年，任山东建设厅视察员和技师。1938年，任云南滇缅铁路分局工程师兼段长。1943—1945年，在四川、陕西等地主持飞机场的勘测、设计和施工。1946年，调任滇黔铁路测量队队长、湘桂黔铁路工程总段长。新中国成立后，齐鸿猷先后任甘肃测量总队队长、西北铁路分局工程师，铁道部第一设计院总工程师兼科学研究所所长。1980年10月，被评为高级工程师。齐鸿猷多次被评为先进工作者、模范、标兵，被铁道部誉为中国西北铁路的创始人。曾当选为甘肃省第二届政协委员和第三届人民代表大会代表。

法广恩（1898—1988）

回族，济南市党家庄人，1950年，到定陶县陈集镇中沙海村清真寺任阿訇，后在该村落户。法广恩11岁学经，15岁在济南十一马路清真寺任教长（阿訇）。1935年，为弘扬清真教门，曾集资在济南十一马路建清真寺1座。此后，他先后在威县、济宁等地任清真寺教长。1954年，他以山东省伊斯兰协会代表身份去北京参加国庆观礼，受到党和国家领导人刘少奇、周恩来、朱德的接见，并合影留念。

郭盛高（？—？）

开发区佃户屯街道长堽集村人，著名大平调演员，有“平调王”之称，国家一级演员。其表演潇洒大方、生动逼真，他在《百花亭》《收姜维》《反徐州》等剧目中塑造的艺术形象，给观众留下深刻印象，是菏泽地区家喻户晓的演员。1954年，参加山东省第一届戏曲观摩演出大会，凭借演出的《滚鼓山》获演员奖。1956年，参加山东省第二届戏曲观摩演出大会，凭借在《凄捂山》中饰演的岳飞角色再获演员奖。

郭盛高剧照

沙德元（1933—1990）

回族，中共党员，开发区陈集镇中沙海村人。1956年参加农村工作，历任村会计、党支部副书记、中沙海皮厂厂长，国华公司党总支部书记、副总经理，村党支部书记等职。曾当选为山东省第七届人大代表，省优秀农民企业家。1990年去世后，镇党委、政府为表彰他的高尚品德和突出贡献，为其树碑纪念。

李如刚（？—1995）

开发区陈集镇八一行政村人。1988年9月任内蒙古自治区包头市糖厂厂长。他任厂长7年，任书记2年，带领全厂干部职工创业，被评为内蒙古自治区优秀企业家，全国劳动模范。1995年12月，因车祸去世。

阎传家（1924—1995）

开发区丹阳街道大屯村人，伤残退伍革命军人，一等功获得者。1940年，参加粟裕领导的第四野战军，在华北三纵九旅任旅部警卫员。抗日战争和解放战争中，他多次中弹负伤，屡立战功。1948年在河北清涞水战役中，带领8名战士抱着炸药包冲向敌人暗堡，冒着敌人的枪林弹雨完成爆破任务。在这次战斗中，他被敌人的炮弹炸成双目失明，在石家庄和平医院抢救治疗，被部队记一等功。1949年7月，从部队返回家乡。先后任村党支部书记、村长、村主任等职。1995年，因年老多病，主动辞去村负责人职务。1995年12月，因病逝世，享年71岁。阎传家生前的珍贵文物现陈列在菏泽冀鲁豫边区革命纪念馆。

庞舜勤（1910—1996）

开发区丹阳街道庞楼社区人。民国时期教育家。幼时熟读四书五经及文史，具有深厚国学基础。毕业于天津南开大学，曾在国民政府山东省教育厅工作，后调任山东郓城师范学校校长。1949 年去台湾。他一生以“淡泊明志，宁静致远”自勉，平时谨慎清廉，力求公允。1996 年去世，享年 86 岁。

沙瑞义（1920—1996）

回族，中共党员，菏泽经济开发区陈集镇中沙海村人。1951 年任互助组长，1959 年任村党支部书记，1988 年退休，在本村工作 38 年。1996 年病逝。沙瑞义 1961 年兼任陈集公社党委委员，1977 年当选为中共第十一次全国人民代表大会代表，1983 年出席山东省第四届党代表大会。

杨冠芬（1921—2000）

女，开发区丹阳街道耿庄社区人。出身书香世家，美术家。1946 年参加革命工作。曾在河南省开封进修，师从于希宁、孙其峰、俞致贞、王小古。擅长中国画，尤善墨竹、兰草，兼及仕女、花卉。其作品《板桥玉霸》《竹兰长青》《彩色绿竹》等，入选全国第六届当代中国花鸟画邀请展、中国美术馆展、两岸美术观摩展，并在日本、新加坡、美国、英国展出，被中央文史馆、故宫博物院、中南海国务院以及西德、法国、日本等有关部门及友人收藏。她的作品及传略收入《当代中国花鸟画集》《中国现代书画篆刻界名人录》《世界现代美术家辞典》。她是现代中国美术家协会山东分会会员，山东省文史研究馆馆员，曹州书画院副院长，国际书画学会委员，二级美术师。

贾龙生（1915—2001）

开发区丹阳街道大屯社区人。曾任菏泽市（县级市）政协委员会、武术协会副主席、菏泽地区体委名誉副主席。自幼饱经生活磨难，8 岁拜师韩文忠门下习练拳脚，9 岁拜名师宋玉琢苦练大洪拳、六合拳、蚕丝拳、散手打、张飞锤、截手刀、耿炮和太阳功等。18 岁武功精进，臂力过人，可把百余斤重的大刀要得呼呼生风。1935 年拜著名拳师杨士文为师，改习梅花拳。1938 年菏泽城沦陷，随杨士文背井离乡南下，在衡阳加入国民党军队武术队，随军巡演。1940 年返乡，潜心第二次学艺。

中华人民共和国成立后，在天津召开全国民族体育运动会，贾龙生应邀参加，获得长兵器和技击两项比赛的甲等奖。1974 年不顾年迈，长途跋涉，先后 8 次访师问友于少林寺。与少林武师王鼎一成挚友，两人共同切磋武功，技艺更进一步。1985 年为弘扬中华武术，传承梅花拳文化，创立菏泽第一家武术馆——曹州武馆。1993 年 9 月，78 岁高龄的贾龙生参加第三届中国郑州国际少林武术节，并表演梅花大枪和刀里加鞭及猴拳，在世界名手面前尽显宝刀不老之风范，获拳术和器械 2 项金奖。晚年潜心著述，整理武术套路，总结自身 70 年的实践经验，编写《六合通臂应心趟》一书。2001 年因病去世，享年 86 岁。

袁月亮（1953—2006）

牡丹区小留镇人，曾任丹阳街道党委委员、丹阳派出所所长、菏泽市公安局开发区分局副局长等职，当选市人大代表，“全国特级优秀人民警察”获得者。

1969 年 12 月参军入伍，1970 年 12 月加入中国共产党，曾任副班长、班长。1974—1978 年，任菏泽县公安局看守所民警。1978—1979

年，任菏泽县公安局行政拘留所民警。1979年至1987年11月，任菏泽市公安局火车站派出所民警、副所长。1987年11月至2001年6月，任菏泽市公安局丹阳派出所所长。2001年6月至2006年8月，任菏泽市公安局开发区分局副局长。

在公安工作30余年中，始终高标准、严要求，特别是在副局长领导岗位工作时，以身作则，真抓实干。先后立个人二等功1次、三等功2次，并获“全省政法系统创人民满意活动先进个人”“全市社会治安综合治理先进工作者”“全市十佳政法干警”等称号。2008年3月，被人事部、公安部授予“全国特级优秀人民警察”称号。

沈鸿林（1910—2008）

开发区丹阳街道李大庙社区人。中国工农红军，少将军衔，历任解放军副师长、铁道兵师长、大兴安岭指挥所副司令员兼参谋长等职。他家境贫寒，父亲以磨粉为生。从小跟父亲干活，未曾读书。1930年，沈鸿林闯关东，在山海关附近被东北军抓兵，在110师4旅53团3营1连当兵，1931年当班长。1935年在陕西与红军作战时被俘，参加红军，在红一方面军2师2团2连任班长。参加东征、西征和山城堡战役，在西征中受伤。抗日战争时期，参加平型关战役，表现英勇，再次负伤。伤愈后任115师343旅685团3营12连2排排长。1938年升任副连长。组建苏鲁豫支队时，升任连长。1940年升任教5旅2团2营副营长，1941年升任新四军独立旅14团2营营长。1943年部队简编，任13团警卫连连长，1944年任副营长、营长，1945年任13团参谋长。解放战争时期，任东北民主联军1师2团参谋长，参加保卫四平和三下江南等战役战斗。1948年任1纵1师补充团团长，负责训练新兵。参加辽沈、平津战役，升任某军某团团长。

中华人民共和国成立后，于1950年任某师副师长，中南军区组建铁道运输司令部，他担任参谋长，指挥部队抢修粤汉铁路。1951年，任某师副师长。1953年，任师师长。1957年任铁道兵4师师长，1959年入高等军事学院学习，1962年毕业，继续担任铁道兵某师师长。1964年晋升少将，担任大兴安岭林区会战指挥部副指挥兼工程部部长，为大兴安岭林区建设做出贡献。1970年，任铁道兵技术学校校长。1982年按副兵团职离职休养。2008年11月29日，因病逝世，享年98岁。获八一奖章、二级独立自由勋章、二级解放勋章、一级红星功勋荣誉章。

人物简介

开发区现任领导

李国珍　男，汉族，东明县人，1962年8月出生。1981年7月参加工作，1984年5月加入中国共产党。山东省委党校业余本科班经济管理专业毕业，省委党校大学学历。

1979年9月至1981年7月，在菏泽供销学校供销财会专业学习。1981年7月至1984年8月，任菏泽地区东明县向阳供销社会计、副主任。1984年8月至1987年6月，任菏泽地区东明县人事局办事员（其间：1985年9月至1987年6月在山东省司法管理干部学院专修科人事管理专业学习）。1987年6月至1993年4月，任菏泽地区东明县人才交流服务中心主任、东明县人事局干部科科长。1993年4月至1996年2月，任菏泽地区东明县人事局副局长。1996年2月至1996年12月，任菏泽地区东明县三春集镇党委副书记、镇长（其间：1994年9月至1996年12月在山东省委党校业余本科班经济管理专业学习）。1996年12月至1998年12月，任菏泽地区东明县三春集镇党委书记。1998年12月至2001年5月，任菏泽地区（市）东明县政府办公室主任、政府党组成员。2001年5月至2003年1月，任菏泽市东明县县长助理、政府办公室主任、政府党组成员。2003年1月至2006年2月，任菏泽市郓城县副县长。2006年2月至2007年1月，任菏泽市郓城县委常委、县委办公室主任。2007年1月至2010年1月，任菏泽市郓城县委常委、组织部部长。2010年1月至2011年2月，任菏泽市郓城县委常委、副县长（列副县长第一位）。2011年2月至2012年5月，任菏泽经济开发区党工委委员、管委会副主任（列副主任第一位）。2012年5月至2013年9月，任菏泽经济开发区党工委副书记、管委会常务副主任（正县级）。2013年9月至2015年2月，任菏泽经济开发区管委会主任、菏泽经济开发区党工委副书记。2015年2月至2016年6月，任菏泽经济开发区党工委副书记、菏泽经济开发区管委会常务副主任（正县级）。2016年6月，任菏泽经济开发区党工委书记、管委会主任。为十二届省人大代表。

练建军　男，汉族，曹县人，1965年4月出生。1982年7月参加工作，1984年12月加入中国共产党。山东省委党校经济管理专业毕业，省委党校研究生。现任菏泽经济开发区党工委副书记（列副书记第一位）、管委会常务副主任。

1980年9月至1982年7月，在菏泽师专数学系数学专业学习。1982年7月至1984年1月，在菏泽地区曹县闫楼公社中心校任教师。1984年1月至1985年1月，在菏泽地区曹县大集乡任政府干事。1985年1月至1993年10月，先后任菏泽地区曹县县委办公室干事、综合科科长。1993年10月至1997年3月，任菏泽地区曹县安蔡楼乡党委副书记、乡长。1997年3月至2001年3月，任菏泽地区（市）曹县古营集镇党委书记（1995年9月至1997年12月在省委党校在职研究生班经济管理专业学习）。2001年3月至2003年11月，任菏泽市牡丹区副区长。2003年11月至2010年1月，任菏泽市牡丹区委常委、副区长。2010年1月至2015年6月，任菏泽市住房保障和房产管理局局长、党组书记。2015年6月至2016年8月，任菏泽市商务局局长、党组书记。2016年8月任菏泽经济开发区党工委副书记、管委会常务副主任。为菏泽市十二次党代会代表。

范阳春　男，汉族，菏泽市人，1964年1月出生。1981年7月参加工作，1984年11月加入中国共产党。高教自考中文专业毕业，大学学历。

1979年9月至1981年7月，在菏泽师专物理系物理专业学习。1981年7月至1987年8月，在菏泽市（县级）农业局先后任科员、股长。1987年8月至1992年11月，在菏泽市（县级）土管局先后任科员、办公室主任（1988年8月至1992年6月参加高教自考中文专业学习）。1992年11月至2003年2月，先后任菏泽开发区土地规划建设局副局长、局长。2003年2月至2005年1月，任菏泽经济开发区管委会（党工委）办公室副主任（正科级）。2005年1月至2009年2月，在菏泽经济开发区党工委任副调研员。2009年2月至2017年4月，任菏泽经济开发区党工委委员、党群工作部主任。2017年4月，任菏泽市人大常委会菏泽经济开发区工作委员会主任。

程海建　男，汉族，菏泽市人，1962年8月出生，1985年7月参加工作，1989年12月加入中国共产党。山东省委党校业余本科班经济管理专业毕业，山东省委党校大学学历。

1982年9月至1985年7月，在菏泽地区巨野师范学校教育学专业学习。1985年7月至1987年2月，任菏泽市（县级）王浩屯镇中学教师。1987年2月至1987年5月，任菏泽市（县级）王浩屯联中副校长。1987年5月至1993年2月，任菏泽市（县级）王浩屯镇团委书记（1986年7月至1989年5月在菏泽教育学院高师专科函授中文专业学习）。1993年2月至1994年1月，任菏泽市（县级）王浩屯镇党委委员、党委秘书。1993年3月28日至1995年3月，任菏泽市（县级）王浩屯镇副镇长。1995年3月至1996年8月，任菏泽市（县级）岳程办事处党委副书记。1996年8月至2001年12月，任菏泽市（县级）岳程办事处党委副书记、办事处主任（其间：1997年9月至2001年12月在省委党校业余本科班经济管理专业学习）。2001年12月至2005年2月，任菏泽经济开发区岳程办事处党委书记。2005年2月至2009年2月，任菏泽经济开发区管委会助理调研员。2009年2月至2009年3月，任菏泽经济开发区党工委委员、管委会副调研员（2005年2月至2009年3月兼任党工委管委会综合办公室主任）。2009年3

月至2012年5月，任菏泽经济开发区党工委委员、党工委管委会综合办公室主任。2012年5月至2017年4月，任菏泽经济开发区党工委委员、中共菏泽市纪委市经济开发区工作委员会书记。2017年4月，任政协菏泽市委员会菏泽经济开发区工作委员会主任。

赵福龙　男，汉族，单县人，1973年2月出生。1996年1月参加工作，1997年6月加入中国共产党。山东大学科社系科学社会主义专业毕业，大学学历。

1991年7月至1995年7月，在山东大学科社系科学社会主义专业学习。1996年1月至1998年8月，先后任曹州书画院办公室职员、科员。1998年8月至2004年8月，在菏泽地区文联先后任科员、办公室副主任、业务科科长。2004年8月至2005年4月，在菏泽市政府办公室工作。2005年4月至2008年3月，在菏泽市政府综合调研室城市经济调研科任主任科员。2008年3月至2009年3月，任菏泽市人大常委会办公室主任科员。2009年3月至2011年3月，任菏泽市人大常委会办公室副主任。2011年3月至2012年5月，任菏泽市人大常委会市经济开发区工作委员会副主任。2012年5月至2017年4月，任中共菏泽市委菏泽经济开发区工作委员会委员、办公室主任。2017年4月，任中共菏泽市委菏泽经济开发区工作委员会副书记。

张法超　男，汉族，曹县人，1966年6月出生。1988年7月参加工作，1997年7月加入中国共产党。山东经济学院财政系财政学专业毕业，大学学历。

1984年9月至1988年7月，在山东经济学院财政系财政学专业学习。1988年7月至1995年7月，在菏泽地区经济开发投资公司任科员。1995年7月至1997年4月，任菏泽地区财政局科员。1997年4月至1999年11月，在菏泽地区预算外资金管理办公室任副主任。1999年11月至2002年10月，在菏泽地区预算外资金管理局任会计科科长。2002年10月至2003年2月，在菏泽市预算外资金管理办公室任资金科科长。2003年2月2010年2月，任菏泽经济开发区财政局（农税局）局长。2010年2月至2017年4月，任菏泽经济开发区管委会副主任、财政局局长。2017年4月，任中共菏泽市委开发区工作委员会委员。

牛化民　男，汉族，菏泽市人，1959年12月出生。1979年12月参加工作，1984年9月加入中国共产党。山东农业大学业余本科班经济管理专业毕业，大学学历。

1977年12月至1979年12月，在菏泽师范学校教育学专业学习。1979年12月至1987年9月，任菏泽地区皇镇乡教委教师。1987年9月至2001年2月，在菏泽地区辛集镇先后任政府办公室文书、党委宣传委员、党委秘书、副书记、人大主席、镇长、党委书记（1994年9月至1997年7月在山东农业大学业余本科班经济管理专业学习）。2001年2

月至 2009 年 4 月，任菏泽经济开发区人口与计划生育局局长。2009 年 4 月至 2015 年 2 月，任菏泽经济开发区党工委副调研员、党工委委员。2015 年 3 月，任菏泽经济开发区政协工委副主任。

冯宪法　男，汉族，菏泽市人，1963 年 4 月出生。1981 年 10 月参加工作，1983 年 4 月加入中国共产党。菏泽师范专科学校高师专科函授班汉语言文学专业毕业，大专学历。

1981 年 10 月至 1985 年 4 月，先后任菏泽市（县级）白虎乡税务所会计，刘寨乡财政助理员。1985 年 4 月至 1992 年 6 月，任菏泽市（县级）刘寨乡党委组织委员。1992 年 6 月至 1992 年 11 月，任菏泽经济开发区干部。1992 年 11 月至 1998 年 1 月，任菏泽经济开发区党工委、管委会办公室副主任（1993 年 8 月至 1996 年 7 月在菏泽师范专科学校高师专科函授班汉语言文学专业学习）。1998 年 1 月至 2000 年 2 月，任菏泽经济开发区管委会办公室副主任，开发区工会副主席。2000 年 2 月至 2003 年 2 月，任菏泽经济开发区社会发展局局长。2003 年 2 月至 2011 年 2 月，任菏泽经济开发区社会事业发展局局长。2011 年 2 月，任菏泽经济开发区党工委委员。

李雪英　女，汉族，郓城县人，1976 年 4 月出生。1997 年 5 月加入中国共产党，1997 年 7 月参加工作。山东省委党校在职研究生班经济管理专业毕业，省委党校研究生学历。

1993 年 9 月至 1997 年 7 月，在山东工业大学自动化系自动化仪表专业学习。1997 年 7 月至 1998 年 1 月，在菏泽地区投资公司锻炼。1998 年 1 月至 2001 年 4 月，任菏泽地委组织部办事员。2001 年 4 月至 2011 年 2 月，先后任菏泽市委组织部副主任科员、干部教育科副科长、主任科员、科长（2001 年 7 月至 2004 年 6 月在武汉大学学习，获公共管理硕士学位。2006 年 9 月至 2009 年 6 月在山东省委党校在职研究生班经济管理专业学习）。2011 年 2 月至 2012 年 5 月，任菏泽市机构编制委员会办公室副主任。2012 年 5 月至 2015 年 2 月，任中共菏泽市委开发区工作委员会委员、菏泽经济开发区管委会副主任。2015 年 2 月，任中共菏泽市委开发区工作委员会委员。

田玉卿　男，汉族，菏泽市人，1960 年 4 月出生。1981 年 7 月参加工作，1989 年 5 月加入中国共产党。山东省委党校业余本科班经济管理专业毕业，省委党校大学学历。

1979 年 7 月至 1981 年 7 月，在菏泽农校畜牧兽医专业学习。1981 年 7 月至 1988 年 9 月，任菏泽市（县级）畜牧渔业局干部。1988 年 9 月至 1990 年 5 月，任菏泽市（县级）政府办公室科员。1990 年 5 月至 1992 年 8 月，先后任菏泽市（县级）政府办公室副科长、科长。1992 年 8 月至 2003 年 2 月，先后任办公室干部、办公室主任、菏泽经济开发区党工委委员（1994 年 9 月至 1996 年 12 月在山东省委党校业余班经济管理专业学习）。2003 年 2 月至 2011 年 2 月，任菏泽经济开发区党工委政策研究室主任。2011 年 2 月至 2012 年 5 月，任菏泽经济开发区党工委副调研员。2012 年 5 月，任菏泽市人大常委会菏泽经济开发区工作委员会副主任，政策研究室主任。

苗建华　男，汉族，定陶区人，1965 年 5 月出生。1987 年 7 月参加工作，1989 年 8 月加入中国共产党。山东师范大学文学系汉语言文学专业毕业，大学学历。

1985 年 9 月至 1987 年 7 月，在菏泽师范学校教育学专业学习。1987 年 7 月至 1991 年 12 月，在定陶县东王店乡教委工作。1991 年 12 月至 1993 年 3 月，在菏泽市乡镇企业局办公室任秘书（1990 年 9 月至 1993 年 10 月在山东师范大学文学系汉语言文学专业学习）。1993 年 3 月至 2001 年 4 月，在菏泽市牡丹区佃户屯乡先后任副乡长、党委副书记。2001 年 4 月至 2002 年 4 月，在菏泽经济开发区佃户屯街道任党委副书记、菏泽市经济开发区人大工委佃户屯街道联络处主任。2002 年 4 月至 2003 年 9 月，任菏泽经济开发区丹阳办事处党委副书记。2003 年 9 月至 2009 年 4 月，任菏泽经济开发区佃户屯办事处党委副书记、办事处主任。2009 年 4 月至 2011 年 2 月任菏泽经济开发区佃户屯办事处党委书记。2011 年 2 月至 2012 年 5 月，任菏泽经济开发区党工委副调研员、管委会主任助理、佃户屯街道党委书记。2012 年 5 月至 2017 年 6 月，任菏泽经济开发区管委会副主任、佃户屯街道党委书记。2017 年 6 月，任菏泽经济开发区管委会副主任。

钱建华　男，汉族，郓城县人，1967 年 2 月出生。1984 年 10 月参加工作，1991 年 10 月加入中国共产党。山东省政法管理干部学院律师专业毕业，大专学历。

1984 年 10 月至 1988 年 2 月，在部队服役。1988 年 2 月至 1996 年 6 月，在郓城县人民法院先后任法警、助审员、审判员、经济庭副庭长。1996 年 6 月至 2010 年 7 月，先后任郓城县人民法院副科级审判员（其间：1993 年 9 月至 1996 年 7 月在省政法管理干部学院律师专业函授学习）、副院长、党组成员、正科级审判员。2010 年 7 月至 2012 年 1 月，先后任郓城县住房和城乡建设局副局长（正科级）、党组副书记，局长、党组书记。2012 年 1 月至 2016 年 3 月，任郓城县人大常委会副主任、党组成员，郓城县总工会主席、党组书记。2016 年 3 月至 2017 年 4 月，任菏泽经济开发区管理委员副主任。2017 年 4 月，任中共菏泽市委开发区工作委员会委员。

李国利　男，汉族，东明县人，1967 年 7 月出生。1990 年 8 月参加工作，1993 年 10 月加入中国共产党。天津大学精密仪器工程系精密仪器专业毕业，大学学历。

1990 年 7 月至 1997 年 3 月，任东明县技术监督局科员。1997 年 3 月至 2004 年 12 月，先后任菏泽地区纪委科员、副科级纪律检查员、正科级纪律检查员。2004 年 12 月至 2012 年 6 月，任菏泽市纠风办综合科科长。2012 年 6 月至2017年6月，任菏泽市纪委副县级纪律检查员、市纠风办综合科科长。2017年6月，任菏泽经济开发区党工委委员，纪工委书记。

孔鲁民　1971年5月出生，菏泽市定陶区人，1995年6月加入中国共产党，1996年7月参加工作。聊城师范学院政治系思想政治教育专业毕业，大学学历。

1996年7月至1996年9月，任佃户屯乡人民政府干部。1996年9月至1998年12月任佃户屯乡人民政府办公室主任。1998年12月至2001年4月，任佃户屯乡党委组织委员。2001年4月至2005年2月，任佃户屯街道党委副书记。2005年2月至2009年5月，任菏泽市经济开发区人大工委佃户屯街道联络处主任。2009年5月至2011年9月，任佃户屯街道主任、党委副书记。2011年9月至2017年4月，任岳程街道党委副书记、主任。2017年4月，任菏泽经济开发区管委会副主任，岳城街道党工委书记。

刘　勇　男，汉族，曹县人，1981年12月出生。2004年8月参加工作，2006年8月加入中国共产党。山东理工大学管理学院会计学专业毕业，大学学历。

2004年8月至2005年8月，任菏泽市教育局办事员，挂职任定陶县张湾镇镇长助理。2005年8月至2005年11月，任菏泽市教育局科员。2005年11月至2017年4月，先后任菏泽市委办公室科员、副主任科员、综合二室副主任、市委保密局宣传科科长、市委办公室综合二室主任（2014年4月至2015年4月选派任菏泽市牡丹区马岭岗镇青丘村“第一书记”）。2017年4月任菏泽经济开发区管理委员会副主任、办公室主任。

刘述勤　男，汉族，菏泽市人，1965年9月出生。1987年6月参加工作，1987年7月加入中国共产党。中央党校函授学院政治专业毕业，大学学历。现任菏泽市公安局开发区分局局长。

1985年9月至1987年7月，省人民警察学校公安专业学习。1987年7月至1991年12月，在菏泽市（县级）公安局何楼乡派出所任民警。1991年12月至1993年12月，任菏泽市（县级）公安局何楼乡派出所副指导员（1986年10月至1992年6月在高教自考公安管理专业学习）。1993年12月至1995年11月，任菏泽市（县级）公安局吴店镇派出所指导员。1995年11月至1996年8月，任菏泽市（县级）公安局吴店镇派出所所长（其间：1993年8月至1995年12月在中央党校函授学院政治专业学习）。1996年8月至2001年2月，任菏泽市（县级）沙土镇党委政法副书记、派出所所长。2001年2月至2001年7月，任菏泽市牡丹区沙土镇党委政法副书记、派出所所长。2001年7月至2003年12月，任菏泽市公安局牡丹分局副政委、党委委员。2003年12月至2004年7月，任菏泽市委办公室保卫科科长。2004年7月至2007年2月，任菏泽市委办公室保卫科科长、市公安局市级机关保卫处副处长。2007年2月任菏泽市公安局开发区分局局长。

宋春生　男，汉族，菏泽市人，1963年4月出生。1981年7月参加工作，1990年9月加入中国共产党。山东省委党校党政干部研究生班行政管理专业毕业，省委党校研究生学历。

1981年7月至1986年7月，任菏泽市（县级）五中教师。1986年7月至1993年6月，任菏泽市（县级）三中教师、团委副书记。1993年6月至1996年2月，任菏泽开发区劳动人事局副局长（1991年8月至1993年12月在中央党校函授学院政治专业学习）、开发区党工委政治部副主任、劳动人事局副局长。1996年2月至2003年2月，任菏泽对外加工贸易区、菏泽开发区劳动人事局副局长（1997年9月至1999年6月在山东省委党校党政干部研究生班行政管理专业学习）。2003年2月至2012年5月，任菏泽经济开发区党工委党群工作部副主任、劳动人事局局长。2012年5月任中共菏泽市委菏泽经济开发区工作委员会副调研员、党群工作部副主任、劳动人事局局长。

王维剑　男，汉族，烟台蓬莱市人，1979年6月出生。2004年8月参加工作，2003年11月加入中国共产党。山东大学生物与医药专业毕业，研究生学历。

1997年9月至2001年7月，山东大学药学院药学专业学生。2001年7月至2004年7月，在山东大学硕士研究生药物分析学专业学习。2004年7月至2004年8月待分配。2004年8月至2006年12月，任山东省药品检验所生化仪器室检验员、药师。2006年12月至2012年6月，任山东省药品检验所抗生素室主任助理、主管药师。2012年6月至2015年2月，任山东省药品检验所业务管理科主任、副主任药师。2015年2月至2016年4月，任山东省食品药品检验研究院药品业务科主任、副主任药师。2016年4月至2016年11月，借调国家总局药品审评中心帮助工作。2016年11月至2017年3月，任山东省食品药品检验研究院化学药品室主任、副主任药师。2017年3月任山东省食品药品检验研究院纪委书记、副主任药师，菏泽经济开发区管委会科技副主任。

张　勇　男，汉族，潍坊市诸城人，1977年11月出生。2002年7月参加工作，2002年3月加入中国共产党。山东省建筑工程学院给排水专业毕业，大学学历，山东省工程咨询院高级工程师。

2002年7月至2005年3月，在山东省环境保护科学研究设计院从事环境与市政工程等设计。2005年3月至2006年6月，在城市建设研究院山东分院从事环境工程、市政工程等设计。2006年6月至2014年1月，在山东鲁咨工程咨询有限公司从事生物医药、装备制造、市政工程等投资咨询。2014年1月至2015年1月，在山东省工程咨询院从事企业投资的装备制造、高技术项目、服务业项目编制，政府委托项目评审，PPP项目编制及评审等咨询。2015年1月至2017年11月，任山东工程咨询院高级工程师。2017年11月，任菏泽经济开发区管委会科技副主任。

张新德　男，汉族，郓城县人，1964年6月出生。1984年12月参加工作，1990年6月加入中国共产党。山东省干部函授大学业余本科班法学专业毕业，大学学历。

1984年12月至1985年10月，为菏泽地区郓城县供电局职工。1985年10月至2007年11月，历任菏泽地区曹县检察院书记员、助检员、检察员（1988年8月至1990年7月在山东省政治管理干部学院经济法专科脱产学习），经济科副科长、副科级检察员，反贪局副局长、副科级检察员（1996年7月至1999年6月在山东干部函授大学业余本科班法律专业学习），党组成员、副检察长、正科级检察员。2007年11月至2011年12月，先后任东明检察院党组书记、副检察长（代检察长）、检委会委员（副县级），党组书记、检察长、检委会委员。2012年4月至2012年5月，任菏泽经济开发区人民检察院党组成员、书记。2012年5月，任菏泽经济开发区人民检察院党组书记、检察长。

郑孝义　男，汉族，曹县人，1965年9月出生。1988年7月参加工作，1995年4月加入中国共产党。华东政法学院法律系法学专业毕业，大学学历。

1984年9月至1988年7月，在华东政法学院法律系法学专业学习。1988年7月至1993年8月，任菏泽地区中级人民法院书记员。1993年8月至1996年3月，任菏泽地区中级人民法院助理审判员。1996年3月至2003年6月，任菏泽市中级人民法院副庭长。2003年6月至2007年9月，任菏泽市中级人民法院庭长。2007年9月，任菏泽经济开发区人民法院党组书记、院长。

赵宗玺　男，汉族，1962年10月生，菏泽市人。1986年8月加入中国共产党，1984年7月参加工作。中共中央党校行政管理专业毕业，大学学历。

1981年9月至1984年7月，在山东农业机械化学校机械设计及制造专业学习。1984年7月至1985年6月，任菏泽市委办公室档案科科长。1985年6月至1989年8月，在菏泽市档案局工作。1989年8月至1995年3月，任菏泽市委组织部组织科科长，电教中心主任（1990年8月至1993年12月在中共中央党校行政管理专业学习）。1995年3月至2001年2月，任菏泽市经济开发区丹阳办事处党委副书记。2001年2月至2002年4月，任菏泽市经济开发区丹阳办事处党委副书记、街道人大工作委员会主任。2002年4月至2005年2月，任菏泽市经济开发区岳程办事处党委副书记、街道人大工作委员会主任。2005年2月至2009年4月。任菏泽市经济开发区岳程办事处党委副书记、菏泽市经济开发区岳城办事处主任。2009年4月至2011年2月，任菏泽市经济开发区岳程办事处党委书记。2011年2月至2015年7月，任菏泽市经济开发区党工委委员、菏泽市经济开发区岳程办事处党委书记。2015年7月至2017年4月，任菏泽市经济开发区党工委委员。2017年4月任菏泽市经济开发区党工委委员、中共菏泽市委市经济开发区工作委员会党群工作部。

开发区离任领导

丛 林 男，山东省威海市人，1945年出生，1970年参加工作，1979年加入中国共产党。1964年，进入北京农业机械化学院制造系拖拉机设计制造专业学习。1970年，毕业分配到菏泽齿轮厂工作。1970—1984年，先后任菏泽齿轮厂副厂长、厂长。1984—1990年，任菏泽机械电子局党组书记、局长。1990—1992年任菏泽市（县级市）党组成员、市长助理。1992—1994年，任开发区党工委书记、管委会主任（副县级）。1994—1998年，任开发区党工委书记、管委会主任（正县级）。1998—2001年，任开发区党工委副书记、管委会主任。2001年至2005年，任调研员。2005年退休。

董金如 男，鄄城县人，1948年5月出生。1982年7月参加工作，1984年4月加入中国共产党。曾任开发区党工委委员、管委会副主任等职。

1965—1968年，在鄄城一中学习。1978—1982年，在山东大学学习。1982—1989年，任菏泽地区财税局办公室秘书。1989—1993年，任菏泽市（县级市）经济体制改革办公室综合科科长。1993—2001年，任开发区党组成员、管委会副主任。2001—2008年，任菏泽经济开发区副调研员。2008年退休。

李玉华 男，汉族，定陶区人，1951年2月出生。1970年5月参加工作，1982年8月加入中国共产党。菏泽地委党校大专培训班经济管理专业毕业，大专学历。曾任开发区党工委书记、管委会主任等职。

1970年5月至1982年8月，为曹县鞋帽服装社、县橡胶厂工人。1982年8月至1983年3月，任曹县棉纺厂生产科副科长。1983年3月至1984年2月，任曹县橡胶厂厂长。1984年2月至1986年8月，任曹县橡胶厂厂长、党支部副书记。1986年8月至1991年1月，任曹县橡胶厂厂长、党支部书记。1991年1月至1993年4月，任曹县工业局局长、党组副书记（1989年9月至1992年7月在菏泽地委党校大专培训班经济管理专业学习）。1993年4月至1997年1月，任曹县副县长。1997年1月至1997年12月，任菏泽地区经贸委副主任、党委委员。1997年12月至2000年6月，任菏泽市（县级）委副书记。2000年6月至2001年3月，任菏泽地区经贸委主任、党委书记。2001年3月至2001年6月，任菏泽市经贸委主任、党委书记，菏泽经济开发区党工委书记、管委会主任。2001年6月至2006年2月，任开发区党工委书记、管委会主任。2006年2月至2007年3月，任菏泽市人大常委会副主任、党组成员。2007年3月，任菏泽市人大常委会副主任、党组成员，内务司法工作委员会主任。

张道社　男，汉族，成武县人，1953年8月出生。1970年12月参加工作，1973年2月加入中国共产党。山东公安专科学校毕业，大专学历。曾任开发区党工委副书记、纪委书记等职。

1970年12月至1976年12月，总参通信兵服役。1977年1月至1978年10月，任成武县工业局工会干事。1978年11月至1983年5月，任成武县公安局刑警队内勤。1983年5月至1992年12月，任牡丹区公安局刑警大队大队长。1992年12月至1994年1月，任牡丹区东城街道党委副书记。1994年1月至2004年6月，任菏泽经济开发区纪委书记、公安局局长。2004年6月至2006年12月，任开发区党工委副书记、纪委书记。

张玉荣　女，山东临朐县人，1954年8月出生。1972年2月参加工作，1975年7月加入中国共产党。大学学历，高级讲师。曾任开发区党工委书记等职。

1972年2月，由省委、省政府派往鲁西南地区帮助指导发展经济，在菏泽县沙土公社任植桑养蚕技术员。1975年11月至1976年4月，任菏泽县沙土公社“三不脱离”干部。1976年4月至1984年1月，任菏泽县沙土公社团委书记、团县委常委，团省委委员、公社妇联主任、沙土管区书记，公社党委组织委员，党委常委。1984年1月至1986年1月，任菏泽市刘寨乡党委副书记、乡长。1986年1月至1992年7月，任菏泽市丹阳街道党委书记。1992年7月至1993年3月，任菏泽开发区筹备处书记、开发区党工委副书记、管委会副主任兼菏泽市丹阳街道党委书记。1993年3月至1997年5月，任菏泽市人民政府副市长。1997年5月至1997年12月，任菏泽市委副书记、市政府副市长。1997年12月至2001年3月，任菏泽市开发区党工委书记。2001年4月至2007年12月，任山东省劳动厅城镇劳动就业培训中心党总支书记。2008年1月至2009年12月，任山东省劳动厅机关党委书记。2014年2月，在山东省人力资源和社会保障厅退休。

张乐园　男，成武县人，1954年10月出生。1972年12月参加工作，1976年7月加入中国共产党，大学学历。曾任开发区党工委委员、管委会副主任等职。

1994—1999年，在驻深圳办事处工作。1999年11月至2001年12月，任开发区党工委委员、管委会副主任。

王建民　男，曹县人，1954年10月出生。1986年3月参加工作。1972年4月加入中国共产党。曾任菏泽市国土资源局开发区分局局长。

1969年2月至1986年3月，在陆军某师服役，历任战士、班长、排长、正连职干部。1986年3月至2002年6月，在菏泽地区土管局历任科员、副科长。2002年6月至2003年5月，在菏泽市国土资源局任副科长、主任科员。2003年5月至2007年8月，在菏泽市国土资源局任矿产开发与地质勘查科科长。2007年8月至2014年10月，任菏泽市国土资源局开发区分局局长。

肖焕斌　男，牡丹区人，1954年11月出生。1972年参加工作，1974年4月加入中国共产党。曾任开发区党工委委员、管委会副主任等职。

1972年12月至1979年9月，在中国人民解放军某团2连，先后任战士、给养员、司务长。1979年9月至1984年1月，任菏泽市吴店公社党委办事员、纪检委员。1984年1月至1995年6月，先后任丹阳街道党委纪检委员，党委副书记、办事处主任，党委书记。1995年6月至2001年3月，任开发区党工委委员、管委会副主任、直属机关党委书记。2001年3月至2003年6月，任菏泽市铁路工作办公室副主任。2003年6月至2014年1月，任菏泽市发展计划委员会党组成员、纪检组长、副主任。

李怀堂　男，成武县人，1955年5月出生。1972年3月参加工作。1977年1月加入中国共产党。教授级政工师，高级经济师。2015年5月退休。曾任开发区管委会副主任、党工委副书记等职。

1972年3月至1975年9月，在成武县伯乐公社任农业技术员。1975年9月至1978年8月，在山东农学院农学系农学专业学习。1978年8月至1978年12月，在菏泽地区农科所工作。1978年12月至1981年4月，在莱阳农学院担任教师。1981年4月至1997年1月，先后任成武县科委、县政府办公室办事员，成武县城关镇党委副书记、计委副主任、康集乡党委书记、县农委主任、副县长、县委常委。1997年1月至2001年3月，任东明县委副书记。2001年3月至2005年4月，任菏泽市委副秘书长、菏泽经济开发区管委会副主任、党工委副书记。2005年4月至2012年3月，先后任菏泽市公路局党委书记、局长，市交通局党委副书记、局长、党委书记，市交通运输局局长、党委书记、市人大常委。2012年3月至2015年5月，任市人大教育科学文化卫生人口工作委员会副主任。2015年5月退休。

卢洪宾　男，汉族，牡丹区安兴镇西桥村人，1955年8月出生。1973年1月参加工作，1976年3月加入中国共产党。大专文化，2015年8月退休。曾任开发区管委会副主任、党工委副书记。

1984—1989年，在菏泽市皇镇乡任党委书记。1989—1993年，任黄堽镇党委书记。1993—2001年，在开发区任管委会副主任、党工委副书记。2001—2015年，在菏泽学院先后任电大副校长、继续教育部副主任、安保处处长、远程教育学院党总支书记。

齐清涛　男，汉族，河北省南宫市人，1955年8月出生。1978年7月参加工作。1986年12

月加入中国共产党。中央党校研究生班经济学专业毕业。曾任菏泽市开发区国税局党组书记、局长。

1978年，在原菏泽地区黄河修防处财务科工作。1983年起，先后任菏泽市税务局直属税务所专管员，菏泽地区税务局征收处专管员、副主任，菏泽地区国税局办公室副主任、主任，菏泽地区国税局稽查局副局长（主持工作），直属征收分局局长。2001年7月，任菏泽市国税局党组成员、纪检组长。2010年8月，兼任菏泽经济开发区国税局党组书记、局长。

王乃忠　男，鄄城县人，1955年12月出生。1972年1月参加工作。1976年8月加入中国共产党。曾任菏泽经济开发区人民法院院长、党组书记（副处级）。

1972年1月至1973年9月，在鄄城县城关小学担任民办教师。1973年9至1975年8月，在菏泽师范学习。1975年8月至1979年4月，在鄄城一中任教导员。1979年4月至1980年8月，在山东省委党校学习。1980年8月至1984年4月，在鄄城县宣传部任副科长。1984年4月至1990年12月，先后任鄄城红船镇教办主任（正科级）、党委副书记、镇长、党委书记。1990年12月至1993年5月，任菏泽仪表厂副厂长。1993年5月至1995年2月，任鄄城县委组织部组织员（正科级）。1995年2月至1997年12月，任鄄城县法院副院长、党组副书记（正科级）。1997年12月至2006年2月，任定陶县人民法院院长（副处级）（1995年9月至1998年7月在山东政法管理干部学院政治专业学习）。2006年2月至2007年11月，任菏泽经济开发区人民法院院长、党组书记（副处级）。

杨依柱　男，单县人，1956年4月出生。1972年2月参加工作。1977年12月加入中国共产党。2016年4月退休。曾任菏泽经济开发区检察院检察长、党组书记。

1976年2月至1978年12月，在青岛警务区55035部队63分队历任战士、副班长、班长。1978年12月至1984年2月，在昆明军区某野战医院任警卫班班长、政治处干事。1984年2月至1985年7月，任昆明军区某部队军械库勤务连指导员。1985年7月至2002年2月，历任菏泽地区检察分院办事员、助理检察员、副科级助理检察员，刑事检察二处副处长、副处长、检察员，监所处处长（正科级），侦查监督处处长、检察委员会委员。2004年8月至2008年3月，历任巨野县检察院党组书记、副检察长、代理检察长、检察长（副处级）。2008年3月至2012年4月，任菏泽经济开发区检察院检察长、党组书记。

刘　勇　男，汉族，曹县人，1957年1月出生。1975年5月参加工作，1981年3月加入中国共产党。中央党校研究生学历，助理经济师。曾任菏泽市委常委、菏泽经济开发区党工委书记、管委会主任等职。

1975年5月至1976年12月，为曹县倪集公社民师。1976年12月至1988年10月，先后任菏泽棉纺厂细纱车间工人、子弟小学代课教师、工会教育科办事员、细纱车间党支部副书记（1983年9月至1985年7月参加山东纺织工学院干修科经济管理专业学习）、宣传科科长。1988年10月至1993年6月，任菏泽地区经委生产安全科科员、生产科科长。1993年6月至1997年1月，任菏泽地区经贸委副主任、党组成员。1997年1月至1997年12月，任郓城县委副书记、副县长。1997年12月至2000年12月，任东明县委副书记、县长。2000年12月至2006年1月，任东明县委书记。2006年1月至2008年12月，任菏泽市委常委、菏泽经济开发区党工委书记、管委会主任（其间：2004年9月至2006年7月在中央党校在职研究生班经济学专业学习）。2008年12月至2009年2月，任菏泽市委常委、副市长（列副市长第一位）、市政府党组副书记、市行政干部管理学院院长、菏泽经济开发区党工委书记、管委会主任。2009年2月至2010年12月，任菏泽市委常委、副市长（列副市长第一位）、市政府党组副书记、市行政干部管理学院院长、菏泽经济开发区党工委书记。2012年2月至2017年2月，任菏泽市政协主席、党组书记、市行政干部管理学院院长。2012年3月至2015年12月，任菏泽市政协主席、党组书记。省七、八、九、十次党代会代表，市十二次党代会代表。2017年3月任山东省政协常委。

郭满超　男，东明县人，1957年4月出生。1976年3月参加工作。1980年12月加入中国共产党。曾任菏泽经济开发区地税分局局长。

1976年3月至1979年3月，在东明县焦园税务所工作。1979年3月至1980年12月，在东明县武胜桥税务所担任会计。1980年12月至1984年4月，在东明县财税局任办事员。1984年4月至1987年7月，在东明县税务局任税政股股长。1987年7月至1994年7月，在东明县税务局任副局长。1994年7月至2000年7月，在东明县地税局任局长。2000年7月至2011年6月，在菏泽经济开发区地税分局任局长。

李守玉　男，汉族，曹县人，1957年6月出生。1971年4月参加工作，1986年1月加入中国共产党。山东广播电视大学语文类中国文学专业毕业，大专学历。

1971年4月至1983年10月，任菏泽县豫剧团演员、团支部书记。1983年10月至1989年10月，任菏泽市（县级）城区企业公司职工、团委书记（其间：1983年7月至1985年8月在山东广播电视大学语文类中国文学专业学习）。1989年10月至1992年3月，在菏泽市（县级）工商局东城所任征管员。1992年3月至1993年3月，在菏泽市（县级）纪律检查委员会任办事员。1993年3月至1993年5月，任菏泽市（县级）杜庄乡副乡长。1993年5月至1997年1月，先后任菏泽市（县级）北城街道办事处副主任，党委副书记、办事处主任。1997年1月至2001年3月，任菏泽市（县级）岳程街道党委书记。2001年3月至2011年3月，先后任菏泽经济开发区党工委委员、办公室主任、管委会副主任、调研员。2011年3月至2017年7月，任菏泽市人大常委会菏泽经济开发区工作委员会主任、党工委调研员。

周广存 男，汉族，菏泽市牡丹区人，1957年11月出生。1977年9月参加工作，1985年4月加入中国共产党。山东农业机械化学院农业机械设计与制造专业毕业，大学学历。曾任政协菏泽市委员会菏泽经济开发区工作委员会主任。

1977年9月至1978年10月，在菏泽县金堤学校任民办教师。1978年10月至1982年7月，在山东农业机械化学院农机制造系农业机械设计与制造专业学习。1982年7月至1985年6月，在菏泽市（县级）农机局先后任农机化所办事员、副所长。1985年6月至1989年7月，在菏泽地区科委任办公室秘书。1989年7月至2003年6月，在菏泽地区行署（市政府）办公室先后任副科级秘书、正科级秘书、秘书二科科长、助理调研员。2003年6月至2010年2月，任菏泽经济开发区管委会副主任、党工委委员。2010年2月至2011年3月，任菏泽经济开发区党工委委员、管委会调研员。2011年3月至2017年11月，任政协菏泽市委员会开发区工作委员会主任。

孔跃进 男，汉族，定陶区人，1958年2月出生。1976年7月参加工作，1977年7月加入中国共产党。省委党校业余大专班档案文秘专业毕业，省委党校大专学历。曾任开发区党工委委员、管委会副主任等职。

1977年12月至1980年3月，为定陶县工业局通讯员。1980年3月至1980年12月，为定陶县经委生产科科员。1980年12月至1983年4月，为定陶县公安局民警。1983年4月至1984年6月，任定陶县公安局万福派出所副所长。1984年6月至1986年1月，任定陶县公安局黄店派出所所长。1986年1月至1991年12月，任定陶县公安局纪检组长、党组成员（副科级）。1991年12月至1993年3月，任定陶县公安局副局长、纪检书记、党组成员。1993年3月至1994年3月，任定陶县公安局副局长、党组成员。1994年3月至1999年5月，任定陶县公安局副局长、党组成员、正科级侦察员。1999年5月至2001年3月，任定陶县公安局党组副书记、副局长、正科级侦察员（1996年9月至1999年6月在省委党校业余大专班档案文秘专业学习）。2001年3—4月，任定陶县公安局政委。2001年4月至2004年7月，任东明县公安局局长。2004年7月至2005年1月，任菏泽市公安局开发区分局局长（正科级）。2005年1月至2006年12月，任菏泽市公安局开发区分局局长（副县级）。2006年12月至2007年1月，任开发区党工委委员、管委会副主任、开发区公安分局局长。2007年1—2月，任开发区党工委委员、管委会副主任，开发区公安分局局长。2007年2月至2012年5月，任开发区党工委委员、管委会副主任。

楚延君 男，汉族，1958年8月出生，菏泽市牡丹区人。大学学历。1980年1月加入中国共产党。曾任菏泽经济开发区工会主席。

1975—1979年，任菏泽县沙土公社通讯员。1979—1984年，任菏泽县沙土公社团委副书记、书记、管区书记。1984—1986年，任丹阳办事处团委书记。1986—1992年，任丹阳办事处党委组织委员。1992—1993年，任丹阳办事处党委副书记。1993—1994年，任丹阳办事处党委副书记、办事处主任。1994年12月至2001年，任丹阳办事处党委书记。2001—2003年6月，任菏泽经济开发区管委会工会主席。2003年，任菏泽市城市开发办副主任。

孙忠生　男，汉族，曹县人，1959年10月出生。1981年7月参加工作，1983年12月加入中国共产党。中央党校函授学院经济管理专业毕业，中央党校大学学历。曾任开发区党工委副书记、管委会副主任、管委会主任等职。

1979年7月至1981年7月，在曹县师范学习。1981年7月至1983年6月，任曹县倪集公社张胡同学校教师。1983年6月至1984年1月，任曹县韩集中心校教师。1984年1月至1988年12月，任曹县刘岗乡政府文书、党委宣传委员（1986年9月至1988年7月在山东师范大学干修科中文专业学习）、党委组织委员。1988年12月至1991年4月，任曹县大寨集乡党委组织委员。1991年4月至1993年3月，任曹县庄寨镇党委副书记。1993年3月至1993年10月，任曹州橡胶厂党支部副书记、副厂长。1993年10月至1997年6月，任曹县韩集镇党委书记（1993年8月至1995年12月在中央党校函授学院经济管理专业学习）、曹县县委常委。1997年6月至2001年3月，任曹县县委常委、曹城镇党委书记。2001年3月至2012年6月，先后任开发区党工委副书记、管委会副主任、管委会主任。2012年2月，任菏泽市人大常委会副主任（副厅级）、党组成员、财经工委主任、农业与农村工委主任，市人大财政经济委员会主任委员、农业与农村委员会主任委员。市十二次党代会代表。

席　巍　男，汉族，河北省盐山县人，1961年3月出生。1982年7月参加工作，1990年7月加入中国共产党。曾任菏泽经济开发区党工委委员、管委会副主任、纪工委书记等职。

1978年11月至1982年7月，在杭州大学地理系气象专业学习。1982年7月至1986年8月，为菏泽地区气象局气象台预报员。1986年8月至1988年9月，任菏泽地区预报组副组长。1988年9月至1993年10月，任菏泽地区外经贸委办事员、科员。1993年10月至1997年4月，任菏泽地区外经贸委办公室副主任、外资科副科长。1997年4月至2001年3月，任菏泽地区（市）外经贸委外商投资管理科科长。2001年3月至2004年12月，任菏泽经济开发区党工委委员、管委会副主任。2004年12月至2010年1月，任菏泽经济开发区党工委委员、管委会副主任。2010年1月至2012年5月，任菏泽经济开发区党工委委员，纪工委书记。2012年5月至2015年1月，任菏泽经济开发区工作委员会副书记（正县级）。2015年1月至2015年2月，提名担任菏泽市政务服务中心管理办公室副主任（正县级）。2015年2月至2015年7月，任菏泽市政务服务中心管理办公室副主任（正县级）。2015年7月，任菏泽市政务服务中心管理办公室党组书记、主任。

朱兆民　男，汉族，曹县人，1961年9月出生。1981年7月参加工作，中央党校经济学专业研究生学历。1986年11月加入中国共产党。曾任菏泽经济开发区国家税务局局长、党组书记。

1981年7月至1983年11月，任菏泽地区

财税局税政科办事员。1983年11月至1989年3月，任菏泽地区税务局计会统科办事员、科员。1989年3月至1990年3月，任菏泽地委下派驻巨野县大李集乡包村工作队队员。1990年3月至2001年4月，任菏泽地区税务局计会统科科员、副科长，计划财务科科长。2001年4月至2003年5月，任菏泽市国家税务局财务管理科科长，开发区分局副局长、局长。2003年5月，任菏泽市开发区国家税务局局长、党组书记，市国家税务局党组成员、工会主任、总会计师、副局长。

王祥武　男，汉族，定陶县人，大学学历，1961年10月出生。1973年12月参加工作，1975年5月加入中国共产党。

1973年12月至1986年5月，在中国人民解放军陆军第十九军任战士、保密员、副指导员、团保卫股干事、股长，师保卫科干事、军保卫处副营职干事、军事检察院正营职检察员等职。1986年6月至1992年4月，任菏泽市检察院检察员、副科长、科长等职。1992年5月至2005年2月，任丹阳街道党委副书记、办事处主任、党委书记等职。2005年3月至2006年5月，任菏泽开发区副县级调研员。2006年6月，任菏泽市招商局副局长。1995年至2000年，当选原菏泽市（县级）人大代表。

谷瑞灵　男，汉族，定陶区人，1963年3月出生。1982年7月参加工作，1984年11月加入中国共产党。大学学历。曾任菏泽经济开发区党工委副书记、管委会常务副主任。

1979年8月，在省农机化学校农业机械化专业学习。1982年7月至1983年6月，任定陶县陈集镇农机站技术员、站长。1984年6月至1993年2月，任定陶县陈集镇政府办公室主任、副镇长（1989年9月至1992年5月在菏泽教育学院高师函授中文专业学习）。1993年2月至1997年12月，先后任定陶县孟海乡党委副书记、乡长，党委书记（1993年9月至1996年7月在山东农业大学经济管理专业学习）。1997年12月至2009年1月，先后任单县县委常委、政法委书记，县委副书记、纪委书记。2009年1月至2009年5月，任菏泽经济开发区党工委副书记、管委会常务副主任。2009年5月，先后任鄄城县委副书记，县政府党组书记、县政府副县长、代理县长、县长，县委书记，县委党校校长，县人大常委会主任，市人大常委会副主任。

魏　琳　男，汉族，菏泽市人，1963年5月出生。1984年7月加入中国共产党，1984年7月参加工作。曲阜师范大学政治专业毕业，大学学历。曾任菏泽经济开发区党工委副书记（正县级）、纪工委书记、党群工作部主任等职。

1984年7月至1986年12月，在曲阜师范学院马列主义教研室任教。1986年12月至2001年3月，在菏泽地区人事局工作，先后任干部科副科长、档案科科长、考核任免科科长、助理调研员、考核任免科科长。2001年3月，任菏泽经济开发区党工委委员（副县级）。2001年6月，任菏泽经济开发区党工委委员（副县级）、党群工作部主任。2006年7月，任菏泽经济开发区党工委委员、纪工委书记、党群工作部主任。2009年1月，任菏泽经济开发区党工委副书记（正县级）、纪工委书记、党群工作部主任。2009年8月，任菏泽经济开发区党工委副书记（正县级）、纪工委书记。2010年1月，任菏泽经济开发区党工委副书记（正县级）。2012年5月，任菏泽市机构编制委员会办公室副主任。2013年7月，任菏泽市委组织部副部长、市机构编制委员会办公室主任。2015年7月，任东明县委副书记、副县长、代县长。2015年9月，任东明县委副书记、县长。2016年12月，任东明县委书记。省十一次党代会代表，市十三次党代会代表，市十三届市委委员，市十九届人大代表。

曹升灵　男，汉族，牡丹区人，1964年4月出生。1982年7月参加工作。1986年6月加入中国共产党。山东省委党校在职干部研究生班经济管理专业毕业，省委党校研究生学历。曾任菏泽市政府党组成员、菏泽经济开发区党工委书记。

1982年7月至1984年11月，在菏泽市（县级）环境保护办公室任办事员。1984年11月至1996年6月，先后任市政府办公室副科长、科长、副主任。1996年6月至1998年3月，任马岭岗镇党委书记。1998年3至2001年3月，先后任市政府党组成员，办公室主任、党组书记。2001年3月至2003年1月，任牡丹区政府副区长、党组成员。2003年1月至2006年4月，先后任菏泽市城市综合开发办公室主任、党组书记，菏泽市房产管理局局长、党组书记。2006年4月至2010年12月，任菏泽市政府副秘书长，市政府办公室主任、党组副书记。2010年12月至2016年1月，任菏泽市政府党组成员、菏泽经济开发区党工委书记。省十次党代会代表。

郭保存　男，成武县人，1964年4月出生。1984年7月参加工作，1986年5月加入中国共产党。省委党校党政管理专业，研究生学历。曾任菏泽经济开发区党工委委员、管委会副主任。

1984年7月至1992年7月，为成武县一中教师。1992年7月至1993年6月，任成武县一中团委书记。1993年6月至1997年7月，任成武县一中副校长。1997年7月至1997年12月，任菏泽地区外事办副主任、党组成员。1997年12月至2001年3月，任菏泽地区（市）外事办副主任、党组成员，地区旅游局副局长。2001年3月至2003年6月，任菏泽经济开发区党工委委员、管委会副主任。

吕建勇　男，汉族，济南市莱芜人，1964年9月出生。1984年7月参加工作，1991年7月加入中国共产党。曾任菏泽经济开发区经济发展局

局长、党工委副调研员等职。

1982 年 8 月至 1984 年 7 月，在菏泽师专体育系体育专业学习。1984 年 7 月至 1989 年 12 月，任菏泽师专教师。1989 年 12 月至 1993 年 2 月，任菏泽市（县级）团委干部（其间：在中央党校函授学院党政管理专业学习，取得本科学历）。1993 年 2 月至 1996 年 1 月，任黄堽镇党委副书记。1996 年 1 月至 2001 年 3 月，任岳程街道党委副书记、人大常委会主任。2001 年 3 月至 2012 年 5 月，任菏泽经济开发区经济发展局局长、党工委副调研员。2012 年 5 月至 2015 年 9 月，任菏泽市知识产权局党组成员、副局长。2015 年 10 月，任菏泽市政务服务中心管理办公室党组成员、副主任。

田剑锋　男，汉族，成武县人，1964 年 12 月出生。1985 年 7 月参加工作，1990 年 10月加入中国共产党。山东省委党校在职研究生班经济管理专业毕业，省委党校大学学历。曾任菏泽经济开发区党工委委员、管委会副主任等职。

1983 年 9 月至 1985 年 7 月，在济南城建学校城市园林绿地规划专业学习。1985 年 7 月至 1993 年 2 月，为菏泽市（县级）园林管理所干部。1993 年 2 月至 1994 年 1 月，为菏泽经济开发区土地规划建设局干部。1994 年 1 月至 1996 年 2 月，任菏泽经济技术开发区动力配套办公室副主任、动力配套公司副经理（副科级）。1996 年 2 月至 2001 年 11 月，菏泽经济开发区公用事业局副局长（1995 年 9 月至 1997 年 12 月在山东省委党校大学普通班经济管理专业学习）。2001 年 11 月至 2003 年 2 月，菏泽经济开发区公用事业局副局长、菏泽市开发区城市管理监察大队大队长。2003 年 2 月至 2005 年 2 月，菏泽经济开发区建设局（公用事业管理局）局长。2005 年 2 月至 2010 年 1 月，菏泽市开发区丹阳街道办事处党委书记（2005 年 9 月至 2008 年 6 月在山东省委党校在职研究生班经济管理专业学习）。2010 年 1 月至 2012 年 5 月，中共菏泽市委开发区工作委员会委员。2012 年 5 月至 2015 年 2 月，中共菏泽市委开发区工作委员会委员、管委会副主任。

尚智勇　男，汉族，曹县人，1965 年 11 月出生。1985 年 7 月参加工作，1988 年 7 月加入中国共产党。菏泽地委党校大专班经济管理专业毕业，大专学历。曾任菏泽经济开发区党工委委员、管委会副主任。

1985 年 7 月至 1988 年 12 月，为菏泽曹县职工中专教师。1988 年 12 月至 1996 年 11 月，在菏泽地区曹县计划委员会工作（1992 年 9 月至 1995 年 7 月在菏泽地委党校大专班经济管理专业学习）。1996 年 11 月至 1999 年 9 月，任菏泽地区曹县计划委员会副主任。1999 年 9 月至 2002 年 8 月，任菏泽地区（市）曹县经济贸易委员会主任。2002 年 8 月至 2007 年 3 月，任菏泽市招商局办公室主任。2007 年 3 月至 2009 年 3 月，任菏泽经济开发区工业大项目办公室主任。2009 年 3 月至 2012 年 5 月，任菏泽经济开发区管委会副主任。2012 年 5 月至 2015 年 1 月，任中共菏泽市委开发区工作委员会委员、管委会副主任。

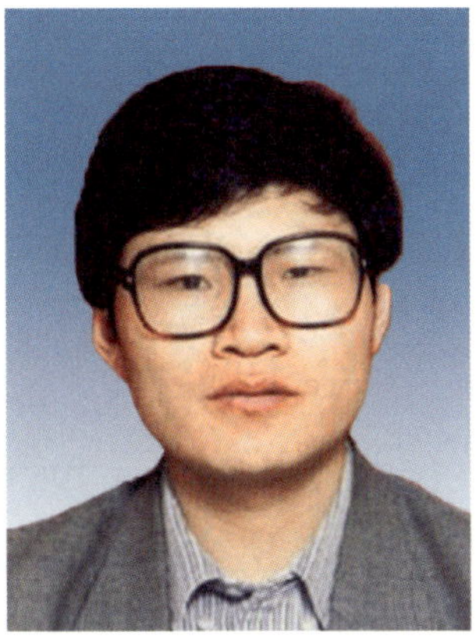

袁培林　男，汉族，东明县人，1966年1月出生。1989年7月参加工作，1994年3月加入中国共产党。山东大学化学系胶体化学专业毕业，大学学历。曾任菏泽经济开发区党工委委员、管委会副主任。

1985年9月至1989年7月，在山东大学化学系胶体化学专业学习。1989年7月至1991年7月，任东明石化厂催化车间班长。1991年7月至1992年12月，任东明石化厂催化车间技术员。1992年12月至1994年7月，任东明石化厂催化车间副主任。1994年7月至1995年8月，任东明石化厂生产调度处副处长。1995年8月至1998年8月，任东明石化厂生产调度处处长。1998年8月至2001年10月，任东明石化集团公司副总经理。2001年10月至2006年7月，任东明石化集团公司总经理。2006年7月至2010年11月，任菏泽经济开发区党工委委员、管委会副主任。

徐广进　男，曹县人，1967年1月出生。1988年7月参加工作，1994年6月加入中国共产党。曾挂职担任菏泽经济开发区党工委委员、管委会副主任。

1984年9月至1988年7月，在山东大学经济系管理专业学习。1988年7月至1998年6月，先后任菏泽地区物价局办事员、科员、办公室副主任。1998年6月至2001年2月，任菏泽地区收费管理办公室综合科主任科员。2001年2月至2016年4月，先后任菏泽市政府办公室主任科员、文秘科科长、纪检组长、党组成员、副主任（2012年5月至2013年5月挂职担任菏泽经济开发区管委会副主任、党工委委员）。2016年4月，任菏泽市政府办公室党组成员、法制办公室主任、党组书记。

马敬青　男，汉族，郓城县人，1967年8月出生。1990年7月参加工作，2000年1月加入中国共产党。美国莱特州立大学工商管理专业毕业，研究生学历。曾任菏泽经济开发区管委会副主任等职。

1988年9月至1990年7月，在山东师范大学外文系英语专业学习。1990年7月至1998年8月，任菏泽师专外语系助教、讲师。1998年8月至2001年8月，任菏泽师专外语系政治辅导员。2001年8月至2003年4月，任菏泽经济开发区招商局局长。2003年4月至2009年3月，任菏泽经济开发区招商一局局长（其间：2003年12月至2004年11月在美国莱特州立大学工商管理专业学习）。2009年3月至2011年3月，任菏泽经济开发区管委会副主任。

常乐鸿　男，汉族，菏泽市牡丹区人，1969年8月出生。省委党校研究生学历，农学学士学位，1993

年8月参加工作，1992年3月加入中国共产党。曾挂职担任菏泽经济开发区党工委委员、管委会副主任。

1989年9月至1993年7月，在莱阳农学院农学系作物专业学习。1993年8月至2001年2月，先后任菏泽市（县级）侯集乡团委书记、党委组织委员。2001年2月至2002年1月，任牡丹区黄堽镇党委组织委员。2002年1月至2002年9月，任牡丹区王浩屯镇党委组织委员。2002年9月至2008年2月，先后任九三学社菏泽市委机关副主任科员、主任科员。2008年2月至2016年5月，先后任菏泽市委统战部干部、办公室主任、副调研员、副部长（2013年4月至2014年5月挂职担任菏泽经济开发区党工委委员、管委会副主任；2013年9月至2016年6月在山东省委党校在职干部研究生班经济管理专业学习）。2016年5月，任菏泽市委统战部副部长。

张继争　男，汉族，鄄城县人，1969年9月出生。1990年7月参加工作，1991年11月加入中国共产党。东北大学软件工程专业毕业，研究生学历，硕士学位。曾任菏泽经济开发区党工委副书记（正县级）。

1988年9月至1990年7月，在菏泽师专英语系外经专业学习。1990年7月至1992年11月，任鄄城县经研中心办事员、股级秘书（其间：1991年8月至1993年12月在中央党校函授学院本科班政治专业学习）。1992年11月至1998年12月，历任鄄城县纪委办公室办事员、副主任、副科级检查员。1998年12月至2002年12月，先后担任鄄城县葛庄乡党委书记、旧城镇党委书记。2002年12月至2013年12月，历任定陶县委常委、宣传部部长、纪委书记、副县长（列副县长第一位）。2014年1月至2016年12月，任菏泽经济开发区党工委副书记（正县级）；2017年1月，任东明县委副书记、县长。

山东省十三届人大代表；十三届中共菏泽市委委员；中共菏泽市十次、十一次、十三次党代会代表；菏泽市十九届人大代表。

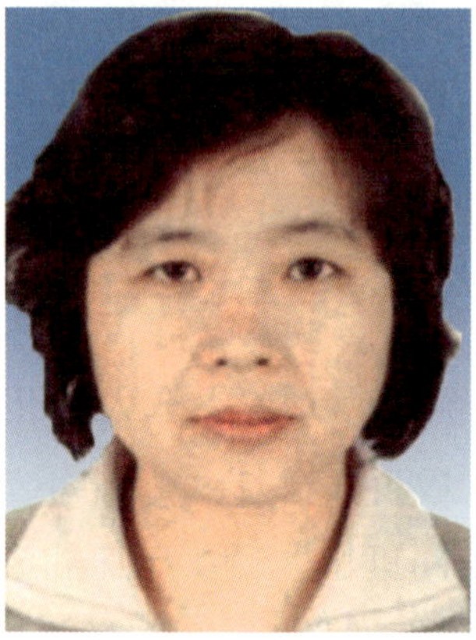

张　敏　女，济宁市梁山县人，1969年9月出生。1992年7月参加工作，2010年10月加入九三学社。工程技术应用研究员。曾挂职担任菏泽经济开发区管委会科技副主任。

1988年9月至1992年7月，在北京理工大学力学工程系机械制造与设计专业学习。毕业后到山东省机械设计研究院工程设计部工作，先后任助工、工程师、高级工程师、专业负责人、项目负责人、主任工程师。2006年4月，取得国家注册咨询工程师职业资格。2009年，被聘为主任工程师。2010年4月，调入山东省工程咨询院，聘为高级工程师，从事工程咨询工作；2017年5月取得工程技术应用研究员资格。2010年9月，加入九三学社，任九三学社山东省科技委员会委员、三支社副主委。现为中国工程咨询协会特聘专家、商务部特聘专家、山东省维稳办技术专家、山东省政府投资项目评审专家、山东省机械工程学会理事。获得全国优秀工程咨询成果三等奖2项，省优秀工程咨询成果一等奖3项、二等奖4项、三等奖5项，获得省发改委优秀成果奖1项，山东省机械工业科学技术进步奖一等奖1项、二等奖4项、三等奖5项。2015年7月至2017年12月，到菏泽经济开发区挂职担任管委会科技副主任。

穆 杰 男，1970年11月出生，汉族，山东省菏泽市牡丹区人，中央党校研究生学历。1990年8月参加工作，1993年6月加入中国共产党。1990年8月至1993年3月任菏泽市（县级）贾坊乡办公室办事员，团委书记。1993年3月至1997年2月任菏泽市（县级）贾坊乡副乡长。1997年2月至1998年12月任菏泽市（县级）金堤镇党委副书记。1998年12月至2001年2月任菏泽市（县级）佃户屯乡党委书记、人大常委会主任。2001年2月至2003年7月任菏泽市牡丹区佃户屯办事处党委书记。2003年7月至2009年1月任菏泽市经济开发区党工委委员、办公室主任、管委会副主任。

梁惠民 女，单县人，1969年11月出生。1991年6月加入中国共产党，1991年7月参加工作。曾任菏泽经济开发区管委会党工委委员、副书记。

1987年9月至1991年7月，在乌鲁木齐市财贸学校审计专业学习。1991年7月至1993年2月，为单县李新集乡妇联干事。1993年2月至1996年1月，任单县聂付庄乡党委宣传委员。1996年1月至1997年4月，任单县谢集乡党委副书记、乡长。1997年4月至2003年2月，任单县谢集乡党委书记（1994年9月至1997年6月参加省委党校业余大专班经济管理专业学习、1997年9月至2000年1月参加省委党校业余本科班经济管理专业学习）。2003年2月至2004年1月，任单县县委常委、谢集乡党委书记。2004年1月至2004年8月，任单县县委常委。2004年8月至2006年2月，任单县县委常委、统战部部长。2006年2月至2007年1月，任曹县副县长、政府党组成员。2007年1月至2011年1月，任曹县县委常委、副县长。2011年1月至2011年12月，任曹县县委常委、纪委书记。2012年5月至2013年9月，任菏泽经济开发区管委会党工委委员、副书记。2013年9月至2015年1月，任菏泽市妇联主席、党组书记。2015年1月至2016年8月，任菏泽市人大常委，市妇女联合会主席、党组书记。2016年8月至2017年1月，任曹县县委副书记、副县长、代县长。2017年1月，任曹县县委副书记、县长。

蔡维超 男，曹县人，1969年出生。1991年10月参加工作，1992年7月加入中国共产党。硕士研究生学历。曾任菏泽经济开发区党工委委员、管委会常务副主任（正县级）。

1987年9月至1991年8月，在山东省济宁农校植保专业读书。1991年10月至1992年12月，在山东省菏泽市（县级）黄岗镇农技站任农技员。1992年12月至1997年7月，先后任黄岗镇环保助理员、宣传委员、团委书记、镇政府文书。1997年2月至1998年12月，任贾坊乡党委副书记。1998年12月至2001年2月，任马村集乡党委书记（1996年7月至1999年6月在山东干部函授大学经济管理专业学习）。2001年2月至2003年1月，任牡丹区小留镇党委书记。2003年1月至2010年1月，先后任东明县副县长、县委常委、办公室主任、组织部部长（先后参加湖北省经济管理干部学院工商专业函授、山东省委党校在职干部研究生班经济管理专业、中南财经政法大学管理学专业学习，获得中南财经政法大学工商管理硕士学位）。2010年1月至2010年12月，任菏泽经济开发区党工委委员、管委会常务副主任（正县级）。2010年12月至2014年3月，先后任郓城县委副书记、代县长、菏泽经济开发区管委会常务副主任，郓城县委副书记、县长。2014年3月，先后任菏泽市政府副秘书长、市政府办公室党组副书记、市扶贫工作办公室（市加快发展办公室）主任、市扶贫开发领导小组办公室主任。

解传喜　男，汉族，潍坊市诸城人，1971年12月出生。1998年7月参加工作，1996年5月加入中国共产党。武汉大学管理学院国际金融专业毕业，研究生学历。曾挂职菏泽经济开发区管委会副主任。

1991年9月至1995年7月，为武汉大学管理学院国际金融专业学生。1995年9月至1998年7月，为武汉大学管理学院国际金融硕士研究生。1998年7月至1999年7月，任职于中国建设银行山东省分行国际业务部。1999年8月至2002年8月，任职于信达资产管理公司济南办事处。2002年9月至2007年6月，为武汉大学商学院金融学博士研究生。2007年7月至2013年10月，任济南大学经济学院教师、金融系主任。2013年10月至2014年10月，挂职任菏泽经济开发区管委会副主任。

张建敏　男，河北省石家庄市人，1972年12月出生。博士，副研究员，硕士生导师。曾挂职菏泽经济开发区管委会副主任。

2003—2009年，先后在中国科学院过程工程研究所、美国怀俄明大学、美国爱达荷大学、清华大学进行博士后研究工作。2009—2013年，在中国科学院过程工程研究所，主要研究领域为离子液体功能化设计及制备、清洁节能化工工艺研究等。曾先后获得中国科学院王宽诚博士后奖励基金（2004）、中国博士后科研基金（2004035422，20070420333）、教育部留学回国人员启动基金（2009），主持广东科技厅产学研项目（2011）、河南神火集团离子液体低温电解铝项目（2011）、国家自然科学基金面上项目（51274181）研究，参加国家自然基金重点项目“清洁化工过程的基础研究”（20436050）、国家高技术研究发展计划（863）“基于离子液体的酸性有害气体资源利用的新技术”（2004AA649030）、科技部“有色行业绿色生产工艺技术与应用示范”项目（2012BAF03B00）研究。共发表论文19篇（包括第一作者、署名、通讯作者），被引用472次。申请专利10项，授权3项。2013—2014年，挂职任菏泽经济开发区管委会副主任。

刘义成　男，汉族，巨野县麒麟镇人，1973年6月出生。1993年11月加入中国共产党，1994年7月

参加工作，曾挂职担任菏泽经济开发区党工委委员、管委会副主任。

1995年12月至2000年6月，任巨野县董官屯镇副镇长、纪委书记。2000年6月至2007年11月，先后任单县县政府县长助理、党组成员、行政审批服务中心主任、政府办公室主任、党组书记。2007年11月至2010年1月，任牡丹区政府副区长、党组成员。2010年1月至2015年5月，任菏泽市档案局（馆）副局（馆）长、党组成员。2015年5月至2016年4月，挂职担任菏泽经济开发区党工委委员、管委会副主任。2016年4月，任菏泽市旅游局副局长、党组成员。

杨　勇　男，汉族，曹县人，1979年12月出生。2002年9月参加工作，2004年5月加入中国共产党。省委党校研究生学历。曾挂职担任菏泽经济开发区党工委委员、管委会副主任。

1998年6月至2002年7月，在莱阳农学院工程系机械设计与制造专业学习。2002年7—9月，待就业。2002年9月至2004年5月，任菏泽市政府办公室值班室办事员。2004年5月至2005年12月，任菏泽市政府办公室值班室科员。2005年12月至2008年6月，任菏泽市政府办公室值班室副主任科员。2008年6月至2009年6月，任菏泽市政府办公室综合科副科长（2005年9月至2008年7月在山东省委党校专业理论研究生班马克思主义政治经济学专业学习）。2009年6月至2011年5月，任菏泽市政府办公室信息科主任科员、副科长。2011年5月至2012年8月，任菏泽市政府督查室督查二科科长。2012年8月至2014年5月，任菏泽市政府应急管理办公室副主任。2014年5月至2015年5月，任菏泽市政府应急管理办公室副主任，菏泽经济开发区党工委委员、管委会副主任（挂职）。2015年5月至2016年12月，任菏泽市政府应急管理办公室副主任，郓城县委常委、政府副县长（挂职）。2016年12月，任郓城县委常委、办公室主任兼县委全面深化改革领导小组办公室主任。

郭常川　男，曹县人，1982年6月出生。2007年12月加入中国共产党，博士，副主任药师，2013年12月参加工作。曾挂职担任菏泽经济开发区管委会科技副主任。现就职于山东省食品药品检验研究院。

2006年6月，在山东大学药学院药学专业本科毕业，获理学学士学位。2009年6月，山东大学药学院药物分析学专业研究生毕业，获医学硕士学位，毕业论文《稀土离子－加替沙星配合物荧光新体系的研究与分析应用》获评“山东大学优秀硕士学位论文”和“山东省优秀硕士学位论文”。2013年3月，浙江大学药学院药物分析学专业博士研究生毕业，获医学博士学位。2013年至今，任山东省食品药品检验研究院主管药师。2016年12月至2017年12月，挂职担任菏泽经济开发区管委会科技副主任。

自工作以来，作为第一作者或通讯作者在国际期刊共发表SCI论文5篇，累计影响因子达15分，发表中文核心期刊论文7篇，获评山东省药学会科学技术奖一等奖1项、二等奖1项，联合承担国家自然科学基金2项，起草药品补充检验方法1项。担任国家级药物临床试验检查员。挂职期间，帮助道中道（菏泽）制药公司完成盐酸多柔比星原料药中2种药物杂质的检测、分离、制备、纯化和鉴定工作，完成盐酸柔红霉素杂质谱的差异化研究项目，促成山东省食品药品检验研究院与道中道（菏泽）制药公司签订战略合作协议，成立生物医药联合实验室。

康　健　男，汉族，1961年9月生，山东菏泽人。1984年8月加入中国共产党，1982年7月参加工作。菏泽地委党校行政管理专业毕业，大专学历。

1979年9月至1982年7月，在山东省畜牧兽医学校畜牧专业学习。1982年7月至1984年11月，任菏泽市（县级）安兴镇武装部干事。1984年11月至1990年6月，在菏泽市（县级）沙土镇武装部工作（1987年9月至1989年7月在菏泽地委党校党政管理专业学习），1990年6月至1997年2月，在菏泽市（县级）岳程办事处武装部工作。1997年2月至2001年4月，任菏泽市（县级）岳程办事处党委副书记。2001年4月至2005年2月，任菏泽开发区岳程办事处党委副书记、主任。2005年2月至2009年4月，任菏泽市经济开发区岳程办事处党委书记。2009年4月至2011年2月，任菏泽市经济开发区管委会副调研员。2011年2月至2012年5月，任菏泽市经济开发区党工委委员。2012年5月，任菏泽市综治办副主任、市见义勇为基金会管理办公室主任。

市级以上模范先进人物表

至2018年底，开发区获得市级以上劳动模范或享受同等待遇的共有108人。其中，获得全国劳动模范称号的有2人，省部级劳模11人，市劳模23人；全国五一劳动奖章获得者2人，省富民兴鲁劳动奖章获得者9人，市五一劳动奖章获得者61人。

菏泽经济开发区历年全国劳模和享受全国劳模待遇人员表

表22-1

序号	姓名	性别	出生年月	工作单位及职务	获得时间	称号
1	张素云	女	1938年11月	岳程人民公社教育组	1960	全国劳模
2	方辉杰	男	1967年4月	菏泽市公安局开发区分局	2005	全国劳模
3	郭清绪	男	—	陈集镇	—	全国劳模
4	张九勋	男	1956年3月	山东天久实业集团有限公司	2005	全国劳模
5	郭绪福	男	1949年3月	菏泽市开发区陈集镇中沙海社区	1995	全国劳模
6	张善绪	男	1957年7月	山东泉润纸业有限公司	2000	全国劳模

菏泽经济开发区历年全国五一劳动奖章获得者表

表22-2

序号	姓名	性别	出生年月	工作单位及职务	获得时间	荣誉称号	备注
1	黄承友	男	1955年6月	开发区公安局	1990	全国五一劳动奖章	1989年省劳模
2	高　鹏	男	1980年5月	菏泽市公安局开发区分局国保大队科员	2017	全国五一劳动奖章	

菏泽经济开发区历年省劳模获得者表

表22-3

序号	姓名	性别	出生年月	工作单位及职务	获得时间	称号	备注
1	崔元生	男	1944年4月	佃户屯人民公社草庙大队党支部书记	1977年12月	省劳模	—
2	张道社	男	1953年8月	开发区党工委副书记	1991年12月	省劳模	—
3	李合生	男	1964年9月	菏泽开发区环境卫生管理办公室	2008年	省劳模	—
4	闫德义	男	1953年2月	菏泽开发区丹阳街道桑屯社区	2008年	省劳模	—
5	蔡依超	男	1970年6月	山东辰信新能源有限公司总经理	2013年4月	省劳模	—
6	刘秀鹏	男	1970年12月	菏泽市物资商城有限公司销售经理	2013年4月	省劳模	—
7	张继学	男	1962年6月	山东省菏泽市地方税务局开发区分局局长	2013年4月	省劳模	—
8	李宪德	男	1971年8月	山东杨湖酒业有限公司总经理	2013年4月	省劳模	—
9	马万季	男	1962年2月	菏泽市开发区佃户屯街道吴店社区党支部书记	2013年4月	省劳模	—
10	靳雪华	女	1956年1月	菏泽开发区国税局	2003年	省劳模	—
11	王　凯	男	1973年3月	山东易达利化工有限公司	2018年5月	省劳模	2017年市劳模
12	任红姣	女	1967年11月	菏泽市经济开发区招商一局局长	2018年5月	省劳模	2014年市劳模
13	王文义	男	1953年9月	菏泽开发区岳程街道西王堂社区居民委员会支部书记	2018年5月	省劳模	2014年市劳模
14	孙敬同	男	1986年11月	山东新洋丰肥业有限公司工会主席	2018年5月	省劳模	2015年市五一劳动奖章
15	张海玉	男	1968年10月	菏泽市开发区陈集镇七一社区	2018年4月	省劳模	

菏泽经济开发区历年享受省劳模待遇人员表

表22-4

序号	姓名	性别	出生年月	工作单位及职务	获得时间	称号
1	张红旗	男	1959年4月	菏泽开发区园林科长	2012年12月	部委劳模
2	马春平	男	1967年1月	菏泽市开发区工会工作委员会副主任	2010年4月	省富民兴鲁奖章
3	曹淮盛	男	1965年12月	菏泽金正大生态工程有限公司党支部书记	2012年4月	省富民兴鲁奖章
4	王　曾	女	1986年11月	菏泽市经济开发区市场监督管理局科员（菏泽市食品药品监督管理局开发区分局科员）	2014年1月	省富民兴鲁奖章
5	王俊成	男	1977年8月	山东盛宇建设集团有限公司总经理	2014年12月	省富民兴鲁奖章
6	李　平	男	1975年9月	菏泽天华房地产有限公司总经理	2016年4月	省富民兴鲁奖章
7	岳喜军	男	1969年9月	菏泽市实验中学	—	省富民兴鲁奖章
8	徐守增	男	—	—	2008年4月	省富民兴鲁奖章
9	郜效华	男	—	—	—	省富民兴鲁奖章
10	杜馨馨	女	1970年1月	菏泽市经济开发区商务局	2017年5月	省富民兴鲁奖章

菏泽经济开发区历年市劳模获得者表

表22-5

序号	姓名	性别	出生年月	工作单位及职务	获得时间	称号
1	李德伟	男	1949年11月	菏泽岳程街道琵李村支书	1998年7月	地区劳模
2	杨继奎	男	1953年8月	菏泽开发区岳程街道政协主席	1998年7月	地区劳模
3	姜新建	男	1967年1月	菏泽丹阳建材工业总公司总经理	2002年9月	市劳模
4	冯宪法	男	1963年4月	菏泽开发区社会事业发展局局长	2005年4月	市劳模
5	张文李	男	1961年6月	菏泽开发区环境卫生管理办公室副主任	2009年10月	市劳模
6	赵文东	男	1971年11月	菏泽市丹阳街道赵堂、和平社区党支部书记	2011年4月	市劳模
7	晁中华	男	1965年9月	菏泽开发区建设局局长	2011年4月	市劳模
8	石金陵	男	1970年6月	菏泽开发区岳程街道石堂居委会党支部书记	2011年4月	市劳模
9	王胜伟	男	1981年1月	山东玉皇化工有限公司总经理	2014年4月	市劳模
10	蔡依进	男	1980年8月	山东辰信新能源有限公司总经理	2014年4月	市劳模
12	朱士芳	男	1969年12月	菏泽市公安局开发区分局济南路派出所副所长	2014年4月	市劳模
13	张华青	女	1970年8月	菏泽市实验中学初三级部主任	2014年4月	市劳模
14	杨俊广	男	1983年2月	菏泽市公安局开发区分局	2017年5月	市劳模
15	常永峰	男	1975年1月	莱商银行股份有限公司菏泽分行	2017年5月	市劳模
16	曹合圣	男	1975年2月	菏泽市开发区曹楼社区	2017年5月	市劳模
17	王建英	女	1976年2月	菏泽市开发区广州路中学	2017年5月	市劳模
18	尚新国	男	1960年2月	山东泉润纸业有限公司	2005年4月	市劳模
19	赵文臻	男	1941年9月	国华公司	1994年	市劳模

菏泽经济开发区历年享受市劳模待遇人员表

表22-6

序号	姓名	性别	出生年月	工作单位及职务	获得时间	荣誉称号	备注
1	樊庆振	男	—	开发区公安局治安大队大队长	2004年5月	市劳模待遇	市人民满意的政法干警
2	郭新怀	男	1979年3月	菏泽盛宇建筑安装工程公司	2004年10月	市劳模待遇	市十大技术标兵
3	谢周峰	男	—	开发区刑警大队副大队长	2006年8月	市劳模待遇	市人民满意的政法干警
4	徐　静	女	—	开发区移动公司重客班班长	2009年12月	市劳模待遇	市十大技术标兵
5	孙振鸿	男	—	开发区人民法院政治处主任	2010年2月	市劳模待遇	市人民满意的政法干警
6	马　玲	女	1979年7月	菏泽经济开发区人民检察院	2014年3月	市劳模待遇	市十佳人民满意的公务员
7	晁中华	男	1965年9月	菏泽开发区建设局局长	2011年4月	市劳模	
8	石金陵	男	1970年6月	菏泽开发区岳程街道石堂居委会党支部书记	2011年4月	市劳模	
9	王胜伟	男	1981年1月	山东玉皇化工有限公司总经理	2014年4月	市劳模	
10	蔡依进	男	1980年8月	山东辰信新能源有限公司总经理	2014年4月	市劳模	
12	朱士芳	男	1969年12月	菏泽市公安局开发区分局济南路派出所副所长	2014年4月	市劳模	
13	张华青	女	1970年8月	菏泽市实验中学初三级部主任	2014年4月	市劳模	
14	杨俊广	男	1983年2月	菏泽市公安局开发区分局	2017年5月	市劳模	—
15	常永峰	男	1975年1月	莱商银行股份有限公司菏泽分行	2017年5月	市劳模	—
16	曹合圣	男	1975年2月	菏泽市开发区曹楼社区	2017年5月	市劳模	—
17	王建英	女	1976年2月	菏泽市开发区广州路中学	2017年5月	市劳模	—
18	尚新国	男	1960年2月	山东泉润纸业有限公司	2005年4月	市劳模	
19	赵文臻	男	1941年9月	国华公司	1994年	市劳模	

菏泽经济开发区历年市五一劳动奖章获得者表

表22-7

序号	姓名	性别	出生年月	工作单位	获得时间	称号	备注
1	李润华	男	—	开发区佃户屯街道李孟油学校	2002	市五一劳动奖章	—
2	楚延君	男	—	开发区工会	2002	市五一劳动奖章	—
3	李善林	男	—	开发区佃户屯卫生院	2003	市五一劳动奖章	—
4	耿宏伟	男	—	菏泽开发区岳程街道办事处	2005	市五一劳动奖章	—
5	刘洁灏	男	1964年10月	菏泽市开发区岳程街道办事处	2006	市五一劳动奖章	—
6	赵建华	男	1960年8月	华鹏玻璃（菏泽）有限公司	2006	市五一劳动奖章	—
7	唐永先	男	1965年5月	菏泽市公安局开发区分局丹阳派出所	2007	市五一劳动奖章	—
8	郑　钧	—	—	湖北新洋丰股份有限公司菏泽分公司	2007	市五一劳动奖章	—
9	王　钰	—	—	中粮艾地盟工业（菏泽）有限公司	2007	市五一劳动奖章	—
10	汤光青	—	—	华鹏玻璃（菏泽）有限公司	2007	市五一劳动奖章	—
11	李长进	—	—	菏泽市岳程建筑工程有限公司	2007	市五一劳动奖章	—
12	任　洪	男	1973年11月	菏泽市地方税务局开发区分局副局长	2012年04	市五一劳动奖章	—
13	邓仰敬	—	—	开发区地税分局	2013年03	市五一劳动奖章	市工会经费地税代收工作先进个人
14	聂丰收	男	1973年5月	开发区地税分局副局长	2013年04	市五一劳动奖章	—
15	吴进国	男	1968年8月	开发区佃户屯社区卫生服务中心主任	2013年04	市五一劳动奖章	—
16	董玉景	男	1965年5月	开发区广州路小学校长	2013年04	市五一劳动奖章	—
17	吴　艳	女	1973年9月	开发区环境卫生管理办公室保洁公司经理	2013年04	市五一劳动奖章	—
18	丁友刚	男	1969年4月	开发区山东华英食品有限公司经营经理	2013年04	市五一劳动奖章	—
19	赵　红	女	1988年12月	开发区食品药品监督管理分局药品安全监管科副科长	2013年04	市五一劳动奖章	—
20	李桂香	男	—	菏泽英华彩印有限公司总经理	2013年12	市五一劳动奖章	市知识型职工标兵
21	邵　文	—	—	市地方税务局经济开发区分局	2014年04	市五一劳动奖章	市工会经费地税代收工作先进个人
22	李爱霞	女	1969年3月	菏泽开发区环境卫生管理办公室保洁经理	2014年10	市五一劳动奖章	市金牌城市美容师
23	王　振	男	1978年1月	菏泽开发区环境卫生管理办公室保洁经理	2014年10	市五一劳动奖章	市金牌城市美容师
24	潘翠兰	女	—	山东玉皇化工有限公司	2014年12	市五一劳动奖章	最美劳动者
25	李明珍	女	—	山东新洋丰肥业有限公司工会主席	2014年12	市五一劳动奖章	最美基层工会干部

续表22-7

序号	姓名	性别	出生年月	工作单位	获得时间	称号	备注
26	邓　蕊	—	—	菏泽市开发区颐乐养老院	2015年01	市五一劳动奖章	工友创业先进个人
27	刘晓明	—	—	菏泽市开发区检察院副检察长、工会主席	2015年01	市五一劳动奖章	工会经费规范化建设优秀个人
28	王　珂	女	—	中粮艾地盟工业（菏泽）有限公司主管	2015年01	市五一劳动奖章	十佳女职工建功立业标兵
29	张付军	男	1964年3月	中粮艾地盟粮油工业（菏泽）有限公司物流部总监、工会主席	2015年04	市五一劳动奖章	
31	杨俊广	男	1983年2月	菏泽市公安局开发区分局图侦大队中队长	2015年04	市五一劳动奖章	
32	吕　磊	男	1971年12月	菏泽市开发区工会工作委员会副主任	2015年04	市五一劳动奖章	
33	刘保宏	男	1972年9月	道中道国际控股有限公司董事长	2015年04	市五一劳动奖章	
34	刘海东	男	1984年9月	德润化工有限公司中控班班长	2016年02	市五一劳动奖章	市安全生产金牌班组长
35	顿海建	男	1980年8月	菏泽市开发区工会	2016年03	市五一劳动奖章	市工会财务工作先进个人
36	李明强	男	—	菏泽市开发区佃户屯街道中学校长	2016年04	市五一劳动奖章	
37	吕海滨	男	—	菏泽市开发区广州路中学办公室主任	2016年04	市五一劳动奖章	
38	彭　琪	男	—	菏泽市公安局开发区分局济南路派出所所长	2016年04	市五一劳动奖章	
39	曹　华	男	—	菏泽市地方税务局开发区分局丹阳税务所所长	2016年04	市五一劳动奖章	
40	贾　勇	男	—	菏泽市开发区丹阳街道财政所副所长	2016年04	市五一劳动奖章	
41	杜永刚	男	—	菏泽经济开发区人民法院执行一庭庭长	2016年04	市五一劳动奖章	
42	高启玉	男	—	山东盛宇建设集团有限公司董事长	2016年04	市五一劳动奖章	
43	张广辉（回）	男	—	菏泽市开发区岳程街道办事处副主任	2016年04	市五一劳动奖章	
44	范洪波	男	—	山东华英食品有限公司总经理	2016年04	市五一劳动奖章	
45	徐建龙	男	—	菏泽昌明汽车销售服务有限公司总经理	2016年04	市五一劳动奖章	
46	刘世广	男	—	中粮艾地盟工业（菏泽）有限公司粮化班班长	2016年06	市五一劳动奖章	市职工职业道德建设标兵
47	王明珠	女	—	菏泽市实验中学教师	2014	市五一劳动奖章	—
48	马永章	男	—	银座商城有限公司经理	2008	市五一劳动奖章	市职工职业道德十佳标兵
49	袁　涛	男	—	中粮艾地盟工业（菏泽）有限公司副经理	2014	市五一劳动奖章	—
50	王卫革	男	—	菏泽市实验中学教师	2007	市五一劳动奖章	—
51	盛慧玲	女	—	菏泽市实验中学教师	2015	市五一劳动奖章	市职工职业道德十佳标兵

续表22-7

序号	姓名	性别	出生年月	工作单位	获得时间	称号	备注
52	苏建国	男	—	菏泽市实验中学教师	2014	市五一劳动奖章	—
53	桑冠宇	男	—	菏泽市实验中学团委书记	2018	市五一劳动奖章	市五一劳动奖
54	时维魁	男	—	菏泽市开发区佃户屯中学副校长	2018	市五一劳动奖章	市五一劳动奖
55	彭运海	男	—	菏泽金正大生态工程有限公司职工	2018	市五一劳动奖章	市五一劳动奖
56	付　德	男	—	菏泽经济开发区人民检察院科员	2018	市五一劳动奖章	市五一劳动奖
57	刁秀玺	男	—	开发区公安局丹阳派出所教导员	2018	市五一劳动奖章	市五一劳动奖
58	刘绍海	男	—	菏泽天安房地产有限公司董事长	2018	市五一劳动奖章	市五一劳动奖
59	马红岩	男	—	山东菏泽德泰化工有限公司董事长	2018	市五一劳动奖章	市五一劳动奖
60	李　杰	男	—	菏泽联合混凝土有限公司总经理	2018	市五一劳动奖章	市五一劳动奖
61	李克明	男	—	中住建设集团有限公司总工程师	2018	市五一劳动奖章	市五一劳动奖
62	刘风舟	男	1977年6月	山东盛陶化工有限公司	2016	市五一劳动奖章	—
63	沙振华	男	1961年6月	菏泽市开发区陈集镇中沙海社区	2018	市五一劳动奖章	—
64	吕承波	男	1978年10月	菏泽传化公路港物流有限公司	2018	市五一劳动奖章	—
65	张　钊	男	1983年10月	山东天九实业集团有限公司	2016	市五一劳动奖章	—
66	杨亚金	女	1989年8月	陈集镇政府党委委员、组织委员	2019	市五一劳动奖章	—

高端人才名录

开发区历年引进重要高端人才一览表

表22-8

序号	姓名	人才类别	所在机构	个人简介
1	彭立增	2016年入选泰山产业领军人才	东药药业	山东省有突出贡献的中青年专家，现任济南爱思医药科技有限公司总经理，制药类高级工程师，曾荣膺第十届山东省青年科技奖、山东省有突出贡献的中青年专家、山东省优秀青年知识分子。从事新药及医药中间体的研发和生产工作。扎根科研第一线，兢兢业业，埋头苦干，负责完成30多个化学原料药及中间体的研发和产业化；参与筹建“国家手性制药工程技术研究中心”；承担国家发改委创新能力建设项目——《鲁南制药集团技术中心手性小分子药物技术研发能力建设项目》；获国家科学技术进步二等奖、国家科技重大专项课题1项；先后在国内外重要学术刊物上发表学术论文44篇；作为主要完成人，共申请国内外发明专利22项，获得授权18项；共有6项成果先后获国家、省部、市级科技进步奖励11次
2	常　锋	2016年入选泰山产业领军人才	道中道激光科技有限公司	男，汉族，1975年3月生，籍贯湖北公安，博士学历，泰山产业领军人才，任道中道激光科技有限公司总经理，带领研发团队开发高功率固体工业激光器、高功率脉冲/光纤工业激光器、超快激光器等国家产业发展急需的激光器产品。目前，公司研发的8W紫外激光器单点拷机突破1500小时，衰减率小于0.2mw/h，达到世界一流水平
3	李春山	优秀青年基金获得者、2017年入选泰山产业领军人才	中科院过程所/中科清洁能源研究中心	1977年生，研究员，博士生导师。2006年中科院过程工程研究所获博士学位，随后赴德国国家材料学院（BAM）、日本名古屋大学做博士后研究（JSPS研究员），2009年7月入选中科院过程工程研究所“百人计划”。主要研究方向为能源催化转化、煤大宗化学品合成、过程系统集成等。发表SCI研究论文70余篇；参与撰写中英文学术专著2个章节；申请发明专利29项。获得Scopus第三届青年科学之星、北京市科技新星、侯德榜化工科技青年奖等
4	陈宏坤	2017年入选泰山产业领军人才	国家缓控释肥中心/菏泽金正大生态工程有限公司	男，1970年9月出生，博士，研究员，入选国家百千万人才工程，国家有突出贡献中青年专家，享受国务院政府特殊津贴人员，复合肥料国家地方联合工程研究中心主任、养分资源高效开发与综合利用国家重点实验室、国家缓控释肥工程技术研究中心及农业部植物营养与新型肥料创制重点实验室常务副主任。开发出缓控释肥、水溶肥、硝基肥等新产品、新技术20余项，共完成科技成果鉴定11项，其中国际领先水平1项、国际先进水平2项、国内领先水平8项；主持省部级以上科研项目10余项，授权发明专利20项，发表论文26篇，出版专著4部，参与制定行业、国家及国际标准6项，获省部级以上科技奖励10项
5	张晓勇	西部经济隆起带紧缺人才	京九肥化	
6	张　强	西部经济隆起带紧缺人才	菏泽金正大	男，1979年10月出生，博士，农艺师，担任全国缓控释肥产业技术创新战略联盟秘书长、高效复合肥料国家农业科技创新联盟副秘书长、山东省农学会理事等职务，是科技部重点领域创新团队“缓控释肥技术创新团队”和农业部杰出人才及其创新团队“缓控释肥技术创新团队”核心成员，先后参与“十二五”国家科技支撑计划课题、国家农业科技成果转化项目、山东省自主创新重大专项、山东省自然科学基金等省级以上科研课题

续表22-8

序号	姓名	人才类别	所在机构	个人简介
7	周　钢	西部经济隆起带紧缺人才	天宇锂电	湖南大学博士研究生、中南大学博士后。从2009年开始从事锂离子电池的研究，擅长技术开发和研发工作，参与并负责湖南大学动力电池研究中心的研发工作，开发出水系环保型高安全矿用锂离子电池和超高功率锂离子动力电池及电池组，作为技术团队核心参与建立山东恒瑞锂电科技有限公司和湖南中科微纳新能源科技有限公司，公司产品成功应用在电动自行车、无人驾驶汽车、矿灯、矿用机车等领域，每年产值1亿余元。熟悉动力锂电池的生产线建设、原材料开发、电池设计、工艺开发、生产管控、性能评判、电池组组装等方面的工作；博士毕业后在中南大学进行博士后研究工作，主攻锂离子电池在超低温或者宽温等极端环境下的应用研究，截至2017年，以第一作者在国际知名SCI刊物发表论文4篇，单篇最大SCI引用44次，在审发明专利2个
8	牛增元	西部经济隆起带紧缺人才	鲁南药物研究院	
9	李士雪	西部经济隆起带紧缺人才	市质量技术检测中心	
10	其　鲁	国务院特殊津贴获得者	北京大学/开发区科技顾问	北京大学教授、博士生导师，国务院特殊津贴专家，材料科学家，中国钴酸锂、锰酸锂电池正极材料主要奠基人。北京大学新能源材料与技术实验室主任，2008年奥运会清洁能源电动车用动力电池项目首席科学家，国家“十一五”863电动汽车动力锂电池项目负责人
11	童根树	政府特殊津贴	浙江大学导师/北新汇隆	浙江大学高性能建筑结构与材料研究所副所长、一级注册结构工程师。曾主持国家自然科学基金和浙江省科委重点项目等纵向课题和宝钢三期钢结构工程新技术研究项目等有重要影响的横向课题20余项，发表学术论文200余篇，获得国家科技进步二等奖1项，陕西省教委一等奖和冶金部三等奖各1项。1991年被国家教委和国务院学位委员会评为“做出突出贡献的中国博士学位获得者”，1992年获“政府特殊津贴”
12	钱逸泰	中科院院士	中国科技大学教授/玉皇新能源	中国科学技术大学化学系教授，中国化学会副理事长，安徽省化学会理事长，中国科学院院士，中国科学院化学部常委。近年来共获中科院自然科学奖一、二、三等奖各一项；安徽省自然科学奖二等奖一项。新铜氧超导体的探索和物相研究方面的工作获1997年中科院自然科学三等奖，中国科学院自然科学二等奖
13	侯保荣	中科院院士	中科院海洋研究所员/科耀化工	从事海洋腐蚀与防护研究工作，现为中国科学院海洋研究所研究员、博士生导师。作为首席科学家，承担“海洋工程结构浪花飞溅区腐蚀控制技术及应用”科技部支撑计划项目。共同研究并做出了多项示范工程
14	佟振和	中科院院士	中科院过程所/中科（菏泽）清洁能源研究院	男，汉族，1937年9月出生，博士学历，中国科学院理化技术研究所研究员。曾任中国科学院感光化学研究所所长。1999年当选为中国科学院院士。主要从事有机光化学研究，涉及光化学反应中的微环境反应、疏水—亲脂作用对光化学和光物理过程的影响、光诱导电子转移和能量传递等方面。提出疏脂性的概念并证明其存在。用光化学和光物理相结合的方法为通过“化学键”进行电子转移和能量传递提供例证。2005年获国家自然科学奖二等奖
15	吴以成	中科院院士	中科院理化技术研究所研究员/道中道激光科技	功能材料专家。现任中国科学院理化技术研究所研究员，中国晶体学会常务理事。1969年毕业于中国科学技术大学近代化学系；从事无机非线性光学晶体材料研究，在新型非线性光学材料探索、晶体生长及非线性光学特性研究、晶体结构与非线性光学性能相互关系等方面取得多项成果。“新型非线性光学晶体三硼酸锂—$L_iB_3O_5$”获国家发明一等奖。发表论文100余篇，获发明专利授权10余项。曾获得国家教委、国务院学位委员会颁发的“做出突出贡献的中国博士学位获得者”称号。在中国科学技术大学工作期间，被评为“安徽省有突出贡献的中青年科学家”

续表22-8

序号	姓名	人才类别	所在机构	个人简介
16	曾　毅	中科院院士	北京工业大学生命科学院	病毒学家，中国疾病预防控制中心病毒病预防控制所院士实验室主任，国家性病艾滋病预防控制中心首席科学家，中国合格评定国家认可委员会（CNAS）生物安全专业委员会主任，中华预防医学会名誉会长，全球病毒网络系统中国病毒网络中心主任。曾毅院士共发表中英文论文500余篇，著书6本，论文集4本。曾获国家杰出贡献中青年科学家称号，政府特殊津贴，获国家和省部级科技成果奖20余项及陈嘉庚医药科学奖。2006年获英国Belly-Martin基金会艾滋病防治贡献奖，2008年获中华医学会科技奖一等奖和中华预防医学会公共卫生与预防医学发展贡献奖，2009年获北京市科技二等奖，2012年获美国马里兰大学人类病毒研究所"公共卫生终身成就奖"
17	张锁江	中科院院士	中科院过程所	男，汉族，1964年11月出生，博士学历，化学工程专家。中国科学院过程工程研究所研究员、所长。主要从事离子液体与绿色化工研究。以离子液体为核心，将基础研究和过程开发紧密结合，在构效关系、工程放大和工业应用三方面形成系统性成果。揭示离子液体氢键特殊性、网络结构及构效关系，形成功能化离子液体的设计方法；建立离子液体传递/反应原位研究方法，阐明其结构对工程放大的影响规律；研发系列反应/分离新体系，发展绿色过程系统集成方法，实现离子液体的规模制备和多项绿色新技术的工业应用。获国家自然科学二等奖、侯德榜化工科技成就奖和中国石油和化学工业协会科技进步一等奖等多项奖励
18	李洪钟	中科院院士	中科院过程所	化学工程专家。现任过程工程研究所学术委员会主任、多相复杂系统国家重点实验室学术委员会副主任。在国内外学术期刊上发表论文200余篇，在流态化理论研究和工业应用方面获得多项创新性成果，先后获得中国科学院一等奖、二等奖各1项。中国石油和化学工业联合会科技进步一等奖3项
19	聂建国	中国工程院院士	中国工程院清华大学土木工程系	现任清华大学土木工程系教授，博士生导师，教育部长江学者特聘教授，结构工程研究所所长、结构工程与振动教育部重点实验室主任、土木工程系和建设管理系学术委员会主任。兼任中国钢结构协会钢——混凝土组合结构分会常务副理事长、中国建筑学会建筑结构分会副理事长等职。2013年当选中国工程院土木、水利与建筑工程学部院士
20	储消和	国务院津贴获得者、教授	道中道生物制药	男，1968年4月出生，中共党员，教授级高级工程师，硕士，享受国务院津贴，全国"五一劳动奖章"获得者
21	孙克宁	长江学者	北京理工大学/玉皇新能源	所在学科、化学工程与技术，主要研究方向为电化学、新能源材料与绿色催化领域的交叉研究。承担863计划重大专项、科技支撑计划项目、科技部国际合作项目、自然科学基金面上项目等13个。研究成果获得国家科学技术进步奖二等奖1项、省技术发明一等奖1项、自然科学一等奖1项，在国内外重要学术刊物上发表学术论文180余篇，其中被SCI和EI收录160篇，获授权发明专利10项
22	袁　异	山东省留学归国人员优秀创业奖	道中道生物制药	现任道中道（菏泽）制药有限公司总经理，1972年8月出生，贵州人。1994年获对外经贸大学学士学位。1999年6月与英国牛津布鲁克斯大学进行硕士学位的深造，2000年9月进入英国伦敦大学攻读第二硕士学位。在此期间创办英国Sunnytech有限公司，成为专业的先进医药产品研究及开发公司，积累包括盐酸柔红霉素、盐酸多柔比星等多项先进抗癌药物的技术成果。
23	法布里奇奥	外专双百计划	道中道生物制药	毕业于米兰大学生物技术专业，博士学位。曾在欧洲微生物联合委员会、意大利生物研究所、意大利英苏布里亚大学任职，2017年在意大利埃特积公司任首席执行官和首席技术官，主要擅长工业微生物（处理稀有的放线菌），经典菌种改良技术，基因重组，基因定向诱变和不同的分子生物学技术。曾负责许多重要课题的研究，在专业刊物发表学术论文19篇。2017年入选山东省高端外国专家
24	赵成龙	博士	北京大学/玉皇新能源	主要从事锂电池材料及工艺研究，参与国家科学基金4项，发表论文60余篇。2016年4月担任菏泽职业学院新能源系主任、客座教授；2016年10月担任共青团菏泽市委副书记；2016年6月被授予"山东省博士后工作优秀个人"称号；以第一作者身份在*Journal of Materials Chemistry*上发表重要论文1篇，并被SCI收录
25	宋春华	博士	华中农业大学/玉皇新能源	主要从事锂电子二次电池正极材料的研究，在国内核心和国外SCI期刊上发表论文6篇，拥有专利13项。2016年1项发明专利荣获菏泽市专利一等奖

续表22-8

序号	姓名	人才类别	所在机构	个人简介
26	张会斌	博士	中国海洋大学/玉皇新能源	主要从事新能源材料的生长控制，曾参与国家自然科学基金3项，申请专利7项，授权4项，主要SCI论文收录于英国皇家学会
27	窦燕蒙	博士	北京理工大学/玉皇新能源	主要从事固体火箭推进剂方面的研究，发表SCI、EI论文7篇，承担多项国家及军工课题并获得国防科学进步二等奖
28	唐其伟	博士	天津大学/玉皇新能源	发表SCI论文5篇，发明专利1项，曾参与“863”“973”项目，申请发明专利3项，授权1项。2016年参加第五届中国创新创业大赛，荣获菏泽市一等奖，山东赛区二等奖，晋级全国总决赛。2017年主持山东省自然科学基金1项
29	董　鑫	博士	西安交通大学/玉皇新能源	主要从事动力汽车电源系统、电池管理系统、热管理系统的开发，发表SCI论文6篇，申请专利3项
31	吕金钊	博士	南京大学/玉皇新能源	主要从事碳纳米管材料的研究，参与“973”、国家自然基金等7项科研项目，发表SCI论文3篇，申请专利5项，授权1项
32	王　丽	博士	天津大学/玉皇新能源	主要从事石墨烯及其复合物的制备方面的研究工作，发表论文2篇，授权专利1项
33	杜宪军	博士	清华大学/玉皇新能源	研究方向主要集中在各类纳米材料的合成及其催化作用，发表论文4篇，授权专利1项
34	张立君	博士	复旦大学/玉皇新能源	主要从事合成一些纳米多孔碳纤维做锂离子电池负极材料的研究，以第一作者身份在期刊发表3篇论文
35	孙云龙	博士	道中道激光器	道中道激光科技有限公司高级顾问，北京爱科凯能科技有限公司（新三版上市公司）董事长，四十多个美国及国际专利（激光器及激光加工技术）主要发明人。
36	王立强	博士	希力药业/北京大学	
37	殷晓浦	博士	道中道生物/华东理工大学	华东理工大学博士、杭州市第四批科技特派员、助理研究员职称
38	贾　强	博士、教授	道中道生物制药/南开大学	南开大学博士、宁波理工大学兼职教授、发表论文26篇，第一作者10篇，国家核心刊物级别以上论文22篇（SCI核心刊物20篇）
39	辛红兴	博士	道中道生物制药/北京工业大学	北京工业大学博士
40	李　凯	博士	道中道激光科技/中国科学院大学	中国科学院理化技术研究所，助理研究员
41	丁　鹏	博士	道中道激光科技/北京工业大学	1973年2月出生，中国科学院博士后，从事半导体激光器与光纤间的整形聚焦光学系统设计、半导体激光器的封装与测试直接应用型大功率半导体激光器的研制与应用
42	聂　毅	博士	中科清洁能源研究院	女，汉族，1968年10月出生，工学博士，中科院过程所研究员，博士生导师。2014年中科院“引进杰出技术人才”。从事离子液体的设计合成及其绿色工艺开发。主持完成/在研国家级、省部级课题6项，主持完成/在研横向课题5项；在国际期刊发表SCI论文40余篇；申请发明专利11项，授权专利3项；参与科技成果鉴定2项
43	董　陶	博士	中科清洁能源研究院	女，汉族，1982年9月出生，理学博士，中科院过程所副研究员，硕士生导师。主要研究方向为离子液体设计合成、锂电池电解液的研发，电池资源化利用。在国际重要期刊发表学术论文20余篇，发明专利4项，主持国家自然科学基金青年基金1项，博士后面上基金1项，过程所绿色室青年基金1项，参与2017年新能源汽车重大专项、中韩国际合作、国家基金、企业合作等项目，获得2012年中国科学院王宽诚博士后工作奖励

续表22-8

序号	姓名	人才类别	所在机构	个人简介
44	蔡迎军	博士	中科清洁能源研究院	女，中科院过程所副研究员，主要从事离子液体在电化学中的应用研究，尤其擅长锂离子电池电解液方面的应用研究。截至2017年已经合成30余款电解液，并在国内多家知名企业成果转化，曾获得河南重大科技专项资助及多项企业项目横向经费的资助。作为第二完成人获得中科院成果鉴定1项。曾参与完成973、863的部分研发任务，在国内外知名期刊发表论文9篇，申请发明专利11篇
45	张国梁	博士	中科清洁能源研究院	男，汉族，1986年1月出生，工学博士，中科院过程所助理研究员，研究领域为催化材料和清洁能源，在有毒有害原料替代清洁催化新工艺、绿色催化剂开发与设计等方面开展系统研究。在相关期刊发表3篇文章，申请专利3项
46	王　磊	博士	中科清洁能源研究院	女，汉族，1975年8月出生，博士，中科院过程所副研究员，长期从事绿色催化与清洁工艺的开发。重点参与C4为原料清洁生产MMA关键技术的研究，在2万吨/年MMA示范工程的建设和运行中起到关键作用
47	闫瑞一	博士	中科清洁能源研究院	男，汉族，1979年3月出生，工学博士，中科院过程所副研究员，长期从事绿色催化与清洁工艺的开发。在相关期刊发表11篇文章，申请专利9项，其中国际专利1项。2007年获“北京市科学技术奖二等奖”（第五完成人），2008年获得“中国石油与化学工业协会技术发明二等奖”（第二完成人）
48	王魁英	留学归国博士	上海名护机器人	
49	史　航	留学归国博士	玉皇新能源	玉皇新能源技术顾问，1962年4月1日出生，美籍，具有27年锂电池研发、制造及管理经验。1993年在温哥华西蒙弗雷泽大学取得博士学位（Jeff Dahn团队）；1993—1998年，先后在多伦多Emtech公司和加州Valence公司任研究员和研发经理。1998年创办厦门宝龙工业公司，并任总工程师；2000年创办浙江万向动力电池有限公司，担任总经理。2008—2013年，先后担任美国加州Envia Systems公司副总经理及安能电池（嘉兴）有限公司总经理（创办人）。2014—2016年，任天津力神电池有限公司首席科学家，研究院院长。2016—2018年，任玉皇新能源技术顾问并负责美国公司运作
50	贺镇江	博士	乾运高科新材料/中南大学	
51	袁　超	博士、教授	道中道（山东）生物/齐鲁工业大学	男，1979年生，山东泰安人，工学博士，博士后，齐鲁工业大学食品科学与工程学院教授、硕士生导师，河南省学术带头人。先后在河南工业大学粮油食品学院、江南大学食品学院、食品科学国家重点实验室等学习深造。肽爱硒项目的主要负责人
52	刘鹏飞	博士、教授	道中道（山东）生物/齐鲁工业大学	男，1985年生，博士，齐鲁工业大学食品科学与工程学院副教授，承担本项目配方研究、生产工艺研究、质量标准研究、临床研究、研发报告编写。
53	方奕珊	博士、教授	道中道（山东）生物/齐鲁工业大学	女，1983年生，博士，齐鲁工业大学食品科学与工程学院副教授，承担项目配方研究、质量标准、检验方法研究、稳定性研究、注册资料编写
54	赵海波	博士、教授	道中道（山东）生物/齐鲁工业大学	男，1985年生，博士，齐鲁工业大学食品科学与工程学院副教授，承担项目配方研究、生产工艺研究、质量标准研究，临床研究、注册资料编写
55	潘　迎	硕士研究生	道中道（山东）生物科技/国家疾控中心	女，1963年生，硕士研究生，首都医科大学硕士研究生毕业，国家疾控中心副教授，曾获北京市个人科学技术进步奖二等奖。承担配方研究、生产工艺研究、质量标准研究、车间建设、临床试验
56	田美华	硕士研究生	道中道（山东）生物科技质量管理部/山东农业大学	女，1964年生，硕士研究生，高级工程师，承担项目配方研究、生产工艺研究、质量标准研究、车间建设、临床试验、产品注册申报

续表22-8

序号	姓名	人才类别	所在机构	个人简介
57	瞿金平	中国工程院院士	山东沃特管业股份有限公司	轻工机械工程专家，中国工程院院士，华南理工大学教授、博士生导师，华南理工大学材料加工工程国家重点学科带头人，聚合物新型成型装备国家工程研究中心主任。广东省科协第九届委员会副主席。2000年担任国家“十五”“863”计划高性能结构材料主题专家；2007年主动要求卸任副校长职务；2011年遴选为中国工程院院士；2017年获得广东省科学技术突出贡献奖
58	刘　冬	泰山产业领军人才	山东天厚新材料科技有限公司	1988年出生、菏泽曹县人，2011年毕业于南京邮电大学经济管理学院经济学专业，中共党员。多次获得“先进工作者”及“优秀支局长”称号。2015年初注册成立济南昂斯泰电子科技有限公司，并担任公司法人一职。2017年，创办山东天厚新材料科技有限公司，作为公司第一大股东，占股35%，并出任公司常务副总经理一职，全面负责企业的生产经营。两个实用新型专利。2018年参加山东省组织部、山东省科技厅、山东省财政厅组织的“创业齐鲁、共赢未来”首届山东省高层次人才创业大赛，作为菏泽唯一进入决赛企业人选，获得“优胜奖”，并入选为山东省“泰山产业领军人才”
59	戴　军	西部经济隆起带紧缺人才	江南大学研究院/山东天久生物技术有限公司	发表论文90余篇，其中SCI收录7篇；主编专著1部；主持或主要参加完成国家自然科学基金和省部级科研项目7项及市厅级课题2项，获省部级科技进步奖4项；主持或主要参加制定国家标准及轻工行业标准9项；授权发明专利5项。主要研究方向：功能性多糖和活性多肽的提取、分离鉴定与构效关系研究；天然产物的开发和利用；食品质量与安全检测技术
60	戴　勇	博士、国家科学技术进步奖	中医院	
61	陈立宝	博士	菏泽天宇锂电能源科技有限公司	中南大学“升华学者”特聘教授，湖南省“杰出青年”基金获得者。美国电化学学会会员（ECS），中国有色金属学会会员。主要研究方向为高性能电极材料及极端环境应用的锂离子电池。近5年主持国家自然科学基金3项，军工装备预研项目1项，军工配套协作项目1项，湖南省“杰出青年”科学基金1项，重大产业化项目2项。在国际权威期刊上发表高水平学术论文50余篇，论文被引3000余次，论文被引论文5篇。担任十几家国际期刊的审稿人
62	王魁英	硕士研究生	上海名护机器人	2010 年南京邮电大学研究生毕业，进入世界最大的芯片公司 Intel（英特尔亚太研发中心），被多次派往美国硅谷世界顶级公司工作。在美国加州山景城Google 总部、Netflix（网飞）美国总部期间，对人工智能进行了深入的研究，并创建8 人的研发团队。经过6 年的研发和迭代，2016 年创建自己的机器人公司（上海名护机器人有限公司），并发布第一款人工智能机器人，瞄准儿童教育领域提出全新的人工智能与机器人教育理念。在开发区打造一个占地13.33公顷、产值10 亿元的智能制造产业园
63	朱建国	博士、教授	山东慧宇航空遥感公司/山东科技大学	测绘学院党委书记
64	江　涛	博士、教授	山东慧宇航空遥感公司/山东科技大学	男，1961年3月生，博士，教授，博士生导师。泰安市泰山区政协委员、常委，九三学社社员。从事遥感信息处理与分析、资源与环境遥感等研究，针对我国遥感科学与技术的发展现状，开展遥感信息处理与分析等工作，先后完成和承担国家863课题、科技攻关子课题2项、国家自然科学基金项目2项、省部级项目3项；出版译著2部，参编出版专著1部，出版教材2部，获软件著作版权1部，在国内外刊物及会议发表学术论文50余篇，其中被SCI、EI收录检索10篇。获山东省科技进步二等奖2项、中国科学院科技进步二等奖1项、国家科学技术进步二等奖（集体）1项、教育部科技进步二等奖1项、泰安市科技进步一等奖2项等

续表22-8

序号	姓名	人才类别	所在机构	个人简介
65	季 民	博士、教授	山东慧宇航空遥感公司/山东科技大学	1970年8月生，博士，教授，研究方向：空间数据组织与GIS应用开发。主持在研国家自然科学基金项目1项（基于本体论的海洋流动场时空数据建模与可视化），在研国家科技支撑计划课题1项（新疆自然资源精细遥感监测技术与应用），在研国家海洋局公益性项目1项（海洋环境信息可视化平台探索性研究），曾主持完成国家863子课题3项、国际合作项目1项、重点实验室基金项目3项、重大横向课题3项，国内外发表论文50余篇，其中EI检索13篇，获得国家科技进步二等奖1项、上海市科技进步一等奖1项、国家海洋局创新成果二等奖1项、中国水产科学研究院科[illegible]等奖1项、山东省[illegible]1项，国家测绘局科技进步二、三等奖各1项、国家煤炭协会科技进步二等奖1项，获得计算机软件著作权20余项
66	孙 林	博士、教授	山东慧宇航空遥感公司/山东科技大学	男，教授，博士生导师，1975年9月出生，山东枣庄人，2006年7月参加工作，2006年6月毕业于中国科学院遥感应用研究所地图学与地理信息系统专业。主要研究方向为定量遥感，在颗粒物遥感监测以及国产陆地观测卫星应用方面做大量工作，为山东省"3S"工程应用中心副主任。先后参与完成国家863子课题、国家科技支撑计划子课题4项、国家自然科学基金项目2项、省部级项目3项；参与出版相关学术著作1部，在国内外刊物及会议发表学术论文30余篇，其中被SCI、EI收录检索10篇。2014年获山东省科技进步二等奖，国家地理信息科技进步二等奖1项、国家测绘科技进步奖2项
67	王 健	博士、副教授	山东慧宇航空遥感公司/山东科技大学	2006年9月于山东科技大学获大地测量学与测量工程专业博士学位，任山东科技大学测绘科学与工程学院副教授、硕士生导师、国家自然科学基金委员会的评议专家、青岛市科技奖励评审专家。先后承担省部级科研项目3项，作为主要参加人员参加国家自然科学基金项目3项、国家863项目5项、国家科技支撑计划1项、省部级项目9项。获国家测绘局测绘科技进步二等奖1项，山东科研成果奖自然科学类二等奖1项，中国煤炭工业协会科技进步二等奖1项，山东省计算机应用优秀成果奖二等奖1项，青岛经济技术开发区科学技术奖二等奖1项，中国黄金协会科学技术奖一等奖1项。获得计算机软件著作权5项。发表论文40余篇，其中被SCI、EI收录8篇。多年从事测量数据处理理论与方法、激光扫描测量技术及应用、基于点云与影像的三维重建和物体识别等方面的研究与教学工作
68	刘健辰	博士、副教授	山东慧宇航空遥感公司/山东科技大学	
69	郭金运	博士、教授	山东慧宇航空遥感公司/山东科技大学	男，博士，教授，博士生导师，1969年9月出生，山东巨野人，1994年7月参加工作，2004年6月博士毕业于山东科技大学大地测量学与测量工程专业。主要研究方向为空间大地测量、海洋大地测量、物理大地测量和对地观测等。为山东科技大学"大地测量学与测量工程"博士点学科带头人，"空间大地测量"科研创新团队负责人，聘为徐州师范大学、中国科学院国家天文台和福州大学等兼职教授、客座教授，担任*Geodesy and Geodynamics*、*Journal of Earth Science Research*等编委。工作20余年坚持在教学、科研第一线，先后完成和承担国家863计划课题、国家自然科学基金项目、国际科技合作计划课题、国家科技基础性工作专项、国家公益性行业科研专项、国家927工程专项、山东省自然科学基金项目、国家测绘地理信息局科技计划课题等10多项；出版相关学术著作6部，申请发明专利5项，获得国家版权局计算机软件著作权7项，发表学术论文200余篇，其中被SCI收录检索38篇、EI收录检索46篇。获得省部级科技奖励4项、青岛市自然科学奖2项、山东高等学校优秀科研成果奖（自然科学）7项。指导的博士获得山东省优秀博士学位论文1篇，指导的硕士获得山东省优秀硕士学位论文2篇。2012年被评为山东省优秀研究生指导教师，2013年被评为山东省高等学校首席专家

续表22-8

序号	姓名	人才类别	所在机构	个人简介
70	崔国涛	博士	天厚新材料	菏泽学院“新型金属材料设计与制备”科研创新团队负责人；菏泽学院科研基金科技计划项目“高强韧性TRIP钢组织与性能的研究”主持人；山东大学–莱芜钢铁股份公司合作项目“微量硼元素在低合金高强度H型钢中作用机理研究与应用”主要完成人；山东省科技厅计划项目“汽车用新型热轧深冲钢板的研究”主要参与者；山东省优秀中青年科学家科研奖励基金项目“热轧深冲无间隙原子（IF）系列钢板的开发研制”主要参与者。山东省第八届高等教育教学成果奖二等奖，2018年1月中国钢铁工业协会、中国金属学会冶金科学技术奖三等奖，2009年8月山东省冶金科技进步奖一等奖
71	焦淑红	博士	玉皇新能源	中国科学技术大学博士
72	孙建峰	博士	道中道激光科技	主要从事空间激光应用系统和水下激光通信等方面的研究工作，担任过空间激光通信/检验、空间激光通信系统和新型成像技术等中科院/军口数十项国家级重要项目的负责人或主任设计师，主持水下绿激光通信技术研发。共获得国防科技进步二等奖和上海市自然科学与技术发明二等奖各1项；申报发明专利57项（已授权38项）；发表论文119篇
73	朱元宪	博士	山东菏泽华星油嘴油泵有限公司	具有30多年汽车发动机研究、设计和开发方面的丰富经验，尤其是在汽车柴油机电子控制、燃油喷射、燃烧优化、增压匹配等核心技术开发应用领域一直处于世界先进行列。1986年在大连理工大学获得中国在内燃机技术领域授予的第一个博士学位，1989—1992年在美国大学发动机研发实力最强的实验室——威斯康星大学发动机研究中心从事博士后研究，奠定运用当代最先进的分析和实验手段研究发动机缸内燃烧过程的基础。从1992年开始先后在世界著名的汽车柴油机企业美国底特律柴油机公司和美国纳威斯达国际卡车公司工作13年，领导和参与多项新型汽车柴油机开发项目，其中最有代表性的是为福特公司F系列皮卡开发的2002版的V8–6L汽车柴油机入选世界权威杂志沃德的2003年度世界十佳发动机。在1993年还作为客座研究员在世界著名的美国洛斯阿拉莫斯国家实验室，与计算流体学家N.Johnson 博士合作进行高功率密度发动机的流动过程分析并在SAE共同发表论文。2004年应邀加入刚组建的成都威特电喷有限责任公司担任首席技术官，发明一种新型电控燃油喷射系统——电控组合式单体泵，并领导技术团队完成全部技术开发工作并实现产业化
74	李仁府	教授，博导，楚天学者特聘教授	武汉华伍航空科技有限公司	1997年起先后到美国加州理工学院和佐治亚理工学院，开始在航空航天领域进行长达12年的海外学习、科研和教学工作。曾经承担过多个相关单位及基金的科研项目，并在国际期刊发表多篇学术论文，其中多篇学术论文连续多期载入前10名阅读应用的文章之列。2009年回国到华中科技大学从事航天航空学科建设和相关领域教学、科研工作。多次应邀出席各类国际、国内学术会议，并且应邀到各个院校和研究所进行学术报告。担任几大著名学术刊物的论文评审，是美国工程师协会会员，美国航空航天协会会员，美国电子工程协会会员。主要研究方向为飞行器设计、飞行器控制、航天器轨道及控制、航空复合材料
75	王　瑛	硕士研究生	玉皇新能源	化工生产运营总监，负责玉皇新材料项目和新能源动力电池项目的总体策划和实施。先后承担中央引导地方科技创新项目、泰山产业领军人才工程项目、省级引智成果示范推广项目、省重点研发计划等国家省部级研发课题近20项。公司共申请国内专利126项，授权64项（发明专利33 项），申请PCT 专利11项、美国专利1项
76	汪青海	硕士研究生	山东易达利化工有限公司	2004年4月就职于上海华谊丙烯酸有限公司，从事异丁烯氧化生产甲基丙烯酸技术开发，承担国家级创新基金项目、省级重点研发计划、上海市经济和信息化委员会的课题2项、菏泽市与中科院过程所的产业化项目“异丁烯氧化生产MMA”1项，于 2016 年获得“山东省技术市场科技金桥奖”。已申请国内发明专利 2项，先后发表学术论文3篇。曾获得上海华谊集团“青年岗位能手标兵”、“新长征突击手”；上海市“职工科技创新标兵”；上海市“十大职工创新英才”提名奖等称号。2017年2月加入山东易达利化工有限公司
77	增本兼人	本科生	玉皇新能源	毕业于明治大学工学部精密工学科，学士，1959年7月，日本籍。山东玉皇新能源科技有限公司从日本柔性引进的电池行业的高端人才，拥有36年在松下、特斯拉、LG 化学等国际知名电池企业丰富的电池开发和生产经验，主要从事电池结构开发及生产线产能提升，在圆柱形电池18650安全、结构开发

续表22-8

序号	姓名	人才类别	所在机构	个人简介
78	王彦超	博士	北汇绿建/杭州研究院	在杭萧钢构期间，主持研发装配式钢筋桁架楼承板、钢管束组合结构剪力墙钢结构住宅体系，申请专利40余项，其中发明专利获得授权8项，科研成果通过浙江省科技厅科技成果鉴定。主持装配式轻质墙板在钢结构住宅体系中的应用研究，包括施工工法、抗温度与收缩裂缝技术等。主持设计萧山区人才专项用房的钢结构住宅设计
79	付　波	博士	北汇绿建/杭州研究院	在博士后期间，根据课题研究计划，对钢管束组合剪力墙的单向压弯承载力、单向拉弯承载力，双向压弯承载力，墙体稳定性，墙体抗侧性能，钢管壁板局部稳定等问题进行了理论研究、数值计算和试验验证，在此基础上形成系统的钢管束组合剪力墙构件设计计算方法。在杭萧钢构工作期间，参与杭萧第三代钢结构住宅体系研发项目，主要负责新型组合剪力墙——钢管束组合剪力墙构件和节点的基本性能和设计方法研究，具体工作包括理论分析、数值模拟、试验研究三部分，并作为主要起草人参编钢管束组合剪力墙企业技术标准。参加多个工程项目的超限审查，主要负责结构的静动力弹塑性分析。发表论文2篇，获得授权发明专利1项，获得授权实用新型专利9项
80	张　磊	博士	北汇绿建/杭州研究院	主要从事钢结构稳定和抗震方面、组合结构，钢–新材料混合结构的研究工作，主持国家自然科学基金、“十二五”国家支撑项目子课题等多项国家级科研项目。在国内外重要学术期刊已发表学术论文70余篇，其中国际期刊论文30余篇，被SCI论文他引总次数超过350次。研究成果被《钢结构设计规范》、《铝合金结构设计规范》、英国的土木工程师协会（ICE）指南《ICE manual of bridge engineering》等规范和指南所采用或引用
81	许　强	博士	北汇绿建/杭州研究院	主要从事建筑钢结构和桥梁钢结构的设计及应用研究工作，参与多项国外工程（欧标、美标）的设计和建设工作，主持完成过浙江省建设厅科研课题《中、欧钢结构设计规范对比分析及应用研究》。与童根树教授合作出版专著部，独立完成译著部，发表论文6篇。目前对金属材料的基本力学性能参数、连续体非线性有限变形理论、高强螺栓工作性能及工程应用等问题亦有所研究
82	肖正直	博士	北汇绿建/杭州研究院	2001年毕业于浙江大学建筑工程学院，2009年在重庆大学获工学博士学位。主要从事高层建筑及大跨桥梁抗风教学与科研工作，主持和参与国家自然科学基金委、重庆市科委等科研项目30余项。发表SCI/EI收录论文20余篇，申请发明专利2项，参编行业规范、地方规范2本
83	顾玉东	中科院院士	博爱医院	从事手外科与显微外科工作50余年，在国内外学术期刊上发表论文250余篇，出版《臂丛神经损伤与疾病的诊治》《手的修复与再造》《四肢创伤显微外科修复》等专著。主编《手外科学》《手外科手术学》《临床显微外科学》《临床技术操作规范——手外科分册》《残缺肢体的修复重建》等专著

革命烈士名录

丹阳街道革命烈士表

表22–9

序号	姓名	性别	出生年月	籍贯	参加革命年月	入党团年月	牺牲时所在单位	牺牲时职务	牺牲时间	牺牲地点	安葬地点	有何功绩	时期划分	备注
1	李华先	男	1955.2	山东省菏泽县成关社刘庙大队李店村	1975.1	1976入团	云南军区三五二三四部队五十三分队	战士	1979.2	云南屏边县	云南屏边县	—	新中国成立后	—
2	吴锡文	男	1914.7	城关公社刘庙大队李店村	1939.1	—	太行军区一分区司令部警卫连	战士	1940	石家庄	石家庄	—	抗日战争时期	—
3	刘法亭	男	1914.10	山东省菏泽县城关公社刘庙大队刘庙村	1941	—	中原野战军三纵七旅二十一团	班长	1948	江苏丰县	不详	—	解放战争时期	1956年3月追认烈士
4	卞金安	男	1919	山东省菏泽县城关公社刘庙大队卞庄村	1946	—	中原野战军一纵二十旅五十九团	班长	1948	安徽省宿县	宿县	—	解放战争时期	—
5	李金存	男	1932.12	山东省菏泽县城关公社王庄大队王庄村	1952.12	1975入党	解放军五六0八五部队九十九分队	班长	1976	四川省隆昌县	四川省嘉明镇	—	新中国成立后	—
6	王干臣	男	1917	山东省菏泽县城关公社耿庄大队都庄村	1946	—	冀鲁豫军区五分区十三团一营三连	班长	1947	东明县	东明县	—	解放战争时期	—
7	王珍荣	男	1928	山东省菏泽县城关公社耿庄大队都庄村	1948	—	志愿军	战士	1952	朝鲜	朝鲜	—	新中国成立后	—
8	杨明林	男	1919.12	山东省菏泽县城关公社耿庄大队都庄村	1948.11	—	中原野战军三纵七旅	战士	1948.12	安徽省宿县	马围子	—	解放战争时期	—
9	武大廾	男	1906	山东省菏泽县城关社武屯大队武屯村	1944.2	—	定陶县四区区队	队长	1946.07	定陶县歪李庄	本村	—	解放战争时期	—

续表22-9

序号	姓名	性别	出生年月	籍贯	参加革命年月	入党团年月	牺牲时所在单位	牺牲时职务	牺牲时间	牺牲地点	安葬地点	有何功绩	时期划分	备注
10	陈忠良	男	1934.8	山东省菏泽县赵楼公社桑海大队桑海村	1955.1	1954年入党	北海舰队	上士	1959.10	辽宁省旅顺	本村	—	新中国成立后	—
11	阎世林	男	1912	山东省菏泽县城关公社阎楼大队阎楼村	1946.1	—	志愿军	战士	1950	朝鲜	朝鲜	—	新中国成立后	—
12	桑金良	男	1929	山东省菏泽县城关公社肖楼大队肖楼村	1947	1948年入党	志愿军	排长	1952	朝鲜	朝鲜	二等功一次	新中国成立后	—
13	赵星跃	男	1927	山东省菏泽县城关公社赵水洼大队赵水洼村	1946.6	—	二野卫生院	卫生员	1949	福建省厦门	厦门	—	解放战争时期	—
14	王文焕	男	1928	山东省菏泽县城关公社大成庄大队大成庄村	1950.1	—	志愿军	战士	1952	朝鲜	朝鲜	—	新中国成立后	—
15	吴立起	男	1927.5	山东省菏泽县城关公社赵堂大队刘庄村	1948	—	解放军二十八军船管团	战士	1950.1	福建	—	—	新中国成立后	—
16	赵运才	男	1925	山东省菏泽县城关公社赵堂大队赵堂村	1948.8	—	二野	战士	1949	四川省彭水县	彭水县	—	解放战争时期	—
17	张家进	男	1928	山东省菏泽县城关公社张花园大队张花园村	1948.1	1946年入党	华野三纵	司号员	1949	淮海战役	—	—	解放战争时期	—
18	李春光	男	1925.12	山东省菏泽县城关公社大屯大队大屯村	1945	1948年入党	川北军区军邮分局	股长	1952.5	四川省剑阁县	剑阁县	—	新中国成立后	—
19	陈富华	男	1928	山东省菏泽县城关公社陈官庄大队陈官庄村	1948	1949年入党	志愿军八十一师二四一团	战士	1950	朝鲜	—	—	新中国成立后	—
20	李金海	男	1918	山东省菏泽县城关公社李大庙大队李大庙村	1946	—	川东军区一〇三团二营四连	战士	1948	—	—	—	解放战争时期	1962年5月追认烈士
21	武志文	男	1918	城关公社武寺大队武寺村	1938	—	国民革命军一〇二师	副连长	1944	—	—	—	抗日战争时期	

续表22-9

序号	姓名	性别	出生年月	籍贯	参加革命年月	入党团年月	牺牲时所在单位	牺牲时职务	牺牲时间	牺牲地点	安葬地点	有何功绩	时期划分	备注
22	吴郭氏	女	1909.5	山东省菏泽县大屯公社大屯村	1944.9	—	大屯农会	农会妇女主任	1948.1	大屯村南原葫芦沟	开发区办事处大屯村	—	解放战争时期	追认烈士
23	闫林增	男	1910.1	山东省菏泽县大屯公社大屯村	1945	—	大屯农会	农会会长	1948.1	菏泽县大屯公社大屯村	开发区办事处大屯村	—	解放战争时期	追认烈士
24	李芹祥	男	1900.9	山东省菏泽市牡丹区大屯公社	1945	—	大屯农会	农会会员	1948.1	大屯村南原葫芦沟北头附近	开发区丹阳办事处大屯村	—	解放战争时期	追认烈士
25	都文芳	男	1909.5	山东省菏泽县牡丹区姬庄	—	—	姬庄农会	农会会长	1947.8	姬庄社区仝庄菜地	开发区丹阳办事处姬庄	—	解放战争时期	追认烈士
26	武敦义	男	1932.9	山东省菏泽县武屯	1954	1956	某团某营二连	排长	1962.12	甘肃省平凉	其他安葬地	—	新中国成立后	执行任务
27	王永芝	男	1924.5	菏泽市赵楼乡赵王李村	1948.11	—	第二野战军三纵11军三十一师九十二团警卫营一连	战士	1949.2	安徽省安庆战役	其他安葬地	—	解放战争时期	—
28	张金生	男	1936.6	山东省菏泽县辛集公社仝庄大队张庄村	1951.1	1966.9	兰州铁路局高阳车站	工人	1975.4	兰州铁路局定西工务段	其他安葬地	—	新中国成立后	抢救国家财产时牺牲
29	李学本	男	1926	山东省菏泽市丹阳赵楼社区桑海村	1949	—	炮兵部队	—	1950	朝鲜	朝鲜	—	新中国成立后	—

佃户屯街道革命烈士表

表22-10

序号	姓名	性别	出生年月	籍贯	参加革命年月	入党团年月	牺牲时所在单位	牺牲时职务	牺牲时间	牺牲地点	安葬地点	有何功绩	时期划分	备注
1	马振奎	男	1920	菏泽市佃户屯乡位庄村	1939.1	1940	新四军三师八旅23团二营六连	战士	1943.2	江苏省战斗	—	—	抗日战争时期	—

续表22-10

序号	姓名	性别	出生年月	籍贯	参加革命年月	入党团年月	牺牲时所在单位	牺牲时职务	牺牲时间	牺牲地点	安葬地点	有何功绩	时期划分	备注
2	孔凡信	男	1925	菏泽市佃户屯乡孔楼大队	1948.7	—	十一军31师91团警卫连	战士	1948.11	淮海战役	—	—	解放战争时期	—
3	[illegible]	男	[illegible]	佃户屯公社孔楼大队孔楼村	[illegible]	—	冀鲁豫边区政府	参议员	1944	济南病故	本村	—	抗日战争时期	—
4	孔学诗	男	1933.6	佃户屯公社孔庄大队孔庄村	—	—	菏泽县支前大队	战士	1948	—	—	—	解放战争时期	1958年追认烈士
5	王元增	男	1920	佃户屯公社长堽集大队长堽集村	1939	—	一一五师冀鲁豫支队	战士	1949.4	—	—	—	解放战争时期	1956年追认烈士
6	王俊士	男	1922	佃户屯公社长堽集大队长堽集村	1938.7	—	解放军	战士	1949	—	—	—	解放战争时期	1956年追认烈士
7	王俊士	男	1919	佃户屯公社长堽集大队长堽集村	1939	—	一一五师冀鲁豫支队一大队	战士	1940	—	—	—	抗日战争时期	1956年追认烈士
8	李元秋	男	1929	佃户屯公社长堽集大队长堽集村	1949	—	原菏泽县顺河区区队	战士	1949	—	—	—	解放战争时期	1957年追认烈士
9	李元堂	男	1922	佃户屯公社长堽集大队长堽集村	1943	—	定陶县八区区队	战士	1944	定陶县仿山村	本村	—	抗日战争时期	—
10	李元道	男	1925	佃户屯公社长堽集大队长堽集村	1943.8	—	定陶县大队	战士	1943.11	定陶县冉崮集	本村	—	抗日战争时期	—
11	李元照	男	1920	佃户屯公社长堽集大队长堽集村	1939	—	原一一五师冀鲁豫支队一大队	战士	1941	东明县坝头	本村	—	抗日战争时期	—
12	郭永新	男	1918	佃户屯公社长堽集大队长堽集村	1939.2	—	定陶县八区区队	战士	1942	菏泽县刘瑞宇村	本村	—	抗日战争时期	—
13	杨怀喜	男	1925	佃户屯公社张堂大队张堂村	1941	—	中共冀鲁豫边区五地委	通讯员	1944.9	菏泽县田海	菏泽县安陵	—	抗日战争时期	—

续表22-10

序号	姓名	性别	出生年月	籍贯	参加革命年月	入党团年月	牺牲时所在单位	牺牲时职务	牺牲时间	牺牲地点	安葬地点	有何功绩	时期划分	备注
14	杨怀瑞	男	1920	佃户屯公社张堂大队张堂村	1943	—	菏泽县基干大队	战士	1945.1	菏泽县张堂	本村	—	抗日战争时期	—
15	杨敏建	男	1924	佃户屯公社张堂大队张堂村	1946	—	中原野战军	战士	1948.12	—	—	—	解放战争时期	—
16	王长立	男	1922	佃户屯公社张堂大队张堂村	1946	—	中原野战军三纵七旅二十团	战士	1948.12	—	—	—	解放战争时期	—
17	王训茂	男	1923	佃户屯公社张堂大队张堂村	—	—	张堂村枪班	班长	1945.1	菏泽县李村	本村	—	抗日战争时期	—
18	田玉存	男	1924	佃户屯公社张堂大队张堂村	1938	1938年入党	冀南军区	团政治处主任	1947	本村	—	—	解放战争时期	—
19	田秀山	男	1923	佃户屯公社张堂大队张堂村	1937	1940	晋冀鲁豫野战军三纵七旅二十团	连指导员	1947	河北省高佑村	本村	—	解放战争时期	一等功两次
20	田善道	男	1904	佃户屯公社村楼大队甜水井村	—	—	菏泽县支前大队	民工	1946.8	菏泽县大杨湖	本村	—	解放战争时期	—
21	刘广德	男	1923.6	佃户屯公社杨庄大队杨庄村	1943	—	定陶县陈集区区队	战士	1944	定陶县陈集	村	—	抗日战争时期	—
22	刘启相	男	1931.6	佃户屯公社刘庄户大队刘庄户村	1946	—	菏泽县大队	战士	1947.04	—	—	—	解放战争时期	1958年追认烈士
23	朱永义	男	1917.7	佃户屯公社吴店大队吴店村	1940.7	—	晋冀鲁豫野战军三纵七旅二十团	战士	1947	黑龙江省	—	—	解放战争时期	—
24	张洪敬	男	1923.6	菏泽佃户屯乡吴店村	1947.6	—	志愿军	班长	1952.4	朝鲜抗美援朝	—	—	新中国成立后	—
25	朱继合	男	1916	佃户屯公社朱大庙大队朱大庙村	1944	1945年入党	晋冀鲁豫野战军五分区十三团	班长	1947	曹县梁堤头	本村	—	解放战争时期	—

续表22-10

序号	姓名	性别	出生年月	籍贯	参加革命年月	入党团年月	牺牲时所在单位	牺牲时职务	牺牲时间	牺牲地点	安葬地点	有何功绩	时期划分	备注
26	李永义	男	1908.1	佃户屯公社虎头李大队虎头李村	1944.9	—	晋冀鲁豫野战军二纵五旅十四团	副班长	1947.8	河南省考城	本村	—	解放战争时期	—
27	李延生	男	1925.2	佃户屯公社温堂大队温堂村	1941.2	—	安陵县基干大队	战士	1948.5	吉树园	—	—	解放战争时期	—
28	李延吉	男	1928.9	佃户屯公社温堂大队温堂村	1948.1	—	华野	战士	1948.9	济南	—	—	解放战争时期	—
29	李延起	男	1927.6	佃户屯公社温堂大队温堂村	1941.7	—	安陵县基干大队	战士	1948	河南考城县黑村	本村	—	解放战争时期	—
30	李保玉	男	1927.8	佃户屯公社温堂大队温堂村	1948.11	—	志愿军六十七军	排长	1951.6	朝鲜	—	—	新中国成立后	—
31	李自学	男	1913	佃户屯公社李孟油大队李孟油大队李孟油村	1943	—	菏泽县顺河区区队	战士	1947.6	菏泽	本村	—	解放战争时期	—
32	李效文	男	1921.6	佃户屯公社沙沃大队沙沃村	—	—	沙沃村枪班	班长	1945.1	菏泽县南关	本村	—	抗日战争时期	—
33	辛玉修	男	1930.5	佃户屯公社刘堂大队毛庄村	1945	—	安陵县大队	战士	1946.9	菏泽县苏浅村	本村	—	解放战争时期	—
34	国守信	男	1927.2	佃户屯公社罗庄大队国庄村	1941	—	菏泽县大队	战士	1948.4	菏泽县新兴集	本村	—	解放战争时期	—
35	庞后义	男	1919	佃户屯公社观上大队观上村	1939	1946年入党	晋冀鲁豫野战军二纵五旅十三团二营三连	指导员	1948	定陶县	本村	—	解放战争时期	二等功两次
36	秦锡作	男	1919	佃户屯公社观上大队观上村	1940	1942年入党	定陶县陈集区区队	队长	1947.3	定陶县胡庄	本村	—	解放战争时期	—

续表22-10

序号	姓名	性别	出生年月	籍贯	参加革命年月	入党团年月	牺牲时所在单位	牺牲时职务	牺牲时间	牺牲地点	安葬地点	有何功绩	时期划分	备注
37	王建宝	男	1926	佃户屯公社马庄大队马庄村	1946	—	二野	战士	1949	—	—	—	解放战争时期	1958年追认烈士
38	曹喜松	男	1926.4	佃户屯公社曹楼大队曹楼村	1945.6	—	定陶县大队	通讯员	1945	菏泽县三堂堤口	本村	—	抗日战争时期	—
39	韩庆起	男	1927	佃户屯公社邵楼大队韩庄村	1945.2	—	冀鲁豫军区五分区二十团	战士	1945.7	定陶县	菏泽烈士陵园	—	抗日战争时期	—
40	孔凡保	男	1927	佃户屯公社孔楼大队孔楼村	1943	—	冀鲁豫军区五分区二十团	连长	1945	曹县	马岭岗	—	抗日战争时期	—
41	孔庆五	男	1928.7	佃户屯公社孔庄大队孔庄村	1944	—	晋冀鲁豫野战军七纵十九旅五十六团二营	战士	1946	聊城	聊城	—	解放战争时期	—
42	李从德	男	1925.5	佃户屯公社温堂大队温堂村	1942.3	—	安陵县基干大队	战士	1948	河南考城县黑村战斗	安陵集	—	解放战争时期	—
43	李二生	男	1929	佃户屯公社长堽集大队长堽集村	1944	—	晋冀鲁豫野战军十一纵	班长	1947	河南省陈小楼	陈小楼	—	解放战争时期	—
44	李贵芝	男	1924.11	佃户屯公社杜楼大队杜楼村	1945.8	—	冀鲁豫军区五分区二十团一营二连	战士	1945.10	河北省张村	张村	—	解放战争时期	—
45	李建修	男	1926	佃户屯公社曹楼大队李庄村	1941	1945年11月入党	晋冀鲁豫野战军一纵三旅七团	战士	1946	河北省台庄战斗	台庄	—	解放战争时期	—
46	李宪福	男	1926.8	佃户屯公社张楼大队张楼村	1948	—	志愿军三十五师侦察连	排长	1951	朝鲜	朝鲜	—	新中国成立后	—
47	毛寰	男	1912	佃户屯公社刘堂大队毛庄村	1943	—	菏泽顺河区区队	排长	1946	定陶县保宁集	本村	—	解放战争时期	—

续表22-10

序号	姓名	性别	出生年月	籍贯	参加革命年月	入党团年月	牺牲时所在单位	牺牲时职务	牺牲时间	牺牲地点	安葬地点	有何功绩	时期划分	备注
48	彭文献	男	1926	佃户屯公社彭堂大队彭堂村	1942	—	晋冀鲁豫野战军	战士	1947	大别山	大别山	—	解放战争时期	—
49	彭玉吉	男	1920	佃户屯公社彭堂大队彭堂村	1939.3	—	新四军三师八旅二十四团二营六连	通讯员	1940.9	安徽省平围子战斗	安徽省红扫湖	—	抗日战争时期	—
50	邵景东	男	1944	佃户屯公社邵楼大队邵楼村	1966.1	1967年入党	五二八六二部队独立连	连长	1971	河北省塘沽因公	菏泽烈士陵园	—	新中国成立后	—
51	赵永元	男	1913.2	佃户屯公社刘堂大队毛庄村	1939	1939年入党	冀鲁豫军区二分区九团三连	副连长	1943.7	民权县	民权	—	抗日战争时期	—
52	朱兆起	男	1920	佃户屯公社朱大庙大队朱大庙村	1941	—	志愿军通讯排	排长	1951	朝鲜	朝鲜	—	新中国成立后	—
53	李元玲	男	1919	佃户屯公社长堽集大队长堽集村	—	—	一一五师冀鲁豫支队一大队	战士	1940	—	长岗集村南600米	—	抗日战争时期	—
54	田位东	男	1906.3	城关公社南关大队三李庄村	1926	1928年入党	中共枣庄矿区特委	书记	1932.7	济南千佛山	张和庄烈士陵园	—	土地革命战争时期	—
55	张克林	男	1919.4	定陶县天波张楼村	1941	—	皖北阜阳专员公署	专员	1947	—	—	—	新中国成立后	—

岳程街道革命烈士表

表22-11

序号	姓名	性别	出生年月	籍贯	参加革命年月	入党团年月	牺牲时所在单位	牺牲时职务	牺牲时间	牺牲地点	安葬地点	有何功绩	时期划分	备注
1	孙敬海	男	1924	山东省菏泽县辛集公社辛集村西北隅大队	1942	—	晋冀鲁豫野战军十一纵	班长	1947	高山铺	高山铺	—	解放战争时期	—
2	郝清稳	男	1949	山东省菏泽县辛集公社辛集村西北隅大队	1968	—	二四六七部队	战士	1971	中老边界	菏泽县烈士陵园	—	新中国成立后	—

续表22–11

序号	姓名	性别	出生年月	籍贯	参加革命年月	入党团年月	牺牲时所在单位	牺牲时职务	牺牲时间	牺牲地点	安葬地点	有何功绩	时期划分	备注
3	姜玉贞	男	1890	山东省菏泽县辛集公社辛集村东南隅大队	—	—	国民革命军六十六师一九六旅	旅长	1937.10	山西省原平县	原平县	—	抗日战争时期	—
4	肖维祥	男	1920	山东省菏泽县辛集公社辛集村东南隅大队	1945	—	华野	战士	1948	淮海战役	徐州	—	解放战争时期	—
5	张效臣	男	1924	山东省菏泽县辛集公社辛集村东南隅大队	1943	—	临泽县五区区公所	战士	1948	菏泽县马堂	马堂	—	解放战争时期	—
6	石锦荣	男	1921	山东省菏泽县辛集公社南庞大队石窑村	1949	—	解放军	战士	1949.4	—	—	—	解放战争时期	1962年追认烈士
7	庞厚法	男	1931	山东省菏泽县辛集公社南庞大队庞庄村	1947	1949年入党	志愿军	战士	1951	朝鲜	朝鲜	—	新中国成立后	—
8	王传胜	男	1923	山东省菏泽县辛集公社西阎庄大队西阎庄村	1942	—	菏泽县陈集区	交通员	1947	菏泽北关	本村	—	解放战争时期	—
9	张效增	男	1938	山东省菏泽县辛集公社西阎庄大队西阎庄村	1960	1960 年入党	三O六部队	战士	1966	云南因公	云南	—	新中国成立后	—
10	李会景	男	1925	山东省菏泽县辛集公社李胡同大队冯楼村	1948	1950年入党	志愿军三十一师九十一团	副班长	1952	朝鲜	朝鲜	—	新中国成立后	—
11	李继山	男	1929	山东省菏泽县辛集公社李胡同大队冯楼村	1948	1949年入党	天津市警备司令部	保卫干事	1949	天津	天津	—	解放战争时期	—
12	杨子震	男	1927	山东省菏泽县辛集公社李胡同大队冯楼村	1949	—	志愿军	战士	1952	朝鲜	朝鲜	—	新中国成立后	—
13	郭廷彦	男	1925	山东省菏泽县辛集公社许楼大队许楼村	—	1947年入党	许楼村农会	农会长	1948	定陶战斗	定陶县	—	解放战争时期	—
14	许新志	男	1925	山东省菏泽县辛集公社许楼大队许楼村	1948	1949 年入党	志愿军	战士	1952	朝鲜	朝鲜	—	新中国成立后	—

续表22-11

序号	姓名	性别	出生年月	籍贯	参加革命年月	入党团年月	牺牲时所在单位	牺牲时职务	牺牲时间	牺牲地点	安葬地点	有何功绩	时期划分	备注
15	高黄林	男	1926	山东省菏泽县辛集公社琵李大队琵李村	1950	—	解放军	战士	1952	金门岛战斗	—	—	新中国成立后	—
16	[illegible]	男	1924	山东省菏泽县辛集公社琵李大队琵李村	1950	[illegible]	志愿军	班长	1952	朝鲜	朝鲜	[illegible]	新中国成立后	—
17	刘德胜	男	1928	山东省菏泽县辛集公社琵李大队琵李村	1946	—	华野	战士	1948.06	河南省商丘	商丘	—	解放战争时期	—
18	杨建春	男	1948	山东省菏泽县辛集公社杨董庄大队杨董庄村	1969	1970年入团	一六〇〇部队	战士	1970	河北省张家口因公	张家口	—	新中国成立后	—
19	程良田	男	—	山东省菏泽县辛集公社杨董庄大队程庄村	1945	—	解放军	战士	1947	—	—	—	解放战争时期	1956年追认烈士
20	陈德天	男	1927	山东省菏泽县辛集公社岳楼大队田屯村	—	—	晋冀鲁豫野战军	战士	1947.10	大别山	大别山	—	解放战争时期	—
21	田梦江	男	1926	山东省菏泽县辛集公社岳楼大队田屯村	1948	—	二野十三军三十九师	战士	1950	—	—	—	新中国成立后	1953年追认烈士
22	王金玉	男	1922	山东省菏泽县辛集公社张什店大队张什店村	1939	—	二野一一五团二营五连	战士	1949	福建海登战斗	海登县	—	解放战争时期	—
23	冉彦菊	女	1928.02	山东省菏泽县辛集公社孟庄大队孟庄村	1946.2	1945年3月入党	冀鲁豫军区五分区宣传队	战士	1948	曹县魏湾	魏湾	—	解放战争时期	—
24	孟庆平	男	1926	山东省菏泽县辛集公社孟庄大队孟庄村	1947	—	菏泽县大队	战士	1948	菏泽县双河集	双河集	—	解放战争时期	—
25	李忠四	男	1927	山东省菏泽县辛集公社文方寺大队文方四村	1945	—	晋冀鲁豫野战军七纵十九旅五十六团	战士	1947	河南省考城县	—	—	解放战争时期	—
26	程元义	男	1922	山东省菏泽县辛集公社徐河大队徐河村	1947	1947年入党	一三六团一营一连	副班长	1950	贵州省风岗县	风岗县	—	新中国成立后	—

续表22-11

序号	姓名	性别	出生年月	籍贯	参加革命年月	入党团年月	牺牲时所在单位	牺牲时职务	牺牲时间	牺牲地点	安葬地点	有何功绩	时期划分	备注
27	步建新	男	1921	山东省肥城县第五区安林村	1941.1	1941.7	菏泽县妇联	主任	1950	菏泽县	现岳程街道孔楼社区	—	新中国成立后	—
28	续运节	男	1943.1	山东省菏泽岳程张中村	1966.3.1	—	坦克某师某连	连级	1972.1.1	河南平顶山	—	—	新中国成立后	—
29	冉青山	男	1968.1	山东省菏泽岳程冉贤集	1987.10.1	—	安阳某团	连级	1999.6.1	安阳	本村	—	新中国成立后	—
30	许法珍	男	1947.1	山东省菏泽岳程许楼村	1965.3.1	—	59150部队	台长	1970.4.16	59150部队	—	—	新中国成立后	—

陈集镇革命烈士表

表22-12

序号	姓名	性别	出生年月	籍贯	参加革命年月	入党团年月	牺牲时所在单位	牺牲时职务	牺牲时间	牺牲地点	安葬地点	有何功绩	时期划分	备注
1	赵玉山	男	1927.4	山东省定陶县陈集公社张庄大队张庄	1948.11	—	志愿军一六三师四八八团	战士	1951.8	朝鲜	朝鲜黄龙岗	—	新中国成立后	—
2	马崇田	男	1930.4	山东省定陶县陈集公社马楼大队孟庄	1947.5	—	皖西军区独立旅二十团一营一连	战士	1948.10	安徽	—	—	解放战争时期	1958年8月追认烈士
3	谷兆桥	男	1920.8	山东省定陶县陈集公社八一大队西谷庄	1946	—	本村民兵班	班长	1946.12	定陶县北关	本村	—	解放战争时期	—
4	谷明早	男	1921.3	山东省定陶县陈集公社八一大队东谷庄	1940.3	—	新四军三师	战士	1943.7	江苏省涟水县	涟水县	—	抗日战争时期	—
5	李清淇	男	1909.8	山东省定陶县陈集公社八一大队西李庙村	1945.8	—	定陶县陈集区区队	司务长	1948	定陶县	本村	—	解放战争时期	—
6	张成功	男	1922.6	山东省定陶县陈集公社焦庄大队焦庄	1942.3	—	冀鲁豫军区五分区十九团	班长	1943.1	曹县魏湾	魏湾	—	抗日战争时期	—

续表22-12

序号	姓名	性别	出生年月	籍贯	参加革命年月	入党团年月	牺牲时所在单位	牺牲时职务	牺牲时间	牺牲地点	安葬地点	有何功绩	时期划分	备注
7	崔金成	男	1920.2	山东省定陶县陈集公社焦庄大队焦庄	1948.3	—	定陶县孟海区区队	战士	1948.4	菏泽县辛集	辛集	—	解放战争时期	—
8	万德庆	男	1926.[illegible]	山东省定陶县陈集公社焦庄大队尚庙村	1946.[illegible]		定陶县陈集区区队	战士	1946.9	定陶县仿楼	本村		解放战争时期	—
9	王凤明	男	1903.4	山东省定陶县陈集公社盐土大队三官庙村	—	1946年入党	本村农会	农会长	1947.4	定陶县	定陶	—	解放战争时期	—
10	刘伦建	男	1909.3	山东省定陶县陈集公社盐土大队盐土堌堆	1945.8	—	安东港湾管理局	战士	1951.1	大连	大连	—	新中国成立后	因公牺牲1962年12月追认烈士
11	陈凤台	男	1922.3	山东省定陶县陈集公社盐土大队陈三楼村	1950.3	—	定陶县公安局保卫队	班长	1953.1病故	—	本村	—	新中国成立后	1953年3月追认烈士
12	张兆福	男	1930.4	山东省定陶县陈集公社中沙海大队中沙海村	1947.7	—	二野	战士	1949.1	西南战役	—	—	解放战争时期	—
13	马西胜	男	1922.4	山东省定陶县陈集公社中沙海大队中沙海村	1945.3	—	冀鲁豫军区五分区十四团	战士	1946.6	定陶县李家庙	本村	—	解放战争时期	—
14	马新贵	男	1911.3	山东省定陶县陈集公社中沙海大队中沙海村	1944.6	—	定陶县游击大队	—	1946.4	曹县回头岗	本村	—	解放战争时期	—
15	阎忠胜	男	1924.2	山东省定陶县陈集公社中沙海大队中沙海村	1949.6	—	二野	战士	1950.4	云南省思茅县	思茅县烈士陵园	—	新中国成立后	—
16	李发山	男	1930.3	山东省定陶县陈集公社七一大队后李庄	1947.8	—	二野十二军三十六师一〇八团一营一连	战士	—	—	—	—	新中国成立后	1958年7月追认烈士
17	李月振	男	1921.8	山东省定陶县陈集公社七一大队东李庄	1939.11	1940年10月入党	定陶县基干大队	班长	1948	定陶县仿山	仿山	—	解放战争时期	—

续表22-12

序号	姓名	性别	出生年月	籍贯	参加革命年月	入党团年月	牺牲时所在单位	牺牲时职务	牺牲时间	牺牲地点	安葬地点	有何功绩	时期划分	备注
18	张九增	男	1921.8	山东省定陶县陈集公社七一大队南张庄	1939.4	—	原一一五师冀鲁豫支队五大队	战士	1941.8	曹县王菜园村	曹县王菜园村	—	抗日战争时期	—
19	张景银	男	1922.3	山东省定陶县陈集公社七一大队南张庄	1939.4	—	新四军一师三团三营一连	—	1942.10	安徽省蒙城县	—	—	抗日战争时期	1962年追认烈士
20	张朝录	男	1918.4	山东省定陶县陈集公社七一大队南张庄	1941.3	1941.3入团	西北野战军	战士	1944	陕北	陕北	—	抗日战争时期	—
21	张亮柏	男	1928.8	山东省定陶县陈集公社崔庄大队徐庄	1944.1	1944.2入党	冀鲁豫军区二分区九团	战士	1945.2	金乡县羊山	—	—	抗日战争时期	1963年1月追认烈士
22	刘汉文	男	1918.5	山东省定陶县陈集公社崔庄大队张李庄	1945.7	—	定陶县陈集区区队	战士	1947.3	定陶县	定陶北关	—	解放战争时期	—
23	李景需	男	1925.3	山东省定陶县陈集公社崔庄大队香李庄	1944.7	—	山西省绛县中村区区队	战士	1947.3	山西省绛县	绛县中村	—	解放战争时期	—
24	苑学镇	男	1928.3	山东省定陶县陈集公社崔庄大队苑庄	1944.9	—	二野十七军四十九师一四五团	战士	1949.11	江西省桂西县	—	—	新中国成立后	1962年追认烈士
25	吴长旺	男	1917.8	山东省定陶县陈集公社西马楼大队西马楼村	1945.11	—	定陶县陈集区区队	战士	1947.6	菏泽县仓房村	仓房村	—	解放战争时期	—
26	张新田	男	1924.4	山东省定陶县陈集公社陈集大队陈集村	1945.4	—	冀鲁豫军区五分区十四团	副班长	1947.2	曹县刘高台	刘高台	—	解放战争时期	—
27	李玉禹	男	1921.3	山东省定陶县陈集公社陈集大队陈集村	—	—	定陶县支前大队	民工	1946.11	定陶县张楼村	本村	—	解放战争时期	—
28	杨福义	男	1924.4	山东省定陶县陈集公社陈集大队陈集村	1947.3	—	定陶县陈集区区队	战士	1948.11	定陶县陆庄	定陶县杨庄	—	解放战争时期	—
29	杨在明	男	1913.5	山东省定陶县陈集公社陈集大队陈集村	1944.12	—	定陶县陈集区区队	战士	1945.10	曹县魏湾	魏湾	—	解放战争时期	—

续表22-12

序号	姓名	性别	出生年月	籍贯	参加革命年月	入党团年月	牺牲时所在单位	牺牲时职务	牺牲时间	牺牲地点	安葬地点	有何功绩	时期划分	备注
30	路大连	男	1922.3	山东省定陶县陈集公社陈集大队陈集村	1945.4	—	冀鲁豫军区五分区十四团	战士	1946.8	曹县刘堤角村	刘堤角村	—	解放战争时期	—
31	葛松柏	男	1921.1	山东省定陶县陈集公社陈集大队陈集村	1939.8	—	新四军	连指导员	1945.5	江苏省赣榆县	赣榆县	—	抗日战争时期	
32	李忠学	男	1926.7	山东省定陶县陈集公社陈集大队姜庄	1947.1	—	定陶县基干大队	战士	1948.10	定陶县保宁集	本村	—	解放战争时期	—
33	沙庆轩	男	1920.3	山东省定陶县陈集公社前沙海大队前沙海村	1938.6	—	新四军	班长	1942.4	江苏省清江县	清江县东坎村	—	抗日战争时期	—
34	沙少金	男	1919.4	山东省定陶县陈集公社前沙海大队前沙海村	1938.6	—	新四军	班长	1942.4	江苏省清江县	清江县东坎村	—	抗日战争时期	—
35	孔凡柱	男	1917.5	山东省定陶县保宁公社常店大队常店村	1945.7	—	中原野战军一纵十九旅五十六团	班长	1947.8	大别山	大别山	三等功三次	解放战争时期	—
36	郭金彬	男	1930.4	山东省定陶县保宁公社台楼大队郭楼村	1944.6	党员	二野	班长	1950.4	云南省	云南省	—	新中国成立后	—
37	陈福云	男	1927.3	山东省定陶县保宁公社台楼大队郭楼村	1944.6	—	中原野战军十纵	战士	1948.12	淮海战役	徐州	—	解放战争时期	—
38	郭传训	男	1905.4	山东省定陶县保宁公社台楼大队郭楼村	1945.8	—	定陶县陈集区区队	战士	1948.6	定陶县台楼	本村	—	解放战争时期	—
39	陈圣芹	男	1922.4	山东省定陶县保宁公社台楼大队郭楼村	1946.3	—	定陶县陈集区区队	战士	1948.6	定陶县台楼	本村	—	解放战争时期	—
40	台凡训	男	1926.6	山东省定陶县保宁公社台楼大队台楼村	1947.4	—	冀鲁豫军区五分区十四团	战士	1947.8	曹县李园村	李园村	—	解放战争时期	—
41	台世相	男	1910.3	山东省定陶县保宁公社台楼大队王庄	1945.8	—	定陶县陈集区区队	班长	1948.6	定陶县台楼	本村	—	解放战争时期	—

续表22-12

序号	姓名	性别	出生年月	籍贯	参加革命年月	入党团年月	牺牲时所在单位	牺牲时职务	牺牲时间	牺牲地点	安葬地点	有何功绩	时期划分	备注
42	朱富贵	男	1920.6	山东省定陶县保宁公社朱庄大队连集村	1946.10	—	中原野战军十一纵	战士	1948.11	淮海战役	徐州	—	解放战争时期	—
43	杜广运	男	1919.4	山东省定陶县保宁公社朱庄大队连集村	1946	党员	冀鲁豫军区五分区十四团	战士	1947	曹县庄寨	曹县	—	解放战争时期	—
44	任万录	男	1931.8	山东省定陶县保宁公社朱庄大队任庄	1947.9	—	中原野战军十一纵	战士	1948.11	淮海战役	徐州	—	解放战争时期	—
45	李应金	男	1928.5	山东省定陶县保宁公社朱庄大队歪李庄	1946.11	—	中原野战军十一纵	战士	1948.11	淮海战役	徐州	—	解放战争时期	—
46	华令挪	男	1924.5	山东省定陶县保宁公社华堂大队华堂村	1944.6	—	冀鲁豫军区五分区十四团	班长	1946	曹县	曹县	—	解放战争时期	—
47	王文玉	男	1929.5	山东省定陶县保宁公社牛庄大队牛庄	1944	团员	冀鲁豫军区五分区十四团	班长	1946.8	东平县	梁山县大安山	—	解放战争时期	—
48	罗永泉	男	1927.6	山东省定陶县保宁公社罗庄大队罗庄	1945.5	党员	中原野战军十一纵	班长	1949.1	江苏省沛县	沛县	—	解放战争时期	—
49	王文合	男	1905.6	山东省定陶县保宁公社保宁大队保宁集	1941.4	党员	定陶县陈集区区公所	文书	1945	定陶县胡庄	本村	—	解放战争时期	—
50	刘伯龙	男	1908.4	山东省定陶县保宁公社北朱集大队北朱集村	—	—	本村农会	农会长	1948.6	定陶县北朱集村	本村	—	解放战争时期	—
51	娄伯川	男	1903.4	山东省定陶县保宁公社北朱集大队北朱集村	1946.6	—	定陶县陈集区区队	战士	1948.1	定陶县歪李庄	本村	—	解放战争时期	—
52	张现道	男	1919.3	山东省定陶县保宁公社北朱集大队北朱集村	1948.10	—	志愿军	战士	1951.11	朝鲜	朝鲜	—	新中国成立后	—
53	张守会	男	1925.4	山东省定陶县保宁公社北朱集大队北朱集村	1946	—	定陶县基干大队	排长	1948	阳谷县	本村	—	解放战争时期	—

续表22-12

序号	姓名	性别	出生年月	籍贯	参加革命年月	入党团年月	牺牲时所在单位	牺牲时职务	牺牲时间	牺牲地点	安葬地点	有何功绩	时期划分	备注
54	吴银同	男	1927.3	山东省定陶县保宁公社吴庄大队吴庄	1945.5	—	冀鲁豫军区五分区十七团	战士	1946.7	成武县	成武县	—	解放战争时期	—
55	吴月录	男	1927.8	山东省定陶县保宁公社吴庄大队吴庄	1943.10	—	冀鲁豫军区五分区十四团	战士	1946.7	成武县桃花寺	桃花寺	—	解放战争时期	—
56	陈洪姣	男	1926.9	山东省定陶县保宁公社陈洼大队陈洼村	1942.3	—	晋冀鲁豫野战军二纵六旅十八团	战士	1947.5	山西省洪洞县	洪洞县	—	解放战争时期	—
57	陈兆江	男	1917.6	山东省定陶县保宁公社陈洼大队陈洼村	1948.12	—	原东北野战军五纵十四旅	战士	1949	—	—	—	解放战争时期	1958年6月追认烈士
58	许忠节	男	1914.7	山东省定陶县保宁公社曹庙大队曹庙村	1939.4	党员	冀鲁豫军区五分区十四团四连	指导员	1946	曹县	本村	—	解放战争时期	—

附 录

一 文献辑存

山东省人民政府对外经济工作协调小组关于印发《山东省发展外向型经济“划区布点”总体规划方案》的通知

（92）鲁府外协组字第 11 号

枣庄开放开发综合试验区　该区以枣薛公路为主轴，青檀路西侧，规划面积 11 平方公里，起步区面积 1 平方公里。

滕州开放开发综合试验区　该区沿京沪铁路、104 国道两侧，规划面积 6 平方公里，起步区面积 1 平方公里。

德州开放开发综合试验区　该区去位于德州市区以西，邻近北京至宁波高速公路，规划面积 15 平方公里，起步区面积 1 平方公里。

聊城开放开发综合试验区　该区位于聊城市城区东北 3 公里，紧靠即将修建的京九、济邯铁路和济聊直达公路，规划面积 8 平方公里，起步区面积 1 平方公里。

菏泽开放开发综合试验区　中心位于菏泽市城区东部，东至京九铁路，北至东明、嘉祥高速公路，规划面积 11.5 平方公里，起步区面积 1 平方公里。

山东省人民政府关于设立聊城、菏泽两个对外加工贸易区的通知

鲁政字〔1995〕172 号

各市人民政府、行署，省政府各部门：

纵贯我国南北的经济大动脉京九铁路即将于 1996 年建成通车。京九铁路的全线贯通，不仅将有力地促进全国经济的发展，而且为我省中西部地区开放型经济发展开辟了一条新的大通道。为充分把握这一有利时机，全面实施外向带动战略，进一步加快我省西部地区的开放开发步伐，经省政府研究，决定设立聊城对外加工贸易区和菏泽对外加工贸易区。现将有关问题通知如下：

一、聊城对外加工易区位于聊城开放开发综合试验区内，与开发区的工业小区科技园区合为一体，规划面积 4.6 平方公里，起步区面积 1 平方公里；同时，在聊城火车站货场以西，聊城电厂以东，309 国道以北，粮棉大型中转站以南，设立仓储小区，规划面积 2 平方公里，起步区面积 0.5 平方公里。菏泽对外加工贸易区位于菏泽开放开发综合试验区南部，西与菏泽城区相连，规划面积 5 平方公里，起步区面积 1 平方公里。

二、两区今后的发展建设要严格遵循统一规划、合理布局的原则，大力强化配套服务、窗口示范和辐射带动功能；坚持积极稳妥、量力而行的原则，集中投入，分步实施，滚动发展；坚持以国际市场为导向的原则，积极发展高技术、高效益、高创汇的项目；坚持因地制宜的原则，发挥自身优势，培植主导产业，力求办出特色；坚持节约和合理用地的原则，切实保护耕地。

三、两地对外加工贸易区的管理实行加工贸易区与开放开发综合试验区两区合一的模式，具体管理体制可由两地根据实际情况研究确定。

四、两地加工贸易区要进一步搞好区内功能规划，尽快完善各项配套服务设施，大力改善投

资软硬环境。同时，充分运用省里出台的关于加快发展西部地区开放型经济的若干政策和大力发展对外加工装配业务的有关改策，加快加工区招商引资的步伐，推动两地加工贸易尽快形成规模。

五、兴办对外加工贸易区是省政府为加快西部地区扩大对外开放所作出的重大决策。各市地、各部门都要大力支持两地加工贸易区的发展。东部开放型经济发展较快的市地要积极引导本地企业把对外加工装配业务向加工贸易区内转移；省政府各部门要积极组织好省属外（工）贸企业投资加工贸易区，推动区内对外加工贸易业务尽快形成规模；海关、商检、银行、外汇管理等有关部门要积极帮助两地建立健全涉外监管机构，方便加工贸易业务的开展。

关于支持两个加工贸易区发展的政策，由菏泽、聊城两地区与省外经贸委等省直有关部门研究提出，报省政府批准执行。

山东省人民政府
一九九五年十一月二十二日

山东省人民政府关于印发《山东省省级经济开发区管理暂行办法》的通知

鲁政发〔1998〕7号

各市人民政府、行署、各县（市）人民政府，省政府各部门、各直属机构，各大企业，各高等院校：

现将《山东省省级经济开发区管理暂行办法》印发给你们，望遵照执行。

山东省省级经济开发区管理暂行办法

第一条　为加快、规范省级经济开发区（以下简称开发区）建设，促进外向型经济发展，根据国家有关法律、法规，结合我省实际，制定本办法。

第二条　本办法所称开发区，是指经省政府批准设立的经济开发区（包括对外贸易加工区）。

第三条　省对外经济贸易委员会是省政府授权管理全省经济开发区的职能部门，负责会同有关部门研究制定开发区的管理办法，负责设立开发区的审核、申报工作，协调指导开发区的建设和管理。

第四条　开发区所在地人民政府应加强对开发区的领导，各有关部门应依法行政，简化手续，下放权力，提高效率，为开发区的建设和发展提供良好的投资环境。

第五条　开发区设立开发区管理委员会（以下简称管委会），对开发区实行统一管理。

第六条　经所在地政府授权，开发区管委会履行以下职责：

（一）依据国家法律、法规和有关规定，制定开发区的有关管理办法，并负责组织实施；

（二）编制开发区经济、社会发展计划，经批准后组织实施；

（三）按照规定权限负责开发区投资项目的申报和审批；

（四）根据开发区总体规划和土地利用总体规划，依法进行开发区内土地的规划、开发和土地利用管理工作；

（五）负责组织实施开发区内各项基础设施和公用设施的建设和管理；

（六）负责管理开发区的财政、国有资产、税收、劳动人事、工商行政、环境保护和社会治安工作；

（七）按照国家规定办理开发区的涉外事务，管理开发区的进出口业务；

（八）负责开发区内企事业单位的统计工作，及时、准时、全面地汇总上报统计数据；

（九）所在地政府和委托机关赋予的其他职责。

第七条　开发区建设应纳入省、市、地国民经济和社会发展总体规划和年度计划，注重经济效益、社会效益和生态环境效益。

第八条　开发区总体规划须经所在地政府同意，报省政府审批。

编制开发区规划，必须遵循国家和省制定的土地利用总体规划和城市规划技术规范。

开发区详细规划经所在城市规划行政主管部门审查后，报同级人民政府审批，由开发区管委会负责组织实施。

对涉及开发区总体布局重大变更或在区外设立配套协作区，须报当地人民政府审查同意后，报省政府批准。根据开发程度，确需扩大开发区起步区面积和规划面积的，须经有关部门审查同意后报省政府批准。

第九条　开发区建设要严格节约用地，严禁闲置、撂荒和滥用土地，提高土地利用率，依法实行有偿、有限期土地使用制度。

第十条　鼓励境内外投资者在开发区内进行“包片开发”，当地政府可根据具体情况给予优惠。

第十一条　开发区重点引进外资、先进技术和科学的管理经验，大力发展高新技术型企业和出口创汇型企业，相应发展金融、贸易、房地产等第三产业。

第十二条　开发区内不得举办技术落后或设备陈旧、有污染而无切实治理措施以及产品属于国家禁止或者限制生产的项目。

第十三条　开发区所在地政府可根据财政状况，经批准，对产品出口、技术先进、投资较大的进区项目，给予税收返还、费用减免等优惠政策。

第十四条　鼓励区外的各类经济组织、大专院校、科研院所到开发区兴办外向型企业。对易地整体搬迁到开发区的国有企业，其转让原厂址土地依法收回，出让收益部分经县级以上人民政府批准，可按一定比率留给企业用于企业的改造和发展。

第十五条　海关、商检等其他涉外监管部门可根据发展需要，在开发区设立监管机构或派驻监管人员，实行监督管理。鼓励开发区企业根据对外贸易发展需要，根据国家规定申请设立保税工厂、保税车间、保税仓库。

第十六条　开发区的企业申报进出口经营权，对外经贸部门应给予优先支持。

第十七条　鼓励商业银行和非银行金融机构在有条件的开发区设立分支机构。

第十八条　开发区应改善投资环境，为投资者创造良好的生活、工作条件，依法维护投资者的合法权益。

第十九条　鼓励在开发区内设立各类中介组织和咨询服务机构，为投资者提供良好的社会服务。

第二十条　开发区内的企业除按照法律、法规和规章规定缴纳费用外，任何部门、单位不得向企业摊派和收取费用，对于乱摊派、乱收费的，企业有权拒绝缴纳。

第二十一条　开发区内的企业应在开发区内设置会计账簿，按规定报送会计报表，接受开发区管委会有关部门的监督和管理。

第二十二条　开发区内开发建设项目，必须按规定期限投入资金或动工兴建；对未按规定期限动工兴建又未申请延期的，由县级以上人民政府收回其土地使用权；对造成土地闲置荒芜的，由县级以上人民政府依法征收土地闲置荒芜费。

第二十三条　开发区经省政府批准设立后，开发建设没有明显进展的，主管部门应及时给予帮助指导；一年内仍没有起色的，由省对外经济贸易委员会报经省政府批准予以撤销。

第二十四条　本办法自公布之日起施行。

山东省人民政府办公厅
1998 年 1 月 20 日

菏泽市人民政府关于菏泽开发区扩大规划区域的批复

菏政复〔2001〕86 号

开发区管委会：

你区关于扩大开发区规划区域的方案已上报省政府。经请示省有关部门同意，并参照其他市的做法，在省政府正式批复之前，同意你们先在扩大的规划范围内，进行二期开发建设，具体范围分为东区和南区。东区的具体范围是：东至东环城路以东 0.5 公里，西至京九铁路，南至南平路以南 0.5 公里，北至 327 国道以北 0.5 公里，面积为 14 平方公里；南区的具体范围是：东至京九铁路，西至菏商路以西 200 米，南至仓南路，北至新石铁路，面积为 5 平方公里；二期开发区域总面积为 19 平方公里。在现有和二期开发建设区域内，按照第 25 次市委常委会会议纪要，授予开发区土地、规划等市级管理权限。在土地管理方面，开发区现有和二期开发建设区域内，享有市土地管理局的权利，直接对市政府负责。开发区现有和二期规划区域以外的区域，享有与牡丹区相同的权利；在规划建设方面，开发区现有和二期开发建设区域内，享有市建委的权利，直接对市政府负责。规划建设、“一书两证”由开发区管委会审批后，送市建委备案。开发区现有和二期规划区域以外享受与牡丹区相同的权利。

扩大的开发区规划区域在省政府批准的《菏泽市城市总体规划》范围内，开发区要加快建设步伐，大力推进城市总体规划的实施，加快我市城市化和工业化进程。在扩大的规划区域内，开发区要坚持工业化、外向型、现代化的办区方针，高起点规划，高标准建设，高效能管理，加强基础设施建设，优化城市布局结构，完善城市功能分区，使分区规划与我市城市总体规划相衔接，突出重点，发挥优势，把开发区建设成外向型的工业区、现代化的新城区。

菏泽市人民政府
二〇〇一年十一月九日

山东省人民政府关于部分经济开发区更名的通知

鲁政字〔2002〕45 号

各市人民政府，各县(市、区)人民政府，省政府各部门、各直属机构，各大企业，各高等院校：

为扩大对外开放，省政府先后在全省批准设立了 58 家不同类型的省级开发园区。58 家开发区由于审批的背景不同，名称很不规范，其中外向型工业加工区 35 个，开放开发综合试验区 11 个，经济开发区 5 个，外向型园区 4 个，对外加工贸易区 3 个 (其中菏泽、聊城两市对外加工贸易区与开放开发综合试验区一套机构两块牌子)，渔货贸易区 1 个。为加强统一规范管理，便于开发区招商引资工作的对外宣传，经研究，决定对除济南、潍坊、东营、德州、泰安五个经济开发区和石岛渔货易区以外的 52 家开发区，统一更名为经济开发区。

山东省人民政府
二〇〇二年二月六日

菏泽市人民政府办公室关于对市经济开发区管委会领导班子进行充实调整的通知

各县区人民政府，市政府各部门，市属各企业，各大中专院校：

为切实加快市经济开发区的建设和发展，使之真正成为全市经济发展的“发动机”，根据市委关于市开发区管委会实行委员会领导体制的意见，市政府决定对市经济开发区管委会领导班子进行充实调整：

一、市发展改革委员会主任赵晓英、市国土资源局局长张本进、市规划局局长王利言、市环境保护局局长黄秀玲、市安全生产监督管理局局长陈志启兼任市经济开发区管委会委员、副主任。

二、市政府副秘书长、办公室主任曹升灵，市委组织部副部长、市人事局局长郭志民，市经贸委副主任郭保存，市财政局局长赵传山，市劳动保障局局长史步军，市教育局局长张修田，市建设局局长党文生，市市政管理局局长卞维平，市交通局局长赵普，市外经贸局局长胡钦畅，市公路局局长李怀堂，市煤炭管理局局长蔡庆祥，市招商局局长滑成奎，菏泽供电公司总经理董京营兼任市经济开发区管委会委员。

菏泽市人民政府办公室

二〇〇六年四月二十九日

中共菏泽市委　菏泽市人民政府

关于加快经济开发区建设的决定

为加快市经济开发区（以下简称市开发区）建设，使之尽快进入发展的快车道，成为名副其实的全市经济发展的“发动机”，更加有力地推动“突破菏泽”战略的顺利实施，特作如下决定：

一、统一对加快市开发区建设重大意义的认识

1. 市开发区是全市经济建设的龙头。经济发展园区化是目前经济发展的大趋势。市开发区是全市面积最大、条件最好的园区，对全市经济发展具有强大的直接或间接的带动、辐射作用。

2. 市开发区是对外开放的窗口。菏泽这几年的发展得益于对外开放，未来的发展仍然依靠对外开放。市开发区是全市投资环境和发展水平的一个缩影，投资者通过市开发区可以增进对菏泽的了解，增强在菏泽投资兴业的决心和信心。

3. 市开发区是城市建设的样板。工业化离不开城市化，信息化也要依托城市化。落实科学发展观需要加快城市化步伐。市开发区是菏泽的新城区，应该也完全能够按照现代化的标准，进行一流的规划、建设、管理、经营，在城市建设中发挥样板作用。

4. 市开发区是体制创新的示范。我们的一切成就均来源于改革创新，改革创新对一个地区的发展至关重要。市开发区要适应竞争、迎接挑战，不断发展壮大，必须率先建立新的、与市场经济体制相适应的、与国际惯例接轨的领导体制和管理机制，这对于推动全市的体制机制创新将起到重要的示范作用。

5. 市开发区是市本级财政的支柱。近几年，市本级财政入不敷出、捉襟见肘，连续多年低于全市平均增幅和各县区增幅，影响了工资发放、城市建设、社会事业发展和社会稳定，影响了党委政府执政能力的提高。市开发区是市本级财政的主要来源，是市本级经济发展的唯一增长点，抓好市开发区建设是市本级财政走出困境的根本出路。

二、市开发区要成为全市经济发展的“发动机”

6. 明确目标。一要高速运转。在指标上，到2010年，市开发区生产总值、工业增加值、利税、销售收入和财政收入等主要经济指标至少要占到全市的1/10。即：生产总值达到100亿元，规模以上企业达到200家，销售收入达到220亿元以上，工业增加值达到60亿元，地方财政收入达到6.5亿元。在发展速度上，各项指标要在去年的基础上，前三年每年翻一番，后两年每年翻半番。这是底线，有效益的速度越快越好。二要高效运转。把一切发展成果充分体现到财政增收上来，未来5年市开发区财政收入每年要以40%以上的速度递增。三要科学运转。认真落实科学发展观，坚定不移地走新型工业化道路。大力发展高新技术产业，培育高新技术企业，新上高新技术项目；大力提高市开发区和企业的自主创新能力；千方百计降低能源和原材料消耗；认真落实建设项目环境影响评价和“三同时”制度，坚决不上污染项目，建设绿色开发区；千方百计节约土地，提高单位面积产出效益。四要安全运转。强化安全意识，加大防范和处置力度，确保市开发区企业生产安全、人民群众生命财产安全和财政金融安全。

7. 抓住关键。全力以赴招商引资，扩大投入，大上项目，上大项目。注重提高招商引资的质量、水平和效益，努力实现“六个转变”：由粗放招商向集约招商转变；由政策招商向综合环境招商转变；由行政行为向市场行为转变；由资源招商向产业招商转变；由铺天盖地向顶天立地转变；由引资为主向引资与引智并举转变。进一步解放思想、更新观念，敢于想大的，敢于干大的，能够干成大的。突出抓好大项目储备，今年力争全市经过审批核准备案的项目达到500亿元，争取有更多更好的大项目纳入项目储备。

8. 优化环境。抓好基础设施配套，尽快实现“七通一平”，确保已投产项目安全运行，在建项目加快进度，新引进项目尽快落地；抓紧启动商住区建设，在广州路以西、京九铁路以东开发建设大型居民区，配套建设医院、学校、宾馆和商业设施；搞好沿丹阳路、跨越京九铁路连接新老城区的东西大通道的前期规划设计工作，确保明年开工建设，增强开发区的聚集功能；市开发区管委会要为客商提供一流的管理服务，努力营造仿真的国际投资环境。

9. 转换机制。市开发区必须紧紧围绕“招商引资上项目，扩大就业增财力”这一目标，建立起全新的管理体制和工作机制。机构不能增加，关键是完善职能配置；人员不能增加，关键是提高人员素质；职能不能增加，关键是科学调度管理。

三、进一步完善市开发区的管理体制和工作机制

10. 市开发区的职能权限。中共菏泽市委开发区工作委员会是市委的派出机构，菏泽市经济开发区管理委员会是市政府的派出机构，市开发区党工委、管委会代表市委、市政府行使市级管理职能和管理权限，对开发区实行统一领导、统一规划、统一管理。市直部门作为市委、市政府的组成部门，加快开发区发展是首要职责、头等大事，市开发区党工委、管委会受市委市政府委托作出的决定，市直部门必须认真执行。

11. 市开发区的管理体制。市开发区管委会实行委员会领导体制。增补市发改委、国土资源局、规划局、环保局、安监局等5个部门的主要负责人为市开发区管委会委员、副主任，分管各自相关的工作；增补市经贸委、财政局、人事局、劳动局、教育局、建设局、市政局、房管局、交通局、公路局、外经贸局、招商局、电力公司、煤炭局等14个部门的主要负责同志为市开发区

管委会委员。

12. 建立市开发区管委会会议制度。市开发区管委会每月初召开一次全体委员会议，通报各委员单位上月工作情况，安排部署本月工作任务，研究解决开发区建设中存在的问题；遇有重大项目或急需解决的重大问题，随时召开，各位委员必须按时参加，依照分工履行职责。市长、常务副市长视情况参加市开发区管委会的重要会议。市开发区管委会的日常工作由开发区党工委书记、管委会主任代表市委、市政府全权处理，各部门必须服从。同时，市直各部门要教育本部门机关干部为开发区建设搞好服务。

13. 实行工作目标责任制。市开发区管委会要根据委员会议确定的工作目标，把任务分解落实到管委会各位委员及其所在部门，由市政府发文公布。市直各部门要自加压力，确保按照分工完成任务。

14. 建立考核奖惩制度。市开发区管委会各委员单位肩负的开发区工作任务，由市政府纳入年度考核目标。市开发区管委会对委员单位日常工作情况进行监督，并建立档案，为市考核委员会提供考核依据。

四、切实加强对市开发区工作的组织领导

15. 把市开发区建设当作头等大事来抓。市开发区建设事关全市改革发展稳定大局，市直各部门、开发区管委会都要进一步统一思想认识，增强加快市开发区建设的责任感、紧迫感和危机感。市委、市政府和市直各部门的首要职责是抓好市本级的发展，抓好市本级的发展主要是抓好市开发区的发展，一定要把推动和促进市开发区的发展作为首要任务来抓。

16. 市直部门要围绕开发区建设各司其职。开发区的事物就是市直部门的事务。市直各部门要按照各自职责，对开发区内的事务直接负责，一抓到底。开发区的城市规划由市规划局负责。项目的报批、用地、建设、环评审批、安评等工作，由市发改委、国土资源局、环保局、规划局、安监局直接负责。开发区的道路、供排水、电力、热力、通讯、宽带网等基础设施，由市财政局融资，市交通局、公路局、建设局、市政局、电力公司、网通公司组织建设。教育、卫生、计划生育、城建管理、社会稳定方面的工作由市直职能部门主管，开发区相关部门协管。农业、林业、水利、水产、畜牧、农机、科技、文化、广播、新闻、体育、物价、司法、民政、粮食、药检、食品监督、宗教、老龄、残联、侨务等其他社会事务，由市直部门直接管理。在开发区设分局的市开发区管委会委员单位，由一名副局长兼分局局长，直接负责开发区的具体工作；不设分局的委员单位，派一名综合能力强的科级干部驻开发区办公，由开发区提供联合办公场所。各委员单位在开发区工作的干部工作是否称职，由开发区管委会根据其在开发区的工作情况进行评定；对不称职的干部，各委员单位要及时进行调整。在市开发区设立市监察局派出机构（与纪委合署办公），专门负责对部门执法环境的监察监督。

17. 加强开发区管委会领导班子建设。开发区管委会领导班子成员要特别能吃苦、特别能战斗、特别能奉献，要具有很强的政治素质、很强的业务能力、很高的工作水平、很扎实的工作作风。要打破大锅饭、端掉铁饭碗、搬掉铁椅子，不行的就要让位子。市委市政府选派全市最优秀的干部到市开发区工作。对开发区需要的人才，不在职数上限制。开发区可以从全市、全省、全国聘任确实需要、确有能力的领导和管理人才。市组织、人事部门要协助市开发区搞好班子建设，引进所需人才。

18. 加强开发区干部职工队伍建设。开发区不养闲人，不用懒人，不使庸人，只用能人。要严把进人关口，确保一个冗员不进；要提高现有人员素质，严格落实“三个体系”，不适应工作的就要淘汰。

2006年4月28日

中共菏泽市委　菏泽市人民政府关于加快市经济开发区建设的决定

菏发〔2006〕10号

为加快市经济开发区（以下简称市开发区）建设，使之尽快进入发展的快车道，成为名副其实的全市经济发展的“发动机”，更加有力地推动“突破菏泽”战略的顺利实施，特作如下决定：

一、统一对加快市开发区建设重大意义的认识

1. 市开发区是全市经济建设的龙头。经济发展园区化是目前经济发展的大趋势。市开发区是全市面积最大、条件最好的园区，对全市经济发展具有强大的直接或间接的带动、辐射作用。

2. 市开发区是对外开放的窗口。菏泽这几年的发展得益于对外开放，未来的发展仍然靠对外开放。市开发区是全市投资环境和发展水平的一个缩影，投资者通过市开发区可以增进对菏泽的了解，增强在菏泽投资兴业的决心和信心。

3. 市开发区是城市建设的样板。工业化离不开城市化，信息化也要依托城市化。落实科学发展观需要加快城市化步伐。市开发区是菏泽的新城区，应该也完全能够按照现代化的标准，进行一流的规划、建设、管理、经营，在城市建设中发挥样板作用。

4. 市开发区是体制创新的示范。我们的一切成就均来源于改革创新，改革创新对一个地区的发展至关重要。市开发区要适应竞争、迎接挑战、不断发展壮大，必须率先建立新的、与市场经济体制相适应的、与国际惯例接轨的领导体制和管理机制，这对于推动全市的体制机制创新将起到重要的示范作用。

5. 市开发区是市本级财政的支柱。近几年，市本级财政入不敷出、捉襟见肘，连续多年低于全市平均增幅和各县区增幅，影响了工资发放、城市建设、社会事业发展和社会稳定，影响了党委政府执政能力的提高。市开发区是市本级财政的主要来源，是市本级经济发展的唯一增长点，抓好市开发区建设是市本级财政走出困境的根本出路。

二、市开发区要成为全市经济发展的“发动机”

6. 明确目标。一要高速运转。在指标上，到2010年，市开发区生产总值、工业增加值、利税、销售收入和财政收入等主要经济指标至少要占到全市的1/10。即：生产总值达到100亿元，规模以上企业达到200家，销售收入达到220亿元以上，工业增加值达到60亿元，地方财政收入达到6.5亿元。在发展速度上，各项指标要在去年的基础上，前三年每年翻一番，后两年每年翻半番。这是底线，有效益的速度越快越好。二要高效运转。把一切发展成果充分体现到财政增收上来，未来5年市开发区财政收入每年要以40%以上的速度递增。三要科学运转。认真落实科学发展观，坚定不移地走新型工业化道路。大力发展高新技术产业，培育高新技术企业，新上高新技术项目；大力提高市开发区和企业的自主创新能力；千方百计降低能源和原材料消耗；认真落实建设项目环境影响评价和“三同时”制度，坚决不上污染项目，建设绿色开发区；千方百计节约土地，提高单位面积产出效益。四要安全运转。强化安全意识，加大防范和处置力度，确保市开发区企业生产安全、人民群众生命财产安全和财政金融安全。

7. 抓住关键。全力以赴招商引资，扩大投入，

大上项目，上大项目。注重提高招商引资的质量、水平和效益，努力实现“六个转变”：由粗放招商向集约招商转变；由政策招商向综合环境招商转变；由行政行为向市场行为转变；由资源招商向产业招商转变；由铺天盖地向顶天立地转变；由引资为主向引资与引智并举转变。进一步解放思想、更新观念，敢于想大的，敢于干大的，能够干成大的。突出抓好大项目储备，今年力争全市经过审批核准备案的项目达到500亿元，争取有更多更好的大项目纳入项目储备。

8．优化环境。抓好基础设施配套，尽快实现“七通一平”，确保已投产项目安全运行，在建项目加快进度，新引进项目尽快落地；抓紧启动商住区建设，在广州路以西、京九铁路以东开发建设大型居民区，配套建设医院、学校、宾馆和商业设施；搞好沿丹阳路、跨越京九铁路、连接新老城区的东西大通道的前期规划设计工作，确保明年开工建设，增强开发区的聚集功能；市开发区管委会要为客商提供一流的管理服务，努力营造仿真的国际投资环境。

9．转换机制。市开发区必须紧紧围绕“招商引资上项目，扩大就业增财力”这一目标，建立起全新的管理体制和工作机制。机构不能增加，关键是完善职能配置；人员不能增加，关键是提高人员素质；职能不能增加，关键是科学调度管理。

三、进一步完善开发区的管理体制和工作机制

10．市开发区的职能权限。中共菏泽市委开发区工作委员会是市委的派出机构，菏泽市经济开发区管理委员会是市政府的派出机构，市开发区党工委、管委会代表市委、市政府行使市级管理职能和管理权限，对开发区实行统一领导、统一规划、统一管理。市直部门作为市委、市政府的组成部门，加快开发区发展是首要职责、头等大事。市开发区党工委、管委会受到市委市政府委托做出的决定，市直部门必须认真执行。

11．市开发区的管理体制。市开发区管委会实行委员会领导体制。增补市发改委、国土资源局、规划局、环保局、安监局等5个部门的主要负责人为开发区管委会委员、副主任，分管各自相关的工作；增补市经贸委、财政局、人事局、劳动局、教育局、建设局、市政局、房管局、交通局、公路局、外经贸局、招商局、电力公司、煤炭局等14个部门的主要负责同志为市开发区管委会委员。

12．建立市开发区管委会会议制度。市开发区管委会每月初召开一次全体委员会议，通报各委员单位上月工作情况，安排部署本月工作任务，研究解决开发区建设中存在的问题；遇到有重大项目或急需解决的重大问题，随时召开，各位委员必须按时参加，依照分工履行职责。市长、常务副市长视情况参加市开发区管委会的重要会议。市开发区管委会的日常工作由开发区党工委书记、管委会主任代表市委、市政府全权处理，各部门必须服从。同时，市直各部门要教育本部门机关干部为开发区建设搞好服务。

13．实行工作目标责任制。市开发区管委会要根据委员会议确定的工作目标，把任务分解落实到管委会各位委员及其所在部门，由市政府发文公布。市直各部门要自加压力，确保按照分工完成任务。

14．建立考核奖惩机制。市开发区管委会各委员单位肩负的开发区工作任务，由市政府纳入年度考核目标。市开发区管委会对委员单位日常工作情况进行监督，并建立档案，为市考核委员会提供考核依据。

四、切实加强对市开发区工作的组织领导

15．把市开发区建设当作头等大事来抓。市开发区建设事关全市改革发展稳定大局，市直各

部门、开发区管委会都要进一步统一思想认识，增强加快市开发区建设的责任感、紧迫感和危机感。市委、市政府和市直各部门的首要职责是抓好市本级的发展，抓好市本级的发展主要是抓好市开发区的发展，一定要把推动和促进市开发区的发展作为首要任务来抓。

16. 市直部门要围绕开发区建设各司其职。开发区的事务就是市直部门的事务。市直各部门要按照各自职责，对开发区内的事务直接负责，一抓到底。开发区的城市规划由市规划局负责。项目的报批、用地、建设、环评审批、安评等工作，由市发改委、国土资源局、环保局、规划局、安监局直接负责。开发区的道路、供排水、电力、热力、通信、宽带网等基础设施，由市财政局融资，市交通局、公路局、建设局、市政局、电力公司、网通公司组织建设。教育、卫生、计划生育、城建管理、社会稳定方面的工作由市直职能部门主管，开发区相关部门协管。农业、林业、水利、水产、畜牧、农机、科技、文化、广播、新闻、体育、物价、司法、民政、粮食、药检、食品监督、宗教、老龄、残联、侨务等其他社会事务，由市直部门直接管理。在开发区设分局的市开发区管委会委员单位，由一名副局长兼分局局长，直接负责开发区的具体工作；不设分局的委员单位，派一名综合能力强的科级干部驻开发区办公，由开发区提供联合办公场所。各委员单位在开发区工作的干部工作是否称职，由开发区管委会根据其在开发区的工作情况进行评定；对不称职的干部，各委员单位要及时进行调整。在市开发区设立监察局派出机构（与纪委合署办公），专门负责对部门执法环境的监察监督。

17. 加强开发区管委会领导班子建设。开发区管委会领导班子成员要特别能吃苦、特别能战斗、特别能奉献，要具有很强的政治素质、很强的业务能力、很高的工作水平、很扎实的工作作风。要打破大锅饭、端掉铁饭碗、搬掉铁椅子，不行的就要让位子。市委市政府选派全市最优秀的干部到市开发区工作。对开发区需要的人才，不在职数上限制。开发区可以从全市、全省、全国聘任确实需要、确有能力的领导和管理人才。市组织、人事部门要协助市开发区搞好班子建设，引进所需人才。

18. 加强开发区干部职工队伍建设。开发区不养闲人，不用懒人，不使庸人，只用能人。要严把入关口，确保一个冗员不进；要提高现有人员素质，严格落实“三个体系”，不适应工作的就要淘汰。

主题词：经济建设　开发区　决定

发：各县区党委和人民政府，军分区，市委各部委，市政府各部门，各人民团体，各大中专院校，存档。

中共菏泽市委办公室

2006 年 4 月 28 日印发

关于安邱堌堆遗址保护展示工程设计方案的批复

文物保函〔2014〕1491 号

山东省文物局：

你局《（关于上报安邱堌堆遗址保护展示方案）的请示》（鲁文发〔2014〕456 号）收悉。经研究，我局批复如下：

一、原则同意安邱堌堆遗址保护展示工程设计方案和你局的意见。

二、所报方案尚需做以下必要的修改和完善：

（一）应补充安邱堌堆遗址地面尚存遗迹本体顶部覆土保护后的排水设计。

（二）遗址上现存植被的清理应慎重，仅对确有危害的深根系植被进行治理，对其他植被予以适当保留，以防治水土流失。

（三）应进一步细化堌堆遗址地面遗迹剖面展示棚的具体设计，以简洁的功能性建筑为主，并注意做好通风设计。

（四）遗址展示及环境整治应避免城市园林化倾向，尽量维持遗址的原生景观环境。

（五）应进一步压缩保护管理用房的建筑面积、体量和规模。保护用房的建筑设计应简洁大方，不得过分装饰且不得大面积布设办公用房，以严格控制建设和运营成本。

（六）应进一步优化道路设计，不得沿地面遗存布设闭合硬化路面，以免破坏遗址的整体性。同时遗址周边参观步道应采用砂石路等非硬化路面。

（七）应进一步淡化处理广场、停车场设计，采用砂石等非硬化地面。建议暂缓建设入口广场。

三、请你局指导方案设计单位根据上述意见对方案做进一步修改和完善，并制定科学详细的施工图设计，经你局核准后实施。施工中，请你局加强监管，确保工程质量和文物安全。

国家文物局

2014 年 6 月 6 日

菏泽开发区出土元代沉船

2010 年 9 月 17 日菏泽开发区国贸中心建筑工地 B 区，几块腐朽了的木板从一片沙土层中露出了“头”，随后，在该区域，施工的人们用铁锹挖出了几件瓷器和陶器残片。发现是文物后，工地负责人立即打电话报警。接到报警电话后，菏泽市文物部门立即会同公安部门赶赴工地，下发停工通知书，封锁现场。经现场勘查，发现被大雨冲出的木板疑似船板。

2010 年 9 月 18 日，由山东省文物考古研究所和菏泽市文物处组成联合考古队，开始抢救性发掘工作。

古沉船位于开发区国贸中心建筑工地 B 区施工区域内，东距和平路约 80 米，北邻菏泽网通公司。距地表 4.5 米，占地面积约 200 平方米。

该船首北尾南，船体呈 60° 向东侧翻，呈船沉没时姿态。沉船为木质内河单桅货船，方首、方尾、平底，其船型狭长，方便在河道里快捷行驶。船残长 20.8 米，宽 4.44 米，高 1.3 米。现存有 11 道底板，7 道右舱壁板，3 道右甲板，3 道右舷板、12 道舱隔板、桅座和舵页板。全船分 12 个船舱，船舱大小不等，在 0.53 米～ 1.8 米之间。船材主要为杉木。

首舱已残缺，左舷外板已基本无存，船底板保存完整，船底板与船隔板间专门设置有用于疏排积水的小孔，防止一舱进水，船整体受影响。右舷外板和舷伸甲板虽有破裂、变形和错位现象，但保存完整，舷侧板之间的接缝有对接和搭接式两种。搭接式是弦外侧板各板排列之间依次相互叠压成鱼鳞状，又称为鱼鳞式搭接法。这种工艺多见于我国东南沿海地区所发现的海船上，在我国的内河船中尚属首例。船舵处于船尾下方，属于悬挂式平衡舵，并设置连接装置，出露于船尾之上，艄公调整前进方向便通过改变舵叶方向，与船头“缆头”儿协调呼应，如遇险恶水域，二者默契是安稳行船的保证；四爪锚位于船首左侧 3.5 米处，与船锚相连的锚链则向其西南方向延伸约 18 米。船舶推进则可利用撑篙、拉纤、摇橹和风帆等多种方式。菏泽元代古船的悬挂式平衡舵、完整的铁锚链的出土在我国尚属首次。

大批珍贵文物随船出土

同菏泽古沉船一起出土的还有一大批珍贵文物。有瓷器、铜器、铁器、玉器、金器、漆器、木器、藤编器、竹器、钱币等共计 133 件套。有宋代铜钱、镶绿松石金耳坠、铜镜、荷叶纹玉洗、饰“辛卯年何家造”铭纹漆碗、饰“天地日月，国王父母”铭纹青石牌位、木质尺子、铜权、铁剪刀、藤框、骰子等。其中，以瓷器最为精美，有景德镇窑、龙泉窑、钧窑、磁州窑等五六个窑口的瓷器，如元青花龙纹梅瓶、元青花凤芦雁纹盘、元青花鱼藻纹高足碗。

据有关资料，散落在世界各地的元青花瓷有500多件，国内公认的传世、出土元代青花瓷数量仅100件左右，近年来，发掘出土的少之又少。菏泽三件元代青花瓷的出土，填补了菏泽市元代青花瓷的空白；填补了山东省元代青花纹梅瓶的空白。

钧窑盏托，器身窑变呈天青色，已有1300多年历史的钧瓷，自古就有“黄金有价钧无价”的尊贵名声。影青玉壶春瓶、青釉玉壶春瓶、单耳杯、磁州窑龙凤纹罐、双凤罐、堆塑龙纹高足杯、龙泉窑高足杯、菊花纹盘等均为瓷器中之上品。除了元代青花瓷还值得人们注意的是寿山石雕降龙、伏虎二罗汉。寿山石雕历史上就是福州的特产，在长江以北地区尤其是在黄河流域鲜有发现，此次寿山石雕罗汉的出土，为元代及元代之前寿山石雕的研究提供了重要实物证据。根据对这些珍贵出土文物的分析，该船的沉没年代应为元代。

古沉船或从南出发驶往元大都

当菏泽古沉船整体基本清理完成后，我们邀请一位黄河岸边的老船工到现场，他们向我们一一介绍了船舱的功能。从船尾至船首依次为，第一舱为厨房，后面的夹舱是行船之人供奉神位的地方，在第一舱我们发现了大型的铁釜、灶台及木炭，夹舱处出土了刻有“天地日月，国王父母”的青石雕牌位、铜香炉、铜鹤等；第二舱为餐厅，出土有铜勺、桌面板、乳钉带流单把锅等；第三舱是船主居住处，出土有铜钱、元青花瓷、钧窑盏托、青釉玉壶春瓶、浮雕龙纹高足杯等珍贵高档文物；第四船为脚箱，主要用于疏排积水；第五舱至第十舱则为船员生活舱，出土黑釉瓷酒壶、铜网坠等。从船体的造型来看，该船就是在黄河中行驶的船只，属上河船（洛阳以西的船）。

那么这艘古沉船来自哪里？又为什么会现身今天的闹市中呢？我们根据古船所用木料、制造工艺、船上所载南方众多窑口的瓷器、漆器、出自于福建福州的寿山石雕等考古现象的分析，判定这艘古沉船应来自于南方。

沉船的位置应是文献记载中的古赵王河，即《禹贡》中之沮水、《水经注》中之北济水、北宋时期的广济河、元代称黄河北支，明代称濉河，清初始称赵王河。时事变迁，随着黄河的不断改道，今天的赵王河就是古沉船出土地点以西约1000米处。所以笔者认为这艘古沉船当时应是在黄河的北支中向当时的元大都行驶。

沉船发掘意义远超“古沉船”

菏泽元代古沉船经过近一年的考古发掘，出土了大量珍贵文物，种类之丰富、品位之高端、工艺之精美，为我们研究元代社会史及元人的生活史提供了重要的实物资料。该沉船是目前在山东省内河流域发现的元代沉船中保存较好、较大的一艘，在全国都属罕见。为研究元代造船工艺提供了最真的实物标本，同时对于菏泽古代的河运、漕运、环境变迁等研究也有着重要的价值。

菏泽古沉船遗址，是一项具有重要意义的考古新发现，受到了菏泽市委、市政府和山东省文物局领导的高度重视，成立了由菏泽市副市长黄秀玲为组长的发掘保护领导小组，由省文物局批准组建了省、市两级文物部门组成的菏泽古沉船考古成果鉴定暨新闻发布会，中央电视台、齐鲁电视台等175家媒体对菏泽古沉船予以大篇幅报道，美国最大的一家中文报纸《新世界时报》和新加坡《联合早报》也予以重点报道，被网络评为“2010 年中国网络二十大新发现”第一名。中央电视台《走近中国》《探索发现》和香港凤凰卫视等为其做专题报道。为做好古沉船及出土文物的保护，先后聘请了多位专家编制完成了古沉船保护与修复方案。

菏泽古沉船遗址的发现，在大大地提高了菏泽市知名度的同时，也为菏泽市的文物工作带来了重大机遇，对全面推动菏泽市文物事业的发展具有重要的意义。

选自 2011 年《菏泽日报》

二　诗文选辑

论语雍也篇

子曰：“雍也可使南面。”

仲弓问子桑伯子，子曰：“可也简。”

仲弓曰：“居敬而行简，以临其民，不亦可乎？居简而行简，无乃大简乎？”子曰“雍之言然”。

译文：

孔子说：“冉雍这个人，可以让他去做官。”

仲弓问孔子：子桑伯子这个人怎么样。孔子说：“此人还可以，办事简要而不繁琐”。仲弓说：“居心恭敬严肃而行事简要，像这样来治理百姓，不是也可以吗？（但是）自己马马虎虎，又以简要的方法办事，这岂不是太简单了吗？”孔子说：“冉雍这话你说得对。”

宋真宗冉子仲弓赞

懿德贤行，有一则尊。子也履之，成性存存。骍角有子，犁牛莫论。刑政之言，惠施元元。

卞壶墓

（宋）罗必元

节义之风古所褒，清谈於晋视如毛。

百年王谢丘墟了，惟卞将军墓最高。

卞壶墓

（宋）马之纯

当时风俗尚清谈，笑道公心瓦石含。

临难此曹皆处女，惟公一个是奇男。

一门忠孝真难得，六代衣冠孰与参。

墓草没头人不见，令人惆怅极无堪。

清乾隆二十一年版《曹州府志》

明成祖晋尚书令卞壶诗　并序

德莫大于忠孝，而事莫大于杀身。盖身者父母之遗体，不得以不爱焉。惟于君父之难则死之，此所以为忠与孝也。于此，犹爱其身，则非为臣子之道也。晋卞壶之没王事也，其子眕、盱皆死焉。壶死于其职宜矣，眕、盱独不爱其生哉？诚以父既殒没，而已不可以自全也，故必捐生以赴之。夫岂知白刃之足畏哉？诚孝之激使然也。于是父死于前，子死于后。父为君以杀身，既无愧于为臣；子为父而殒命，复不愧于为子，忠孝之道兼全具美，宜其显膺宠赐，以垂誉于无穷也。

此身本自赖君亲，临难如何可爱身？

纵使糜躯锋刃下，高风犹得重彝伦。

父将一死报君恩，二子临戎忍自存？

慷慨相随同日尽，千秋忠孝表清门。

清·光绪《菏泽县志》、1933 年版《东明县新志》

卞忠贞壶

东晋崇放达，翕然事裙屐。
及当国步艰，风流竟何益。
猗嗟卞忠贞，尽节在宗祐。
非不爱閒泰，常如含瓦石。
居官贵干实，时好安足惜。
元舅失其御，历阳乃作逆。
西陵既摧败，力疾犹斗格。
二子亦遄赴，同殒青溪栅。
忠孝萃一门，姓名垂竹帛。
愚生千载下，吊古访遗迹。
乘氏有残碑，冤句无故宅。
抚今念前哲，梦寐感精魄。
春秋秩祀存，祠宇宜重辟。
谁能执鄙吝，永使浮嚣革。

清·光绪《菏泽县志》

仲弓祠

明·胡惟一

五冉联翩起，谁探泗水源。德优南面度，神妥上公尊。易姓怜秦祸，卜祠近孔门。圣朝崇道日，遮莫沛新恩。

清·光绪《菏泽县志》

晋卞忠贞公祠碑

何应瑞　郡人　大司空

万历戊申（1608），莆田聚九周公，以丁未（1607）高第来守曹，褒表往哲，无废不举。每延访士绅，輙娓娓卞忠贞公之为人。盖其西有重华，南有曹伯，有文咸秩，而独忠贞之魂不祀。斯固周公所以永怀于羹墙而不能一日待者也。辛亥（1611），会何子应瑞读礼家居，偶与縣千郭君议，吾侪每谒郡父母，停车市肆，颇非便。州治前有隙地，盖旧府馆基也。因请于公，谋其葺之，以萃至止。公跃然起曰："此吾事也，宁劳诸君子，抑有一举而并举者。"不移时，搜若干锾，遂为筮吉鸠工，酾酒定基。凡得若干楹，以其左奉忠贞公主。而复为堂其右，扁曰"集雅"，以待乡绅之来谒者。吁，思深哉。是举也，卜不移时，勇也；不烦民资，仁也，祠忠，义也；集雅，礼也。议者曰有四善焉。后临潼赵公，吴江孙公，相继守之，克饬无斁。洎我縣庵潘公初第，丙辰（1616）分符兹土，甫下车，即以敦说风俗为第一义。重学校，译圣谕，播声歌，善政缕缕，不可选数，而大者尤以名世相期许。因念忠贞之祠，创于周公，有祠无碑，前贤懿硕，列公盛举，如千秋百岁何？乃属何子应瑞记时日焉。嗟嗟，应瑞即无知，仰体四候之意，观止忠贞之躅，其何敢不殚竭所愚，以矢一言。窃观天下方土，各殊其风气，刚柔燥湿，各自其性。盖性共一区，辟之金共一冶耳。愚生四十年来，见我曹仕宦者十八，御史台而处艰危当盘错，大约其人醇笃朴茂，干实真诚，不务俛仰，故龃龉于时者多。而曹之所以为曹，亦赖有此。及读《卞忠贞传》而叹曰："曹风所从来，其在兹乎？"公亦尝为御史中丞，其风猷气节，表表当年。居丧不就召，临难无反顾，《传》及《郡乘》载之甚详，不具论。独称其秉性不阿，勤于吏事，截断切直，纤悉必严。而其对元孚之言曰："诸君子以道德风流相尚，执鄙吝者非壶而谁？"嘻，此正忠贞吃紧为人处。而夫子所谓"其愚不可及"者也。夫道德鄙吝，两者相提而论，虽其至愚寡识，谁不羡道德之美而羞鄙吝之执？然而所谓道德者，正不以风流相尚。苟不以风流相尚，则闷闷沕沕，若嗤若醒，举世甚鄙夷之。而不知其啬精葆神，外若椎讷而中实有确乎不可拔之操。石头之难，凡平居尚道德兢谈锋者，莫不倒持手板，流汗吞声，而至问殉节死义之臣，则向所谓鄙吝者而已。夫鄙吝恶可少截？今天下宴清几三百年，圣主垂衣宥密，薄海戢心奉命。士大夫雍容熙洽之会，端坐无鳖，缄口无瘖，闭目无盲。万一泰宁久而衅颣生，少有缓急，当伫者临轩而有拊髀之思，其以身系天下者，不知谁属也。何生仰止前贤，恨生也晚不及北面，而鄙吝之心实窃有之。请于列公集雅堂之末，备嚆矢焉。

清·光绪《菏泽县志》

先贤冉仲弓庙记

毋配坤（康熙二年郡守，云中人）

曹图经载有仲弓墓，今冉固是也。而茶固复有仲弓故里。前守周侯为建祠立石，岁久而祠仆，秩祀不至。余莅事之三载，其宋之贤嫡名永传者，上书督学使者刘公正宗派厘祀典。议既下，因请立祠。于是鸠工作庙，春秋修其常事，堂成其三献焉。笾豆有列，傧相有位，学士诲老，观礼祠下，咨嗟叹息。有言者曰：昔夫子诲人不倦，一时从游甚众，而夫子之高弟则难其选。惟冉氏受业者五，而列于四科者三。今配享庙亭，遍于天下，或跻十哲，或居两庑，于礼隆矣。胡为乎而有此祠也？有言者目："仲弓，曹人也。他贤固不祠曹，而他邑亦不祠仲弓也。是以既从祀而复有此祠也。"是则然也。冉固不已有祠乎？五贤同宇，亦祊袷之仪，与祭于社之礼也。胡为乎合祀而复有专祠也？则应之日："合祠非礼也。伯牛、子有虽史为宗族，而伦序莫考，何以定位？况子鱼、子产尤不见经传也。且鬼神不歆非类，孰谓仲尼之徒而然也。故合祀非而专祠是也。"言者又日："专祀是矣；毋亦于冉固之祠，一厘正焉而可乎？胡为而复祠于此也？"则又应之曰："慕先贤而不可见，于其生之所栖息，殁之所归藏。罔不三致意焉。彼冉固昔其所葬也，此茶固者其所居也。葬有祠，居亦宜有祠也。故合祀当正，而专祠亦不可无也。"言者语塞。余乃进而告之曰："士君子生异世而生同里，当求其从事之实，以为南面之资，勿徒诵说曰：在贫如客也，使其臣如借也，不迁怒，不深怨，不录旧罪，是其行也。倘昧于是而忽焉费祀。一旦有过而问者，则茫然不识其故址。不亦来博物之讥，而贻我党以重羞耶！余也，待来兹土，以教养为任，凡列在群祀，皆所有事，乃德行之贤，昭然经史，而其居里复在吾境内，顾祠宇缺然，俎都费执，伊谁之责与？其又何以风示斯人也！"故记是言而系以铭。铭曰：于戏是惟仲弓之里，新庙奕奕以承厥祀，克敬克恕，有士君子，尚其饰而篡而勿紊尔氏。

1993年版《菏泽市志》

耿饼

（清）王士禛

亳都柿胜累花梅，玉雪中含虎魄胎。
肺病欲苏还怅望，姚黄欧碧不同来。

咏凝香园

何淑淦

凝香园里彩云飞，仙子翩翩下翠微。
问“此珍品谁育得”？“何家培土又添肥”。

注：作者系中国民主同盟菏泽市原主委

三　民间传说

何家花园　亦称凝香园，始建于宋，亭台楼榭，水池假山，精美别致，分列其间。围绕何家花园，长期流传着关于其中一口水井的传说。

何家花园里的这口井又叫蟾烧井，经六百多年至今，井壁笔直，井砖纹丝未动，砌井用砖皆为琉璃，井内掷物发为铜音，清脆悦耳。相传井内有一种蟾，曾用火烧了此井，琉璃砖为蟾火烧制而成，蟾烧井由是得名。井水清凉甘甜富有人家用水都取于此井。

耿饼传说　耿庄是贡品柿饼的原产地。该村种植柿树历史悠久，历史上曾呈现“出城进柿林，二十五里不见天”的景象。老百姓把熟了的柿子摘下来去皮晾晒上十天半月，便成了柿子饼。因这柿子饼出在耿庄，所以当地群众通称做“耿饼”。据传，明朝时，燕王朱棣与太子朱允炆争夺皇位，连年打仗。一次，朱棣决定渡河南征，朱允炆得知消息后，亲自带兵埋伏在曹州黄河口。朱棣刚过黄河就被伏兵包围，杀了一天一夜，最后只带100多人逃了出来。逃到耿庄（今丹阳街道办事处耿庄社区）柿子林，朱棣再也支持不住，从马上摔了下来。人没有力气，马也跑不动了，兵将全部躺在地上。时正值九月季节，从树上掉下来的熟透柿子遍地都是。朱棣和兵将们趴在地上大快朵颐重新焕发出了的斗志。

及至朱棣重整旗鼓一举击败朱允炆，履至九五之尊，在金銮殿上与文武百官谈及兵败柿子林的事，想再尝几个柿子。时近春节，冰天雪地，哪有红柿子？耿庄百姓只好让钦差把柿饼带进京城。钦差回到北京，把柿饼献给永乐帝。永乐帝一看不像当年吃过的红柿子，非常生气，叫人送到伙房里去。时厨师正给永乐皇帝准备晚饭，恰好少一道甜菜，便灵机一动，把柿饼放在碗里，用开水一烫，白霜没了，柿饼鼓了起来，与红鲜柿子一模一样。永乐帝一见大喜，连声说：救命的红柿子，救命的红柿子。当即写下一道圣旨，要耿庄年年进贡柿饼。传说“耿饼”名字还是永乐皇帝亲自起的。从那以后，耿庄百姓年年要选最大、最甜、最好的耿饼送进京去。

西施山药　西施山药，是陈集山药的一个品种。它品质优良，药用保健价值很高。口感极佳，集面、甜、香、绵、爽于一体。它的繁殖特点是：不结豆，无性营养体繁殖，所以种植面积一直难以扩大。一个山药品种，怎么和中国古代四大美人之一的西施联系在一起了呢？

春秋时期，吴越争霸，越国大败，越王勾践被俘。勾践谋臣，越国大夫范蠡，为雪亡国之耻，将自己心爱的妻子西施献与吴王夫差，以迷其戒心，削其斗志。越国上下，励精图治，发愤图强，公元前473年，越国灭吴。范蠡功成身退，弃官经商，携西施云游四海，后定居“天下之中”陶丘。据山东省定陶县《县志》明确记载：“定陶，因范蠡弃官经商定居陶丘而得名”。时，范蠡已富甲天下。但随之漂泊一生历经坎坷的西施却因饮食口味难调，容体日渐憔悴，范蠡知西施有“美容体、食薯蓣（西施故乡的一种山药）”之好，遂命家奴范想，带人去西施故乡苎萝。月余，购苎萝薯数十担。西施每餐必食，旬余，她恢复了昔日的美丽容颜，范蠡大喜，为让爱妻年年得食，遍查陶丘之地，终在陶丘北，棠集（今陈集）见一沙壤平川，遂托与一乌姓农民繁种亩余，因其绝佳的口感和独特的药效功能深受当地百姓的喜爱，种植规模不断扩大。

西施引种山药的故事，千百年来，当地人们口耳相传，生生不息。至今人们仍将西施引来的山药称为“西施山药”。

索　引

索　引

本索引设条目索引，由章节目分析编制。条目索引以词题的首字拼音字母顺序排列。相同词题的索引以本志中页码集中排列，同音字按声调排序。序、概述、大事记、编后记等均不选入索引。

A

阿里巴巴菏泽产业带 ………………… 237

爱晚老年公寓 ………………………… 635

安置方式 ……………………………… 138

B

百事得大酒店 ………………………… 336

报纸电视 ……………………………… 431

变电站 ………………………………… 213

C

财政局 ………………………………… 70

财政收入 ……………………………… 344

财政支出 ……………………………… 344

产地说明 ……………………………… 311

产品特点 ……………………………… 311

产业和行业结构 ……………………… 278

产业情况 ……………………………… 311

产业招商 ……………………………… 226

长江路便民农贸市场 ………………… 334

常店沟 ………………………………… 323

车船税 ………………………………… 378

陈集镇敬老院 ………………………… 634

城区保洁 ……………………………… 101

城市广场 ……………………………… 91

城市化进程 …………………………… 78

城市精细化管理 ……………………… 128

城市景观 ……………………………… 93

城市维护建设税 ……………………… 377

城市综合开发加快 …………………… 81

城镇土地使用税 ……………………… 377

传统节日 ……………………………… 643

创建消防安全社区 …………………… 555

D

大气监测 ……………………………… 165

丹阳菜市场 …………………………… 333

丹阳街道民俗博物馆 ………………… 588

丹阳街道中心幼儿园 ………………… 593

丹阳敬老院 …………………………… 633

道路 ……………………………… 91/108

道路绿化 …… 104
道路清扫 …… 101
道中道（菏泽）制药有限公司 …… 291
德润化工有限公司 …… 288
地表水 …… 58
地表水监测 …… 165
地方教育费附加 …… 378
地面覆膜 …… 319
地下水 …… 58
电力 …… 89/94
电信 …… 89/94
电信宽带 …… 212
电子信息业 …… 80
佃户屯街道中心幼儿园 …… 593
佃户屯敬老院 …… 634
佃户屯农贸市场 …… 334
定点招商 …… 226
东西向道路 …… 110
东鱼河北支 …… 323
冬蒜苗—春番茄—夏豆角 …… 318
冬蒜苗—春土豆—秋芸豆 …… 318

E

二手车交易市场 …… 332

F

发票管理 …… 372
法国梧桐 …… 322
法律约束 …… 274
范阳河 …… 323
防灾 …… 95
房产税 …… 377
纺织服装 …… 79
福禄寿老年公寓 …… 635
辅助机具 …… 147
妇联 …… 71
富盟电子科技（菏泽）有限公司 …… 260/286
富年齐鲁国际汽配城 …… 332

G

感情招商 …… 226
港澳台商企业核准 …… 238
高速铁路 …… 205/207
个人所得税 …… 368/376
给排水 …… 89
给水 …… 94
耕地 …… 316
耕地占用税 …… 377
工会 …… 71
工作措施 …… 137
公厕管理 …… 102
公共交通 …… 92
公共设施用地 …… 90
公交网络 …… 188
公路 …… 91
公益事业 …… 364
公园绿化 …… 106
供气业务 …… 121
供热 …… 94
供热经营及服务 …… 120
供水价格 …… 117
供水量 …… 117
固体废物治理 …… 174
管委会办公室（与党工委办公室合署办公） …… 70
广电宽带 …… 212
规划目标 …… 77
国道 G220 线 …… 200

国道 G327 线 …… 200
国土资源分局 …… 70

H

和平大酒店 …… 335
和平路便民市场 …… 333
和平路菜市场 …… 334
河流 …… 93
河渠绿化 …… 106
核准权限 …… 237
菏泽白癜风医院 …… 615
菏泽北方能源设备科技有限公司 …… 282
菏泽城建工程发展集团有限公司 …… 150
菏泽大地木业有限公司 …… 300
菏泽大剧院 …… 587
菏泽德合建工集团有限公司 …… 159
菏泽富贵花簇生物科技有限公司 …… 262
菏泽好达实业有限公司 …… 263
菏泽交通集团房地产有限公司 …… 158
菏泽金正大生态工程有限公司 …… 289
菏泽开发区实验幼儿园 …… 592
菏泽昆鹏大然气利用有限公司 …… 100
菏泽良桐家具有限公司 …… 302
菏泽绿源食品公司 …… 297
菏泽茂业百货 …… 331
菏泽美凯电子有限责任公司 …… 259
菏泽圣美高分子塑料制品公司 …… 293
菏泽市曹州木瓜研究院 …… 309
菏泽市诚信集团有限公司 …… 301
菏泽市大地幼儿园 …… 593
菏泽市东风沙发家具有限公司 …… 302
菏泽市国花纺织有限公司 …… 298
菏泽市黄河水厂 / 山东水发天源集团供水分公司 …… 100
菏泽市锦绣制衣有限公司 …… 299
菏泽市雷泽湖农林特产有限公司 …… 309
菏泽市童星幼儿园 …… 594
菏泽市外建筑企业 …… 146
菏泽市源林川服饰有限公司 …… 298
菏泽太和食品有限公司 …… 297
菏泽天安房地产有限公司 …… 158
菏泽天宇锂电能源科技有限公司 …… 283
菏泽挺卫健康发展有限公司 …… 264
菏泽万达广场 …… 333
菏泽希尔顿酒店 …… 336
菏泽亚帝欧物流有限公司 …… 340
菏泽烟草物流中心 …… 339
菏泽演武楼 …… 588
菏泽医专附属医院护养中心 …… 635
菏泽亿丰时代广场 …… 331
菏泽银联担保有限公司 …… 366
菏泽银盛国际酒店 …… 336
菏泽银座家居公司 …… 331
菏泽银座商城 …… 330
菏泽永恒热力公司 …… 100
菏泽裕罗电器装配有限公司 …… 281
菏泽运营跨境电商产业园 …… 237
菏泽中石油昆仑燃气有限公司 …… 122
恒丰银行菏泽分行 …… 354
恒盛大市场 …… 330
宏观调控 …… 274
花都大酒店 …… 336
花会招商 …… 225
淮河路建材市场 …… 332
淮河路农贸市场 …… 334
环保 …… 89/94
环境招商 …… 225
环卫 …… 95
环卫处 …… 100

婚嫁习俗 …… 641/646

J

机电设备制造产业 …… 82
机关事业单位养老保险 …… 631
机械加工 …… 79
基础工程技术 …… 147
基础设施 …… 187
基础设施建设 …… 77
济宁银行菏泽分行 …… 357
冀鲁豫边区纪念馆 …… 587
加油站 …… 91
佳华老年公寓 …… 635
家畜家禽 …… 59
检查督促 …… 556
建立消防主题公园 …… 554
交叉口 …… 91
交通 …… 88
交通集团物流分公司 …… 339
交通习俗 …… 640
交通银行菏泽分行 …… 356
教育费附加 …… 378
节能企业 …… 182
借势招商 …… 226
金丰农业服务有限公司 …… 260
金税三期税收管理系统优化版 …… 384
经济发展 …… 77/78
经四沟 …… 323
经营管理 …… 364
精准服务 …… 187
居民养老保险 …… 631
居民医疗保险 …… 632
居住习俗 …… 639
居住用地 …… 90

K

开发区纪工委（监察局） …… 71
考核监察 …… 180
科技成果转化 …… 568
科技创新平台建设 …… 559
科技创新实现突破 …… 82
客户服务 …… 123/209
控告申诉 …… 546

L

垃圾管理 …… 102
莱商银行菏泽分行 …… 357
劳动人事局（与党群工作部合署） …… 70
理赔与给付 …… 363
立体化火灾防控 …… 553
联通宽带 …… 211
粮油食品 …… 79
林产品 …… 79
林果植物 …… 60
林业生产 …… 322
林业资源 …… 321
流转税 …… 368
柳林河 …… 323
六斗沟 …… 323
鲁西南大数据产业城 …… 286
旅游 …… 89/93
绿地 …… 92
绿源环保科技 …… 284

M

媒介招商 …… 225

美年大健康体检中心菏泽分院 ········ 337
棉花 ·· 318
民生保障体系完善 ························ 82
民事行政检察 ···························· 546
牡丹大酒店 ································ 335
木工设备 ·································· 147

N

内资工业项目核准 ······················ 238
南北向道路 ································ 109
南干渠 ····································· 323
能源新材料产业 ························· 82
农机管理 ··································· 320
农作物 ······································ 60

P

排污费征收 ································ 179
配电线路 ··································· 214
品种分类 ··································· 311
坡刘堌堆 ··································· 708
普查时间安排 ····························· 408

Q

七斗沟 ····································· 323
企业管理 ······························ 123/187
企业所得税 ································ 375
企业养老保险 ····························· 630
企业自立 ··································· 274
汽车站场 ···································· 91
契税 ·· 377
墙体工程技术 ····························· 148
敲门招商 ··································· 226
桥梁 ·· 112
区村道路 ··································· 201
区大项目办 ································ 224
区内公共交通 ····························· 185
区商务局 ··································· 224
区投资公司 ································ 224
区外建筑队伍 ····························· 146
区项目服务办 ····························· 224
区招商局 ··································· 224
全员招商 ··································· 226

R

燃气 ····································· 89/94
人才培养 ··································· 560
人员密集场所消防拉练 ················· 556
日兰高速公路菏关段 ···················· 200

S

丧葬习俗 ··································· 647
山东大鹤物流服务有限公司 ··········· 339
山东方达再生资源利用有限公司 ······ 283/300
山东高速集团有限公司菏泽分公司 ··· 200
山东广电网络有限公司菏泽开发区分公司··· 101
山东海纯生物科技有限公司 ········· 292
山东菏建建筑集团有限公司 ··········· 151
山东菏泽华星油泵油嘴有限公司 ······ 283
山东菏泽天香酒业有限责任公司 ······ 296
山东菏泽玉皇化工有限公司 ··········· 289
山东华英食品有限公司 ················· 295
山东济水阿胶有限公司 ················· 292
山东孔子酒业有限公司 ················· 296
山东良心食品有限公司 ················· 297
山东明大电器股份有限公司 ··········· 281

山东欧铭斯生物科技有限公司 ……… 260
山东盛百灵医药科技有限公司 ……… 291
山东天方生物科技有限公司 ………… 293
山东天美生物技术有限公司 ……… 293
山东希力药业有限公司 ……………… 292
山东新洋丰肥业有限公司 …………… 289
山东信多达电子科技有限公司 ……… 285
山东杨湖酒业有限公司 ……………… 295
山东易达利化工公司 ………………… 289
山东樱花五金集团菏泽金属制品
有限公司 …………………………… 281
山东玉皇盛世化工股份有限公司 …… 290
山东岳建建设集团有限公司 ………… 156
山东中达实业集团有限公司 ………… 156
山东中杰特种装备股份有限公司 …… 282
商业金融用地 ………………………… 90
上海浦发银行菏泽分行 ……………… 359
设备改造 …………………………… 181
社会保障 …………………………… 715
社会发展 …………………………… 78
社会管理创新 ……………………… 546
社会事业 …………………………… 77
涉水企业治理 ……………………… 168
生态环境 …………………………… 78
生物医药产业 ……………………… 82
生育习俗 …………………………… 640
胜利公园 …………………………… 108
省道 S259 临商线 ………………… 201
省道 S346 丰东线 ………………… 201
实施成效 …………………………… 77
市安监局 …………………………… 72
市财政局 …………………………… 72
市发改委 …………………………… 71
市公路局 …………………………… 72
市公路局开发区分局 ……………… 199
市规划局 …………………………… 72
市国土资源局 ……………………… 72
市环保局 …………………………… 72
市建设局 …………………………… 72
市经贸委 …………………………… 72
市民政局 …………………………… 72
市政管理局 ………………………… 72
寿诞习俗 …………………………… 642
蔬菜 ………………………………… 318
水监测 ……………………………… 165
水利建设专项收入 ………………… 378
水生动物 …………………………… 59
水生植物 …………………………… 60
水运 ………………………………… 91
税收稽查 …………………………… 371
税收宣传 …………………………… 371
税收优惠 …………………………… 371
税收征管 …………………………… 370
顺馨老年公寓 ……………………… 635
所得税 ……………………………… 368

T

提高消防意识 ……………………… 554
天香公园 …………………………… 107
铁路 ………………………………… 90
停车场 ……………………………… 91
同日 ………………………………… 18
土地增值税 ………………………… 377
土壤污染 …………………………… 175
团委 ………………………………… 71
退伍安置 …………………………… 492

W

瓦工设备 …… 147
外商投资企业和外国企业所得税 …… 368
王祥武 …… 764
王秀生河 …… 323
网络建设 …… 208
威海银行菏泽分行 …… 361
委托招商 …… 225
温室大棚 …… 319
文化娱乐用地 …… 90
污染源普查 …… 179
污水 …… 94
污水处理 …… 169
屋顶工程技术 …… 148
五斗沟 …… 323
五洲国际酒店 …… 336

X

西部证券股份有限公司菏泽人民路证券营业部 …… 366
现代服务业 …… 80
现代服务业聚集发展 …… 81
现代物流业 …… 80
消防知识培训 …… 555
消费税 …… 369
小精灵幼儿园 …… 593
小麦 …… 318
小麦—菜籽（越冬菜）—地瓜 …… 317
小麦—越冬菜—春玉米—夏玉米—大白菜… 318
小麦—越冬菜—大葱 …… 317
小麦—越冬菜—玉米 …… 317
小麦—越冬菜—玉米—花生 …… 317
小麦—越冬菜—早春菜—冬瓜 …… 317
小麦—越冬菜—早春菜（甘蓝）—棉花… 317
孝慈护理院 …… 635
孝和护理院 …… 634
新材料工业 …… 80
新世纪公园 …… 108
新苏天美购物中心 …… 331
新天地公园 …… 107
新兴产业 …… 80
鑫凯国际广场 …… 333
信息化建设 …… 123
兴业银行菏泽分行 …… 360
行政办公用地 …… 90
形象招商 …… 227
宣传活动 …… 182
薛寨渠 …… 324

Y

药材植物 …… 60
业务发展 …… 122/208
一阳全民健身中心 …… 337
衣着习俗 …… 639
怡心老年公寓 …… 635
移动宽带 …… 212
颐养德护理院 …… 635
以商招商 …… 227
印花税 …… 378
营业税 …… 370
用地 …… 89
优贝幼儿园 …… 594
优抚 …… 491
优势产业 …… 79
油料 …… 318
玉皇化工集团 …… 339
玉米 …… 318
预算内资金管理 …… 348
预算外资金管理 …… 349

园林管理处 …… 100
岳程街道中心幼儿园 …… 593
岳程街道综合文化中心 …… 588
岳程敬老院 …… 634
越冬油菜—春番茄（或甘蓝）—秋菜花…… 318

Z

枣庄银行菏泽分行 …… 360
噪声监测 …… 166
噪声治理 …… 174
增值税 …… 368
战略产业 …… 78
招商证券公司菏泽人民路证券营业部…… 365
赵王河 …… 323
赵王河公园 …… 106
征兵工作 …… 552
整治餐饮油烟 …… 127
整治车辆乱停乱放 …… 127
整治乱搭乱建 …… 126
整治乱设摊点 …… 125
整治乱贴乱画 / 违章广告 …… 126
整治噪音扰民 …… 128
政策引导 …… 273
政产学研融合 …… 559
职工医疗生育保险 …… 632
智慧树幼儿园 …… 594
中国电信集团有限公司菏泽开发区分公司 …… 210
中国工商银行菏泽开发支行 …… 350
中国建设银行东城支行 …… 351
中国联合网络通信有限公司菏泽分公司 …… 210
中国平安财产保险股份有限公司菏泽中心支公司 …… 362
中国平安人寿保险股份有限公司菏泽中心支公司 …… 363
中国太平洋财产保险股份有限公司菏泽中心支公司 …… 361
中国太平洋人寿保险股份有限公司菏泽中心支公司 …… 362
中国移动通信集团山东有限公司菏泽分公司 …… 209
中国银行菏泽开发区支行 …… 353
中国邮政储蓄银行菏泽市分行 …… 353
中洁新风系统 …… 282
中粮艾地盟 …… 339
中粮艾地盟粮油工业（菏泽）有限公司…… 294
中软创客电子商务孵化基地 …… 236
中外合资投资企业核准 …… 238
中住建设集团有限公司 …… 155
种植 …… 316
重点工业用房 …… 130
重点公用事业用房 …… 130
重点机关办公用房 …… 130
重点居住小区用房 …… 131
重点领域 …… 182
重点商贸用房 …… 130
重点小区 …… 131
洙水河 …… 323
洙水河公园 …… 108
洙水河治理 …… 167
主导产业 …… 78
主导产业支撑凸显 …… 81
主要模式 …… 138
专利发明及项目推广 …… 568
庄庄沟 …… 323
装饰工程技术 …… 148
资源税 …… 379
紫金国际广场 …… 332

编后记

编后记

盛世昌明，修志乃兴。

菏泽经济开发区在改革开放大潮中应运而生，在探索创新中发展壮大。作为一项浩繁而系统的文化工程，《菏泽经济开发区志（1992—2018）》的编纂旨在为菏泽经济开发区的发展历程立此存照。

2004年，适逢全面部署第二轮菏泽市志修编工作之时，开发区党工委、管委会决定启动开发区志修编。当年9月，成立由党工委书记、管委会主任李玉华为主任，党工委副书记李怀堂、孙忠生、张道社为副主任的菏泽经济开发区地方史志编纂委员会，下设区志办公室（以下简称“区志办”），由党工委委员、办公室主任穆杰兼任主任，范阳春、杨绍青任副主任，开始筹措准备工作。区志办工作人员高谦绍等通过参加省、市史志办举办的志书编纂培训班，参与市、县区志稿评审会及《丹阳志》编纂等工作，并承担了《当代菏泽概览》《菏泽历史文化荟萃》《山东年鉴》以及《菏泽年鉴》、二轮《菏泽市志》“经济开发区编”的供稿任务，为《菏泽经济开发区志》的编纂积累了一定的经验。其时，因扩区不久，文献资料乏陈可数，修编工作未能全面启动。

2016年12月8日，开发区志编纂业务培训班在开发区管委会三楼会议室举办，区辖47家承编单位的120余人参加培训，山东省地方史志办市县基层志编纂指导处处长李刚，指导处副处长、山东省修志业务专家李大程讲授志书编写原则要求。当月，开发区党工委、管委会调整编纂委员会，党工委书记、管委会主任李国珍任编委会主任，政协工委主任程海建分管开发区志工作，同时，向历届老领导、老干部呈送了李国珍书记署名的《致开发区历届领导函》80余份，至此，《菏泽经济开发区志（1992—2018）》编纂工作全面启动。

广搜博采，信而有征，是完成志书的“奠基工程”。2016年12月，执行主编何凯带领区志办工作人员分路登门，逐个单位协商承编篇目，落实编纂方案，走访市、区两级机关、企事业单位及各民主党派等64家。其间，承编人员认真查核资料，伏案临书，埋头笔耕，积铢累寸，至2017年12月完成整理各类文书档案资料600余万字、人物资料5万余字，47个承编单位报送资料300余万字，60余家驻区单位报送资料105万余字，累计收集原始资料1160余万字、图片2000余幅，拷贝各类电子文档400G。之后又与47个相关部门和单位分头对接，进行具体业务指导。

志书之贵，贵乎其真，志书之难，难乎其细。本志上下断限横跨27年，资料浩如烟海，欲求吉光片羽，一如披沙拣金，非有大浪淘沙之精神、坚韧不拔之毅力难以完成。

以此为基础，区志办开始篇目修订。此次编纂开发区志，在菏泽当属首例，既无成熟经验，亦无固定模式，既非纯粹的地方综合志，也不同于行业、部门志。经反复斟酌，最终确定篇目拟订由高谦绍执笔，何凯、姜玉鹏、王安昌参加，特邀顾问萧若然，省修志业务专家咨询组成员李天程、中共菏泽市委党史研究院（市地方史志研究院）副院长郑玉民全程指导，本着“科学分类、合理安排、完整系统、特色鲜明”的要求，取他人之长，不效邯郸学步，最终形成《菏泽经济开发区志》篇目大纲，上报省、市史志办审批。初始确定区志上限为1992年，下限为2016年。后经多方论证，下限延至2017年。2018年定陶区陈集镇划归开发区代管，为更加完整地记述开发区发展的历史全貌，经党工委、管委会同意，又将《菏泽经济开发区志》下限延至2018年，并再次发动各承编单位增补2017、2018年资料。

2017年10月，分管区志工作的开发区政协工委主任、《菏泽经济开发区志》主编程海建带领开发区政协工委办公室主任张文艳、执行主编何凯等一行数次赴德州、济南就开发区志编纂特点及修志人员不足等问题进行深入考察、学习。

2018年6月，区志办将篇目细化、量化，实行定人、定编、定进度、定质量、定字数的“五定工作法”。高谦绍、崔志存、侯英俊、刘伟4名特邀编辑对所承写篇目进行自审、互审和专家联审，各自承写篇目先由专家审定，再返回补充完善，继而交由专家再次审定，7次反复，其间，管委会召开9次专题研讨会、调度会、进展情况通报会，志书专家和编纂人员集思广益，权衡详略分寸，增补遗漏缺失，至2019年4月，150余万字的《菏泽经济开发区志》总纂初稿编纂完成。

编者虽不遗余力，计日程功，但毕竟绠短汲深，深恐欲速不达。遂又于2019年4月赴济南由省修志业务专家丁爱军、王光辉等4人对总纂初稿进行把关号脉。5月8日印制初稿100册，分送区志编委会各成员、老领导和各承编单位广泛征求意见。区志办工作人员对所征求的意见认真梳理归纳，结合专家，制定修改方案，调整完善体例，修正观点，增删内容，核实资料，规范行文，突出特色。共计修改800余处，增删10余万字，后，加印50册，形成评审稿。当年9月30日总纂全面完成。

总纂既成，已见曙光。在菏泽市史志办的大力支持下，志稿评审会于2019年10月20日在菏泽牡丹大酒店召开。山东省修志业务专家咨询组成员、中共菏泽市委党史研究院、市地方史志研究院副院长郑玉民主持专家评议，区志主编程海建致辞，执行主编何凯就区志编纂情况做工作汇报。与会专家一致认为《菏泽经济开发区志》评审稿观点正确，资料丰富，体例完备，文字流畅，不仅遵循了志书“资政、教化、存史”之功能，同时突出了探索、求实、创新之特色，是一部非常成功的评审稿。同时，对志稿中存在的个别超范围记述、下限资料不齐等问题提出修改意见和建议。

为全面落实评审委员会的修改意见和建议，2020年5月，区志进入闭门精修阶段。由特邀编审卢明强牵头，临时从区直部门抽调何福印、高志远、张鹏、张南南、张程华、葛璐璐、刘航、黄莹莹、葛珂珂等有一定文字功底的工作人员，对文稿再次打磨提炼，采取轮流读稿、同步检索的办法，对志稿再次调整核实、精练提高。三月有余，目不窥园，849页，145余万字，逐字打磨、校对、梳理，集中解决了专家、领导、街镇反馈问题。其间，邀请顾问李怀堂、萧若然，山东省修志业务专家咨询组成员王光辉对书稿做了详尽审改。

2020年10月，《菏泽经济开发区志（1992—2018）》正式面世。

此志之成，非一人之事，亦非一隅之力。各级领导、专家和同仁为志书编纂提供了无私的帮助。

菏泽市政协原主席、《菏泽经济开发区志》编纂委员会名誉主任刘勇始终对修志工作给予倾心关怀。开发区党工委书记、管委会主任李国珍，党工委副书记、管委会常务副主任练建军将开发区志编纂工作作为全区重点工作来抓，无论人员、经费还是办公场地均是一路绿灯，多次听取工作汇报，召开协调会、调度会，及时为修志工作指明方向。分管区志工作的开发区政协工委主任、《菏泽经济开发区志》主编程海建对区志编纂全程悉心指导，事必躬亲、逢会必到，对志稿编写审核更是精雕细刻、精益求精，标点勾画，见于全书，提出修改意见 90 余条，拳拳之忱，勤勤之劳，令人感动。开发区党工委副书记赵福龙，管委会副主任、办公室主任刘勇多次审阅志稿，并给予多方指导。特邀顾问萧若然慎始敬终，严谨治学，意见切中肯綮。区、街镇两级编辑邵珠峰、姜玉鹏、李栋平、马学民、曾军芳、吉文选、王召盘及全区各有关部门撰稿人对志稿多次提出合理化建议，积极提供文字、图片资料，是职责所在，更是使命所系。

《菏泽经济开发区志》的编纂还凝聚了省、市史志专家的心血与智慧，在此，我们怀着感恩的心情深致谢忱：中共山东省委党史研究室办公室主任、中共山东省委党史研究院二级调研员、省修志业务专家咨询组成员李天程，山东省修志业务专家咨询组成员、济南市党史（史志）研究院副巡视员、《济南市志》总纂丁爱军，山东省修志业务专家咨询组成员、枣庄市市中区原史志办主任王光辉，山东省修志业务专家咨询组成员、泰安市原史志办副主任、方志出版社专家委员会委员王笃银，中共菏泽市委党史研究院（市地方史志研究院）院长田文建，山东省修志业务专家咨询组成员、菏泽市委党史研究院（市地方史志研究院）副院长郑玉民，山东省修志业务专家咨询组成员、淄博市原史志办副主任、调研员郭能勇，山东省修志业务专家咨询组成员王现军，山东省修志业务专家咨询组成员段祥泰，山东省宁阳县原史志办主任纪兴本，中共菏泽市委党史研究院副院长王涛，菏泽市方志馆馆长乔方辉，菏泽市定陶区委党史研究中心（区地方史志研究中心）主任朱向勇，菏泽市牡丹区委党史研究中心（区地方史志研究中心）副主编赵玉梅，我们感佩于他们精深的专业知识，更感动于他们的无私和真诚。

修志不易，创新尤难；蓦然回首，感慨良多。承蒙多方助力，全体编纂人员，殚精竭虑，孜孜以求，四度春秋，七易其稿，终于成书。不求功著于景钟，绩重于丝帛，但愿史唯其真，数唯其实。为党立志，为民立志，为千秋大业立志，抚心而无愧。

因系众手成志，手头材料占有亦不相同，致各编质量互不平衡，实难为力。同时，由于时间跨度大、史料散失严重，志稿下限一再后延，致使部分志稿下限不齐，加之编辑人员水平有限，尤其是在方志理论和编纂实践上，对于许多问题的认识和处理，尚处于探索之中。故某些方面，不能尽如人意，诸多缺失纰缪，诚请专家读者补遗匡正。

编　者

2020 年 10 月

《菏泽经济开发区志（1992—2018）》供稿人员名单

（排名不分先后顺序）

张　晖	卞翠红	贾忠丽	车鲁民	张　锟	宋晓丽	吴洪雷	李　超
高贤瑞	丁　玲	张俊刚	杨德艳	刘从欣	宋海英	张立群	郭　庆
张锡强	何福印	逯新卿	毛学平	朱　岩	迟　峰	周广奎	相隆广
张艳阳	张统夏	高玉娟	庞函之	谢素梅	李绪斌	刘　谦	丁俊平
潘　杰	马雪峰	王　军	孔红霞	刘红梅	程鲲鹏	李信超	魏　东
郜继荣	张银环	孙文汇	察　彦	马　德	吕　磊	张　振	李　然
朱炳谕	郑秋香	高淑玲	刘娟娟	张　硕	李冬娟	师文硕	丁延河
金宝臻	郭　凯	尚跃璋	李　庆	朱瑞彪	高洪友	王　燕	刘　强
察　雷	孙长路	吴　为	袁鹏里	樊　霞	曹　顺	乔建设	张淑芳
王法生	李增强	高利军	杨以峰	高志昂	杨　涛	马鲁宁	李新运
徐　慧	高鲁伟	朱春建	李长磊	潘若川	任丽涛	马　浦	朱　彪
李付银	李　甜	王　萌	任　洪	陈　辉	李建雷	张　彭	张玉玉
刘连喜	刘文坤	高红霞	孙　腾	刘本玲	姜兴伦	赵启法	李志轩
赵传玺	徐明亮	翟　磊	谢之隆	贾宪峰	王召盘	马海涛	邓国志
张坤龙	徐　可	曹文亭	夏小霖	刘红娜	马　越	王典英	王慧敏
刘翠英	徐鲁平	李　炜	孙超君	宋丹奇	姚　青	王兴旭	刘玉臣
郭保国	张淑芳	李新元	郭　野	李　燕	刘连喜	刘文昆	苑肇波
李传银	贾宪峰	王召盘					

照片提供者：桑秋华　刘　伟　田　林　侯英俊　付玉文

邢保立　王安昌　马拉松　苑肇波